周易推算

萬年曆

查过去，知现在，算未来，传后人，总揽一百二十年每一天的阳历、阴历、干支、五行、四时、节气、星宿、日建等知识要点

王浩骅◎编著

周易推算应用·知晓天时·把握地利·创造人和·易通八方

速查专业双色版

夫大人者，与天地合其德，与日月合其明，与四时和其序……
先天而天弗违，后天而奉天时。

華齡出版社

责任编辑：薛　治
责任印制：李未圻

图书在版编目（CIP）数据

周易推算万年历 / 王浩骅编著.--北京：华龄出版社，2015. 9

ISBN 978-7-5169-0625-5

Ⅰ. ①周… Ⅱ. ①王… Ⅲ. ①历书—中国Ⅳ. ①P195.2

中国版本图书管CIP数据核字(2015)第216804号

书　　名：周易推算万年历
作　　者：王浩骅　编著

出版发行：华龄出版社
地　　址：北京市东城区安定门外大街甲57号　　邮　　编：100011
电　　话：（010）58122255　　传　　真：（010）84049572

印　　刷：三河市腾飞印务有限公司
版　　次：2015年10月第1版　　2024年4月第4次印刷
开　　本：720mm×1020mm　1/16　　印　　张：33
字　　数：647千字
定　　价：68.00元

前言

中国传统历法是中华祖先独创的一门传统文化，它是我们祖先留传下来的智慧结晶，是我国传统文化百花园中的一朵奇葩，是一种弥纶天地而又极尽精微有证实的科学，可将其比喻是测量宇宙间自然变化的一把量天尺。

自古以来，中华民族就有使用农历的习惯，尤其对历法的追求，始终是迫切的，而且是代代相传的。无论是研究天文学、环境学、史学、中医学等，时时刻刻都离不开用农历的天干地支来记年、记月、记日、记时。农历与二十四节气的推排关系是分不开的，它直接对农业生产起推动作用。古人为了适应天时、夺取农业丰收，总结出天文与气候、农业与气象的种种经验。农民为了掌握农时，耕播收种都以节气来安排，如南方有“清明下种，谷雨插秧”，北方有“白露早，寒露迟，寒露之前种早麦”，又有“八月三个酉，种麦早下手”等农谚。可见节气对农业何等重要。历法与中医学的关系更是难分难离，中医是我们中华民族祖先发明的独一无二的学科，它的主要理论不外乎五行生克制化，其操作方法大多以天干地支为航标，尤其是经络学的子午流注，直接用时间来操作治疗过程。

历法的重要性无需详述，笔者研究易学多年，最常接触的是历法，发现历法中有很多东西值得继承和研究。例如：农历的二十四节气是怎么换算出来的，换算方法是什么？干支记年、记月、记日、记时的方法是什么？是否能用其他方式推算出来？农历编制的三伏、梅天、九九的含意是什么，是怎样推算出来的？又如古历法中记载有几龙治水、几牛耕田、几日得辛的意义是什么，又是怎样计算出来的？有些历书下面都注上二十八宿和十二建星的名字，二十八宿是什么？能起什么作用？又是怎样计算出来的？十二建星是什么，能起什么作用，其简单规律是什么？古历书中“百事无忌”、“诸事不宜”等词语说明什么，又是根据什么计算出来的……

以上疑点诸书都少有记载，只有一些搞术数研究的人，他们得以师传，无论你提出哪一年，他们都可不加思索地说出某年某月某日立春、某月某日是什么干支，以及月大月小都丝毫不差，但师规严紧，不准对外人传授，年代深远，几近失传。

笔者感到这些文化遗产已经濒临绝迹，实在可惜，因此愿将自己的浅薄知识在此书中与读者共享。

目录

第一章　历法概要

我国存在许多传统农历的节庆，如农历除夕、端午节、中秋节等，深深影响我国国民的生活，也均存在重大的意义。但其中又颇有讲究，例如除夕与中秋节都有团圆的意思；1995 年的农历八月恰逢闰月，有两个八月十五日，但却只有一个中秋节；除夕是腊月二十九日，有时也有三十日……。

我国的农历（又称阴阳历）有别于其他各国的阳历或阴历，这些都值得研究。是极具我国文化特征的历法。

第一节　世界历法常识

一、太阳历

太阳历采用回归年做为基本周期，以太阳的周年视运动做为天文依据的历法，它和月亮的运动没有任何关系。

太阳历简称阳历，起源于古埃及，以地球绕日公转的周期（即一回归年，每年有 365.2422 日）为单位，最初埃及人定一年有三百六十天，后来改为三百六十五天。阳历大小月的分布，是人定分配的，与月亮的圆缺无关。

二、儒略历

公元前 46 年，罗马皇帝儒略·西泽 (Julius Caesar) 在天文学家索西琴尼 (Sosigenes) 的参与下改革历法，称儒略历。儒略历每年有 365 天，分为 12 个月，规定单数月 31 天、双数月 30 天。平年时，2 月 29 天，闰年时 30 天。每四年闰年一次（该年 366 天），平均每年长度为 365.25 天，比回归年多 0.0078 天，约每128 年相差一日，每四百年多出3.12日。

现今，我们在天文上常用儒略日来方便比较各种天象发生的先后次序或相距的时间间隔，避免因为历法的变更所造成的困扰，并且订公元前4713年（数学上记为－4712)1月1日正午12点整（世界时）起算。如2004年7月9日的儒略日为第2453196日。

儒略历系以罗马城为发源地之历法（又称罗马历），早年将一年分为10个月，大约只有304日，以三月(March)为首月，后来再加入一月(January)及二月(February)，且最初亦采用阴历月，一年共355日，因此闰月的时候，一年内会有13个月，至于何时闰月？权利操于掌教(Pontifices)之手。

直到公元前8年，罗马会议称8月为奥古斯都(August)，那是奥古斯都皇帝(Augustus Caesar)之名，同时改为大月31天，以纪念他的功绩和西泽(Julius Caesar)同等伟大。而8月以后的大小月便相反过来，9月和11月改为小月30天；10月和12月则为大月31天，8月增加的一天，扣去2月为28天，闰年为29天。后改为格里历仍沿用至今。

三、格里历

为了使历年的平均长度更接近回归年，公元1582年，罗马教皇格里高利十三世(Pope Gregory XIII)根据意大利医生利里奥在1576年提出的方案，对儒略历做修正，定10月4日之翌日为10月15日，以调整儒略历与太阳年10日的差距，也就是在该年10月中除去10天，又为了使春分点与年初恢复至原来距离，因此在三月发布，并且规定在400年内除去三闰，也就是400的倍数年才置闰，就是现在通用的公历－格里历。

格里历一年有十二个月，1、3、5、7、8、10、12月为大月31天，2月28天（闰年29天），其余各月为三十天，凡年数能为四整除者为闰年。这样，每四百年又多了大约三天，因此，对世纪年(100, 200, 300,500,600……)，只有被四百整除者才为闰年，比儒略历又少了三天，一年平均长度为365.2425日，与回归年仅相差0.0003平均太阳日，约3300年差一天。

从此，阳历每年有365天，每四年闰年一次（366天），逢百（世纪年）不闰，逢四百又闰（使四百年内少闰三次）。换句话说：每四百年有闰年九十七次，其余为平年。我国辛亥革命后，于公元1912年开始采用格里历为国家历法，故称国历。

四、太阴历

太阴历采用朔望月做为基本周期，以月球的运动做为天文依据的历法，它和太阳的运动没有任何关系。太阴历简称“阴历”，是人类史上最早的历法，主要成分是历月，派生历年。

阴历是根据月相圆缺的周期订出的历法，也就是月球绕地球一周的时间为单位，这种单位称为月，12个月为一年。这里所称的“月”是指“朔望月”，等于29.53059日，接近29.5日，大月31天、小月29天，全年各有6个大小月，并以“朔”为当月初一，合计354日，但12个朔望月的实际长度为354.3671平均太阳日，为使更接近平均历年的长度，计算0.3671约等于11/30，故每三十年（阴历）中置十一个闰年（闰年每年有355天），平均大约每三年就闰年一次。

由于阴历不能准确反应季节变化的周期，历年与回归年相差11天，约33年就循环一次，而17年时则冬夏正好完全相反。不能符合农业生产的需求，现已弃置不用了。

朔望月是从满月到下一次满月的时间长度，其长度在29.25天到29.75天之间变化，平均每29.53天为农历一个月。会比恒星月还多2.2天的原因是地球也在绕太阳公转，每个月行进约30°，月球绕地球的公转就得多花一点时间才会满月。

恒星月是由太空看月球，月球绕地球一周的时间，大约27.32166天。

注：1. 朔：太阳、地球、月球三者对齐成一直线时，且月球在二者之间的月相，看见月亮背对太阳的一面，全黑的月相。

2. 望：太阳、地球、月球三者对齐成一直线时，且地球在二者之间的月相，看见月亮正对太阳和地球的一面，满月的月相。

第二节 中国历法常识

一、阴阳历

我国有史以来就采用阴阳历（夏历），它兼具阴历和阳历二者的特点。阴阳历是将“回归年”和“朔望月”并列为基本周期，同时考虑太阳和月球的运动，所订定的历法。此为我国固有的历法，习惯上称阴历，又因农民喜欢以此历进行农事，故称农历。阴阳历以月相变化的周期做为一个月的长度，同时使历年的长度接近回归年。如此一来，每个月都符合月亮盈亏的周期，也同时每年都和季节交替的周期相差不多。

阴阳历有阴历的基础，每月平均有 29.53 天（朔望月的长度），为了处理整数的问题，定大月为 30 天，小月 29 天，并将“日月合朔”的日期作为月首（农历初一），也就是太阳和月球的黄经相等时。因以“朔”为月初，这是人定的，所以大小月没有固定在哪一个月份当中，视月亮绕地运转的速率而定，如果两次日月合朔之间有 29 天，那个月就是小月；若有 30 天，那个月就是大月！

另外，12 个月的农历平均约为 354 天，每年与回归年（365 天）相差约 11 天，三年累积便超过一个月，因此每三年置闰年一次，闰年有 13 个月，但仍比回归年少几天。要解决这个问题，我国春秋时代有“十九年七闰法”，也就是在十九个阴历年中加入 7 个闰月，使历法更接近回归年的长度。西方在公元前 433 年才发现此周期，比我国约晚了 160 多年。

29.53059 日 / 月 × 235 月 = 6939.6887 日

365.2422 日 / 年 × 19 年（228 月）= 6939.6018 日

365.2422 ÷ 29.53 = 12.368513

0.368513 × 19 = 7.001747……每十九年七闰

二、农历如何置闰？

阴阳历（夏历）中安排有廿四节气，和季节、气候有密切关系，以为广大农村经营农事之参考，因此又称农历。闰月的安置是根据廿四节气而定，把不含“中气”的月份或只含一个“节气”的朔望月定作闰月，并以上一月的名称为名，称“闰某月”。

1995年农历八月份之后的一个月内（九月廿五日到十月廿三日）只有一个节气，就是十月九日的寒露，于是本月份就成为“闰八月”。1998年农历五月份（五月廿六到六月廿三）之后的一个月内（六月廿四日到七月廿二日）只有一个节气，就是七月七日（农历十四日）的“小暑”，于是本月份就成为“闰五月”。2001年农历四月份自四月二十三日起至五月二十二日止，包含了五月五日的“立夏”以及五月廿一日的“小满”，下个月的农历初一是五月廿三日，农历月底（廿九日）是六月二十日，仅包含六月五日的“芒种”，因此这个月就成为闰月，并以上个月为名，是“闰四月”。2004年则闰二月，因为农历三月某廿一日是初一，四月十九日也是初一，原本依序三月二十一日到四月十八日的一个月应该称为“农历三月”，但这一个月当中，只有“清明”一个节气，这个月便成为闰月，名称是闰前面一个月（也就是闰二月）。

由于春分到秋分期间，地球经过远日点，运动较慢，所以两个中气间隔的时间就长，而月亮绕地球的周期变化不大，因此不含中气的机会变大，闰月出现的机会就多些。古代历法家取冬至为一年的开始，自冬至点到次一年的冬至点整个回归年的时间平分为十二等份，每个分点称为“中气”，再将两个中气间的长度等分，其分点称为“节气”，十二个中气加十二个节气，统称为二十四节气。节气名称以黄河流域地区的寒暑变化及耕耘播种之农时命名。

农历十二月（腊月）时的地球在近日点附近，运动较快速，闰月出现的机会就少很多，想要过两个中秋节是可能的，而过两个“除夕”，就太难了。经过统计，从公元1849年起至2031年止，闰五月的次数最多；闰正月、闰十一月、闰十二月则没有发生过；闰九月则仅2014年发生一次。从统计表中亦可知，闰月的分布并无规律性。

三、农历每个月十五日都是满月吗?

农历十五日并不一定都满月，反而十六日满月的机会还大些。根据统计：自1981年起到2001年止共21年间，“望”发生在十四日者有二次(84年闰八月十四日、及73年五月十四日)，十五日者有97次，十六日者有123次，十七日者有39次。2000年的中秋节就没有满月，八月十七日的清晨3:39才满月。

四、为什么清明节的日期会变动?

清明节的日期是以清明的节气为准。因为岁差的影响，使春分点逐渐移动，每个节气的日期逐年往前移。根据统计结果：公元1901年至1943年间，清明节的日期为四月五日或六日；1944年至1975年间，清明节是四月五日；1976年至2000年则为四月四日或五日。2000年以后，闰年的清明节为四月四日；平年就在四月五日。2004年是闰年，清明节落在四月四日(18时43分)。

由于地球绕太阳公转时，地球的自转轴受到日、月引力的影响，而在空中做锥形运动，也就是物理学上所谓的进动(precession)现象，而造成岁差。陀螺的自转轴便是典型的进动现象。岁差现象使地轴在黄极转圆圈，周期大约25800年，春分点平均每年后退五十弧秒；现今太阳运行，每月占据的黄道十二星座，与三千多年以前发明的占星术，太阳所占据的星座已经不同；北极星也逐渐移动，在公元一万四千多年以后，织女星将成为北极星。

我国的历法采用阴阳合历，比起其他国家所采用的纯阳历或纯阴历都要精准，这是一门科学必备的条件与精神。历法与我们的生活息息相关，古代用来“日出而作，日入而息”，或用来作为祭祀的依据，表示对大自然的尊敬，对祖先的怀念；现代人用来作为放假过节的依据，讨论21世纪的第一道曙光在哪里看，可见天文与历法对生活仍带来很大的影响。

第三节 二十四节气常识

一、概要与起源

二十四节气起源于黄河流域，它是依据地球绕行太阳公转而产生的四季变化而确定的。它将春、夏、秋、冬四季之每一季均分为六个时段，亦即将一年均分为 24 个时段，每月 2 个。

其中，每月第一个节气为“节气”。

即：立春、惊蛰、清明、立夏、芒种、小暑、立秋、白露、寒露、立冬、大雪和小寒等 12 个节气；每月的第二个节气为“中气”，即：雨水、春分、谷雨、小满、夏至、大暑、处暑、秋分、霜降、小雪、冬至和大寒等 12 个节气。“节气”和“中气”交替出现，各历时大约 15 天。为了方便，现在人们把“节气”和“中气”统称为“节气”。

二十四节气反映了太阳的周年视运动，所以节气在现行的公历中日期基本固定，上半年在六日、二十一日，下半年在八日、二十三日，前后不差 1 ～ 2 天。为了便于记忆，人们编出了二十四节气歌诀：

二十四节气歌

春雨惊春清谷天，夏满芒夏暑相连。
秋处露秋寒霜降，冬雪雪冬小大寒。
上半年是六廿一，下半年逢八廿三。
这些就是交节日，最多相差一两天。

以节气为分界点，是应用的主要关键，学者必须重视。

二十四节气除了对农业生产提供参考之外，也表示了气候的变化与季节的轮替，现在已流传到世界许多地方。

二、二十四节气的传统含意

一、（正月）立春：春季开始；

二、雨水：降雨开始。

三、（二月）惊蛰：开始响雷，冬眠动物复苏；

四、春分：春季的中间，昼夜平分。

五、（三月）清明：气候温暖，天气清和明朗；

六、谷雨：降雨量增多，对谷类生长有利。

七、（四月）立夏：夏季开始；

八、小满：麦类等夏熟作物子粒逐渐饱满。

九、（五月）芒种：芒种忙种，麦类等有芒作物成熟；

十、夏至：夏天到，此时白天最长，夜晚最短。

十一、（六月）小暑：正当初伏前后，气候开始炎热；

十二、大暑：为一年中最炎热的时节。

十三、（七月）立秋：秋季开始，气温逐渐下降；

十四、处暑："处"有躲藏、终止的意思，表示炎热即将过去。

十五、（八月）白露：因夜间较凉，空气中的水气往往凝成露水；

十六、秋分：秋季的中间，昼夜平分。

十七、（九月）寒露：气温明显降低，夜间露水很凉；

十八、霜降：开始降霜。

二九、（十月）立冬：冬季开始；

二十、小雪：开始降雪。

二十一、（十一月）大雪：降雪较大；

二十二、冬至：进入"数九"寒天，白天短，夜晚长。

二十三、（十二月）小寒：气候已比较寒冷；

二十四、大寒：为一年中最冷的时节。

第二章　《易经》概要

第一节　《易经》的起源

《易经》最初来自古人的占筮记录，可以说是一部占辞汇编。起初有几种不同的本子，根据《周礼》记载，夏、商、周三代都有《易》。流传至今的只有周代之《易》，叫《周易》。《周易》后来被儒家奉为经典，故称为《易经》，并且冠居群经之首。

经过后人的进一步发挥，形成了《易经》的哲学体系，其影响难以估量，成为中华传统文化的基础，儒、道、墨、法、兵、名、阴阳等诸子百家思想的重要渊源，在世界文化史上也占有崇高地位。

《易经》是由一套象征符号系统六十四卦组成。最初用两个最基本的符号阳爻（–）和阴爻（--）来表示宇宙间万事万物的基本分类，分别象征天、地，男、女，阳、阴，刚、柔，动、静，升、降等，这是古人对宇宙万物矛盾现象直接观察而得的概念，象征着相互对立的一切事物和现象。

第二节　《易经》的“三圣”

一、伏羲画八卦，文王演周易，孔子作易传，合称为《易经》的“三圣”

伏羲是远古时代的部落酋长，据说是他把阳爻、阴爻排列起来，每三爻组成一卦（单卦）得出了八种排列方式，这就是先天八卦：乾、坤、震、巽、坎、离、艮、兑，分别象征自然界的八种基本事物：天、地、雷、风、水、火、山、泽。后来，八卦的卦象含义又扩充到类概念，代表八种类型诸多物象。

八卦是《易经》“假象喻意”表现形式的基础。至于八卦是否为伏羲所画，这传说很古老了，已无法查考。

二、周文王把八卦两两重叠，演变成了六十四卦（重卦），并且写了卦辞和爻辞，这就是后天八卦

这是《易经》象征符号系统形成的最后阶段，将八卦符号两两重叠、排列组合的结果是六十四种（8×8=64），这就是六十四卦。

八卦称为单卦，六十四卦称为重卦。六十四卦分别象征六十四种事物和现象的特定情态，而卦中六爻之间的复杂关系，又显示出各种事理的发展规律。

六十四卦的排列，也有规律可寻，始于乾、坤，终于既济、未济，相邻两卦则多以卦象互为倒置为次序。其中有卦体倒置而卦形不变者计八个，则以六爻之阴阳互换为次序。

总之，从六十四卦相承相受的排序中反映事物产生、发展的转化程序，这就形成了以阴阳爻为核心、以八卦为基础的符号象征体系。

这时，产生了解说六十四卦哲理卦爻辞。解说某一卦含义的话是卦辞。每一卦包含六爻，六十四卦共有三百八十四爻，解说每一爻含义的是爻辞。

六十四卦和卦爻辞的出现，意味着《易经》的“经文”已经完成。据说这一巨大工程是周文王之功，同时还有别的传说，现在也很难搞清楚了。

我们觉得，完成这项了不起的工程恐非一人之力，集众人之智慧，才写出了这部以占筮为表以哲理为里的、卦形符号与文字解说有机结合的特殊的哲理著作。

三、由于六十四卦的卦爻辞（即“经文”）写得太简单古奥，相传孔子又对经文加以必要的注释，这就是《易经》的“传文”

易传共有《文言》、《彖传》上下、《象传》上下、《系辞传》上下、《说卦传》、《序卦传》、《杂卦传》七种，计十篇，称为“十翼”。

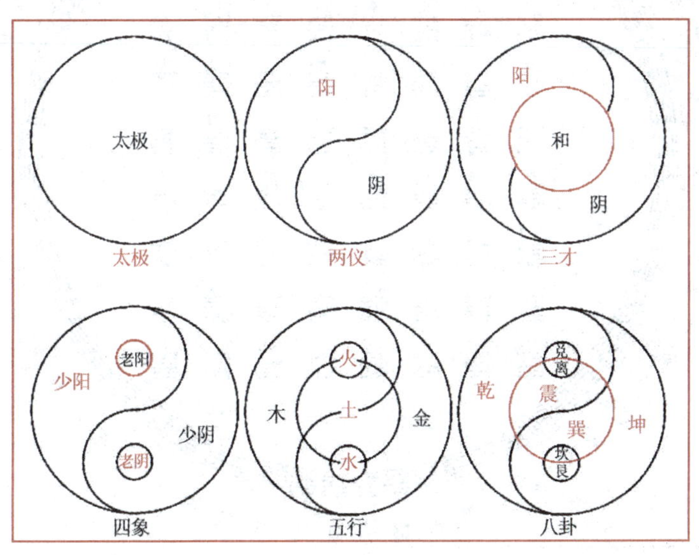

八卦演变图

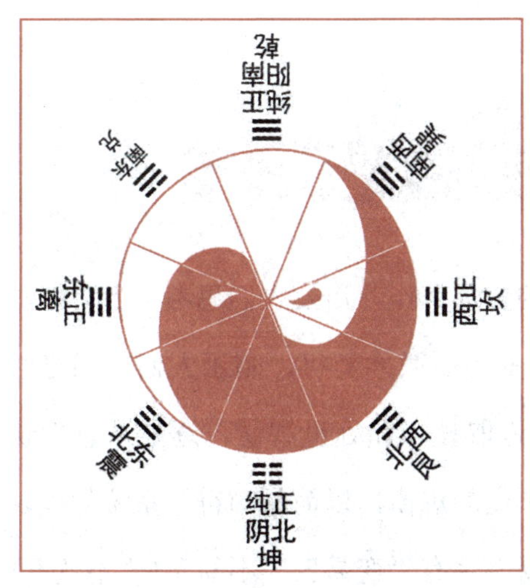

先天八卦图

后天八卦图

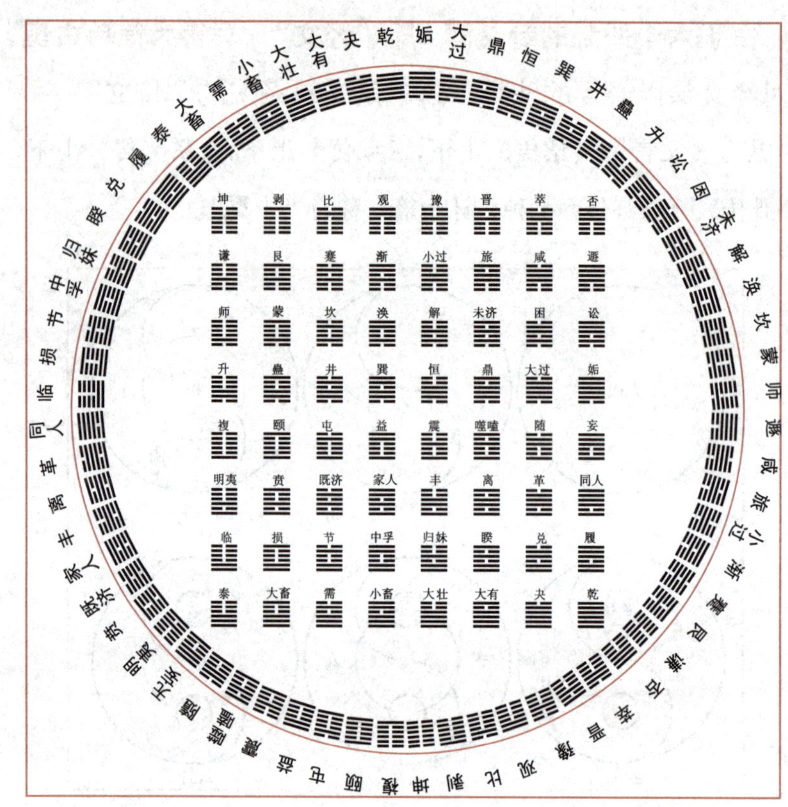

六十四卦方圆图

第三节 《易经》的现实意义

由古人的占筮记录发展成为体系完备的哲理著作，启发人们思考“当为”与“不当为”、“如何为”，启发人们研究事物变易的微妙契机，昭示人们在困难时避凶趋吉，在通泰时居安思危，从中积累进取技巧和处世智慧，逐渐从感性认识上升到理性认识，从千变万化中总结出不变的规律，以简易的符号系统加以表达，发展成《易经》的哲学体系。所以“易”字有“变易”、“不易”（“不变”）和“简易”三重含义。

《易经》被公认为一部古奥的奇书，它关系到哲学思想、天文地理、政治策略、军事计谋、伦理道德、行为科学、思维方式、人际关系、医学养生、信息预测、文艺美学等等，甚至现代的前沿科学如计算机软件、遗传密码、混沌理论、耗散结构等等，也可以从中得到启示。真是“仁者见之谓仁，智者见之谓智，百姓日用而不知”，总的说来，它当然是一部揭示万事万物发展变化规律的哲理著作，从中学到古老的人生哲学。

《易经》六十四卦可以视为有关社会人生问题的六十四个专题，三百八十四爻可以看作在三百八十四种处境中可能发生的情况和最佳对策。

《易经》，在古代是士大夫必读的高深教科书；在今天，仍不失为引导人们适应各种复杂环境的宝鉴，为人处世的指南，也可以说是一部完整的行为手册。

第四节 周易与中国历法起源

《易经》阴阳说之源，本源于自然，人们认知宇宙，以古天文时空、古天文历法规律为模式，特别是日、月加金、木、水、火、土五星组成的七政运行的规律为基础；把日作为阳之精，月作为阴之精，以日月每日一会的规律，构思成阴阳学说。

古人根据日月轮回，周而复始，形成了地球上昼夜交替、四季轮回的自然规律。定地面四仲即冬至、夏至、春分、秋分；后又把四仲发展到八节，即立春、春分，立夏、夏至，立秋、秋分，立冬、冬至。

“天生四时，地生万物”，地球上的万物无不遵循着这个自然周期规律生死存亡、兴衰与共。虽然万物之间的各自都有自身的生命周期，生命周期的长短各不相同，生命的形态与运动方式各不相同，但基本上都遵循着“春生、夏长、秋熟、冬亡”这一自然四季规律的轨迹，都会经历这四个大的生命阶段，日日更新，月月交替，年年轮回，亘古不变。

中华民族的祖先，早在几千年前就认识到了这一自然规律，因此，就从中悟出了集智慧之大成的《周易》理论。它从日月阴阳、四季轮回的自然规律中，领悟到宇宙万物起源、变化、发展的整个过程，并抽象成阴阳五行说、四季八卦论，以此来推演类比宇宙万物的整个生命历程。并指出阴阳运动、四季轮回规律是宇宙万物的普通规律。即所谓“阴阳者，天下之大理也；四时者，天下之大径也”，也就是说，宇宙万物都有阴阳两方面的特性，并在这两方面特性的相互作用、相互推动下向前发展演变，其演变发展的过程都要经过“起始、壮大、高潮、死亡”这四大阶段，这四大阶段正如“春生、夏长、秋成、冬亡”自然四季规律一样。这就是日月交替、四季轮回昭示给人类及万物简单而深刻的宇宙自然规律。这就是从宇宙天体运动规律总结抽象出来的天法、天规、天理、天道。古语说：“春生、夏长、秋成、冬藏，此天道之大径也”。因此，周易来源于日月四季，说的也是日月四季规律，只是后来它把这些抽象化、神秘化了。

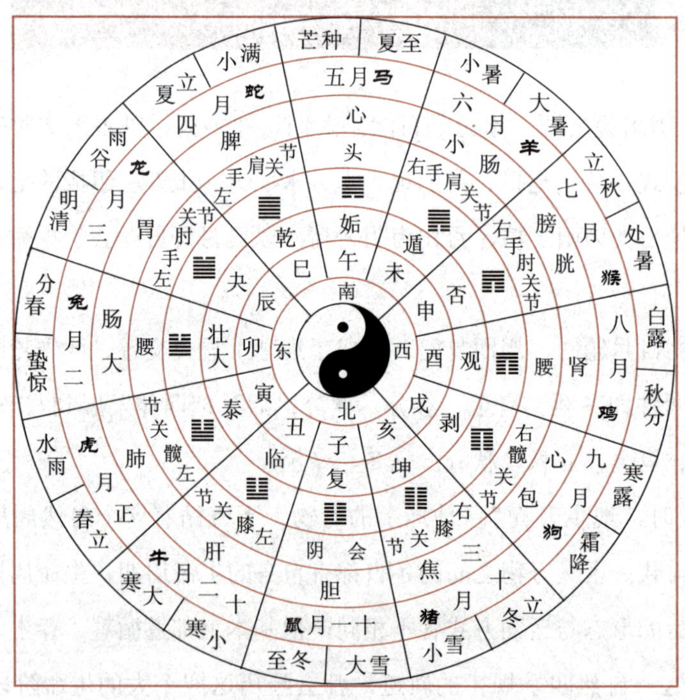

先后天八卦与二十四节气图

第三章　五行学说概要

第一节 什么是阴阳五行说

五行就是自然四季周期里万物的形态。五行说原来与《周易》原本是两种不同的理论学说，后来到了战国时期，这两种理论逐步融为一体，形成“阴阳五行说”，五行说成为了《周易》重要组成部分，同时用来阐述宇宙万物的起源与发展。

“天有四季时空周期，地有万物变化形态”，五行说有三层意思：一是宇宙万物都是由“金、木、水、火、土”五种物质组成的；二是这五种自然物质之间是相互运动、相互转化的；三是自然万物的变化形态基本上都是这五种形态。

五行的变化离不开自然四季周期或时空，而《周易》讲的又正是自然四季周期或时空，缺少物质的内容，所以这两种学说正好相互补充，自然而然也就融合在一起了，所以《皇帝内经》说：“是故阴阳五行四时者，万物之始终也，死生之根本也。”

第二节 五行特性

“木、火、土、金、水”五类物质有着各自不同的特性，简单来说就是：木有生长、向上的特性；火有炎热、向上的特性；土有生长、化育万物的特性；金有清净、肃杀、变革的特性；水有滋润、向下、自由扩散的特性。

它们之间的关系是：顺次相生，隔一相克。相生即是相互滋生、促进、助长的意思，木生火，火生土，土生金，金生水，水生木；相克即是相互制约、抑制、克服的意思，木克土，土克水，水克火，火克金，金克木。从中我们不难看出五行学说反映的正是客观世界中万事万物普通联系，但都有生克制化互相制约的规律。

第三节 五行亢乘、反侮

一、木：木旺得金，方成栋梁；木能生火，火多木焚；强木得火，方化其顽；木能克土，土多木折；土弱逢木，必为倾陷；木赖水生，水多木漂；水能生木，木多水缩。

二、火：火旺得土，方成相济；火能生土，土多火晦；强火得土，方止其焰；火能克金，金多火熄；金弱遇火，必见销熔；火赖木生，木多火炽；木能生火，火多木焚。

三、土：土旺得水，方能疏通；土能生金，金多土变；强土得金，方制其壅；土能克水，水多土流；水弱逢土，必为淤塞；土赖火生，火多土焦；火能生土，土多火晦。

四、金：金旺得火，方成器皿；金能生水，水多金沉；强金得水，方挫其锋；金能克木，木多金缺；木弱逢金，必为砍折；金赖土生，土多金埋；土能生金，金多土变。

五、水：水旺得土，方成池沼；水能生木，木多水缩；强水得木，方泄其势；水能克火，火多水干；火弱遇水，必不熄灭；水赖金生，金多水浊；金能生水，水多金沉。

五行相生相克图

五行所属事物配表

	五行方位	颜色	河图五行	洛书五行	五行身体	五行与四季	五行与天气
木	东方	青色	3、8	3、4	筋、眼睛、肝、胆	春	风
火	南方	赤色	2、7	9	脉、舌头、心脏、小肠	夏	暑
土	中央	黄色	5、0	2、5、8	肉、嘴巴、脾脏、胃	辰、未、戌、丑月的后十八天	湿
金	西方	白色	4、9	6、7	皮、鼻孔、肺脏、大肠	秋	燥
水	北方	黑色	1、6	1	骨、耳朵、肾脏、膀胱	冬	寒

五行旺相表

	春	夏	秋	冬	四季
木	旺	休	死	相	囚
火	相	旺	囚	死	休
土	死	相	休	囚	旺
金	囚	死	旺	休	相
水	休	囚	相	旺	死

第四章　天干和地支概要

在中国古代的历法中，甲、乙、丙、丁、戊、己、庚、辛、壬、癸被称为“十天干”；子、丑、寅、卯、辰、巳、午、未、申、酉、戌、亥叫作“十二地支”。两者按固定的顺序互相配合，组成了干支纪法。天干地支在中国古代主要用于纪日，此外还曾用来纪月、纪年、纪时等。根据现有的考古材料，古人早在殷商时代就开始用天干地支纪时，大概已有4000多年的历史。大约在战国末年，依据各国史官长期积累下来的材料编成的史书《世本》说：“容成作历，大桡作甲子”“二人皆黄帝之臣，盖自黄帝以来，始用甲子纪日，每六十日而甲子一周”。看来干支是大挠创制的，大挠“采五行之情，占斗机所建，始作甲乙以名日，谓之干；作子丑以名月，谓之枝，有事于天则用日，有事于地则用月，阴阳之别，故有枝干名也。”

第一节　天干配表

天干配表

	甲	乙	丙	丁	戊	己	庚	辛	壬	癸
配阴、阳	阳	阴	阳	阴	阳	阴	阳	阴	阳	阴
配五行	阳木	阴木	阳火	阴火	阳土	阴土	阳金	阴金	阳水	阴水
配四季	春		夏		长夏		秋		冬	
配方位	东方		南方		中央		西方		北方	
配五色	青色		赤色		黄色		白色		黑色	
配五脏六腑	胆	肝	小肠	心	胃	脾	大肠	肺	膀胱	肾

第二节 十天干相互关系表

十天干相互关系表					
天干相生	甲乙木生丙丁火	丙丁火生戊己土	戊己土生庚辛金	庚辛金生壬癸水	壬癸水生甲乙木
天干相克	甲乙木克戊己土	丙丁火克庚辛金	戊己土克壬癸水	庚辛金克甲乙木	壬癸水克丙丁火
天干相冲	甲与庚冲	乙与辛冲	丙与壬冲	丁与癸冲	戊己不冲
天干五合	甲与己化合土	乙与庚化合金	丙与辛化合水	丁与壬化合木	戊与癸化合火

第三节 地支配表

地支配表												
	子	丑	寅	卯	辰	巳	午	未	申	酉	戌	亥
配阴阳	阳	阴	阳	阴	阳	阴	阳	阴	阳	阴	阳	阴
配月建	十一月	十二月	正月	二月	三月	四月	五月	六月	七月	八月	九月	十月
配时辰	23-1	1-3	3-5	5-7	7-9	9-11	11-13	13-15	15-17	17-19	19-21	21-23
配四季	冬天		春天			夏天			秋天			冬天
	辰、戌、丑、未四个月为之季土。立春前十八天，丑土管事，谓之寒土；立夏前十八天，辰土管事，谓之湿土；立秋前十八天，未土管事，谓之暖土；立冬前十八天，戌土管事，谓之燥土。											
配五行	水	土	木	木	土	火	火	土	金	金	土	水
配属相	鼠	牛	虎	兔	龙	蛇	马	羊	猴	鸡	狗	猪
配方位	北方		东方			南方			西方			北

第四节 十二地支相互关系表

十二地支相互关系表						
地支合化	子与丑合化土	寅与亥合化木	卯与戌合化火	辰与酉合化金	巳与申合化水	午与未合化火
地支六合：必须两支贴近方可论合；六合可以解除六冲；六合化合之五行，命局所喜为吉论，所忌则以凶断；凶神被合，如若不化亦以吉论，反之亦以凶断。						
地支相冲	子午相冲	丑未相冲	寅申相冲	卯酉相冲	辰戌相冲	巳亥相冲
地支相害	子害未	丑害午	寅害巳	卯害辰	申害亥	酉害戌
地支相刑	子刑卯、卯刑子为无礼之刑	寅刑巳、巳刑申、申刑寅为持势之刑	丑刑戌、戌刑未、未刑丑为无恩之刑	辰、午、酉、亥为自刑	注：地支相刑，也是有吉有凶，是由于三合局加三会局的结果，只能作为一个参考条件，不能以此武断。	
地支三合	申子辰三合水局	亥卯未三合木局	寅午戌三合火局	巳酉丑三合金局	辰戌丑未四库合为土局 注：三合局之五行，其力量六合和半三合。	
地支三会	寅卯辰会成东方木局	巳午未会成南方火局	申酉戌会成西方金局	亥子丑会成北方水局	注：三会者，必须三支齐全，缺一不可，三会力量大于三合。	

第五节 六十甲子纳音与五行表

六十甲子纳音与五行表

阴阳	干支	纳音五行	干支	纳音五行	干支	纳音五行	干支	纳音五行	干支	纳音五行	干支	纳音五行
阳	1 甲子	海中金	11 甲戌	山头火	21 甲申	泉中水	31 甲午	沙中金	41 甲辰	佛灯火	51 甲寅	大溪水
阴	2 乙丑		12 乙亥		22 乙酉		32 乙未		42 乙巳		52 乙卯	
阳	3 丙寅	炉中火	13 丙子	洞下水	23 丙戌	屋上土	33 丙申	山下火	43 丙午	天河水	53 丙辰	沙中土
阴	4 丁卯		14 丁丑		24 丁亥		34 丁酉		44 丁未		54 丁巳	
阳	5 戊辰	大林木	15 戊寅	城墙土	25 戊子	霹雳火	35 戊戌	平地木	45 戊申	大驿土	55 戊午	天上火
阴	6 己巳		16 己卯		26 己丑		36 己亥		46 己酉		56 己未	
阳	7 庚午	路旁土	17 庚辰	白腊金	27 庚寅	松柏木	37 庚子	壁上土	47 庚戌	钗钏金	57 庚申	石榴木
阴	8 辛未		18 辛巳		28 辛卯		38 辛丑		48 辛亥		58 辛酉	
阳	9 壬申	剑锋金	19 壬午	杨柳木	29 壬辰	长流水	39 壬寅	金箔金	49 壬子	桑松木	59 壬戌	大海水
阴	10 癸酉		20 癸未		30 癸巳		40 癸卯		50 癸丑		60 癸亥	

第六节 六十甲子配卦表

六十甲子配卦表

六十甲子	六十四卦	玄空五行	卦运星数	六十甲子	六十四卦	玄空五行	卦运星数	六十甲子	六十四卦	玄空五行	卦运星数
甲子	坤	一水	一	丙子	颐	六水	三	戊子	屯	七火	四
乙丑	嗑	三木	六	丁丑	随	四金	七	己丑	无妄	九全	二
丙寅	家人	二火	四	戊寅	丰	八木	六	庚寅	离	三木	一
丁卯	损	六水	九	己卯	节	七火	八	辛卯	中孚	二火	三
戊辰	履	九金	六	庚辰	泰	一水	九	壬辰	大畜	六木	四
己巳	大壮	八木	二	辛巳	大有	三木	七	癸巳	夬	四金六	六
庚午	恒	八木	九	壬午	巽	二火	一	甲午	乾	九金	一
辛未	讼	九金	三	癸未	困	四金	八	乙未	井	七火	六
壬申	师	一水	七	甲申	未济	三木	九	丙申	解	八木	四
癸酉	渐	二火	七	乙酉	遁	九金	四	丁酉	咸	四金	九
甲戌	蹇	七火	二	丙戌	艮	六水	一	戊戌	谦	一水	六
乙亥	晋	三木	三	丁亥	豫	八木	八	己亥	观	二火	二
庚子	益	二大	九	壬子	震	八木	一	戊申	涣	二火	六
辛丑	明夷	一水	三	癸丑	贲	六水	八	己酉	旅	三木	八
壬寅	同人	九金	七	甲寅	既济	七火	九	庚戌	否	九金	九
癸卯	归妹	八木	七	乙卯	临	一水	四	辛亥	比	七火	七
甲辰	睽	三木	二	丙辰	兑	四金	一	庚申	坎	七火	一
乙巳	需	七火	三	丁巳	小畜	二火	八	辛酉	小过	八木	三
丙午	大过	四金	三	戊午	鼎	三木	四	壬戌	萃	四金	四
丁未	蛊	六水	七	己未	升	一水	二	癸亥	剥	六水	六

第五章　二十八星宿、七曜、星建概要

第一节　何为二十八星宿

二十八星宿，又名二十八舍或二十八星，它是我国古代人民为了便于观测日、月和五大行星（金、木、水、火、土）的运转而在黄道、赤道附近选出的二十八组恒星（共 182 颗恒星），由于它们环列在日月五星的四方，很像日月五星的栖宿场所，因此称之为二十八宿。二十八宿分居东、南、西、北四方，每方七宿。为了方便使用，人们又将之想象为四种不同的动物，分别是东方苍龙、南方朱雀、西方白虎、北方玄武（龟蛇）——也就是所谓的“四象”。

第二节　四象与二十八宿的对应

东方苍龙——角、亢、氐、房、心、尾、箕。

南方朱雀——井、鬼、柳、星、张、翼、轸。

西方白虎——奎、娄、胃、昴、毕、觜、参。

北方玄武——斗、牛、女、虚、危、室、壁。

进一步来说，每宿的具体位置如下：

一、东方苍龙七宿

1. 角宿：为东方七宿之首，有两颗星如苍龙的两角。龙角，乃斗杀之首冲，故多凶。

2. 亢宿：是东方第二宿，为苍龙的颈。龙颈，有龙角之护卫，变者带动全身，故多吉。

3. 氐宿：是东方第三宿，为苍龙之胸，万事万物皆了然于心。龙胸，乃龙之中心要害，重中之重，故多吉。

4. 房宿：为东方第四宿，为苍龙腹房，古人也称之为“天驷”，取龙为天马和房宿有四颗星之意。龙腹，五脏之所在，万物在这里被消化，故多凶。

5. 心宿：为东方第五宿，为苍龙腰部。龙腰，肾脏之所在，新陈代谢的源泉，不可等闲视之，故多凶。

6. 尾宿：为东方第六宿，尾宿九颗星形成苍龙之尾。龙尾，是斗杀中最易受到攻击部位，故多凶。

7. 箕宿：为东方最后一宿，为龙尾摆动所引发之旋风。故箕宿好风，一旦特别明亮就是起风的预兆，因此又代表好调弄是非的人物、主口舌之象，故多凶。

二、北方玄武七宿

8. 斗宿：为北方之首宿，因其星群组合状如斗而得名，古人又称“天庙”，是属于天子的星。天子之星常人是不可轻易冒犯的，故多凶。

9. 牛宿：为北方第二宿，因其星群组合如牛角而得名，其中最著名的是织女与牵牛星，虽然牛郎与织女的忠贞爱情能让数代人倾心感动，然最终还是无法逃脱悲剧性的结局，故牛宿多凶。

10. 女宿：为北方第三宿，其星群组合状如箕，亦似“女”字，古时妇女常用簸箕颠簸五谷，去弃糟粕留取精华，故女宿多吉。

11. 虚宿：为北方第四宿，古人称为“天节”。当半夜时虚宿居于南中正是冬至的节令。冬至一阳初生，为新的一年即将开始，如同子时一阳初生意味着新的一天开始一样，给人以美好的期待和希望，故虚宿多吉。

12. 危宿：为北方第五宿，居龟蛇尾部之处，故此而得名“危”（战斗中，断后者常常有危险）。危者，高也，高而有险，故危宿多凶。

13. 室宿：为北方第六宿，因其星群组合象房屋状而得名“室”（象一所覆盖龟蛇之上的房子），房屋乃居住之所，人之所需，故室宿多吉。

14. 壁宿：为北方第七宿，居室宿之外，形如室宿的围墙，故此而得名“壁”。墙壁，乃家园之屏障，故壁宿多吉。

三、西方白虎七宿

15. 奎宿：为西方第一宿，有天之府库的意思，故奎宿多吉。

16. 娄宿：为西方第二宿，娄，同“屡”，有聚众的含意，也有牧养众畜以供祭祀的意思，故娄宿多吉。

17. 胃宿：为西方第三宿，如同人体胃之作用一样，胃宿就象天的仓库屯积粮食，故胃宿多吉。

18. 昴宿：为西方第四宿，居白虎七宿的中央，在古文中西从卯，西为秋门，一切已收获入内，该是关门闭户的时候了，故昴宿多凶。

19. 毕宿：为西方第五宿，又名“罕车”，相当于边境的军队，又“毕”有“完全”之意，故毕宿多吉。

20. 觜宿：为西方第六宿，居白虎之口，口福之象征，故觜宿多吉。

21. 参宿：为西方第七宿，居白虎之前胸，虽居七宿之末但为最要害部位，故参宿多吉。

四、南方朱雀七宿

22. 井宿：为南方第一宿，其组合星群状如网，由此而得名“井”（井字如网状）。井宿就象一张迎头之网，又如一片无底汪洋，故井宿多凶。

23. 鬼宿：为南方第二宿，犹如一顶戴在朱雀头上的帽子，鸟类在受到惊吓时头顶羽毛成冠状，人们把最害怕而又并不存在的东西称作“鬼”，鬼宿因此而得名，主惊吓，故多凶。

24. 柳宿：为南方第三宿，居朱雀之嘴，其状如柳叶（鸟类嘴之形状大多如此），嘴为进食之用，故柳宿多吉。

25. 星宿：为南方第四宿，居朱雀之目，鸟类的眼睛多如星星般明亮，故由此而得名“星”。俗话说“眼里不揉沙子”，故星宿多凶。

26. 张宿：为南方第五宿，居朱雀身体与翅膀连接处，翅膀张开才意味着飞翔，民间常有“开张大吉”等说法，故张宿多吉。

27. 翼宿：为南方第六宿，居朱雀之翅膀之位，故而得名“翼”，鸟有了翅膀才能腾飞，翼宿多吉。

28. 轸宿：为南方第七宿，居朱雀之尾，鸟儿的尾巴是用来掌握方向的。古代称车箱底部后面的横木为“轸”，其部位与轸宿居朱雀之位相当，故此而得名。轸宿古称“天车”，“轸”有悲痛之意，故轸宿多凶。

第三节 七曜、二十八宿与禽星

一、何为七曜

中国古代将水星、金星、火星、木星和土星五大行星，再加上太阳和月亮，共七颗光耀的天体称为七曜，也称七政。其中水星，古又称“辰星”，是最接近太阳的行星；金星，又称“太白金星”，是除太阳和月亮外，肉眼可看到最亮之星，于黎明见于东方称“启明”，于黄昏见于西方称“长庚”；火星，由于其荧荧如火，位置和亮度又经常变化，令人迷惑，故又称之为“荧惑”；木星因其大约十二年绕太阳一周，故又名“岁星”，古人常以此纪年；土星又称“镇星”。此七曜星按照日曜、月曜、火曜、水曜、木曜、金曜、土曜的顺序周而复始运转不息，称为“星期”；分别与现代意义的星期日、星期一、星期二、星期三、星期四、星期五、星期六对应。

二、二十八宿如何与七曜、禽星、星建相配

我国唐代的历算家袁天罡把二十八宿和七曜及包括十二生肖在内的28种动物结合在一起，其对应关系如下：

1. 角—木蛟、亢—金龙、氐—土貉、房—日兔、心—月狐、尾—火虎、箕—水豹。
2. 井—木犴、鬼—金羊、柳—土獐、星—日马、张—月鹿、翼—火蛇、轸—水蚓。
3. 奎—木狼、娄—金狗、胃—土雉、昴—日鸡、毕—月乌、觜—火猴、参—水猿。
4. 斗—木獬、牛—金牛、女—土蝠、虚—日鼠、危—月燕、室—火猪、壁—水貐。

三、二十八宿的值日规律

以二十八宿轮流值日记日法，是以一宿代表一日，二十八宿代表二十八日，周而复始。二十八日为一个周期，正好四个星期轮流一个周期。故可根据以下规律推算某日对应的星宿。

古人对二十八宿星的研究特别重视，最权威的“历书”上，在每一日的日干支下面都记载上二十八宿某星值日，但这些星宿，到底是怎样推算出来的，诸书都没有记载。民间一些搞择吉专业的人大多得自师传，他们只要知道今天是什么干支，就可不用思索地说出某天是什么星宿值日，但由于师规严谨，对此术都不准外传。笔者为了宏扬传统文化，现将宿星与天干地支的关系简捷的推算方法再重述一下：

二十八宿星是由金、木、水、火、土五星及日、月七个字组合而成的，五星中每一行统管四个字，日与月也同是一样。

如角、斗、奎、井四个字属木星；

亢、牛、娄、鬼四个皆属金星；

氐、女、胃、柳四个字皆属土星；

房、虚、昴、星四个字属“日”字管辖；

心、危、毕、张、又属“月”字管辖，

尾、室、觜、翼皆属火星；

箕、壁、参、轸、皆属水星。

在推算时只需知道星期日这天是什么干支，即可知其任何一日是哪一宿值日，但需熟记以下几句歌诀：

欲知宿星谁值坛，
金口妙诀记心间。
寅午戌日星日马，
亥卯未日鸡出栏。
申子辰日虚日鼠，
巳酉丑日兔下山。

以此之法来推算，万年不用把书翻。

例如：求 2014 年农历甲午年，正月初八是二十八宿星何星值坛？其法是要知道正月初八这天是何日干支又是星期几，即知那天是何星执坛。知其该日的日干支是“己酉”，歌诀中有“巳酉丑日兔下山”之句，那么这天即是“兔下山”值坛，已知正月初八是娄，顺着向下推，星期六是胃星、星期二是昴星……

再查该年农历六月十八日是二十八宿星何星值日？先看六月十八日那天是星期几，再回过头来看星期日那天是什么干支，其查法必须从星期日算起，余仿此。

查星期日有一个速记法，如三月初一是星期日，按捷径查法，初一、初八、十五、二十二、二十九同是星期日，如初一是星期日，初二是星期一、初三是星期二……

第四节 建除十二神

一、何为建除十二神

建除十二神，又称建除十二客或建除十二直，指建、除、满、平、定、执、破、危、成、收、开、闭十二神。因为最先两神，名称为建、除，所以这种排列的神杀，便称之为建除十二神。

最初是象征十二辰，关涉月的吉凶，后来又转化为日的吉凶。关于它们的由来，《协纪辨方书》作过这样的解释："建"乃一月之主，所以从"建"起义。"建"之后为"除"，"除旧布新"。由一而生二，二而生三，三为数之极，所以叫"满"。满则必溢，溢则平，故"满"后为"平"。平则定，定则可执，所以相继为"定"为"执"。执是守成之意，而物无成不毁，所以继之以"破"。破则知危，知危则事能成，事成则必有收获，所以"破"之后为"危"为"成"为"收"。由"建"至"收"，数恰为十，十为极数，然数无终极之理，势必要"开"。开不可太过，须加约束，受之以"闭"。"唯其能闭，故复能建"，周而得始。按旧时说法，建除十二位神祇，各有吉凶，但历代看法不尽一致，通常认为：逢除、危、定、执、成、开时日子为吉，逢建、满、平、破、收、闭的日子为凶。最常见的一种说法如下文所述。

二、建除十二神吉凶含义

建除十二神主要用来与十二地支相配，用以指导一年十二个月每日的吉凶安排，达到趋吉避凶的目的。其吉凶含义大体如下：

建日——健旺之气。宜入学、出行、赴任、祭祀，如寄履历表求职，或到上司家拜访，宜选此建日；忌动土、开仓。

除日——为除旧布新之象。宜祭祀、祈福、求医、交易、嫁娶，如有久病想找个日子换医生试试不妨选择除日；忌出行、移徙，逢除日不到上司家，以免吃力不讨好，新官上任更不可选在除日，以免官运受阻，断送前程。

满日——为丰收圆满之意。宜祭祀、祈福、结亲、开市、求财，如好友想结拜成兄弟，或准备替小孩认干爹，选择满日最好；忌动土、移徙。

平日——平者平常也，无凶无吉之日。宜祭祀、动土、修饰；忌开渠。

定日——定为不动。宜祭祀、祈福，如在此日做计划性的工作最好；忌官讼、出行、词讼。

执日——为固执之意，执持操守也。宜祭祀、祈福、捕捉，如司法警察人员，选择执日抓人最好不过；忌开市、交易、移居、出行。

破日——为破败之日。宜破屋、求医；忌诸吉之事。

危日——为危险之意。宜祭祀、祈福；忌迁移、登高，喜登山踏青的朋友，逢危日就应该特别小心。

成日——为成功、成就、结果之意。宜开市、嫁娶、求医、移徙、出行、立约；忌官讼、词讼。

收日——为收成之意。宜祭祀、祈福、入学、纳财；忌出行、行丧。

开日——为开放、开心之意。宜开市、嫁娶、祭祀、祈福；忌动土。

闭日——坚固之意。宜祭祀、纳财、塞穴、筑堤；忌开市、嫁娶、出行、动土。

三、建除十二神的值日规律

我们知道建除十二神的顺序为建、除、满、平、定、执、破、危、成、收、开、闭，那么在择吉日时它们是如何与纪日之地支相配的呢？

建除十二神与地支的配合与破军星所指方向有关。破军星为北斗七星的斗柄之头，在正月节（立春）那天初昏，其前端指向寅方，因此把该月份的第一个寅日定为建（注意不是将立春这天定为建），称之为建寅，然后按十二神的次序逐日顺行，即卯日为除，辰日为满，巳日为平，午日为定……。二月节（惊蛰）初昏其前端指向卯方，把该月份的第一个卯日定为建，称之为建卯，然后逐日顺行，即辰日为除，巳日为满……依此类推，三月节（春分）破军星指向辰，故以第一个辰日为建，四月节以第一个巳日为建，五月节建午，六月节建未等等。

需要注意的是每月节气那天的十二神，要重复其前日的十二神，如公历的2009年的12月7日为大雪，其前一天的12月6日十二神为开，所以12月7日的十二神也为开。这样过完十二节气即一年后，十二支又和十二神一致，正月寅日的十二神仍为“建”。

简单来说，十二神的值日规律就是每年从立春后第一个寅日起“建”，按顺序一天一位，逢节重复前一日的神值。

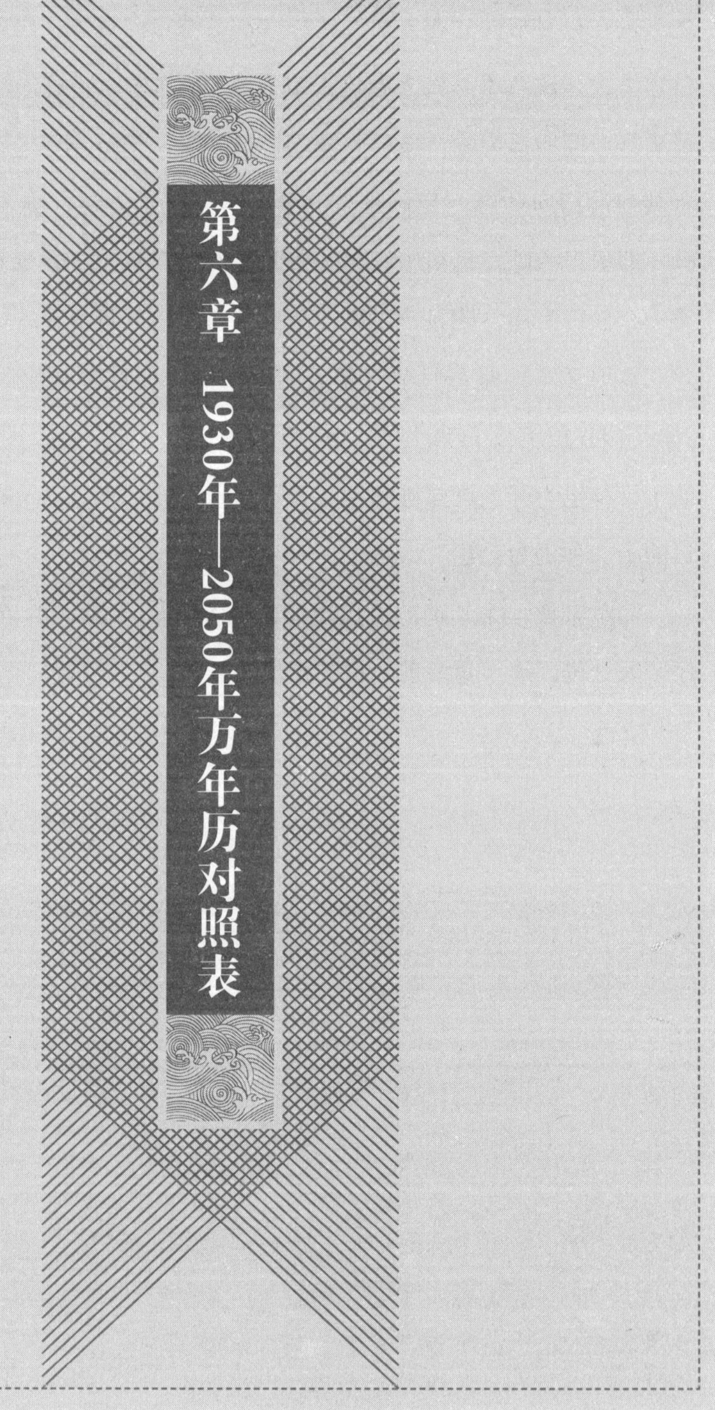

第六章 1930年——2050年万年历对照表

第六章　1930 年～2050 年万年历对照详表

<table>
<tr><td>岁次：庚午</td><td colspan="3">公元 1930 年（路旁土）</td><td>金马</td></tr>
<tr><td>太岁：王济</td><td>年七赤星</td><td>雷风恒卦</td><td>八木九运</td><td>室</td></tr>
</table>

正月小建戊寅牛宿　（八白）

节气：立春初六日二十时五十二分
雨水廿一日十七时零分

公历	30	31	二月	2	3	4	5	6	7	8	9	10	11	12	13	14	15	16	17	18	19	20	21	22	23	24	25	26	27
农历	一	二	三	四	五	六	七	八	九	十	十一	十二	十三	十四	十五	十六	十七	十八	十九	二十	廿一	廿二	廿三	廿四	廿五	廿六	廿七	廿八	廿九
星期	四	五	六	日	一	二	三	四	五	六	日	一	二	三	四	五	六	日	一	二	三	四	五	六	日	一	二	三	四
干支	庚辰	辛巳	壬午	癸未	甲申	乙酉	丙戌	丁亥	戊子	己丑	庚寅	辛卯	壬辰	癸巳	甲午	乙未	丙申	丁酉	戊戌	己亥	庚子	辛丑	壬寅	癸卯	甲辰	乙巳	丙午	丁未	戊申
五行	金	金	木	木	水	水	土	土	火	火	木	木	水	水	金	金	火	火	木	木	土	土	金	金	火	火	水	水	土
建星	平	定	执	破	危	危	成	收	开	闭	建	除	满	平	定	执	破	危	成	收	开	闭	建	除	满	平	定	执	破
廿八宿	奎	娄	胃	昴	毕	觜	参	井	鬼	柳	星	张	翼	轸	角	亢	氐	房	心	尾	箕	斗	牛	女	虚	危	室	壁	奎

二月大建己卯女宿　（七赤）

节气：惊蛰初七日十五时十七分
春分廿二日十六时卅分

公历	28	三月	2	3	4	5	6	7	8	9	10	11	12	13	14	15	16	17	18	19	20	21	22	23	24	25	26	27	28	29
农历	一	二	三	四	五	六	七	八	九	十	十一	十二	十三	十四	十五	十六	十七	十八	十九	二十	廿一	廿二	廿三	廿四	廿五	廿六	廿七	廿八	廿九	三十
星期	五	六	日	一	二	三	四	五	六	日	一	二	三	四	五	六	日	一	二	三	四	五	六	日	一	二	三	四	五	六
干支	己酉	庚戌	辛亥	壬子	癸丑	甲寅	乙卯	丙辰	丁巳	戊午	己未	庚申	辛酉	壬戌	癸亥	甲子	乙丑	丙寅	丁卯	戊辰	己巳	庚午	辛未	壬申	癸酉	甲戌	乙亥	丙子	丁丑	戊寅
五行	土	金	金	木	木	水	水	土	土	火	火	木	木	水	水	金	金	火	火	木	木	土	土	金	金	火	火	水	水	土
建星	危	成	收	开	闭	建	建	除	满	平	定	执	破	危	成	收	开	闭	建	除	满	平	定	执	破	危	成	收	开	闭
廿八宿	娄	胃	昴	毕	觜	参	井	鬼	柳	星	张	翼	轸	角	亢	氐	房	心	尾	箕	斗	牛	女	虚	危	室	壁	奎	娄	胃

三月大建庚辰虚宿　（六白）

节气：清明初七日二十时卅八分
谷雨廿三日四时七分

公历	30	31	四月	2	3	4	5	6	7	8	9	10	11	12	13	14	15	16	17	18	19	20	21	22	23	24	25	26	27	28
农历	一	二	三	四	五	六	七	八	九	十	十一	十二	十三	十四	十五	十六	十七	十八	十九	二十	廿一	廿二	廿三	廿四	廿五	廿六	廿七	廿八	廿九	三十
星期	日	一	二	三	四	五	六	日	一	二	三	四	五	六	日	一	二	三	四	五	六	日	一	二	三	四	五	六	日	一
干支	己卯	庚辰	辛巳	壬午	癸未	甲申	乙酉	丙戌	丁亥	戊子	己丑	庚寅	辛卯	壬辰	癸巳	甲午	乙未	丙申	丁酉	戊戌	己亥	庚子	辛丑	壬寅	癸卯	甲辰	乙巳	丙午	丁未	戊申
五行	土	金	金	木	木	水	水	土	土	火	火	木	木	水	水	金	金	火	火	木	木	土	土	金	金	火	火	水	水	土
建星	建	除	满	平	定	执	执	破	危	成	收	开	闭	建	除	满	平	定	执	破	危	成	收	开	闭	建	除	满	平	定
廿八宿	昴	毕	觜	参	井	鬼	柳	星	张	翼	轸	角	亢	氐	房	心	尾	箕	斗	牛	女	虚	危	室	壁	奎	娄	胃	昴	毕

第六章 1930 年～2050 年万年历对照详表

岁次：庚午	公元 1930 年（路旁土）			金马
太岁：王济	年七赤星	雷风恒卦	八木九运	室

四月小建辛巳危宿 （五黄）

节气：立夏初八日十四时廿八分
小满廿四日三时四十三分

公历	29	30	五月	2	3	4	5	6	7	8	9	10	11	12	13	14	15	16	17	18	19	20	21	22	23	24	25	26	27	
农历	一	二	三	四	五	六	七	八	九	十	十一	十二	十三	十四	十五	十六	十七	十八	十九	二十	廿一	廿二	廿三	廿四	廿五	廿六	廿七	廿八	廿九	
星期	二	三	四	五	六	日	一	二	三	四	五	六	日	一	二	三	四	五	六	日	一	二	三	四	五	六	日	一	二	
干支	己酉	庚戌	辛亥	壬子	癸丑	甲寅	乙卯	丙辰	丁巳	戊午	己未	庚申	辛酉	壬戌	癸亥	甲子	乙丑	丙寅	丁卯	戊辰	己巳	庚午	辛未	壬申	癸酉	甲戌	乙亥	丙子	丁丑	
五行	土	金	金	木	木	水	水	土	土	火	火	木	木	水	水	金	金	火	火	木	木	土	土	金	金	火	火	水	水	
建星	执	破	危	成	收	开	闭	闭	建	除	满	平	定	执	破	危	成	收	开	闭	建	除	满	平	定	执	破	危	成	
廿八宿	觜	参	井	鬼	柳	星	张	翼	轸	角	亢	氐	房	心	尾	箕	斗	牛	女	虚	危	室	壁	奎	娄	胃	昴	毕	觜	

五月小建壬午室宿 （四绿）

节气：芒种初十日十八时五十九分
夏至廿六日十一时五十四分

公历	28	29	30	31	六月	2	3	4	5	6	7	8	9	10	11	12	13	14	15	16	17	18	19	20	21	22	23	24	25	
农历	一	二	三	四	五	六	七	八	九	十	十一	十二	十三	十四	十五	十六	十七	十八	十九	二十	廿一	廿二	廿三	廿四	廿五	廿六	廿七	廿八	廿九	
星期	三	四	五	六	日	一	二	三	四	五	六	日	一	二	三	四	五	六	日	一	二	三	四	五	六	日	一	二	三	
干支	戊寅	己卯	庚辰	辛巳	壬午	癸未	甲申	乙酉	丙戌	丁亥	戊子	己丑	庚寅	辛卯	壬辰	癸巳	甲午	乙未	丙申	丁酉	戊戌	己亥	庚子	辛丑	壬寅	癸卯	甲辰	乙巳	丙午	
五行	土	土	金	金	木	木	水	水	土	土	火	火	木	木	水	水	金	金	火	火	木	木	土	土	金	金	火	火	水	
建星	收	开	闭	建	除	满	平	定	执	执	破	危	成	收	开	闭	建	除	满	平	定	执	破	危	成	收	开	闭	建	
廿八宿	参	井	鬼	柳	星	张	翼	轸	角	亢	氐	房	心	尾	箕	斗	牛	女	虚	危	室	壁	奎	娄	胃	昴	毕	觜	参	

六月大建癸未壁宿 （三碧）

节气：小暑十三日五时二十分
大暑廿八日廿二时四十二分

公历	26	27	28	29	30	七月	2	3	4	5	6	7	8	9	10	11	12	13	14	15	16	17	18	19	20	21	22	23	24	25
农历	一	二	三	四	五	六	七	八	九	十	十一	十二	十三	十四	十五	十六	十七	十八	十九	二十	廿一	廿二	廿三	廿四	廿五	廿六	廿七	廿八	廿九	三十
星期	四	五	六	日	一	二	三	四	五	六	日	一	二	三	四	五	六	日	一	二	三	四	五	六	日	一	二	三	四	五
干支	丁未	戊申	己酉	庚戌	辛亥	壬子	癸丑	甲寅	乙卯	丙辰	丁巳	戊午	己未	庚申	辛酉	壬戌	癸亥	甲子	乙丑	丙寅	丁卯	戊辰	己巳	庚午	辛未	壬申	癸酉	甲戌	乙亥	丙子
五行	水	土	土	金	金	木	木	水	水	土	土	火	火	木	木	水	水	金	金	火	火	木	木	土	土	金	金	火	火	水
建星	除	满	平	定	执	破	危	成	收	开	闭	建	建	除	满	平	定	执	破	危	成	收	开	闭	建	除	满	平	定	执
廿八宿	井	鬼	柳	星	张	翼	轸	角	亢	氐	房	心	尾	箕	斗	牛	女	虚	危	室	壁	奎	娄	胃	昴	毕	觜	参	井	鬼

岁次：庚午	公元 1930 年（路旁土）		金马
太岁：王济	年七赤星	雷风恒卦	八木九运	室

闰六月小 　　节气：立秋十四日十四时五十七分

公历	26	27	28	29	30	31	八月	2	3	4	5	6	7	8	9	10	11	12	13	14	15	16	17	18	19	20	21	22	23
农历	一	二	三	四	五	六	七	八	九	十	十一	十二	十三	十四	十五	十六	十七	十八	十九	二十	廿一	廿二	廿三	廿四	廿五	廿六	廿七	廿八	廿九
星期	六	日	一	二	三	四	五	六	日	一	二	三	四	五	六	日	一	二	三	四	五	六	日	一	二	三	四	五	六
干支	丁丑	戊寅	己卯	庚辰	辛巳	壬午	癸未	甲申	乙酉	丙戌	丁亥	戊子	己丑	庚寅	辛卯	壬辰	癸巳	甲午	乙未	丙申	丁酉	戊戌	己亥	庚子	辛丑	壬寅	癸卯	甲辰	乙巳
五行	水	土	土	金	金	木	木	水	水	土	土	火	火	木	木	水	水	金	金	火	火	木	木	土	土	金	金	火	火
建星	破	危	成	收	开	闭	建	除	满	平	定	执	破	破	危	成	收	开	闭	建	除	满	平	定	执	破	危	成	收
廿八宿	柳	星	张	翼	轸	角	亢	氐	房	心	尾	箕	斗	牛	女	虚	危	室	壁	奎	娄	胃	昴	毕	觜	参	井	鬼	柳

七月小建甲申奎宿 （二黑） 　　节气：处暑初一日五时二十七分
白露十六日十七时二十九分

公历	24	25	26	27	28	29	30	31	九月	2	3	4	5	6	7	8	9	10	11	12	13	14	15	16	17	18	19	20	21
农历	一	二	三	四	五	六	七	八	九	十	十一	十二	十三	十四	十五	十六	十七	十八	十九	二十	廿一	廿二	廿三	廿四	廿五	廿六	廿七	廿八	廿九
星期	日	一	二	三	四	五	六	日	一	二	三	四	五	六	日	一	二	三	四	五	六	日	一	二	三	四	五	六	日
干支	丙午	丁未	戊申	己酉	庚戌	辛亥	壬子	癸丑	甲寅	乙卯	丙辰	丁巳	戊午	己未	庚申	辛酉	壬戌	癸亥	甲子	乙丑	丙寅	丁卯	戊辰	己巳	庚午	辛未	壬申	癸酉	甲戌
五行	水	水	土	土	金	金	木	木	水	水	土	土	火	火	木	木	水	水	金	金	火	火	木	木	土	土	金	金	火
建星	开	闭	建	除	满	平	定	执	破	危	成	收	开	闭	建	建	除	满	平	定	执	破	危	成	收	开	闭	建	除
廿八宿	星	张	翼	轸	角	亢	氐	房	心	尾	箕	斗	牛	女	虚	危	室	壁	奎	娄	胃	昴	毕	觜	参	井	鬼	柳	星

八月大建乙酉娄宿 （一白） 　　节气：秋分初三日二时卅七分
寒露十八日八时卅八分

公历	22	23	24	25	26	27	28	29	30	十月	2	3	4	5	6	7	8	9	10	11	12	13	14	15	16	17	18	19	20	21
农历	一	二	三	四	五	六	七	八	九	十	十一	十二	十三	十四	十五	十六	十七	十八	十九	二十	廿一	廿二	廿三	廿四	廿五	廿六	廿七	廿八	廿九	三十
星期	一	二	三	四	五	六	日	一	二	三	四	五	六	日	一	二	三	四	五	六	日	一	二	三	四	五	六	日	一	二
干支	乙亥	丙子	丁丑	戊寅	己卯	庚辰	辛巳	壬午	癸未	甲申	乙酉	丙戌	丁亥	戊子	己丑	庚寅	辛卯	壬辰	癸巳	甲午	乙未	丙申	丁酉	戊戌	己亥	庚子	辛丑	壬寅	癸卯	甲辰
五行	火	水	水	土	土	金	金	木	木	水	水	土	土	火	火	木	木	水	水	金	金	火	火	木	木	土	土	金	金	火
建星	满	平	定	执	破	危	成	收	开	闭	建	除	满	平	定	执	破	破	危	成	收	开	闭	建	除	满	平	定	执	破
廿八宿	张	翼	轸	角	亢	氐	房	心	尾	箕	斗	牛	女	虚	危	室	壁	奎	娄	胃	昴	毕	觜	参	井	鬼	柳	星	张	翼

岁次:庚午	公元 1930 年(路旁土)			金马
太岁:王济	年七赤星	雷风恒卦	八木九运	室

九月小建丙戌胃宿 (九紫) 节气:霜降 初三日十一时廿七分 立冬 十八日十一时廿十分

公历	22	23	24	25	26	27	28	29	30	31	11月	2	3	4	5	6	7	8	9	10	11	12	13	14	15	16	17	18	19
农历	一	二	三	四	五	六	七	八	九	十	十一	十二	十三	十四	十五	十六	十七	十八	十九	二十	廿一	廿二	廿三	廿四	廿五	廿六	廿七	廿八	廿九
星期	三	四	五	六	日	一	二	三	四	五	六	日	一	二	三	四	五	六	日	一	二	三	四	五	六	日	一	二	三
干支	乙巳	丙午	丁未	戊申	己酉	庚戌	辛亥	壬子	癸丑	甲寅	乙卯	丙辰	丁巳	戊午	己未	庚申	辛酉	壬戌	癸亥	甲子	乙丑	丙寅	丁卯	戊辰	己巳	庚午	辛未	壬申	癸酉
五行	火	水	水	土	土	金	金	木	木	水	水	土	土	火	火	木	木	水	水	金	金	火	火	木	木	土	土	金	金
建星	危	成	收	开	闭	建	除	满	平	定	执	破	危	成	收	开	闭	闭	建	除	满	平	定	执	破	危	成	收	开
廿八宿	轸	角	亢	氐	房	心	尾	箕	斗	牛	女	虚	危	室	壁	奎	娄	胃	昴	毕	觜	参	井	鬼	柳	星	张	翼	轸

十月大建丁亥昴宿 (八白) 节气:小雪 初四日八时卅五分 大雪 十九日三时五十分

公历	20	21	22	23	24	25	26	27	28	29	30	12月	2	3	4	5	6	7	8	9	10	11	12	13	14	15	16	17	18	19
农历	一	二	三	四	五	六	七	八	九	十	十一	十二	十三	十四	十五	十六	十七	十八	十九	二十	廿一	廿二	廿三	廿四	廿五	廿六	廿七	廿八	廿九	三十
星期	四	五	六	日	一	二	三	四	五	六	日	一	二	三	四	五	六	日	一	二	三	四	五	六	日	一	二	三	四	五
干支	甲戌	乙亥	丙子	丁丑	戊寅	己卯	庚辰	辛巳	壬午	癸未	甲申	乙酉	丙戌	丁亥	戊子	己丑	庚寅	辛卯	壬辰	癸巳	甲午	乙未	丙申	丁酉	戊戌	己亥	庚子	辛丑	壬寅	癸卯
五行	火	火	水	水	土	土	金	金	木	木	水	水	土	土	火	火	木	木	水	水	金	金	火	火	木	木	土	土	金	金
建星	闭	建	除	满	平	定	执	破	危	成	收	开	闭	建	除	满	平	定	定	执	破	危	成	收	开	闭	建	除	满	平
廿八宿	角	亢	氐	房	心	尾	箕	斗	牛	女	虚	危	室	壁	奎	娄	胃	昴	毕	觜	参	井	鬼	柳	星	张	翼	轸	角	亢

十一月大建戊子毕宿 (七赤) 节气:冬至 初三日廿一时十二分 小寒 十八日十四时五十六分

公历	20	21	22	23	24	25	26	27	28	29	30	31	一月	2	3	4	5	6	7	8	9	10	11	12	13	14	15	16	17	18
农历	一	二	三	四	五	六	七	八	九	十	十一	十二	十三	十四	十五	十六	十七	十八	十九	二十	廿一	廿二	廿三	廿四	廿五	廿六	廿七	廿八	廿九	三十
星期	六	日	一	二	三	四	五	六	日	一	二	三	四	五	六	日	一	二	三	四	五	六	日	一	二	三	四	五	六	日
干支	甲辰	乙巳	丙午	丁未	戊申	己酉	庚戌	辛亥	壬子	癸丑	甲寅	乙卯	丙辰	丁巳	戊午	己未	庚申	辛酉	壬戌	癸亥	甲子	乙丑	丙寅	丁卯	戊辰	己巳	庚午	辛未	壬申	癸酉
五行	火	火	水	水	土	土	金	金	木	木	水	水	土	土	火	火	木	木	水	水	金	金	火	火	木	木	土	土	金	金
建星	定	执	破	危	成	收	开	闭	建	除	满	平	定	执	破	危	成	成	收	开	闭	建	除	满	平	定	执	破	危	成
廿八宿	氐	房	心	尾	箕	斗	牛	女	虚	危	室	壁	奎	娄	胃	昴	毕	觜	参	井	鬼	柳	星	张	翼	轸	角	亢	氐	房

十二月小建己丑觜宿 (六白) 节气:大寒 初三日八时十八分 立春 十八日二时四十一分

公历	19	20	21	22	23	24	25	26	27	28	29	30	31	二月	2	3	4	5	6	7	8	9	10	11	12	13	14	15	16
农历	一	二	三	四	五	六	七	八	九	十	十一	十二	十三	十四	十五	十六	十七	十八	十九	二十	廿一	廿二	廿三	廿四	廿五	廿六	廿七	廿八	廿九
星期	一	二	三	四	五	六	日	一	二	三	四	五	六	日	一	二	三	四	五	六	日	一	二	三	四	五	六	日	一
干支	甲戌	乙亥	丙子	丁丑	戊寅	己卯	庚辰	辛巳	壬午	癸未	甲申	乙酉	丙戌	丁亥	戊子	己丑	庚寅	辛卯	壬辰	癸巳	甲午	乙未	丙申	丁酉	戊戌	己亥	庚子	辛丑	壬寅
五行	火	火	水	水	土	土	金	金	木	木	水	水	土	土	火	火	木	木	水	水	金	金	火	火	木	木	土	土	金
建星	收	开	闭	建	除	满	平	定	执	破	危	成	收	开	闭	建	除	除	满	平	定	执	破	危	成	收	开	闭	建
廿八宿	心	尾	箕	斗	牛	女	虚	危	室	壁	奎	娄	胃	昴	毕	觜	参	井	鬼	柳	星	张	翼	轸	角	亢	氐	房	心

岁次:辛未	公元1931年(路旁土)			金羊
太岁:李素	年六白星	天水讼卦	九金三运	壁

正月大建庚寅参宿 (五黄)

节气:雨水初三日廿二时四十一分
惊蛰十八日廿一时三分

公历	17	18	19	20	21	22	23	24	25	26	27	28	三月	2	3	4	5	6	7	8	9	10	11	12	13	14	15	16	17	18
农历	一	二	三	四	五	六	七	八	九	十	十一	十二	十三	十四	十五	十六	十七	十八	十九	二十	廿一	廿二	廿三	廿四	廿五	廿六	廿七	廿八	廿九	三十
星期	二	三	四	五	六	日	一	二	三	四	五	六	日	一	二	三	四	五	六	日	一	二	三	四	五	六	日	一	二	三
干支	癸卯	甲辰	乙巳	丙午	丁未	戊申	己酉	庚戌	辛亥	壬子	癸丑	甲寅	乙卯	丙辰	丁巳	戊午	己未	庚申	辛酉	壬戌	癸亥	甲子	乙丑	丙寅	丁卯	戊辰	己巳	庚午	辛未	壬申
五行	金	火	火	水	水	土	土	金	金	木	木	水	水	土	土	火	火	木	木	水	水	金	金	火	火	木	木	土	土	金
建星	除	满	平	定	执	破	危	成	收	开	闭	建	除	满	平	定	执	执	破	危	成	收	开	闭	建	除	满	平	定	执
廿八宿	尾	箕	斗	牛	女	虚	危	室	壁	奎	娄	胃	昴	毕	觜	参	井	鬼	柳	星	张	翼	轸	角	亢	氐	房	心	尾	箕

二月大建辛卯井宿 (四绿)

节气:春分初三日廿二时七分
清明十九日二时二十分

公历	19	20	21	22	23	24	25	26	27	28	29	30	31	四月	2	3	4	5	6	7	8	9	10	11	12	13	14	15	16	17
农历	一	二	三	四	五	六	七	八	九	十	十一	十二	十三	十四	十五	十六	十七	十八	十九	二十	廿一	廿二	廿三	廿四	廿五	廿六	廿七	廿八	廿九	三十
星期	四	五	六	日	一	二	三	四	五	六	日	一	二	三	四	五	六	日	一	二	三	四	五	六	日	一	二	三	四	五
干支	癸酉	甲戌	乙亥	丙子	丁丑	戊寅	己卯	庚辰	辛巳	壬午	癸未	甲申	乙酉	丙戌	丁亥	戊子	己丑	庚寅	辛卯	壬辰	癸巳	甲午	乙未	丙申	丁酉	戊戌	己亥	庚子	辛丑	壬寅
五行	金	火	火	水	水	土	土	金	金	木	木	水	水	土	土	火	火	木	木	水	水	金	金	火	火	木	木	土	土	金
建星	破	危	成	收	开	闭	建	除	满	平	定	执	破	危	成	收	开	闭	闭	建	除	满	平	定	执	破	危	成	收	开
廿八宿	斗	牛	女	虚	危	室	壁	奎	娄	胃	昴	毕	觜	参	井	鬼	柳	星	张	翼	轸	角	亢	氐	房	心	尾	箕	斗	牛

三月小建壬辰鬼宿 (三碧)

节气:谷雨初四日九时四十分
立夏十九日二十时十分

公历	18	19	20	21	22	23	24	25	26	27	28	29	30	五月	2	3	4	5	6	7	8	9	10	11	12	13	14	15	16	
农历	一	二	三	四	五	六	七	八	九	十	十一	十二	十三	十四	十五	十六	十七	十八	十九	二十	廿一	廿二	廿三	廿四	廿五	廿六	廿七	廿八	廿九	
星期	六	日	一	二	三	四	五	六	日	一	二	三	四	五	六	日	一	二	三	四	五	六	日	一	二	三	四	五	六	
干支	癸卯	甲辰	乙巳	丙午	丁未	戊申	己酉	庚戌	辛亥	壬子	癸丑	甲寅	乙卯	丙辰	丁巳	戊午	己未	庚申	辛酉	壬戌	癸亥	甲子	乙丑	丙寅	丁卯	戊辰	己巳	庚午	辛未	
五行	金	火	火	水	水	土	土	金	金	木	木	水	水	土	土	火	火	木	木	水	水	金	金	火	火	木	木	土	土	
建星	闭	建	除	满	平	定	执	破	危	成	收	开	闭	建	除	满	平	定	定	执	破	危	成	收	开	闭	建	除	满	
廿八宿	女	虚	危	室	壁	奎	娄	胃	昴	毕	觜	参	井	鬼	柳	星	张	翼	轸	角	亢	氐	房	心	尾	箕	斗	牛	女	

第六章 1930 年～2050 年万年历对照详表

岁次：辛未	公元 1931 年（路旁土）			金羊
太岁：李素	年六白星	天水讼卦	九金三运	壁

四月大建癸巳柳宿 （二黑）

节气：小满初六日九时十五分
芒种廿二日零时四十二分

公历	17	18	19	20	21	22	23	24	25	26	27	28	29	30	31	六月	2	3	4	5	6	7	8	9	10	11	12	13	14	15
农历	一	二	三	四	五	六	七	八	九	十	十一	十二	十三	十四	十五	十六	十七	十八	十九	二十	廿一	廿二	廿三	廿四	廿五	廿六	廿七	廿八	廿九	三十
星期	日	一	二	三	四	五	六	日	一	二	三	四	五	六	日	一	二	三	四	五	六	日	一	二	三	四	五	六	日	一
干支	壬申	癸酉	甲戌	乙亥	丙子	丁丑	戊寅	己卯	庚辰	辛巳	壬午	癸未	甲申	乙酉	丙戌	丁亥	戊子	己丑	庚寅	辛卯	壬辰	癸巳	甲午	乙未	丙申	丁酉	戊戌	己亥	庚子	辛丑
五行	金	金	火	火	水	水	土	土	金	金	木	木	水	水	土	土	火	火	木	木	水	水	金	金	火	火	木	木	土	土
建星	平	定	执	破	危	成	收	开	闭	建	除	满	平	定	执	破	危	成	收	开	闭	闭	建	除	满	平	定	执	破	危
廿八宿	虚	危	室	壁	奎	娄	胃	昴	毕	觜	参	井	鬼	柳	星	张	翼	轸	角	亢	氐	房	心	尾	箕	斗	牛	女	虚	危

五月小建甲午星宿 （一白）

节气：夏至初七日十七时二十分
小暑廿三日十一时七分

公历	16	17	18	19	20	21	22	23	24	25	26	27	28	29	30	七月	2	3	4	5	6	7	8	9	10	11	12	13	14	
农历	一	二	三	四	五	六	七	八	九	十	十一	十二	十三	十四	十五	十六	十七	十八	十九	二十	廿一	廿二	廿三	廿四	廿五	廿六	廿七	廿八	廿九	
星期	二	三	四	五	六	日	一	二	三	四	五	六	日	一	二	三	四	五	六	日	一	二	三	四	五	六	日	一	二	
干支	壬寅	癸卯	甲辰	乙巳	丙午	丁未	戊申	己酉	庚戌	辛亥	壬子	癸丑	甲寅	乙卯	丙辰	丁巳	戊午	己未	庚申	辛酉	壬戌	癸亥	甲子	乙丑	丙寅	丁卯	戊辰	己巳	庚午	
五行	金	金	火	火	水	水	土	土	金	金	木	木	水	水	土	土	火	火	木	木	水	水	金	金	火	火	木	木	土	
建星	成	收	开	闭	建	除	满	平	定	执	破	危	成	收	开	闭	建	除	满	平	定	执	执	破	危	成	收	开	闭	
廿八宿	室	壁	奎	娄	胃	昴	毕	觜	参	井	鬼	柳	星	张	翼	轸	角	亢	氐	房	心	尾	箕	斗	牛	女	虚	危	室	

六月大建乙未张宿 （九紫）

节气：大暑初十日四时廿二分
立秋廿五日二十时四十六分

公历	15	16	17	18	19	20	21	22	23	24	25	26	27	28	29	30	31	八月	2	3	4	5	6	7	8	9	10	11	12	13
农历	一	二	三	四	五	六	七	八	九	十	十一	十二	十三	十四	十五	十六	十七	十八	十九	二十	廿一	廿二	廿三	廿四	廿五	廿六	廿七	廿八	廿九	三十
星期	三	四	五	六	日	一	二	三	四	五	六	日	一	二	三	四	五	六	日	一	二	三	四	五	六	日	一	二	三	四
干支	辛未	壬申	癸酉	甲戌	乙亥	丙子	丁丑	戊寅	己卯	庚辰	辛巳	壬午	癸未	甲申	乙酉	丙戌	丁亥	戊子	己丑	庚寅	辛卯	壬辰	癸巳	甲午	乙未	丙申	丁酉	戊戌	己亥	庚子
五行	土	金	金	火	火	水	水	土	土	金	金	木	木	水	水	土	土	火	火	木	木	水	水	金	金	火	火	木	木	土
建星	建	除	满	平	定	执	破	危	成	收	开	闭	建	除	满	平	定	执	破	危	成	收	开	闭	闭	建	除	满	平	定
廿八宿	壁	奎	娄	胃	昴	毕	觜	参	井	鬼	柳	星	张	翼	轸	角	亢	氐	房	心	尾	箕	斗	牛	女	虚	危	室	壁	奎

岁次：辛未	公元 1931 年（路旁土）			金羊
太岁：李素	年六白星	天水讼卦	九金三运	壁

七月小建丙申翼宿　（八白）

节气：处暑十一日十一时十一分
白露廿六日廿三时十八分

公历	14	15	16	17	18	19	20	21	22	23	24	25	26	27	28	29	30	31	九月	2	3	4	5	6	7	8	9	10	11
农历	一	二	三	四	五	六	七	八	九	十	十一	十二	十三	十四	十五	十六	十七	十八	十九	二十	廿一	廿二	廿三	廿四	廿五	廿六	廿七	廿八	廿九
星期	五	六	日	一	二	三	四	五	六	日	一	二	三	四	五	六	日	一	二	三	四	五	六	日	一	二	三	四	五
干支	辛丑	壬寅	癸卯	甲辰	乙巳	丙午	丁未	戊申	己酉	庚戌	辛亥	壬子	癸丑	甲寅	乙卯	丙辰	丁巳	戊午	己未	庚申	辛酉	壬戌	癸亥	甲子	乙丑	丙寅	丁卯	戊辰	己巳
五行	土	金	金	火	火	水	水	土	土	金	金	木	木	水	水	土	土	火	火	木	木	水	水	金	金	火	火	木	木
建星	执	破	危	成	收	开	闭	建	除	满	平	定	执	破	危	成	收	开	闭	建	除	满	平	定	执	执	破	危	成
廿八宿	娄	胃	昴	毕	觜	参	井	鬼	柳	星	张	翼	轸	角	亢	氐	房	心	尾	箕	斗	牛	女	虚	危	室	壁	奎	娄

八月小建丁酉轸宿　（七赤）

节气：秋分十三日八时廿四分
寒露廿八日十四时廿七分

公历	12	13	14	15	16	17	18	19	20	21	22	23	24	25	26	27	28	29	30	十月	2	3	4	5	6	7	8	9	10
农历	一	二	三	四	五	六	七	八	九	十	十一	十二	十三	十四	十五	十六	十七	十八	十九	二十	廿一	廿二	廿三	廿四	廿五	廿六	廿七	廿八	廿九
星期	六	日	一	二	三	四	五	六	日	一	二	三	四	五	六	日	一	二	三	四	五	六	日	一	二	三	四	五	六
干支	庚午	辛未	壬申	癸酉	甲戌	乙亥	丙子	丁丑	戊寅	己卯	庚辰	辛巳	壬午	癸未	甲申	乙酉	丙戌	丁亥	戊子	己丑	庚寅	辛卯	壬辰	癸巳	甲午	乙未	丙申	丁酉	戊戌
五行	土	土	金	金	火	火	水	水	土	土	金	金	木	木	水	水	土	土	火	火	木	木	水	水	金	金	火	火	木
建星	收	开	闭	建	除	满	平	定	执	破	危	成	收	开	闭	建	除	满	平	定	执	破	危	成	收	开	闭	闭	建
廿八宿	胃	昴	毕	觜	参	井	鬼	柳	星	张	翼	轸	角	亢	氐	房	心	尾	箕	斗	牛	女	虚	危	室	壁	奎	娄	胃

九月大建戊戌角宿　（六白）

节气：霜降十四日十八时廿四分
立冬廿九日十八时十二分

公历	11	12	13	14	15	16	17	18	19	20	21	22	23	24	25	26	27	28	29	30	31	11月	2	3	4	5	6	7	8	9
农历	一	二	三	四	五	六	七	八	九	十	十一	十二	十三	十四	十五	十六	十七	十八	十九	二十	廿一	廿二	廿三	廿四	廿五	廿六	廿七	廿八	廿九	三十
星期	日	一	二	三	四	五	六	日	一	二	三	四	五	六	日	一	二	三	四	五	六	日	一	二	三	四	五	六	日	一
干支	己亥	庚子	辛丑	壬寅	癸卯	甲辰	乙巳	丙午	丁未	戊申	己酉	庚戌	辛亥	壬子	癸丑	甲寅	乙卯	丙辰	丁巳	戊午	己未	庚申	辛酉	壬戌	癸亥	甲子	乙丑	丙寅	丁卯	戊辰
五行	木	土	土	金	金	火	火	水	水	土	土	金	金	木	木	水	水	土	土	火	火	木	木	水	水	金	金	火	火	木
建星	除	满	平	定	执	破	危	成	收	开	闭	建	除	满	平	定	执	破	危	成	收	开	闭	建	除	满	平	定	定	执
廿八宿	昴	毕	觜	参	井	鬼	柳	星	张	翼	轸	角	亢	氐	房	心	尾	箕	斗	牛	女	虚	危	室	壁	奎	娄	胃	昴	毕

岁次:辛未	公元 1931 年(路旁土)			金羊
太岁:李素	年六白星	天水讼卦	九金三运	壁

十月小建己亥亢宿 (五黄)

节气：小雪 十四日十四时廿五分
大雪 廿九日九时四十一分

公历	10	11	12	13	14	15	16	17	18	19	20	21	22	23	24	25	26	27	28	29	30	12月	2	3	4	5	6	7	8	
农历	一	二	三	四	五	六	七	八	九	十	十一	十二	十三	十四	十五	十六	十七	十八	十九	二十	廿一	廿二	廿三	廿四	廿五	廿六	廿七	廿八	廿九	
星期	二	三	四	五	六	日	一	二	三	四	五	六	日	一	二	三	四	五	六	日	一	二	三	四	五	六	日	一	二	
干支	己巳	庚午	辛未	壬申	癸酉	甲戌	乙亥	丙子	丁丑	戊寅	己卯	庚辰	辛巳	壬午	癸未	甲申	乙酉	丙戌	丁亥	戊子	己丑	庚寅	辛卯	壬辰	癸巳	甲午	乙未	丙申	丁酉	
五行	木	土	土	金	金	火	火	水	水	土	土	金	金	木	木	水	水	土	土	火	火	木	木	水	水	金	金	火	火	
建星	破	危	成	收	开	闭	建	除	满	平	定	执	破	危	成	收	开	闭	建	除	满	平	定	执	破	危	成	收	收	
廿八宿	觜	参	井	鬼	柳	星	张	翼	轸	角	亢	氐	房	心	尾	箕	斗	牛	女	虚	危	室	壁	奎	娄	胃	昴	毕	觜	

十一月大建庚子氐宿 (四绿)

节气：冬至 十五日三时三十分
小寒 廿九日二十时四十六分

公历	9	10	11	12	13	14	15	16	17	18	19	20	21	22	23	24	25	26	27	28	29	30	31	一月	2	3	4	5	6	7
农历	一	二	三	四	五	六	七	八	九	十	十一	十二	十三	十四	十五	十六	十七	十八	十九	二十	廿一	廿二	廿三	廿四	廿五	廿六	廿七	廿八	廿九	三十
星期	三	四	五	六	日	一	二	三	四	五	六	日	一	二	三	四	五	六	日	一	二	三	四	五	六	日	一	二	三	四
干支	戊戌	己亥	庚子	辛丑	壬寅	癸卯	甲辰	乙巳	丙午	丁未	戊申	己酉	庚戌	辛亥	壬子	癸丑	甲寅	乙卯	丙辰	丁巳	戊午	己未	庚申	辛酉	壬戌	癸亥	甲子	乙丑	丙寅	丁卯
五行	木	木	土	土	金	金	火	火	水	水	土	土	金	金	木	木	水	水	土	土	火	火	木	木	水	水	金	金	火	火
建星	开	闭	建	除	满	平	定	执	破	危	成	收	开	闭	建	除	满	平	定	执	破	危	成	收	开	闭	建	除	除	满
廿八宿	参	井	鬼	柳	星	张	翼	轸	角	亢	氐	房	心	尾	箕	斗	牛	女	虚	危	室	壁	奎	娄	胃	昴	毕	觜	参	井

十二月小建辛丑房宿 (三碧)

节气：大寒 十四日十四时七分
立春 廿九日八时三十分

公历	8	9	10	11	12	13	14	15	16	17	18	19	20	21	22	23	24	25	26	27	28	29	30	31	二月	2	3	4	5	
农历	一	二	三	四	五	六	七	八	九	十	十一	十二	十三	十四	十五	十六	十七	十八	十九	二十	廿一	廿二	廿三	廿四	廿五	廿六	廿七	廿八	廿九	
星期	五	六	日	一	二	三	四	五	六	日	一	二	三	四	五	六	日	一	二	三	四	五	六	日	一	二	三	四	五	
干支	戊辰	己巳	庚午	辛未	壬申	癸酉	甲戌	乙亥	丙子	丁丑	戊寅	己卯	庚辰	辛巳	壬午	癸未	甲申	乙酉	丙戌	丁亥	戊子	己丑	庚寅	辛卯	壬辰	癸巳	甲午	乙未	丙申	
五行	木	木	土	土	金	金	火	火	水	水	土	土	金	金	木	木	水	水	土	土	火	火	木	木	水	水	金	金	火	
建星	平	定	执	破	危	成	收	开	闭	建	除	满	平	定	执	破	危	成	收	开	闭	建	除	满	平	定	执	破	破	
廿八宿	鬼	柳	星	张	翼	轸	角	亢	氐	房	心	尾	箕	斗	牛	女	虚	危	室	壁	奎	娄	胃	昴	毕	觜	参	井	鬼	

岁次：壬申	公元1932年（剑锋金）			水猴
太岁：刘旺	年五黄星	地水师卦	一水七运	奎

正月大建壬寅心宿 （二黑）

节气：雨水十五日四时廿九分
惊蛰三十日二时五十分

公历	6	7	8	9	10	11	12	13	14	15	16	17	18	19	20	21	22	23	24	25	26	27	28	29	三月	2	3	4	5	6
农历	一	二	三	四	五	六	七	八	九	十	十一	十二	十三	十四	十五	十六	十七	十八	十九	二十	廿一	廿二	廿三	廿四	廿五	廿六	廿七	廿八	廿九	三十
星期	六	日	一	二	三	四	五	六	日	一	二	三	四	五	六	日	一	二	三	四	五	六	日	一	二	三	四	五	六	日
干支	丁酉	戊戌	己亥	庚子	辛丑	壬寅	癸卯	甲辰	乙巳	丙午	丁未	戊申	己酉	庚戌	辛亥	壬子	癸丑	甲寅	乙卯	丙辰	丁巳	戊午	己未	庚申	辛酉	壬戌	癸亥	甲子	乙丑	丙寅
五行	火	木	木	土	土	金	金	火	火	水	水	土	土	金	金	木	木	水	水	土	土	火	火	木	木	水	水	金	金	火
建星	危	成	收	开	闭	建	除	满	平	定	执	破	危	成	收	开	闭	建	除	满	平	定	执	破	危	成	收	开	闭	闭
廿八宿	柳	星	张	翼	轸	角	亢	氐	房	心	尾	箕	斗	牛	女	虚	危	室	壁	奎	娄	胃	昴	毕	觜	参	井	鬼	柳	星

二月大建癸卯尾宿 （一白）

节气：春分十五日三时五十四分
清明三十日八时七分

公历	7	8	9	10	11	12	13	14	15	16	17	18	19	20	21	22	23	24	25	26	27	28	29	30	31	四月	2	3	4	5
农历	一	二	三	四	五	六	七	八	九	十	十一	十二	十三	十四	十五	十六	十七	十八	十九	二十	廿一	廿二	廿三	廿四	廿五	廿六	廿七	廿八	廿九	三十
星期	一	二	三	四	五	六	日	一	二	三	四	五	六	日	一	二	三	四	五	六	日	一	二	三	四	五	六	日	一	二
干支	丁卯	戊辰	己巳	庚午	辛未	壬申	癸酉	甲戌	乙亥	丙子	丁丑	戊寅	己卯	庚辰	辛巳	壬午	癸未	甲申	乙酉	丙戌	丁亥	戊子	己丑	庚寅	辛卯	壬辰	癸巳	甲午	乙未	丙申
五行	火	木	木	土	土	金	金	火	火	水	水	土	土	金	金	木	木	水	水	土	土	火	火	木	木	水	水	金	金	火
建星	建	除	满	平	定	执	破	危	成	收	开	闭	建	除	满	平	定	执	破	危	成	收	开	闭	建	除	满	平	定	定
廿八宿	张	翼	轸	角	亢	氐	房	心	尾	箕	斗	牛	女	虚	危	室	壁	奎	娄	胃	昴	毕	觜	参	井	鬼	柳	星	张	翼

三月大建甲辰箕宿 （九紫）

节气：谷雨十五日十五时廿九分

公历	6	7	8	9	10	11	12	13	14	15	16	17	18	19	20	21	22	23	24	25	26	27	28	29	30	五月	2	3	4	5
农历	一	二	三	四	五	六	七	八	九	十	十一	十二	十三	十四	十五	十六	十七	十八	十九	二十	廿一	廿二	廿三	廿四	廿五	廿六	廿七	廿八	廿九	三十
星期	三	四	五	六	日	一	二	三	四	五	六	日	一	二	三	四	五	六	日	一	二	三	四	五	六	日	一	二	三	四
干支	丁酉	戊戌	己亥	庚子	辛丑	壬寅	癸卯	甲辰	乙巳	丙午	丁未	戊申	己酉	庚戌	辛亥	壬子	癸丑	甲寅	乙卯	丙辰	丁巳	戊午	己未	庚申	辛酉	壬戌	癸亥	甲子	乙丑	丙寅
五行	火	木	木	土	土	金	金	火	火	水	水	土	土	金	金	木	木	水	水	土	土	火	火	木	木	水	水	金	金	火
建星	执	破	危	成	收	开	闭	建	除	满	平	定	执	破	危	成	收	开	闭	建	除	满	平	定	执	破	危	成	收	开
廿八宿	轸	角	亢	氐	房	心	尾	箕	斗	牛	女	虚	危	室	壁	奎	娄	胃	昴	毕	觜	参	井	鬼	柳	星	张	翼	轸	角

岁次:壬申	公元1932年(剑锋金)			水猴
太岁:刘旺	年五黄星	地水师卦	一水七运	奎

四月小建乙巳斗宿 (八白)

节气:立夏初一日一时五十六分
小满十六日十五时七分

公历	6	7	8	9	10	11	12	13	14	15	16	17	18	19	20	21	22	23	24	25	26	27	28	29	30	31	六月	2	3
农历	一	二	三	四	五	六	七	八	九	十	十一	十二	十三	十四	十五	十六	十七	十八	十九	二十	廿一	廿二	廿三	廿四	廿五	廿六	廿七	廿八	廿九
星期	五	六	日	一	二	三	四	五	六	日	一	二	三	四	五	六	日	一	二	三	四	五	六	日	一	二	三	四	五
干支	丁卯	戊辰	己巳	庚午	辛未	壬申	癸酉	甲戌	乙亥	丙子	丁丑	戊寅	己卯	庚辰	辛巳	壬午	癸未	甲申	乙酉	丙戌	丁亥	戊子	己丑	庚寅	辛卯	壬辰	癸巳	甲午	乙未
五行	火	木	木	土	土	金	金	火	火	水	水	土	土	金	金	木	木	水	水	土	土	火	火	木	木	水	水	金	金
建星	开	闭	建	除	满	平	定	执	破	危	成	收	开	闭	建	除	满	平	定	执	破	危	成	收	开	闭	建	除	满
廿八宿	亢	氐	房	心	尾	箕	斗	牛	女	虚	危	室	壁	奎	娄	胃	昴	毕	觜	参	井	鬼	柳	星	张	翼	轸	角	亢

五月大建丙午牛宿 (七赤)

节气:芒种初三日六时廿八分
夏至十八日廿一时廿三分

公历	4	5	6	7	8	9	10	11	12	13	14	15	16	17	18	19	20	21	22	23	24	25	26	27	28	29	30	七月	2	3
农历	一	二	三	四	五	六	七	八	九	十	十一	十二	十三	十四	十五	十六	十七	十八	十九	二十	廿一	廿二	廿三	廿四	廿五	廿六	廿七	廿八	廿九	三十
星期	六	日	一	二	三	四	五	六	日	一	二	三	四	五	六	日	一	二	三	四	五	六	日	一	二	三	四	五	六	日
干支	丙申	丁酉	戊戌	己亥	庚子	辛丑	壬寅	癸卯	甲辰	乙巳	丙午	丁未	戊申	己酉	庚戌	辛亥	壬子	癸丑	甲寅	乙卯	丙辰	丁巳	戊午	己未	庚申	辛酉	壬戌	癸亥	甲子	乙丑
五行	火	火	木	木	土	土	金	金	火	火	水	水	土	土	金	金	木	木	水	水	土	土	火	火	木	木	水	水	金	金
建星	平	定	定	执	破	危	成	收	开	闭	建	除	满	平	定	执	破	危	成	收	开	闭	建	除	满	平	定	执	破	危
廿八宿	氐	房	心	尾	箕	斗	牛	女	虚	危	室	壁	奎	娄	胃	昴	毕	觜	参	井	鬼	柳	星	张	翼	轸	角	亢	氐	房

六月小建丁未女宿 (六白)

节气:小暑初四日十六时五十三分
大暑二十日十时十八分

公历	4	5	6	7	8	9	10	11	12	13	14	15	16	17	18	19	20	21	22	23	24	25	26	27	28	29	30	31	八月
农历	一	二	三	四	五	六	七	八	九	十	十一	十二	十三	十四	十五	十六	十七	十八	十九	二十	廿一	廿二	廿三	廿四	廿五	廿六	廿七	廿八	廿九
星期	一	二	三	四	五	六	日	一	二	三	四	五	六	日	一	二	三	四	五	六	日	一	二	三	四	五	六	日	一
干支	丙寅	丁卯	戊辰	己巳	庚午	辛未	壬申	癸酉	甲戌	乙亥	丙子	丁丑	戊寅	己卯	庚辰	辛巳	壬午	癸未	甲申	乙酉	丙戌	丁亥	戊子	己丑	庚寅	辛卯	壬辰	癸巳	甲午
五行	火	火	木	木	土	土	金	金	火	火	水	水	土	土	金	金	木	木	水	水	土	土	火	火	木	木	水	水	金
建星	成	收	开	开	闭	建	除	满	平	定	执	破	危	成	收	开	闭	建	除	满	平	定	执	破	危	成	收	开	闭
廿八宿	心	尾	箕	斗	牛	女	虚	危	室	壁	奎	娄	胃	昴	毕	觜	参	井	鬼	柳	星	张	翼	轸	角	亢	氐	房	心

岁次:壬申	公元1932年(剑锋金)			水猴
太岁:刘旺	年五黄星	地水师卦	一水七运	奎

七月大建戊申虚宿 (五黄)

节气:立秋初七日二时卅三分
处暑廿二日十七时七分

公历	2	3	4	5	6	7	8	9	10	11	12	13	14	15	16	17	18	19	20	21	22	23	24	25	26	27	28	29	30	31
农历	一	二	三	四	五	六	七	八	九	十	十一	十二	十三	十四	十五	十六	十七	十八	十九	二十	廿一	廿二	廿三	廿四	廿五	廿六	廿七	廿八	廿九	三十
星期	二	三	四	五	六	日	一	二	三	四	五	六	日	一	二	三	四	五	六	日	一	二	三	四	五	六	日	一	二	三
干支	乙未	丙申	丁酉	戊戌	己亥	庚子	辛丑	壬寅	癸卯	甲辰	乙巳	丙午	丁未	戊申	己酉	庚戌	辛亥	壬子	癸丑	甲寅	乙卯	丙辰	丁巳	戊午	己未	庚申	辛酉	壬戌	癸亥	甲子
五行	金	火	火	木	木	土	土	金	金	火	火	水	水	土	土	金	金	木	木	水	水	土	土	火	火	木	木	水	水	金
建星	建	除	满	平	定	执	执	破	危	成	收	开	闭	建	除	满	平	定	执	破	危	成	收	开	闭	建	除	满	平	定
廿八宿	尾	箕	斗	牛	女	虚	危	室	壁	奎	娄	胃	昴	毕	觜	参	井	鬼	柳	星	张	翼	轸	角	亢	氐	房	心	尾	箕

八月小建己酉危宿 (四绿)

节气:白露初八日五时四分
秋分廿三日十四时六分

公历	九月	2	3	4	5	6	7	8	9	10	11	12	13	14	15	16	17	18	19	20	21	22	23	24	25	26	27	28	29	
农历	一	二	三	四	五	六	七	八	九	十	十一	十二	十三	十四	十五	十六	十七	十八	十九	二十	廿一	廿二	廿三	廿四	廿五	廿六	廿七	廿八	廿九	
星期	四	五	六	日	一	二	三	四	五	六	日	一	二	三	四	五	六	日	一	二	三	四	五	六	日	一	二	三	四	
干支	乙丑	丙寅	丁卯	戊辰	己巳	庚午	辛未	壬申	癸酉	甲戌	乙亥	丙子	丁丑	戊寅	己卯	庚辰	辛巳	壬午	癸未	甲申	乙酉	丙戌	丁亥	戊子	己丑	庚寅	辛卯	壬辰	癸巳	
五行	金	火	火	木	木	土	土	金	金	火	火	水	水	土	土	金	金	木	木	水	水	土	土	火	火	木	木	水	水	
建星	执	破	危	成	收	开	闭	闭	建	除	满	平	定	执	破	危	成	收	开	闭	建	除	满	平	定	执	破	危	成	
廿八宿	斗	牛	女	虚	危	室	壁	奎	娄	胃	昴	毕	觜	参	井	鬼	柳	星	张	翼	轸	角	亢	氐	房	心	尾	箕	斗	

九月小建庚戌室宿 (三碧)

节气:寒露初九日二十一时廿一分
霜降廿四日零时十三分

公历	30	十月	2	3	4	5	6	7	8	9	10	11	12	13	14	15	16	17	18	19	20	21	22	23	24	25	26	27	28	
农历	一	二	三	四	五	六	七	八	九	十	十一	十二	十三	十四	十五	十六	十七	十八	十九	二十	廿一	廿二	廿三	廿四	廿五	廿六	廿七	廿八	廿九	
星期	五	六	日	一	二	三	四	五	六	日	一	二	三	四	五	六	日	一	二	三	四	五	六	日	一	二	三	四	五	
干支	甲午	乙未	丙申	丁酉	戊戌	己亥	庚子	辛丑	壬寅	癸卯	甲辰	乙巳	丙午	丁未	戊申	己酉	庚戌	辛亥	壬子	癸丑	甲寅	乙卯	丙辰	丁巳	戊午	己未	庚申	辛酉	壬戌	
五行	金	金	火	火	木	木	土	土	金	金	火	火	水	水	土	土	金	金	木	木	水	水	土	土	火	火	木	木	水	
建星	收	开	闭	建	除	满	平	定	定	执	破	危	成	收	开	闭	建	除	满	平	定	执	破	危	成	收	开	闭	建	
廿八宿	牛	女	虚	危	室	壁	奎	娄	胃	昴	毕	觜	参	井	鬼	柳	星	张	翼	轸	角	亢	氐	房	心	尾	箕	斗	牛	

岁次：壬申	公元 1932 年（剑锋金）			水猴
太岁：刘旺	年五黄星	地水师卦	一水七运	奎

十月大建辛亥壁宿 （二黑）

节气：立冬初十日廿二时五十分
小雪廿五日二十时十分

公历	29	30	31	11月	2	3	4	5	6	7	8	9	10	11	12	13	14	15	16	17	18	19	20	21	22	23	24	25	26	27
农历	一	二	三	四	五	六	七	八	九	十	十一	十二	十三	十四	十五	十六	十七	十八	十九	二十	廿一	廿二	廿三	廿四	廿五	廿六	廿七	廿八	廿九	三十
星期	六	日	一	二	三	四	五	六	日	一	二	三	四	五	六	日	一	二	三	四	五	六	日	一	二	三	四	五	六	日
干支	癸亥	甲子	乙丑	丙寅	丁卯	戊辰	己巳	庚午	辛未	壬申	癸酉	甲戌	乙亥	丙子	丁丑	戊寅	己卯	庚辰	辛巳	壬午	癸未	甲申	乙酉	丙戌	丁亥	戊子	己丑	庚寅	辛卯	壬辰
五行	水	金	金	火	火	木	木	土	土	金	金	火	火	水	水	土	土	金	金	木	木	水	水	土	土	火	火	木	木	水
建星	除	满	平	定	执	破	危	成	收	收	开	闭	建	除	满	平	定	执	破	危	成	收	开	闭	建	除	满	平	定	执
廿八宿	女	虚	危	室	壁	奎	娄	胃	昴	毕	觜	参	井	鬼	柳	星	张	翼	轸	角	亢	氐	房	心	尾	箕	斗	牛	女	虚

十一月小建壬子奎宿 （一白）

节气：大雪初十日十五时十九分
冬至廿五日九时十四分

公历	28	29	30	12月	2	3	4	5	6	7	8	9	10	11	12	13	14	15	16	17	18	19	20	21	22	23	24	25	26	
农历	一	二	三	四	五	六	七	八	九	十	十一	十二	十三	十四	十五	十六	十七	十八	十九	二十	廿一	廿二	廿三	廿四	廿五	廿六	廿七	廿八	廿九	
星期	一	二	三	四	五	六	日	一	二	三	四	五	六	日	一	二	三	四	五	六	日	一	二	三	四	五	六	日	一	
干支	癸巳	甲午	乙未	丙申	丁酉	戊戌	己亥	庚子	辛丑	壬寅	癸卯	甲辰	乙巳	丙午	丁未	戊申	己酉	庚戌	辛亥	壬子	癸丑	甲寅	乙卯	丙辰	丁巳	戊午	己未	庚申	辛酉	
五行	水	金	金	火	火	木	木	土	土	金	金	火	火	水	水	土	土	金	金	木	木	水	水	土	土	火	火	木	木	
建星	破	危	成	收	开	闭	建	除	满	满	平	定	执	破	危	成	收	开	闭	建	除	满	平	定	执	破	危	成	收	
廿八宿	危	室	壁	奎	娄	胃	昴	毕	觜	参	井	鬼	柳	星	张	翼	轸	角	亢	氐	房	心	尾	箕	斗	牛	女	虚	危	

十二月大建癸丑娄宿 （九紫）

节气：小寒十一日二十时廿三分
大寒廿五日十九时五十二分

公历	27	28	29	30	31	一月	2	3	4	5	6	7	8	9	10	11	12	13	14	15	16	17	18	19	20	21	22	23	24	25
农历	一	二	三	四	五	六	七	八	九	十	十一	十二	十三	十四	十五	十六	十七	十八	十九	二十	廿一	廿二	廿三	廿四	廿五	廿六	廿七	廿八	廿九	三十
星期	二	三	四	五	六	日	一	二	三	四	五	六	日	一	二	三	四	五	六	日	一	二	三	四	五	六	日	一	二	三
干支	壬戌	癸亥	甲子	乙丑	丙寅	丁卯	戊辰	己巳	庚午	辛未	壬申	癸酉	甲戌	乙亥	丙子	丁丑	戊寅	己卯	庚辰	辛巳	壬午	癸未	甲申	乙酉	丙戌	丁亥	戊子	己丑	庚寅	辛卯
五行	水	水	金	金	火	火	木	木	土	土	金	金	火	火	水	水	土	土	金	金	木	木	水	水	土	土	火	火	木	木
建星	开	闭	建	除	满	平	定	执	破	危	危	成	收	开	闭	建	除	满	平	定	执	破	危	成	收	开	闭	建	除	满
廿八宿	室	壁	奎	娄	胃	昴	毕	觜	参	井	鬼	柳	星	张	翼	轸	角	亢	氐	房	心	尾	箕	斗	牛	女	虚	危	室	壁

岁次:癸酉	公元1933年(剑锋金)			水鸡
太岁:康志	年四绿星	风山渐卦	二火七运	娄

正月小建甲寅胄宿　(八白)

节气:立春 初十日丨四时九分
雨水 廿五日十时十六分

公历	26	27	28	29	30	31	二月	2	3	4	5	6	7	8	9	10	11	12	13	14	15	16	17	18	19	20	21	22	23	
农历	一	二	三	四	五	六	七	八	九	十	十一	十二	十三	十四	十五	十六	十七	十八	十九	二十	廿一	廿二	廿三	廿四	廿五	廿六	廿七	廿八	廿九	
星期	四	五	六	日	一	二	三	四	五	六	日	一	二	三	四	五	六	日	一	二	三	四	五	六	日	一	二	三	四	
干支	壬辰	癸巳	甲午	乙未	丙申	丁酉	戊戌	己亥	庚子	辛丑	壬寅	癸卯	甲辰	乙巳	丙午	丁未	戊申	己酉	庚戌	辛亥	壬子	癸丑	甲寅	乙卯	丙辰	丁巳	戊午	己未	庚申	
五行	水	水	金	金	火	火	木	木	上	上	金	金	火	火	水	水	土	土	金	金	木	木	水	水	土	土	火	火	木	
建星	平	定	执	破	危	成	收	开	闭	闭	建	除	满	平	定	执	破	危	成	收	开	闭	建	除	满	平	定	执	破	
廿八宿	奎	娄	胃	昴	毕	觜	参	井	鬼	柳	星	张	翼	轸	角	亢	氐	房	心	尾	箕	斗	牛	女	虚	危	室	壁	奎	

二月大建乙卯昴宿　(七赤)

节气:惊蛰 十一日八时卅一分
春分 廿六日九时四十三分

公历	24	25	26	27	28	三月	2	3	4	5	6	7	8	9	10	11	12	13	14	15	16	17	18	19	20	21	22	23	24	25
农历	一	二	三	四	五	六	七	八	九	十	十一	十二	十三	十四	十五	十六	十七	十八	十九	二十	廿一	廿二	廿三	廿四	廿五	廿六	廿七	廿八	廿九	三十
星期	五	六	日	一	二	三	四	五	六	日	一	二	三	四	五	六	日	一	二	三	四	五	六	日	一	二	三	四	五	六
干支	辛酉	壬戌	癸亥	甲子	乙丑	丙寅	丁卯	戊辰	己巳	庚午	辛未	壬申	癸酉	甲戌	乙亥	丙子	丁丑	戊寅	己卯	庚辰	辛巳	壬午	癸未	甲申	乙酉	丙戌	丁亥	戊子	己丑	庚寅
五行	木	水	水	金	金	火	火	木	木	土	土	金	金	火	火	水	水	土	土	金	金	木	木	水	水	土	土	火	火	木
建星	危	成	收	开	闭	建	除	满	平	定	定	执	破	危	成	收	开	闭	建	除	满	平	定	执	破	危	成	收	开	闭
廿八宿	娄	胃	昴	毕	觜	参	井	鬼	柳	星	张	翼	轸	角	亢	氐	房	心	尾	箕	斗	牛	女	虚	危	室	壁	奎	娄	胃

三月大建丙辰毕宿　(六白)

节气:清明 十一日十三时五十分
谷雨 廿六日廿一时十八分

公历	26	27	28	29	30	31	四月	2	3	4	5	6	7	8	9	10	11	12	13	14	15	16	17	18	19	20	21	22	23	24
农历	一	二	三	四	五	六	七	八	九	十	十一	十二	十三	十四	十五	十六	十七	十八	十九	二十	廿一	廿二	廿三	廿四	廿五	廿六	廿七	廿八	廿九	三十
星期	日	一	二	三	四	五	六	日	一	二	三	四	五	六	日	一	二	三	四	五	六	日	一	二	三	四	五	六	日	一
干支	辛卯	壬辰	癸巳	甲午	乙未	丙申	丁酉	戊戌	己亥	庚子	辛丑	壬寅	癸卯	甲辰	乙巳	丙午	丁未	戊申	己酉	庚戌	辛亥	壬子	癸丑	甲寅	乙卯	丙辰	丁巳	戊午	己未	庚申
五行	木	水	水	金	金	火	火	木	木	土	土	金	金	火	火	水	水	土	土	金	金	木	木	水	水	土	土	火	火	木
建星	建	除	满	平	定	执	破	危	成	收	收	开	闭	建	除	满	平	定	执	破	危	成	收	开	闭	建	除	满	平	定
廿八宿	昴	毕	觜	参	井	鬼	柳	星	张	翼	轸	角	亢	氐	房	心	尾	箕	斗	牛	女	虚	危	室	壁	奎	娄	胃	昴	毕

岁次：癸酉	公元1933年（剑锋金）			水鸡
太岁：康志	年四绿星	风山渐卦	二火七运	娄

四月小建丁巳觜宿 （五黄）

节气：立夏十二日二时四十三分
小满廿七日二十时五十七分

公历	25	26	27	28	29	30	五月	2	3	4	5	6	7	8	9	10	11	12	13	14	15	16	17	18	19	20	21	22	23	
农历	一	二	三	四	五	六	七	八	九	十	十一	十二	十三	十四	十五	十六	十七	十八	十九	二十	廿一	廿二	廿三	廿四	廿五	廿六	廿七	廿八	廿九	
星期	二	三	四	五	六	日	一	二	三	四	五	六	日	一	二	三	四	五	六	日	一	二	三	四	五	六	日	一	二	
干支	辛酉	壬戌	癸亥	甲子	乙丑	丙寅	丁卯	戊辰	己巳	庚午	辛未	壬申	癸酉	甲戌	乙亥	丙子	丁丑	戊寅	己卯	庚辰	辛巳	壬午	癸未	甲申	乙酉	丙戌	丁亥	戊子	己丑	
五行	木	水	水	金	金	火	火	木	木	土	土	金	金	火	火	水	水	土	土	金	金	木	木	水	水	土	土	火	火	
建星	执	破	危	成	收	开	闭	建	除	满	平	平	定	执	破	危	成	收	开	闭	建	除	满	平	定	执	破	危	成	
廿八宿	觜	参	井	鬼	柳	星	张	翼	轸	角	亢	氐	房	心	尾	箕	斗	牛	女	虚	危	室	壁	奎	娄	胃	昴	毕	觜	

五月大建戊午参宿 （四绿）

节气：芒种十四日十二时十七分
夏至三十日五时二分

公历	24	25	26	27	28	29	30	31	六月	2	3	4	5	6	7	8	9	10	11	12	13	14	15	16	17	18	19	20	21	22
农历	一	二	三	四	五	六	七	八	九	十	十一	十二	十三	十四	十五	十六	十七	十八	十九	二十	廿一	廿二	廿三	廿四	廿五	廿六	廿七	廿八	廿九	三十
星期	三	四	五	六	日	一	二	三	四	五	六	日	一	二	三	四	五	六	日	一	二	三	四	五	六	日	一	二	三	四
干支	庚寅	辛卯	壬辰	癸巳	甲午	乙未	丙申	丁酉	戊戌	己亥	庚子	辛丑	壬寅	癸卯	甲辰	乙巳	丙午	丁未	戊申	己酉	庚戌	辛亥	壬子	癸丑	甲寅	乙卯	丙辰	丁巳	戊午	己未
五行	木	木	水	水	金	金	火	火	木	木	土	土	金	金	火	火	水	水	土	土	金	金	木	木	水	水	土	土	火	火
建星	收	开	闭	建	除	满	平	定	执	破	危	成	收	收	开	闭	建	除	满	平	定	执	破	危	成	收	开	闭	建	除
廿八宿	参	井	鬼	柳	星	张	翼	轸	角	亢	氐	房	心	尾	箕	斗	牛	女	虚	危	室	壁	奎	娄	胃	昴	毕	觜	参	井

闰五月大

节气：小暑十五日廿三时四十五分

公历	23	24	25	26	27	28	29	30	七月	2	3	4	5	6	7	8	9	10	11	12	13	14	15	16	17	18	19	20	21	22
农历	一	二	三	四	五	六	七	八	九	十	十一	十二	十三	十四	十五	十六	十七	十八	十九	二十	廿一	廿二	廿三	廿四	廿五	廿六	廿七	廿八	廿九	三十
星期	五	六	日	一	二	三	四	五	六	日	一	二	三	四	五	六	日	一	二	三	四	五	六	日	一	二	三	四	五	六
干支	庚申	辛酉	壬戌	癸亥	甲子	乙丑	丙寅	丁卯	戊辰	己巳	庚午	辛未	壬申	癸酉	甲戌	乙亥	丙子	丁丑	戊寅	己卯	庚辰	辛巳	壬午	癸未	甲申	乙酉	丙戌	丁亥	戊子	己丑
五行	木	木	水	水	金	金	火	火	木	木	土	土	金	金	火	火	水	水	土	土	金	金	木	木	水	水	土	土	火	火
建星	满	平	定	执	破	危	成	收	开	闭	建	除	满	平	平	定	执	破	危	成	收	开	闭	建	除	满	平	定	执	破
廿八宿	鬼	柳	星	张	翼	轸	角	亢	氐	房	心	尾	箕	斗	牛	女	虚	危	室	壁	奎	娄	胃	昴	毕	觜	参	井	鬼	柳

岁次：癸酉	公元1933年（剑锋金）			水鸡
太岁：康志	年四绿星	风山渐卦	二火七运	娄

六月小建己未井宿 （三碧）

节气：大暑初一日十六时六分
立秋十七日八时廿六分

公历	23	24	25	26	27	28	29	30	31	八月	2	3	4	5	6	7	8	9	10	11	12	13	14	15	16	17	18	19	20
农历	一	二	三	四	五	六	七	八	九	十	十一	十二	十三	十四	十五	十六	十七	十八	十九	二十	廿一	廿二	廿三	廿四	廿五	廿六	廿七	廿八	廿九
星期	日	一	二	三	四	五	六	日	一	二	三	四	五	六	日	一	二	三	四	五	六	日	一	二	三	四	五	六	日
干支	庚寅	辛卯	壬辰	癸巳	甲午	乙未	丙申	丁酉	戊戌	己亥	庚子	辛丑	壬寅	癸卯	甲辰	乙巳	丙午	丁未	戊申	己酉	庚戌	辛亥	壬子	癸丑	甲寅	乙卯	丙辰	丁巳	戊午
五行	木	木	水	水	金	金	火	火	木	木	土	土	金	金	火	火	水	水	土	土	金	金	木	木	水	水	土	土	火
建星	危	成	收	开	闭	建	除	满	平	定	执	破	危	成	收	开	开	闭	建	除	满	平	定	执	破	危	成	收	开
廿八宿	星	张	翼	轸	角	亢	氐	房	心	尾	箕	斗	牛	女	虚	危	室	壁	奎	娄	胃	昴	毕	觜	参	井	鬼	柳	星

七月大建庚申鬼宿 （二黑）

节气：处暑初三日廿二时五十三分
白露十九日十时五十八分

公历	21	22	23	24	25	26	27	28	29	30	31	九月	2	3	4	5	6	7	8	9	10	11	12	13	14	15	16	17	18	19
农历	一	二	三	四	五	六	七	八	九	十	十一	十二	十三	十四	十五	十六	十七	十八	十九	二十	廿一	廿二	廿三	廿四	廿五	廿六	廿七	廿八	廿九	三十
星期	一	二	三	四	五	六	日	一	二	三	四	五	六	日	一	二	三	四	五	六	日	一	二	三	四	五	六	日	一	二
干支	己未	庚申	辛酉	壬戌	癸亥	甲子	乙丑	丙寅	丁卯	戊辰	己巳	庚午	辛未	壬申	癸酉	甲戌	乙亥	丙子	丁丑	戊寅	己卯	庚辰	辛巳	壬午	癸未	甲申	乙酉	丙戌	丁亥	戊子
五行	火	木	木	水	水	金	金	火	火	木	木	土	土	金	金	火	火	水	水	土	土	金	金	木	木	水	水	土	土	火
建星	闭	建	除	满	平	定	执	破	危	成	收	开	闭	建	除	满	平	定	定	执	破	危	成	收	开	闭	建	除	满	平
廿八宿	张	翼	轸	角	亢	氐	房	心	尾	箕	斗	牛	女	虚	危	室	壁	奎	娄	胃	昴	毕	觜	参	井	鬼	柳	星	张	翼

八月小建辛酉柳宿 （一白）

节气：秋分初四日二十时一分
寒露二十日二时四分

公历	20	21	22	23	24	25	26	27	28	29	30	十月	2	3	4	5	6	7	8	9	10	11	12	13	14	15	16	17	18
农历	一	二	三	四	五	六	七	八	九	十	十一	十二	十三	十四	十五	十六	十七	十八	十九	二十	廿一	廿二	廿三	廿四	廿五	廿六	廿七	廿八	廿九
星期	三	四	五	六	日	一	二	三	四	五	六	日	一	二	三	四	五	六	日	一	二	三	四	五	六	日	一	二	三
干支	己丑	庚寅	辛卯	壬辰	癸巳	甲午	乙未	丙申	丁酉	戊戌	己亥	庚子	辛丑	壬寅	癸卯	甲辰	乙巳	丙午	丁未	戊申	己酉	庚戌	辛亥	壬子	癸丑	甲寅	乙卯	丙辰	丁巳
五行	火	木	木	水	水	金	金	火	火	木	木	土	土	金	金	火	火	水	水	土	土	金	金	木	木	水	水	土	土
建星	定	执	破	危	成	收	开	闭	建	除	满	平	定	执	破	危	成	收	开	开	闭	建	除	满	平	定	执	破	危
廿八宿	轸	角	亢	氐	房	心	尾	箕	斗	牛	女	虚	危	室	壁	奎	娄	胃	昴	毕	觜	参	井	鬼	柳	星	张	翼	轸

岁次:癸酉	公元 1933 年(剑锋金)			水鸡
太岁:康志	年四绿星	风山渐卦	二火七运	娄

九月大建壬戌星宿 （九紫） 节气:霜降初六日四时四十八分 立冬廿一日四时四十三分

公历	19	20	21	22	23	24	25	26	27	28	29	30	31	11月	2	3	4	5	6	7	8	9	10	11	12	13	14	15	16	17
农历	一	二	三	四	五	六	七	八	九	十	十一	十二	十三	十四	十五	十六	十七	十八	十九	二十	廿一	廿二	廿三	廿四	廿五	廿六	廿七	廿八	廿九	三十
星期	四	五	六	日	一	二	三	四	五	六	日	一	二	三	四	五	六	日	一	二	三	四	五	六	日	一	二	三	四	五
干支	戊午	己未	庚申	辛酉	壬戌	癸亥	甲子	乙丑	丙寅	丁卯	戊辰	己巳	庚午	辛未	壬申	癸酉	甲戌	乙亥	丙子	丁丑	戊寅	己卯	庚辰	辛巳	壬午	癸未	甲申	乙酉	丙戌	丁亥
五行	火	火	木	木	水	水	金	金	火	火	木	木	土	土	金	金	火	火	水	水	土	土	金	金	木	木	水	水	土	土
建星	成	收	开	闭	建	除	满	平	定	执	破	危	成	收	开	闭	建	除	满	平	平	定	执	破	危	成	收	开	闭	建
廿八宿	角	亢	氐	房	心	尾	箕	斗	牛	女	虚	危	室	壁	奎	娄	胃	昴	毕	觜	参	井	鬼	柳	星	张	翼	轸	角	亢

十月小建癸亥张宿 （八白） 节气:小雪初六日一时五十四分 大雪二十日廿一时十一分

公历	18	19	20	21	22	23	24	25	26	27	28	29	30	12月	2	3	4	5	6	7	8	9	10	11	12	13	14	15	16	
农历	一	二	三	四	五	六	七	八	九	十	十一	十二	十三	十四	十五	十六	十七	十八	十九	二十	廿一	廿二	廿三	廿四	廿五	廿六	廿七	廿八	廿九	
星期	六	日	一	二	三	四	五	六	日	一	二	三	四	五	六	日	一	二	三	四	五	六	日	一	二	三	四	五	六	
干支	戊子	己丑	庚寅	辛卯	壬辰	癸巳	甲午	乙未	丙申	丁酉	戊戌	己亥	庚子	辛丑	壬寅	癸卯	甲辰	乙巳	丙午	丁未	戊申	己酉	庚戌	辛亥	壬子	癸丑	甲寅	乙卯	丙辰	
五行	火	火	木	木	水	水	金	金	火	火	木	木	土	土	金	金	火	火	水	水	土	土	金	金	木	木	水	水	土	
建星	除	满	平	定	执	破	危	成	收	开	闭	建	除	满	平	定	执	破	危	危	成	收	开	闭	建	除	满	平	定	
廿八宿	氐	房	心	尾	箕	斗	牛	女	虚	危	室	壁	奎	娄	胃	昴	毕	觜	参	井	鬼	柳	星	张	翼	轸	角	亢	氐	

十一月小建甲子翼宿 （七赤） 节气:冬至初六日十四时五十八分 小寒廿一日八时十七分

公历	17	18	19	20	21	22	23	24	25	26	27	28	29	30	31	一月	2	3	4	5	6	7	8	9	10	11	12	13	14
农历	一	二	三	四	五	六	七	八	九	十	十一	十二	十三	十四	十五	十六	十七	十八	十九	二十	廿一	廿二	廿三	廿四	廿五	廿六	廿七	廿八	廿九
星期	日	一	二	三	四	五	六	日	一	二	三	四	五	六	日	一	二	三	四	五	六	日	一	二	三	四	五	六	日
干支	丁巳	戊午	己未	庚申	辛酉	壬戌	癸亥	甲子	乙丑	丙寅	丁卯	戊辰	己巳	庚午	辛未	壬申	癸酉	甲戌	乙亥	丙子	丁丑	戊寅	己卯	庚辰	辛巳	壬午	癸未	甲申	乙酉
五行	土	火	火	木	木	水	水	金	金	火	火	木	木	土	土	金	金	火	火	水	水	土	土	金	金	木	木	水	水
建星	执	破	危	成	收	开	闭	建	除	满	平	定	执	破	危	成	收	开	闭	建	建	除	满	平	定	执	破	危	成
廿八宿	房	心	尾	箕	斗	牛	女	虚	危	室	壁	奎	娄	胃	昴	毕	觜	参	井	鬼	柳	星	张	翼	轸	角	亢	氐	房

十二月大建乙丑轸宿 （六白） 节气:大寒初七日一时五十三分 立春廿一日二十时四分

公历	15	16	17	18	19	20	21	22	23	24	25	26	27	28	29	30	31	二月	2	3	4	5	6	7	8	9	10	11	12	13
农历	一	二	三	四	五	六	七	八	九	十	十一	十二	十三	十四	十五	十六	十七	十八	十九	二十	廿一	廿二	廿三	廿四	廿五	廿六	廿七	廿八	廿九	三十
星期	一	二	三	四	五	六	日	一	二	三	四	五	六	日	一	二	三	四	五	六	日	一	二	三	四	五	六	日	一	二
干支	丙戌	丁亥	戊子	己丑	庚寅	辛卯	壬辰	癸巳	甲午	乙未	丙申	丁酉	戊戌	己亥	庚子	辛丑	壬寅	癸卯	甲辰	乙巳	丙午	丁未	戊申	己酉	庚戌	辛亥	壬子	癸丑	甲寅	乙卯
五行	土	土	火	火	木	木	水	水	金	金	火	火	木	木	土	土	金	金	火	火	水	水	土	土	金	金	木	木	水	水
建星	收	开	闭	建	除	满	平	定	执	破	危	成	收	开	闭	建	除	满	平	定	定	执	破	危	成	收	开	闭	建	除
廿八宿	心	尾	箕	斗	牛	女	虚	危	室	壁	奎	娄	胃	昴	毕	觜	参	井	鬼	柳	星	张	翼	轸	角	亢	氐	房	心	尾

岁次：甲戌	公元1934年（山头火）			木狗
太岁：施广	年三碧星	水山蹇卦	七火二运	胃

正月小建丙寅角宿 （五黄）

节气：雨水初六日十六时二分
惊蛰廿一日十四时廿七分

公历	14	15	16	17	18	19	20	21	22	23	24	25	26	27	28	三月	2	3	4	5	6	7	8	9	10	11	12	13	14
农历	一	二	三	四	五	六	七	八	九	十	十一	十二	十三	十四	十五	十六	十七	十八	十九	二十	廿一	廿二	廿三	廿四	廿五	廿六	廿七	廿八	廿九
星期	三	四	五	六	日	一	二	三	四	五	六	日	一	二	三	四	五	六	日	一	二	三	四	五	六	日	一	二	三
干支	丙辰	丁巳	戊午	己未	庚申	辛酉	壬戌	癸亥	甲子	乙丑	丙寅	丁卯	戊辰	己巳	庚午	辛未	壬申	癸酉	甲戌	乙亥	丙子	丁丑	戊寅	己卯	庚辰	辛巳	壬午	癸未	甲申
五行	土	土	火	火	木	木	水	水	金	金	火	火	木	木	土	土	金	金	火	火	水	水	土	土	金	金	木	木	水
建星	满	平	定	执	破	危	成	收	开	闭	建	除	满	平	定	执	破	危	成	收	收	开	闭	建	除	满	平	定	执
廿八宿	箕	斗	牛	女	虚	危	室	壁	奎	娄	胃	昴	毕	觜	参	井	鬼	柳	星	张	翼	轸	角	亢	氐	房	心	尾	箕

二月大建丁卯亢宿 （四绿）

节气：春分初七日十五时廿八分
清明廿二日十九时四十四分

公历	15	16	17	18	19	20	21	22	23	24	25	26	27	28	29	30	31	四月	2	3	4	5	6	7	8	9	10	11	12	13
农历	一	二	三	四	五	六	七	八	九	十	十一	十二	十三	十四	十五	十六	十七	十八	十九	二十	廿一	廿二	廿三	廿四	廿五	廿六	廿七	廿八	廿九	三十
星期	四	五	六	日	一	二	三	四	五	六	日	一	二	三	四	五	六	日	一	二	三	四	五	六	日	一	二	三	四	五
干支	乙酉	丙戌	丁亥	戊子	己丑	庚寅	辛卯	壬辰	癸巳	甲午	乙未	丙申	丁酉	戊戌	己亥	庚子	辛丑	壬寅	癸卯	甲辰	乙巳	丙午	丁未	戊申	己酉	庚戌	辛亥	壬子	癸丑	甲寅
五行	水	土	土	火	火	木	木	水	水	金	金	火	火	木	木	土	土	金	金	火	火	水	水	土	土	金	金	木	木	水
建星	破	危	成	收	开	闭	建	除	满	平	定	执	破	危	成	收	开	闭	建	除	满	满	平	定	执	破	危	成	收	开
廿八宿	斗	牛	女	虚	危	室	壁	奎	娄	胃	昴	毕	觜	参	井	鬼	柳	星	张	翼	轸	角	亢	氐	房	心	尾	箕	斗	牛

三月小建戊辰氐宿 （三碧）

节气：谷雨初八日三时零分
立夏廿二日十二时卅一分

公历	14	15	16	17	18	19	20	21	22	23	24	25	26	27	28	29	30	五月	2	3	4	5	6	7	8	9	10	11	12
农历	一	二	三	四	五	六	七	八	九	十	十一	十二	十三	十四	十五	十六	十七	十八	十九	二十	廿一	廿二	廿三	廿四	廿五	廿六	廿七	廿八	廿九
星期	六	日	一	二	三	四	五	六	日	一	二	三	四	五	六	日	一	二	三	四	五	六	日	一	二	三	四	五	六
干支	乙卯	丙辰	丁巳	戊午	己未	庚申	辛酉	壬戌	癸亥	甲子	乙丑	丙寅	丁卯	戊辰	己巳	庚午	辛未	壬申	癸酉	甲戌	乙亥	丙子	丁丑	戊寅	己卯	庚辰	辛巳	壬午	癸未
五行	水	土	土	火	火	木	木	水	水	金	金	火	火	木	木	土	土	金	金	火	火	水	水	土	土	金	金	木	木
建星	闭	建	除	满	平	定	执	破	危	成	收	开	闭	建	除	满	平	定	执	破	危	成	成	收	开	闭	建	除	满
廿八宿	女	虚	危	室	壁	奎	娄	胃	昴	毕	觜	参	井	鬼	柳	星	张	翼	轸	角	亢	氐	房	心	尾	箕	斗	牛	女

岁次：甲戌	公元 1934 年（山头火）			木狗
太岁：施广	年三碧星	水山蹇卦	七火二运	胃

四月大建己巳房宿 （二黑）

节气：小满初十日二时卅五分
芒种廿五日十八时一分

公历	13	14	15	16	17	18	19	20	21	22	23	24	25	26	27	28	29	30	31	六月	2	3	4	5	6	7	8	9	10	11
农历	一	二	三	四	五	六	七	八	九	十	十一	十二	十三	十四	十五	十六	十七	十八	十九	二十	廿一	廿二	廿三	廿四	廿五	廿六	廿七	廿八	廿九	三十
星期	日	一	二	三	四	五	六	日	一	二	三	四	五	六	日	一	二	三	四	五	六	日	一	二	三	四	五	六	日	一
干支	甲申	乙酉	丙戌	丁亥	戊子	己丑	庚寅	辛卯	壬辰	癸巳	甲午	乙未	丙申	丁酉	戊戌	己亥	庚子	辛丑	壬寅	癸卯	甲辰	乙巳	丙午	丁未	戊申	己酉	庚戌	辛亥	壬子	癸丑
五行	水	水	土	土	火	火	木	木	水	水	金	金	火	火	木	木	土	土	金	金	火	火	水	水	土	土	金	金	木	木
建星	平	定	执	破	危	成	收	开	闭	建	除	满	平	定	执	破	危	成	收	开	闭	建	除	满	满	平	定	执	破	危
廿八宿	虚	危	室	壁	奎	娄	胃	昴	毕	觜	参	井	鬼	柳	星	张	翼	轸	角	亢	氐	房	心	尾	箕	斗	牛	女	虚	危

五月大建庚午心宿 （一白）

节气：夏至十一日十时四十八分
小暑廿七日四时廿五分

公历	12	13	14	15	16	17	18	19	20	21	22	23	24	25	26	27	28	29	30	七月	2	3	4	5	6	7	8	9	10	11
农历	一	二	三	四	五	六	七	八	九	十	十一	十二	十三	十四	十五	十六	十七	十八	十九	二十	廿一	廿二	廿三	廿四	廿五	廿六	廿七	廿八	廿九	三十
星期	二	三	四	五	六	日	一	二	三	四	五	六	日	一	二	三	四	五	六	日	一	二	三	四	五	六	日	一	二	三
干支	甲寅	乙卯	丙辰	丁巳	戊午	己未	庚申	辛酉	壬戌	癸亥	甲子	乙丑	丙寅	丁卯	戊辰	己巳	庚午	辛未	壬申	癸酉	甲戌	乙亥	丙子	丁丑	戊寅	己卯	庚辰	辛巳	壬午	癸未
五行	水	水	土	土	火	火	木	木	水	水	金	金	火	火	木	木	土	土	金	金	火	火	水	水	土	土	金	金	木	木
建星	成	收	开	闭	建	除	满	平	定	执	破	危	成	收	开	闭	建	除	满	平	定	执	破	危	成	收	收	开	闭	建
廿八宿	室	壁	奎	娄	胃	昴	毕	觜	参	井	鬼	柳	星	张	翼	轸	角	亢	氐	房	心	尾	箕	斗	牛	女	虚	危	室	壁

六月小建辛未尾宿 （九紫）

节气：大暑十二日廿一时四十三分
立秋廿八日十四时四分

公历	12	13	14	15	16	17	18	19	20	21	22	23	24	25	26	27	28	29	30	31	八月	2	3	4	5	6	7	8	9	
农历	一	二	三	四	五	六	七	八	九	十	十一	十二	十三	十四	十五	十六	十七	十八	十九	二十	廿一	廿二	廿三	廿四	廿五	廿六	廿七	廿八	廿九	
星期	四	五	六	日	一	二	三	四	五	六	日	一	二	三	四	五	六	日	一	二	三	四	五	六	日	一	二	三	四	
干支	甲申	乙酉	丙戌	丁亥	戊子	己丑	庚寅	辛卯	壬辰	癸巳	甲午	乙未	丙申	丁酉	戊戌	己亥	庚子	辛丑	壬寅	癸卯	甲辰	乙巳	丙午	丁未	戊申	己酉	庚戌	辛亥	壬子	
五行	水	水	土	土	火	火	木	木	水	水	金	金	火	火	木	木	土	土	金	金	火	火	水	水	土	土	金	金	木	
建星	除	满	平	定	执	破	危	成	收	开	闭	建	除	满	平	定	执	破	危	成	收	开	闭	建	除	满	平	平	定	
廿八宿	奎	娄	胃	昴	毕	觜	参	井	鬼	柳	星	张	翼	轸	角	亢	氐	房	心	尾	箕	斗	牛	女	虚	危	室	壁	奎	

岁次：甲戌	公元1934年（山头火）			木狗
太岁：施广	年三碧星	水山蹇卦	七火二运	胃

七月大建壬申箕宿 （八白）

节气：处暑十五日四时卅三分
白露三十日十六时卅七分

公历	10	11	12	13	14	15	16	17	18	19	20	21	22	23	24	25	26	27	28	29	30	31	九月	2	3	4	5	6	7	8
农历	一	二	三	四	五	六	七	八	九	十	十一	十二	十三	十四	十五	十六	十七	十八	十九	二十	廿一	廿二	廿三	廿四	廿五	廿六	廿七	廿八	廿九	三十
星期	五	六	日	一	二	三	四	五	六	日	一	二	三	四	五	六	日	一	二	三	四	五	六	日	一	二	三	四	五	六
干支	癸丑	甲寅	乙卯	丙辰	丁巳	戊午	己未	庚申	辛酉	壬戌	癸亥	甲子	乙丑	丙寅	丁卯	戊辰	己巳	庚午	辛未	壬申	癸酉	甲戌	乙亥	丙子	丁丑	戊寅	己卯	庚辰	辛巳	壬午
五行	木	水	水	土	土	火	火	木	木	水	水	金	金	火	火	木	木	土	土	金	金	火	火	水	水	土	土	金	金	木
建星	执	破	危	成	收	开	闭	建	除	满	平	定	执	破	危	成	收	开	闭	建	除	满	平	定	执	破	危	成	收	收
廿八宿	娄	胃	昴	毕	觜	参	井	鬼	柳	星	张	翼	轸	角	亢	氐	房	心	尾	箕	斗	牛	女	虚	危	室	壁	奎	娄	胃

八月小建癸酉斗宿 （七赤）

节气：秋分十六日二时五十三分

公历	9	10	11	12	13	14	15	16	17	18	19	20	21	22	23	24	25	26	27	28	29	30	十月	2	3	4	5	6	7	
农历	一	二	三	四	五	六	七	八	九	十	十一	十二	十三	十四	十五	十六	十七	十八	十九	二十	廿一	廿二	廿三	廿四	廿五	廿六	廿七	廿八	廿九	
星期	日	一	二	三	四	五	六	日	一	二	三	四	五	六	日	一	二	三	四	五	六	日	一	二	三	四	五	六	日	
干支	癸未	甲申	乙酉	丙戌	丁亥	戊子	己丑	庚寅	辛卯	壬辰	癸巳	甲午	乙未	丙申	丁酉	戊戌	己亥	庚子	辛丑	壬寅	癸卯	甲辰	乙巳	丙午	丁未	戊申	己酉	庚戌	辛亥	
五行	木	水	水	土	土	火	火	木	木	水	水	金	金	火	火	木	木	土	土	金	金	火	火	水	水	土	土	金	金	
建星	开	闭	建	除	满	平	定	执	破	危	成	收	开	闭	建	除	满	平	定	执	破	危	成	收	开	闭	建	除	满	
廿八宿	昴	毕	觜	参	井	鬼	柳	星	张	翼	轸	角	亢	氐	房	心	尾	箕	斗	牛	女	虚	危	室	壁	奎	娄	胃	昴	

九月大建甲戌牛宿 （六白）

节气：寒露初二日七时四十五分
霜降十七日十时卅六分

公历	8	9	10	11	12	13	14	15	16	17	18	19	20	21	22	23	24	25	26	27	28	29	30	31	11月	2	3	4	5	6
农历	一	二	三	四	五	六	七	八	九	十	十一	十二	十三	十四	十五	十六	十七	十八	十九	二十	廿一	廿二	廿三	廿四	廿五	廿六	廿七	廿八	廿九	三十
星期	一	二	三	四	五	六	日	一	二	三	四	五	六	日	一	二	三	四	五	六	日	一	二	三	四	五	六	日	一	二
干支	壬子	癸丑	甲寅	乙卯	丙辰	丁巳	戊午	己未	庚申	辛酉	壬戌	癸亥	甲子	乙丑	丙寅	丁卯	戊辰	己巳	庚午	辛未	壬申	癸酉	甲戌	乙亥	丙子	丁丑	戊寅	己卯	庚辰	辛巳
五行	木	木	水	水	土	土	火	火	木	木	水	水	金	金	火	火	木	木	土	土	金	金	火	火	水	水	土	土	金	金
建星	平	平	定	执	破	危	成	收	开	闭	建	除	满	平	定	执	破	危	成	收	开	闭	建	除	满	平	定	执	破	危
廿八宿	毕	觜	参	井	鬼	柳	星	张	翼	轸	角	亢	氐	房	心	尾	箕	斗	牛	女	虚	危	室	壁	奎	娄	胃	昴	毕	觜

岁次：甲戌	公元 1934 年（山头火）			木狗
太岁：施广	年三碧星	水山蹇卦	七火二运	胃

十月大建乙亥女宿　（五黄）

节气：立冬初二日十时廿七分
小雪十七日七时四十四分

公历	7	8	9	10	11	12	13	14	15	16	17	18	19	20	21	22	23	24	25	26	27	28	29	30	12月	2	3	4	5	6
农历	一	二	三	四	五	六	七	八	九	十	十一	十二	十三	十四	十五	十六	十七	十八	十九	二十	廿一	廿二	廿三	廿四	廿五	廿六	廿七	廿八	廿九	三十
星期	三	四	五	六	日	一	二	三	四	五	六	日	一	二	三	四	五	六	日	一	二	三	四	五	六	日	一	二	三	四
干支	壬午	癸未	甲申	乙酉	丙戌	丁亥	戊子	己丑	庚寅	辛卯	壬辰	癸巳	甲午	乙未	丙申	丁酉	戊戌	己亥	庚子	辛丑	壬寅	癸卯	甲辰	乙巳	丙午	丁未	戊申	己酉	庚戌	辛亥
五行	木	木	水	水	土	土	火	火	木	木	水	水	金	金	火	火	木	木	土	土	金	金	火	火	水	水	土	土	金	金
建星	成	成	收	开	闭	建	除	满	平	定	执	破	危	成	收	开	闭	建	除	满	平	定	执	破	危	成	收	开	闭	建
廿八宿	参	井	鬼	柳	星	张	翼	轸	角	亢	氐	房	心	尾	箕	斗	牛	女	虚	危	室	壁	奎	娄	胃	昴	毕	觜	参	井

十一月小建丙子虚宿　（四绿）

节气：大雪初二日二时五十七分
冬至十六日二十时四十九分

公历	7	8	9	10	11	12	13	14	15	16	17	18	19	20	21	22	23	24	25	26	27	28	29	30	31	一月	2	3	4	
农历	一	二	三	四	五	六	七	八	九	十	十一	十二	十三	十四	十五	十六	十七	十八	十九	二十	廿一	廿二	廿三	廿四	廿五	廿六	廿七	廿八	廿九	
星期	五	六	日	一	二	三	四	五	六	日	一	二	三	四	五	六	日	一	二	三	四	五	六	日	一	二	三	四	五	
干支	壬子	癸丑	甲寅	乙卯	丙辰	丁巳	戊午	己未	庚申	辛酉	壬戌	癸亥	甲子	乙丑	丙寅	丁卯	戊辰	己巳	庚午	辛未	壬申	癸酉	甲戌	乙亥	丙子	丁丑	戊寅	己卯	庚辰	
五行	木	木	水	水	土	土	火	火	木	木	水	水	金	金	火	火	木	木	土	土	金	金	火	火	水	水	土	土	金	
建星	除	除	满	平	定	执	破	危	成	收	开	闭	建	除	满	平	定	执	破	危	成	收	开	闭	建	除	满	平	定	
廿八宿	鬼	柳	星	张	翼	轸	角	亢	氐	房	心	尾	箕	斗	牛	女	虚	危	室	壁	奎	娄	胃	昴	毕	觜	参	井	鬼	

十二月大建丁丑危宿　（三碧）

节气：小寒初二日十四时三分
大寒十七日七时廿九分

公历	5	6	7	8	9	10	11	12	13	14	15	16	17	18	19	20	21	22	23	24	25	26	27	28	29	30	31	二月	2	3
农历	一	二	三	四	五	六	七	八	九	十	十一	十二	十三	十四	十五	十六	十七	十八	十九	二十	廿一	廿二	廿三	廿四	廿五	廿六	廿七	廿八	廿九	三十
星期	六	日	一	二	三	四	五	六	日	一	二	三	四	五	六	日	一	二	三	四	五	六	日	一	二	三	四	五	六	日
干支	辛巳	壬午	癸未	甲申	乙酉	丙戌	丁亥	戊子	己丑	庚寅	辛卯	壬辰	癸巳	甲午	乙未	丙申	丁酉	戊戌	己亥	庚子	辛丑	壬寅	癸卯	甲辰	乙巳	丙午	丁未	戊申	己酉	庚戌
五行	金	木	木	水	水	土	土	火	火	木	木	水	水	金	金	火	火	木	木	土	土	金	金	火	火	水	水	土	土	金
建星	执	执	破	危	成	收	开	闭	建	除	满	平	定	执	破	危	成	收	开	闭	建	除	满	平	定	执	破	危	成	收
廿八宿	柳	星	张	翼	轸	角	亢	氐	房	心	尾	箕	斗	牛	女	虚	危	室	壁	奎	娄	胃	昴	毕	觜	参	井	鬼	柳	星

岁次：乙亥	公元1935年（山头火）			木猪
太岁：任保	年二黑星	火地晋卦	三木三运	昴

正月小建戊寅室宿 （二黑）

节气：立春初二日一时四十九分
雨水十六日廿一时五十二分

公历	4	5	6	7	8	9	10	11	12	13	14	15	16	17	18	19	20	21	22	23	24	25	26	27	28	三月	2	3	4
农历	一	二	三	四	五	六	七	八	九	十	十一	十二	十三	十四	十五	十六	十七	十八	十九	二十	廿一	廿二	廿三	廿四	廿五	廿六	廿七	廿八	廿九
星期	一	二	三	四	五	六	日	一	二	三	四	五	六	日	一	二	三	四	五	六	日	一	二	三	四	五	六	日	一
干支	辛亥	壬子	癸丑	甲寅	乙卯	丙辰	丁巳	戊午	己未	庚申	辛酉	壬戌	癸亥	甲子	乙丑	丙寅	丁卯	戊辰	己巳	庚午	辛未	壬申	癸酉	甲戌	乙亥	丙子	丁丑	戊寅	己卯
五行	金	木	木	水	水	土	土	火	火	木	木	水	水	金	金	火	火	木	木	土	土	金	金	火	火	水	水	土	土
建星	开	开	闭	建	除	满	平	定	执	破	危	成	收	开	闭	建	除	满	平	定	执	破	危	成	收	开	闭	建	除
廿八宿	张	翼	轸	角	亢	氐	房	心	尾	箕	斗	牛	女	虚	危	室	壁	奎	娄	胃	昴	毕	觜	参	井	鬼	柳	星	张

二月小建己卯壁宿 （一白）

节气：惊蛰初二日二十时十一分
春分十七日廿一时十八分

公历	5	6	7	8	9	10	11	12	13	14	15	16	17	18	19	20	21	22	23	24	25	26	27	28	29	30	31	四月	2
农历	一	二	三	四	五	六	七	八	九	十	十一	十二	十三	十四	十五	十六	十七	十八	十九	二十	廿一	廿二	廿三	廿四	廿五	廿六	廿七	廿八	廿九
星期	二	三	四	五	六	日	一	二	三	四	五	六	日	一	二	三	四	五	六	日	一	二	三	四	五	六	日	一	二
干支	庚辰	辛巳	壬午	癸未	甲申	乙酉	丙戌	丁亥	戊子	己丑	庚寅	辛卯	壬辰	癸巳	甲午	乙未	丙申	丁酉	戊戌	己亥	庚子	辛丑	壬寅	癸卯	甲辰	乙巳	丙午	丁未	戊申
五行	金	金	木	木	水	水	土	土	火	火	木	木	水	水	金	金	火	火	木	木	土	土	金	金	火	火	水	水	土
建星	满	满	平	定	执	破	危	成	收	开	闭	建	除	满	平	定	执	破	危	成	收	开	闭	建	除	满	平	定	执
廿八宿	翼	轸	角	亢	氐	房	心	尾	箕	斗	牛	女	虚	危	室	壁	奎	娄	胃	昴	毕	觜	参	井	鬼	柳	星	张	翼

三月大建庚辰奎宿 （九紫）

节气：清明初四日一时廿六分
谷雨十九日八时五十分

公历	3	4	5	6	7	8	9	10	11	12	13	14	15	16	17	18	19	20	21	22	23	24	25	26	27	28	29	30	五月	2
农历	一	二	三	四	五	六	七	八	九	十	十一	十二	十三	十四	十五	十六	十七	十八	十九	二十	廿一	廿二	廿三	廿四	廿五	廿六	廿七	廿八	廿九	三十
星期	三	四	五	六	日	一	二	三	四	五	六	日	一	二	三	四	五	六	日	一	二	三	四	五	六	日	一	二	三	四
干支	己酉	庚戌	辛亥	壬子	癸丑	甲寅	乙卯	丙辰	丁巳	戊午	己未	庚申	辛酉	壬戌	癸亥	甲子	乙丑	丙寅	丁卯	戊辰	己巳	庚午	辛未	壬申	癸酉	甲戌	乙亥	丙子	丁丑	戊寅
五行	土	金	金	木	木	水	水	土	土	火	火	木	木	水	水	金	金	火	火	木	木	土	土	金	金	火	火	水	水	土
建星	破	危	成	成	收	开	闭	建	除	满	平	定	执	破	危	成	收	开	闭	建	除	满	平	定	执	破	危	成	收	开
廿八宿	轸	角	亢	氐	房	心	尾	箕	斗	牛	女	虚	危	室	壁	奎	娄	胃	昴	毕	觜	参	井	鬼	柳	星	张	翼	轸	角

岁次:乙亥	公元1935年(山头火)			木猪
太岁:任保	年二黑星	火地晋卦	三木三运	昴

四月小建辛巳娄宿 (八白)

节气:立夏初四日十九时十二分
小满二十日八时廿五分

公历	3	4	5	6	7	8	9	10	11	12	13	14	15	16	17	18	19	20	21	22	23	24	25	26	27	28	29	30	31	
农历	一	二	三	四	五	六	七	八	九	十	十一	十二	十三	十四	十五	十六	十七	十八	十九	二十	廿一	廿二	廿三	廿四	廿五	廿六	廿七	廿八	廿九	
星期	五	六	日	一	二	三	四	五	六	日	一	二	三	四	五	六	日	一	二	三	四	五	六	日	一	二	三	四	五	
干支	己卯	庚辰	辛巳	壬午	癸未	甲申	乙酉	丙戌	丁亥	戊子	己丑	庚寅	辛卯	壬辰	癸巳	甲午	乙未	丙申	丁酉	戊戌	己亥	庚子	辛丑	壬寅	癸卯	甲辰	乙巳	丙午	丁未	
五行	土	金	金	木	木	水	水	土	土	火	火	木	木	水	水	金	金	火	火	木	木	土	土	金	金	火	火	水	水	
建星	闭	建	除	除	满	平	定	执	破	危	成	收	开	闭	建	除	满	平	定	执	破	危	成	收	开	闭	建	除	满	
廿八宿	亢	氐	房	心	尾	箕	斗	牛	女	虚	危	室	壁	奎	娄	胃	昴	毕	觜	参	井	鬼	柳	星	张	翼	轸	角	亢	

五月大建壬午胃宿 (七赤)

节气:芒种初六日廿三时四十一分
夏至廿二日十六时三十八分

公历	六月	2	3	4	5	6	7	8	9	10	11	12	13	14	15	16	17	18	19	20	21	22	23	24	25	26	27	28	29	30
农历	一	二	三	四	五	六	七	八	九	十	十一	十二	十三	十四	十五	十六	十七	十八	十九	二十	廿一	廿二	廿三	廿四	廿五	廿六	廿七	廿八	廿九	三十
星期	六	日	一	二	三	四	五	六	日	一	二	三	四	五	六	日	一	二	三	四	五	六	日	一	二	三	四	五	六	日
干支	戊申	己酉	庚戌	辛亥	壬子	癸丑	甲寅	乙卯	丙辰	丁巳	戊午	己未	庚申	辛酉	壬戌	癸亥	甲子	乙丑	丙寅	丁卯	戊辰	己巳	庚午	辛未	壬申	癸酉	甲戌	乙亥	丙子	丁丑
五行	土	土	金	金	木	木	水	水	土	土	火	火	木	木	水	水	金	金	火	火	木	木	土	土	金	金	火	火	水	水
建星	平	定	执	破	危	危	成	收	开	闭	建	除	满	平	定	执	破	危	成	收	开	闭	建	除	满	平	定	执	破	危
廿八宿	氐	房	心	尾	箕	斗	牛	女	虚	危	室	壁	奎	娄	胃	昴	毕	觜	参	井	鬼	柳	星	张	翼	轸	角	亢	氐	房

六月小建癸未昴宿 (六白)

节气:小暑初八日十时六分
大暑廿四日三时卅四分

公历	七月	2	3	4	5	6	7	8	9	10	11	12	13	14	15	16	17	18	19	20	21	22	23	24	25	26	27	28	29
农历	一	二	三	四	五	六	七	八	九	十	十一	十二	十三	十四	十五	十六	十七	十八	十九	二十	廿一	廿二	廿三	廿四	廿五	廿六	廿七	廿八	廿九
星期	一	二	三	四	五	六	日	一	二	三	四	五	六	日	一	二	三	四	五	六	日	一	二	三	四	五	六	日	一
干支	戊寅	己卯	庚辰	辛巳	壬午	癸未	甲申	乙酉	丙戌	丁亥	戊子	己丑	庚寅	辛卯	壬辰	癸巳	甲午	乙未	丙申	丁酉	戊戌	己亥	庚子	辛丑	壬寅	癸卯	甲辰	乙巳	丙午
五行	土	土	金	金	木	木	水	水	土	土	火	火	木	木	水	水	金	金	火	火	木	木	土	土	金	金	火	火	水
建星	成	收	开	闭	建	除	满	满	平	定	执	破	危	成	收	开	闭	建	除	满	平	定	执	破	危	成	收	开	闭
廿八宿	心	尾	箕	斗	牛	女	虚	危	室	壁	奎	娄	胃	昴	毕	觜	参	井	鬼	柳	星	张	翼	轸	角	亢	氐	房	心

岁次：乙亥	公元1935年（山头火）			木猪
太岁：任保	年二黑星	火地晋卦	三木三运	昴

七月大建甲申毕宿 （五黄）

节气：立秋 初十日十九时四十九分
处暑 廿六日十时廿五分

公历	30	31	八月	2	3	4	5	6	7	8	9	10	11	12	13	14	15	16	17	18	19	20	21	22	23	24	25	26	27	28
农历	一	二	三	四	五	六	七	八	九	十	十一	十二	十三	十四	十五	十六	十七	十八	十九	二十	廿一	廿二	廿三	廿四	廿五	廿六	廿七	廿八	廿九	三十
星期	二	三	四	五	六	日	一	二	三	四	五	六	日	一	二	三	四	五	六	日	一	二	三	四	五	六	日	一	二	三
干支	丁未	戊申	己酉	庚戌	辛亥	壬子	癸丑	甲寅	乙卯	丙辰	丁巳	戊午	己未	庚申	辛酉	壬戌	癸亥	甲子	乙丑	丙寅	丁卯	戊辰	己巳	庚午	辛未	壬申	癸酉	甲戌	乙亥	丙子
五行	水	土	土	金	金	木	木	水	水	土	土	火	火	木	木	水	水	金	金	火	火	木	木	土	土	金	金	火	火	水
建星	建	除	满	平	定	执	破	危	成	成	收	开	闭	建	除	满	平	定	执	破	危	成	收	开	闭	建	除	满	平	定
廿八宿	尾	箕	斗	牛	女	虚	危	室	壁	奎	娄	胃	昴	毕	觜	参	井	鬼	柳	星	张	翼	轸	角	亢	氐	房	心	尾	箕

八月大建乙酉觜宿 （四绿）

节气：白露 十一日二十时廿五分
秋分 廿七日七时卅九分

公历	29	30	31	九月	2	3	4	5	6	7	8	9	10	11	12	13	14	15	16	17	18	19	20	21	22	23	24	25	26	27
农历	一	二	三	四	五	六	七	八	九	十	十一	十二	十三	十四	十五	十六	十七	十八	十九	二十	廿一	廿二	廿三	廿四	廿五	廿六	廿七	廿八	廿九	三十
星期	四	五	六	日	一	二	三	四	五	六	日	一	二	三	四	五	六	日	一	二	三	四	五	六	日	一	二	三	四	五
干支	丁丑	戊寅	己卯	庚辰	辛巳	壬午	癸未	甲申	乙酉	丙戌	丁亥	戊子	己丑	庚寅	辛卯	壬辰	癸巳	甲午	乙未	丙申	丁酉	戊戌	己亥	庚子	辛丑	壬寅	癸卯	甲辰	乙巳	丙午
五行	水	土	土	金	金	木	木	水	水	土	土	火	火	木	木	水	水	金	金	火	火	木	木	土	土	金	金	火	火	水
建星	执	破	危	成	收	开	闭	建	除	满	满	平	定	执	破	危	成	收	开	闭	建	除	满	平	定	执	破	危	成	收
廿八宿	斗	牛	女	虚	危	室	壁	奎	娄	胃	昴	毕	觜	参	井	鬼	柳	星	张	翼	轸	角	亢	氐	房	心	尾	箕	斗	牛

九月小建丙戌参宿 （三碧）

节气：寒露 十二日十三时卅六分
霜降 廿七日十六时廿九分

公历	28	29	30	十月	2	3	4	5	6	7	8	9	10	11	12	13	14	15	16	17	18	19	20	21	22	23	24	25	26	
农历	一	二	三	四	五	六	七	八	九	十	十一	十二	十三	十四	十五	十六	十七	十八	十九	二十	廿一	廿二	廿三	廿四	廿五	廿六	廿七	廿八	廿九	
星期	六	日	一	二	三	四	五	六	日	一	二	三	四	五	六	日	一	二	三	四	五	六	日	一	二	三	四	五	六	
干支	丁未	戊申	己酉	庚戌	辛亥	壬子	癸丑	甲寅	乙卯	丙辰	丁巳	戊午	己未	庚申	辛酉	壬戌	癸亥	甲子	乙丑	丙寅	丁卯	戊辰	己巳	庚午	辛未	壬申	癸酉	甲戌	乙亥	
五行	水	土	土	金	金	木	木	水	水	土	土	火	火	木	木	水	水	金	金	火	火	木	木	土	土	金	金	火	火	
建星	开	闭	建	除	满	平	定	执	破	危	成	成	收	开	闭	建	除	满	平	定	执	破	危	成	收	开	闭	建	除	
廿八宿	女	虚	危	室	壁	奎	娄	胃	昴	毕	觜	参	井	鬼	柳	星	张	翼	轸	角	亢	氐	房	心	尾	箕	斗	牛	女	

第六章 1930 年～2050 年万年历对照详表

岁次：乙亥	公元 1935 年（山头火）			木猪
太岁：任保	年二黑星	火地晋卦	三木三运	昴

十月大建丁亥井宿 （二黑）

节气：立冬十三日十六时十八分
小雪廿八日十三时卅六分

公历	27	28	29	30	31	11月	2	3	4	5	6	7	8	9	10	11	12	13	14	15	16	17	18	19	20	21	22	23	24	25
农历	一	二	三	四	五	六	七	八	九	十	十一	十二	十三	十四	十五	十六	十七	十八	十九	二十	廿一	廿二	廿三	廿四	廿五	廿六	廿七	廿八	廿九	三十
星期	日	一	二	三	四	五	六	日	一	二	三	四	五	六	日	一	二	三	四	五	六	日	一	二	三	四	五	六	日	一
干支	丙子	丁丑	戊寅	己卯	庚辰	辛巳	壬午	癸未	甲申	乙酉	丙戌	丁亥	戊子	己丑	庚寅	辛卯	壬辰	癸巳	甲午	乙未	丙申	丁酉	戊戌	己亥	庚子	辛丑	壬寅	癸卯	甲辰	乙巳
五行	水	水	土	土	金	金	木	木	水	水	土	土	火	火	木	木	水	水	金	金	火	火	木	木	土	土	金	金	火	火
建星	满	平	定	执	破	危	成	收	开	闭	建	除	除	满	平	定	执	破	危	成	收	开	闭	建	除	满	平	定	执	破
廿八宿	虚	危	室	壁	奎	娄	胃	昴	毕	觜	参	井	鬼	柳	星	张	翼	轸	角	亢	氐	房	心	尾	箕	斗	牛	女	虚	危

十一月大建戊子鬼宿 （一白）

节气：大雪十三日八时四十五分
冬至廿八日二时卅七分

公历	26	27	28	29	30	12月	2	3	4	5	6	7	8	9	10	11	12	13	14	15	16	17	18	19	20	21	22	23	24	25
农历	一	二	三	四	五	六	七	八	九	十	十一	十二	十三	十四	十五	十六	十七	十八	十九	二十	廿一	廿二	廿三	廿四	廿五	廿六	廿七	廿八	廿九	三十
星期	二	三	四	五	六	日	一	二	三	四	五	六	日	一	二	三	四	五	六	日	一	二	三	四	五	六	日	一	二	三
干支	丙午	丁未	戊申	己酉	庚戌	辛亥	壬子	癸丑	甲寅	乙卯	丙辰	丁巳	戊午	己未	庚申	辛酉	壬戌	癸亥	甲子	乙丑	丙寅	丁卯	戊辰	己巳	庚午	辛未	壬申	癸酉	甲戌	乙亥
五行	水	水	土	土	金	金	木	木	水	水	土	土	火	火	木	木	水	水	金	金	火	火	木	木	土	土	金	金	火	火
建星	危	成	收	开	闭	建	除	满	平	定	执	破	破	危	成	收	开	闭	建	除	满	平	定	执	破	危	成	收	开	闭
廿八宿	室	壁	奎	娄	胃	昴	毕	觜	参	井	鬼	柳	星	张	翼	轸	角	亢	氐	房	心	尾	箕	斗	牛	女	虚	危	室	壁

十二月小建己丑柳宿 （九紫）

节气：小寒十二日十九时四十七分
大寒廿七日十三时十二分

公历	26	27	28	29	30	31	一月	2	3	4	5	6	7	8	9	10	11	12	13	14	15	16	17	18	19	20	21	22	23	
农历	一	二	三	四	五	六	七	八	九	十	十一	十二	十三	十四	十五	十六	十七	十八	十九	二十	廿一	廿二	廿三	廿四	廿五	廿六	廿七	廿八	廿九	
星期	四	五	六	日	一	二	三	四	五	六	日	一	二	三	四	五	六	日	一	二	三	四	五	六	日	一	二	三	四	
干支	丙子	丁丑	戊寅	己卯	庚辰	辛巳	壬午	癸未	甲申	乙酉	丙戌	丁亥	戊子	己丑	庚寅	辛卯	壬辰	癸巳	甲午	乙未	丙申	丁酉	戊戌	己亥	庚子	辛丑	壬寅	癸卯	甲辰	
五行	水	水	土	土	金	金	木	木	水	水	土	土	火	火	木	木	水	水	金	金	火	火	木	木	土	土	金	金	火	
建星	建	除	满	平	定	执	破	危	成	收	开	开	闭	建	除	满	平	定	执	破	危	成	收	开	闭	建	除	满	平	
廿八宿	奎	娄	胃	昴	毕	觜	参	井	鬼	柳	星	张	翼	轸	角	亢	氐	房	心	尾	箕	斗	牛	女	虚	危	室	壁	奎	

岁次：丙子	公元1936年（涧下水）			火鼠
太岁：郭嘉	年一白星	山雷颐卦	六水三运	毕

正月大建庚寅星宿 （八白）

节气：立春十三日七时三十分
雨水廿八日三时卅三分

公历	24	25	26	27	28	29	30	31	二月	2	3	4	5	6	7	8	9	10	11	12	13	14	15	16	17	18	19	20	21	22
农历	一	二	三	四	五	六	七	八	九	十	十一	十二	十三	十四	十五	十六	十七	十八	十九	二十	廿一	廿二	廿三	廿四	廿五	廿六	廿七	廿八	廿九	三十
星期	五	六	日	一	二	三	四	五	六	日	一	二	三	四	五	六	日	一	二	三	四	五	六	日	一	二	三	四	五	六
干支	乙巳	丙午	丁未	戊申	己酉	庚戌	辛亥	壬子	癸丑	甲寅	乙卯	丙辰	丁巳	戊午	己未	庚申	辛酉	壬戌	癸亥	甲子	乙丑	丙寅	丁卯	戊辰	己巳	庚午	辛未	壬申	癸酉	甲戌
五行	火	水	水	土	土	金	金	木	木	水	水	土	土	火	火	木	木	水	水	金	金	火	火	木	木	土	土	金	金	火
建星	定	执	破	危	成	收	开	闭	建	除	满	平	平	定	执	破	危	成	收	开	闭	建	除	满	平	定	执	破	危	成
廿八宿	娄	胃	昴	毕	觜	参	井	鬼	柳	星	张	翼	轸	角	亢	氐	房	心	尾	箕	斗	牛	女	虚	危	室	壁	奎	娄	胃

二月小建辛卯张宿 （七赤）

节气：惊蛰十三日一时五十分
春分廿八日二时五十八分

公历	23	24	25	26	27	28	29	三月	2	3	4	5	6	7	8	9	10	11	12	13	14	15	16	17	18	19	20	21	22
农历	一	二	三	四	五	六	七	八	九	十	十一	十二	十三	十四	十五	十六	十七	十八	十九	二十	廿一	廿二	廿三	廿四	廿五	廿六	廿七	廿八	廿九
星期	日	一	二	三	四	五	六	日	一	二	三	四	五	六	日	一	二	三	四	五	六	日	一	二	三	四	五	六	日
干支	乙亥	丙子	丁丑	戊寅	己卯	庚辰	辛巳	壬午	癸未	甲申	乙酉	丙戌	丁亥	戊子	己丑	庚寅	辛卯	壬辰	癸巳	甲午	乙未	丙申	丁酉	戊戌	己亥	庚子	辛丑	壬寅	癸卯
五行	火	水	水	土	土	金	金	木	木	水	水	土	土	火	火	木	木	水	水	金	金	火	火	木	木	土	土	金	金
建星	收	开	闭	建	除	满	平	定	执	破	危	成	成	收	开	闭	建	除	满	平	定	执	破	危	成	收	开	闭	建
廿八宿	昴	毕	觜	参	井	鬼	柳	星	张	翼	轸	角	亢	氐	房	心	尾	箕	斗	牛	女	虚	危	室	壁	奎	娄	胃	昴

三月小建壬辰翼宿 （六白）

节气：清明十四日七时十七分
谷雨廿九日十四时卅一分

公历	23	24	25	26	27	28	29	30	31	四月	2	3	4	5	6	7	8	9	10	11	12	13	14	15	16	17	18	19	20
农历	一	二	三	四	五	六	七	八	九	十	十一	十二	十三	十四	十五	十六	十七	十八	十九	二十	廿一	廿二	廿三	廿四	廿五	廿六	廿七	廿八	廿九
星期	一	二	三	四	五	六	日	一	二	三	四	五	六	日	一	二	三	四	五	六	日	一	二	三	四	五	六	日	一
干支	甲辰	乙巳	丙午	丁未	戊申	己酉	庚戌	辛亥	壬子	癸丑	甲寅	乙卯	丙辰	丁巳	戊午	己未	庚申	辛酉	壬戌	癸亥	甲子	乙丑	丙寅	丁卯	戊辰	己巳	庚午	辛未	壬申
五行	火	火	水	水	土	土	金	金	木	木	水	水	土	土	火	火	木	木	水	水	金	金	火	火	木	木	土	土	金
建星	除	满	平	定	执	破	危	成	收	开	闭	建	除	除	满	平	定	执	破	危	成	收	开	闭	建	除	满	平	定
廿八宿	毕	觜	参	井	鬼	柳	星	张	翼	轸	角	亢	氐	房	心	尾	箕	斗	牛	女	虚	危	室	壁	奎	娄	胃	昴	毕

第六章 1930年～2050年万年历对照详表

岁次：丙子	公元1936年（涧下水）			火鼠
太岁：郭嘉	年一白星	山雷颐卦	六水三运	毕

闰三月大　　节气：立夏十六日零时五十七分

公历	21	22	23	24	25	26	27	28	29	30	五月	2	3	4	5	6	7	8	9	10	11	12	13	14	15	16	17	18	19	20
农历	一	二	三	四	五	六	七	八	九	十	十一	十二	十三	十四	十五	十六	十七	十八	十九	二十	廿一	廿二	廿三	廿四	廿五	廿六	廿七	廿八	廿九	三十
星期	二	三	四	五	六	日	一	二	三	四	五	六	日	一	二	三	四	五	六	日	一	二	三	四	五	六	日	一	二	三
干支	癸酉	甲戌	乙亥	丙子	丁丑	戊寅	己卯	庚辰	辛巳	壬午	癸未	甲申	乙酉	丙戌	丁亥	戊子	己丑	庚寅	辛卯	壬辰	癸巳	甲午	乙未	丙申	丁酉	戊戌	己亥	庚子	辛丑	壬寅
五行	金	火	火	水	水	土	土	金	金	木	木	水	水	土	土	火	火	木	木	水	水	金	金	火	火	木	木	土	土	金
建星	执	破	危	成	收	开	闭	建	除	满	平	定	执	破	危	危	成	收	开	闭	建	除	满	平	定	执	破	危	成	收
廿八宿	觜	参	井	鬼	柳	星	张	翼	轸	角	亢	氐	房	心	尾	箕	斗	牛	女	虚	危	室	壁	奎	娄	胃	昴	毕	觜	参

四月小建癸巳轸宿　（五黄）　　节气：小满初一日十四时八分
芒种十七日五时卅一分

公历	21	22	23	24	25	26	27	28	29	30	31	六月	2	3	4	5	6	7	8	9	10	11	12	13	14	15	16	17	18	
农历	一	二	三	四	五	六	七	八	九	十	十一	十二	十三	十四	十五	十六	十七	十八	十九	二十	廿一	廿二	廿三	廿四	廿五	廿六	廿七	廿八	廿九	
星期	四	五	六	日	一	二	三	四	五	六	日	一	二	三	四	五	六	日	一	二	三	四	五	六	日	一	二	三	四	
干支	癸卯	甲辰	乙巳	丙午	丁未	戊申	己酉	庚戌	辛亥	壬子	癸丑	甲寅	乙卯	丙辰	丁巳	戊午	己未	庚申	辛酉	壬戌	癸亥	甲子	乙丑	丙寅	丁卯	戊辰	己巳	庚午	辛未	
五行	金	火	火	水	水	土	土	金	金	木	木	水	水	土	土	火	火	木	木	水	水	金	金	火	火	木	木	土	土	
建星	开	闭	建	除	满	平	定	执	破	危	成	收	开	闭	建	除	除	满	平	定	执	破	危	成	收	开	闭	建	除	
廿八宿	井	鬼	柳	星	张	翼	轸	角	亢	氐	房	心	尾	箕	斗	牛	女	虚	危	室	壁	奎	娄	胃	昴	毕	觜	参	井	

五月小建甲午角宿　（四绿）　　节气：夏至初三日廿二时廿二分
小暑十九日十五时五十八分

公历	19	20	21	22	23	24	25	26	27	28	29	30	七月	2	3	4	5	6	7	8	9	10	11	12	13	14	15	16	17	
农历	一	二	三	四	五	六	七	八	九	十	十一	十二	十三	十四	十五	十六	十七	十八	十九	二十	廿一	廿二	廿三	廿四	廿五	廿六	廿七	廿八	廿九	
星期	五	六	日	一	二	三	四	五	六	日	一	二	三	四	五	六	日	一	二	三	四	五	六	日	一	二	三	四	五	
干支	壬申	癸酉	甲戌	乙亥	丙子	丁丑	戊寅	己卯	庚辰	辛巳	壬午	癸未	甲申	乙酉	丙戌	丁亥	戊子	己丑	庚寅	辛卯	壬辰	癸巳	甲午	乙未	丙申	丁酉	戊戌	己亥	庚子	
五行	金	金	火	火	水	水	土	土	金	金	木	木	水	水	土	土	火	火	木	木	水	水	金	金	火	火	木	木	土	
建星	满	平	定	执	破	危	成	收	开	闭	建	除	满	平	定	执	破	危	危	成	收	开	闭	建	除	满	平	定	执	
廿八宿	鬼	柳	星	张	翼	轸	角	亢	氐	房	心	尾	箕	斗	牛	女	虚	危	室	壁	奎	娄	胃	昴	毕	觜	参	井	鬼	

岁次：丙子	公元1936年（涧下水）			火鼠
太岁：郭嘉	年一白星	山雷颐卦	六水三运	毕

六月大建乙未亢宿 （三碧）

节气：大暑初六日九时十八分
立秋廿二日一时四十三分

公历	18	19	20	21	22	23	24	25	26	27	28	29	30	31	八月	2	3	4	5	6	7	8	9	10	11	12	13	14	15	16
农历	一	二	三	四	五	六	七	八	九	十	十一	十二	十三	十四	十五	十六	十七	十八	十九	二十	廿一	廿二	廿三	廿四	廿五	廿六	廿七	廿八	廿九	三十
星期	六	日	一	二	三	四	五	六	日	一	二	三	四	五	六	日	一	二	三	四	五	六	日	一	二	三	四	五	六	日
干支	辛丑	壬寅	癸卯	甲辰	乙巳	丙午	丁未	戊申	己酉	庚戌	辛亥	壬子	癸丑	甲寅	乙卯	丙辰	丁巳	戊午	己未	庚申	辛酉	壬戌	癸亥	甲子	乙丑	丙寅	丁卯	戊辰	己巳	庚午
五行	土	金	金	火	火	水	水	土	土	金	金	木	木	水	水	土	土	火	火	木	木	水	水	金	金	火	火	木	木	土
建星	破	危	成	收	开	闭	建	除	满	平	定	执	破	危	成	收	开	闭	建	除	满	满	平	定	执	破	危	成	收	开
廿八宿	柳	星	张	翼	轸	角	亢	氐	房	心	尾	箕	斗	牛	女	虚	危	室	壁	奎	娄	胃	昴	毕	觜	参	井	鬼	柳	星

七月大建丙申氐宿 （二黑）

节气：处暑初七日十六时十分
白露廿三日四时廿一分

公历	17	18	19	20	21	22	23	24	25	26	27	28	29	30	31	九月	2	3	4	5	6	7	8	9	10	11	12	13	14	15
农历	一	二	三	四	五	六	七	八	九	十	十一	十二	十三	十四	十五	十六	十七	十八	十九	二十	廿一	廿二	廿三	廿四	廿五	廿六	廿七	廿八	廿九	三十
星期	一	二	三	四	五	六	日	一	二	三	四	五	六	日	一	二	三	四	五	六	日	一	二	三	四	五	六	日	一	二
干支	辛未	壬申	癸酉	甲戌	乙亥	丙子	丁丑	戊寅	己卯	庚辰	辛巳	壬午	癸未	甲申	乙酉	丙戌	丁亥	戊子	己丑	庚寅	辛卯	壬辰	癸巳	甲午	乙未	丙申	丁酉	戊戌	己亥	庚子
五行	土	金	金	火	火	水	水	土	土	金	金	木	木	水	水	土	土	火	火	木	木	水	水	金	金	火	火	木	木	土
建星	闭	建	除	满	平	定	执	破	危	成	收	开	闭	建	除	满	平	定	执	破	危	成	成	收	开	闭	建	除	满	平
廿八宿	张	翼	轸	角	亢	氐	房	心	尾	箕	斗	牛	女	虚	危	室	壁	奎	娄	胃	昴	毕	觜	参	井	鬼	柳	星	张	翼

八月小建丁酉房宿 （一白）

节气：秋分初八日十三时廿六分
寒露廿三日十九时卅二分

公历	16	17	18	19	20	21	22	23	24	25	26	27	28	29	30	十月	2	3	4	5	6	7	8	9	10	11	12	13	14	
农历	一	二	三	四	五	六	七	八	九	十	十一	十二	十三	十四	十五	十六	十七	十八	十九	二十	廿一	廿二	廿三	廿四	廿五	廿六	廿七	廿八	廿九	
星期	三	四	五	六	日	一	二	三	四	五	六	日	一	二	三	四	五	六	日	一	二	三	四	五	六	日	一	二	三	
干支	辛丑	壬寅	癸卯	甲辰	乙巳	丙午	丁未	戊申	己酉	庚戌	辛亥	壬子	癸丑	甲寅	乙卯	丙辰	丁巳	戊午	己未	庚申	辛酉	壬戌	癸亥	甲子	乙丑	丙寅	丁卯	戊辰	己巳	
五行	土	金	金	火	火	水	水	土	土	金	金	木	木	水	水	土	土	火	火	木	木	水	水	金	金	火	火	木	木	
建星	定	执	破	危	成	收	开	闭	建	除	满	平	定	执	破	危	成	收	开	闭	建	除	除	满	平	定	执	破	危	
廿八宿	轸	角	亢	氐	房	心	尾	箕	斗	牛	女	虚	危	室	壁	奎	娄	胃	昴	毕	觜	参	井	鬼	柳	星	张	翼	轸	

岁次:丙子	公元1936年(涧下水)			火鼠
太岁:郭嘉	年一白星	山雷颐卦	六水三运	毕

九月大建戊戌心宿 （九紫） 节气:霜降初九日廿二时十九分 立冬廿四日二十时十六分

公历	15	16	17	18	19	20	21	22	23	24	25	26	27	28	29	30	31	11月	2	3	4	5	6	7	8	9	10	11	12	13
农历	一	二	三	四	五	六	七	八	九	十	十一	十二	十三	十四	十五	十六	十七	十八	十九	二十	廿一	廿二	廿三	廿四	廿五	廿六	廿七	廿八	廿九	三十
星期	四	五	六	日	一	二	三	四	五	六	日	一	二	三	四	五	六	日	一	二	三	四	五	六	日	一	二	三	四	五
干支	庚午	辛未	壬申	癸酉	甲戌	乙亥	丙子	丁丑	戊寅	己卯	庚辰	辛巳	壬午	癸未	甲申	乙酉	丙戌	丁亥	戊子	己丑	庚寅	辛卯	壬辰	癸巳	甲午	乙未	丙申	丁酉	戊戌	己亥
五行	土	土	金	金	火	火	水	水	土	土	金	金	木	木	水	水	土	土	火	火	木	木	水	水	金	金	火	火	木	木
建星	成	收	开	闭	建	除	满	平	定	执	破	危	成	收	开	闭	建	除	满	平	定	执	破	破	危	成	收	开	闭	建
廿八宿	角	亢	氐	房	心	尾	箕	斗	牛	女	虚	危	室	壁	奎	娄	胃	昴	毕	觜	参	井	鬼	柳	星	张	翼	轸	角	亢

十月大建己亥尾宿 （八白） 节气:小雪初九日十九时三十分 大雪廿四日十四时四十三分

公历	14	15	16	17	18	19	20	21	22	23	24	25	26	27	28	29	30	12月	2	3	4	5	6	7	8	9	10	11	12	13
农历	一	二	三	四	五	六	七	八	九	十	十一	十二	十三	十四	十五	十六	十七	十八	十九	二十	廿一	廿二	廿三	廿四	廿五	廿六	廿七	廿八	廿九	三十
星期	六	日	一	二	三	四	五	六	日	一	二	三	四	五	六	日	一	二	三	四	五	六	日	一	二	三	四	五	六	日
干支	庚子	辛丑	壬寅	癸卯	甲辰	乙巳	丙午	丁未	戊申	己酉	庚戌	辛亥	壬子	癸丑	甲寅	乙卯	丙辰	丁巳	戊午	己未	庚申	辛酉	壬戌	癸亥	甲子	乙丑	丙寅	丁卯	戊辰	己巳
五行	土	土	金	金	火	火	水	水	土	土	金	金	木	木	水	水	土	土	火	火	木	木	水	水	金	金	火	火	木	木
建星	除	满	平	定	执	破	危	成	收	开	闭	建	除	满	平	定	执	破	危	成	收	开	闭	闭	建	除	满	平	定	执
廿八宿	氐	房	心	尾	箕	斗	牛	女	虚	危	室	壁	奎	娄	胃	昴	毕	觜	参	井	鬼	柳	星	张	翼	轸	角	亢	氐	房

十一月大建庚子箕宿 （七赤） 节气:冬至初九日八时廿七分 小寒廿四日一时四十三分

公历	14	15	16	17	18	19	20	21	22	23	24	25	26	27	28	29	30	31	一月	2	3	4	5	6	7	8	9	10	11	12
农历	一	二	三	四	五	六	七	八	九	十	十一	十二	十三	十四	十五	十六	十七	十八	十九	二十	廿一	廿二	廿三	廿四	廿五	廿六	廿七	廿八	廿九	三十
星期	一	二	三	四	五	六	日	一	二	三	四	五	六	日	一	二	三	四	五	六	日	一	二	三	四	五	六	日	一	二
干支	庚午	辛未	壬申	癸酉	甲戌	乙亥	丙子	丁丑	戊寅	己卯	庚辰	辛巳	壬午	癸未	甲申	乙酉	丙戌	丁亥	戊子	己丑	庚寅	辛卯	壬辰	癸巳	甲午	乙未	丙申	丁酉	戊戌	己亥
五行	土	土	金	金	火	火	水	水	土	土	金	金	木	木	水	水	土	土	火	火	木	木	水	水	金	金	火	火	木	木
建星	破	危	成	收	开	闭	建	除	满	平	定	执	破	危	成	收	开	闭	建	除	满	平	定	定	执	破	危	成	收	开
廿八宿	心	尾	箕	斗	牛	女	虚	危	室	壁	奎	娄	胃	昴	毕	觜	参	井	鬼	柳	星	张	翼	轸	角	亢	氐	房	心	尾

十二月小建辛丑斗宿 （六白） 节气:大寒初八日十九时零分 立春廿三日十三时廿五分

公历	13	14	15	16	17	18	19	20	21	22	23	24	25	26	27	28	29	30	31	二月	2	3	4	5	6	7	8	9	10
农历	一	二	三	四	五	六	七	八	九	十	十一	十二	十三	十四	十五	十六	十七	十八	十九	二十	廿一	廿二	廿三	廿四	廿五	廿六	廿七	廿八	廿九
星期	三	四	五	六	日	一	二	三	四	五	六	日	一	二	三	四	五	六	日	一	二	三	四	五	六	日	一	二	三
干支	庚子	辛丑	壬寅	癸卯	甲辰	乙巳	丙午	丁未	戊申	己酉	庚戌	辛亥	壬子	癸丑	甲寅	乙卯	丙辰	丁巳	戊午	己未	庚申	辛酉	壬戌	癸亥	甲子	乙丑	丙寅	丁卯	戊辰
五行	土	土	金	金	火	火	水	水	土	土	金	金	木	木	水	水	土	土	火	火	木	木	水	水	金	金	火	火	木
建星	闭	建	除	满	平	定	执	破	危	成	收	开	闭	建	除	满	平	定	执	破	危	成	成	收	开	闭	建	除	满
廿八宿	箕	斗	牛	女	虚	危	室	壁	奎	娄	胃	昴	毕	觜	参	井	鬼	柳	星	张	翼	轸	角	亢	氐	房	心	尾	箕

岁次：丁丑	公元1937年（涧下水）			火牛
太岁：汪文	年九紫星	泽雷随卦	四金七运	觜

正月大建壬寅牛宿 （五黄）

节气：雨水初九日九时二十分
惊蛰廿四日七时四十四分

公历	11	12	13	14	15	16	17	18	19	20	21	22	23	24	25	26	27	28	三月	2	3	4	5	6	7	8	9	10	11	12
农历	一	二	三	四	五	六	七	八	九	十	十一	十二	十三	十四	十五	十六	十七	十八	十九	二十	廿一	廿二	廿三	廿四	廿五	廿六	廿七	廿八	廿九	三十
星期	四	五	六	日	一	二	三	四	五	六	日	一	二	三	四	五	六	日	一	二	三	四	五	六	日	一	二	三	四	五
干支	己巳	庚午	辛未	壬申	癸酉	甲戌	乙亥	丙子	丁丑	戊寅	己卯	庚辰	辛巳	壬午	癸未	甲申	乙酉	丙戌	丁亥	戊子	己丑	庚寅	辛卯	壬辰	癸巳	甲午	乙未	丙申	丁酉	戊戌
五行	木	土	土	金	金	火	火	水	水	土	土	金	金	木	木	水	水	土	土	火	火	木	木	水	水	金	金	火	火	木
建星	平	定	执	破	危	成	收	开	闭	建	除	满	平	定	执	破	危	成	收	开	闭	建	除	除	满	平	定	执	破	危
廿八宿	斗	牛	女	虚	危	室	壁	奎	娄	胃	昴	毕	觜	参	井	鬼	柳	星	张	翼	轸	角	亢	氐	房	心	尾	箕	斗	牛

二月小建癸卯女宿 （四绿）

节气：春分初九日八时四十五分
清明廿四日十三时一分

公历	13	14	15	16	17	18	19	20	21	22	23	24	25	26	27	28	29	30	31	四月	2	3	4	5	6	7	8	9	10
农历	一	二	三	四	五	六	七	八	九	十	十一	十二	十三	十四	十五	十六	十七	十八	十九	二十	廿一	廿二	廿三	廿四	廿五	廿六	廿七	廿八	廿九
星期	六	日	一	二	三	四	五	六	日	一	二	三	四	五	六	日	一	二	三	四	五	六	日	一	二	三	四	五	六
干支	己亥	庚子	辛丑	壬寅	癸卯	甲辰	乙巳	丙午	丁未	戊申	己酉	庚戌	辛亥	壬子	癸丑	甲寅	乙卯	丙辰	丁巳	戊午	己未	庚申	辛酉	壬戌	癸亥	甲子	乙丑	丙寅	丁卯
五行	木	土	土	金	金	火	火	水	水	土	土	金	金	木	木	水	水	土	土	火	火	木	木	水	水	金	金	火	火
建星	成	收	开	闭	建	除	满	平	定	执	破	危	成	收	开	闭	建	除	满	平	定	执	破	破	危	成	收	开	闭
廿八宿	女	虚	危	室	壁	奎	娄	胃	昴	毕	觜	参	井	鬼	柳	星	张	翼	轸	角	亢	氐	房	心	尾	箕	斗	牛	女

三月小建甲辰虚宿 （三碧）

节气：谷雨初十日二十时十九分
立夏廿六日六时五十分

公历	11	12	13	14	15	16	17	18	19	20	21	22	23	24	25	26	27	28	29	30	五月	2	3	4	5	6	7	8	9
农历		二	三	四	五	六	七	八	九	十	十一	十二	十三	十四	十五	十六	十七	十八	十九	二十	廿一	廿二	廿三	廿四	廿五	廿六	廿七	廿八	廿九
星期	日	一	二	三	四	五	六	日	一	二	三	四	五	六	日	一	二	三	四	五	六	日	一	二	三	四	五	六	日
干支	戊辰	己巳	庚午	辛未	壬申	癸酉	甲戌	乙亥	丙子	丁丑	戊寅	己卯	庚辰	辛巳	壬午	癸未	甲申	乙酉	丙戌	丁亥	戊子	己丑	庚寅	辛卯	壬辰	癸巳	甲午	乙未	丙申
五行	木	木	土	土	金	金	火	火	水	水	土	土	金	金	木	木	水	水	土	土	火	火	木	木	水	水	金	金	火
建星	建	除	满	平	定	执	破	危	成	收	开	闭	建	除	满	平	定	执	破	危	成	收	开	闭	建	建	除	满	平
廿八宿	虚	危	室	壁	奎	娄	胃	昴	毕	觜	参	井	鬼	柳	星	张	翼	轸	角	亢	氐	房	心	尾	箕	斗	牛	女	虚

岁次：丁丑	公元1937年（涧下水）			火牛
太岁：汪文	年九紫星	泽雷随卦	四金七运	觜

四月大建乙巳危宿 （二黑）　　节气：小满十二日十九时五十七分　芒种廿八日十一时廿二分

公历	10	11	12	13	14	15	16	17	18	19	20	21	22	23	24	25	26	27	28	29	30	31	六月	2	3	4	5	6	7	8
农历	一	二	三	四	五	六	七	八	九	十	十一	十二	十三	十四	十五	十六	十七	十八	十九	二十	廿一	廿二	廿三	廿四	廿五	廿六	廿七	廿八	廿九	三十
星期	一	二	三	四	五	六	日	一	二	三	四	五	六	日	一	二	三	四	五	六	日	一	二	三	四	五	六	日	一	二
干支	丁酉	戊戌	己亥	庚子	辛丑	壬寅	癸卯	甲辰	乙巳	丙午	丁未	戊申	己酉	庚戌	辛亥	壬子	癸丑	甲寅	乙卯	丙辰	丁巳	戊午	己未	庚申	辛酉	壬戌	癸亥	甲子	乙丑	丙寅
五行	火	木	木	土	土	金	金	火	火	水	水	土	土	金	金	木	木	水	水	土	土	火	火	木	木	水	水	金	金	火
建星	定	执	破	危	成	收	开	闭	建	除	满	平	定	执	破	危	成	收	开	闭	建	除	满	平	定	执	破	破	危	成
廿八宿	危	室	壁	奎	娄	胃	昴	毕	觜	参	井	鬼	柳	星	张	翼	轸	角	亢	氐	房	心	尾	箕	斗	牛	女	虚	危	室

五月小建丙午室宿 （一白）　　节气：夏至十四日四时十二分　小暑廿九日廿一时四十七分

公历	9	10	11	12	13	14	15	16	17	18	19	20	21	22	23	24	25	26	27	28	29	30	七月	2	3	4	5	6	7
农历	一	二	三	四	五	六	七	八	九	十	十一	十二	十三	十四	十五	十六	十七	十八	十九	二十	廿一	廿二	廿三	廿四	廿五	廿六	廿七	廿八	廿九
星期	三	四	五	六	日	一	二	三	四	五	六	日	一	二	三	四	五	六	日	一	二	三	四	五	六	日	一	二	三
干支	丁卯	戊辰	己巳	庚午	辛未	壬申	癸酉	甲戌	乙亥	丙子	丁丑	戊寅	己卯	庚辰	辛巳	壬午	癸未	甲申	乙酉	丙戌	丁亥	戊子	己丑	庚寅	辛卯	壬辰	癸巳	甲午	乙未
五行	火	木	木	土	土	金	金	火	火	水	水	土	土	金	金	木	木	水	水	土	土	火	火	木	木	水	水	金	金
建星	收	开	闭	建	除	满	平	定	执	破	危	成	收	开	闭	建	除	满	平	定	执	破	危	成	收	开	闭	建	建
廿八宿	壁	奎	娄	胃	昴	毕	觜	参	井	鬼	柳	星	张	翼	轸	角	亢	氐	房	心	尾	箕	斗	牛	女	虚	危	室	壁

六月小建丁未壁宿 （九紫）　　节气：大暑十六日十五时八分

公历	8	9	10	11	12	13	14	15	16	17	18	19	20	21	22	23	24	25	26	27	28	29	30	31	八月	2	3	4	5
农历	一	二	三	四	五	六	七	八	九	十	十一	十二	十三	十四	十五	十六	十七	十八	十九	二十	廿一	廿二	廿三	廿四	廿五	廿六	廿七	廿八	廿九
星期	四	五	六	日	一	二	三	四	五	六	日	一	二	三	四	五	六	日	一	二	三	四	五	六	日	一	二	三	四
干支	丙申	丁酉	戊戌	己亥	庚子	辛丑	壬寅	癸卯	甲辰	乙巳	丙午	丁未	戊申	己酉	庚戌	辛亥	壬子	癸丑	甲寅	乙卯	丙辰	丁巳	戊午	己未	庚申	辛酉	壬戌	癸亥	甲子
五行	火	火	木	木	土	土	金	金	火	火	水	水	土	土	金	金	木	木	水	水	土	土	火	火	木	木	水	水	金
建星	除	满	平	定	执	破	危	成	收	开	闭	建	除	满	平	定	执	破	危	成	收	开	闭	建	除	满	平	定	执
廿八宿	奎	娄	胃	昴	毕	觜	参	井	鬼	柳	星	张	翼	轸	角	亢	氐	房	心	尾	箕	斗	牛	女	虚	危	室	壁	奎

岁次：丁丑	公元1937年（涧下水）			火牛
太岁：汪文	年九紫星	泽雷随卦	四金七运	觜

七月大建戊申奎宿　（八白）

节气：立秋初三日七时廿六分
处暑十八日廿一时五十九分

公历	6	7	8	9	10	11	12	13	14	15	16	17	18	19	20	21	22	23	24	25	26	27	28	29	30	31	九月	2	3	4
农历	一	二	三	四	五	六	七	八	九	十	十一	十二	十三	十四	十五	十六	十七	十八	十九	二十	廿一	廿二	廿三	廿四	廿五	廿六	廿七	廿八	廿九	三十
星期	五	六	日	一	二	三	四	五	六	日	一	二	三	四	五	六	日	一	二	三	四	五	六	日	一	二	三	四	五	六
干支	乙丑	丙寅	丁卯	戊辰	己巳	庚午	辛未	壬申	癸酉	甲戌	乙亥	丙子	丁丑	戊寅	己卯	庚辰	辛巳	壬午	癸未	甲申	乙酉	丙戌	丁亥	戊子	己丑	庚寅	辛卯	壬辰	癸巳	甲午
五行	金	火	火	木	木	土	土	金	金	火	火	水	水	土	土	金	金	木	木	水	水	土	土	火	火	木	木	水	水	金
建星	破	危	危	成	收	开	闭	建	除	满	平	定	执	破	危	成	收	开	闭	建	除	满	平	定	执	破	危	成	收	开
廿八宿	娄	胃	昴	毕	觜	参	井	鬼	柳	星	张	翼	轸	角	亢	氐	房	心	尾	箕	斗	牛	女	虚	危	室	壁	奎	娄	胃

八月小建己酉娄宿　（七赤）

节气：白露初四日十时零分
秋分十九日十九时十三分

公历	5	6	7	8	9	10	11	12	13	14	15	16	17	18	19	20	21	22	23	24	25	26	27	28	29	30	十月	2	3	
农历	一	二	三	四	五	六	七	八	九	十	十一	十二	十三	十四	十五	十六	十七	十八	十九	二十	廿一	廿二	廿三	廿四	廿五	廿六	廿七	廿八	廿九	
星期	日	一	二	三	四	五	六	日	一	二	三	四	五	六	日	一	二	三	四	五	六	日	一	二	三	四	五	六	日	
干支	乙未	丙申	丁酉	戊戌	己亥	庚子	辛丑	壬寅	癸卯	甲辰	乙巳	丙午	丁未	戊申	己酉	庚戌	辛亥	壬子	癸丑	甲寅	乙卯	丙辰	丁巳	戊午	己未	庚申	辛酉	壬戌	癸亥	
五行	金	火	火	木	木	土	土	金	金	火	火	水	水	土	土	金	金	木	木	水	水	土	土	火	火	木	木	水	水	
建星	闭	建	除	除	满	平	定	执	破	危	成	收	开	闭	建	除	满	平	定	执	破	危	成	收	开	闭	建	除	满	
廿八宿	昴	毕	觜	参	井	鬼	柳	星	张	翼	轸	角	亢	氐	房	心	尾	箕	斗	牛	女	虚	危	室	壁	奎	娄	胃	昴	

九月大建庚戌胃宿　（六白）

节气：寒露初六日一时十一分
霜降廿一日四时七分

公历	4	5	6	7	8	9	10	11	12	13	14	15	16	17	18	19	20	21	22	23	24	25	26	27	28	29	30	31	11月	2
农历		二	三	四	五	六	七	八	九	十	十一	十二	十三	十四	十五	十六	十七	十八	十九	二十	廿一	廿二	廿三	廿四	廿五	廿六	廿七	廿八	廿九	三十
星期	一	二	三	四	五	六	日	一	二	三	四	五	六	日	一	二	三	四	五	六	日	一	二	三	四	五	六	日	一	二
干支	甲子	乙丑	丙寅	丁卯	戊辰	己巳	庚午	辛未	壬申	癸酉	甲戌	乙亥	丙子	丁丑	戊寅	己卯	庚辰	辛巳	壬午	癸未	甲申	乙酉	丙戌	丁亥	戊子	己丑	庚寅	辛卯	壬辰	癸巳
五行	金	金	火	火	木	木	土	土	金	金	火	火	水	水	土	土	金	金	木	木	水	水	土	土	火	火	木	木	水	水
建星	平	定	执	破	危	危	成	收	开	闭	建	除	满	平	定	执	破	危	成	收	开	闭	建	除	满	平	定	执	破	危
廿八宿	毕	觜	参	井	鬼	柳	星	张	翼	轸	角	亢	氐	房	心	尾	箕	斗	牛	女	虚	危	室	壁	奎	娄	胃	昴	毕	觜

岁次:丁丑	公元1937年(涧下水)			火牛
太岁:汪文	年九紫星	泽雷随卦	四金七运	觜

十月大建辛亥昴宿 (五黄) 节气:立冬初六日三时五十六分 小雪廿一日一时十七分

公历	3	4	5	6	7	8	9	10	11	12	13	14	15	16	17	18	19	20	21	22	23	24	25	26	27	28	29	30	12月	2
农历	一	二	三	四	五	六	七	八	九	十	十一	十二	十三	十四	十五	十六	十七	十八	十九	二十	廿一	廿二	廿三	廿四	廿五	廿六	廿七	廿八	廿九	三十
星期	三	四	五	六	日	一	二	三	四	五	六	日	一	二	三	四	五	六	日	一	二	三	四	五	六	日	一	二	三	四
干支	甲午	乙未	丙申	丁酉	戊戌	己亥	庚子	辛丑	壬寅	癸卯	甲辰	乙巳	丙午	丁未	戊申	己酉	庚戌	辛亥	壬子	癸丑	甲寅	乙卯	丙辰	丁巳	戊午	己未	庚申	辛酉	壬戌	癸亥
五行	金	金	火	火	木	木	土	土	金	金	火	火	水	水	土	土	金	金	木	木	水	水	土	土	火	火	木	木	水	水
建星	成	收	开	闭	建	建	除	满	平	定	执	破	危	成	收	开	闭	建	除	满	平	定	执	破	危	成	收	开	闭	建
廿八宿	参	井	鬼	柳	星	张	翼	轸	角	亢	氐	房	心	尾	箕	斗	牛	女	虚	危	室	壁	奎	娄	胃	昴	毕	觜	参	井

十一月大建壬子毕宿 (四绿) 节气:大雪初五日二十时廿七分 冬至二十日十四时廿二分

公历	3	4	5	6	7	8	9	10	11	12	13	14	15	16	17	18	19	20	21	22	23	24	25	26	27	28	29	30	31	一月
农历	一	二	三	四	五	六	七	八	九	十	十一	十二	十三	十四	十五	十六	十七	十八	十九	二十	廿一	廿二	廿三	廿四	廿五	廿六	廿七	廿八	廿九	三十
星期	五	六	日	一	二	三	四	五	六	日	一	二	三	四	五	六	日	一	二	三	四	五	六	日	一	二	三	四	五	六
干支	甲子	乙丑	丙寅	丁卯	戊辰	己巳	庚午	辛未	壬申	癸酉	甲戌	乙亥	丙子	丁丑	戊寅	己卯	庚辰	辛巳	壬午	癸未	甲申	乙酉	丙戌	丁亥	戊子	己丑	庚寅	辛卯	壬辰	癸巳
五行	金	金	火	火	木	木	土	土	金	金	火	火	水	水	土	土	金	金	木	木	水	水	土	土	火	火	木	木	水	水
建星	除	满	平	定	定	执	破	危	成	收	开	闭	建	除	满	平	定	执	破	危	成	收	开	闭	建	除	满	平	定	执
廿八宿	鬼	柳	星	张	翼	轸	角	亢	氐	房	心	尾	箕	斗	牛	女	虚	危	室	壁	奎	娄	胃	昴	毕	觜	参	井	鬼	柳

十二月小建癸丑觜宿 (三碧) 节气:小寒初五日七时卅一分 大寒二十日零时五十九分

公历	2	3	4	5	6	7	8	9	10	11	12	13	14	15	16	17	18	19	20	21	22	23	24	25	26	27	28	29	30	
农历	一	二	三	四	五	六	七	八	九	十	十一	十二	十三	十四	十五	十六	十七	十八	十九	二十	廿一	廿二	廿三	廿四	廿五	廿六	廿七	廿八	廿九	
星期	日	一	二	三	四	五	六	日	一	二	三	四	五	六	日	一	二	三	四	五	六	日	一	二	三	四	五	六	日	
干支	甲午	乙未	丙申	丁酉	戊戌	己亥	庚子	辛丑	壬寅	癸卯	甲辰	乙巳	丙午	丁未	戊申	己酉	庚戌	辛亥	壬子	癸丑	甲寅	乙卯	丙辰	丁巳	戊午	己未	庚申	辛酉	壬戌	
五行	金	金	火	火	木	木	土	土	金	金	火	火	水	水	土	土	金	金	木	木	水	水	土	土	火	火	木	木	水	
建星	破	危	成	收	收	开	闭	建	除	满	平	定	执	破	危	成	收	开	闭	建	除	满	平	定	执	破	危	成	收	
廿八宿	星	张	翼	轸	角	亢	氐	房	心	尾	箕	斗	牛	女	虚	危	室	壁	奎	娄	胃	昴	毕	觜	参	井	鬼	柳	星	

岁次：戊寅	公元 1938 年（城头土）			土虎
太岁：鲁先	年八白星	雷火丰卦	八木六运	参

正月大建甲寅参宿　（二黑）

节气：立春 初五日十九时十五分
雨水 二十日十五时二十分

公历	31	二月	2	3	4	5	6	7	8	9	10	11	12	13	14	15	16	17	18	19	20	21	22	23	24	25	26	27	28	三月
农历	一	二	三	四	五	六	七	八	九	十	十一	十二	十三	十四	十五	十六	十七	十八	十九	二十	廿一	廿二	廿三	廿四	廿五	廿六	廿七	廿八	廿九	三十
星期	一	二	三	四	五	六	日	一	二	三	四	五	六	日	一	二	三	四	五	六	日	一	二	三	四	五	六	日	一	二
干支	癸亥	甲子	乙丑	丙寅	丁卯	戊辰	己巳	庚午	辛未	壬申	癸酉	甲戌	乙亥	丙子	丁丑	戊寅	己卯	庚辰	辛巳	壬午	癸未	甲申	乙酉	丙戌	丁亥	戊子	己丑	庚寅	辛卯	壬辰
五行	水	金	金	火	火	木	木	土	土	金	金	火	火	水	水	土	土	金	金	木	木	水	水	土	土	火	火	木	木	水
建星	开	闭	建	除	除	满	平	定	执	破	危	成	收	开	闭	建	除	满	平	定	执	破	危	成	收	开	闭	建	除	满
廿八宿	张	翼	轸	角	亢	氐	房	心	尾	箕	斗	牛	女	虚	危	室	壁	奎	娄	胃	昴	毕	觜	参	井	鬼	柳	星	张	翼

二月大建乙卯井宿　（一白）

节气：惊蛰 初五日十三时三十四分
春分 二十日十四时四十三分

公历	2	3	4	5	6	7	8	9	10	11	12	13	14	15	16	17	18	19	20	21	22	23	24	25	26	27	28	29	30	31
农历	一	二	三	四	五	六	七	八	九	十	十一	十二	十三	十四	十五	十六	十七	十八	十九	二十	廿一	廿二	廿三	廿四	廿五	廿六	廿七	廿八	廿九	三十
星期	三	四	五	六	日	一	二	三	四	五	六	日	一	二	三	四	五	六	日	一	二	三	四	五	六	日	一	二	三	四
干支	癸巳	甲午	乙未	丙申	丁酉	戊戌	己亥	庚子	辛丑	壬寅	癸卯	甲辰	乙巳	丙午	丁未	戊申	己酉	庚戌	辛亥	壬子	癸丑	甲寅	乙卯	丙辰	丁巳	戊午	己未	庚申	辛酉	壬戌
五行	水	金	金	火	火	木	木	土	土	金	金	火	火	水	水	土	土	金	金	木	木	水	水	土	土	火	火	木	木	水
建星	平	定	执	破	破	危	成	收	开	闭	建	除	满	平	定	执	破	危	成	收	开	闭	建	除	满	平	定	执	破	危
廿八宿	轸	角	亢	氐	房	心	尾	箕	斗	牛	女	虚	危	室	壁	奎	娄	胃	昴	毕	觜	参	井	鬼	柳	星	张	翼	轸	角

三月小建丙辰鬼宿　（九紫）

节气：清明 初五日十八时四十九分
谷雨 廿一日二时十五分

公历	四月	2	3	4	5	6	7	8	9	10	11	12	13	14	15	16	17	18	19	20	21	22	23	24	25	26	27	28	29
农历	一	二	三	四	五	六	七	八	九	十	十一	十二	十三	十四	十五	十六	十七	十八	十九	二十	廿一	廿二	廿三	廿四	廿五	廿六	廿七	廿八	廿九
星期	五	六	日	一	二	三	四	五	六	日	一	二	三	四	五	六	日	一	二	三	四	五	六	日	一	二	三	四	五
干支	癸亥	甲子	乙丑	丙寅	丁卯	戊辰	己巳	庚午	辛未	壬申	癸酉	甲戌	乙亥	丙子	丁丑	戊寅	己卯	庚辰	辛巳	壬午	癸未	甲申	乙酉	丙戌	丁亥	戊子	己丑	庚寅	辛卯
五行	水	金	金	火	火	木	木	土	土	金	金	火	火	水	水	土	土	金	金	木	木	水	水	土	土	火	火	木	木
建星	成	收	开	闭	闭	建	除	满	平	定	执	破	危	成	收	开	闭	建	除	满	平	定	执	破	危	成	收	开	闭
廿八宿	亢	氐	房	心	尾	箕	斗	牛	女	虚	危	室	壁	奎	娄	胃	昴	毕	觜	参	井	鬼	柳	星	张	翼	轸	角	亢

岁次：戊寅	公元1938年（城头土）			土虎
太岁：鲁先	年八白星	雷火丰卦	八木六运	参

四月小建丁巳柳宿 （八白）

节气：立夏 初七日十二时卅六分
小满 廿三日一时五十一分

公历	30	五月	2	3	4	5	6	7	8	9	10	11	12	13	14	15	16	17	18	19	20	21	22	23	24	25	26	27	28
农历	一	二	三	四	五	六	七	八	九	十	十一	十二	十三	十四	十五	十六	十七	十八	十九	二十	廿一	廿二	廿三	廿四	廿五	廿六	廿七	廿八	廿九
星期	六	日	一	二	三	四	五	六	日	一	二	三	四	五	六	日	一	二	三	四	五	六	日	一	二	三	四	五	六
干支	壬辰	癸巳	甲午	乙未	丙申	丁酉	戊戌	己亥	庚子	辛丑	壬寅	癸卯	甲辰	乙巳	丙午	丁未	戊申	己酉	庚戌	辛亥	壬子	癸丑	甲寅	乙卯	丙辰	丁巳	戊午	己未	庚申
五行	水	水	金	金	火	火	木	木	土	土	金	金	火	火	水	水	土	土	金	金	木	木	水	水	土	土	火	火	木
建星	建	除	满	平	定	执	执	破	危	成	收	开	闭	建	除	满	平	定	执	破	危	成	收	开	闭	建	除	满	平
廿八宿	氐	房	心	尾	箕	斗	牛	女	虚	危	室	壁	奎	娄	胃	昴	毕	觜	参	井	鬼	柳	星	张	翼	轸	角	亢	氐

五月大建戊午星宿 （七赤）

节气：芒种 初九日十七时七分
夏至 廿五日十时四分

公历	29	30	31	六月	2	3	4	5	6	7	8	9	10	11	12	13	14	15	16	17	18	19	20	21	22	23	24	25	26	27
农历	一	二	三	四	五	六	七	八	九	十	十一	十二	十三	十四	十五	十六	十七	十八	十九	二十	廿一	廿二	廿三	廿四	廿五	廿六	廿七	廿八	廿九	三十
星期	日	一	二	三	四	五	六	日	一	二	三	四	五	六	日	一	二	三	四	五	六	日	一	二	三	四	五	六	日	一
干支	辛酉	壬戌	癸亥	甲子	乙丑	丙寅	丁卯	戊辰	己巳	庚午	辛未	壬申	癸酉	甲戌	乙亥	丙子	丁丑	戊寅	己卯	庚辰	辛巳	壬午	癸未	甲申	乙酉	丙戌	丁亥	戊子	己丑	庚寅
五行	木	水	水	金	金	火	火	木	木	土	土	金	金	火	火	水	水	土	土	金	金	木	木	水	水	土	土	火	火	木
建星	定	执	破	危	成	收	开	闭	闭	建	除	满	平	定	执	破	危	成	收	开	闭	建	除	满	平	定	执	破	危	成
廿八宿	房	心	尾	箕	斗	牛	女	虚	危	室	壁	奎	娄	胃	昴	毕	觜	参	井	鬼	柳	星	张	翼	轸	角	亢	氐	房	心

六月小建己未张宿 （六白）

节气：小暑 十一日三时卅一分
大暑 廿六日二十时五十七分

公历	28	29	30	七月	2	3	4	5	6	7	8	9	10	11	12	13	14	15	16	17	18	19	20	21	22	23	24	25	26
农历	一	二	三	四	五	六	七	八	九	十	十一	十二	十三	十四	十五	十六	十七	十八	十九	二十	廿一	廿二	廿三	廿四	廿五	廿六	廿七	廿八	廿九
星期	二	三	四	五	六	日	一	二	三	四	五	六	日	一	二	三	四	五	六	日	一	二	三	四	五	六	日	一	二
干支	辛卯	壬辰	癸巳	甲午	乙未	丙申	丁酉	戊戌	己亥	庚子	辛丑	壬寅	癸卯	甲辰	乙巳	丙午	丁未	戊申	己酉	庚戌	辛亥	壬子	癸丑	甲寅	乙卯	丙辰	丁巳	戊午	己未
五行	木	水	水	金	金	火	火	木	木	土	土	金	金	火	火	水	水	土	土	金	金	木	木	水	水	土	土	火	火
建星	收	开	闭	建	除	满	平	定	执	破	破	危	成	收	开	闭	建	除	满	平	定	执	破	危	成	收	开	闭	建
廿八宿	尾	箕	斗	牛	女	虚	危	室	壁	奎	娄	胃	昴	毕	觜	参	井	鬼	柳	星	张	翼	轸	角	亢	氐	房	心	尾

岁次：戊寅	公元1938年（城头土）			土虎
太岁：鲁先	年八白星	雷火丰卦	八木六运	参

七月小建庚申翼宿 （五黄）

节气：立秋十三日十三时十三分
处暑廿九日三时四十六分

公历	27	28	29	30	31	八月	2	3	4	5	6	7	8	9	10	11	12	13	14	15	16	17	18	19	20	21	22	23	24
农历	一	二	三	四	五	六	七	八	九	十	十一	十二	十三	十四	十五	十六	十七	十八	十九	二十	廿一	廿二	廿三	廿四	廿五	廿六	廿七	廿八	廿九
星期	三	四	五	六	日	一	二	三	四	五	六	日	一	二	三	四	五	六	日	一	二	三	四	五	六	日	一	二	三
干支	庚申	辛酉	壬戌	癸亥	甲子	乙丑	丙寅	丁卯	戊辰	己巳	庚午	辛未	壬申	癸酉	甲戌	乙亥	丙子	丁丑	戊寅	己卯	庚辰	辛巳	壬午	癸未	甲申	乙酉	丙戌	丁亥	戊子
五行	木	木	水	水	金	金	火	火	木	木	土	土	金	金	火	火	水	水	土	土	金	金	木	木	水	水	土	土	火
建星	除	满	平	定	执	破	危	成	收	开	闭	建	建	除	满	平	定	执	破	危	成	收	开	闭	建	除	满	平	定
廿八宿	箕	斗	牛	女	虚	危	室	壁	奎	娄	胃	昴	毕	觜	参	井	鬼	柳	星	张	翼	轸	角	亢	氐	房	心	尾	箕

闰七月大

节气：白露十五日十五时四十八分

公历	25	26	27	28	29	30	31	九月	2	3	4	5	6	7	8	9	10	11	12	13	14	15	16	17	18	19	20	21	22	23
农历	一	二	三	四	五	六	七	八	九	十	十一	十二	十三	十四	十五	十六	十七	十八	十九	二十	廿一	廿二	廿三	廿四	廿五	廿六	廿七	廿八	廿九	三十
星期	四	五	六	日	一	二	三	四	五	六	日	一	二	三	四	五	六	日	一	二	三	四	五	六	日	一	二	三	四	五
干支	己丑	庚寅	辛卯	壬辰	癸巳	甲午	乙未	丙申	丁酉	戊戌	己亥	庚子	辛丑	壬寅	癸卯	甲辰	乙巳	丙午	丁未	戊申	己酉	庚戌	辛亥	壬子	癸丑	甲寅	乙卯	丙辰	丁巳	戊午
五行	火	木	木	水	水	金	金	火	火	木	木	土	土	金	金	火	火	水	水	土	土	金	金	木	木	水	水	土	土	火
建星	执	破	危	成	收	开	闭	建	除	满	平	定	执	破	破	危	成	收	开	闭	建	除	满	平	定	执	破	危	成	收
廿八宿	斗	牛	女	虚	危	室	壁	奎	娄	胃	昴	毕	觜	参	井	鬼	柳	星	张	翼	轸	角	亢	氐	房	心	尾	箕	斗	牛

八月小建辛酉轸宿 （四绿）

节气：秋分初一日零时
寒露十六日七时三分

公历	24	25	26	27	28	29	30	十月	2	3	4	5	6	7	8	9	10	11	12	13	14	15	16	17	18	19	20	21	22
农历	一	二	三	四	五	六	七	八	九	十	十一	十二	十三	十四	十五	十六	十七	十八	十九	二十	廿一	廿二	廿三	廿四	廿五	廿六	廿七	廿八	廿九
星期	六	日	一	二	三	四	五	六	日	一	二	三	四	五	六	日	一	二	三	四	五	六	日	一	二	三	四	五	六
干支	己未	庚申	辛酉	壬戌	癸亥	甲子	乙丑	丙寅	丁卯	戊辰	己巳	庚午	辛未	壬申	癸酉	甲戌	乙亥	丙子	丁丑	戊寅	己卯	庚辰	辛巳	壬午	癸未	甲申	乙酉	丙戌	丁亥
五行	火	木	木	水	水	金	金	火	火	木	木	土	土	金	金	火	火	水	水	土	土	金	金	木	木	水	水	土	土
建星	开	闭	建	除	满	平	定	执	破	危	成	收	开	闭	建	建	除	满	平	定	执	破	危	成	收	开	闭	建	除
廿八宿	女	虚	危	室	壁	奎	娄	胃	昴	毕	觜	参	井	鬼	柳	星	张	翼	轸	角	亢	氐	房	心	尾	箕	斗	牛	女

岁次：戊寅	公元 1938 年（城头土）		土虎
太岁：鲁先	年八白星	雷火丰卦	八木六运	参

九月大建壬戌角宿　（三碧）　节气：霜降初二日九时五十三分　立冬十七日九时四十七分

公历	23	24	25	26	27	28	29	30	31	11月	2	3	4	5	6	7	8	9	10	11	12	13	14	15	16	17	18	19	20	21
农历	一	二	三	四	五	六	七	八	九	十	十一	十二	十三	十四	十五	十六	十七	十八	十九	二十	廿一	廿二	廿三	廿四	廿五	廿六	廿七	廿八	廿九	三十
星期	日	一	二	三	四	五	六	日	一	二	三	四	五	六	日	一	二	三	四	五	六	日	一	二	三	四	五	六	日	一
干支	戊子	己丑	庚寅	辛卯	壬辰	癸巳	甲午	乙未	丙申	丁酉	戊戌	己亥	庚子	辛丑	壬寅	癸卯	甲辰	乙巳	丙午	丁未	戊申	己酉	庚戌	辛亥	壬子	癸丑	甲寅	乙卯	丙辰	丁巳
五行	火	火	木	木	水	水	金	金	火	火	木	木	土	土	金	金	火	火	水	水	土	土	金	金	木	木	水	水	土	土
建星	满	平	定	执	破	危	成	收	开	闭	建	除	满	平	定	执	执	破	危	成	收	开	闭	建	除	满	平	定	执	破
廿八宿	虚	危	室	壁	奎	娄	胃	昴	毕	觜	参	井	鬼	柳	星	张	翼	轸	角	亢	氐	房	心	尾	箕	斗	牛	女	虚	危

十月大建癸亥亢宿　（二黑）　节气：小雪初二日七时七分　大雪十七日二时廿二分

公历	22	23	24	25	26	27	28	29	30	12月	2	3	4	5	6	7	8	9	10	11	12	13	14	15	16	17	18	19	20	21
农历	一	二	三	四	五	六	七	八	九	十	十一	十二	十三	十四	十五	十六	十七	十八	十九	二十	廿一	廿二	廿三	廿四	廿五	廿六	廿七	廿八	廿九	三十
星期	二	三	四	五	六	日	一	二	三	四	五	六	日	一	二	三	四	五	六	日	一	二	三	四	五	六	日	一	二	三
干支	戊午	己未	庚申	辛酉	壬戌	癸亥	甲子	乙丑	丙寅	丁卯	戊辰	己巳	庚午	辛未	壬申	癸酉	甲戌	乙亥	丙子	丁丑	戊寅	己卯	庚辰	辛巳	壬午	癸未	甲申	乙酉	丙戌	丁亥
五行	火	火	木	木	水	水	金	金	火	火	木	木	土	土	金	金	火	火	水	水	土	土	金	金	木	木	水	水	土	土
建星	危	成	收	开	闭	建	除	满	平	定	执	破	危	成	收	开	开	闭	建	除	满	平	定	执	破	危	成	收	开	闭
廿八宿	室	壁	奎	娄	胃	昴	毕	觜	参	井	鬼	柳	星	张	翼	轸	角	亢	氐	房	心	尾	箕	斗	牛	女	虚	危	室	壁

十一月小建甲子氐宿　（一白）　节气：冬至初一日二十时十四分　小寒十六日十三时廿八分

公历	22	23	24	25	26	27	28	29	30	31	1月	2	3	4	5	6	7	8	9	10	11	12	13	14	15	16	17	18	19
农历	一	二	三	四	五	六	七	八	九	十	十一	十二	十三	十四	十五	十六	十七	十八	十九	二十	廿一	廿二	廿三	廿四	廿五	廿六	廿七	廿八	廿九
星期	四	五	六	日	一	二	三	四	五	六	日	一	二	三	四	五	六	日	一	二	三	四	五	六	日	一	二	三	四
干支	戊子	己丑	庚寅	辛卯	壬辰	癸巳	甲午	乙未	丙申	丁酉	戊戌	己亥	庚子	辛丑	壬寅	癸卯	甲辰	乙巳	丙午	丁未	戊申	己酉	庚戌	辛亥	壬子	癸丑	甲寅	乙卯	丙辰
五行	火	火	木	木	水	水	金	金	火	火	木	木	土	土	金	金	火	火	水	水	土	土	金	金	木	木	水	水	土
建星	建	除	满	平	定	执	破	危	成	收	开	闭	建	除	满	满	平	定	执	破	危	成	收	开	闭	建	除	满	平
廿八宿	奎	娄	胃	昴	毕	觜	参	井	鬼	柳	星	张	翼	轸	角	亢	氐	房	心	尾	箕	斗	牛	女	虚	危	室	壁	奎

十二月大建乙丑房宿　（九紫）　节气：大寒初二日六时五十一分　立春十七日一时十四分

公历	20	21	22	23	24	25	26	27	28	29	30	31	2月	2	3	4	5	6	7	8	9	10	11	12	13	14	15	16	17	18
农历	一	二	三	四	五	六	七	八	九	十	十一	十二	十三	十四	十五	十六	十七	十八	十九	二十	廿一	廿二	廿三	廿四	廿五	廿六	廿七	廿八	廿九	三十
星期	五	六	日	一	二	三	四	五	六	日	一	二	三	四	五	六	日	一	二	三	四	五	六	日	一	二	三	四	五	六
干支	丁巳	戊午	己未	庚申	辛酉	壬戌	癸亥	甲子	乙丑	丙寅	丁卯	戊辰	己巳	庚午	辛未	壬申	癸酉	甲戌	乙亥	丙子	丁丑	戊寅	己卯	庚辰	辛巳	壬午	癸未	甲申	乙酉	丙戌
五行	土	火	火	木	木	水	水	金	金	火	火	木	木	土	土	金	金	火	火	水	水	土	土	金	金	木	木	水	水	土
建星	定	执	破	危	成	收	开	闭	建	除	满	平	定	执	破	危	危	成	收	开	闭	建	除	满	平	定	执	破	危	成
廿八宿	娄	胃	昴	毕	觜	参	井	鬼	柳	星	张	翼	轸	角	亢	氐	房	心	尾	箕	斗	牛	女	虚	危	室	壁	奎	娄	胃

岁次：己卯	公元1939年（城头土）			土兔
太岁：龙仲	年七赤星	水泽节卦	七火八运	井

正月大建丙寅心宿 （八白）

节气：雨水初一日廿一时十分
惊蛰十六日十九时廿七分

公历	19	20	21	22	23	24	25	26	27	28	三月	2	3	4	5	6	7	8	9	10	11	12	13	14	15	16	17	18	19	20
农历	一	二	三	四	五	六	七	八	九	十	十一	十二	十三	十四	十五	十六	十七	十八	十九	二十	廿一	廿二	廿三	廿四	廿五	廿六	廿七	廿八	廿九	三十
星期	日	一	二	三	四	五	六	日	一	二	三	四	五	六	日	一	二	三	四	五	六	日	一	二	三	四	五	六	日	一
干支	丁亥	戊子	己丑	庚寅	辛卯	壬辰	癸巳	甲午	乙未	丙申	丁酉	戊戌	己亥	庚子	辛丑	壬寅	癸卯	甲辰	乙巳	丙午	丁未	戊申	己酉	庚戌	辛亥	壬子	癸丑	甲寅	乙卯	丙辰
五行	土	火	火	木	木	水	水	金	金	火	火	木	木	土	土	金	金	火	火	水	水	土	土	金	金	木	木	水	水	土
建星	收	开	闭	建	除	满	平	定	执	破	危	成	收	开	闭	闭	建	除	满	平	定	执	破	危	成	收	开	闭	建	除
廿八宿	昴	毕	觜	参	井	鬼	柳	星	张	翼	轸	角	亢	氐	房	心	尾	箕	斗	牛	女	虚	危	室	壁	奎	娄	胃	昴	毕

二月大建丁卯尾宿 （七赤）

节气：春分初一日二十时廿九分
清明十七日零时卅八分

公历	21	22	23	24	25	26	27	28	29	30	31	四月	2	3	4	5	6	7	8	9	10	11	12	13	14	15	16	17	18	19
农历	一	二	三	四	五	六	七	八	九	十	十一	十二	十三	十四	十五	十六	十七	十八	十九	二十	廿一	廿二	廿三	廿四	廿五	廿六	廿七	廿八	廿九	三十
星期	二	三	四	五	六	日	一	二	三	四	五	六	日	一	二	三	四	五	六	日	一	二	三	四	五	六	日	一	二	三
干支	丁巳	戊午	己未	庚申	辛酉	壬戌	癸亥	甲子	乙丑	丙寅	丁卯	戊辰	己巳	庚午	辛未	壬申	癸酉	甲戌	乙亥	丙子	丁丑	戊寅	己卯	庚辰	辛巳	壬午	癸未	甲申	乙酉	丙戌
五行	土	火	火	木	木	水	水	金	金	火	火	木	木	土	土	金	金	火	火	水	水	土	土	金	金	木	木	水	水	土
建星	满	平	定	执	破	危	成	收	开	闭	建	除	满	平	定	执	执	破	危	成	收	开	闭	建	除	满	平	定	执	破
廿八宿	觜	参	井	鬼	柳	星	张	翼	轸	角	亢	氐	房	心	尾	箕	斗	牛	女	虚	危	室	壁	奎	娄	胃	昴	毕	觜	参

三月小建戊辰箕宿 （六白）

节气：谷雨初二日七时五十六分
立夏十七日十八时廿二分

公历	20	21	22	23	24	25	26	27	28	29	30	五月	2	3	4	5	6	7	8	9	10	11	12	13	14	15	16	17	18	
农历	一	二	三	四	五	六	七	八	九	十	十一	十二	十三	十四	十五	十六	十七	十八	十九	二十	廿一	廿二	廿三	廿四	廿五	廿六	廿七	廿八	廿九	
星期	四	五	六	日	一	二	三	四	五	六	日	一	二	三	四	五	六	日	一	二	三	四	五	六	日	一	二	三	四	
干支	丁亥	戊子	己丑	庚寅	辛卯	壬辰	癸巳	甲午	乙未	丙申	丁酉	戊戌	己亥	庚子	辛丑	壬寅	癸卯	甲辰	乙巳	丙午	丁未	戊申	己酉	庚戌	辛亥	壬子	癸丑	甲寅	乙卯	
五行	土	火	火	木	木	水	水	金	金	火	火	木	木	土	土	金	金	火	火	水	水	土	土	金	金	木	木	水	水	
建星	危	成	收	开	闭	建	除	满	平	定	执	破	危	成	收	开	开	闭	建	除	满	平	定	执	破	危	成	收	开	
廿八宿	井	鬼	柳	星	张	翼	轸	角	亢	氐	房	心	尾	箕	斗	牛	女	虚	危	室	壁	奎	娄	胃	昴	毕	觜	参	井	

第六章 1930年～2050年万年历对照详表

岁次:己卯	公元1939年(城头土)			土兔
太岁:龙仲	年七赤星	水泽节卦	七火八运	井

四月小建己巳斗宿 (五黄)

节气:小满 初四日七时廿七分
芒种 十九日廿二时五十二分

公历	19	20	21	22	23	24	25	26	27	28	29	30	31	六月	2	3	4	5	6	7	8	9	10	11	12	13	14	15	16
农历	一	二	三	四	五	六	七	八	九	十	十一	十二	十三	十四	十五	十六	十七	十八	十九	二十	廿一	廿二	廿三	廿四	廿五	廿六	廿七	廿八	廿九
星期	五	六	日	一	二	三	四	五	六	日	一	二	三	四	五	六	日	一	二	三	四	五	六	日	一	二	三	四	五
干支	丙辰	丁巳	戊午	己未	庚申	辛酉	壬戌	癸亥	甲子	乙丑	丙寅	丁卯	戊辰	己巳	庚午	辛未	壬申	癸酉	甲戌	乙亥	丙子	丁丑	戊寅	己卯	庚辰	辛巳	壬午	癸未	甲申
五行	土	土	火	火	木	木	水	水	金	金	火	火	木	木	土	土	金	金	火	火	水	水	土	土	金	金	木	木	水
建星	闭	建	除	满	平	定	执	破	危	成	收	开	闭	建	除	满	平	定	定	执	破	危	成	收	开	闭	建	除	满
廿八宿	鬼	柳	星	张	翼	轸	角	亢	氐	房	心	尾	箕	斗	牛	女	虚	危	室	壁	奎	娄	胃	昴	毕	觜	参	井	鬼

五月大建庚午牛宿 (四绿)

节气:夏至 初六日十六时十三分
小暑 廿二日九时十九分

公历	17	18	19	20	21	22	23	24	25	26	27	28	29	30	七月	2	3	4	5	6	7	8	9	10	11	12	13	14	15	16
农历	一	二	三	四	五	六	七	八	九	十	十一	十二	十三	十四	十五	十六	十七	十八	十九	二十	廿一	廿二	廿三	廿四	廿五	廿六	廿七	廿八	廿九	三十
星期	六	日	一	二	三	四	五	六	日	一	二	三	四	五	六	日	一	二	三	四	五	六	日	一	二	三	四	五	六	日
干支	乙酉	丙戌	丁亥	戊子	己丑	庚寅	辛卯	壬辰	癸巳	甲午	乙未	丙申	丁酉	戊戌	己亥	庚子	辛丑	壬寅	癸卯	甲辰	乙巳	丙午	丁未	戊申	己酉	庚戌	辛亥	壬子	癸丑	甲寅
五行	水	土	土	火	火	木	木	水	水	金	金	火	火	木	木	土	土	金	金	火	火	水	水	土	土	金	金	木	木	水
建星	平	定	执	破	危	成	收	开	闭	建	除	满	平	定	执	破	危	成	收	开	闭	闭	建	除	满	平	定	执	破	危
廿八宿	柳	星	张	翼	轸	角	亢	氐	房	心	尾	箕	斗	牛	女	虚	危	室	壁	奎	娄	胃	昴	毕	觜	参	井	鬼	柳	星

六月小建辛未女宿 (三碧)

节气:大暑 初八日二时卅七分
立秋 廿三日十九时四分

公历	17	18	19	20	21	22	23	24	25	26	27	28	29	30	31	八月	2	3	4	5	6	7	8	9	10	11	12	13	14
农历	一	二	三	四	五	六	七	八	九	十	十一	十二	十三	十四	十五	十六	十七	十八	十九	二十	廿一	廿二	廿三	廿四	廿五	廿六	廿七	廿八	廿九
星期	一	二	三	四	五	六	日	一	二	三	四	五	六	日	一	二	三	四	五	六	日	一	二	三	四	五	六	日	一
干支	乙卯	丙辰	丁巳	戊午	己未	庚申	辛酉	壬戌	癸亥	甲子	乙丑	丙寅	丁卯	戊辰	己巳	庚午	辛未	壬申	癸酉	甲戌	乙亥	丙子	丁丑	戊寅	己卯	庚辰	辛巳	壬午	癸未
五行	水	土	土	火	火	木	木	水	水	金	金	火	火	木	木	土	土	金	金	火	火	水	水	土	土	金	金	木	木
建星	成	收	开	闭	建	除	满	平	定	执	破	危	成	收	开	闭	建	除	满	平	定	执	执	破	危	成	收	开	闭
廿八宿	张	翼	轸	角	亢	氐	房	心	尾	箕	斗	牛	女	虚	危	室	壁	奎	娄	胃	昴	毕	觜	参	井	鬼	柳	星	张

岁次：己卯	公元1939年（城头土）			土兔
太岁：龙仲	年七赤星	水泽节卦	七火八运	井

七月小建壬申虚宿 （二黑）

节气：处暑初十日九时五十二分
白露廿五日廿一时四十三分

公历	15	16	17	18	19	20	21	22	23	24	25	26	27	28	29	30	31	九月	2	3	4	5	6	7	8	9	10	11	12	
农历	一	二	三	四	五	六	七	八	九	十	十一	十二	十三	十四	十五	十六	十七	十八	十九	二十	廿一	廿二	廿三	廿四	廿五	廿六	廿七	廿八	廿九	
星期	二	三	四	五	六	日	一	二	三	四	五	六	日	一	二	三	四	五	六	日	一	二	三	四	五	六	日	一	二	
干支	甲申	乙酉	丙戌	丁亥	戊子	己丑	庚寅	辛卯	壬辰	癸巳	甲午	乙未	丙申	丁酉	戊戌	己亥	庚子	辛丑	壬寅	癸卯	甲辰	乙巳	丙午	丁未	戊申	己酉	庚戌	辛亥	壬子	
五行	水	水	土	土	火	火	木	木	水	水	金	金	火	火	木	木	土	土	金	金	火	火	水	水	土	土	金	金	木	
建星	建	除	满	平	定	执	破	危	成	收	开	闭	建	除	满	平	定	执	破	危	成	收	开	闭	闭	建	除	满	平	
廿八宿	翼	轸	角	亢	氐	房	心	尾	箕	斗	牛	女	虚	危	室	壁	奎	娄	胃	昴	毕	觜	参	井	鬼	柳	星	张	翼	

八月大建癸酉危宿 （一白）

节气：秋分十二日六时五十分
寒露廿七日十二时五十七分

公历	13	14	15	16	17	18	19	20	21	22	23	24	25	26	27	28	29	30	十月	2	3	4	5	6	7	8	9	10	11	12
农历	一	二	三	四	五	六	七	八	九	十	十一	十二	十三	十四	十五	十六	十七	十八	十九	二十	廿一	廿二	廿三	廿四	廿五	廿六	廿七	廿八	廿九	三十
星期	三	四	五	六	日	一	二	三	四	五	六	日	一	二	三	四	五	六	日	一	二	三	四	五	六	日	一	二	三	四
干支	癸丑	甲寅	乙卯	丙辰	丁巳	戊午	己未	庚申	辛酉	壬戌	癸亥	甲子	乙丑	丙寅	丁卯	戊辰	己巳	庚午	辛未	壬申	癸酉	甲戌	乙亥	丙子	丁丑	戊寅	己卯	庚辰	辛巳	壬午
五行	木	水	水	土	土	火	火	木	木	水	水	金	金	火	火	木	木	土	土	金	金	火	火	水	水	土	土	金	金	木
建星	定	执	破	危	成	收	开	闭	建	除	满	平	定	执	破	危	成	收	开	闭	建	除	满	平	定	执	执	破	危	成
廿八宿	轸	角	亢	氐	房	心	尾	箕	斗	牛	女	虚	危	室	壁	奎	娄	胃	昴	毕	觜	参	井	鬼	柳	星	张	翼	轸	角

九月小建甲戌室宿 （九紫）

节气：霜降十二日十五时四十六分
立冬廿七日十五时四十四分

公历	13	14	15	16	17	18	19	20	21	22	23	24	25	26	27	28	29	30	31	11月	2	3	4	5	6	7	8	9	10	
农历	一	二	三	四	五	六	七	八	九	十	十一	十二	十三	十四	十五	十六	十七	十八	十九	二十	廿一	廿二	廿三	廿四	廿五	廿六	廿七	廿八	廿九	
星期	五	六	日	一	二	三	四	五	六	日	一	二	三	四	五	六	日	一	二	三	四	五	六	日	一	二	三	四	五	
干支	癸未	甲申	乙酉	丙戌	丁亥	戊子	己丑	庚寅	辛卯	壬辰	癸巳	甲午	乙未	丙申	丁酉	戊戌	己亥	庚子	辛丑	壬寅	癸卯	甲辰	乙巳	丙午	丁未	戊申	己酉	庚戌	辛亥	
五行	木	水	水	土	土	火	火	木	木	水	水	金	金	火	火	木	木	土	土	金	金	火	火	水	水	土	土	金	金	
建星	收	开	闭	建	除	满	平	定	执	破	危	成	收	开	闭	建	除	满	平	定	执	破	危	成	收	开	开	闭	建	
廿八宿	亢	氐	房	心	尾	箕	斗	牛	女	虚	危	室	壁	奎	娄	胃	昴	毕	觜	参	井	鬼	柳	星	张	翼	轸	角	亢	

第六章 1930 年～2050 年万年历对照详表

岁次：己卯	公元 1939 年（城头土）			土兔
太岁：龙仲	年七赤星	水泽节卦	七火八运	井

十月大建乙亥壁宿　（八白）

节气：小雪十三日十二时五十九分
大雪廿八日八时十七分

公历	11	12	13	14	15	16	17	18	19	20	21	22	23	24	25	26	27	28	29	30	12月	2	3	4	5	6	7	8	9	10
农历	一	二	三	四	五	六	七	八	九	十	十一	十二	十三	十四	十五	十六	十七	十八	十九	二十	廿一	廿二	廿三	廿四	廿五	廿六	廿七	廿八	廿九	三十
星期	六	日	一	二	三	四	五	六	日	一	二	三	四	五	六	日	一	二	三	四	五	六	日	一	二	三	四	五	六	日
干支	壬子	癸丑	甲寅	乙卯	丙辰	丁巳	戊午	己未	庚申	辛酉	壬戌	癸亥	甲子	乙丑	丙寅	丁卯	戊辰	己巳	庚午	辛未	壬申	癸酉	甲戌	乙亥	丙子	丁丑	戊寅	己卯	庚辰	辛巳
五行	木	木	水	水	土	土	火	火	木	木	水	水	金	金	火	火	木	木	土	土	金	金	火	火	水	水	土	土	金	金
建星	除	满	平	定	执	破	危	成	收	开	闭	建	除	满	平	定	执	破	危	成	收	开	闭	建	除	满	平	平	定	执
廿八宿	氐	房	心	尾	箕	斗	牛	女	虚	危	室	壁	奎	娄	胃	昴	毕	觜	参	井	鬼	柳	星	张	翼	轸	角	亢	氐	房

十一月小建丙子奎宿　（七赤）

节气：冬至十三日二时六分
小寒廿七日十九时廿三分

公历	11	12	13	14	15	16	17	18	19	20	21	22	23	24	25	26	27	28	29	30	31	一月	2	3	4	5	6	7	8	
农历	一	二	三	四	五	六	七	八	九	十	十一	十二	十三	十四	十五	十六	十七	十八	十九	二十	廿一	廿二	廿三	廿四	廿五	廿六	廿七	廿八	廿九	
星期	一	二	三	四	五	六	日	一	二	三	四	五	六	日	一	二	三	四	五	六	日	一	二	三	四	五	六	日	一	
干支	壬午	癸未	甲申	乙酉	丙戌	丁亥	戊子	己丑	庚寅	辛卯	壬辰	癸巳	甲午	乙未	丙申	丁酉	戊戌	己亥	庚子	辛丑	壬寅	癸卯	甲辰	乙巳	丙午	丁未	戊申	己酉	庚戌	
五行	木	木	水	水	土	土	火	火	木	木	水	水	金	金	火	火	木	木	土	土	金	金	火	火	水	水	土	土	金	
建星	破	危	成	收	开	闭	建	除	满	平	定	执	破	危	成	收	开	闭	建	除	满	平	定	执	破	危	危	成	收	
廿八宿	心	尾	箕	斗	牛	女	虚	危	室	壁	奎	娄	胃	昴	毕	觜	参	井	鬼	柳	星	张	翼	轸	角	亢	氐	房	心	

十二月大建丁丑娄宿　（六白）

节气：大寒十三日十二时四十四分
立春廿八日七时七分

公历	9	10	11	12	13	14	15	16	17	18	19	20	21	22	23	24	25	26	27	28	29	30	31	二月	2	3	4	5	6	7
农历	一	二	三	四	五	六	七	八	九	十	十一	十二	十三	十四	十五	十六	十七	十八	十九	二十	廿一	廿二	廿三	廿四	廿五	廿六	廿七	廿八	廿九	三十
星期	二	三	四	五	六	日	一	二	三	四	五	六	日	一	二	三	四	五	六	日	一	二	三	四	五	六	日	一	二	三
干支	辛亥	壬子	癸丑	甲寅	乙卯	丙辰	丁巳	戊午	己未	庚申	辛酉	壬戌	癸亥	甲子	乙丑	丙寅	丁卯	戊辰	己巳	庚午	辛未	壬申	癸酉	甲戌	乙亥	丙子	丁丑	戊寅	己卯	庚辰
五行	金	木	木	水	水	土	土	火	火	木	木	水	水	金	金	火	火	木	木	土	土	金	金	火	火	水	水	土	土	金
建星	开	闭	建	除	满	平	定	执	破	危	成	收	开	闭	建	除	满	平	定	执	破	危	成	收	开	闭	建	建	除	满
廿八宿	尾	箕	斗	牛	女	虚	危	室	壁	奎	娄	胃	昴	毕	觜	参	井	鬼	柳	星	张	翼	轸	角	亢	氐	房	心	尾	箕

岁次：庚辰	公元1940年（白蜡金）			金龙
太岁：董德	年六白星	地天泰卦	一水九运	鬼

正月大建戊寅胄宿　（五黄）

节气：雨水十三日二时四分
惊蛰廿八日一时廿四分

公历	8	9	10	11	12	13	14	15	16	17	18	19	20	21	22	23	24	25	26	27	28	29	三月	2	3	4	5	6	7	8
农历	一	二	三	四	五	六	七	八	九	十	十一	十二	十三	十四	十五	十六	十七	十八	十九	二十	廿一	廿二	廿三	廿四	廿五	廿六	廿七	廿八	廿九	三十
星期	四	五	六	日	一	二	三	四	五	六	日	一	二	三	四	五	六	日	一	二	三	四	五	六	日	一	二	三	四	五
干支	辛巳	壬午	癸未	甲申	乙酉	丙戌	丁亥	戊子	己丑	庚寅	辛卯	壬辰	癸巳	甲午	乙未	丙申	丁酉	戊戌	己亥	庚子	辛丑	壬寅	癸卯	甲辰	乙巳	丙午	丁未	戊申	己酉	庚戌
五行	金	木	木	水	水	土	土	火	火	木	木	水	水	金	金	火	火	木	木	土	土	金	金	火	火	水	水	土	土	金
建星	平	定	执	破	危	成	收	开	闭	建	除	满	平	定	执	破	危	成	收	开	闭	建	除	满	平	定	执	执	破	危
廿八宿	斗	牛	女	虚	危	室	壁	奎	娄	胃	昴	毕	觜	参	井	鬼	柳	星	张	翼	轸	角	亢	氐	房	心	尾	箕	斗	牛

二月大建己卯昴宿　（四绿）

节气：春分十三日二时廿四分
清明廿八日六时卅四分

公历	9	10	11	12	13	14	15	16	17	18	19	20	21	22	23	24	25	26	27	28	29	30	31	四月	2	3	4	5	6	7
农历	一	二	三	四	五	六	七	八	九	十	十一	十二	十三	十四	十五	十六	十七	十八	十九	二十	廿一	廿二	廿三	廿四	廿五	廿六	廿七	廿八	廿九	三十
星期	六	日	一	二	三	四	五	六	日	一	二	三	四	五	六	日	一	二	三	四	五	六	日	一	二	三	四	五	六	日
干支	辛亥	壬子	癸丑	甲寅	乙卯	丙辰	丁巳	戊午	己未	庚申	辛酉	壬戌	癸亥	甲子	乙丑	丙寅	丁卯	戊辰	己巳	庚午	辛未	壬申	癸酉	甲戌	乙亥	丙子	丁丑	戊寅	己卯	庚辰
五行	金	木	木	水	水	土	土	火	火	木	木	水	水	金	金	火	火	木	木	土	土	金	金	火	火	水	水	土	土	金
建星	成	收	开	闭	建	除	满	平	定	执	破	危	成	收	开	闭	建	除	满	平	定	执	破	危	成	收	开	开	闭	建
廿八宿	女	虚	危	室	壁	奎	娄	胃	昴	毕	觜	参	井	鬼	柳	星	张	翼	轸	角	亢	氐	房	心	尾	箕	斗	牛	女	虚

三月小建庚辰毕宿　（三碧）

节气：谷雨十三日十三时五十一分
立夏廿九日零时十六分

公历	8	9	10	11	12	13	14	15	16	17	18	19	20	21	22	23	24	25	26	27	28	29	30	五月	2	3	4	5	6	
农历	一	二	三	四	五	六	七	八	九	十	十一	十二	十三	十四	十五	十六	十七	十八	十九	二十	廿一	廿二	廿三	廿四	廿五	廿六	廿七	廿八	廿九	
星期	一	二	三	四	五	六	日	一	二	三	四	五	六	日	一	二	三	四	五	六	日	一	二	三	四	五	六	日	一	
干支	辛巳	壬午	癸未	甲申	乙酉	丙戌	丁亥	戊子	己丑	庚寅	辛卯	壬辰	癸巳	甲午	乙未	丙申	丁酉	戊戌	己亥	庚子	辛丑	壬寅	癸卯	甲辰	乙巳	丙午	丁未	戊申	己酉	
五行	金	木	木	水	水	土	土	火	火	木	木	水	水	金	金	火	火	木	木	土	土	金	金	火	火	水	水	土	土	
建星	除	满	平	定	执	破	危	成	收	开	闭	建	除	满	平	定	执	破	危	成	收	开	闭	建	除	满	平	定	定	
廿八宿	危	室	壁	奎	娄	胃	昴	毕	觜	参	井	鬼	柳	星	张	翼	轸	角	亢	氐	房	心	尾	箕	斗	牛	女	虚	危	

岁次:庚辰	公元1940年(白蜡金)			金龙
太岁:董德	年六白星	地天泰卦	一水九运	鬼

四月大建辛巳觜宿 (二黑)　　节气:小满十五日十三时廿三分

公历	7	8	9	10	11	12	13	14	15	16	17	18	19	20	21	22	23	24	25	26	27	28	29	30	31	六月	2	3	4	5
农历	一	二	三	四	五	六	七	八	九	十	十一	十二	十三	十四	十五	十六	十七	十八	十九	二十	廿一	廿二	廿三	廿四	廿五	廿六	廿七	廿八	廿九	三十
星期	二	三	四	五	六	日	一	二	三	四	五	六	日	一	二	三	四	五	六	日	一	二	三	四	五	六	日	一	二	三
干支	庚戌	辛亥	壬子	癸丑	甲寅	乙卯	丙辰	丁巳	戊午	己未	庚申	辛酉	壬戌	癸亥	甲子	乙丑	丙寅	丁卯	戊辰	己巳	庚午	辛未	壬申	癸酉	甲戌	乙亥	丙子	丁丑	戊寅	己卯
五行	金	金	木	木	水	水	土	土	火	火	木	木	水	水	金	金	火	火	木	木	土	土	金	金	火	火	水	水	土	土
建星	执	破	危	成	收	开	闭	建	除	满	平	定	执	破	危	成	收	开	闭	建	除	满	平	定	执	破	危	成	收	开
廿八宿	室	壁	奎	娄	胃	昴	毕	觜	参	井	鬼	柳	星	张	翼	轸	角	亢	氐	房	心	尾	箕	斗	牛	女	虚	危	室	壁

五月小建壬午参宿 (一白)　　节气:芒种初一日四时四十四分　夏至十六日廿一时卅七分

公历	6	7	8	9	10	11	12	13	14	15	16	17	18	19	20	21	22	23	24	25	26	27	28	29	30	七月	2	3	4	
农历	一	二	三	四	五	六	七	八	九	十	十一	十二	十三	十四	十五	十六	十七	十八	十九	二十	廿一	廿二	廿三	廿四	廿五	廿六	廿七	廿八	廿九	
星期	四	五	六	日	一	二	三	四	五	六	日	一	二	三	四	五	六	日	一	二	三	四	五	六	日	一	二	三	四	
干支	庚辰	辛巳	壬午	癸未	甲申	乙酉	丙戌	丁亥	戊子	己丑	庚寅	辛卯	壬辰	癸巳	甲午	乙未	丙申	丁酉	戊戌	己亥	庚子	辛丑	壬寅	癸卯	甲辰	乙巳	丙午	丁未	戊申	
五行	金	金	木	木	水	水	土	土	火	火	木	木	水	水	金	金	火	火	木	木	土	土	金	金	火	火	水	水	土	
建星	开	闭	建	除	满	平	定	执	破	危	成	收	开	闭	建	除	满	平	定	执	破	危	成	收	开	闭	建	除	满	
廿八宿	奎	娄	胃	昴	毕	觜	参	井	鬼	柳	星	张	翼	轸	角	亢	氐	房	心	尾	箕	斗	牛	女	虚	危	室	壁	奎	

六月大建癸未井宿 (九紫)　　节气:小暑初三日十五时九分　大暑十九日八时卅五分

公历	5	6	7	8	9	10	11	12	13	14	15	16	17	18	19	20	21	22	23	24	25	26	27	28	29	30	31	八月	2	3
农历	一	二	三	四	五	六	七	八	九	十	十一	十二	十三	十四	十五	十六	十七	十八	十九	二十	廿一	廿二	廿三	廿四	廿五	廿六	廿七	廿八	廿九	三十
星期	五	六	日	一	二	三	四	五	六	日	一	二	三	四	五	六	日	一	二	三	四	五	六	日	一	二	三	四	五	六
干支	己酉	庚戌	辛亥	壬子	癸丑	甲寅	乙卯	丙辰	丁巳	戊午	己未	庚申	辛酉	壬戌	癸亥	甲子	乙丑	丙寅	丁卯	戊辰	己巳	庚午	辛未	壬申	癸酉	甲戌	乙亥	丙子	丁丑	戊寅
五行	土	金	金	木	木	水	水	土	土	火	火	木	木	水	水	金	金	火	火	木	木	土	土	金	金	火	火	水	水	土
建星	平	定	定	执	破	危	成	收	开	闭	建	除	满	平	定	执	破	危	成	收	开	闭	建	除	满	平	定	执	破	危
廿八宿	娄	胃	昴	毕	觜	参	井	鬼	柳	星	张	翼	轸	角	亢	氐	房	心	尾	箕	斗	牛	女	虚	危	室	壁	奎	娄	胃

岁次:庚辰	公元1940年(白蜡金)			金龙
太岁:董德	年六白星	地天泰卦	一水九运	鬼

七月小建甲申鬼宿 （八白）

节气：立秋初五日零时五十二分
处暑二十日十五时廿九分

公历	4	5	6	7	8	9	10	11	12	13	14	15	16	17	18	19	20	21	22	23	24	25	26	27	28	29	30	31	九月
农历	一	二	三	四	五	六	七	八	九	十	十一	十二	十三	十四	十五	十六	十七	十八	十九	二十	廿一	廿二	廿三	廿四	廿五	廿六	廿七	廿八	廿九
星期	日	一	二	三	四	五	六	日	一	二	三	四	五	六	日	一	二	三	四	五	六	日	一	二	三	四	五	六	日
干支	己卯	庚辰	辛巳	壬午	癸未	甲申	乙酉	丙戌	丁亥	戊子	己丑	庚寅	辛卯	壬辰	癸巳	甲午	乙未	丙申	丁酉	戊戌	己亥	庚子	辛丑	壬寅	癸卯	甲辰	乙巳	丙午	丁未
五行	土	金	金	木	木	水	水	土	土	火	火	木	木	水	水	金	金	火	火	木	木	土	土	金	金	火	火	水	水
建星	成	收	开	闭	闭	建	除	满	平	定	执	破	危	成	收	开	闭	建	除	满	平	定	执	破	危	成	收	开	闭
廿八宿	昴	毕	觜	参	井	鬼	柳	星	张	翼	轸	角	亢	氐	房	心	尾	箕	斗	牛	女	虚	危	室	壁	奎	娄	胃	昴

八月小建乙酉柳宿 （七赤）

节气：白露初七日三时三十分
秋分廿二日十二时四十六分

公历	2	3	4	5	6	7	8	9	10	11	12	13	14	15	16	17	18	19	20	21	22	23	24	25	26	27	28	29	30
农历	一	二	三	四	五	六	七	八	九	十	十一	十二	十三	十四	十五	十六	十七	十八	十九	二十	廿一	廿二	廿三	廿四	廿五	廿六	廿七	廿八	廿九
星期	一	二	三	四	五	六	日	一	二	三	四	五	六	日	一	二	三	四	五	六	日	一	二	三	四	五	六	日	一
干支	戊申	己酉	庚戌	辛亥	壬子	癸丑	甲寅	乙卯	丙辰	丁巳	戊午	己未	庚申	辛酉	壬戌	癸亥	甲子	乙丑	丙寅	丁卯	戊辰	己巳	庚午	辛未	壬申	癸酉	甲戌	乙亥	丙子
五行	土	土	金	金	木	木	水	水	土	土	火	火	木	木	水	水	金	金	火	火	木	木	土	土	金	金	火	火	水
建星	建	除	满	平	定	执	执	破	危	成	收	开	闭	建	除	满	平	定	执	破	危	成	收	开	闭	建	除	满	平
廿八宿	毕	觜	参	井	鬼	柳	星	张	翼	轸	角	亢	氐	房	心	尾	箕	斗	牛	女	虚	危	室	壁	奎	娄	胃	昴	毕

九月大建丙戌星宿 （六白）

节气：寒露初八日十八时四十三分
霜降廿三日廿一时四十分

公历	十月	2	3	4	5	6	7	8	9	10	11	12	13	14	15	16	17	18	19	20	21	22	23	24	25	26	27	28	29	30
农历	一	二	三	四	五	六	七	八	九	十	十一	十二	十三	十四	十五	十六	十七	十八	十九	二十	廿一	廿二	廿三	廿四	廿五	廿六	廿七	廿八	廿九	三十
星期	二	三	四	五	六	日	一	二	三	四	五	六	日	一	二	三	四	五	六	日	一	二	三	四	五	六	日	一	二	三
干支	丁丑	戊寅	己卯	庚辰	辛巳	壬午	癸未	甲申	乙酉	丙戌	丁亥	戊子	己丑	庚寅	辛卯	壬辰	癸巳	甲午	乙未	丙申	丁酉	戊戌	己亥	庚子	辛丑	壬寅	癸卯	甲辰	乙巳	丙午
五行	水	土	土	金	金	木	木	水	水	土	土	火	火	木	木	水	水	金	金	火	火	木	木	土	土	金	金	火	火	水
建星	定	执	破	危	成	收	开	开	闭	建	除	满	平	定	执	破	危	成	收	开	闭	建	除	满	平	定	执	破	危	成
廿八宿	觜	参	井	鬼	柳	星	张	翼	轸	角	亢	氐	房	心	尾	箕	斗	牛	女	虚	危	室	壁	奎	娄	胃	昴	毕	觜	参

岁次：庚辰	公元1940年（白蜡金）			金龙
太岁：董德	年六白星	地天泰卦	一水九运	鬼

十月小建丁亥张宿 （五黄）

节气：立冬初八日二十时五十八分
小雪廿三日十八时四十九分

公历	31	11月	2	3	4	5	6	7	8	9	10	11	12	13	14	15	16	17	18	19	20	21	22	23	24	25	26	27	28
农历	一	二	三	四	五	六	七	八	九	十	十一	十二	十三	十四	十五	十六	十七	十八	十九	二十	廿一	廿二	廿三	廿四	廿五	廿六	廿七	廿八	廿九
星期	四	五	六	日	一	二	三	四	五	六	日	一	二	三	四	五	六	日	一	二	三	四	五	六	日	一	二	三	四
干支	丁未	戊申	己酉	庚戌	辛亥	壬子	癸丑	甲寅	乙卯	丙辰	丁巳	戊午	己未	庚申	辛酉	壬戌	癸亥	甲子	乙丑	丙寅	丁卯	戊辰	己巳	庚午	辛未	壬申	癸酉	甲戌	乙亥
五行	水	土	土	金	金	木	木	水	水	土	土	火	火	木	木	水	水	金	金	火	火	木	木	土	土	金	金	火	火
建星	收	开	闭	建	除	满	平	平	定	执	破	危	成	收	开	闭	建	除	满	平	定	执	破	危	成	收	开	闭	建
廿八宿	井	鬼	柳	星	张	翼	轸	角	亢	氐	房	心	尾	箕	斗	牛	女	虚	危	室	壁	奎	娄	胃	昴	毕	觜	参	井

十一月大建戊子翼宿 （四绿）

节气：大雪初九日十四时五十二分
冬至廿四日八时卅一分

公历	29	30	12月	2	3	4	5	6	7	8	9	10	11	12	13	14	15	16	17	18	19	20	21	22	23	24	25	26	27	28
农历	一	二	三	四	五	六	七	八	九	十	十一	十二	十三	十四	十五	十六	十七	十八	十九	二十	廿一	廿二	廿三	廿四	廿五	廿六	廿七	廿八	廿九	三十
星期	五	六	日	一	二	三	四	五	六	日	一	二	三	四	五	六	日	一	二	三	四	五	六	日	一	二	三	四	五	六
干支	丙子	丁丑	戊寅	己卯	庚辰	辛巳	壬午	癸未	甲申	乙酉	丙戌	丁亥	戊子	己丑	庚寅	辛卯	壬辰	癸巳	甲午	乙未	丙申	丁酉	戊戌	己亥	庚子	辛丑	壬寅	癸卯	甲辰	乙巳
五行	水	水	土	土	金	金	木	木	水	水	土	土	火	火	木	木	水	水	金	金	火	火	木	木	土	土	金	金	火	火
建星	除	满	平	定	执	破	危	成	成	收	开	闭	建	除	满	平	定	执	破	危	成	收	开	闭	建	除	满	平	定	执
廿八宿	鬼	柳	星	张	翼	轸	角	亢	氐	房	心	尾	箕	斗	牛	女	虚	危	室	壁	奎	娄	胃	昴	毕	觜	参	井	鬼	柳

十二月小建己丑轸宿 （三碧）

节气：小寒初九日一时五分
大寒廿三日十八时卅四分

公历	29	30	31	一月	2	3	4	5	6	7	8	9	10	11	12	13	14	15	16	17	18	19	20	21	22	23	24	25	26
农历	一	二	三	四	五	六	七	八	九	十	十一	十二	十三	十四	十五	十六	十七	十八	十九	二十	廿一	廿二	廿三	廿四	廿五	廿六	廿七	廿八	廿九
星期	日	一	二	三	四	五	六	日	一	二	三	四	五	六	日	一	二	三	四	五	六	日	一	二	三	四	五	六	日
干支	丙午	丁未	戊申	己酉	庚戌	辛亥	壬子	癸丑	甲寅	乙卯	丙辰	丁巳	戊午	己未	庚申	辛酉	壬戌	癸亥	甲子	乙丑	丙寅	丁卯	戊辰	己巳	庚午	辛未	壬申	癸酉	甲戌
五行	水	水	土	土	金	金	木	木	水	水	土	土	火	火	木	木	水	水	金	金	火	火	木	木	土	土	金	金	火
建星	破	危	成	收	开	闭	建	除	除	满	平	定	执	破	危	成	收	开	闭	建	除	满	平	定	执	破	危	成	收
廿八宿	星	张	翼	轸	角	亢	氐	房	心	尾	箕	斗	牛	女	虚	危	室	壁	奎	娄	胃	昴	毕	觜	参	井	鬼	柳	星

岁次：辛巳	公元1941年（白蜡金）			金蛇
太岁：郑但	年五黄星	火天大有卦	三木七运	柳

正月大建庚寅角宿 （二黑）

节气：立春初九日十二时五十一分
雨水廿四日八时五十七分

公历	27	28	29	30	31	二月	2	3	4	5	6	7	8	9	10	11	12	13	14	15	16	17	18	19	20	21	22	23	24	25
农历	一	二	三	四	五	六	七	八	九	十	十一	十二	十三	十四	十五	十六	十七	十八	十九	二十	廿一	廿二	廿三	廿四	廿五	廿六	廿七	廿八	廿九	三十
星期	一	二	三	四	五	六	日	一	二	三	四	五	六	日	一	二	三	四	五	六	日	一	二	三	四	五	六	日	一	二
干支	乙亥	丙子	丁丑	戊寅	己卯	庚辰	辛巳	壬午	癸未	甲申	乙酉	丙戌	丁亥	戊子	己丑	庚寅	辛卯	壬辰	癸巳	甲午	乙未	丙申	丁酉	戊戌	己亥	庚子	辛丑	壬寅	癸卯	甲辰
五行	火	水	水	土	土	金	金	木	木	水	水	土	土	火	火	木	木	水	水	金	金	火	火	木	木	土	土	金	金	火
建星	开	闭	建	除	满	平	定	执	执	破	危	成	收	开	闭	建	除	满	平	定	执	破	危	成	收	开	闭	建	除	满
廿八宿	张	翼	轸	角	亢	氐	房	心	尾	箕	斗	牛	女	虚	危	室	壁	奎	娄	胃	昴	毕	觜	参	井	鬼	柳	星	张	翼

二月大建辛卯亢宿 （一白）

节气：惊蛰初九日七时十一分
春分廿四日八时廿一分

公历	26	27	28	三月	2	3	4	5	6	7	8	9	10	11	12	13	14	15	16	17	18	19	20	21	22	23	24	25	26	27
农历	一	二	三	四	五	六	七	八	九	十	十一	十二	十三	十四	十五	十六	十七	十八	十九	二十	廿一	廿二	廿三	廿四	廿五	廿六	廿七	廿八	廿九	三十
星期	三	四	五	六	日	一	二	三	四	五	六	日	一	二	三	四	五	六	日	一	二	三	四	五	六	日	一	二	三	四
干支	乙巳	丙午	丁未	戊申	己酉	庚戌	辛亥	壬子	癸丑	甲寅	乙卯	丙辰	丁巳	戊午	己未	庚申	辛酉	壬戌	癸亥	甲子	乙丑	丙寅	丁卯	戊辰	己巳	庚午	辛未	壬申	癸酉	甲戌
五行	火	水	水	土	土	金	金	木	木	水	水	土	土	火	火	木	木	水	水	金	金	火	火	木	木	土	土	金	金	火
建星	平	定	执	破	危	成	收	开	开	闭	建	除	满	平	定	执	破	危	成	收	开	闭	建	除	满	平	定	执	破	危
廿八宿	轸	角	亢	氐	房	心	尾	箕	斗	牛	女	虚	危	室	壁	奎	娄	胃	昴	毕	觜	参	井	鬼	柳	星	张	翼	轸	角

三月小建壬辰氐宿 （九紫）

节气：清明初九日十二时廿六分
谷雨廿四日十九时五十二分

公历	28	29	30	31	四月	2	3	4	5	6	7	8	9	10	11	12	13	14	15	16	17	18	19	20	21	22	23	24	25	
农历	一	二	三	四	五	六	七	八	九	十	十一	十二	十三	十四	十五	十六	十七	十八	十九	二十	廿一	廿二	廿三	廿四	廿五	廿六	廿七	廿八	廿九	
星期	五	六	日	一	二	三	四	五	六	日	一	二	三	四	五	六	日	一	二	三	四	五	六	日	一	二	三	四	五	
干支	乙亥	丙子	丁丑	戊寅	己卯	庚辰	辛巳	壬午	癸未	甲申	乙酉	丙戌	丁亥	戊子	己丑	庚寅	辛卯	壬辰	癸巳	甲午	乙未	丙申	丁酉	戊戌	己亥	庚子	辛丑	壬寅	癸卯	
五行	火	水	水	土	土	金	金	木	木	水	水	土	土	火	火	木	木	水	水	金	金	火	火	木	木	土	土	金	金	
建星	成	收	开	闭	建	除	满	平	平	定	执	破	危	成	收	开	闭	建	除	满	平	定	执	破	危	成	收	开	闭	
廿八宿	亢	氐	房	心	尾	箕	斗	牛	女	虚	危	室	壁	奎	娄	胃	昴	毕	觜	参	井	鬼	柳	星	张	翼	轸	角	亢	

岁次：辛巳	公元 1941 年（白蜡金）			金蛇
太岁：郑但	年五黄星	火天大有卦	三木七运	柳

四月大建癸巳房宿　（八白）

节气：立夏十一日六时十一分
小满廿六日十九时廿四分

公历	26	27	28	29	30	五月	2	3	4	5	6	7	8	9	10	11	12	13	14	15	16	17	18	19	20	21	22	23	24	25
农历	一	二	三	四	五	六	七	八	九	十	十一	十二	十三	十四	十五	十六	十七	十八	十九	二十	廿一	廿二	廿三	廿四	廿五	廿六	廿七	廿八	廿九	三十
星期	六	日	一	二	三	四	五	六	日	一	二	三	四	五	六	日	一	二	三	四	五	六	日	一	二	三	四	五	六	日
干支	甲辰	乙巳	丙午	丁未	戊申	己酉	庚戌	辛亥	壬子	癸丑	甲寅	乙卯	丙辰	丁巳	戊午	己未	庚申	辛酉	壬戌	癸亥	甲子	乙丑	丙寅	丁卯	戊辰	己巳	庚午	辛未	壬申	癸酉
五行	火	火	水	水	土	土	金	金	木	木	水	水	土	土	火	火	木	木	水	水	金	金	火	火	木	木	土	土	金	金
建星	建	除	满	平	定	执	破	危	成	收	收	开	闭	建	除	满	平	定	执	破	危	成	收	开	闭	建	除	满	平	定
廿八宿	氐	房	心	尾	箕	斗	牛	女	虚	危	室	壁	奎	娄	胃	昴	毕	觜	参	井	鬼	柳	星	张	翼	轸	角	亢	氐	房

五月大建甲午心宿　（七赤）

节气：芒种十二日十时四十分
夏至廿八日三时卅四分

公历	26	27	28	29	30	31	六月	2	3	4	5	6	7	8	9	10	11	12	13	14	15	16	17	18	19	20	21	22	23	24
农历	一	二	三	四	五	六	七	八	九	十	十一	十二	十三	十四	十五	十六	十七	十八	十九	二十	廿一	廿二	廿三	廿四	廿五	廿六	廿七	廿八	廿九	三十
星期	一	二	三	四	五	六	日	一	二	三	四	五	六	日	一	二	三	四	五	六	日	一	二	三	四	五	六	日	一	二
干支	甲戌	乙亥	丙子	丁丑	戊寅	己卯	庚辰	辛巳	壬午	癸未	甲申	乙酉	丙戌	丁亥	戊子	己丑	庚寅	辛卯	壬辰	癸巳	甲午	乙未	丙申	丁酉	戊戌	己亥	庚子	辛丑	壬寅	癸卯
五行	火	火	水	水	土	土	金	金	木	木	水	水	土	土	火	火	木	木	水	水	金	金	火	火	木	木	土	土	金	金
建星	执	破	危	成	收	开	闭	建	除	满	平	平	定	执	破	危	成	收	开	闭	建	除	满	平	定	执	破	危	成	收
廿八宿	心	尾	箕	斗	牛	女	虚	危	室	壁	奎	娄	胃	昴	毕	觜	参	井	鬼	柳	星	张	翼	轸	角	亢	氐	房	心	尾

六月小建乙未尾宿　（六白）

节气：小暑十三日廿一时三分
大暑廿九日十四时廿六分

公历	25	26	27	28	29	30	七月	2	3	4	5	6	7	8	9	10	11	12	13	14	15	16	17	18	19	20	21	22	23	
农历	一	二	三	四	五	六	七	八	九	十	十一	十二	十三	十四	十五	十六	十七	十八	十九	二十	廿一	廿二	廿三	廿四	廿五	廿六	廿七	廿八	廿九	
星期	三	四	五	六	日	一	二	三	四	五	六	日	一	二	三	四	五	六	日	一	二	三	四	五	六	日	一	二	三	
干支	甲辰	乙巳	丙午	丁未	戊申	己酉	庚戌	辛亥	壬子	癸丑	甲寅	乙卯	丙辰	丁巳	戊午	己未	庚申	辛酉	壬戌	癸亥	甲子	乙丑	丙寅	丁卯	戊辰	己巳	庚午	辛未	壬申	
五行	火	火	水	水	土	土	金	金	木	木	水	水	土	土	火	火	木	木	水	水	金	金	火	火	木	木	土	土	金	
建星	开	闭	建	除	满	平	定	执	破	危	成	收	收	开	闭	建	除	满	平	定	执	破	危	成	收	开	闭	建	除	
廿八宿	箕	斗	牛	女	虚	危	室	壁	奎	娄	胃	昴	毕	觜	参	井	鬼	柳	星	张	翼	轸	角	亢	氐	房	心	尾	箕	

岁次:辛巳	公元 1941 年(白蜡金)			金蛇
太岁:郑但	年五黄星	火天大有卦	三木七运	柳

闰六月大　　　　节气:立秋 十六日六时四十六分

公历	24	25	26	27	28	29	30	31	八月	2	3	4	5	6	7	8	9	10	11	12	13	14	15	16	17	18	19	20	21	22
农历	一	二	三	四	五	六	七	八	九	十	十一	十二	十三	十四	十五	十六	十七	十八	十九	二十	廿一	廿二	廿三	廿四	廿五	廿六	廿七	廿八	廿九	三十
星期	四	五	六	日	一	二	三	四	五	六	日	一	二	三	四	五	六	日	一	二	三	四	五	六	日	一	二	三	四	五
干支	癸酉	甲戌	乙亥	丙子	丁丑	戊寅	己卯	庚辰	辛巳	壬午	癸未	甲申	乙酉	丙戌	丁亥	戊子	己丑	庚寅	辛卯	壬辰	癸巳	甲午	乙未	丙申	丁酉	戊戌	己亥	庚子	辛丑	壬寅
五行	金	火	火	水	水	土	土	金	金	木	木	水	水	土	土	火	火	木	木	水	水	金	金	火	火	木	木	土	土	金
建星	满	平	定	执	破	危	成	收	开	闭	建	除	满	平	定	定	执	破	危	成	收	开	闭	建	除	满	平	定	执	破
廿八宿	斗	牛	女	虚	危	室	壁	奎	娄	胃	昴	毕	觜	参	井	鬼	柳	星	张	翼	轸	角	亢	氐	房	心	尾	箕	斗	牛

七月小建丙申箕宿　(五黄)　　　　节气:处暑 初一日廿一时十七分　白露 十七日九时廿四分

公历	23	24	25	26	27	28	29	30	31	九月	2	3	4	5	6	7	8	9	10	11	12	13	14	15	16	17	18	19	20
农历	一	二	三	四	五	六	七	八	九	十	十一	十二	十三	十四	十五	十六	十七	十八	十九	二十	廿一	廿二	廿三	廿四	廿五	廿六	廿七	廿八	廿九
星期	六	日	一	二	三	四	五	六	日	一	二	三	四	五	六	日	一	二	三	四	五	六	日	一	二	三	四	五	六
干支	癸卯	甲辰	乙巳	丙午	丁未	戊申	己酉	庚戌	辛亥	壬子	癸丑	甲寅	乙卯	丙辰	丁巳	戊午	己未	庚申	辛酉	壬戌	癸亥	甲子	乙丑	丙寅	丁卯	戊辰	己巳	庚午	辛未
五行	金	火	火	水	水	土	土	金	金	木	木	水	水	土	土	火	火	木	木	水	水	金	金	火	火	木	木	土	土
建星	危	成	收	开	闭	建	除	满	平	定	执	破	危	成	收	开	开	闭	建	除	满	平	定	执	破	危	成	收	开
廿八宿	女	虚	危	室	壁	奎	娄	胃	昴	毕	觜	参	井	鬼	柳	星	张	翼	轸	角	亢	氐	房	心	尾	箕	斗	牛	女

八月小建丁酉斗宿　(四绿)　　　　节气:秋分 初三日十八时卅三分　寒露 十九日零时卅九分

公历	21	22	23	24	25	26	27	28	29	30	十月	2	3	4	5	6	7	8	9	10	11	12	13	14	15	16	17	18	19
农历	一	二	三	四	五	六	七	八	九	十	十一	十二	十三	十四	十五	十六	十七	十八	十九	二十	廿一	廿二	廿三	廿四	廿五	廿六	廿七	廿八	廿九
星期	日	一	二	三	四	五	六	日	一	二	三	四	五	六	日	一	二	三	四	五	六	日	一	二	三	四	五	六	日
干支	壬申	癸酉	甲戌	乙亥	丙子	丁丑	戊寅	己卯	庚辰	辛巳	壬午	癸未	甲申	乙酉	丙戌	丁亥	戊子	己丑	庚寅	辛卯	壬辰	癸巳	甲午	乙未	丙申	丁酉	戊戌	己亥	庚子
五行	金	金	火	火	水	水	土	土	金	金	木	木	水	水	土	土	火	火	木	木	水	水	金	金	火	火	木	木	土
建星	闭	建	除	满	平	定	执	破	危	成	收	开	闭	建	除	满	平	定	定	执	破	危	成	收	开	闭	建	除	满
廿八宿	虚	危	室	壁	奎	娄	胃	昴	毕	觜	参	井	鬼	柳	星	张	翼	轸	角	亢	氐	房	心	尾	箕	斗	牛	女	虚

岁次：辛巳	公元1941年（白蜡金）			金蛇
太岁：郑但	年五黄星	火天大有卦	三木七运	柳

九月大建戊戌牛宿 （三碧） 节气：霜降初五日三时廿八分 立冬二十日三时廿五分

公历	20	21	22	23	24	25	26	27	28	29	30	31	11月	2	3	4	5	6	7	8	9	10	11	12	13	14	15	16	17	18
农历	一	二	三	四	五	六	七	八	九	十	十一	十二	十三	十四	十五	十六	十七	十八	十九	二十	廿一	廿二	廿三	廿四	廿五	廿六	廿七	廿八	廿九	三十
星期	一	二	三	四	五	六	日	一	二	三	四	五	六	日	一	二	三	四	五	六	日	一	二	三	四	五	六	日	一	二
干支	辛丑	壬寅	癸卯	甲辰	乙巳	丙午	丁未	戊申	己酉	庚戌	辛亥	壬子	癸丑	甲寅	乙卯	丙辰	丁巳	戊午	己未	庚申	辛酉	壬戌	癸亥	甲子	乙丑	丙寅	丁卯	戊辰	己巳	庚午
五行	土	金	金	火	火	水	水	土	土	金	金	木	木	水	水	土	土	火	火	木	木	水	水	金	金	火	火	木	木	土
建星	平	定	执	破	危	成	收	开	闭	建	除	满	平	定	执	破	危	成	收	收	开	闭	建	除	满	平	定	执	破	危
廿八宿	危	室	壁	奎	娄	胃	昴	毕	觜	参	井	鬼	柳	星	张	翼	轸	角	亢	氐	房	心	尾	箕	斗	牛	女	虚	危	室

十月小建己亥女宿 （二黑） 节气：小雪初五日零时卅九分 大雪十九日十九时五十七分

公历	19	20	21	22	23	24	25	26	27	28	29	30	12月	2	3	4	5	6	7	8	9	10	11	12	13	14	15	16	17
农历	一	二	三	四	五	六	七	八	九	十	十一	十二	十三	十四	十五	十六	十七	十八	十九	二十	廿一	廿二	廿三	廿四	廿五	廿六	廿七	廿八	廿九
星期	三	四	五	六	日	一	二	三	四	五	六	日	一	二	三	四	五	六	日	一	二	三	四	五	六	日	一	二	三
干支	辛未	壬申	癸酉	甲戌	乙亥	丙子	丁丑	戊寅	己卯	庚辰	辛巳	壬午	癸未	甲申	乙酉	丙戌	丁亥	戊子	己丑	庚寅	辛卯	壬辰	癸巳	甲午	乙未	丙申	丁酉	戊戌	己亥
五行	土	金	金	火	火	水	水	土	土	金	金	木	木	水	水	土	土	火	火	木	木	水	水	金	金	火	火	木	木
建星	成	收	开	闭	建	除	满	平	定	执	破	危	成	收	开	闭	建	除	除	满	平	定	执	破	危	成	收	开	闭
廿八宿	壁	奎	娄	胃	昴	毕	觜	参	井	鬼	柳	星	张	翼	轸	角	亢	氐	房	心	尾	箕	斗	牛	女	虚	危	室	壁

十一月大建庚子虚宿 （一白） 节气：冬至初五日十三时四十五分 小寒二十日七时十九分

公历	18	19	20	21	22	23	24	25	26	27	28	29	30	31	一月	2	3	4	5	6	7	8	9	10	11	12	13	14	15	16
农历	一	二	三	四	五	六	七	八	九	十	十一	十二	十三	十四	十五	十六	十七	十八	十九	二十	廿一	廿二	廿三	廿四	廿五	廿六	廿七	廿八	廿九	三十
星期	四	五	六	日	一	二	三	四	五	六	日	一	二	三	四	五	六	日	一	二	三	四	五	六	日	一	二	三	四	五
干支	庚子	辛丑	壬寅	癸卯	甲辰	乙巳	丙午	丁未	戊申	己酉	庚戌	辛亥	壬子	癸丑	甲寅	乙卯	丙辰	丁巳	戊午	己未	庚申	辛酉	壬戌	癸亥	甲子	乙丑	丙寅	丁卯	戊辰	己巳
五行	土	土	金	金	火	火	水	水	土	土	金	金	木	木	水	水	土	土	火	火	木	木	水	水	金	金	火	火	木	木
建星	建	除	满	平	定	执	破	危	成	收	开	闭	建	除	满	平	定	执	破	破	危	成	收	开	闭	建	除	满	平	定
廿八宿	奎	娄	胃	昴	毕	觜	参	井	鬼	柳	星	张	翼	轸	角	亢	氐	房	心	尾	箕	斗	牛	女	虚	危	室	壁	奎	娄

十二月小建辛丑危宿 （九紫） 节气：大寒初五日零时廿四分 立春十九日十八时四十九分

公历	17	18	19	20	21	22	23	24	25	26	27	28	29	30	31	二月	2	3	4	5	6	7	8	9	10	11	12	13	14
农历	一	二	三	四	五	六	七	八	九	十	十一	十二	十三	十四	十五	十六	十七	十八	十九	二十	廿一	廿二	廿三	廿四	廿五	廿六	廿七	廿八	廿九
星期	六	日	一	二	三	四	五	六	日	一	二	三	四	五	六	日	一	二	三	四	五	六	日	一	二	三	四	五	六
干支	庚午	辛未	壬申	癸酉	甲戌	乙亥	丙子	丁丑	戊寅	己卯	庚辰	辛巳	壬午	癸未	甲申	乙酉	丙戌	丁亥	戊子	己丑	庚寅	辛卯	壬辰	癸巳	甲午	乙未	丙申	丁酉	戊戌
五行	土	土	金	金	火	火	水	水	土	土	金	金	木	木	水	水	土	土	火	火	木	木	水	水	金	金	火	火	木
建星	执	破	危	成	收	开	闭	建	除	满	平	定	执	破	危	成	收	开	开	闭	建	除	满	平	定	执	破	危	成
廿八宿	胃	昴	毕	觜	参	井	鬼	柳	星	张	翼	轸	角	亢	氐	房	心	尾	箕	斗	牛	女	虚	危	室	壁	奎	娄	胃

岁次：壬午	公元1942年（杨柳木）			水马
太岁：陆明	年四绿星	巽为风卦	二火一运	星

正月大建壬寅室宿 （八白）

节气：雨水初五日十四时四十七分
惊蛰二十日十三时九分

公历	15	16	17	18	19	20	21	22	23	24	25	26	27	28	三月	2	3	4	5	6	7	8	9	10	11	12	13	14	15	16
农历	一	二	三	四	五	六	七	八	九	十	十一	十二	十三	十四	十五	十六	十七	十八	十九	二十	廿一	廿二	廿三	廿四	廿五	廿六	廿七	廿八	廿九	三十
星期	日	一	二	三	四	五	六	日	一	二	三	四	五	六	日	一	二	三	四	五	六	日	一	二	三	四	五	六	日	一
干支	己亥	庚子	辛丑	壬寅	癸卯	甲辰	乙巳	丙午	丁未	戊申	己酉	庚戌	辛亥	壬子	癸丑	甲寅	乙卯	丙辰	丁巳	戊午	己未	庚申	辛酉	壬戌	癸亥	甲子	乙丑	丙寅	丁卯	戊辰
五行	木	土	土	金	金	火	火	水	水	土	土	金	金	木	木	水	水	土	土	火	火	木	木	水	水	金	金	火	火	木
建星	收	开	闭	建	除	满	平	定	执	破	危	成	收	开	闭	建	除	满	平	平	定	执	破	危	成	收	开	闭	建	除
廿八宿	昴	毕	觜	参	井	鬼	柳	星	张	翼	轸	角	亢	氐	房	心	尾	箕	斗	牛	女	虚	危	室	壁	奎	娄	胃	昴	毕

二月小建癸卯壁宿 （七赤）

节气：春分初五日十四时十分
清明二十日十八时廿四分

公历	17	18	19	20	21	22	23	24	25	26	27	28	29	30	31	四月	2	3	4	5	6	7	8	9	10	11	12	13	14	
农历	一	二	三	四	五	六	七	八	九	十	十一	十二	十三	十四	十五	十六	十七	十八	十九	二十	廿一	廿二	廿三	廿四	廿五	廿六	廿七	廿八	廿九	
星期	二	三	四	五	六	日	一	二	三	四	五	六	日	一	二	三	四	五	六	日	一	二	三	四	五	六	日	一	二	
干支	己巳	庚午	辛未	壬申	癸酉	甲戌	乙亥	丙子	丁丑	戊寅	己卯	庚辰	辛巳	壬午	癸未	甲申	乙酉	丙戌	丁亥	戊子	己丑	庚寅	辛卯	壬辰	癸巳	甲午	乙未	丙申	丁酉	
五行	木	土	土	金	金	火	火	水	水	土	土	金	金	木	木	水	水	土	土	火	火	木	木	水	水	金	金	火	火	
建星	满	平	定	执	破	危	成	收	开	闭	建	除	满	平	定	执	破	危	成	成	收	开	闭	建	除	满	平	定	执	
廿八宿	觜	参	井	鬼	柳	星	张	翼	轸	角	亢	氐	房	心	尾	箕	斗	牛	女	虚	危	室	壁	奎	娄	胃	昴	毕	觜	

三月大建甲辰奎宿 （六白）

节气：谷雨初七日一时卅九分
立夏廿二日十二时七分

公历	15	16	17	18	19	20	21	22	23	24	25	26	27	28	29	30	五月	2	3	4	5	6	7	8	9	10	11	12	13	14
农历	一	二	三	四	五	六	七	八	九	十	十一	十二	十三	十四	十五	十六	十七	十八	十九	二十	廿一	廿二	廿三	廿四	廿五	廿六	廿七	廿八	廿九	三十
星期	三	四	五	六	日	一	二	三	四	五	六	日	一	二	三	四	五	六	日	一	二	三	四	五	六	日	一	二	三	四
干支	戊戌	己亥	庚子	辛丑	壬寅	癸卯	甲辰	乙巳	丙午	丁未	戊申	己酉	庚戌	辛亥	壬子	癸丑	甲寅	乙卯	丙辰	丁巳	戊午	己未	庚申	辛酉	壬戌	癸亥	甲子	乙丑	丙寅	丁卯
五行	木	木	土	土	金	金	火	火	水	水	土	土	金	金	木	木	水	水	土	土	火	火	木	木	水	水	金	金	火	火
建星	破	危	成	收	开	闭	建	除	满	平	定	执	破	危	成	收	开	闭	建	除	满	满	平	定	执	破	危	成	收	开
廿八宿	参	井	鬼	柳	星	张	翼	轸	角	亢	氐	房	心	尾	箕	斗	牛	女	虚	危	室	壁	奎	娄	胃	昴	毕	觜	参	井

岁次：壬午	公元1942年（杨柳木）			水马
太岁：陆明	年四绿星	巽为风卦	二火一运	星

四月大建乙巳娄宿 （五黄）

节气：小满初八日一时九分
芒种廿三日十六时卅三分

公历	15	16	17	18	19	20	21	22	23	24	25	26	27	28	29	30	31	六月	2	3	4	5	6	7	8	9	10	11	12	13
农历	一	二	三	四	五	六	七	八	九	十	十一	十二	十三	十四	十五	十六	十七	十八	十九	二十	廿一	廿二	廿三	廿四	廿五	廿六	廿七	廿八	廿九	三十
星期	五	六	日	一	二	三	四	五	六	日	一	二	三	四	五	六	日	一	二	三	四	五	六	日	一	二	三	四	五	六
干支	戊辰	己巳	庚午	辛未	壬申	癸酉	甲戌	乙亥	丙子	丁丑	戊寅	己卯	庚辰	辛巳	壬午	癸未	甲申	乙酉	丙戌	丁亥	戊子	己丑	庚寅	辛卯	壬辰	癸巳	甲午	乙未	丙申	丁酉
五行	木	木	土	土	金	金	火	火	水	水	土	土	金	金	木	木	水	水	土	土	火	火	木	木	水	水	金	金	火	火
建星	闭	建	除	满	平	定	执	破	危	成	收	开	闭	建	除	满	平	定	执	破	危	成	成	收	开	闭	建	除	满	平
廿八宿	鬼	柳	星	张	翼	轸	角	亢	氐	房	心	尾	箕	斗	牛	女	虚	危	室	壁	奎	娄	胃	昴	毕	觜	参	井	鬼	柳

五月小建丙午胃宿 （四绿）

节气：夏至初九日九时十六分
小暑廿五日二时五十一分

公历	14	15	16	17	18	19	20	21	22	23	24	25	26	27	28	29	30	七月	2	3	4	5	6	7	8	9	10	11	12
农历	一	二	三	四	五	六	七	八	九	十	十一	十二	十三	十四	十五	十六	十七	十八	十九	二十	廿一	廿二	廿三	廿四	廿五	廿六	廿七	廿八	廿九
星期	日	一	二	三	四	五	六	日	一	二	三	四	五	六	日	一	二	三	四	五	六	日	一	二	三	四	五	六	日
干支	戊戌	己亥	庚子	辛丑	壬寅	癸卯	甲辰	乙巳	丙午	丁未	戊申	己酉	庚戌	辛亥	壬子	癸丑	甲寅	乙卯	丙辰	丁巳	戊午	己未	庚申	辛酉	壬戌	癸亥	甲子	乙丑	丙寅
五行	木	木	土	土	金	金	火	火	水	水	土	土	金	金	木	木	水	水	土	土	火	火	木	木	水	水	金	金	火
建星	定	执	破	危	成	收	开	闭	建	除	满	平	定	执	破	危	成	收	开	闭	建	除	满	平	平	定	执	破	危
廿八宿	星	张	翼	轸	角	亢	氐	房	心	尾	箕	斗	牛	女	虚	危	室	壁	奎	娄	胃	昴	毕	觜	参	井	鬼	柳	星

六月大建丁未昴宿 （三碧）

节气：大暑十一日二十时八分
立秋廿七日十二时卅一分

公历	13	14	15	16	17	18	19	20	21	22	23	24	25	26	27	28	29	30	31	八月	2	3	4	5	6	7	8	9	10	11
农历	一	二	三	四	五	六	七	八	九	十	十一	十二	十三	十四	十五	十六	十七	十八	十九	二十	廿一	廿二	廿三	廿四	廿五	廿六	廿七	廿八	廿九	三十
星期	一	二	三	四	五	六	日	一	二	三	四	五	六	日	一	二	三	四	五	六	日	一	二	三	四	五	六	日	一	二
干支	丁卯	戊辰	己巳	庚午	辛未	壬申	癸酉	甲戌	乙亥	丙子	丁丑	戊寅	己卯	庚辰	辛巳	壬午	癸未	甲申	乙酉	丙戌	丁亥	戊子	己丑	庚寅	辛卯	壬辰	癸巳	甲午	乙未	丙申
五行	火	木	木	土	土	金	金	火	火	水	水	土	土	金	金	木	木	水	水	土	土	火	火	木	木	水	水	金	金	火
建星	成	收	开	闭	建	除	满	平	定	执	破	危	成	收	开	闭	建	除	满	平	定	执	破	危	成	收	收	开	闭	建
廿八宿	张	翼	轸	角	亢	氐	房	心	尾	箕	斗	牛	女	虚	危	室	壁	奎	娄	胃	昴	毕	觜	参	井	鬼	柳	星	张	翼

岁次:壬午	公元 1942 年(杨柳木)		水马
太岁:陆明	年四绿星	巽为风卦	二火一运 星

七月小建戊申毕宿 (二黑)

节气:处暑十三日二时五十九分
白露廿八日十五时七分

公历	12	13	14	15	16	17	18	19	20	21	22	23	24	25	26	27	28	29	30	31	九月	2	3	4	5	6	7	8	9
农历	一	二	三	四	五	六	七	八	九	十	十一	十二	十三	十四	十五	十六	十七	十八	十九	二十	廿一	廿二	廿三	廿四	廿五	廿六	廿七	廿八	廿九
星期	三	四	五	六	日	一	二	三	四	五	六	日	一	二	三	四	五	六	日	一	二	三	四	五	六	日	一	二	三
干支	丁酉	戊戌	己亥	庚子	辛丑	壬寅	癸卯	甲辰	乙巳	丙午	丁未	戊申	己酉	庚戌	辛亥	壬子	癸丑	甲寅	乙卯	丙辰	丁巳	戊午	己未	庚申	辛酉	壬戌	癸亥	甲子	乙丑
五行	火	木	木	土	土	金	金	火	火	水	水	土	土	金	金	木	木	水	水	土	土	火	火	木	木	水	水	金	金
建星	除	满	平	定	执	破	危	成	收	开	闭	建	除	满	平	定	执	破	危	成	收	开	闭	建	除	满	平	平	定
廿八宿	轸	角	亢	氐	房	心	尾	箕	斗	牛	女	虚	危	室	壁	奎	娄	胃	昴	毕	觜	参	井	鬼	柳	星	张	翼	轸

八月大建己酉觜宿 (一白)

节气:秋分十五日零时十七分
寒露三十日六时廿三分

公历	10	11	12	13	14	15	16	17	18	19	20	21	22	23	24	25	26	27	28	29	30	十月	2	3	4	5	6	7	8	9
农历	一	二	三	四	五	六	七	八	九	十	十一	十二	十三	十四	十五	十六	十七	十八	十九	二十	廿一	廿二	廿三	廿四	廿五	廿六	廿七	廿八	廿九	三十
星期	四	五	六	日	一	二	三	四	五	六	日	一	二	三	四	五	六	日	一	二	三	四	五	六	日	一	二	三	四	五
干支	丙寅	丁卯	戊辰	己巳	庚午	辛未	壬申	癸酉	甲戌	乙亥	丙子	丁丑	戊寅	己卯	庚辰	辛巳	壬午	癸未	甲申	乙酉	丙戌	丁亥	戊子	己丑	庚寅	辛卯	壬辰	癸巳	甲午	乙未
五行	火	火	木	木	土	土	金	金	火	火	水	水	土	土	金	金	木	木	水	水	土	土	火	火	木	木	水	水	金	金
建星	执	破	危	成	收	开	闭	建	除	满	平	定	执	破	危	成	收	开	闭	建	除	满	平	定	执	破	危	成	收	收
廿八宿	角	亢	氐	房	心	尾	箕	斗	牛	女	虚	危	室	壁	奎	娄	胃	昴	毕	觜	参	井	鬼	柳	星	张	翼	轸	角	亢

九月小建庚戌参宿 (九紫)

节气:霜降十五日九时十六分

公历	10	11	12	13	14	15	16	17	18	19	20	21	22	23	24	25	26	27	28	29	30	31	11月	2	3	4	5	6	7
农历	一	二	三	四	五	六	七	八	九	十	十一	十二	十三	十四	十五	十六	十七	十八	十九	二十	廿一	廿二	廿三	廿四	廿五	廿六	廿七	廿八	廿九
星期	六	日	一	二	三	四	五	六	日	一	二	三	四	五	六	日	一	二	三	四	五	六	日	一	二	三	四	五	六
干支	丙申	丁酉	戊戌	己亥	庚子	辛丑	壬寅	癸卯	甲辰	乙巳	丙午	丁未	戊申	己酉	庚戌	辛亥	壬子	癸丑	甲寅	乙卯	丙辰	丁巳	戊午	己未	庚申	辛酉	壬戌	癸亥	甲子
五行	火	火	木	木	土	土	金	金	火	火	水	水	土	土	金	金	木	木	水	水	土	土	火	火	木	木	水	水	金
建星	开	闭	建	除	满	平	定	执	破	危	成	收	开	闭	建	除	满	平	定	执	破	危	成	收	开	闭	建	除	满
廿八宿	氐	房	心	尾	箕	斗	牛	女	虚	危	室	壁	奎	娄	胃	昴	毕	觜	参	井	鬼	柳	星	张	翼	轸	角	亢	氐

岁次:壬午	公元1942年(杨柳木)			水马
太岁:陆明	年四绿星	巽为风卦	二火一运	星

十月大建辛亥井宿　(八白)

节气:立冬 初一日九时十二分
小雪 十六日六时卅一分

公历	8	9	10	11	12	13	14	15	16	17	18	19	20	21	22	23	24	25	26	27	28	29	30	12月	2	3	4	5	6	7
农历	一	二	三	四	五	六	七	八	九	十	十一	十二	十三	十四	十五	十六	十七	十八	十九	二十	廿一	廿二	廿三	廿四	廿五	廿六	廿七	廿八	廿九	三十
星期	日	一	二	三	四	五	六	日	一	二	三	四	五	六	日	一	二	三	四	五	六	日	一	二	三	四	五	六	日	一
干支	乙丑	丙寅	丁卯	戊辰	己巳	庚午	辛未	壬申	癸酉	甲戌	乙亥	丙子	丁丑	戊寅	己卯	庚辰	辛巳	壬午	癸未	甲申	乙酉	丙戌	丁亥	戊子	己丑	庚寅	辛卯	壬辰	癸巳	甲午
五行	金	火	火	木	木	土	土	金	金	火	火	水	水	土	土	金	金	木	木	水	水	土	土	火	火	木	木	水	水	金
建星	满	平	定	执	破	危	成	收	开	闭	建	除	满	平	定	执	破	危	成	收	开	闭	建	除	满	平	定	执	破	危
廿八宿	房	心	尾	箕	斗	牛	女	虚	危	室	壁	奎	娄	胃	昴	毕	觜	参	井	鬼	柳	星	张	翼	轸	角	亢	氐	房	心

十一月小建壬子鬼宿　(七赤)

节气:大雪 初一日一时四十七分
冬至 十五日十九时四十分

公历	8	9	10	11	12	13	14	15	16	17	18	19	20	21	22	23	24	25	26	27	28	29	30	31	一月	2	3	4	5
农历	一	二	三	四	五	六	七	八	九	十	十一	十二	十三	十四	十五	十六	十七	十八	十九	二十	廿一	廿二	廿三	廿四	廿五	廿六	廿七	廿八	廿九
星期	二	三	四	五	六	日	一	二	三	四	五	六	日	一	二	三	四	五	六	日	一	二	三	四	五	六	日	一	二
干支	乙未	丙申	丁酉	戊戌	己亥	庚子	辛丑	壬寅	癸卯	甲辰	乙巳	丙午	丁未	戊申	己酉	庚戌	辛亥	壬子	癸丑	甲寅	乙卯	丙辰	丁巳	戊午	己未	庚申	辛酉	壬戌	癸亥
五行	金	火	火	木	木	土	土	金	金	火	火	水	水	土	土	金	金	木	木	水	水	土	土	火	火	木	木	水	水
建星	危	成	收	开	闭	建	除	满	平	定	执	破	危	成	收	开	闭	建	除	满	平	定	执	破	危	成	收	开	闭
廿八宿	尾	箕	斗	牛	女	虚	危	室	壁	奎	娄	胃	昴	毕	觜	参	井	鬼	柳	星	张	翼	轸	角	亢	氐	房	心	尾

十二月大建癸丑柳宿　(六白)

节气:小寒 初一日十二时五十五分
大寒 十六日六时十九分

公历	6	7	8	9	10	11	12	13	14	15	16	17	18	19	20	21	22	23	24	25	26	27	28	29	30	31	二月	2	3	4
农历	一	二	三	四	五	六	七	八	九	十	十一	十二	十三	十四	十五	十六	十七	十八	十九	二十	廿一	廿二	廿三	廿四	廿五	廿六	廿七	廿八	廿九	三十
星期	三	四	五	六	日	一	二	三	四	五	六	日	一	二	三	四	五	六	日	一	二	三	四	五	六	日	一	二	三	四
干支	甲子	乙丑	丙寅	丁卯	戊辰	己巳	庚午	辛未	壬申	癸酉	甲戌	乙亥	丙子	丁丑	戊寅	己卯	庚辰	辛巳	壬午	癸未	甲申	乙酉	丙戌	丁亥	戊子	己丑	庚寅	辛卯	壬辰	癸巳
五行	金	金	火	火	木	木	土	土	金	金	火	火	水	水	土	土	金	金	木	木	水	水	土	土	火	火	木	木	水	水
建星	闭	建	除	满	平	定	执	破	危	成	收	开	闭	建	除	满	平	定	执	破	危	成	收	开	闭	建	除	满	平	定
廿八宿	箕	斗	牛	女	虚	危	室	壁	奎	娄	胃	昴	毕	觜	参	井	鬼	柳	星	张	翼	轸	角	亢	氐	房	心	尾	箕	斗

岁次：癸未	公元1943年（杨柳木）			水羊
太岁：魏仁	年三碧星	泽水困卦	四金八运	张

正月小建甲寅星宿　（五黄）

节气：立春初一日零时四十分
雨水十五日二十时四十一分

公历	5	6	7	8	9	10	11	12	13	14	15	16	17	18	19	20	21	22	23	24	25	26	27	28	三月	2	3	4	5
农历	一	二	三	四	五	六	七	八	九	十	十一	十二	十三	十四	十五	十六	十七	十八	十九	二十	廿一	廿二	廿三	廿四	廿五	廿六	廿七	廿八	廿九
星期	五	六	日	一	二	三	四	五	六	日	一	二	三	四	五	六	日	一	二	三	四	五	六	日	一	二	三	四	五
干支	甲午	乙未	丙申	丁酉	戊戌	己亥	庚子	辛丑	壬寅	癸卯	甲辰	乙巳	丙午	丁未	戊申	己酉	庚戌	辛亥	壬子	癸丑	甲寅	乙卯	丙辰	丁巳	戊午	己未	庚申	辛酉	壬戌
五行	金	金	火	火	木	木	土	土	金	金	火	火	水	水	土	土	金	金	木	木	水	水	土	土	火	火	木	木	水
建星	定	执	破	危	成	收	开	闭	建	除	满	平	定	执	破	危	成	收	开	闭	建	除	满	平	定	执	破	危	成
廿八宿	牛	女	虚	危	室	壁	奎	娄	胃	昴	毕	觜	参	井	鬼	柳	星	张	翼	轸	角	亢	氐	房	心	尾	箕	斗	牛

二月大建乙卯张宿　（四绿）

节气：惊蛰初一日十八时五十九分
春分十六日二十时三分

公历	6	7	8	9	10	11	12	13	14	15	16	17	18	19	20	21	22	23	24	25	26	27	28	29	30	31	四月	2	3	4
农历	一	二	三	四	五	六	七	八	九	十	十一	十二	十三	十四	十五	十六	十七	十八	十九	二十	廿一	廿二	廿三	廿四	廿五	廿六	廿七	廿八	廿九	三十
星期	六	日	一	二	三	四	五	六	日	一	二	三	四	五	六	日	一	二	三	四	五	六	日	一	二	三	四	五	六	日
干支	癸亥	甲子	乙丑	丙寅	丁卯	戊辰	己巳	庚午	辛未	壬申	癸酉	甲戌	乙亥	丙子	丁丑	戊寅	己卯	庚辰	辛巳	工午	癸未	甲申	乙酉	丙戌	丁亥	戊子	己丑	庚寅	辛卯	壬辰
五行	水	金	金	火	火	木	木	土	土	金	金	火	火	水	水	土	土	金	金	木	木	水	水	土	土	火	火	木	木	水
建星	成	收	开	闭	建	除	满	平	定	执	破	危	成	收	开	闭	建	除	满	平	定	执	破	危	成	收	开	闭	建	除
廿八宿	女	虚	危	室	壁	奎	娄	胃	昴	毕	觜	参	井	鬼	柳	星	张	翼	轸	角	亢	氐	房	心	尾	箕	斗	牛	女	虚

三月小建丙辰翼宿　（三碧）

节气：清明初二日零时十二分
谷雨十七日七时卅二分

公历	5	6	7	8	9	10	11	12	13	14	15	16	17	18	19	20	21	22	23	24	25	26	27	28	29	30	五月	2	3
农历	一	二	三	四	五	六	七	八	九	十	十一	十二	十三	十四	十五	十六	十七	十八	十九	二十	廿一	廿二	廿三	廿四	廿五	廿六	廿七	廿八	廿九
星期	一	二	三	四	五	六	日	一	二	三	四	五	六	日	一	二	三	四	五	六	日	一	二	三	四	五	六	日	一
干支	癸巳	甲午	乙未	丙申	丁酉	戊戌	己亥	庚子	辛丑	壬寅	癸卯	甲辰	乙巳	丙午	丁未	戊申	己酉	庚戌	辛亥	壬子	癸丑	甲寅	乙卯	丙辰	丁巳	戊午	己未	庚申	辛酉
五行	水	金	金	火	火	木	木	土	土	金	金	火	火	水	水	土	土	金	金	木	木	水	水	土	土	火	火	木	木
建星	满	满	平	定	执	破	危	成	收	开	闭	建	除	满	平	定	执	破	危	成	收	开	闭	建	除	满	平	定	执
廿八宿	危	室	壁	奎	娄	胃	昴	毕	觜	参	井	鬼	柳	星	张	翼	轸	角	亢	氐	房	心	尾	箕	斗	牛	女	虚	危

岁次：癸未	公元 1943 年（杨柳木）			水羊
太岁：魏仁	年三碧星	泽水困卦	四金八运	张

四月大建丁巳轸宿 （二黑）

节气：立夏初三日十七时五十四分
小满十九日七时三分

公历	4	5	6	7	8	9	10	11	12	13	14	15	16	17	18	19	20	21	22	23	24	25	26	27	28	29	30	31	六月	2
农历	一	二	三	四	五	六	七	八	九	十	十一	十二	十三	十四	十五	十六	十七	十八	十九	二十	廿一	廿二	廿三	廿四	廿五	廿六	廿七	廿八	廿九	三十
星期	二	三	四	五	六	日	一	二	三	四	五	六	日	一	二	三	四	五	六	日	一	二	三	四	五	六	日	一	二	三
干支	壬戌	癸亥	甲子	乙丑	丙寅	丁卯	戊辰	己巳	庚午	辛未	壬申	癸酉	甲戌	乙亥	丙子	丁丑	戊寅	己卯	庚辰	辛巳	壬午	癸未	甲申	乙酉	丙戌	丁亥	戊子	己丑	庚寅	辛卯
五行	水	水	金	金	火	火	木	木	土	土	金	金	火	火	水	水	土	土	金	金	木	木	水	水	土	土	火	火	木	木
建星	破	危	危	成	收	开	闭	建	除	满	平	定	执	破	危	成	收	开	闭	建	除	满	平	定	执	破	危	成	收	开
廿八宿	室	壁	奎	娄	胃	昴	毕	觜	参	井	鬼	柳	星	张	翼	轸	角	亢	氐	房	心	尾	箕	斗	牛	女	虚	危	室	壁

五月小建戊午角宿 （一白）

节气：芒种初四日廿二时二十分
夏至二十日十五时十三分

公历	3	4	5	6	7	8	9	10	11	12	13	14	15	16	17	18	19	20	21	22	23	24	25	26	27	28	29	30	七月
农历	一	二	三	四	五	六	七	八	九	十	十一	十二	十三	十四	十五	十六	十七	十八	十九	二十	廿一	廿二	廿三	廿四	廿五	廿六	廿七	廿八	廿九
星期	四	五	六	日	一	二	三	四	五	六	日	一	二	三	四	五	六	日	一	二	三	四	五	六	日	一	二	三	四
干支	壬辰	癸巳	甲午	乙未	丙申	丁酉	戊戌	己亥	庚子	辛丑	壬寅	癸卯	甲辰	乙巳	丙午	丁未	戊申	己酉	庚戌	辛亥	壬子	癸丑	甲寅	乙卯	丙辰	丁巳	戊午	己未	庚申
五行	水	水	金	金	火	火	木	木	土	土	金	金	火	火	水	水	土	土	金	金	木	木	水	水	土	土	火	火	木
建星	闭	建	除	除	满	平	定	执	破	危	成	收	开	闭	建	除	满	平	定	执	破	危	成	收	开	闭	建	除	满
廿八宿	奎	娄	胃	昴	毕	觜	参	井	鬼	柳	星	张	翼	轸	角	亢	氐	房	心	尾	箕	斗	牛	女	虚	危	室	壁	奎

六月大建己未亢宿 （九紫）

节气：小暑初七日八时四十分
大暑廿三日二时五分

公历	2	3	4	5	6	7	8	9	10	11	12	13	14	15	16	17	18	19	20	21	22	23	24	25	26	27	28	29	30	31
农历	一	二	三	四	五	六	七	八	九	十	十一	十二	十三	十四	十五	十六	十七	十八	十九	二十	廿一	廿二	廿三	廿四	廿五	廿六	廿七	廿八	廿九	三十
星期	五	六	日	一	二	三	四	五	六	日	一	二	三	四	五	六	日	一	二	三	四	五	六	日	一	二	三	四	五	六
干支	辛酉	壬戌	癸亥	甲子	乙丑	丙寅	丁卯	戊辰	己巳	庚午	辛未	壬申	癸酉	甲戌	乙亥	丙子	丁丑	戊寅	己卯	庚辰	辛巳	壬午	癸未	甲申	乙酉	丙戌	丁亥	戊子	己丑	庚寅
五行	木	水	水	金	金	火	火	木	木	土	土	金	金	火	火	水	水	土	土	金	金	木	木	水	水	土	土	火	火	木
建星	平	定	执	破	危	成	成	收	开	闭	建	除	满	平	定	执	破	危	成	收	开	闭	建	除	满	平	定	执	破	危
廿八宿	娄	胃	昴	毕	觜	参	井	鬼	柳	星	张	翼	轸	角	亢	氐	房	心	尾	箕	斗	牛	女	虚	危	室	壁	奎	娄	胃

岁次：癸未	公元1943年（杨柳木）			水羊
太岁：魏仁	年三碧星	泽水困卦	四金八运	张

七月大建庚申氐宿 （八白）

节气：立秋初八日十八时十九分
处暑廿四日八时五十六分

公历	八月	2	3	4	5	6	7	8	9	10	11	12	13	14	15	16	17	18	19	20	21	22	23	24	25	26	27	28	29	30
农历	一	二	三	四	五	六	七	八	九	十	十一	十二	十三	十四	十五	十六	十七	十八	十九	二十	廿一	廿二	廿三	廿四	廿五	廿六	廿七	廿八	廿九	三十
星期	日	一	二	三	四	五	六	日	一	二	三	四	五	六	日	一	二	三	四	五	六	日	一	二	三	四	五	六	日	一
干支	辛卯	壬辰	癸巳	甲午	乙未	丙申	丁酉	戊戌	己亥	庚子	辛丑	壬寅	癸卯	甲辰	乙巳	丙午	丁未	戊申	己酉	庚戌	辛亥	壬子	癸丑	甲寅	乙卯	丙辰	丁巳	戊午	己未	庚申
五行	木	水	水	金	金	火	火	木	木	土	土	金	金	火	火	水	水	土	土	金	金	木	木	水	水	土	土	火	火	木
建星	成	收	开	闭	建	除	满	满	平	定	执	破	危	成	收	开	闭	建	除	满	平	定	执	破	危	成	收	开	闭	建
廿八宿	昴	毕	觜	参	井	鬼	柳	星	张	翼	轸	角	亢	氐	房	心	尾	箕	斗	牛	女	虚	危	室	壁	奎	娄	胃	昴	毕

八月小建辛酉房宿 （七赤）

节气：白露初九日二十时五十六分
秋分廿五日六时十二分

公历	31	九月	2	3	4	5	6	7	8	9	10	11	12	13	14	15	16	17	18	19	20	21	22	23	24	25	26	27	28	
农历	一	二	三	四	五	六	七	八	九	十	十一	十二	十三	十四	十五	十六	十七	十八	十九	二十	廿一	廿二	廿三	廿四	廿五	廿六	廿七	廿八	廿九	
星期	二	三	四	五	六	日	一	二	三	四	五	六	日	一	二	三	四	五	六	日	一	二	三	四	五	六	日	一	二	
干支	辛酉	壬戌	癸亥	甲子	乙丑	丙寅	丁卯	戊辰	己巳	庚午	辛未	壬申	癸酉	甲戌	乙亥	丙子	丁丑	戊寅	己卯	庚辰	辛巳	壬午	癸未	甲申	乙酉	丙戌	丁亥	戊子	己丑	
五行	木	水	水	金	金	火	火	木	木	土	土	金	金	火	火	水	水	土	土	金	金	木	木	水	水	土	土	火	火	
建星	除	满	平	定	执	破	危	成	成	收	开	闭	建	除	满	平	定	执	破	危	成	收	开	闭	建	除	满	平	定	
廿八宿	觜	参	井	鬼	柳	星	张	翼	轸	角	亢	氐	房	心	尾	箕	斗	牛	女	虚	危	室	壁	奎	娄	胃	昴	毕	觜	

九月大建壬戌心宿 （六白）

节气：寒露十一日十二时十一分
霜降廿六日十五时九分

公历	29	30	十月	2	3	4	5	6	7	8	9	10	11	12	13	14	15	16	17	18	19	20	21	22	23	24	25	26	27	28
农历	一	二	三	四	五	六	七	八	九	十	十一	十二	十三	十四	十五	十六	十七	十八	十九	二十	廿一	廿二	廿三	廿四	廿五	廿六	廿七	廿八	廿九	三十
星期	三	四	五	六	日	一	二	三	四	五	六	日	一	二	三	四	五	六	日	一	二	三	四	五	六	日	一	二	三	四
干支	庚寅	辛卯	壬辰	癸巳	甲午	乙未	丙申	丁酉	戊戌	己亥	庚子	辛丑	壬寅	癸卯	甲辰	乙巳	丙午	丁未	戊申	己酉	庚戌	辛亥	壬子	癸丑	甲寅	乙卯	丙辰	丁巳	戊午	己未
五行	木	木	水	水	金	金	火	火	木	木	土	土	金	金	火	火	水	水	土	土	金	金	木	木	水	水	土	土	火	火
建星	执	破	危	成	收	开	闭	建	除	满	满	平	定	执	破	危	成	收	开	闭	建	除	满	平	定	执	破	危	成	收
廿八宿	参	井	鬼	柳	星	张	翼	轸	角	亢	氐	房	心	尾	箕	斗	牛	女	虚	危	室	壁	奎	娄	胃	昴	毕	觜	参	井

岁次：癸未	公元 1943 年（杨柳木）			水羊
太岁：魏仁	年三碧星	泽水困卦	四金八运	张

十月小建癸亥尾宿 （五黄）

节气：立冬十一日十四时五十九分
小雪廿六日十二时廿二分

公历	29	30	31	11月	2	3	4	5	6	7	8	9	10	11	12	13	14	15	16	17	18	19	20	21	22	23	24	25	26	
农历	一	二	三	四	五	六	七	八	九	十	十一	十二	十三	十四	十五	十六	十七	十八	十九	二十	廿一	廿二	廿三	廿四	廿五	廿六	廿七	廿八	廿九	
星期	五	六	日	一	二	三	四	五	六	日	一	二	三	四	五	六	日	一	二	三	四	五	六	日	一	二	三	四	五	
干支	庚申	辛酉	壬戌	癸亥	甲子	乙丑	丙寅	丁卯	戊辰	己巳	庚午	辛未	壬申	癸酉	甲戌	乙亥	丙子	丁丑	戊寅	己卯	庚辰	辛巳	壬午	癸未	甲申	乙酉	丙戌	丁亥	戊子	
五行	木	木	水	水	金	金	火	火	木	木	土	土	金	金	火	火	水	水	土	土	金	金	木	木	水	水	土	土	火	
建星	开	闭	建	除	满	平	定	执	破	危	危	成	收	开	闭	建	除	满	平	定	执	破	危	成	收	开	闭	建	除	
廿八宿	鬼	柳	星	张	翼	轸	角	亢	氐	房	心	尾	箕	斗	牛	女	虚	危	室	壁	奎	娄	胃	昴	毕	觜	参	井	鬼	

十一月大建甲子箕宿 （四绿）

节气：大雪十二日七时卅四分
冬至廿七日一时十二分

公历	27	28	29	30	12月	2	3	4	5	6	7	8	9	10	11	12	13	14	15	16	17	18	19	20	21	22	23	24	25	26
农历	一	二	三	四	五	六	七	八	九	十	十一	十二	十三	十四	十五	十六	十七	十八	十九	二十	廿一	廿二	廿三	廿四	廿五	廿六	廿七	廿八	廿九	三十
星期	六	日	一	二	三	四	五	六	日	一	二	三	四	五	六	日	一	二	三	四	五	六	日	一	二	三	四	五	六	日
干支	己丑	庚寅	辛卯	壬辰	癸巳	甲午	乙未	丙申	丁酉	戊戌	己亥	庚子	辛丑	壬寅	癸卯	甲辰	乙巳	丙午	丁未	戊申	己酉	庚戌	辛亥	壬子	癸丑	甲寅	乙卯	丙辰	丁巳	戊午
五行	火	木	木	水	水	金	金	火	火	木	木	土	土	金	金	火	火	水	水	土	土	金	金	木	木	水	水	土	土	火
建星	满	平	定	执	破	危	成	收	开	闭	建	建	除	满	平	定	执	破	危	成	收	开	闭	建	除	满	平	定	执	破
廿八宿	柳	星	张	翼	轸	角	亢	氐	房	心	尾	箕	斗	牛	女	虚	危	室	壁	奎	娄	胃	昴	毕	觜	参	井	鬼	柳	星

十二月小建乙丑斗宿 （三碧）

节气：小寒十一日十八时四十分
大寒廿六日十二时八分

公历	27	28	29	30	31	一月	2	3	4	5	6	7	8	9	10	11	12	13	14	15	16	17	18	19	20	21	22	23	24	
农历	一	二	三	四	五	六	七	八	九	十	十一	十二	十三	十四	十五	十六	十七	十八	十九	二十	廿一	廿二	廿三	廿四	廿五	廿六	廿七	廿八	廿九	
星期	一	二	三	四	五	六	日	一	二	三	四	五	六	日	一	二	三	四	五	六	日	一	二	三	四	五	六	日	一	
干支	己未	庚申	辛酉	壬戌	癸亥	甲子	乙丑	丙寅	丁卯	戊辰	己巳	庚午	辛未	壬申	癸酉	甲戌	乙亥	丙子	丁丑	戊寅	己卯	庚辰	辛巳	壬午	癸未	甲申	乙酉	丙戌	丁亥	
五行	火	木	木	水	水	金	金	火	火	木	木	土	土	金	金	火	火	水	水	土	土	金	金	木	木	水	水	土	土	
建星	危	成	收	开	闭	建	除	满	平	定	定	执	破	危	成	收	开	闭	建	除	满	平	定	执	破	危	成	收	开	
廿八宿	张	翼	轸	角	亢	氐	房	心	尾	箕	斗	牛	女	虚	危	室	壁	奎	娄	胃	昴	毕	觜	参	井	鬼	柳	星	张	

岁次:甲申	公元1944年(井泉水)			木猴
太岁:方杰	年二黑星	火水未济卦	三木九运	翼

正月大建丙寅牛宿 （二黑）

节气：立春十二日六时廿三分 雨水廿七日二时二十分

公历	25	26	27	28	29	30	31	二月	2	3	4	5	6	7	8	9	10	11	12	13	14	15	16	17	18	19	20	21	22	23
农历	一	二	三	四	五	六	七	八	九	十	十一	十二	十三	十四	十五	十六	十七	十八	十九	二十	廿一	廿二	廿三	廿四	廿五	廿六	廿七	廿八	廿九	三十
星期	二	三	四	五	六	日	一	二	三	四	五	六	日	一	二	三	四	五	六	日	一	二	三	四	五	六	日	一	二	三
干支	戊子	己丑	庚寅	辛卯	壬辰	癸巳	甲午	乙未	丙申	丁酉	戊戌	己亥	庚子	辛丑	壬寅	癸卯	甲辰	乙巳	丙午	丁未	戊申	己酉	庚戌	辛亥	壬子	癸丑	甲寅	乙卯	丙辰	丁巳
五行	火	火	木	木	水	水	金	金	火	火	木	木	土	土	金	金	火	火	水	水	土	土	金	金	木	木	水	水	土	土
建星	闭	建	除	满	平	定	执	破	危	成	收	收	开	闭	建	除	满	平	定	执	破	危	成	收	开	闭	建	除	满	平
廿八宿	翼	轸	角	亢	氐	房	心	尾	箕	斗	牛	女	虚	危	室	壁	奎	娄	胃	昴	毕	觜	参	井	鬼	柳	星	张	翼	轸

二月小建丁卯女宿 （一白）

节气：惊蛰十二日零时四十一分 春分廿七日一时四十九分

公历	24	25	26	27	28	29	三月	2	3	4	5	6	7	8	9	10	11	12	13	14	15	16	17	18	19	20	21	22	23	
农历	一	二	三	四	五	六	七	八	九	十	十一	十二	十三	十四	十五	十六	十七	十八	十九	二十	廿一	廿二	廿三	廿四	廿五	廿六	廿七	廿八	廿九	
星期	四	五	六	日	一	二	三	四	五	六	日	一	二	三	四	五	六	日	一	二	三	四	五	六	日	一	二	三	四	
干支	戊午	己未	庚申	辛酉	壬戌	癸亥	甲子	乙丑	丙寅	丁卯	戊辰	己巳	庚午	辛未	壬申	癸酉	甲戌	乙亥	丙子	丁丑	戊寅	己卯	庚辰	辛巳	壬午	癸未	甲申	乙酉	丙戌	
五行	火	火	木	木	水	水	金	金	火	火	木	木	土	土	金	金	火	火	水	水	土	土	金	金	木	木	水	水	土	
建星	定	执	破	危	成	收	开	闭	建	除	满	满	平	定	执	破	危	成	收	开	闭	建	除	满	平	定	执	破	危	
廿八宿	角	亢	氐	房	心	尾	箕	斗	牛	女	虚	危	室	壁	奎	娄	胃	昴	毕	觜	参	井	鬼	柳	星	张	翼	轸	角	

三月大建戊辰虚宿 （九紫）

节气：清明十三日五时五十四分 谷雨廿八日十三时十八分

公历	24	25	26	27	28	29	30	31	四月	2	3	4	5	6	7	8	9	10	11	12	13	14	15	16	17	18	19	20	21	22
农历	一	二	三	四	五	六	七	八	九	十	十一	十二	十三	十四	十五	十六	十七	十八	十九	二十	廿一	廿二	廿三	廿四	廿五	廿六	廿七	廿八	廿九	三十
星期	五	六	日	一	二	三	四	五	六	日	一	二	三	四	五	六	日	一	二	三	四	五	六	日	一	二	三	四	五	六
干支	丁亥	戊子	己丑	庚寅	辛卯	壬辰	癸巳	甲午	乙未	丙申	丁酉	戊戌	己亥	庚子	辛丑	壬寅	癸卯	甲辰	乙巳	丙午	丁未	戊申	己酉	庚戌	辛亥	壬子	癸丑	甲寅	乙卯	丙辰
五行	土	火	火	木	木	水	水	金	金	火	火	木	木	土	土	金	金	火	火	水	水	土	土	金	金	木	木	水	水	土
建星	成	收	开	闭	建	除	满	平	定	执	破	危	危	成	收	开	闭	建	除	满	平	定	执	破	危	成	收	开	闭	建
廿八宿	亢	氐	房	心	尾	箕	斗	牛	女	虚	危	室	壁	奎	娄	胃	昴	毕	觜	参	井	鬼	柳	星	张	翼	轸	角	亢	氐

岁次：甲申	公元 1944 年（井泉水）			木猴
太岁：方杰	年二黑星	火水未济卦	三木九运	翼

四月小建己巳危宿　（八白）

节气：立夏十三日廿三时四十分
小满廿九日十二时五十一分

公历	23	24	25	26	27	28	29	30	五月	2	3	4	5	6	7	8	9	10	11	12	13	14	15	16	17	18	19	20	21
农历	一	二	三	四	五	六	七	八	九	十	十一	十二	十三	十四	十五	十六	十七	十八	十九	二十	廿一	廿二	廿三	廿四	廿五	廿六	廿七	廿八	廿九
星期	日	一	二	三	四	五	六	日	一	二	三	四	五	六	日	一	二	三	四	五	六	日	一	二	三	四	五	六	日
干支	丁巳	戊午	己未	庚申	辛酉	壬戌	癸亥	甲子	乙丑	丙寅	丁卯	戊辰	己巳	庚午	辛未	壬申	癸酉	甲戌	乙亥	丙子	丁丑	戊寅	己卯	庚辰	辛巳	壬午	癸未	甲申	乙酉
五行	土	火	火	木	木	水	水	金	金	火	火	木	木	土	土	金	金	火	火	水	水	土	土	金	金	木	木	水	水
建星	除	满	平	定	执	破	危	成	收	开	闭	建	建	除	满	平	定	执	破	危	成	收	开	闭	建	除	满	平	定
廿八宿	房	心	尾	箕	斗	牛	女	虚	危	室	壁	奎	娄	胃	昴	毕	觜	参	井	鬼	柳	星	张	翼	轸	角	亢	氐	房

闰四月大

节气：芒种十六日四时十一分

公历	22	23	24	25	26	27	28	29	30	31	六月	2	3	4	5	6	7	8	9	10	11	12	13	14	15	16	17	18	19	20
农历	一	二	三	四	五	六	七	八	九	十	十一	十二	十三	十四	十五	十六	十七	十八	十九	二十	廿一	廿二	廿三	廿四	廿五	廿六	廿七	廿八	廿九	三十
星期	一	二	三	四	五	六	日	一	二	三	四	五	六	日	一	二	三	四	五	六	日	一	二	三	四	五	六	日	一	二
干支	丙戌	丁亥	戊子	己丑	庚寅	辛卯	壬辰	癸巳	甲午	乙未	丙申	丁酉	戊戌	己亥	庚子	辛丑	壬寅	癸卯	甲辰	乙巳	丙午	丁未	戊申	己酉	庚戌	辛亥	壬子	癸丑	甲寅	乙卯
五行	土	土	火	火	木	木	水	水	金	金	火	火	木	木	土	土	金	金	火	火	水	水	土	土	金	金	木	木	水	水
建星	执	破	危	成	收	开	闭	建	除	满	平	定	执	破	危	危	成	收	开	闭	建	除	满	平	定	执	破	危	成	收
廿八宿	心	尾	箕	斗	牛	女	虚	危	室	壁	奎	娄	胃	昴	毕	觜	参	井	鬼	柳	星	张	翼	轸	角	亢	氐	房	心	尾

五月小建庚午室宿　（七赤）

节气：夏至初一日廿一时三分
小暑十七日十四时卅六分

公历	21	22	23	24	25	26	27	28	29	30	七月	2	3	4	5	6	7	8	9	10	11	12	13	14	15	16	17	18	19
农历	一	二	三	四	五	六	七	八	九	十	十一	十二	十三	十四	十五	十六	十七	十八	十九	二十	廿一	廿二	廿三	廿四	廿五	廿六	廿七	廿八	廿九
星期	三	四	五	六	日	一	二	三	四	五	六	日	一	二	三	四	五	六	日	一	二	三	四	五	六	日	一	二	三
干支	丙辰	丁巳	戊午	己未	庚申	辛酉	壬戌	癸亥	甲子	乙丑	丙寅	丁卯	戊辰	己巳	庚午	辛未	壬申	癸酉	甲戌	乙亥	丙子	丁丑	戊寅	己卯	庚辰	辛巳	壬午	癸未	甲申
五行	土	土	火	火	木	木	水	水	金	金	火	火	木	木	土	土	金	金	火	火	水	水	土	土	金	金	木	木	水
建星	开	闭	建	除	满	平	定	执	破	危	成	收	开	闭	建	除	除	满	平	定	执	破	危	成	收	开	闭	建	除
廿八宿	箕	斗	牛	女	虚	危	室	壁	奎	娄	胃	昴	毕	觜	参	井	鬼	柳	星	张	翼	轸	角	亢	氐	房	心	尾	箕

岁次：甲申	公元1944年（井泉水）			木猴
太岁：方杰	年二黑星	火水未济卦	三木九运	翼

六月大建辛未壁宿 （六白）

节气：大暑初四日七时五十六分
立秋二十日零时十九分

公历	20	21	22	23	24	25	26	27	28	29	30	31	八月	2	3	4	5	6	7	8	9	10	11	12	13	14	15	16	17	18
农历	一	二	三	四	五	六	七	八	九	十	十一	十二	十三	十四	十五	十六	十七	十八	十九	二十	廿一	廿二	廿三	廿四	廿五	廿六	廿七	廿八	廿九	三十
星期	四	五	六	日	一	二	三	四	五	六	日	一	二	三	四	五	六	日	一	二	三	四	五	六	日	一	二	三	四	五
干支	乙酉	丙戌	丁亥	戊子	己丑	庚寅	辛卯	壬辰	癸巳	甲午	乙未	丙申	丁酉	戊戌	己亥	庚子	辛丑	壬寅	癸卯	甲辰	乙巳	丙午	丁未	戊申	己酉	庚戌	辛亥	壬子	癸丑	甲寅
五行	水	土	土	火	火	木	木	水	水	金	金	火	火	木	木	土	土	金	金	火	火	水	水	土	土	金	金	木	木	水
建星	满	平	定	执	破	危	成	收	开	闭	建	除	满	平	定	执	破	危	成	成	收	开	闭	建	除	满	平	定	执	破
廿八宿	斗	牛	女	虚	危	室	壁	奎	娄	胄	昴	毕	觜	参	井	鬼	柳	星	张	翼	轸	角	亢	氐	房	心	尾	箕	斗	牛

七月小建壬申奎宿 （五黄）

节气：处暑初五日十四时四十七分
白露廿一日二时五十六分

公历	19	20	21	22	23	24	25	26	27	28	29	30	31	九月	2	3	4	5	6	7	8	9	10	11	12	13	14	15	16	
农历	一	二	三	四	五	六	七	八	九	十	十一	十二	十三	十四	十五	十六	十七	十八	十九	二十	廿一	廿二	廿三	廿四	廿五	廿六	廿七	廿八	廿九	
星期	六	日	一	二	三	四	五	六	日	一	二	三	四	五	六	日	一	二	三	四	五	六	日	一	二	三	四	五	六	
干支	乙卯	丙辰	丁巳	戊午	己未	庚申	辛酉	壬戌	癸亥	甲子	乙丑	丙寅	丁卯	戊辰	己巳	庚午	辛未	壬申	癸酉	甲戌	乙亥	丙子	丁丑	戊寅	己卯	庚辰	辛巳	壬午	癸未	
五行	水	土	土	火	火	木	木	水	水	金	金	火	火	木	木	土	土	金	金	火	火	水	水	土	土	金	金	木	木	
建星	危	成	收	开	闭	建	除	满	平	定	执	破	危	成	收	开	闭	建	除	满	满	平	定	执	破	危	成	收	开	
廿八宿	女	虚	危	室	壁	奎	娄	胄	昴	毕	觜	参	井	鬼	柳	星	张	翼	轸	角	亢	氐	房	心	尾	箕	斗	牛	女	

八月大建癸酉娄宿 （四绿）

节气：秋分初七日十二时二分
寒露廿二日十八时九分

公历	17	18	19	20	21	22	23	24	25	26	27	28	29	30	十月	2	3	4	5	6	7	8	9	10	11	12	13	14	15	16
农历	一	二	三	四	五	六	七	八	九	十	十一	十二	十三	十四	十五	十六	十七	十八	十九	二十	廿一	廿二	廿三	廿四	廿五	廿六	廿七	廿八	廿九	三十
星期	日	一	二	三	四	五	六	日	一	二	三	四	五	六	日	一	二	三	四	五	六	日	一	二	三	四	五	六	日	一
干支	甲申	乙酉	丙戌	丁亥	戊子	己丑	庚寅	辛卯	壬辰	癸巳	甲午	乙未	丙申	丁酉	戊戌	己亥	庚子	辛丑	壬寅	癸卯	甲辰	乙巳	丙午	丁未	戊申	己酉	庚戌	辛亥	壬子	癸丑
五行	水	水	土	土	火	火	木	木	水	水	金	金	火	火	木	木	土	土	金	金	火	火	水	水	土	土	金	金	木	木
建星	闭	建	除	满	平	定	执	破	危	成	收	开	闭	建	除	满	平	定	执	破	危	危	成	收	开	闭	建	除	满	平
廿八宿	虚	危	室	壁	奎	娄	胄	昴	毕	觜	参	井	鬼	柳	星	张	翼	轸	角	亢	氐	房	心	尾	箕	斗	牛	女	虚	危

岁次:甲申	公元1944年(井泉水)			木猴
太岁:方杰	年二黑星	火水未济卦	三木九运	翼

九月大建甲戌胃宿 (三碧)节气:霜降初七日二十时五十七分 立冬廿二日二十时五十五分

公历	17	18	19	20	21	22	23	24	25	26	27	28	29	30	31	11月	2	3	4	5	6	7	8	9	10	11	12	13	14	15
农历	一	二	三	四	五	六	七	八	九	十	十一	十二	十三	十四	十五	十六	十七	十八	十九	二十	廿一	廿二	廿三	廿四	廿五	廿六	廿七	廿八	廿九	三十
星期	二	三	四	五	六	日	一	二	三	四	五	六	日	一	二	三	四	五	六	日	一	二	三	四	五	六	日	一	二	三
干支	甲寅	乙卯	丙辰	丁巳	戊午	己未	庚申	辛酉	壬戌	癸亥	甲子	乙丑	丙寅	丁卯	戊辰	己巳	庚午	辛未	壬申	癸酉	甲戌	乙亥	丙子	丁丑	戊寅	己卯	庚辰	辛巳	壬午	癸未
五行	水	水	土	土	火	火	木	木	水	水	金	金	火	火	木	木	土	土	金	金	火	火	水	水	土	土	金	金	木	木
建星	定	执	破	危	成	收	开	闭	建	除	满	平	定	执	破	危	成	收	开	闭	建	建	除	满	平	定	执	破	危	成
廿八宿	室	壁	奎	娄	胃	昴	毕	觜	参	井	鬼	柳	星	张	翼	轸	角	亢	氐	房	心	尾	箕	斗	牛	女	虚	危	室	壁

十月小建乙亥昴宿 (二黑) 节气:小雪初七日十八时八分 大雪廿二日十三时廿八分

公历	16	17	18	19	20	21	22	23	24	25	26	27	28	29	30	12月	2	3	4	5	6	7	8	9	10	11	12	13	14	
农历	一	二	三	四	五	六	七	八	九	十	十一	十二	十三	十四	十五	十六	十七	十八	十九	二十	廿一	廿二	廿三	廿四	廿五	廿六	廿七	廿八	廿九	
星期	四	五	六	日	一	二	三	四	五	六	日	一	二	三	四	五	六	日	一	二	三	四	五	六	日	一	二	三	四	
干支	甲申	乙酉	丙戌	丁亥	戊子	己丑	庚寅	辛卯	壬辰	癸巳	甲午	乙未	丙申	丁酉	戊戌	己亥	庚子	辛丑	壬寅	癸卯	甲辰	乙巳	丙午	丁未	戊申	己酉	庚戌	辛亥	壬子	
五行	水	水	土	土	火	火	木	木	水	水	金	金	火	火	木	木	土	土	金	金	火	火	水	水	土	土	金	金	木	
建星	收	开	闭	建	除	满	平	定	执	破	危	成	收	开	闭	建	除	满	平	定	执	执	破	危	成	收	开	闭	建	
廿八宿	奎	娄	胃	昴	毕	觜	参	井	鬼	柳	星	张	翼	轸	角	亢	氐	房	心	尾	箕	斗	牛	女	虚	危	室	壁	奎	

十一月大建丙子毕宿 (一白) 节气:冬至初八日七时十五分 小寒廿三日零时卅五分

公历	15	16	17	18	19	20	21	22	23	24	25	26	27	28	29	30	31	一月	2	3	4	5	6	7	8	9	10	11	12	13
农历	一	二	三	四	五	六	七	八	九	十	十一	十二	十三	十四	十五	十六	十七	十八	十九	二十	廿一	廿二	廿三	廿四	廿五	廿六	廿七	廿八	廿九	三十
星期	五	六	日	一	二	三	四	五	六	日	一	二	三	四	五	六	日	一	二	三	四	五	六	日	一	二	三	四	五	六
干支	癸丑	甲寅	乙卯	丙辰	丁巳	戊午	己未	庚申	辛酉	壬戌	癸亥	甲子	乙丑	丙寅	丁卯	戊辰	己巳	庚午	辛未	壬申	癸酉	甲戌	乙亥	丙子	丁丑	戊寅	己卯	庚辰	辛巳	壬午
五行	木	水	水	土	土	火	火	木	木	水	水	金	金	火	火	木	木	土	土	金	金	火	火	水	水	土	土	金	金	木
建星	除	满	平	定	执	破	危	成	收	开	闭	建	除	满	平	定	执	破	危	成	收	开	开	闭	建	除	满	平	定	执
廿八宿	娄	胃	昴	毕	觜	参	井	鬼	柳	星	张	翼	轸	角	亢	氐	房	心	尾	箕	斗	牛	女	虚	危	室	壁	奎	娄	胃

十二月大建丁丑觜宿 (九紫) 节气:大寒初七日十七时五十四分 立春廿二日二时二十分

公历	14	15	16	17	18	19	20	21	22	23	24	25	26	27	28	29	30	31	二月	2	3	4	5	6	7	8	9	10	11	12
农历	一	二	三	四	五	六	七	八	九	十	十一	十二	十三	十四	十五	十六	十七	十八	十九	二十	廿一	廿二	廿三	廿四	廿五	廿六	廿七	廿八	廿九	三十
星期	日	一	二	三	四	五	六	日	一	二	三	四	五	六	日	一	二	三	四	五	六	日	一	二	三	四	五	六	日	一
干支	癸未	甲申	乙酉	丙戌	丁亥	戊子	己丑	庚寅	辛卯	壬辰	癸巳	甲午	乙未	丙申	丁酉	戊戌	己亥	庚子	辛丑	壬寅	癸卯	甲辰	乙巳	丙午	丁未	戊申	己酉	庚戌	辛亥	壬子
五行	木	水	水	土	土	火	火	木	木	水	水	金	金	火	火	木	木	土	土	金	金	火	火	水	水	土	土	金	金	木
建星	破	危	成	收	开	闭	建	除	满	平	定	执	破	危	成	收	开	闭	建	除	满	满	平	定	执	破	危	成	收	开
廿八宿	昴	毕	觜	参	井	鬼	柳	星	张	翼	轸	角	亢	氐	房	心	尾	箕	斗	牛	女	虚	危	室	壁	奎	娄	胃	昴	毕

岁次：乙酉	公元1945年（井泉水）			木鸡
太岁：蒋崇	年一白星	天山遁卦	九金四运	轸

正月小建戊寅参宿 （八白）

节气：雨水初七日八时十五分
惊蛰廿二日六时卅八分

公历	13	14	15	16	17	18	19	20	21	22	23	24	25	26	27	28	三月	2	3	4	5	6	7	8	9	10	11	12	13
农历	一	二	三	四	五	六	七	八	九	十	十一	十二	十三	十四	十五	十六	十七	十八	十九	二十	廿一	廿二	廿三	廿四	廿五	廿六	廿七	廿八	廿九
星期	二	三	四	五	六	日	一	二	三	四	五	六	日	一	二	三	四	五	六	日	一	二	三	四	五	六	日	一	二
干支	癸丑	甲寅	乙卯	丙辰	丁巳	戊午	己未	庚申	辛酉	壬戌	癸亥	甲子	乙丑	丙寅	丁卯	戊辰	己巳	庚午	辛未	壬申	癸酉	甲戌	乙亥	丙子	丁丑	戊寅	己卯	庚辰	辛巳
五行	木	水	水	土	土	火	火	木	木	水	水	金	金	火	火	木	木	土	土	金	金	火	火	水	水	土	土	金	金
建星	闭	建	除	满	平	定	执	破	危	成	收	开	闭	建	除	满	平	定	执	破	危	危	成	收	开	闭	建	除	满
廿八宿	觜	参	井	鬼	柳	星	张	翼	轸	角	亢	氐	房	心	尾	箕	斗	牛	女	虚	危	室	壁	奎	娄	胃	昴	毕	觜

二月小建己卯井宿 （七赤）

节气：春分初八日七时卅八分
清明廿三日十一时五十七分

公历	14	15	16	17	18	19	20	21	22	23	24	25	26	27	28	29	30	31	四月	2	3	4	5	6	7	8	9	10	11
农历	一	二	三	四	五	六	七	八	九	十	十一	十二	十三	十四	十五	十六	十七	十八	十九	二十	廿一	廿二	廿三	廿四	廿五	廿六	廿七	廿八	廿九
星期	三	四	五	六	日	一	二	三	四	五	六	日	一	二	三	四	五	六	日	一	二	三	四	五	六	日	一	二	三
干支	壬午	癸未	甲申	乙酉	丙戌	丁亥	戊子	己丑	庚寅	辛卯	壬辰	癸巳	甲午	乙未	丙申	丁酉	戊戌	己亥	庚子	辛丑	壬寅	癸卯	甲辰	乙巳	丙午	丁未	戊申	己酉	庚戌
五行	木	木	水	水	土	土	火	火	木	木	水	水	金	金	火	火	木	木	土	土	金	金	火	火	水	水	土	土	金
建星	平	定	执	破	危	成	收	开	闭	建	除	满	平	定	执	破	危	成	收	开	闭	建	建	除	满	平	定	执	破
廿八宿	参	井	鬼	柳	星	张	翼	轸	角	亢	氐	房	心	尾	箕	斗	牛	女	虚	危	室	壁	奎	娄	胃	昴	毕	觜	参

三月大建庚辰鬼宿 （六白）

节气：谷雨初九日十九时六分
立夏廿五日五时卅八分

公历	12	13	14	15	16	17	18	19	20	21	22	23	24	25	26	27	28	29	30	五月	2	3	4	5	6	7	8	9	10	11
农历	一	二	三	四	五	六	七	八	九	十	十一	十二	十三	十四	十五	十六	十七	十八	十九	二十	廿一	廿二	廿三	廿四	廿五	廿六	廿七	廿八	廿九	三十
星期	四	五	六	日	一	二	三	四	五	六	日	一	二	三	四	五	六	日	一	二	三	四	五	六	日	一	二	三	四	五
干支	辛亥	壬子	癸丑	甲寅	乙卯	丙辰	丁巳	戊午	己未	庚申	辛酉	壬戌	癸亥	甲子	乙丑	丙寅	丁卯	戊辰	己巳	庚午	辛未	壬申	癸酉	甲戌	乙亥	丙子	丁丑	戊寅	己卯	庚辰
五行	金	木	木	水	水	土	土	火	火	木	木	水	水	金	金	火	火	木	木	土	土	金	金	火	火	水	水	土	土	金
建星	危	成	收	开	闭	建	除	满	平	定	执	破	危	成	收	开	闭	建	除	满	平	定	执	破	破	危	成	收	开	闭
廿八宿	井	鬼	柳	星	张	翼	轸	角	亢	氐	房	心	尾	箕	斗	牛	女	虚	危	室	壁	奎	娄	胃	昴	毕	觜	参	井	鬼

岁次:乙酉	公元1945年(井泉水)			木鸡
太岁:蒋崇	年一白星	天山遁卦	九金四运	轸

四月小建辛巳柳宿 （五黄）

节气:小满初十日十八时四十分
芒种廿六日十时五分

公历	12	13	14	15	16	17	18	19	20	21	22	23	24	25	26	27	28	29	30	31	六月	2	3	4	5	6	7	8	9
农历	一	二	三	四	五	六	七	八	九	十	十一	十二	十三	十四	十五	十六	十七	十八	十九	二十	廿一	廿二	廿三	廿四	廿五	廿六	廿七	廿八	廿九
星期	六	日	一	二	三	四	五	六	日	一	二	三	四	五	六	日	一	二	三	四	五	六	日	一	二	三	四	五	六
干支	辛巳	壬午	癸未	甲申	乙酉	丙戌	丁亥	戊子	己丑	庚寅	辛卯	壬辰	癸巳	甲午	乙未	丙申	丁酉	戊戌	己亥	庚子	辛丑	壬寅	癸卯	甲辰	乙巳	丙午	丁未	戊申	己酉
五行	金	木	木	水	水	土	土	火	火	木	木	水	水	金	金	火	火	木	木	土	土	金	金	火	火	水	水	土	土
建星	建	除	满	平	定	执	破	危	成	收	开	闭	建	除	满	平	定	执	破	危	成	收	开	闭	建	建	除	满	平
廿八宿	柳	星	张	翼	轸	角	亢	氐	房	心	尾	箕	斗	牛	女	虚	危	室	壁	奎	娄	胃	昴	毕	觜	参	井	鬼	柳

五月小建壬午星宿 （四绿）

节气:夏至十三日二时五十二分
小暑廿八日二十时廿八分

公历	10	11	12	13	14	15	16	17	18	19	20	21	22	23	24	25	26	27	28	29	30	七月	2	3	4	5	6	7	8
农历	一	二	三	四	五	六	七	八	九	十	十一	十二	十三	十四	十五	十六	十七	十八	十九	二十	廿一	廿二	廿三	廿四	廿五	廿六	廿七	廿八	廿九
星期	日	一	二	三	四	五	六	日	一	二	三	四	五	六	日	一	二	三	四	五	六	日	一	二	三	四	五	六	日
干支	庚戌	辛亥	壬子	癸丑	甲寅	乙卯	丙辰	丁巳	戊午	己未	庚申	辛酉	壬戌	癸亥	甲子	乙丑	丙寅	丁卯	戊辰	己巳	庚午	辛未	壬申	癸酉	甲戌	乙亥	丙子	丁丑	戊寅
五行	金	金	木	木	水	水	土	土	火	火	木	木	水	水	金	金	火	火	木	木	土	土	金	金	火	火	水	水	土
建星	定	执	破	危	成	收	开	闭	建	除	满	平	定	执	破	危	成	收	开	闭	建	除	满	平	定	执	破	破	危
廿八宿	星	张	翼	轸	角	亢	氐	房	心	尾	箕	斗	牛	女	虚	危	室	壁	奎	娄	胃	昴	毕	觜	参	井	鬼	柳	星

六月大建癸未张宿 （三碧）

节气:大暑十五日十三时四十六分

公历	9	10	11	12	13	14	15	16	17	18	19	20	21	22	23	24	25	26	27	28	29	30	31	八月	2	3	4	5	6	7
农历	一	二	三	四	五	六	七	八	九	十	十一	十二	十三	十四	十五	十六	十七	十八	十九	二十	廿一	廿二	廿三	廿四	廿五	廿六	廿七	廿八	廿九	三十
星期	一	二	三	四	五	六	日	一	二	三	四	五	六	日	一	二	三	四	五	六	日	一	二	三	四	五	六	日	一	二
干支	己卯	庚辰	辛巳	壬午	癸未	甲申	乙酉	丙戌	丁亥	戊子	己丑	庚寅	辛卯	壬辰	癸巳	甲午	乙未	丙申	丁酉	戊戌	己亥	庚子	辛丑	壬寅	癸卯	甲辰	乙巳	丙午	丁未	戊申
五行	土	金	金	木	木	水	水	土	土	火	火	木	木	水	水	金	金	火	火	木	木	土	土	金	金	火	火	水	水	土
建星	成	收	开	闭	建	除	满	平	定	执	破	危	成	收	开	闭	建	除	满	平	定	执	破	危	成	收	开	闭	建	除
廿八宿	张	翼	轸	角	亢	氐	房	心	尾	箕	斗	牛	女	虚	危	室	壁	奎	娄	胃	昴	毕	觜	参	井	鬼	柳	星	张	翼

岁次：乙酉	公元 1945 年（井泉水）			木鸡
太岁：蒋崇	年一白星	天山遁卦	九金四运	轸

七月小建甲申翼宿 （二黑）

节气：立秋初一日六时六分
处暑十六日二十时卅六分

公历	8	9	10	11	12	13	14	15	16	17	18	19	20	21	22	23	24	25	26	27	28	29	30	31	九月	2	3	4	5	
农历	一	二	三	四	五	六	七	八	九	十	十一	十二	十三	十四	十五	十六	十七	十八	十九	二十	廿一	廿二	廿三	廿四	廿五	廿六	廿七	廿八	廿九	
星期	三	四	五	六	日	一	二	三	四	五	六	日	一	二	三	四	五	六	日	一	二	三	四	五	六	日	一	二	三	
干支	己酉	庚戌	辛亥	壬子	癸丑	甲寅	乙卯	丙辰	丁巳	戊午	己未	庚申	辛酉	壬戌	癸亥	甲子	乙丑	丙寅	丁卯	戊辰	己巳	庚午	辛未	壬申	癸酉	甲戌	乙亥	丙子	丁丑	
五行	土	金	金	木	木	水	水	土	土	火	火	木	木	水	水	金	金	火	火	木	木	土	土	金	金	火	火	水	水	
建星	除	满	平	定	执	破	危	成	收	开	闭	建	除	满	平	定	执	破	危	成	收	开	闭	建	除	满	平	定	执	
廿八宿	轸	角	亢	氐	房	心	尾	箕	斗	牛	女	虚	危	室	壁	奎	娄	胃	昴	毕	觜	参	井	鬼	柳	星	张	翼	轸	

八月大建乙酉轸宿 （一白）

节气：白露初三日八时卅九分
秋分十八日十七时五十分

公历	6	7	8	9	10	11	12	13	14	15	16	17	18	19	20	21	22	23	24	25	26	27	28	29	30	十月	2	3	4	5
农历	一	二	三	四	五	六	七	八	九	十	十一	十二	十三	十四	十五	十六	十七	十八	十九	二十	廿一	廿二	廿三	廿四	廿五	廿六	廿七	廿八	廿九	三十
星期	四	五	六	日	一	二	三	四	五	六	日	一	二	三	四	五	六	日	一	二	三	四	五	六	日	一	二	三	四	五
干支	戊寅	己卯	庚辰	辛巳	壬午	癸未	甲申	乙酉	丙戌	丁亥	戊子	己丑	庚寅	辛卯	壬辰	癸巳	甲午	乙未	丙申	丁酉	戊戌	己亥	庚子	辛丑	壬寅	癸卯	甲辰	乙巳	丙午	丁未
五行	土	土	金	金	木	木	水	水	土	土	火	火	木	木	水	水	金	金	火	火	木	木	土	土	金	金	火	火	水	水
建星	破	危	危	成	收	开	闭	建	除	满	平	定	执	破	危	成	收	开	闭	建	除	满	平	定	执	破	危	成	收	开
廿八宿	角	亢	氐	房	心	尾	箕	斗	牛	女	虚	危	室	壁	奎	娄	胃	昴	毕	觜	参	井	鬼	柳	星	张	翼	轸	角	亢

九月大建丙戌角宿 （九紫）

节气：寒露初三日廿三时五十分
霜降十九日二时四十四分

公历	6	7	8	9	10	11	12	13	14	15	16	17	18	19	20	21	22	23	24	25	26	27	28	29	30	31	11月	2	3	4
农历	一	二	三	四	五	六	七	八	九	十	十一	十二	十三	十四	十五	十六	十七	十八	十九	二十	廿一	廿二	廿三	廿四	廿五	廿六	廿七	廿八	廿九	三十
星期	六	日	一	二	三	四	五	六	日	一	二	三	四	五	六	日	一	二	三	四	五	六	日	一	二	三	四	五	六	日
干支	戊申	己酉	庚戌	辛亥	壬子	癸丑	甲寅	乙卯	丙辰	丁巳	戊午	己未	庚申	辛酉	壬戌	癸亥	甲子	乙丑	丙寅	丁卯	戊辰	己巳	庚午	辛未	壬申	癸酉	甲戌	乙亥	丙子	丁丑
五行	土	土	金	金	木	木	水	水	土	土	火	火	木	木	水	水	金	金	火	火	木	木	土	土	金	金	火	火	水	水
建星	闭	建	建	除	满	平	定	执	破	危	成	收	开	闭	建	除	满	平	定	执	破	危	成	收	开	闭	建	除	满	平
廿八宿	氐	房	心	尾	箕	斗	牛	女	虚	危	室	壁	奎	娄	胃	昴	毕	觜	参	井	鬼	柳	星	张	翼	轸	角	亢	氐	房

岁次：乙酉	公元1945年（井泉水）			木鸡
太岁：蒋崇	年一白星	天山遁卦	九金四运	轸

十月大建丁亥亢宿 （八白）

节气：立冬初四日二时卅五分
小雪十八日廿三时五十六分

公历	5	6	7	8	9	10	11	12	13	14	15	16	17	18	19	20	21	22	23	24	25	26	27	28	29	30	12月	2	3	4
农历	一	二	三	四	五	六	七	八	九	十	十一	十二	十三	十四	十五	十六	十七	十八	十九	二十	廿一	廿二	廿三	廿四	廿五	廿六	廿七	廿八	廿九	三十
星期	一	二	三	四	五	六	日	一	二	三	四	五	六	日	一	二	三	四	五	六	日	一	二	三	四	五	六	日	一	二
干支	戊寅	己卯	庚辰	辛巳	壬午	癸未	甲申	乙酉	丙戌	丁亥	戊子	己丑	庚寅	辛卯	壬辰	癸巳	甲午	乙未	丙申	丁酉	戊戌	己亥	庚子	辛丑	壬寅	癸卯	甲辰	乙巳	丙午	丁未
五行	土	土	金	金	木	木	水	水	土	土	火	火	木	木	水	水	金	金	火	火	木	木	土	土	金	金	火	火	水	水
建星	定	执	破	破	危	成	收	开	闭	建	除	满	平	定	执	破	危	成	收	开	闭	建	除	满	平	定	执	破	危	成
廿八宿	心	尾	箕	斗	牛	女	虚	危	室	壁	奎	娄	胃	昴	毕	觜	参	井	鬼	柳	星	张	翼	轸	角	亢	氐	房	心	尾

十一月小建戊子氐宿 （七赤）

节气：大雪初三日十九时八分
冬至十八日十三时四分

公历	5	6	7	8	9	10	11	12	13	14	15	16	17	18	19	20	21	22	23	24	25	26	27	28	29	30	31	一月	2
农历	一	二	三	四	五	六	七	八	九	十	十一	十二	十三	十四	十五	十六	十七	十八	十九	二十	廿一	廿二	廿三	廿四	廿五	廿六	廿七	廿八	廿九
星期	三	四	五	六	日	一	二	三	四	五	六	日	一	二	三	四	五	六	日	一	二	三	四	五	六	日	一	二	三
干支	戊申	己酉	庚戌	辛亥	壬子	癸丑	甲寅	乙卯	丙辰	丁巳	戊午	己未	庚申	辛酉	壬戌	癸亥	甲子	乙丑	丙寅	丁卯	戊辰	己巳	庚午	辛未	壬申	癸酉	甲戌	乙亥	丙子
五行	土	土	金	金	木	木	水	水	土	土	火	火	木	木	水	水	金	金	火	火	木	木	土	土	金	金	火	火	水
建星	收	开	开	闭	建	除	满	平	定	执	破	危	成	收	开	闭	建	除	满	平	定	执	破	危	成	收	开	闭	建
廿八宿	箕	斗	牛	女	虚	危	室	壁	奎	娄	胃	昴	毕	觜	参	井	鬼	柳	星	张	翼	轸	角	亢	氐	房	心	尾	箕

十二月大建己丑房宿 （六白）

节气：小寒初四日六时十七分
大寒十八日廿三时四十五分

公历	3	4	5	6	7	8	9	10	11	12	13	14	15	16	17	18	19	20	21	22	23	24	25	26	27	28	29	30	31	二月
农历	一	二	三	四	五	六	七	八	九	十	十一	十二	十三	十四	十五	十六	十七	十八	十九	二十	廿一	廿二	廿三	廿四	廿五	廿六	廿七	廿八	廿九	三十
星期	四	五	六	日	一	二	三	四	五	六	日	一	二	三	四	五	六	日	一	二	三	四	五	六	日	一	二	三	四	五
干支	丁丑	戊寅	己卯	庚辰	辛巳	壬午	癸未	甲申	乙酉	丙戌	丁亥	戊子	己丑	庚寅	辛卯	壬辰	癸巳	甲午	乙未	丙申	丁酉	戊戌	己亥	庚子	辛丑	壬寅	癸卯	甲辰	乙巳	丙午
五行	水	土	土	金	金	木	木	水	水	土	土	火	火	木	木	水	水	金	金	火	火	木	木	土	土	金	金	火	火	水
建星	除	满	平	平	定	执	破	危	成	收	开	闭	建	除	满	平	定	执	破	危	成	收	开	闭	建	除	满	平	定	执
廿八宿	斗	牛	女	虚	危	室	壁	奎	娄	胃	昴	毕	觜	参	井	鬼	柳	星	张	翼	轸	角	亢	氐	房	心	尾	箕	斗	牛

岁次：丙戌	公元 1946 年（屋上土）			火狗
太岁：白敏	年九紫星	艮为山卦	六水一运	角

正月大建庚寅心宿　（五黄）

节气：立春初三日十八时四分
雨水十八日十四时九分

公历	2	3	4	5	6	7	8	9	10	11	12	13	14	15	16	17	18	19	20	21	22	23	24	25	26	27	28	三月	2	3
农历	一	二	三	四	五	六	七	八	九	十	十一	十二	十三	十四	十五	十六	十七	十八	十九	二十	廿一	廿二	廿三	廿四	廿五	廿六	廿七	廿八	廿九	三十
星期	六	日	一	二	三	四	五	六	日	一	二	三	四	五	六	日	一	二	三	四	五	六	日	一	二	三	四	五	六	日
干支	丁未	戊申	己酉	庚戌	辛亥	壬子	癸丑	甲寅	乙卯	丙辰	丁巳	戊午	己未	庚申	辛酉	壬戌	癸亥	甲子	乙丑	丙寅	丁卯	戊辰	己巳	庚午	辛未	壬申	癸酉	甲戌	乙亥	丙子
五行	水	土	土	金	金	木	木	水	水	土	土	火	火	木	木	水	水	金	金	火	火	木	木	土	土	金	金	火	火	水
建星	破	危	危	成	收	开	闭	建	除	满	平	定	执	破	危	成	收	开	闭	建	除	满	平	定	执	破	危	成	收	开
廿八宿	女	虚	危	室	壁	奎	娄	胃	昴	毕	觜	参	井	鬼	柳	星	张	翼	轸	角	亢	氐	房	心	尾	箕	斗	牛	女	虚

二月小建辛卯尾宿　（四绿）

节气：惊蛰初三日十二时廿五分
春分十八日十三时卅三分

公历	4	5	6	7	8	9	10	11	12	13	14	15	16	17	18	19	20	21	22	23	24	25	26	27	28	29	30	31	四月
农历	一	二	三	四	五	六	七	八	九	十	十一	十二	十三	十四	十五	十六	十七	十八	十九	二十	廿一	廿二	廿三	廿四	廿五	廿六	廿七	廿八	廿九
星期	一	二	三	四	五	六	日	一	二	三	四	五	六	日	一	二	三	四	五	六	日	一	二	三	四	五	六	日	一
干支	丁丑	戊寅	己卯	庚辰	辛巳	壬午	癸未	甲申	乙酉	丙戌	丁亥	戊子	己丑	庚寅	辛卯	壬辰	癸巳	甲午	乙未	丙申	丁酉	戊戌	己亥	庚子	辛丑	壬寅	癸卯	甲辰	乙巳
五行	水	土	土	金	金	木	木	水	水	土	土	火	火	木	木	水	水	金	金	火	火	木	木	土	土	金	金	火	火
建星	闭	建	建	除	满	平	定	执	破	危	成	收	开	闭	建	除	满	平	定	执	破	危	成	收	开	闭	建	除	满
廿八宿	危	室	壁	奎	娄	胃	昴	毕	觜	参	井	鬼	柳	星	张	翼	轸	角	亢	氐	房	心	尾	箕	斗	牛	女	虚	危

三月小建壬辰箕宿　（三碧）

节气：清明初四日十七时卅九分
谷雨二十日一时三分

公历	2	3	4	5	6	7	8	9	10	11	12	13	14	15	16	17	18	19	20	21	22	23	24	25	26	27	28	29	30
农历	一	二	三	四	五	六	七	八	九	十	十一	十二	十三	十四	十五	十六	十七	十八	十九	二十	廿一	廿二	廿三	廿四	廿五	廿六	廿七	廿八	廿九
星期	二	三	四	五	六	日	一	二	三	四	五	六	日	一	二	三	四	五	六	日	一	二	三	四	五	六	日	一	二
干支	丙午	丁未	戊申	己酉	庚戌	辛亥	壬子	癸丑	甲寅	乙卯	丙辰	丁巳	戊午	己未	庚申	辛酉	壬戌	癸亥	甲子	乙丑	丙寅	丁卯	戊辰	己巳	庚午	辛未	壬申	癸酉	甲戌
五行	水	水	土	土	金	金	木	木	水	水	土	土	火	火	木	木	水	水	金	金	火	火	木	木	土	土	金	金	火
建星	平	定	执	执	破	危	成	收	开	闭	建	除	满	平	定	执	破	危	成	收	开	闭	建	除	满	平	定	执	破
廿八宿	室	壁	奎	娄	胃	昴	毕	觜	参	井	鬼	柳	星	张	翼	轸	角	亢	氐	房	心	尾	箕	斗	牛	女	虚	危	室

岁次：丙戌	公元1946年（屋上土）			火狗
太岁：白敏	年九紫星	艮为山卦	六水一运	角

四月大建癸巳斗宿 （二黑）

节气：立夏 初六日十一时廿二分
小满 廿二日零时卅五分

公历	五月	2	3	4	5	6	7	8	9	10	11	12	13	14	15	16	17	18	19	20	21	22	23	24	25	26	27	28	29	30
农历	一	二	三	四	五	六	七	八	九	十	十一	十二	十三	十四	十五	十六	十七	十八	十九	二十	廿一	廿二	廿三	廿四	廿五	廿六	廿七	廿八	廿九	三十
星期	三	四	五	六	日	一	二	三	四	五	六	日	一	二	三	四	五	六	日	一	二	三	四	五	六	日	一	二	三	四
干支	乙亥	丙子	丁丑	戊寅	己卯	庚辰	辛巳	壬午	癸未	甲申	乙酉	丙戌	丁亥	戊子	己丑	庚寅	辛卯	壬辰	癸巳	甲午	乙未	丙申	丁酉	戊戌	己亥	庚子	辛丑	壬寅	癸卯	甲辰
五行	火	水	水	土	土	金	金	木	木	水	水	土	土	火	火	木	木	水	水	金	金	火	火	木	木	土	土	金	金	火
建星	危	成	收	开	闭	闭	建	除	满	平	定	执	破	危	成	收	开	闭	建	除	满	平	定	执	破	危	成	收	开	闭
廿八宿	壁	奎	娄	胃	昴	毕	觜	参	井	鬼	柳	星	张	翼	轸	角	亢	氐	房	心	尾	箕	斗	牛	女	虚	危	室	壁	奎

五月小建甲午牛宿 （一白）

节气：芒种 初七日十五时五十分
夏至 廿三日八时四十五分

公历	31	六月	2	3	4	5	6	7	8	9	10	11	12	13	14	15	16	17	18	19	20	21	22	23	24	25	26	27	28
农历	一	二	三	四	五	六	七	八	九	十	十一	十二	十三	十四	十五	十六	十七	十八	十九	二十	廿一	廿二	廿三	廿四	廿五	廿六	廿七	廿八	廿九
星期	五	六	日	一	二	三	四	五	六	日	一	二	三	四	五	六	日	一	二	三	四	五	六	日	一	二	三	四	五
干支	乙巳	丙午	丁未	戊申	己酉	庚戌	辛亥	壬子	癸丑	甲寅	乙卯	丙辰	丁巳	戊午	己未	庚申	辛酉	壬戌	癸亥	甲子	乙丑	丙寅	丁卯	戊辰	己巳	庚午	辛未	壬申	癸酉
五行	火	水	水	土	土	金	金	木	木	水	水	土	土	火	火	木	木	水	水	金	金	火	火	木	木	土	土	金	金
建星	建	除	满	平	定	执	执	破	危	成	收	开	闭	建	除	满	平	定	执	破	危	成	收	开	闭	建	除	满	平
廿八宿	娄	胃	昴	毕	觜	参	井	鬼	柳	星	张	翼	轸	角	亢	氐	房	心	尾	箕	斗	牛	女	虚	危	室	壁	奎	娄

六月小建乙未女宿 （九紫）

节气：小暑 初十日二时十分
大暑 廿五日十九时卅七分

公历	29	30	七月	2	3	4	5	6	7	8	9	10	11	12	13	14	15	16	17	18	19	20	21	22	23	24	25	26	27
农历	一	二	三	四	五	六	七	八	九	十	十一	十二	十三	十四	十五	十六	十七	十八	十九	二十	廿一	廿二	廿三	廿四	廿五	廿六	廿七	廿八	廿九
星期	六	日	一	二	三	四	五	六	日	一	二	三	四	五	六	日	一	二	三	四	五	六	日	一	二	三	四	五	六
干支	甲戌	乙亥	丙子	丁丑	戊寅	己卯	庚辰	辛巳	壬午	癸未	甲申	乙酉	丙戌	丁亥	戊子	己丑	庚寅	辛卯	壬辰	癸巳	甲午	乙未	丙申	丁酉	戊戌	己亥	庚子	辛丑	壬寅
五行	火	火	水	水	土	土	金	金	木	木	水	水	土	土	火	火	木	木	水	水	金	金	火	火	木	木	土	土	金
建星	定	执	破	危	成	收	开	闭	建	建	除	满	平	定	执	破	危	成	收	开	闭	建	除	满	平	定	执	破	危
廿八宿	胃	昴	毕	觜	参	井	鬼	柳	星	张	翼	轸	角	亢	氐	房	心	尾	箕	斗	牛	女	虚	危	室	壁	奎	娄	胃

岁次：丙戌	公元1946年（屋上土）			火狗
太岁：白敏	年九紫星	艮为山卦	六水一运	角

七月大建丙申虚宿 （八白）

节气：立秋十二日十一时五十一分
处暑廿八日二时廿六分

公历	28	29	30	31	八月	2	3	4	5	6	7	8	9	10	11	12	13	14	15	16	17	18	19	20	21	22	23	24	25	26
农历	一	二	三	四	五	六	七	八	九	十	十一	十二	十三	十四	十五	十六	十七	十八	十九	二十	廿一	廿二	廿三	廿四	廿五	廿六	廿七	廿八	廿九	三十
星期	日	一	二	三	四	五	六	日	一	二	三	四	五	六	日	一	二	三	四	五	六	日	一	二	三	四	五	六	日	一
干支	癸卯	甲辰	乙巳	丙午	丁未	戊申	己酉	庚戌	辛亥	壬子	癸丑	甲寅	乙卯	丙辰	丁巳	戊午	己未	庚申	辛酉	壬戌	癸亥	甲子	乙丑	丙寅	丁卯	戊辰	己巳	庚午	辛未	壬申
五行	金	火	火	水	水	土	土	金	金	木	木	水	水	土	土	火	火	木	木	水	水	金	金	火	火	木	木	土	土	金
建星	成	收	开	闭	建	除	满	平	定	执	破	破	危	成	收	开	闭	建	除	满	平	定	执	破	危	成	收	开	闭	建
廿八宿	昴	毕	觜	参	井	鬼	柳	星	张	翼	轸	角	亢	氐	房	心	尾	箕	斗	牛	女	虚	危	室	壁	奎	娄	胃	昴	毕

八月小建丁酉危宿 （七赤）

节气：白露十三日十四时廿七分
秋分廿八日廿三时四十一分

公历	27	28	29	30	31	九月	2	3	4	5	6	7	8	9	10	11	12	13	14	15	16	17	18	19	20	21	22	23	24	
农历	一	二	三	四	五	六	七	八	九	十	十一	十二	十三	十四	十五	十六	十七	十八	十九	二十	廿一	廿二	廿三	廿四	廿五	廿六	廿七	廿八	廿九	
星期	二	三	四	五	六	日	一	二	三	四	五	六	日	一	二	三	四	五	六	日	一	二	三	四	五	六	日	一	二	
干支	癸酉	甲戌	乙亥	丙子	丁丑	戊寅	己卯	庚辰	辛巳	壬午	癸未	甲申	乙酉	丙戌	丁亥	戊子	己丑	庚寅	辛卯	壬辰	癸巳	甲午	乙未	丙申	丁酉	戊戌	己亥	庚子	辛丑	
五行	金	火	火	水	水	土	土	金	金	木	木	水	水	土	土	火	火	木	木	水	水	金	金	火	火	木	木	土	土	
建星	除	满	平	定	执	破	危	成	收	开	闭	建	建	除	满	平	定	执	破	危	成	收	开	闭	建	除	满	平	定	
廿八宿	觜	参	井	鬼	柳	星	张	翼	轸	角	亢	氐	房	心	尾	箕	斗	牛	女	虚	危	室	壁	奎	娄	胃	昴	毕	觜	

九月大建戊戌室宿 （六白）

节气：寒露十五日五时四十二分
霜降三十日八时卅六分

公历	25	26	27	28	29	30	十月	2	3	4	5	6	7	8	9	10	11	12	13	14	15	16	17	18	19	20	21	22	23	24
农历	一	二	三	四	五	六	七	八	九	十	十一	十二	十三	十四	十五	十六	十七	十八	十九	二十	廿一	廿二	廿三	廿四	廿五	廿六	廿七	廿八	廿九	三十
星期	三	四	五	六	日	一	二	三	四	五	六	日	一	二	三	四	五	六	日	一	二	三	四	五	六	日	一	二	三	四
干支	壬寅	癸卯	甲辰	乙巳	丙午	丁未	戊申	己酉	庚戌	辛亥	壬子	癸丑	甲寅	乙卯	丙辰	丁巳	戊午	己未	庚申	辛酉	壬戌	癸亥	甲子	乙丑	丙寅	丁卯	戊辰	己巳	庚午	辛未
五行	金	金	火	火	水	水	土	土	金	金	木	木	水	水	土	土	火	火	木	木	水	水	金	金	火	火	木	木	土	土
建星	执	破	危	成	收	开	闭	建	除	满	平	定	执	破	破	危	成	收	开	闭	建	除	满	平	定	执	破	危	成	收
廿八宿	参	井	鬼	柳	星	张	翼	轸	角	亢	氐	房	心	尾	箕	斗	牛	女	虚	危	室	壁	奎	娄	胃	昴	毕	觜	参	井

第六章 1930 年～2050 年万年历对照详表

岁次：丙戌	公元 1946 年（屋上土）			火狗
太岁：白敏	年九紫星	艮为山卦	六水一运	角

十月大建己亥壁宿 （五黄）

节气：立冬十五日八时廿八分
小雪三十日五时四十七分

公历	25	26	27	28	29	30	31	11月	2	3	4	5	6	7	8	9	10	11	12	13	14	15	16	17	18	19	20	21	22	23
农历	一	二	三	四	五	六	七	八	九	十	十一	十二	十三	十四	十五	十六	十七	十八	十九	二十	廿一	廿二	廿三	廿四	廿五	廿六	廿七	廿八	廿九	三十
星期	五	六	日	一	二	三	四	五	六	日	一	二	三	四	五	六	日	一	二	三	四	五	六	日	一	二	三	四	五	六
干支	壬申	癸酉	甲戌	乙亥	丙子	丁丑	戊寅	己卯	庚辰	辛巳	壬午	癸未	甲申	乙酉	丙戌	丁亥	戊子	己丑	庚寅	辛卯	壬辰	癸巳	甲午	乙未	丙申	丁酉	戊戌	己亥	庚子	辛丑
五行	金	金	火	火	水	水	土	土	金	金	木	木	水	水	土	土	火	火	木	木	水	水	金	金	火	火	木	木	土	土
建星	开	闭	建	除	满	平	定	执	破	危	成	收	开	闭	闭	建	除	满	平	定	执	破	危	成	收	开	闭	建	除	满
廿八宿	鬼	柳	星	张	翼	轸	角	亢	氐	房	心	尾	箕	斗	牛	女	虚	危	室	壁	奎	娄	胃	昴	毕	觜	参	井	鬼	柳

十一月小建庚子奎宿 （四绿）

节气：大雪十五日零时五十九分
冬至廿九日十八时五十四分

公历	24	25	26	27	28	29	30	12月	2	3	4	5	6	7	8	9	10	11	12	13	14	15	16	17	18	19	20	21	22	
农历	一	二	三	四	五	六	七	八	九	十	十一	十二	十三	十四	十五	十六	十七	十八	十九	二十	廿一	廿二	廿三	廿四	廿五	廿六	廿七	廿八	廿九	
星期	日	一	二	三	四	五	六	日	一	二	三	四	五	六	日	一	二	三	四	五	六	日	一	二	三	四	五	六	日	
干支	壬寅	癸卯	甲辰	乙巳	丙午	丁未	戊申	己酉	庚戌	辛亥	壬子	癸丑	甲寅	乙卯	丙辰	丁巳	戊午	己未	庚申	辛酉	壬戌	癸亥	甲子	乙丑	丙寅	丁卯	戊辰	己巳	庚午	
五行	金	金	火	火	水	水	土	土	金	金	木	木	水	水	土	土	火	火	木	木	水	水	金	金	火	火	木	木	土	
建星	平	定	执	破	危	成	收	开	闭	建	除	满	平	定	定	执	破	危	成	收	开	闭	建	除	满	平	定	执	破	
廿八宿	星	张	翼	轸	角	亢	氐	房	心	尾	箕	斗	牛	女	虚	危	室	壁	奎	娄	胃	昴	毕	觜	参	井	鬼	柳	星	

十二月大建辛丑娄宿 （三碧）

节气：小寒十五日十二时七分
大寒三十日五时卅二分

公历	23	24	25	26	27	28	29	30	31	一月	2	3	4	5	6	7	8	9	10	11	12	13	14	15	16	17	18	19	20	21
农历	一	二	三	四	五	六	七	八	九	十	十一	十二	十三	十四	十五	十六	十七	十八	十九	二十	廿一	廿二	廿三	廿四	廿五	廿六	廿七	廿八	廿九	三十
星期	一	二	三	四	五	六	日	一	二	三	四	五	六	日	一	二	三	四	五	六	日	一	二	三	四	五	六	日	一	二
干支	辛未	壬申	癸酉	甲戌	乙亥	丙子	丁丑	戊寅	己卯	庚辰	辛巳	壬午	癸未	甲申	乙酉	丙戌	丁亥	戊子	己丑	庚寅	辛卯	壬辰	癸巳	甲午	乙未	丙申	丁酉	戊戌	己亥	庚子
五行	土	金	金	火	火	水	水	土	土	金	金	木	木	水	水	土	土	火	火	木	木	水	水	金	金	火	火	木	木	土
建星	危	成	收	开	闭	建	除	满	平	定	执	破	危	成	成	收	开	闭	建	除	满	平	定	执	破	危	成	收	开	闭
廿八宿	张	翼	轸	角	亢	氐	房	心	尾	箕	斗	牛	女	虚	危	室	壁	奎	娄	胃	昴	毕	觜	参	井	鬼	柳	星	张	翼

岁次：丁亥	公元1947年（屋上土）			火猪
太岁：封济	年八白星	雷地豫卦	八木八运	亢

正月大建壬寅胄宿 （二黑）

节气：立春十四日廿三时五十七分
雨水廿九日十九时五十二分

公历	22	23	24	25	26	27	28	29	30	31	二月	2	3	4	5	6	7	8	9	10	11	12	13	14	15	16	17	18	19	20
农历	一	二	三	四	五	六	七	八	九	十	十一	十二	十三	十四	十五	十六	十七	十八	十九	二十	廿一	廿二	廿三	廿四	廿五	廿六	廿七	廿八	廿九	三十
星期	三	四	五	六	日	一	二	三	四	五	六	日	一	二	三	四	五	六	日	一	二	三	四	五	六	日	一	二	三	四
干支	辛丑	壬寅	癸卯	甲辰	乙巳	丙午	丁未	戊申	己酉	庚戌	辛亥	壬子	癸丑	甲寅	乙卯	丙辰	丁巳	戊午	己未	庚申	辛酉	壬戌	癸亥	甲子	乙丑	丙寅	丁卯	戊辰	己巳	庚午
五行	土	金	金	火	火	水	水	土	土	金	金	木	木	水	水	土	土	火	火	木	木	水	水	金	金	火	火	木	木	土
建星	建	除	满	平	定	执	破	危	成	收	开	闭	建	建	除	满	平	定	执	破	危	成	收	开	闭	建	除	满	平	定
廿八宿	轸	角	亢	氐	房	心	尾	箕	斗	牛	女	虚	危	室	壁	奎	娄	胃	昴	毕	觜	参	井	鬼	柳	星	张	翼	轸	角

二月大建癸卯昴宿 （一白）

节气：惊蛰十四日十八时九分
春分廿九日十九时十三分

公历	21	22	23	24	25	26	27	28	三月	2	3	4	5	6	7	8	9	10	11	12	13	14	15	16	17	18	19	20	21	22
农历	一	二	三	四	五	六	七	八	九	十	十一	十二	十三	十四	十五	十六	十七	十八	十九	二十	廿一	廿二	廿三	廿四	廿五	廿六	廿七	廿八	廿九	三十
星期	五	六	日	一	二	三	四	五	六	日	一	二	三	四	五	六	日	一	二	三	四	五	六	日	一	二	三	四	五	六
干支	辛未	壬申	癸酉	甲戌	乙亥	丙子	丁丑	戊寅	己卯	庚辰	辛巳	壬午	癸未	甲申	乙酉	丙戌	丁亥	戊子	己丑	庚寅	辛卯	壬辰	癸巳	甲午	乙未	丙申	丁酉	戊戌	己亥	庚子
五行	土	金	金	火	火	水	水	土	土	金	金	木	木	水	水	土	土	火	火	木	木	水	水	金	金	火	火	木	木	土
建星	执	破	危	成	收	开	闭	建	除	满	平	定	执	执	破	危	成	收	开	闭	建	除	满	平	定	执	破	危	成	收
廿八宿	亢	氐	房	心	尾	箕	斗	牛	女	虚	危	室	壁	奎	娄	胃	昴	毕	觜	参	井	鬼	柳	星	张	翼	轸	角	亢	氐

闰二月小

节气：清明十四日廿三时廿一分

公历	23	24	25	26	27	28	29	30	31	四月	2	3	4	5	6	7	8	9	10	11	12	13	14	15	16	17	18	19	20	
农历	一	二	三	四	五	六	七	八	九	十	十一	十二	十三	十四	十五	十六	十七	十八	十九	二十	廿一	廿二	廿三	廿四	廿五	廿六	廿七	廿八	廿九	
星期	日	一	二	三	四	五	六	日	一	二	三	四	五	六	日	一	二	三	四	五	六	日	一	二	三	四	五	六	日	
干支	辛丑	壬寅	癸卯	甲辰	乙巳	丙午	丁未	戊申	己酉	庚戌	辛亥	壬子	癸丑	甲寅	乙卯	丙辰	丁巳	戊午	己未	庚申	辛酉	壬戌	癸亥	甲子	乙丑	丙寅	丁卯	戊辰	己巳	
五行	土	金	金	火	火	水	水	土	土	金	金	木	木	水	水	土	土	火	火	木	木	水	水	金	金	火	火	木	木	
建星	开	闭	建	除	满	平	定	执	破	危	成	收	开	开	闭	建	除	满	平	定	执	破	危	成	收	开	闭	建	除	
廿八宿	房	心	尾	箕	斗	牛	女	虚	危	室	壁	奎	娄	胃	昴	毕	觜	参	井	鬼	柳	星	张	翼	轸	角	亢	氐	房	

岁次:丁亥	公元 1947 年(屋上土)			火猪
太岁:封济	年八白星	雷地豫卦	八木八运	亢

三月小建甲辰毕宿 (九紫)

节气: 谷雨 初一日六时卅九分
立夏 十六日十七时三分

公历	21	22	23	24	25	26	27	28	29	30	五月	2	3	4	5	6	7	8	9	10	11	12	13	14	15	16	17	18	19
农历	一	二	三	四	五	六	七	八	九	十	十一	十二	十三	十四	十五	十六	十七	十八	十九	二十	廿一	廿二	廿三	廿四	廿五	廿六	廿七	廿八	廿九
星期	一	二	三	四	五	六	日	一	二	三	四	五	六	日	一	二	三	四	五	六	日	一	二	三	四	五	六	日	一
干支	庚午	辛未	壬申	癸酉	甲戌	乙亥	丙子	丁丑	戊寅	己卯	庚辰	辛巳	壬午	癸未	甲申	乙酉	丙戌	丁亥	戊子	己丑	庚寅	辛卯	壬辰	癸巳	甲午	乙未	丙申	丁酉	戊戌
五行	土	土	金	金	火	火	水	水	土	土	金	金	木	木	水	水	土	土	火	火	木	木	水	水	金	金	火	火	木
建星	满	平	定	执	破	危	成	收	开	闭	建	除	满	平	定	定	执	破	危	成	收	开	闭	建	除	满	平	定	执
廿八宿	心	尾	箕	斗	牛	女	虚	危	室	壁	奎	娄	胄	昴	毕	觜	参	井	鬼	柳	星	张	翼	轸	角	亢	氐	房	心

四月大建乙巳觜宿 (八白)

节气: 小满 初三日六时九分
芒种 十八日廿一时卅二分

公历	20	21	22	23	24	25	26	27	28	29	30	31	六月	2	3	4	5	6	7	8	9	10	11	12	13	14	15	16	17	18
农历	一	二	三	四	五	六	七	八	九	十	十一	十二	十三	十四	十五	十六	十七	十八	十九	二十	廿一	廿二	廿三	廿四	廿五	廿六	廿七	廿八	廿九	三十
星期	二	三	四	五	六	日	一	二	三	四	五	六	日	一	二	三	四	五	六	日	一	二	三	四	五	六	日	一	二	三
干支	己亥	庚子	辛丑	壬寅	癸卯	甲辰	乙巳	丙午	丁未	戊申	己酉	庚戌	辛亥	壬子	癸丑	甲寅	乙卯	丙辰	丁巳	戊午	己未	庚申	辛酉	壬戌	癸亥	甲子	乙丑	丙寅	丁卯	戊辰
五行	木	土	土	金	金	火	火	水	水	土	土	金	金	木	木	水	水	土	土	火	火	木	木	水	水	金	金	火	火	木
建星	破	危	成	收	开	闭	建	除	满	平	定	执	破	危	成	收	开	开	闭	建	除	满	平	定	执	破	危	成	收	开
廿八宿	尾	箕	斗	牛	女	虚	危	室	壁	奎	娄	胄	昴	毕	觜	参	井	鬼	柳	星	张	翼	轸	角	亢	氐	房	心	尾	箕

五月小建丙午参宿 (七赤)

节气: 夏至 初四日十四时十九分
小暑 二十日七时五十一分

公历	19	20	21	22	23	24	25	26	27	28	29	30	七月	2	3	4	5	6	7	8	9	10	11	12	13	14	15	16	17
农历	一	二	三	四	五	六	七	八	九	十	十一	十二	十三	十四	十五	十六	十七	十八	十九	二十	廿一	廿二	廿三	廿四	廿五	廿六	廿七	廿八	廿九
星期	四	五	六	日	一	二	三	四	五	六	日	一	二	三	四	五	六	日	一	二	三	四	五	六	日	一	二	三	四
干支	己巳	庚午	辛未	壬申	癸酉	甲戌	乙亥	丙子	丁丑	戊寅	己卯	庚辰	辛巳	壬午	癸未	甲申	乙酉	丙戌	丁亥	戊子	己丑	庚寅	辛卯	壬辰	癸巳	甲午	乙未	丙申	丁酉
五行	木	土	土	金	金	火	火	水	水	土	土	金	金	木	木	水	水	土	土	火	火	木	木	水	水	金	金	火	火
建星	闭	建	除	满	平	定	执	破	危	成	收	开	闭	建	除	满	平	定	执	执	破	危	成	收	开	闭	建	除	满
廿八宿	斗	牛	女	虚	危	室	壁	奎	娄	胄	昴	毕	觜	参	井	鬼	柳	星	张	翼	轸	角	亢	氐	房	心	尾	箕	斗

岁次：丁亥	公元1947年（屋上土）			火猪
太岁：封济	年八白星	雷地豫卦	八木八运	亢

六月小建丁未井宿 （六白）

节气：大暑初七日一时十五分
立秋廿二日十七时四十二分

公历	18	19	20	21	22	23	24	25	26	27	28	29	30	31	八月	2	3	4	5	6	7	8	9	10	11	12	13	14	15
农历	一	二	三	四	五	六	七	八	九	十	十一	十二	十三	十四	十五	十六	十七	十八	十九	二十	廿一	廿二	廿三	廿四	廿五	廿六	廿七	廿八	廿九
星期	五	六	日	一	二	三	四	五	六	日	一	二	三	四	五	六	日	一	二	三	四	五	六	日	一	二	三	四	五
干支	戊戌	己亥	庚子	辛丑	壬寅	癸卯	甲辰	乙巳	丙午	丁未	戊申	己酉	庚戌	辛亥	壬子	癸丑	甲寅	乙卯	丙辰	丁巳	戊午	己未	庚申	辛酉	壬戌	癸亥	甲子	乙丑	丙寅
五行	木	木	土	土	金	金	火	火	水	水	土	土	金	金	木	木	水	水	土	土	火	火	木	木	水	水	金	金	火
建星	平	定	执	破	危	成	收	开	闭	建	除	满	平	定	执	破	危	成	收	开	闭	闭	建	除	满	平	定	执	破
廿八宿	牛	女	虚	危	室	壁	奎	娄	胃	昴	毕	觜	参	井	鬼	柳	星	张	翼	轸	角	亢	氐	房	心	尾	箕	斗	牛

七月大建戊申鬼宿 （五黄）

节气：处暑初九日八时十分
白露廿四日二十时廿二分

公历	16	17	18	19	20	21	22	23	24	25	26	27	28	29	30	31	九月	2	3	4	5	6	7	8	9	10	11	12	13	14
农历	一	二	三	四	五	六	七	八	九	十	十一	十二	十三	十四	十五	十六	十七	十八	十九	二十	廿一	廿二	廿三	廿四	廿五	廿六	廿七	廿八	廿九	三十
星期	六	日	一	二	三	四	五	六	日	一	二	三	四	五	六	日	一	二	三	四	五	六	日	一	二	三	四	五	六	日
干支	丁卯	戊辰	己巳	庚午	辛未	壬申	癸酉	甲戌	乙亥	丙子	丁丑	戊寅	己卯	庚辰	辛巳	壬午	癸未	甲申	乙酉	丙戌	丁亥	戊子	己丑	庚寅	辛卯	壬辰	癸巳	甲午	乙未	丙申
五行	火	木	木	土	土	金	金	火	火	水	水	土	土	金	金	木	木	水	水	土	土	火	火	木	木	水	水	金	金	火
建星	危	成	收	开	闭	建	除	满	平	定	执	破	危	成	收	开	闭	建	除	满	平	定	执	执	破	危	成	收	开	闭
廿八宿	女	虚	危	室	壁	奎	娄	胃	昴	毕	觜	参	井	鬼	柳	星	张	翼	轸	角	亢	氐	房	心	尾	箕	斗	牛	女	虚

八月小建己酉柳宿 （四绿）

节气：秋分初十日五时廿九分
寒露廿五日十一时卅八分

公历	15	16	17	18	19	20	21	22	23	24	25	26	27	28	29	30	十月	2	3	4	5	6	7	8	9	10	11	12	13
农历	一	二	三	四	五	六	七	八	九	十	十一	十二	十三	十四	十五	十六	十七	十八	十九	二十	廿一	廿二	廿三	廿四	廿五	廿六	廿七	廿八	廿九
星期	一	二	三	四	五	六	日	一	二	三	四	五	六	日	一	二	三	四	五	六	日	一	二	三	四	五	六	日	一
干支	丁酉	戊戌	己亥	庚子	辛丑	壬寅	癸卯	甲辰	乙巳	丙午	丁未	戊申	己酉	庚戌	辛亥	壬子	癸丑	甲寅	乙卯	丙辰	丁巳	戊午	己未	庚申	辛酉	壬戌	癸亥	甲子	乙丑
五行	火	木	木	土	土	金	金	火	火	水	水	土	土	金	金	木	木	水	水	土	土	火	火	木	木	水	水	金	金
建星	建	除	满	平	定	执	破	危	成	收	开	闭	建	除	满	平	定	执	破	危	成	收	开	闭	闭	建	除	满	平
廿八宿	危	室	壁	奎	娄	胃	昴	毕	觜	参	井	鬼	柳	星	张	翼	轸	角	亢	氐	房	心	尾	箕	斗	牛	女	虚	危

岁次:丁亥	公元1947年(屋上土)			火猪
太岁:封济	年八白星	雷地豫卦	八木八运	亢

九月大建庚戌星宿 (三碧) 节气:霜降十一日十四时廿六分 立冬廿六日十四时廿五分

公历	14	15	16	17	18	19	20	21	22	23	24	25	26	27	28	29	30	31	11月	2	3	4	5	6	7	8	9	10	11	12
农历	一	二	三	四	五	六	七	八	九	十	十一	十二	十三	十四	十五	十六	十七	十八	十九	二十	廿一	廿二	廿三	廿四	廿五	廿六	廿七	廿八	廿九	三十
星期	二	三	四	五	六	日	一	二	三	四	五	六	日	一	二	三	四	五	六	日	一	二	三	四	五	六	日	一	二	三
干支	丙寅	丁卯	戊辰	己巳	庚午	辛未	壬申	癸酉	甲戌	乙亥	丙子	丁丑	戊寅	己卯	庚辰	辛巳	壬午	癸未	甲申	乙酉	丙戌	丁亥	戊子	己丑	庚寅	辛卯	壬辰	癸巳	甲午	乙未
五行	火	火	木	木	土	土	金	金	火	火	水	水	土	土	金	金	木	木	水	水	土	土	火	火	木	木	水	水	金	金
建星	定	执	破	危	成	收	开	闭	建	除	满	平	定	执	破	危	成	收	开	闭	建	除	满	平	定	定	执	破	危	成
廿八宿	室	壁	奎	娄	胃	昴	毕	觜	参	井	鬼	柳	星	张	翼	轸	角	亢	氐	房	心	尾	箕	斗	牛	女	虚	危	室	壁

十月小建辛亥张宿 (二黑) 节气:小雪十一日十一时卅八分 大雪廿六日六时五十七分

公历	13	14	15	16	17	18	19	20	21	22	23	24	25	26	27	28	29	30	12月	2	3	4	5	6	7	8	9	10	11	
农历	一	二	三	四	五	六	七	八	九	十	十一	十二	十三	十四	十五	十六	十七	十八	十九	二十	廿一	廿二	廿三	廿四	廿五	廿六	廿七	廿八	廿九	
星期	四	五	六	日	一	二	三	四	五	六	日	一	二	三	四	五	六	日	一	二	三	四	五	六	日	一	二	三	四	
干支	丙申	丁酉	戊戌	己亥	庚子	辛丑	壬寅	癸卯	甲辰	乙巳	丙午	丁未	戊申	己酉	庚戌	辛亥	壬子	癸丑	甲寅	乙卯	丙辰	丁巳	戊午	己未	庚申	辛酉	壬戌	癸亥	甲子	
五行	火	火	木	木	土	土	金	金	火	火	水	水	土	土	金	金	木	木	水	水	土	土	火	火	木	木	水	水	金	
建星	收	开	闭	建	除	满	平	定	执	破	危	成	收	开	闭	建	除	满	平	定	执	破	危	成	收	收	开	闭	建	
廿八宿	奎	娄	胃	昴	毕	觜	参	井	鬼	柳	星	张	翼	轸	角	亢	氐	房	心	尾	箕	斗	牛	女	虚	危	室	壁	奎	

十一月大建壬子翼宿 (一白) 节气:冬至十二日零时四十三分 小寒廿六日十八时一分

公历	12	13	14	15	16	17	18	19	20	21	22	23	24	25	26	27	28	29	30	31	一月	2	3	4	5	6	7	8	9	10
农历	一	二	三	四	五	六	七	八	九	十	十一	十二	十三	十四	十五	十六	十七	十八	十九	二十	廿一	廿二	廿三	廿四	廿五	廿六	廿七	廿八	廿九	三十
星期	五	六	日	一	二	三	四	五	六	日	一	二	三	四	五	六	日	一	二	三	四	五	六	日	一	二	三	四	五	六
干支	乙丑	丙寅	丁卯	戊辰	己巳	庚午	辛未	壬申	癸酉	甲戌	乙亥	丙子	丁丑	戊寅	己卯	庚辰	辛巳	壬午	癸未	甲申	乙酉	丙戌	丁亥	戊子	己丑	庚寅	辛卯	壬辰	癸巳	甲午
五行	金	火	火	木	木	土	土	金	金	火	火	水	水	土	土	金	金	木	木	水	水	土	土	火	火	木	木	水	水	金
建星	除	满	平	定	执	破	危	成	收	开	闭	建	除	满	平	定	执	破	危	成	收	开	闭	建	除	除	满	平	定	执
廿八宿	娄	胃	昴	毕	觜	参	井	鬼	柳	星	张	翼	轸	角	亢	氐	房	心	尾	箕	斗	牛	女	虚	危	室	壁	奎	娄	胃

十二月大建癸丑轸宿 (九紫) 节气:大寒十一日十一时十九分 立春廿六日五时四十三分

公历	11	12	13	14	15	16	17	18	19	20	21	22	23	24	25	26	27	28	29	30	31	二月	2	3	4	5	6	7	8	9
农历	一	二	三	四	五	六	七	八	九	十	十一	十二	十三	十四	十五	十六	十七	十八	十九	二十	廿一	廿二	廿三	廿四	廿五	廿六	廿七	廿八	廿九	三十
星期	日	一	二	三	四	五	六	日	一	二	三	四	五	六	日	一	二	三	四	五	六	日	一	二	三	四	五	六	日	一
干支	乙未	丙申	丁酉	戊戌	己亥	庚子	辛丑	壬寅	癸卯	甲辰	乙巳	丙午	丁未	戊申	己酉	庚戌	辛亥	壬子	癸丑	甲寅	乙卯	丙辰	丁巳	戊午	己未	庚申	辛酉	壬戌	癸亥	甲子
五行	金	火	火	木	木	土	土	金	金	火	火	水	水	土	土	金	金	木	木	水	水	土	土	火	火	木	木	水	水	金
建星	破	危	成	收	开	闭	建	除	满	平	定	执	破	危	成	收	开	闭	建	除	满	平	定	执	破	破	危	成	收	开
廿八宿	昴	毕	觜	参	井	鬼	柳	星	张	翼	轸	角	亢	氐	房	心	尾	箕	斗	牛	女	虚	危	室	壁	奎	娄	胃	昴	毕

岁次:戊子	公元1948年(霹雳火)			土鼠
太岁:邹铛	年七赤星	水雷屯卦	七火四运	氏

正月大建甲寅角宿　(八白)

节气:雨水十一日一时卅七分
惊蛰廿五日廿三时五十八分

公历	10	11	12	13	14	15	16	17	18	19	20	21	22	23	24	25	26	27	28	29	三月	2	3	4	5	6	7	8	9	10
农历	一	二	三	四	五	六	七	八	九	十	十一	十二	十三	十四	十五	十六	十七	十八	十九	二十	廿一	廿二	廿三	廿四	廿五	廿六	廿七	廿八	廿九	三十
星期	二	三	四	五	六	日	一	二	三	四	五	六	日	一	二	三	四	五	六	日	一	二	三	四	五	六	日	一	二	三
干支	乙丑	丙寅	丁卯	戊辰	己巳	庚午	辛未	壬申	癸酉	甲戌	乙亥	丙子	丁丑	戊寅	己卯	庚辰	辛巳	壬午	癸未	甲申	乙酉	丙戌	丁亥	戊子	己丑	庚寅	辛卯	壬辰	癸巳	甲午
五行	金	火	火	木	木	土	土	金	金	火	火	水	水	土	土	金	金	木	木	水	水	土	土	火	火	木	木	水	水	金
建星	闭	建	除	满	平	定	执	破	危	成	收	开	闭	建	除	满	平	定	执	破	危	成	收	开	开	闭	建	除	满	平
廿八宿	觜	参	井	鬼	柳	星	张	翼	轸	角	亢	氐	房	心	尾	箕	斗	牛	女	虚	危	室	壁	奎	娄	胃	昴	毕	觜	参

二月小建乙卯亢宿　(七赤)

节气:春分十一日零时五十七分
清明廿六日五时十分

公历	11	12	13	14	15	16	17	18	19	20	21	22	23	24	25	26	27	28	29	30	31	四月	2	3	4	5	6	7	8	
农历	一	二	三	四	五	六	七	八	九	十	十一	十二	十三	十四	十五	十六	十七	十八	十九	二十	廿一	廿二	廿三	廿四	廿五	廿六	廿七	廿八	廿九	
星期	四	五	六	日	一	二	三	四	五	六	日	一	二	三	四	五	六	日	一	二	三	四	五	六	日	一	二	三	四	
十支	乙未	丙申	丁酉	戊戌	己亥	庚子	辛丑	壬寅	癸卯	甲辰	乙巳	丙午	丁未	戊申	己酉	庚戌	辛亥	壬子	癸丑	甲寅	乙卯	丙辰	丁巳	戊午	己未	庚申	辛酉	壬戌	癸亥	
五行	金	火	火	木	木	土	土	金	金	火	火	水	水	土	土	金	金	木	木	水	水	土	土	火	火	木	木	水	水	
建星	定	执	破	危	成	收	开	闭	建	除	满	平	定	执	破	危	成	收	开	闭	建	除	满	平	定	定	执	破	危	
廿八宿	井	鬼	柳	星	张	翼	轸	角	亢	氐	房	心	尾	箕	斗	牛	女	虚	危	室	壁	奎	娄	胃	昴	毕	觜	参	井	

三月大建丙辰氐宿　(六白)

节气:谷雨十二日十二时廿五分
立夏廿七日廿二时五十二分

公历	9	10	11	12	13	14	15	16	17	18	19	20	21	22	23	24	25	26	27	28	29	30	五月	2	3	4	5	6	7	8
农历	一	二	三	四	五	六	七	八	九	十	十一	十二	十三	十四	十五	十六	十七	十八	十九	二十	廿一	廿二	廿三	廿四	廿五	廿六	廿七	廿八	廿九	三十
星期	五	六	日	一	二	三	四	五	六	日	一	二	三	四	五	六	日	一	二	三	四	五	六	日	一	二	三	四	五	六
干支	甲子	乙丑	丙寅	丁卯	戊辰	己巳	庚午	辛未	壬申	癸酉	甲戌	乙亥	丙子	丁丑	戊寅	己卯	庚辰	辛巳	壬午	癸未	甲申	乙酉	丙戌	丁亥	戊子	己丑	庚寅	辛卯	壬辰	癸巳
五行	金	金	火	火	木	木	土	土	金	金	火	火	水	水	土	土	金	金	木	木	水	水	土	土	火	火	木	木	水	水
建星	成	收	开	闭	建	除	满	平	定	执	破	危	成	收	开	闭	建	除	满	平	定	执	破	危	成	收	收	开	闭	建
廿八宿	鬼	柳	星	张	翼	轸	角	亢	氐	房	心	尾	箕	斗	牛	女	虚	危	室	壁	奎	娄	胃	昴	毕	觜	参	井	鬼	柳

岁次：戊子	公元1948年（霹雳火）		土鼠
太岁：邹铛	年七赤星	水雷屯卦	七火四运	氏

四月小建丁巳房宿 （五黄）

节气：小满十三日十一时五十八分
芒种廿九日三时廿一分

公历	9	10	11	12	13	14	15	16	17	18	19	20	21	22	23	24	25	26	27	28	29	30	31	六月	2	3	4	5	6
农历	一	二	三	四	五	六	七	八	九	十	十一	十二	十三	十四	十五	十六	十七	十八	十九	二十	廿一	廿二	廿三	廿四	廿五	廿六	廿七	廿八	廿九
星期	日	一	二	三	四	五	六	日	一	二	三	四	五	六	日	一	二	三	四	五	六	日	一	二	三	四	五	六	日
干支	甲午	乙未	丙申	丁酉	戊戌	己亥	庚子	辛丑	壬寅	癸卯	甲辰	乙巳	丙午	丁未	戊申	己酉	庚戌	辛亥	壬子	癸丑	甲寅	乙卯	丙辰	丁巳	戊午	己未	庚申	辛酉	壬戌
五行	金	金	火	火	木	木	土	土	金	金	火	火	水	水	土	土	金	金	木	木	水	水	土	土	火	火	木	木	水
建星	除	满	平	定	执	破	危	成	收	开	闭	建	除	满	平	定	执	破	危	成	收	开	闭	建	除	满	平	定	定
廿八宿	星	张	翼	轸	角	亢	氐	房	心	尾	箕	斗	牛	女	虚	危	室	壁	奎	娄	胃	昴	毕	觜	参	井	鬼	柳	星

五月大建戊午心宿 （四绿）

节气：夏至十五日二十时十一分

公历	7	8	9	10	11	12	13	14	15	16	17	18	19	20	21	22	23	24	25	26	27	28	29	30	七月	2	3	4	5	6
农历	一	二	三	四	五	六	七	八	九	十	十一	十二	十三	十四	十五	十六	十七	十八	十九	二十	廿一	廿二	廿三	廿四	廿五	廿六	廿七	廿八	廿九	三十
星期	一	二	三	四	五	六	日	一	二	三	四	五	六	日	一	二	三	四	五	六	日	一	二	三	四	五	六	日	一	二
干支	癸亥	甲子	乙丑	丙寅	丁卯	戊辰	己巳	庚午	辛未	壬申	癸酉	甲戌	乙亥	丙子	丁丑	戊寅	己卯	庚辰	辛巳	壬午	癸未	甲申	乙酉	丙戌	丁亥	戊子	己丑	庚寅	辛卯	壬辰
五行	水	金	金	火	火	木	木	土	土	金	金	火	火	水	水	土	土	金	金	木	木	水	水	土	土	火	火	木	木	水
建星	执	破	危	成	收	开	闭	建	除	满	平	定	执	破	危	成	收	开	闭	建	除	满	平	定	执	破	危	成	收	开
廿八宿	张	翼	轸	角	亢	氐	房	心	尾	箕	斗	牛	女	虚	危	室	壁	奎	娄	胃	昴	毕	觜	参	井	鬼	柳	星	张	翼

六月小建己未尾宿 （三碧）

节气：小暑初一日十三时四十九分
大暑十七日七时八分

公历	7	8	9	10	11	12	13	14	15	16	17	18	19	20	21	22	23	24	25	26	27	28	29	30	31	八月	2	3	4
农历	一	二	三	四	五	六	七	八	九	十	十一	十二	十三	十四	十五	十六	十七	十八	十九	二十	廿一	廿二	廿三	廿四	廿五	廿六	廿七	廿八	廿九
星期	三	四	五	六	日	一	二	三	四	五	六	日	一	二	三	四	五	六	日	一	二	三	四	五	六	日	一	二	三
干支	癸巳	甲午	乙未	丙申	丁酉	戊戌	己亥	庚子	辛丑	壬寅	癸卯	甲辰	乙巳	丙午	丁未	戊申	己酉	庚戌	辛亥	壬子	癸丑	甲寅	乙卯	丙辰	丁巳	戊午	己未	庚申	辛酉
五行	水	金	金	火	火	木	木	土	土	金	金	火	火	水	水	土	土	金	金	木	木	水	水	土	土	火	火	木	木
建星	开	闭	建	除	满	平	定	执	破	危	成	收	开	闭	建	除	满	平	定	执	破	危	成	收	开	闭	建	除	满
廿八宿	轸	角	亢	氐	房	心	尾	箕	斗	牛	女	虚	危	室	壁	奎	娄	胃	昴	毕	觜	参	井	鬼	柳	星	张	翼	轸

岁次：戊子	公元1948年（霹雳火）			土鼠
太岁：邹铛	年七赤星	水雷屯卦	七火四运	氏

七月小建庚申箕宿　（二黑）

节气：立秋初三日廿三时廿七分
处暑十九日十四时三分

公历	5	6	7	8	9	10	11	12	13	14	15	16	17	18	19	20	21	22	23	24	25	26	27	28	29	30	31	九月	2
农历	一	二	三	四	五	六	七	八	九	十	十一	十二	十三	十四	十五	十六	十七	十八	十九	二十	廿一	廿二	廿三	廿四	廿五	廿六	廿七	廿八	廿九
星期	四	五	六	日	一	二	三	四	五	六	日	一	二	三	四	五	六	日	一	二	三	四	五	六	日	一	二	三	四
干支	壬戌	癸亥	甲子	乙丑	丙寅	丁卯	戊辰	己巳	庚午	辛未	壬申	癸酉	甲戌	乙亥	丙子	丁丑	戊寅	己卯	庚辰	辛巳	壬午	癸未	甲申	乙酉	丙戌	丁亥	戊子	己丑	庚寅
五行	水	水	金	金	火	火	木	木	土	土	金	金	火	火	水	水	土	土	金	金	木	木	水	水	土	土	火	火	木
建星	平	定	定	执	破	危	成	收	开	闭	建	除	满	平	定	执	破	危	成	收	开	闭	建	除	满	平	定	执	破
廿八宿	角	亢	氐	房	心	尾	箕	斗	牛	女	虚	危	室	壁	奎	娄	胃	昴	毕	觜	参	井	鬼	柳	星	张	翼	轸	角

八月大建辛酉斗宿　（一白）

节气：白露初六日二时六分
秋分廿一日十一时廿二分

公历	3	4	5	6	7	8	9	10	11	12	13	14	15	16	17	18	19	20	21	22	23	24	25	26	27	28	29	30	十月	2
农历	一	二	三	四	五	六	七	八	九	十	十一	十二	十三	十四	十五	十六	十七	十八	十九	二十	廿一	廿二	廿三	廿四	廿五	廿六	廿七	廿八	廿九	三十
星期	五	六	日	一	二	三	四	五	六	日	一	二	三	四	五	六	日	一	二	三	四	五	六	日	一	二	三	四	五	六
干支	辛卯	壬辰	癸巳	甲午	乙未	丙申	丁酉	戊戌	己亥	庚子	辛丑	壬寅	癸卯	甲辰	乙巳	丙午	丁未	戊申	己酉	庚戌	辛亥	壬子	癸丑	甲寅	乙卯	丙辰	丁巳	戊午	己未	庚申
五行	木	水	水	金	金	火	火	木	木	土	土	金	金	火	火	水	水	土	土	金	金	木	木	水	水	土	土	火	火	木
建星	危	成	收	开	闭	闭	建	除	满	平	定	执	破	危	成	收	开	闭	建	除	满	平	定	执	破	危	成	收	开	闭
廿八宿	亢	氐	房	心	尾	箕	斗	牛	女	虚	危	室	壁	奎	娄	胃	昴	毕	觜	参	井	鬼	柳	星	张	翼	轸	角	亢	氐

九月小建壬戌牛宿　（九赤）

节气：寒露初六日十七时廿一分
霜降廿一日二十时十九分

公历	3	4	5	6	7	8	9	10	11	12	13	14	15	16	17	18	19	20	21	22	23	24	25	26	27	28	29	30	31
农历	一	二	三	四	五	六	七	八	九	十	十一	十二	十三	十四	十五	十六	十七	十八	十九	二十	廿一	廿二	廿三	廿四	廿五	廿六	廿七	廿八	廿九
星期	日	一	二	三	四	五	六	日	一	二	三	四	五	六	日	一	二	三	四	五	六	日	一	二	三	四	五	六	日
干支	辛酉	壬戌	癸亥	甲子	乙丑	丙寅	丁卯	戊辰	己巳	庚午	辛未	壬申	癸酉	甲戌	乙亥	丙子	丁丑	戊寅	己卯	庚辰	辛巳	壬午	癸未	甲申	乙酉	丙戌	丁亥	戊子	己丑
五行	木	水	水	金	金	火	火	木	木	土	土	金	金	火	火	水	水	土	土	金	金	木	木	水	水	土	土	火	火
建星	建	除	满	平	定	定	执	破	危	成	收	开	闭	建	除	满	平	定	执	破	危	成	收	开	闭	建	除	满	平
廿八宿	房	心	尾	箕	斗	牛	女	虚	危	室	壁	奎	娄	胃	昴	毕	觜	参	井	鬼	柳	星	张	翼	轸	角	亢	氐	房

岁次：戊子	公元1948年（霹雳火）			土鼠
太岁：邹铛	年七赤星	水雷屯卦	七火四运	氏

十月大建癸亥女宿 （八白）

节气：立冬初七日二十时七分
小雪廿二日十七时三十分

公历	11月	2	3	4	5	6	7	8	9	10	11	12	13	14	15	16	17	18	19	20	21	22	23	24	25	26	27	28	29	30
农历	一	二	三	四	五	六	七	八	九	十	十一	十二	十三	十四	十五	十六	十七	十八	十九	二十	廿一	廿二	廿三	廿四	廿五	廿六	廿七	廿八	廿九	三十
星期	一	二	三	四	五	六	日	一	二	三	四	五	六	日	一	二	三	四	五	六	日	一	二	三	四	五	六	日	一	二
干支	庚寅	辛卯	壬辰	癸巳	甲午	乙未	丙申	丁酉	戊戌	己亥	庚子	辛丑	壬寅	癸卯	甲辰	乙巳	丙午	丁未	戊申	己酉	庚戌	辛亥	壬子	癸丑	甲寅	乙卯	丙辰	丁巳	戊午	己未
五行	木	木	水	水	金	金	火	火	木	木	土	土	金	金	火	火	水	水	土	土	金	金	木	木	水	水	土	土	火	火
建星	定	执	破	危	成	收	收	开	闭	建	除	满	平	定	执	破	危	成	收	开	闭	建	除	满	平	定	执	破	危	成
廿八宿	心	尾	箕	斗	牛	女	虚	危	室	壁	奎	娄	胃	昴	毕	觜	参	井	鬼	柳	星	张	翼	轸	角	亢	氐	房	心	尾

十一月小建甲子虚宿 （七赤）

节气：大雪初七日十二时卅八分
冬至廿二日六时卅四分

公历	12月	2	3	4	5	6	7	8	9	10	11	12	13	14	15	16	17	18	19	20	21	22	23	24	25	26	27	28	29	
农历	一	二	三	四	五	六	七	八	九	十	十一	十二	十三	十四	十五	十六	十七	十八	十九	二十	廿一	廿二	廿三	廿四	廿五	廿六	廿七	廿八	廿九	
星期	三	四	五	六	日	一	二	三	四	五	六	日	一	二	三	四	五	六	日	一	二	三	四	五	六	日	一	二	三	
干支	庚申	辛酉	壬戌	癸亥	甲子	乙丑	丙寅	丁卯	戊辰	己巳	庚午	辛未	壬申	癸酉	甲戌	乙亥	丙子	丁丑	戊寅	己卯	庚辰	辛巳	壬午	癸未	甲申	乙酉	丙戌	丁亥	戊子	
五行	木	木	水	水	金	金	火	火	木	木	土	土	金	金	火	火	水	水	土	土	金	金	木	木	水	水	土	土	火	
建星	收	开	闭	建	除	满	满	平	定	执	破	危	成	收	开	闭	建	除	满	平	定	执	破	危	成	收	开	闭	建	
廿八宿	箕	斗	牛	女	虚	危	室	壁	奎	娄	胃	昴	毕	觜	参	井	鬼	柳	星	张	翼	轸	角	亢	氐	房	心	尾	箕	

十二月大建乙丑危宿 （六白）

节气：小寒初七日廿三时四十二分
大寒廿二日十七时九分

公历	30	31	一月	2	3	4	5	6	7	8	9	10	11	12	13	14	15	16	17	18	19	20	21	22	23	24	25	26	27	28
农历	一	二	三	四	五	六	七	八	九	十	十一	十二	十三	十四	十五	十六	十七	十八	十九	二十	廿一	廿二	廿三	廿四	廿五	廿六	廿七	廿八	廿九	三十
星期	四	五	六	日	一	二	三	四	五	六	日	一	二	三	四	五	六	日	一	二	三	四	五	六	日	一	二	三	四	五
干支	己丑	庚寅	辛卯	壬辰	癸巳	甲午	乙未	丙申	丁酉	戊戌	己亥	庚子	辛丑	壬寅	癸卯	甲辰	乙巳	丙午	丁未	戊申	己酉	庚戌	辛亥	壬子	癸丑	甲寅	乙卯	丙辰	丁巳	戊午
五行	火	木	木	水	水	金	金	火	火	木	木	土	土	金	金	火	火	水	水	土	土	金	金	木	木	水	水	土	土	火
建星	除	满	平	定	执	破	破	危	成	收	开	闭	建	除	满	平	定	执	破	危	成	收	开	闭	建	除	满	平	定	执
廿八宿	斗	牛	女	虚	危	室	壁	奎	娄	胃	昴	毕	觜	参	井	鬼	柳	星	张	翼	轸	角	亢	氐	房	心	尾	箕	斗	牛

岁次：己丑	公元 1949 年（霹雳火）			土牛
太岁：傅佑	年六白星	天雷无妄卦	九金二运	房

正月大建丙寅室宿 （五黄）

节气：立春初七日十一时廿四分
雨水廿二日七时廿八分

公历	29	30	31	二月	2	3	4	5	6	7	8	9	10	11	12	13	14	15	16	17	18	19	20	21	22	23	24	25	26	27
农历	一	二	三	四	五	六	七	八	九	十	十一	十二	十三	十四	十五	十六	十七	十八	十九	二十	廿一	廿二	廿三	廿四	廿五	廿六	廿七	廿八	廿九	三十
星期	六	日	一	二	三	四	五	六	日	一	二	三	四	五	六	日	一	二	三	四	五	六	日	一	二	三	四	五	六	日
干支	己未	庚申	辛酉	壬戌	癸亥	甲子	乙丑	丙寅	丁卯	戊辰	己巳	庚午	辛未	壬申	癸酉	甲戌	乙亥	丙子	丁丑	戊寅	己卯	庚辰	辛巳	壬午	癸未	甲申	乙酉	丙戌	丁亥	戊子
五行	火	木	木	水	水	金	金	火	火	木	木	土	土	金	金	火	火	水	水	土	土	金	金	木	木	水	水	土	土	火
建星	破	危	成	收	开	闭	闭	建	除	满	平	定	执	破	危	成	收	开	闭	建	除	满	平	定	执	破	危	成	收	开
廿八宿	女	虚	危	室	壁	奎	娄	胃	昴	毕	觜	参	井	鬼	柳	星	张	翼	轸	角	亢	氐	房	心	尾	箕	斗	牛	女	虚

二月小建丁卯壁宿 （四绿）

节气：惊蛰初七日五时四十分
春分廿二日六时四十九分

公历	28	三月	2	3	4	5	6	7	8	9	10	11	12	13	14	15	16	17	18	19	20	21	22	23	24	25	26	27	28	
农历	一	二	三	四	五	六	七	八	九	十	十一	十二	十三	十四	十五	十六	十七	十八	十九	二十	廿一	廿二	廿三	廿四	廿五	廿六	廿七	廿八	廿九	
星期	一	二	三	四	五	六	日	一	二	三	四	五	六	日	一	二	三	四	五	六	日	一	二	三	四	五	六	日	一	
干支	己丑	庚寅	辛卯	壬辰	癸巳	甲午	乙未	丙申	丁酉	戊戌	己亥	庚子	辛丑	壬寅	癸卯	甲辰	乙巳	丙午	丁未	戊申	己酉	庚戌	辛亥	壬子	癸丑	甲寅	乙卯	丙辰	丁巳	
五行	火	木	木	水	水	金	金	火	火	木	木	土	土	金	金	火	火	水	水	土	土	金	金	木	木	水	水	土	土	
建星	闭	建	除	满	平	定	定	执	破	危	成	收	开	闭	建	除	满	平	定	执	破	危	成	收	开	闭	建	除	满	
廿八宿	危	室	壁	奎	娄	胃	昴	毕	觜	参	井	鬼	柳	星	张	翼	轸	角	亢	氐	房	心	尾	箕	斗	牛	女	虚	危	

三月大建戊辰奎宿 （三碧）

节气：清明初八日十时五十二分
谷雨廿三日十八时十八分

公历	29	30	31	四月	2	3	4	5	6	7	8	9	10	11	12	13	14	15	16	17	18	19	20	21	22	23	24	25	26	27
农历	一	二	三	四	五	六	七	八	九	十	十一	十二	十三	十四	十五	十六	十七	十八	十九	二十	廿一	廿二	廿三	廿四	廿五	廿六	廿七	廿八	廿九	三十
星期	二	三	四	五	六	日	一	二	三	四	五	六	日	一	二	三	四	五	六	日	一	二	三	四	五	六	日	一	二	三
干支	戊午	己未	庚申	辛酉	壬戌	癸亥	甲子	乙丑	丙寅	丁卯	戊辰	己巳	庚午	辛未	壬申	癸酉	甲戌	乙亥	丙子	丁丑	戊寅	己卯	庚辰	辛巳	壬午	癸未	甲申	乙酉	丙戌	丁亥
五行	火	火	木	木	水	水	金	金	火	火	木	木	土	土	金	金	火	火	水	水	土	土	金	金	木	木	水	水	土	土
建星	平	定	执	破	危	成	收	收	开	闭	建	除	满	平	定	执	破	危	成	收	开	闭	建	除	满	平	定	执	破	危
廿八宿	室	壁	奎	娄	胃	昴	毕	觜	参	井	鬼	柳	星	张	翼	轸	角	亢	氐	房	心	尾	箕	斗	牛	女	虚	危	室	壁

岁次：己丑	公元1949年（霹雳火）			土牛
太岁：傅佑	年六白星	天雷无妄卦	九金二运	房

四月大建己巳娄宿 （二黑）

节气：立夏初九日四时卅七分
小满廿四日十七时五十一分

公历	28	29	30	五月	2	3	4	5	6	7	8	9	10	11	12	13	14	15	16	17	18	19	20	21	22	23	24	25	26	27
农历	一	二	三	四	五	六	七	八	九	十	十一	十二	十三	十四	十五	十六	十七	十八	十九	二十	廿一	廿二	廿三	廿四	廿五	廿六	廿七	廿八	廿九	三十
星期	四	五	六	日	一	二	三	四	五	六	日	一	二	三	四	五	六	日	一	二	三	四	五	六	日	一	二	三	四	五
干支	戊子	己丑	庚寅	辛卯	壬辰	癸巳	甲午	乙未	丙申	丁酉	戊戌	己亥	庚子	辛丑	壬寅	癸卯	甲辰	乙巳	丙午	丁未	戊申	己酉	庚戌	辛亥	壬子	癸丑	甲寅	乙卯	丙辰	丁巳
五行	火	火	木	木	水	水	金	金	火	火	木	木	土	土	金	金	火	火	水	水	土	土	金	金	木	木	水	水	土	土
建星	成	收	开	闭	建	除	满	平	平	定	执	破	危	成	收	开	闭	建	除	满	平	定	执	破	危	成	收	开	闭	建
廿八宿	奎	娄	胃	昴	毕	觜	参	井	鬼	柳	星	张	翼	轸	角	亢	氐	房	心	尾	箕	斗	牛	女	虚	危	室	壁	奎	娄

五月小建庚午胃宿 （一白）

节气：芒种初十日九时七分
夏至廿六日二时三分

公历	28	29	30	31	六月	2	3	4	5	6	7	8	9	10	11	12	13	14	15	16	17	18	19	20	21	22	23	24	25	
农历	一	二	三	四	五	六	七	八	九	十	十一	十二	十三	十四	十五	十六	十七	十八	十九	二十	廿一	廿二	廿三	廿四	廿五	廿六	廿七	廿八	廿九	
星期	六	日	一	二	三	四	五	六	日	一	二	三	四	五	六	日	一	二	三	四	五	六	日	一	二	三	四	五	六	
干支	戊午	己未	庚申	辛酉	壬戌	癸亥	甲子	乙丑	丙寅	丁卯	戊辰	己巳	庚午	辛未	壬申	癸酉	甲戌	乙亥	丙子	丁丑	戊寅	己卯	庚辰	辛巳	壬午	癸未	甲申	乙酉	丙戌	
五行	火	火	木	木	水	水	金	金	火	火	木	木	土	土	金	金	火	火	水	水	土	土	金	金	木	木	水	水	土	
建星	除	满	平	定	执	破	危	成	收	收	开	闭	建	除	满	平	定	执	破	危	成	收	开	闭	建	除	满	平	定	
廿八宿	胃	昴	毕	觜	参	井	鬼	柳	星	张	翼	轸	角	亢	氐	房	心	尾	箕	斗	牛	女	虚	危	室	壁	奎	娄	胃	

六月大建辛未昴宿 （九紫）

节气：小暑十二日十九时卅二分
大暑廿八日十二时五十七分

公历	26	27	28	29	30	七月	2	3	4	5	6	7	8	9	10	11	12	13	14	15	16	17	18	19	20	21	22	23	24	25
农历	一	二	三	四	五	六	七	八	九	十	十一	十二	十三	十四	十五	十六	十七	十八	十九	二十	廿一	廿二	廿三	廿四	廿五	廿六	廿七	廿八	廿九	三十
星期	日	一	二	三	四	五	六	日	一	二	三	四	五	六	日	一	二	三	四	五	六	日	一	二	三	四	五	六	日	一
干支	丁亥	戊子	己丑	庚寅	辛卯	壬辰	癸巳	甲午	乙未	丙申	丁酉	戊戌	己亥	庚子	辛丑	壬寅	癸卯	甲辰	乙巳	丙午	丁未	戊申	己酉	庚戌	辛亥	壬子	癸丑	甲寅	乙卯	丙辰
五行	土	火	火	木	木	水	水	金	金	火	火	木	木	土	土	金	金	火	火	水	水	土	土	金	金	木	木	水	水	土
建星	执	破	危	成	收	开	闭	建	除	满	平	平	定	执	破	危	成	收	开	闭	建	除	满	平	定	执	破	危	成	收
廿八宿	昴	毕	觜	参	井	鬼	柳	星	张	翼	轸	角	亢	氐	房	心	尾	箕	斗	牛	女	虚	危	室	壁	奎	娄	胃	昴	毕

岁次：己丑	公元 1949 年（霹雳火）			土牛
太岁：傅佑	年六白星	天雷无妄卦	九金二运	房

七月小建壬申毕宿 （八白）

节气：立秋十四日五时十五分
处暑廿九日十九时四十九分

公历	26	27	28	29	30	31	八月	2	3	4	5	6	7	8	9	10	11	12	13	14	15	16	17	18	19	20	21	22	23	
农历	一	二	三	四	五	六	七	八	九	十	十一	十二	十三	十四	十五	十六	十七	十八	十九	二十	廿一	廿二	廿三	廿四	廿五	廿六	廿七	廿八	廿九	
星期	二	三	四	五	六	日	一	二	三	四	五	六	日	一	二	三	四	五	六	日	一	二	三	四	五	六	日	一	二	
干支	丁巳	戊午	己未	庚申	辛酉	壬戌	癸亥	甲子	乙丑	丙寅	丁卯	戊辰	己巳	庚午	辛未	壬申	癸酉	甲戌	乙亥	丙子	丁丑	戊寅	己卯	庚辰	辛巳	壬午	癸未	甲申	乙酉	
五行	土	火	火	木	木	水	水	金	金	火	火	木	木	土	土	金	金	火	火	水	水	土	土	金	金	木	木	水	水	
建星	开	闭	建	除	满	平	定	执	破	危	成	收	开	开	闭	建	除	满	平	定	执	破	危	成	收	开	闭	建	除	
廿八宿	觜	参	井	鬼	柳	星	张	翼	轸	角	亢	氐	房	心	尾	箕	斗	牛	女	虚	危	室	壁	奎	娄	胃	昴	毕	觜	

闰七月小

节气：白露十六日七时五十四分

公历	24	25	26	27	28	29	30	31	九月	2	3	4	5	6	7	8	9	10	11	12	13	14	15	16	17	18	19	20	21	
农历	一	二	三	四	五	六	七	八	九	十	十一	十二	十三	十四	十五	十六	十七	十八	十九	二十	廿一	廿二	廿三	廿四	廿五	廿六	廿七	廿八	廿九	
星期	三	四	五	六	日	一	二	三	四	五	六	日	一	二	三	四	五	六	日	一	二	三	四	五	六	日	一	二	三	
干支	丙戌	丁亥	戊子	己丑	庚寅	辛卯	壬辰	癸巳	甲午	乙未	丙申	丁酉	戊戌	己亥	庚子	辛丑	壬寅	癸卯	甲辰	乙巳	丙午	丁未	戊申	己酉	庚戌	辛亥	壬子	癸丑	甲寅	
五行	土	土	火	火	木	木	水	水	金	金	火	火	木	木	土	土	金	金	火	火	水	水	土	土	金	金	木	木	水	
建星	满	平	定	执	破	危	成	收	开	闭	建	除	满	平	定	定	执	破	危	成	收	开	闭	建	除	满	平	定	执	
廿八宿	参	井	鬼	柳	星	张	翼	轸	角	亢	氐	房	心	尾	箕	斗	牛	女	虚	危	室	壁	奎	娄	胃	昴	毕	觜	参	

八月大建癸酉觜宿 （七赤）

节气：秋分初二日十七时六分
寒露十七日廿三时十一分

公历	22	23	24	25	26	27	28	29	30	十月	2	3	4	5	6	7	8	9	10	11	12	13	14	15	16	17	18	19	20	21
农历	一	二	三	四	五	六	七	八	九	十	十一	十二	十三	十四	十五	十六	十七	十八	十九	二十	廿一	廿二	廿三	廿四	廿五	廿六	廿七	廿八	廿九	三十
星期	四	五	六	日	一	二	三	四	五	六	日	一	二	三	四	五	六	日	一	二	三	四	五	六	日	一	二	三	四	五
干支	乙卯	丙辰	丁巳	戊午	己未	庚申	辛酉	壬戌	癸亥	甲子	乙丑	丙寅	丁卯	戊辰	己巳	庚午	辛未	壬申	癸酉	甲戌	乙亥	丙子	丁丑	戊寅	己卯	庚辰	辛巳	壬午	癸未	甲申
五行	水	土	土	火	火	木	木	水	水	金	金	火	火	木	木	土	土	金	金	火	火	水	水	土	土	金	金	木	木	水
建星	破	危	成	收	开	闭	建	除	满	平	定	执	破	危	成	收	收	开	闭	建	除	满	平	定	执	破	危	成	收	开
廿八宿	井	鬼	柳	星	张	翼	轸	角	亢	氐	房	心	尾	箕	斗	牛	女	虚	危	室	壁	奎	娄	胃	昴	毕	觜	参	井	鬼

岁次:己丑	公元 1949 年(霹雳火)			土牛
太岁:傅佑	年六白星	天雷无妄卦	九金二运	房

九月小建甲戌参宿　(六白)　　节气:霜降初三日二时三分　立冬十八日二时

公历	22	23	24	25	26	27	28	29	30	31	11月	2	3	4	5	6	7	8	9	10	11	12	13	14	15	16	17	18	19	
农历	一	二	三	四	五	六	七	八	九	十	十一	十二	十三	十四	十五	十六	十七	十八	十九	二十	廿一	廿二	廿三	廿四	廿五	廿六	廿七	廿八	廿九	
星期	六	日	一	二	三	四	五	六	日	一	二	三	四	五	六	日	一	二	三	四	五	六	日	一	二	三	四	五	六	
干支	乙酉	丙戌	丁亥	戊子	己丑	庚寅	辛卯	壬辰	癸巳	甲午	乙未	丙申	丁酉	戊戌	己亥	庚子	辛丑	壬寅	癸卯	甲辰	乙巳	丙午	丁未	戊申	己酉	庚戌	辛亥	壬子	癸丑	
五行	水	土	土	火	火	木	木	水	水	金	金	火	火	木	木	土	土	金	金	火	火	水	水	土	土	金	金	木	木	
建星	闭	建	除	满	平	定	执	破	危	成	收	开	闭	建	除	满	平	平	定	执	破	危	成	收	开	闭	建	除	满	
廿八宿	柳	星	张	翼	轸	角	亢	氐	房	心	尾	箕	斗	牛	女	虚	危	室	壁	奎	娄	胄	昴	毕	觜	参	井	鬼	柳	

十月大建乙亥井宿　(五黄)　　节气:小雪初三日廿三时十七分　大雪十八日十八时卅四分

公历	20	21	22	23	24	25	26	27	28	29	30	12月	2	3	4	5	6	7	8	9	10	11	12	13	14	15	16	17	18	19
农历	一	二	三	四	五	六	七	八	九	十	十一	十二	十三	十四	十五	十六	十七	十八	十九	二十	廿一	廿二	廿三	廿四	廿五	廿六	廿七	廿八	廿九	三十
星期	日	一	二	三	四	五	六	日	一	二	三	四	五	六	日	一	二	三	四	五	六	日	一	二	三	四	五	六	日	一
干支	甲寅	乙卯	丙辰	丁巳	戊午	己未	庚申	辛酉	壬戌	癸亥	甲子	乙丑	丙寅	丁卯	戊辰	己巳	庚午	辛未	壬申	癸酉	甲戌	乙亥	丙子	丁丑	戊寅	己卯	庚辰	辛巳	壬午	癸未
五行	水	水	土	土	火	火	木	木	水	水	金	金	火	火	木	木	土	土	金	金	火	火	水	水	土	土	金	金	木	木
建星	平	定	执	破	危	成	收	开	闭	建	除	满	平	定	执	破	危	危	成	收	开	闭	建	除	满	平	定	执	破	危
廿八宿	星	张	翼	轸	角	亢	氐	房	心	尾	箕	斗	牛	女	虚	危	室	壁	奎	娄	胄	昴	毕	觜	参	井	鬼	柳	星	张

十一月小建丙子鬼宿　(四绿)　　节气:冬至初三日十二时廿四分　小寒十八日五时卅九分

公历	20	21	22	23	24	25	26	27	28	29	30	31	一月	2	3	4	5	6	7	8	9	10	11	12	13	14	15	16	17	
农历	一	二	三	四	五	六	七	八	九	十	十一	十二	十三	十四	十五	十六	十七	十八	十九	二十	廿一	廿二	廿三	廿四	廿五	廿六	廿七	廿八	廿九	
星期	二	三	四	五	六	日	一	二	三	四	五	六	日	一	二	三	四	五	六	日	一	二	三	四	五	六	日	一	二	
干支	甲申	乙酉	丙戌	丁亥	戊子	己丑	庚寅	辛卯	壬辰	癸巳	甲午	乙未	丙申	丁酉	戊戌	己亥	庚子	辛丑	壬寅	癸卯	甲辰	乙巳	丙午	丁未	戊申	己酉	庚戌	辛亥	壬子	
五行	水	水	土	土	火	火	木	木	水	水	金	金	火	火	木	木	土	土	金	金	火	火	水	水	土	土	金	金	木	
建星	成	收	开	闭	建	除	满	平	定	执	破	危	成	收	开	闭	建	建	除	满	平	定	执	破	危	成	收	开	闭	
廿八宿	翼	轸	角	亢	氐	房	心	尾	箕	斗	牛	女	虚	危	室	壁	奎	娄	胄	昴	毕	觜	参	井	鬼	柳	星	张	翼	

十二月大建丁丑柳宿　(三碧)　　节气:大寒初三日廿三时　立春十八日十七时廿一分

公历	18	19	20	21	22	23	24	25	26	27	28	29	30	31	二月	2	3	4	5	6	7	8	9	10	11	12	13	14	15	16
农历	一	二	三	四	五	六	七	八	九	十	十一	十二	十三	十四	十五	十六	十七	十八	十九	二十	廿一	廿二	廿三	廿四	廿五	廿六	廿七	廿八	廿九	三十
星期	三	四	五	六	日	一	二	三	四	五	六	日	一	二	三	四	五	六	日	一	二	三	四	五	六	日	一	二	三	四
干支	癸丑	甲寅	乙卯	丙辰	丁巳	戊午	己未	庚申	辛酉	壬戌	癸亥	甲子	乙丑	丙寅	丁卯	戊辰	己巳	庚午	辛未	壬申	癸酉	甲戌	乙亥	丙子	丁丑	戊寅	己卯	庚辰	辛巳	壬午
五行	木	水	水	土	土	火	火	木	木	水	水	金	金	火	火	木	木	土	土	金	金	火	火	水	水	土	土	金	金	木
建星	建	除	满	平	定	执	破	危	成	收	开	闭	建	除	满	平	定	定	执	破	危	成	收	开	闭	建	除	满	平	定
廿八宿	轸	角	亢	氐	房	心	尾	箕	斗	牛	女	虚	危	室	壁	奎	娄	胄	昴	毕	觜	参	井	鬼	柳	星	张	翼	轸	角

岁次：庚寅	公元1950年（松柏木）			金虎
太岁：邬桓	年五黄星	泽火革卦 离为火卦	四金二运 三木一运	心

正月小建戊寅星宿 （二黑）

节气：雨水初二日十二时十八分
惊蛰十八日十一时卅六分

公历	17	18	19	20	21	22	23	24	25	26	27	28	三月	2	3	4	5	6	7	8	9	10	11	12	13	14	15	16	17
农历	一	二	三	四	五	六	七	八	九	十	十一	十二	十三	十四	十五	十六	十七	十八	十九	二十	廿一	廿二	廿三	廿四	廿五	廿六	廿七	廿八	廿九
星期	五	六	日	一	二	三	四	五	六	日	一	二	三	四	五	六	日	一	二	三	四	五	六	日	一	二	三	四	五
干支	癸未	甲申	乙酉	丙戌	丁亥	戊子	己丑	庚寅	辛卯	壬辰	癸巳	甲午	乙未	丙申	丁酉	戊戌	己亥	庚子	辛丑	壬寅	癸卯	甲辰	乙巳	丙午	丁未	戊申	己酉	庚戌	辛亥
五行	木	水	水	土	土	火	火	木	木	水	水	金	金	火	火	木	木	土	土	金	金	火	火	水	水	土	土	金	金
建星	执	破	危	成	收	开	闭	建	除	满	平	定	执	破	危	成	收	收	开	闭	建	除	满	平	定	执	破	危	成
廿八宿	亢	氐	房	心	尾	箕	斗	牛	女	虚	危	室	壁	奎	娄	胃	昴	毕	觜	参	井	鬼	柳	星	张	翼	轸	角	亢

二月大建己卯张宿 （一白）

节气：春分初四日十二时卅五分
清明十九日十六时四十五分

公历	18	19	20	21	22	23	24	25	26	27	28	29	30	31	四月	2	3	4	5	6	7	8	9	10	11	12	13	14	15	16
农历	一	二	三	四	五	六	七	八	九	十	十一	十二	十三	十四	十五	十六	十七	十八	十九	二十	廿一	廿二	廿三	廿四	廿五	廿六	廿七	廿八	廿九	三十
星期	六	日	一	二	三	四	五	六	日	一	二	三	四	五	六	日	一	二	三	四	五	六	日	一	二	三	四	五	六	日
干支	壬子	癸丑	甲寅	乙卯	丙辰	丁巳	戊午	己未	庚申	辛酉	壬戌	癸亥	甲子	乙丑	丙寅	丁卯	戊辰	己巳	庚午	辛未	壬申	癸酉	甲戌	乙亥	丙子	丁丑	戊寅	己卯	庚辰	辛巳
五行	木	木	水	水	土	土	火	火	木	木	水	水	金	金	火	火	木	木	土	土	金	金	火	火	水	水	土	土	金	金
建星	收	开	闭	建	除	满	平	定	执	破	危	成	收	开	闭	建	除	满	满	平	定	执	破	危	成	收	开	闭	建	除
廿八宿	氐	房	心	尾	箕	斗	牛	女	虚	危	室	壁	奎	娄	胃	昴	毕	觜	参	井	鬼	柳	星	张	翼	轸	角	亢	氐	房

三月大建庚辰翼宿 （九紫）

节气：谷雨初四日廿三时五十九分
立夏二十日十时廿五分

公历	17	18	19	20	21	22	23	24	25	26	27	28	29	30	五月	2	3	4	5	6	7	8	9	10	11	12	13	14	15	16
农历	一	二	三	四	五	六	七	八	九	十	十一	十二	十三	十四	十五	十六	十七	十八	十九	二十	廿一	廿二	廿三	廿四	廿五	廿六	廿七	廿八	廿九	三十
星期	一	二	三	四	五	六	日	一	二	三	四	五	六	日	一	二	三	四	五	六	日	一	二	三	四	五	六	日	一	二
干支	壬午	癸未	甲申	乙酉	丙戌	丁亥	戊子	己丑	庚寅	辛卯	壬辰	癸巳	甲午	乙未	丙申	丁酉	戊戌	己亥	庚子	辛丑	壬寅	癸卯	甲辰	乙巳	丙午	丁未	戊申	己酉	庚戌	辛亥
五行	木	木	水	水	土	土	火	火	木	木	水	水	金	金	火	火	木	木	土	土	金	金	火	火	水	水	土	土	金	金
建星	满	平	定	执	破	危	成	收	开	闭	建	除	满	平	定	执	破	危	成	成	收	开	闭	建	除	满	平	定	执	破
廿八宿	心	尾	箕	斗	牛	女	虚	危	室	壁	奎	娄	胃	昴	毕	觜	参	井	鬼	柳	星	张	翼	轸	角	亢	氐	房	心	尾

岁次：庚寅	公元1950年（松柏木）			金虎
太岁：邬桓	年五黄星	泽火革卦 离为火卦	四金二运 三木一运	心

四月小建辛巳轸宿 （八白）

节气：小满初五日廿三时廿七分
芒种廿一日十四时五十一分

公历	17	18	19	20	21	22	23	24	25	26	27	28	29	30	31	六月	2	3	4	5	6	7	8	9	10	11	12	13	14
农历	一	二	三	四	五	六	七	八	九	十	十一	十二	十三	十四	十五	十六	十七	十八	十九	二十	廿一	廿二	廿三	廿四	廿五	廿六	廿七	廿八	廿九
星期	三	四	五	六	日	一	二	三	四	五	六	日	一	二	三	四	五	六	日	一	二	三	四	五	六	日	一	二	三
干支	壬子	癸丑	甲寅	乙卯	丙辰	丁巳	戊午	己未	庚申	辛酉	壬戌	癸亥	甲子	乙丑	丙寅	丁卯	戊辰	己巳	庚午	辛未	壬申	癸酉	甲戌	乙亥	丙子	丁丑	戊寅	己卯	庚辰
五行	木	木	水	水	土	土	火	火	木	木	水	水	金	金	火	火	木	木	土	土	金	金	火	火	水	水	土	土	金
建星	危	成	收	开	闭	建	除	满	平	定	执	破	危	成	收	开	闭	建	除	满	满	平	定	执	破	危	成	收	开
廿八宿	箕	斗	牛	女	虚	危	室	壁	奎	娄	胃	昴	毕	觜	参	井	鬼	柳	星	张	翼	轸	角	亢	氐	房	心	尾	箕

五月大建壬午角宿 （七赤）

节气：夏至初八日七时卅六分
小暑廿四日一时十四分

公历	15	16	17	18	19	20	21	22	23	24	25	26	27	28	29	30	七月	2	3	4	5	6	7	8	9	10	11	12	13	14
农历	一	二	三	四	五	六	七	八	九	十	十一	十二	十三	十四	十五	十六	十七	十八	十九	二十	廿一	廿二	廿三	廿四	廿五	廿六	廿七	廿八	廿九	三十
星期	四	五	六	日	一	二	三	四	五	六	日	一	二	三	四	五	六	日	一	二	三	四	五	六	日	一	二	三	四	五
干支	辛巳	壬午	癸未	甲申	乙酉	丙戌	丁亥	戊子	己丑	庚寅	辛卯	壬辰	癸巳	甲午	乙未	丙申	丁酉	戊戌	己亥	庚子	辛丑	壬寅	癸卯	甲辰	乙巳	丙午	丁未	戊申	己酉	庚戌
五行	金	木	木	水	水	土	土	火	火	木	木	水	水	金	金	火	火	木	木	土	土	金	金	火	火	水	水	土	土	金
建星	闭	建	除	满	平	定	执	破	危	成	收	开	闭	建	除	满	平	定	执	破	危	成	收	收	开	闭	建	除	满	平
廿八宿	斗	牛	女	虚	危	室	壁	奎	娄	胃	昴	毕	觜	参	井	鬼	柳	星	张	翼	轸	角	亢	氐	房	心	尾	箕	斗	牛

六月大建癸未亢宿 （六白）

节气：大暑初九日十八时三十分
立秋廿五日十时五十六分

公历	15	16	17	18	19	20	21	22	23	24	25	26	27	28	29	30	31	八月	2	3	4	5	6	7	8	9	10	11	12	13
农历	一	二	三	四	五	六	七	八	九	十	十一	十二	十三	十四	十五	十六	十七	十八	十九	二十	廿一	廿二	廿三	廿四	廿五	廿六	廿七	廿八	廿九	三十
星期	六	日	一	二	三	四	五	六	日	一	二	三	四	五	六	日	一	二	三	四	五	六	日	一	二	三	四	五	六	日
干支	辛亥	壬子	癸丑	甲寅	乙卯	丙辰	丁巳	戊午	己未	庚申	辛酉	壬戌	癸亥	甲子	乙丑	丙寅	丁卯	戊辰	己巳	庚午	辛未	壬申	癸酉	甲戌	乙亥	丙子	丁丑	戊寅	己卯	庚辰
五行	金	木	木	水	水	土	土	火	火	木	木	水	水	金	金	火	火	木	木	土	土	金	金	火	火	水	水	土	土	金
建星	定	执	破	危	成	收	开	闭	建	除	满	平	定	执	破	危	成	收	开	闭	建	除	满	平	平	定	执	破	危	成
廿八宿	女	虚	危	室	壁	奎	娄	胃	昴	毕	觜	参	井	鬼	柳	星	张	翼	轸	角	亢	氐	房	心	尾	箕	斗	牛	女	虚

岁次:庚寅	公元1950年(松柏木)			金虎
太岁:邬桓	年五黄星	泽火革卦 离为火卦	四金二运 三木一运	心

七月小建甲申氐宿 (五黄)

节气：处暑 十一日一时廿四分
白露 廿六日十三时卅四分

公历	14	15	16	17	18	19	20	21	22	23	24	25	26	27	28	29	30	31	九月	2	3	4	5	6	7	8	9	10	11
农历	一	二	三	四	五	六	七	八	九	十	十一	十二	十三	十四	十五	十六	十七	十八	十九	二十	廿一	廿二	廿三	廿四	廿五	廿六	廿七	廿八	廿九
星期	一	二	三	四	五	六	日	一	二	三	四	五	六	日	一	二	三	四	五	六	日	一	二	三	四	五	六	日	一
干支	辛巳	壬午	癸未	甲申	乙酉	丙戌	丁亥	戊子	己丑	庚寅	辛卯	壬辰	癸巳	甲午	乙未	丙申	丁酉	戊戌	己亥	庚子	辛丑	壬寅	癸卯	甲辰	乙巳	丙午	丁未	戊申	己酉
五行	金	木	木	水	水	土	土	火	火	木	木	水	水	金	金	火	火	木	木	土	土	金	金	火	火	水	水	土	土
建星	收	开	闭	建	除	满	平	定	执	破	危	成	收	开	闭	建	除	满	平	定	执	破	危	成	收	收	开	闭	建
廿八宿	危	室	壁	奎	娄	胃	昴	毕	觜	参	井	鬼	柳	星	张	翼	轸	角	亢	氐	房	心	尾	箕	斗	牛	女	虚	危

八月小建乙酉房宿 (四绿)

节气：秋分 十二日廿二时四十四分
寒露 廿八日四时五十八分

公历	12	13	14	15	16	17	18	19	20	21	22	23	24	25	26	27	28	29	30	十月	2	3	4	5	6	7	8	9	10
农历	一	二	三	四	五	六	七	八	九	十	十一	十二	十三	十四	十五	十六	十七	十八	十九	二十	廿一	廿二	廿三	廿四	廿五	廿六	廿七	廿八	廿九
星期	二	三	四	五	六	日	一	二	三	四	五	六	日	一	二	三	四	五	六	日	一	二	三	四	五	六	日	一	二
干支	庚戌	辛亥	壬子	癸丑	甲寅	乙卯	丙辰	丁巳	戊午	己未	庚申	辛酉	壬戌	癸亥	甲子	乙丑	丙寅	丁卯	戊辰	己巳	庚午	辛未	壬申	癸酉	甲戌	乙亥	丙子	丁丑	戊寅
五行	金	金	木	木	水	水	土	土	火	火	木	木	水	水	金	金	火	火	木	木	土	土	金	金	火	火	水	水	土
建星	除	满	平	定	执	破	危	成	收	开	闭	建	除	满	平	定	执	破	危	成	收	开	闭	建	除	满	平	平	定
廿八宿	室	壁	奎	娄	胃	昴	毕	觜	参	井	鬼	柳	星	张	翼	轸	角	亢	氐	房	心	尾	箕	斗	牛	女	虚	危	室

九月大建丙戌心宿 (三碧)

节气：霜降 十四日七时四十五分
立冬 廿九日七时四十四分

公历	11	12	13	14	15	16	17	18	19	20	21	22	23	24	25	26	27	28	29	30	31	11月	2	3	4	5	6	7	8	9
农历	一	二	三	四	五	六	七	八	九	十	十一	十二	十三	十四	十五	十六	十七	十八	十九	二十	廿一	廿二	廿三	廿四	廿五	廿六	廿七	廿八	廿九	三十
星期	三	四	五	六	日	一	二	三	四	五	六	日	一	二	三	四	五	六	日	一	二	三	四	五	六	日	一	二	三	四
干支	己卯	庚辰	辛巳	壬午	癸未	甲申	乙酉	丙戌	丁亥	戊子	己丑	庚寅	辛卯	壬辰	癸巳	甲午	乙未	丙申	丁酉	戊戌	己亥	庚子	辛丑	壬寅	癸卯	甲辰	乙巳	丙午	丁未	戊申
五行	土	金	金	木	木	水	水	土	土	火	火	木	木	水	水	金	金	火	火	木	木	土	土	金	金	火	火	水	水	土
建星	执	破	危	成	收	开	闭	建	除	满	平	定	执	破	危	成	收	开	闭	建	除	满	平	定	执	破	危	成	成	收
廿八宿	壁	奎	娄	胃	昴	毕	觜	参	井	鬼	柳	星	张	翼	轸	角	亢	氐	房	心	尾	箕	斗	牛	女	虚	危	室	壁	奎

岁次：庚寅	公元1950年（松柏木）			金虎
太岁：邬桓	年五黄星	泽火革卦 离为火卦	四金二运 三木一运	心

十月小建丁亥尾宿 （二黑）

节气：小雪十四日五时三分
大雪廿九日零时廿二分

公历	10	11	12	13	14	15	16	17	18	19	20	21	22	23	24	25	26	27	28	29	30	12月	2	3	4	5	6	7	8
农历	一	二	三	四	五	六	七	八	九	十	十一	十二	十三	十四	十五	十六	十七	十八	十九	二十	廿一	廿二	廿三	廿四	廿五	廿六	廿七	廿八	廿九
星期	五	六	日	一	二	三	四	五	六	日	一	二	三	四	五	六	日	一	二	三	四	五	六	日	一	二	三	四	五
干支	己酉	庚戌	辛亥	壬子	癸丑	甲寅	乙卯	丙辰	丁巳	戊午	己未	庚申	辛酉	壬戌	癸亥	甲子	乙丑	丙寅	丁卯	戊辰	己巳	庚午	辛未	壬申	癸酉	甲戌	乙亥	丙子	丁丑
五行	土	金	金	木	木	水	水	土	土	火	火	木	木	水	水	金	金	火	火	木	木	土	土	金	金	火	火	水	水
建星	开	闭	建	除	满	平	定	执	破	危	成	收	开	闭	建	除	满	平	定	执	破	危	成	收	开	闭	建	除	除
廿八宿	娄	胃	昴	毕	觜	参	井	鬼	柳	星	张	翼	轸	角	亢	氐	房	心	尾	箕	斗	牛	女	虚	危	室	壁	奎	娄

十一月大建戊子箕宿 （一白）

节气：冬至十四日十八时十四分
小寒廿九日十一时卅一分

公历	9	10	11	12	13	14	15	16	17	18	19	20	21	22	23	24	25	26	27	28	29	30	31	一月	2	3	4	5	6	7
农历	一	二	三	四	五	六	七	八	九	十	十一	十二	十三	十四	十五	十六	十七	十八	十九	二十	廿一	廿二	廿三	廿四	廿五	廿六	廿七	廿八	廿九	三十
星期	六	日	一	二	三	四	五	六	日	一	二	三	四	五	六	日	一	二	三	四	五	六	日	一	二	三	四	五	六	日
干支	戊寅	己卯	庚辰	辛巳	壬午	癸未	甲申	乙酉	丙戌	丁亥	戊子	己丑	庚寅	辛卯	壬辰	癸巳	甲午	乙未	丙申	丁酉	戊戌	己亥	庚子	辛丑	壬寅	癸卯	甲辰	乙巳	丙午	丁未
五行	土	土	金	金	木	木	水	水	土	土	火	火	木	木	水	水	金	金	火	火	木	木	土	土	金	金	火	火	水	水
建星	满	平	定	执	破	危	成	收	开	闭	建	除	满	平	定	执	破	危	成	收	开	闭	建	除	满	平	定	执	执	破
廿八宿	胃	昴	毕	觜	参	井	鬼	柳	星	张	翼	轸	角	亢	氐	房	心	尾	箕	斗	牛	女	虚	危	室	壁	奎	娄	胃	昴

十二月小建己丑斗宿 （九紫）

节气：大寒十四日四时五十三分
立春廿八日廿三时十四分

公历	8	9	10	11	12	13	14	15	16	17	18	19	20	21	22	23	24	25	26	27	28	29	30	31	二月	2	3	4	5
农历	一	二	三	四	五	六	七	八	九	十	十一	十二	十三	十四	十五	十六	十七	十八	十九	二十	廿一	廿二	廿三	廿四	廿五	廿六	廿七	廿八	廿九
星期	一	二	三	四	五	六	日	一	二	三	四	五	六	日	一	二	三	四	五	六	日	一	二	三	四	五	六	日	一
干支	戊申	己酉	庚戌	辛亥	壬子	癸丑	甲寅	乙卯	丙辰	丁巳	戊午	己未	庚申	辛酉	壬戌	癸亥	甲子	乙丑	丙寅	丁卯	戊辰	己巳	庚午	辛未	壬申	癸酉	甲戌	乙亥	丙子
五行	土	土	金	金	木	木	水	水	土	土	火	火	木	木	水	水	金	金	火	火	木	木	土	土	金	金	火	火	水
建星	危	成	收	开	闭	建	除	满	平	定	执	破	危	成	收	开	闭	建	除	满	平	定	执	破	危	成	收	收	开
廿八宿	毕	觜	参	井	鬼	柳	星	张	翼	轸	角	亢	氐	房	心	尾	箕	斗	牛	女	虚	危	室	壁	奎	娄	胃	昴	毕

岁次：辛卯	公元1951年（松柏木）			金兔
太岁：范宁	年四绿星	风泽中孚卦	二火三运	尾

正月大建庚寅牛宿 （八白）

节气：雨水十四日十九时十分
惊蛰廿九日十七时廿七分

公历	6	7	8	9	10	11	12	13	14	15	16	17	18	19	20	21	22	23	24	25	26	27	28	三月	2	3	4	5	6	7
农历	一	二	三	四	五	六	七	八	九	十	十一	十二	十三	十四	十五	十六	十七	十八	十九	二十	廿一	廿二	廿三	廿四	廿五	廿六	廿七	廿八	廿九	三十
星期	二	三	四	五	六	日	一	二	三	四	五	六	日	一	二	三	四	五	六	日	一	二	三	四	五	六	日	一	二	三
干支	丁丑	戊寅	己卯	庚辰	辛巳	壬午	癸未	甲申	乙酉	丙戌	丁亥	戊子	己丑	庚寅	辛卯	壬辰	癸巳	甲午	乙未	丙申	丁酉	戊戌	己亥	庚子	辛丑	壬寅	癸卯	甲辰	乙巳	丙午
五行	水	土	土	金	金	木	木	水	水	土	土	火	火	木	木	水	水	金	金	火	火	木	木	土	土	金	金	火	火	水
廿八宿	觜	参	井	鬼	柳	星	张	翼	轸	角	亢	氐	房	心	尾	箕	斗	牛	女	虚	危	室	壁	奎	娄	胃	昴	毕	觜	参

二月小建辛卯女宿 （七赤）

节气：春分十四日十八时廿六分
清明廿九日廿二时卅三分

公历	8	9	10	11	12	13	14	15	16	17	18	19	20	21	22	23	24	25	26	27	28	29	30	31	四月	2	3	4	5
农历	一	二	三	四	五	六	七	八	九	十	十一	十二	十三	十四	十五	十六	十七	十八	十九	二十	廿一	廿二	廿三	廿四	廿五	廿六	廿七	廿八	廿九
星期	四	五	六	日	一	二	三	四	五	六	日	一	二	三	四	五	六	日	一	二	三	四	五	六	日	一	二	三	四
干支	丁未	戊申	己酉	庚戌	辛亥	壬子	癸丑	甲寅	乙卯	丙辰	丁巳	戊午	己未	庚申	辛酉	壬戌	癸亥	甲子	乙丑	丙寅	丁卯	戊辰	己巳	庚午	辛未	壬申	癸酉	甲戌	乙亥
五行	水	土	土	金	金	木	木	水	水	土	土	火	火	木	木	水	水	金	金	火	火	木	木	土	土	金	金	火	火
建星	定	执	破	危	成	收	开	闭	建	除	满	平	定	执	破	危	成	收	开	闭	建	除	满	平	定	执	破	危	危
廿八宿	井	鬼	柳	星	张	翼	轸	角	亢	氐	房	心	尾	箕	斗	牛	女	虚	危	室	壁	奎	娄	胃	昴	毕	觜	参	井

三月大建壬辰虚宿 （六白）

节气：谷雨十六日五时四十八分

公历	6	7	8	9	10	11	12	13	14	15	16	17	18	19	20	21	22	23	24	25	26	27	28	29	30	五月	2	3	4	5
农历	一	二	三	四	五	六	七	八	九	十	十一	十二	十三	十四	十五	十六	十七	十八	十九	二十	廿一	廿二	廿三	廿四	廿五	廿六	廿七	廿八	廿九	三十
星期	五	六	日	一	二	三	四	五	六	日	一	二	三	四	五	六	日	一	二	三	四	五	六	日	一	二	三	四	五	六
干支	丙子	丁丑	戊寅	己卯	庚辰	辛巳	壬午	癸未	甲申	乙酉	丙戌	丁亥	戊子	己丑	庚寅	辛卯	壬辰	癸巳	甲午	乙未	丙申	丁酉	戊戌	己亥	庚子	辛丑	壬寅	癸卯	甲辰	乙巳
五行	水	水	土	土	金	金	木	木	水	水	土	土	火	火	木	木	水	水	金	金	火	火	木	木	土	土	金	金	火	火
建星	成	收	开	闭	建	除	满	平	定	执	破	危	成	收	开	闭	建	除	满	平	定	执	破	危	成	收	开	闭	建	除
廿八宿	鬼	柳	星	张	翼	轸	角	亢	氐	房	心	尾	箕	斗	牛	女	虚	危	室	壁	奎	娄	胃	昴	毕	觜	参	井	鬼	柳

岁次：辛卯	公元1951年（松柏木）			金兔
太岁：范宁	年四绿星	风泽中孚卦	二火三运	尾

四月大建癸巳危宿 （五黄）

节气：立夏初一日十六时十分
小满十七日五时十六分

公历	6	7	8	9	10	11	12	13	14	15	16	17	18	19	20	21	22	23	24	25	26	27	28	29	30	31	六月	2	3	4
农历	一	二	三	四	五	六	七	八	九	十	十一	十二	十三	十四	十五	十六	十七	十八	十九	二十	廿一	廿二	廿三	廿四	廿五	廿六	廿七	廿八	廿九	三十
星期	日	一	二	三	四	五	六	日	一	二	三	四	五	六	日	一	二	三	四	五	六	日	一	二	三	四	五	六	日	一
干支	丙午	丁未	戊申	己酉	庚戌	辛亥	壬子	癸丑	甲寅	乙卯	丙辰	丁巳	戊午	己未	庚申	辛酉	壬戌	癸亥	甲子	乙丑	丙寅	丁卯	戊辰	己巳	庚午	辛未	壬申	癸酉	甲戌	乙亥
五行	水	水	土	土	金	金	木	木	水	水	土	土	火	火	木	木	水	水	金	金	火	火	木	木	土	土	金	金	火	火
建星	除	满	平	定	执	破	危	成	收	开	闭	建	除	满	平	定	执	破	危	成	收	开	闭	建	除	满	平	定	执	破
廿八宿	星	张	翼	轸	角	亢	氐	房	心	尾	箕	斗	牛	女	虚	危	室	壁	奎	娄	胃	昴	毕	觜	参	井	鬼	柳	星	张

五月小建甲午室宿 （四绿）

节气：芒种初二日二十时卅三分
夏至十八日十三时廿五分

公历	5	6	7	8	9	10	11	12	13	14	15	16	17	18	19	20	21	22	23	24	25	26	27	28	29	30	七月	2	3
农历	一	二	三	四	五	六	七	八	九	十	十一	十二	十三	十四	十五	十六	十七	十八	十九	二十	廿一	廿二	廿三	廿四	廿五	廿六	廿七	廿八	廿九
星期	二	三	四	五	六	日	一	二	三	四	五	六	日	一	二	三	四	五	六	日	一	二	三	四	五	六	日	一	二
干支	丙子	丁丑	戊寅	己卯	庚辰	辛巳	壬午	癸未	甲申	乙酉	丙戌	丁亥	戊子	己丑	庚寅	辛卯	壬辰	癸巳	甲午	乙未	丙申	丁酉	戊戌	己亥	庚子	辛丑	壬寅	癸卯	甲辰
五行	水	水	土	土	金	金	木	木	水	水	土	土	火	火	木	木	水	水	金	金	火	火	木	木	土	土	金	金	火
建星	危	危	成	收	开	闭	建	除	满	平	定	执	破	危	成	收	开	闭	建	除	满	平	定	执	破	危	成	收	开
廿八宿	翼	轸	角	亢	氐	房	心	尾	箕	斗	牛	女	虚	危	室	壁	奎	娄	胃	昴	毕	觜	参	井	鬼	柳	星	张	翼

六月大建乙未壁宿 （三碧）

节气：小暑初五日六时五十四分
大暑廿一日零时廿一分

公历	4	5	6	7	8	9	10	11	12	13	14	15	16	17	18	19	20	21	22	23	24	25	26	27	28	29	30	31	八月	2
农历	一	二	三	四	五	六	七	八	九	十	十一	十二	十三	十四	十五	十六	十七	十八	十九	二十	廿一	廿二	廿三	廿四	廿五	廿六	廿七	廿八	廿九	三十
星期	三	四	五	六	日	一	二	三	四	五	六	日	一	二	三	四	五	六	日	一	二	三	四	五	六	日	一	二	三	四
干支	乙巳	丙午	丁未	戊申	己酉	庚戌	辛亥	壬子	癸丑	甲寅	乙卯	丙辰	丁巳	戊午	己未	庚申	辛酉	壬戌	癸亥	甲子	乙丑	丙寅	丁卯	戊辰	己巳	庚午	辛未	壬申	癸酉	甲戌
五行	火	水	水	土	土	金	金	木	木	水	水	土	土	火	火	木	木	水	水	金	金	火	火	木	木	土	土	金	金	火
建星	闭	建	除	满	满	平	定	执	破	危	成	收	开	闭	建	除	满	平	定	执	破	危	成	收	开	闭	建	除	满	平
廿八宿	轸	角	亢	氐	房	心	尾	箕	斗	牛	女	虚	危	室	壁	奎	娄	胃	昴	毕	觜	参	井	鬼	柳	星	张	翼	轸	角

岁次：辛卯	公元1951年（松柏木）			金兔
太岁：范宁	年四绿星	风泽中孚卦	二火三运	尾

七月小建丙申奎宿 （二黑）

节气：立秋初六日十六时卅八分
处暑廿二日七时十七分

公历	3	4	5	6	7	8	9	10	11	12	13	14	15	16	17	18	19	20	21	22	23	24	25	26	27	28	29	30	31
农历	一	二	三	四	五	六	七	八	九	十	十一	十二	十三	十四	十五	十六	十七	十八	十九	二十	廿一	廿二	廿三	廿四	廿五	廿六	廿七	廿八	廿九
星期	五	六	日	一	二	三	四	五	六	日	一	二	三	四	五	六	日	一	二	三	四	五	六	日	一	二	三	四	五
干支	乙亥	丙子	丁丑	戊寅	己卯	庚辰	辛巳	壬午	癸未	甲申	乙酉	丙戌	丁亥	戊子	己丑	庚寅	辛卯	壬辰	癸巳	甲午	乙未	丙申	丁酉	戊戌	己亥	庚子	辛丑	壬寅	癸卯
五行	火	水	水	土	土	金	金	木	木	水	水	土	土	火	火	木	木	水	水	金	金	火	火	木	木	土	土	金	金
建星	定	执	破	危	成	成	收	开	闭	建	除	满	平	定	执	破	危	成	收	开	闭	建	除	满	平	定	执	破	危
廿八宿	亢	氐	房	心	尾	箕	斗	牛	女	虚	危	室	壁	奎	娄	胃	昴	毕	觜	参	井	鬼	柳	星	张	翼	轸	角	亢

八月大建丁酉娄宿 （一白）

节气：白露初八日十九时十九分
秋分廿四日四时卅八分

公历	九月	2	3	4	5	6	7	8	9	10	11	12	13	14	15	16	17	18	19	20	21	22	23	24	25	26	27	28	29	30
农历	一	二	三	四	五	六	七	八	九	十	十一	十二	十三	十四	十五	十六	十七	十八	十九	二十	廿一	廿二	廿三	廿四	廿五	廿六	廿七	廿八	廿九	三十
星期	六	日	一	二	三	四	五	六	日	一	二	三	四	五	六	日	一	二	三	四	五	六	日	一	二	三	四	五	六	日
干支	甲辰	乙巳	丙午	丁未	戊申	己酉	庚戌	辛亥	壬子	癸丑	甲寅	乙卯	丙辰	丁巳	戊午	己未	庚申	辛酉	壬戌	癸亥	甲子	乙丑	丙寅	丁卯	戊辰	己巳	庚午	辛未	壬申	癸酉
五行	火	火	水	水	土	土	金	金	木	木	水	水	土	土	火	火	木	木	水	水	金	金	火	火	木	木	土	土	金	金
建星	成	收	开	闭	建	除	满	满	平	定	执	破	危	成	收	开	闭	建	除	满	平	定	执	破	危	成	收	开	闭	建
廿八宿	氐	房	心	尾	箕	斗	牛	女	虚	危	室	壁	奎	娄	胃	昴	毕	觜	参	井	鬼	柳	星	张	翼	轸	角	亢	氐	房

九月小建戊戌胃宿 （九紫）

节气：寒露初九日十时卅七分
霜降廿四日十三时卅七分

公历	十月	2	3	4	5	6	7	8	9	10	11	12	13	14	15	16	17	18	19	20	21	22	23	24	25	26	27	28	29
农历	一	二	三	四	五	六	七	八	九	十	十一	十二	十三	十四	十五	十六	十七	十八	十九	二十	廿一	廿二	廿三	廿四	廿五	廿六	廿七	廿八	廿九
星期	一	二	三	四	五	六	日	一	二	三	四	五	六	日	一	二	三	四	五	六	日	一	二	三	四	五	六	日	一
干支	甲戌	乙亥	丙子	丁丑	戊寅	己卯	庚辰	辛巳	壬午	癸未	甲申	乙酉	丙戌	丁亥	戊子	己丑	庚寅	辛卯	壬辰	癸巳	甲午	乙未	丙申	丁酉	戊戌	己亥	庚子	辛丑	壬寅
五行	火	火	水	水	土	土	金	金	木	木	水	水	土	土	火	火	木	木	水	水	金	金	火	火	木	木	土	土	金
建星	除	满	平	定	执	破	危	成	成	收	开	闭	建	除	满	平	定	执	破	危	成	收	开	闭	建	除	满	平	定
廿八宿	心	尾	箕	斗	牛	女	虚	危	室	壁	奎	娄	胃	昴	毕	觜	参	井	鬼	柳	星	张	翼	轸	角	亢	氐	房	心

岁次：辛卯	公元1951年（松柏木）			金兔
太岁：范宁	年四绿星	风泽中孚卦	二火三运	尾

十月大建己亥昴宿 （八白）

节气：立冬初十日十三时廿七分
小雪廿五日十时五十二分

公历	30	31	11月	2	3	4	5	6	7	8	9	10	11	12	13	14	15	16	17	18	19	20	21	22	23	24	25	26	27	28
农历	一	二	三	四	五	六	七	八	九	十	十一	十二	十三	十四	十五	十六	十七	十八	十九	二十	廿一	廿二	廿三	廿四	廿五	廿六	廿七	廿八	廿九	三十
星期	二	三	四	五	六	日	一	二	三	四	五	六	日	一	二	三	四	五	六	日	一	二	三	四	五	六	日	一	二	三
干支	癸卯	甲辰	乙巳	丙午	丁未	戊申	己酉	庚戌	辛亥	壬子	癸丑	甲寅	乙卯	丙辰	丁巳	戊午	己未	庚申	辛酉	壬戌	癸亥	甲子	乙丑	丙寅	丁卯	戊辰	己巳	庚午	辛未	壬申
五行	金	火	火	水	水	土	土	金	金	木	木	水	水	土	土	火	火	木	木	水	水	金	金	火	火	木	木	土	土	金
建星	执	破	危	成	收	开	闭	建	除	除	满	平	定	执	破	危	成	收	开	闭	建	除	满	平	定	执	破	危	成	收
廿八宿	尾	箕	斗	牛	女	虚	危	室	壁	奎	娄	胃	昴	毕	觜	参	井	鬼	柳	星	张	翼	轸	角	亢	氐	房	心	尾	箕

十一月小建庚子毕宿 （七赤）

节气：大雪初十日六时三分
冬至廿五日零时一分

公历	29	30	12月	2	3	4	5	6	7	8	9	10	11	12	13	14	15	16	17	18	19	20	21	22	23	24	25	26	27	
农历	一	二	三	四	五	六	七	八	九	十	十一	十二	十三	十四	十五	十六	十七	十八	十九	二十	廿一	廿二	廿三	廿四	廿五	廿六	廿七	廿八	廿九	
星期	四	五	六	日	一	二	三	四	五	六	日	一	二	三	四	五	六	日	一	二	三	四	五	六	日	一	二	三	四	
干支	癸酉	甲戌	乙亥	丙子	丁丑	戊寅	己卯	庚辰	辛巳	壬午	癸未	甲申	乙酉	丙戌	丁亥	戊子	己丑	庚寅	辛卯	壬辰	癸巳	甲午	乙未	丙申	丁酉	戊戌	己亥	庚子	辛丑	
五行	金	火	火	水	水	土	土	金	金	木	木	水	水	土	土	火	火	木	木	水	水	金	金	火	火	木	木	土	土	
建星	开	闭	建	除	满	平	定	执	破	破	危	成	收	开	闭	建	除	满	平	定	执	破	危	成	收	开	闭	建	除	
廿八宿	斗	牛	女	虚	危	室	壁	奎	娄	胃	昴	毕	觜	参	井	鬼	柳	星	张	翼	轸	角	亢	氐	房	心	尾	箕	斗	

十二月大建辛丑觜宿 （六白）

节气：小寒初十日十七时十分
大寒廿五日十时卅九分

公历	28	29	30	31	一月	2	3	4	5	6	7	8	9	10	11	12	13	14	15	16	17	18	19	20	21	22	23	24	25	26
农历	一	二	三	四	五	六	七	八	九	十	十一	十二	十三	十四	十五	十六	十七	十八	十九	二十	廿一	廿二	廿三	廿四	廿五	廿六	廿七	廿八	廿九	三十
星期	五	六	日	一	二	三	四	五	六	日	一	二	三	四	五	六	日	一	二	三	四	五	六	日	一	二	三	四	五	六
干支	壬寅	癸卯	甲辰	乙巳	丙午	丁未	戊申	己酉	庚戌	辛亥	壬子	癸丑	甲寅	乙卯	丙辰	丁巳	戊午	己未	庚申	辛酉	壬戌	癸亥	甲子	乙丑	丙寅	丁卯	戊辰	己巳	庚午	辛未
五行	金	金	火	火	水	水	土	土	金	金	木	木	水	水	土	土	火	火	木	木	水	水	金	金	火	火	木	木	土	土
建星	满	平	定	执	破	危	成	收	开	开	闭	建	除	满	平	定	执	破	危	成	收	开	闭	建	除	满	平	定	执	破
廿八宿	牛	女	虚	危	室	壁	奎	娄	胃	昴	毕	觜	参	井	鬼	柳	星	张	翼	轸	角	亢	氐	房	心	尾	箕	斗	牛	女

岁次：壬辰	公元1952年（长流水）			水龙
太岁：彭泰	年三碧星	山天大畜卦	六水四运	箕

正月小建壬寅参宿 （五黄）

节气：立春初十日四时五十三分
雨水廿五日零时五十八分

公历	27	28	29	30	31	二月	2	3	4	5	6	7	8	9	10	11	12	13	14	15	16	17	18	19	20	21	22	23	24
农历	一	二	三	四	五	六	七	八	九	十	十一	十二	十三	十四	十五	十六	十七	十八	十九	二十	廿一	廿二	廿三	廿四	廿五	廿六	廿七	廿八	廿九
星期	日	一	二	三	四	五	六	日	一	二	三	四	五	六	日	一	二	三	四	五	六	日	一	二	三	四	五	六	日
干支	壬申	癸酉	甲戌	乙亥	丙子	丁丑	戊寅	己卯	庚辰	辛巳	壬午	癸未	甲申	乙酉	丙戌	丁亥	戊子	己丑	庚寅	辛卯	壬辰	癸巳	甲午	乙未	丙申	丁酉	戊戌	己亥	庚子
五行	金	金	火	火	水	水	土	土	金	金	木	木	水	水	土	土	火	火	木	木	水	水	金	金	火	火	木	木	土
建星	危	成	收	开	闭	建	除	满	平	平	定	执	破	危	成	收	开	闭	建	除	满	平	定	执	破	危	成	收	开
廿八宿	虚	危	室	壁	奎	娄	胃	昴	毕	觜	参	井	鬼	柳	星	张	翼	轸	角	亢	氐	房	心	尾	箕	斗	牛	女	虚

二月大建癸卯井宿 （四绿）

节气：惊蛰初十日廿三时八分
春分廿六日零时十五分

公历	25	26	27	28	29	三月	2	3	4	5	6	7	8	9	10	11	12	13	14	15	16	17	18	19	20	21	22	23	24	25
农历	一	二	三	四	五	六	七	八	九	十	十一	十二	十三	十四	十五	十六	十七	十八	十九	二十	廿一	廿二	廿三	廿四	廿五	廿六	廿七	廿八	廿九	三十
星期	一	二	三	四	五	六	日	一	二	三	四	五	六	日	一	二	三	四	五	六	日	一	二	三	四	五	六	日	一	二
干支	辛丑	壬寅	癸卯	甲辰	乙巳	丙午	丁未	戊申	己酉	庚戌	辛亥	壬子	癸丑	甲寅	乙卯	丙辰	丁巳	戊午	己未	庚申	辛酉	壬戌	癸亥	甲子	乙丑	丙寅	丁卯	戊辰	己巳	庚午
五行	土	金	金	火	火	水	水	土	土	金	金	木	木	水	水	土	土	火	火	木	木	水	水	金	金	火	火	木	木	土
建星	闭	建	除	满	平	定	执	破	危	危	成	收	开	闭	建	除	满	平	定	执	破	危	成	收	开	闭	建	除	满	平
廿八宿	危	室	壁	奎	娄	胃	昴	毕	觜	参	井	鬼	柳	星	张	翼	轸	角	亢	氐	房	心	尾	箕	斗	牛	女	虚	危	室

三月小建甲辰鬼宿 （三碧）

节气：清明十一日四时十六分
谷雨廿六日十一时卅七分

公历	26	27	28	29	30	31	四月	2	3	4	5	6	7	8	9	10	11	12	13	14	15	16	17	18	19	20	21	22	23
农历		二	三	四	五	六	七	八	九	十	十一	十二	十三	十四	十五	十六	十七	十八	十九	二十	廿	廿二	廿三	廿四	廿五	廿六	廿七	廿八	廿九
星期	三	四	五	六	日	一	二	三	四	五	六	日	一	二	三	四	五	六	日	一	二	三	四	五	六	日	一	二	三
干支	辛未	壬申	癸酉	甲戌	乙亥	丙子	丁丑	戊寅	己卯	庚辰	辛巳	壬午	癸未	甲申	乙酉	丙戌	丁亥	戊子	己丑	庚寅	辛卯	壬辰	癸巳	甲午	乙未	丙申	丁酉	戊戌	己亥
五行	土	金	金	火	火	水	水	土	土	金	金	木	木	水	水	土	土	火	火	木	木	水	水	金	金	火	火	木	木
建星	定	执	破	危	成	收	开	闭	建	除	除	满	平	定	执	破	危	成	收	开	闭	建	除	满	平	定	执	破	危
廿八宿	壁	奎	娄	胃	昴	毕	觜	参	井	鬼	柳	星	张	翼	轸	角	亢	氐	房	心	尾	箕	斗	牛	女	虚	危	室	壁

岁次：壬辰	公元1952年（长流水）			水龙
太岁：彭泰	年三碧星	山天大畜卦	六水四运	箕

四月大建乙巳柳宿 （二黑）

节气：立夏十二日廿一时五十五分
小满廿八日十一时四分

公历	24	25	26	27	28	29	30	五月	2	3	4	5	6	7	8	9	10	11	12	13	14	15	16	17	18	19	20	21	22	23
农历	一	二	三	四	五	六	七	八	九	十	十一	十二	十三	十四	十五	十六	十七	十八	十九	二十	廿一	廿二	廿三	廿四	廿五	廿六	廿七	廿八	廿九	三十
星期	四	五	六	日	一	二	三	四	五	六	日	一	二	三	四	五	六	日	一	二	三	四	五	六	日	一	二	三	四	五
干支	庚子	辛丑	壬寅	癸卯	甲辰	乙巳	丙午	丁未	戊申	己酉	庚戌	辛亥	壬子	癸丑	甲寅	乙卯	丙辰	丁巳	戊午	己未	庚申	辛酉	壬戌	癸亥	甲子	乙丑	丙寅	丁卯	戊辰	己巳
五行	土	土	金	金	火	火	水	水	土	土	金	金	木	木	水	水	土	土	火	火	木	木	水	水	金	金	火	火	木	木
建星	成	收	开	闭	建	除	满	平	定	执	破	破	危	成	收	开	闭	建	除	满	平	定	执	破	危	成	收	开	闭	建
廿八宿	奎	娄	胃	昴	毕	觜	参	井	鬼	柳	星	张	翼	轸	角	亢	氐	房	心	尾	箕	斗	牛	女	虚	危	室	壁	奎	娄

五月小建丙午星宿 （一白）

节气：芒种十四日二时廿一分
夏至廿九日十九时十三分

公历	24	25	26	27	28	29	30	31	六月	2	3	4	5	6	7	8	9	10	11	12	13	14	15	16	17	18	19	20	21	
农历	一	二	三	四	五	六	七	八	九	十	十一	十二	十三	十四	十五	十六	十七	十八	十九	二十	廿一	廿二	廿三	廿四	廿五	廿六	廿七	廿八	廿九	
星期	六	日	一	二	三	四	五	六	日	一	二	三	四	五	六	日	一	二	三	四	五	六	日	一	二	三	四	五	六	
干支	庚午	辛未	壬申	癸酉	甲戌	乙亥	丙子	丁丑	戊寅	己卯	庚辰	辛巳	壬午	癸未	甲申	乙酉	丙戌	丁亥	戊子	己丑	庚寅	辛卯	壬辰	癸巳	甲午	乙未	丙申	丁酉	戊戌	
五行	土	土	金	金	火	火	水	水	土	土	金	金	木	木	水	水	土	土	火	火	木	木	水	水	金	金	火	火	木	
建星	除	满	平	定	执	破	危	成	收	开	闭	建	除	除	满	平	定	执	破	危	成	收	开	闭	建	除	满	平	定	
廿八宿	胃	昴	毕	觜	参	井	鬼	柳	星	张	翼	轸	角	亢	氐	房	心	尾	箕	斗	牛	女	虚	危	室	壁	奎	娄	胃	

闰五月大

节气：小暑十六日十二时四十六分

公历	22	23	24	25	26	27	28	29	30	七月	2	3	4	5	6	7	8	9	10	11	12	13	14	15	16	17	18	19	20	21
农历	一	二	三	四	五	六	七	八	九	十	十一	十二	十三	十四	十五	十六	十七	十八	十九	二十	廿一	廿二	廿三	廿四	廿五	廿六	廿七	廿八	廿九	三十
星期	日	一	二	三	四	五	六	日	一	二	三	四	五	六	日	一	二	三	四	五	六	日	一	二	三	四	五	六	日	一
干支	己亥	庚子	辛丑	壬寅	癸卯	甲辰	乙巳	丙午	丁未	戊申	己酉	庚戌	辛亥	壬子	癸丑	甲寅	乙卯	丙辰	丁巳	戊午	己未	庚申	辛酉	壬戌	癸亥	甲子	乙丑	丙寅	丁卯	戊辰
五行	木	土	土	金	金	火	火	水	水	土	土	金	金	木	木	水	水	土	土	火	火	木	木	水	水	金	金	火	火	木
建星	执	破	危	成	收	开	闭	建	除	满	平	定	执	破	危	危	成	收	开	闭	建	除	满	平	定	执	破	危	成	收
廿八宿	昴	毕	觜	参	井	鬼	柳	星	张	翼	轸	角	亢	氐	房	心	尾	箕	斗	牛	女	虚	危	室	壁	奎	娄	胃	昴	毕

岁次:壬辰	公元1952年(长流水)			水龙
太岁:彭泰	年三碧星	山天大畜卦	六水四运	箕

六月小建丁未张宿 （九紫）

节气：大暑初二日六时八分
立秋十七日廿三时廿二分

公历	22	23	24	25	26	27	28	29	30	31	八月	2	3	4	5	6	7	8	9	10	11	12	13	14	15	16	17	18	19
农历	一	二	三	四	五	六	七	八	九	十	十一	十二	十三	十四	十五	十六	十七	十八	十九	二十	廿一	廿二	廿三	廿四	廿五	廿六	廿七	廿八	廿九
星期	二	三	四	五	六	日	一	二	三	四	五	六	日	一	二	三	四	五	六	日	一	二	三	四	五	六	日	一	二
干支	己巳	庚午	辛未	壬申	癸酉	甲戌	乙亥	丙子	丁丑	戊寅	己卯	庚辰	辛巳	壬午	癸未	甲申	乙酉	丙戌	丁亥	戊子	己丑	庚寅	辛卯	壬辰	癸巳	甲午	乙未	丙申	丁酉
五行	木	土	土	金	金	火	火	水	水	土	土	金	金	木	木	水	水	土	土	火	火	木	木	水	水	金	金	火	火
建星	开	闭	建	除	满	平	定	执	破	危	成	收	开	闭	建	除	除	满	平	定	执	破	危	成	收	开	闭	建	除
廿八宿	觜	参	井	鬼	柳	星	张	翼	轸	角	亢	氐	房	心	尾	箕	斗	牛	女	虚	危	室	壁	奎	娄	胃	昴	毕	觜

七月大建戊申翼宿 （八白）

节气：处暑初四日十三时四分
白露二十日一时十四分

公历	20	21	22	23	24	25	26	27	28	29	30	31	九月	2	3	4	5	6	7	8	9	10	11	12	13	14	15	16	17	18
农历	一	二	三	四	五	六	七	八	九	十	十一	十二	十三	十四	十五	十六	十七	十八	十九	二十	廿一	廿二	廿三	廿四	廿五	廿六	廿七	廿八	廿九	三十
星期	三	四	五	六	日	一	二	三	四	五	六	日	一	二	三	四	五	六	日	一	二	三	四	五	六	日	一	二	三	四
干支	戊戌	己亥	庚子	辛丑	壬寅	癸卯	甲辰	乙巳	丙午	丁未	戊申	己酉	庚戌	辛亥	壬子	癸丑	甲寅	乙卯	丙辰	丁巳	戊午	己未	庚申	辛酉	壬戌	癸亥	甲子	乙丑	丙寅	丁卯
五行	木	木	土	土	金	金	火	火	水	水	土	土	金	金	木	木	水	水	土	土	火	火	木	木	水	水	金	金	火	火
建星	满	平	定	执	破	危	成	收	开	闭	建	除	满	平	定	执	破	危	成	成	收	开	闭	建	除	满	平	定	执	破
廿八宿	参	井	鬼	柳	星	张	翼	轸	角	亢	氐	房	心	尾	箕	斗	牛	女	虚	危	室	壁	奎	娄	胃	昴	毕	觜	参	井

八月大建己酉轸宿 （七赤）

节气：秋分初五日十时廿四分
寒露二十日十六时卅三分

公历	19	20	21	22	23	24	25	26	27	28	29	30	十月	2	3	4	5	6	7	8	9	10	11	12	13	14	15	16	17	18
农历	一	二	三	四	五	六	七	八	九	十	十一	十二	十三	十四	十五	十六	十七	十八	十九	二十	廿一	廿二	廿三	廿四	廿五	廿六	廿七	廿八	廿九	三十
星期	五	六	日	一	二	三	四	五	六	日	一	二	三	四	五	六	日	一	二	三	四	五	六	日	一	二	三	四	五	六
干支	戊辰	己巳	庚午	辛未	壬申	癸酉	甲戌	乙亥	丙子	丁丑	戊寅	己卯	庚辰	辛巳	壬午	癸未	甲申	乙酉	丙戌	丁亥	戊子	己丑	庚寅	辛卯	壬辰	癸巳	甲午	乙未	丙申	丁酉
五行	木	木	土	土	金	金	火	火	水	水	土	土	金	金	木	木	水	水	土	土	火	火	木	木	水	水	金	金	火	火
建星	危	成	收	开	闭	建	除	满	平	定	执	破	危	成	收	开	闭	建	除	除	满	平	定	执	破	危	成	收	开	闭
廿八宿	鬼	柳	星	张	翼	轸	角	亢	氐	房	心	尾	箕	斗	牛	女	虚	危	室	壁	奎	娄	胃	昴	毕	觜	参	井	鬼	柳

岁次:壬辰	公元 1952 年(长流水)			水龙
太岁:彭泰	年三碧星	山天大畜卦	六水四运	箕

九月小建庚戌角宿 (六白) 节气:霜降初五日十九时廿三分 立冬二十日十九时廿二分

公历	19	20	21	22	23	24	25	26	27	28	29	30	31	11月	2	3	4	5	6	7	8	9	10	11	12	13	14	15	16	
农历	一	二	三	四	五	六	七	八	九	十	十一	十二	十三	十四	十五	十六	十七	十八	十九	二十	廿一	廿二	廿三	廿四	廿五	廿六	廿七	廿八	廿九	
星期	日	一	二	三	四	五	六	日	一	二	三	四	五	六	日	一	二	三	四	五	六	日	一	二	三	四	五	六	日	
干支	戊戌	己亥	庚子	辛丑	壬寅	癸卯	甲辰	乙巳	丙午	丁未	戊申	己酉	庚戌	辛亥	壬子	癸丑	甲寅	乙卯	丙辰	丁巳	戊午	己未	庚申	辛酉	壬戌	癸亥	甲子	乙丑	丙寅	
五行	木	木	土	土	金	金	火	火	水	水	土	土	金	金	木	木	水	水	土	土	火	火	木	木	水	水	金	金	火	
建星	建	除	满	平	定	执	破	危	成	收	开	闭	建	除	满	平	定	执	破	破	危	成	收	开	闭	建	除	满	平	
廿八宿	星	张	翼	轸	角	亢	氐	房	心	尾	箕	斗	牛	女	虚	危	室	壁	奎	娄	胃	昴	毕	觜	参	井	鬼	柳	星	

十月大建辛亥亢宿 (五黄) 节气:小雪初六日十六时卅六分 大雪廿一日十一时五十六分

公历	17	18	19	20	21	22	23	24	25	26	27	28	29	30	12月	2	3	4	5	6	7	8	9	10	11	12	13	14	15	16
农历	一	二	三	四	五	六	七	八	九	十	十一	十二	十三	十四	十五	十六	十七	十八	十九	二十	廿一	廿二	廿三	廿四	廿五	廿六	廿七	廿八	廿九	三十
星期	一	二	三	四	五	六	日	一	二	三	四	五	六	日	一	二	三	四	五	六	日	一	二	三	四	五	六	日	一	二
干支	丁卯	戊辰	己巳	庚午	辛未	壬申	癸酉	甲戌	乙亥	丙子	丁丑	戊寅	己卯	庚辰	辛巳	壬午	癸未	甲申	乙酉	丙戌	丁亥	戊子	己丑	庚寅	辛卯	壬辰	癸巳	甲午	乙未	丙申
五行	火	木	木	土	土	金	金	火	火	水	水	土	土	金	金	木	木	水	水	土	土	火	火	木	木	水	水	金	金	火
建星	定	执	破	危	成	收	开	闭	建	除	满	平	定	执	破	危	成	收	开	闭	闭	建	除	满	平	定	执	破	危	成
廿八宿	张	翼	轸	角	亢	氐	房	心	尾	箕	斗	牛	女	虚	危	室	壁	奎	娄	胃	昴	毕	觜	参	井	鬼	柳	星	张	翼

十一月小建壬子氐宿 (四绿) 节气:冬至初六日五时四十四分 小寒二十日廿三时三分

公历	17	18	19	20	21	22	23	24	25	26	27	28	29	30	31	一月	2	3	4	5	6	7	8	9	10	11	12	13	14	
农历	一	二	三	四	五	六	七	八	九	十	十一	十二	十三	十四	十五	十六	十七	十八	十九	二十	廿一	廿二	廿三	廿四	廿五	廿六	廿七	廿八	廿九	
星期	三	四	五	六	日	一	二	三	四	五	六	日	一	二	三	四	五	六	日	一	二	三	四	五	六	日	一	二	三	
干支	丁酉	戊戌	己亥	庚子	辛丑	壬寅	癸卯	甲辰	乙巳	丙午	丁未	戊申	己酉	庚戌	辛亥	壬子	癸丑	甲寅	乙卯	丙辰	丁巳	戊午	己未	庚申	辛酉	壬戌	癸亥	甲子	乙丑	
五行	火	木	木	土	土	金	金	火	火	水	水	土	土	金	金	木	木	水	水	土	土	火	火	木	木	水	水	金	金	
建星	收	开	闭	建	除	满	平	定	执	破	危	成	收	开	闭	建	除	满	平	平	定	执	破	危	成	收	开	闭	建	
廿八宿	轸	角	亢	氐	房	心	尾	箕	斗	牛	女	虚	危	室	壁	奎	娄	胃	昴	毕	觜	参	井	鬼	柳	星	张	翼	轸	

十二月大建癸丑房宿 (三碧) 节气:大寒初六日十六时廿二分 立春廿一日十时四十六分

公历	15	16	17	18	19	20	21	22	23	24	25	26	27	28	29	30	31	二月	2	3	4	5	6	7	8	9	10	11	12	13
农历	一	二	三	四	五	六	七	八	九	十	十一	十二	十三	十四	十五	十六	十七	十八	十九	二十	廿一	廿二	廿三	廿四	廿五	廿六	廿七	廿八	廿九	三十
星期	四	五	六	日	一	二	三	四	五	六	日	一	二	三	四	五	六	日	一	二	三	四	五	六	日	一	二	三	四	五
干支	丙寅	丁卯	戊辰	己巳	庚午	辛未	壬申	癸酉	甲戌	乙亥	丙子	丁丑	戊寅	己卯	庚辰	辛巳	壬午	癸未	甲申	乙酉	丙戌	丁亥	戊子	己丑	庚寅	辛卯	壬辰	癸巳	甲午	乙未
五行	火	火	木	木	土	土	金	金	火	火	水	水	土	土	金	金	木	木	水	水	土	土	火	火	木	木	水	水	金	金
建星	除	满	平	定	执	破	危	成	收	开	闭	建	除	满	平	定	执	破	危	成	成	收	开	闭	建	除	满	平	定	执
廿八宿	角	亢	氐	房	心	尾	箕	斗	牛	女	虚	危	室	壁	奎	娄	胃	昴	毕	觜	参	井	鬼	柳	星	张	翼	轸	角	亢

岁次：癸巳	公元1953年（长流水）			水蛇
太岁：徐单	年二黑星	泽天夬卦	四金六运	斗

正月小建甲寅心宿 （二黑）

节气：雨水初六日六时四十二分
惊蛰廿一日五时三分

公历	14	15	16	17	18	19	20	21	22	23	24	25	26	27	28	三月	2	3	4	5	6	7	8	9	10	11	12	13	14
农历	一	二	三	四	五	六	七	八	九	十	十一	十二	十三	十四	十五	十六	十七	十八	十九	二十	廿一	廿二	廿三	廿四	廿五	廿六	廿七	廿八	廿九
星期	六	日	一	二	三	四	五	六	日	一	二	三	四	五	六	日	一	二	三	四	五	六	日	一	二	三	四	五	六
干支	丙申	丁酉	戊戌	己亥	庚子	辛丑	壬寅	癸卯	甲辰	乙巳	丙午	丁未	戊申	己酉	庚戌	辛亥	壬子	癸丑	甲寅	乙卯	丙辰	丁巳	戊午	己未	庚申	辛酉	壬戌	癸亥	甲子
五行	火	火	木	木	土	土	金	金	火	火	水	水	土	土	金	金	木	木	水	水	土	土	火	火	木	木	水	水	金
建星	破	危	成	收	开	闭	建	除	满	平	定	执	破	危	成	收	开	闭	建	除	除	满	平	定	执	破	危	成	收
廿八宿	氐	房	心	尾	箕	斗	牛	女	虚	危	室	壁	奎	娄	胃	昴	毕	觜	参	井	鬼	柳	星	张	翼	轸	角	亢	氐

二月大建乙卯尾宿 （一白）

节气：春分初七日六时一分
清明廿二日十时十三分

公历	15	16	17	18	19	20	21	22	23	24	25	26	27	28	29	30	31	四月	2	3	4	5	6	7	8	9	10	11	12	13
农历	一	二	三	四	五	六	七	八	九	十	十一	十二	十三	十四	十五	十六	十七	十八	十九	二十	廿一	廿二	廿三	廿四	廿五	廿六	廿七	廿八	廿九	三十
星期	日	一	二	三	四	五	六	日	一	二	三	四	五	六	日	一	二	三	四	五	六	日	一	二	三	四	五	六	日	一
干支	乙丑	丙寅	丁卯	戊辰	己巳	庚午	辛未	壬申	癸酉	甲戌	乙亥	丙子	丁丑	戊寅	己卯	庚辰	辛巳	壬午	癸未	甲申	乙酉	丙戌	丁亥	戊子	己丑	庚寅	辛卯	壬辰	癸巳	甲午
五行	金	火	火	木	木	土	土	金	金	火	火	水	水	土	土	金	金	木	木	水	水	土	土	火	火	木	木	水	水	金
建星	开	闭	建	除	满	平	定	执	破	危	成	收	开	闭	建	除	满	平	定	执	破	破	危	成	收	开	闭	建	除	满
廿八宿	房	心	尾	箕	斗	牛	女	虚	危	室	壁	奎	娄	胃	昴	毕	觜	参	井	鬼	柳	星	张	翼	轸	角	亢	氐	房	心

三月小建丙辰箕宿 （九紫）

节气：谷雨初七日十七时廿六分
立夏廿二日二时五十三分

公历	14	15	16	17	18	19	20	21	22	23	24	25	26	27	28	29	30	五月	2	3	4	5	6	7	8	9	10	11	12
农历	一	二	三	四	五	六	七	八	九	十	十一	十二	十三	十四	十五	十六	十七	十八	十九	二十	廿一	廿二	廿三	廿四	廿五	廿六	廿七	廿八	廿九
星期	二	三	四	五	六	日	一	二	三	四	五	六	日	一	二	三	四	五	六	日	一	二	三	四	五	六	日	一	二
干支	乙未	丙申	丁酉	戊戌	己亥	庚子	辛丑	壬寅	癸卯	甲辰	乙巳	丙午	丁未	戊申	己酉	庚戌	辛亥	壬子	癸丑	甲寅	乙卯	丙辰	丁巳	戊午	己未	庚申	辛酉	壬戌	癸亥
五行	金	火	火	木	木	土	土	金	金	火	火	水	水	土	土	金	金	木	木	水	水	土	土	火	火	木	木	水	水
建星	平	定	执	破	危	成	收	开	闭	建	除	满	平	定	执	破	危	成	收	开	闭	建	建	除	满	平	定	执	破
廿八宿	尾	箕	斗	牛	女	虚	危	室	壁	奎	娄	胃	昴	毕	觜	参	井	鬼	柳	星	张	翼	轸	角	亢	氐	房	心	尾

岁次：癸巳	公元1953年（长流水）			水蛇
太岁：徐单	年二黑星	泽天夬卦	四金六运	斗

四月小建丁巳斗宿 （八白）

节气：小满初九日十六时五十三分
芒种廿五日八时十七分

公历	13	14	15	16	17	18	19	20	21	22	23	24	25	26	27	28	29	30	31	六月	2	3	4	5	6	7	8	9	10
农历	一	二	三	四	五	六	七	八	九	十	十一	十二	十三	十四	十五	十六	十七	十八	十九	二十	廿一	廿二	廿三	廿四	廿五	廿六	廿七	廿八	廿九
星期	三	四	五	六	日	一	二	三	四	五	六	日	一	二	三	四	五	六	日	一	二	三	四	五	六	日	一	二	三
干支	甲子	乙丑	丙寅	丁卯	戊辰	己巳	庚午	辛未	壬申	癸酉	甲戌	乙亥	丙子	丁丑	戊寅	己卯	庚辰	辛巳	壬午	癸未	甲申	乙酉	丙戌	丁亥	戊子	己丑	庚寅	辛卯	壬辰
五行	金	金	火	火	木	木	土	土	金	金	火	火	水	水	土	土	金	金	木	木	水	水	土	土	火	火	木	木	水
建星	危	成	收	开	闭	建	除	满	平	定	执	破	危	成	收	开	闭	建	除	满	平	定	执	破	破	危	成	收	开
廿八宿	箕	斗	牛	女	虚	危	室	壁	奎	娄	胃	昴	毕	觜	参	井	鬼	柳	星	张	翼	轸	角	亢	氐	房	心	尾	箕

五月大建戊午牛宿 （七赤）

节气：夏至十二日一时零分
小暑廿七日十八时卅五分

公历	11	12	13	14	15	16	17	18	19	20	21	22	23	24	25	26	27	28	29	30	七月	2	3	4	5	6	7	8	9	10
农历	一	二	三	四	五	六	七	八	九	十	十一	十二	十三	十四	十五	十六	十七	十八	十九	二十	廿一	廿二	廿三	廿四	廿五	廿六	廿七	廿八	廿九	三十
星期	四	五	六	日	一	二	三	四	五	六	日	一	二	三	四	五	六	日	一	二	三	四	五	六	日	一	二	三	四	五
干支	癸巳	甲午	乙未	丙申	丁酉	戊戌	己亥	庚子	辛丑	壬寅	癸卯	甲辰	乙巳	丙午	丁未	戊申	己酉	庚戌	辛亥	壬子	癸丑	甲寅	乙卯	丙辰	丁巳	戊午	己未	庚申	辛酉	壬戌
五行	水	金	金	火	火	木	木	土	土	金	金	火	火	水	水	土	土	金	金	木	木	水	水	土	土	火	火	木	木	水
建星	闭	建	除	满	平	定	执	破	危	成	收	开	闭	建	除	满	平	定	执	破	危	成	收	开	闭	建	建	除	满	平
廿八宿	斗	牛	女	虚	危	室	壁	奎	娄	胃	昴	毕	觜	参	井	鬼	柳	星	张	翼	轸	角	亢	氐	房	心	尾	箕	斗	牛

六月大建己未女宿 （六白）

节气：大暑十三日十一时五十三分
立秋廿九日四时十五分

公历	11	12	13	14	15	16	17	18	19	20	21	22	23	24	25	26	27	28	29	30	31	八月	2	3	4	5	6	7	8	9
农历	一	二	三	四	五	六	七	八	九	十	十一	十二	十三	十四	十五	十六	十七	十八	十九	二十	廿一	廿二	廿三	廿四	廿五	廿六	廿七	廿八	廿九	三十
星期	六	日	一	二	三	四	五	六	日	一	二	三	四	五	六	日	一	二	三	四	五	六	日	一	二	三	四	五	六	日
干支	癸亥	甲子	乙丑	丙寅	丁卯	戊辰	己巳	庚午	辛未	壬申	癸酉	甲戌	乙亥	丙子	丁丑	戊寅	己卯	庚辰	辛巳	壬午	癸未	甲申	乙酉	丙戌	丁亥	戊子	己丑	庚寅	辛卯	壬辰
五行	水	金	金	火	火	木	木	土	土	金	金	火	火	水	水	土	土	金	金	木	木	水	水	土	土	火	火	木	木	水
建星	定	执	破	危	成	收	开	闭	建	除	满	平	定	执	破	危	成	收	开	闭	建	除	满	平	定	执	破	危	危	成
廿八宿	女	虚	危	室	壁	奎	娄	胃	昴	毕	觜	参	井	鬼	柳	星	张	翼	轸	角	亢	氐	房	心	尾	箕	斗	牛	女	虚

岁次：癸巳	公元1953年（长流水）			水蛇
太岁：徐单	年二黑星	泽天夬卦	四金六运	斗

七月小建庚申虚宿 （五黄）

节气：处暑十四日十八时四十六分

公历	10	11	12	13	14	15	16	17	18	19	20	21	22	23	24	25	26	27	28	29	30	31	九月	2	3	4	5	6	7
农历	一	二	三	四	五	六	七	八	九	十	十一	十二	十三	十四	十五	十六	十七	十八	十九	二十	廿一	廿二	廿三	廿四	廿五	廿六	廿七	廿八	廿九
星期	一	二	三	四	五	六	日	一	二	三	四	五	六	日	一	二	三	四	五	六	日	一	二	三	四	五	六	日	一
干支	癸巳	甲午	乙未	丙申	丁酉	戊戌	己亥	庚子	辛丑	壬寅	癸卯	甲辰	乙巳	丙午	丁未	戊申	己酉	庚戌	辛亥	壬子	癸丑	甲寅	乙卯	丙辰	丁巳	戊午	己未	庚申	辛酉
五行	水	金	金	火	火	木	木	土	土	金	金	火	火	水	水	土	土	金	金	木	木	水	水	土	土	火	火	木	木
建星	收	开	闭	建	除	满	平	定	执	破	危	成	收	开	闭	建	除	满	平	定	执	破	危	成	收	开	闭	建	除
廿八宿	危	室	壁	奎	娄	胃	昴	毕	觜	参	井	鬼	柳	星	张	翼	轸	角	亢	氐	房	心	尾	箕	斗	牛	女	虚	危

八月大建辛酉危宿 （四绿）

节气：白露初一日六时五十三分
秋分十六日十六时七分

公历	8	9	10	11	12	13	14	15	16	17	18	19	20	21	22	23	24	25	26	27	28	29	30	十月	2	3	4	5	6	7
农历	一	二	三	四	五	六	七	八	九	十	十一	十二	十三	十四	十五	十六	十七	十八	十九	二十	廿一	廿二	廿三	廿四	廿五	廿六	廿七	廿八	廿九	三十
星期	二	三	四	五	六	日	一	二	三	四	五	六	日	一	二	三	四	五	六	日	一	二	三	四	五	六	日	一	二	三
干支	壬戌	癸亥	甲子	乙丑	丙寅	丁卯	戊辰	己巳	庚午	辛未	壬申	癸酉	甲戌	乙亥	丙子	丁丑	戊寅	己卯	庚辰	辛巳	壬午	癸未	甲申	乙酉	丙戌	丁亥	戊子	己丑	庚寅	辛卯
五行	水	水	金	金	火	火	木	木	土	土	金	金	火	火	水	水	土	土	金	金	木	木	水	水	土	土	火	火	木	木
建星	除	满	平	定	执	破	危	成	收	开	闭	建	除	满	平	定	执	破	危	成	收	开	闭	建	除	满	平	定	执	破
廿八宿	室	壁	奎	娄	胃	昴	毕	觜	参	井	鬼	柳	星	张	翼	轸	角	亢	氐	房	心	尾	箕	斗	牛	女	虚	危	室	壁

九月大建壬戌室宿 （三碧）

节气：寒露初一日廿二时十一分
霜降十七日十时七分

公历	8	9	10	11	12	13	14	15	16	17	18	19	20	21	22	23	24	25	26	27	28	29	30	31	11月	2	3	4	5	6
农历	一	二	三	四	五	六	七	八	九	十	十一	十二	十三	十四	十五	十六	十七	十八	十九	二十	廿一	廿二	廿三	廿四	廿五	廿六	廿七	廿八	廿九	三十
星期	四	五	六	日	一	二	三	四	五	六	日	一	二	三	四	五	六	日	一	二	三	四	五	六	日	一	二	三	四	五
干支	壬辰	癸巳	甲午	乙未	丙申	丁酉	戊戌	己亥	庚子	辛丑	壬寅	癸卯	甲辰	乙巳	丙午	丁未	戊申	己酉	庚戌	辛亥	壬子	癸丑	甲寅	乙卯	丙辰	丁巳	戊午	己未	庚申	辛酉
五行	水	水	金	金	火	火	木	木	土	土	金	金	火	火	水	水	土	土	金	金	木	木	水	水	土	土	火	火	木	木
建星	破	危	成	收	开	闭	建	除	满	平	定	执	破	危	成	收	开	闭	建	除	满	平	定	执	破	危	成	收	开	闭
廿八宿	奎	娄	胃	昴	毕	觜	参	井	鬼	柳	星	张	翼	轸	角	亢	氐	房	心	尾	箕	斗	牛	女	虚	危	室	壁	奎	娄

岁次：癸巳	公元1953年（长流水）			水蛇
太岁：徐单	年二黑星	泽天夬卦	四金六运	斗

十月小建癸亥壁宿（二黑）

节气：立冬初二日一时二分
小雪十六日廿二时廿三分

公历	7	8	9	10	11	12	13	14	15	16	17	18	19	20	21	22	23	24	25	26	27	28	29	30	12月	2	3	4	5
农历	一	二	三	四	五	六	七	八	九	十	十一	十二	十三	十四	十五	十六	十七	十八	十九	二十	廿一	廿二	廿三	廿四	廿五	廿六	廿七	廿八	廿九
星期	六	日	一	二	三	四	五	六	日	一	二	三	四	五	六	日	一	二	三	四	五	六	日	一	二	三	四	五	六
干支	壬戌	癸亥	甲子	乙丑	丙寅	丁卯	戊辰	己巳	庚午	辛未	壬申	癸酉	甲戌	乙亥	丙子	丁丑	戊寅	己卯	庚辰	辛巳	壬午	癸未	甲申	乙酉	丙戌	丁亥	戊子	己丑	庚寅
五行	水	水	金	金	火	火	木	木	土	土	金	金	火	火	水	水	土	土	金	金	木	木	水	水	土	土	火	火	木
建星	建	建	除	满	平	定	执	破	危	成	收	开	闭	建	除	满	平	定	执	破	危	成	收	开	闭	建	除	满	平
廿八宿	胃	昴	毕	觜	参	井	鬼	柳	星	张	翼	轸	角	亢	氐	房	心	尾	箕	斗	牛	女	虚	危	室	壁	奎	娄	胃

十一月大建甲子奎宿（一白）

节气：大雪初二日十七时卅八分
冬至十七日十一时卅二分

公历	6	7	8	9	10	11	12	13	14	15	16	17	18	19	20	21	22	23	24	25	26	27	28	29	30	31	一月	2	3	4
农历	一	二	三	四	五	六	七	八	九	十	十一	十二	十三	十四	十五	十六	十七	十八	十九	二十	廿一	廿二	廿三	廿四	廿五	廿六	廿七	廿八	廿九	三十
星期	日	一	二	三	四	五	六	日	一	二	三	四	五	六	日	一	二	三	四	五	六	日	一	二	三	四	五	六	日	一
干支	辛卯	壬辰	癸巳	甲午	乙未	丙申	丁酉	戊戌	己亥	庚子	辛丑	壬寅	癸卯	甲辰	乙巳	丙午	丁未	戊申	己酉	庚戌	辛亥	壬子	癸丑	甲寅	乙卯	丙辰	丁巳	戊午	己未	庚申
五行	木	水	水	金	金	火	火	木	木	土	土	金	金	火	火	水	水	土	土	金	金	木	木	水	水	土	土	火	火	木
建星	定	定	执	破	危	成	收	开	闭	建	除	满	平	定	执	破	危	成	收	开	闭	建	除	满	平	定	执	破	危	成
廿八宿	昴	毕	觜	参	井	鬼	柳	星	张	翼	轸	角	亢	氐	房	心	尾	箕	斗	牛	女	虚	危	室	壁	奎	娄	胃	昴	毕

十二月小建乙丑娄宿（九紫）

节气：小寒初二日四时四十六分
大寒十六日廿二时十二分

公历	5	6	7	8	9	10	11	12	13	14	15	16	17	18	19	20	21	22	23	24	25	26	27	28	29	30	31	二月	2
农历	一	二	三	四	五	六	七	八	九	十	十一	十二	十三	十四	十五	十六	十七	十八	十九	二十	廿一	廿二	廿三	廿四	廿五	廿六	廿七	廿八	廿九
星期	二	三	四	五	六	日	一	二	三	四	五	六	日	一	二	三	四	五	六	日	一	二	三	四	五	六	日	一	二
干支	辛酉	壬戌	癸亥	甲子	乙丑	丙寅	丁卯	戊辰	己巳	庚午	辛未	壬申	癸酉	甲戌	乙亥	丙子	丁丑	戊寅	己卯	庚辰	辛巳	壬午	癸未	甲申	乙酉	丙戌	丁亥	戊子	己丑
五行	木	水	水	金	金	火	火	木	木	土	土	金	金	火	火	水	水	土	土	金	金	木	木	水	水	土	土	火	火
建星	收	收	开	闭	建	除	满	平	定	执	破	危	成	收	开	闭	建	除	满	平	定	执	破	危	成	收	开	闭	建
廿八宿	觜	参	井	鬼	柳	星	张	翼	轸	角	亢	氐	房	心	尾	箕	斗	牛	女	虚	危	室	壁	奎	娄	胃	昴	毕	觜

岁次：甲午	公元1954年（沙中金）			木马
太岁：章词	年一白星	天风姤卦 乾为天卦	九金八运 九金一运	牛

正月大建丙寅胄宿 （八白）

节气：立春初二日十六时卅一分
雨水十七日十二时卅三分

公历	3	4	5	6	7	8	9	10	11	12	13	14	15	16	17	18	19	20	21	22	23	24	25	26	27	28	三月	2	3	4
农历	一	二	三	四	五	六	七	八	九	十	十一	十二	十三	十四	十五	十六	十七	十八	十九	二十	廿一	廿二	廿三	廿四	廿五	廿六	廿七	廿八	廿九	三十
星期	三	四	五	六	日	一	二	三	四	五	六	日	一	二	三	四	五	六	日	一	二	三	四	五	六	日	一	二	三	四
干支	庚寅	辛卯	壬辰	癸巳	甲午	乙未	丙申	丁酉	戊戌	己亥	庚子	辛丑	壬寅	癸卯	甲辰	乙巳	丙午	丁未	戊申	己酉	庚戌	辛亥	壬子	癸丑	甲寅	乙卯	丙辰	丁巳	戊午	己未
五行	木	木	水	水	金	金	火	火	木	木	土	土	金	金	火	火	水	水	土	土	金	金	木	木	水	水	土	土	火	火
建星	除	除	满	平	定	执	破	危	成	收	开	闭	建	除	满	平	定	执	破	危	成	收	开	闭	建	除	满	平	定	执
廿八宿	参	井	鬼	柳	星	张	翼	轸	角	亢	氐	房	心	尾	箕	斗	牛	女	虚	危	室	壁	奎	娄	胃	昴	毕	觜	参	井

二月小建丁卯昴宿 （七赤）

节气：惊蛰初二日十时四十九分
春分十七日十一时五十四分

公历	5	6	7	8	9	10	11	12	13	14	15	16	17	18	19	20	21	22	23	24	25	26	27	28	29	30	31	四月	2	
农历	一	二	三	四	五	六	七	八	九	十	十一	十二	十三	十四	十五	十六	十七	十八	十九	二十	廿一	廿二	廿三	廿四	廿五	廿六	廿七	廿八	廿九	
星期	五	六	日	一	二	三	四	五	六	日	一	二	三	四	五	六	日	一	二	三	四	五	六	日	一	二	三	四	五	
干支	庚申	辛酉	壬戌	癸亥	甲子	乙丑	丙寅	丁卯	戊辰	己巳	庚午	辛未	壬申	癸酉	甲戌	乙亥	丙子	丁丑	戊寅	己卯	庚辰	辛巳	壬午	癸未	甲申	乙酉	丙戌	丁亥	戊子	
五行	木	木	水	水	金	金	火	火	木	木	土	土	金	金	火	火	水	水	土	土	金	金	木	木	水	水	土	土	火	
建星	破	破	危	成	收	开	闭	建	除	满	平	定	执	破	危	成	收	开	闭	建	除	满	平	定	执	破	危	成	收	
廿八宿	鬼	柳	星	张	翼	轸	角	亢	氐	房	心	尾	箕	斗	牛	女	虚	危	室	壁	奎	娄	胃	昴	毕	觜	参	井	鬼	

三月大建戊辰毕宿 （六白）

节气：清明初三日十五时五十九分
谷雨十八日廿三时二十分

公历	3	4	5	6	7	8	9	10	11	12	13	14	15	16	17	18	19	20	21	22	23	24	25	26	27	28	29	30	五月	2
农历	一	二	三	四	五	六	七	八	九	十	十一	十二	十三	十四	十五	十六	十七	十八	十九	二十	廿一	廿二	廿三	廿四	廿五	廿六	廿七	廿八	廿九	三十
星期	六	日	一	二	三	四	五	六	日	一	二	三	四	五	六	日	一	二	三	四	五	六	日	一	二	三	四	五	六	日
干支	己丑	庚寅	辛卯	壬辰	癸巳	甲午	乙未	丙申	丁酉	戊戌	己亥	庚子	辛丑	壬寅	癸卯	甲辰	乙巳	丙午	丁未	戊申	己酉	庚戌	辛亥	壬子	癸丑	甲寅	乙卯	丙辰	丁巳	戊午
五行	火	木	木	水	水	金	金	火	火	木	木	土	土	金	金	火	火	水	水	土	土	金	金	木	木	水	水	土	土	火
建星	开	闭	闭	建	除	满	平	定	执	破	危	成	收	开	闭	建	除	满	平	定	执	破	危	成	收	开	闭	建	除	满
廿八宿	柳	星	张	翼	轸	角	亢	氐	房	心	尾	箕	斗	牛	女	虚	危	室	壁	奎	娄	胃	昴	毕	觜	参	井	鬼	柳	星

岁次:甲午	公元1954年(沙中金)			木马
太岁:章词	年一白星	天风姤卦 乾为天卦	九金八运 九金一运	牛

四月小建己巳觜宿 (五黄)

节气:立夏 初四日九时卅八分
小满 十九日廿二时四十八分

公历	3	4	5	6	7	8	9	10	11	12	13	14	15	16	17	18	19	20	21	22	23	24	25	26	27	28	29	30	31
农历	一	二	三	四	五	六	七	八	九	十	十一	十二	十三	十四	十五	十六	十七	十八	十九	二十	廿一	廿二	廿三	廿四	廿五	廿六	廿七	廿八	廿九
星期	一	二	三	四	五	六	日	一	二	三	四	五	六	日	一	二	三	四	五	六	日	一	二	三	四	五	六	日	一
干支	己未	庚申	辛酉	壬戌	癸亥	甲子	乙丑	丙寅	丁卯	戊辰	己巳	庚午	辛未	壬申	癸酉	甲戌	乙亥	丙子	丁丑	戊寅	己卯	庚辰	辛巳	壬午	癸未	甲申	乙酉	丙戌	丁亥
五行	火	木	木	水	水	金	金	火	火	木	木	土	土	金	金	火	火	水	水	土	土	金	金	木	木	水	水	土	土
建星	平	定	执	执	破	危	成	收	开	闭	建	除	满	平	定	执	破	危	成	收	开	闭	建	除	满	平	定	执	破
廿八宿	张	翼	轸	角	亢	氐	房	心	尾	箕	斗	牛	女	虚	危	室	壁	奎	娄	胃	昴	毕	觜	参	井	鬼	柳	星	张

五月小建庚午参宿 (四绿)

节气:芒种 初六日十六时一分
夏至 廿二日六时五十五分

公历	六月	2	3	4	5	6	7	8	9	10	11	12	13	14	15	16	17	18	19	20	21	22	23	24	25	26	27	28	29
农历	一	二	三	四	五	六	七	八	九	十	十一	十二	十三	十四	十五	十六	十七	十八	十九	二十	廿一	廿二	廿三	廿四	廿五	廿六	廿七	廿八	廿九
星期	二	三	四	五	六	日	一	二	三	四	五	六	日	一	二	三	四	五	六	日	一	二	三	四	五	六	日	一	二
干支	戊子	己丑	庚寅	辛卯	壬辰	癸巳	甲午	乙未	丙申	丁酉	戊戌	己亥	庚子	辛丑	壬寅	癸卯	甲辰	乙巳	丙午	丁未	戊申	己酉	庚戌	辛亥	壬子	癸丑	甲寅	乙卯	丙辰
五行	火	火	木	木	水	水	金	金	火	火	木	木	土	土	金	金	火	火	水	水	土	土	金	金	木	木	水	水	土
建星	危	成	收	开	闭	闭	建	除	满	平	定	执	破	危	成	收	开	闭	建	除	满	平	定	执	破	危	成	收	开
廿八宿	翼	轸	角	亢	氐	房	心	尾	箕	斗	牛	女	虚	危	室	壁	奎	娄	胃	昴	毕	觜	参	井	鬼	柳	星	张	翼

六月大建辛未井宿 (三碧)

节气:小暑 初九日零时二十分
大暑 廿四日十七时四十六分

公历	30	七月	2	3	4	5	6	7	8	9	10	11	12	13	14	15	16	17	18	19	20	21	22	23	24	25	26	27	28	29
农历	一	二	三	四	五	六	七	八	九	十	十一	十二	十三	十四	十五	十六	十七	十八	十九	二十	廿一	廿二	廿三	廿四	廿五	廿六	廿七	廿八	廿九	三十
星期	三	四	五	六	日	一	二	三	四	五	六	日	一	二	三	四	五	六	日	一	二	三	四	五	六	日	一	二	三	四
干支	丁巳	戊午	己未	庚申	辛酉	壬戌	癸亥	甲子	乙丑	丙寅	丁卯	戊辰	己巳	庚午	辛未	壬申	癸酉	甲戌	乙亥	丙子	丁丑	戊寅	己卯	庚辰	辛巳	壬午	癸未	甲申	乙酉	丙戌
五行	土	火	火	木	木	水	水	金	金	火	火	木	木	土	土	金	金	火	火	水	水	土	土	金	金	木	木	水	水	土
建星	闭	建	除	满	平	定	执	破	破	危	成	收	开	闭	建	除	满	平	定	执	破	危	成	收	开	闭	建	除	满	平
廿八宿	轸	角	亢	氐	房	心	尾	箕	斗	牛	女	虚	危	室	壁	奎	娄	胃	昴	毕	觜	参	井	鬼	柳	星	张	翼	轸	角

岁次：甲午	公元1954年（沙中金）			木马
太岁：章词	年一白星	天风姤卦 乾为天卦	九金八运 九金一运	牛

七月小建壬申鬼宿 （二黑）

节气：立秋初十日十时
处暑廿六日零时卅七分

公历	30	31	八月	2	3	4	5	6	7	8	9	10	11	12	13	14	15	16	17	18	19	20	21	22	23	24	25	26	27	
农历	一	二	三	四	五	六	七	八	九	十	十一	十二	十三	十四	十五	十六	十七	十八	十九	二十	廿一	廿二	廿三	廿四	廿五	廿六	廿七	廿八	廿九	
星期	五	六	日	一	二	三	四	五	六	日	一	二	三	四	五	六	日	一	二	三	四	五	六	日	一	二	三	四	五	
干支	丁亥	戊子	己丑	庚寅	辛卯	壬辰	癸巳	甲午	乙未	丙申	丁酉	戊戌	己亥	庚子	辛丑	壬寅	癸卯	甲辰	乙巳	丙午	丁未	戊申	己酉	庚戌	辛亥	壬子	癸丑	甲寅	乙卯	
五行	土	火	火	木	木	水	水	金	金	火	火	木	木	土	土	金	金	火	火	水	水	土	土	金	金	木	木	水	水	
建星	定	执	破	危	成	收	开	闭	建	建	除	满	平	定	执	破	危	成	收	开	闭	建	除	满	平	定	执	破	危	
廿八宿	亢	氐	房	心	尾	箕	斗	牛	女	虚	危	室	壁	奎	娄	胃	昴	毕	觜	参	井	鬼	柳	星	张	翼	轸	角	亢	

八月大建癸酉柳宿 （一白）

节气：白露十二日十二时卅九分
秋分廿七日廿一时五十六分

公历	28	29	30	31	九月	2	3	4	5	6	7	8	9	10	11	12	13	14	15	16	17	18	19	20	21	22	23	24	25	26
农历	一	二	三	四	五	六	七	八	九	十	十一	十二	十三	十四	十五	十六	十七	十八	十九	二十	廿一	廿二	廿三	廿四	廿五	廿六	廿七	廿八	廿九	三十
星期	六	日	一	二	三	四	五	六	日	一	二	三	四	五	六	日	一	二	三	四	五	六	日	一	二	三	四	五	六	日
干支	丙辰	丁巳	戊午	己未	庚申	辛酉	壬戌	癸亥	甲子	乙丑	丙寅	丁卯	戊辰	己巳	庚午	辛未	壬申	癸酉	甲戌	乙亥	丙子	丁丑	戊寅	己卯	庚辰	辛巳	壬午	癸未	甲申	乙酉
五行	土	土	火	火	木	木	水	水	金	金	火	火	木	木	土	土	金	金	火	火	水	水	土	土	金	金	木	木	水	水
建星	成	收	开	闭	建	除	满	平	定	执	破	破	危	成	收	开	闭	建	除	满	平	定	执	破	危	成	收	开	闭	建
廿八宿	氐	房	心	尾	箕	斗	牛	女	虚	危	室	壁	奎	娄	胃	昴	毕	觜	参	井	鬼	柳	星	张	翼	轸	角	亢	氐	房

九月大建甲戌星宿 （九紫）

节气：寒露十三日三时五十八分
霜降廿八日六时五十七分

公历	27	28	29	30	十月	2	3	4	5	6	7	8	9	10	11	12	13	14	15	16	17	18	19	20	21	22	23	24	25	26
农历	一	二	三	四	五	六	七	八	九	十	十一	十二	十三	十四	十五	十六	十七	十八	十九	二十	廿一	廿二	廿三	廿四	廿五	廿六	廿七	廿八	廿九	三十
星期	一	二	三	四	五	六	日	一	二	三	四	五	六	日	一	二	三	四	五	六	日	一	二	三	四	五	六	日	一	二
干支	丙戌	丁亥	戊子	己丑	庚寅	辛卯	壬辰	癸巳	甲午	乙未	丙申	丁酉	戊戌	己亥	庚子	辛丑	壬寅	癸卯	甲辰	乙巳	丙午	丁未	戊申	己酉	庚戌	辛亥	壬子	癸丑	甲寅	乙卯
五行	土	土	火	火	木	木	水	水	金	金	火	火	木	木	土	土	金	金	火	火	水	水	土	土	金	金	木	木	水	水
建星	除	满	平	定	执	破	危	成	收	开	闭	建	建	除	满	平	定	执	破	危	成	收	开	闭	建	除	满	平	定	执
廿八宿	心	尾	箕	斗	牛	女	虚	危	室	壁	奎	娄	胃	昴	毕	觜	参	井	鬼	柳	星	张	翼	轸	角	亢	氐	房	心	尾

岁次：甲午	公元1954年（沙中金）			木马
太岁：章词	年一白星	天风姤卦 乾为天卦	九金八运 九金一运	牛

十月小建乙亥张宿 （八白）

节气：立冬十三日六时五十一分
小雪廿八日四时十五分

公历	27	28	29	30	31	11月	2	3	4	5	6	7	8	9	10	11	12	13	14	15	16	17	18	19	20	21	22	23	24	
农历	一	二	三	四	五	六	七	八	九	十	十一	十二	十三	十四	十五	十六	十七	十八	十九	二十	廿一	廿二	廿三	廿四	廿五	廿六	廿七	廿八	廿九	
星期	三	四	五	六	日	一	二	三	四	五	六	日	一	二	三	四	五	六	日	一	二	三	四	五	六	日	一	二	三	
干支	丙辰	丁巳	戊午	己未	庚申	辛酉	壬戌	癸亥	甲子	乙丑	丙寅	丁卯	戊辰	己巳	庚午	辛未	壬申	癸酉	甲戌	乙亥	丙子	丁丑	戊寅	己卯	庚辰	辛巳	壬午	癸未	甲申	
五行	土	土	火	火	木	木	水	水	金	金	火	火	木	木	土	土	金	金	火	火	水	水	土	土	金	金	木	木	水	
建星	破	危	成	收	开	闭	建	除	满	平	定	执	执	破	危	成	收	开	闭	建	除	满	平	定	执	破	危	成	收	
廿八宿	箕	斗	牛	女	虚	危	室	壁	奎	娄	胃	昴	毕	觜	参	井	鬼	柳	星	张	翼	轸	角	亢	氐	房	心	尾	箕	

十一月大建丙子翼宿 （七赤）

节气：大雪十三日廿三时廿九分
冬至廿八日十七时廿五分

公历	25	26	27	28	29	30	12月	2	3	4	5	6	7	8	9	10	11	12	13	14	15	16	17	18	19	20	21	22	23	24
农历	一	二	三	四	五	六	七	八	九	十	十一	十二	十三	十四	十五	十六	十七	十八	十九	二十	廿一	廿二	廿三	廿四	廿五	廿六	廿七	廿八	廿九	三十
星期	四	五	六	日	一	二	三	四	五	六	日	一	二	三	四	五	六	日	一	二	三	四	五	六	日	一	二	三	四	五
干支	乙酉	丙戌	丁亥	戊子	己丑	庚寅	辛卯	壬辰	癸巳	甲午	乙未	丙申	丁酉	戊戌	己亥	庚子	辛丑	壬寅	癸卯	甲辰	乙巳	丙午	丁未	戊申	己酉	庚戌	辛亥	壬子	癸丑	甲寅
五行	水	土	土	火	火	木	木	水	水	金	金	火	火	木	木	土	土	金	金	火	火	水	水	土	土	金	金	木	木	水
建星	开	闭	建	除	满	平	定	执	破	危	成	收	收	开	闭	建	除	满	平	定	执	破	危	成	收	开	闭	建	除	满
廿八宿	斗	牛	女	虚	危	室	壁	奎	娄	胃	昴	毕	觜	参	井	鬼	柳	星	张	翼	轸	角	亢	氐	房	心	尾	箕	斗	牛

十二月大建丁丑轸宿 （六白）

节气：小寒十三日十时卅一分
大寒廿八日四时三分

公历	25	26	27	28	29	30	31	一月	2	3	4	5	6	7	8	9	10	11	12	13	14	15	16	17	18	19	20	21	22	23
农历	一	二	三	四	五	六	七	八	九	十	十一	十二	十三	十四	十五	十六	十七	十八	十九	二十	廿一	廿二	廿三	廿四	廿五	廿六	廿七	廿八	廿九	三十
星期	六	日	一	二	三	四	五	六	日	一	二	三	四	五	六	日	一	二	三	四	五	六	日	一	二	三	四	五	六	日
干支	乙卯	丙辰	丁巳	戊午	己未	庚申	辛酉	壬戌	癸亥	甲子	乙丑	丙寅	丁卯	戊辰	己巳	庚午	辛未	壬申	癸酉	甲戌	乙亥	丙子	丁丑	戊寅	己卯	庚辰	辛巳	壬午	癸未	甲申
五行	水	土	土	火	火	木	木	水	水	金	金	火	火	木	木	土	土	金	金	火	火	水	水	土	土	金	金	木	木	水
建星	平	定	执	破	危	成	收	开	闭	建	除	满	满	平	定	执	破	危	成	收	开	闭	建	除	满	平	定	执	破	危
廿八宿	女	虚	危	室	壁	奎	娄	胃	昴	毕	觜	参	井	鬼	柳	星	张	翼	轸	角	亢	氐	房	心	尾	箕	斗	牛	女	虚

岁次：乙未	公元1955年（沙中金）			木羊
太岁：杨仙	年九紫星	水风井卦	七火六运	女

正月小建戊寅角宿 （五黄）

节气：立春十二日廿二时十八分
雨水廿七日十八时十九分

公历	24	25	26	27	28	29	30	31	二月	2	3	4	5	6	7	8	9	10	11	12	13	14	15	16	17	18	19	20	21
农历	一	二	三	四	五	六	七	八	九	十	十一	十二	十三	十四	十五	十六	十七	十八	十九	二十	廿一	廿二	廿三	廿四	廿五	廿六	廿七	廿八	廿九
星期	一	二	三	四	五	六	日	一	二	三	四	五	六	日	一	二	三	四	五	六	日	一	二	三	四	五	六	日	一
干支	乙酉	丙戌	丁亥	戊子	己丑	庚寅	辛卯	壬辰	癸巳	甲午	乙未	丙申	丁酉	戊戌	己亥	庚子	辛丑	壬寅	癸卯	甲辰	乙巳	丙午	丁未	戊申	己酉	庚戌	辛亥	壬子	癸丑
五行	水	土	土	火	火	木	木	水	水	金	金	火	火	木	木	土	土	金	金	火	火	水	水	土	土	金	金	木	木
建星	成	收	开	闭	建	除	满	平	定	执	破	破	危	成	收	开	闭	建	除	满	平	定	执	破	危	成	收	开	闭
廿八宿	危	室	壁	奎	娄	胃	昴	毕	觜	参	井	鬼	柳	星	张	翼	轸	角	亢	氐	房	心	尾	箕	斗	牛	女	虚	危

二月大建己卯亢宿 （四绿）

节气：惊蛰十三日十六时卅二分
春分廿八日十七时卅六分

公历	22	23	24	25	26	27	28	三月	2	3	4	5	6	7	8	9	10	11	12	13	14	15	16	17	18	19	20	21	22	23
农历	一	二	三	四	五	六	七	八	九	十	十一	十二	十三	十四	十五	十六	十七	十八	十九	二十	廿一	廿二	廿三	廿四	廿五	廿六	廿七	廿八	廿九	三十
星期	二	三	四	五	六	日	一	二	三	四	五	六	日	一	二	三	四	五	六	日	一	二	三	四	五	六	日	一	二	三
干支	甲寅	乙卯	丙辰	丁巳	戊午	己未	庚申	辛酉	壬戌	癸亥	甲子	乙丑	丙寅	丁卯	戊辰	己巳	庚午	辛未	壬申	癸酉	甲戌	乙亥	丙子	丁丑	戊寅	己卯	庚辰	辛巳	壬午	癸未
五行	水	水	土	土	火	火	木	木	水	水	金	金	火	火	木	木	土	土	金	金	火	火	水	水	土	土	金	金	木	木
建星	建	除	满	平	定	执	破	危	成	收	开	闭	闭	建	除	满	平	定	执	破	危	成	收	开	闭	建	除	满	平	定
廿八宿	室	壁	奎	娄	胃	昴	毕	觜	参	井	鬼	柳	星	张	翼	轸	角	亢	氐	房	心	尾	箕	斗	牛	女	虚	危	室	壁

三月小建庚辰氐宿 （三碧）

节气：清明十三日廿一时卅九分
谷雨廿九日四时五十八分

公历	24	25	26	27	28	29	30	31	四月	2	3	4	5	6	7	8	9	10	11	12	13	14	15	16	17	18	19	20	21
农历	一	二	三	四	五	六	七	八	九	十	十一	十二	十三	十四	十五	十六	十七	十八	十九	二十	廿一	廿二	廿三	廿四	廿五	廿六	廿七	廿八	廿九
星期	四	五	六	日	一	二	三	四	五	六	日	一	二	三	四	五	六	日	一	二	三	四	五	六	日	一	二	三	四
干支	甲申	乙酉	丙戌	丁亥	戊子	己丑	庚寅	辛卯	壬辰	癸巳	甲午	乙未	丙申	丁酉	戊戌	己亥	庚子	辛丑	壬寅	癸卯	甲辰	乙巳	丙午	丁未	戊申	己酉	庚戌	辛亥	壬子
五行	水	水	土	土	火	火	木	木	水	水	金	金	火	火	木	木	土	土	金	金	火	火	水	水	土	土	金	金	木
建星	执	破	危	成	收	开	闭	建	除	满	平	定	定	执	破	危	成	收	开	闭	建	除	满	平	定	执	破	危	成
廿八宿	奎	娄	胃	昴	毕	觜	参	井	鬼	柳	星	张	翼	轸	角	亢	氐	房	心	尾	箕	斗	牛	女	虚	危	室	壁	奎

岁次:乙未	公元 1955 年(沙中金)			木羊
太岁:杨仙	年九紫星	水风井卦	七火六运	女

闰三月大　　　　节气:立夏 十五日十五时十八分

公历	22	23	24	25	26	27	28	29	30	五月	2	3	4	5	6	7	8	9	10	11	12	13	14	15	16	17	18	19	20	21
农历	一	二	三	四	五	六	七	八	九	十	十一	十二	十三	十四	十五	十六	十七	十八	十九	二十	廿一	廿二	廿三	廿四	廿五	廿六	廿七	廿八	廿九	三十
星期	五	六	日	一	二	三	四	五	六	日	一	二	三	四	五	六	日	一	二	三	四	五	六	日	一	二	三	四	五	六
干支	癸丑	甲寅	乙卯	丙辰	丁巳	戊午	己未	庚申	辛酉	壬戌	癸亥	甲子	乙丑	丙寅	丁卯	戊辰	己巳	庚午	辛未	壬申	癸酉	甲戌	乙亥	丙子	丁丑	戊寅	己卯	庚辰	辛巳	壬午
五行	木	水	水	土	土	火	火	木	木	水	水	金	金	火	火	木	木	土	土	金	金	火	火	水	水	土	土	金	金	木
建星	收	开	闭	建	除	满	平	定	执	破	危	成	收	开	开	闭	建	除	满	平	定	执	破	危	成	收	开	闭	建	除
廿八宿	娄	胄	昴	毕	觜	参	井	鬼	柳	星	张	翼	轸	角	亢	氐	房	心	尾	箕	斗	牛	女	虚	危	室	壁	奎	娄	胄

四月小建辛巳房宿　(二黑)　　　　节气:小满 初一日四时廿五分
芒种 十六日十九时四十四分

公历	22	23	24	25	26	27	28	29	30	31	六月	2	3	4	5	6	7	8	9	10	11	12	13	14	15	16	17	18	19	
农历	一	二	三	四	五	六	七	八	九	十	十一	十二	十三	十四	十五	十六	十七	十八	十九	二十	廿一	廿二	廿三	廿四	廿五	廿六	廿七	廿八	廿九	
星期	日	一	二	三	四	五	六	日	一	二	三	四	五	六	日	一	二	三	四	五	六	日	一	二	三	四	五	六	日	
干支	癸未	甲申	乙酉	丙戌	丁亥	戊子	己丑	庚寅	辛卯	壬辰	癸巳	甲午	乙未	丙申	丁酉	戊戌	己亥	庚子	辛丑	壬寅	癸卯	甲辰	乙巳	丙午	丁未	戊申	己酉	庚戌	辛亥	
五行	木	水	水	土	土	火	火	木	木	水	水	金	金	火	火	木	木	土	土	金	金	火	火	水	水	土	土	金	金	
建星	满	平	定	执	破	危	成	收	开	闭	建	除	满	平	定	定	执	破	危	成	收	开	闭	建	除	满	平	定	执	
廿八宿	昴	毕	觜	参	井	鬼	柳	星	张	翼	轸	角	亢	氐	房	心	尾	箕	斗	牛	女	虚	危	室	壁	奎	娄	胄	昴	

五月小建壬午心宿　(一白)　　　　节气:夏至 初三日十二时卅二分
小暑 十九日六时六分

公历	20	21	22	23	24	25	26	27	28	29	30	七月	2	3	4	5	6	7	8	9	10	11	12	13	14	15	16	17	18	
农历	一	二	三	四	五	六	七	八	九	十	十一	十二	十三	十四	十五	十六	十七	十八	十九	二十	廿一	廿二	廿三	廿四	廿五	廿六	廿七	廿八	廿九	
星期	一	二	三	四	五	六	日	一	二	三	四	五	六	日	一	二	三	四	五	六	日	一	二	三	四	五	六	日	一	
干支	壬子	癸丑	甲寅	乙卯	丙辰	丁巳	戊午	己未	庚申	辛酉	壬戌	癸亥	甲子	乙丑	丙寅	丁卯	戊辰	己巳	庚午	辛未	壬申	癸酉	甲戌	乙亥	丙子	丁丑	戊寅	己卯	庚辰	
五行	木	木	水	水	土	土	火	火	木	木	水	水	金	金	火	火	木	木	土	土	金	金	火	火	水	水	土	土	金	
建星	破	危	成	收	开	闭	建	除	满	平	定	执	破	危	成	收	开	闭	闭	建	除	满	平	定	执	破	危	成	收	
廿八宿	毕	觜	参	井	鬼	柳	星	张	翼	轸	角	亢	氐	房	心	尾	箕	斗	牛	女	虚	危	室	壁	奎	娄	胄	昴	毕	

岁次：乙未	公元1955年（沙中金）			木羊
太岁：杨仙	年九紫星	水风井卦	七火六运	女

六月大建癸未尾宿 （九紫）

节气：大暑初五日廿三时廿五分
立秋廿一日十六时五十一分

公历	19	20	21	22	23	24	25	26	27	28	29	30	31	八月	2	3	4	5	6	7	8	9	10	11	12	13	14	15	16	17
农历	一	二	三	四	五	六	七	八	九	十	十一	十二	十三	十四	十五	十六	十七	十八	十九	二十	廿一	廿二	廿三	廿四	廿五	廿六	廿七	廿八	廿九	三十
星期	二	三	四	五	六	日	一	二	三	四	五	六	日	一	二	三	四	五	六	日	一	二	三	四	五	六	日	一	二	三
干支	辛巳	壬午	癸未	甲申	乙酉	丙戌	丁亥	戊子	己丑	庚寅	辛卯	壬辰	癸巳	甲午	乙未	丙申	丁酉	戊戌	己亥	庚子	辛丑	壬寅	癸卯	甲辰	乙巳	丙午	丁未	戊申	己酉	庚戌
五行	金	木	木	水	水	土	土	火	火	木	木	水	水	金	金	火	火	木	木	土	土	金	金	火	火	水	水	土	土	金
建星	开	闭	建	除	满	平	定	执	破	危	成	收	开	闭	建	除	满	平	定	执	执	破	危	成	收	开	闭	建	除	满
廿八宿	觜	参	井	鬼	柳	星	张	翼	轸	角	亢	氐	房	心	尾	箕	斗	牛	女	虚	危	室	壁	奎	娄	胃	昴	毕	觜	参

七月小建甲申箕宿 （八白）

节气：处暑初七日六时二十分
白露廿二日十六时卅二分

公历	18	19	20	21	22	23	24	25	26	27	28	29	30	31	九月	2	3	4	5	6	7	8	9	10	11	12	13	14	15	
农历	一	二	三	四	五	六	七	八	九	十	十一	十二	十三	十四	十五	十六	十七	十八	十九	二十	廿一	廿二	廿三	廿四	廿五	廿六	廿七	廿八	廿九	
星期	四	五	六	日	一	二	三	四	五	六	日	一	二	三	四	五	六	日	一	二	三	四	五	六	日	一	二	三	四	
干支	辛亥	壬子	癸丑	甲寅	乙卯	丙辰	丁巳	戊午	己未	庚申	辛酉	壬戌	癸亥	甲子	乙丑	丙寅	丁卯	戊辰	己巳	庚午	辛未	壬申	癸酉	甲戌	乙亥	丙子	丁丑	戊寅	己卯	
五行	金	木	木	水	水	土	土	火	火	木	木	水	水	金	金	火	火	木	木	土	土	金	金	火	火	水	水	土	土	
建星	平	定	执	破	危	成	收	开	闭	建	除	满	平	定	执	破	危	成	收	开	闭	闭	建	除	满	平	定	执	破	
廿八宿	井	鬼	柳	星	张	翼	轸	角	亢	氐	房	心	尾	箕	斗	牛	女	虚	危	室	壁	奎	娄	胃	昴	毕	觜	参	井	

八月大建乙酉斗宿 （七赤）

节气：秋分初九日三时四十二分
寒露廿四日九时五十三分

公历	16	17	18	19	20	21	22	23	24	25	26	27	28	29	30	十月	2	3	4	5	6	7	8	9	10	11	12	13	14	15
农历	一	二	三	四	五	六	七	八	九	十	十一	十二	十三	十四	十五	十六	十七	十八	十九	二十	廿一	廿二	廿三	廿四	廿五	廿六	廿七	廿八	廿九	三十
星期	五	六	日	一	二	三	四	五	六	日	一	二	三	四	五	六	日	一	二	三	四	五	六	日	一	二	三	四	五	六
干支	庚辰	辛巳	壬午	癸未	甲申	乙酉	丙戌	丁亥	戊子	己丑	庚寅	辛卯	壬辰	癸巳	甲午	乙未	丙申	丁酉	戊戌	己亥	庚子	辛丑	壬寅	癸卯	甲辰	乙巳	丙午	丁未	戊申	己酉
五行	金	金	木	木	水	水	土	土	火	火	木	木	水	水	金	金	火	火	木	木	土	土	金	金	火	火	水	水	土	土
建星	危	成	收	开	闭	建	除	满	平	定	执	破	危	成	收	开	闭	建	除	满	平	定	执	执	破	危	成	收	开	闭
廿八宿	鬼	柳	星	张	翼	轸	角	亢	氐	房	心	尾	箕	斗	牛	女	虚	危	室	壁	奎	娄	胃	昴	毕	觜	参	井	鬼	柳

岁次:乙未	公元1955年(沙中金)			木羊
太岁:杨仙	年九紫星	水风井卦	七火六运	女

九月小建丙戌牛宿 (六白) 节气:霜降初九日十二时四十四分 立冬廿四日十二时四十六分

公历	16	17	18	19	20	21	22	23	24	25	26	27	28	29	30	31	11月	2	3	4	5	6	7	8	9	10	11	12	13	
农历	一	二	三	四	五	六	七	八	九	十	十一	十二	十三	十四	十五	十六	十七	十八	十九	二十	廿一	廿二	廿三	廿四	廿五	廿六	廿七	廿八	廿九	
星期	日	一	二	三	四	五	六	日	一	二	三	四	五	六	日	一	二	三	四	五	六	日	一	二	三	四	五	六	日	
干支	庚戌	辛亥	壬子	癸丑	甲寅	乙卯	丙辰	丁巳	戊午	己未	庚申	辛酉	壬戌	癸亥	甲子	乙丑	丙寅	丁卯	戊辰	己巳	庚午	辛未	壬申	癸酉	甲戌	乙亥	丙子	丁丑	戊寅	
五行	金	金	木	木	水	水	土	土	火	火	木	木	水	水	金	金	火	火	木	木	土	土	金	金	火	火	水	水	土	
建星	建	除	满	平	定	执	破	危	成	收	开	闭	建	除	满	平	定	执	破	危	成	收	开	开	闭	建	除	满	平	
廿八宿	星	张	翼	轸	角	亢	氐	房	心	尾	箕	斗	牛	女	虚	危	室	壁	奎	娄	胃	昴	毕	觜	参	井	鬼	柳	星	

十月大建丁亥女宿 (五黄) 节气:小雪初十日十时二分 大雪廿五日五时廿四分

公历	14	15	16	17	18	19	20	21	22	23	24	25	26	27	28	29	30	12月	2	3	4	5	6	7	8	9	10	11	12	13
农历	一	二	三	四	五	六	七	八	九	十	十一	十二	十三	十四	十五	十六	十七	十八	十九	二十	廿一	廿二	廿三	廿四	廿五	廿六	廿七	廿八	廿九	三十
星期	一	二	三	四	五	六	日	一	二	三	四	五	六	日	一	二	三	四	五	六	日	一	二	三	四	五	六	日	一	二
干支	己卯	庚辰	辛巳	壬午	癸未	甲申	乙酉	丙戌	丁亥	戊子	己丑	庚寅	辛卯	壬辰	癸巳	甲午	乙未	丙申	丁酉	戊戌	己亥	庚子	辛丑	壬寅	癸卯	甲辰	乙巳	丙午	丁未	戊申
五行	土	金	金	木	木	水	水	土	土	火	火	木	木	水	水	金	金	火	火	木	木	土	土	金	金	火	火	水	水	土
建星	定	执	破	危	成	收	开	闭	建	除	满	平	定	执	破	危	成	收	开	闭	建	除	满	平	平	定	执	破	危	成
廿八宿	张	翼	轸	角	亢	氐	房	心	尾	箕	斗	牛	女	虚	危	室	壁	奎	娄	胃	昴	毕	觜	参	井	鬼	柳	星	张	翼

十一月大建戊子虚宿 (四绿) 节气:冬至初九日廿三时十二分 小寒廿四日十六时卅一分

公历	14	15	16	17	18	19	20	21	22	23	24	25	26	27	28	29	30	31	一月	2	3	4	5	6	7	8	9	10	11	12
农历	一	二	三	四	五	六	七	八	九	十	十一	十二	十三	十四	十五	十六	十七	十八	十九	二十	廿一	廿二	廿三	廿四	廿五	廿六	廿七	廿八	廿九	三十
星期	三	四	五	六	日	一	二	三	四	五	六	日	一	二	三	四	五	六	日	一	二	三	四	五	六	日	一	二	三	四
干支	己酉	庚戌	辛亥	壬子	癸丑	甲寅	乙卯	丙辰	丁巳	戊午	己未	庚申	辛酉	壬戌	癸亥	甲子	乙丑	丙寅	丁卯	戊辰	己巳	庚午	辛未	壬申	癸酉	甲戌	乙亥	丙子	丁丑	戊寅
五行	土	金	金	木	木	水	水	土	土	火	火	木	木	水	水	金	金	火	火	木	木	土	土	金	金	火	火	水	水	土
建星	收	开	闭	建	除	满	平	定	执	破	危	成	收	开	闭	建	除	满	平	定	执	破	危	危	成	收	开	闭	建	除
廿八宿	轸	角	亢	氐	房	心	尾	箕	斗	牛	女	虚	危	室	壁	奎	娄	胃	昴	毕	觜	参	井	鬼	柳	星	张	翼	轸	角

十二月大建己丑危宿 (三碧) 节气:大寒初九日九时四十九分 立春廿四日四时十三分

公历	13	14	15	16	17	18	19	20	21	22	23	24	25	26	27	28	29	30	31	二月	2	3	4	5	6	7	8	9	10	11
农历	一	二	三	四	五	六	七	八	九	十	十一	十二	十三	十四	十五	十六	十七	十八	十九	二十	廿一	廿二	廿三	廿四	廿五	廿六	廿七	廿八	廿九	三十
星期	五	六	日	一	二	三	四	五	六	日	一	二	三	四	五	六	日	一	二	三	四	五	六	日	一	二	三	四	五	六
干支	己卯	庚辰	辛巳	壬午	癸未	甲申	乙酉	丙戌	丁亥	戊子	己丑	庚寅	辛卯	壬辰	癸巳	甲午	乙未	丙申	丁酉	戊戌	己亥	庚子	辛丑	壬寅	癸卯	甲辰	乙巳	丙午	丁未	戊申
五行	土	金	金	木	木	水	水	土	土	火	火	木	木	水	水	金	金	火	火	木	木	土	土	金	金	火	火	水	水	土
建星	满	平	定	执	破	危	成	收	开	闭	建	除	满	平	定	执	破	危	成	收	开	闭	建	建	除	满	平	定	执	破
廿八宿	亢	氐	房	心	尾	箕	斗	牛	女	虚	危	室	壁	奎	娄	胃	昴	毕	觜	参	井	鬼	柳	星	张	翼	轸	角	亢	氐

岁次：丙申	公元1956年（山下火）			火猴
太岁：管仲	年八白星	雷水解卦	八木四运	虚

正月小建庚寅室宿 （二黑）

节气：雨水初九日零时五分
惊蛰廿三日廿二时廿五分

公历	12	13	14	15	16	17	18	19	20	21	22	23	24	25	26	27	28	29	三月	2	3	4	5	6	7	8	9	10	11	
农历	一	二	三	四	五	六	七	八	九	十	十一	十二	十三	十四	十五	十六	十七	十八	十九	二十	廿一	廿二	廿三	廿四	廿五	廿六	廿七	廿八	廿九	
星期	日	一	二	三	四	五	六	日	一	二	三	四	五	六	日	一	二	三	四	五	六	日	一	二	三	四	五	六	日	
干支	己酉	庚戌	辛亥	壬子	癸丑	甲寅	乙卯	丙辰	丁巳	戊午	己未	庚申	辛酉	壬戌	癸亥	甲子	乙丑	丙寅	丁卯	戊辰	己巳	庚午	辛未	壬申	癸酉	甲戌	乙亥	丙子	丁丑	
五行	土	金	金	木	木	水	水	土	土	火	火	木	木	水	水	金	金	火	火	木	木	土	土	金	金	火	火	水	水	
建星	危	成	收	开	闭	建	除	满	平	定	执	破	危	成	收	开	闭	建	除	满	平	定	定	执	破	危	成	收	开	
廿八宿	房	心	尾	箕	斗	牛	女	虚	危	室	壁	奎	娄	胃	昴	毕	觜	参	井	鬼	柳	星	张	翼	轸	角	亢	氐	房	

二月大建辛卯壁宿 （一白）

节气：春分初九日廿三时廿一分
清明廿五日三时卅二分

公历	12	13	14	15	16	17	18	19	20	21	22	23	24	25	26	27	28	29	30	31	四月	2	3	4	5	6	7	8	9	10
农历	一	二	三	四	五	六	七	八	九	十	十一	十二	十三	十四	十五	十六	十七	十八	十九	二十	廿一	廿二	廿三	廿四	廿五	廿六	廿七	廿八	廿九	三十
星期	一	二	三	四	五	六	日	一	二	三	四	五	六	日	一	二	三	四	五	六	日	一	二	三	四	五	六	日	一	二
干支	戊寅	己卯	庚辰	辛巳	壬午	癸未	甲申	乙酉	丙戌	丁亥	戊子	己丑	庚寅	辛卯	壬辰	癸巳	甲午	乙未	丙申	丁酉	戊戌	己亥	庚子	辛丑	壬寅	癸卯	甲辰	乙巳	丙午	丁未
五行	土	土	金	金	木	木	水	水	土	土	火	火	木	木	水	水	金	金	火	火	木	木	土	土	金	金	火	火	水	水
建星	闭	建	除	满	平	定	执	破	危	成	收	开	闭	建	除	满	平	定	执	破	危	成	收	开	开	闭	建	除	满	平
廿八宿	心	尾	箕	斗	牛	女	虚	危	室	壁	奎	娄	胃	昴	毕	觜	参	井	鬼	柳	星	张	翼	轸	角	亢	氐	房	心	尾

三月小建壬辰奎宿 （九紫）

节气：谷雨初十日十时四十四分
立夏廿五日廿一时十分

公历	11	12	13	14	15	16	17	18	19	20	21	22	23	24	25	26	27	28	29	30	五月	2	3	4	5	6	7	8	9	
农历	一	二	三	四	五	六	七	八	九	十	十一	十二	十三	十四	十五	十六	十七	十八	十九	二十	廿一	廿二	廿三	廿四	廿五	廿六	廿七	廿八	廿九	
星期	三	四	五	六	日	一	二	三	四	五	六	日	一	二	三	四	五	六	日	一	二	三	四	五	六	日	一	二	三	
干支	戊申	己酉	庚戌	辛亥	壬子	癸丑	甲寅	乙卯	丙辰	丁巳	戊午	己未	庚申	辛酉	壬戌	癸亥	甲子	乙丑	丙寅	丁卯	戊辰	己巳	庚午	辛未	壬申	癸酉	甲戌	乙亥	丙子	
五行	土	土	金	金	木	木	水	水	土	土	火	火	木	木	水	水	金	金	火	火	木	木	土	土	金	金	火	火	水	
建星	定	执	破	危	成	收	开	闭	建	除	满	平	定	执	破	危	成	收	开	闭	建	除	满	平	平	定	执	破	危	
廿八宿	箕	斗	牛	女	虚	危	室	壁	奎	娄	胃	昴	毕	觜	参	井	鬼	柳	星	张	翼	轸	角	亢	氐	房	心	尾	箕	

岁次：丙申	公元1956年（山下火）			火猴
太岁：管仲	年八白星	雷水解卦	八木四运	虚

四月大建癸巳娄宿 （八白）

节气：小满十二日十时十三分
芒种廿八日一时卅六分

公历	10	11	12	13	14	15	16	17	18	19	20	21	22	23	24	25	26	27	28	29	30	31	六月	2	3	4	5	6	7	8
农历	一	二	三	四	五	六	七	八	九	十	十一	十二	十三	十四	十五	十六	十七	十八	十九	二十	廿一	廿二	廿三	廿四	廿五	廿六	廿七	廿八	廿九	三十
星期	四	五	六	日	一	二	三	四	五	六	日	一	二	三	四	五	六	日	一	二	三	四	五	六	日	一	二	三	四	五
干支	丁丑	戊寅	己卯	庚辰	辛巳	壬午	癸未	甲申	乙酉	丙戌	丁亥	戊子	己丑	庚寅	辛卯	壬辰	癸巳	甲午	乙未	丙申	丁酉	戊戌	己亥	庚子	辛丑	壬寅	癸卯	甲辰	乙巳	丙午
五行	水	土	土	金	金	木	木	水	水	土	土	火	火	木	木	水	水	金	金	火	火	木	木	土	土	金	金	火	火	水
建星	成	收	开	闭	建	除	满	平	定	执	破	危	成	收	开	闭	建	除	满	平	定	执	破	危	成	收	开	开	闭	建
廿八宿	斗	牛	女	虚	危	室	壁	奎	娄	胃	昴	毕	觜	参	井	鬼	柳	星	张	翼	轸	角	亢	氐	房	心	尾	箕	斗	牛

五月小建甲午胃宿 （七赤）

节气：夏至十三日十八时廿四分
小暑廿九日十一时五十九分

公历	9	10	11	12	13	14	15	16	17	18	19	20	21	22	23	24	25	26	27	28	29	30	七月	2	3	4	5	6	7
农历	一	二	三	四	五	六	七	八	九	十	十一	十二	十三	十四	十五	十六	十七	十八	十九	二十	廿一	廿二	廿三	廿四	廿五	廿六	廿七	廿八	廿九
星期	六	日	一	二	三	四	五	六	日	一	二	三	四	五	六	日	一	二	三	四	五	六	日	一	二	三	四	五	六
干支	丁未	戊申	己酉	庚戌	辛亥	壬子	癸丑	甲寅	乙卯	丙辰	丁巳	戊午	己未	庚申	辛酉	壬戌	癸亥	甲子	乙丑	丙寅	丁卯	戊辰	己巳	庚午	辛未	壬申	癸酉	甲戌	乙亥
五行	水	土	土	金	金	木	木	水	水	土	土	火	火	木	木	水	水	金	金	火	火	木	木	土	土	金	金	火	火
建星	除	满	平	定	执	破	危	成	收	开	闭	建	除	满	平	定	执	破	危	成	收	开	闭	建	除	满	平	定	定
廿八宿	女	虚	危	室	壁	奎	娄	胃	昴	毕	觜	参	井	鬼	柳	星	张	翼	轸	角	亢	氐	房	心	尾	箕	斗	牛	女

六月小建乙未昴宿 （六白）

节气：大暑十六日五时廿一分

公历	8	9	10	11	12	13	14	15	16	17	18	19	20	21	22	23	24	25	26	27	28	29	30	31	八月	2	3	4	5
农历	一	二	三	四	五	六	七	八	九	十	十一	十二	十三	十四	十五	十六	十七	十八	十九	二十	廿一	廿二	廿三	廿四	廿五	廿六	廿七	廿八	廿九
星期	日	一	二	三	四	五	六	日	一	二	三	四	五	六	日	一	二	三	四	五	六	日	一	二	三	四	五	六	日
干支	丙子	丁丑	戊寅	己卯	庚辰	辛巳	壬午	癸未	甲申	乙酉	丙戌	丁亥	戊子	己丑	庚寅	辛卯	壬辰	癸巳	甲午	乙未	丙申	丁酉	戊戌	己亥	庚子	辛丑	壬寅	癸卯	甲辰
五行	水	水	土	土	金	金	木	木	水	水	土	土	火	火	木	木	水	水	金	金	火	火	木	木	土	土	金	金	火
建星	执	破	危	成	收	开	闭	建	除	满	平	定	执	破	危	成	收	开	闭	建	除	满	平	定	执	破	危	成	收
廿八宿	虚	危	室	壁	奎	娄	胃	昴	毕	觜	参	井	鬼	柳	星	张	翼	轸	角	亢	氐	房	心	尾	箕	斗	牛	女	虚

岁次：丙申	公元1956年（山下火）			火猴
太岁：管仲	年八白星	雷水解卦	八木四运	虚

七月大建丙申毕宿　（五黄）

节气：立秋初二日廿一时四十一分
处暑十八日十二时十五分

公历	6	7	8	9	10	11	12	13	14	15	16	17	18	19	20	21	22	23	24	25	26	27	28	29	30	31	九月	2	3	4
农历	一	二	三	四	五	六	七	八	九	十	十一	十二	十三	十四	十五	十六	十七	十八	十九	二十	廿一	廿二	廿三	廿四	廿五	廿六	廿七	廿八	廿九	三十
星期	一	二	三	四	五	六	日	一	二	三	四	五	六	日	一	二	三	四	五	六	日	一	二	三	四	五	六	日	一	二
干支	乙巳	丙午	丁未	戊申	己酉	庚戌	辛亥	壬子	癸丑	甲寅	乙卯	丙辰	丁巳	戊午	己未	庚申	辛酉	壬戌	癸亥	甲子	乙丑	丙寅	丁卯	戊辰	己巳	庚午	辛未	壬申	癸酉	甲戌
五行	火	水	水	土	土	金	金	木	木	水	水	土	土	火	火	木	木	水	水	金	金	火	火	木	木	土	土	金	金	火
建星	开	开	闭	建	除	满	平	定	执	破	危	成	收	开	闭	建	除	满	平	定	执	破	危	成	收	开	闭	建	除	满
廿八宿	危	室	壁	奎	娄	胃	昴	毕	觜	参	井	鬼	柳	星	张	翼	轸	角	亢	氐	房	心	尾	箕	斗	牛	女	虚	危	室

八月小建丁酉觜宿　（四绿）

节气：白露初四日零时二十分
秋分十九日九时卅六分

公历	5	6	7	8	9	10	11	12	13	14	15	16	17	18	19	20	21	22	23	24	25	26	27	28	29	30	十月	2	3	
农历	一	二	三	四	五	六	七	八	九	十	十一	十二	十三	十四	十五	十六	十七	十八	十九	二十	廿一	廿二	廿三	廿四	廿五	廿六	廿七	廿八	廿九	
星期	三	四	五	六	日	一	二	三	四	五	六	日	一	二	三	四	五	六	日	一	二	三	四	五	六	日	一	二	三	
干支	乙亥	丙子	丁丑	戊寅	己卯	庚辰	辛巳	壬午	癸未	甲申	乙酉	丙戌	丁亥	戊子	己丑	庚寅	辛卯	壬辰	癸巳	甲午	乙未	丙申	丁酉	戊戌	己亥	庚子	辛丑	壬寅	癸卯	
五行	火	水	水	土	土	金	金	木	木	水	水	土	土	火	火	木	木	水	水	金	金	火	火	木	木	土	土	金	金	
建星	平	定	执	执	破	危	成	收	开	闭	建	除	满	平	定	执	破	危	成	收	开	闭	建	除	满	平	定	执	破	
廿八宿	壁	奎	娄	胃	昴	毕	觜	参	井	鬼	柳	星	张	翼	轸	角	亢	氐	房	心	尾	箕	斗	牛	女	虚	危	室	壁	

九月大建戊戌参宿　（三碧）

节气：寒露初五日十五时卅七分
霜降二十日十八时卅五分

公历	4	5	6	7	8	9	10	11	12	13	14	15	16	17	18	19	20	21	22	23	24	25	26	27	28	29	30	31	11月	2
农历	一	二	三	四	五	六	七	八	九	十	十一	十二	十三	十四	十五	十六	十七	十八	十九	二十	廿一	廿二	廿三	廿四	廿五	廿六	廿七	廿八	廿九	三十
星期	四	五	六	日	一	二	三	四	五	六	日	一	二	三	四	五	六	日	一	二	三	四	五	六	日	一	二	三	四	五
干支	甲辰	乙巳	丙午	丁未	戊申	己酉	庚戌	辛亥	壬子	癸丑	甲寅	乙卯	丙辰	丁巳	戊午	己未	庚申	辛酉	壬戌	癸亥	甲子	乙丑	丙寅	丁卯	戊辰	己巳	庚午	辛未	壬申	癸酉
五行	火	火	水	水	土	土	金	金	木	木	水	水	土	土	火	火	木	木	水	水	金	金	火	火	木	木	土	土	金	金
建星	危	成	收	开	开	闭	建	除	满	平	定	执	破	危	成	收	开	闭	建	除	满	平	定	执	破	危	成	收	开	闭
廿八宿	奎	娄	胃	昴	毕	觜	参	井	鬼	柳	星	张	翼	轸	角	亢	氐	房	心	尾	箕	斗	牛	女	虚	危	室	壁	奎	娄

岁次：丙申	公元1956年（山下火）			火猴
太岁：管仲	年八白星	雷水解卦	八木四运	虚

十月小建己亥井宿 （二黑）

节气：立冬初五日十八时廿七分
小雪二十日十五时五十一分

公历	3	4	5	6	7	8	9	10	11	12	13	14	15	16	17	18	19	20	21	22	23	24	25	26	27	28	29	30	12月	
农历	一	二	三	四	五	六	七	八	九	十	十一	十二	十三	十四	十五	十六	十七	十八	十九	二十	廿一	廿二	廿三	廿四	廿五	廿六	廿七	廿八	廿九	
星期	六	日	一	二	三	四	五	六	日	一	二	三	四	五	六	日	一	二	三	四	五	六	日	一	二	三	四	五	六	
干支	甲戌	乙亥	丙子	丁丑	戊寅	己卯	庚辰	辛巳	壬午	癸未	甲申	乙酉	丙戌	丁亥	戊子	己丑	庚寅	辛卯	壬辰	癸巳	甲午	乙未	丙申	丁酉	戊戌	己亥	庚子	辛丑	壬寅	
五行	火	火	水	水	土	土	金	金	木	木	水	水	土	土	火	火	木	木	水	水	金	金	火	火	木	木	土	土	金	
建星	建	除	满	平	平	定	执	破	危	成	收	开	闭	建	除	满	平	定	执	破	危	成	收	开	闭	建	除	满	平	
廿八宿	胃	昴	毕	觜	参	井	鬼	柳	星	张	翼	轸	角	亢	氐	房	心	尾	箕	斗	牛	女	虚	危	室	壁	奎	娄	胃	

十一月大建庚子鬼宿 （一白）

节气：大雪初六日十一时三分
冬至廿一日五时

公历	2	3	4	5	6	7	8	9	10	11	12	13	14	15	16	17	18	19	20	21	22	23	24	25	26	27	28	29	30	31
农历	一	二	三	四	五	六	七	八	九	十	十一	十二	十三	十四	十五	十六	十七	十八	十九	二十	廿一	廿二	廿三	廿四	廿五	廿六	廿七	廿八	廿九	三十
星期	日	一	二	三	四	五	六	日	一	二	三	四	五	六	日	一	二	三	四	五	六	日	一	二	三	四	五	六	日	一
干支	癸卯	甲辰	乙巳	丙午	丁未	戊申	己酉	庚戌	辛亥	壬子	癸丑	甲寅	乙卯	丙辰	丁巳	戊午	己未	庚申	辛酉	壬戌	癸亥	甲子	乙丑	丙寅	丁卯	戊辰	己巳	庚午	辛未	壬申
五行	金	火	火	水	水	土	土	金	金	木	木	水	水	土	土	火	火	木	木	水	水	金	金	火	火	木	木	土	土	金
建星	定	执	破	危	成	成	收	开	闭	建	除	满	平	定	执	破	危	成	收	开	闭	建	除	满	平	定	执	破	危	成
廿八宿	昴	毕	觜	参	井	鬼	柳	星	张	翼	轸	角	亢	氐	房	心	尾	箕	斗	牛	女	虚	危	室	壁	奎	娄	胃	昴	毕

十二月大建辛丑柳宿 （九紫）

节气：小寒初五日廿二时十一分
大寒二十日十五时卅九分

公历	一月	2	3	4	5	6	7	8	9	10	11	12	13	14	15	16	17	18	19	20	21	22	23	24	25	26	27	28	29	30
农历	一	二	三	四	五	六	七	八	九	十	十一	十二	十三	十四	十五	十六	十七	十八	十九	二十	廿一	廿二	廿三	廿四	廿五	廿六	廿七	廿八	廿九	三十
星期	二	三	四	五	六	日	一	二	三	四	五	六	日	一	二	三	四	五	六	日	一	二	三	四	五	六	日	一	二	三
干支	癸酉	甲戌	乙亥	丙子	丁丑	戊寅	己卯	庚辰	辛巳	壬午	癸未	甲申	乙酉	丙戌	丁亥	戊子	己丑	庚寅	辛卯	壬辰	癸巳	甲午	乙未	丙申	丁酉	戊戌	己亥	庚子	辛丑	壬寅
五行	金	火	火	水	水	土	土	金	金	木	木	水	水	土	土	火	火	木	木	水	水	金	金	火	火	木	木	土	土	金
建星	收	开	闭	建	建	除	满	平	定	执	破	危	成	收	开	闭	建	除	满	平	定	执	破	危	成	收	开	闭	建	除
廿八宿	觜	参	井	鬼	柳	星	张	翼	轸	角	亢	氐	房	心	尾	箕	斗	牛	女	虚	危	室	壁	奎	娄	胃	昴	毕	觜	参

岁次：丁酉	公元 1957 年（山下火）			火鸡
太岁：康杰	年七赤星	泽山咸卦	四金九运	危

正月大建壬寅星宿 （八白）

节气：立春初五日九时五十五分
雨水二十日五时五十九分

公历	31	二月	2	3	4	5	6	7	8	9	10	11	12	13	14	15	16	17	18	19	20	21	22	23	24	25	26	27	28	三月
农历	一	二	三	四	五	六	七	八	九	十	十一	十二	十三	十四	十五	十六	十七	十八	十九	二十	廿一	廿二	廿三	廿四	廿五	廿六	廿七	廿八	廿九	三十
星期	四	五	六	日	一	二	三	四	五	六	日	一	二	三	四	五	六	日	一	二	三	四	五	六	日	一	二	三	四	五
干支	癸卯	甲辰	乙巳	丙午	丁未	戊申	己酉	庚戌	辛亥	壬子	癸丑	甲寅	乙卯	丙辰	丁巳	戊午	己未	庚申	辛酉	壬戌	癸亥	甲子	乙丑	丙寅	丁卯	戊辰	己巳	庚午	辛未	壬申
五行	金	火	火	水	水	土	土	金	金	木	木	水	水	土	土	火	火	木	木	水	水	金	金	火	火	木	木	土	土	金
建星	满	平	定	执	执	破	危	成	收	开	闭	建	除	满	平	定	执	破	危	成	收	开	闭	建	除	满	平	定	执	破
廿八宿	井	鬼	柳	星	张	翼	轸	角	亢	氐	房	心	尾	箕	斗	牛	女	虚	危	室	壁	奎	娄	胃	昴	毕	觜	参	井	鬼

二月小建癸卯张宿 （七赤）

节气：惊蛰初五日四时十一分
春分二十日五时十七分

公历	2	3	4	5	6	7	8	9	10	11	12	13	14	15	16	17	18	19	20	21	22	23	24	25	26	27	28	29	30	
农历	一	二	三	四	五	六	七	八	九	十	十一	十二	十三	十四	十五	十六	十七	十八	十九	二十	廿一	廿二	廿三	廿四	廿五	廿六	廿七	廿八	廿九	
星期	六	日	一	二	三	四	五	六	日	一	二	三	四	五	六	日	一	二	三	四	五	六	日	一	二	三	四	五	六	
干支	癸酉	甲戌	乙亥	丙子	丁丑	戊寅	己卯	庚辰	辛巳	壬午	癸未	甲申	乙酉	丙戌	丁亥	戊子	己丑	庚寅	辛卯	壬辰	癸巳	甲午	乙未	丙申	丁酉	戊戌	己亥	庚子	辛丑	
五行	金	火	火	水	水	土	土	金	金	木	木	水	水	土	土	火	火	木	木	水	水	金	金	火	火	木	木	土	土	
建星	危	成	收	开	开	闭	建	除	满	平	定	执	破	危	成	收	开	闭	建	除	满	平	定	执	破	危	成	收	开	
廿八宿	柳	星	张	翼	轸	角	亢	氐	房	心	尾	箕	斗	牛	女	虚	危	室	壁	奎	娄	胃	昴	毕	觜	参	井	鬼	柳	

三月大建甲辰翼宿 （六白）

节气：清明初六日九时十九分
谷雨廿一日十六时四十二分

公历	31	四月	2	3	4	5	6	7	8	9	10	11	12	13	14	15	16	17	18	19	20	21	22	23	24	25	26	27	28	29
农历	一	二	三	四	五	六	七	八	九	十	十一	十二	十三	十四	十五	十六	十七	十八	十九	二十	廿一	廿二	廿三	廿四	廿五	廿六	廿七	廿八	廿九	三十
星期	日	一	二	三	四	五	六	日	一	二	三	四	五	六	日	一	二	三	四	五	六	日	一	二	三	四	五	六	日	一
干支	壬寅	癸卯	甲辰	乙巳	丙午	丁未	戊申	己酉	庚戌	辛亥	壬子	癸丑	甲寅	乙卯	丙辰	丁巳	戊午	己未	庚申	辛酉	壬戌	癸亥	甲子	乙丑	丙寅	丁卯	戊辰	己巳	庚午	辛未
五行	金	金	火	火	水	水	土	土	金	金	木	木	水	水	土	土	火	火	木	木	水	水	金	金	火	火	木	木	土	土
建星	闭	建	除	满	平	平	定	执	破	危	成	收	开	闭	建	除	满	平	定	执	破	危	成	收	开	闭	建	除	满	平
廿八宿	星	张	翼	轸	角	亢	氐	房	心	尾	箕	斗	牛	女	虚	危	室	壁	奎	娄	胃	昴	毕	觜	参	井	鬼	柳	星	张

岁次:丁酉	公元1957年(山下火)			火鸡
太岁:康杰	年七赤星	泽山咸卦	四金九运	危

四月小建乙巳轸宿 (五黄)

节气:立夏初七日二时五十九分
小满廿二日六时十一分

公历	30	五月	2	3	4	5	6	7	8	9	10	11	12	13	14	15	16	17	18	19	20	21	22	23	24	25	26	27	28
农历	一	二	三	四	五	六	七	八	九	十	十一	十二	十三	十四	十五	十六	十七	十八	十九	二十	廿一	廿二	廿三	廿四	廿五	廿六	廿七	廿八	廿九
星期	二	三	四	五	六	日	一	二	三	四	五	六	日	一	二	三	四	五	六	日	一	二	三	四	五	六	日	一	二
干支	壬申	癸酉	甲戌	乙亥	丙子	丁丑	戊寅	己卯	庚辰	辛巳	壬午	癸未	甲申	乙酉	丙戌	丁亥	戊子	己丑	庚寅	辛卯	壬辰	癸巳	甲午	乙未	丙申	丁酉	戊戌	己亥	庚子
五行	金	金	火	火	水	水	土	土	金	金	木	木	水	水	土	土	火	火	木	木	水	水	金	金	火	火	木	木	土
建星	定	执	破	危	成	收	收	开	闭	建	除	满	平	定	执	破	危	成	收	开	闭	建	除	满	平	定	执	破	危
廿八宿	翼	轸	角	亢	氐	房	心	尾	箕	斗	牛	女	虚	危	室	壁	奎	娄	胃	昴	毕	觜	参	井	鬼	柳	星	张	翼

五月大建丙午角宿 (四绿)

节气:芒种初九日七时廿五分
夏至廿五日零时廿一分

公历	29	30	31	六月	2	3	4	5	6	7	8	9	10	11	12	13	14	15	16	17	18	19	20	21	22	23	24	25	26	27
农历	一	二	三	四	五	六	七	八	九	十	十一	十二	十三	十四	十五	十六	十七	十八	十九	二十	廿一	廿二	廿三	廿四	廿五	廿六	廿七	廿八	廿九	三十
星期	三	四	五	六	日	一	二	三	四	五	六	日	一	二	三	四	五	六	日	一	二	三	四	五	六	日	一	二	三	四
干支	辛丑	壬寅	癸卯	甲辰	乙巳	丙午	丁未	戊申	己酉	庚戌	辛亥	壬子	癸丑	甲寅	乙卯	丙辰	丁巳	戊午	己未	庚申	辛酉	壬戌	癸亥	甲子	乙丑	丙寅	丁卯	戊辰	己巳	庚午
五行	土	金	金	火	火	水	水	土	土	金	金	木	木	水	水	土	土	火	火	木	木	水	水	金	金	火	火	木	木	土
建星	成	收	开	闭	建	除	满	平	平	定	执	破	危	成	收	开	闭	建	除	满	平	定	执	破	危	成	收	开	闭	建
廿八宿	轸	角	亢	氐	房	心	尾	箕	斗	牛	女	虚	危	室	壁	奎	娄	胃	昴	毕	觜	参	井	鬼	柳	星	张	翼	轸	角

六月小建丁未亢宿 (三碧)

节气:小暑初十日十七时四十九分
大暑廿六日十一时十五分

公历	28	29	30	七月	2	3	4	5	6	7	8	9	10	11	12	13	14	15	16	17	18	19	20	21	22	23	24	25	26
农历	一	二	三	四	五	六	七	八	九	十	十一	十二	十三	十四	十五	十六	十七	十八	十九	二十	廿一	廿二	廿三	廿四	廿五	廿六	廿七	廿八	廿九
星期	五	六	日	一	二	三	四	五	六	日	一	二	三	四	五	六	日	一	二	三	四	五	六	日	一	二	三	四	五
干支	辛未	壬申	癸酉	甲戌	乙亥	丙子	丁丑	戊寅	己卯	庚辰	辛巳	壬午	癸未	甲申	乙酉	丙戌	丁亥	戊子	己丑	庚寅	辛卯	壬辰	癸巳	甲午	乙未	丙申	丁酉	戊戌	己亥
五行	土	金	金	火	火	水	水	土	土	金	金	木	木	水	水	土	土	火	火	木	木	水	水	金	金	火	火	木	木
建星	除	满	平	定	执	破	危	成	收	收	开	闭	建	除	满	平	定	执	破	危	成	收	开	闭	建	除	满	平	定
廿八宿	亢	氐	房	心	尾	箕	斗	牛	女	虚	危	室	壁	奎	娄	胃	昴	毕	觜	参	井	鬼	柳	星	张	翼	轸	角	亢

岁次:丁酉	公元1957年(山下火)			火鸡
太岁:康杰	年七赤星	泽山咸卦	四金九运	危

七月小建戊申氐宿　(二黑)

节气:立秋十三日三时卅八分
处暑廿八日十八时八分

公历	27	28	29	30	31	八月	2	3	4	5	6	7	8	9	10	11	12	13	14	15	16	17	18	19	20	21	22	23	24
农历	一	二	三	四	五	六	七	八	九	十	十一	十二	十三	十四	十五	十六	十七	十八	十九	二十	廿一	廿二	廿三	廿四	廿五	廿六	廿七	廿八	廿九
星期	六	日	一	二	三	四	五	六	日	一	二	三	四	五	六	日	一	二	三	四	五	六	日	一	二	三	四	五	六
干支	庚子	辛丑	壬寅	癸卯	甲辰	乙巳	丙午	丁未	戊申	己酉	庚戌	辛亥	壬子	癸丑	甲寅	乙卯	丙辰	丁巳	戊午	己未	庚申	辛酉	壬戌	癸亥	甲子	乙丑	丙寅	丁卯	戊辰
五行	土	土	金	金	火	火	水	水	土	土	金	金	木	木	水	水	土	土	火	火	木	木	水	水	金	金	火	火	木
建星	执	破	危	成	收	开	闭	建	除	满	平	定	定	执	破	危	成	收	开	闭	建	除	满	平	定	执	破	危	成
廿八宿	氐	房	心	尾	箕	斗	牛	女	虚	危	室	壁	奎	娄	胃	昴	毕	觜	参	井	鬼	柳	星	张	翼	轸	角	亢	氐

八月大建己酉房宿　(一白)

节气:白露十五日六时十三分
秋分三十日十五时卅七分

公历	25	26	27	28	29	30	31	九月	2	3	4	5	6	7	8	9	10	11	12	13	14	15	16	17	18	19	20	21	22	23
农历	一	二	三	四	五	六	七	八	九	十	十一	十二	十三	十四	十五	十六	十七	十八	十九	二十	廿一	廿二	廿三	廿四	廿五	廿六	廿七	廿八	廿九	三十
星期	日	一	二	三	四	五	六	日	一	二	三	四	五	六	日	一	二	三	四	五	六	日	一	二	三	四	五	六	日	一
干支	己巳	庚午	辛未	壬申	癸酉	甲戌	乙亥	丙子	丁丑	戊寅	己卯	庚辰	辛巳	壬午	癸未	甲申	乙酉	丙戌	丁亥	戊子	己丑	庚寅	辛卯	壬辰	癸巳	甲午	乙未	丙申	丁酉	戊戌
五行	木	土	土	金	金	火	火	水	水	土	土	金	金	木	木	水	水	土	土	火	火	木	木	水	水	金	金	火	火	木
建星	收	开	闭	建	除	满	平	定	执	破	危	成	收	开	开	闭	建	除	满	平	定	执	破	危	成	收	开	闭	建	除
廿八宿	房	心	尾	箕	斗	牛	女	虚	危	室	壁	奎	娄	胃	昴	毕	觜	参	井	鬼	柳	星	张	翼	轸	角	亢	氐	房	心

闰八月小

节气:寒露十五日廿一时卅一分

公历	24	25	26	27	28	29	30	十月	2	3	4	5	6	7	8	9	10	11	12	13	14	15	16	17	18	19	20	21	22
农历	一	二	三	四	五	六	七	八	九	十	十一	十二	十三	十四	十五	十六	十七	十八	十九	二十	廿一	廿二	廿三	廿四	廿五	廿六	廿七	廿八	廿九
星期	二	三	四	五	六	日	一	二	三	四	五	六	日	一	二	三	四	五	六	日	一	二	三	四	五	六	日	一	二
干支	己亥	庚子	辛丑	壬寅	癸卯	甲辰	乙巳	丙午	丁未	戊申	己酉	庚戌	辛亥	壬子	癸丑	甲寅	乙卯	丙辰	丁巳	戊午	己未	庚申	辛酉	壬戌	癸亥	甲子	乙丑	丙寅	丁卯
五行	木	土	土	金	金	火	火	水	水	土	土	金	金	木	木	水	水	土	土	火	火	木	木	水	水	金	金	火	火
建星	满	平	定	执	破	危	成	收	开	闭	建	除	满	平	平	定	执	破	危	成	收	开	闭	建	除	满	平	定	执
廿八宿	尾	箕	斗	牛	女	虚	危	室	壁	奎	娄	胃	昴	毕	觜	参	井	鬼	柳	星	张	翼	轸	角	亢	氐	房	心	尾

岁次：丁酉	公元 1957 年（山下火）			火鸡
太岁：康杰	年七赤星	泽山咸卦	四金九运	危

九月大建庚戌心宿 （九紫） 节气：霜降初二日零时廿五分 立冬十七日零时廿一分

公历	23	24	25	26	27	28	29	30	31	11月	2	3	4	5	6	7	8	9	10	11	12	13	14	15	16	17	18	19	20	21
农历	一	二	三	四	五	六	七	八	九	十	十一	十二	十三	十四	十五	十六	十七	十八	十九	二十	廿一	廿二	廿三	廿四	廿五	廿六	廿七	廿八	廿九	三十
星期	三	四	五	六	日	一	二	三	四	五	六	日	一	二	三	四	五	六	日	一	二	三	四	五	六	日	一	二	三	四
干支	戊辰	己巳	庚午	辛未	壬申	癸酉	甲戌	乙亥	丙子	丁丑	戊寅	己卯	庚辰	辛巳	壬午	癸未	甲申	乙酉	丙戌	丁亥	戊子	己丑	庚寅	辛卯	壬辰	癸巳	甲午	乙未	丙申	丁酉
五行	木	木	土	土	金	金	火	火	水	水	土	土	金	金	木	木	水	水	土	土	火	火	木	木	水	水	金	金	火	火
建星	破	危	成	收	开	闭	建	除	满	平	定	执	破	危	成	收	收	开	闭	建	除	满	平	定	执	破	危	成	收	开
廿八宿	箕	斗	牛	女	虚	危	室	壁	奎	娄	胃	昴	毕	觜	参	井	鬼	柳	星	张	翼	轸	角	亢	氐	房	心	尾	箕	斗

十月小建辛亥尾宿 （八白） 节气：小雪初一日廿一时四十分 大雪十六日十六时五十七分

公历	22	23	24	25	26	27	28	29	30	12月	2	3	4	5	6	7	8	9	10	11	12	13	14	15	16	17	18	19	20	
农历	一	二	三	四	五	六	七	八	九	十	十一	十二	十三	十四	十五	十六	十七	十八	十九	二十	廿一	廿二	廿三	廿四	廿五	廿六	廿七	廿八	廿九	
星期	五	六	日	一	二	三	四	五	六	日	一	二	三	四	五	六	日	一	二	三	四	五	六	日	一	二	三	四	五	
干支	戊戌	己亥	庚子	辛丑	壬寅	癸卯	甲辰	乙巳	丙午	丁未	戊申	己酉	庚戌	辛亥	壬子	癸丑	甲寅	乙卯	丙辰	丁巳	戊午	己未	庚申	辛酉	壬戌	癸亥	甲子	乙丑	丙寅	
五行	木	木	土	土	金	金	火	火	水	水	土	土	金	金	木	木	水	水	土	土	火	火	木	木	水	水	金	金	火	
建星	闭	建	除	满	平	定	执	破	危	成	收	开	闭	建	除	除	满	平	定	执	破	危	成	收	开	闭	建	除	满	
廿八宿	牛	女	虚	危	室	壁	奎	娄	胃	昴	毕	觜	参	井	鬼	柳	星	张	翼	轸	角	亢	氐	房	心	尾	箕	斗	牛	

十一月大建壬子箕宿 （七赤） 节气：冬至初二日十时四十九分 小寒十七日四时五分

公历	21	22	23	24	25	26	27	28	29	30	31	一月	2	3	4	5	6	7	8	9	10	11	12	13	14	15	16	17	18	19
农历	一	二	三	四	五	六	七	八	九	十	十一	十二	十三	十四	十五	十六	十七	十八	十九	二十	廿一	廿二	廿三	廿四	廿五	廿六	廿七	廿八	廿九	三十
星期	六	日	一	二	三	四	五	六	日	一	二	三	四	五	六	日	一	二	三	四	五	六	日	一	二	三	四	五	六	日
干支	丁卯	戊辰	己巳	庚午	辛未	壬申	癸酉	甲戌	乙亥	丙子	丁丑	戊寅	己卯	庚辰	辛巳	壬午	癸未	甲申	乙酉	丙戌	丁亥	戊子	己丑	庚寅	辛卯	壬辰	癸巳	甲午	乙未	丙申
五行	火	木	木	土	土	金	金	火	火	水	水	土	土	金	金	木	木	水	水	土	土	火	火	木	木	水	水	金	金	火
建星	平	定	执	破	危	成	收	开	闭	建	除	满	平	定	执	破	破	危	成	收	开	闭	建	除	满	平	定	执	破	危
廿八宿	女	虚	危	室	壁	奎	娄	胃	昴	毕	觜	参	井	鬼	柳	星	张	翼	轸	角	亢	氐	房	心	尾	箕	斗	牛	女	虚

十二月小建癸丑斗宿 （六白） 节气：大寒初一日廿一时廿九分 立春十六日十五时五十分

公历	20	21	22	23	24	25	26	27	28	29	30	31	二月	2	3	4	5	6	7	8	9	10	11	12	13	14	15	16	17	
农历	一	二	三	四	五	六	七	八	九	十	十一	十二	十三	十四	十五	十六	十七	十八	十九	二十	廿一	廿二	廿三	廿四	廿五	廿六	廿七	廿八	廿九	
星期	一	二	三	四	五	六	日	一	二	三	四	五	六	日	一	二	三	四	五	六	日	一	二	三	四	五	六	日	一	
干支	丁酉	戊戌	己亥	庚子	辛丑	壬寅	癸卯	甲辰	乙巳	丙午	丁未	戊申	己酉	庚戌	辛亥	壬子	癸丑	甲寅	乙卯	丙辰	丁巳	戊午	己未	庚申	辛酉	壬戌	癸亥	甲子	乙丑	
五行	火	木	木	土	土	金	金	火	火	水	水	土	土	金	金	木	木	水	水	土	土	火	火	木	木	水	水	金	金	
建星	成	收	开	闭	建	除	满	平	定	执	破	危	成	收	开	开	闭	建	除	满	平	定	执	破	危	成	收	开	闭	
廿八宿	危	室	壁	奎	娄	胃	昴	毕	觜	参	井	鬼	柳	星	张	翼	轸	角	亢	氐	房	心	尾	箕	斗	牛	女	虚	危	

岁次：戊戌	公元1958年（平地木）			土狗
太岁：姜武	年六白星	地山谦卦	一水六运	室

正月大建甲寅牛宿　（五黄）

节气：雨水初二日十一时四十九分
惊蛰十七日十时六分

公历	18	19	20	21	22	23	24	25	26	27	28	三月	2	3	4	5	6	7	8	9	10	11	12	13	14	15	16	17	18	19
农历	一	二	三	四	五	六	七	八	九	十	十一	十二	十三	十四	十五	十六	十七	十八	十九	二十	廿一	廿二	廿三	廿四	廿五	廿六	廿七	廿八	廿九	三十
星期	二	三	四	五	六	日	一	二	三	四	五	六	日	一	二	三	四	五	六	日	一	二	三	四	五	六	日	一	二	三
干支	丙寅	丁卯	戊辰	己巳	庚午	辛未	壬申	癸酉	甲戌	乙亥	丙子	丁丑	戊寅	己卯	庚辰	辛巳	壬午	癸未	甲申	乙酉	丙戌	丁亥	戊子	己丑	庚寅	辛卯	壬辰	癸巳	甲午	乙未
五行	火	火	木	木	土	土	金	金	火	火	水	水	土	土	金	金	木	木	水	水	土	土	火	火	木	木	水	水	金	金
建星	建	除	满	平	定	执	破	危	成	收	开	闭	建	除	满	平	平	定	执	破	危	成	收	开	闭	建	除	满	平	定
廿八宿	室	壁	奎	娄	胃	昴	毕	觜	参	井	鬼	柳	星	张	翼	轸	角	亢	氐	房	心	尾	箕	斗	牛	女	虚	危	室	壁

二月大建乙卯女宿　（四绿）

节气：春分初二日十一时六分
清明十七日十五时三分

公历	20	21	22	23	24	25	26	27	28	29	30	31	四月	2	3	4	5	6	7	8	9	10	11	12	13	14	15	16	17	18
农历	一	二	三	四	五	六	七	八	九	十	十一	十二	十三	十四	十五	十六	十七	十八	十九	二十	廿一	廿二	廿三	廿四	廿五	廿六	廿七	廿八	廿九	三十
星期	四	五	六	日	一	二	三	四	五	六	日	一	二	三	四	五	六	日	一	二	三	四	五	六	日	一	二	三	四	五
干支	丙申	丁酉	戊戌	己亥	庚子	辛丑	壬寅	癸卯	甲辰	乙巳	丙午	丁未	戊申	己酉	庚戌	辛亥	壬子	癸丑	甲寅	乙卯	丙辰	丁巳	戊午	己未	庚申	辛酉	壬戌	癸亥	甲子	乙丑
五行	火	火	木	木	土	土	金	金	火	火	水	水	土	土	金	金	木	木	水	水	土	土	火	火	木	木	水	水	金	金
建星	执	破	危	成	收	开	闭	建	除	满	平	定	执	破	危	成	成	收	开	闭	建	除	满	平	定	执	破	危	成	收
廿八宿	奎	娄	胃	昴	毕	觜	参	井	鬼	柳	星	张	翼	轸	角	亢	氐	房	心	尾	箕	斗	牛	女	虚	危	室	壁	奎	娄

三月大建丙辰虚宿　（三碧）

节气：谷雨初二日廿二时廿七分
立夏十八日八时五十分

公历	19	20	21	22	23	24	25	26	27	28	29	30	五月	2	3	4	5	6	7	8	9	10	11	12	13	14	15	16	17	18
农历	一	二	三	四	五	六	七	八	九	十	十一	十二	十三	十四	十五	十六	十七	十八	十九	二十	廿一	廿二	廿三	廿四	廿五	廿六	廿七	廿八	廿九	三十
星期	六	日	一	二	三	四	五	六	日	一	二	三	四	五	六	日	一	二	三	四	五	六	日	一	二	三	四	五	六	日
干支	丙寅	丁卯	戊辰	己巳	庚午	辛未	壬申	癸酉	甲戌	乙亥	丙子	丁丑	戊寅	己卯	庚辰	辛巳	壬午	癸未	甲申	乙酉	丙戌	丁亥	戊子	己丑	庚寅	辛卯	壬辰	癸巳	甲午	乙未
五行	火	火	木	木	土	土	金	金	火	火	水	水	土	土	金	金	木	木	水	水	土	土	火	火	木	木	水	水	金	金
建星	开	闭	建	除	满	平	定	执	破	危	成	收	开	闭	建	除	满	满	平	定	执	破	危	成	收	开	闭	建	除	满
廿八宿	胃	昴	毕	觜	参	井	鬼	柳	星	张	翼	轸	角	亢	氐	房	心	尾	箕	斗	牛	女	虚	危	室	壁	奎	娄	胃	昴

岁次：戊戌	公元 1958 年（平地木）			土狗
太岁：姜武	年六白星	地山谦卦	一水六运	室

四月小建丁巳危宿　（二黑）

节气：小满初三日廿一时五十一分
芒种十九日十三时十三分

公历	19	20	21	22	23	24	25	26	27	28	29	30	31	六月	2	3	4	5	6	7	8	9	10	11	12	13	14	15	16	
农历	一	二	三	四	五	六	七	八	九	十	十一	十二	十三	十四	十五	十六	十七	十八	十九	二十	廿一	廿二	廿三	廿四	廿五	廿六	廿七	廿八	廿九	
星期	一	二	三	四	五	六	日	一	二	三	四	五	六	日	一	二	三	四	五	六	日	一	二	三	四	五	六	日	一	
干支	丙申	丁酉	戊戌	己亥	庚子	辛丑	壬寅	癸卯	甲辰	乙巳	丙午	丁未	戊申	己酉	庚戌	辛亥	壬子	癸丑	甲寅	乙卯	丙辰	丁巳	戊午	己未	庚申	辛酉	壬戌	癸亥	甲子	
五行	火	火	木	木	土	土	金	金	火	火	水	水	土	土	金	金	木	木	水	水	土	土	火	火	木	木	水	水	金	
建星	平	定	执	破	危	成	收	开	闭	建	除	满	平	定	执	破	危	成	成	收	开	闭	建	除	满	平	定	执	破	
廿八宿	毕	觜	参	井	鬼	柳	星	张	翼	轸	角	亢	氐	房	心	尾	箕	斗	牛	女	虚	危	室	壁	奎	娄	胃	昴	毕	

五月大建戊午室宿　（一白）

节气：夏至初六日五时五十七分
小暑廿一日廿三时卅四分

公历	17	18	19	20	21	22	23	24	25	26	27	28	29	30	七月	2	3	4	5	6	7	8	9	10	11	12	13	14	15	16
农历	一	二	三	四	五	六	七	八	九	十	十一	十二	十三	十四	十五	十六	十七	十八	十九	二十	廿一	廿二	廿三	廿四	廿五	廿六	廿七	廿八	廿九	三十
星期	二	三	四	五	六	日	一	二	三	四	五	六	日	一	二	三	四	五	六	日	一	二	三	四	五	六	日	一	二	三
干支	乙丑	丙寅	丁卯	戊辰	己巳	庚午	辛未	壬申	癸酉	甲戌	乙亥	丙子	丁丑	戊寅	己卯	庚辰	辛巳	壬午	癸未	甲申	乙酉	丙戌	丁亥	戊子	己丑	庚寅	辛卯	壬辰	癸巳	甲午
五行	金	火	火	木	木	土	土	金	金	火	火	水	水	土	土	金	金	木	木	水	水	土	土	火	火	木	木	水	水	金
建星	危	成	收	开	闭	建	除	满	平	定	执	破	危	成	收	开	闭	建	除	满	满	平	定	执	破	危	成	收	开	闭
廿八宿	觜	参	井	鬼	柳	星	张	翼	轸	角	亢	氐	房	心	尾	箕	斗	牛	女	虚	危	室	壁	奎	娄	胃	昴	毕	觜	参

六月小建己未壁宿　（九紫）

节气：大暑初七日十六时五十一分
立秋廿三日九时十八分

公历	17	18	19	20	21	22	23	24	25	26	27	28	29	30	31	八月	2	3	4	5	6	7	8	9	10	11	12	13	14	
农历	一	二	三	四	五	六	七	八	九	十	十一	十二	十三	十四	十五	十六	十七	十八	十九	二十	廿一	廿二	廿三	廿四	廿五	廿六	廿七	廿八	廿九	
星期	四	五	六	日	一	二	三	四	五	六	日	一	二	三	四	五	六	日	一	二	三	四	五	六	日	一	二	三	四	
干支	乙未	丙申	丁酉	戊戌	己亥	庚子	辛丑	壬寅	癸卯	甲辰	乙巳	丙午	丁未	戊申	己酉	庚戌	辛亥	壬子	癸丑	甲寅	乙卯	丙辰	丁巳	戊午	己未	庚申	辛酉	壬戌	癸亥	
五行	金	火	火	木	木	土	土	金	金	火	火	水	水	土	土	金	金	木	木	水	水	土	土	火	火	木	木	水	水	
建星	建	除	满	平	定	执	破	危	成	收	开	闭	建	除	满	平	定	执	破	危	成	收	收	开	闭	建	除	满	平	
廿八宿	井	鬼	柳	星	张	翼	轸	角	亢	氐	房	心	尾	箕	斗	牛	女	虚	危	室	壁	奎	娄	胃	昴	毕	觜	参	井	

岁次:戊戌	公元1958年(平地木)			土狗
太岁:姜武	年六白星	地山谦卦	一水六运	室

七月小建庚申奎宿 (八白)

节气：处暑初九日廿三时四十七分
白露廿五日十二时

公历	15	16	17	18	19	20	21	22	23	24	25	26	27	28	29	30	31	九月	2	3	4	5	6	7	8	9	10	11	12
农历	一	二	三	四	五	六	七	八	九	十	十一	十二	十三	十四	十五	十六	十七	十八	十九	二十	廿一	廿二	廿三	廿四	廿五	廿六	廿七	廿八	廿九
星期	五	六	日	一	二	三	四	五	六	日	一	二	三	四	五	六	日	一	二	三	四	五	六	日	一	二	三	四	五
干支	甲子	乙丑	丙寅	丁卯	戊辰	己巳	庚午	辛未	壬申	癸酉	甲戌	乙亥	丙子	丁丑	戊寅	己卯	庚辰	辛巳	壬午	癸未	甲申	乙酉	丙戌	丁亥	戊子	己丑	庚寅	辛卯	壬辰
五行	金	金	火	火	木	木	土	土	金	金	火	火	水	水	土	土	金	金	木	木	水	水	土	土	火	火	木	木	水
建星	定	执	破	危	成	收	开	闭	建	除	满	平	定	执	破	危	成	收	开	闭	建	除	满	平	平	定	执	破	危
廿八宿	鬼	柳	星	张	翼	轸	角	亢	氐	房	心	尾	箕	斗	牛	女	虚	危	室	壁	奎	娄	胃	昴	毕	觜	参	井	鬼

八月大建辛酉娄宿 (七赤)

节气：秋分十一日廿一时十分
寒露廿七日三时二十分

公历	13	14	15	16	17	18	19	20	21	22	23	24	25	26	27	28	29	30	十月	2	3	4	5	6	7	8	9	10	11	12
农历	一	二	三	四	五	六	七	八	九	十	十一	十二	十三	十四	十五	十六	十七	十八	十九	二十	廿一	廿二	廿三	廿四	廿五	廿六	廿七	廿八	廿九	三十
星期	六	日	一	二	三	四	五	六	日	一	二	三	四	五	六	日	一	二	三	四	五	六	日	一	二	三	四	五	六	日
干支	癸巳	甲午	乙未	丙申	丁酉	戊戌	己亥	庚子	辛丑	壬寅	癸卯	甲辰	乙巳	丙午	丁未	戊申	己酉	庚戌	辛亥	壬子	癸丑	甲寅	乙卯	丙辰	丁巳	戊午	己未	庚申	辛酉	壬戌
五行	水	金	金	火	火	木	木	土	土	金	金	火	火	水	水	土	土	金	金	木	木	水	水	土	土	火	火	木	木	水
建星	成	收	开	闭	建	除	满	平	定	执	破	危	成	收	开	闭	建	除	满	平	定	执	破	危	成	收	收	开	闭	建
廿八宿	柳	星	张	翼	轸	角	亢	氐	房	心	尾	箕	斗	牛	女	虚	危	室	壁	奎	娄	胃	昴	毕	觜	参	井	鬼	柳	星

九月小建壬戌胃宿 (六白)

节气：霜降十二日六时十二分
立冬廿七日六时十三分

公历	13	14	15	16	17	18	19	20	21	22	23	24	25	26	27	28	29	30	31	11月	2	3	4	5	6	7	8	9	10
农历	一	二	三	四	五	六	七	八	九	十	十一	十二	十三	十四	十五	十六	十七	十八	十九	二十	廿一	廿二	廿三	廿四	廿五	廿六	廿七	廿八	廿九
星期	一	二	三	四	五	六	日	一	二	三	四	五	六	日	一	二	三	四	五	六	日	一	二	三	四	五	六	日	一
干支	癸亥	甲子	乙丑	丙寅	丁卯	戊辰	己巳	庚午	辛未	壬申	癸酉	甲戌	乙亥	丙子	丁丑	戊寅	己卯	庚辰	辛巳	壬午	癸未	甲申	乙酉	丙戌	丁亥	戊子	己丑	庚寅	辛卯
五行	水	金	金	火	火	木	木	土	土	金	金	火	火	水	水	土	土	金	金	木	木	水	水	土	土	火	火	木	木
建星	除	满	平	定	执	破	危	成	收	开	闭	建	除	满	平	定	执	破	危	成	收	开	闭	建	除	满	满	平	定
廿八宿	张	翼	轸	角	亢	氐	房	心	尾	箕	斗	牛	女	虚	危	室	壁	奎	娄	胃	昴	毕	觜	参	井	鬼	柳	星	张

岁次：戊戌	公元 1958 年（平地木）			土狗
太岁：姜武	年六白星	地山谦卦	一水六运	室

十月大建癸亥昴宿 （五黄）

节气：小雪十三日三时三十分
大雪廿七日廿二时五十分

公历	11	12	13	14	15	16	17	18	19	20	21	22	23	24	25	26	27	28	29	30	12月	2	3	4	5	6	7	8	9	10
农历	一	二	三	四	五	六	七	八	九	十	十一	十二	十三	十四	十五	十六	十七	十八	十九	二十	廿一	廿二	廿三	廿四	廿五	廿六	廿七	廿八	廿九	三十
星期	二	三	四	五	六	日	一	二	三	四	五	六	日	一	二	三	四	五	六	日	一	二	三	四	五	六	日	一	二	三
干支	壬辰	癸巳	甲午	乙未	丙申	丁酉	戊戌	己亥	庚子	辛丑	壬寅	癸卯	甲辰	乙巳	丙午	丁未	戊申	己酉	庚戌	辛亥	壬子	癸丑	甲寅	乙卯	丙辰	丁巳	戊午	己未	庚申	辛酉
五行	水	水	金	金	火	火	木	木	土	土	金	金	火	火	水	水	土	土	金	金	木	木	水	水	土	土	火	火	木	木
建星	执	破	危	成	收	开	闭	建	除	满	平	定	执	破	危	成	收	开	闭	建	除	满	平	定	执	破	破	危	成	收
廿八宿	翼	轸	角	亢	氐	房	心	尾	箕	斗	牛	女	虚	危	室	壁	奎	娄	胃	昴	毕	觜	参	井	鬼	柳	星	张	翼	轸

十一月小建甲子毕宿 （四绿）

节气：冬至十二日十六时四十分
小寒廿七日九时五十九分

公历	11	12	13	14	15	16	17	18	19	20	21	22	23	24	25	26	27	28	29	30	31	一月	2	3	4	5	6	7	8	
农历	一	二	三	四	五	六	七	八	九	十	十一	十二	十三	十四	十五	十六	十七	十八	十九	二十	廿一	廿二	廿三	廿四	廿五	廿六	廿七	廿八	廿九	
星期	四	五	六	日	一	二	三	四	五	六	日	一	二	三	四	五	六	日	一	二	三	四	五	六	日	一	二	三	四	
干支	壬戌	癸亥	甲子	乙丑	丙寅	丁卯	戊辰	己巳	庚午	辛未	壬申	癸酉	甲戌	乙亥	丙子	丁丑	戊寅	己卯	庚辰	辛巳	壬午	癸未	甲申	乙酉	丙戌	丁亥	戊子	己丑	庚寅	
五行	水	水	金	金	火	火	木	木	土	土	金	金	火	火	水	水	土	土	金	金	木	木	水	水	土	土	火	火	木	
建星	开	闭	建	除	满	平	定	执	破	危	成	收	开	闭	建	除	满	平	定	执	破	危	成	收	开	闭	闭	建	除	
廿八宿	角	亢	氐	房	心	尾	箕	斗	牛	女	虚	危	室	壁	奎	娄	胃	昴	毕	觜	参	井	鬼	柳	星	张	翼	轸	角	

十二月大建乙丑觜宿 （三碧）

节气：大寒十三日三时二十分
立春廿七日廿一时四十三分

公历	9	10	11	12	13	14	15	16	17	18	19	20	21	22	23	24	25	26	27	28	29	30	31	二月	2	3	4	5	6	7
农历	一	二	三	四	五	六	七	八	九	十	十一	十二	十三	十四	十五	十六	十七	十八	十九	二十	廿一	廿二	廿三	廿四	廿五	廿六	廿七	廿八	廿九	三十
星期	五	六	日	一	二	三	四	五	六	日	一	二	三	四	五	六	日	一	二	三	四	五	六	日	一	二	三	四	五	六
干支	辛卯	壬辰	癸巳	甲午	乙未	丙申	丁酉	戊戌	己亥	庚子	辛丑	壬寅	癸卯	甲辰	乙巳	丙午	丁未	戊申	己酉	庚戌	辛亥	壬子	癸丑	甲寅	乙卯	丙辰	丁巳	戊午	己未	庚申
五行	木	水	水	金	金	火	火	木	木	土	土	金	金	火	火	水	水	土	土	金	金	木	木	水	水	土	土	火	火	木
建星	满	平	定	执	破	危	成	收	开	闭	建	除	满	平	定	执	破	危	成	收	开	闭	建	除	满	平	平	定	执	破
廿八宿	亢	氐	房	心	尾	箕	斗	牛	女	虚	危	室	壁	奎	娄	胃	昴	毕	觜	参	井	鬼	柳	星	张	翼	轸	角	亢	氐

岁次：己亥	公元1959年（平地木）			土猪
太岁：谢太	年五黄星	风地观卦	二火二运	壁

正月小建丙寅参宿 （二黑）

节气：雨水十二日十七时卅八分
惊蛰廿七日十五时五十七分

公历	8	9	10	11	12	13	14	15	16	17	18	19	20	21	22	23	24	25	26	27	28	三月	2	3	4	5	6	7	8	
农历	一	二	三	四	五	六	七	八	九	十	十一	十二	十三	十四	十五	十六	十七	十八	十九	二十	廿一	廿二	廿三	廿四	廿五	廿六	廿七	廿八	廿九	
星期	日	一	二	三	四	五	六	日	一	二	三	四	五	六	日	一	二	三	四	五	六	日	一	二	三	四	五	六	日	
干支	辛酉	壬戌	癸亥	甲子	乙丑	丙寅	丁卯	戊辰	己巳	庚午	辛未	壬申	癸酉	甲戌	乙亥	丙子	丁丑	戊寅	己卯	庚辰	辛巳	壬午	癸未	甲申	乙酉	丙戌	丁亥	戊子	己丑	
五行	木	水	水	金	金	火	火	木	木	土	土	金	金	火	火	水	水	土	土	金	金	木	木	水	水	土	土	火	火	
建星	危	成	收	开	闭	建	除	满	平	定	执	破	危	成	收	开	闭	建	除	满	平	定	执	破	危	成	成	收	开	
廿八宿	房	心	尾	箕	斗	牛	女	虚	危	室	壁	奎	娄	胃	昴	毕	觜	参	井	鬼	柳	星	张	翼	轸	角	亢	氐	房	

二月大建丁卯井宿 （一白）

节气：春分十三日十六时五十五分
清明廿八日廿一时四分

公历	9	10	11	12	13	14	15	16	17	18	19	20	21	22	23	24	25	26	27	28	29	30	31	四月	2	3	4	5	6	7
农历	一	二	三	四	五	六	七	八	九	十	十一	十二	十三	十四	十五	十六	十七	十八	十九	二十	廿一	廿二	廿三	廿四	廿五	廿六	廿七	廿八	廿九	三十
星期	一	二	三	四	五	六	日	一	二	三	四	五	六	日	一	二	三	四	五	六	日	一	二	三	四	五	六	日	一	二
干支	庚寅	辛卯	壬辰	癸巳	甲午	乙未	丙申	丁酉	戊戌	己亥	庚子	辛丑	壬寅	癸卯	甲辰	乙巳	丙午	丁未	戊申	己酉	庚戌	辛亥	壬子	癸丑	甲寅	乙卯	丙辰	丁巳	戊午	己未
五行	木	木	水	水	金	金	火	火	木	木	土	土	金	金	火	火	水	水	土	土	金	金	木	木	水	水	土	土	火	火
建星	闭	建	除	满	平	定	执	破	危	成	收	开	闭	建	除	满	平	定	执	破	危	成	收	开	闭	建	除	除	满	平
廿八宿	心	尾	箕	斗	牛	女	虚	危	室	壁	奎	娄	胃	昴	毕	觜	参	井	鬼	柳	星	张	翼	轸	角	亢	氐	房	心	尾

三月大建戊辰鬼宿 （九紫）

节气：谷雨十四日四时十七分
立夏廿九日十四时卅九分

公历	8	9	10	11	12	13	14	15	16	17	18	19	20	21	22	23	24	25	26	27	28	29	30	五月	2	3	4	5	6	7
农历	一	二	三	四	五	六	七	八	九	十	十一	十二	十三	十四	十五	十六	十七	十八	十九	二十	廿一	廿二	廿三	廿四	廿五	廿六	廿七	廿八	廿九	三十
星期	三	四	五	六	日	一	二	三	四	五	六	日	一	二	三	四	五	六	日	一	二	三	四	五	六	日	一	二	三	四
干支	庚申	辛酉	壬戌	癸亥	甲子	乙丑	丙寅	丁卯	戊辰	己巳	庚午	辛未	壬申	癸酉	甲戌	乙亥	丙子	丁丑	戊寅	己卯	庚辰	辛巳	壬午	癸未	甲申	乙酉	丙戌	丁亥	戊子	己丑
五行	木	木	水	水	金	金	火	火	木	木	土	土	金	金	火	火	水	水	土	土	金	金	木	木	水	水	土	土	火	火
建星	定	执	破	危	成	收	开	闭	建	除	满	平	定	执	破	危	成	收	开	闭	建	除	满	平	定	执	破	危	危	成
廿八宿	箕	斗	牛	女	虚	危	室	壁	奎	娄	胃	昴	毕	觜	参	井	鬼	柳	星	张	翼	轸	角	亢	氐	房	心	尾	箕	斗

岁次：己亥	公元1959年（平地木）			土猪
太岁：谢太	年五黄星	风地观卦	二火二运	壁

四月小建己巳柳宿 （八白）　　节气：小满十五日三时四十三分

公历	8	9	10	11	12	13	14	15	16	17	18	19	20	21	22	23	24	25	26	27	28	29	30	31	六月	2	3	4	5
农历	一	二	三	四	五	六	七	八	九	十	十一	十二	十三	十四	十五	十六	十七	十八	十九	二十	廿一	廿二	廿三	廿四	廿五	廿六	廿七	廿八	廿九
星期	五	六	日	一	二	三	四	五	六	日	一	二	三	四	五	六	日	一	二	三	四	五	六	日	一	二	三	四	五
干支	庚寅	辛卯	壬辰	癸巳	甲午	乙未	丙申	丁酉	戊戌	己亥	庚子	辛丑	壬寅	癸卯	甲辰	乙巳	丙午	丁未	戊申	己酉	庚戌	辛亥	壬子	癸丑	甲寅	乙卯	丙辰	丁巳	戊午
五行	木	木	水	水	金	金	火	火	木	木	土	土	金	金	火	火	水	水	土	土	金	金	木	木	水	水	土	土	火
建星	收	开	闭	建	除	满	平	定	执	破	危	成	收	开	闭	建	除	满	平	定	执	破	危	成	收	开	闭	建	除
廿八宿	牛	女	虚	危	室	壁	奎	娄	胄	昴	毕	觜	参	井	鬼	柳	星	张	翼	轸	角	亢	氐	房	心	尾	箕	斗	牛

五月大建庚午星宿 （七赤）　　节气：芒种初一日十九时一分
夏至十七日十一时五十分

公历	6	7	8	9	10	11	12	13	14	15	16	17	18	19	20	21	22	23	24	25	26	27	28	29	30	七月	2	3	4	5
农历	一	二	三	四	五	六	七	八	九	十	十一	十二	十三	十四	十五	十六	十七	十八	十九	二十	廿一	廿二	廿三	廿四	廿五	廿六	廿七	廿八	廿九	三十
星期	六	日	一	二	三	四	五	六	日	一	二	三	四	五	六	日	一	二	三	四	五	六	日	一	二	三	四	五	六	日
干支	己未	庚申	辛酉	壬戌	癸亥	甲子	乙丑	丙寅	丁卯	戊辰	己巳	庚午	辛未	壬申	癸酉	甲戌	乙亥	丙子	丁丑	戊寅	己卯	庚辰	辛巳	壬午	癸未	甲申	乙酉	丙戌	丁亥	戊子
五行	火	木	木	水	水	金	金	火	火	木	木	土	土	金	金	火	火	水	水	土	土	金	金	木	木	水	水	土	土	火
建星	除	满	平	定	执	破	危	成	收	开	闭	建	除	满	平	定	执	破	危	成	收	开	闭	建	除	满	平	定	执	破
廿八宿	女	虚	危	室	壁	奎	娄	胄	昴	毕	觜	参	井	鬼	柳	星	张	翼	轸	角	亢	氐	房	心	尾	箕	斗	牛	女	虚

六月小建辛未张宿 （六白）　　节气：小暑初三日五时二十分
大暑十八日廿二时四十六分

公历	6	7	8	9	10	11	12	13	14	15	16	17	18	19	20	21	22	23	24	25	26	27	28	29	30	31	八月	2	3
农历	一	二	三	四	五	六	七	八	九	十	十一	十二	十三	十四	十五	十六	十七	十八	十九	二十	廿一	廿二	廿三	廿四	廿五	廿六	廿七	廿八	廿九
星期	一	二	三	四	五	六	日	一	二	三	四	五	六	日	一	二	三	四	五	六	日	一	二	三	四	五	六	日	一
干支	己丑	庚寅	辛卯	壬辰	癸巳	甲午	乙未	丙申	丁酉	戊戌	己亥	庚子	辛丑	壬寅	癸卯	甲辰	乙巳	丙午	丁未	戊申	己酉	庚戌	辛亥	壬子	癸丑	甲寅	乙卯	丙辰	丁巳
五行	火	木	木	水	水	金	金	火	火	木	木	土	土	金	金	火	火	水	水	土	土	金	金	木	木	水	水	土	土
建星	危	成	成	收	开	闭	建	除	满	平	定	执	破	危	成	收	开	闭	建	除	满	平	定	执	破	危	成	收	开
廿八宿	危	室	壁	奎	娄	胄	昴	毕	觜	参	井	鬼	柳	星	张	翼	轸	角	亢	氐	房	心	尾	箕	斗	牛	女	虚	危

岁次：己亥	公元 1959 年（平地木）			土猪
太岁：谢太	年五黄星	风地观卦	二火二运	壁

七月大建壬申翼宿 （五黄）

节气：立秋初五日十五时五分
处暑廿一日四时四十四分

公历	4	5	6	7	8	9	10	11	12	13	14	15	16	17	18	19	20	21	22	23	24	25	26	27	28	29	30	31	九月	2
农历	一	二	三	四	五	六	七	八	九	十	十一	十二	十三	十四	十五	十六	十七	十八	十九	二十	廿一	廿二	廿三	廿四	廿五	廿六	廿七	廿八	廿九	三十
星期	二	三	四	五	六	日	一	二	三	四	五	六	日	一	二	三	四	五	六	日	一	二	三	四	五	六	日	一	二	三
干支	戊午	己未	庚申	辛酉	壬戌	癸亥	甲子	乙丑	丙寅	丁卯	戊辰	己巳	庚午	辛未	壬申	癸酉	甲戌	乙亥	丙子	丁丑	戊寅	己卯	庚辰	辛巳	壬午	癸未	甲申	乙酉	丙戌	丁亥
五行	火	火	木	木	水	水	金	金	火	火	木	木	土	土	金	金	火	火	水	水	土	土	金	金	木	木	水	水	土	土
建星	闭	建	除	满	满	平	定	执	破	危	成	收	开	闭	建	除	满	平	定	执	破	危	成	收	开	闭	建	除	满	平
廿八宿	室	壁	奎	娄	胃	昴	毕	觜	参	井	鬼	柳	星	张	翼	轸	角	亢	氐	房	心	尾	箕	斗	牛	女	虚	危	室	壁

八月小建癸酉轸宿 （四绿）

节气：白露初六日十七时四十九分
秋分廿二日三时九分

公历	3	4	5	6	7	8	9	10	11	12	13	14	15	16	17	18	19	20	21	22	23	24	25	26	27	28	29	30	十月
农历	一	二	三	四	五	六	七	八	九	十	十一	十二	十三	十四	十五	十六	十七	十八	十九	二十	廿一	廿二	廿三	廿四	廿五	廿六	廿七	廿八	廿九
星期	四	五	六	日	一	二	三	四	五	六	日	一	二	三	四	五	六	日	一	二	三	四	五	六	日	一	二	三	四
干支	戊子	己丑	庚寅	辛卯	壬辰	癸巳	甲午	乙未	丙申	丁酉	戊戌	己亥	庚子	辛丑	壬寅	癸卯	甲辰	乙巳	丙午	丁未	戊申	己酉	庚戌	辛亥	壬子	癸丑	甲寅	乙卯	丙辰
五行	火	火	木	木	水	水	金	金	火	火	木	木	土	土	金	金	火	火	水	水	土	土	金	金	木	木	水	水	土
建星	定	执	破	危	成	成	收	开	闭	建	除	满	平	定	执	破	危	成	收	开	闭	建	除	满	平	定	执	破	危
廿八宿	奎	娄	胃	昴	毕	觜	参	井	鬼	柳	星	张	翼	轸	角	亢	氐	房	心	尾	箕	斗	牛	女	虚	危	室	壁	奎

九月大建甲戌角宿 （三碧）

节气：寒露初八日九时十一分
霜降廿三日十二时十二分

公历	2	3	4	5	6	7	8	9	10	11	12	13	14	15	16	17	18	19	20	21	22	23	24	25	26	27	28	29	30	31
农历	一	二	三	四	五	六	七	八	九	十	十一	十二	十三	十四	十五	十六	十七	十八	十九	二十	廿一	廿二	廿三	廿四	廿五	廿六	廿七	廿八	廿九	三十
星期	五	六	日	一	二	三	四	五	六	日	一	二	三	四	五	六	日	一	二	三	四	五	六	日	一	二	三	四	五	六
干支	丁巳	戊午	己未	庚申	辛酉	壬戌	癸亥	甲子	乙丑	丙寅	丁卯	戊辰	己巳	庚午	辛未	壬申	癸酉	甲戌	乙亥	丙子	丁丑	戊寅	己卯	庚辰	辛巳	壬午	癸未	甲申	乙酉	丙戌
五行	土	火	火	木	木	水	水	金	金	火	火	木	木	土	土	金	金	火	火	水	水	土	土	金	金	木	木	水	水	土
建星	成	收	开	闭	建	除	满	满	平	定	执	破	危	成	收	开	闭	建	除	满	平	定	执	破	危	成	收	开	闭	建
廿八宿	娄	胃	昴	毕	觜	参	井	鬼	柳	星	张	翼	轸	角	亢	氐	房	心	尾	箕	斗	牛	女	虚	危	室	壁	奎	娄	胃

岁次：己亥	公元1959年（平地木）			土猪
太岁：谢太	年五黄星	风地观卦	二火二运	壁

十月小建乙亥亢宿 （二黑）

节气：立冬初八日十二时三分 小雪廿三日九时廿八分

公历	11月	2	3	4	5	6	7	8	9	10	11	12	13	14	15	16	17	18	19	20	21	22	23	24	25	26	27	28	29
农历	一	二	三	四	五	六	七	八	九	十	十一	十二	十三	十四	十五	十六	十七	十八	十九	二十	廿一	廿二	廿三	廿四	廿五	廿六	廿七	廿八	廿九
星期	日	一	二	三	四	五	六	日	一	二	三	四	五	六	日	一	二	三	四	五	六	日	一	二	三	四	五	六	日
干支	丁亥	戊子	己丑	庚寅	辛卯	壬辰	癸巳	甲午	乙未	丙申	丁酉	戊戌	己亥	庚子	辛丑	壬寅	癸卯	甲辰	乙巳	丙午	丁未	戊申	己酉	庚戌	辛亥	壬子	癸丑	甲寅	乙卯
五行	土	火	火	木	木	水	水	金	金	火	火	木	木	土	土	金	金	火	火	水	水	土	土	金	金	木	木	水	水
建星	除	满	平	定	执	破	危	危	成	收	开	闭	建	除	满	平	定	执	破	危	成	收	开	闭	建	除	满	平	定
廿八宿	昴	毕	觜	参	井	鬼	柳	星	张	翼	轸	角	亢	氐	房	心	尾	箕	斗	牛	女	虚	危	室	壁	奎	娄	胃	昴

十一月大建丙子氐宿 （一白）

节气：大雪初九日四时卅八分 冬至廿三日廿二时卅五分

公历	30	12月	2	3	4	5	6	7	8	9	10	11	12	13	14	15	16	17	18	19	20	21	22	23	24	25	26	27	28	29
农历	一	二	三	四	五	六	七	八	九	十	十一	十二	十三	十四	十五	十六	十七	十八	十九	二十	廿一	廿二	廿三	廿四	廿五	廿六	廿七	廿八	廿九	三十
星期	一	二	三	四	五	六	日	一	二	三	四	五	六	日	一	二	三	四	五	六	日	一	二	三	四	五	六	日	一	二
干支	丙辰	丁巳	戊午	己未	庚申	辛酉	壬戌	癸亥	甲子	乙丑	丙寅	丁卯	戊辰	己巳	庚午	辛未	壬申	癸酉	甲戌	乙亥	丙子	丁丑	戊寅	己卯	庚辰	辛巳	壬午	癸未	甲申	乙酉
五行	土	土	火	火	木	木	水	水	金	金	火	火	木	木	土	土	金	金	火	火	水	水	土	土	金	金	木	木	水	水
建星	执	破	危	成	收	开	闭	建	建	除	满	平	定	执	破	危	成	收	开	闭	建	除	满	平	定	执	破	危	成	收
廿八宿	毕	觜	参	井	鬼	柳	星	张	翼	轸	角	亢	氐	房	心	尾	箕	斗	牛	女	虚	危	室	壁	奎	娄	胃	昴	毕	觜

十二月小建丁丑房宿 （九紫）

节气：小寒初八日十五时四十三分 大寒廿三日九时十一分

公历	30	31	一月	2	3	4	5	6	7	8	9	10	11	12	13	14	15	16	17	18	19	20	21	22	23	24	25	26	27
农历	一	二	三	四	五	六	七	八	九	十	十一	十二	十三	十四	十五	十六	十七	十八	十九	二十	廿一	廿二	廿三	廿四	廿五	廿六	廿七	廿八	廿九
星期	三	四	五	六	日	一	二	三	四	五	六	日	一	二	三	四	五	六	日	一	二	三	四	五	六	日	一	二	三
干支	丙戌	丁亥	戊子	己丑	庚寅	辛卯	壬辰	癸巳	甲午	乙未	丙申	丁酉	戊戌	己亥	庚子	辛丑	壬寅	癸卯	甲辰	乙巳	丙午	丁未	戊申	己酉	庚戌	辛亥	壬子	癸丑	甲寅
五行	土	土	火	火	木	木	水	水	金	金	火	火	木	木	土	土	金	金	火	火	水	水	土	土	金	金	木	木	水
建星	开	闭	建	除	满	平	定	定	执	破	危	成	收	开	闭	建	除	满	平	定	执	破	危	成	收	开	闭	建	除
廿八宿	参	井	鬼	柳	星	张	翼	轸	角	亢	氐	房	心	尾	箕	斗	牛	女	虚	危	室	壁	奎	娄	胃	昴	毕	觜	参

岁次：庚子	公元1960年（壁上土）			金鼠
太岁：卢秘	年四绿星	风雷益卦	二火九运	奎

正月大建戊寅心宿 （八白）

节气：立春 初九日三时廿四分
雨水 廿三日廿三时廿七分

公历	28	29	30	31	二月	2	3	4	5	6	7	8	9	10	11	12	13	14	15	16	17	18	19	20	21	22	23	24	25	26
农历	一	二	三	四	五	六	七	八	九	十	十一	十二	十三	十四	十五	十六	十七	十八	十九	二十	廿一	廿二	廿三	廿四	廿五	廿六	廿七	廿八	廿九	三十
星期	四	五	六	日	一	二	三	四	五	六	日	一	二	三	四	五	六	日	一	二	三	四	五	六	日	一	二	三	四	五
干支	乙卯	丙辰	丁巳	戊午	己未	庚申	辛酉	壬戌	癸亥	甲子	乙丑	丙寅	丁卯	戊辰	己巳	庚午	辛未	壬申	癸酉	甲戌	乙亥	丙子	丁丑	戊寅	己卯	庚辰	辛巳	壬午	癸未	甲申
五行	水	土	土	火	火	木	木	水	水	金	金	火	火	木	木	土	土	金	金	火	火	水	水	土	土	金	金	木	木	水
建星	满	平	定	执	破	危	成	收	收	开	闭	建	除	满	平	定	执	破	危	成	收	开	闭	建	除	满	平	定	执	破
廿八宿	井	鬼	柳	星	张	翼	轸	角	亢	氐	房	心	尾	箕	斗	牛	女	虚	危	室	壁	奎	娄	胃	昴	毕	觜	参	井	鬼

二月小建己卯尾宿 （七赤）

节气：惊蛰 初八日廿一时廿七分
春分 廿三日廿二时四十三分

公历	27	28	29	三月	2	3	4	5	6	7	8	9	10	11	12	13	14	15	16	17	18	19	20	21	22	23	24	25	26	
农历	一	二	三	四	五	六	七	八	九	十	十一	十二	十三	十四	十五	十六	十七	十八	十九	二十	廿一	廿二	廿三	廿四	廿五	廿六	廿七	廿八	廿九	
星期	六	日	一	二	三	四	五	六	日	一	二	三	四	五	六	日	一	二	三	四	五	六	日	一	二	三	四	五	六	
干支	乙酉	丙戌	丁亥	戊子	己丑	庚寅	辛卯	壬辰	癸巳	甲午	乙未	丙申	丁酉	戊戌	己亥	庚子	辛丑	壬寅	癸卯	甲辰	乙巳	丙午	丁未	戊申	己酉	庚戌	辛亥	壬子	癸丑	
五行	水	土	土	火	火	木	木	水	水	金	金	火	火	木	木	土	土	金	金	火	火	水	水	土	土	金	金	木	木	
建星	危	成	收	开	闭	建	除	除	满	平	定	执	破	危	成	收	开	闭	建	除	满	平	定	执	破	危	成	收	开	
廿八宿	柳	星	张	翼	轸	角	亢	氐	房	心	尾	箕	斗	牛	女	虚	危	室	壁	奎	娄	胃	昴	毕	觜	参	井	鬼	柳	

三月大建庚辰箕宿 （六白）

节气：清明 初十日二时四十四分
谷雨 廿五日十时六分

公历	27	28	29	30	31	四月	2	3	4	5	6	7	8	9	10	11	12	13	14	15	16	17	18	19	20	21	22	23	24	25
农历	一	二	三	四	五	六	七	八	九	十	十	十二	十二	十四	十五	十六	十七	十八	十九	二十	廿一	廿二	廿三	廿四	廿五	廿六	廿七	廿八	廿九	三十
星期	日	一	二	三	四	五	六	日	一	二	三	四	五	六	日	一	二	三	四	五	六	日	一	二	三	四	五	六	日	一
干支	甲寅	乙卯	丙辰	丁巳	戊午	己未	庚申	辛酉	壬戌	癸亥	甲子	乙丑	丙寅	丁卯	戊辰	己巳	庚午	辛未	壬申	癸酉	甲戌	乙亥	丙子	丁丑	戊寅	己卯	庚辰	辛巳	壬午	癸未
五行	水	水	土	土	火	火	木	木	水	水	金	金	火	火	木	木	土	土	金	金	火	火	水	水	土	土	金	金	木	木
建星	闭	建	除	满	平	定	执	破	危	危	成	收	开	闭	建	除	满	平	定	执	破	危	成	收	开	闭	建	除	满	平
廿八宿	星	张	翼	轸	角	亢	氐	房	心	尾	箕	斗	牛	女	虚	危	室	壁	奎	娄	胃	昴	毕	觜	参	井	鬼	柳	星	张

第六章 1930年～2050年万年历对照详表

岁次：庚子	公元1960年（壁上土）			金鼠
太岁：卢秘	年四绿星	风雷益卦	二火九运	奎

四月小建辛巳斗宿 （五黄）

节气：立夏初十日二十时廿三分
小满廿六日九时卅四分

公历	26	27	28	29	30	五月	2	3	4	5	6	7	8	9	10	11	12	13	14	15	16	17	18	19	20	21	22	23	24	
农历	一	二	三	四	五	六	七	八	九	十	十一	十二	十三	十四	十五	十六	十七	十八	十九	二十	廿一	廿二	廿三	廿四	廿五	廿六	廿七	廿八	廿九	
星期	二	三	四	五	六	日	一	二	三	四	五	六	日	一	二	三	四	五	六	日	一	二	三	四	五	六	日	一	二	
干支	甲申	乙酉	丙戌	丁亥	戊子	己丑	庚寅	辛卯	壬辰	癸巳	甲午	乙未	丙申	丁酉	戊戌	己亥	庚子	辛丑	壬寅	癸卯	甲辰	乙巳	丙午	丁未	戊申	己酉	庚戌	辛亥	壬子	
五行	水	水	土	土	火	火	木	木	水	水	金	金	火	火	木	木	土	土	金	金	火	火	水	水	土	土	金	金	木	
建星	定	执	破	危	成	收	开	闭	建	建	除	满	平	定	执	破	危	成	收	开	闭	建	除	满	平	定	执	破	危	
廿八宿	翼	轸	角	亢	氐	房	心	尾	箕	斗	牛	女	虚	危	室	壁	奎	娄	胃	昴	毕	觜	参	井	鬼	柳	星	张	翼	

五月大建壬午牛宿 （四绿）

节气：芒种十三日零时四十九分
夏至廿八日十七时四十三分

公历	25	26	27	28	29	30	31	六月	2	3	4	5	6	7	8	9	10	11	12	13	14	15	16	17	18	19	20	21	22	23
农历	一	二	三	四	五	六	七	八	九	十	十一	十二	十三	十四	十五	十六	十七	十八	十九	二十	廿一	廿二	廿三	廿四	廿五	廿六	廿七	廿八	廿九	三十
星期	三	四	五	六	日	一	二	三	四	五	六	日	一	二	三	四	五	六	日	一	二	三	四	五	六	日	一	二	三	四
干支	癸丑	甲寅	乙卯	丙辰	丁巳	戊午	己未	庚申	辛酉	壬戌	癸亥	甲子	乙丑	丙寅	丁卯	戊辰	己巳	庚午	辛未	壬申	癸酉	甲戌	乙亥	丙子	丁丑	戊寅	己卯	庚辰	辛巳	壬午
五行	木	水	水	土	土	火	火	木	木	水	水	金	金	火	火	木	木	土	土	金	金	火	火	水	水	土	土	金	金	木
建星	成	收	开	闭	建	除	满	平	定	执	破	危	危	成	收	开	闭	建	除	满	平	定	执	破	危	成	收	开	闭	建
廿八宿	轸	角	亢	氐	房	心	尾	箕	斗	牛	女	虚	危	室	壁	奎	娄	胃	昴	毕	觜	参	井	鬼	柳	星	张	翼	轸	角

六月大建癸未女宿 （三碧）

节气：小暑十四日十一时十三分
大暑三十日四时卅八分

公历	24	25	26	27	28	29	30	七月	2	3	4	5	6	7	8	9	10	11	12	13	14	15	16	17	18	19	20	21	22	23
农历	一	二	三	四	五	六	七	八	九	十	十一	十二	十三	十四	十五	十六	十七	十八	十九	二十	廿一	廿二	廿三	廿四	廿五	廿六	廿七	廿八	廿九	三十
星期	五	六	日	一	二	三	四	五	六	日	一	二	三	四	五	六	日	一	二	三	四	五	六	日	一	二	三	四	五	六
干支	癸未	甲申	乙酉	丙戌	丁亥	戊子	己丑	庚寅	辛卯	壬辰	癸巳	甲午	乙未	丙申	丁酉	戊戌	己亥	庚子	辛丑	壬寅	癸卯	甲辰	乙巳	丙午	丁未	戊申	己酉	庚戌	辛亥	壬子
五行	木	水	水	土	土	火	火	木	木	水	水	金	金	火	火	木	木	土	土	金	金	火	火	水	水	土	土	金	金	木
建星	除	满	平	定	执	破	危	成	收	开	闭	建	除	除	满	平	定	执	破	危	成	收	开	闭	建	除	满	平	定	执
廿八宿	亢	氐	房	心	尾	箕	斗	牛	女	虚	危	室	壁	奎	娄	胃	昴	毕	觜	参	井	鬼	柳	星	张	翼	轸	角	亢	氐

岁次：庚子	公元1960年（壁上土）			金鼠
太岁：卢秘	年四绿星	风雷益卦	二火九运	奎

闰六月小　　节气：立秋十五日廿一时零分

公历	24	25	26	27	28	29	30	31	八月	2	3	4	5	6	7	8	9	10	11	12	13	14	15	16	17	18	19	20	21
农历	一	二	三	四	五	六	七	八	九	十	十一	十二	十三	十四	十五	十六	十七	十八	十九	二十	廿一	廿二	廿三	廿四	廿五	廿六	廿七	廿八	廿九
星期	日	一	二	三	四	五	六	日	一	二	三	四	五	六	日	一	二	三	四	五	六	日	一	二	三	四	五	六	日
干支	癸丑	甲寅	乙卯	丙辰	丁巳	戊午	己未	庚申	辛酉	壬戌	癸亥	甲子	乙丑	丙寅	丁卯	戊辰	己巳	庚午	辛未	壬申	癸酉	甲戌	乙亥	丙子	丁丑	戊寅	己卯	庚辰	辛巳
五行	木	水	水	土	土	火	火	木	木	水	水	金	金	火	火	木	木	土	土	金	金	火	火	水	水	土	土	金	金
建星	破	危	成	收	开	闭	建	除	满	平	定	执	破	危	危	成	收	开	闭	建	除	满	平	定	执	破	危	成	收
廿八宿	房	心	尾	箕	斗	牛	女	虚	危	室	壁	奎	娄	胃	昴	毕	觜	参	井	鬼	柳	星	张	翼	轸	角	亢	氐	房

七月大建甲申虚宿　（二黑）　　节气：处暑初二日十一时卅五分　白露十七日廿三时四十七分

公历	22	23	24	25	26	27	28	29	30	31	九月	2	3	4	5	6	7	8	9	10	11	12	13	14	15	16	17	18	19	20
农历	一	二	三	四	五	六	七	八	九	十	十一	十二	十三	十四	十五	十六	十七	十八	十九	二十	廿一	廿二	廿三	廿四	廿五	廿六	廿七	廿八	廿九	三十
星期	一	二	三	四	五	六	日	一	二	三	四	五	六	日	一	二	三	四	五	六	日	一	二	三	四	五	六	日	一	二
干支	壬午	癸未	甲申	乙酉	丙戌	丁亥	戊子	己丑	庚寅	辛卯	壬辰	癸巳	甲午	乙未	丙申	丁酉	戊戌	己亥	庚子	辛丑	壬寅	癸卯	甲辰	乙巳	丙午	丁未	戊申	己酉	庚戌	辛亥
五行	木	木	水	水	土	土	火	火	木	木	水	水	金	金	火	火	木	木	土	土	金	金	火	火	水	水	土	土	金	金
建星	开	闭	建	除	满	平	定	执	破	危	成	收	开	闭	建	除	除	满	平	定	执	破	危	成	收	开	闭	建	除	满
廿八宿	心	尾	箕	斗	牛	女	虚	危	室	壁	奎	娄	胃	昴	毕	觜	参	井	鬼	柳	星	张	翼	轸	角	亢	氐	房	心	尾

八月小建乙酉危宿　（一白）　　节气：秋分初三日九时　寒露十八日十五时九分

公历	21	22	23	24	25	26	27	28	29	30	十月	2	3	4	5	6	7	8	9	10	11	12	13	14	15	16	17	18	19
农历	一	二	三	四	五	六	七	八	九	十	十一	十二	十二	十四	十五	十六	十七	十八	十九	二十	廿一	廿二	廿三	廿四	廿五	廿六	廿七	廿八	廿九
星期	三	四	五	六	日	一	二	三	四	五	六	日	一	二	三	四	五	六	日	一	二	三	四	五	六	日	一	二	三
干支	壬子	癸丑	甲寅	乙卯	丙辰	丁巳	戊午	己未	庚申	辛酉	壬戌	癸亥	甲子	乙丑	丙寅	丁卯	戊辰	己巳	庚午	辛未	壬申	癸酉	甲戌	乙亥	丙子	丁丑	戊寅	己卯	庚辰
五行	木	木	水	水	土	土	火	火	木	木	水	水	金	金	火	火	木	木	土	土	金	金	火	火	水	水	土	土	金
建星	平	定	执	破	危	成	收	开	闭	建	除	满	平	定	执	破	危	危	成	收	开	闭	建	除	满	平	定	执	破
廿八宿	箕	斗	牛	女	虚	危	室	壁	奎	娄	胃	昴	毕	觜	参	井	鬼	柳	星	张	翼	轸	角	亢	氐	房	心	尾	箕

岁次:庚子	公元1960年(壁上土)		金鼠
太岁:卢秘	年四绿星	风雷益卦	二火九运	奎

九月大建丙戌室宿 (九紫) 节气:霜降初四日十八时二分 立冬十九日十八时三分

公历	20	21	22	23	24	25	26	27	28	29	30	31	11月	2	3	4	5	6	7	8	9	10	11	12	13	14	15	16	17	18
农历	一	二	三	四	五	六	七	八	九	十	十一	十二	十三	十四	十五	十六	十七	十八	十九	二十	廿一	廿二	廿三	廿四	廿五	廿六	廿七	廿八	廿九	三十
星期	四	五	六	日	一	二	三	四	五	六	日	一	二	三	四	五	六	日	一	二	三	四	五	六	日	一	二	三	四	五
干支	辛巳	壬午	癸未	甲申	乙酉	丙戌	丁亥	戊子	己丑	庚寅	辛卯	壬辰	癸巳	甲午	乙未	丙申	丁酉	戊戌	己亥	庚子	辛丑	壬寅	癸卯	甲辰	乙巳	丙午	丁未	戊申	己酉	庚戌
五行	金	木	木	水	水	土	土	火	火	木	木	水	水	金	金	火	火	木	木	土	土	金	金	火	火	水	水	土	土	金
建星	危	成	收	开	闭	建	除	满	平	定	执	破	危	成	收	开	闭	建	建	除	满	平	定	执	破	危	成	收	开	闭
廿八宿	斗	牛	女	虚	危	室	壁	奎	娄	胃	昴	毕	觜	参	井	鬼	柳	星	张	翼	轸	角	亢	氐	房	心	尾	箕	斗	牛

十月小建丁亥壁宿 (八白) 节气:小雪初四日十五时十九分 大雪十九日十时卅九分

公历	19	20	21	22	23	24	25	26	27	28	29	30	12月	2	3	4	5	6	7	8	9	10	11	12	13	14	15	16	17
农历	一	二	三	四	五	六	七	八	九	十	十一	十二	十三	十四	十五	十六	十七	十八	十九	二十	廿一	廿二	廿三	廿四	廿五	廿六	廿七	廿八	廿九
星期	六	日	一	二	三	四	五	六	日	一	二	三	四	五	六	日	一	二	三	四	五	六	日	一	二	三	四	五	六
干支	辛亥	壬子	癸丑	甲寅	乙卯	丙辰	丁巳	戊午	己未	庚申	辛酉	壬戌	癸亥	甲子	乙丑	丙寅	丁卯	戊辰	己巳	庚午	辛未	壬申	癸酉	甲戌	乙亥	丙子	丁丑	戊寅	己卯
五行	金	木	木	水	水	土	土	火	火	木	木	水	水	金	金	火	火	木	木	土	土	金	金	火	火	水	水	土	土
建星	建	除	满	平	定	执	破	危	成	收	开	闭	建	除	满	平	定	执	执	破	危	成	收	开	闭	建	除	满	平
廿八宿	女	虚	危	室	壁	奎	娄	胃	昴	毕	觜	参	井	鬼	柳	星	张	翼	轸	角	亢	氐	房	心	尾	箕	斗	牛	女

十一月大建戊子奎宿 (七赤) 节气:冬至初五日四时廿七分 小寒十九日廿一时四十三分

公历	18	19	20	21	22	23	24	25	26	27	28	29	30	31	一月	2	3	4	5	6	7	8	9	10	11	12	13	14	15	16
农历	一	二	三	四	五	六	七	八	九	十	十一	十二	十三	十四	十五	十六	十七	十八	十九	二十	廿一	廿二	廿三	廿四	廿五	廿六	廿七	廿八	廿九	三十
星期	日	一	二	三	四	五	六	日	一	二	三	四	五	六	日	一	二	三	四	五	六	日	一	二	三	四	五	六	日	一
干支	庚辰	辛巳	壬午	癸未	甲申	乙酉	丙戌	丁亥	戊子	己丑	庚寅	辛卯	壬辰	癸巳	甲午	乙未	丙申	丁酉	戊戌	己亥	庚子	辛丑	壬寅	癸卯	甲辰	乙巳	丙午	丁未	戊申	己酉
五行	金	金	木	木	水	水	土	土	火	火	木	木	水	水	金	金	火	火	木	木	土	土	金	金	火	火	水	水	土	土
建星	定	执	破	危	成	收	开	闭	建	除	满	平	定	执	破	危	成	收	收	开	闭	建	除	满	平	定	执	破	危	成
廿八宿	虚	危	室	壁	奎	娄	胃	昴	毕	觜	参	井	鬼	柳	星	张	翼	轸	角	亢	氐	房	心	尾	箕	斗	牛	女	虚	危

十二月小建己丑娄宿 (六白) 节气:大寒初四日十五时二分 立春十九日九时廿三分

公历	17	18	19	20	21	22	23	24	25	26	27	28	29	30	31	二月	2	3	4	5	6	7	8	9	10	11	12	13	14
农历	一	二	三	四	五	六	七	八	九	十	十一	十二	十三	十四	十五	十六	十七	十八	十九	二十	廿一	廿二	廿三	廿四	廿五	廿六	廿七	廿八	廿九
星期	二	三	四	五	六	日	一	二	三	四	五	六	日	一	二	三	四	五	六	日	一	二	三	四	五	六	日	一	二
干支	庚戌	辛亥	壬子	癸丑	甲寅	乙卯	丙辰	丁巳	戊午	己未	庚申	辛酉	壬戌	癸亥	甲子	乙丑	丙寅	丁卯	戊辰	己巳	庚午	辛未	壬申	癸酉	甲戌	乙亥	丙子	丁丑	戊寅
五行	金	金	木	木	水	水	土	土	火	火	木	木	水	水	金	金	火	火	木	木	土	土	金	金	火	火	水	水	土
建星	收	开	闭	建	除	满	平	定	执	破	危	成	收	开	闭	建	除	满	满	平	定	执	破	危	成	收	开	闭	建
廿八宿	室	壁	奎	娄	胃	昴	毕	觜	参	井	鬼	柳	星	张	翼	轸	角	亢	氐	房	心	尾	箕	斗	牛	女	虚	危	室

岁次：辛丑	公元 1961 年（壁上土）			金牛
太岁：杨信	年三碧星	地火明夷卦	一水三运	娄

正月大建庚寅胄宿 （五黄）

节气：雨水初五日五时十七分
惊蛰二十日三时卅五分

公历	15	16	17	18	19	20	21	22	23	24	25	26	27	28	三月	2	3	4	5	6	7	8	9	10	11	12	13	14	15	16
农历	一	二	三	四	五	六	七	八	九	十	十一	十二	十三	十四	十五	十六	十七	十八	十九	二十	廿一	廿二	廿三	廿四	廿五	廿六	廿七	廿八	廿九	三十
星期	三	四	五	六	日	一	二	三	四	五	六	日	一	二	三	四	五	六	日	一	二	三	四	五	六	日	一	二	三	四
干支	己卯	庚辰	辛巳	壬午	癸未	甲申	乙酉	丙戌	丁亥	戊子	己丑	庚寅	辛卯	壬辰	癸巳	甲午	乙未	丙申	丁酉	戊戌	己亥	庚子	辛丑	壬寅	癸卯	甲辰	乙巳	丙午	丁未	戊申
五行	土	金	金	木	木	水	水	土	土	火	火	木	木	水	水	金	金	火	火	木	木	土	土	金	金	火	火	水	水	土
建星	除	满	平	定	执	破	危	成	收	开	闭	建	除	满	平	定	执	破	危	危	成	收	开	闭	建	除	满	平	定	执
廿八宿	壁	奎	娄	胃	昴	毕	觜	参	井	鬼	柳	星	张	翼	轸	角	亢	氐	房	心	尾	箕	斗	牛	女	虚	危	室	壁	奎

二月小建辛卯昴宿 （四绿）

节气：春分初五日四时卅三分
清明二十日八时四十三分

公历	17	18	19	20	21	22	23	24	25	26	27	28	29	30	31	四月	2	3	4	5	6	7	8	9	10	11	12	13	14
农历	一	二	三	四	五	六	七	八	九	十	十一	十二	十三	十四	十五	十六	十七	十八	十九	二十	廿一	廿二	廿三	廿四	廿五	廿六	廿七	廿八	廿九
星期	五	六	日	一	二	三	四	五	六	日	一	二	三	四	五	六	日	一	二	三	四	五	六	日	一	二	三	四	五
干支	己酉	庚戌	辛亥	壬子	癸丑	甲寅	乙卯	丙辰	丁巳	戊午	己未	庚申	辛酉	壬戌	癸亥	甲子	乙丑	丙寅	丁卯	戊辰	己巳	庚午	辛未	壬申	癸酉	甲戌	乙亥	丙子	丁丑
五行	土	金	金	木	木	水	水	土	土	火	火	木	木	水	水	金	金	火	火	木	木	土	土	金	金	火	火	水	水
建星	破	危	成	收	开	闭	建	除	满	平	定	执	破	危	成	收	开	闭	建	建	除	满	平	定	执	破	危	成	收
廿八宿	娄	胃	昴	毕	觜	参	井	鬼	柳	星	张	翼	轸	角	亢	氐	房	心	尾	箕	斗	牛	女	虚	危	室	壁	奎	娄

三月大建壬辰毕宿 （三碧）

节气：谷雨初六日十五时五十六分
立夏廿二日二时廿二分

公历	15	16	17	18	19	20	21	22	23	24	25	26	27	28	29	30	五月	2	3	4	5	6	7	8	9	10	11	12	13	14
农历	一	二	三	四	五	六	七	八	九	十	十一	十二	十三	十四	十五	十六	十七	十八	十九	二十	廿一	廿二	廿三	廿四	廿五	廿六	廿七	廿八	廿九	三十
星期	六	日	一	二	三	四	五	六	日	一	二	三	四	五	六	日	一	二	三	四	五	六	日	一	二	三	四	五	六	日
干支	戊寅	己卯	庚辰	辛巳	壬午	癸未	甲申	乙酉	丙戌	丁亥	戊子	己丑	庚寅	辛卯	壬辰	癸巳	甲午	乙未	丙申	丁酉	戊戌	己亥	庚子	辛丑	壬寅	癸卯	甲辰	乙巳	丙午	丁未
五行	土	土	金	金	木	木	水	水	土	土	火	火	木	木	水	水	金	金	火	火	木	木	土	土	金	金	火	火	水	水
建星	开	闭	建	除	满	平	定	执	破	危	成	收	开	闭	建	除	满	平	定	执	破	破	危	成	收	开	闭	建	除	满
廿八宿	胃	昴	毕	觜	参	井	鬼	柳	星	张	翼	轸	角	亢	氐	房	心	尾	箕	斗	牛	女	虚	危	室	壁	奎	娄	胃	昴

岁次：辛丑	公元1961年（壁上土）			金牛
太岁：杨信	年三碧星	地火明夷卦	一水三运	娄

四月小建癸巳觜宿　（二黑）

节气：小满初七日十五时廿三分
芒种廿三日六时廿七分

公历	15	16	17	18	19	20	21	22	23	24	25	26	27	28	29	30	31	六月	2	3	4	5	6	7	8	9	10	11	12
农历	一	二	三	四	五	六	七	八	九	十	十一	十二	十三	十四	十五	十六	十七	十八	十九	二十	廿一	廿二	廿三	廿四	廿五	廿六	廿七	廿八	廿九
星期	一	二	三	四	五	六	日	一	二	三	四	五	六	日	一	二	三	四	五	六	日	一	二	三	四	五	六	日	一
干支	戊申	己酉	庚戌	辛亥	壬子	癸丑	甲寅	乙卯	丙辰	丁巳	戊午	己未	庚申	辛酉	壬戌	癸亥	甲子	乙丑	丙寅	丁卯	戊辰	己巳	庚午	辛未	壬申	癸酉	甲戌	乙亥	丙子
五行	土	土	金	金	木	木	水	水	土	土	火	火	木	木	水	水	金	金	火	火	木	木	土	土	金	金	火	火	水
建星	平	定	执	破	危	成	收	开	闭	建	除	满	平	定	执	破	危	成	收	开	闭	建	建	除	满	平	定	执	破
廿八宿	毕	觜	参	井	鬼	柳	星	张	翼	轸	角	亢	氐	房	心	尾	箕	斗	牛	女	虚	危	室	壁	奎	娄	胃	昴	毕

五月大建甲午参宿　（一白）

节气：夏至初九日廿三时廿一分
小暑廿五日十七时七分

公历	13	14	15	16	17	18	19	20	21	22	23	24	25	26	27	28	29	30	七月	2	3	4	5	6	7	8	9	10	11	12
农历	一	二	三	四	五	六	七	八	九	十	十一	十二	十三	十四	十五	十六	十七	十八	十九	二十	廿一	廿二	廿三	廿四	廿五	廿六	廿七	廿八	廿九	三十
星期	二	三	四	五	六	日	一	二	三	四	五	六	日	一	二	三	四	五	六	日	一	二	三	四	五	六	日	一	二	三
干支	丁丑	戊寅	己卯	庚辰	辛巳	壬午	癸未	甲申	乙酉	丙戌	丁亥	戊子	己丑	庚寅	辛卯	壬辰	癸巳	甲午	乙未	丙申	丁酉	戊戌	己亥	庚子	辛丑	壬寅	癸卯	甲辰	乙巳	丙午
五行	水	土	土	金	金	木	木	水	水	土	土	火	火	木	木	水	水	金	金	火	火	木	木	土	土	金	金	火	火	水
建星	危	成	收	开	闭	建	除	满	平	定	执	破	危	成	收	开	闭	建	除	满	平	定	执	破	破	危	成	收	开	闭
廿八宿	觜	参	井	鬼	柳	星	张	翼	轸	角	亢	氐	房	心	尾	箕	斗	牛	女	虚	危	室	壁	奎	娄	胃	昴	毕	觜	参

六月小建乙未井宿　（九紫）

节气：大暑十一日十时廿四分
立秋廿七日二时四十九分

公历	13	14	15	16	17	18	19	20	21	22	23	24	25	26	27	28	29	30	31	八月	2	3	4	5	6	7	8	9	10
农历	一	二	三	四	五	六	七	八	九	十	十一	十二	十三	十四	十五	十六	十七	十八	十九	二十	廿一	廿二	廿三	廿四	廿五	廿六	廿七	廿八	廿九
星期	四	五	六	日	一	二	三	四	五	六	日	一	二	三	四	五	六	日	一	二	三	四	五	六	日	一	二	三	四
干支	丁未	戊申	己酉	庚戌	辛亥	壬子	癸丑	甲寅	乙卯	丙辰	丁巳	戊午	己未	庚申	辛酉	壬戌	癸亥	甲子	乙丑	丙寅	丁卯	戊辰	己巳	庚午	辛未	壬申	癸酉	甲戌	乙亥
五行	水	土	土	金	金	木	木	水	水	土	土	火	火	木	木	水	水	金	金	火	火	木	木	土	土	金	金	火	火
建星	建	除	满	平	定	执	破	危	成	收	开	闭	建	除	满	平	定	执	破	危	成	收	开	闭	建	除	除	满	平
廿八宿	井	鬼	柳	星	张	翼	轸	角	亢	氐	房	心	尾	箕	斗	牛	女	虚	危	室	壁	奎	娄	胃	昴	毕	觜	参	井

岁次：辛丑	公元 1961 年（壁上土）			金牛
太岁：杨信	年三碧星	地火明夷卦	一水三运	娄

七月大建丙申鬼宿 （八白）

节气：处暑十三日十七时十九分
白露廿九日五时三十分

公历	11	12	13	14	15	16	17	18	19	20	21	22	23	24	25	26	27	28	29	30	31	九月	2	3	4	5	6	7	8	9
农历	一	二	三	四	五	六	七	八	九	十	十一	十二	十三	十四	十五	十六	十七	十八	十九	二十	廿一	廿二	廿三	廿四	廿五	廿六	廿七	廿八	廿九	三十
星期	五	六	日	一	二	三	四	五	六	日	一	二	三	四	五	六	日	一	二	三	四	五	六	日	一	二	三	四	五	六
干支	丙子	丁丑	戊寅	己卯	庚辰	辛巳	壬午	癸未	甲申	乙酉	丙戌	丁亥	戊子	己丑	庚寅	辛卯	壬辰	癸巳	甲午	乙未	丙申	丁酉	戊戌	己亥	庚子	辛丑	壬寅	癸卯	甲辰	乙巳
五行	水	水	土	土	金	金	木	木	水	水	土	土	火	火	木	木	水	水	金	金	火	火	木	木	土	土	金	金	火	火
建星	定	执	破	危	成	收	开	闭	建	除	满	平	定	执	破	危	成	收	开	闭	建	除	满	平	定	执	破	危	危	成
廿八宿	鬼	柳	星	张	翼	轸	角	亢	氐	房	心	尾	箕	斗	牛	女	虚	危	室	壁	奎	娄	胃	昴	毕	觜	参	井	鬼	柳

八月大建丁酉柳宿 （七赤）

节气：秋分十四日十四时四十三分
寒露廿九日二十时五十二分

公历	10	11	12	13	14	15	16	17	18	19	20	21	22	23	24	25	26	27	28	29	30	十月	2	3	4	5	6	7	8	9
农历	一	二	三	四	五	六	七	八	九	十	十一	十二	十三	十四	十五	十六	十七	十八	十九	二十	廿一	廿二	廿三	廿四	廿五	廿六	廿七	廿八	廿九	三十
星期	日	一	二	三	四	五	六	日	一	二	三	四	五	六	日	一	二	三	四	五	六	日	一	二	三	四	五	六	日	一
干支	丙午	丁未	戊申	己酉	庚戌	辛亥	壬子	癸丑	甲寅	乙卯	丙辰	丁巳	戊午	己未	庚申	辛酉	壬戌	癸亥	甲子	乙丑	丙寅	丁卯	戊辰	己巳	庚午	辛未	壬申	癸酉	甲戌	乙亥
五行	水	水	土	土	金	金	木	木	水	水	土	土	火	火	木	木	水	水	金	金	火	火	木	木	土	土	金	金	火	火
建星	收	开	闭	建	除	满	平	定	执	破	危	成	收	开	闭	建	除	满	平	定	执	破	危	成	收	开	闭	建	建	除
廿八宿	星	张	翼	轸	角	亢	氐	房	心	尾	箕	斗	牛	女	虚	危	室	壁	奎	娄	胃	昴	毕	觜	参	井	鬼	柳	星	张

九月小建戊戌星宿 （六白）

节气：霜降十四日廿三时四十八分
立冬廿九日廿三时四十七分

公历	10	11	12	13	14	15	16	17	18	19	20	21	22	23	24	25	26	27	28	29	30	31	11月	2	3	4	5	6	7	
农历	一	二	三	四	五	六	七	八	九	十	十一	十二	十三	十四	十五	十六	十七	十八	十九	二十	廿一	廿二	廿三	廿四	廿五	廿六	廿七	廿八	廿九	
星期	二	三	四	五	六	日	一	二	三	四	五	六	日	一	二	三	四	五	六	日	一	二	三	四	五	六	日	一	二	
干支	丙子	丁丑	戊寅	己卯	庚辰	辛巳	壬午	癸未	甲申	乙酉	丙戌	丁亥	戊子	己丑	庚寅	辛卯	壬辰	癸巳	甲午	乙未	丙申	丁酉	戊戌	己亥	庚子	辛丑	壬寅	癸卯	甲辰	
五行	水	水	土	土	金	金	木	木	水	水	土	土	火	火	木	木	水	水	金	金	火	火	木	木	土	土	金	金	火	
建星	满	平	定	执	破	危	成	收	开	闭	建	除	满	平	定	执	破	危	成	收	开	闭	建	除	满	平	定	执	执	
廿八宿	翼	轸	角	亢	氐	房	心	尾	箕	斗	牛	女	虚	危	室	壁	奎	娄	胃	昴	毕	觜	参	井	鬼	柳	星	张	翼	

岁次：辛丑	公元1961年（壁上土）			金牛
太岁：杨信	年三碧星	地火明夷卦	一水三运	娄

十月大建己亥张宿 （五黄）

节气：小雪十五日廿一时九分
大雪三十日十六时廿七分

公历	8	9	10	11	12	13	14	15	16	17	18	19	20	21	22	23	24	25	26	27	28	29	30	12月	2	3	4	5	6	7
农历	一	二	三	四	五	六	七	八	九	十	十一	十二	十三	十四	十五	十六	十七	十八	十九	二十	廿一	廿二	廿三	廿四	廿五	廿六	廿七	廿八	廿九	三十
星期	三	四	五	六	日	一	二	三	四	五	六	日	一	二	三	四	五	六	日	一	二	三	四	五	六	日	一	二	三	四
干支	乙巳	丙午	丁未	戊申	己酉	庚戌	辛亥	壬子	癸丑	甲寅	乙卯	丙辰	丁巳	戊午	己未	庚申	辛酉	壬戌	癸亥	甲子	乙丑	丙寅	丁卯	戊辰	己巳	庚午	辛未	壬申	癸酉	甲戌
五行	火	水	水	土	土	金	金	木	木	水	水	土	土	火	火	木	木	水	水	金	金	火	火	木	木	土	土	金	金	火
建星	破	危	成	收	开	闭	建	除	满	平	定	执	破	危	成	收	开	闭	建	除	满	平	定	执	破	危	成	收	开	开
廿八宿	轸	角	亢	氐	房	心	尾	箕	斗	牛	女	虚	危	室	壁	奎	娄	胃	昴	毕	觜	参	井	鬼	柳	星	张	翼	轸	角

十一月小建庚子翼宿 （四绿）

节气：冬至十五日十时二十分

公历	8	9	10	11	12	13	14	15	16	17	18	19	20	21	22	23	24	25	26	27	28	29	30	31	一月	2	3	4	5	
农历	一	二	三	四	五	六	七	八	九	十	十一	十二	十三	十四	十五	十六	十七	十八	十九	二十	廿一	廿二	廿三	廿四	廿五	廿六	廿七	廿八	廿九	
星期	五	六	日	一	二	三	四	五	六	日	一	二	三	四	五	六	日	一	二	三	四	五	六	日	一	二	三	四	五	
干支	乙亥	丙子	丁丑	戊寅	己卯	庚辰	辛巳	壬午	癸未	甲申	乙酉	丙戌	丁亥	戊子	己丑	庚寅	辛卯	壬辰	癸巳	甲午	乙未	丙申	丁酉	戊戌	己亥	庚子	辛丑	壬寅	癸卯	
五行	火	水	水	土	土	金	金	木	木	水	水	土	土	火	火	木	木	水	水	金	金	火	火	木	木	土	土	金	金	
建星	闭	建	除	满	平	定	执	破	危	成	收	开	闭	建	除	满	平	定	执	破	危	成	收	开	闭	建	除	满	平	
廿八宿	亢	氐	房	心	尾	箕	斗	牛	女	虚	危	室	壁	奎	娄	胃	昴	毕	觜	参	井	鬼	柳	星	张	翼	轸	角	亢	

十二月大建辛丑轸宿 （三碧）

节气：小寒初一日三时卅六分
大寒十五日二十时五十九分
立春三十日十五时十八分

公历	6	7	8	9	10	11	12	13	14	15	16	17	18	19	20	21	22	23	24	25	26	27	28	29	30	31	二月	2	3	4
农历	一	二	三	四	五	六	七	八	九	十	十一	十二	十三	十四	十五	十六	十七	十八	十九	二十	廿一	廿二	廿三	廿四	廿五	廿六	廿七	廿八	廿九	三十
星期	六	日	一	二	三	四	五	六	日	一	二	三	四	五	六	日	一	二	三	四	五	六	日	一	二	三	四	五	六	日
干支	甲辰	乙巳	丙午	丁未	戊申	己酉	庚戌	辛亥	壬子	癸丑	甲寅	乙卯	丙辰	丁巳	戊午	己未	庚申	辛酉	壬戌	癸亥	甲子	乙丑	丙寅	丁卯	戊辰	己巳	庚午	辛未	壬申	癸酉
五行	火	火	水	水	土	土	金	金	木	木	水	水	土	土	火	火	木	木	水	水	金	金	火	火	木	木	土	土	金	金
建星	平	定	执	破	危	成	收	开	闭	建	除	满	平	定	执	破	危	成	收	开	闭	建	除	满	平	定	执	破	危	危
廿八宿	氐	房	心	尾	箕	斗	牛	女	虚	危	室	壁	奎	娄	胃	昴	毕	觜	参	井	鬼	柳	星	张	翼	轸	角	亢	氐	房

岁次：壬寅	公元1962年（金箔金）			水虎
太岁：贺谔	年二黑星	天火同人卦	九金七运	胃

正月小建壬寅角宿 （二黑）

节气：雨水十五日十一时十五分

公历	5	6	7	8	9	10	11	12	13	14	15	16	17	18	19	20	21	22	23	24	25	26	27	28	三月	2	3	4	5
农历	一	二	三	四	五	六	七	八	九	十	十一	十二	十三	十四	十五	十六	十七	十八	十九	二十	廿一	廿二	廿三	廿四	廿五	廿六	廿七	廿八	廿九
星期	一	二	三	四	五	六	日	一	二	三	四	五	六	日	一	二	三	四	五	六	日	一	二	三	四	五	六	日	一
干支	甲戌	乙亥	丙子	丁丑	戊寅	己卯	庚辰	辛巳	壬午	癸未	甲申	乙酉	丙戌	丁亥	戊子	己丑	庚寅	辛卯	壬辰	癸巳	甲午	乙未	丙申	丁酉	戊戌	己亥	庚子	辛丑	壬寅
五行	火	火	水	水	土	土	金	金	木	木	水	水	土	土	火	火	木	木	水	水	金	金	火	火	木	木	土	土	金
建星	成	收	开	闭	建	除	满	平	定	执	破	危	成	收	开	闭	建	除	满	平	定	执	破	危	成	收	开	闭	建
廿八宿	心	尾	箕	斗	牛	女	虚	危	室	壁	奎	娄	胃	昴	毕	觜	参	井	鬼	柳	星	张	翼	轸	角	亢	氐	房	心

二月大建癸卯亢宿 （一白）

节气：惊蛰初一日九时三十分
春分十六日十时三十分

公历	6	7	8	9	10	11	12	13	14	15	16	17	18	19	20	21	22	23	24	25	26	27	28	29	30	31	四月	2	3	4
农历	一	二	三	四	五	六	七	八	九	十	十一	十二	十三	十四	十五	十六	十七	十八	十九	二十	廿一	廿二	廿三	廿四	廿五	廿六	廿七	廿八	廿九	三十
星期	二	三	四	五	六	日	一	二	三	四	五	六	日	一	二	三	四	五	六	日	一	二	三	四	五	六	日	一	二	三
干支	癸卯	甲辰	乙巳	丙午	丁未	戊申	己酉	庚戌	辛亥	壬子	癸丑	甲寅	乙卯	丙辰	丁巳	戊午	己未	庚申	辛酉	壬戌	癸亥	甲子	乙丑	丙寅	丁卯	戊辰	己巳	庚午	辛未	壬申
五行	金	火	火	水	水	土	土	金	金	木	木	水	水	土	土	火	火	木	木	水	水	金	金	火	火	木	木	土	土	金
建星	建	除	满	平	定	执	破	危	成	收	开	闭	建	除	满	平	定	执	破	危	成	收	开	闭	建	除	满	平	定	执
廿八宿	尾	箕	斗	牛	女	虚	危	室	壁	奎	娄	胃	昴	毕	觜	参	井	鬼	柳	星	张	翼	轸	角	亢	氐	房	心	尾	箕

三月小建甲辰氐宿 （九紫）

节气：清明初一日十四时卅五分
谷雨十六日廿一时五十一分

公历	5	6	7	8	9	10	11	12	13	14	15	16	17	18	19	20	21	22	23	24	25	26	27	28	29	30	五月	2	3
农历	一	二	二	四	五	六	七	八	九	十	十一	十二	十三	十四	十五	十六	十七	十八	十九	二十	廿一	廿二	廿三	廿四	廿五	廿六	廿七	廿八	廿九
星期	四	五	六	日	一	二	三	四	五	六	日	一	二	三	四	五	六	日	一	二	三	四	五	六	日	一	二	三	四
干支	癸酉	甲戌	乙亥	丙子	丁丑	戊寅	己卯	庚辰	辛巳	壬午	癸未	甲申	乙酉	丙戌	丁亥	戊子	己丑	庚寅	辛卯	壬辰	癸巳	甲午	乙未	丙申	丁酉	戊戌	己亥	庚子	辛丑
五行	金	火	火	水	水	土	土	金	金	木	木	水	水	土	土	火	火	木	木	水	水	金	金	火	火	木	木	土	土
建星	执	破	危	成	收	开	闭	建	除	满	平	定	执	破	危	成	收	开	闭	建	除	满	平	定	执	破	危	成	收
廿八宿	斗	牛	女	虚	危	室	壁	奎	娄	胃	昴	毕	觜	参	井	鬼	柳	星	张	翼	轸	角	亢	氐	房	心	尾	箕	斗

岁次:壬寅	公元1962年(金箔金)			水虎
太岁:贺谔	年二黑星	天火同人卦	九金七运	胃

四月小建乙巳房宿 (八白)

节气：立夏 初三日八时十分
小满 十八日廿一时十七分

公历	4	5	6	7	8	9	10	11	12	13	14	15	16	17	18	19	20	21	22	23	24	25	26	27	28	29	30	31	六月
农历	一	二	三	四	五	六	七	八	九	十	十一	十二	十三	十四	十五	十六	十七	十八	十九	二十	廿一	廿二	廿三	廿四	廿五	廿六	廿七	廿八	廿九
星期	五	六	日	一	二	三	四	五	六	日	一	二	三	四	五	六	日	一	二	三	四	五	六	日	一	二	三	四	五
干支	壬寅	癸卯	甲辰	乙巳	丙午	丁未	戊申	己酉	庚戌	辛亥	壬子	癸丑	甲寅	乙卯	丙辰	丁巳	戊午	己未	庚申	辛酉	壬戌	癸亥	甲子	乙丑	丙寅	丁卯	戊辰	己巳	庚午
五行	金	金	火	火	水	水	土	土	金	金	木	木	水	水	土	土	火	火	木	木	水	水	金	金	火	火	木	木	土
建星	开	闭	闭	建	除	满	平	定	执	破	危	成	收	开	闭	建	除	满	平	定	执	破	危	成	收	开	闭	建	除
廿八宿	牛	女	虚	危	室	壁	奎	娄	胃	昴	毕	觜	参	井	鬼	柳	星	张	翼	轸	角	亢	氐	房	心	尾	箕	斗	牛

五月大建丙午心宿 (七赤)

节气：芒种 初五日十二时卅二分
夏至 廿一日五时廿五分

公历	2	3	4	5	6	7	8	9	10	11	12	13	14	15	16	17	18	19	20	21	22	23	24	25	26	27	28	29	30	七月
农历	一	二	三	四	五	六	七	八	九	十	十一	十二	十三	十四	十五	十六	十七	十八	十九	二十	廿一	廿二	廿三	廿四	廿五	廿六	廿七	廿八	廿九	三十
星期	六	日	一	二	三	四	五	六	日	一	二	三	四	五	六	日	一	二	三	四	五	六	日	一	二	三	四	五	六	日
干支	辛未	壬申	癸酉	甲戌	乙亥	丙子	丁丑	戊寅	己卯	庚辰	辛巳	壬午	癸未	甲申	乙酉	丙戌	丁亥	戊子	己丑	庚寅	辛卯	壬辰	癸巳	甲午	乙未	丙申	丁酉	戊戌	己亥	庚子
五行	土	金	金	火	火	水	水	土	土	金	金	木	木	水	水	土	土	火	火	木	木	水	水	金	金	火	火	木	木	土
建星	满	平	定	执	执	破	危	成	收	开	闭	建	除	满	平	定	执	破	危	成	收	开	闭	建	除	满	平	定	执	破
廿八宿	女	虚	危	室	壁	奎	娄	胃	昴	毕	觜	参	井	鬼	柳	星	张	翼	轸	角	亢	氐	房	心	尾	箕	斗	牛	女	虚

六月小建丁未尾宿 (六白)

节气：小暑 初六日二十时五十二分
大暑 廿二日十六时十九分

公历	2	3	4	5	6	7	8	9	10	11	12	13	14	15	16	17	18	19	20	21	22	23	24	25	26	27	28	29	30
农历	一	二	三	四	五	六	七	八	九	十	十一	十二	十三	十四	十五	十六	十七	十八	十九	二十	廿一	廿二	廿三	廿四	廿五	廿六	廿七	廿八	廿九
星期	一	二	三	四	五	六	日	一	二	三	四	五	六	日	一	二	三	四	五	六	日	一	二	三	四	五	六	日	一
干支	辛丑	壬寅	癸卯	甲辰	乙巳	丙午	丁未	戊申	己酉	庚戌	辛亥	壬子	癸丑	甲寅	乙卯	丙辰	丁巳	戊午	己未	庚申	辛酉	壬戌	癸亥	甲子	乙丑	丙寅	丁卯	戊辰	己巳
五行	土	金	金	火	火	水	水	土	土	金	金	木	木	水	水	土	土	火	火	木	木	水	水	金	金	火	火	木	木
建星	危	成	收	开	闭	闭	建	除	满	平	定	执	破	危	成	收	开	闭	建	除	满	平	定	执	破	危	成	收	开
廿八宿	危	室	壁	奎	娄	胃	昴	毕	觜	参	井	鬼	柳	星	张	翼	轸	角	亢	氐	房	心	尾	箕	斗	牛	女	虚	危

岁次：壬寅	公元1962年（金箔金）			水虎
太岁：贺谔	年二黑星	天火同人卦	九金七运	胃

七月大建戊申箕宿 （五黄）

节气：立秋初九日八时卅四分
处暑廿四日廿三时十三分

公历	31	八月	2	3	4	5	6	7	8	9	10	11	12	13	14	15	16	17	18	19	20	21	22	23	24	25	26	27	28	29
农历	一	二	三	四	五	六	七	八	九	十	十一	十二	十三	十四	十五	十六	十七	十八	十九	二十	廿一	廿二	廿三	廿四	廿五	廿六	廿七	廿八	廿九	三十
星期	二	三	四	五	六	日	一	二	三	四	五	六	日	一	二	三	四	五	六	日	一	二	三	四	五	六	日	一	二	三
干支	庚午	辛未	壬申	癸酉	甲戌	乙亥	丙子	丁丑	戊寅	己卯	庚辰	辛巳	壬午	癸未	甲申	乙酉	丙戌	丁亥	戊子	己丑	庚寅	辛卯	壬辰	癸巳	甲午	乙未	丙申	丁酉	戊戌	己亥
五行	土	土	金	金	火	火	水	水	土	土	金	金	木	木	水	水	土	土	火	火	木	木	水	水	金	金	火	火	木	木
建星	闭	建	除	满	平	定	执	破	破	危	成	收	开	闭	建	除	满	平	定	执	破	危	成	收	开	闭	建	除	满	平
廿八宿	室	壁	奎	娄	胃	昴	毕	觜	参	井	鬼	柳	星	张	翼	轸	角	亢	氐	房	心	尾	箕	斗	牛	女	虚	危	室	壁

八月大建己酉斗宿 （四绿）

节气：白露初十日十一时十六分
秋分廿五日二十时卅六分

公历	30	31	九月	2	3	4	5	6	7	8	9	10	11	12	13	14	15	16	17	18	19	20	21	22	23	24	25	26	27	28
农历	一	二	三	四	五	六	七	八	九	十	十一	十二	十三	十四	十五	十六	十七	十八	十九	二十	廿一	廿二	廿三	廿四	廿五	廿六	廿七	廿八	廿九	三十
星期	四	五	六	日	一	二	三	四	五	六	日	一	二	三	四	五	六	日	一	二	三	四	五	六	日	一	二	三	四	五
干支	庚子	辛丑	壬寅	癸卯	甲辰	乙巳	丙午	丁未	戊申	己酉	庚戌	辛亥	壬子	癸丑	甲寅	乙卯	丙辰	丁巳	戊午	己未	庚申	辛酉	壬戌	癸亥	甲子	乙丑	丙寅	丁卯	戊辰	己巳
五行	土	土	金	金	火	火	水	水	土	土	金	金	木	木	水	水	土	土	火	火	木	木	水	水	金	金	火	火	木	木
建星	定	执	破	危	成	收	开	闭	建	建	除	满	平	定	执	破	危	成	收	开	闭	建	除	满	平	定	执	破	危	成
廿八宿	奎	娄	胃	昴	毕	觜	参	井	鬼	柳	星	张	翼	轸	角	亢	氐	房	心	尾	箕	斗	牛	女	虚	危	室	壁	奎	娄

九月小建庚戌牛宿 （三碧）

节气：寒露十一日二时卅九分
霜降廿六日五时四十一分

公历	29	30	十月	2	3	4	5	6	7	8	9	10	11	12	13	14	15	16	17	18	19	20	21	22	23	24	25	26	27
农历	一	二	三	四	五	六	七	八	九	十	十一	十二	十三	十四	十五	十六	十七	十八	十九	二十	廿一	廿二	廿三	廿四	廿五	廿六	廿七	廿八	廿九
星期	六	日	一	二	三	四	五	六	日	一	二	三	四	五	六	日	一	二	三	四	五	六	日	一	二	三	四	五	六
干支	庚午	辛未	壬申	癸酉	甲戌	乙亥	丙子	丁丑	戊寅	己卯	庚辰	辛巳	壬午	癸未	甲申	乙酉	丙戌	丁亥	戊子	己丑	庚寅	辛卯	壬辰	癸巳	甲午	乙未	丙申	丁酉	戊戌
五行	土	土	金	金	火	火	水	水	土	土	金	金	木	木	水	水	土	土	火	火	木	木	水	水	金	金	火	火	木
建星	收	开	闭	建	除	满	平	定	执	破	破	危	成	收	开	闭	建	除	满	平	定	执	破	危	成	收	开	闭	建
廿八宿	胃	昴	毕	觜	参	井	鬼	柳	星	张	翼	轸	角	亢	氐	房	心	尾	箕	斗	牛	女	虚	危	室	壁	奎	娄	胃

岁次：壬寅	公元 1962 年（金箔金）			水虎
太岁：贺谔	年二黑星	天火同人卦	九金七运	胃

十月大建辛亥女宿 （二黑）

节气：立冬十二日五时卅六分
小雪廿七日三时三分

公历	28	29	30	31	11月	2	3	4	5	6	7	8	9	10	11	12	13	14	15	16	17	18	19	20	21	22	23	24	25	26
农历	一	二	三	四	五	六	七	八	九	十	十一	十二	十三	十四	十五	十六	十七	十八	十九	二十	廿一	廿二	廿三	廿四	廿五	廿六	廿七	廿八	廿九	三十
星期	日	一	二	三	四	五	六	日	一	二	三	四	五	六	日	一	二	三	四	五	六	日	一	二	三	四	五	六	日	一
干支	己亥	庚子	辛丑	壬寅	癸卯	甲辰	乙巳	丙午	丁未	戊申	己酉	庚戌	辛亥	壬子	癸丑	甲寅	乙卯	丙辰	丁巳	戊午	己未	庚申	辛酉	壬戌	癸亥	甲子	乙丑	丙寅	丁卯	戊辰
五行	木	土	土	金	金	火	火	水	水	土	土	金	金	木	木	水	水	土	土	火	火	木	木	水	水	金	金	火	火	木
建星	除	满	平	定	执	破	危	成	收	开	闭	闭	建	除	满	平	定	执	破	危	成	收	开	闭	建	除	满	平	定	执
廿八宿	昴	毕	觜	参	井	鬼	柳	星	张	翼	轸	角	亢	氐	房	心	尾	箕	斗	牛	女	虚	危	室	壁	奎	娄	胃	昴	毕

十一月大建壬子虚宿 （一白）

节气：大雪十一日廿二时十七分
冬至廿六日十六时十六分

公历	27	28	29	30	12月	2	3	4	5	6	7	8	9	10	11	12	13	14	15	16	17	18	19	20	21	22	23	24	25	26
农历	一	二	三	四	五	六	七	八	九	十	十一	十二	十三	十四	十五	十六	十七	十八	十九	二十	廿一	廿二	廿三	廿四	廿五	廿六	廿七	廿八	廿九	三十
星期	二	三	四	五	六	日	一	二	三	四	五	六	日	一	二	三	四	五	六	日	一	二	三	四	五	六	日	一	二	三
干支	己巳	庚午	辛未	壬申	癸酉	甲戌	乙亥	丙子	丁丑	戊寅	己卯	庚辰	辛巳	壬午	癸未	甲申	乙酉	丙戌	丁亥	戊子	己丑	庚寅	辛卯	壬辰	癸巳	甲午	乙未	丙申	丁酉	戊戌
五行	木	土	土	金	金	火	火	水	水	土	土	金	金	木	木	水	水	土	土	火	火	木	木	水	水	金	金	火	火	木
建星	破	危	成	收	开	闭	建	除	满	平	平	定	执	破	危	成	收	开	闭	建	除	满	平	定	执	破	危	成	收	开
廿八宿	觜	参	井	鬼	柳	星	张	翼	轸	角	亢	氐	房	心	尾	箕	斗	牛	女	虚	危	室	壁	奎	娄	胃	昴	毕	觜	参

十二月小建癸丑危宿 （九紫）

节气：小寒十一日九时廿七分
大寒廿六日二时五十五分

公历	27	28	29	30	31	一月	2	3	4	5	6	7	8	9	10	11	12	13	14	15	16	17	18	19	20	21	22	23	24	
农历	一	二	三	四	五	六	七	八	九	十	十一	十二	十三	十四	十五	十六	十七	十八	十九	二十	廿一	廿二	廿三	廿四	廿五	廿六	廿七	廿八	廿九	
星期	四	五	六	日	一	二	三	四	五	六	日	一	二	三	四	五	六	日	一	二	三	四	五	六	日	一	二	三	四	
干支	己亥	庚子	辛丑	壬寅	癸卯	甲辰	乙巳	丙午	丁未	戊申	己酉	庚戌	辛亥	壬子	癸丑	甲寅	乙卯	丙辰	丁巳	戊午	己未	庚申	辛酉	壬戌	癸亥	甲子	乙丑	丙寅	丁卯	
五行	木	土	土	金	金	火	火	水	水	土	土	金	金	木	木	水	水	土	土	火	火	木	木	水	水	金	金	火	火	
建星	闭	建	除	满	平	定	执	破	危	成	成	收	开	闭	建	除	满	平	定	执	破	危	成	收	开	闭	建	除	满	
廿八宿	井	鬼	柳	星	张	翼	轸	角	亢	氐	房	心	尾	箕	斗	牛	女	虚	危	室	壁	奎	娄	胃	昴	毕	觜	参	井	

岁次：癸卯	公元 1963 年（金箔金）			水兔
太岁：皮时	年一白星	雷泽归妹卦	八木七运	昴

正月大建甲寅室宿 （八白）

节气：立春十一日廿一时八分
雨水廿六日十七时九分

公历	25	26	27	28	29	30	31	二月	2	3	4	5	6	7	8	9	10	11	12	13	14	15	16	17	18	19	20	21	22	23
农历	一	二	三	四	五	六	七	八	九	十	十一	十二	十三	十四	十五	十六	十七	十八	十九	二十	廿一	廿二	廿三	廿四	廿五	廿六	廿七	廿八	廿九	三十
星期	五	六	日	一	二	三	四	五	六	日	一	二	三	四	五	六	日	一	二	三	四	五	六	日	一	二	三	四	五	六
干支	戊辰	己巳	庚午	辛未	壬申	癸酉	甲戌	乙亥	丙子	丁丑	戊寅	己卯	庚辰	辛巳	壬午	癸未	甲申	乙酉	丙戌	丁亥	戊子	己丑	庚寅	辛卯	壬辰	癸巳	甲午	乙未	丙申	丁酉
五行	木	木	土	土	金	金	火	火	水	水	土	土	金	金	木	木	水	水	土	土	火	火	木	木	水	水	金	金	火	火
建星	平	定	执	破	危	成	收	开	闭	建	建	除	满	平	定	执	破	危	成	收	开	闭	建	除	满	平	定	执	破	危
廿八宿	鬼	柳	星	张	翼	轸	角	亢	氐	房	心	尾	箕	斗	牛	女	虚	危	室	壁	奎	娄	胄	昴	毕	觜	参	井	鬼	柳

二月小建乙卯壁宿 （七赤）

节气：惊蛰十一日十五时十七分
春分廿六日十六时二十分

公历	24	25	26	27	28	三月	2	3	4	5	6	7	8	9	10	11	12	13	14	15	16	17	18	19	20	21	22	23	24	
农历	一	二	三	四	五	六	七	八	九	十	十一	十二	十三	十四	十五	十六	十七	十八	十九	二十	廿一	廿二	廿三	廿四	廿五	廿六	廿七	廿八	廿九	
星期	日	一	二	三	四	五	六	日	一	二	三	四	五	六	日	一	二	三	四	五	六	日	一	二	三	四	五	六	日	
干支	戊戌	己亥	庚子	辛丑	壬寅	癸卯	甲辰	乙巳	丙午	丁未	戊申	己酉	庚戌	辛亥	壬子	癸丑	甲寅	乙卯	丙辰	丁巳	戊午	己未	庚申	辛酉	壬戌	癸亥	甲子	乙丑	丙寅	
五行	木	木	土	土	金	金	火	火	水	水	土	土	金	金	木	木	水	水	土	土	火	火	木	木	水	水	金	金	火	
建星	成	收	开	闭	建	除	满	平	定	执	执	破	危	成	收	开	闭	建	除	满	平	定	执	破	危	成	收	开	闭	
廿八宿	星	张	翼	轸	角	亢	氐	房	心	尾	箕	斗	牛	女	虚	危	室	壁	奎	娄	胄	昴	毕	觜	参	井	鬼	柳	星	

三月大建丙辰奎宿 （六白）

节气：清明十二日二十时十九分
谷雨廿八日三时卅六分

公历	25	26	27	28	29	30	31	四月	2	3	4	5	6	7	8	9	10	11	12	13	14	15	16	17	18	19	20	21	22	23
农历	一	二	三	四	五	六	七	八	九	十	十一	十二	十三	十四	十五	十六	十七	十八	十九	二十	廿一	廿二	廿三	廿四	廿五	廿六	廿七	廿八	廿九	三十
星期	一	二	三	四	五	六	日	一	二	三	四	五	六	日	一	二	三	四	五	六	日	一	二	三	四	五	六	日	一	二
干支	丁卯	戊辰	己巳	庚午	辛未	壬申	癸酉	甲戌	乙亥	丙子	丁丑	戊寅	己卯	庚辰	辛巳	壬午	癸未	甲申	乙酉	丙戌	丁亥	戊子	己丑	庚寅	辛卯	壬辰	癸巳	甲午	乙未	丙申
五行	火	木	木	土	土	金	金	火	火	水	水	土	土	金	金	木	木	水	水	土	土	火	火	木	木	水	水	金	金	火
建星	建	除	满	平	定	执	破	危	成	收	开	开	闭	建	除	满	平	定	执	破	危	成	收	开	闭	建	除	满	平	定
廿八宿	张	翼	轸	角	亢	氐	房	心	尾	箕	斗	牛	女	虚	危	室	壁	奎	娄	胄	昴	毕	觜	参	井	鬼	柳	星	张	翼

岁次:癸卯	公元 1963 年(金箔金)			水兔
太岁:皮时	年一白星	雷泽归妹卦	八木七运	昴

四月小建丁巳娄宿 (五黄)

节气:立夏 十三日十三时五十二分　小满 廿九日二时五十八分

公历	24	25	26	27	28	29	30	五月	2	3	4	5	6	7	8	9	10	11	12	13	14	15	16	17	18	19	20	21	22	
农历	一	二	三	四	五	六	七	八	九	十	十一	十二	十三	十四	十五	十六	十七	十八	十九	二十	廿一	廿二	廿三	廿四	廿五	廿六	廿七	廿八	廿九	
星期	三	四	五	六	日	一	二	三	四	五	六	日	一	二	三	四	五	六	日	一	二	三	四	五	六	日	一	二	三	
干支	丁酉	戊戌	己亥	庚子	辛丑	壬寅	癸卯	甲辰	乙巳	丙午	丁未	戊申	己酉	庚戌	辛亥	壬子	癸丑	甲寅	乙卯	丙辰	丁巳	戊午	己未	庚申	辛酉	壬戌	癸亥	甲子	乙丑	
五行	火	木	木	土	土	金	金	火	火	水	水	土	土	金	金	木	木	水	水	土	土	火	火	木	木	水	水	金	金	
建星	执	破	危	成	收	开	闭	建	除	满	平	定	定	执	破	危	成	收	开	闭	建	除	满	平	定	执	破	危	成	
廿八宿	轸	角	亢	氐	房	心	尾	箕	斗	牛	女	虚	危	室	壁	奎	娄	胃	昴	毕	觜	参	井	鬼	柳	星	张	翼	轸	

闰四月小

节气:芒种 十五日十八时十四分

公历	23	24	25	26	27	28	29	30	31	六月	2	3	4	5	6	7	8	9	10	11	12	13	14	15	16	17	18	19	20	
农历	一	二	三	四	五	六	七	八	九	十	十一	十二	十三	十四	十五	十六	十七	十八	十九	二十	廿一	廿二	廿三	廿四	廿五	廿六	廿七	廿八	廿九	
星期	四	五	六	日	一	二	三	四	五	六	日	一	二	三	四	五	六	日	一	二	三	四	五	六	日	一	二	三	四	
干支	丙寅	丁卯	戊辰	己巳	庚午	辛未	壬申	癸酉	甲戌	乙亥	丙子	丁丑	戊寅	己卯	庚辰	辛巳	壬午	癸未	甲申	乙酉	丙戌	丁亥	戊子	己丑	庚寅	辛卯	壬辰	癸巳	甲午	
五行	火	火	木	木	土	土	金	金	火	火	水	水	土	土	金	金	木	木	水	水	土	土	火	火	木	木	水	水	金	
建星	收	开	闭	建	除	满	平	定	执	破	危	成	收	开	开	闭	建	除	满	平	定	执	破	危	成	收	开	闭	建	
廿八宿	角	亢	氐	房	心	尾	箕	斗	牛	女	虚	危	室	壁	奎	娄	胃	昴	毕	觜	参	井	鬼	柳	星	张	翼	轸	角	

五月大建戊午胃宿 (四绿)

节气:夏至 初二日十一时四分　小暑 十八日四时卅八分

公历	21	22	23	24	25	26	27	28	29	30	七月	2	3	4	5	6	7	8	9	10	11	12	13	14	15	16	17	18	19	20
农历	一	二	三	四	五	六	七	八	九	十	十一	十二	十三	十四	十五	十六	十七	十八	十九	二十	廿一	廿二	廿三	廿四	廿五	廿六	廿七	廿八	廿九	三十
星期	五	六	日	一	二	三	四	五	六	日	一	二	三	四	五	六	日	一	二	三	四	五	六	日	一	二	三	四	五	六
干支	乙未	丙申	丁酉	戊戌	己亥	庚子	辛丑	壬寅	癸卯	甲辰	乙巳	丙午	丁未	戊申	己酉	庚戌	辛亥	壬子	癸丑	甲寅	乙卯	丙辰	丁巳	戊午	己未	庚申	辛酉	壬戌	癸亥	甲子
五行	金	火	火	木	木	土	土	金	金	火	火	水	水	土	土	金	金	木	木	水	水	土	土	火	火	木	木	水	水	金
建星	除	满	平	定	执	破	危	成	收	开	闭	建	除	满	平	定	执	执	破	危	成	收	开	闭	建	除	满	平	定	执
廿八宿	亢	氐	房	心	尾	箕	斗	牛	女	虚	危	室	壁	奎	娄	胃	昴	毕	觜	参	井	鬼	柳	星	张	翼	轸	角	亢	氐

岁次：癸卯	公元1963年（金箔金）			水兔
太岁：皮时	年一白星	雷泽归妹卦	八木七运	昴

六月小建己未昴宿 （三碧）

节气：大暑初三日廿一时五十九分
立秋十九日十四时廿五分

公历	21	22	23	24	25	26	27	28	29	30	31	八月	2	3	4	5	6	7	8	9	10	11	12	13	14	15	16	17	18
农历	一	二	三	四	五	六	七	八	九	十	十一	十二	十三	十四	十五	十六	十七	十八	十九	二十	廿一	廿二	廿三	廿四	廿五	廿六	廿七	廿八	廿九
星期	日	一	二	三	四	五	六	日	一	二	三	四	五	六	日	一	二	三	四	五	六	日	一	二	三	四	五	六	日
干支	乙丑	丙寅	丁卯	戊辰	己巳	庚午	辛未	壬申	癸酉	甲戌	乙亥	丙子	丁丑	戊寅	己卯	庚辰	辛巳	壬午	癸未	甲申	乙酉	丙戌	丁亥	戊子	己丑	庚寅	辛卯	壬辰	癸巳
五行	金	火	火	木	木	土	土	金	金	火	火	水	水	土	土	金	金	木	木	水	水	土	土	火	火	木	木	水	水
建星	破	危	成	收	开	闭	建	除	满	平	定	执	破	危	成	收	开	闭	闭	建	除	满	平	定	执	破	危	成	收
廿八宿	房	心	尾	箕	斗	牛	女	虚	危	室	壁	奎	娄	胃	昴	毕	觜	参	井	鬼	柳	星	张	翼	轸	角	亢	氐	房

七月大建庚申毕宿 （二黑）

节气：处暑初六日四时五十八分
白露廿一日十七时十二分

公历	19	20	21	22	23	24	25	26	27	28	29	30	31	九月	2	3	4	5	6	7	8	9	10	11	12	13	14	15	16	17
农历	一	二	三	四	五	六	七	八	九	十	十一	十二	十三	十四	十五	十六	十七	十八	十九	二十	廿一	廿二	廿三	廿四	廿五	廿六	廿七	廿八	廿九	三十
星期	一	二	三	四	五	六	日	一	二	三	四	五	六	日	一	二	三	四	五	六	日	一	二	三	四	五	六	日	一	二
干支	甲午	乙未	丙申	丁酉	戊戌	己亥	庚子	辛丑	壬寅	癸卯	甲辰	乙巳	丙午	丁未	戊申	己酉	庚戌	辛亥	壬子	癸丑	甲寅	乙卯	丙辰	丁巳	戊午	己未	庚申	辛酉	壬戌	癸亥
五行	金	金	火	火	木	木	土	土	金	金	火	火	水	水	土	土	金	金	木	木	水	水	土	土	火	火	木	木	水	水
建星	开	闭	建	除	满	平	定	执	破	危	成	收	开	闭	建	除	满	平	定	执	执	破	危	成	收	开	闭	建	除	满
廿八宿	心	尾	箕	斗	牛	女	虚	危	室	壁	奎	娄	胃	昴	毕	觜	参	井	鬼	柳	星	张	翼	轸	角	亢	氐	房	心	尾

八月小建辛酉觜宿 （一白）

节气：秋分初七日二时廿四分
寒露廿二日八时卅六分

公历	18	19	20	21	22	23	24	25	26	27	28	29	30	十月	2	3	4	5	6	7	8	9	10	11	12	13	14	15	16
农历	一	二	三	四	五	六	七	八	九	十	十一	十二	十三	十四	十五	十六	十七	十八	十九	二十	廿一	廿二	廿三	廿四	廿五	廿六	廿七	廿八	廿九
星期	三	四	五	六	日	一	二	三	四	五	六	日	一	二	三	四	五	六	日	一	二	三	四	五	六	日	一	二	三
干支	甲子	乙丑	丙寅	丁卯	戊辰	己巳	庚午	辛未	壬申	癸酉	甲戌	乙亥	丙子	丁丑	戊寅	己卯	庚辰	辛巳	壬午	癸未	甲申	乙酉	丙戌	丁亥	戊子	己丑	庚寅	辛卯	壬辰
五行	金	金	火	火	木	木	土	土	金	金	火	火	水	水	土	土	金	金	木	木	水	水	土	土	火	火	木	木	水
建星	平	定	执	破	危	成	收	开	闭	建	除	满	平	定	执	破	危	成	收	开	闭	闭	建	除	满	平	定	执	破
廿八宿	箕	斗	牛	女	虚	危	室	壁	奎	娄	胃	昴	毕	觜	参	井	鬼	柳	星	张	翼	轸	角	亢	氐	房	心	尾	箕

岁次:癸卯	公元 1963 年(金箔金)			水兔
太岁:皮时	年一白星	雷泽归妹卦	八木七运	昴

九月大建壬戌参宿 (九紫) 节气:霜降初八日十一时廿九分 立冬廿三日十一时卅三分

公历	17	18	19	20	21	22	23	24	25	26	27	28	29	30	31	11月	2	3	4	5	6	7	8	9	10	11	12	13	14	15
农历	一	二	三	四	五	六	七	八	九	十	十一	十二	十三	十四	十五	十六	十七	十八	十九	二十	廿一	廿二	廿三	廿四	廿五	廿六	廿七	廿八	廿九	三十
星期	四	五	六	日	一	二	三	四	五	六	日	一	二	三	四	五	六	日	一	二	三	四	五	六	日	一	二	三	四	五
干支	癸巳	甲午	乙未	丙申	丁酉	戊戌	己亥	庚子	辛丑	壬寅	癸卯	甲辰	乙巳	丙午	丁未	戊申	己酉	庚戌	辛亥	壬子	癸丑	甲寅	乙卯	丙辰	丁巳	戊午	己未	庚申	辛酉	壬戌
五行	水	金	金	火	火	木	木	土	土	金	金	火	火	水	水	土	土	金	金	木	木	水	水	土	土	火	火	木	木	水
建星	危	成	收	开	闭	建	除	满	平	定	执	破	危	成	收	开	闭	建	除	满	平	定	定	执	破	危	成	收	开	闭
廿八宿	斗	牛	女	虚	危	室	壁	奎	娄	胃	昴	毕	觜	参	井	鬼	柳	星	张	翼	轸	角	亢	氐	房	心	尾	箕	斗	牛

十月大建癸亥井宿 (八白) 节气:小雪初八日八时五十分 大雪廿三日四时十三分

公历	16	17	18	19	20	21	22	23	24	25	26	27	28	29	30	12月	2	3	4	5	6	7	8	9	10	11	12	13	14	15
农历	一	二	三	四	五	六	七	八	九	十	十一	十二	十三	十四	十五	十六	十七	十八	十九	二十	廿一	廿二	廿三	廿四	廿五	廿六	廿七	廿八	廿九	三十
星期	六	日	一	二	三	四	五	六	日	一	二	三	四	五	六	日	一	二	三	四	五	六	日	一	二	三	四	五	六	日
干支	癸亥	甲子	乙丑	丙寅	丁卯	戊辰	己巳	庚午	辛未	壬申	癸酉	甲戌	乙亥	丙子	丁丑	戊寅	己卯	庚辰	辛巳	壬午	癸未	甲申	乙酉	丙戌	丁亥	戊子	己丑	庚寅	辛卯	壬辰
五行	水	金	金	火	火	木	木	土	土	金	金	火	火	水	水	土	土	金	金	木	木	水	水	土	土	火	火	木	木	水
建星	建	除	满	平	定	执	破	危	成	收	开	闭	建	除	满	平	定	执	破	危	成	收	收	开	闭	建	除	满	平	定
廿八宿	女	虚	危	室	壁	奎	娄	胃	昴	毕	觜	参	井	鬼	柳	星	张	翼	轸	角	亢	氐	房	心	尾	箕	斗	牛	女	虚

十一月大建甲子鬼宿 (七赤) 节气:冬至初七日廿二时二分 小寒廿二日十五时廿三分

公历	16	17	18	19	20	21	22	23	24	25	26	27	28	29	30	31	一月	2	3	4	5	6	7	8	9	10	11	12	13	14
农历	一	二	三	四	五	六	七	八	九	十	十一	十二	十三	十四	十五	十六	十七	十八	十九	二十	廿一	廿二	廿三	廿四	廿五	廿六	廿七	廿八	廿九	三十
星期	一	二	三	四	五	六	日	一	二	三	四	五	六	日	一	二	三	四	五	六	日	一	二	三	四	五	六	日	一	二
干支	癸巳	甲午	乙未	丙申	丁酉	戊戌	己亥	庚子	辛丑	壬寅	癸卯	甲辰	乙巳	丙午	丁未	戊申	己酉	庚戌	辛亥	壬子	癸丑	甲寅	乙卯	丙辰	丁巳	戊午	己未	庚申	辛酉	壬戌
五行	水	金	金	火	火	木	木	土	土	金	金	火	火	水	水	土	土	金	金	木	木	水	水	土	土	火	火	木	木	水
建星	执	破	危	成	收	开	闭	建	除	满	平	定	执	破	危	成	收	开	闭	建	除	除	满	平	定	执	破	危	成	收
廿八宿	危	室	壁	奎	娄	胃	昴	毕	觜	参	井	鬼	柳	星	张	翼	轸	角	亢	氐	房	心	尾	箕	斗	牛	女	虚	危	室

十二月小建乙丑柳宿 (六白) 节气:大寒初七日八时四十一分 立春廿二日三时五分

公历	15	16	17	18	19	20	21	22	23	24	25	26	27	28	29	30	31	二月	2	3	4	5	6	7	8	9	10	11	12
农历	一	二	三	四	五	六	七	八	九	十	十一	十二	十三	十四	十五	十六	十七	十八	十九	二十	廿一	廿二	廿三	廿四	廿五	廿六	廿七	廿八	廿九
星期	三	四	五	六	日	一	二	三	四	五	六	日	一	二	三	四	五	六	日	一	二	三	四	五	六	日	一	二	三
干支	癸亥	甲子	乙丑	丙寅	丁卯	戊辰	己巳	庚午	辛未	壬申	癸酉	甲戌	乙亥	丙子	丁丑	戊寅	己卯	庚辰	辛巳	壬午	癸未	甲申	乙酉	丙戌	丁亥	戊子	己丑	庚寅	辛卯
五行	水	金	金	火	火	木	木	土	土	金	金	火	火	水	水	土	土	金	金	木	木	水	水	土	土	火	火	木	木
建星	开	闭	建	除	满	平	定	执	破	危	成	收	开	闭	建	除	满	平	定	执	破	破	危	成	收	开	闭	建	除
廿八宿	壁	奎	娄	胃	昴	毕	觜	参	井	鬼	柳	星	张	翼	轸	角	亢	氐	房	心	尾	箕	斗	牛	女	虚	危	室	壁

岁次：甲辰	公元1964年（覆灯火）			木龙
太岁：李诚	年九紫星	火泽睽卦	三木二运	毕

正月大建丙寅星宿 （五黄）

节气：雨水初七日廿二时五十七分
惊蛰廿二日廿一时十六分

公历	13	14	15	16	17	18	19	20	21	22	23	24	25	26	27	28	29	三月	2	3	4	5	6	7	8	9	10	11	12	13
农历	一	二	三	四	五	六	七	八	九	十	十一	十二	十三	十四	十五	十六	十七	十八	十九	二十	廿一	廿二	廿三	廿四	廿五	廿六	廿七	廿八	廿九	三十
星期	四	五	六	日	一	二	三	四	五	六	日	一	二	三	四	五	六	日	一	二	三	四	五	六	日	一	二	三	四	五
干支	壬辰	癸巳	甲午	乙未	丙申	丁酉	戊戌	己亥	庚子	辛丑	壬寅	癸卯	甲辰	乙巳	丙午	丁未	戊申	己酉	庚戌	辛亥	壬子	癸丑	甲寅	乙卯	丙辰	丁巳	戊午	己未	庚申	辛酉
五行	水	水	金	金	火	火	木	木	土	土	金	金	火	火	水	水	土	土	金	金	木	木	水	水	土	土	火	火	木	木
建星	满	平	定	执	破	危	成	收	开	闭	建	除	满	平	定	执	破	危	成	收	开	开	闭	建	除	满	平	定	执	破
廿八宿	奎	娄	胃	昴	毕	觜	参	井	鬼	柳	星	张	翼	轸	角	亢	氐	房	心	尾	箕	斗	牛	女	虚	危	室	壁	奎	娄

二月小建丁卯张宿 （四绿）

节气：春分初七日廿二时十分
清明廿三日二时八分

公历	14	15	16	17	18	19	20	21	22	23	24	25	26	27	28	29	30	31	四月	2	3	4	5	6	7	8	9	10	11
农历	一	二	三	四	五	六	七	八	九	十	十一	十二	十三	十四	十五	十六	十七	十八	十九	二十	廿一	廿二	廿三	廿四	廿五	廿六	廿七	廿八	廿九
星期	六	日	一	二	三	四	五	六	日	一	二	三	四	五	六	日	一	二	三	四	五	六	日	一	二	三	四	五	六
干支	壬戌	癸亥	甲子	乙丑	丙寅	丁卯	戊辰	己巳	庚午	辛未	壬申	癸酉	甲戌	乙亥	丙子	丁丑	戊寅	己卯	庚辰	辛巳	壬午	癸未	甲申	乙酉	丙戌	丁亥	戊子	己丑	庚寅
五行	水	水	金	金	火	火	木	木	土	土	金	金	火	火	水	水	土	土	金	金	木	木	水	水	土	土	火	火	木
建星	危	成	收	开	闭	建	除	满	平	定	执	破	危	成	收	开	闭	建	除	满	平	定	定	执	破	危	成	收	开
廿八宿	胃	昴	毕	觜	参	井	鬼	柳	星	张	翼	轸	角	亢	氐	房	心	尾	箕	斗	牛	女	虚	危	室	壁	奎	娄	胃

三月大建戊辰翼宿 （三碧）

节气：谷雨初九日九时廿七分
立夏廿四日十九时五十一分

公历	12	13	14	15	16	17	18	19	20	21	22	23	24	25	26	27	28	29	30	五月	2	3	4	5	6	7	8	9	10	11
农历	一	二	三	四	五	六	七	八	九	十	十一	十二	十三	十四	十五	十六	十七	十八	十九	二十	廿	廿二	廿三	廿四	廿五	廿六	廿七	廿八	廿九	三十
星期	日	一	二	三	四	五	六	日	一	二	三	四	五	六	日	一	二	三	四	五	六	日	一	二	三	四	五	六	日	一
干支	辛卯	壬辰	癸巳	甲午	乙未	丙申	丁酉	戊戌	己亥	庚子	辛丑	壬寅	癸卯	甲辰	乙巳	丙午	丁未	戊申	己酉	庚戌	辛亥	壬子	癸丑	甲寅	乙卯	丙辰	丁巳	戊午	己未	庚申
五行	木	水	水	金	金	火	火	木	木	土	土	金	金	火	火	水	水	土	土	金	金	木	木	水	水	土	土	火	火	木
建星	闭	建	除	满	平	定	执	破	危	成	收	开	闭	建	除	满	平	定	执	破	危	成	收	收	开	闭	建	除	满	平
廿八宿	昴	毕	觜	参	井	鬼	柳	星	张	翼	轸	角	亢	氐	房	心	尾	箕	斗	牛	女	虚	危	室	壁	奎	娄	胃	昴	毕

岁次：甲辰	公元1964年（覆灯火）			木龙
太岁：李诚	年九紫星	火泽睽卦	三木二运	毕

四月小建己巳轸宿 （二黑）

节气：小满初十日八时五十分 芒种廿六日零时十二分

公历	12	13	14	15	16	17	18	19	20	21	22	23	24	25	26	27	28	29	30	31	六月	2	3	4	5	6	7	8	9
农历	一	二	三	四	五	六	七	八	九	十	十一	十二	十三	十四	十五	十六	十七	十八	十九	二十	廿一	廿二	廿三	廿四	廿五	廿六	廿七	廿八	廿九
星期	二	三	四	五	六	日	一	二	三	四	五	六	日	一	二	三	四	五	六	日	一	二	三	四	五	六	日	一	二
干支	辛酉	壬戌	癸亥	甲子	乙丑	丙寅	丁卯	戊辰	己巳	庚午	辛未	壬申	癸酉	甲戌	乙亥	丙子	丁丑	戊寅	己卯	庚辰	辛巳	壬午	癸未	甲申	乙酉	丙戌	丁亥	戊子	己丑
五行	木	水	水	金	金	火	火	木	木	土	土	金	金	火	火	水	水	土	土	金	金	木	木	水	水	土	土	火	火
建星	定	执	破	危	成	收	开	闭	建	除	满	平	定	执	破	危	成	收	开	闭	建	除	满	平	定	定	执	破	危
廿八宿	觜	参	井	鬼	柳	星	张	翼	轸	角	亢	氐	房	心	尾	箕	斗	牛	女	虚	危	室	壁	奎	娄	胃	昴	毕	觜

五月小建庚午角宿 （一白）

节气：夏至十二日十六时五十七分 小暑廿八日十时卅二分

公历	10	11	12	13	14	15	16	17	18	19	20	21	22	23	24	25	26	27	28	29	30	七月	2	3	4	5	6	7	8
农历	一	二	三	四	五	六	七	八	九	十	十一	十二	十三	十四	十五	十六	十七	十八	十九	二十	廿一	廿二	廿三	廿四	廿五	廿六	廿七	廿八	廿九
星期	三	四	五	六	日	一	二	三	四	五	六	日	一	二	三	四	五	六	日	一	二	三	四	五	六	日	一	二	三
干支	庚寅	辛卯	壬辰	癸巳	甲午	乙未	丙申	丁酉	戊戌	己亥	庚子	辛丑	壬寅	癸卯	甲辰	乙巳	丙午	丁未	戊申	己酉	庚戌	辛亥	壬子	癸丑	甲寅	乙卯	丙辰	丁巳	戊午
五行	木	木	水	水	金	金	火	火	木	木	土	土	金	金	火	火	水	水	土	土	金	金	木	木	水	水	土	土	火
建星	成	收	开	闭	建	除	满	平	定	执	破	危	成	收	开	闭	建	除	满	平	定	执	破	危	成	收	开	开	闭
廿八宿	参	井	鬼	柳	星	张	翼	轸	角	亢	氐	房	心	尾	箕	斗	牛	女	虚	危	室	壁	奎	娄	胃	昴	毕	觜	参

六月大建辛未亢宿 （九紫）

节气：大暑十五日三时五十三分 立秋三十日二十时十六分

公历	9	10	11	12	13	14	15	16	17	18	19	20	21	22	23	24	25	26	27	28	29	30	31	八月	2	3	4	5	6	7
农历	一	二	三	四	五	六	七	八	九	十	十一	十二	十三	十四	十五	十六	十七	十八	十九	二十	廿一	廿二	廿三	廿四	廿五	廿六	廿七	廿八	廿九	三十
星期	四	五	六	日	一	二	三	四	五	六	日	一	二	三	四	五	六	日	一	二	三	四	五	六	日	一	二	三	四	五
干支	己未	庚申	辛酉	壬戌	癸亥	甲子	乙丑	丙寅	丁卯	戊辰	己巳	庚午	辛未	壬申	癸酉	甲戌	乙亥	丙子	丁丑	戊寅	己卯	庚辰	辛巳	壬午	癸未	甲申	乙酉	丙戌	丁亥	戊子
五行	火	木	木	水	水	金	金	火	火	木	木	土	土	金	金	火	火	水	水	土	土	金	金	木	木	水	水	土	土	火
建星	建	除	满	平	定	执	破	危	成	收	开	闭	建	除	满	平	定	执	破	危	成	收	开	闭	建	除	满	平	定	定
廿八宿	井	鬼	柳	星	张	翼	轸	角	亢	氐	房	心	尾	箕	斗	牛	女	虚	危	室	壁	奎	娄	胃	昴	毕	觜	参	井	鬼

岁次：甲辰	公元 1964 年（覆灯火）			木龙
太岁：李诚	年九紫星	火泽睽卦	三木二运	毕

七月小建壬申氐宿 （八白）　　节气：处暑十六日十时五十一分

公历	8	9	10	11	12	13	14	15	16	17	18	19	20	21	22	23	24	25	26	27	28	29	30	31	九月	2	3	4	5	
农历	一	二	三	四	五	六	七	八	九	十	十一	十二	十三	十四	十五	十六	十七	十八	十九	二十	廿一	廿二	廿三	廿四	廿五	廿六	廿七	廿八	廿九	
星期	六	日	一	二	三	四	五	六	日	一	二	三	四	五	六	日	一	二	三	四	五	六	日	一	二	三	四	五	六	
干支	己丑	庚寅	辛卯	壬辰	癸巳	甲午	乙未	丙申	丁酉	戊戌	己亥	庚子	辛丑	壬寅	癸卯	甲辰	乙巳	丙午	丁未	戊申	己酉	庚戌	辛亥	壬子	癸丑	甲寅	乙卯	丙辰	丁巳	
五行	火	木	木	水	水	金	金	火	火	木	木	土	土	金	金	火	火	水	水	土	土	金	金	木	木	水	水	土	土	
建星	执	破	危	成	收	开	闭	建	除	满	平	定	执	破	危	成	收	开	闭	建	除	满	平	定	执	破	危	成	收	
廿八宿	柳	星	张	翼	轸	角	亢	氐	房	心	尾	箕	斗	牛	女	虚	危	室	壁	奎	娄	胃	昴	毕	觜	参	井	鬼	柳	

八月大建癸酉房宿 （七赤）　　节气：白露初二日廿三时零分
秋分十八日八时十七分

公历	6	7	8	9	10	11	12	13	14	15	16	17	18	19	20	21	22	23	24	25	26	27	28	29	30	十月	2	3	4	5
农历	一	二	三	四	五	六	七	八	九	十	十一	十二	十三	十四	十五	十六	十七	十八	十九	二十	廿一	廿二	廿三	廿四	廿五	廿六	廿七	廿八	廿九	三十
星期	日	一	二	三	四	五	六	日	一	二	三	四	五	六	日	一	二	三	四	五	六	日	一	二	三	四	五	六	日	一
干支	戊午	己未	庚申	辛酉	壬戌	癸亥	甲子	乙丑	丙寅	丁卯	戊辰	己巳	庚午	辛未	壬申	癸酉	甲戌	乙亥	丙子	丁丑	戊寅	己卯	庚辰	辛巳	壬午	癸未	甲申	乙酉	丙戌	丁亥
五行	火	火	木	木	水	水	金	金	火	火	木	木	土	土	金	金	火	火	水	水	土	土	金	金	木	木	水	水	土	土
建星	开	开	闭	建	除	满	平	定	执	破	危	成	收	开	闭	建	除	满	平	定	执	破	危	成	收	开	闭	建	除	满
廿八宿	星	张	翼	轸	角	亢	氐	房	心	尾	箕	斗	牛	女	虚	危	室	壁	奎	娄	胃	昴	毕	觜	参	井	鬼	柳	星	张

九月小建甲戌心宿 （六白）　　节气：寒露初三日十四时廿二分
霜降十八日十七时廿一分

公历	6	7	8	9	10	11	12	13	14	15	16	17	18	19	20	21	22	23	24	25	26	27	28	29	30	31	11月	2	3	
农历	一	二	三	四	五	六	七	八	九	十	十一	十二	十三	十四	十五	十六	十七	十八	十九	二十	廿一	廿二	廿三	廿四	廿五	廿六	廿七	廿八	廿九	
星期	二	三	四	五	六	日	一	二	三	四	五	六	日	一	二	三	四	五	六	日	一	二	三	四	五	六	日	一	二	
干支	戊子	己丑	庚寅	辛卯	壬辰	癸巳	甲午	乙未	丙申	丁酉	戊戌	己亥	庚子	辛丑	壬寅	癸卯	甲辰	乙巳	丙午	丁未	戊申	己酉	庚戌	辛亥	壬子	癸丑	甲寅	乙卯	丙辰	
五行	火	火	木	木	水	水	金	金	火	火	木	木	土	土	金	金	火	火	水	水	土	土	金	金	木	木	水	水	土	
建星	平	定	定	执	破	危	成	收	开	闭	建	除	满	平	定	执	破	危	成	收	开	闭	建	除	满	平	定	执	破	
廿八宿	翼	轸	角	亢	氐	房	心	尾	箕	斗	牛	女	虚	危	室	壁	奎	娄	胃	昴	毕	觜	参	井	鬼	柳	星	张	翼	

岁次:甲辰	公元1964年(覆灯火)			木龙
太岁:李诚	年九紫星	火泽睽卦	三木二运	毕

十月大建乙亥尾宿 （五黄）

节气：立冬初四日十七时十五分
小雪十九日十四时卅八分

公历	4	5	6	7	8	9	10	11	12	13	14	15	16	17	18	19	20	21	22	23	24	25	26	27	28	29	30	12月	2	3
农历	一	二	三	四	五	六	七	八	九	十	十一	十二	十三	十四	十五	十六	十七	十八	十九	二十	廿一	廿二	廿三	廿四	廿五	廿六	廿七	廿八	廿九	三十
星期	三	四	五	六	日	一	二	三	四	五	六	日	一	二	三	四	五	六	日	一	二	三	四	五	六	日	一	二	三	四
干支	丁巳	戊午	己未	庚申	辛酉	壬戌	癸亥	甲子	乙丑	丙寅	丁卯	戊辰	己巳	庚午	辛未	壬申	癸酉	甲戌	乙亥	丙子	丁丑	戊寅	己卯	庚辰	辛巳	壬午	癸未	甲申	乙酉	丙戌
五行	土	火	火	木	木	水	水	金	金	火	火	木	木	土	土	金	金	火	火	水	水	土	土	金	金	木	木	水	水	土
建星	危	成	收	收	开	闭	建	除	满	平	定	执	破	危	成	收	开	闭	建	除	满	平	定	执	破	危	成	收	开	闭
廿八宿	轸	角	亢	氐	房	心	尾	箕	斗	牛	女	虚	危	室	壁	奎	娄	胃	昴	毕	觜	参	井	鬼	柳	星	张	翼	轸	角

十一月大建丙子箕宿 （四绿）

节气：大雪初四日九时五十三分
冬至十九日三时五十分

公历	4	5	6	7	8	9	10	11	12	13	14	15	16	17	18	19	20	21	22	23	24	25	26	27	28	29	30	31	一月	2
农历	一	二	三	四	五	六	七	八	九	十	十一	十二	十三	十四	十五	十六	十七	十八	十九	二十	廿一	廿二	廿三	廿四	廿五	廿六	廿七	廿八	廿九	三十
星期	五	六	日	一	二	三	四	五	六	日	一	二	三	四	五	六	日	一	二	三	四	五	六	日	一	二	三	四	五	六
干支	丁亥	戊子	己丑	庚寅	辛卯	壬辰	癸巳	甲午	乙未	丙申	丁酉	戊戌	己亥	庚子	辛丑	壬寅	癸卯	甲辰	乙巳	丙午	丁未	戊申	己酉	庚戌	辛亥	壬子	癸丑	甲寅	乙卯	丙辰
五行	土	火	火	木	木	水	水	金	金	火	火	木	木	土	土	金	金	火	火	水	水	土	土	金	金	木	木	水	水	土
建星	建	除	满	满	平	定	执	破	危	成	收	开	闭	建	除	满	平	定	执	破	危	成	收	开	闭	建	除	满	平	定
廿八宿	亢	氐	房	心	尾	箕	斗	牛	女	虚	危	室	壁	奎	娄	胃	昴	毕	觜	参	井	鬼	柳	星	张	翼	轸	角	亢	氐

十二月大建丁丑斗宿 （三碧）

节气：小寒初三日廿一时二分
大寒十八日十四时廿九分

公历	3	4	5	6	7	8	9	10	11	12	13	14	15	16	17	18	19	20	21	22	23	24	25	26	27	28	29	30	31	二月
农历	一	二	三	四	五	六	七	八	九	十	十一	十二	十三	十四	十五	十六	十七	十八	十九	二十	廿一	廿二	廿三	廿四	廿五	廿六	廿七	廿八	廿九	三十
星期	日	一	二	三	四	五	六	日	一	二	三	四	五	六	日	一	二	三	四	五	六	日	一	二	三	四	五	六	日	一
干支	丁巳	戊午	己未	庚申	辛酉	壬戌	癸亥	甲子	乙丑	丙寅	丁卯	戊辰	己巳	庚午	辛未	壬申	癸酉	甲戌	乙亥	丙子	丁丑	戊寅	己卯	庚辰	辛巳	壬午	癸未	甲申	乙酉	丙戌
五行	土	火	火	木	木	水	水	金	金	火	火	木	木	土	土	金	金	火	火	水	水	土	土	金	金	木	木	水	水	土
建星	执	破	破	危	成	收	开	闭	建	除	满	平	定	执	破	危	成	收	开	闭	建	除	满	平	定	执	破	危	成	收
廿八宿	房	心	尾	箕	斗	牛	女	虚	危	室	壁	奎	娄	胃	昴	毕	觜	参	井	鬼	柳	星	张	翼	轸	角	亢	氐	房	心

岁次：乙巳	公元1965年（覆灯火）			木蛇
太岁：吴遂	年八白星	水天需卦	七火三运	觜

正月小建戊寅牛宿 （二黑）

节气：立春初三日八时四十六分
雨水十八日四时四十八分

公历	2	3	4	5	6	7	8	9	10	11	12	13	14	15	16	17	18	19	20	21	22	23	24	25	26	27	28	三月	2	
农历	一	二	三	四	五	六	七	八	九	十	十一	十二	十三	十四	十五	十六	十七	十八	十九	二十	廿一	廿二	廿三	廿四	廿五	廿六	廿七	廿八	廿九	
星期	二	三	四	五	六	日	一	二	三	四	五	六	日	一	二	三	四	五	六	日	一	二	三	四	五	六	日	一	二	
干支	丁亥	戊子	己丑	庚寅	辛卯	壬辰	癸巳	甲午	乙未	丙申	丁酉	戊戌	己亥	庚子	辛丑	壬寅	癸卯	甲辰	乙巳	丙午	丁未	戊申	己酉	庚戌	辛亥	壬子	癸丑	甲寅	乙卯	
五行	土	火	火	木	木	水	水	金	金	火	火	木	木	土	土	金	金	火	火	水	水	土	土	金	金	木	木	水	水	
建星	开	闭	闭	建	除	满	平	定	执	破	危	成	收	开	闭	建	除	满	平	定	执	破	危	成	收	开	闭	建	除	
廿八宿	尾	箕	斗	牛	女	虚	危	室	壁	奎	娄	胃	昴	毕	觜	参	井	鬼	柳	星	张	翼	轸	角	亢	氐	房	心	尾	

二月大建己卯女宿 （一白）

节气：惊蛰初四日三时一分
春分十九日四时五分

公历	3	4	5	6	7	8	9	10	11	12	13	14	15	16	17	18	19	20	21	22	23	24	25	26	27	28	29	30	31	四月
农历	一	二	三	四	五	六	七	八	九	十	十一	十二	十三	十四	十五	十六	十七	十八	十九	二十	廿一	廿二	廿三	廿四	廿五	廿六	廿七	廿八	廿九	三十
星期	三	四	五	六	日	一	二	三	四	五	六	日	一	二	三	四	五	六	日	一	二	三	四	五	六	日	一	二	三	四
干支	丙辰	丁巳	戊午	己未	庚申	辛酉	壬戌	癸亥	甲子	乙丑	丙寅	丁卯	戊辰	己巳	庚午	辛未	壬申	癸酉	甲戌	乙亥	丙子	丁丑	戊寅	己卯	庚辰	辛巳	壬午	癸未	甲申	乙酉
五行	土	土	火	火	木	木	水	水	金	金	火	火	木	木	土	土	金	金	火	火	水	水	土	土	金	金	木	木	水	水
建星	满	平	定	定	执	破	危	成	收	开	闭	建	除	满	平	定	执	破	危	成	收	开	闭	建	除	满	平	定	执	破
廿八宿	箕	斗	牛	女	虚	危	室	壁	奎	娄	胃	昴	毕	觜	参	井	鬼	柳	星	张	翼	轸	角	亢	氐	房	心	尾	箕	斗

三月小建庚辰虚宿 （九紫）

节气：清明初四日八时七分
谷雨十九日十五时廿六分

公历	2	3	4	5	6	7	8	9	10	11	12	13	14	15	16	17	18	19	20	21	22	23	24	25	26	27	28	29	30	
农历	一	二	三	四	五	六	七	八	九	十	十一	十二	十三	十四	十五	十六	十七	十八	十九	二十	廿一	廿二	廿三	廿四	廿五	廿六	廿七	廿八	廿九	
星期	五	六	日	一	二	三	四	五	六	日	一	二	三	四	五	六	日	一	二	三	四	五	六	日	一	二	三	四	五	
干支	丙戌	丁亥	戊子	己丑	庚寅	辛卯	壬辰	癸巳	甲午	乙未	丙申	丁酉	戊戌	己亥	庚子	辛丑	壬寅	癸卯	甲辰	乙巳	丙午	丁未	戊申	己酉	庚戌	辛亥	壬子	癸丑	甲寅	
五行	土	土	火	火	木	木	水	水	金	金	火	火	木	木	土	土	金	金	火	火	水	水	土	土	金	金	木	木	水	
建星	危	成	收	收	开	闭	建	除	满	平	定	执	破	危	成	收	开	闭	建	除	满	平	定	执	破	危	成	收	开	
廿八宿	牛	女	虚	危	室	壁	奎	娄	胃	昴	毕	觜	参	井	鬼	柳	星	张	翼	轸	角	亢	氐	房	心	尾	箕	斗	牛	

岁次:乙巳	公元1965年(覆灯火)			木蛇
太岁:吴遂	年八白星	水天需卦	七火三运	觜

四月大建辛巳危宿 (八白)

节气:立夏初六日一时四十二分
小满廿一日十四时五十分

公历	五月	2	3	4	5	6	7	8	9	10	11	12	13	14	15	16	17	18	19	20	21	22	23	24	25	26	27	28	29	30
农历	一	二	三	四	五	六	七	八	九	十	十一	十二	十三	十四	十五	十六	十七	十八	十九	二十	廿一	廿二	廿三	廿四	廿五	廿六	廿七	廿八	廿九	三十
星期	六	日	一	二	三	四	五	六	日	一	二	三	四	五	六	日	一	二	三	四	五	六	日	一	二	三	四	五	六	日
干支	乙卯	丙辰	丁巳	戊午	己未	庚申	辛酉	壬戌	癸亥	甲子	乙丑	丙寅	丁卯	戊辰	己巳	庚午	辛未	壬申	癸酉	甲戌	乙亥	丙子	丁丑	戊寅	己卯	庚辰	辛巳	壬午	癸未	甲申
五行	水	土	土	火	火	木	木	水	水	金	金	火	火	木	木	土	土	金	金	火	火	水	水	土	土	金	金	木	木	水
建星	闭	建	除	满	平	平	定	执	破	危	成	收	开	闭	建	除	满	平	定	执	破	危	成	收	开	闭	建	除	满	平
廿八宿	女	虚	危	室	壁	奎	娄	胃	昴	毕	觜	参	井	鬼	柳	星	张	翼	轸	角	亢	氐	房	心	尾	箕	斗	牛	女	虚

五月小建壬午室宿 (七赤)

节气:芒种初七日六时二分
夏至廿二日廿二时五十六分

公历	31	六月	2	3	4	5	6	7	8	9	10	11	12	13	14	15	16	17	18	19	20	21	22	23	24	25	26	27	28
农历	一	二	三	四	五	六	七	八	九	十	十一	十二	十三	十四	十五	十六	十七	十八	十九	二十	廿一	廿二	廿三	廿四	廿五	廿六	廿七	廿八	廿九
星期	一	二	三	四	五	六	日	一	二	三	四	五	六	日	一	二	三	四	五	六	日	一	二	三	四	五	六	日	一
干支	乙酉	丙戌	丁亥	戊子	己丑	庚寅	辛卯	壬辰	癸巳	甲午	乙未	丙申	丁酉	戊戌	己亥	庚子	辛丑	壬寅	癸卯	甲辰	乙巳	丙午	丁未	戊申	己酉	庚戌	辛亥	壬子	癸丑
五行	水	土	土	火	火	木	木	水	水	金	金	火	火	木	木	土	土	金	金	火	火	水	水	土	土	金	金	木	木
建星	定	执	破	危	成	收	收	开	闭	建	除	满	平	定	执	破	危	成	收	开	闭	建	除	满	平	定	执	破	危
廿八宿	危	室	壁	奎	娄	胃	昴	毕	觜	参	井	鬼	柳	星	张	翼	轸	角	亢	氐	房	心	尾	箕	斗	牛	女	虚	危

六月小建癸未壁宿 (六白)

节气:小暑初九日十六时廿一分
大暑廿五日九时四十八分

公历	29	30	七月	2	3	4	5	6	7	8	9	10	11	12	13	14	15	16	17	18	19	20	21	22	23	24	25	26	27
农历	一	二	三	四	五	六	七	八	九	十	十一	十二	十三	十四	十五	十六	十七	十八	十九	二十	廿一	廿二	廿三	廿四	廿五	廿六	廿七	廿八	廿九
星期	二	三	四	五	六	日	一	二	三	四	五	六	日	一	二	三	四	五	六	日	一	二	三	四	五	六	日	一	二
干支	甲寅	乙卯	丙辰	丁巳	戊午	己未	庚申	辛酉	壬戌	癸亥	甲子	乙丑	丙寅	丁卯	戊辰	己巳	庚午	辛未	壬申	癸酉	甲戌	乙亥	丙子	丁丑	戊寅	己卯	庚辰	辛巳	壬午
五行	水	水	土	土	火	火	木	木	水	水	金	金	火	火	木	木	土	土	金	金	火	火	水	水	土	土	金	金	木
建星	成	收	开	闭	建	除	满	平	平	定	执	破	危	成	收	开	闭	建	除	满	平	定	执	破	危	成	收	开	闭
廿八宿	室	壁	奎	娄	胃	昴	毕	觜	参	井	鬼	柳	星	张	翼	轸	角	亢	氐	房	心	尾	箕	斗	牛	女	虚	危	室

岁次:乙巳	公元1965年(覆灯火)			木蛇
太岁:吴遂	年八白星	水天需卦	七火三运	觜

七月大建甲申奎宿 (五黄)

节气:立秋 十二日二时五分
处暑 廿七日十六时四十三分

公历	28	29	30	31	八月	2	3	4	5	6	7	8	9	10	11	12	13	14	15	16	17	18	19	20	21	22	23	24	25	26
农历	一	二	三	四	五	六	七	八	九	十	十一	十二	十三	十四	十五	十六	十七	十八	十九	二十	廿一	廿二	廿三	廿四	廿五	廿六	廿七	廿八	廿九	三十
星期	三	四	五	六	日	一	二	三	四	五	六	日	一	二	三	四	五	六	日	一	二	三	四	五	六	日	一	二	三	四
干支	癸未	甲申	乙酉	丙戌	丁亥	戊子	己丑	庚寅	辛卯	壬辰	癸巳	甲午	乙未	丙申	丁酉	戊戌	己亥	庚子	辛丑	壬寅	癸卯	甲辰	乙巳	丙午	丁未	戊申	己酉	庚戌	辛亥	壬子
五行	木	水	水	土	土	火	火	木	木	水	水	金	金	火	火	木	木	土	土	金	金	火	火	水	水	土	土	金	金	木
建星	建	除	满	平	定	执	破	危	成	收	开	开	闭	建	除	满	平	定	执	破	危	成	收	开	闭	建	除	满	平	定
廿八宿	壁	奎	娄	胃	昴	毕	觜	参	井	鬼	柳	星	张	翼	轸	角	亢	氐	房	心	尾	箕	斗	牛	女	虚	危	室	壁	奎

八月小建乙酉娄宿 (四绿)

节气:白露 十三日四时四十八分
秋分 廿八日十四时六分

公历	27	28	29	30	31	九月	2	3	4	5	6	7	8	9	10	11	12	13	14	15	16	17	18	19	20	21	22	23	24	
农历	一	二	三	四	五	六	七	八	九	十	十一	十二	十三	十四	十五	十六	十七	十八	十九	二十	廿一	廿二	廿三	廿四	廿五	廿六	廿七	廿八	廿九	
星期	五	六	日	一	二	三	四	五	六	日	一	二	三	四	五	六	日	一	二	三	四	五	六	日	一	二	三	四	五	
干支	癸丑	甲寅	乙卯	丙辰	丁巳	戊午	己未	庚申	辛酉	壬戌	癸亥	甲子	乙丑	丙寅	丁卯	戊辰	己巳	庚午	辛未	壬申	癸酉	甲戌	乙亥	丙子	丁丑	戊寅	己卯	庚辰	辛巳	
五行	木	水	水	土	土	火	火	木	木	水	水	金	金	火	火	木	木	土	土	金	金	火	火	水	水	土	土	金	金	
建星	执	破	危	成	收	开	闭	建	除	满	平	定	定	执	破	危	成	收	开	闭	建	除	满	平	定	执	破	危	成	
廿八宿	娄	胃	昴	毕	觜	参	井	鬼	柳	星	张	翼	轸	角	亢	氐	房	心	尾	箕	斗	牛	女	虚	危	室	壁	奎	娄	

九月小建丙戌胃宿 (三碧)

节气:寒露 十四日二十时十一分
霜降 廿九日廿三时十分

公历	25	26	27	28	29	30	十月	2	3	4	5	6	7	8	9	10	11	12	13	14	15	16	17	18	19	20	21	22	23	
农历	一	二	三	四	五	六	七	八	九	十	十一	十二	十三	十四	十五	十六	十七	十八	十九	二十	廿一	廿二	廿三	廿四	廿五	廿六	廿七	廿八	廿九	
星期	六	日	一	二	三	四	五	六	日	一	二	三	四	五	六	日	一	二	三	四	五	六	日	一	二	三	四	五	六	
干支	壬午	癸未	甲申	乙酉	丙戌	丁亥	戊子	己丑	庚寅	辛卯	壬辰	癸巳	甲午	乙未	丙申	丁酉	戊戌	己亥	庚子	辛丑	壬寅	癸卯	甲辰	乙巳	丙午	丁未	戊申	己酉	庚戌	
五行	木	木	水	水	土	土	火	火	木	木	水	水	金	金	火	火	木	木	土	土	金	金	火	火	水	水	土	土	金	
建星	收	开	闭	建	除	满	平	定	执	破	危	成	收	收	开	闭	建	除	满	平	定	执	破	危	成	收	开	闭	建	
廿八宿	胃	昴	毕	觜	参	井	鬼	柳	星	张	翼	轸	角	亢	氐	房	心	尾	箕	斗	牛	女	虚	危	室	壁	奎	娄	胃	

岁次：乙巳	公元1965年（覆灯火）			木蛇
太岁：吴遂	年八白星	水天需卦	七火三运	觜

十月大建丁亥昴宿 （二黑）　　节气：立冬十五日廿三时七分　小雪三十日二十时二十九分

公历	24	25	26	27	28	29	30	31	11月	2	3	4	5	6	7	8	9	10	11	12	13	14	15	16	17	18	19	20	21	22
农历	一	二	三	四	五	六	七	八	九	十	十一	十二	十三	十四	十五	十六	十七	十八	十九	二十	廿一	廿二	廿三	廿四	廿五	廿六	廿七	廿八	廿九	三十
星期	日	一	二	三	四	五	六	日	一	二	三	四	五	六	日	一	二	三	四	五	六	日	一	二	三	四	五	六	日	一
干支	辛亥	壬子	癸丑	甲寅	乙卯	丙辰	丁巳	戊午	己未	庚申	辛酉	壬戌	癸亥	甲子	乙丑	丙寅	丁卯	戊辰	己巳	庚午	辛未	壬申	癸酉	甲戌	乙亥	丙子	丁丑	戊寅	己卯	庚辰
五行	金	木	木	水	水	土	土	火	火	木	木	水	水	金	金	火	火	木	木	土	土	金	金	火	火	水	水	土	土	金
建星	除	满	平	定	执	破	危	成	收	开	闭	建	除	满	满	平	定	执	破	危	成	收	开	闭	建	除	满	平	定	执
廿八宿	昴	毕	觜	参	井	鬼	柳	星	张	翼	轸	角	亢	氐	房	心	尾	箕	斗	牛	女	虚	危	室	壁	奎	娄	胃	昴	毕

十一月大建戊子毕宿 （一白）　　节气：大雪十五日十五时四十六分　冬至三十日九时四十一分

公历	23	24	25	26	27	28	29	30	12月	2	3	4	5	6	7	8	9	10	11	12	13	14	15	16	17	18	19	20	21	22
农历	一	二	三	四	五	六	七	八	九	十	十一	十二	十三	十四	十五	十六	十七	十八	十九	二十	廿一	廿二	廿三	廿四	廿五	廿六	廿七	廿八	廿九	三十
星期	二	三	四	五	六	日	一	二	三	四	五	六	日	一	二	三	四	五	六	日	一	二	三	四	五	六	日	一	二	三
干支	辛巳	壬午	癸未	甲申	乙酉	丙戌	丁亥	戊子	己丑	庚寅	辛卯	壬辰	癸巳	甲午	乙未	丙申	丁酉	戊戌	己亥	庚子	辛丑	壬寅	癸卯	甲辰	乙巳	丙午	丁未	戊申	己酉	庚戌
五行	金	木	木	水	水	土	土	火	火	木	木	水	水	金	金	火	火	木	木	土	土	金	金	火	火	水	水	土	土	金
建星	破	危	成	收	开	闭	建	除	满	平	定	执	破	危	危	成	收	开	闭	建	除	满	平	定	执	破	危	成	收	开
廿八宿	觜	参	井	鬼	柳	星	张	翼	轸	角	亢	氐	房	心	尾	箕	斗	牛	女	虚	危	室	壁	奎	娄	胃	昴	毕	觜	参

十二月小建己丑觜宿 （九紫）　　节气：小寒十五日二时五十五分　大寒廿九日二十时二十分

公历	23	24	25	26	27	28	29	30	31	一月	2	3	4	5	6	7	8	9	10	11	12	13	14	15	16	17	18	19	20	
农历	一	二	三	四	五	六	七	八	九	十	十一	十二	十三	十四	十五	十六	十七	十八	十九	二十	廿一	廿二	廿三	廿四	廿五	廿六	廿七	廿八	廿九	
星期	四	五	六	日	一	二	三	四	五	六	日	一	二	三	四	五	六	日	一	二	三	四	五	六	日	一	二	三	四	
干支	辛亥	壬子	癸丑	甲寅	乙卯	丙辰	丁巳	戊午	己未	庚申	辛酉	壬戌	癸亥	甲子	乙丑	丙寅	丁卯	戊辰	己巳	庚午	辛未	壬申	癸酉	甲戌	乙亥	丙子	丁丑	戊寅	己卯	
五行	金	木	木	水	水	土	土	火	火	木	木	水	水	金	金	火	火	木	木	土	土	金	金	火	火	水	水	土	土	
建星	闭	建	除	满	平	定	执	破	危	成	收	开	闭	建	建	除	满	平	定	执	破	危	成	收	开	闭	建	除	满	
廿八宿	井	鬼	柳	星	张	翼	轸	角	亢	氐	房	心	尾	箕	斗	牛	女	虚	危	室	壁	奎	娄	胃	昴	毕	觜	参	井	

岁次：丙午	公元1966年（天河水）			火马
太岁：文哲	年七赤星	泽风大过卦	四金三运	参

正月大建庚寅参宿 （八白）

节气：立春十五日十四时卅八分
雨水三十日十时卅八分

公历	21	22	23	24	25	26	27	28	29	30	31	二月	2	3	4	5	6	7	8	9	10	11	12	13	14	15	16	17	18	19
农历	一	二	三	四	五	六	七	八	九	十	十一	十二	十三	十四	十五	十六	十七	十八	十九	二十	廿一	廿二	廿三	廿四	廿五	廿六	廿七	廿八	廿九	三十
星期	五	六	日	一	二	三	四	五	六	日	一	二	三	四	五	六	日	一	二	三	四	五	六	日	一	二	三	四	五	六
干支	庚辰	辛巳	壬午	癸未	甲申	乙酉	丙戌	丁亥	戊子	己丑	庚寅	辛卯	壬辰	癸巳	甲午	乙未	丙申	丁酉	戊戌	己亥	庚子	辛丑	壬寅	癸卯	甲辰	乙巳	丙午	丁未	戊申	己酉
五行	金	金	木	木	水	水	土	土	火	火	木	木	水	水	金	金	火	火	木	木	土	土	金	金	火	火	水	水	土	土
建星	平	定	执	破	危	成	收	开	闭	建	除	满	平	定	定	执	破	危	成	收	开	闭	建	除	满	平	定	执	破	危
廿八宿	鬼	柳	星	张	翼	轸	角	亢	氐	房	心	尾	箕	斗	牛	女	虚	危	室	壁	奎	娄	胃	昴	毕	觜	参	井	鬼	柳

二月大建辛卯井宿 （七赤）

节气：惊蛰十五日八时五十二分
春分三十日九时五十三分

公历	20	21	22	23	24	25	26	27	28	三月	2	3	4	5	6	7	8	9	10	11	12	13	14	15	16	17	18	19	20	21
农历	一	二	三	四	五	六	七	八	九	十	十一	十二	十三	十四	十五	十六	十七	十八	十九	二十	廿一	廿二	廿三	廿四	廿五	廿六	廿七	廿八	廿九	三十
星期	日	一	二	三	四	五	六	日	一	二	三	四	五	六	日	一	二	三	四	五	六	日	一	二	三	四	五	六	日	一
干支	庚戌	辛亥	壬子	癸丑	甲寅	乙卯	丙辰	丁巳	戊午	己未	庚申	辛酉	壬戌	癸亥	甲子	乙丑	丙寅	丁卯	戊辰	己巳	庚午	辛未	壬申	癸酉	甲戌	乙亥	丙子	丁丑	戊寅	己卯
五行	金	金	木	木	水	水	土	土	火	火	木	木	水	水	金	金	火	火	木	木	土	土	金	金	火	火	水	水	土	土
建星	成	收	开	闭	建	除	满	平	定	执	破	危	成	收	收	开	闭	建	除	满	平	定	执	破	危	成	收	开	闭	建
廿八宿	星	张	翼	轸	角	亢	氐	房	心	尾	箕	斗	牛	女	虚	危	室	壁	奎	娄	胃	昴	毕	觜	参	井	鬼	柳	星	张

三月大建壬辰鬼宿 （六白）

节气：清明十五日十三时五十七分
谷雨三十日廿一时十二分

公历	22	23	24	25	26	27	28	29	30	31	四月	2	3	4	5	6	7	8	9	10	11	12	13	14	15	16	17	18	19	20
农历	一	二	三	四	五	六	七	八	九	十	十一	十二	十三	十四	十五	十六	十七	十八	十九	二十	廿一	廿二	廿三	廿四	廿五	廿六	廿七	廿八	廿九	三十
星期	二	三	四	五	六	日	一	二	三	四	五	六	日	一	二	三	四	五	六	日	一	二	三	四	五	六	日	一	二	三
干支	庚辰	辛巳	壬午	癸未	甲申	乙酉	丙戌	丁亥	戊子	己丑	庚寅	辛卯	壬辰	癸巳	甲午	乙未	丙申	丁酉	戊戌	己亥	庚子	辛丑	壬寅	癸卯	甲辰	乙巳	丙午	丁未	戊申	己酉
五行	金	金	木	木	水	水	土	土	火	火	木	木	水	水	金	金	火	火	木	木	土	土	金	金	火	火	水	水	土	土
建星	除	满	平	定	执	破	危	成	收	开	闭	建	除	满	满	平	定	执	破	危	成	收	开	闭	建	除	满	平	定	执
廿八宿	翼	轸	角	亢	氐	房	心	尾	箕	斗	牛	女	虚	危	室	壁	奎	娄	胃	昴	毕	觜	参	井	鬼	柳	星	张	翼	轸

岁次:丙午	公元1966年(天河水)			火马
太岁:文哲	年七赤星	泽风大过卦	四金三运	参

闰三月小　　节气:立夏十六日七时三十分

公历	21	22	23	24	25	26	27	28	29	30	五月	2	3	4	5	6	7	8	9	10	11	12	13	14	15	16	17	18	19
农历	一	二	三	四	五	六	七	八	九	十	十一	十二	十三	十四	十五	十六	十七	十八	十九	二十	廿一	廿二	廿三	廿四	廿五	廿六	廿七	廿八	廿九
星期	四	五	六	日	一	二	三	四	五	六	日	一	二	三	四	五	六	日	一	二	三	四	五	六	日	一	二	三	四
干支	庚戌	辛亥	壬子	癸丑	甲寅	乙卯	丙辰	丁巳	戊午	己未	庚申	辛酉	壬戌	癸亥	甲子	乙丑	丙寅	丁卯	戊辰	己巳	庚午	辛未	壬申	癸酉	甲戌	乙亥	丙子	丁丑	戊寅
五行	金	金	木	木	水	水	土	土	火	火	木	木	水	水	金	金	火	火	木	木	土	土	金	金	火	火	水	水	土
建星	破	危	成	收	开	闭	建	除	满	平	定	执	破	危	成	成	收	开	闭	建	除	满	平	定	执	破	危	成	收
廿八宿	角	亢	氐	房	心	尾	箕	斗	牛	女	虚	危	室	壁	奎	娄	胃	昴	毕	觜	参	井	鬼	柳	星	张	翼	轸	角

四月大建癸巳柳宿　(五黄)　　节气:小满初二日二十时卅二分
芒种十八日十一时五十分

公历	20	21	22	23	24	25	26	27	28	29	30	31	六月	2	3	4	5	6	7	8	9	10	11	12	13	14	15	16	17	18
农历	一	二	三	四	五	六	七	八	九	十	十一	十二	十三	十四	十五	十六	十七	十八	十九	二十	廿一	廿二	廿三	廿四	廿五	廿六	廿七	廿八	廿九	三十
星期	五	六	日	一	二	三	四	五	六	日	一	二	三	四	五	六	日	一	二	三	四	五	六	日	一	二	三	四	五	六
干支	己卯	庚辰	辛巳	壬午	癸未	甲申	乙酉	丙戌	丁亥	戊子	己丑	庚寅	辛卯	壬辰	癸巳	甲午	乙未	丙申	丁酉	戊戌	己亥	庚子	辛丑	壬寅	癸卯	甲辰	乙巳	丙午	丁未	戊申
五行	土	金	金	木	木	水	水	土	土	火	火	木	木	水	水	金	金	火	火	木	木	土	土	金	金	火	火	水	水	土
建星	开	闭	建	除	满	平	定	执	破	危	成	收	开	闭	建	除	满	满	平	定	执	破	危	成	收	开	闭	建	除	满
廿八宿	亢	氐	房	心	尾	箕	斗	牛	女	虚	危	室	壁	奎	娄	胃	昴	毕	觜	参	井	鬼	柳	星	张	翼	轸	角	亢	氐

五月小建甲午星宿　(四绿)　　节气:夏至初四日四时卅三分
小暑十九日廿二时七分

公历	19	20	21	22	23	24	25	26	27	28	29	30	七月	2	3	4	5	6	7	8	9	10	11	12	13	14	15	16	17
农历	一	二	三	四	五	六	七	八	九	十	十一	十二	十三	十四	十五	十六	十七	十八	十九	二十	廿一	廿二	廿三	廿四	廿五	廿六	廿七	廿八	廿九
星期	日	一	二	三	四	五	六	日	一	二	三	四	五	六	日	一	二	三	四	五	六	日	一	二	三	四	五	六	日
干支	己酉	庚戌	辛亥	壬子	癸丑	甲寅	乙卯	丙辰	丁巳	戊午	己未	庚申	辛酉	壬戌	癸亥	甲子	乙丑	丙寅	丁卯	戊辰	己巳	庚午	辛未	壬申	癸酉	甲戌	乙亥	丙子	丁丑
五行	土	金	金	木	木	水	水	土	土	火	火	木	木	水	水	金	金	火	火	木	木	土	土	金	金	火	火	水	水
建星	平	定	执	破	危	成	收	开	闭	建	除	满	平	定	执	破	危	成	成	收	开	闭	建	除	满	平	定	执	破
廿八宿	房	心	尾	箕	斗	牛	女	虚	危	室	壁	奎	娄	胃	昴	毕	觜	参	井	鬼	柳	星	张	翼	轸	角	亢	氐	房

岁次:丙午	公元 1966 年(天河水)			火马
太岁:文哲	年七赤星	泽风大过卦	四金三运	参

六月小建乙未张宿 (三碧)

节气:大暑 初六日十五时廿三分
立秋 廿二日七时四十九分

公历	18	19	20	21	22	23	24	25	26	27	28	29	30	31	八月	2	3	4	5	6	7	8	9	10	11	12	13	14	15
农历	一	二	三	四	五	六	七	八	九	十	十一	十二	十三	十四	十五	十六	十七	十八	十九	二十	廿一	廿二	廿三	廿四	廿五	廿六	廿七	廿八	廿九
星期	一	二	三	四	五	六	日	一	二	三	四	五	六	日	一	二	三	四	五	六	日	一	二	三	四	五	六	日	一
干支	戊寅	己卯	庚辰	辛巳	壬午	癸未	甲申	乙酉	丙戌	丁亥	戊子	己丑	庚寅	辛卯	壬辰	癸巳	甲午	乙未	丙申	丁酉	戊戌	己亥	庚子	辛丑	壬寅	癸卯	甲辰	乙巳	丙午
五行	土	土	金	金	木	木	水	水	土	土	火	火	木	木	水	水	金	金	火	火	木	木	土	土	金	金	火	火	水
建星	危	成	收	开	闭	建	除	满	平	定	执	破	危	成	收	开	闭	建	除	满	平	平	定	执	破	危	成	收	开
廿八宿	心	尾	箕	斗	牛	女	虚	危	室	壁	奎	娄	胃	昴	毕	觜	参	井	鬼	柳	星	张	翼	轸	角	亢	氐	房	心

七月大建丙申翼宿 (二黑)

节气:处暑 初八日廿二时十八分
白露 廿四日十时卅二分

公历	16	17	18	19	20	21	22	23	24	25	26	27	28	29	30	31	九月	2	3	4	5	6	7	8	9	10	11	12	13	14
农历	一	二	三	四	五	六	七	八	九	十	十一	十二	十三	十四	十五	十六	十七	十八	十九	二十	廿一	廿二	廿三	廿四	廿五	廿六	廿七	廿八	廿九	三十
星期	二	三	四	五	六	日	一	二	三	四	五	六	日	一	二	三	四	五	六	日	一	二	三	四	五	六	日	一	二	三
干支	丁未	戊申	己酉	庚戌	辛亥	壬子	癸丑	甲寅	乙卯	丙辰	丁巳	戊午	己未	庚申	辛酉	壬戌	癸亥	甲子	乙丑	丙寅	丁卯	戊辰	己巳	庚午	辛未	壬申	癸酉	甲戌	乙亥	丙子
五行	水	土	土	金	金	木	木	水	水	土	土	火	火	木	木	水	水	金	金	火	火	木	木	土	土	金	金	火	火	水
建星	闭	建	除	满	平	定	执	破	危	成	收	开	闭	建	除	满	平	定	执	破	危	成	收	收	开	闭	建	除	满	平
廿八宿	尾	箕	斗	牛	女	虚	危	室	壁	奎	娄	胃	昴	毕	觜	参	井	鬼	柳	星	张	翼	轸	角	亢	氐	房	心	尾	箕

八月小建丁酉轸宿 (一白)

节气:秋分 初九日十九时四十七分
寒露 廿五日一时五十七分

公历	15	16	17	18	19	20	21	22	23	24	25	26	27	28	29	30	十月	2	3	4	5	6	7	8	9	10	11	12	13
农历	一	二	三	四	五	六	七	八	九	十	十一	十二	十三	十四	十五	十六	十七	十八	十九	二十	廿一	廿二	廿三	廿四	廿五	廿六	廿七	廿八	廿九
星期	四	五	六	日	一	二	三	四	五	六	日	一	二	三	四	五	六	日	一	二	三	四	五	六	日	一	二	三	四
干支	丁丑	戊寅	己卯	庚辰	辛巳	壬午	癸未	甲申	乙酉	丙戌	丁亥	戊子	己丑	庚寅	辛卯	壬辰	癸巳	甲午	乙未	丙申	丁酉	戊戌	己亥	庚子	辛丑	壬寅	癸卯	甲辰	乙巳
五行	水	土	土	金	金	木	木	水	水	土	土	火	火	木	木	水	水	金	金	火	火	木	木	土	土	金	金	火	火
建星	定	执	破	危	成	收	开	闭	建	除	满	平	定	执	破	危	成	收	开	闭	建	除	满	平	平	定	执	破	危
廿八宿	斗	牛	女	虚	危	室	壁	奎	娄	胃	昴	毕	觜	参	井	鬼	柳	星	张	翼	轸	角	亢	氐	房	心	尾	箕	斗

岁次:丙午	公元1966年(天河水)			火马
太岁:文哲	年七赤星	泽风大过卦	四金三运	参

九月小建戊戌角宿 (九紫) 节气:霜降十一日四时五十七分 立冬廿六日四时五十六分

公历	14	15	16	17	18	19	20	21	22	23	24	25	26	27	28	29	30	31	11月	2	3	4	5	6	7	8	9	10	11
农历	一	二	三	四	五	六	七	八	九	十	十一	十二	十三	十四	十五	十六	十七	十八	十九	二十	廿一	廿二	廿三	廿四	廿五	廿六	廿七	廿八	廿九
星期	五	六	日	一	二	三	四	五	六	日	一	二	三	四	五	六	日	一	二	三	四	五	六	日	一	二	三	四	五
干支	丙午	丁未	戊申	己酉	庚戌	辛亥	壬子	癸丑	甲寅	乙卯	丙辰	丁巳	戊午	己未	庚申	辛酉	壬戌	癸亥	甲子	乙丑	丙寅	丁卯	戊辰	己巳	庚午	辛未	壬申	癸酉	甲戌
五行	水	水	土	土	金	金	木	木	水	水	土	土	火	火	木	木	水	水	金	金	火	火	木	木	土	土	金	金	火
建星	成	收	开	闭	建	除	满	平	定	执	破	危	成	收	开	闭	建	除	满	平	定	执	破	危	成	成	收	开	闭
廿八宿	牛	女	虚	危	室	壁	奎	娄	胃	昴	毕	觜	参	井	鬼	柳	星	张	翼	轸	角	亢	氐	房	心	尾	箕	斗	牛

十月大建己亥亢宿 (八白) 节气:小雪十二日二时十四分 大雪廿六日廿一时卅八分

公历	12	13	14	15	16	17	18	19	20	21	22	23	24	25	26	27	28	29	30	12月	2	3	4	5	6	7	8	9	10	11
农历	一	二	三	四	五	六	七	八	九	十	十一	十二	十三	十四	十五	十六	十七	十八	十九	二十	廿一	廿二	廿三	廿四	廿五	廿六	廿七	廿八	廿九	三十
星期	六	日	一	二	三	四	五	六	日	一	二	三	四	五	六	日	一	二	三	四	五	六	日	一	二	三	四	五	六	日
干支	乙亥	丙子	丁丑	戊寅	己卯	庚辰	辛巳	壬午	癸未	甲申	乙酉	丙戌	丁亥	戊子	己丑	庚寅	辛卯	壬辰	癸巳	甲午	乙未	丙申	丁酉	戊戌	己亥	庚子	辛丑	壬寅	癸卯	甲辰
五行	火	水	水	土	土	金	金	木	木	水	水	土	土	火	火	木	木	水	水	金	金	火	火	木	木	土	土	金	金	火
建星	建	除	满	平	定	执	破	危	成	收	开	闭	建	除	满	平	定	执	破	危	成	收	开	闭	建	建	除	满	平	定
廿八宿	女	虚	危	室	壁	奎	娄	胃	昴	毕	觜	参	井	鬼	柳	星	张	翼	轸	角	亢	氐	房	心	尾	箕	斗	牛	女	虚

十一月大建庚子氐宿 (七赤) 节气:冬至十一日十五时廿九分 小寒廿六日八时四十九分

公历	12	13	14	15	16	17	18	19	20	21	22	23	24	25	26	27	28	29	30	31	一月	2	3	4	5	6	7	8	9	10
农历	一	二	三	四	五	六	七	八	九	十	十一	十二	十三	十四	十五	十六	十七	十八	十九	二十	廿一	廿二	廿三	廿四	廿五	廿六	廿七	廿八	廿九	三十
星期	一	二	三	四	五	六	日	一	二	三	四	五	六	日	一	二	三	四	五	六	日	一	二	三	四	五	六	日	一	二
干支	乙巳	丙午	丁未	戊申	己酉	庚戌	辛亥	壬子	癸丑	甲寅	乙卯	丙辰	丁巳	戊午	己未	庚申	辛酉	壬戌	癸亥	甲子	乙丑	丙寅	丁卯	戊辰	己巳	庚午	辛未	壬申	癸酉	甲戌
五行	火	水	水	土	土	金	金	木	木	水	水	土	土	火	火	木	木	水	水	金	金	火	火	木	木	土	土	金	金	火
建星	执	破	危	成	收	开	闭	建	除	满	平	定	执	破	危	成	收	开	闭	建	除	满	平	定	执	执	破	危	成	收
廿八宿	危	室	壁	奎	娄	胃	昴	毕	觜	参	井	鬼	柳	星	张	翼	轸	角	亢	氐	房	心	尾	箕	斗	牛	女	虚	危	室

十二月小建辛丑房宿 (六白) 节气:大寒十一日二时八分 立春廿五日二十时卅一分

公历	11	12	13	14	15	16	17	18	19	20	21	22	23	24	25	26	27	28	29	30	31	二月	2	3	4	5	6	7	8
农历	一	二	三	四	五	六	七	八	九	十	十一	十二	十三	十四	十五	十六	十七	十八	十九	二十	廿一	廿二	廿三	廿四	廿五	廿六	廿七	廿八	廿九
星期	三	四	五	六	日	一	二	三	四	五	六	日	一	二	三	四	五	六	日	一	二	三	四	五	六	日	一	二	三
干支	乙亥	丙子	丁丑	戊寅	己卯	庚辰	辛巳	壬午	癸未	甲申	乙酉	丙戌	丁亥	戊子	己丑	庚寅	辛卯	壬辰	癸巳	甲午	乙未	丙申	丁酉	戊戌	己亥	庚子	辛丑	壬寅	癸卯
五行	火	水	水	土	土	金	金	木	木	水	水	土	土	火	火	木	木	水	水	金	金	火	火	木	木	土	土	金	金
建星	开	闭	建	除	满	平	定	执	破	危	成	收	开	闭	建	除	满	平	定	执	破	危	成	收	收	开	闭	建	除
廿八宿	壁	奎	娄	胃	昴	毕	觜	参	井	鬼	柳	星	张	翼	轸	角	亢	氐	房	心	尾	箕	斗	牛	女	虚	危	室	壁

岁次：丁未	公元1967年（天河水）			火羊
太岁：缪丙	年六白星	山风蛊卦	六水七运	井

正月大建壬寅心宿 （五黄）

节气：雨水十一日十六时廿四分
惊蛰廿六日十四时四十二分

公历	9	10	11	12	13	14	15	16	17	18	19	20	21	22	23	24	25	26	27	28	三月	2	3	4	5	6	7	8	9	10
农历	一	二	三	四	五	六	七	八	九	十	十一	十二	十三	十四	十五	十六	十七	十八	十九	二十	廿一	廿二	廿三	廿四	廿五	廿六	廿七	廿八	廿九	三十
星期	四	五	六	日	一	二	三	四	五	六	日	一	二	三	四	五	六	日	一	二	三	四	五	六	日	一	二	三	四	五
干支	甲辰	乙巳	丙午	丁未	戊申	己酉	庚戌	辛亥	壬子	癸丑	甲寅	乙卯	丙辰	丁巳	戊午	己未	庚申	辛酉	壬戌	癸亥	甲子	乙丑	丙寅	丁卯	戊辰	己巳	庚午	辛未	壬申	癸酉
五行	火	火	水	水	土	土	金	金	木	木	水	水	土	土	火	火	木	木	水	水	金	金	火	火	木	木	土	土	金	金
建星	满	平	定	执	破	危	成	收	开	闭	建	除	满	平	定	执	破	危	成	收	开	闭	建	除	满	满	平	定	执	破
廿八宿	奎	娄	胃	昴	毕	觜	参	井	鬼	柳	星	张	翼	轸	角	亢	氐	房	心	尾	箕	斗	牛	女	虚	危	室	壁	奎	娄

二月大建癸卯尾宿 （四绿）

节气：春分十一日十五时卅七分
清明廿六日十九时四十五分

公历	11	12	13	14	15	16	17	18	19	20	21	22	23	24	25	26	27	28	29	30	31	四月	2	3	4	5	6	7	8	9
农历	一	二	三	四	五	六	七	八	九	十	十一	十二	十三	十四	十五	十六	十七	十八	十九	二十	廿一	廿二	廿三	廿四	廿五	廿六	廿七	廿八	廿九	三十
星期	六	日	一	二	三	四	五	六	日	一	二	三	四	五	六	日	一	二	三	四	五	六	日	一	二	三	四	五	六	日
干支	甲戌	乙亥	丙子	丁丑	戊寅	己卯	庚辰	辛巳	壬午	癸未	甲申	乙酉	丙戌	丁亥	戊子	己丑	庚寅	辛卯	壬辰	癸巳	甲午	乙未	丙申	丁酉	戊戌	己亥	庚子	辛丑	壬寅	癸卯
五行	火	火	水	水	土	土	金	金	木	木	水	水	土	土	火	火	木	木	水	水	金	金	火	火	木	木	土	土	金	金
建星	危	成	收	开	闭	建	除	满	平	定	执	破	危	成	收	开	闭	建	除	满	平	定	执	破	危	危	成	收	开	闭
廿八宿	胃	昴	毕	觜	参	井	鬼	柳	星	张	翼	轸	角	亢	氐	房	心	尾	箕	斗	牛	女	虚	危	室	壁	奎	娄	胃	昴

三月小建甲辰箕宿 （三碧）

节气：谷雨十二日二时五十五分
立夏廿七日十三时十七分

公历	10	11	12	13	14	15	16	17	18	19	20	21	22	23	24	25	26	27	28	29	30	五月	2	3	4	5	6	7	8	
农历	一	二	三	四	五	六	七	八	九	十	十一	十二	十三	十四	十五	十六	十七	十八	十九	二十	廿一	廿二	廿三	廿四	廿五	廿六	廿七	廿八	廿九	
星期	一	二	三	四	五	六	日	一	二	三	四	五	六	日	一	二	三	四	五	六	日	一	二	三	四	五	六	日	一	
干支	甲辰	乙巳	丙午	丁未	戊申	己酉	庚戌	辛亥	壬子	癸丑	甲寅	乙卯	丙辰	丁巳	戊午	己未	庚申	辛酉	壬戌	癸亥	甲子	乙丑	丙寅	丁卯	戊辰	己巳	庚午	辛未	壬申	
五行	火	火	水	水	土	土	金	金	木	木	水	水	土	土	火	火	木	木	水	水	金	金	火	火	木	木	土	土	金	
建星	建	除	满	平	定	执	破	危	成	收	开	闭	建	除	满	平	定	执	破	危	成	收	开	闭	建	除	除	满	平	
廿八宿	毕	觜	参	井	鬼	柳	星	张	翼	轸	角	亢	氐	房	心	尾	箕	斗	牛	女	虚	危	室	壁	奎	娄	胃	昴	毕	

岁次：丁未	公元1967年（天河水）			火羊
太岁：缪丙	年六白星	山风蛊卦	六水七运	井

四月大建乙巳斗宿 （二黑）

节气：小满十四日二时十八分
芒种廿九日十七时卅六分

公历	9	10	11	12	13	14	15	16	17	18	19	20	21	22	23	24	25	26	27	28	29	30	31	六月	2	3	4	5	6	7
农历	一	二	三	四	五	六	七	八	九	十	十一	十二	十三	十四	十五	十六	十七	十八	十九	二十	廿一	廿二	廿三	廿四	廿五	廿六	廿七	廿八	廿九	三十
星期	二	三	四	五	六	日	一	二	三	四	五	六	日	一	二	三	四	五	六	日	一	二	三	四	五	六	日	一	二	三
干支	癸酉	甲戌	乙亥	丙子	丁丑	戊寅	己卯	庚辰	辛巳	壬午	癸未	甲申	乙酉	丙戌	丁亥	戊子	己丑	庚寅	辛卯	壬辰	癸巳	甲午	乙未	丙申	丁酉	戊戌	己亥	庚子	辛丑	壬寅
五行	金	火	火	水	水	土	土	金	金	木	木	水	水	土	土	火	火	木	木	水	水	金	金	火	火	木	木	土	土	金
建星	定	执	破	危	成	收	开	闭	建	除	满	平	定	执	破	危	成	收	开	闭	建	除	满	平	定	执	破	危	危	成
廿八宿	觜	参	井	鬼	柳	星	张	翼	轸	角	亢	氐	房	心	尾	箕	斗	牛	女	虚	危	室	壁	奎	娄	胃	昴	毕	觜	参

五月大建丙午牛宿 （一白）

节气：夏至十五日十时廿三分

公历	8	9	10	11	12	13	14	15	16	17	18	19	20	21	22	23	24	25	26	27	28	29	30	七月	2	3	4	5	6	7
农历	一	二	三	四	五	六	七	八	九	十	十一	十二	十三	十四	十五	十六	十七	十八	十九	二十	廿一	廿二	廿三	廿四	廿五	廿六	廿七	廿八	廿九	三十
星期	四	五	六	日	一	二	三	四	五	六	日	一	二	三	四	五	六	日	一	二	三	四	五	六	日	一	二	三	四	五
干支	癸卯	甲辰	乙巳	丙午	丁未	戊申	己酉	庚戌	辛亥	壬子	癸丑	甲寅	乙卯	丙辰	丁巳	戊午	己未	庚申	辛酉	壬戌	癸亥	甲子	乙丑	丙寅	丁卯	戊辰	己巳	庚午	辛未	壬申
五行	金	火	火	水	水	土	土	金	金	木	木	水	水	土	土	火	火	木	木	水	水	金	金	火	火	木	木	土	土	金
建星	收	开	闭	建	除	满	平	定	执	破	危	成	收	开	闭	建	除	满	平	定	执	破	危	成	收	开	闭	建	除	满
廿八宿	井	鬼	柳	星	张	翼	轸	角	亢	氐	房	心	尾	箕	斗	牛	女	虚	危	室	壁	奎	娄	胃	昴	毕	觜	参	井	鬼

六月小建丁未女宿 （九紫）

节气：小暑初一日三时五十三分
大暑十六日廿一时十六分

公历	8	9	10	11	12	13	14	15	16	17	18	19	20	21	22	23	24	25	26	27	28	29	30	31	八月	2	3	4	5
农历	一	二	三	四	五	六	七	八	九	十	十一	十二	十三	十四	十五	十六	十七	十八	十九	二十	廿一	廿二	廿三	廿四	廿五	廿六	廿七	廿八	廿九
星期	六	日	一	二	三	四	五	六	日	一	二	三	四	五	六	日	一	二	三	四	五	六	日	一	二	三	四	五	六
干支	癸酉	甲戌	乙亥	丙子	丁丑	戊寅	己卯	庚辰	辛巳	壬午	癸未	甲申	乙酉	丙戌	丁亥	戊子	己丑	庚寅	辛卯	壬辰	癸巳	甲午	乙未	丙申	丁酉	戊戌	己亥	庚子	辛丑
五行	金	火	火	水	水	土	土	金	金	木	木	水	水	土	土	火	火	木	木	水	水	金	金	火	火	木	木	土	土
建星	满	平	定	执	破	危	成	收	开	闭	建	除	满	平	定	执	破	危	成	收	开	闭	建	除	满	平	定	执	破
廿八宿	柳	星	张	翼	轸	角	亢	氐	房	心	尾	箕	斗	牛	女	虚	危	室	壁	奎	娄	胃	昴	毕	觜	参	井	鬼	柳

岁次：丁未	公元1967年（天河水）			火羊
太岁：缪丙	年六白星	山风蛊卦	六水七运	井

七月小建戊申虚宿 （八白）

节气：立秋初三日十三时卅五分
处暑十九日四时十三分

公历	6	7	8	9	10	11	12	13	14	15	16	17	18	19	20	21	22	23	24	25	26	27	28	29	30	31	九月	2	3
农历	一	二	三	四	五	六	七	八	九	十	十一	十二	十三	十四	十五	十六	十七	十八	十九	二十	廿一	廿二	廿三	廿四	廿五	廿六	廿七	廿八	廿九
星期	日	一	二	三	四	五	六	日	一	二	三	四	五	六	日	一	二	三	四	五	六	日	一	二	三	四	五	六	日
干支	壬寅	癸卯	甲辰	乙巳	丙午	丁未	戊申	己酉	庚戌	辛亥	壬子	癸丑	甲寅	乙卯	丙辰	丁巳	戊午	己未	庚申	辛酉	壬戌	癸亥	甲子	乙丑	丙寅	丁卯	戊辰	己巳	庚午
五行	金	金	火	火	水	水	土	土	金	金	木	木	水	水	土	土	火	火	木	木	水	水	金	金	火	火	木	木	土
建星	危	成	成	收	开	闭	建	除	满	平	定	执	破	危	成	收	开	闭	建	除	满	平	定	执	破	危	成	收	开
廿八宿	星	张	翼	轸	角	亢	氐	房	心	尾	箕	斗	牛	女	虚	危	室	壁	奎	娄	胃	昴	毕	觜	参	井	鬼	柳	星

八月大建己酉危宿 （七赤）

节气：白露初五日十六时十八分
秋分廿一日一时卅八分

公历	4	5	6	7	8	9	10	11	12	13	14	15	16	17	18	19	20	21	22	23	24	25	26	27	28	29	30	十月	2	3
农历	一	二	三	四	五	六	七	八	九	十	十一	十二	十三	十四	十五	十六	十七	十八	十九	二十	廿一	廿二	廿三	廿四	廿五	廿六	廿七	廿八	廿九	三十
星期	一	二	三	四	五	六	日	一	二	三	四	五	六	日	一	二	三	四	五	六	日	一	二	三	四	五	六	日	一	二
干支	辛未	壬申	癸酉	甲戌	乙亥	丙子	丁丑	戊寅	己卯	庚辰	辛巳	壬午	癸未	甲申	乙酉	丙戌	丁亥	戊子	己丑	庚寅	辛卯	壬辰	癸巳	甲午	乙未	丙申	丁酉	戊戌	己亥	庚子
五行	土	金	金	火	火	水	水	土	土	金	金	木	木	水	水	土	土	火	火	木	木	水	水	金	金	火	火	木	木	土
建星	闭	建	除	满	满	平	定	执	破	危	成	收	开	闭	建	除	满	平	定	执	破	危	成	收	开	闭	建	除	满	平
廿八宿	张	翼	轸	角	亢	氐	房	心	尾	箕	斗	牛	女	虚	危	室	壁	奎	娄	胃	昴	毕	觜	参	井	鬼	柳	星	张	翼

九月小建庚戌室宿 （六白）

节气：寒露初六日七时四十一分
霜降廿一日十时十四分

公历	4	5	6	7	8	9	10	11	12	13	14	15	16	17	18	19	20	21	22	23	24	25	26	27	28	29	30	31	11月
农历	一	二	三	四	五	六	七	八	九	十	十一	十二	十三	十四	十五	十六	十七	十八	十九	二十	廿一	廿二	廿三	廿四	廿五	廿六	廿七	廿八	廿九
星期	三	四	五	六	日	一	二	三	四	五	六	日	一	二	三	四	五	六	日	一	二	三	四	五	六	日	一	二	三
干支	辛丑	壬寅	癸卯	甲辰	乙巳	丙午	丁未	戊申	己酉	庚戌	辛亥	壬子	癸丑	甲寅	乙卯	丙辰	丁巳	戊午	己未	庚申	辛酉	壬戌	癸亥	甲子	乙丑	丙寅	丁卯	戊辰	己巳
五行	土	金	金	火	火	水	水	土	土	金	金	木	木	水	水	土	土	火	火	木	木	水	水	金	金	火	火	木	木
建星	定	执	破	危	成	成	收	开	闭	建	除	满	平	定	执	破	危	成	收	开	闭	建	除	满	平	定	执	破	危
廿八宿	轸	角	亢	氐	房	心	尾	箕	斗	牛	女	虚	危	室	壁	奎	娄	胃	昴	毕	觜	参	井	鬼	柳	星	张	翼	轸

岁次：丁未	公元1967年（天河水）			火羊
太岁：缪丙	年六白星	山风蛊卦	六水七运	井

十月大建辛亥壁宿 （五黄）

节气：立冬初七日十时卅八分
小雪廿二日八时五分

公历	2	3	4	5	6	7	8	9	10	11	12	13	14	15	16	17	18	19	20	21	22	23	24	25	26	27	28	29	30	12月
农历	一	二	三	四	五	六	七	八	九	十	十一	十二	十三	十四	十五	十六	十七	十八	十九	二十	廿一	廿二	廿三	廿四	廿五	廿六	廿七	廿八	廿九	三十
星期	四	五	六	日	一	二	三	四	五	六	日	一	二	三	四	五	六	日	一	二	三	四	五	六	日	一	二	三	四	五
干支	庚午	辛未	壬申	癸酉	甲戌	乙亥	丙子	丁丑	戊寅	己卯	庚辰	辛巳	壬午	癸未	甲申	乙酉	丙戌	丁亥	戊子	己丑	庚寅	辛卯	壬辰	癸巳	甲午	乙未	丙申	丁酉	戊戌	己亥
五行	土	土	金	金	火	火	水	水	土	土	金	金	木	木	水	水	土	土	火	火	木	木	水	水	金	金	火	火	木	木
建星	成	收	开	闭	建	除	除	满	平	定	执	破	危	成	收	开	闭	建	除	满	平	定	执	破	危	成	收	开	闭	建
廿八宿	角	亢	氐	房	心	尾	箕	斗	牛	女	虚	危	室	壁	奎	娄	胃	昴	毕	觜	参	井	鬼	柳	星	张	翼	轸	角	亢

十一月小建壬子奎宿 （四绿）

节气：大雪初七日三时十八分
冬至廿一日廿一时十七分

公历	2	3	4	5	6	7	8	9	10	11	12	13	14	15	16	17	18	19	20	21	22	23	24	25	26	27	28	29	30
农历	一	二	三	四	五	六	七	八	九	十	十一	十二	十三	十四	十五	十六	十七	十八	十九	二十	廿一	廿二	廿三	廿四	廿五	廿六	廿七	廿八	廿九
星期	六	日	一	二	三	四	五	六	日	一	二	三	四	五	六	日	一	二	三	四	五	六	日	一	二	三	四	五	六
干支	庚子	辛丑	壬寅	癸卯	甲辰	乙巳	丙午	丁未	戊申	己酉	庚戌	辛亥	壬子	癸丑	甲寅	乙卯	丙辰	丁巳	戊午	己未	庚申	辛酉	壬戌	癸亥	甲子	乙丑	丙寅	丁卯	戊辰
五行	土	土	金	金	火	火	水	水	土	土	金	金	木	木	水	水	土	土	火	火	木	木	水	水	金	金	火	火	木
建星	除	满	平	定	执	破	破	危	成	收	开	闭	建	除	满	平	定	执	破	危	成	收	开	闭	建	除	满	平	定
廿八宿	氐	房	心	尾	箕	斗	牛	女	虚	危	室	壁	奎	娄	胃	昴	毕	觜	参	井	鬼	柳	星	张	翼	轸	角	亢	氐

十二月大建癸丑娄宿 （三碧）

节气：小寒初七日十四时廿七分
大寒廿二日七时五十四分

公历	31	一月	2	3	4	5	6	7	8	9	10	11	12	13	14	15	16	17	18	19	20	21	22	23	24	25	26	27	28	29
农历	一	二	三	四	五	六	七	八	九	十	十一	十二	十三	十四	十五	十六	十七	十八	十九	二十	廿一	廿二	廿三	廿四	廿五	廿六	廿七	廿八	廿九	三十
星期	日	一	二	三	四	五	六	日	一	二	三	四	五	六	日	一	二	三	四	五	六	日	一	二	三	四	五	六	日	一
干支	己巳	庚午	辛未	壬申	癸酉	甲戌	乙亥	丙子	丁丑	戊寅	己卯	庚辰	辛巳	壬午	癸未	甲申	乙酉	丙戌	丁亥	戊子	己丑	庚寅	辛卯	壬辰	癸巳	甲午	乙未	丙申	丁酉	戊戌
五行	木	土	土	金	金	火	火	水	水	土	土	金	金	木	木	水	水	土	土	火	火	木	木	水	水	金	金	火	火	木
建星	执	破	危	成	收	开	开	闭	建	除	满	平	定	执	破	危	成	收	开	闭	建	除	满	平	定	执	破	危	成	收
廿八宿	房	心	尾	箕	斗	牛	女	虚	危	室	壁	奎	娄	胃	昴	毕	觜	参	井	鬼	柳	星	张	翼	轸	角	亢	氐	房	心

岁次：戊申	公元 1968 年（大驿土）			土猴
太岁：徐浩	年五黄星	风水涣卦	二火六运	鬼

正月小建甲寅胃宿 （二黑）

节气：立春初七日二时八分
雨水廿一日廿二时九分

公历	30	31	二月	2	3	4	5	6	7	8	9	10	11	12	13	14	15	16	17	18	19	20	21	22	23	24	25	26	27	
农历	一	二	三	四	五	六	七	八	九	十	十一	十二	十三	十四	十五	十六	十七	十八	十九	二十	廿一	廿二	廿三	廿四	廿五	廿六	廿七	廿八	廿九	
星期	二	三	四	五	六	日	一	二	三	四	五	六	日	一	二	三	四	五	六	日	一	二	三	四	五	六	日	一	二	
干支	己亥	庚子	辛丑	壬寅	癸卯	甲辰	乙巳	丙午	丁未	戊申	己酉	庚戌	辛亥	壬子	癸丑	甲寅	乙卯	丙辰	丁巳	戊午	己未	庚申	辛酉	壬戌	癸亥	甲子	乙丑	丙寅	丁卯	
五行	木	土	土	金	金	火	火	水	水	土	土	金	金	木	木	水	水	土	土	火	火	木	木	水	水	金	金	火	火	
建星	开	闭	建	除	满	平	平	定	执	破	危	成	收	开	闭	建	除	满	平	定	执	破	危	成	收	开	闭	建	除	
廿八宿	尾	箕	斗	牛	女	虚	危	室	壁	奎	娄	胃	昴	毕	觜	参	井	鬼	柳	星	张	翼	轸	角	亢	氐	房	心	尾	

二月大建乙卯昴宿 （一白）

节气：惊蛰初七日二十时十八分
春分廿二日廿一时廿二分

公历	28	29	三月	2	3	4	5	6	7	8	9	10	11	12	13	14	15	16	17	18	19	20	21	22	23	24	25	26	27	28
农历	一	二	三	四	五	六	七	八	九	十	十一	十二	十三	十四	十五	十六	十七	十八	十九	二十	廿一	廿二	廿三	廿四	廿五	廿六	廿七	廿八	廿九	三十
星期	三	四	五	六	日	一	二	三	四	五	六	日	一	二	三	四	五	六	日	一	二	三	四	五	六	日	一	二	三	四
干支	戊辰	己巳	庚午	辛未	壬申	癸酉	甲戌	乙亥	丙子	丁丑	戊寅	己卯	庚辰	辛巳	壬午	癸未	甲申	乙酉	丙戌	丁亥	戊子	己丑	庚寅	辛卯	壬辰	癸巳	甲午	乙未	丙申	丁酉
五行	木	木	土	土	金	金	火	火	水	水	土	土	金	金	木	木	水	水	土	土	火	火	木	木	水	水	金	金	火	火
建星	满	平	定	执	破	危	危	成	收	开	闭	建	除	满	平	定	执	破	危	成	收	开	闭	建	除	满	平	定	执	破
廿八宿	箕	斗	牛	女	虚	危	室	壁	奎	娄	胃	昴	毕	觜	参	井	鬼	柳	星	张	翼	轸	角	亢	氐	房	心	尾	箕	斗

三月小建丙辰毕宿 （九紫）

节气：清明初八日一时廿一分
谷雨廿三日八时四十一分

公历	29	30	31	四月	2	3	4	5	6	7	8	9	10	11	12	13	14	15	16	17	18	19	20	21	22	23	24	25	26	
农历	一	二	三	四	五	六	七	八	九	十	十一	十二	十三	十四	十五	十六	十七	十八	十九	二十	廿一	廿二	廿三	廿四	廿五	廿六	廿七	廿八	廿九	
星期	五	六	日	一	二	三	四	五	六	日	一	二	三	四	五	六	日	一	二	三	四	五	六	日	一	二	三	四	五	
干支	戊戌	己亥	庚子	辛丑	壬寅	癸卯	甲辰	乙巳	丙午	丁未	戊申	己酉	庚戌	辛亥	壬子	癸丑	甲寅	乙卯	丙辰	丁巳	戊午	己未	庚申	辛酉	壬戌	癸亥	甲子	乙丑	丙寅	
五行	木	木	土	土	金	金	火	火	水	水	土	土	金	金	木	木	水	水	土	土	火	火	木	木	水	水	金	金	火	
建星	危	成	收	开	闭	建	除	除	满	平	定	执	破	危	成	收	开	闭	建	除	满	平	定	执	破	危	成	收	开	
廿八宿	牛	女	虚	危	室	壁	奎	娄	胃	昴	毕	觜	参	井	鬼	柳	星	张	翼	轸	角	亢	氐	房	心	尾	箕	斗	牛	

岁次：戊申	公元1968年（大驿土）			土猴
太岁：徐浩	年五黄星	风水涣卦	二火六运	鬼

四月大建丁巳觜宿 （八白）

节气：立夏初九日十八时五十六分
小满廿五日八时六分

公历	27	28	29	30	五月	2	3	4	5	6	7	8	9	10	11	12	13	14	15	16	17	18	19	20	21	22	23	24	25	26
农历	一	二	三	四	五	六	七	八	九	十	十一	十二	十三	十四	十五	十六	十七	十八	十九	二十	廿一	廿二	廿三	廿四	廿五	廿六	廿七	廿八	廿九	三十
星期	六	日	一	二	三	四	五	六	日	一	二	三	四	五	六	日	一	二	三	四	五	六	日	一	二	三	四	五	六	日
干支	丁卯	戊辰	己巳	庚午	辛未	壬申	癸酉	甲戌	乙亥	丙子	丁丑	戊寅	己卯	庚辰	辛巳	壬午	癸未	甲申	乙酉	丙戌	丁亥	戊子	己丑	庚寅	辛卯	壬辰	癸巳	甲午	乙未	丙申
五行	火	木	木	土	土	金	金	火	火	水	水	土	土	金	金	木	木	水	水	土	土	火	火	木	木	水	水	金	金	火
建星	闭	建	除	满	平	定	执	破	破	危	成	收	开	闭	建	除	满	平	定	执	破	危	成	收	开	闭	建	除	满	平
廿八宿	女	虚	危	室	壁	奎	娄	胃	昴	毕	觜	参	井	鬼	柳	星	张	翼	轸	角	亢	氐	房	心	尾	箕	斗	牛	女	虚

五月大建戊午参宿 （七赤）

节气：芒种初十日廿三时十九分
夏至廿六日十六时十三分

公历	27	28	29	30	31	六月	2	3	4	5	6	7	8	9	10	11	12	13	14	15	16	17	18	19	20	21	22	23	24	25
农历	一	二	三	四	五	六	七	八	九	十	十一	十二	十三	十四	十五	十六	十七	十八	十九	二十	廿一	廿二	廿三	廿四	廿五	廿六	廿七	廿八	廿九	三十
星期	一	二	三	四	五	六	日	一	二	三	四	五	六	日	一	二	三	四	五	六	日	一	二	三	四	五	六	日	一	二
干支	丁酉	戊戌	己亥	庚子	辛丑	壬寅	癸卯	甲辰	乙巳	丙午	丁未	戊申	己酉	庚戌	辛亥	壬子	癸丑	甲寅	乙卯	丙辰	丁巳	戊午	己未	庚申	辛酉	壬戌	癸亥	甲子	乙丑	丙寅
五行	火	木	木	土	土	金	金	火	火	水	水	土	土	金	金	木	木	水	水	土	土	火	火	木	木	水	水	金	金	火
建星	定	执	破	危	成	收	开	闭	建	建	除	满	平	定	执	破	危	成	收	开	闭	建	除	满	平	定	执	破	危	成
廿八宿	危	室	壁	奎	娄	胃	昴	毕	觜	参	井	鬼	柳	星	张	翼	轸	角	亢	氐	房	心	尾	箕	斗	牛	女	虚	危	室

六月小建己未井宿 （六白）

节气：小暑十二日九时四十二分
大暑廿八日三时七分

公历	26	27	28	29	30	七月	2	3	4	5	6	7	8	9	10	11	12	13	14	15	16	17	18	19	20	21	22	23	24	
农历	一	二	三	四	五	六	七	八	九	十	十一	十二	十三	十四	十五	十六	十七	十八	十九	二十	廿一	廿二	廿三	廿四	廿五	廿六	廿七	廿八	廿九	
星期	三	四	五	六	日	一	二	三	四	五	六	日	一	二	三	四	五	六	日	一	二	三	四	五	六	日	一	二	三	
干支	丁卯	戊辰	己巳	庚午	辛未	壬申	癸酉	甲戌	乙亥	丙子	丁丑	戊寅	己卯	庚辰	辛巳	壬午	癸未	甲申	乙酉	丙戌	丁亥	戊子	己丑	庚寅	辛卯	壬辰	癸巳	甲午	乙未	
五行	火	木	木	土	土	金	金	火	火	水	水	土	土	金	金	木	木	水	水	土	土	火	火	木	木	水	水	金	金	
建星	收	开	闭	建	除	满	平	定	执	破	危	危	成	收	开	闭	建	除	满	平	定	执	破	危	成	收	开	闭	建	
廿八宿	壁	奎	娄	胃	昴	毕	觜	参	井	鬼	柳	星	张	翼	轸	角	亢	氐	房	心	尾	箕	斗	牛	女	虚	危	室	壁	

岁次:戊申	公元1968年(大驿土)			土猴
太岁:徐浩	年五黄星	风水涣卦	二火六运	鬼

七月大建庚申鬼宿 (五黄)

节气:立秋十四日十九时廿七分
处暑三十日十时三分

公历	25	26	27	28	29	30	31	八月	2	3	4	5	6	7	8	9	10	11	12	13	14	15	16	17	18	19	20	21	22	23
农历	一	二	三	四	五	六	七	八	九	十	十一	十二	十三	十四	十五	十六	十七	十八	十九	二十	廿一	廿二	廿三	廿四	廿五	廿六	廿七	廿八	廿九	三十
星期	四	五	六	日	一	二	三	四	五	六	日	一	二	三	四	五	六	日	一	二	三	四	五	六	日	一	二	三	四	五
干支	丙申	丁酉	戊戌	己亥	庚子	辛丑	壬寅	癸卯	甲辰	乙巳	丙午	丁未	戊申	己酉	庚戌	辛亥	壬子	癸丑	甲寅	乙卯	丙辰	丁巳	戊午	己未	庚申	辛酉	壬戌	癸亥	甲子	乙丑
五行	火	火	木	木	土	土	金	金	火	火	水	水	土	土	金	金	木	木	水	水	土	土	火	火	木	木	水	水	金	金
建星	除	满	平	定	执	破	危	成	收	开	闭	建	除	除	满	平	定	执	破	危	成	收	开	闭	建	除	满	平	定	执
廿八宿	奎	娄	胃	昴	毕	觜	参	井	鬼	柳	星	张	翼	轸	角	亢	氐	房	心	尾	箕	斗	牛	女	虚	危	室	壁	奎	娄

闰七月小

节气:白露十五日廿二时十二分

公历	24	25	26	27	28	29	30	31	九月	2	3	4	5	6	7	8	9	10	11	12	13	14	15	16	17	18	19	20	21	
农历	一	二	三	四	五	六	七	八	九	十	十一	十二	十三	十四	十五	十六	十七	十八	十九	二十	廿一	廿二	廿三	廿四	廿五	廿六	廿七	廿八	廿九	
星期	六	日	一	二	三	四	五	六	日	一	二	三	四	五	六	日	一	二	三	四	五	六	日	一	二	三	四	五	六	
干支	丙寅	丁卯	戊辰	己巳	庚午	辛未	壬申	癸酉	甲戌	乙亥	丙子	丁丑	戊寅	己卯	庚辰	辛巳	壬午	癸未	甲申	乙酉	丙戌	丁亥	戊子	己丑	庚寅	辛卯	壬辰	癸巳	甲午	
五行	火	火	木	木	土	土	金	金	火	火	水	水	土	土	金	金	木	木	水	水	土	土	火	火	木	木	水	水	金	
建星	破	危	成	收	开	闭	建	除	满	平	定	执	破	危	危	成	收	开	闭	建	除	满	平	定	执	破	危	成	收	
廿八宿	胃	昴	毕	觜	参	井	鬼	柳	星	张	翼	轸	角	亢	氐	房	心	尾	箕	斗	牛	女	虚	危	室	壁	奎	娄	胃	

八月大建辛酉柳宿 (四绿)

节气:秋分初二日七时廿六分
寒露十七日十三时卅五分

公历	22	23	24	25	26	27	28	29	30	十月	2	3	4	5	6	7	8	9	10	11	12	13	14	15	16	17	18	19	20	21
农历	一	二	三	四	五	六	七	八	九	十	十一	十二	十三	十四	十五	十六	十七	十八	十九	二十	廿一	廿二	廿三	廿四	廿五	廿六	廿七	廿八	廿九	三十
星期	日	一	二	三	四	五	六	日	一	二	三	四	五	六	日	一	二	三	四	五	六	日	一	二	三	四	五	六	日	一
干支	乙未	丙申	丁酉	戊戌	己亥	庚子	辛丑	壬寅	癸卯	甲辰	乙巳	丙午	丁未	戊申	己酉	庚戌	辛亥	壬子	癸丑	甲寅	乙卯	丙辰	丁巳	戊午	己未	庚申	辛酉	壬戌	癸亥	甲子
五行	金	火	火	木	木	土	土	金	金	火	火	水	水	土	土	金	金	木	木	水	水	土	土	火	火	木	木	水	水	金
建星	开	闭	建	除	满	平	定	执	破	危	成	收	开	闭	建	除	除	满	平	定	执	破	危	成	收	开	闭	建	除	满
廿八宿	昴	毕	觜	参	井	鬼	柳	星	张	翼	轸	角	亢	氐	房	心	尾	箕	斗	牛	女	虚	危	室	壁	奎	娄	胃	昴	毕

岁次:戊申	公元1968年(大驿土)			土猴
太岁:徐浩	年五黄星	风水涣卦	二火六运	鬼

九月小建壬戌星宿 (三碧) 节气:霜降初二日十六时三十分 立冬十七日十六时三十分

公历	22	23	24	25	26	27	28	29	30	31	11月	2	3	4	5	6	7	8	9	10	11	12	13	14	15	16	17	18	19	
农历	一	二	三	四	五	六	七	八	九	十	十一	十二	十三	十四	十五	十六	十七	十八	十九	二十	廿一	廿二	廿三	廿四	廿五	廿六	廿七	廿八	廿九	
星期	二	三	四	五	六	日	一	二	三	四	五	六	日	一	二	三	四	五	六	日	一	二	三	四	五	六	日	一	二	
干支	乙丑	丙寅	丁卯	戊辰	己巳	庚午	辛未	壬申	癸酉	甲戌	乙亥	丙子	丁丑	戊寅	己卯	庚辰	辛巳	壬午	癸未	甲申	乙酉	丙戌	丁亥	戊子	己丑	庚寅	辛卯	壬辰	癸巳	
五行	金	火	火	木	木	土	土	金	金	火	火	水	水	土	土	金	金	木	木	水	水	土	土	火	火	木	木	水	水	
建星	平	定	执	破	危	成	收	开	闭	建	除	满	平	定	执	破	破	危	成	收	开	闭	建	除	满	平	定	执	破	
廿八宿	觜	参	井	鬼	柳	星	张	翼	轸	角	亢	氐	房	心	尾	箕	斗	牛	女	虚	危	室	壁	奎	娄	胃	昴	毕	觜	

十月大建癸亥张宿 (二黑) 节气:小雪初三日十三时四十九分 大雪十八日九时九分

公历	20	21	22	23	24	25	26	27	28	29	30	12月	2	3	4	5	6	7	8	9	10	11	12	13	14	15	16	17	18	19
农历	一	二	三	四	五	六	七	八	九	十	十一	十二	十三	十四	十五	十六	十七	十八	十九	二十	廿一	廿二	廿三	廿四	廿五	廿六	廿七	廿八	廿九	三十
星期	三	四	五	六	日	一	二	三	四	五	六	日	一	二	三	四	五	六	日	一	二	三	四	五	六	日	一	二	三	四
干支	甲午	乙未	丙申	丁酉	戊戌	己亥	庚子	辛丑	壬寅	癸卯	甲辰	乙巳	丙午	丁未	戊申	己酉	庚戌	辛亥	壬子	癸丑	甲寅	乙卯	丙辰	丁巳	戊午	己未	庚申	辛酉	壬戌	癸亥
五行	金	金	火	火	木	木	土	土	金	金	火	火	水	水	土	土	金	金	木	木	水	水	土	土	火	火	木	木	水	水
建星	危	成	收	开	闭	建	除	满	平	定	执	破	危	成	收	开	闭	闭	建	除	满	平	定	执	破	危	成	收	开	闭
廿八宿	参	井	鬼	柳	星	张	翼	轸	角	亢	氐	房	心	尾	箕	斗	牛	女	虚	危	室	壁	奎	娄	胃	昴	毕	觜	参	井

十一月小建甲子翼宿 (一白) 节气:冬至初三日三时零分 小寒十七日二十时十七分

公历	20	21	22	23	24	25	26	27	28	29	30	31	一月	2	3	4	5	6	7	8	9	10	11	12	13	14	15	16	17	
农历	一	二	三	四	五	六	七	八	九	十	十一	十二	十三	十四	十五	十六	十七	十八	十九	二十	廿一	廿二	廿三	廿四	廿五	廿六	廿七	廿八	廿九	
星期	五	六	日	一	二	三	四	五	六	日	一	二	三	四	五	六	日	一	二	三	四	五	六	日	一	二	三	四	五	
干支	甲子	乙丑	丙寅	丁卯	戊辰	己巳	庚午	辛未	壬申	癸酉	甲戌	乙亥	丙子	丁丑	戊寅	己卯	庚辰	辛巳	壬午	癸未	甲申	乙酉	丙戌	丁亥	戊子	己丑	庚寅	辛卯	壬辰	
五行	金	金	火	火	木	木	土	土	金	金	火	火	水	水	土	土	金	金	木	木	水	水	土	土	火	火	木	木	水	
建星	建	除	满	平	定	执	破	危	成	收	开	闭	建	除	满	平	平	定	执	破	危	成	收	开	闭	建	除	满	平	
廿八宿	鬼	柳	星	张	翼	轸	角	亢	氐	房	心	尾	箕	斗	牛	女	虚	危	室	壁	奎	娄	胃	昴	毕	觜	参	井	鬼	

十二月大建乙丑轸宿 (九紫) 节气:大寒初三日十三时卅八分 立春十八日七时五十九分

公历	18	19	20	21	22	23	24	25	26	27	28	29	30	31	二月	2	3	4	5	6	7	8	9	10	11	12	13	14	15	16
农历	一	二	三	四	五	六	七	八	九	十	十一	十二	十三	十四	十五	十六	十七	十八	十九	二十	廿一	廿二	廿三	廿四	廿五	廿六	廿七	廿八	廿九	三十
星期	六	日	一	二	三	四	五	六	日	一	二	三	四	五	六	日	一	二	三	四	五	六	日	一	二	三	四	五	六	日
干支	癸巳	甲午	乙未	丙申	丁酉	戊戌	己亥	庚子	辛丑	壬寅	癸卯	甲辰	乙巳	丙午	丁未	戊申	己酉	庚戌	辛亥	壬子	癸丑	甲寅	乙卯	丙辰	丁巳	戊午	己未	庚申	辛酉	壬戌
五行	水	金	金	火	火	木	木	土	土	金	金	火	火	水	水	土	土	金	金	木	木	水	水	土	土	火	火	木	木	水
建星	定	执	破	危	成	收	开	闭	建	除	满	平	定	执	破	危	成	成	收	开	闭	建	除	满	平	定	执	破	危	成
廿八宿	柳	星	张	翼	轸	角	亢	氐	房	心	尾	箕	斗	牛	女	虚	危	室	壁	奎	娄	胃	昴	毕	觜	参	井	鬼	柳	星

岁次：己酉	公元1969年（大驿土）			土鸡
太岁：程宝	年四绿星	火山旅卦	三木八运	柳

正月小建丙寅角宿 （八白）

节气：雨水初三日三时五十五分
惊蛰十八日二时十一分

公历	17	18	19	20	21	22	23	24	25	26	27	28	三月	2	3	4	5	6	7	8	9	10	11	12	13	14	15	16	17
农历	一	二	三	四	五	六	七	八	九	十	十一	十二	十三	十四	十五	十六	十七	十八	十九	二十	廿一	廿二	廿三	廿四	廿五	廿六	廿七	廿八	廿九
星期	一	二	三	四	五	六	日	一	二	三	四	五	六	日	一	二	三	四	五	六	日	一	二	三	四	五	六	日	一
干支	癸亥	甲子	乙丑	丙寅	丁卯	戊辰	己巳	庚午	辛未	壬申	癸酉	甲戌	乙亥	丙子	丁丑	戊寅	己卯	庚辰	辛巳	壬午	癸未	甲申	乙酉	丙戌	丁亥	戊子	己丑	庚寅	辛卯
五行	水	金	金	火	火	木	木	土	土	金	金	火	火	水	水	土	土	金	金	木	木	水	水	土	土	火	火	木	木
建星	收	开	闭	建	除	满	平	定	执	破	危	成	收	开	闭	建	除	除	满	平	定	执	破	危	成	收	开	闭	建
廿八宿	张	翼	轸	角	亢	氐	房	心	尾	箕	斗	牛	女	虚	危	室	壁	奎	娄	胃	昴	毕	觜	参	井	鬼	柳	星	张

二月大建丁卯亢宿 （七赤）

节气：春分初四日三时八分
清明十九日七时十五分

公历	18	19	20	21	22	23	24	25	26	27	28	29	30	31	四月	2	3	4	5	6	7	8	9	10	11	12	13	14	15	16
农历	一	二	三	四	五	六	七	八	九	十	十一	十二	十三	十四	十五	十六	十七	十八	十九	二十	廿一	廿二	廿三	廿四	廿五	廿六	廿七	廿八	廿九	三十
星期	二	三	四	五	六	日	一	二	三	四	五	六	日	一	二	三	四	五	六	日	一	二	三	四	五	六	日	一	二	三
干支	壬辰	癸巳	甲午	乙未	丙申	丁酉	戊戌	己亥	庚子	辛丑	壬寅	癸卯	甲辰	乙巳	丙午	丁未	戊申	己酉	庚戌	辛亥	壬子	癸丑	甲寅	乙卯	丙辰	丁巳	戊午	己未	庚申	辛酉
五行	水	水	金	金	火	火	木	木	土	土	金	金	火	火	水	水	土	土	金	金	木	木	水	水	土	土	火	火	木	木
建星	除	满	平	定	执	破	危	成	收	开	闭	建	除	满	平	定	执	破	破	危	成	收	开	闭	建	除	满	平	定	执
廿八宿	翼	轸	角	亢	氐	房	心	尾	箕	斗	牛	女	虚	危	室	壁	奎	娄	胃	昴	毕	觜	参	井	鬼	柳	星	张	翼	轸

三月小建戊辰氐宿 （六白）

节气：谷雨初四日十四时廿七分
立夏二十日零时五十分

公历	17	18	19	20	21	22	23	24	25	26	27	28	29	30	五月	2	3	4	5	6	7	8	9	10	11	12	13	14	15
农历	一	二	三	四	五	六	七	八	九	十	十一	十二	十三	十四	十五	十六	十七	十八	十九	二十	廿一	廿二	廿三	廿四	廿五	廿六	廿七	廿八	廿九
星期	四	五	六	日	一	二	三	四	五	六	日	一	二	三	四	五	六	日	一	二	三	四	五	六	日	一	二	三	四
干支	壬戌	癸亥	甲子	乙丑	丙寅	丁卯	戊辰	己巳	庚午	辛未	壬申	癸酉	甲戌	乙亥	丙子	丁丑	戊寅	己卯	庚辰	辛巳	壬午	癸未	甲申	乙酉	丙戌	丁亥	戊子	己丑	庚寅
五行	水	水	金	金	火	火	木	木	土	土	金	金	火	火	水	水	土	土	金	金	木	木	水	水	土	土	火	火	木
建星	破	危	成	收	开	闭	建	除	满	平	定	执	破	危	成	收	开	闭	建	建	除	满	平	定	执	破	危	成	收
廿八宿	角	亢	氐	房	心	尾	箕	斗	牛	女	虚	危	室	壁	奎	娄	胃	昴	毕	觜	参	井	鬼	柳	星	张	翼	轸	角

岁次：己酉	公元 1969 年（大驿土）			土鸡
太岁：程宝	年四绿星	火山旅卦	三木八运	柳

四月大建己巳房宿 （五黄）

节气：小满初六日十三时五十分
芒种廿二日五时二十分

公历	16	17	18	19	20	21	22	23	24	25	26	27	28	29	30	31	六月	2	3	4	5	6	7	8	9	10	11	12	13	14
农历	一	二	三	四	五	六	七	八	九	十	十一	十二	十三	十四	十五	十六	十七	十八	十九	二十	廿一	廿二	廿三	廿四	廿五	廿六	廿七	廿八	廿九	三十
星期	五	六	日	一	二	三	四	五	六	日	一	二	三	四	五	六	日	一	二	三	四	五	六	日	一	二	三	四	五	六
干支	辛卯	壬辰	癸巳	甲午	乙未	丙申	丁酉	戊戌	己亥	庚子	辛丑	壬寅	癸卯	甲辰	乙巳	丙午	丁未	戊申	己酉	庚戌	辛亥	壬子	癸丑	甲寅	乙卯	丙辰	丁巳	戊午	己未	庚申
五行	木	水	水	金	金	火	火	木	木	土	土	金	金	火	火	水	水	土	土	金	金	木	木	水	水	土	土	火	火	木
建星	开	闭	建	除	满	平	定	执	破	危	成	收	开	闭	建	除	满	平	定	执	破	破	危	成	收	开	闭	建	除	满
廿八宿	亢	氐	房	心	尾	箕	斗	牛	女	虚	危	室	壁	奎	娄	胄	昴	毕	觜	参	井	鬼	柳	星	张	翼	轸	角	亢	氐

五月小建庚午心宿 （四绿）

节气：夏至初七日廿一时五十五分
小暑廿三日十五时卅二分

公历	15	16	17	18	19	20	21	22	23	24	25	26	27	28	29	30	七月	2	3	4	5	6	7	8	9	10	11	12	13
农历	一	二	三	四	五	六	七	八	九	十	十一	十二	十三	十四	十五	十六	十七	十八	十九	二十	廿一	廿二	廿三	廿四	廿五	廿六	廿七	廿八	廿九
星期	日	一	二	三	四	五	六	日	一	二	三	四	五	六	日	一	二	三	四	五	六	日	一	二	三	四	五	六	日
干支	辛酉	壬戌	癸亥	甲子	乙丑	丙寅	丁卯	戊辰	己巳	庚午	辛未	壬申	癸酉	甲戌	乙亥	丙子	丁丑	戊寅	己卯	庚辰	辛巳	壬午	癸未	甲申	乙酉	丙戌	丁亥	戊子	己丑
五行	木	水	水	金	金	火	火	木	木	土	土	金	金	火	火	水	水	土	土	金	金	木	木	水	水	土	土	火	火
建星	平	定	执	破	危	成	收	开	闭	建	除	满	平	定	执	破	危	成	收	开	闭	建	建	除	满	平	定	执	破
廿八宿	房	心	尾	箕	斗	牛	女	虚	危	室	壁	奎	娄	胄	昴	毕	觜	参	井	鬼	柳	星	张	翼	轸	角	亢	氐	房

六月大建辛未尾宿 （三碧）

节气：大暑初十日八时四十八分
立秋廿六日一时十四分

公历	14	15	16	17	18	19	20	21	22	23	24	25	26	27	28	29	30	31	八月	2	3	4	5	6	7	8	9	10	11	12
农历	一	二	三	四	五	六	七	八	九	十	十一	十二	十三	十四	十五	十六	十七	十八	十九	二十	廿一	廿二	廿三	廿四	廿五	廿六	廿七	廿八	廿九	三十
星期	一	二	三	四	五	六	日	一	二	三	四	五	六	日	一	二	三	四	五	六	日	一	二	三	四	五	六	日	一	二
干支	庚寅	辛卯	壬辰	癸巳	甲午	乙未	丙申	丁酉	戊戌	己亥	庚子	辛丑	壬寅	癸卯	甲辰	乙巳	丙午	丁未	戊申	己酉	庚戌	辛亥	壬子	癸丑	甲寅	乙卯	丙辰	丁巳	戊午	己未
五行	木	木	水	水	金	金	火	火	木	木	土	土	金	金	火	火	水	水	土	土	金	金	木	木	水	水	土	土	火	火
建星	危	成	收	开	闭	建	除	满	平	定	执	破	危	成	收	开	闭	建	除	满	平	定	执	破	危	危	成	收	开	闭
廿八宿	心	尾	箕	斗	牛	女	虚	危	室	壁	奎	娄	胄	昴	毕	觜	参	井	鬼	柳	星	张	翼	轸	角	亢	氐	房	心	尾

岁次：己酉	公元 1969 年（大驿土）			土鸡
太岁：程宝	年四绿星	火山旅卦	三木八运	柳

七月大建壬申箕宿 （二黑）

节气：处暑十一日十五时四十四分
白露廿七日三时五十六分

公历	13	14	15	16	17	18	19	20	21	22	23	24	25	26	27	28	29	30	31	九月	2	3	4	5	6	7	8	9	10	11
农历	一	二	三	四	五	六	七	八	九	十	十一	十二	十三	十四	十五	十六	十七	十八	十九	二十	廿一	廿二	廿三	廿四	廿五	廿六	廿七	廿八	廿九	三十
星期	三	四	五	六	日	一	二	三	四	五	六	日	一	二	三	四	五	六	日	一	二	三	四	五	六	日	一	二	三	四
干支	庚申	辛酉	壬戌	癸亥	甲子	乙丑	丙寅	丁卯	戊辰	己巳	庚午	辛未	壬申	癸酉	甲戌	乙亥	丙子	丁丑	戊寅	己卯	庚辰	辛巳	壬午	癸未	甲申	乙酉	丙戌	丁亥	戊子	己丑
五行	木	木	水	水	金	金	火	火	木	木	土	土	金	金	火	火	水	水	土	土	金	金	木	木	水	水	土	土	火	火
建星	建	除	满	平	定	执	破	危	成	收	开	闭	建	除	满	平	定	执	破	危	成	收	开	闭	建	除	除	满	平	定
廿八宿	箕	斗	牛	女	虚	危	室	壁	奎	娄	胃	昴	毕	觜	参	井	鬼	柳	星	张	翼	轸	角	亢	氐	房	心	尾	箕	斗

八月小建癸酉斗宿 （一白）

节气：秋分十二日十三时七分
寒露廿七日十九时十七分

公历	12	13	14	15	16	17	18	19	20	21	22	23	24	25	26	27	28	29	30	十月	2	3	4	5	6	7	8	9	10	
农历	一	二	三	四	五	六	七	八	九	十	十一	十二	十三	十四	十五	十六	十七	十八	十九	二十	廿一	廿二	廿三	廿四	廿五	廿六	廿七	廿八	廿九	
星期	五	六	日	一	二	三	四	五	六	日	一	二	三	四	五	六	日	一	二	三	四	五	六	日	一	二	三	四	五	
干支	庚寅	辛卯	壬辰	癸巳	甲午	乙未	丙申	丁酉	戊戌	己亥	庚子	辛丑	壬寅	癸卯	甲辰	乙巳	丙午	丁未	戊申	己酉	庚戌	辛亥	壬子	癸丑	甲寅	乙卯	丙辰	丁巳	戊午	
五行	木	木	水	水	金	金	火	火	木	木	土	土	金	金	火	火	水	水	土	土	金	金	木	木	水	水	土	土	火	
建星	执	破	危	成	收	开	闭	建	除	满	平	定	执	破	危	成	收	开	闭	建	除	满	平	定	执	破	破	危	成	
廿八宿	牛	女	虚	危	室	壁	奎	娄	胃	昴	毕	觜	参	井	鬼	柳	星	张	翼	轸	角	亢	氐	房	心	尾	箕	斗	牛	

九月大建甲戌牛宿 （九紫）

节气：霜降十三日廿二时十一分
立冬廿八日廿二时十二分

公历	11	12	13	14	15	16	17	18	19	20	21	22	23	24	25	26	27	28	29	30	31	11月	2	3	4	5	6	7	8	9
农历	一	二	三	四	五	六	七	八	九	十	十一	十二	十三	十四	十五	十六	十七	十八	十九	二十	廿一	廿二	廿三	廿四	廿五	廿六	廿七	廿八	廿九	三十
星期	六	日	一	二	三	四	五	六	日	一	二	三	四	五	六	日	一	二	三	四	五	六	日	一	二	三	四	五	六	日
干支	己未	庚申	辛酉	壬戌	癸亥	甲子	乙丑	丙寅	丁卯	戊辰	己巳	庚午	辛未	壬申	癸酉	甲戌	乙亥	丙子	丁丑	戊寅	己卯	庚辰	辛巳	壬午	癸未	甲申	乙酉	丙戌	丁亥	戊子
五行	火	木	木	水	水	金	金	火	火	木	木	土	土	金	金	火	火	水	水	土	土	金	金	木	木	水	水	土	土	火
建星	收	开	闭	建	除	满	平	定	执	破	危	成	收	开	闭	建	除	满	平	定	执	破	危	成	收	开	闭	闭	建	除
廿八宿	女	虚	危	室	壁	奎	娄	胃	昴	毕	觜	参	井	鬼	柳	星	张	翼	轸	角	亢	氐	房	心	尾	箕	斗	牛	女	虚

岁次：己酉	公元1969年（大驿土）			土鸡
太岁：程宝	年四绿星	火山旅卦	三木八运	柳

十月小建乙亥女宿 （八白）

节气：小雪十三日十九时卅一分
大雪廿八日十四时五十二分

公历	10	11	12	13	14	15	16	17	18	19	20	21	22	23	24	25	26	27	28	29	30	12月	2	3	4	5	6	7	8
农历	一	二	三	四	五	六	七	八	九	十	十一	十二	十三	十四	十五	十六	十七	十八	十九	二十	廿一	廿二	廿三	廿四	廿五	廿六	廿七	廿八	廿九
星期	一	二	三	四	五	六	日	一	二	三	四	五	六	日	一	二	三	四	五	六	日	一	二	三	四	五	六	日	一
干支	己丑	庚寅	辛卯	壬辰	癸巳	甲午	乙未	丙申	丁酉	戊戌	己亥	庚子	辛丑	壬寅	癸卯	甲辰	乙巳	丙午	丁未	戊申	己酉	庚戌	辛亥	壬子	癸丑	甲寅	乙卯	丙辰	丁巳
五行	火	木	木	水	水	金	金	火	火	木	木	土	土	金	金	火	火	水	水	土	土	金	金	木	木	水	水	土	土
建星	满	平	定	执	破	危	成	收	开	闭	建	除	满	平	定	执	破	危	成	收	开	闭	建	除	满	平	定	定	执
廿八宿	危	室	壁	奎	娄	胃	昴	毕	觜	参	井	鬼	柳	星	张	翼	轸	角	亢	氐	房	心	尾	箕	斗	牛	女	虚	危

十一月大建丙子虚宿 （七赤）

节气：冬至十四日八时四十四分
小寒廿九日二时一分

公历	9	10	11	12	13	14	15	16	17	18	19	20	21	22	23	24	25	26	27	28	29	30	31	一月	2	3	4	5	6	7
农历	一	二	三	四	五	六	七	八	九	十	十一	十二	十三	十四	十五	十六	十七	十八	十九	二十	廿一	廿二	廿三	廿四	廿五	廿六	廿七	廿八	廿九	三十
星期	二	三	四	五	六	日	一	二	三	四	五	六	日	一	二	三	四	五	六	日	一	二	三	四	五	六	日	一	二	三
干支	戊午	己未	庚申	辛酉	壬戌	癸亥	甲子	乙丑	丙寅	丁卯	戊辰	己巳	庚午	辛未	壬申	癸酉	甲戌	乙亥	丙子	丁丑	戊寅	己卯	庚辰	辛巳	壬午	癸未	甲申	乙酉	丙戌	丁亥
五行	火	火	木	木	水	水	金	金	火	火	木	木	土	土	金	金	火	火	水	水	土	土	金	金	木	木	水	水	土	土
建星	破	危	成	收	开	闭	建	除	满	平	定	执	破	危	成	收	开	闭	建	除	满	平	定	执	破	危	成	收	收	开
廿八宿	室	壁	奎	娄	胃	昴	毕	觜	参	井	鬼	柳	星	张	翼	轸	角	亢	氐	房	心	尾	箕	斗	牛	女	虚	危	室	壁

十二月小建丁丑危宿 （六白）

节气：大寒十三日十九时廿四分
立春廿八日十三时四十六分

公历	8	9	10	11	12	13	14	15	16	17	18	19	20	21	22	23	24	25	26	27	28	29	30	31	二月	2	3	4	5
农历	一	二	三	四	五	六	七	八	九	十	十一	十二	十三	十四	十五	十六	十七	十八	十九	二十	廿一	廿二	廿三	廿四	廿五	廿六	廿七	廿八	廿九
星期	四	五	六	日	一	二	三	四	五	六	日	一	二	三	四	五	六	日	一	二	三	四	五	六	日	一	二	三	四
干支	戊子	己丑	庚寅	辛卯	壬辰	癸巳	甲午	乙未	丙申	丁酉	戊戌	己亥	庚子	辛丑	壬寅	癸卯	甲辰	乙巳	丙午	丁未	戊申	己酉	庚戌	辛亥	壬子	癸丑	甲寅	乙卯	丙辰
五行	火	火	木	木	水	水	金	金	火	火	木	木	土	土	金	金	火	火	水	水	土	土	金	金	木	木	水	水	土
建星	闭	建	除	满	平	定	执	破	危	成	收	开	闭	建	除	满	平	定	执	破	危	成	收	开	闭	建	除	除	满
廿八宿	奎	娄	胃	昴	毕	觜	参	井	鬼	柳	星	张	翼	轸	角	亢	氐	房	心	尾	箕	斗	牛	女	虚	危	室	壁	奎

岁次:庚戌	公元1970年(钗钏金)			金狗
太岁:倪秘	年三碧星	天地否卦	九金九运	星

正月大建戊寅室宿 (五黄)

节气:雨水 十四日九时四十二分
惊蛰 廿九日七时五十九分

公历	6	7	8	9	10	11	12	13	14	15	16	17	18	19	20	21	22	23	24	25	26	27	28	三月	2	3	4	5	6	7
农历	一	二	三	四	五	六	七	八	九	十	十一	十二	十三	十四	十五	十六	十七	十八	十九	二十	廿一	廿二	廿三	廿四	廿五	廿六	廿七	廿八	廿九	三十
星期	五	六	日	一	二	三	四	五	六	日	一	二	三	四	五	六	日	一	二	三	四	五	六	日	一	二	三	四	五	六
干支	丁巳	戊午	己未	庚申	辛酉	壬戌	癸亥	甲子	乙丑	丙寅	丁卯	戊辰	己巳	庚午	辛未	壬申	癸酉	甲戌	乙亥	丙子	丁丑	戊寅	己卯	庚辰	辛巳	壬午	癸未	甲申	乙酉	丙戌
五行	土	火	火	木	木	水	水	金	金	火	火	木	木	土	土	金	金	火	火	水	水	土	土	金	金	木	木	水	水	土
建星	平	定	执	破	危	成	收	开	闭	建	除	满	平	定	执	破	危	成	收	开	闭	建	除	满	平	定	执	破	破	危
廿八宿	娄	胃	昴	毕	觜	参	井	鬼	柳	星	张	翼	轸	角	亢	氐	房	心	尾	箕	斗	牛	女	虚	危	室	壁	奎	娄	胃

二月小建己卯壁宿 (四绿)

节气:春分 十四日八时五十六分
清明 廿九日十三时二分

公历	8	9	10	11	12	13	14	15	16	17	18	19	20	21	22	23	24	25	26	27	28	29	30	31	四月	2	3	4	5
农历	一	二	三	四	五	六	七	八	九	十	十一	十二	十三	十四	十五	十六	十七	十八	十九	二十	廿一	廿二	廿三	廿四	廿五	廿六	廿七	廿八	廿九
星期	日	一	二	三	四	五	六	日	一	二	三	四	五	六	日	一	二	三	四	五	六	日	一	二	三	四	五	六	日
干支	丁亥	戊子	己丑	庚寅	辛卯	壬辰	癸巳	甲午	乙未	丙申	丁酉	戊戌	己亥	庚子	辛丑	壬寅	癸卯	甲辰	乙巳	丙午	丁未	戊申	己酉	庚戌	辛亥	壬子	癸丑	甲寅	乙卯
五行	土	火	火	木	木	水	水	金	金	火	火	木	木	土	土	金	金	火	火	水	水	土	土	金	金	木	木	水	水
建星	成	收	开	闭	建	除	满	平	定	执	破	危	成	收	开	闭	建	除	满	平	定	执	破	危	成	收	开	闭	闭
廿八宿	昴	毕	觜	参	井	鬼	柳	星	张	翼	轸	角	亢	氐	房	心	尾	箕	斗	牛	女	虚	危	室	壁	奎	娄	胃	昴

三月小建庚辰奎宿 (三碧)

节气:谷雨 十五日二十时十五分

公历	6	7	8	9	10	11	12	13	14	15	16	17	18	19	20	21	22	23	24	25	26	27	28	29	30	五月	2	3	4
农历	一	二	三	四	五	六	七	八	九	十	十一	十二	十三	十四	十五	十六	十七	十八	十九	二十	廿一	廿二	廿三	廿四	廿五	廿六	廿七	廿八	廿九
星期	一	二	三	四	五	六	日	一	二	三	四	五	六	日	一	二	三	四	五	六	日	一	二	三	四	五	六	日	一
干支	丙辰	丁巳	戊午	己未	庚申	辛酉	壬戌	癸亥	甲子	乙丑	丙寅	丁卯	戊辰	己巳	庚午	辛未	壬申	癸酉	甲戌	乙亥	丙子	丁丑	戊寅	己卯	庚辰	辛巳	壬午	癸未	甲申
五行	土	土	火	火	木	木	水	水	金	金	火	火	木	木	土	土	金	金	火	火	水	水	土	土	金	金	木	木	水
建星	建	除	满	平	定	执	破	危	成	收	开	闭	建	除	满	平	定	执	破	危	成	收	开	闭	建	除	满	平	定
廿八宿	毕	觜	参	井	鬼	柳	星	张	翼	轸	角	亢	氐	房	心	尾	箕	斗	牛	女	虚	危	室	壁	奎	娄	胃	昴	毕

岁次:庚戌	公元1970年(钗钏金)			金狗
太岁:倪秘	年三碧星	天地否卦	九金九运	星

四月大建辛巳娄宿 (二黑)

节气:立夏 初二日六时卅四分
小满 十七日十九时卅七分

公历	5	6	7	8	9	10	11	12	13	14	15	16	17	18	19	20	21	22	23	24	25	26	27	28	29	30	31	六月	2	3
农历	一	二	三	四	五	六	七	八	九	十	十一	十二	十三	十四	十五	十六	十七	十八	十九	二十	廿一	廿二	廿三	廿四	廿五	廿六	廿七	廿八	廿九	三十
星期	二	三	四	五	六	日	一	二	三	四	五	六	日	一	二	三	四	五	六	日	一	二	三	四	五	六	日	一	二	三
干支	乙酉	丙戌	丁亥	戊子	己丑	庚寅	辛卯	壬辰	癸巳	甲午	乙未	丙申	丁酉	戊戌	己亥	庚子	辛丑	壬寅	癸卯	甲辰	乙巳	丙午	丁未	戊申	己酉	庚戌	辛亥	壬子	癸丑	甲寅
五行	水	土	土	火	火	木	木	水	水	金	金	火	火	木	木	土	土	金	金	火	火	水	水	土	土	金	金	木	木	水
建星	执	执	破	危	成	收	开	闭	建	除	满	平	定	执	破	危	成	收	开	闭	建	除	满	平	定	执	破	危	成	收
廿八宿	觜	参	井	鬼	柳	星	张	翼	轸	角	亢	氐	房	心	尾	箕	斗	牛	女	虚	危	室	壁	奎	娄	胃	昴	毕	觜	参

五月小建壬午胃宿 (一白)

节气:芒种 初三日十时五十二分
夏至 十九日三时四十三分

公历	4	5	6	7	8	9	10	11	12	13	14	15	16	17	18	19	20	21	22	23	24	25	26	27	28	29	30	七月	2
农历	一	二	三	四	五	六	七	八	九	十	十一	十二	十三	十四	十五	十六	十七	十八	十九	二十	廿一	廿二	廿三	廿四	廿五	廿六	廿七	廿八	廿九
星期	四	五	六	日	一	二	三	四	五	六	日	一	二	三	四	五	六	日	一	二	三	四	五	六	日	一	二	三	四
干支	乙卯	丙辰	丁巳	戊午	己未	庚申	辛酉	壬戌	癸亥	甲子	乙丑	丙寅	丁卯	戊辰	己巳	庚午	辛未	壬申	癸酉	甲戌	乙亥	丙子	丁丑	戊寅	己卯	庚辰	辛巳	壬午	癸未
五行	水	土	土	火	火	木	木	水	水	金	金	火	火	木	木	土	土	金	金	火	火	水	水	土	土	金	金	木	木
建星	开	闭	闭	建	除	满	平	定	执	破	危	成	收	开	闭	建	除	满	平	定	执	破	危	成	收	开	闭	建	除
廿八宿	井	鬼	柳	星	张	翼	轸	角	亢	氐	房	心	尾	箕	斗	牛	女	虚	危	室	壁	奎	娄	胃	昴	毕	觜	参	井

六月大建癸未昴宿 (九紫)

节气:小暑 初五日廿一时十一分
大暑 廿一日十四时卅七分

公历	3	4	5	6	7	8	9	10	11	12	13	14	15	16	17	18	19	20	21	22	23	24	25	26	27	28	29	30	31	八月
农历	一	二	三	四	五	六	七	八	九	十	十一	十二	十三	十四	十五	十六	十七	十八	十九	二十	廿一	廿二	廿三	廿四	廿五	廿六	廿七	廿八	廿九	三十
星期	五	六	日	一	二	三	四	五	六	日	一	二	三	四	五	六	日	一	二	三	四	五	六	日	一	二	三	四	五	六
干支	甲申	乙酉	丙戌	丁亥	戊子	己丑	庚寅	辛卯	壬辰	癸巳	甲午	乙未	丙申	丁酉	戊戌	己亥	庚子	辛丑	壬寅	癸卯	甲辰	乙巳	丙午	丁未	戊申	己酉	庚戌	辛亥	壬子	癸丑
五行	水	水	土	土	火	火	木	木	水	水	金	金	火	火	木	木	土	土	金	金	火	火	水	水	土	土	金	金	木	木
建星	满	平	定	执	执	破	危	成	收	开	闭	建	除	满	平	定	执	破	危	成	收	开	闭	建	除	满	平	定	执	破
廿八宿	鬼	柳	星	张	翼	轸	角	亢	氐	房	心	尾	箕	斗	牛	女	虚	危	室	壁	奎	娄	胃	昴	毕	觜	参	井	鬼	柳

岁次：庚戌	公元1970年（钗钏金）			金狗
太岁：倪秘	年三碧星	天地否卦	九金九运	星

七月大建甲申毕宿 （八白）

节气：立秋初七日六时五十四分
处暑廿二日廿一时卅四分

公历	2	3	4	5	6	7	8	9	10	11	12	13	14	15	16	17	18	19	20	21	22	23	24	25	26	27	28	29	30	31
农历	一	二	三	四	五	六	七	八	九	十	十一	十二	十三	十四	十五	十六	十七	十八	十九	二十	廿一	廿二	廿三	廿四	廿五	廿六	廿七	廿八	廿九	三十
星期	日	一	二	三	四	五	六	日	一	二	三	四	五	六	日	一	二	三	四	五	六	日	一	二	三	四	五	六	日	一
干支	甲寅	乙卯	丙辰	丁巳	戊午	己未	庚申	辛酉	壬戌	癸亥	甲子	乙丑	丙寅	丁卯	戊辰	己巳	庚午	辛未	壬申	癸酉	甲戌	乙亥	丙子	丁丑	戊寅	己卯	庚辰	辛巳	壬午	癸未
五行	水	水	土	土	火	火	木	木	水	水	金	金	火	火	木	木	土	土	金	金	火	火	水	水	土	土	金	金	木	木
建星	危	成	收	开	闭	建	建	除	满	平	定	执	破	危	成	收	开	闭	建	除	满	平	定	执	破	危	成	收	开	闭
廿八宿	星	张	翼	轸	角	亢	氐	房	心	尾	箕	斗	牛	女	虚	危	室	壁	奎	娄	胃	昴	毕	觜	参	井	鬼	柳	星	张

八月小建乙酉觜宿 （七赤）

节气：白露初八日九时卅八分
秋分廿三日十八时五十九分

公历	九月	2	3	4	5	6	7	8	9	10	11	12	13	14	15	16	17	18	19	20	21	22	23	24	25	26	27	28	29	
农历	一	二	三	四	五	六	七	八	九	十	十一	十二	十三	十四	十五	十六	十七	十八	十九	二十	廿一	廿二	廿三	廿四	廿五	廿六	廿七	廿八	廿九	
星期	二	三	四	五	六	日	一	二	三	四	五	六	日	一	二	三	四	五	六	日	一	二	三	四	五	六	日	一	二	
干支	甲申	乙酉	丙戌	丁亥	戊子	己丑	庚寅	辛卯	壬辰	癸巳	甲午	乙未	丙申	丁酉	戊戌	己亥	庚子	辛丑	壬寅	癸卯	甲辰	乙巳	丙午	丁未	戊申	己酉	庚戌	辛亥	壬子	
五行	水	水	土	土	火	火	木	木	水	水	金	金	火	火	木	木	土	土	金	金	火	火	水	水	土	土	金	金	木	
建星	建	除	满	平	定	执	破	破	危	成	收	开	闭	建	除	满	平	定	执	破	危	成	收	开	闭	建	除	满	平	
廿八宿	翼	轸	角	亢	氐	房	心	尾	箕	斗	牛	女	虚	危	室	壁	奎	娄	胃	昴	毕	觜	参	井	鬼	柳	星	张	翼	

九月大建丙戌参宿 （六白）

节气：寒露初十日一时二分
霜降廿五口四时五分

公历	30	十月	2	3	4	5	6	7	8	9	10	11	12	13	14	15	16	17	18	19	20	21	22	23	24	25	26	27	28	29
农历	一	二	三	四	五	六	七	八	九	十	十一	十二	十三	十四	十五	十六	十七	十八	十九	二十	廿一	廿二	廿三	廿四	廿五	廿六	廿七	廿八	廿九	三十
星期	三	四	五	六	日	一	二	三	四	五	六	日	一	二	三	四	五	六	日	一	二	三	四	五	六	日	一	二	三	四
干支	癸丑	甲寅	乙卯	丙辰	丁巳	戊午	己未	庚申	辛酉	壬戌	癸亥	甲子	乙丑	丙寅	丁卯	戊辰	己巳	庚午	辛未	壬申	癸酉	甲戌	乙亥	丙子	丁丑	戊寅	己卯	庚辰	辛巳	壬午
五行	木	水	水	土	土	火	火	木	木	水	水	金	金	火	火	木	木	土	土	金	金	火	火	水	水	土	土	金	金	木
建星	定	执	破	危	成	收	开	闭	建	建	除	满	平	定	执	破	危	成	收	开	闭	建	除	满	平	定	执	破	危	成
廿八宿	轸	角	亢	氐	房	心	尾	箕	斗	牛	女	虚	危	室	壁	奎	娄	胃	昴	毕	觜	参	井	鬼	柳	星	张	翼	轸	角

岁次：庚戌	公元1970年（钗钏金）			金狗
太岁：倪秘	年三碧星	天地否卦	九金九运	星

十月大建丁亥井宿 （五黄）

节气：立冬初十日三时五十八分
小雪廿五日一时廿五分

公历	30	31	11月	2	3	4	5	6	7	8	9	10	11	12	13	14	15	16	17	18	19	20	21	22	23	24	25	26	27	28
农历	一	二	三	四	五	六	七	八	九	十	十一	十二	十三	十四	十五	十六	十七	十八	十九	二十	廿一	廿二	廿三	廿四	廿五	廿六	廿七	廿八	廿九	三十
星期	五	六	日	一	二	三	四	五	六	日	一	二	三	四	五	六	日	一	二	三	四	五	六	日	一	二	三	四	五	六
干支	癸未	甲申	乙酉	丙戌	丁亥	戊子	己丑	庚寅	辛卯	壬辰	癸巳	甲午	乙未	丙申	丁酉	戊戌	己亥	庚子	辛丑	壬寅	癸卯	甲辰	乙巳	丙午	丁未	戊申	己酉	庚戌	辛亥	壬子
五行	木	水	水	土	土	火	火	木	木	水	水	金	金	火	火	木	木	土	土	金	金	火	火	水	水	土	土	金	金	木
建星	收	开	闭	建	除	满	平	定	执	执	破	危	成	收	开	闭	建	除	满	平	定	执	破	危	成	收	开	闭	建	除
廿八宿	亢	氐	房	心	尾	箕	斗	牛	女	虚	危	室	壁	奎	娄	胃	昴	毕	觜	参	井	鬼	柳	星	张	翼	轸	角	亢	氐

十一月小建戊子鬼宿 （四绿）

节气：大雪初九日二十时廿八分
冬至廿四日十四时卅六分

公历	29	30	12月	2	3	4	5	6	7	8	9	10	11	12	13	14	15	16	17	18	19	20	21	22	23	24	25	26	27	
农历	一	二	三	四	五	六	七	八	九	十	十一	十二	十三	十四	十五	十六	十七	十八	十九	二十	廿一	廿二	廿三	廿四	廿五	廿六	廿七	廿八	廿九	
星期	日	一	二	三	四	五	六	日	一	二	三	四	五	六	日	一	二	三	四	五	六	日	一	二	三	四	五	六	日	
干支	癸丑	甲寅	乙卯	丙辰	丁巳	戊午	己未	庚申	辛酉	壬戌	癸亥	甲子	乙丑	丙寅	丁卯	戊辰	己巳	庚午	辛未	壬申	癸酉	甲戌	乙亥	丙子	丁丑	戊寅	己卯	庚辰	辛巳	
五行	木	水	水	土	土	火	火	木	木	水	水	金	金	火	火	木	木	土	土	金	金	火	火	水	水	土	土	金	金	
建星	满	平	定	执	破	危	成	收	收	开	闭	建	除	满	平	定	执	破	危	成	收	开	闭	建	除	满	平	定	执	
廿八宿	房	心	尾	箕	斗	牛	女	虚	危	室	壁	奎	娄	胃	昴	毕	觜	参	井	鬼	柳	星	张	翼	轸	角	亢	氐	房	

十二月大建己丑柳宿 （三碧）

节气：小寒初十日七时四十五分
大寒廿五日一时十三分

公历	28	29	30	31	一月	2	3	4	5	6	7	8	9	10	11	12	13	14	15	16	17	18	19	20	21	22	23	24	25	26
农历	一	二	三	四	五	六	七	八	九	十	十一	十二	十三	十四	十五	十六	十七	十八	十九	二十	廿一	廿二	廿三	廿四	廿五	廿六	廿七	廿八	廿九	三十
星期	一	二	三	四	五	六	日	一	二	三	四	五	六	日	一	二	三	四	五	六	日	一	二	三	四	五	六	日	一	二
干支	壬午	癸未	甲申	乙酉	丙戌	丁亥	戊子	己丑	庚寅	辛卯	壬辰	癸巳	甲午	乙未	丙申	丁酉	戊戌	己亥	庚子	辛丑	壬寅	癸卯	甲辰	乙巳	丙午	丁未	戊申	己酉	庚戌	辛亥
五行	木	木	水	水	土	土	火	火	木	木	水	水	金	金	火	火	木	木	土	土	金	金	火	火	水	水	土	土	金	金
建星	破	危	成	收	开	闭	建	除	满	满	平	定	执	破	危	成	收	开	闭	建	除	满	平	定	执	破	危	成	收	开
廿八宿	心	尾	箕	斗	牛	女	虚	危	室	壁	奎	娄	胃	昴	毕	觜	参	井	鬼	柳	星	张	翼	轸	角	亢	氐	房	心	尾

岁次：辛亥	公元1971年（钗钏金）			金猪
太岁：叶坚	年二黑星	水地比卦	七火七运	张

正月小建庚寅星宿 （二黑）

节气：立春初九日十九时廿六分
雨水廿四日十五时廿七分

公历	27	28	29	30	31	二月	2	3	4	5	6	7	8	9	10	11	12	13	14	15	16	17	18	19	20	21	22	23	24	
农历	一	二	三	四	五	六	七	八	九	十	十一	十二	十三	十四	十五	十六	十七	十八	十九	二十	廿一	廿二	廿三	廿四	廿五	廿六	廿七	廿八	廿九	
星期	三	四	五	六	日	一	二	三	四	五	六	日	一	二	三	四	五	六	日	一	二	三	四	五	六	日	一	二	三	
干支	壬子	癸丑	甲寅	乙卯	丙辰	丁巳	戊午	己未	庚申	辛酉	壬戌	癸亥	甲子	乙丑	丙寅	丁卯	戊辰	己巳	庚午	辛未	壬申	癸酉	甲戌	乙亥	丙子	丁丑	戊寅	己卯	庚辰	
五行	木	木	水	水	土	土	火	火	木	木	水	水	金	金	火	火	木	木	土	土	金	金	火	火	水	水	土	土	金	
建星	闭	建	除	满	平	定	执	破	破	危	成	收	开	闭	建	除	满	平	定	执	破	危	成	收	开	闭	建	除	满	
廿八宿	箕	斗	牛	女	虚	危	室	壁	奎	娄	胃	昴	毕	觜	参	井	鬼	柳	星	张	翼	轸	角	亢	氐	房	心	尾	箕	

二月大建辛卯张宿 （一白）

节气：惊蛰初十日十三时卅五分
春分廿五日十四时卅八分

公历	25	26	27	28	三月	2	3	4	5	6	7	8	9	10	11	12	13	14	15	16	17	18	19	20	21	22	23	24	25	26
农历	一	二	三	四	五	六	七	八	九	十	十一	十二	十三	十四	十五	十六	十七	十八	十九	二十	廿一	廿二	廿三	廿四	廿五	廿六	廿七	廿八	廿九	三十
星期	四	五	六	日	一	二	三	四	五	六	日	一	二	三	四	五	六	日	一	二	三	四	五	六	日	一	二	三	四	五
干支	辛巳	壬午	癸未	甲申	乙酉	丙戌	丁亥	戊子	己丑	庚寅	辛卯	壬辰	癸巳	甲午	乙未	丙申	丁酉	戊戌	己亥	庚子	辛丑	壬寅	癸卯	甲辰	乙巳	丙午	丁未	戊申	己酉	庚戌
五行	金	木	木	水	水	土	土	火	火	木	木	水	水	金	金	火	火	木	木	土	土	金	金	火	火	水	水	土	土	金
建星	平	定	执	破	危	成	收	开	闭	闭	建	除	满	平	定	执	破	危	成	收	开	闭	建	除	满	平	定	执	破	危
廿八宿	斗	牛	女	虚	危	室	壁	奎	娄	胃	昴	毕	觜	参	井	鬼	柳	星	张	翼	轸	角	亢	氐	房	心	尾	箕	斗	牛

三月小建壬辰翼宿 （九紫）

节气：清明初十日十八时卅六分
谷雨廿六日一时五十四分

公历	27	28	29	30	31	四月	2	3	4	5	6	7	8	9	10	11	12	13	14	15	16	17	18	19	20	21	22	23	24	
农历	一	二	三	四	五	六	七	八	九	十	十一	十二	十三	十四	十五	十六	十七	十八	十九	二十	廿一	廿二	廿三	廿四	廿五	廿六	廿七	廿八	廿九	
星期	六	日	一	二	三	四	五	六	日	一	二	三	四	五	六	日	一	二	三	四	五	六	日	一	二	三	四	五	六	
干支	辛亥	壬子	癸丑	甲寅	乙卯	丙辰	丁巳	戊午	己未	庚申	辛酉	壬戌	癸亥	甲子	乙丑	丙寅	丁卯	戊辰	己巳	庚午	辛未	壬申	癸酉	甲戌	乙亥	丙子	丁丑	戊寅	己卯	
五行	金	木	木	水	水	土	土	火	火	木	木	水	水	金	金	火	火	木	木	土	土	金	金	火	火	水	水	土	土	
建星	成	收	开	闭	建	除	满	平	定	定	执	破	危	成	收	开	闭	建	除	满	平	定	执	破	危	成	收	开	闭	
廿八宿	女	虚	危	室	壁	奎	娄	胃	昴	毕	觜	参	井	鬼	柳	星	张	翼	轸	角	亢	氐	房	心	尾	箕	斗	牛	女	

岁次:辛亥	公元 1971 年(钗钏金)			金猪
太岁:叶坚	年二黑星	水地比卦	七火七运	张

四月小建癸巳轸宿 (八白)

节气:立夏 十二日十二时八分
小满 廿八日一时十五分

公历	25	26	27	28	29	30	五月	2	3	4	5	6	7	8	9	10	11	12	13	14	15	16	17	18	19	20	21	22	23
农历	一	二	三	四	五	六	七	八	九	十	十一	十二	十三	十四	十五	十六	十七	十八	十九	二十	廿一	廿二	廿三	廿四	廿五	廿六	廿七	廿八	廿九
星期	日	一	二	三	四	五	六	日	一	二	三	四	五	六	日	一	二	三	四	五	六	日	一	二	三	四	五	六	日
干支	庚辰	辛巳	壬午	癸未	甲申	乙酉	丙戌	丁亥	戊子	己丑	庚寅	辛卯	壬辰	癸巳	甲午	乙未	丙申	丁酉	戊戌	己亥	庚子	辛丑	壬寅	癸卯	甲辰	乙巳	丙午	丁未	戊申
五行	金	金	木	木	水	水	土	土	火	火	木	木	水	水	金	金	火	火	木	木	土	土	金	金	火	火	水	水	土
建星	建	除	满	平	定	执	破	危	成	收	开	开	闭	建	除	满	平	定	执	破	危	成	收	开	闭	建	除	满	平
廿八宿	虚	危	室	壁	奎	娄	胃	昴	毕	觜	参	井	鬼	柳	星	张	翼	轸	角	亢	氐	房	心	尾	箕	斗	牛	女	虚

五月大建甲午角宿 (七赤)

节气:芒种 十四日十六时廿九分
夏至 三十日九时二十分

公历	24	25	26	27	28	29	30	31	六月	2	3	4	5	6	7	8	9	10	11	12	13	14	15	16	17	18	19	20	21	22
农历	一	二	三	四	五	六	七	八	九	十	十一	十二	十三	十四	十五	十六	十七	十八	十九	二十	廿一	廿二	廿三	廿四	廿五	廿六	廿七	廿八	廿九	三十
星期	一	二	三	四	五	六	日	一	二	三	四	五	六	日	一	二	三	四	五	六	日	一	二	三	四	五	六	日	一	二
干支	己酉	庚戌	辛亥	壬子	癸丑	甲寅	乙卯	丙辰	丁巳	戊午	己未	庚申	辛酉	壬戌	癸亥	甲子	乙丑	丙寅	丁卯	戊辰	己巳	庚午	辛未	壬申	癸酉	甲戌	乙亥	丙子	丁丑	戊寅
五行	土	金	金	木	木	水	水	土	土	火	火	木	木	水	水	金	金	火	火	木	木	土	土	金	金	火	火	水	水	土
建星	定	执	破	危	成	收	开	闭	建	除	满	平	定	定	执	破	危	成	收	开	闭	建	除	满	平	定	执	破	危	成
廿八宿	危	室	壁	奎	娄	胃	昴	毕	觜	参	井	鬼	柳	星	张	翼	轸	角	亢	氐	房	心	尾	箕	斗	牛	女	虚	危	室

闰五月小

节气:小暑 十六日二时五十一分

公历	23	24	25	26	27	28	29	30	七月	2	3	4	5	6	7	8	9	10	11	12	13	14	15	16	17	18	19	20	21
农历	一	二	三	四	五	六	七	八	九	十	十一	十二	十三	十四	十五	十六	十七	十八	十九	二十	廿一	廿二	廿三	廿四	廿五	廿六	廿七	廿八	廿九
星期	三	四	五	六	日	一	二	三	四	五	六	日	一	二	三	四	五	六	日	一	二	三	四	五	六	日	一	二	三
干支	己卯	庚辰	辛巳	壬午	癸未	甲申	乙酉	丙戌	丁亥	戊子	己丑	庚寅	辛卯	壬辰	癸巳	甲午	乙未	丙申	丁酉	戊戌	己亥	庚子	辛丑	壬寅	癸卯	甲辰	乙巳	丙午	丁未
五行	土	金	金	木	木	水	水	土	土	火	火	木	木	水	水	金	金	火	火	木	木	土	土	金	金	火	火	水	水
建星	收	开	闭	建	除	满	平	定	执	破	危	成	收	开	闭	闭	建	除	满	平	定	执	破	危	成	收	开	闭	建
廿八宿	壁	奎	娄	胃	昴	毕	觜	参	井	鬼	柳	星	张	翼	轸	角	亢	氐	房	心	尾	箕	斗	牛	女	虚	危	室	壁

岁次：辛亥	公元1971年（钗钏金）			金猪
太岁：叶坚	年二黑星	水地比卦	七火七运	张

六月大建乙未亢宿 （六白）

节气：大暑初二日二十时十五分
立秋十八日十二时四十分

公历	22	23	24	25	26	27	28	29	30	31	八月	2	3	4	5	6	7	8	9	10	11	12	13	14	15	16	17	18	19	20
农历	一	二	三	四	五	六	七	八	九	十	十一	十二	十三	十四	十五	十六	十七	十八	十九	二十	廿一	廿二	廿三	廿四	廿五	廿六	廿七	廿八	廿九	三十
星期	四	五	六	日	一	二	三	四	五	六	日	一	二	三	四	五	六	日	一	二	三	四	五	六	日	一	二	三	四	五
干支	戊申	己酉	庚戌	辛亥	壬子	癸丑	甲寅	乙卯	丙辰	丁巳	戊午	己未	庚申	辛酉	壬戌	癸亥	甲子	乙丑	丙寅	丁卯	戊辰	己巳	庚午	辛未	壬申	癸酉	甲戌	乙亥	丙子	丁丑
五行	土	土	金	金	木	木	水	水	土	土	火	火	木	木	水	水	金	金	火	火	木	木	土	土	金	金	火	火	水	水
建星	除	满	平	定	执	破	危	成	收	开	闭	建	除	满	平	定	执	执	破	危	成	收	开	闭	建	除	满	平	定	执
廿八宿	奎	娄	胃	昴	毕	觜	参	井	鬼	柳	星	张	翼	轸	角	亢	氐	房	心	尾	箕	斗	牛	女	虚	危	室	壁	奎	娄

七月小建丙申氐宿 （五黄）

节气：处暑初四日三时十五分
白露十九日十五时三十分

公历	21	22	23	24	25	26	27	28	29	30	31	九月	2	3	4	5	6	7	8	9	10	11	12	13	14	15	16	17	18	
农历	一	二	三	四	五	六	七	八	九	十	十一	十二	十三	十四	十五	十六	十七	十八	十九	二十	廿一	廿二	廿三	廿四	廿五	廿六	廿七	廿八	廿九	
星期	六	日	一	二	三	四	五	六	日	一	二	三	四	五	六	日	一	二	三	四	五	六	日	一	二	三	四	五	六	
干支	戊寅	己卯	庚辰	辛巳	壬午	癸未	甲申	乙酉	丙戌	丁亥	戊子	己丑	庚寅	辛卯	壬辰	癸巳	甲午	乙未	丙申	丁酉	戊戌	己亥	庚子	辛丑	壬寅	癸卯	甲辰	乙巳	丙午	
五行	土	土	金	金	木	木	水	水	土	土	火	火	木	木	水	水	金	金	火	火	木	木	土	土	金	金	火	火	水	
建星	破	危	成	收	开	闭	建	除	满	平	定	执	破	危	成	收	开	闭	闭	建	除	满	平	定	执	破	危	成	收	
廿八宿	胃	昴	毕	觜	参	井	鬼	柳	星	张	翼	轸	角	亢	氐	房	心	尾	箕	斗	牛	女	虚	危	室	壁	奎	娄	胃	

八月大建丁酉房宿 （四绿）

节气：秋分初六日零时四十五分
寒露廿一日六时五十九分

公历	19	20	21	22	23	24	25	26	27	28	29	30	十月	2	3	4	5	6	7	8	9	10	11	12	13	14	15	16	17	18
农历	一	二	三	四	五	六	七	八	九	十	十一	十二	十三	十四	十五	十六	十七	十八	十九	二十	廿一	廿二	廿三	廿四	廿五	廿六	廿七	廿八	廿九	三十
星期	日	一	二	三	四	五	六	日	一	二	三	四	五	六	日	一	二	三	四	五	六	日	一	二	三	四	五	六	日	一
干支	丁未	戊申	己酉	庚戌	辛亥	壬子	癸丑	甲寅	乙卯	丙辰	丁巳	戊午	己未	庚申	辛酉	壬戌	癸亥	甲子	乙丑	丙寅	丁卯	戊辰	己巳	庚午	辛未	壬申	癸酉	甲戌	乙亥	丙子
五行	水	土	土	金	金	木	木	水	水	土	土	火	火	木	木	水	水	金	金	火	火	木	木	土	土	金	金	火	火	水
建星	开	闭	建	除	满	平	定	执	破	危	成	收	开	闭	建	除	满	平	定	执	执	破	危	成	收	开	闭	建	除	满
廿八宿	昴	毕	觜	参	井	鬼	柳	星	张	翼	轸	角	亢	氐	房	心	尾	箕	斗	牛	女	虚	危	室	壁	奎	娄	胃	昴	毕

岁次：辛亥	公元1971年（钗钏金）			金猪
太岁：叶坚	年二黑星	水地比卦	七火七运	张

九月大建戊戌心宿 （三碧） 节气：霜降初六日九时五十三分 立冬廿一日九时五十七分

公历	19	20	21	22	23	24	25	26	27	28	29	30	31	11月	2	3	4	5	6	7	8	9	10	11	12	13	14	15	16	17
农历	一	二	三	四	五	六	七	八	九	十	十一	十二	十三	十四	十五	十六	十七	十八	十九	二十	廿一	廿二	廿三	廿四	廿五	廿六	廿七	廿八	廿九	三十
星期	二	三	四	五	六	日	一	二	三	四	五	六	日	一	二	三	四	五	六	日	一	二	三	四	五	六	日	一	二	三
干支	丁丑	戊寅	己卯	庚辰	辛巳	壬午	癸未	甲申	乙酉	丙戌	丁亥	戊子	己丑	庚寅	辛卯	壬辰	癸巳	甲午	乙未	丙申	丁酉	戊戌	己亥	庚子	辛丑	壬寅	癸卯	甲辰	乙巳	丙午
五行	水	土	土	金	金	木	木	水	水	土	土	火	火	木	木	水	水	金	金	火	火	木	木	土	土	金	金	火	火	水
建星	平	定	执	破	危	成	收	开	闭	建	除	满	平	定	执	破	危	成	收	开	开	闭	建	除	满	平	定	执	破	危
廿八宿	觜	参	井	鬼	柳	星	张	翼	轸	角	亢	氐	房	心	尾	箕	斗	牛	女	虚	危	室	壁	奎	娄	胃	昴	毕	觜	参

十月大建己亥尾宿 （二黑） 节气：小雪初六日七时十四分 大雪廿一日二时廿六分

公历	18	19	20	21	22	23	24	25	26	27	28	29	30	12月	2	3	4	5	6	7	8	9	10	11	12	13	14	15	16	17
农历	一	二	三	四	五	六	七	八	九	十	十一	十二	十三	十四	十五	十六	十七	十八	十九	二十	廿一	廿二	廿三	廿四	廿五	廿六	廿七	廿八	廿九	三十
星期	四	五	六	日	一	二	三	四	五	六	日	一	二	三	四	五	六	日	一	二	三	四	五	六	日	一	二	三	四	五
干支	丁未	戊申	己酉	庚戌	辛亥	壬子	癸丑	甲寅	乙卯	丙辰	丁巳	戊午	己未	庚申	辛酉	壬戌	癸亥	甲子	乙丑	丙寅	丁卯	戊辰	己巳	庚午	辛未	壬申	癸酉	甲戌	乙亥	丙子
五行	水	土	土	金	金	木	木	水	水	土	土	火	火	木	木	水	水	金	金	火	火	木	木	土	土	金	金	火	火	水
建星	成	收	开	闭	建	除	满	平	定	执	破	危	成	收	开	闭	建	除	满	平	平	定	执	破	危	成	收	开	闭	建
廿八宿	井	鬼	柳	星	张	翼	轸	角	亢	氐	房	心	尾	箕	斗	牛	女	虚	危	室	壁	奎	娄	胃	昴	毕	觜	参	井	鬼

十一月小建庚子箕宿 （一白） 节气：冬至初五日二十时廿四分 小寒二十日十三时四十二分

公历	18	19	20	21	22	23	24	25	26	27	28	29	30	31	一月	2	3	4	5	6	7	8	9	10	11	12	13	14	15	
农历	一	二	三	四	五	六	七	八	九	十	十一	十二	十三	十四	十五	十六	十七	十八	十九	二十	廿一	廿二	廿三	廿四	廿五	廿六	廿七	廿八	廿九	
星期	六	日	一	二	三	四	五	六	日	一	二	三	四	五	六	日	一	二	三	四	五	六	日	一	二	三	四	五	六	
干支	丁丑	戊寅	己卯	庚辰	辛巳	壬午	癸未	甲申	乙酉	丙戌	丁亥	戊子	己丑	庚寅	辛卯	壬辰	癸巳	甲午	乙未	丙申	丁酉	戊戌	己亥	庚子	辛丑	壬寅	癸卯	甲辰	乙巳	
五行	水	土	土	金	金	木	木	水	水	土	土	火	火	木	木	水	水	金	金	火	火	木	木	土	土	金	金	火	火	
建星	除	满	平	定	执	破	危	成	收	开	闭	建	除	满	平	定	执	破	危	危	成	收	开	闭	建	除	满	平	定	
廿八宿	柳	星	张	翼	轸	角	亢	氐	房	心	尾	箕	斗	牛	女	虚	危	室	壁	奎	娄	胃	昴	毕	觜	参	井	鬼	柳	

十二月大建辛丑斗宿 （九紫） 节气：大寒初六日六时五十九分 立春廿一日一时二十分

公历	16	17	18	19	20	21	22	23	24	25	26	27	28	29	30	31	二月	2	3	4	5	6	7	8	9	10	11	12	13	14
农历	一	二	三	四	五	六	七	八	九	十	十一	十二	十三	十四	十五	十六	十七	十八	十九	二十	廿一	廿二	廿三	廿四	廿五	廿六	廿七	廿八	廿九	三十
星期	日	一	二	三	四	五	六	日	一	二	三	四	五	六	日	一	二	三	四	五	六	日	一	二	三	四	五	六	日	一
干支	丙午	丁未	戊申	己酉	庚戌	辛亥	壬子	癸丑	甲寅	乙卯	丙辰	丁巳	戊午	己未	庚申	辛酉	壬戌	癸亥	甲子	乙丑	丙寅	丁卯	戊辰	己巳	庚午	辛未	壬申	癸酉	甲戌	乙亥
五行	水	水	土	土	金	金	木	木	水	水	土	土	火	火	木	木	水	水	金	金	火	火	木	木	土	土	金	金	火	火
建星	执	破	危	成	收	开	闭	建	除	满	平	定	执	破	危	成	收	开	闭	建	建	除	满	平	定	执	破	危	成	收
廿八宿	星	张	翼	轸	角	亢	氐	房	心	尾	箕	斗	牛	女	虚	危	室	壁	奎	娄	胃	昴	毕	觜	参	井	鬼	柳	星	张

第六章　1930 年～2050 年万年历对照详表

岁次：壬子	公元 1972 年（桑柘木）			水鼠
太岁：丘德	年一白星	震为雷卦	八木一运	翼

正月小建壬寅牛宿　（八白）

节气：雨水初五日廿一时十二分
惊蛰二十日十九时廿八分

公历	15	16	17	18	19	20	21	22	23	24	25	26	27	28	29	三月	2	3	4	5	6	7	8	9	10	11	12	13	14	
农历	一	二	三	四	五	六	七	八	九	十	十一	十二	十三	十四	十五	十六	十七	十八	十九	二十	廿一	廿二	廿三	廿四	廿五	廿六	廿七	廿八	廿九	
星期	二	三	四	五	六	日	一	二	三	四	五	六	日	一	二	三	四	五	六	日	一	二	三	四	五	六	日	一	二	
干支	丙子	丁丑	戊寅	己卯	庚辰	辛巳	壬午	癸未	甲申	乙酉	丙戌	丁亥	戊子	己丑	庚寅	辛卯	壬辰	癸巳	甲午	乙未	丙申	丁酉	戊戌	己亥	庚子	辛丑	壬寅	癸卯	甲辰	
五行	水	水	土	土	金	金	木	木	水	水	土	土	火	火	木	木	水	水	金	金	火	火	木	木	土	土	金	金	火	
建星	开	闭	建	除	满	平	定	执	破	危	成	收	开	闭	建	除	满	平	定	定	执	破	危	成	收	开	闭	建	除	
廿八宿	翼	轸	角	亢	氐	房	心	尾	箕	斗	牛	女	虚	危	室	壁	奎	娄	胄	昴	毕	觜	参	井	鬼	柳	星	张	翼	

二月大建癸卯女宿　（七赤）

节气：春分初六日二十时廿二分
清明廿二日零时廿九分

公历	15	16	17	18	19	20	21	22	23	24	25	26	27	28	29	30	31	四月	2	3	4	5	6	7	8	9	10	11	12	13
农历	一	二	三	四	五	六	七	八	九	十	十一	十二	十三	十四	十五	十六	十七	十八	十九	二十	廿一	廿二	廿三	廿四	廿五	廿六	廿七	廿八	廿九	三十
星期	三	四	五	六	日	一	二	三	四	五	六	日	一	二	三	四	五	六	日	一	二	三	四	五	六	日	一	二	三	四
干支	乙巳	丙午	丁未	戊申	己酉	庚戌	辛亥	壬子	癸丑	甲寅	乙卯	丙辰	丁巳	戊午	己未	庚申	辛酉	壬戌	癸亥	甲子	乙丑	丙寅	丁卯	戊辰	己巳	庚午	辛未	壬申	癸酉	甲戌
五行	火	水	水	土	土	金	金	木	木	水	水	土	土	火	火	木	木	水	水	金	金	火	火	木	木	土	土	金	金	火
建星	满	平	定	执	破	危	成	收	开	闭	建	除	满	平	定	执	破	危	成	收	开	开	闭	建	除	满	平	定	执	破
廿八宿	轸	角	亢	氐	房	心	尾	箕	斗	牛	女	虚	危	室	壁	奎	娄	胄	昴	毕	觜	参	井	鬼	柳	星	张	翼	轸	角

三月小建甲辰虚宿　（六白）

节气：谷雨初七日七时卅七分
立夏廿二日十八时一分

公历	14	15	16	17	18	19	20	21	22	23	24	25	26	27	28	29	30	五月	2	3	4	5	6	7	8	9	10	11	12	
农历	一	二	三	四	五	六	七	八	九	十	十一	十二	十三	十四	十五	十六	十七	十八	十九	二十	廿一	廿二	廿三	廿四	廿五	廿六	廿七	廿八	廿九	
星期	五	六	日	一	二	三	四	五	六	日	一	二	三	四	五	六	日	一	二	三	四	五	六	日	一	二	三	四	五	
干支	乙亥	丙子	丁丑	戊寅	己卯	庚辰	辛巳	壬午	癸未	甲申	乙酉	丙戌	丁亥	戊子	己丑	庚寅	辛卯	壬辰	癸巳	甲午	乙未	丙申	丁酉	戊戌	己亥	庚子	辛丑	壬寅	癸卯	
五行	火	水	水	土	土	金	金	木	木	水	水	土	土	火	火	木	木	水	水	金	金	火	火	木	木	土	土	金	金	
建星	危	成	收	开	闭	建	除	满	平	定	执	破	危	成	收	开	闭	建	除	满	平	平	定	执	破	危	成	收	开	
廿八宿	亢	氐	房	心	尾	箕	斗	牛	女	虚	危	室	壁	奎	娄	胄	昴	毕	觜	参	井	鬼	柳	星	张	翼	轸	角	亢	

岁次：壬子	公元 1972 年（桑柘木）			水鼠
太岁：丘德	年一白星	震为雷卦	八木一运	翼

四月小建乙巳危宿 （五黄）

节气：小满 初九日七时零分
芒种 廿四日廿二时廿二分

公历	13	14	15	16	17	18	19	20	21	22	23	24	25	26	27
农历	一	二	三	四	五	六	七	八	九	十	十一	十二	十三	十四	十五
星期	六	日	一	二	三	四	五	六	日	一	二	三	四	五	六
干支	甲辰	乙巳	丙午	丁未	戊申	己酉	庚戌	辛亥	壬子	癸丑	甲寅	乙卯	丙辰	丁巳	戊午
五行	火	火	水	水	土	土	金	金	木	木	水	水	土	土	火
建星	闭	建	除	满	平	定	执	破	危	成	收	开	闭	建	除
廿八宿	氐	房	心	尾	箕	斗	牛	女	虚	危	室	壁	奎	娄	胃

公历	28	29	30	31	六月	2	3	4	5	6	7	8	9	10
农历	十六	十七	十八	十九	二十	廿一	廿二	廿三	廿四	廿五	廿六	廿七	廿八	廿九
星期	日	一	二	三	四	五	六	日	一	二	三	四	五	六
干支	己未	庚申	辛酉	壬戌	癸亥	甲子	乙丑	丙寅	丁卯	戊辰	己巳	庚午	辛未	壬申
五行	火	木	木	水	水	金	金	火	火	木	木	土	土	金
建星	满	平	定	执	破	危	成	收	收	开	闭	建	除	满
廿八宿	昴	毕	觜	参	井	鬼	柳	星	张	翼	轸	角	亢	氐

五月大建丙午室宿 （四绿）

节气：夏至 十一日十五时六分
小暑 廿七日八时四十三分

公历	11	12	13	14	15	16	17	18	19	20	21	22	23	24	25
农历	一	二	三	四	五	六	七	八	九	十	十一	十二	十三	十四	十五
星期	日	一	二	三	四	五	六	日	一	二	三	四	五	六	日
干支	癸酉	甲戌	乙亥	丙子	丁丑	戊寅	己卯	庚辰	辛巳	壬午	癸未	甲申	乙酉	丙戌	丁亥
五行	金	火	火	水	水	土	土	金	金	木	木	水	水	土	土
建星	平	定	执	破	危	成	收	开	闭	建	除	满	平	定	执
廿八宿	房	心	尾	箕	斗	牛	女	虚	危	室	壁	奎	娄	胃	昴

公历	26	27	28	29	30	七月	2	3	4	5	6	7	8	9	10
农历	十六	十七	十八	十九	二十	廿一	廿二	廿三	廿四	廿五	廿六	廿七	廿八	廿九	三十
星期	一	二	三	四	五	六	日	一	二	三	四	五	六	日	一
干支	戊子	己丑	庚寅	辛卯	壬辰	癸巳	甲午	乙未	丙申	丁酉	戊戌	己亥	庚子	辛丑	壬寅
五行	火	火	木	木	水	水	金	金	火	火	木	木	土	土	金
建星	破	危	成	收	开	闭	建	除	满	平	定	定	执	破	危
廿八宿	毕	觜	参	井	鬼	柳	星	张	翼	轸	角	亢	氐	房	心

六月小建丁未壁宿 （三碧）

节气：大暑 十三日二时三分
立秋 廿八日十八时廿九分

公历	11	12	13	14	15	16	17	18	19	20	21	22	23	24	25
农历	一	二	三	四	五	六	七	八	九	十	十一	十二	十三	十四	十五
星期	二	三	四	五	六	日	一	二	三	四	五	六	日	一	二
干支	癸卯	甲辰	乙巳	丙午	丁未	戊申	己酉	庚戌	辛亥	壬子	癸丑	甲寅	乙卯	丙辰	丁巳
五行	金	火	火	水	水	土	土	金	金	木	木	水	水	土	土
建星	成	收	开	闭	建	除	满	平	定	执	破	危	成	收	开
廿八宿	尾	箕	斗	牛	女	虚	危	室	壁	奎	娄	胃	昴	毕	觜

公历	26	27	28	29	30	31	八月	2	3	4	5	6	7	8
农历	十六	十七	十八	十九	二十	廿一	廿二	廿三	廿四	廿五	廿六	廿七	廿八	廿九
星期	三	四	五	六	日	一	二	三	四	五	六	日	一	二
干支	戊午	己未	庚申	辛酉	壬戌	癸亥	甲子	乙丑	丙寅	丁卯	戊辰	己巳	庚午	辛未
五行	火	火	木	木	水	水	金	金	火	火	木	木	土	土
建星	闭	建	除	满	平	定	执	破	危	成	收	开	开	闭
廿八宿	参	井	鬼	柳	星	张	翼	轸	角	亢	氐	房	心	尾

岁次:壬子	公元1972年(桑柘木)			水鼠
太岁:丘德	年一白星	震为雷卦	八木一运	翼

七月大建戊申奎宿 （二黑）

节气:处暑十五日九时三分
白露三十日廿一时十五分

公历	9	10	11	12	13	14	15	16	17	18	19	20	21	22	23	24	25	26	27	28	29	30	31	九月	2	3	4	5	6	7
农历	一	二	三	四	五	六	七	八	九	十	十一	十二	十三	十四	十五	十六	十七	十八	十九	二十	廿一	廿二	廿三	廿四	廿五	廿六	廿七	廿八	廿九	三十
星期	三	四	五	六	日	一	二	三	四	五	六	日	一	二	三	四	五	六	日	一	二	三	四	五	六	日	一	二	三	四
干支	壬申	癸酉	甲戌	乙亥	丙子	丁丑	戊寅	己卯	庚辰	辛巳	壬午	癸未	甲申	乙酉	丙戌	丁亥	戊子	己丑	庚寅	辛卯	壬辰	癸巳	甲午	乙未	丙申	丁酉	戊戌	己亥	庚子	辛丑
五行	金	金	火	火	水	水	土	土	金	金	木	木	水	水	土	土	火	火	木	木	水	水	金	金	火	火	木	木	土	土
建星	建	除	满	平	定	执	破	危	成	收	开	闭	建	除	满	平	定	执	破	危	成	收	开	闭	建	除	满	平	定	定
廿八宿	箕	斗	牛	女	虚	危	室	壁	奎	娄	胃	昴	毕	觜	参	井	鬼	柳	星	张	翼	轸	角	亢	氐	房	心	尾	箕	斗

八月小建己酉娄宿 （一白）

节气:秋分十六日六时卅三分

公历	8	9	10	11	12	13	14	15	16	17	18	19	20	21	22	23	24	25	26	27	28	29	30	十月	2	3	4	5	6	
农历	一	二	三	四	五	六	七	八	九	十	十一	十二	十三	十四	十五	十六	十七	十八	十九	二十	廿一	廿二	廿三	廿四	廿五	廿六	廿七	廿八	廿九	
星期	五	六	日	一	二	三	四	五	六	日	一	二	三	四	五	六	日	一	二	三	四	五	六	日	一	二	三	四	五	
干支	壬寅	癸卯	甲辰	乙巳	丙午	丁未	戊申	己酉	庚戌	辛亥	壬子	癸丑	甲寅	乙卯	丙辰	丁巳	戊午	己未	庚申	辛酉	壬戌	癸亥	甲子	乙丑	丙寅	丁卯	戊辰	己巳	庚午	
五行	金	金	火	火	水	水	土	土	金	金	木	木	水	水	土	土	火	火	木	木	水	水	金	金	火	火	木	木	土	
建星	执	破	危	成	收	开	闭	建	除	满	平	定	执	破	危	成	收	开	闭	建	除	满	平	定	执	破	危	成	收	
廿八宿	牛	女	虚	危	室	壁	奎	娄	胃	昴	毕	觜	参	井	鬼	柳	星	张	翼	轸	角	亢	氐	房	心	尾	箕	斗	牛	

九月大建庚戌胃宿 （九紫）

节气:寒露初二日十二时四十二分
霜降十七日十五时四十二分

公历	7	8	9	10	11	12	13	14	15	16	17	18	19	20	21	22	23	24	25	26	27	28	29	30	31	11月	2	3	4	5
农历	一	二	三	四	五	六	七	八	九	十	十一	十二	十三	十四	十五	十六	十七	十八	十九	二十	廿一	廿二	廿三	廿四	廿五	廿六	廿七	廿八	廿九	三十
星期	六	日	一	二	三	四	五	六	日	一	二	三	四	五	六	日	一	二	三	四	五	六	日	一	二	三	四	五	六	日
干支	辛未	壬申	癸酉	甲戌	乙亥	丙子	丁丑	戊寅	己卯	庚辰	辛巳	壬午	癸未	甲申	乙酉	丙戌	丁亥	戊子	己丑	庚寅	辛卯	壬辰	癸巳	甲午	乙未	丙申	丁酉	戊戌	己亥	庚子
五行	土	金	金	火	火	水	水	土	土	金	金	木	木	水	水	土	土	火	火	木	木	水	水	金	金	火	火	木	木	土
建星	开	开	闭	建	除	满	平	定	执	破	危	成	收	开	闭	建	除	满	平	定	执	破	危	成	收	开	闭	建	除	满
廿八宿	女	虚	危	室	壁	奎	娄	胃	昴	毕	觜	参	井	鬼	柳	星	张	翼	轸	角	亢	氐	房	心	尾	箕	斗	牛	女	虚

岁次:壬子	公元 1972 年(桑柘木)			水鼠
太岁:丘德	年一白星	震为雷卦	八木一运	翼

十月大建辛亥昴宿 （八白）

节气：立冬初二日十五时四十分
小雪十七日十三时三分

公历	6	7	8	9	10	11	12	13	14	15	16	17	18	19	20	21	22	23	24	25	26	27	28	29	30	12月	2	3	4	5
农历	一	二	三	四	五	六	七	八	九	十	十一	十二	十三	十四	十五	十六	十七	十八	十九	二十	廿一	廿二	廿三	廿四	廿五	廿六	廿七	廿八	廿九	三十
星期	一	二	三	四	五	六	日	一	二	三	四	五	六	日	一	二	三	四	五	六	日	一	二	三	四	五	六	日	一	二
干支	辛丑	壬寅	癸卯	甲辰	乙巳	丙午	丁未	戊申	己酉	庚戌	辛亥	壬子	癸丑	甲寅	乙卯	丙辰	丁巳	戊午	己未	庚申	辛酉	壬戌	癸亥	甲子	乙丑	丙寅	丁卯	戊辰	己巳	庚午
五行	土	金	金	火	火	水	水	土	土	金	金	木	木	水	水	土	土	火	火	木	木	水	水	金	金	火	火	木	木	土
建星	平	平	定	执	破	危	成	收	开	闭	建	除	满	平	定	执	破	危	成	收	开	闭	建	除	满	平	定	执	破	危
廿八宿	危	室	壁	奎	娄	胃	昴	毕	觜	参	井	鬼	柳	星	张	翼	轸	角	亢	氐	房	心	尾	箕	斗	牛	女	虚	危	室

十一月小建壬子毕宿 （七赤）

节气：大雪初二日八时十九分
冬至十七日二时十三分

公历	6	7	8	9	10	11	12	13	14	15	16	17	18	19	20	21	22	23	24	25	26	27	28	29	30	31	一月	2	3	
农历	一	二	三	四	五	六	七	八	九	十	十一	十二	十三	十四	十五	十六	十七	十八	十九	二十	廿一	廿二	廿三	廿四	廿五	廿六	廿七	廿八	廿九	
星期	三	四	五	六	日	一	二	三	四	五	六	日	一	二	三	四	五	六	日	一	二	三	四	五	六	日	一	二	三	
干支	辛未	壬申	癸酉	甲戌	乙亥	丙子	丁丑	戊寅	己卯	庚辰	辛巳	壬午	癸未	甲申	乙酉	丙戌	丁亥	戊子	己丑	庚寅	辛卯	壬辰	癸巳	甲午	乙未	丙申	丁酉	戊戌	己亥	
五行	土	金	金	火	火	水	水	土	土	金	金	木	木	水	水	土	土	火	火	木	木	水	水	金	金	火	火	木	木	
建星	成	成	收	开	闭	建	除	满	平	定	执	破	危	成	收	开	闭	建	除	满	平	定	执	破	危	成	收	开	闭	
廿八宿	壁	奎	娄	胃	昴	毕	觜	参	井	鬼	柳	星	张	翼	轸	角	亢	氐	房	心	尾	箕	斗	牛	女	虚	危	室	壁	

十二月大建癸丑觜宿 （六白）

节气：小寒初二日十九时廿六分
大寒十七日十二时四十九分

公历	4	5	6	7	8	9	10	11	12	13	14	15	16	17	18	19	20	21	22	23	24	25	26	27	28	29	30	31	二月	2
农历	一	二	三	四	五	六	七	八	九	十	十一	十二	十三	十四	十五	十六	十七	十八	十九	二十	廿一	廿二	廿三	廿四	廿五	廿六	廿七	廿八	廿九	三十
星期	四	五	六	日	一	二	三	四	五	六	日	一	二	三	四	五	六	日	一	二	三	四	五	六	日	一	二	三	四	五
干支	庚子	辛丑	壬寅	癸卯	甲辰	乙巳	丙午	丁未	戊申	己酉	庚戌	辛亥	壬子	癸丑	甲寅	乙卯	丙辰	丁巳	戊午	己未	庚申	辛酉	壬戌	癸亥	甲子	乙丑	丙寅	丁卯	戊辰	己巳
五行	土	土	金	金	火	火	水	水	土	土	金	金	木	木	水	水	土	土	火	火	木	木	水	水	金	金	火	火	木	木
建星	建	建	除	满	平	定	执	破	危	成	收	开	闭	建	除	满	平	定	执	破	危	成	收	开	闭	建	除	满	平	定
廿八宿	奎	娄	胃	昴	毕	觜	参	井	鬼	柳	星	张	翼	轸	角	亢	氐	房	心	尾	箕	斗	牛	女	虚	危	室	壁	奎	娄

岁次：癸丑	公元 1973 年（桑柘木）			水牛
太岁：朱得	年九紫星	山水贲卦	六水八运	轸

正月大建甲寅参宿　（五黄）

节气：立春初二日七时四分
雨水十七日三时一分

公历	3	4	5	6	7	8	9	10	11	12	13	14	15	16	17	18	19	20	21	22	23	24	25	26	27	28	三月	2	3	4
农历	一	二	三	四	五	六	七	八	九	十	十一	十二	十三	十四	十五	十六	十七	十八	十九	二十	廿一	廿二	廿三	廿四	廿五	廿六	廿七	廿八	廿九	三十
星期	六	日	一	二	三	四	五	六	日	一	二	三	四	五	六	日	一	二	三	四	五	六	日	一	二	三	四	五	六	日
干支	庚午	辛未	壬申	癸酉	甲戌	乙亥	丙子	丁丑	戊寅	己卯	庚辰	辛巳	壬午	癸未	甲申	乙酉	丙戌	丁亥	戊子	己丑	庚寅	辛卯	壬辰	癸巳	甲午	乙未	丙申	丁酉	戊戌	己亥
五行	土	土	金	金	火	火	水	水	土	土	金	金	木	木	水	水	土	土	火	火	木	木	水	水	金	金	火	火	木	木
建星	执	执	破	危	成	收	开	闭	建	除	满	平	定	执	破	危	成	收	开	闭	建	除	满	平	定	执	破	危	成	收
廿八宿	胄	昴	毕	觜	参	井	鬼	柳	星	张	翼	轸	角	亢	氐	房	心	尾	箕	斗	牛	女	虚	危	室	壁	奎	娄	胄	昴

二月小建乙卯井宿　（四绿）

节气：惊蛰初二日一时十三分
春分十七日二时十三分

公历	5	6	7	8	9	10	11	12	13	14	15	16	17	18	19	20	21	22	23	24	25	26	27	28	29	30	31	四月	2	
农历	一	二	三	四	五	六	七	八	九	十	十一	十二	十三	十四	十五	十六	十七	十八	十九	二十	廿一	廿二	廿三	廿四	廿五	廿六	廿七	廿八	廿九	
星期	一	二	三	四	五	六	日	一	二	三	四	五	六	日	一	二	三	四	五	六	日	一	二	三	四	五	六	日	一	
干支	庚子	辛丑	壬寅	癸卯	甲辰	乙巳	丙午	丁未	戊申	己酉	庚戌	辛亥	壬子	癸丑	甲寅	乙卯	丙辰	丁巳	戊午	己未	庚申	辛酉	壬戌	癸亥	甲子	乙丑	丙寅	丁卯	戊辰	
五行	土	土	金	金	火	火	水	水	土	土	金	金	木	木	水	水	土	土	火	火	木	木	水	水	金	金	火	火	木	
建星	开	开	闭	建	除	满	平	定	执	破	危	成	收	开	闭	建	除	满	平	定	执	破	危	成	收	开	闭	建	除	
廿八宿	毕	觜	参	井	鬼	柳	星	张	翼	轸	角	亢	氐	房	心	尾	箕	斗	牛	女	虚	危	室	壁	奎	娄	胄	昴	毕	

三月大建丙辰鬼宿　（三碧）

节气：清明初三日六时十四分
谷雨十八日十三时三十分

公历	3	4	5	6	7	8	9	10	11	12	13	14	15	16	17	18	19	20	21	22	23	24	25	26	27	28	29	30	五月	2
农历	一	二	三	四	五	六	七	八	九	十	十一	十二	十三	十四	十五	十六	十七	十八	十九	二十	廿一	廿二	廿三	廿四	廿五	廿六	廿七	廿八	廿九	三十
星期	二	三	四	五	六	日	一	二	三	四	五	六	日	一	二	三	四	五	六	日	一	二	三	四	五	六	日	一	二	三
干支	己巳	庚午	辛未	壬申	癸酉	甲戌	乙亥	丙子	丁丑	戊寅	己卯	庚辰	辛巳	壬午	癸未	甲申	乙酉	丙戌	丁亥	戊子	己丑	庚寅	辛卯	壬辰	癸巳	甲午	乙未	丙申	丁酉	戊戌
五行	木	土	土	金	金	火	火	水	水	土	土	金	金	木	木	水	水	土	土	火	火	木	木	水	水	金	金	火	火	木
建星	满	平	平	定	执	破	危	成	收	开	闭	建	除	满	平	定	执	破	危	成	收	开	闭	建	除	满	平	定	执	破
廿八宿	觜	参	井	鬼	柳	星	张	翼	轸	角	亢	氐	房	心	尾	箕	斗	牛	女	虚	危	室	壁	奎	娄	胄	昴	毕	觜	参

岁次：癸丑	公元 1973 年（桑柘木）			水牛
太岁：朱得	年九紫星	山水贲卦	六水八运	轸

四月小建丁巳柳宿 （二黑）

节气：立夏初三日廿三时四十六分
小满十九日十二时五十四分

公历	3	4	5	6	7	8	9	10	11	12	13	14	15	16	17	18	19	20	21	22	23	24	25	26	27	28	29	30	31
农历	一	二	三	四	五	六	七	八	九	十	十一	十二	十三	十四	十五	十六	十七	十八	十九	二十	廿一	廿二	廿三	廿四	廿五	廿六	廿七	廿八	廿九
星期	四	五	六	日	一	二	三	四	五	六	日	一	二	三	四	五	六	日	一	二	三	四	五	六	日	一	二	三	四
干支	己亥	庚子	辛丑	壬寅	癸卯	甲辰	乙巳	丙午	丁未	戊申	己酉	庚戌	辛亥	壬子	癸丑	甲寅	乙卯	丙辰	丁巳	戊午	己未	庚申	辛酉	壬戌	癸亥	甲子	乙丑	丙寅	丁卯
五行	木	土	土	金	金	火	火	水	水	土	土	金	金	木	木	水	水	土	土	火	火	木	木	水	水	金	金	火	火
建星	危	成	成	收	开	闭	建	除	满	平	定	执	破	危	成	收	开	闭	建	除	满	平	定	执	破	危	成	收	开
廿八宿	井	鬼	柳	星	张	翼	轸	角	亢	氐	房	心	尾	箕	斗	牛	女	虚	危	室	壁	奎	娄	胃	昴	毕	觜	参	井

五月小建戊午星宿 （一白）

节气：芒种初六日四时七分
夏至廿一日廿一时一分

公历	六月	2	3	4	5	6	7	8	9	10	11	12	13	14	15	16	17	18	19	20	21	22	23	24	25	26	27	28	29
农历	一	二	三	四	五	六	七	八	九	十	十一	十二	十三	十四	十五	十六	十七	十八	十九	二十	廿一	廿二	廿三	廿四	廿五	廿六	廿七	廿八	廿九
星期	五	六	日	一	二	三	四	五	六	日	一	二	三	四	五	六	日	一	二	三	四	五	六	日	一	二	三	四	五
干支	戊辰	己巳	庚午	辛未	壬申	癸酉	甲戌	乙亥	丙子	丁丑	戊寅	己卯	庚辰	辛巳	壬午	癸未	甲申	乙酉	丙戌	丁亥	戊子	己丑	庚寅	辛卯	壬辰	癸巳	甲午	乙未	丙申
五行	木	木	土	土	金	金	火	火	水	水	土	土	金	金	木	木	水	水	土	土	火	火	木	木	水	水	金	金	火
建星	闭	建	除	满	平	平	定	执	破	危	成	收	开	闭	建	除	满	平	定	执	破	危	成	收	开	闭	建	除	满
廿八宿	鬼	柳	星	张	翼	轸	角	亢	氐	房	心	尾	箕	斗	牛	女	虚	危	室	壁	奎	娄	胃	昴	毕	觜	参	井	鬼

六月大建己未张宿 （九紫）

节气：小暑初八日十四时廿七分
大暑廿四日七时五十六分

公历	30	七月	2	3	4	5	6	7	8	9	10	11	12	13	14	15	16	17	18	19	20	21	22	23	24	25	26	27	28	29
农历	一	二	三	四	五	六	七	八	九	十	十一	十二	十三	十四	十五	十六	十七	十八	十九	二十	廿一	廿二	廿三	廿四	廿五	廿六	廿七	廿八	廿九	三十
星期	六	日	一	二	三	四	五	六	日	一	二	三	四	五	六	日	一	二	三	四	五	六	日	一	二	三	四	五	六	日
干支	丁酉	戊戌	己亥	庚子	辛丑	壬寅	癸卯	甲辰	乙巳	丙午	丁未	戊申	己酉	庚戌	辛亥	壬子	癸丑	甲寅	乙卯	丙辰	丁巳	戊午	己未	庚申	辛酉	壬戌	癸亥	甲子	乙丑	丙寅
五行	火	木	木	土	土	金	金	火	火	水	水	土	土	金	金	木	木	水	水	土	土	火	火	木	木	水	水	金	金	火
建星	平	定	执	破	危	成	收	收	开	闭	建	除	满	平	定	执	破	危	成	收	开	闭	建	除	满	平	定	执	破	危
廿八宿	柳	星	张	翼	轸	角	亢	氐	房	心	尾	箕	斗	牛	女	虚	危	室	壁	奎	娄	胃	昴	毕	觜	参	井	鬼	柳	星

岁次:癸丑	公元1973年(桑柘木)			水牛
太岁:朱得	年九紫星	山水贲卦	六水八运	轸

七月小建庚申翼宿 (八白)

节气:立秋 初十日零时十三分
处暑 廿五日十四时五十四分

公历	30	31	八月	2	3	4	5	6	7	8	9	10	11	12	13	14	15	16	17	18	19	20	21	22	23	24	25	26	27
农历	一	二	三	四	五	六	七	八	九	十	十一	十二	十三	十四	十五	十六	十七	十八	十九	二十	廿一	廿二	廿三	廿四	廿五	廿六	廿七	廿八	廿九
星期	一	二	三	四	五	六	日	一	二	三	四	五	六	日	一	二	三	四	五	六	日	一	二	三	四	五	六	日	一
干支	丁卯	戊辰	己巳	庚午	辛未	壬申	癸酉	甲戌	乙亥	丙子	丁丑	戊寅	己卯	庚辰	辛巳	壬午	癸未	甲申	乙酉	丙戌	丁亥	戊子	己丑	庚寅	辛卯	壬辰	癸巳	甲午	乙未
五行	火	木	木	土	土	金	金	火	火	水	水	土	土	金	金	木	木	水	水	土	土	火	火	木	木	水	水	金	金
建星	成	收	开	闭	建	除	满	平	定	定	执	破	危	成	收	开	闭	建	除	满	平	定	执	破	危	成	收	开	闭
廿八宿	张	翼	轸	角	亢	氐	房	心	尾	箕	斗	牛	女	虚	危	室	壁	奎	娄	胃	昴	毕	觜	参	井	鬼	柳	星	张

八月小建辛酉轸宿 (七赤)

节气:白露 十二日三时零分
秋分 廿七日十二时廿一分

公历	28	29	30	31	九月	2	3	4	5	6	7	8	9	10	11	12	13	14	15	16	17	18	19	20	21	22	23	24	25
农历	一	二	三	四	五	六	七	八	九	十	十一	十二	十三	十四	十五	十六	十七	十八	十九	二十	廿一	廿二	廿三	廿四	廿五	廿六	廿七	廿八	廿九
星期	二	三	四	五	六	日	一	二	三	四	五	六	日	一	二	三	四	五	六	日	一	二	三	四	五	六	日	一	二
干支	丙申	丁酉	戊戌	己亥	庚子	辛丑	壬寅	癸卯	甲辰	乙巳	丙午	丁未	戊申	己酉	庚戌	辛亥	壬子	癸丑	甲寅	乙卯	丙辰	丁巳	戊午	己未	庚申	辛酉	壬戌	癸亥	甲子
五行	火	火	木	木	土	土	金	金	火	火	水	水	土	土	金	金	木	木	水	水	土	土	火	火	木	木	水	水	金
建星	建	除	满	平	定	执	破	危	成	收	开	开	闭	建	除	满	平	定	执	破	危	成	收	开	闭	建	除	满	平
廿八宿	翼	轸	角	亢	氐	房	心	尾	箕	斗	牛	女	虚	危	室	壁	奎	娄	胃	昴	毕	觜	参	井	鬼	柳	星	张	翼

九月大建壬戌角宿 (六白)

节气:寒露 十三日十八时廿八分
霜降 廿八日廿一时卅一分

公历	26	27	28	29	30	十月	2	3	4	5	6	7	8	9	10	11	12	13	14	15	16	17	18	19	20	21	22	23	24	25
农历	一	二	三	四	五	六	七	八	九	十	十一	十二	十三	十四	十五	十六	十七	十八	十九	二十	廿一	廿二	廿三	廿四	廿五	廿六	廿七	廿八	廿九	三十
星期	三	四	五	六	日	一	二	三	四	五	六	日	一	二	三	四	五	六	日	一	二	三	四	五	六	日	一	二	三	四
干支	乙丑	丙寅	丁卯	戊辰	己巳	庚午	辛未	壬申	癸酉	甲戌	乙亥	丙子	丁丑	戊寅	己卯	庚辰	辛巳	壬午	癸未	甲申	乙酉	丙戌	丁亥	戊子	己丑	庚寅	辛卯	壬辰	癸巳	甲午
五行	金	火	火	木	木	土	土	金	金	火	火	水	水	土	土	金	金	木	木	水	水	土	土	火	火	木	木	水	水	金
建星	定	执	破	危	成	收	开	闭	建	除	满	平	平	定	执	破	危	成	收	开	闭	建	除	满	平	定	执	破	危	成
廿八宿	轸	角	亢	氐	房	心	尾	箕	斗	牛	女	虚	危	室	壁	奎	娄	胃	昴	毕	觜	参	井	鬼	柳	星	张	翼	轸	角

岁次:癸丑	公元 1973 年(桑柘木)			水牛
太岁:朱得	年九紫星	山水贲卦	六水八运	轸

十月大建癸亥亢宿　(五黄)

节气:立冬十三日廿一时廿八分
小雪廿八日十八时五十四分

公历	26	27	28	29	30	31	11月	2	3	4	5	6	7	8	9	10	11	12	13	14	15	16	17	18	19	20	21	22	23	24
农历	一	二	三	四	五	六	七	八	九	十	十一	十二	十三	十四	十五	十六	十七	十八	十九	二十	廿一	廿二	廿三	廿四	廿五	廿六	廿七	廿八	廿九	三十
星期	五	六	日	一	二	三	四	五	六	日	一	二	三	四	五	六	日	一	二	三	四	五	六	日	一	二	三	四	五	六
干支	乙未	丙申	丁酉	戊戌	己亥	庚子	辛丑	壬寅	癸卯	甲辰	乙巳	丙午	丁未	戊申	己酉	庚戌	辛亥	壬子	癸丑	甲寅	乙卯	丙辰	丁巳	戊午	己未	庚申	辛酉	壬戌	癸亥	甲子
五行	金	火	火	木	木	土	土	金	金	火	火	水	水	土	土	金	金	木	木	水	水	土	土	火	火	木	木	水	水	金
建星	收	开	闭	建	除	满	平	定	执	破	危	成	成	收	开	闭	建	除	满	平	定	执	破	危	成	收	开	闭	建	除
廿八宿	亢	氐	房	心	尾	箕	斗	牛	女	虚	危	室	壁	奎	娄	胄	昴	毕	觜	参	井	鬼	柳	星	张	翼	轸	角	亢	氐

十一月小建甲子氐宿　(四绿)

节气:大雪十三日十四时十一分
冬至廿八日八时八分

公历	25	26	27	28	29	30	12月	2	3	4	5	6	7	8	9	10	11	12	13	14	15	16	17	18	19	20	21	22	23	
农历	一	二	三	四	五	六	七	八	九	十	十一	十二	十三	十四	十五	十六	十七	十八	十九	二十	廿一	廿二	廿三	廿四	廿五	廿六	廿七	廿八	廿九	
星期	日	一	二	三	四	五	六	日	一	二	三	四	五	六	日	一	二	三	四	五	六	日	一	二	三	四	五	六	日	
干支	乙丑	丙寅	丁卯	戊辰	己巳	庚午	辛未	壬申	癸酉	甲戌	乙亥	丙子	丁丑	戊寅	己卯	庚辰	辛巳	壬午	癸未	甲申	乙酉	丙戌	丁亥	戊子	己丑	庚寅	辛卯	壬辰	癸巳	
五行	金	火	火	木	木	土	土	金	金	火	火	水	水	土	土	金	金	木	木	水	水	土	土	火	火	木	木	水	水	
建星	满	平	定	执	破	危	成	收	开	闭	建	除	除	满	平	定	执	破	危	成	收	开	闭	建	除	满	平	定	执	
廿八宿	房	心	尾	箕	斗	牛	女	虚	危	室	壁	奎	娄	胄	昴	毕	觜	参	井	鬼	柳	星	张	翼	轸	角	亢	氐	房	

十二月大建乙丑房宿　(三碧)

节气:小寒十四日一时二十分
大寒廿八日十八时四十六分

公历	24	25	26	27	28	29	30	31	一月	2	3	4	5	6	7	8	9	10	11	12	13	14	15	16	17	18	19	20	21	22
农历	一	二	三	四	五	六	七	八	九	十	十一	十二	十三	十四	十五	十六	十七	十八	十九	二十	廿一	廿二	廿三	廿四	廿五	廿六	廿七	廿八	廿九	三十
星期	一	二	三	四	五	六	日	一	二	三	四	五	六	日	一	二	三	四	五	六	日	一	二	三	四	五	六	日	一	二
干支	甲午	乙未	丙申	丁酉	戊戌	己亥	庚子	辛丑	壬寅	癸卯	甲辰	乙巳	丙午	丁未	戊申	己酉	庚戌	辛亥	壬子	癸丑	甲寅	乙卯	丙辰	丁巳	戊午	己未	庚申	辛酉	壬戌	癸亥
五行	金	金	火	火	木	木	土	土	金	金	火	火	水	水	土	土	金	金	木	木	水	水	土	土	火	火	木	木	水	水
建星	破	危	成	收	开	闭	建	除	满	平	定	执	破	破	危	成	收	开	闭	建	除	满	平	定	执	破	危	成	收	开
廿八宿	心	尾	箕	斗	牛	女	虚	危	室	壁	奎	娄	胄	昴	毕	觜	参	井	鬼	柳	星	张	翼	轸	角	亢	氐	房	心	尾

岁次:甲寅	公元1974年(大溪水)			木虎
太岁:张朝	年八白星	水火既济卦	七火九运	角

正月大建丙寅心宿 (二黑)

节气:立春十三日十三时
雨水廿八日八时五十九分

公历	23	24	25	26	27	28	29	30	31	二月	2	3	4	5	6	7	8	9	10	11	12	13	14	15	16	17	18	19	20	21
农历	一	二	三	四	五	六	七	八	九	十	十一	十二	十三	十四	十五	十六	十七	十八	十九	二十	廿一	廿二	廿三	廿四	廿五	廿六	廿七	廿八	廿九	三十
星期	三	四	五	六	日	一	二	三	四	五	六	日	一	二	三	四	五	六	日	一	二	三	四	五	六	日	一	二	三	四
干支	甲子	乙丑	丙寅	丁卯	戊辰	己巳	庚午	辛未	壬申	癸酉	甲戌	乙亥	丙子	丁丑	戊寅	己卯	庚辰	辛巳	壬午	癸未	甲申	乙酉	丙戌	丁亥	戊子	己丑	庚寅	辛卯	壬辰	癸巳
五行	金	金	火	火	木	木	土	土	金	金	火	火	水	水	土	土	金	金	木	木	水	水	土	土	火	火	木	木	水	水
建星	闭	建	除	满	平	定	执	破	危	成	收	开	开	闭	建	除	满	平	定	执	破	危	成	收	开	闭	建	除	满	平
廿八宿	箕	斗	牛	女	虚	危	室	壁	奎	娄	胃	昴	毕	觜	参	井	鬼	柳	星	张	翼	轸	角	亢	氐	房	心	尾	箕	斗

二月大建丁卯尾宿 (一白)

节气:惊蛰十三日七时七分
春分廿八日八时七分

公历	22	23	24	25	26	27	28	三月	2	3	4	5	6	7	8	9	10	11	12	13	14	15	16	17	18	19	20	21	22	23
农历	一	二	三	四	五	六	七	八	九	十	十一	十二	十三	十四	十五	十六	十七	十八	十九	二十	廿一	廿二	廿三	廿四	廿五	廿六	廿七	廿八	廿九	三十
星期	五	六	日	一	二	三	四	五	六	日	一	二	三	四	五	六	日	一	二	三	四	五	六	日	一	二	三	四	五	六
干支	甲午	乙未	丙申	丁酉	戊戌	己亥	庚子	辛丑	壬寅	癸卯	甲辰	乙巳	丙午	丁未	戊申	己酉	庚戌	辛亥	壬子	癸丑	甲寅	乙卯	丙辰	丁巳	戊午	己未	庚申	辛酉	壬戌	癸亥
五行	金	金	火	火	木	木	土	土	金	金	火	火	水	水	土	土	金	金	木	木	水	水	土	土	火	火	木	木	水	水
建星	定	执	破	危	成	收	开	闭	建	除	满	平	平	定	执	破	危	成	收	开	闭	建	除	满	平	定	执	破	危	成
廿八宿	牛	女	虚	危	室	壁	奎	娄	胃	昴	毕	觜	参	井	鬼	柳	星	张	翼	轸	角	亢	氐	房	心	尾	箕	斗	牛	女

三月小建戊辰箕宿 (九紫)

节气:清明十三日十二时五分
谷雨廿八日十九时十九分

公历	24	25	26	27	28	29	30	31	四月	2	3	4	5	6	7	8	9	10	11	12	13	14	15	16	17	18	19	20	21	
农历	一	二	二	四	五	六	七	八	九	十	十一	十二	十二	十四	十五	十六	十七	十八	十九	二十	廿一	廿二	廿三	廿四	廿五	廿六	廿七	廿八	廿九	
星期	日	一	二	三	四	五	六	日	一	二	三	四	五	六	日	一	二	三	四	五	六	日	一	二	三	四	五	六	日	
干支	甲子	乙丑	丙寅	丁卯	戊辰	己巳	庚午	辛未	壬申	癸酉	甲戌	乙亥	丙子	丁丑	戊寅	己卯	庚辰	辛巳	壬午	癸未	甲申	乙酉	丙戌	丁亥	戊子	己丑	庚寅	辛卯	壬辰	
五行	金	金	火	火	木	木	土	土	金	金	火	火	水	水	土	土	金	金	木	木	水	水	土	土	火	火	木	木	水	
建星	收	开	闭	建	除	满	平	定	执	破	危	成	成	收	开	闭	建	除	满	平	定	执	破	危	成	收	开	闭	建	
廿八宿	虚	危	室	壁	奎	娄	胃	昴	毕	觜	参	井	鬼	柳	星	张	翼	轸	角	亢	氐	房	心	尾	箕	斗	牛	女	虚	

岁次:甲寅	公元 1974 年(大溪水)		木虎
太岁:张朝	年八白星	水火既济卦	七火九运	角

四月大建己巳斗宿 (八白)

节气:立夏十五日五时卅四分
小满三十日十八时卅六分

公历	22	23	24	25	26	27	28	29	30	五月	2	3	4	5	6	7	8	9	10	11	12	13	14	15	16	17	18	19	20	21
农历	一	二	三	四	五	六	七	八	九	十	十一	十二	十三	十四	十五	十六	十七	十八	十九	二十	廿一	廿二	廿三	廿四	廿五	廿六	廿七	廿八	廿九	三十
星期	一	二	三	四	五	六	日	一	二	三	四	五	六	日	一	二	三	四	五	六	日	一	二	三	四	五	六	日	一	二
干支	癸巳	甲午	乙未	丙申	丁酉	戊戌	己亥	庚子	辛丑	壬寅	癸卯	甲辰	乙巳	丙午	丁未	戊申	己酉	庚戌	辛亥	壬子	癸丑	甲寅	乙卯	丙辰	丁巳	戊午	己未	庚申	辛酉	壬戌
五行	水	金	金	火	火	木	木	土	土	金	金	火	火	水	水	土	土	金	金	木	木	水	水	土	土	火	火	木	木	水
建星	除	满	平	定	执	破	危	成	收	开	闭	建	除	满	满	平	定	执	破	危	成	收	开	闭	建	除	满	平	定	执
廿八宿	危	室	壁	奎	娄	胃	昴	毕	觜	参	井	鬼	柳	星	张	翼	轸	角	亢	氐	房	心	尾	箕	斗	牛	女	虚	危	室

闰四月小

节气:芒种十六日九时五十二分

公历	22	23	24	25	26	27	28	29	30	31	六月	2	3	4	5	6	7	8	9	10	11	12	13	14	15	16	17	18	19	
农历	一	二	三	四	五	六	七	八	九	十	十一	十二	十三	十四	十五	十六	十七	十八	十九	二十	廿一	廿二	廿三	廿四	廿五	廿六	廿七	廿八	廿九	
星期	三	四	五	六	日	一	二	三	四	五	六	日	一	二	三	四	五	六	日	一	二	三	四	五	六	日	一	二	三	
干支	癸亥	甲子	乙丑	丙寅	丁卯	戊辰	己巳	庚午	辛未	壬申	癸酉	甲戌	乙亥	丙子	丁丑	戊寅	己卯	庚辰	辛巳	壬午	癸未	甲申	乙酉	丙戌	丁亥	戊子	己丑	庚寅	辛卯	
五行	水	金	金	火	火	木	木	土	土	金	金	火	火	水	水	土	土	金	金	木	木	水	水	土	土	火	火	木	木	
建星	破	危	成	收	开	闭	建	除	满	平	定	执	破	危	成	成	收	开	闭	建	除	满	平	定	执	破	危	成	收	
廿八宿	壁	奎	娄	胃	昴	毕	觜	参	井	鬼	柳	星	张	翼	轸	角	亢	氐	房	心	尾	箕	斗	牛	女	虚	危	室	壁	

五月小建庚午牛宿 (七赤)

节气:夏至初三日二时卅八分
小暑十八日二十时十一分

公历	20	21	22	23	24	25	26	27	28	29	30	七月	2	3	4	5	6	7	8	9	10	11	12	13	14	15	16	17	18	
农历	一	二	三	四	五	六	七	八	九	十	十一	十二	十三	十四	十五	十六	十七	十八	十九	二十	廿一	廿二	廿三	廿四	廿五	廿六	廿七	廿八	廿九	
星期	四	五	六	日	一	二	三	四	五	六	日	一	二	三	四	五	六	日	一	二	三	四	五	六	日	一	二	三	四	
干支	壬辰	癸巳	甲午	乙未	丙申	丁酉	戊戌	己亥	庚子	辛丑	壬寅	癸卯	甲辰	乙巳	丙午	丁未	戊申	己酉	庚戌	辛亥	壬子	癸丑	甲寅	乙卯	丙辰	丁巳	戊午	己未	庚申	
五行	水	水	金	金	火	火	木	木	土	土	金	金	火	火	水	水	土	土	金	金	木	木	水	水	土	土	火	火	木	
建星	开	闭	建	除	满	平	定	执	破	危	成	收	开	闭	建	除	满	满	平	定	执	破	危	成	收	开	闭	建	除	
廿八宿	奎	娄	胃	昴	毕	觜	参	井	鬼	柳	星	张	翼	轸	角	亢	氐	房	心	尾	箕	斗	牛	女	虚	危	室	壁	奎	

岁次：甲寅	公元1974年（大溪水）			木虎
太岁：张朝	年八白星	水火既济卦	七火九运	角

六月大建辛未女宿 （六白）

节气：大暑初五日十三时三十分
立秋廿一日五时五十七分

公历	19	20	21	22	23	24	25	26	27	28	29	30	31	八月	2	3	4	5	6	7	8	9	10	11	12	13	14	15	16	17
农历	一	二	三	四	五	六	七	八	九	十	十一	十二	十三	十四	十五	十六	十七	十八	十九	二十	廿一	廿二	廿三	廿四	廿五	廿六	廿七	廿八	廿九	三十
星期	五	六	日	一	二	三	四	五	六	日	一	二	三	四	五	六	日	一	二	三	四	五	六	日	一	二	三	四	五	六
干支	辛酉	壬戌	癸亥	甲子	乙丑	丙寅	丁卯	戊辰	己巳	庚午	辛未	壬申	癸酉	甲戌	乙亥	丙子	丁丑	戊寅	己卯	庚辰	辛巳	壬午	癸未	甲申	乙酉	丙戌	丁亥	戊子	己丑	庚寅
五行	木	水	水	金	金	火	火	木	木	土	土	金	金	火	火	水	水	土	土	金	金	木	木	水	水	土	土	火	火	木
建星	满	平	定	执	破	危	成	收	开	闭	建	除	满	平	定	执	破	危	成	收	收	开	闭	建	除	满	平	定	执	破
廿八宿	娄	胃	昴	毕	觜	参	井	鬼	柳	星	张	翼	轸	角	亢	氐	房	心	尾	箕	斗	牛	女	虚	危	室	壁	奎	娄	胃

七月小建壬申虚宿 （五黄）

节气：处暑初六日二十时廿九分
白露廿二日八时四十五分

公历	18	19	20	21	22	23	24	25	26	27	28	29	30	31	九月	2	3	4	5	6	7	8	9	10	11	12	13	14	15
农历	一	二	三	四	五	六	七	八	九	十	十一	十二	十三	十四	十五	十六	十七	十八	十九	二十	廿一	廿二	廿三	廿四	廿五	廿六	廿七	廿八	廿九
星期	日	一	二	三	四	五	六	日	一	二	三	四	五	六	日	一	二	三	四	五	六	日	一	二	三	四	五	六	日
干支	辛卯	壬辰	癸巳	甲午	乙未	丙申	丁酉	戊戌	己亥	庚子	辛丑	壬寅	癸卯	甲辰	乙巳	丙午	丁未	戊申	己酉	庚戌	辛亥	壬子	癸丑	甲寅	乙卯	丙辰	丁巳	戊午	己未
五行	木	水	水	金	金	火	火	木	木	土	土	金	金	火	火	水	水	土	土	金	金	木	木	水	水	土	土	火	火
建星	危	成	收	开	闭	建	除	满	平	定	执	破	危	成	收	开	闭	建	除	满	平	平	定	执	破	危	成	收	开
廿八宿	昴	毕	觜	参	井	鬼	柳	星	张	翼	轸	角	亢	氐	房	心	尾	箕	斗	牛	女	虚	危	室	壁	奎	娄	胃	昴

八月小建癸酉危宿 （四绿）

节气：秋分初八日十七时五十九分
寒露廿四日零时十五分

公历	16	17	18	19	20	21	22	23	24	25	26	27	28	29	30	十月	2	3	4	5	6	7	8	9	10	11	12	13	14
农历	一	二	三	四	五	六	七	八	九	十	十一	十二	十三	十四	十五	十六	十七	十八	十九	二十	廿一	廿二	廿三	廿四	廿五	廿六	廿七	廿八	廿九
星期	一	二	三	四	五	六	日	一	二	三	四	五	六	日	一	二	三	四	五	六	日	一	二	三	四	五	六	日	一
干支	庚申	辛酉	壬戌	癸亥	甲子	乙丑	丙寅	丁卯	戊辰	己巳	庚午	辛未	壬申	癸酉	甲戌	乙亥	丙子	丁丑	戊寅	己卯	庚辰	辛巳	壬午	癸未	甲申	乙酉	丙戌	丁亥	戊子
五行	木	木	水	水	金	金	火	火	木	木	土	土	金	金	火	火	水	水	土	土	金	金	木	木	水	水	土	土	火
建星	闭	建	除	满	平	定	执	破	危	成	收	开	闭	建	除	满	平	定	执	破	危	成	收	收	开	闭	建	除	满
廿八宿	毕	觜	参	井	鬼	柳	星	张	翼	轸	角	亢	氐	房	心	尾	箕	斗	牛	女	虚	危	室	壁	奎	娄	胃	昴	毕

岁次:甲寅	公元1974年(大溪水)			木虎
太岁:张朝	年八白星	水火既济卦	七火九运	角

九月大建甲戌室宿 (三碧) 节气:霜降初十日三时十一分 立冬廿五日三时十八分

公历	15	16	17	18	19	20	21	22	23	24	25	26	27	28	29	30	31	11月	2	3	4	5	6	7	8	9	10	11	12	13
农历	一	二	三	四	五	六	七	八	九	十	十一	十二	十三	十四	十五	十六	十七	十八	十九	二十	廿一	廿二	廿三	廿四	廿五	廿六	廿七	廿八	廿九	三十
星期	二	三	四	五	六	日	一	二	三	四	五	六	日	一	二	三	四	五	六	日	一	二	三	四	五	六	日	一	二	三
干支	己丑	庚寅	辛卯	壬辰	癸巳	甲午	乙未	丙申	丁酉	戊戌	己亥	庚子	辛丑	壬寅	癸卯	甲辰	乙巳	丙午	丁未	戊申	己酉	庚戌	辛亥	壬子	癸丑	甲寅	乙卯	丙辰	丁巳	戊午
五行	火	木	木	水	水	金	金	火	火	木	木	土	土	金	金	火	火	水	水	土	土	金	金	木	木	水	水	土	土	火
建星	平	定	执	破	危	成	收	开	闭	建	除	满	平	定	执	破	危	成	收	开	闭	建	除	满	满	平	定	执	破	危
廿八宿	觜	参	井	鬼	柳	星	张	翼	轸	角	亢	氐	房	心	尾	箕	斗	牛	女	虚	危	室	壁	奎	娄	胃	昴	毕	觜	参

十月大建乙亥壁宿 (二黑) 节气:小雪初十日零时卅九分 大雪廿四日二十时五分

公历	14	15	16	17	18	19	20	21	22	23	24	25	26	27	28	29	30	12月	2	3	4	5	6	7	8	9	10	11	12	13
农历	一	二	三	四	五	六	七	八	九	十	十一	十二	十三	十四	十五	十六	十七	十八	十九	二十	廿一	廿二	廿三	廿四	廿五	廿六	廿七	廿八	廿九	三十
星期	四	五	六	日	一	二	三	四	五	六	日	一	二	三	四	五	六	日	一	二	三	四	五	六	日	一	二	三	四	五
干支	己未	庚申	辛酉	壬戌	癸亥	甲子	乙丑	丙寅	丁卯	戊辰	己巳	庚午	辛未	壬申	癸酉	甲戌	乙亥	丙子	丁丑	戊寅	己卯	庚辰	辛巳	壬午	癸未	甲申	乙酉	丙戌	丁亥	戊子
五行	火	木	木	水	水	金	金	火	火	木	木	土	土	金	金	火	火	水	水	土	土	金	金	木	木	水	水	土	土	火
建星	成	收	开	闭	建	除	满	平	定	执	破	危	成	收	开	闭	建	除	满	平	定	执	破	破	危	成	收	开	闭	建
廿八宿	井	鬼	柳	星	张	翼	轸	角	亢	氐	房	心	尾	箕	斗	牛	女	虚	危	室	壁	奎	娄	胃	昴	毕	觜	参	井	鬼

十一月小建丙子奎宿 (一白) 节气:冬至初九日十三时五十六分 小寒廿四日七时十八分

公历	14	15	16	17	18	19	20	21	22	23	24	25	26	27	28	29	30	31	一月	2	3	4	5	6	7	8	9	10	11	
农历	一	二	三	四	五	六	七	八	九	十	十一	十二	十三	十四	十五	十六	十七	十八	十九	二十	廿一	廿二	廿三	廿四	廿五	廿六	廿七	廿八	廿九	
星期	六	日	一	二	三	四	五	六	日	一	二	三	四	五	六	日	一	二	三	四	五	六	日	一	二	三	四	五	六	
干支	己丑	庚寅	辛卯	壬辰	癸巳	甲午	乙未	丙申	丁酉	戊戌	己亥	庚子	辛丑	壬寅	癸卯	甲辰	乙巳	丙午	丁未	戊申	己酉	庚戌	辛亥	壬子	癸丑	甲寅	乙卯	丙辰	丁巳	
五行	火	木	木	水	水	金	金	火	火	木	木	土	土	金	金	火	火	水	水	土	土	金	金	木	木	水	水	土	土	
建星	除	满	平	定	执	破	危	成	收	开	闭	建	除	满	平	定	执	破	危	成	收	开	闭	闭	建	除	满	平	定	
廿八宿	柳	星	张	翼	轸	角	亢	氐	房	心	尾	箕	斗	牛	女	虚	危	室	壁	奎	娄	胃	昴	毕	觜	参	井	鬼	柳	

十二月大建丁丑娄宿 (九紫) 节气:大寒初十日零时卅七分 立春廿四日十八时五十九分

公历	12	13	14	15	16	17	18	19	20	21	22	23	24	25	26	27	28	29	30	31	二月	2	3	4	5	6	7	8	9	10
农历	一	二	三	四	五	六	七	八	九	十	十一	十二	十三	十四	十五	十六	十七	十八	十九	二十	廿一	廿二	廿三	廿四	廿五	廿六	廿七	廿八	廿九	三十
星期	日	一	二	三	四	五	六	日	一	二	三	四	五	六	日	一	二	三	四	五	六	日	一	二	三	四	五	六	日	一
干支	戊午	己未	庚申	辛酉	壬戌	癸亥	甲子	乙丑	丙寅	丁卯	戊辰	己巳	庚午	辛未	壬申	癸酉	甲戌	乙亥	丙子	丁丑	戊寅	己卯	庚辰	辛巳	壬午	癸未	甲申	乙酉	丙戌	丁亥
五行	火	火	木	木	水	水	金	金	火	火	木	木	土	土	金	金	火	火	水	水	土	土	金	金	木	木	水	水	土	土
建星	执	破	危	成	收	开	闭	建	除	满	平	定	执	破	危	成	收	开	闭	建	除	满	平	平	定	执	破	危	成	收
廿八宿	星	张	翼	轸	角	亢	氐	房	心	尾	箕	斗	牛	女	虚	危	室	壁	奎	娄	胃	昴	毕	觜	参	井	鬼	柳	星	张

岁次：乙卯	公元1975年（大溪水）			木兔
太岁：万清	年七赤星	地泽临卦	一水四运	亢

正月大建戊寅胃宿 （八白）

节气：雨水初九日十四时五十分
惊蛰廿四日十三时六分

公历	11	12	13	14	15	16	17	18	19	20	21	22	23	24	25	26	27	28	三月	2	3	4	5	6	7	8	9	10	11	12
农历	一	二	三	四	五	六	七	八	九	十	十一	十二	十三	十四	十五	十六	十七	十八	十九	二十	廿一	廿二	廿三	廿四	廿五	廿六	廿七	廿八	廿九	三十
星期	二	三	四	五	六	日	一	二	三	四	五	六	日	一	二	三	四	五	六	日	一	二	三	四	五	六	日	一	二	三
干支	戊子	己丑	庚寅	辛卯	壬辰	癸巳	甲午	乙未	丙申	丁酉	戊戌	己亥	庚子	辛丑	壬寅	癸卯	甲辰	乙巳	丙午	丁未	戊申	己酉	庚戌	辛亥	壬子	癸丑	甲寅	乙卯	丙辰	丁巳
五行	火	火	木	木	水	水	金	金	火	火	木	木	土	土	金	金	火	火	水	水	土	土	金	金	木	木	水	水	土	土
建星	开	闭	建	除	满	平	定	执	破	危	成	收	开	闭	建	除	满	平	定	执	破	危	成	成	收	开	闭	建	除	满
廿八宿	翼	轸	角	亢	氐	房	心	尾	箕	斗	牛	女	虚	危	室	壁	奎	娄	胃	昴	毕	觜	参	井	鬼	柳	星	张	翼	轸

二月大建己卯昴宿 （七赤）

节气：春分初九日十三时五十七分
清明廿四日十八时二分

公历	13	14	15	16	17	18	19	20	21	22	23	24	25	26	27	28	29	30	31	四月	2	3	4	5	6	7	8	9	10	11
农历	一	二	三	四	五	六	七	八	九	十	十一	十二	十三	十四	十五	十六	十七	十八	十九	二十	廿一	廿二	廿三	廿四	廿五	廿六	廿七	廿八	廿九	三十
星期	四	五	六	日	一	二	三	四	五	六	日	一	二	三	四	五	六	日	一	二	三	四	五	六	日	一	二	三	四	五
干支	戊午	己未	庚申	辛酉	壬戌	癸亥	甲子	乙丑	丙寅	丁卯	戊辰	己巳	庚午	辛未	壬申	癸酉	甲戌	乙亥	丙子	丁丑	戊寅	己卯	庚辰	辛巳	壬午	癸未	甲申	乙酉	丙戌	丁亥
五行	火	火	木	木	水	水	金	金	火	火	木	木	土	土	金	金	火	火	水	水	土	土	金	金	木	木	水	水	土	土
建星	平	定	执	破	危	成	收	开	闭	建	除	满	平	定	执	破	危	成	收	开	闭	建	除	除	满	平	定	执	破	危
廿八宿	角	亢	氐	房	心	尾	箕	斗	牛	女	虚	危	室	壁	奎	娄	胃	昴	毕	觜	参	井	鬼	柳	星	张	翼	轸	角	亢

三月小建庚辰毕宿 （六白）

节气：谷雨初十日一时七分
立夏廿五日十一时廿七分

公历	12	13	14	15	16	17	18	19	20	21	22	23	24	25	26	27	28	29	30	五月	2	3	4	5	6	7	8	9	10
农历	一	二	三	四	五	六	七	八	九	十	十一	十二	十三	十四	十五	十六	十七	十八	十九	二十	廿一	廿二	廿三	廿四	廿五	廿六	廿七	廿八	廿九
星期	六	日	一	二	三	四	五	六	日	一	二	三	四	五	六	日	一	二	三	四	五	六	日	一	二	三	四	五	六
干支	戊子	己丑	庚寅	辛卯	壬辰	癸巳	甲午	乙未	丙申	丁酉	戊戌	己亥	庚子	辛丑	壬寅	癸卯	甲辰	乙巳	丙午	丁未	戊申	己酉	庚戌	辛亥	壬子	癸丑	甲寅	乙卯	丙辰
五行	火	火	木	木	水	水	金	金	火	火	木	木	土	土	金	金	火	火	水	水	土	土	金	金	木	木	水	水	土
建星	成	收	开	闭	建	除	满	平	定	执	破	危	成	收	开	闭	建	除	满	平	定	执	破	危	危	成	收	开	闭
廿八宿	氐	房	心	尾	箕	斗	牛	女	虚	危	室	壁	奎	娄	胃	昴	毕	觜	参	井	鬼	柳	星	张	翼	轸	角	亢	氐

岁次：乙卯	公元 1975 年（大溪水）			木兔
太岁：万清	年七赤星	地泽临卦	一水四运	亢

四月大建辛巳觜宿 （五黄）

节气：小满十二日零时廿四分
芒种廿七日十五时四十二分

公历	11	12	13	14	15	16	17	18	19	20	21	22	23	24	25	26	27	28	29	30	31	六月	2	3	4	5	6	7	8	9
农历	一	二	三	四	五	六	七	八	九	十	十一	十二	十三	十四	十五	十六	十七	十八	十九	二十	廿一	廿二	廿三	廿四	廿五	廿六	廿七	廿八	廿九	三十
星期	日	一	二	三	四	五	六	日	一	二	三	四	五	六	日	一	二	三	四	五	六	日	一	二	三	四	五	六	日	一
干支	丁巳	戊午	己未	庚申	辛酉	壬戌	癸亥	甲子	乙丑	丙寅	丁卯	戊辰	己巳	庚午	辛未	壬申	癸酉	甲戌	乙亥	丙子	丁丑	戊寅	己卯	庚辰	辛巳	壬午	癸未	甲申	乙酉	丙戌
五行	土	火	火	木	木	水	水	金	金	火	火	木	木	土	土	金	金	火	火	水	水	土	土	金	金	木	木	水	水	土
建星	建	除	满	平	定	执	破	危	成	收	开	闭	建	除	满	平	定	执	破	危	成	收	开	闭	建	除	除	满	平	定
廿八宿	房	心	尾	箕	斗	牛	女	虚	危	室	壁	奎	娄	胃	昴	毕	觜	参	井	鬼	柳	星	张	翼	轸	角	亢	氐	房	心

五月小建壬午参宿 （四绿）

节气：夏至十三日八时廿六分
小暑廿九日一时五十九分

公历	10	11	12	13	14	15	16	17	18	19	20	21	22	23	24	25	26	27	28	29	30	七月	2	3	4	5	6	7	8	
农历	一	二	三	四	五	六	七	八	九	十	十一	十二	十三	十四	十五	十六	十七	十八	十九	二十	廿一	廿二	廿三	廿四	廿五	廿六	廿七	廿八	廿九	
星期	二	三	四	五	六	日	一	二	三	四	五	六	日	一	二	三	四	五	六	日	一	二	三	四	五	六	日	一	二	
干支	丁亥	戊子	己丑	庚寅	辛卯	壬辰	癸巳	甲午	乙未	丙申	丁酉	戊戌	己亥	庚子	辛丑	壬寅	癸卯	甲辰	乙巳	丙午	丁未	戊申	己酉	庚戌	辛亥	壬子	癸丑	甲寅	乙卯	
五行	土	火	火	木	木	水	水	金	金	火	火	木	木	土	土	金	金	火	火	水	水	土	土	金	金	木	木	水	水	
建星	执	破	危	成	收	开	闭	建	除	满	平	定	执	破	危	成	收	开	闭	建	除	满	平	定	执	破	危	成	成	
廿八宿	尾	箕	斗	牛	女	虚	危	室	壁	奎	娄	胃	昴	毕	觜	参	井	鬼	柳	星	张	翼	轸	角	亢	氐	房	心	尾	

六月小建癸未井宿 （三碧）

节气：大暑十五日十九时廿二分

公历	9	10	11	12	13	14	15	16	17	18	19	20	21	22	23	24	25	26	27	28	29	30	31	八月	2	3	4	5	6	
农历	一	二	三	四	五	六	七	八	九	十	十一	十二	十三	十四	十五	十六	十七	十八	十九	二十	廿一	廿二	廿三	廿四	廿五	廿六	廿七	廿八	廿九	
星期	三	四	五	六	日	一	二	三	四	五	六	日	一	二	三	四	五	六	日	一	二	三	四	五	六	日	一	二	三	
干支	丙辰	丁巳	戊午	己未	庚申	辛酉	壬戌	癸亥	甲子	乙丑	丙寅	丁卯	戊辰	己巳	庚午	辛未	壬申	癸酉	甲戌	乙亥	丙子	丁丑	戊寅	己卯	庚辰	辛巳	壬午	癸未	甲申	
五行	土	土	火	火	木	木	水	水	金	金	火	火	木	木	土	土	金	金	火	火	水	水	土	土	金	金	木	木	水	
建星	收	开	闭	建	除	满	平	定	执	破	危	成	收	开	闭	建	除	满	平	定	执	破	危	成	收	开	闭	建	除	
廿八宿	箕	斗	牛	女	虚	危	室	壁	奎	娄	胃	昴	毕	觜	参	井	鬼	柳	星	张	翼	轸	角	亢	氐	房	心	尾	箕	

岁次：乙卯	公元1975年（大溪水）			木兔
太岁：万清	年七赤星	地泽临卦	一水四运	亢

七月大建甲申鬼宿　（二黑）

节气：立秋初二日十一时四十五分
处暑十八日二时廿四分

公历	7	8	9	10	11	12	13	14	15	16	17	18	19	20	21	22	23	24	25	26	27	28	29	30	31	九月	2	3	4	5
农历	一	二	三	四	五	六	七	八	九	十	十一	十二	十三	十四	十五	十六	十七	十八	十九	二十	廿一	廿二	廿三	廿四	廿五	廿六	廿七	廿八	廿九	三十
星期	四	五	六	日	一	二	三	四	五	六	日	一	二	三	四	五	六	日	一	二	三	四	五	六	日	一	二	三	四	五
干支	乙酉	丙戌	丁亥	戊子	己丑	庚寅	辛卯	壬辰	癸巳	甲午	乙未	丙申	丁酉	戊戌	己亥	庚子	辛丑	壬寅	癸卯	甲辰	乙巳	丙午	丁未	戊申	己酉	庚戌	辛亥	壬子	癸丑	甲寅
五行	水	土	土	火	火	木	木	水	水	金	金	火	火	木	木	土	土	金	金	火	火	水	水	土	土	金	金	木	木	水
建星	满	满	平	定	执	破	危	成	收	开	闭	建	除	满	平	定	执	破	危	成	收	开	闭	建	除	满	平	定	执	破
廿八宿	斗	牛	女	虚	危	室	壁	奎	娄	胃	昴	毕	觜	参	井	鬼	柳	星	张	翼	轸	角	亢	氐	房	心	尾	箕	斗	牛

八月小建乙酉柳宿　（一白）

节气：白露初三日十四时卅四分
秋分十八日廿三时四十五分

公历	6	7	8	9	10	11	12	13	14	15	16	17	18	19	20	21	22	23	24	25	26	27	28	29	30	十月	2	3	4
农历	一	二	三	四	五	六	七	八	九	十	十一	十二	十三	十四	十五	十六	十七	十八	十九	二十	廿一	廿二	廿三	廿四	廿五	廿六	廿七	廿八	廿九
星期	六	日	一	二	三	四	五	六	日	一	二	三	四	五	六	日	一	二	三	四	五	六	日	一	二	三	四	五	六
干支	乙卯	丙辰	丁巳	戊午	己未	庚申	辛酉	壬戌	癸亥	甲子	乙丑	丙寅	丁卯	戊辰	己巳	庚午	辛未	壬申	癸酉	甲戌	乙亥	丙子	丁丑	戊寅	己卯	庚辰	辛巳	壬午	癸未
五行	水	土	土	火	火	木	木	水	水	金	金	火	火	木	木	土	土	金	金	火	火	水	水	土	土	金	金	木	木
建星	危	成	成	收	开	闭	建	除	满	平	定	执	破	危	成	收	开	闭	建	除	满	平	定	执	破	危	成	收	开
廿八宿	女	虚	危	室	壁	奎	娄	胃	昴	毕	觜	参	井	鬼	柳	星	张	翼	轸	角	亢	氐	房	心	尾	箕	斗	牛	女

九月小建丙戌星宿　（九紫）

节气：寒露初五日六时二分
霜降二十日九时六分

公历	5	6	7	8	9	10	11	12	13	14	15	16	17	18	19	20	21	22	23	24	25	26	27	28	29	30	31	11月	2
农历	一	二	三	四	五	六	七	八	九	十	十一	十二	十三	十四	十五	十六	十七	十八	十九	二十	廿一	廿二	廿三	廿四	廿五	廿六	廿七	廿八	廿九
星期	日	一	二	三	四	五	六	日	一	二	三	四	五	六	日	一	二	三	四	五	六	日	一	二	三	四	五	六	日
干支	甲申	乙酉	丙戌	丁亥	戊子	己丑	庚寅	辛卯	壬辰	癸巳	甲午	乙未	丙申	丁酉	戊戌	己亥	庚子	辛丑	壬寅	癸卯	甲辰	乙巳	丙午	丁未	戊申	己酉	庚戌	辛亥	壬子
五行	水	水	土	土	火	火	木	木	水	水	金	金	火	火	木	木	土	土	金	金	火	火	水	水	土	土	金	金	木
建星	闭	建	除	满	满	平	定	执	破	危	成	收	开	闭	建	除	满	平	定	执	破	危	成	收	开	闭	建	除	满
廿八宿	虚	危	室	壁	奎	娄	胃	昴	毕	觜	参	井	鬼	柳	星	张	翼	轸	角	亢	氐	房	心	尾	箕	斗	牛	女	虚

岁次：乙卯	公元1975年（大溪水）			木兔
太岁：万清	年七赤星	地泽临卦	一水四运	亢

十月大建丁亥张宿 （八白）

节气：立冬初六日九时三分
小雪廿一日六时卅一分

公历	3	4	5	6	7	8	9	10	11	12	13	14	15	16	17	18	19	20	21	22	23	24	25	26	27	28	29	30	12月	2
农历	一	二	三	四	五	六	七	八	九	十	十一	十二	十三	十四	十五	十六	十七	十八	十九	二十	廿一	廿二	廿三	廿四	廿五	廿六	廿七	廿八	廿九	三十
星期	一	二	三	四	五	六	日	一	二	三	四	五	六	日	一	二	三	四	五	六	日	一	二	三	四	五	六	日	一	二
干支	癸丑	甲寅	乙卯	丙辰	丁巳	戊午	己未	庚申	辛酉	壬戌	癸亥	甲子	乙丑	丙寅	丁卯	戊辰	己巳	庚午	辛未	壬申	癸酉	甲戌	乙亥	丙子	丁丑	戊寅	己卯	庚辰	辛巳	壬午
五行	木	水	水	土	土	火	火	木	木	水	水	金	金	火	火	木	木	土	土	金	金	火	火	水	水	土	土	金	金	木
建星	平	定	执	破	危	危	成	收	开	闭	建	除	满	平	定	执	破	危	成	收	开	闭	建	除	满	平	定	执	破	危
廿八宿	危	室	壁	奎	娄	胃	昴	毕	觜	参	井	鬼	柳	星	张	翼	轸	角	亢	氐	房	心	尾	箕	斗	牛	女	虚	危	室

十一月小建戊子翼宿 （七赤）

节气：大雪初六日一时四十七分
冬至二十日十九时四十六分

公历	3	4	5	6	7	8	9	10	11	12	13	14	15	16	17	18	19	20	21	22	23	24	25	26	27	28	29	30	31	
农历	一	二	三	四	五	六	七	八	九	十	十一	十二	十三	十四	十五	十六	十七	十八	十九	二十	廿一	廿二	廿三	廿四	廿五	廿六	廿七	廿八	廿九	
星期	三	四	五	六	日	一	二	三	四	五	六	日	一	二	三	四	五	六	日	一	二	三	四	五	六	日	一	二	三	
干支	癸未	甲申	乙酉	丙戌	丁亥	戊子	己丑	庚寅	辛卯	壬辰	癸巳	甲午	乙未	丙申	丁酉	戊戌	己亥	庚子	辛丑	壬寅	癸卯	甲辰	乙巳	丙午	丁未	戊申	己酉	庚戌	辛亥	
五行	木	水	水	土	土	火	火	木	木	水	水	金	金	火	火	木	木	土	土	金	金	火	火	水	水	土	土	金	金	
建星	成	收	开	闭	建	建	除	满	平	定	执	破	危	成	收	开	闭	建	除	满	平	定	执	破	危	成	收	开	闭	
廿八宿	壁	奎	娄	胃	昴	毕	觜	参	井	鬼	柳	星	张	翼	轸	角	亢	氐	房	心	尾	箕	斗	牛	女	虚	危	室	壁	

十二月大建己丑轸宿 （六白）

节气：小寒初六日十二时五十八分
大寒廿一日六时廿五分

公历	一月	2	3	4	5	6	7	8	9	10	11	12	13	14	15	16	17	18	19	20	21	22	23	24	25	26	27	28	29	30
农历	一	二	三	四	五	六	七	八	九	十	十一	十二	十三	十四	十五	十六	十七	十八	十九	二十	廿一	廿二	廿三	廿四	廿五	廿六	廿七	廿八	廿九	三十
星期	四	五	六	日	一	二	三	四	五	六	日	一	二	三	四	五	六	日	一	二	三	四	五	六	日	一	二	三	四	五
干支	壬子	癸丑	甲寅	乙卯	丙辰	丁巳	戊午	己未	庚申	辛酉	壬戌	癸亥	甲子	乙丑	丙寅	丁卯	戊辰	己巳	庚午	辛未	壬申	癸酉	甲戌	乙亥	丙子	丁丑	戊寅	己卯	庚辰	辛巳
五行	木	木	水	水	土	土	火	火	木	木	水	水	金	金	火	火	木	木	土	土	金	金	火	火	水	水	土	土	金	金
建星	建	除	满	平	定	定	执	破	危	成	收	开	闭	建	除	满	平	定	执	破	危	成	收	开	闭	建	除	满	平	定
廿八宿	奎	娄	胃	昴	毕	觜	参	井	鬼	柳	星	张	翼	轸	角	亢	氐	房	心	尾	箕	斗	牛	女	虚	危	室	壁	奎	娄

岁次:丙辰	公元1976年(沙中土)			火龙
太岁:辛亚	年六白星	兑为泽卦	四金一运	氏

正月大建庚寅角宿 （五黄）

节气：立春初六日零时四十分
雨水二十日二十时四十分

公历	31	二月	2	3	4	5	6	7	8	9	10	11	12	13	14	15	16	17	18	19	20	21	22	23	24	25	26	27	28	29
农历	一	二	三	四	五	六	七	八	九	十	十一	十二	十三	十四	十五	十六	十七	十八	十九	二十	廿一	廿二	廿三	廿四	廿五	廿六	廿七	廿八	廿九	三十
星期	六	日	一	二	三	四	五	六	日	一	二	三	四	五	六	日	一	二	三	四	五	六	日	一	二	三	四	五	六	日
干支	壬午	癸未	甲申	乙酉	丙戌	丁亥	戊子	己丑	庚寅	辛卯	壬辰	癸巳	甲午	乙未	丙申	丁酉	戊戌	己亥	庚子	辛丑	壬寅	癸卯	甲辰	乙巳	丙午	丁未	戊申	己酉	庚戌	辛亥
五行	木	木	水	水	土	土	火	火	木	木	水	水	金	金	火	火	木	木	土	土	金	金	火	火	水	水	土	土	金	金
建星	执	破	危	成	收	收	开	闭	建	除	满	平	定	执	破	危	成	收	开	闭	建	除	满	平	定	执	破	危	成	收
廿八宿	胃	昴	毕	觜	参	井	鬼	柳	星	张	翼	轸	角	亢	氐	房	心	尾	箕	斗	牛	女	虚	危	室	壁	奎	娄	胃	昴

二月大建辛卯亢宿 （四绿）

节气：惊蛰初五日十八时四十八分
春分二十日十九时五十分

公历	三月	2	3	4	5	6	7	8	9	10	11	12	13	14	15	16	17	18	19	20	21	22	23	24	25	26	27	28	29	30
农历	一	二	三	四	五	六	七	八	九	十	十一	十二	十三	十四	十五	十六	十七	十八	十九	二十	廿一	廿二	廿三	廿四	廿五	廿六	廿七	廿八	廿九	三十
星期	一	二	三	四	五	六	日	一	二	三	四	五	六	日	一	二	三	四	五	六	日	一	二	三	四	五	六	日	一	二
干支	壬子	癸丑	甲寅	乙卯	丙辰	丁巳	戊午	己未	庚申	辛酉	壬戌	癸亥	甲子	乙丑	丙寅	丁卯	戊辰	己巳	庚午	辛未	壬申	癸酉	甲戌	乙亥	丙子	丁丑	戊寅	己卯	庚辰	辛巳
五行	木	木	水	水	土	土	火	火	木	木	水	水	金	金	火	火	木	木	土	土	金	金	火	火	水	水	土	土	金	金
建星	开	闭	建	除	除	满	平	定	执	破	危	成	收	开	闭	建	除	满	平	定	执	破	危	成	收	开	闭	建	除	满
廿八宿	毕	觜	参	井	鬼	柳	星	张	翼	轸	角	亢	氐	房	心	尾	箕	斗	牛	女	虚	危	室	壁	奎	娄	胃	昴	毕	觜

三月小建壬辰氐宿 （三碧）

节气：清明初五日廿三时四十七分
谷雨廿一日七时三分

公历	31	四月	2	3	4	5	6	7	8	9	10	11	12	13	14	15	16	17	18	19	20	21	22	23	24	25	26	27	28
农历	一	二	三	四	五	六	七	八	九	十	十一	十二	十三	十四	十五	十六	十七	十八	十九	二十	廿一	廿二	廿三	廿四	廿五	廿六	廿七	廿八	廿九
星期	三	四	五	六	日	一	二	三	四	五	六	日	一	二	三	四	五	六	日	一	二	三	四	五	六	日	一	二	三
干支	壬午	癸未	甲申	乙酉	丙戌	丁亥	戊子	己丑	庚寅	辛卯	壬辰	癸巳	甲午	乙未	丙申	丁酉	戊戌	己亥	庚子	辛丑	壬寅	癸卯	甲辰	乙巳	丙午	丁未	戊申	己酉	庚戌
五行	木	木	水	水	土	土	火	火	木	木	水	水	金	金	火	火	木	木	土	土	金	金	火	火	水	水	土	土	金
建星	平	定	执	破	破	危	成	收	开	闭	建	除	满	平	定	执	破	危	成	收	开	闭	建	除	满	平	定	执	破
廿八宿	参	井	鬼	柳	星	张	翼	轸	角	亢	氐	房	心	尾	箕	斗	牛	女	虚	危	室	壁	奎	娄	胃	昴	毕	觜	参

岁次：丙辰	公元1976年（沙中土）			火龙
太岁：辛亚	年六白星	兑为泽卦	四金一运	氏

四月大建癸巳房宿 （二黑）

节气：立夏初七日十七时十四分
小满廿三日六时廿一分

公历	29	30	五月	2	3	4	5	6	7	8	9	10	11	12	13	14	15	16	17	18	19	20	21	22	23	24	25	26	27	28
农历	一	二	三	四	五	六	七	八	九	十	十一	十二	十三	十四	十五	十六	十七	十八	十九	二十	廿一	廿二	廿三	廿四	廿五	廿六	廿七	廿八	廿九	三十
星期	四	五	六	日	一	二	三	四	五	六	日	一	二	三	四	五	六	日	一	二	三	四	五	六	日	一	二	三	四	五
干支	辛亥	壬子	癸丑	甲寅	乙卯	丙辰	丁巳	戊午	己未	庚申	辛酉	壬戌	癸亥	甲子	乙丑	丙寅	丁卯	戊辰	己巳	庚午	辛未	壬申	癸酉	甲戌	乙亥	丙子	丁丑	戊寅	己卯	庚辰
五行	金	木	木	水	水	土	土	火	火	木	木	水	水	金	金	火	火	木	木	土	土	金	金	火	火	水	水	土	土	金
建星	危	成	收	开	闭	建	建	除	满	平	定	执	破	危	成	收	开	闭	建	除	满	平	定	执	破	危	成	收	开	闭
廿八宿	井	鬼	柳	星	张	翼	轸	角	亢	氐	房	心	尾	箕	斗	牛	女	虚	危	室	壁	奎	娄	胃	昴	毕	觜	参	井	鬼

五月小建甲午心宿 （一白）

节气：芒种初八日廿一时卅一分
夏至廿四日十四时廿四分

公历	29	30	31	六月	2	3	4	5	6	7	8	9	10	11	12	13	14	15	16	17	18	19	20	21	22	23	24	25	26	
农历	一	二	三	四	五	六	七	八	九	十	十一	十二	十三	十四	十五	十六	十七	十八	十九	二十	廿一	廿二	廿三	廿四	廿五	廿六	廿七	廿八	廿九	
星期	六	日	一	二	三	四	五	六	日	一	二	三	四	五	六	日	一	二	三	四	五	六	日	一	二	三	四	五	六	
干支	辛巳	壬午	癸未	甲申	乙酉	丙戌	丁亥	戊子	己丑	庚寅	辛卯	壬辰	癸巳	甲午	乙未	丙申	丁酉	戊戌	己亥	庚子	辛丑	壬寅	癸卯	甲辰	乙巳	丙午	丁未	戊申	己酉	
五行	金	木	木	水	水	土	土	火	火	木	木	水	水	金	金	火	火	木	木	土	土	金	金	火	火	水	水	土	土	
建星	建	除	满	平	定	执	破	破	危	成	收	开	闭	建	除	满	平	定	执	破	危	成	收	开	闭	建	除	满	平	
廿八宿	柳	星	张	翼	轸	角	亢	氐	房	心	尾	箕	斗	牛	女	虚	危	室	壁	奎	娄	胃	昴	毕	觜	参	井	鬼	柳	

六月大建乙未尾宿 （九紫）

节气：小暑十一日七时七时五十一分
大暑廿七日一时十九分

公历	27	28	29	30	七月	2	3	4	5	6	7	8	9	10	11	12	13	14	15	16	17	18	19	20	21	22	23	24	25	26
农历	一	二	三	四	五	六	七	八	九	十	十一	十二	十三	十四	十五	十六	十七	十八	十九	二十	廿一	廿二	廿三	廿四	廿五	廿六	廿七	廿八	廿九	三十
星期	日	一	二	三	四	五	六	日	一	二	三	四	五	六	日	一	二	三	四	五	六	日	一	二	三	四	五	六	日	一
干支	庚戌	辛亥	壬子	癸丑	甲寅	乙卯	丙辰	丁巳	戊午	己未	庚申	辛酉	壬戌	癸亥	甲子	乙丑	丙寅	丁卯	戊辰	己巳	庚午	辛未	壬申	癸酉	甲戌	乙亥	丙子	丁丑	戊寅	己卯
五行	金	金	木	木	水	水	土	土	火	火	木	木	水	水	金	金	火	火	木	木	土	土	金	金	火	火	水	水	土	土
建星	定	执	破	危	成	收	开	闭	建	除	除	满	平	定	执	破	危	成	收	开	闭	建	除	满	平	定	执	破	危	成
廿八宿	星	张	翼	轸	角	亢	氐	房	心	尾	箕	斗	牛	女	虚	危	室	壁	奎	娄	胃	昴	毕	觜	参	井	鬼	柳	星	张

岁次：丙辰	公元1976年（沙中土）			火龙
太岁：辛亚	年六白星	兑为泽卦	四金一运	氏

七月小建丙申箕宿 （八白）

节气：立秋十二日十七时卅九分
处暑廿八时八时十八分

公历	27	28	29	30	31	八月	2	3	4	5	6	7	8	9	10	11	12	13	14	15	16	17	18	19	20	21	22	23	24
农历	一	二	三	四	五	六	七	八	九	十	十一	十二	十三	十四	十五	十六	十七	十八	十九	二十	廿一	廿二	廿三	廿四	廿五	廿六	廿七	廿八	廿九
星期	二	三	四	五	六	日	一	二	三	四	五	六	日	一	二	三	四	五	六	日	一	二	三	四	五	六	日	一	二
干支	庚辰	辛巳	壬午	癸未	甲申	乙酉	丙戌	丁亥	戊子	己丑	庚寅	辛卯	壬辰	癸巳	甲午	乙未	丙申	丁酉	戊戌	己亥	庚子	辛丑	壬寅	癸卯	甲辰	乙巳	丙午	丁未	戊申
五行	金	金	木	木	水	水	土	土	火	火	木	木	水	水	金	金	火	火	木	木	土	土	金	金	火	火	水	水	土
建星	收	开	闭	建	除	满	平	定	执	破	危	危	成	收	开	闭	建	除	满	平	定	执	破	危	成	收	开	闭	建
廿八宿	翼	轸	角	亢	氐	房	心	尾	箕	斗	牛	女	虚	危	室	壁	奎	娄	胃	昴	毕	觜	参	井	鬼	柳	星	张	翼

八月大建丁酉斗宿 （七赤）

节气：白露十四日二十时廿八分
秋分三十日五时四十八分

公历	25	26	27	28	29	30	31	九月	2	3	4	5	6	7	8	9	10	11	12	13	14	15	16	17	18	19	20	21	22	23
农历	一	二	三	四	五	六	七	八	九	十	十一	十二	十三	十四	十五	十六	十七	十八	十九	二十	廿一	廿二	廿三	廿四	廿五	廿六	廿七	廿八	廿九	三十
星期	三	四	五	六	日	一	二	三	四	五	六	日	一	二	三	四	五	六	日	一	二	三	四	五	六	日	一	二	三	四
干支	己酉	庚戌	辛亥	壬子	癸丑	甲寅	乙卯	丙辰	丁巳	戊午	己未	庚申	辛酉	壬戌	癸亥	甲子	乙丑	丙寅	丁卯	戊辰	己巳	庚午	辛未	壬申	癸酉	甲戌	乙亥	丙子	丁丑	戊寅
五行	土	金	金	木	木	水	水	土	土	火	火	木	木	水	水	金	金	火	火	木	木	土	土	金	金	火	火	水	水	土
建星	除	满	平	定	执	破	危	成	收	开	闭	建	除	除	满	平	定	执	破	危	成	收	开	闭	建	除	满	平	定	执
廿八宿	轸	角	亢	氐	房	心	尾	箕	斗	牛	女	虚	危	室	壁	奎	娄	胃	昴	毕	觜	参	井	鬼	柳	星	张	翼	轸	角

闰八月小

节气：寒露十五日十一时五十八分

公历	24	25	26	27	28	29	30	十月	2	3	4	5	6	7	8	9	10	11	12	13	14	15	16	17	18	19	20	21	22
农历	一	二	三	四	五	六	七	八	九	十	十一	十二	十三	十四	十五	十六	十七	十八	十九	二十	廿一	廿二	廿三	廿四	廿五	廿六	廿七	廿八	廿九
星期	五	六	日	一	二	三	四	五	六	日	一	二	三	四	五	六	日	一	二	三	四	五	六	日	一	二	三	四	五
干支	己卯	庚辰	辛巳	壬午	癸未	甲申	乙酉	丙戌	丁亥	戊子	己丑	庚寅	辛卯	壬辰	癸巳	甲午	乙未	丙申	丁酉	戊戌	己亥	庚子	辛丑	壬寅	癸卯	甲辰	乙巳	丙午	丁未
五行	土	金	金	木	木	水	水	土	土	火	火	木	木	水	水	金	金	火	火	木	木	土	土	金	金	火	火	水	水
建星	破	危	成	收	开	闭	建	除	满	平	定	执	破	危	危	成	收	开	闭	建	除	满	平	定	执	破	危	成	收
廿八宿	亢	氐	房	心	尾	箕	斗	牛	女	虚	危	室	壁	奎	娄	胃	昴	毕	觜	参	井	鬼	柳	星	张	翼	轸	角	亢

岁次：丙辰	公元1976年（沙中土）			火龙
太岁：辛亚	年六白星	兑为泽卦	四金一运	氐

九月小建戊戌牛宿 （六白） 节气：霜降初一日十四时五十八分 立冬十六日十四时五十九分

公历	23	24	25	26	27	28	29	30	31	11月	2	3	4	5	6	7	8	9	10	11	12	13	14	15	16	17	18	19	20
农历	一	二	三	四	五	六	七	八	九	十	十一	十二	十三	十四	十五	十六	十七	十八	十九	二十	廿一	廿二	廿三	廿四	廿五	廿六	廿七	廿八	廿九
星期	六	日	一	二	三	四	五	六	日	一	二	三	四	五	六	日	一	二	三	四	五	六	日	一	二	三	四	五	六
干支	戊申	己酉	庚戌	辛亥	壬子	癸丑	甲寅	乙卯	丙辰	丁巳	戊午	己未	庚申	辛酉	壬戌	癸亥	甲子	乙丑	丙寅	丁卯	戊辰	己巳	庚午	辛未	壬申	癸酉	甲戌	乙亥	丙子
五行	土	土	金	金	木	木	水	水	土	土	火	火	木	木	水	水	金	金	火	火	木	木	土	土	金	金	火	火	水
建星	开	闭	建	除	满	平	定	执	破	危	成	收	开	闭	建	建	除	满	平	定	执	破	危	成	收	开	闭	建	除
廿八宿	氐	房	心	尾	箕	斗	牛	女	虚	危	室	壁	奎	娄	胃	昴	毕	觜	参	井	鬼	柳	星	张	翼	轸	角	亢	氐

十月大建己亥女宿 （五黄） 节气：小雪初二日十二时廿二分 大雪十七日七时四十一分

公历	21	22	23	24	25	26	27	28	29	30	12月	2	3	4	5	6	7	8	9	10	11	12	13	14	15	16	17	18	19	20
农历	一	二	三	四	五	六	七	八	九	十	十一	十二	十三	十四	十五	十六	十七	十八	十九	二十	廿一	廿二	廿三	廿四	廿五	廿六	廿七	廿八	廿九	三十
星期	日	一	二	三	四	五	六	日	一	二	三	四	五	六	日	一	二	三	四	五	六	日	一	二	三	四	五	六	日	一
干支	丁丑	戊寅	己卯	庚辰	辛巳	壬午	癸未	甲申	乙酉	丙戌	丁亥	戊子	己丑	庚寅	辛卯	壬辰	癸巳	甲午	乙未	丙申	丁酉	戊戌	己亥	庚子	辛丑	壬寅	癸卯	甲辰	乙巳	丙午
五行	水	土	土	金	金	木	木	水	水	土	土	火	火	木	木	水	水	金	金	火	火	木	木	土	土	金	金	火	火	水
建星	满	平	定	执	破	危	成	收	开	闭	建	除	满	平	定	执	执	破	危	成	收	开	闭	建	除	满	平	定	执	破
廿八宿	房	心	尾	箕	斗	牛	女	虚	危	室	壁	奎	娄	胃	昴	毕	觜	参	井	鬼	柳	星	张	翼	轸	角	亢	氐	房	心

十一月小建庚子虚宿 （四绿） 节气：冬至初二日一时卅五分 小寒十六日十八时五十一分

公历	21	22	23	24	25	26	27	28	29	30	31	一月	2	3	4	5	6	7	8	9	10	11	12	13	14	15	16	17	18
农历	一	二	三	四	五	六	七	八	九	十	十一	十二	十三	十四	十五	十六	十七	十八	十九	二十	廿一	廿二	廿三	廿四	廿五	廿六	廿七	廿八	廿九
星期	二	三	四	五	六	日	一	二	三	四	五	六	日	一	二	三	四	五	六	日	一	二	三	四	五	六	日	一	二
干支	丁未	戊申	己酉	庚戌	辛亥	壬子	癸丑	甲寅	乙卯	丙辰	丁巳	戊午	己未	庚申	辛酉	壬戌	癸亥	甲子	乙丑	丙寅	丁卯	戊辰	己巳	庚午	辛未	壬申	癸酉	甲戌	乙亥
五行	水	土	土	金	金	木	木	水	水	土	土	火	火	木	木	水	水	金	金	火	火	木	木	土	土	金	金	火	火
建星	危	成	收	开	闭	建	除	满	平	定	执	破	危	成	收	收	开	闭	建	除	满	平	定	执	破	危	成	收	开
廿八宿	尾	箕	斗	牛	女	虚	危	室	壁	奎	娄	胃	昴	毕	觜	参	井	鬼	柳	星	张	翼	轸	角	亢	氐	房	心	尾

十二月大建辛丑危宿 （三碧） 节气：大寒初二日十二时十五分 立春十七日六时卅四分

公历	19	20	21	22	23	24	25	26	27	28	29	30	31	二月	2	3	4	5	6	7	8	9	10	11	12	13	14	15	16	17
农历	一	二	三	四	五	六	七	八	九	十	十一	十二	十三	十四	十五	十六	十七	十八	十九	二十	廿一	廿二	廿三	廿四	廿五	廿六	廿七	廿八	廿九	三十
星期	三	四	五	六	日	一	二	三	四	五	六	日	一	二	三	四	五	六	日	一	二	三	四	五	六	日	一	二	三	四
干支	丙子	丁丑	戊寅	己卯	庚辰	辛巳	壬午	癸未	甲申	乙酉	丙戌	丁亥	戊子	己丑	庚寅	辛卯	壬辰	癸巳	甲午	乙未	丙申	丁酉	戊戌	己亥	庚子	辛丑	壬寅	癸卯	甲辰	乙巳
五行	水	水	土	土	金	金	木	木	水	水	土	土	火	火	木	木	水	水	金	金	火	火	木	木	土	土	金	金	火	火
建星	闭	建	除	满	平	定	执	破	危	成	收	开	闭	建	除	满	满	平	定	执	破	危	成	收	开	闭	建	除	满	平
廿八宿	箕	斗	牛	女	虚	危	室	壁	奎	娄	胃	昴	毕	觜	参	井	鬼	柳	星	张	翼	轸	角	亢	氐	房	心	尾	箕	斗

岁次：丁巳	公元1977年（沙中土）			火蛇
太岁：杨彦	年五黄星	风天小畜卦	二火八运	房

正月大建壬寅室宿　（二黑）

节气：雨水初二日二时卅一分
惊蛰十七日零时四十四分

公历	18	19	20	21	22	23	24	25	26	27	28	三月	2	3	4	5	6	7	8	9	10	11	12	13	14	15	16	17	18	19
农历	一	二	三	四	五	六	七	八	九	十	十一	十二	十三	十四	十五	十六	十七	十八	十九	二十	廿一	廿二	廿三	廿四	廿五	廿六	廿七	廿八	廿九	三十
星期	五	六	日	一	二	三	四	五	六	日	一	二	三	四	五	六	日	一	二	三	四	五	六	日	一	二	三	四	五	六
干支	丙午	丁未	戊申	己酉	庚戌	辛亥	壬子	癸丑	甲寅	乙卯	丙辰	丁巳	戊午	己未	庚申	辛酉	壬戌	癸亥	甲子	乙丑	丙寅	丁卯	戊辰	己巳	庚午	辛未	壬申	癸酉	甲戌	乙亥
五行	水	水	土	土	金	金	木	木	水	水	土	土	火	火	木	木	水	水	金	金	火	火	木	木	土	土	金	金	火	火
建星	定	执	破	危	成	收	开	闭	建	除	满	平	定	执	破	危	危	成	收	开	闭	建	除	满	平	定	执	破	危	成
廿八宿	牛	女	虚	危	室	壁	奎	娄	胃	昴	毕	觜	参	井	鬼	柳	星	张	翼	轸	角	亢	氐	房	心	尾	箕	斗	牛	女

二月小建癸卯壁宿　（一白）

节气：春分初二日一时四十二分
清明十七日五时四十六分

公历	20	21	22	23	24	25	26	27	28	29	30	31	四月	2	3	4	5	6	7	8	9	10	11	12	13	14	15	16	17
农历	一	二	三	四	五	六	七	八	九	十	十一	十二	十三	十四	十五	十六	十七	十八	十九	二十	廿一	廿二	廿三	廿四	廿五	廿六	廿七	廿八	廿九
星期	日	一	二	三	四	五	六	日	一	二	三	四	五	六	日	一	二	三	四	五	六	日	一	二	三	四	五	六	日
干支	丙子	丁丑	戊寅	己卯	庚辰	辛巳	壬午	癸未	甲申	乙酉	丙戌	丁亥	戊子	己丑	庚寅	辛卯	壬辰	癸巳	甲午	乙未	丙申	丁酉	戊戌	己亥	庚子	辛丑	壬寅	癸卯	甲辰
五行	水	水	土	土	金	金	木	木	水	水	土	土	火	火	木	木	水	水	金	金	火	火	木	木	土	土	金	金	火
建星	收	开	闭	建	除	满	平	定	执	破	危	成	收	开	闭	建	建	除	满	平	定	执	破	危	成	收	开	闭	建
廿八宿	虚	危	室	壁	奎	娄	胃	昴	毕	觜	参	井	鬼	柳	星	张	翼	轸	角	亢	氐	房	心	尾	箕	斗	牛	女	虚

三月大建甲辰奎宿　（九紫）

节气：谷雨初三日十二时五十七分
立夏十八日廿三时十六分

公历	18	19	20	21	22	23	24	25	26	27	28	29	30	五月	2	3	4	5	6	7	8	9	10	11	12	13	14	15	16	17
衣历	一	二	三	四	五	六	七	八	九	丨	十一	十二	十三	十四	十五	十六	十七	十八	十九	二十	廿一	廿二	廿三	廿四	廿五	廿六	廿七	廿八	廿九	三十
星期	一	二	三	四	五	六	日	一	二	三	四	五	六	日	一	二	三	四	五	六	日	一	二	三	四	五	六	日	一	二
干支	乙巳	丙午	丁未	戊申	己酉	庚戌	辛亥	壬子	癸丑	甲寅	乙卯	丙辰	丁巳	戊午	己未	庚申	辛酉	壬戌	癸亥	甲子	乙丑	丙寅	丁卯	戊辰	己巳	庚午	辛未	壬申	癸酉	甲戌
五行	火	水	水	土	土	金	金	木	木	水	水	土	土	火	火	木	木	水	水	金	金	火	火	木	木	土	土	金	金	火
建星	除	满	平	定	执	破	危	成	收	开	闭	建	除	满	平	定	执	执	破	危	成	收	开	闭	建	除	满	平	定	执
廿八宿	危	室	壁	奎	娄	胃	昴	毕	觜	参	井	鬼	柳	星	张	翼	轸	角	亢	氐	房	心	尾	箕	斗	牛	女	虚	危	室

岁次：丁巳	公元 1977 年（沙中土）			火蛇
太岁：杨彦	年五黄星	风天小畜卦	二火八运	房

四月大建乙巳娄宿 （八白）

节气：小满初四日十二时十四分
芒种二十日三时卅二分

公历	18	19	20	21	22	23	24	25	26	27	28	29	30	31	六月	2	3	4	5	6	7	8	9	10	11	12	13	14	15	16
农历	一	二	三	四	五	六	七	八	九	十	十一	十二	十三	十四	十五	十六	十七	十八	十九	二十	廿一	廿二	廿三	廿四	廿五	廿六	廿七	廿八	廿九	三十
星期	三	四	五	六	日	一	二	三	四	五	六	日	一	二	三	四	五	六	日	一	二	三	四	五	六	日	一	二	三	四
干支	乙亥	丙子	丁丑	戊寅	己卯	庚辰	辛巳	壬午	癸未	甲申	乙酉	丙戌	丁亥	戊子	己丑	庚寅	辛卯	壬辰	癸巳	甲午	乙未	丙申	丁酉	戊戌	己亥	庚子	辛丑	壬寅	癸卯	甲辰
五行	火	水	水	土	土	金	金	木	木	水	水	土	土	火	火	木	木	水	水	金	金	火	火	木	木	土	土	金	金	火
建星	破	危	成	收	开	闭	建	除	满	平	定	执	破	危	成	收	开	闭	建	建	除	满	平	定	执	破	危	成	收	开
廿八宿	壁	奎	娄	胃	昴	毕	觜	参	井	鬼	柳	星	张	翼	轸	角	亢	氐	房	心	尾	箕	斗	牛	女	虚	危	室	壁	奎

五月小建丙午胃宿 （七赤）

节气：夏至初五日二十时十四分
小暑廿一日十三时四十八分

公历	17	18	19	20	21	22	23	24	25	26	27	28	29	30	七月	2	3	4	5	6	7	8	9	10	11	12	13	14	15
农历	一	二	三	四	五	六	七	八	九	十	十一	十二	十三	十四	十五	十六	十七	十八	十九	二十	廿一	廿二	廿三	廿四	廿五	廿六	廿七	廿八	廿九
星期	五	六	日	一	二	三	四	五	六	日	一	二	三	四	五	六	日	一	二	三	四	五	六	日	一	二	三	四	五
干支	乙巳	丙午	丁未	戊申	己酉	庚戌	辛亥	壬子	癸丑	甲寅	乙卯	丙辰	丁巳	戊午	己未	庚申	辛酉	壬戌	癸亥	甲子	乙丑	丙寅	丁卯	戊辰	己巳	庚午	辛未	壬申	癸酉
五行	火	水	水	土	土	金	金	木	木	水	水	土	土	火	火	木	木	水	水	金	金	火	火	木	木	土	土	金	金
建星	闭	建	除	满	平	定	执	破	危	成	收	开	闭	建	除	满	平	定	执	破	破	危	成	收	开	闭	建	除	满
廿八宿	娄	胃	昴	毕	觜	参	井	鬼	柳	星	张	翼	轸	角	亢	氐	房	心	尾	箕	斗	牛	女	虚	危	室	壁	奎	娄

六月大建丁未昴宿 （六白）

节气：大暑初八日七时四分
立秋廿三日廿三时三十分

公历	16	17	18	19	20	21	22	23	24	25	26	27	28	29	30	31	八月	2	3	4	5	6	7	8	9	10	11	12	13	14
农历	一	二	三	四	五	六	七	八	九	十	十一	十二	十三	十四	十五	十六	十七	十八	十九	二十	廿一	廿二	廿三	廿四	廿五	廿六	廿七	廿八	廿九	三十
星期	六	日	一	二	三	四	五	六	日	一	二	三	四	五	六	日	一	二	三	四	五	六	日	一	二	三	四	五	六	日
干支	甲戌	乙亥	丙子	丁丑	戊寅	己卯	庚辰	辛巳	壬午	癸未	甲申	乙酉	丙戌	丁亥	戊子	己丑	庚寅	辛卯	壬辰	癸巳	甲午	乙未	丙申	丁酉	戊戌	己亥	庚子	辛丑	壬寅	癸卯
五行	火	火	水	水	土	土	金	金	木	木	水	水	土	土	火	火	木	木	水	水	金	金	火	火	木	木	土	土	金	金
建星	平	定	执	破	危	成	收	开	闭	建	除	满	平	定	执	破	危	成	收	开	闭	建	建	除	满	平	定	执	破	危
廿八宿	胃	昴	毕	觜	参	井	鬼	柳	星	张	翼	轸	角	亢	氐	房	心	尾	箕	斗	牛	女	虚	危	室	壁	奎	娄	胃	昴

岁次：丁巳	公元1977年（沙中土）			火蛇
太岁：杨彦	年五黄星	风天小畜卦	二火八运	房

七月小建戊申毕宿 （五黄）

节气：处暑初九日十四时零分
白露廿五日二时十六分

公历	15	16	17	18	19	20	21	22	23	24	25	26	27	28	29	30	31	九月	2	3	4	5	6	7	8	9	10	11	12
农历	一	二	三	四	五	六	七	八	九	十	十一	十二	十三	十四	十五	十六	十七	十八	十九	二十	廿一	廿二	廿三	廿四	廿五	廿六	廿七	廿八	廿九
星期	一	二	三	四	五	六	日	一	二	三	四	五	六	日	一	二	三	四	五	六	日	一	二	三	四	五	六	日	一
干支	甲辰	乙巳	丙午	丁未	戊申	己酉	庚戌	辛亥	壬子	癸丑	甲寅	乙卯	丙辰	丁巳	戊午	己未	庚申	辛酉	壬戌	癸亥	甲子	乙丑	丙寅	丁卯	戊辰	己巳	庚午	辛未	壬申
五行	火	火	水	水	土	土	金	金	木	木	水	水	土	土	火	火	木	木	水	水	金	金	火	火	木	木	土	土	金
建星	成	收	开	闭	建	除	满	平	定	执	破	危	成	收	开	闭	建	除	满	平	定	执	破	危	危	成	收	开	闭
廿八宿	毕	觜	参	井	鬼	柳	星	张	翼	轸	角	亢	氐	房	心	尾	箕	斗	牛	女	虚	危	室	壁	奎	娄	胃	昴	毕

八月大建己酉觜宿 （四绿）

节气：秋分十一日十一时三十分
寒露廿六日十七时四十四分

公历	13	14	15	16	17	18	19	20	21	22	23	24	25	26	27	28	29	30	十月	2	3	4	5	6	7	8	9	10	11	12
农历	一	二	三	四	五	六	七	八	九	十	十一	十二	十三	十四	十五	十六	十七	十八	十九	二十	廿一	廿二	廿三	廿四	廿五	廿六	廿七	廿八	廿九	三十
星期	二	三	四	五	六	日	一	二	三	四	五	六	日	一	二	三	四	五	六	日	一	二	三	四	五	六	日	一	二	三
干支	癸酉	甲戌	乙亥	丙子	丁丑	戊寅	己卯	庚辰	辛巳	壬午	癸未	甲申	乙酉	丙戌	丁亥	戊子	己丑	庚寅	辛卯	壬辰	癸巳	甲午	乙未	丙申	丁酉	戊戌	己亥	庚子	辛丑	壬寅
五行	金	火	火	水	水	土	土	金	金	木	木	水	水	土	土	火	火	木	木	水	水	金	金	火	火	木	木	土	土	金
建星	建	除	满	平	定	执	破	危	成	收	开	闭	建	除	满	平	定	执	破	危	成	收	开	闭	建	建	除	满	平	定
廿八宿	觜	参	井	鬼	柳	星	张	翼	轸	角	亢	氐	房	心	尾	箕	斗	牛	女	虚	危	室	壁	奎	娄	胃	昴	毕	觜	参

九月小建庚戌参宿 （三碧）

节气：霜降十一日二十时四十一分
立冬廿六日二十时四十六分

公历	13	14	15	16	17	18	19	20	21	22	23	24	25	26	27	28	29	30	31	11月	2	3	4	5	6	7	8	9	10
农历	一	二	三	四	五	六	七	八	九	十	十一	十二	十三	十四	十五	十六	十七	十八	十九	二十	廿一	廿二	廿三	廿四	廿五	廿六	廿七	廿八	廿九
星期	四	五	六	日	一	二	三	四	五	六	日	一	二	三	四	五	六	日	一	二	三	四	五	六	日	一	二	三	四
干支	癸卯	甲辰	乙巳	丙午	丁未	戊申	己酉	庚戌	辛亥	壬子	癸丑	甲寅	乙卯	丙辰	丁巳	戊午	己未	庚申	辛酉	壬戌	癸亥	甲子	乙丑	丙寅	丁卯	戊辰	己巳	庚午	辛未
五行	金	火	火	水	水	土	土	金	金	木	木	水	水	土	土	火	火	木	木	水	水	金	金	火	火	木	木	土	土
建星	执	破	危	成	收	开	闭	建	除	满	平	定	执	破	危	成	收	开	闭	建	除	满	平	定	执	执	破	危	成
廿八宿	井	鬼	柳	星	张	翼	轸	角	亢	氐	房	心	尾	箕	斗	牛	女	虚	危	室	壁	奎	娄	胃	昴	毕	觜	参	井

岁次：丁巳	公元1977年（沙中土）			火蛇
太岁：杨彦	年五黄星	风天小畜卦	二火八运	房

十月大建辛亥井宿 （二黑）

节气：小雪十二日十八时七分
大雪廿七日十三时卅一分

公历	11	12	13	14	15	16	17	18	19	20	21	22	23	24	25	26	27	28	29	30	12月	2	3	4	5	6	7	8	9	10
农历	一	二	三	四	五	六	七	八	九	十	十一	十二	十三	十四	十五	十六	十七	十八	十九	二十	廿一	廿二	廿三	廿四	廿五	廿六	廿七	廿八	廿九	三十
星期	五	六	日	一	二	三	四	五	六	日	一	二	三	四	五	六	日	一	二	三	四	五	六	日	一	二	三	四	五	六
干支	壬申	癸酉	甲戌	乙亥	丙子	丁丑	戊寅	己卯	庚辰	辛巳	壬午	癸未	甲申	乙酉	丙戌	丁亥	戊子	己丑	庚寅	辛卯	壬辰	癸巳	甲午	乙未	丙申	丁酉	戊戌	己亥	庚子	辛丑
五行	金	金	火	火	水	水	土	土	金	金	木	木	水	水	土	土	火	火	木	木	水	水	金	金	火	火	木	木	土	土
建星	收	开	闭	建	除	满	平	定	执	破	危	成	收	开	闭	建	除	满	平	定	执	破	危	成	收	开	开	闭	建	除
廿八宿	鬼	柳	星	张	翼	轸	角	亢	氐	房	心	尾	箕	斗	牛	女	虚	危	室	壁	奎	娄	胃	昴	毕	觜	参	井	鬼	柳

十一月小建壬子鬼宿 （一白）

节气：冬至十二日七时廿三分
小寒廿七日零时四十四分

公历	11	12	13	14	15	16	17	18	19	20	21	22	23	24	25	26	27	28	29	30	31	一月	2	3	4	5	6	7	8
农历	一	二	三	四	五	六	七	八	九	十	十一	十二	十三	十四	十五	十六	十七	十八	十九	二十	廿一	廿二	廿三	廿四	廿五	廿六	廿七	廿八	廿九
星期	日	一	二	三	四	五	六	日	一	二	三	四	五	六	日	一	二	三	四	五	六	日	一	二	三	四	五	六	日
干支	壬寅	癸卯	甲辰	乙巳	丙午	丁未	戊申	己酉	庚戌	辛亥	壬子	癸丑	甲寅	乙卯	丙辰	丁巳	戊午	己未	庚申	辛酉	壬戌	癸亥	甲子	乙丑	丙寅	丁卯	戊辰	己巳	庚午
五行	金	金	火	火	水	水	土	土	金	金	木	木	水	水	土	土	火	火	木	木	水	水	金	金	火	火	木	木	土
建星	满	平	定	执	破	危	成	收	开	闭	建	除	满	平	定	执	破	危	成	收	开	闭	建	除	满	平	平	定	执
廿八宿	星	张	翼	轸	角	亢	氐	房	心	尾	箕	斗	牛	女	虚	危	室	壁	奎	娄	胃	昴	毕	觜	参	井	鬼	柳	星

十二月小建癸丑柳宿 （九紫）

节气：大寒十二日十八时四分
立春廿七日十二时廿七分

公历	9	10	11	12	13	14	15	16	17	18	19	20	21	22	23	24	25	26	27	28	29	30	31	二月	2	3	4	5	6
农历	一	二	三	四	五	六	七	八	九	十	十一	十二	十三	十四	十五	十六	十七	十八	十九	二十	廿一	廿二	廿三	廿四	廿五	廿六	廿七	廿八	廿九
星期	一	二	三	四	五	六	日	一	二	三	四	五	六	日	一	二	三	四	五	六	日	一	二	三	四	五	六	日	一
干支	辛未	壬申	癸酉	甲戌	乙亥	丙子	丁丑	戊寅	己卯	庚辰	辛巳	壬午	癸未	甲申	乙酉	丙戌	丁亥	戊子	己丑	庚寅	辛卯	壬辰	癸巳	甲午	乙未	丙申	丁酉	戊戌	己亥
五行	土	金	金	火	火	水	水	土	土	金	金	木	木	水	水	土	土	火	火	木	木	水	水	金	金	火	火	木	木
建星	破	危	成	收	开	闭	建	除	满	平	定	执	破	危	成	收	开	闭	建	除	满	平	定	执	破	危	危	成	收
廿八宿	张	翼	轸	角	亢	氐	房	心	尾	箕	斗	牛	女	虚	危	室	壁	奎	娄	胃	昴	毕	觜	参	井	鬼	柳	星	张

岁次：戊午	公元1978年（天上火）			土马
太岁：黎卿	年四绿星	火风鼎卦	三木四运	心

正月大建甲寅星宿 （八白）

节气：雨水十三日八时廿一分
惊蛰廿八日六时卅八分

公历	7	8	9	10	11	12	13	14	15	16	17	18	19	20	21	22	23	24	25	26	27	28	三月	2	3	4	5	6	7	8
农历	一	二	三	四	五	六	七	八	九	十	十一	十二	十三	十四	十五	十六	十七	十八	十九	二十	廿一	廿二	廿三	廿四	廿五	廿六	廿七	廿八	廿九	三十
星期	二	三	四	五	六	日	一	二	三	四	五	六	日	一	二	三	四	五	六	日	一	二	三	四	五	六	日	一	二	三
干支	庚子	辛丑	壬寅	癸卯	甲辰	乙巳	丙午	丁未	戊申	己酉	庚戌	辛亥	壬子	癸丑	甲寅	乙卯	丙辰	丁巳	戊午	己未	庚申	辛酉	壬戌	癸亥	甲子	乙丑	丙寅	丁卯	戊辰	己巳
五行	土	土	金	金	火	火	水	水	土	土	金	金	木	木	水	水	土	土	火	火	木	木	水	水	金	金	火	火	木	木
建星	开	闭	建	除	满	平	定	执	破	危	成	收	开	闭	建	除	满	平	定	执	破	危	成	收	开	闭	建	建	除	满
廿八宿	翼	轸	角	亢	氐	房	心	尾	箕	斗	牛	女	虚	危	室	壁	奎	娄	胃	昴	毕	觜	参	井	鬼	柳	星	张	翼	轸

二月小建乙卯张宿 （七赤）

节气：春分十三日七时卅四分
清明廿八日十一时卅九分

公历	9	10	11	12	13	14	15	16	17	18	19	20	21	22	23	24	25	26	27	28	29	30	31	四月	2	3	4	5	6	
农历	一	二	三	四	五	六	七	八	九	十	十一	十二	十三	十四	十五	十六	十七	十八	十九	二十	廿一	廿二	廿三	廿四	廿五	廿六	廿七	廿八	廿九	
星期	四	五	六	日	一	二	三	四	五	六	日	一	二	三	四	五	六	日	一	二	三	四	五	六	日	一	二	三	四	
干支	庚午	辛未	壬申	癸酉	甲戌	乙亥	丙子	丁丑	戊寅	己卯	庚辰	辛巳	壬午	癸未	甲申	乙酉	丙戌	丁亥	戊子	己丑	庚寅	辛卯	壬辰	癸巳	甲午	乙未	丙申	丁酉	戊戌	
五行	土	土	金	金	火	火	水	水	土	土	金	金	木	木	水	水	土	土	火	火	木	木	水	水	金	金	火	火	木	
建星	平	定	执	破	危	成	收	开	闭	建	除	满	平	定	执	破	危	成	收	开	闭	建	除	满	平	定	执	执	破	
廿八宿	角	亢	氐	房	心	尾	箕	斗	牛	女	虚	危	室	壁	奎	娄	胃	昴	毕	觜	参	井	鬼	柳	星	张	翼	轸	角	

三月大建丙辰翼宿 （六白）

节气：谷雨十四时十八时五十分
立夏三十日五时九分

公历	7	8	9	10	11	12	13	14	15	16	17	18	19	20	21	22	23	24	25	26	27	28	29	30	五月	2	3	4	5	6
农历	一	二	三	四	五	六	七	八	九	十	十一	十二	十三	十四	十五	十六	十七	十八	十九	二十	廿一	廿二	廿三	廿四	廿五	廿六	廿七	廿八	廿九	三十
星期	五	六	日	一	二	三	四	五	六	日	一	二	三	四	五	六	日	一	二	三	四	五	六	日	一	二	三	四	五	六
干支	己亥	庚子	辛丑	壬寅	癸卯	甲辰	乙巳	丙午	丁未	戊申	己酉	庚戌	辛亥	壬子	癸丑	甲寅	乙卯	丙辰	丁巳	戊午	己未	庚申	辛酉	壬戌	癸亥	甲子	乙丑	丙寅	丁卯	戊辰
五行	木	土	土	金	金	火	火	水	水	土	土	金	金	木	木	水	水	土	土	火	火	木	木	水	水	金	金	火	火	木
建星	危	成	收	开	闭	建	除	满	平	定	执	破	危	成	收	开	闭	建	除	满	平	定	执	破	危	成	收	开	闭	闭
廿八宿	亢	氐	房	心	尾	箕	斗	牛	女	虚	危	室	壁	奎	娄	胃	昴	毕	觜	参	井	鬼	柳	星	张	翼	轸	角	亢	氐

岁次:戊午	公元 1978 年(天上火)			土马
太岁:黎卿	年四绿星	火风鼎卦	三木四运	心

四月大建丁巳轸宿 (五黄)　　节气:小满 十五日十八时八分

公历	7	8	9	10	11	12	13	14	15	16	17	18	19	20	21	22	23	24	25	26	27	28	29	30	31	六月	2	3	4	5
农历	一	二	三	四	五	六	七	八	九	十	十一	十二	十三	十四	十五	十六	十七	十八	十九	二十	廿一	廿二	廿三	廿四	廿五	廿六	廿七	廿八	廿九	三十
星期	日	一	二	三	四	五	六	日	一	二	三	四	五	六	日	一	二	三	四	五	六	日	一	二	三	四	五	六	日	一
干支	己巳	庚午	辛未	壬申	癸酉	甲戌	乙亥	丙子	丁丑	戊寅	己卯	庚辰	辛巳	壬午	癸未	甲申	乙酉	丙戌	丁亥	戊子	己丑	庚寅	辛卯	壬辰	癸巳	甲午	乙未	丙申	丁酉	戊戌
五行	木	土	土	金	金	火	火	水	水	土	土	金	金	木	木	水	水	土	土	火	火	木	木	水	水	金	金	火	火	木
建星	建	除	满	平	定	执	破	危	成	收	开	闭	建	除	满	平	定	执	破	危	成	收	开	闭	建	除	满	平	定	执
廿八宿	房	心	尾	箕	斗	牛	女	虚	危	室	壁	奎	娄	胃	昴	毕	觜	参	井	鬼	柳	星	张	翼	轸	角	亢	氐	房	心

五月小建戊午角宿 (四绿)　　节气:芒种 初一日九时廿三分　夏至 十七日二时十分

公历	6	7	8	9	10	11	12	13	14	15	16	17	18	19	20	21	22	23	24	25	26	27	28	29	30	七月	2	3	4	
农历	一	二	三	四	五	六	七	八	九	十	十一	十二	十三	十四	十五	十六	十七	十八	十九	二十	廿一	廿二	廿三	廿四	廿五	廿六	廿七	廿八	廿九	
星期	二	三	四	五	六	日	一	二	三	四	五	六	日	一	二	三	四	五	六	日	一	二	三	四	五	六	日	一	二	
干支	己亥	庚子	辛丑	壬寅	癸卯	甲辰	乙巳	丙午	丁未	戊申	己酉	庚戌	辛亥	壬子	癸丑	甲寅	乙卯	丙辰	丁巳	戊午	己未	庚申	辛酉	壬戌	癸亥	甲子	乙丑	丙寅	丁卯	
五行	木	土	土	金	金	火	火	水	水	土	土	金	金	木	木	水	水	土	土	火	火	木	木	水	水	金	金	火	火	
建星	执	破	危	成	收	开	闭	建	除	满	平	定	执	破	危	成	收	开	闭	建	除	满	平	定	执	破	危	成	收	
廿八宿	尾	箕	斗	牛	女	虚	危	室	壁	奎	娄	胃	昴	毕	觜	参	井	鬼	柳	星	张	翼	轸	角	亢	氐	房	心	尾	

六月大建己未亢宿 (三碧)　　节气:小暑 初三日十九时卅七分　大暑 十九日十三时

公历	5	6	7	8	9	10	11	12	13	14	15	16	17	18	19	20	21	22	23	24	25	26	27	28	29	30	31	八月	2	3
农历	一	二	三	四	五	六	七	八	九	十	十一	十二	十三	十四	十五	十六	十七	十八	十九	二十	廿一	廿二	廿三	廿四	廿五	廿六	廿七	廿八	廿九	三十
星期	三	四	五	六	日	一	二	三	四	五	六	日	一	二	三	四	五	六	日	一	二	三	四	五	六	日	一	二	三	四
干支	戊辰	己巳	庚午	辛未	壬申	癸酉	甲戌	乙亥	丙子	丁丑	戊寅	己卯	庚辰	辛巳	壬午	癸未	甲申	乙酉	丙戌	丁亥	戊子	己丑	庚寅	辛卯	壬辰	癸巳	甲午	乙未	丙申	丁酉
五行	木	木	土	土	金	金	火	火	水	水	土	土	金	金	木	木	水	水	土	土	火	火	木	木	水	水	金	金	火	火
建星	开	闭	闭	建	除	满	平	定	执	破	危	成	收	开	闭	建	除	满	平	定	执	破	危	成	收	开	闭	建	除	满
廿八宿	箕	斗	牛	女	虚	危	室	壁	奎	娄	胃	昴	毕	觜	参	井	鬼	柳	星	张	翼	轸	角	亢	氐	房	心	尾	箕	斗

岁次：戊午	公元1978年（天上火）		土马
太岁：黎卿	年四绿星	火风鼎卦	三木四运	心

七月大建庚申氐宿 （二黑）

节气：立秋初五日五时十八分
处暑二十日十九时五十七分

公历	4	5	6	7	8	9	10	11	12	13	14	15	16	17	18	19	20	21	22	23	24	25	26	27	28	29	30	31	九月	2
农历	一	二	三	四	五	六	七	八	九	十	十一	十二	十三	十四	十五	十六	十七	十八	十九	二十	廿一	廿二	廿三	廿四	廿五	廿六	廿七	廿八	廿九	三十
星期	五	六	日	一	二	三	四	五	六	日	一	二	三	四	五	六	日	一	二	三	四	五	六	日	一	二	三	四	五	六
干支	戊戌	己亥	庚子	辛丑	壬寅	癸卯	甲辰	乙巳	丙午	丁未	戊申	己酉	庚戌	辛亥	壬子	癸丑	甲寅	乙卯	丙辰	丁巳	戊午	己未	庚申	辛酉	壬戌	癸亥	甲子	乙丑	丙寅	丁卯
五行	木	木	土	土	金	金	火	火	水	水	土	土	金	金	木	木	水	水	土	土	火	火	木	木	水	水	金	金	火	火
建星	平	定	执	破	破	危	成	收	开	闭	建	除	满	平	定	执	破	危	成	收	开	闭	建	除	满	平	定	执	破	危
廿八宿	牛	女	虚	危	室	壁	奎	娄	胃	昴	毕	觜	参	井	鬼	柳	星	张	翼	轸	角	亢	氐	房	心	尾	箕	斗	牛	女

八月小建辛酉房宿 （一白）

节气：白露初六日八时八分
秋分廿一日十七时廿六分

公历	3	4	5	6	7	8	9	10	11	12	13	14	15	16	17	18	19	20	21	22	23	24	25	26	27	28	29	30	十月	
农历	一	二	三	四	五	六	七	八	九	十	十一	十二	十三	十四	十五	十六	十七	十八	十九	二十	廿一	廿二	廿三	廿四	廿五	廿六	廿七	廿八	廿九	
星期	日	一	二	三	四	五	六	日	一	二	三	四	五	六	日	一	二	三	四	五	六	日	一	二	三	四	五	六	日	
干支	戊辰	己巳	庚午	辛未	壬申	癸酉	甲戌	乙亥	丙子	丁丑	戊寅	己卯	庚辰	辛巳	壬午	癸未	甲申	乙酉	丙戌	丁亥	戊子	己丑	庚寅	辛卯	壬辰	癸巳	甲午	乙未	丙申	
五行	木	木	土	土	金	金	火	火	水	水	土	土	金	金	木	木	水	水	土	土	火	火	木	木	水	水	金	金	火	
建星	成	收	开	闭	建	建	除	满	平	定	执	破	危	成	收	开	闭	建	除	满	平	定	执	破	危	成	收	开	闭	
廿八宿	虚	危	室	壁	奎	娄	胃	昴	毕	觜	参	井	鬼	柳	星	张	翼	轸	角	亢	氐	房	心	尾	箕	斗	牛	女	虚	

九月大建壬戌心宿 （九紫）

节气：寒露初七日廿三时卅一分
霜降廿三日二时卅七分

公历	2	3	4	5	6	7	8	9	10	11	12	13	14	15	16	17	18	19	20	21	22	23	24	25	26	27	28	29	30	31
农历	一	二	三	四	五	六	七	八	九	十	十一	十二	十三	十四	十五	十六	十七	十八	十九	二十	廿一	廿二	廿三	廿四	廿五	廿六	廿七	廿八	廿九	三十
星期	一	二	三	四	五	六	日	一	二	三	四	五	六	日	一	二	三	四	五	六	日	一	二	三	四	五	六	日	一	二
干支	丁酉	戊戌	己亥	庚子	辛丑	壬寅	癸卯	甲辰	乙巳	丙午	丁未	戊申	己酉	庚戌	辛亥	壬子	癸丑	甲寅	乙卯	丙辰	丁巳	戊午	己未	庚申	辛酉	壬戌	癸亥	甲子	乙丑	丙寅
五行	火	木	木	土	土	金	金	火	火	水	水	土	土	金	金	木	木	水	水	土	土	火	火	木	木	水	水	金	金	火
建星	建	除	满	平	定	执	执	破	危	成	收	开	闭	建	除	满	平	定	执	破	危	成	收	开	闭	建	除	满	平	定
廿八宿	危	室	壁	奎	娄	胃	昴	毕	觜	参	井	鬼	柳	星	张	翼	轸	角	亢	氐	房	心	尾	箕	斗	牛	女	虚	危	室

岁次：戊午	公元1978年（天上火）			土马
太岁：黎卿	年四绿星	火风鼎卦	三木四运	心

十月小建癸亥尾宿 （八白）

节气：立冬初八日二时卅四分
小雪廿三日零时五分

公历	11月	2	3	4	5	6	7	8	9	10	11	12	13	14	15	16	17	18	19	20	21	22	23	24	25	26	27	28	29
农历	一	二	三	四	五	六	七	八	九	十	十一	十二	十三	十四	十五	十六	十七	十八	十九	二十	廿一	廿二	廿三	廿四	廿五	廿六	廿七	廿八	廿九
星期	三	四	五	六	日	一	二	三	四	五	六	日	一	二	三	四	五	六	日	一	二	三	四	五	六	日	一	二	三
干支	丁卯	戊辰	己巳	庚午	辛未	壬申	癸酉	甲戌	乙亥	丙子	丁丑	戊寅	己卯	庚辰	辛巳	壬午	癸未	甲申	乙酉	丙戌	丁亥	戊子	己丑	庚寅	辛卯	壬辰	癸巳	甲午	乙未
五行	火	木	木	土	土	金	金	火	火	水	水	土	土	金	金	木	木	水	水	土	土	火	火	木	木	水	水	金	金
建星	执	破	危	成	收	开	闭	闭	建	除	满	平	定	执	破	危	成	收	开	闭	建	除	满	平	定	执	破	危	成
廿八宿	壁	奎	娄	胃	昴	毕	觜	参	井	鬼	柳	星	张	翼	轸	角	亢	氐	房	心	尾	箕	斗	牛	女	虚	危	室	壁

十一月大建甲子箕宿 （七赤）

节气：大雪初八日十九时二十分
冬至廿三日十三时廿一分

公历	30	12月	2	3	4	5	6	7	8	9	10	11	12	13	14	15	16	17	18	19	20	21	22	23	24	25	26	27	28	29
农历	一	二	三	四	五	六	七	八	九	十	十一	十二	十三	十四	十五	十六	十七	十八	十九	二十	廿一	廿二	廿三	廿四	廿五	廿六	廿七	廿八	廿九	三十
星期	四	五	六	日	一	二	三	四	五	六	日	一	二	三	四	五	六	日	一	二	三	四	五	六	日	一	二	三	四	五
干支	丙申	丁酉	戊戌	己亥	庚子	辛丑	壬寅	癸卯	甲辰	乙巳	丙午	丁未	戊申	己酉	庚戌	辛亥	壬子	癸丑	甲寅	乙卯	丙辰	丁巳	戊午	己未	庚申	辛酉	壬戌	癸亥	甲子	乙丑
五行	火	火	木	木	土	土	金	金	火	火	水	水	土	土	金	金	木	木	水	水	土	土	火	火	木	木	水	水	金	金
建星	收	开	闭	建	除	满	平	平	定	执	破	危	成	收	开	闭	建	除	满	平	定	执	破	危	成	收	开	闭	建	除
廿八宿	奎	娄	胃	昴	毕	觜	参	井	鬼	柳	星	张	翼	轸	角	亢	氐	房	心	尾	箕	斗	牛	女	虚	危	室	壁	奎	娄

十二月小建乙丑斗宿 （六白）

节气：小寒初八日六时卅二分
大寒廿三日零时零分

公历	30	31	1月	2	3	4	5	6	7	8	9	10	11	12	13	14	15	16	17	18	19	20	21	22	23	24	25	26	27
农历	一	二	三	四	五	六	七	八	九	十	十一	十二	十三	十四	十五	十六	十七	十八	十九	二十	廿一	廿二	廿三	廿四	廿五	廿六	廿七	廿八	廿九
星期	六	日	一	二	三	四	五	六	日	一	二	三	四	五	六	日	一	二	三	四	五	六	日	一	二	三	四	五	六
干支	丙寅	丁卯	戊辰	己巳	庚午	辛未	壬申	癸酉	甲戌	乙亥	丙子	丁丑	戊寅	己卯	庚辰	辛巳	壬午	癸未	甲申	乙酉	丙戌	丁亥	戊子	己丑	庚寅	辛卯	壬辰	癸巳	甲午
五行	火	火	木	木	土	土	金	金	火	火	水	水	土	土	金	金	木	木	水	水	土	土	火	火	木	木	水	水	金
建星	满	平	定	执	破	危	成	成	收	开	闭	建	除	满	平	定	执	破	危	成	收	开	闭	建	除	满	平	定	执
廿八宿	胃	昴	毕	觜	参	井	鬼	柳	星	张	翼	轸	角	亢	氐	房	心	尾	箕	斗	牛	女	虚	危	室	壁	奎	娄	胃

岁次：己未	公元1979年（天上火）			土羊
太岁：傅党	年三碧星	地风升卦	一水二运	尾

正月大建丙寅牛宿 （五黄）

节气：立春初八日十八时十三分
雨水廿三日十四时十三分

公历	28	29	30	31	二月	2	3	4	5	6	7	8	9	10	11	12	13	14	15	16	17	18	19	20	21	22	23	24	25	26
农历	一	二	三	四	五	六	七	八	九	十	十一	十二	十三	十四	十五	十六	十七	十八	十九	二十	廿一	廿二	廿三	廿四	廿五	廿六	廿七	廿八	廿九	三十
星期	日	一	二	三	四	五	六	日	一	二	三	四	五	六	日	一	二	三	四	五	六	日	一	二	三	四	五	六	日	一
干支	乙未	丙申	丁酉	戊戌	己亥	庚子	辛丑	壬寅	癸卯	甲辰	乙巳	丙午	丁未	戊申	己酉	庚戌	辛亥	壬子	癸丑	甲寅	乙卯	丙辰	丁巳	戊午	己未	庚申	辛酉	壬戌	癸亥	甲子
五行	金	火	火	木	木	土	土	金	金	火	火	水	水	土	土	金	金	木	木	水	水	土	土	火	火	木	木	水	水	金
建星	破	危	成	收	开	闭	建	建	除	满	平	定	执	破	危	成	收	开	闭	建	除	满	平	定	执	破	危	成	收	开
廿八宿	昴	毕	觜	参	井	鬼	柳	星	张	翼	轸	角	亢	氐	房	心	尾	箕	斗	牛	女	虚	危	室	壁	奎	娄	胃	昴	毕

二月小建丁卯女宿 （四绿）

节气：惊蛰初八日十二时二十分
春分廿三日十三时廿二分

公历	27	28	三月	2	3	4	5	6	7	8	9	10	11	12	13	14	15	16	17	18	19	20	21	22	23	24	25	26	27
农历	一	二	三	四	五	六	七	八	九	十	十一	十二	十三	十四	十五	十六	十七	十八	十九	二十	廿一	廿二	廿三	廿四	廿五	廿六	廿七	廿八	廿九
星期	二	三	四	五	六	日	一	二	三	四	五	六	日	一	二	三	四	五	六	日	一	二	三	四	五	六	日	一	二
干支	乙丑	丙寅	丁卯	戊辰	己巳	庚午	辛未	壬申	癸酉	甲戌	乙亥	丙子	丁丑	戊寅	己卯	庚辰	辛巳	壬午	癸未	甲申	乙酉	丙戌	丁亥	戊子	己丑	庚寅	辛卯	壬辰	癸巳
五行	金	火	火	木	木	土	土	金	金	火	火	水	水	土	土	金	金	木	木	水	水	土	土	火	火	木	木	水	水
建星	闭	建	除	满	平	定	执	执	破	危	成	收	开	闭	建	除	满	平	定	执	破	危	成	收	开	闭	建	除	满
廿八宿	觜	参	井	鬼	柳	星	张	翼	轸	角	亢	氐	房	心	尾	箕	斗	牛	女	虚	危	室	壁	奎	娄	胃	昴	毕	觜

三月小建戊辰虚宿 （三碧）

节气：清明初九日十七时十八分
谷雨廿五日零时卅五分

公历	28	29	30	31	四月	2	3	4	5	6	7	8	9	10	11	12	13	14	15	16	17	18	19	20	21	22	23	24	25
农历	一	二	三	四	五	六	七	八	九	十	十一	十二	十三	十四	十五	十六	十七	十八	十九	二十	廿一	廿二	廿三	廿四	廿五	廿六	廿七	廿八	廿九
星期	三	四	五	六	日	一	二	三	四	五	六	日	一	二	三	四	五	六	日	一	二	三	四	五	六	日	一	二	三
干支	甲午	乙未	丙申	丁酉	戊戌	己亥	庚子	辛丑	壬寅	癸卯	甲辰	乙巳	丙午	丁未	戊申	己酉	庚戌	辛亥	壬子	癸丑	甲寅	乙卯	丙辰	丁巳	戊午	己未	庚申	辛酉	壬戌
五行	金	金	火	火	木	木	土	土	金	金	火	火	水	水	土	土	金	金	木	木	水	水	土	土	火	火	木	木	水
建星	平	定	执	破	危	成	收	开	开	闭	建	除	满	平	定	执	破	危	成	收	开	闭	建	除	满	平	定	执	破
廿八宿	参	井	鬼	柳	星	张	翼	轸	角	亢	氐	房	心	尾	箕	斗	牛	女	虚	危	室	壁	奎	娄	胃	昴	毕	觜	参

岁次:己未	公元1979年(天上火)			土羊
太岁:傅党	年三碧星	地风升卦	一水二运	尾

四月大建己巳危宿 (二黑)

节气：立夏 十一日十时四十七分
小满 廿六日廿三时五十四分

公历	26	27	28	29	30	五月	2	3	4	5	6	7	8	9	10	11	12	13	14	15	16	17	18	19	20	21	22	23	24	25
农历	一	二	三	四	五	六	七	八	九	十	十一	十二	十三	十四	十五	十六	十七	十八	十九	二十	廿一	廿二	廿三	廿四	廿五	廿六	廿七	廿八	廿九	三十
星期	四	五	六	日	一	二	三	四	五	六	日	一	二	三	四	五	六	日	一	二	三	四	五	六	日	一	二	三	四	五
干支	癸亥	甲子	乙丑	丙寅	丁卯	戊辰	己巳	庚午	辛未	壬申	癸酉	甲戌	乙亥	丙子	丁丑	戊寅	己卯	庚辰	辛巳	壬午	癸未	甲申	乙酉	丙戌	丁亥	戊子	己丑	庚寅	辛卯	壬辰
五行	水	金	金	火	火	木	木	土	土	金	金	火	火	水	水	土	土	金	金	木	木	水	水	土	土	火	火	木	木	水
建星	危	成	收	开	闭	建	除	满	平	定	定	执	破	危	成	收	开	闭	建	除	满	平	定	执	破	危	成	收	开	闭
廿八宿	井	鬼	柳	星	张	翼	轸	角	亢	氐	房	心	尾	箕	斗	牛	女	虚	危	室	壁	奎	娄	胃	昴	毕	觜	参	井	鬼

五月小建庚午室宿 (一白)

节气：芒种 十二日十五时五分
夏至 廿八日七时五十六分

公历	26	27	28	29	30	31	六月	2	3	4	5	6	7	8	9	10	11	12	13	14	15	16	17	18	19	20	21	22	23	
农历	一	二	三	四	五	六	七	八	九	十	十一	十二	十三	十四	十五	十六	十七	十八	十九	二十	廿一	廿二	廿三	廿四	廿五	廿六	廿七	廿八	廿九	
星期	六	日	一	二	三	四	五	六	日	一	二	三	四	五	六	日	一	二	三	四	五	六	日	一	二	三	四	五	六	
干支	癸巳	甲午	乙未	丙申	丁酉	戊戌	己亥	庚子	辛丑	壬寅	癸卯	甲辰	乙巳	丙午	丁未	戊申	己酉	庚戌	辛亥	壬子	癸丑	甲寅	乙卯	丙辰	丁巳	戊午	己未	庚申	辛酉	
五行	水	金	金	火	火	木	木	土	土	金	金	火	火	水	水	土	土	金	金	木	木	水	水	土	土	火	火	木	木	
建星	建	除	满	平	定	执	破	危	成	收	开	开	闭	建	除	满	平	定	执	破	危	成	收	开	闭	建	除	满	平	
廿八宿	柳	星	张	翼	轸	角	亢	氐	房	心	尾	箕	斗	牛	女	虚	危	室	壁	奎	娄	胃	昴	毕	觜	参	井	鬼	柳	

六月大建辛未壁宿 (九紫)

节气：小暑 十五日一时廿五分
大暑 三十日十八时四十九分

公历	24	25	26	27	28	29	30	七月	2	3	4	5	6	7	8	9	10	11	12	13	14	15	16	17	18	19	20	21	22	23
农历	一	二	三	四	五	六	七	八	九	十	十一	十二	十三	十四	十五	十六	十七	十八	十九	二十	廿一	廿二	廿三	廿四	廿五	廿六	廿七	廿八	廿九	三十
星期	日	一	二	三	四	五	六	日	一	二	三	四	五	六	日	一	二	三	四	五	六	日	一	二	三	四	五	六	日	一
干支	壬戌	癸亥	甲子	乙丑	丙寅	丁卯	戊辰	己巳	庚午	辛未	壬申	癸酉	甲戌	乙亥	丙子	丁丑	戊寅	己卯	庚辰	辛巳	壬午	癸未	甲申	乙酉	丙戌	丁亥	戊子	己丑	庚寅	辛卯
五行	水	水	金	金	火	火	木	木	土	土	金	金	火	火	水	水	土	土	金	金	木	木	水	水	土	土	火	火	木	木
建星	定	执	破	危	成	收	开	闭	建	除	满	平	定	执	执	破	危	成	收	开	闭	建	除	满	平	定	执	破	危	成
廿八宿	星	张	翼	轸	角	亢	氐	房	心	尾	箕	斗	牛	女	虚	危	室	壁	奎	娄	胃	昴	毕	觜	参	井	鬼	柳	星	张

岁次：己未	公元1979年（天上火）			土羊
太岁：傅党	年三碧星	地风升卦	一水二运	尾

闰六月大

节气：立秋十六日十一时十一分

公历	24	25	26	27	28	29	30	31	八月	2	3	4	5	6	7	8	9	10	11	12	13	14	15	16	17	18	19	20	21	22
农历	一	二	三	四	五	六	七	八	九	十	十一	十二	十三	十四	十五	十六	十七	十八	十九	二十	廿一	廿二	廿三	廿四	廿五	廿六	廿七	廿八	廿九	三十
星期	二	三	四	五	六	日	一	二	三	四	五	六	日	一	二	三	四	五	六	日	一	二	三	四	五	六	日	一	二	三
干支	壬辰	癸巳	甲午	乙未	丙申	丁酉	戊戌	己亥	庚子	辛丑	壬寅	癸卯	甲辰	乙巳	丙午	丁未	戊申	己酉	庚戌	辛亥	壬子	癸丑	甲寅	乙卯	丙辰	丁巳	戊午	己未	庚申	辛酉
五行	水	水	金	金	火	火	木	木	土	土	金	金	火	火	水	水	土	土	金	金	木	木	水	水	土	土	火	火	木	木
建星	收	开	闭	建	除	满	平	定	执	破	危	成	收	开	闭	闭	建	除	满	平	定	执	破	危	成	收	开	闭	建	除
廿八宿	翼	轸	角	亢	氐	房	心	尾	箕	斗	牛	女	虚	危	室	壁	奎	娄	胃	昴	毕	觜	参	井	鬼	柳	星	张	翼	轸

七月小建壬申奎宿 （八白）

节气：处暑初二日一时四十七分
白露十七日十四时零分

公历	23	24	25	26	27	28	29	30	31	九月	2	3	4	5	6	7	8	9	10	11	12	13	14	15	16	17	18	19	20	
农历	一	二	三	四	五	六	七	八	九	十	十一	十二	十三	十四	十五	十六	十七	十八	十九	二十	廿一	廿二	廿三	廿四	廿五	廿六	廿七	廿八	廿九	
星期	四	五	六	日	一	二	三	四	五	六	日	一	二	三	四	五	六	日	一	二	三	四	五	六	日	一	二	三	四	
干支	壬戌	癸亥	甲子	乙丑	丙寅	丁卯	戊辰	己巳	庚午	辛未	壬申	癸酉	甲戌	乙亥	丙子	丁丑	戊寅	己卯	庚辰	辛巳	壬午	癸未	甲申	乙酉	丙戌	丁亥	戊子	己丑	庚寅	
五行	水	水	金	金	火	火	木	木	土	土	金	金	火	火	水	水	土	土	金	金	木	木	水	水	土	土	火	火	木	
建星	满	平	定	执	破	危	成	收	开	闭	建	除	满	平	定	执	执	破	危	成	收	开	闭	建	除	满	平	定	执	
廿八宿	角	亢	氐	房	心	尾	箕	斗	牛	女	虚	危	室	壁	奎	娄	胃	昴	毕	觜	参	井	鬼	柳	星	张	翼	轸	角	

八月大建癸酉娄宿 （七赤）

节气：秋分初三日廿三时十七分
寒露十九日五时三十分

公历	21	22	23	24	25	26	27	28	29	30	十月	2	3	4	5	6	7	8	9	10	11	12	13	14	15	16	17	18	19	20
农历	一	二	三	四	五	六	七	八	九	十	十一	十二	十三	十四	十五	十六	十七	十八	十九	二十	廿一	廿二	廿三	廿四	廿五	廿六	廿七	廿八	廿九	三十
星期	五	六	日	一	二	三	四	五	六	日	一	二	三	四	五	六	日	一	二	三	四	五	六	日	一	二	三	四	五	六
干支	辛卯	壬辰	癸巳	甲午	乙未	丙申	丁酉	戊戌	己亥	庚子	辛丑	壬寅	癸卯	甲辰	乙巳	丙午	丁未	戊申	己酉	庚戌	辛亥	壬子	癸丑	甲寅	乙卯	丙辰	丁巳	戊午	己未	庚申
五行	木	水	水	金	金	火	火	木	木	土	土	金	金	火	火	水	水	土	土	金	金	木	木	水	水	土	土	火	火	木
建星	破	危	成	收	开	闭	建	除	满	平	定	执	破	危	成	收	开	闭	闭	建	除	满	平	定	执	破	危	成	收	开
廿八宿	亢	氐	房	心	尾	箕	斗	牛	女	虚	危	室	壁	奎	娄	胃	昴	毕	觜	参	井	鬼	柳	星	张	翼	轸	角	亢	氐

岁次:己未	公元1979年(天上火)			土羊
太岁:傅党	年三碧星	地风升卦	一水二运	尾

九月大建甲戌胃宿 (六白) 节气:霜降初四日八时廿八分 立冬十九日八时卅三分

公历	21	22	23	24	25	26	27	28	29	30	31	11月	2	3	4	5	6	7	8	9	10	11	12	13	14	15	16	17	18	19
农历	一	二	三	四	五	六	七	八	九	十	十一	十二	十三	十四	十五	十六	十七	十八	十九	二十	廿一	廿二	廿三	廿四	廿五	廿六	廿七	廿八	廿九	三十
星期	日	一	二	三	四	五	六	日	一	二	三	四	五	六	日	一	二	三	四	五	六	日	一	二	三	四	五	六	日	一
干支	辛酉	壬戌	癸亥	甲子	乙丑	丙寅	丁卯	戊辰	己巳	庚午	辛未	壬申	癸酉	甲戌	乙亥	丙子	丁丑	戊寅	己卯	庚辰	辛巳	壬午	癸未	甲申	乙酉	丙戌	丁亥	戊子	己丑	庚寅
五行	木	水	水	金	金	火	火	木	木	土	土	金	金	火	火	水	水	土	土	金	金	木	木	水	水	土	土	火	火	木
建星	闭	建	除	满	平	定	执	破	危	成	收	开	闭	建	除	满	平	定	定	执	破	危	成	收	开	闭	建	除	满	平
廿八宿	房	心	尾	箕	斗	牛	女	虚	危	室	壁	奎	娄	胃	昴	毕	觜	参	井	鬼	柳	星	张	翼	轸	角	亢	氐	房	心

十月小建乙亥昴宿 (五黄) 节气:小雪初四日五时五十四分 大雪十九日一时十八分

公历	20	21	22	23	24	25	26	27	28	29	30	12月	2	3	4	5	6	7	8	9	10	11	12	13	14	15	16	17	18	
农历	一	二	三	四	五	六	七	八	九	十	十一	十二	十三	十四	十五	十六	十七	十八	十九	二十	廿一	廿二	廿三	廿四	廿五	廿六	廿七	廿八	廿九	
星期	二	三	四	五	六	日	一	二	三	四	五	六	日	一	二	三	四	五	六	日	一	二	三	四	五	六	日	一	二	
干支	辛卯	壬辰	癸巳	甲午	乙未	丙申	丁酉	戊戌	己亥	庚子	辛丑	壬寅	癸卯	甲辰	乙巳	丙午	丁未	戊申	己酉	庚戌	辛亥	壬子	癸丑	甲寅	乙卯	丙辰	丁巳	戊午	己未	
五行	木	水	水	金	金	火	火	木	木	土	土	金	金	火	火	水	水	土	土	金	金	木	木	水	水	土	土	火	火	
建星	定	执	破	危	成	收	开	闭	建	除	满	平	定	执	破	危	成	收	收	开	闭	建	除	满	平	定	执	破	危	
廿八宿	尾	箕	斗	牛	女	虚	危	室	壁	奎	娄	胃	昴	毕	觜	参	井	鬼	柳	星	张	翼	轸	角	亢	氐	房	心	尾	

十一月大建丙子毕宿 (四绿) 节气:冬至初四日十九时十分 小寒十九日十二时廿九分

公历	19	20	21	22	23	24	25	26	27	28	29	30	31	一月	2	3	4	5	6	7	8	9	10	11	12	13	14	15	16	17
农历	一	二	三	四	五	六	七	八	九	十	十一	十二	十三	十四	十五	十六	十七	十八	十九	二十	廿一	廿二	廿三	廿四	廿五	廿六	廿七	廿八	廿九	三十
星期	三	四	五	六	日	一	二	三	四	五	六	日	一	二	三	四	五	六	日	一	二	三	四	五	六	日	一	二	三	四
干支	庚申	辛酉	壬戌	癸亥	甲子	乙丑	丙寅	丁卯	戊辰	己巳	庚午	辛未	壬申	癸酉	甲戌	乙亥	丙子	丁丑	戊寅	己卯	庚辰	辛巳	壬午	癸未	甲申	乙酉	丙戌	丁亥	戊子	己丑
五行	木	木	水	水	金	金	火	火	木	木	土	土	金	金	火	火	水	水	土	土	金	金	木	木	水	水	土	土	火	火
建星	成	收	开	闭	建	除	满	平	定	执	破	危	成	收	开	闭	建	除	除	满	平	定	执	破	危	成	收	开	闭	建
廿八宿	箕	斗	牛	女	虚	危	室	壁	奎	娄	胃	昴	毕	觜	参	井	鬼	柳	星	张	翼	轸	角	亢	氐	房	心	尾	箕	斗

十二月小建丁丑觜宿 (三碧) 节气:大寒初四日五时四十九分 立春十九日零时十分

公历	18	19	20	21	22	23	24	25	26	27	28	29	30	31	二月	2	3	4	5	6	7	8	9	10	11	12	13	14	15	
农历	一	二	三	四	五	六	七	八	九	十	十一	十二	十三	十四	十五	十六	十七	十八	十九	二十	廿一	廿二	廿三	廿四	廿五	廿六	廿七	廿八	廿九	
星期	五	六	日	一	二	三	四	五	六	日	一	二	三	四	五	六	日	一	二	三	四	五	六	日	一	二	三	四	五	
干支	庚寅	辛卯	壬辰	癸巳	甲午	乙未	丙申	丁酉	戊戌	己亥	庚子	辛丑	壬寅	癸卯	甲辰	乙巳	丙午	丁未	戊申	己酉	庚戌	辛亥	壬子	癸丑	甲寅	乙卯	丙辰	丁巳	戊午	
五行	木	木	水	水	金	金	火	火	木	木	土	土	金	金	火	火	水	水	土	土	金	金	木	木	水	水	土	土	火	
建星	除	满	平	定	执	破	危	成	收	开	闭	建	除	满	平	定	执	破	破	危	成	收	开	闭	建	除	满	平	定	
廿八宿	牛	女	虚	危	室	壁	奎	娄	胃	昴	毕	觜	参	井	鬼	柳	星	张	翼	轸	角	亢	氐	房	心	尾	箕	斗	牛	

岁次：庚申	公元1980年（石榴木）			金猴
太岁：毛梓	年二黑星	山水蒙卦 坎为水卦	六水二运 七火一运	箕

正月大建戊寅参宿　（二黑）

节气：雨水初四日二十时二分
惊蛰十九日十八时十七分

公历	16	17	18	19	20	21	22	23	24	25	26	27	28	29	三月	2	3	4	5	6	7	8	9	10	11	12	13	14	15	16
农历	一	二	三	四	五	六	七	八	九	十	十一	十二	十三	十四	十五	十六	十七	十八	十九	二十	廿一	廿二	廿三	廿四	廿五	廿六	廿七	廿八	廿九	三十
星期	六	日	一	二	三	四	五	六	日	一	二	三	四	五	六	日	一	二	三	四	五	六	日	一	二	三	四	五	六	日
干支	己未	庚申	辛酉	壬戌	癸亥	甲子	乙丑	丙寅	丁卯	戊辰	己巳	庚午	辛未	壬申	癸酉	甲戌	乙亥	丙子	丁丑	戊寅	己卯	庚辰	辛巳	壬午	癸未	甲申	乙酉	丙戌	丁亥	戊子
五行	火	木	木	水	水	金	金	火	火	木	木	土	土	金	金	火	火	水	水	土	土	金	金	木	木	水	水	土	土	火
建星	执	破	危	成	收	开	闭	建	除	满	平	定	执	破	危	成	收	开	开	闭	建	除	满	平	定	执	破	危	成	收
廿八宿	女	虚	危	室	壁	奎	娄	胃	昴	毕	觜	参	井	鬼	柳	星	张	翼	轸	角	亢	氐	房	心	尾	箕	斗	牛	女	虚

二月小建己卯井宿　（一白）

节气：春分初四日十九时十分
清明十九日廿三时十五分

公历	17	18	19	20	21	22	23	24	25	26	27	28	29	30	31	四月	2	3	4	5	6	7	8	9	10	11	12	13	14	
农历	一	二	三	四	五	六	七	八	九	十	十一	十二	十三	十四	十五	十六	十七	十八	十九	二十	廿一	廿二	廿三	廿四	廿五	廿六	廿七	廿八	廿九	
星期	一	二	三	四	五	六	日	一	二	三	四	五	六	日	一	二	三	四	五	六	日	一	二	三	四	五	六	日	一	
干支	己丑	庚寅	辛卯	壬辰	癸巳	甲午	乙未	丙申	丁酉	戊戌	己亥	庚子	辛丑	壬寅	癸卯	甲辰	乙巳	丙午	丁未	戊申	己酉	庚戌	辛亥	壬子	癸丑	甲寅	乙卯	丙辰	丁巳	
五行	火	木	木	水	水	金	金	火	火	木	木	土	土	金	金	火	火	水	水	土	土	金	金	木	木	水	水	土	土	
建星	开	闭	建	除	满	平	定	执	破	危	成	收	开	闭	建	除	满	平	平	定	执	破	危	成	收	开	闭	建	除	
廿八宿	危	室	壁	奎	娄	胃	昴	毕	觜	参	井	鬼	柳	星	张	翼	轸	角	亢	氐	房	心	尾	箕	斗	牛	女	虚	危	

三月小建庚辰鬼宿　（九紫）

节气：谷雨初六日六时廿三分
立夏廿一日十六时四十四分

公历	15	16	17	18	19	20	21	22	23	24	25	26	27	28	29	30	三月	2	3	4	5	6	7	8	9	10	11	12	13	
农历	一	二	三	四	五	六	七	八	九	十	十一	十二	十三	十四	十五	十六	十七	十八	十九	二十	廿	廿二	廿二	廿四	廿五	廿六	廿七	廿八	廿九	
星期	二	三	四	五	六	日	一	二	三	四	五	六	日	一	二	三	四	五	六	日	一	二	三	四	五	六	日	一	二	
干支	戊午	己未	庚申	辛酉	壬戌	癸亥	甲子	乙丑	丙寅	丁卯	戊辰	己巳	庚午	辛未	壬申	癸酉	甲戌	乙亥	丙子	丁丑	戊寅	己卯	庚辰	辛巳	壬午	癸未	甲申	乙酉	丙戌	
五行	火	火	木	木	水	水	金	金	火	火	木	木	土	土	金	金	火	火	水	水	土	土	金	金	木	木	水	水	土	
建星	满	平	定	执	破	危	成	收	开	闭	建	除	满	平	定	执	破	危	成	收	收	开	闭	建	除	满	平	定	执	
廿八宿	室	壁	奎	娄	胃	昴	毕	觜	参	井	鬼	柳	星	张	翼	轸	角	亢	氐	房	心	尾	箕	斗	牛	女	虚	危	室	

岁次：庚申	公元 1980 年（石榴木）			金猴
太岁：毛梓	年二黑星	山水蒙卦 坎为水卦	六水二运 七火一运	箕

四月大建辛巳柳宿 （八白）

节气：小满初八日五时四十二分
芒种廿三日廿一时四分

公历	14	15	16	17	18	19	20	21	22	23	24	25	26	27	28	29	30	31	六月	2	3	4	5	6	7	8	9	10	11	12
农历	一	二	三	四	五	六	七	八	九	十	十一	十二	十三	十四	十五	十六	十七	十八	十九	二十	廿一	廿二	廿三	廿四	廿五	廿六	廿七	廿八	廿九	三十
星期	三	四	五	六	日	一	二	三	四	五	六	日	一	二	三	四	五	六	日	一	二	三	四	五	六	日	一	二	三	四
干支	丁亥	戊子	己丑	庚寅	辛卯	壬辰	癸巳	甲午	乙未	丙申	丁酉	戊戌	己亥	庚子	辛丑	壬寅	癸卯	甲辰	乙巳	丙午	丁未	戊申	己酉	庚戌	辛亥	壬子	癸丑	甲寅	乙卯	丙辰
五行	土	火	火	木	木	水	水	金	金	火	火	木	木	土	土	金	金	火	火	水	水	土	土	金	金	木	木	水	水	土
建星	破	危	成	收	开	闭	建	除	满	平	定	执	破	危	成	收	开	闭	建	除	满	平	平	定	执	破	危	成	收	开
廿八宿	壁	奎	娄	胃	昴	毕	觜	参	井	鬼	柳	星	张	翼	轸	角	亢	氐	房	心	尾	箕	斗	牛	女	虚	危	室	壁	奎

五月小建壬午星宿 （七赤）

节气：夏至初九日十三时四十七分
小暑廿五日七时廿四分

公历	13	14	15	16	17	18	19	20	21	22	23	24	25	26	27	28	29	30	七月	2	3	4	5	6	7	8	9	10	11	
农历	一	二	三	四	五	六	七	八	九	十	十一	十二	十三	十四	十五	十六	十七	十八	十九	二十	廿一	廿二	廿三	廿四	廿五	廿六	廿七	廿八	廿九	
星期	五	六	日	一	二	三	四	五	六	日	一	二	三	四	五	六	日	一	二	三	四	五	六	日	一	二	三	四	五	
干支	丁巳	戊午	己未	庚申	辛酉	壬戌	癸亥	甲子	乙丑	丙寅	丁卯	戊辰	己巳	庚午	辛未	壬申	癸酉	甲戌	乙亥	丙子	丁丑	戊寅	己卯	庚辰	辛巳	壬午	癸未	甲申	乙酉	
五行	土	火	火	木	木	水	水	金	金	火	火	木	木	土	土	金	金	火	火	水	水	土	土	金	金	木	木	水	水	
建星	闭	建	除	满	平	定	执	破	危	成	收	开	闭	建	除	满	平	定	执	破	危	成	收	开	开	闭	建	除	满	
廿八宿	娄	胃	昴	毕	觜	参	井	鬼	柳	星	张	翼	轸	角	亢	氐	房	心	尾	箕	斗	牛	女	虚	危	室	壁	奎	娄	

六月大建癸未张宿 （六白）

节气：大暑十二日零时四十二分
立秋廿七日十七时九分

公历	12	13	14	15	16	17	18	19	20	21	22	23	24	25	26	27	28	29	30	31	八月	2	3	4	5	6	7	8	9	10
农历	一	二	三	四	五	六	七	八	九	十	十一	十二	十三	十四	十五	十六	十七	十八	十九	二十	廿一	廿二	廿三	廿四	廿五	廿六	廿七	廿八	廿九	三十
星期	六	日	一	二	三	四	五	六	日	一	二	三	四	五	六	日	一	二	三	四	五	六	日	一	二	三	四	五	六	日
干支	丙戌	丁亥	戊子	己丑	庚寅	辛卯	壬辰	癸巳	甲午	乙未	丙申	丁酉	戊戌	己亥	庚子	辛丑	壬寅	癸卯	甲辰	乙巳	丙午	丁未	戊申	己酉	庚戌	辛亥	壬子	癸丑	甲寅	乙卯
五行	土	土	火	火	木	木	水	水	金	金	火	火	木	木	土	土	金	金	火	火	水	水	土	土	金	金	木	木	水	水
建星	平	定	执	破	危	成	收	开	闭	建	除	满	平	定	执	破	危	成	收	开	闭	建	除	满	平	定	定	执	破	危
廿八宿	胃	昴	毕	觜	参	井	鬼	柳	星	张	翼	轸	角	亢	氐	房	心	尾	箕	斗	牛	女	虚	危	室	壁	奎	娄	胃	昴

岁次：庚申	公元1980年（石榴木）			金猴
太岁：毛梓	年二黑星	山水蒙卦 坎为水卦	六水二运 七火一运	箕

七月小建甲申翼宿 （五黄）

节气：处暑十三日七时四十一分
白露廿八日十九时五十四分

公历	11	12	13	14	15	16	17	18	19	20	21	22	23	24	25	26	27	28	29	30	31	九月	2	3	4	5	6	7	8	
农历	一	二	三	四	五	六	七	八	九	十	十一	十二	十三	十四	十五	十六	十七	十八	十九	二十	廿一	廿二	廿三	廿四	廿五	廿六	廿七	廿八	廿九	
星期	一	二	三	四	五	六	日	一	二	三	四	五	六	日	一	二	三	四	五	六	日	一	二	三	四	五	六	日	一	
干支	丙辰	丁巳	戊午	己未	庚申	辛酉	壬戌	癸亥	甲子	乙丑	丙寅	丁卯	戊辰	己巳	庚午	辛未	壬申	癸酉	甲戌	乙亥	丙子	丁丑	戊寅	己卯	庚辰	辛巳	壬午	癸未	甲申	
五行	土	土	火	火	木	木	水	水	金	金	火	火	木	木	土	土	金	金	火	火	水	水	土	土	金	金	木	木	水	
建星	成	收	开	闭	建	除	满	平	定	执	破	危	成	收	开	闭	建	除	满	平	定	执	破	危	成	收	开	开	闭	
廿八宿	毕	觜	参	井	鬼	柳	星	张	翼	轸	角	亢	氐	房	心	尾	箕	斗	牛	女	虚	危	室	壁	奎	娄	胃	昴	毕	

八月大建乙酉轸宿 （四绿）

节气：秋分十五日五时九分
寒露三十日十一时二十分

公历	9	10	11	12	13	14	15	16	17	18	19	20	21	22	23	24	25	26	27	28	29	30	十月	2	3	4	5	6	7	8
农历	一	二	三	四	五	六	七	八	九	十	十一	十二	十三	十四	十五	十六	十七	十八	十九	二十	廿一	廿二	廿三	廿四	廿五	廿六	廿七	廿八	廿九	三十
星期	二	三	四	五	六	日	一	二	三	四	五	六	日	一	二	三	四	五	六	日	一	二	三	四	五	六	日	一	二	三
干支	乙酉	丙戌	丁亥	戊子	己丑	庚寅	辛卯	壬辰	癸巳	甲午	乙未	丙申	丁酉	戊戌	己亥	庚子	辛丑	壬寅	癸卯	甲辰	乙巳	丙午	丁未	戊申	己酉	庚戌	辛亥	壬子	癸丑	甲寅
五行	水	土	土	火	火	木	木	水	水	金	金	火	火	木	木	土	土	金	金	火	火	水	水	土	土	金	金	木	木	水
建星	建	除	满	平	定	执	破	危	成	收	开	闭	建	除	满	平	定	执	破	危	成	收	开	闭	建	除	满	平	定	定
廿八宿	觜	参	井	鬼	柳	星	张	翼	轸	角	亢	氐	房	心	尾	箕	斗	牛	女	虚	危	室	壁	奎	娄	胃	昴	毕	觜	参

九月大建丙戌角宿 （三碧）

节气：霜降十五日十四时十八分
立冬三十日十四时十九分

公历	9	10	11	12	13	14	15	16	17	18	19	20	21	22	23	24	25	26	27	28	29	30	31	11月	2	3	4	5	6	7
农历	一	二	三	四	五	六	七	八	九	十	十一	十二	十三	十四	十五	十六	十七	十八	十九	二十	廿一	廿二	廿三	廿四	廿五	廿六	廿七	廿八	廿九	三十
星期	四	五	六	日	一	二	三	四	五	六	日	一	二	三	四	五	六	日	一	二	三	四	五	六	日	一	二	三	四	五
干支	乙卯	丙辰	丁巳	戊午	己未	庚申	辛酉	壬戌	癸亥	甲子	乙丑	丙寅	丁卯	戊辰	己巳	庚午	辛未	壬申	癸酉	甲戌	乙亥	丙子	丁丑	戊寅	己卯	庚辰	辛巳	壬午	癸未	甲申
五行	水	土	土	火	火	木	木	水	水	金	金	火	火	木	木	土	土	金	金	火	火	水	水	土	土	金	金	木	木	水
建星	执	破	危	成	收	开	闭	建	除	满	平	定	执	破	危	成	收	开	闭	建	除	满	平	定	执	破	危	成	收	收
廿八宿	井	鬼	柳	星	张	翼	轸	角	亢	氐	房	心	尾	箕	斗	牛	女	虚	危	室	壁	奎	娄	胃	昴	毕	觜	参	井	鬼

岁次:庚申	公元1980年(石榴木)			金猴
太岁:毛梓	年二黑星	山水蒙卦 坎为水卦	六水二运 七火一运	箕

十月小建丁亥亢宿　(二黑)　　节气:小雪十五日十一时四十二分

公历	8	9	10	11	12	13	14	15	16	17	18	19	20	21	22	23	24	25	26	27	28	29	30	12月	2	3	4	5	6
农历	一	二	三	四	五	六	七	八	九	十	十一	十二	十三	十四	十五	十六	十七	十八	十九	二十	廿一	廿二	廿三	廿四	廿五	廿六	廿七	廿八	廿九
星期	六	日	一	二	三	四	五	六	日	一	二	三	四	五	六	日	一	二	三	四	五	六	日	一	二	三	四	五	六
干支	乙酉	丙戌	丁亥	戊子	己丑	庚寅	辛卯	壬辰	癸巳	甲午	乙未	丙申	丁酉	戊戌	己亥	庚子	辛丑	壬寅	癸卯	甲辰	乙巳	丙午	丁未	戊申	己酉	庚戌	辛亥	壬子	癸丑
五行	水	土	土	火	火	木	木	水	水	金	金	火	火	木	木	土	土	金	金	火	火	水	水	土	土	金	金	木	木
建星	开	闭	建	除	满	平	定	执	破	危	成	收	开	闭	建	除	满	平	定	执	破	危	成	收	开	闭	建	除	满
廿八宿	柳	星	张	翼	轸	角	亢	氐	房	心	尾	箕	斗	牛	女	虚	危	室	壁	奎	娄	胃	昴	毕	觜	参	井	鬼	柳

十一月大建戊子氐宿　(一白)　　节气:大雪初一日七时二分
冬至十六日零时五十六分
小寒三十日十八时廿三分

公历	7	8	9	10	11	12	13	14	15	16	17	18	19	20	21	22	23	24	25	26	27	28	29	30	31	一月	2	3	4	5
农历	一	二	三	四	五	六	七	八	九	十	十一	十二	十三	十四	十五	十六	十七	十八	十九	二十	廿一	廿二	廿三	廿四	廿五	廿六	廿七	廿八	廿九	三十
星期	日	一	二	三	四	五	六	日	一	二	三	四	五	六	日	一	二	三	四	五	六	日	一	二	三	四	五	六	日	一
干支	甲寅	乙卯	丙辰	丁巳	戊午	己未	庚申	辛酉	壬戌	癸亥	甲子	乙丑	丙寅	丁卯	戊辰	己巳	庚午	辛未	壬申	癸酉	甲戌	乙亥	丙子	丁丑	戊寅	己卯	庚辰	辛巳	壬午	癸未
五行	水	水	土	土	火	火	木	木	水	水	金	金	火	火	木	木	土	土	金	金	火	火	水	水	土	土	金	金	木	木
建星	满	平	定	执	破	危	成	收	开	闭	建	除	满	平	定	执	破	危	成	收	开	闭	建	除	满	平	定	执	破	破
廿八宿	星	张	翼	轸	角	亢	氐	房	心	尾	箕	斗	牛	女	虚	危	室	壁	奎	娄	胃	昴	毕	觜	参	井	鬼	柳	星	张

十二月大建己丑房宿　(九紫)　　节气:大寒十五日十一时卅六分
立春三十日五时五十六分

公历	6	7	8	9	10	11	12	13	14	15	16	17	18	19	20	21	22	23	24	25	26	27	28	29	30	31	二月	2	3	4
农历	一	二	三	四	五	六	七	八	九	十	十一	十二	十三	十四	十五	十六	十七	十八	十九	二十	廿一	廿二	廿三	廿四	廿五	廿六	廿七	廿八	廿九	三十
星期	二	三	四	五	六	日	一	二	三	四	五	六	日	一	二	三	四	五	六	日	一	二	三	四	五	六	日	一	二	三
干支	甲申	乙酉	丙戌	丁亥	戊子	己丑	庚寅	辛卯	壬辰	癸巳	甲午	乙未	丙申	丁酉	戊戌	己亥	庚子	辛丑	壬寅	癸卯	甲辰	乙巳	丙午	丁未	戊申	己酉	庚戌	辛亥	壬子	癸丑
五行	水	水	土	土	火	火	木	木	水	水	金	金	火	火	木	木	土	土	金	金	火	火	水	水	土	土	金	金	木	木
建星	危	成	收	开	闭	建	除	满	平	定	执	破	危	成	收	开	闭	建	除	满	平	定	执	破	危	成	收	开	闭	闭
廿八宿	翼	轸	角	亢	氐	房	心	尾	箕	斗	牛	女	虚	危	室	壁	奎	娄	胃	昴	毕	觜	参	井	鬼	柳	星	张	翼	轸

岁次：辛酉	公元1981年（石榴木）			金鸡
太岁：石政	年一白星	雷山小过卦	八木三运	斗

正月小建庚寅心宿 （八白）

节气：雨水十五日一时五十二分

公历	5	6	7	8	9	10	11	12	13	14	15	16	17	18	19	20	21	22	23	24	25	26	27	28	三月	2	3	4	5
农历	一	二	三	四	五	六	七	八	九	十	十一	十二	十三	十四	十五	十六	十七	十八	十九	二十	廿一	廿二	廿三	廿四	廿五	廿六	廿七	廿八	廿九
星期	四	五	六	日	一	二	三	四	五	六	日	一	二	三	四	五	六	日	一	二	三	四	五	六	日	一	二	三	四
干支	甲寅	乙卯	丙辰	丁巳	戊午	己未	庚申	辛酉	壬戌	癸亥	甲子	乙丑	丙寅	丁卯	戊辰	己巳	庚午	辛未	壬申	癸酉	甲戌	乙亥	丙子	丁丑	戊寅	己卯	庚辰	辛巳	壬午
五行	水	水	土	土	火	火	木	木	水	水	金	金	火	火	木	木	土	土	金	金	火	火	水	水	土	土	金	金	木
建星	建	除	满	平	定	执	破	危	成	收	开	闭	建	除	满	平	定	执	破	危	成	收	开	闭	建	除	满	平	定
廿八宿	角	亢	氐	房	心	尾	箕	斗	牛	女	虚	危	室	壁	奎	娄	胃	昴	毕	觜	参	井	鬼	柳	星	张	翼	轸	角

二月大建辛卯尾宿 （七赤）

节气：惊蛰初一日零时五分
春分十六日零时三分

公历	6	7	8	9	10	11	12	13	14	15	16	17	18	19	20	21	22	23	24	25	26	27	28	29	30	31	四月	2	3	4
农历	一	二	三	四	五	六	七	八	九	十	十一	十二	十三	十四	十五	十六	十七	十八	十九	二十	廿一	廿二	廿三	廿四	廿五	廿六	廿七	廿八	廿九	三十
星期	五	六	日	一	二	三	四	五	六	日	一	二	三	四	五	六	日	一	二	三	四	五	六	日	一	二	三	四	五	六
干支	癸未	甲申	乙酉	丙戌	丁亥	戊子	己丑	庚寅	辛卯	壬辰	癸巳	甲午	乙未	丙申	丁酉	戊戌	己亥	庚子	辛丑	壬寅	癸卯	甲辰	乙巳	丙午	丁未	戊申	己酉	庚戌	辛亥	壬子
五行	木	水	水	土	土	火	火	木	木	水	水	金	金	火	火	木	木	土	土	金	金	火	火	水	水	土	土	金	金	木
建星	定	执	破	危	成	收	开	闭	建	除	满	平	定	执	破	危	成	收	开	闭	建	除	满	平	定	执	破	危	成	收
廿八宿	亢	氐	房	心	尾	箕	斗	牛	女	虚	危	室	壁	奎	娄	胃	昴	毕	觜	参	井	鬼	柳	星	张	翼	轸	角	亢	氐

三月小建壬辰箕宿 （六白）

节气：清明初一日五时五分
谷雨十六日十二时十九分

公历	5	6	7	8	9	10	11	12	13	14	15	16	17	18	19	20	21	22	23	24	25	26	27	28	29	30	五月	2	3
农历	一	二	三	四	五	六	七	八	九	十	十一	十二	十三	十四	十五	十六	十七	十八	十九	二十	廿一	廿二	廿三	廿四	廿五	廿六	廿七	廿八	廿九
星期	日	一	二	三	四	五	六	日	一	二	三	四	五	六	日	一	二	三	四	五	六	日	一	二	三	四	五	六	日
干支	癸丑	甲寅	乙卯	丙辰	丁巳	戊午	己未	庚申	辛酉	壬戌	癸亥	甲子	乙丑	丙寅	丁卯	戊辰	己巳	庚午	辛未	壬申	癸酉	甲戌	乙亥	丙子	丁丑	戊寅	己卯	庚辰	辛巳
五行	木	水	水	土	土	火	火	木	木	水	水	金	金	火	火	木	木	土	土	金	金	火	火	水	水	土	土	金	金
建星	收	开	闭	建	除	满	平	定	执	破	危	成	收	开	闭	建	除	满	平	定	执	破	危	成	收	开	闭	建	除
廿八宿	房	心	尾	箕	斗	牛	女	虚	危	室	壁	奎	娄	胃	昴	毕	觜	参	井	鬼	柳	星	张	翼	轸	角	亢	氐	房

岁次：辛酉	公元 1981 年（石榴木）			金鸡
太岁：石政	年一白星	雷山小过卦	八木三运	斗

四月小建癸巳斗宿　（五黄）

节气：立夏初二日廿二时卅五分
小满十八日十一时卅九分

公历	4	5	6	7	8	9	10	11	12	13	14	15	16	17	18	19	20	21	22	23	24	25	26	27	28	29	30	31	六月
农历	一	二	三	四	五	六	七	八	九	十	十一	十二	十三	十四	十五	十六	十七	十八	十九	二十	廿一	廿二	廿三	廿四	廿五	廿六	廿七	廿八	廿九
星期	一	二	三	四	五	六	日	一	二	三	四	五	六	日	一	二	三	四	五	六	日	一	二	三	四	五	六	日	一
干支	壬午	癸未	甲申	乙酉	丙戌	丁亥	戊子	己丑	庚寅	辛卯	壬辰	癸巳	甲午	乙未	丙申	丁酉	戊戌	己亥	庚子	辛丑	壬寅	癸卯	甲辰	乙巳	丙午	丁未	戊申	己酉	庚戌
五行	木	木	水	水	土	土	火	火	木	木	水	水	金	金	火	火	木	木	土	土	金	金	火	火	水	水	土	土	金
建星	满	满	平	定	执	破	危	成	收	开	闭	建	除	满	平	定	执	破	危	成	收	开	闭	建	除	满	平	定	执
廿八宿	心	尾	箕	斗	牛	女	虚	危	室	壁	奎	娄	胃	昴	毕	觜	参	井	鬼	柳	星	张	翼	轸	角	亢	氐	房	心

五月大建甲午牛宿　（四绿）

节气：芒种初五日二时五十三分
夏至二十日十九时四十三分

公历	2	3	4	5	6	7	8	9	10	11	12	13	14	15	16	17	18	19	20	21	22	23	24	25	26	27	28	29	30	七月
农历	一	二	三	四	五	六	七	八	九	十	十一	十二	十三	十四	十五	十六	十七	十八	十九	二十	廿一	廿二	廿三	廿四	廿五	廿六	廿七	廿八	廿九	三十
星期	二	三	四	五	六	日	一	二	三	四	五	六	日	一	二	三	四	五	六	日	一	二	三	四	五	六	日	一	二	三
干支	辛亥	壬子	癸丑	甲寅	乙卯	丙辰	丁巳	戊午	己未	庚申	辛酉	壬戌	癸亥	甲子	乙丑	丙寅	丁卯	戊辰	己巳	庚午	辛未	壬申	癸酉	甲戌	乙亥	丙子	丁丑	戊寅	己卯	庚辰
五行	金	木	木	水	水	土	土	火	火	木	木	水	水	金	金	火	火	木	木	土	土	金	金	火	火	水	水	土	土	金
建星	破	危	成	收	收	开	闭	建	除	满	平	定	执	破	危	成	收	开	闭	建	除	满	平	定	执	破	危	成	收	开
廿八宿	尾	箕	斗	牛	女	虚	危	室	壁	奎	娄	胃	昴	毕	觜	参	井	鬼	柳	星	张	翼	轸	角	亢	氐	房	心	尾	箕

六月小建乙未女宿　（三碧）

节气：小暑初六日十三时十二分
大暑廿二日六时四十分

公历	2	3	4	5	6	7	8	9	10	11	12	13	14	15	16	17	18	19	20	21	22	23	24	25	26	27	28	29	30
农历	一	二	三	四	五	六	七	八	九	十	十一	十二	十三	十四	十五	十六	十七	十八	十九	二十	廿一	廿二	廿三	廿四	廿五	廿六	廿七	廿八	廿九
星期	四	五	六	日	一	二	三	四	五	六	日	一	二	三	四	五	六	日	一	二	三	四	五	六	日	一	二	三	四
干支	辛巳	壬午	癸未	甲申	乙酉	丙戌	丁亥	戊子	己丑	庚寅	辛卯	壬辰	癸巳	甲午	乙未	丙申	丁酉	戊戌	己亥	庚子	辛丑	壬寅	癸卯	甲辰	乙巳	丙午	丁未	戊申	己酉
五行	金	木	木	水	水	土	土	火	火	木	木	水	水	金	金	火	火	木	木	土	土	金	金	火	火	水	水	土	土
建星	闭	建	除	满	平	平	定	执	破	危	成	收	开	闭	建	除	满	平	定	执	破	危	成	收	开	闭	建	除	满
廿八宿	斗	牛	女	虚	危	室	壁	奎	娄	胃	昴	毕	觜	参	井	鬼	柳	星	张	翼	轸	角	亢	氐	房	心	尾	箕	斗

岁次:辛酉	公元1981年(石榴木)	金鸡
太岁:石政	年一白星 雷山小过卦 八木三运	斗

七月小建丙申虚宿 (二黑)

节气:立秋 初八日廿二时五十七分
处暑 廿四日十三时卅八分

公历	31	八月	2	3	4	5	6	7	8	9	10	11	12	13	14	15	16	17	18	19	20	21	22	23	24	25	26	27	28
农历	一	二	三	四	五	六	七	八	九	十	十一	十二	十三	十四	十五	十六	十七	十八	十九	二十	廿一	廿二	廿三	廿四	廿五	廿六	廿七	廿八	廿九
星期	五	六	日	一	二	三	四	五	六	日	一	二	三	四	五	六	日	一	二	三	四	五	六	日	一	二	三	四	五
干支	庚戌	辛亥	壬子	癸丑	甲寅	乙卯	丙辰	丁巳	戊午	己未	庚申	辛酉	壬戌	癸亥	甲子	乙丑	丙寅	丁卯	戊辰	己巳	庚午	辛未	壬申	癸酉	甲戌	乙亥	丙子	丁丑	戊寅
五行	金	金	木	木	水	水	土	土	火	火	木	木	水	水	金	金	火	火	木	木	土	土	金	金	火	火	水	水	土
建星	平	定	执	破	危	成	收	收	开	闭	建	除	满	平	定	执	破	危	成	收	开	闭	建	除	满	平	定	执	破
廿八宿	牛	女	虚	危	室	壁	奎	娄	胃	昴	毕	觜	参	井	鬼	柳	星	张	翼	轸	角	亢	氐	房	心	尾	箕	斗	牛

八月大建丁酉危宿 (一白)

节气:白露 十一日一时四十三分
秋分 廿六日十一时五分

公历	29	30	31	九月	2	3	4	5	6	7	8	9	10	11	12	13	14	15	16	17	18	19	20	21	22	23	24	25	26	27
农历	一	二	三	四	五	六	七	八	九	十	十一	十二	十三	十四	十五	十六	十七	十八	十九	二十	廿一	廿二	廿三	廿四	廿五	廿六	廿七	廿八	廿九	三十
星期	六	日	一	二	三	四	五	六	日	一	二	三	四	五	六	日	一	二	三	四	五	六	日	一	二	三	四	五	六	日
干支	己卯	庚辰	辛巳	壬午	癸未	甲申	乙酉	丙戌	丁亥	戊子	己丑	庚寅	辛卯	壬辰	癸巳	甲午	乙未	丙申	丁酉	戊戌	己亥	庚子	辛丑	壬寅	癸卯	甲辰	乙巳	丙午	丁未	戊申
五行	土	金	金	木	木	水	水	土	土	火	火	木	木	水	水	金	金	火	火	木	木	土	土	金	金	火	火	水	水	土
建星	危	成	收	开	闭	建	除	满	平	定	定	执	破	危	成	收	开	闭	建	除	满	平	定	执	破	危	成	收	开	闭
廿八宿	女	虚	危	室	壁	奎	娄	胃	昴	毕	觜	参	井	鬼	柳	星	张	翼	轸	角	亢	氐	房	心	尾	箕	斗	牛	女	虚

九月大建戊戌室宿 (九紫)

节气:寒露 十一日十七时十分
霜降 廿六日二十时十三分

公历	28	29	30	十月	2	3	4	5	6	7	8	9	10	11	12	13	14	15	16	17	18	19	20	21	22	23	24	25	26	27
农历	一	二	三	四	五	六	七	八	九	十	十一	十二	十三	十四	十五	十六	十七	十八	十九	二十	廿一	廿二	廿三	廿四	廿五	廿六	廿七	廿八	廿九	三十
星期	一	二	三	四	五	六	日	一	二	三	四	五	六	日	一	二	三	四	五	六	日	一	二	三	四	五	六	日	一	二
干支	己酉	庚戌	辛亥	壬子	癸丑	甲寅	乙卯	丙辰	丁巳	戊午	己未	庚申	辛酉	壬戌	癸亥	甲子	乙丑	丙寅	丁卯	戊辰	己巳	庚午	辛未	壬申	癸酉	甲戌	乙亥	丙子	丁丑	戊寅
五行	土	金	金	木	木	水	水	土	土	火	火	木	木	水	水	金	金	火	火	木	木	土	土	金	金	火	火	水	水	土
建星	建	除	满	平	定	执	破	危	成	收	收	开	闭	建	除	满	平	定	执	破	危	成	收	开	闭	建	除	满	平	定
廿八宿	危	室	壁	奎	娄	胃	昴	毕	觜	参	井	鬼	柳	星	张	翼	轸	角	亢	氐	房	心	尾	箕	斗	牛	女	虚	危	室

第六章 1930年～2050年万年历对照详表

岁次：辛酉	公元1981年（石榴木）			金鸡
太岁：石政	年一白星	雷山小过卦	八木三运	斗

十月小建己亥壁宿 （八白）

节气：立冬十一日二十时九分
小雪廿六日十七时卅六分

公历	28	29	30	31	11月	2	3	4	5	6	7	8	9	10	11	12	13	14	15	16	17	18	19	20	21	22	23	24	25	
农历	一	二	三	四	五	六	七	八	九	十	十一	十二	十三	十四	十五	十六	十七	十八	十九	二十	廿一	廿二	廿三	廿四	廿五	廿六	廿七	廿八	廿九	
星期	三	四	五	六	日	一	二	三	四	五	六	日	一	二	三	四	五	六	日	一	二	三	四	五	六	日	一	二	三	
干支	己卯	庚辰	辛巳	壬午	癸未	甲申	乙酉	丙戌	丁亥	戊子	己丑	庚寅	辛卯	壬辰	癸巳	甲午	乙未	丙申	丁酉	戊戌	己亥	庚子	辛丑	壬寅	癸卯	甲辰	乙巳	丙午	丁未	
五行	土	金	金	木	木	水	水	土	土	火	火	木	木	水	水	金	金	火	火	木	木	土	土	金	金	火	火	水	水	
建星	执	破	危	成	收	开	闭	建	除	满	满	平	定	执	破	危	成	收	开	闭	建	除	满	平	定	执	破	危	成	
廿八宿	壁	奎	娄	胃	昴	毕	觜	参	井	鬼	柳	星	张	翼	轸	角	亢	氐	房	心	尾	箕	斗	牛	女	虚	危	室	壁	

十一月大建庚子奎宿 （七赤）

节气：大雪十二日十二时五十二分
冬至廿七日六时五十一分

公历	26	27	28	29	30	12月	2	3	4	5	6	7	8	9	10	11	12	13	14	15	16	17	18	19	20	21	22	23	24	25
农历	一	二	三	四	五	六	七	八	九	十	十一	十二	十三	十四	十五	十六	十七	十八	十九	二十	廿一	廿二	廿三	廿四	廿五	廿六	廿七	廿八	廿九	三十
星期	四	五	六	日	一	二	三	四	五	六	日	一	二	三	四	五	六	日	一	二	三	四	五	六	日	一	二	三	四	五
干支	戊申	己酉	庚戌	辛亥	壬子	癸丑	甲寅	乙卯	丙辰	丁巳	戊午	己未	庚申	辛酉	壬戌	癸亥	甲子	乙丑	丙寅	丁卯	戊辰	己巳	庚午	辛未	壬申	癸酉	甲戌	乙亥	丙子	丁丑
五行	土	土	金	金	木	木	水	水	土	土	火	火	木	木	水	水	金	金	火	火	木	木	土	土	金	金	火	火	水	水
建星	收	开	闭	建	除	满	平	定	执	破	危	危	成	收	开	闭	建	除	满	平	定	执	破	危	成	收	开	闭	建	除
廿八宿	奎	娄	胃	昴	毕	觜	参	井	鬼	柳	星	张	翼	轸	角	亢	氐	房	心	尾	箕	斗	牛	女	虚	危	室	壁	奎	娄

十二月大建辛丑娄宿 （六白）

节气：小寒十二日零时三分
大寒廿六日十七时卅一分

公历	26	27	28	29	30	31	一月	2	3	4	5	6	7	8	9	10	11	12	13	14	15	16	17	18	19	20	21	22	23	24
农历	一	二	三	四	五	六	七	八	九	十	十一	十二	十三	十四	十五	十六	十七	十八	十九	二十	廿一	廿二	廿三	廿四	廿五	廿六	廿七	廿八	廿九	三十
星期	六	日	一	二	三	四	五	六	日	一	二	三	四	五	六	日	一	二	三	四	五	六	日	一	二	三	四	五	六	日
干支	戊寅	己卯	庚辰	辛巳	壬午	癸未	甲申	乙酉	丙戌	丁亥	戊子	己丑	庚寅	辛卯	壬辰	癸巳	甲午	乙未	丙申	丁酉	戊戌	己亥	庚子	辛丑	壬寅	癸卯	甲辰	乙巳	丙午	丁未
五行	土	土	金	金	木	木	水	水	土	土	火	火	木	木	水	水	金	金	火	火	木	木	土	土	金	金	火	火	水	水
建星	满	平	定	执	破	危	成	收	开	闭	建	建	除	满	平	定	执	破	危	成	收	开	闭	建	除	满	平	定	执	破
廿八宿	胃	昴	毕	觜	参	井	鬼	柳	星	张	翼	轸	角	亢	氐	房	心	尾	箕	斗	牛	女	虚	危	室	壁	奎	娄	胃	昴

岁次：壬戌	公元1982年（大海水）			水狗
太岁：洪充	年九紫星	泽地萃卦	四金四运	牛

正月大建壬寅胄宿 （五黄）

节气：立春十一日十一时四十六分
雨水廿六日七时四十七分

公历	25	26	27	28	29	30	31	二月	2	3	4	5	6	7	8	9	10	11	12	13	14	15	16	17	18	19	20	21	22	23
农历	一	二	三	四	五	六	七	八	九	十	十一	十二	十三	十四	十五	十六	十七	十八	十九	二十	廿一	廿二	廿三	廿四	廿五	廿六	廿七	廿八	廿九	三十
星期	一	二	三	四	五	六	日	一	二	三	四	五	六	日	一	二	三	四	五	六	日	一	二	三	四	五	六	日	一	二
干支	戊申	己酉	庚戌	辛亥	壬子	癸丑	甲寅	乙卯	丙辰	丁巳	戊午	己未	庚申	辛酉	壬戌	癸亥	甲子	乙丑	丙寅	丁卯	戊辰	己巳	庚午	辛未	壬申	癸酉	甲戌	乙亥	丙子	丁丑
五行	土	土	金	金	木	木	水	水	土	土	火	火	木	木	水	水	金	金	火	火	木	木	土	土	金	金	火	火	水	水
建星	危	成	收	开	闭	建	除	满	平	定	定	执	破	危	成	收	开	闭	建	除	满	平	定	执	破	危	成	收	开	闭
廿八宿	毕	觜	参	井	鬼	柳	星	张	翼	轸	角	亢	氐	房	心	尾	箕	斗	牛	女	虚	危	室	壁	奎	娄	胃	昴	毕	觜

二月小建癸卯昴宿 （四绿）

节气：惊蛰十一日五时五十五分
春分廿六日六时五十六分

公历	24	25	26	27	28	三月	2	3	4	5	6	7	8	9	10	11	12	13	14	15	16	17	18	19	20	21	22	23	24	
农历	一	二	三	四	五	六	七	八	九	十	十一	十二	十三	十四	十五	十六	十七	十八	十九	二十	廿一	廿二	廿三	廿四	廿五	廿六	廿七	廿八	廿九	
星期	三	四	五	六	日	一	二	三	四	五	六	日	一	二	三	四	五	六	日	一	二	三	四	五	六	日	一	二	三	
干支	戊寅	己卯	庚辰	辛巳	壬午	癸未	甲申	乙酉	丙戌	丁亥	戊子	己丑	庚寅	辛卯	壬辰	癸巳	甲午	乙未	丙申	丁酉	戊戌	己亥	庚子	辛丑	壬寅	癸卯	甲辰	乙巳	丙午	
五行	土	土	金	金	木	木	水	水	土	土	火	火	木	木	水	水	金	金	火	火	木	木	土	土	金	金	火	火	水	
建星	建	除	满	平	定	执	破	危	成	收	收	开	闭	建	除	满	平	定	执	破	危	成	收	开	闭	建	除	满	平	
廿八宿	参	井	鬼	柳	星	张	翼	轸	角	亢	氐	房	心	尾	箕	斗	牛	女	虚	危	室	壁	奎	娄	胃	昴	毕	觜	参	

三月大建甲辰毕宿 （三碧）

节气：清明十二日十时五十三分
谷雨廿七日十八时八分

公历	25	26	27	28	29	30	31	四月	2	3	4	5	6	7	8	9	10	11	12	13	14	15	16	17	18	19	20	21	22	23
农历	一	二	三	四	五	六	七	八	九	十	十一	十二	十三	十四	十五	十六	十七	十八	十九	二十	廿一	廿二	廿三	廿四	廿五	廿六	廿七	廿八	廿九	三十
星期	四	五	六	日	一	二	三	四	五	六	日	一	二	三	四	五	六	日	一	二	三	四	五	六	日	一	二	三	四	五
干支	丁未	戊申	己酉	庚戌	辛亥	壬子	癸丑	甲寅	乙卯	丙辰	丁巳	戊午	己未	庚申	辛酉	壬戌	癸亥	甲子	乙丑	丙寅	丁卯	戊辰	己巳	庚午	辛未	壬申	癸酉	甲戌	乙亥	丙子
五行	水	土	土	金	金	木	木	水	水	土	土	火	火	木	木	水	水	金	金	火	火	木	木	土	土	金	金	火	火	水
建星	定	执	破	危	成	收	开	闭	建	除	满	满	平	定	执	破	危	成	收	开	闭	建	除	满	平	定	执	破	危	成
廿八宿	井	鬼	柳	星	张	翼	轸	角	亢	氐	房	心	尾	箕	斗	牛	女	虚	危	室	壁	奎	娄	胃	昴	毕	觜	参	井	鬼

岁次：壬戌	公元1982年（大海水）			水狗
太岁：洪充	年九紫星	泽地萃卦	四金四运	牛

四月小建乙巳觜宿 （二黑）

节气：立夏十三日四时二十分
小满廿八日十七时廿三分

公历	24	25	26	27	28	29	30	五月	2	3	4	5	6	7	8	9	10	11	12	13	14	15	16	17	18	19	20	21	22	
农历	一	二	三	四	五	六	七	八	九	十	十一	十二	十三	十四	十五	十六	十七	十八	十九	二十	廿一	廿二	廿三	廿四	廿五	廿六	廿七	廿八	廿九	
星期	六	日	一	二	三	四	五	六	日	一	二	三	四	五	六	日	一	二	三	四	五	六	日	一	二	三	四	五	六	
干支	丁丑	戊寅	己卯	庚辰	辛巳	壬午	癸未	甲申	乙酉	丙戌	丁亥	戊子	己丑	庚寅	辛卯	壬辰	癸巳	甲午	乙未	丙申	丁酉	戊戌	己亥	庚子	辛丑	壬寅	癸卯	甲辰	乙巳	
五行	水	土	土	金	金	木	木	水	水	土	土	火	火	木	木	水	水	金	金	火	火	木	木	土	土	金	金	火	火	
建星	收	开	闭	建	除	满	平	定	执	破	危	成	成	收	开	闭	建	除	满	平	定	执	破	危	成	收	开	闭	建	
廿八宿	柳	星	张	翼	轸	角	亢	氐	房	心	尾	箕	斗	牛	女	虚	危	室	壁	奎	娄	胃	昴	毕	觜	参	井	鬼	柳	

闰四月小

节气：芒种十五日八时卅六分

公历	23	24	25	26	27	28	29	30	31	六月	2	3	4	5	6	7	8	9	10	11	12	13	14	15	16	17	18	19	20	
农历	一	二	三	四	五	六	七	八	九	十	十一	十二	十三	十四	十五	十六	十七	十八	十九	二十	廿一	廿二	廿三	廿四	廿五	廿六	廿七	廿八	廿九	
星期	日	一	二	三	四	五	六	日	一	二	三	四	五	六	日	一	二	三	四	五	六	日	一	二	三	四	五	六	日	
干支	丙午	丁未	戊申	己酉	庚戌	辛亥	壬子	癸丑	甲寅	乙卯	丙辰	丁巳	戊午	己未	庚申	辛酉	壬戌	癸亥	甲子	乙丑	丙寅	丁卯	戊辰	己巳	庚午	辛未	壬申	癸酉	甲戌	
五行	水	水	土	土	金	金	木	木	水	水	土	土	火	火	木	木	水	水	金	金	火	火	木	木	土	土	金	金	火	
建星	除	满	平	定	执	破	危	成	收	开	闭	建	除	满	满	平	定	执	破	危	成	收	开	闭	建	除	满	平	定	
廿八宿	星	张	翼	轸	角	亢	氐	房	心	尾	箕	斗	牛	女	虚	危	室	壁	奎	娄	胃	昴	毕	觜	参	井	鬼	柳	星	

五月大建丙午参宿 （一白）

节气：夏至初二日一时廿三分
小暑十七日十八时五十五分

公历	21	22	23	24	25	26	27	28	29	30	七月	2	3	4	5	6	7	8	9	10	11	12	13	14	15	16	17	18	19	20
农历	一	二	三	四	五	六	七	八	九	十	十一	十二	十三	十四	十五	十六	十七	十八	十九	二十	廿一	廿二	廿三	廿四	廿五	廿六	廿七	廿八	廿九	三十
星期	一	二	三	四	五	六	日	一	二	三	四	五	六	日	一	二	三	四	五	六	日	一	二	三	四	五	六	日	一	二
干支	乙亥	丙子	丁丑	戊寅	己卯	庚辰	辛巳	壬午	癸未	甲申	乙酉	丙戌	丁亥	戊子	己丑	庚寅	辛卯	壬辰	癸巳	甲午	乙未	丙申	丁酉	戊戌	己亥	庚子	辛丑	壬寅	癸卯	甲辰
五行	火	水	水	土	土	金	金	木	木	水	水	土	土	火	火	木	木	水	水	金	金	火	火	木	木	土	土	金	金	火
建星	执	破	危	成	收	开	闭	建	除	满	平	定	执	破	危	成	成	收	开	闭	建	除	满	平	定	执	破	危	成	收
廿八宿	张	翼	轸	角	亢	氐	房	心	尾	箕	斗	牛	女	虚	危	室	壁	奎	娄	胃	昴	毕	觜	参	井	鬼	柳	星	张	翼

岁次:壬戌	公元1982年(大海水)			水狗
太岁:洪充	年九紫星	泽地萃卦	四金四运	牛

六月小建丁未井宿 (九紫)

节气：大暑 初三日十二时十六分
立秋 十九日四时四十二分

公历	21	22	23	24	25	26	27	28	29	30	31	八月	2	3	4	5	6	7	8	9	10	11	12	13	14	15	16	17	18
农历	一	二	三	四	五	六	七	八	九	十	十一	十二	十三	十四	十五	十六	十七	十八	十九	二十	廿一	廿二	廿三	廿四	廿五	廿六	廿七	廿八	廿九
星期	三	四	五	六	日	一	二	三	四	五	六	日	一	二	三	四	五	六	日	一	二	三	四	五	六	日	一	二	三
干支	乙巳	丙午	丁未	戊申	己酉	庚戌	辛亥	壬子	癸丑	甲寅	乙卯	丙辰	丁巳	戊午	己未	庚申	辛酉	壬戌	癸亥	甲子	乙丑	丙寅	丁卯	戊辰	己巳	庚午	辛未	壬申	癸酉
五行	火	水	水	土	土	金	金	木	木	水	水	土	土	火	火	木	木	水	水	金	金	火	火	木	木	土	土	金	金
建星	开	闭	建	除	满	平	定	执	破	危	成	收	开	闭	建	除	满	平	平	定	执	破	危	成	收	开	闭	建	除
廿八宿	轸	角	亢	氐	房	心	尾	箕	斗	牛	女	虚	危	室	壁	奎	娄	胃	昴	毕	觜	参	井	鬼	柳	星	张	翼	轸

七月小建戊申鬼宿 (八白)

节气：处暑 初五日十九时十五分
白露 廿一日七时卅二分

公历	19	20	21	22	23	24	25	26	27	28	29	30	31	九月	2	3	4	5	6	7	8	9	10	11	12	13	14	15	16
农历	一	二	三	四	五	六	七	八	九	十	十一	十二	十三	十四	十五	十六	十七	十八	十九	二十	廿一	廿二	廿三	廿四	廿五	廿六	廿七	廿八	廿九
星期	四	五	六	日	一	二	三	四	五	六	日	一	二	三	四	五	六	日	一	二	三	四	五	六	日	一	二	三	四
干支	甲戌	乙亥	丙子	丁丑	戊寅	己卯	庚辰	辛巳	壬午	癸未	甲申	乙酉	丙戌	丁亥	戊子	己丑	庚寅	辛卯	壬辰	癸巳	甲午	乙未	丙申	丁酉	戊戌	己亥	庚子	辛丑	壬寅
五行	火	火	水	水	土	土	金	金	木	木	水	水	土	土	火	火	木	木	水	水	金	金	火	火	木	木	土	土	金
建星	满	平	定	执	破	危	成	收	开	闭	建	除	满	平	定	执	破	危	成	收	收	开	闭	建	除	满	平	定	执
廿八宿	角	亢	氐	房	心	尾	箕	斗	牛	女	虚	危	室	壁	奎	娄	胃	昴	毕	觜	参	井	鬼	柳	星	张	翼	轸	角

八月大建己酉柳宿 (七赤)

节气：秋分 初七日十六时四十六分
寒露 廿二日廿三时二分

公历	17	18	19	20	21	22	23	24	25	26	27	28	29	30	十月	2	3	4	5	6	7	8	9	10	11	12	13	14	15	16
农历	一	二	三	四	五	六	七	八	九	十	十一	十二	十三	十四	十五	十六	十七	十八	十九	二十	廿一	廿二	廿三	廿四	廿五	廿六	廿七	廿八	廿九	三十
星期	五	六	日	一	二	三	四	五	六	日	一	二	三	四	五	六	日	一	二	三	四	五	六	日	一	二	三	四	五	六
干支	癸卯	甲辰	乙巳	丙午	丁未	戊申	己酉	庚戌	辛亥	壬子	癸丑	甲寅	乙卯	丙辰	丁巳	戊午	己未	庚申	辛酉	壬戌	癸亥	甲子	乙丑	丙寅	丁卯	戊辰	己巳	庚午	辛未	壬申
五行	金	火	火	水	水	土	土	金	金	木	木	水	水	土	土	火	火	木	木	水	水	金	金	火	火	木	木	土	土	金
建星	破	危	成	收	开	闭	建	除	满	平	定	执	破	危	成	收	开	闭	建	除	满	满	平	定	执	破	危	成	收	开
廿八宿	亢	氐	房	心	尾	箕	斗	牛	女	虚	危	室	壁	奎	娄	胃	昴	毕	觜	参	井	鬼	柳	星	张	翼	轸	角	亢	氐

岁次:壬戌	公元 1982 年(大海水)			水狗
太岁:洪充	年九紫星	泽地萃卦	四金四运	牛

九月小建庚戌星宿 (六白) 节气:霜降初八日一时五十八分 立冬廿三日二时四分

公历	17	18	19	20	21	22	23	24	25	26	27	28	29	30	31	11月	2	3	4	5	6	7	8	9	10	11	12	13	14
农历	一	二	三	四	五	六	七	八	九	十	十一	十二	十三	十四	十五	十六	十七	十八	十九	二十	廿一	廿二	廿三	廿四	廿五	廿六	廿七	廿八	廿九
星期	日	一	二	三	四	五	六	日	一	二	三	四	五	六	日	一	二	三	四	五	六	日	一	二	三	四	五	六	日
干支	癸酉	甲戌	乙亥	丙子	丁丑	戊寅	己卯	庚辰	辛巳	壬午	癸未	甲申	乙酉	丙戌	丁亥	戊子	己丑	庚寅	辛卯	壬辰	癸巳	甲午	乙未	丙申	丁酉	戊戌	己亥	庚子	辛丑
五行	金	火	火	水	水	土	土	金	金	木	木	水	水	土	土	火	火	木	木	水	水	金	金	火	火	木	木	土	土
建星	闭	建	除	满	平	定	执	破	危	成	收	开	闭	建	除	满	平	定	执	破	危	成	成	收	开	闭	建	除	满
廿八宿	房	心	尾	箕	斗	牛	女	虚	危	室	壁	奎	娄	胃	昴	毕	觜	参	井	鬼	柳	星	张	翼	轸	角	亢	氐	房

十月大建辛亥张宿 (五黄) 节气:小雪初八日廿三时廿四分 大雪廿三日十八时四十八分

公历	15	16	17	18	19	20	21	22	23	24	25	26	27	28	29	30	12月	2	3	4	5	6	7	8	9	10	11	12	13	14
农历	一	二	三	四	五	六	七	八	九	十	十一	十二	十三	十四	十五	十六	十七	十八	十九	二十	廿一	廿二	廿三	廿四	廿五	廿六	廿七	廿八	廿九	三十
星期	一	二	三	四	五	六	日	一	二	三	四	五	六	日	一	二	三	四	五	六	日	一	二	三	四	五	六	日	一	二
干支	壬寅	癸卯	甲辰	乙巳	丙午	丁未	戊申	己酉	庚戌	辛亥	壬子	癸丑	甲寅	乙卯	丙辰	丁巳	戊午	己未	庚申	辛酉	壬戌	癸亥	甲子	乙丑	丙寅	丁卯	戊辰	己巳	庚午	辛未
五行	金	金	火	火	水	水	土	土	金	金	木	木	水	水	土	土	火	火	木	木	水	水	金	金	火	火	木	木	土	土
建星	平	定	执	破	危	成	收	开	闭	建	除	满	平	定	执	破	危	成	收	开	闭	建	建	除	满	平	定	执	破	危
廿八宿	心	尾	箕	斗	牛	女	虚	危	室	壁	奎	娄	胃	昴	毕	觜	参	井	鬼	柳	星	张	翼	轸	角	亢	氐	房	心	尾

十一月大建壬子翼宿 (四绿) 节气:冬至初八日十二时卅九分 小寒廿三日五时五十九分

公历	15	16	17	18	19	20	21	22	23	24	25	26	27	28	29	30	31	一月	2	3	4	5	6	7	8	9	10	11	12	13
农历	一	二	三	四	五	六	七	八	九	十	十一	十二	十三	十四	十五	十六	十七	十八	十九	二十	廿一	廿二	廿三	廿四	廿五	廿六	廿七	廿八	廿九	三十
星期	三	四	五	六	日	一	二	三	四	五	六	日	一	二	三	四	五	六	日	一	二	三	四	五	六	日	一	二	三	四
干支	壬申	癸酉	甲戌	乙亥	丙子	丁丑	戊寅	己卯	庚辰	辛巳	壬午	癸未	甲申	乙酉	丙戌	丁亥	戊子	己丑	庚寅	辛卯	壬辰	癸巳	甲午	乙未	丙申	丁酉	戊戌	己亥	庚子	辛丑
五行	金	金	火	火	水	水	土	土	金	金	木	木	水	水	土	土	火	火	木	木	水	水	金	金	火	火	木	木	土	土
建星	成	收	开	闭	建	除	满	平	定	执	破	危	成	收	开	闭	建	除	满	平	定	执	执	破	危	成	收	开	闭	建
廿八宿	箕	斗	牛	女	虚	危	室	壁	奎	娄	胃	昴	毕	觜	参	井	鬼	柳	星	张	翼	轸	角	亢	氐	房	心	尾	箕	斗

十二月大建癸丑轸宿 (三碧) 节气:大寒初七日廿三时十七分 立春廿二日十七时四十分

公历	14	15	16	17	18	19	20	21	22	23	24	25	26	27	28	29	30	31	二月	2	3	4	5	6	7	8	9	10	11	12
农历	一	二	三	四	五	六	七	八	九	十	十一	十二	十三	十四	十五	十六	十七	十八	十九	二十	廿一	廿二	廿三	廿四	廿五	廿六	廿七	廿八	廿九	三十
星期	五	六	日	一	二	三	四	五	六	日	一	二	三	四	五	六	日	一	二	三	四	五	六	日	一	二	三	四	五	六
干支	壬寅	癸卯	甲辰	乙巳	丙午	丁未	戊申	己酉	庚戌	辛亥	壬子	癸丑	甲寅	乙卯	丙辰	丁巳	戊午	己未	庚申	辛酉	壬戌	癸亥	甲子	乙丑	丙寅	丁卯	戊辰	己巳	庚午	辛未
五行	金	金	火	火	水	水	土	土	金	金	木	木	水	水	土	土	火	火	木	木	水	水	金	金	火	火	木	木	土	土
建星	除	满	平	定	执	破	危	成	收	开	闭	建	除	满	平	定	执	破	危	成	收	收	开	闭	建	除	满	平	定	执
廿八宿	牛	女	虚	危	室	壁	奎	娄	胃	昴	毕	觜	参	井	鬼	柳	星	张	翼	轸	角	亢	氐	房	心	尾	箕	斗	牛	女

岁次：癸亥	公元1983年（大海水）			水猪
太岁：虞程	年八白星	山地剥卦	六水六运	女

正月大建甲寅角宿 （二黑）

节气：雨水初七日十三时卅一分
惊蛰廿二日十一时四十七分

公历	13	14	15	16	17	18	19	20	21	22	23	24	25	26	27	28	三月	2	3	4	5	6	7	8	9	10	11	12	13	14
农历	一	二	三	四	五	六	七	八	九	十	十一	十二	十三	十四	十五	十六	十七	十八	十九	二十	廿一	廿二	廿三	廿四	廿五	廿六	廿七	廿八	廿九	三十
星期	日	一	二	三	四	五	六	日	一	二	三	四	五	六	日	一	二	三	四	五	六	日	一	二	三	四	五	六	日	一
干支	壬申	癸酉	甲戌	乙亥	丙子	丁丑	戊寅	己卯	庚辰	辛巳	壬午	癸未	甲申	乙酉	丙戌	丁亥	戊子	己丑	庚寅	辛卯	壬辰	癸巳	甲午	乙未	丙申	丁酉	戊戌	己亥	庚子	辛丑
五行	金	金	火	火	水	水	土	土	金	金	木	木	水	水	土	土	火	火	木	木	水	水	金	金	火	火	木	木	土	土
建星	破	危	成	收	开	闭	建	除	满	平	定	执	破	危	成	收	开	闭	建	除	满	满	平	定	执	破	危	成	收	开
廿八宿	虚	危	室	壁	奎	娄	胃	昴	毕	觜	参	井	鬼	柳	星	张	翼	轸	角	亢	氐	房	心	尾	箕	斗	牛	女	虚	危

二月小建乙卯亢宿 （一白）

节气：春分初七日十二时卅九分
清明廿二日十六时四十四分

公历	15	16	17	18	19	20	21	22	23	24	25	26	27	28	29	30	31	四月	2	3	4	5	6	7	8	9	10	11	12
农历	一	二	三	四	五	六	七	八	九	十	十一	十二	十三	十四	十五	十六	十七	十八	十九	二十	廿一	廿二	廿三	廿四	廿五	廿六	廿七	廿八	廿九
星期	二	三	四	五	六	日	一	二	三	四	五	六	日	一	二	三	四	五	六	日	一	二	三	四	五	六	日	一	二
干支	壬寅	癸卯	甲辰	乙巳	丙午	丁未	戊申	己酉	庚戌	辛亥	壬子	癸丑	甲寅	乙卯	丙辰	丁巳	戊午	己未	庚申	辛酉	壬戌	癸亥	甲子	乙丑	丙寅	丁卯	戊辰	己巳	庚午
五行	金	金	火	火	水	水	土	土	金	金	木	木	水	水	土	土	火	火	木	木	水	水	金	金	火	火	木	木	土
建星	闭	建	除	满	平	定	执	破	危	成	收	开	闭	建	除	满	平	定	执	破	危	危	成	收	开	闭	建	除	满
廿八宿	室	壁	奎	娄	胃	昴	毕	觜	参	井	鬼	柳	星	张	翼	轸	角	亢	氐	房	心	尾	箕	斗	牛	女	虚	危	室

三月大建丙辰氐宿 （九紫）

节气：谷雨初八日廿三时五十分
立夏廿四日十时十一分

公历	13	14	15	16	17	18	19	20	21	22	23	24	25	26	27	28	29	30	五月	2	3	4	5	6	7	8	9	10	11	12
农历	一	二	三	四	五	六	七	八	九	十	十一	十二	十三	十四	十五	十六	十七	十八	十九	二十	廿一	廿二	廿三	廿四	廿五	廿六	廿七	廿八	廿九	三十
星期	三	四	五	六	日	一	二	三	四	五	六	日	一	二	三	四	五	六	日	一	二	三	四	五	六	日	一	二	三	四
干支	辛未	壬申	癸酉	甲戌	乙亥	丙子	丁丑	戊寅	己卯	庚辰	辛巳	壬午	癸未	甲申	乙酉	丙戌	丁亥	戊子	己丑	庚寅	辛卯	壬辰	癸巳	甲午	乙未	丙申	丁酉	戊戌	己亥	庚子
五行	土	金	金	火	火	水	水	土	土	金	金	木	木	水	水	土	土	火	火	木	木	水	水	金	金	火	火	木	木	土
建星	平	定	执	破	危	成	收	开	闭	建	除	满	平	定	执	破	危	成	收	开	闭	建	除	除	满	平	定	执	破	危
廿八宿	壁	奎	娄	胃	昴	毕	觜	参	井	鬼	柳	星	张	翼	轸	角	亢	氐	房	心	尾	箕	斗	牛	女	虚	危	室	壁	奎

岁次：癸亥	公元1983年（大海水）			水猪
太岁：虞程	年八白星	山地剥卦	六水六运	女

四月小建丁巳房宿　（八白）

节气：小满初九日廿三时六分
芒种廿五日十四时廿六分

公历	13	14	15	16	17	18	19	20	21	22	23	24	25	26	27	28	29	30	31	六月	2	3	4	5	6	7	8	9	10
农历	一	二	三	四	五	六	七	八	九	十	十一	十二	十三	十四	十五	十六	十七	十八	十九	二十	廿一	廿二	廿三	廿四	廿五	廿六	廿七	廿八	廿九
星期	五	六	日	一	二	三	四	五	六	日	一	二	三	四	五	六	日	一	二	三	四	五	六	日	一	二	三	四	五
干支	辛丑	壬寅	癸卯	甲辰	乙巳	丙午	丁未	戊申	己酉	庚戌	辛亥	壬子	癸丑	甲寅	乙卯	丙辰	丁巳	戊午	己未	庚申	辛酉	壬戌	癸亥	甲子	乙丑	丙寅	丁卯	戊辰	己巳
五行	土	金	金	火	火	水	水	土	土	金	金	木	木	水	水	土	土	火	火	木	木	水	水	金	金	火	火	木	木
建星	成	收	开	闭	建	除	满	平	定	执	破	危	成	收	开	闭	建	除	满	平	定	执	破	危	危	成	收	开	闭
廿八宿	娄	胃	昴	毕	觜	参	井	鬼	柳	星	张	翼	轸	角	亢	氐	房	心	尾	箕	斗	牛	女	虚	危	室	壁	奎	娄

五月小建戊午心宿　（七赤）

节气：夏至十二日七时九分
小暑廿八日零时四十三分

公历	11	12	13	14	15	16	17	18	19	20	21	22	23	24	25	26	27	28	29	30	七月	2	3	4	5	6	7	8	9
农历	一	二	三	四	五	六	七	八	九	十	十一	十二	十三	十四	十五	十六	十七	十八	十九	二十	廿一	廿二	廿三	廿四	廿五	廿六	廿七	廿八	廿九
星期	六	日	一	二	三	四	五	六	日	一	二	三	四	五	六	日	一	二	三	四	五	六	日	一	二	三	四	五	六
干支	庚午	辛未	壬申	癸酉	甲戌	乙亥	丙子	丁丑	戊寅	己卯	庚辰	辛巳	壬午	癸未	甲申	乙酉	丙戌	丁亥	戊子	己丑	庚寅	辛卯	壬辰	癸巳	甲午	乙未	丙申	丁酉	戊戌
五行	土	土	金	金	火	火	水	水	土	土	金	金	木	木	水	水	土	土	火	火	木	木	水	水	金	金	火	火	木
建星	建	除	满	平	定	执	破	危	成	收	开	闭	建	除	满	平	定	执	破	危	成	收	开	闭	建	除	满	满	平
廿八宿	胃	昴	毕	觜	参	井	鬼	柳	星	张	翼	轸	角	亢	氐	房	心	尾	箕	斗	牛	女	虚	危	室	壁	奎	娄	胃

六月大建己未尾宿　（六白）

节气：大暑十四日十八时四分
立秋三十日十时三十分

公历	10	11	12	13	14	15	16	17	18	19	20	21	22	23	24	25	26	27	28	29	30	31	八月	2	3	4	5	6	7	8
农历	一	二	三	四	五	六	七	八	九	十	十一	十二	十三	十四	十五	十六	十七	十八	十九	二十	廿一	廿二	廿三	廿四	廿五	廿六	廿七	廿八	廿九	三十
星期	日	一	二	三	四	五	六	日	一	二	三	四	五	六	日	一	二	三	四	五	六	日	一	二	三	四	五	六	日	一
干支	己亥	庚子	辛丑	壬寅	癸卯	甲辰	乙巳	丙午	丁未	戊申	己酉	庚戌	辛亥	壬子	癸丑	甲寅	乙卯	丙辰	丁巳	戊午	己未	庚申	辛酉	壬戌	癸亥	甲子	乙丑	丙寅	丁卯	戊辰
五行	木	土	土	金	金	火	火	水	水	土	土	金	金	木	木	水	水	土	土	火	火	木	木	水	水	金	金	火	火	木
建星	定	执	破	危	成	收	开	闭	建	除	满	平	定	执	破	危	成	收	开	闭	建	除	满	平	定	执	破	危	成	成
廿八宿	昴	毕	觜	参	井	鬼	柳	星	张	翼	轸	角	亢	氐	房	心	尾	箕	斗	牛	女	虚	危	室	壁	奎	娄	胃	昴	毕

岁次：癸亥	公元1983年（大海水）			水猪
太岁：虞程	年八白星	山地剥卦	六水六运	女

七月小建庚申箕宿 （五黄）　　节气：处暑十六日一时八分

公历	9	10	11	12	13	14	15	16	17	18	19	20	21	22	23	24	25	26	27	28	29	30	31	九月	2	3	4	5	6
农历	一	二	三	四	五	六	七	八	九	十	十一	十二	十三	十四	十五	十六	十七	十八	十九	二十	廿一	廿二	廿三	廿四	廿五	廿六	廿七	廿八	廿九
星期	二	三	四	五	六	日	一	二	三	四	五	六	日	一	二	三	四	五	六	日	一	二	三	四	五	六	日	一	二
干支	己巳	庚午	辛未	壬申	癸酉	甲戌	乙亥	丙子	丁丑	戊寅	己卯	庚辰	辛巳	壬午	癸未	甲申	乙酉	丙戌	丁亥	戊子	己丑	庚寅	辛卯	壬辰	癸巳	甲午	乙未	丙申	丁酉
五行	木	土	土	金	金	火	火	水	水	土	土	金	金	木	木	水	水	土	土	火	火	木	木	水	水	金	金	火	火
建星	收	开	闭	建	除	满	平	定	执	破	危	成	收	开	闭	建	除	满	平	定	执	破	危	成	收	开	闭	建	除
廿八宿	觜	参	井	鬼	柳	星	张	翼	轸	角	亢	氐	房	心	尾	箕	斗	牛	女	虚	危	室	壁	奎	娄	胃	昴	毕	觜

八月小建辛酉斗宿 （四绿）　　节气：白露初二日十三时二十分 秋分十七日廿二时四十二分

公历	7	8	9	10	11	12	13	14	15	16	17	18	19	20	21	22	23	24	25	26	27	28	29	30	十月	2	3	4	5
农历	一	二	三	四	五	六	七	八	九	十	十一	十二	十三	十四	十五	十六	十七	十八	十九	二十	廿一	廿二	廿三	廿四	廿五	廿六	廿七	廿八	廿九
星期	三	四	五	六	日	一	二	三	四	五	六	日	一	二	三	四	五	六	日	一	二	三	四	五	六	日	一	二	三
干支	戊戌	己亥	庚子	辛丑	壬寅	癸卯	甲辰	乙巳	丙午	丁未	戊申	己酉	庚戌	辛亥	壬子	癸丑	甲寅	乙卯	丙辰	丁巳	戊午	己未	庚申	辛酉	壬戌	癸亥	甲子	乙丑	丙寅
五行	木	木	土	土	金	金	火	火	水	水	土	土	金	金	木	木	水	水	土	土	火	火	木	木	水	水	金	金	火
建星	满	满	平	定	执	破	危	成	收	开	闭	建	除	满	平	定	执	破	危	成	收	开	闭	建	除	满	平	定	执
廿八宿	参	井	鬼	柳	星	张	翼	轸	角	亢	氐	房	心	尾	箕	斗	牛	女	虚	危	室	壁	奎	娄	胃	昴	毕	觜	参

九月大建壬戌牛宿 （三碧）　　节气：寒露初四日四时五十一分 霜降十九日七时五十五分

公历	6	7	8	9	10	11	12	13	14	15	16	17	18	19	20	21	22	23	24	25	26	27	28	29	30	31	11月	2	3	4
农历	一	二	三	四	五	六	七	八	九	十	十	十二	十三	十四	十五	十六	十七	十八	十九	二十	廿	廿二	廿二	廿四	廿五	廿六	廿七	廿八	廿九	三十
星期	四	五	六	日	一	二	三	四	五	六	日	一	二	三	四	五	六	日	一	二	三	四	五	六	日	一	二	三	四	五
干支	丁卯	戊辰	己巳	庚午	辛未	壬申	癸酉	甲戌	乙亥	丙子	丁丑	戊寅	己卯	庚辰	辛巳	壬午	癸未	甲申	乙酉	丙戌	丁亥	戊子	己丑	庚寅	辛卯	壬辰	癸巳	甲午	乙未	丙申
五行	火	木	木	土	土	金	金	火	火	水	水	土	土	金	金	木	木	水	水	土	土	火	火	木	木	水	水	金	金	火
建星	破	危	成	成	收	开	闭	建	除	满	平	定	执	破	危	成	收	开	闭	建	除	满	平	定	执	破	危	成	收	开
廿八宿	井	鬼	柳	星	张	翼	轸	角	亢	氐	房	心	尾	箕	斗	牛	女	虚	危	室	壁	奎	娄	胃	昴	毕	觜	参	井	鬼

岁次：癸亥	公元1983年（大海水）			水猪
太岁：虞程	年八白星	山地剥卦	六水六运	女

十月小建癸亥女宿 （二黑）

节气：立冬初四日七时五十三分
小雪十九日五时十九分

公历	5	6	7	8	9	10	11	12	13	14	15	16	17	18	19	20	21	22	23	24	25	26	27	28	29	30	12月	2	3
农历	一	二	三	四	五	六	七	八	九	十	十一	十二	十三	十四	十五	十六	十七	十八	十九	二十	廿一	廿二	廿三	廿四	廿五	廿六	廿七	廿八	廿九
星期	六	日	一	二	三	四	五	六	日	一	二	三	四	五	六	日	一	二	三	四	五	六	日	一	二	三	四	五	六
干支	丁酉	戊戌	己亥	庚子	辛丑	壬寅	癸卯	甲辰	乙巳	丙午	丁未	戊申	己酉	庚戌	辛亥	壬子	癸丑	甲寅	乙卯	丙辰	丁巳	戊午	己未	庚申	辛酉	壬戌	癸亥	甲子	乙丑
五行	火	木	木	土	土	金	金	火	火	水	水	土	土	金	金	木	木	水	水	土	土	火	火	木	木	水	水	金	金
建星	闭	建	除	除	满	平	定	执	破	危	成	收	开	闭	建	除	满	平	定	执	破	危	成	收	开	闭	建	除	满
廿八宿	柳	星	张	翼	轸	角	亢	氐	房	心	尾	箕	斗	牛	女	虚	危	室	壁	奎	娄	胃	昴	毕	觜	参	井	鬼	柳

十一月大建甲子虚宿 （一白）

节气：大雪初五日零时卅四分
冬至十九日十八时三十分

公历	4	5	6	7	8	9	10	11	12	13	14	15	16	17	18	19	20	21	22	23	24	25	26	27	28	29	30	31	一月	2
农历	一	二	三	四	五	六	七	八	九	十	十一	十二	十三	十四	十五	十六	十七	十八	十九	二十	廿一	廿二	廿三	廿四	廿五	廿六	廿七	廿八	廿九	三十
星期	日	一	二	三	四	五	六	日	一	二	三	四	五	六	日	一	二	三	四	五	六	日	一	二	三	四	五	六	日	一
干支	丙寅	丁卯	戊辰	己巳	庚午	辛未	壬申	癸酉	甲戌	乙亥	丙子	丁丑	戊寅	己卯	庚辰	辛巳	壬午	癸未	甲申	乙酉	丙戌	丁亥	戊子	己丑	庚寅	辛卯	壬辰	癸巳	甲午	乙未
五行	火	火	木	木	土	土	金	金	火	火	水	水	土	土	金	金	木	木	水	水	土	土	火	火	木	木	水	水	金	金
建星	平	定	执	破	破	危	成	收	开	闭	建	除	满	平	定	执	破	危	成	收	开	闭	建	除	满	平	定	执	破	危
廿八宿	星	张	翼	轸	角	亢	氐	房	心	尾	箕	斗	牛	女	虚	危	室	壁	奎	娄	胃	昴	毕	觜	参	井	鬼	柳	星	张

十二月大建乙丑危宿 （九紫）

节气：小寒初四日十一时四十一分
大寒十九日五时五分

公历	3	4	5	6	7	8	9	10	11	12	13	14	15	16	17	18	19	20	21	22	23	24	25	26	27	28	29	30	31	二月
农历	一	二	三	四	五	六	七	八	九	十	十一	十二	十三	十四	十五	十六	十七	十八	十九	二十	廿一	廿二	廿三	廿四	廿五	廿六	廿七	廿八	廿九	三十
星期	二	三	四	五	六	日	一	二	三	四	五	六	日	一	二	三	四	五	六	日	一	二	三	四	五	六	日	一	二	三
干支	丙申	丁酉	戊戌	己亥	庚子	辛丑	壬寅	癸卯	甲辰	乙巳	丙午	丁未	戊申	己酉	庚戌	辛亥	壬子	癸丑	甲寅	乙卯	丙辰	丁巳	戊午	己未	庚申	辛酉	壬戌	癸亥	甲子	乙丑
五行	火	火	木	木	土	土	金	金	火	火	水	水	土	土	金	金	木	木	水	水	土	土	火	火	木	木	水	水	金	金
建星	成	收	开	开	闭	建	除	满	平	定	执	破	危	成	收	开	闭	建	除	满	平	定	执	破	危	成	收	开	闭	建
廿八宿	翼	轸	角	亢	氐	房	心	尾	箕	斗	牛	女	虚	危	室	壁	奎	娄	胃	昴	毕	觜	参	井	鬼	柳	星	张	翼	轸

岁次:甲子	公元1984年(海中金)			木鼠
太岁:金辨	年七赤星	地雷复卦 坤为地卦	一水八运 一水一运	虚

正月大建丙寅室宿 (八白)

节气:立春 初三日廿三时十九分
雨水 十八日十九时十六分

公历	2	3	4	5	6	7	8	9	10	11	12	13	14	15	16	17	18	19	20	21	22	23	24	25	26	27	28	29	三月	2
农历	一	二	三	四	五	六	七	八	九	十	十一	十二	十三	十四	十五	十六	十七	十八	十九	二十	廿一	廿二	廿三	廿四	廿五	廿六	廿七	廿八	廿九	三十
星期	四	五	六	日	一	二	三	四	五	六	日	一	二	三	四	五	六	日	一	二	三	四	五	六	日	一	二	三	四	五
干支	丙寅	丁卯	戊辰	己巳	庚午	辛未	壬申	癸酉	甲戌	乙亥	丙子	丁丑	戊寅	己卯	庚辰	辛巳	壬午	癸未	甲申	乙酉	丙戌	丁亥	戊子	己丑	庚寅	辛卯	壬辰	癸巳	甲午	乙未
五行	火	火	木	木	土	土	金	金	火	火	水	水	土	土	金	金	木	木	水	水	土	土	火	火	木	木	水	水	金	金
建星	除	满	满	平	定	执	破	危	成	收	开	闭	建	除	满	平	定	执	破	危	成	收	开	闭	建	除	满	平	定	执
廿八宿	角	亢	氐	房	心	尾	箕	斗	牛	女	虚	危	室	壁	奎	娄	胃	昴	毕	觜	参	井	鬼	柳	星	张	翼	轸	角	亢

二月小建丁卯壁宿 (七赤)

节气:惊蛰 初三日十七时廿五分
春分 十八日十八时廿四分

公历	3	4	5	6	7	8	9	10	11	12	13	14	15	16	17	18	19	20	21	22	23	24	25	26	27	28	29	30	31	
农历	一	二	三	四	五	六	七	八	九	十	十一	十二	十三	十四	十五	十六	十七	十八	十九	二十	廿一	廿二	廿三	廿四	廿五	廿六	廿七	廿八	廿九	
星期	六	日	一	二	三	四	五	六	日	一	二	三	四	五	六	日	一	二	三	四	五	六	日	一	二	三	四	五	六	
干支	丙申	丁酉	戊戌	己亥	庚子	辛丑	壬寅	癸卯	甲辰	乙巳	丙午	丁未	戊申	己酉	庚戌	辛亥	壬子	癸丑	甲寅	乙卯	丙辰	丁巳	戊午	己未	庚申	辛酉	壬戌	癸亥	甲子	
五行	火	火	木	木	土	土	金	金	火	火	水	水	土	土	金	金	木	木	水	水	土	土	火	火	木	木	水	水	金	
建星	破	危	危	成	收	开	闭	建	除	满	平	定	执	破	危	成	收	开	闭	建	除	满	平	定	执	破	危	成	收	
廿八宿	氐	房	心	尾	箕	斗	牛	女	虚	危	室	壁	奎	娄	胃	昴	毕	觜	参	井	鬼	柳	星	张	翼	轸	角	亢	氐	

三月大建戊辰奎宿 (六白)

节气:清明 初四日廿二时廿二分
谷雨 二十日五时卅八分

公历	四月	2	3	4	5	6	7	8	9	10	11	12	13	14	15	16	17	18	19	20	21	22	23	24	25	26	27	28	29	30
农历	一	二	三	四	五	六	七	八	九	十	十一	十二	十三	十四	十五	十六	十七	十八	十九	二十	廿一	廿二	廿三	廿四	廿五	廿六	廿七	廿八	廿九	三十
星期	日	一	二	三	四	五	六	日	一	二	三	四	五	六	日	一	二	三	四	五	六	日	一	二	三	四	五	六	日	一
干支	乙丑	丙寅	丁卯	戊辰	己巳	庚午	辛未	壬申	癸酉	甲戌	乙亥	丙子	丁丑	戊寅	己卯	庚辰	辛巳	壬午	癸未	甲申	乙酉	丙戌	丁亥	戊子	己丑	庚寅	辛卯	壬辰	癸巳	甲午
五行	金	火	火	木	木	土	土	金	金	火	火	水	水	土	土	金	金	木	木	水	水	土	土	火	火	木	木	水	水	金
建星	开	闭	建	建	除	满	平	定	执	破	危	成	收	开	闭	建	除	满	平	定	执	破	危	成	收	开	闭	建	除	满
廿八宿	房	心	尾	箕	斗	牛	女	虚	危	室	壁	奎	娄	胃	昴	毕	觜	参	井	鬼	柳	星	张	翼	轸	角	亢	氐	房	心

岁次：甲子	公元1984年（海中金）			木鼠
太岁：金辨	年七赤星	地雷复卦 坤为地卦	一水八运 一水一运	虚

四月大建己巳娄宿 （五黄）　节气：立夏初五日十五时五十一分　小满廿一日四时五十八分

公历	五月	2	3	4	5	6	7	8	9	10	11	12	13	14	15	16	17	18	19	20	21	22	23	24	25	26	27	28	29	30
农历	一	二	三	四	五	六	七	八	九	十	十一	十二	十三	十四	十五	十六	十七	十八	十九	二十	廿一	廿二	廿三	廿四	廿五	廿六	廿七	廿八	廿九	三十
星期	二	三	四	五	六	日	一	二	三	四	五	六	日	一	二	三	四	五	六	日	一	二	三	四	五	六	日	一	二	三
干支	乙未	丙申	丁酉	戊戌	己亥	庚子	辛丑	壬寅	癸卯	甲辰	乙巳	丙午	丁未	戊申	己酉	庚戌	辛亥	壬子	癸丑	甲寅	乙卯	丙辰	丁巳	戊午	己未	庚申	辛酉	壬戌	癸亥	甲子
五行	金	火	火	木	木	土	土	金	金	火	火	水	水	土	土	金	金	木	木	水	水	土	土	火	火	木	木	水	水	金
建星	平	定	执	破	破	危	成	收	开	闭	建	除	满	平	定	执	破	危	成	收	开	闭	建	除	满	平	定	执	破	危
廿八宿	尾	箕	斗	牛	女	虚	危	室	壁	奎	娄	胃	昴	毕	觜	参	井	鬼	柳	星	张	翼	轸	角	亢	氐	房	心	尾	箕

五月小建庚午胃宿 （四绿）　节气：芒种初六日二十时九分　夏至廿二日十三时三分

公历	31	六月	2	3	4	5	6	7	8	9	10	11	12	13	14	15	16	17	18	19	20	21	22	23	24	25	26	27	28	
农历	一	二	三	四	五	六	七	八	九	十	十一	十二	十三	十四	十五	十六	十七	十八	十九	二十	廿一	廿二	廿三	廿四	廿五	廿六	廿七	廿八	廿九	
星期	四	五	六	日	一	二	三	四	五	六	日	一	二	三	四	五	六	日	一	二	三	四	五	六	日	一	二	三	四	
干支	乙丑	丙寅	丁卯	戊辰	己巳	庚午	辛未	壬申	癸酉	甲戌	乙亥	丙子	丁丑	戊寅	己卯	庚辰	辛巳	壬午	癸未	甲申	乙酉	丙戌	丁亥	戊子	己丑	庚寅	辛卯	壬辰	癸巳	
五行	金	火	火	木	木	土	土	金	金	火	火	水	水	土	土	金	金	木	木	水	水	土	土	火	火	木	木	水	水	
建星	成	收	开	闭	建	建	除	满	平	定	执	破	危	成	收	开	闭	建	除	满	平	定	执	破	危	成	收	开	闭	
廿八宿	斗	牛	女	虚	危	室	壁	奎	娄	胃	昴	毕	觜	参	井	鬼	柳	星	张	翼	轸	角	亢	氐	房	心	尾	箕	斗	

六月小建辛未昴宿 （三碧）　节气：小暑初九日六时廿九分　大暑廿四日廿三时五十八分

公历	29	30	七月	2	3	4	5	6	7	8	9	10	11	12	13	14	15	16	17	18	19	20	21	22	23	24	25	26	27	
农历	一	二	三	四	五	六	七	八	九	十	十一	十二	十三	十四	十五	十六	十七	十八	十九	二十	廿一	廿二	廿三	廿四	廿五	廿六	廿七	廿八	廿九	
星期	五	六	日	一	二	三	四	五	六	日	一	二	三	四	五	六	日	一	二	三	四	五	六	日	一	二	三	四	五	
干支	甲午	乙未	丙申	丁酉	戊戌	己亥	庚子	辛丑	壬寅	癸卯	甲辰	乙巳	丙午	丁未	戊申	己酉	庚戌	辛亥	壬子	癸丑	甲寅	乙卯	丙辰	丁巳	戊午	己未	庚申	辛酉	壬戌	
五行	金	金	火	火	木	木	土	土	金	金	火	火	水	水	土	土	金	金	木	木	水	水	土	土	火	火	木	木	水	
建星	建	除	满	平	定	执	破	危	危	成	收	开	闭	建	除	满	平	定	执	破	危	成	收	开	闭	建	除	满	平	
廿八宿	牛	女	虚	危	室	壁	奎	娄	胃	昴	毕	觜	参	井	鬼	柳	星	张	翼	轸	角	亢	氐	房	心	尾	箕	斗	牛	

岁次：甲子	公元1984年（海中金）			木鼠
太岁：金辨	年七赤星	地雷复卦 坤为地卦	一水八运 一水一运	虚

七月大建壬申毕宿 （二黑）

节气：立秋十一日十六时十八分
处暑廿七日七时零分

公历	28	29	30	31	八月	2	3	4	5	6	7	8	9	10	11	12	13	14	15	16	17	18	19	20	21	22	23	24	25	26
农历	一	二	三	四	五	六	七	八	九	十	十一	十二	十三	十四	十五	十六	十七	十八	十九	二十	廿一	廿二	廿三	廿四	廿五	廿六	廿七	廿八	廿九	三十
星期	六	日	一	二	三	四	五	六	日	一	二	三	四	五	六	日	一	二	三	四	五	六	日	一	二	三	四	五	六	日
干支	癸亥	甲子	乙丑	丙寅	丁卯	戊辰	己巳	庚午	辛未	壬申	癸酉	甲戌	乙亥	丙子	丁丑	戊寅	己卯	庚辰	辛巳	壬午	癸未	甲申	乙酉	丙戌	丁亥	戊子	己丑	庚寅	辛卯	壬辰
五行	水	金	金	火	火	木	木	土	土	金	金	火	火	水	水	土	土	金	金	木	木	水	水	土	土	火	火	木	木	水
建星	定	执	破	危	成	收	开	闭	建	除	除	满	平	定	执	破	危	成	收	开	闭	建	除	满	平	定	执	破	危	成
廿八宿	女	虚	危	室	壁	奎	娄	胃	昴	毕	觜	参	井	鬼	柳	星	张	翼	轸	角	亢	氐	房	心	尾	箕	斗	牛	女	虚

八月小建癸酉觜宿 （一白）

节气：白露十二日十九时十分
秋分廿八日四时卅三分

公历	27	28	29	30	31	九月	2	3	4	5	6	7	8	9	10	11	12	13	14	15	16	17	18	19	20	21	22	23	24
农历	一	二	三	四	五	六	七	八	九	十	十一	十二	十三	十四	十五	十六	十七	十八	十九	二十	廿一	廿二	廿三	廿四	廿五	廿六	廿七	廿八	廿九
星期	一	二	三	四	五	六	日	一	二	三	四	五	六	日	一	二	三	四	五	六	日	一	二	三	四	五	六	日	一
干支	癸巳	甲午	乙未	丙申	丁酉	戊戌	己亥	庚子	辛丑	壬寅	癸卯	甲辰	乙巳	丙午	丁未	戊申	己酉	庚戌	辛亥	壬子	癸丑	甲寅	乙卯	丙辰	丁巳	戊午	己未	庚申	辛酉
五行	水	金	金	火	火	木	木	土	土	金	金	火	火	水	水	土	土	金	金	木	木	水	水	土	土	火	火	木	木
建星	收	开	闭	建	除	满	平	定	执	破	危	危	成	收	开	闭	建	除	满	平	定	执	破	危	成	收	开	闭	建
廿八宿	危	室	壁	奎	娄	胃	昴	毕	觜	参	井	鬼	柳	星	张	翼	轸	角	亢	氐	房	心	尾	箕	斗	牛	女	虚	危

九月小建甲戌参宿 （九紫）

节气：寒露十四日十时四十三分
霜降廿九日十二时四十六分

公历	25	26	27	28	29	30	十月	2	3	4	5	6	7	8	9	10	11	12	13	14	15	16	17	18	19	20	21	22	23
农历	一	二	三	四	五	六	七	八	九	十	十一	十二	十三	十四	十五	十六	十七	十八	十九	二十	廿一	廿二	廿三	廿四	廿五	廿六	廿七	廿八	廿九
星期	二	三	四	五	六	日	一	二	三	四	五	六	日	一	二	三	四	五	六	日	一	二	三	四	五	六	日	一	二
干支	壬戌	癸亥	甲子	乙丑	丙寅	丁卯	戊辰	己巳	庚午	辛未	壬申	癸酉	甲戌	乙亥	丙子	丁丑	戊寅	己卯	庚辰	辛巳	壬午	癸未	甲申	乙酉	丙戌	丁亥	戊子	己丑	庚寅
五行	水	水	金	金	火	火	木	木	土	土	金	金	火	火	水	水	土	土	金	金	木	木	水	水	土	土	火	火	木
建星	除	满	平	定	执	破	危	成	收	开	闭	建	除	除	满	平	定	执	破	危	成	收	开	闭	建	除	满	平	定
廿八宿	室	壁	奎	娄	胃	昴	毕	觜	参	井	鬼	柳	星	张	翼	轸	角	亢	氐	房	心	尾	箕	斗	牛	女	虚	危	室

岁次:甲子	公元1984年(海中金)			木鼠
太岁:金辨	年七赤星	地雷复卦 坤为地卦	一水八运 一水一运	虚

十月大建乙亥井宿 (八白) 节气:立冬十五日十三时四十六分 小雪三十日十一时十一分

公历	24	25	26	27	28	29	30	31	11月	2	3	4	5	6	7	8	9	10	11	12	13	14	15	16	17	18	19	20	21	22
农历	一	二	三	四	五	六	七	八	九	十	十一	十二	十三	十四	十五	十六	十七	十八	十九	二十	廿一	廿二	廿三	廿四	廿五	廿六	廿七	廿八	廿九	三十
星期	三	四	五	六	日	一	二	三	四	五	六	日	一	二	三	四	五	六	日	一	二	三	四	五	六	日	一	二	三	四
干支	辛卯	壬辰	癸巳	甲午	乙未	丙申	丁酉	戊戌	己亥	庚子	辛丑	壬寅	癸卯	甲辰	乙巳	丙午	丁未	戊申	己酉	庚戌	辛亥	壬子	癸丑	甲寅	乙卯	丙辰	丁巳	戊午	己未	庚申
五行	木	水	水	金	金	火	火	木	木	土	土	金	金	火	火	水	水	土	土	金	金	木	木	水	水	土	土	火	火	木
建星	执	破	危	成	收	开	闭	建	除	满	平	定	执	破	破	危	成	收	开	闭	建	除	满	平	定	执	破	危	成	收
廿八宿	壁	奎	娄	胃	昴	毕	觜	参	井	鬼	柳	星	张	翼	轸	角	亢	氐	房	心	尾	箕	斗	牛	女	虚	危	室	壁	奎

闰十月小 节气:大雪十五日六时廿八分

公历	23	24	25	26	27	28	29	30	12月	2	3	4	5	6	7	8	9	10	11	12	13	14	15	16	17	18	19	20	21	
农历	一	二	三	四	五	六	七	八	九	十	十一	十二	十三	十四	十五	十六	十七	十八	十九	二十	廿一	廿二	廿三	廿四	廿五	廿六	廿七	廿八	廿九	
星期	五	六	日	一	二	三	四	五	六	日	一	二	三	四	五	六	日	一	二	三	四	五	六	日	一	二	三	四	五	
干支	辛酉	壬戌	癸亥	甲子	乙丑	丙寅	丁卯	戊辰	己巳	庚午	辛未	壬申	癸酉	甲戌	乙亥	丙子	丁丑	戊寅	己卯	庚辰	辛巳	壬午	癸未	甲申	乙酉	丙戌	丁亥	戊子	己丑	
五行	木	水	水	金	金	火	火	木	木	土	土	金	金	火	火	水	水	土	土	金	金	木	木	水	水	土	土	火	火	
建星	开	闭	建	除	满	平	定	执	破	危	成	收	开	闭	闭	建	除	满	平	定	执	破	危	成	收	开	闭	建	除	
廿八宿	娄	胃	昴	毕	觜	参	井	鬼	柳	星	张	翼	轸	角	亢	氐	房	心	尾	箕	斗	牛	女	虚	危	室	壁	奎	娄	

十一月大建丙子鬼宿 (七赤) 节气:冬至初一日零时廿三分 小寒十五日十七时卅五分 大寒三十日十时五十八分

公历	22	23	24	25	26	27	28	29	30	31	一月	2	3	4	5	6	7	8	9	10	11	12	13	14	15	16	17	18	19	20
农历	一	二	三	四	五	六	七	八	九	十	十一	十二	十三	十四	十五	十六	十七	十八	十九	二十	廿一	廿二	廿三	廿四	廿五	廿六	廿七	廿八	廿九	三十
星期	六	日	一	二	三	四	五	六	日	一	二	三	四	五	六	日	一	二	三	四	五	六	日	一	二	三	四	五	六	日
干支	庚寅	辛卯	壬辰	癸巳	甲午	乙未	丙申	丁酉	戊戌	己亥	庚子	辛丑	壬寅	癸卯	甲辰	乙巳	丙午	丁未	戊申	己酉	庚戌	辛亥	壬子	癸丑	甲寅	乙卯	丙辰	丁巳	戊午	己未
五行	木	木	水	水	金	金	火	火	木	木	土	土	金	金	火	火	水	水	土	土	金	金	木	木	水	水	土	土	火	火
建星	满	平	定	执	破	危	成	收	开	闭	建	除	满	平	平	定	执	破	危	成	收	开	闭	建	除	满	平	定	执	破
廿八宿	胃	昴	毕	觜	参	井	鬼	柳	星	张	翼	轸	角	亢	氐	房	心	尾	箕	斗	牛	女	虚	危	室	壁	奎	娄	胃	昴

十二月大建丁丑柳宿 (六白) 节气:立春十五日五时十二分 雨水三十日一时八分

公历	21	22	23	24	25	26	27	28	29	30	31	二月	2	3	4	5	6	7	8	9	10	11	12	13	14	15	16	17	18	19
农历	一	二	三	四	五	六	七	八	九	十	十一	十二	十三	十四	十五	十六	十七	十八	十九	二十	廿一	廿二	廿三	廿四	廿五	廿六	廿七	廿八	廿九	三十
星期	一	二	三	四	五	六	日	一	二	三	四	五	六	日	一	二	三	四	五	六	日	一	二	三	四	五	六	日	一	二
干支	庚申	辛酉	壬戌	癸亥	甲子	乙丑	丙寅	丁卯	戊辰	己巳	庚午	辛未	壬申	癸酉	甲戌	乙亥	丙子	丁丑	戊寅	己卯	庚辰	辛巳	壬午	癸未	甲申	乙酉	丙戌	丁亥	戊子	己丑
五行	木	木	水	水	金	金	火	火	木	木	土	土	金	金	火	火	水	水	土	土	金	金	木	木	水	水	土	土	火	火
建星	危	成	收	开	闭	建	除	满	平	定	执	破	危	成	成	收	开	闭	建	除	满	平	定	执	破	危	成	收	开	闭
廿八宿	毕	觜	参	井	鬼	柳	星	张	翼	轸	角	亢	氐	房	心	尾	箕	斗	牛	女	虚	危	室	壁	奎	娄	胃	昴	毕	觜

岁次：乙丑	公元1985年（海中金）			木牛
太岁：陈材	年六白星	火雷噬嗑卦	三木六运	危

正月小建戊寅星宿 （五黄） 节气：惊蛰十四日廿三时十七分

公历	20	21	22	23	24	25	26	27	28	三月	2	3	4	5	6	7	8	9	10	11	12	13	14	15	16	17	18	19	20
农历	一	二	三	四	五	六	七	八	九	十	十一	十二	十三	十四	十五	十六	十七	十八	十九	二十	廿一	廿二	廿三	廿四	廿五	廿六	廿七	廿八	廿九
星期	三	四	五	六	日	一	二	三	四	五	六	日	一	二	三	四	五	六	日	一	二	三	四	五	六	日	一	二	三
干支	庚寅	辛卯	壬辰	癸巳	甲午	乙未	丙申	丁酉	戊戌	己亥	庚子	辛丑	壬寅	癸卯	甲辰	乙巳	丙午	丁未	戊申	己酉	庚戌	辛亥	壬子	癸丑	甲寅	乙卯	丙辰	丁巳	戊午
五行	木	木	水	水	金	金	火	火	木	木	土	土	金	金	火	火	水	水	土	土	金	金	木	木	水	水	土	土	火
建星	建	除	满	平	定	执	破	危	成	收	开	闭	建	建	除	满	平	定	执	破	危	成	收	开	闭	建	除	满	平
廿八宿	参	井	鬼	柳	星	张	翼	轸	角	亢	氐	房	心	尾	箕	斗	牛	女	虚	危	室	壁	奎	娄	胃	昴	毕	觜	参

二月大建己卯张宿 （四绿） 节气：春分初一日零时十四分 清明十六日四时十四分

公历	21	22	23	24	25	26	27	28	29	30	31	四月	2	3	4	5	6	7	8	9	10	11	12	13	14	15	16	17	18	19
农历	一	二	三	四	五	六	七	八	九	十	十一	十二	十三	十四	十五	十六	十七	十八	十九	二十	廿一	廿二	廿三	廿四	廿五	廿六	廿七	廿八	廿九	三十
星期	四	五	六	日	一	二	三	四	五	六	日	一	二	三	四	五	六	日	一	二	三	四	五	六	日	一	二	三	四	五
干支	己未	庚申	辛酉	壬戌	癸亥	甲子	乙丑	丙寅	丁卯	戊辰	己巳	庚午	辛未	壬申	癸酉	甲戌	乙亥	丙子	丁丑	戊寅	己卯	庚辰	辛巳	壬午	癸未	甲申	乙酉	丙戌	丁亥	戊子
五行	火	木	木	水	水	金	金	火	火	木	木	土	土	金	金	火	火	水	水	土	土	金	金	木	木	水	水	土	土	火
建星	定	执	破	危	成	收	开	闭	建	除	满	平	定	执	破	破	危	成	收	开	闭	建	除	满	平	定	执	破	危	成
廿八宿	井	鬼	柳	星	张	翼	轸	角	亢	氐	房	心	尾	箕	斗	牛	女	虚	危	室	壁	奎	娄	胃	昴	毕	觜	参	井	鬼

三月大建庚辰翼宿 （三碧） 节气：谷雨初一日十一时廿六分 立夏十六日廿一时四十三分

公历	20	21	22	23	24	25	26	27	28	29	30	五月	2	3	4	5	6	7	8	9	10	11	12	13	14	15	16	17	18	19
农历	一	二	三	四	五	六	七	八	九	十	十一	十二	十三	十四	十五	十六	十七	十八	十九	二十	廿一	廿二	廿三	廿四	廿五	廿六	廿七	廿八	廿九	三十
星期	六	日	一	二	三	四	五	六	日	一	二	三	四	五	六	日	一	二	三	四	五	六	日	一	二	三	四	五	六	日
干支	己丑	庚寅	辛卯	壬辰	癸巳	甲午	乙未	丙申	丁酉	戊戌	己亥	庚子	辛丑	壬寅	癸卯	甲辰	乙巳	丙午	丁未	戊申	己酉	庚戌	辛亥	壬子	癸丑	甲寅	乙卯	丙辰	丁巳	戊午
五行	火	木	木	水	水	金	金	火	火	木	木	土	土	金	金	火	火	水	水	土	土	金	金	木	木	水	水	土	土	火
建星	收	开	闭	建	除	满	平	定	执	破	危	成	收	开	闭	闭	建	除	满	平	定	执	破	危	成	收	开	闭	建	除
廿八宿	柳	星	张	翼	轸	角	亢	氐	房	心	尾	箕	斗	牛	女	虚	危	室	壁	奎	娄	胃	昴	毕	觜	参	井	鬼	柳	星

岁次：乙丑	公元1985年（海中金）			木牛
太岁：陈材	年六白星	火雷噬嗑卦	三木六运	危

四月小建辛巳轸宿 （二黑）

节气：小满初二日十时廿四分
芒种十八日二时零分

公历	20	21	22	23	24	25	26	27	28	29	30	31	六月	2	3	4	5	6	7	8	9	10	11	12	13	14	15	16	17
农历	一	二	三	四	五	六	七	八	九	十	十一	十二	十三	十四	十五	十六	十七	十八	十九	二十	廿一	廿二	廿三	廿四	廿五	廿六	廿七	廿八	廿九
星期	一	二	三	四	五	六	日	一	二	三	四	五	六	日	一	二	三	四	五	六	日	一	二	三	四	五	六	日	一
干支	己未	庚申	辛酉	壬戌	癸亥	甲子	乙丑	丙寅	丁卯	戊辰	己巳	庚午	辛未	壬申	癸酉	甲戌	乙亥	丙子	丁丑	戊寅	己卯	庚辰	辛巳	壬午	癸未	甲申	乙酉	丙戌	丁亥
五行	火	木	木	水	水	金	金	火	火	木	木	土	土	金	金	火	火	水	水	土	土	金	金	木	木	水	水	土	土
建星	满	平	定	执	破	危	成	收	开	闭	建	除	满	平	定	执	破	破	危	成	收	开	闭	建	除	满	平	定	执
廿八宿	张	翼	轸	角	亢	氐	房	心	尾	箕	斗	牛	女	虚	危	室	壁	奎	娄	胃	昴	毕	觜	参	井	鬼	柳	星	张

五月大建壬午角宿 （一白）

节气：夏至初四日十八时四十四分
小暑二十日十二时十九分

公历	18	19	20	21	22	23	24	25	26	27	28	29	30	七月	2	3	4	5	6	7	8	9	10	11	12	13	14	15	16	17
农历	一	二	三	四	五	六	七	八	九	十	十一	十二	十三	十四	十五	十六	十七	十八	十九	二十	廿一	廿二	廿三	廿四	廿五	廿六	廿七	廿八	廿九	三十
星期	二	三	四	五	六	日	一	二	三	四	五	六	日	一	二	三	四	五	六	日	一	二	三	四	五	六	日	一	二	三
干支	戊子	己丑	庚寅	辛卯	壬辰	癸巳	甲午	乙未	丙申	丁酉	戊戌	己亥	庚子	辛丑	壬寅	癸卯	甲辰	乙巳	丙午	丁未	戊申	己酉	庚戌	辛亥	壬子	癸丑	甲寅	乙卯	丙辰	丁巳
五行	火	火	木	木	水	水	金	金	火	火	木	木	土	土	金	金	火	火	水	水	土	土	金	金	木	木	水	水	土	土
建星	破	危	成	收	开	闭	建	除	满	平	定	执	破	危	成	收	开	闭	建	建	除	满	平	定	执	破	危	成	收	开
廿八宿	翼	轸	角	亢	氐	房	心	尾	箕	斗	牛	女	虚	危	室	壁	奎	娄	胃	昴	毕	觜	参	井	鬼	柳	星	张	翼	轸

六月小建癸未亢宿 （九紫）

节气：大暑初六日五时卅七分
立秋廿一日廿二时四分

公历	18	19	20	21	22	23	24	25	26	27	28	29	30	31	八月	2	3	4	5	6	7	8	9	10	11	12	13	14	15
农历	一	二	三	四	五	六	七	八	九	十	十一	十二	十三	十四	十五	十六	十七	十八	十九	二十	廿一	廿二	廿三	廿四	廿五	廿六	廿七	廿八	廿九
星期	四	五	六	日	一	二	三	四	五	六	日	一	二	三	四	五	六	日	一	二	三	四	五	六	日	一	二	三	四
干支	戊午	己未	庚申	辛酉	壬戌	癸亥	甲子	乙丑	丙寅	丁卯	戊辰	己巳	庚午	辛未	壬申	癸酉	甲戌	乙亥	丙子	丁丑	戊寅	己卯	庚辰	辛巳	壬午	癸未	甲申	乙酉	丙戌
五行	火	火	木	木	水	水	金	金	火	火	木	木	土	土	金	金	火	火	水	水	土	土	金	金	木	木	水	水	土
建星	闭	建	除	满	平	定	执	破	危	成	收	开	闭	建	除	满	平	定	执	破	破	危	成	收	开	闭	建	除	满
廿八宿	角	亢	氐	房	心	尾	箕	斗	牛	女	虚	危	室	壁	奎	娄	胃	昴	毕	觜	参	井	鬼	柳	星	张	翼	轸	角

岁次：乙丑	公元1985年（海中金）			木牛
太岁：陈材	年六白星	火雷噬嗑卦	三木六运	危

七月大建甲申氐宿 （八白）

节气：处暑初八日十二时卅六分
白露廿四日零时五十三分

公历	16	17	18	19	20	21	22	23	24	25	26	27	28	29	30	31	九月	2	3	4	5	6	7	8	9	10	11	12	13	14
农历	一	二	三	四	五	六	七	八	九	十	十一	十二	十三	十四	十五	十六	十七	十八	十九	二十	廿一	廿二	廿三	廿四	廿五	廿六	廿七	廿八	廿九	三十
星期	五	六	日	一	二	三	四	五	六	日	一	二	三	四	五	六	日	一	二	三	四	五	六	日	一	二	三	四	五	六
干支	丁亥	戊子	己丑	庚寅	辛卯	壬辰	癸巳	甲午	乙未	丙申	丁酉	戊戌	己亥	庚子	辛丑	壬寅	癸卯	甲辰	乙巳	丙午	丁未	戊申	己酉	庚戌	辛亥	壬子	癸丑	甲寅	乙卯	丙辰
五行	土	火	火	木	木	水	水	金	金	火	火	木	木	土	土	金	金	火	火	水	水	土	土	金	金	木	木	水	水	土
建星	平	定	执	破	危	成	收	开	闭	建	除	满	平	定	执	破	危	成	收	开	闭	建	除	除	满	平	定	执	破	危
廿八宿	亢	氐	房	心	尾	箕	斗	牛	女	虚	危	室	壁	奎	娄	胃	昴	毕	觜	参	井	鬼	柳	星	张	翼	轸	角	亢	氐

八月小建乙酉房宿 （七赤）

节气：秋分初九日十时八分
寒露廿四日十六时廿五分

公历	15	16	17	18	19	20	21	22	23	24	25	26	27	28	29	30	十月	2	3	4	5	6	7	8	9	10	11	12	13
农历	一	二	三	四	五	六	七	八	九	十	十一	十二	十三	十四	十五	十六	十七	十八	十九	二十	廿一	廿二	廿三	廿四	廿五	廿六	廿七	廿八	廿九
星期	日	一	二	三	四	五	六	日	一	二	三	四	五	六	日	一	二	三	四	五	六	日	一	二	三	四	五	六	日
干支	丁巳	戊午	己未	庚申	辛酉	壬戌	癸亥	甲子	乙丑	丙寅	丁卯	戊辰	己巳	庚午	辛未	壬申	癸酉	甲戌	乙亥	丙子	丁丑	戊寅	己卯	庚辰	辛巳	壬午	癸未	甲申	乙酉
五行	土	火	火	木	木	水	水	金	金	火	火	木	木	土	土	金	金	火	火	水	水	土	土	金	金	木	木	水	水
建星	成	收	开	闭	建	除	满	平	定	执	破	危	成	收	开	闭	建	除	满	平	定	执	破	破	危	成	收	开	闭
廿八宿	房	心	尾	箕	斗	牛	女	虚	危	室	壁	奎	娄	胃	昴	毕	觜	参	井	鬼	柳	星	张	翼	轸	角	亢	氐	房

九月小建丙戌心宿 （六白）

节气：霜降初十日十九时廿二分
立冬廿五日十九时三十分

公历	14	15	16	17	18	19	20	21	22	23	24	25	26	27	28	29	30	31	11月	2	3	4	5	6	7	8	9	10	11
农历	一	二	三	四	五	六	七	八	九	十	十一	十二	十三	十四	十五	十六	十七	十八	十九	二十	廿一	廿二	廿三	廿四	廿五	廿六	廿七	廿八	廿九
星期	一	二	三	四	五	六	日	一	二	三	四	五	六	日	一	二	三	四	五	六	日	一	二	三	四	五	六	日	一
干支	丙戌	丁亥	戊子	己丑	庚寅	辛卯	壬辰	癸巳	甲午	乙未	丙申	丁酉	戊戌	己亥	庚子	辛丑	壬寅	癸卯	甲辰	乙巳	丙午	丁未	戊申	己酉	庚戌	辛亥	壬子	癸丑	甲寅
五行	土	土	火	火	木	木	水	水	金	金	火	火	木	木	土	土	金	金	火	火	水	水	土	土	金	金	木	木	水
建星	建	除	满	平	定	执	破	危	成	收	开	闭	建	除	满	平	定	执	破	危	成	收	开	闭	闭	建	除	满	平
廿八宿	心	尾	箕	斗	牛	女	虚	危	室	壁	奎	娄	胃	昴	毕	觜	参	井	鬼	柳	星	张	翼	轸	角	亢	氐	房	心

岁次：乙丑	公元1985年（海中金）			木牛
太岁：陈材	年六白星	火雷噬嗑卦	三木六运	危

十月大建丁亥尾宿 （五黄）

节气：小雪十一日十六时五十一分
大雪廿六日十二时十七分

公历	12	13	14	15	16	17	18	19	20	21	22	23	24	25	26	27	28	29	30	12月	2	3	4	5	6	7	8	9	10	11
农历	一	二	三	四	五	六	七	八	九	十	十一	十二	十三	十四	十五	十六	十七	十八	十九	二十	廿一	廿二	廿三	廿四	廿五	廿六	廿七	廿八	廿九	三十
星期	二	三	四	五	六	日	一	二	三	四	五	六	日	一	二	三	四	五	六	日	一	二	三	四	五	六	日	一	二	三
干支	乙卯	丙辰	丁巳	戊午	己未	庚申	辛酉	壬戌	癸亥	甲子	乙丑	丙寅	丁卯	戊辰	己巳	庚午	辛未	壬申	癸酉	甲戌	乙亥	丙子	丁丑	戊寅	己卯	庚辰	辛巳	壬午	癸未	甲申
五行	水	土	土	火	火	木	木	水	水	金	金	火	火	木	木	土	土	金	金	火	火	水	水	土	土	金	金	木	木	水
建星	定	执	破	危	成	收	开	闭	建	除	满	平	定	执	破	危	成	收	开	闭	建	除	满	平	定	定	执	破	危	成
廿八宿	尾	箕	斗	牛	女	虚	危	室	壁	奎	娄	胃	昴	毕	觜	参	井	鬼	柳	星	张	翼	轸	角	亢	氐	房	心	尾	箕

十一月小建戊子箕宿 （四绿）

节气：冬至十一日六时八分
小寒廿五日廿三时廿八分

公历	12	13	14	15	16	17	18	19	20	21	22	23	24	25	26	27	28	29	30	31	一月	2	3	4	5	6	7	8	9
农历	一	二	三	四	五	六	七	八	九	十	十一	十二	十三	十四	十五	十六	十七	十八	十九	二十	廿一	廿二	廿三	廿四	廿五	廿六	廿七	廿八	廿九
星期	四	五	六	日	一	二	三	四	五	六	日	一	二	三	四	五	六	日	一	二	三	四	五	六	日	一	二	三	四
干支	乙酉	丙戌	丁亥	戊子	己丑	庚寅	辛卯	壬辰	癸巳	甲午	乙未	丙申	丁酉	戊戌	己亥	庚子	辛丑	壬寅	癸卯	甲辰	乙巳	丙午	丁未	戊申	己酉	庚戌	辛亥	壬子	癸丑
五行	水	土	土	火	火	木	木	水	水	金	金	火	火	木	木	土	土	金	金	火	火	水	水	土	土	金	金	木	木
建星	收	开	闭	建	除	满	平	定	执	破	危	成	收	开	闭	建	除	满	平	定	执	破	危	成	成	收	开	闭	建
廿八宿	斗	牛	女	虚	危	室	壁	奎	娄	胃	昴	毕	觜	参	井	鬼	柳	星	张	翼	轸	角	亢	氐	房	心	尾	箕	斗

十二月大建己丑斗宿 （三碧）

节气：大寒十一日十六时四十七分
立春廿六日十一时八分

公历	10	11	12	13	14	15	16	17	18	19	20	21	22	23	24	25	26	27	28	29	30	31	二月	2	3	4	5	6	7	8
农历	一	二	三	四	五	六	七	八	九	十	十一	十二	十三	十四	十五	十六	十七	十八	十九	二十	廿一	廿二	廿三	廿四	廿五	廿六	廿七	廿八	廿九	三十
星期	五	六	日	一	二	三	四	五	六	日	一	二	三	四	五	六	日	一	二	三	四	五	六	日	一	二	三	四	五	六
干支	甲寅	乙卯	丙辰	丁巳	戊午	己未	庚申	辛酉	壬戌	癸亥	甲子	乙丑	丙寅	丁卯	戊辰	己巳	庚午	辛未	壬申	癸酉	甲戌	乙亥	丙子	丁丑	戊寅	己卯	庚辰	辛巳	壬午	癸未
五行	水	水	土	土	火	火	木	木	水	水	金	金	火	火	木	木	土	土	金	金	火	火	水	水	土	土	金	金	木	木
建星	除	满	平	定	执	破	危	成	收	开	闭	建	除	满	平	定	执	破	危	成	收	开	闭	建	除	除	满	平	定	执
廿八宿	牛	女	虚	危	室	壁	奎	娄	胃	昴	毕	觜	参	井	鬼	柳	星	张	翼	轸	角	亢	氐	房	心	尾	箕	斗	牛	女

岁次:丙寅	公元1986年(炉中火)			火虎
太岁:耿章	年五黄星	风火家人卦	二火四运	室

正月小建庚寅牛宿 (二黑)

节气:雨水十一日六时五十八分
惊蛰廿六日五时十二分

公历	9	10	11	12	13	14	15	16	17	18	19	20	21	22	23	24	25	26	27	28	三月	2	3	4	5	6	7	8	9	
农历	一	二	三	四	五	六	七	八	九	十	十一	十二	十三	十四	十五	十六	十七	十八	十九	二十	廿一	廿二	廿三	廿四	廿五	廿六	廿七	廿八	廿九	
星期	日	一	二	三	四	五	六	日	一	二	三	四	五	六	日	一	二	三	四	五	六	日	一	二	三	四	五	六	日	
干支	甲申	乙酉	丙戌	丁亥	戊子	己丑	庚寅	辛卯	壬辰	癸巳	甲午	乙未	丙申	丁酉	戊戌	己亥	庚子	辛丑	壬寅	癸卯	甲辰	乙巳	丙午	丁未	戊申	己酉	庚戌	辛亥	壬子	
五行	水	水	土	土	火	火	木	木	水	水	金	金	火	火	木	木	土	土	金	金	火	火	水	水	土	土	金	金	木	
建星	破	危	成	收	开	闭	建	除	满	平	定	执	破	危	成	收	开	闭	建	除	满	平	定	执	破	破	危	成	收	
廿八宿	虚	危	室	壁	奎	娄	胃	昴	毕	觜	参	井	鬼	柳	星	张	翼	轸	角	亢	氐	房	心	尾	箕	斗	牛	女	虚	

二月大建辛卯女宿 (一白)

节气:春分十二日六时三分
清明廿七日十时六分

公历	10	11	12	13	14	15	16	17	18	19	20	21	22	23	24	25	26	27	28	29	30	31	四月	2	3	4	5	6	7	8
农历	一	二	三	四	五	六	七	八	九	十	十一	十二	十三	十四	十五	十六	十七	十八	十九	二十	廿一	廿二	廿三	廿四	廿五	廿六	廿七	廿八	廿九	三十
星期	一	二	三	四	五	六	日	一	二	三	四	五	六	日	一	二	三	四	五	六	日	一	二	三	四	五	六	日	一	二
干支	癸丑	甲寅	乙卯	丙辰	丁巳	戊午	己未	庚申	辛酉	壬戌	癸亥	甲子	乙丑	丙寅	丁卯	戊辰	己巳	庚午	辛未	壬申	癸酉	甲戌	乙亥	丙子	丁丑	戊寅	己卯	庚辰	辛巳	壬午
五行	木	水	水	土	土	火	火	木	木	水	水	金	金	火	火	木	木	土	土	金	金	火	火	水	水	土	土	金	金	木
建星	开	闭	建	除	满	平	定	执	破	危	成	收	开	闭	建	除	满	平	定	执	破	危	成	收	开	闭	闭	建	除	满
廿八宿	危	室	壁	奎	娄	胃	昴	毕	觜	参	井	鬼	柳	星	张	翼	轸	角	亢	氐	房	心	尾	箕	斗	牛	女	虚	危	室

三月大建壬辰虚宿 (九紫)

节气:谷雨十二日十七时十二分
立夏廿八日三时卅一分

公历	9	10	11	12	13	14	15	16	17	18	19	20	21	22	23	24	25	26	27	28	29	30	五月	2	3	4	5	6	7	8
农历	一	二	三	四	五	六	七	八	九	十	十一	十二	十三	十四	十五	十六	十七	十八	十九	二十	廿一	廿二	廿三	廿四	廿五	廿六	廿七	廿八	廿九	三十
星期	三	四	五	六	日	一	二	三	四	五	六	日	一	二	三	四	五	六	日	一	二	三	四	五	六	日	一	二	三	四
干支	癸未	甲申	乙酉	丙戌	丁亥	戊子	己丑	庚寅	辛卯	壬辰	癸巳	甲午	乙未	丙申	丁酉	戊戌	己亥	庚子	辛丑	壬寅	癸卯	甲辰	乙巳	丙午	丁未	戊申	己酉	庚戌	辛亥	壬子
五行	木	水	水	土	土	火	火	木	木	水	水	金	金	火	火	木	木	土	土	金	金	火	火	水	水	土	土	金	金	木
建星	平	定	执	破	危	成	收	开	闭	建	除	满	平	定	执	破	危	成	收	开	闭	建	除	满	平	定	执	执	破	危
廿八宿	壁	奎	娄	胃	昴	毕	觜	参	井	鬼	柳	星	张	翼	轸	角	亢	氐	房	心	尾	箕	斗	牛	女	虚	危	室	壁	奎

岁次:丙寅	公元1986年(炉中火)			火虎
太岁:耿章	年五黄星	风火家人卦	二火四运	室

四月小建癸巳危宿 (八白)

节气:小满 十三日十六时廿八分
芒种 廿九日七时四十四分

公历	9	10	11	12	13	14	15	16	17	18	19	20	21	22	23	24	25	26	27	28	29	30	31	六月	2	3	4	5	6
农历	一	二	三	四	五	六	七	八	九	十	十一	十二	十三	十四	十五	十六	十七	十八	十九	二十	廿一	廿二	廿三	廿四	廿五	廿六	廿七	廿八	廿九
星期	五	六	日	一	二	三	四	五	六	日	一	二	三	四	五	六	日	一	二	三	四	五	六	日	一	二	三	四	五
干支	癸丑	甲寅	乙卯	丙辰	丁巳	戊午	己未	庚申	辛酉	壬戌	癸亥	甲子	乙丑	丙寅	丁卯	戊辰	己巳	庚午	辛未	壬申	癸酉	甲戌	乙亥	丙子	丁丑	戊寅	己卯	庚辰	辛巳
五行	木	水	水	土	土	火	火	木	木	水	水	金	金	火	火	木	木	土	土	金	金	火	火	水	水	土	土	金	金
建星	成	收	开	闭	建	除	满	平	定	执	破	危	成	收	开	闭	建	除	满	平	定	执	破	危	成	收	开	闭	闭
廿八宿	娄	胃	昴	毕	觜	参	井	鬼	柳	星	张	翼	轸	角	亢	氐	房	心	尾	箕	斗	牛	女	虚	危	室	壁	奎	娄

五月大建甲午室宿 (七赤)

节气:夏至 十六日零时三十分

公历	7	8	9	10	11	12	13	14	15	16	17	18	19	20	21	22	23	24	25	26	27	28	29	30	七月	2	3	4	5	6
农历	一	二	三	四	五	六	七	八	九	十	十一	十二	十三	十四	十五	十六	十七	十八	十九	二十	廿一	廿二	廿三	廿四	廿五	廿六	廿七	廿八	廿九	三十
星期	六	日	一	二	三	四	五	六	日	一	二	三	四	五	六	日	一	二	三	四	五	六	日	一	二	三	四	五	六	日
干支	壬午	癸未	甲申	乙酉	丙戌	丁亥	戊子	己丑	庚寅	辛卯	壬辰	癸巳	甲午	乙未	丙申	丁酉	戊戌	己亥	庚子	辛丑	壬寅	癸卯	甲辰	乙巳	丙午	丁未	戊申	己酉	庚戌	辛亥
五行	木	木	水	水	土	土	火	火	木	木	水	水	金	金	火	火	木	木	土	土	金	金	火	火	水	水	土	土	金	金
建星	建	除	满	平	定	执	破	危	成	收	开	闭	建	除	满	平	定	执	破	危	成	收	开	闭	建	除	满	平	定	执
廿八宿	胃	昴	毕	觜	参	井	鬼	柳	星	张	翼	轸	角	亢	氐	房	心	尾	箕	斗	牛	女	虚	危	室	壁	奎	娄	胃	昴

六月大建乙未壁宿 (六白)

节气:小暑 初一日十八时一分
大暑 十七日十一时廿五分

公历	7	8	9	10	11	12	13	14	15	16	17	18	19	20	21	22	23	24	25	26	27	28	29	30	31	八月	2	3	4	5
农历	一	二	三	四	五	六	七	八	九	十	十一	十二	十三	十四	十五	十六	十七	十八	十九	二十	廿一	廿二	廿三	廿四	廿五	廿六	廿七	廿八	廿九	三十
星期	一	二	三	四	五	六	日	一	二	三	四	五	六	日	一	二	三	四	五	六	日	一	二	三	四	五	六	日	一	二
干支	壬子	癸丑	甲寅	乙卯	丙辰	丁巳	戊午	己未	庚申	辛酉	壬戌	癸亥	甲子	乙丑	丙寅	丁卯	戊辰	己巳	庚午	辛未	壬申	癸酉	甲戌	乙亥	丙子	丁丑	戊寅	己卯	庚辰	辛巳
五行	木	木	水	水	土	土	火	火	木	木	水	水	金	金	火	火	木	木	土	土	金	金	火	火	水	水	土	土	金	金
建星	执	破	危	成	收	开	闭	建	除	满	平	定	执	破	危	成	收	开	闭	建	除	满	平	定	执	破	危	成	收	开
廿八宿	毕	觜	参	井	鬼	柳	星	张	翼	轸	角	亢	氐	房	心	尾	箕	斗	牛	女	虚	危	室	壁	奎	娄	胃	昴	毕	觜

岁次：丙寅	公元1986年（炉中火）			火虎
太岁：耿章	年五黄星	风火家人卦	二火四运	室

七月小建丙申奎宿　（五黄）

节气：立秋初三日三时四十六分　处暑十八日十八时廿六分

公历	6	7	8	9	10	11	12	13	14	15	16	17	18	19	20	21	22	23	24	25	26	27	28	29	30	31	九月	2	3
农历	一	二	三	四	五	六	七	八	九	十	十一	十二	十三	十四	十五	十六	十七	十八	十九	二十	廿一	廿二	廿三	廿四	廿五	廿六	廿七	廿八	廿九
星期	三	四	五	六	日	一	二	三	四	五	六	日	一	二	三	四	五	六	日	一	二	三	四	五	六	日	一	二	三
干支	壬午	癸未	甲申	乙酉	丙戌	丁亥	戊子	己丑	庚寅	辛卯	壬辰	癸巳	甲午	乙未	丙申	丁酉	戊戌	己亥	庚子	辛丑	壬寅	癸卯	甲辰	乙巳	丙午	丁未	戊申	己酉	庚戌
五行	木	木	水	水	土	土	火	火	木	木	水	水	金	金	火	火	木	木	土	土	金	金	火	火	水	水	土	土	金
建星	闭	建	建	除	满	平	定	执	破	危	成	收	开	闭	建	除	满	平	定	执	破	危	成	收	开	闭	建	除	满
廿八宿	参	井	鬼	柳	星	张	翼	轸	角	亢	氐	房	心	尾	箕	斗	牛	女	虚	危	室	壁	奎	娄	胃	昴	毕	觜	参

八月大建丁酉娄宿　（四绿）

节气：白露初五日六时卅五分　秋分二十日十五时五十九分

公历	4	5	6	7	8	9	10	11	12	13	14	15	16	17	18	19	20	21	22	23	24	25	26	27	28	29	30	十月	2	3
农历	一	二	三	四	五	六	七	八	九	十	十一	十二	十三	十四	十五	十六	十七	十八	十九	二十	廿一	廿二	廿三	廿四	廿五	廿六	廿七	廿八	廿九	三十
星期	四	五	六	日	一	二	三	四	五	六	日	一	二	三	四	五	六	日	一	二	三	四	五	六	日	一	二	三	四	五
干支	辛亥	壬子	癸丑	甲寅	乙卯	丙辰	丁巳	戊午	己未	庚申	辛酉	壬戌	癸亥	甲子	乙丑	丙寅	丁卯	戊辰	己巳	庚午	辛未	壬申	癸酉	甲戌	乙亥	丙子	丁丑	戊寅	己卯	庚辰
五行	金	木	木	水	水	土	土	火	火	木	木	水	水	金	金	火	火	木	木	土	土	金	金	火	火	水	水	土	土	金
建星	平	定	执	破	破	危	成	收	开	闭	建	除	满	平	定	执	破	危	成	收	开	闭	建	除	满	平	定	执	破	危
廿八宿	井	鬼	柳	星	张	翼	轸	角	亢	氐	房	心	尾	箕	斗	牛	女	虚	危	室	壁	奎	娄	胃	昴	毕	觜	参	井	鬼

九月小建戊戌胃宿　（三碧）

节气：寒露初五日廿二时七分　霜降廿一日一时十五分

公历	4	5	6	7	8	9	10	11	12	13	14	15	16	17	18	19	20	21	22	23	24	25	26	27	28	29	30	31	11月
农历	一	二	三	四	五	六	七	八	九	十	十一	十二	十三	十四	十五	十六	十七	十八	十九	二十	廿一	廿二	廿三	廿四	廿五	廿六	廿七	廿八	廿九
星期	六	日	一	二	三	四	五	六	日	一	二	三	四	五	六	日	一	二	三	四	五	六	日	一	二	三	四	五	六
干支	辛巳	壬午	癸未	甲申	乙酉	丙戌	丁亥	戊子	己丑	庚寅	辛卯	壬辰	癸巳	甲午	乙未	丙申	丁酉	戊戌	己亥	庚子	辛丑	壬寅	癸卯	甲辰	乙巳	丙午	丁未	戊申	己酉
五行	金	木	木	水	水	土	土	火	火	木	木	水	水	金	金	火	火	木	木	土	土	金	金	火	火	水	水	土	土
建星	成	收	开	闭	闭	建	除	满	平	定	执	破	危	成	收	开	闭	建	除	满	平	定	执	破	危	成	收	开	闭
廿八宿	柳	星	张	翼	轸	角	亢	氐	房	心	尾	箕	斗	牛	女	虚	危	室	壁	奎	娄	胃	昴	毕	觜	参	井	鬼	柳

岁次：丙寅	公元 1986 年（炉中火）			火虎
太岁：耿章	年五黄星	风火家人卦	二火四运	室

十月大建己亥昴宿 （二黑）

节气：立冬初七日一时十三分
小雪廿一日廿二时四十五分

公历	2	3	4	5	6	7	8	9	10	11	12	13	14	15	16	17	18	19	20	21	22	23	24	25	26	27	28	29	30	12月
农历	一	二	三	四	五	六	七	八	九	十	十一	十二	十三	十四	十五	十六	十七	十八	十九	二十	廿一	廿二	廿三	廿四	廿五	廿六	廿七	廿八	廿九	三十
星期	日	一	二	三	四	五	六	日	一	二	三	四	五	六	日	一	二	三	四	五	六	日	一	二	三	四	五	六	日	一
干支	庚戌	辛亥	壬子	癸丑	甲寅	乙卯	丙辰	丁巳	戊午	己未	庚申	辛酉	壬戌	癸亥	甲子	乙丑	丙寅	丁卯	戊辰	己巳	庚午	辛未	壬申	癸酉	甲戌	乙亥	丙子	丁丑	戊寅	己卯
五行	金	金	木	木	水	水	土	土	火	火	木	木	水	水	金	金	火	火	木	木	土	土	金	金	火	火	水	水	土	土
建星	建	除	满	平	定	执	执	破	危	成	收	开	闭	建	除	满	平	定	执	破	危	成	收	开	闭	建	除	满	平	定
廿八宿	星	张	翼	轸	角	亢	氐	房	心	尾	箕	斗	牛	女	虚	危	室	壁	奎	娄	胃	昴	毕	觜	参	井	鬼	柳	星	张

十一月小建庚子毕宿 （一白）

节气：大雪初六日十八时一分
冬至廿一日十二时三分

公历	2	3	4	5	6	7	8	9	10	11	12	13	14	15	16	17	18	19	20	21	22	23	24	25	26	27	28	29	30	
农历	一	二	三	四	五	六	七	八	九	十	十一	十二	十三	十四	十五	十六	十七	十八	十九	二十	廿一	廿二	廿三	廿四	廿五	廿六	廿七	廿八	廿九	
星期	二	三	四	五	六	日	一	二	三	四	五	六	日	一	二	三	四	五	六	日	一	二	三	四	五	六	日	一	二	
干支	庚辰	辛巳	壬午	癸未	甲申	乙酉	丙戌	丁亥	戊子	己丑	庚寅	辛卯	壬辰	癸巳	甲午	乙未	丙申	丁酉	戊戌	己亥	庚子	辛丑	壬寅	癸卯	甲辰	乙巳	丙午	丁未	戊申	
五行	金	金	木	木	水	水	土	土	火	火	木	木	水	水	金	金	火	火	木	木	土	土	金	金	火	火	水	水	土	
建星	执	破	危	成	收	收	开	闭	建	除	满	平	定	执	破	危	成	收	开	闭	建	除	满	平	定	执	破	危	成	
廿八宿	翼	轸	角	亢	氐	房	心	尾	箕	斗	牛	女	虚	危	室	壁	奎	娄	胃	昴	毕	觜	参	井	鬼	柳	星	张	翼	

十二月小建辛丑觜宿 （九紫）

节气：小寒初七日五时三分
大寒廿一日廿二时四十一分

公历	31	一月	2	3	4	5	6	7	8	9	10	11	12	13	14	15	16	17	18	19	20	21	22	23	24	25	26	27	28	
农历	一	二	三	四	五	六	七	八	九	十	十一	十二	十三	十四	十五	十六	十七	十八	十九	二十	廿一	廿二	廿三	廿四	廿五	廿六	廿七	廿八	廿九	
星期	三	四	五	六	日	一	二	三	四	五	六	日	一	二	三	四	五	六	日	一	二	三	四	五	六	日	一	二	三	
干支	己酉	庚戌	辛亥	壬子	癸丑	甲寅	乙卯	丙辰	丁巳	戊午	己未	庚申	辛酉	壬戌	癸亥	甲子	乙丑	丙寅	丁卯	戊辰	己巳	庚午	辛未	壬申	癸酉	甲戌	乙亥	丙子	丁丑	
五行	土	金	金	木	木	水	水	土	土	火	火	木	木	水	水	金	金	火	火	木	木	土	土	金	金	火	火	水	水	
建星	收	开	闭	建	除	满	满	平	定	执	破	危	成	收	开	闭	建	除	满	平	定	执	破	危	成	收	开	闭	建	
廿八宿	轸	角	亢	氐	房	心	尾	箕	斗	牛	女	虚	危	室	壁	奎	娄	胃	昴	毕	觜	参	井	鬼	柳	星	张	翼	轸	

岁次：丁卯	公元1987年（炉中火）			火兔
太岁：沈兴	年四绿星	山泽损卦	六水九运	壁

正月大建壬寅参宿 （八白）

节气：立春初七日十六时五十二分
雨水廿二日十二时五十分

公历	29	30	31	二月	2	3	4	5	6	7	8	9	10	11	12	13	14	15	16	17	18	19	20	21	22	23	24	25	26	27
农历	一	二	三	四	五	六	七	八	九	十	十一	十二	十三	十四	十五	十六	十七	十八	十九	二十	廿一	廿二	廿三	廿四	廿五	廿六	廿七	廿八	廿九	三十
星期	四	五	六	日	一	二	三	四	五	六	日	一	二	三	四	五	六	日	一	二	三	四	五	六	日	一	二	三	四	五
干支	戊寅	己卯	庚辰	辛巳	壬午	癸未	甲申	乙酉	丙戌	丁亥	戊子	己丑	庚寅	辛卯	壬辰	癸巳	甲午	乙未	丙申	丁酉	戊戌	己亥	庚子	辛丑	壬寅	癸卯	甲辰	乙巳	丙午	丁未
五行	土	土	金	金	木	木	水	水	土	土	火	火	木	木	水	水	金	金	火	火	木	木	土	土	金	金	火	火	水	水
建星	除	满	平	定	执	破	破	危	成	收	开	闭	建	除	满	平	定	执	破	危	成	收	开	闭	建	除	满	平	定	执
廿八宿	角	亢	氐	房	心	尾	箕	斗	牛	女	虚	危	室	壁	奎	娄	胃	昴	毕	觜	参	井	鬼	柳	星	张	翼	轸	角	亢

二月小建癸卯井宿 （七赤）

节气：惊蛰初七日十时五十四分
春分廿二日十一时五十二分

公历	28	三月	2	3	4	5	6	7	8	9	10	11	12	13	14	15	16	17	18	19	20	21	22	23	24	25	26	27	28	
农历	一	二	三	四	五	六	七	八	九	十	十一	十二	十三	十四	十五	十六	十七	十八	十九	二十	廿一	廿二	廿三	廿四	廿五	廿六	廿七	廿八	廿九	
星期	六	日	一	二	三	四	五	六	日	一	二	三	四	五	六	日	一	二	三	四	五	六	日	一	二	三	四	五	六	
干支	戊申	己酉	庚戌	辛亥	壬子	癸丑	甲寅	乙卯	丙辰	丁巳	戊午	己未	庚申	辛酉	壬戌	癸亥	甲子	乙丑	丙寅	丁卯	戊辰	己巳	庚午	辛未	壬申	癸酉	甲戌	乙亥	丙子	
五行	土	土	金	金	木	木	水	水	土	土	火	火	木	木	水	水	金	金	火	火	木	木	土	土	金	金	火	火	水	
建星	破	危	成	收	开	闭	闭	建	除	满	平	定	执	破	危	成	收	开	闭	建	除	满	平	定	执	破	危	成	收	
廿八宿	氐	房	心	尾	箕	斗	牛	女	虚	危	室	壁	奎	娄	胃	昴	毕	觜	参	井	鬼	柳	星	张	翼	轸	角	亢	氐	

三月大建甲辰鬼宿 （六白）

节气：清明初八日十五时四十四分
谷雨廿三日廿二时五十八分

公历	29	30	31	四月	2	3	4	5	6	7	8	9	10	11	12	13	14	15	16	17	18	19	20	21	22	23	24	25	26	27
农历		二	三	四	五	六	七	八	九	十	十一	十二	十三	十四	十五	十六	十七	十八	十九	二十	廿一	廿二	廿三	廿四	廿五	廿六	廿七	廿八	廿九	三十
星期	日	一	二	三	四	五	六	日	一	二	三	四	五	六	日	一	二	三	四	五	六	日	一	二	三	四	五	六	日	一
干支	丁丑	戊寅	己卯	庚辰	辛巳	壬午	癸未	甲申	乙酉	丙戌	丁亥	戊子	己丑	庚寅	辛卯	壬辰	癸巳	甲午	乙未	丙申	丁酉	戊戌	己亥	庚子	辛丑	壬寅	癸卯	甲辰	乙巳	丙午
五行	水	土	土	金	金	木	木	水	水	土	土	火	火	木	木	水	水	金	金	火	火	木	木	土	土	金	金	火	火	水
建星	开	闭	建	除	满	平	定	定	执	破	危	成	收	开	闭	建	除	满	平	定	执	破	危	成	收	开	闭	建	除	满
廿八宿	房	心	尾	箕	斗	牛	女	虚	危	室	壁	奎	娄	胃	昴	毕	觜	参	井	鬼	柳	星	张	翼	轸	角	亢	氐	房	心

岁次:丁卯	公元1987年(炉中火)			火兔
太岁:沈兴	年四绿星	山泽损卦	六水九运	壁

四月小建乙巳柳宿 (五黄)

节气：立夏 初九日九时六分
小满 廿四日廿二时十分

公历	28	29	30	五月	2	3	4	5	6	7	8	9	10	11	12	13	14	15	16	17	18	19	20	21	22	23	24	25	26	
农历	一	二	三	四	五	六	七	八	九	十	十一	十二	十三	十四	十五	十六	十七	十八	十九	二十	廿一	廿二	廿三	廿四	廿五	廿六	廿七	廿八	廿九	
星期	二	三	四	五	六	日	一	二	三	四	五	六	日	一	二	三	四	五	六	日	一	二	三	四	五	六	日	一	二	
干支	丁未	戊申	己酉	庚戌	辛亥	壬子	癸丑	甲寅	乙卯	丙辰	丁巳	戊午	己未	庚申	辛酉	壬戌	癸亥	甲子	乙丑	丙寅	丁卯	戊辰	己巳	庚午	辛未	壬申	癸酉	甲戌	乙亥	
五行	水	土	土	金	金	木	木	水	水	土	土	火	火	木	木	水	水	金	金	火	火	木	木	土	土	金	金	火	火	
建星	平	定	执	破	危	成	收	开	开	闭	建	除	满	平	定	执	破	危	成	收	开	闭	建	除	满	平	定	执	破	
廿八宿	尾	箕	斗	牛	女	虚	危	室	壁	奎	娄	胃	昴	毕	觜	参	井	鬼	柳	星	张	翼	轸	角	亢	氐	房	心	尾	

五月大建丙午星宿 (四绿)

节气：芒种 十一日十三时十九分
夏至 廿七日六时十一分

公历	27	28	29	30	31	六月	2	3	4	5	6	7	8	9	10	11	12	13	14	15	16	17	18	19	20	21	22	23	24	25
农历	一	二	三	四	五	六	七	八	九	十	十一	十二	十三	十四	十五	十六	十七	十八	十九	二十	廿一	廿二	廿三	廿四	廿五	廿六	廿七	廿八	廿九	三十
星期	三	四	五	六	日	一	二	三	四	五	六	日	一	二	三	四	五	六	日	一	二	三	四	五	六	日	一	二	三	四
干支	丙子	丁丑	戊寅	己卯	庚辰	辛巳	壬午	癸未	甲申	乙酉	丙戌	丁亥	戊子	己丑	庚寅	辛卯	壬辰	癸巳	甲午	乙未	丙申	丁酉	戊戌	己亥	庚子	辛丑	壬寅	癸卯	甲辰	乙巳
五行	水	水	土	土	金	金	木	木	水	水	土	土	火	火	木	木	水	水	金	金	火	火	木	木	土	土	金	金	火	火
建星	危	成	收	开	闭	建	除	满	平	定	定	执	破	危	成	收	开	闭	建	除	满	平	定	执	破	危	成	收	开	闭
廿八宿	箕	斗	牛	女	虚	危	室	壁	奎	娄	胃	昴	毕	觜	参	井	鬼	柳	星	张	翼	轸	角	亢	氐	房	心	尾	箕	斗

六月大建丁未张宿 (三碧)

节气：小暑 十二日廿三时卅九分
大暑 廿八日十七时六分

公历	26	27	28	29	30	七月	2	3	4	5	6	7	8	9	10	11	12	13	14	15	16	17	18	19	20	21	22	23	24	25
农历	一	二	三	四	五	六	七	八	九	十	十一	十二	十三	十四	十五	十六	十七	十八	十九	二十	廿一	廿二	廿三	廿四	廿五	廿六	廿七	廿八	廿九	三十
星期	五	六	日	一	二	三	四	五	六	日	一	二	三	四	五	六	日	一	二	三	四	五	六	日	一	二	三	四	五	六
干支	丙午	丁未	戊申	己酉	庚戌	辛亥	壬子	癸丑	甲寅	乙卯	丙辰	丁巳	戊午	己未	庚申	辛酉	壬戌	癸亥	甲子	乙丑	丙寅	丁卯	戊辰	己巳	庚午	辛未	壬申	癸酉	甲戌	乙亥
五行	水	水	土	土	金	金	木	木	水	水	土	土	火	火	木	木	水	水	金	金	火	火	木	木	土	土	金	金	火	火
建星	建	除	满	平	定	执	破	危	成	收	开	开	闭	建	除	满	平	定	执	破	危	成	收	开	闭	建	除	满	平	定
廿八宿	牛	女	虚	危	室	壁	奎	娄	胃	昴	毕	觜	参	井	鬼	柳	星	张	翼	轸	角	亢	氐	房	心	尾	箕	斗	牛	女

岁次：丁卯	公元1987年（炉中火）			火兔
太岁：沈兴	年四绿星	山泽损卦	六水九运	壁

闰六月小　　节气：立秋十四日九时廿九分

公历	26	27	28	29	30	31	八月	2	3	4	5	6	7	8	9	10	11	12	13	14	15	16	17	18	19	20	21	22	23	
农历	一	二	三	四	五	六	七	八	九	十	十一	十二	十三	十四	十五	十六	十七	十八	十九	二十	廿一	廿二	廿三	廿四	廿五	廿六	廿七	廿八	廿九	
星期	日	一	二	三	四	五	六	日	一	二	三	四	五	六	日	一	二	三	四	五	六	日	一	二	三	四	五	六	日	
干支	丙子	丁丑	戊寅	己卯	庚辰	辛巳	壬午	癸未	甲申	乙酉	丙戌	丁亥	戊子	己丑	庚寅	辛卯	壬辰	癸巳	甲午	乙未	丙申	丁酉	戊戌	己亥	庚子	辛丑	壬寅	癸卯	甲辰	
五行	水	水	土	土	金	金	木	木	水	水	土	土	火	火	木	木	水	水	金	金	火	火	木	木	土	土	金	金	火	
建星	执	破	危	成	收	开	闭	建	除	满	平	定	执	执	破	危	成	收	开	闭	建	除	满	平	定	执	破	危	成	
廿八宿	虚	危	室	壁	奎	娄	胃	昴	毕	觜	参	井	鬼	柳	星	张	翼	轸	角	亢	氐	房	心	尾	箕	斗	牛	女	虚	

七月大建戊申翼宿　（二黑）　　节气：处暑初一日零时十分　白露十六日十二时廿四分

公历	24	25	26	27	28	29	30	31	九月	2	3	4	5	6	7	8	9	10	11	12	13	14	15	16	17	18	19	20	21	22
农历	一	二	三	四	五	六	七	八	九	十	十一	十二	十三	十四	十五	十六	十七	十八	十九	二十	廿一	廿二	廿三	廿四	廿五	廿六	廿七	廿八	廿九	三十
星期	一	二	三	四	五	六	日	一	二	三	四	五	六	日	一	二	三	四	五	六	日	一	二	三	四	五	六	日	一	二
干支	乙巳	丙午	丁未	戊申	己酉	庚戌	辛亥	壬子	癸丑	甲寅	乙卯	丙辰	丁巳	戊午	己未	庚申	辛酉	壬戌	癸亥	甲子	乙丑	丙寅	丁卯	戊辰	己巳	庚午	辛未	壬申	癸酉	甲戌
五行	火	水	水	土	土	金	金	木	木	水	水	土	土	火	火	木	木	水	水	金	金	火	火	木	木	土	土	金	金	火
建星	收	开	闭	建	除	满	平	定	执	破	危	成	收	开	闭	闭	建	除	满	平	定	执	破	危	成	收	开	闭	建	除
廿八宿	危	室	壁	奎	娄	胃	昴	毕	觜	参	井	鬼	柳	星	张	翼	轸	角	亢	氐	房	心	尾	箕	斗	牛	女	虚	危	室

八月大建己酉轸宿　（一白）　　节气：秋分初一日廿一时四十六分　寒露十七日四时零分

公历	23	24	25	26	27	28	29	30	十月	2	3	4	5	6	7	8	9	10	11	12	13	14	15	16	17	18	19	20	21	22
农历	一	二	三	四	五	六	七	八	九	十	十一	十二	十三	十四	十五	十六	十七	十八	十九	二十	廿一	廿二	廿三	廿四	廿五	廿六	廿七	廿八	廿九	三十
星期	三	四	五	六	日	一	二	三	四	五	六	日	一	二	三	四	五	六	日	一	二	三	四	五	六	日	一	二	三	四
干支	乙亥	丙子	丁丑	戊寅	己卯	庚辰	辛巳	壬午	癸未	甲申	乙酉	丙戌	丁亥	戊子	己丑	庚寅	辛卯	壬辰	癸巳	甲午	乙未	丙申	丁酉	戊戌	己亥	庚子	辛丑	壬寅	癸卯	甲辰
五行	火	水	水	土	土	金	金	木	木	水	水	土	土	火	火	木	木	水	水	金	金	火	火	木	木	土	土	金	金	火
建星	满	平	定	执	破	危	成	收	开	闭	建	除	满	平	定	执	执	破	危	成	收	开	闭	建	除	满	平	定	执	破
廿八宿	壁	奎	娄	胃	昴	毕	觜	参	井	鬼	柳	星	张	翼	轸	角	亢	氐	房	心	尾	箕	斗	牛	女	虚	危	室	壁	奎

岁次:丁卯	公元 1987 年(炉中火)			火兔
太岁:沈兴	年四绿星	山泽损卦	六水九运	壁

九月小建庚戌角宿 （九紫） 节气:霜降初二日七时一分 立冬十七日七时六分

公历	23	24	25	26	27	28	29	30	31	11月	2	3	4	5	6	7	8	9	10	11	12	13	14	15	16	17	18	19	20
农历	一	二	三	四	五	六	七	八	九	十	十一	十二	十三	十四	十五	十六	十七	十八	十九	二十	廿一	廿二	廿三	廿四	廿五	廿六	廿七	廿八	廿九
星期	五	六	日	一	二	三	四	五	六	日	一	二	三	四	五	六	日	一	二	三	四	五	六	日	一	二	三	四	五
干支	乙巳	丙午	丁未	戊申	己酉	庚戌	辛亥	壬子	癸丑	甲寅	乙卯	丙辰	丁巳	戊午	己未	庚申	辛酉	壬戌	癸亥	甲子	乙丑	丙寅	丁卯	戊辰	己巳	庚午	辛未	壬申	癸酉
五行	火	水	水	土	土	金	金	木	木	水	水	土	土	火	火	木	木	水	水	金	金	火	火	木	木	土	土	金	金
建星	危	成	收	开	闭	建	除	满	平	定	执	破	危	成	收	开	开	闭	建	除	满	平	定	执	破	危	成	收	开
廿八宿	娄	胃	昴	毕	觜	参	井	鬼	柳	星	张	翼	轸	角	亢	氐	房	心	尾	箕	斗	牛	女	虚	危	室	壁	奎	娄

十月大建辛亥亢宿 （八白） 节气:小雪初三日四时三十分 大雪十七日廿三时五十三分

公历	21	22	23	24	25	26	27	28	29	30	12月	2	3	4	5	6	7	8	9	10	11	12	13	14	15	16	17	18	19	20
农历	一	二	三	四	五	六	七	八	九	十	十一	十二	十三	十四	十五	十六	十七	十八	十九	二十	廿一	廿二	廿三	廿四	廿五	廿六	廿七	廿八	廿九	三十
星期	六	日	一	二	三	四	五	六	日	一	二	三	四	五	六	日	一	二	三	四	五	六	日	一	二	三	四	五	六	日
干支	甲戌	乙亥	丙子	丁丑	戊寅	己卯	庚辰	辛巳	壬午	癸未	甲申	乙酉	丙戌	丁亥	戊子	己丑	庚寅	辛卯	壬辰	癸巳	甲午	乙未	丙申	丁酉	戊戌	己亥	庚子	辛丑	壬寅	癸卯
五行	火	火	水	水	土	土	金	金	木	木	水	水	土	土	火	火	木	木	水	水	金	金	火	火	木	木	土	土	金	金
建星	闭	建	除	满	平	定	执	破	危	成	收	开	闭	建	除	满	满	平	定	执	破	危	成	收	开	闭	建	除	满	平
廿八宿	胃	昴	毕	觜	参	井	鬼	柳	星	张	翼	轸	角	亢	氐	房	心	尾	箕	斗	牛	女	虚	危	室	壁	奎	娄	胃	昴

十一月小建壬子氐宿 （七赤） 节气:冬至初二日十七时四十六分 小寒十七日十一时四分

公历	21	22	23	24	25	26	27	28	29	30	31	一月	2	3	4	5	6	7	8	9	10	11	12	13	14	15	16	17	18
农历	一	二	三	四	五	六	七	八	九	十	十一	十二	十三	十四	十五	十六	十七	十八	十九	二十	廿一	廿二	廿三	廿四	廿五	廿六	廿七	廿八	廿九
星期	一	二	三	四	五	六	日	一	二	三	四	五	六	日	一	二	三	四	五	六	日	一	二	三	四	五	六	日	一
干支	甲辰	乙巳	丙午	丁未	戊申	己酉	庚戌	辛亥	壬子	癸丑	甲寅	乙卯	丙辰	丁巳	戊午	己未	庚申	辛酉	壬戌	癸亥	甲子	乙丑	丙寅	丁卯	戊辰	己巳	庚午	辛未	壬申
五行	火	火	水	水	土	土	金	金	木	木	水	水	土	土	火	火	木	木	水	水	金	金	火	火	木	木	土	土	金
建星	定	执	破	危	成	收	开	闭	建	除	满	平	定	执	破	危	危	成	收	开	闭	建	除	满	平	定	执	破	危
廿八宿	毕	觜	参	井	鬼	柳	星	张	翼	轸	角	亢	氐	房	心	尾	箕	斗	牛	女	虚	危	室	壁	奎	娄	胃	昴	毕

十二月小建癸丑房宿 （六白） 节气:大寒初三日四时廿五分 立春十七日廿二时四十三分

公历	19	20	21	22	23	24	25	26	27	28	29	30	31	二月	2	3	4	5	6	7	8	9	10	11	12	13	14	15	16
农历	一	二	三	四	五	六	七	八	九	十	十一	十二	十三	十四	十五	十六	十七	十八	十九	二十	廿一	廿二	廿三	廿四	廿五	廿六	廿七	廿八	廿九
星期	二	三	四	五	六	日	一	二	三	四	五	六	日	一	二	三	四	五	六	日	一	二	三	四	五	六	日	一	二
干支	癸酉	甲戌	乙亥	丙子	丁丑	戊寅	己卯	庚辰	辛巳	壬午	癸未	甲申	乙酉	丙戌	丁亥	戊子	己丑	庚寅	辛卯	壬辰	癸巳	甲午	乙未	丙申	丁酉	戊戌	己亥	庚子	辛丑
五行	金	火	火	水	水	土	土	金	金	木	木	水	水	土	土	火	火	木	木	水	水	金	金	火	火	木	木	土	土
建星	成	收	开	闭	建	除	满	平	定	执	破	危	成	收	开	闭	闭	建	除	满	平	定	执	破	危	成	收	开	闭
廿八宿	觜	参	井	鬼	柳	星	张	翼	轸	角	亢	氐	房	心	尾	箕	斗	牛	女	虚	危	室	壁	奎	娄	胃	昴	毕	觜

岁次：戊辰	公元1988年（大林木）			土龙
太岁：赵达	年三碧星	天泽履卦	九金六运	奎

正月大建甲寅心宿 （五黄）

节气：雨水初三日十八时卅五分
惊蛰十八日十六时四十七分

公历	17	18	19	20	21	22	23	24	25	26	27	28	29	三月	2	3	4	5	6	7	8	9	10	11	12	13	14	15	16	17
农历	一	二	三	四	五	六	七	八	九	十	十一	十二	十三	十四	十五	十六	十七	十八	十九	二十	廿一	廿二	廿三	廿四	廿五	廿六	廿七	廿八	廿九	三十
星期	三	四	五	六	日	一	二	三	四	五	六	日	一	二	三	四	五	六	日	一	二	三	四	五	六	日	一	二	三	四
干支	壬寅	癸卯	甲辰	乙巳	丙午	丁未	戊申	己酉	庚戌	辛亥	壬子	癸丑	甲寅	乙卯	丙辰	丁巳	戊午	己未	庚申	辛酉	壬戌	癸亥	甲子	乙丑	丙寅	丁卯	戊辰	己巳	庚午	辛未
五行	金	金	火	火	水	水	土	土	金	金	木	木	水	水	土	土	火	火	木	木	水	水	金	金	火	火	木	木	土	土
建星	建	除	满	平	定	执	破	危	成	收	开	闭	建	除	满	平	定	定	执	破	危	成	收	开	闭	建	除	满	平	定
廿八宿	参	井	鬼	柳	星	张	翼	轸	角	亢	氐	房	心	尾	箕	斗	牛	女	虚	危	室	壁	奎	娄	胃	昴	毕	觜	参	井

二月小建乙卯尾宿 （四绿）

节气：春分初三日十七时卅九分
清明十八日廿一时卅九分

公历	18	19	20	21	22	23	24	25	26	27	28	29	30	31	四月	2	3	4	5	6	7	8	9	10	11	12	13	14	15	
农历	一	二	三	四	五	六	七	八	九	十	十一	十二	十三	十四	十五	十六	十七	十八	十九	二十	廿一	廿二	廿三	廿四	廿五	廿六	廿七	廿八	廿九	
星期	五	六	日	一	二	三	四	五	六	日	一	二	三	四	五	六	日	一	二	三	四	五	六	日	一	二	三	四	五	
干支	壬申	癸酉	甲戌	乙亥	丙子	丁丑	戊寅	己卯	庚辰	辛巳	壬午	癸未	甲申	乙酉	丙戌	丁亥	戊子	己丑	庚寅	辛卯	壬辰	癸巳	甲午	乙未	丙申	丁酉	戊戌	己亥	庚子	
五行	金	金	火	火	水	水	土	土	金	金	木	木	水	水	土	土	火	火	木	木	水	水	金	金	火	火	木	木	土	
建星	执	破	危	成	收	开	闭	建	除	满	平	定	执	破	危	成	收	收	开	闭	建	除	满	平	定	执	破	危	成	
廿八宿	鬼	柳	星	张	翼	轸	角	亢	氐	房	心	尾	箕	斗	牛	女	虚	危	室	壁	奎	娄	胃	昴	毕	觜	参	井	鬼	

三月大建丙辰箕宿 （三碧）

节气：谷雨初五日四时四十五分
立夏二十日十五时二分

公历	16	17	18	19	20	21	22	23	24	25	26	27	28	29	30	五月	2	3	4	5	6	7	8	9	10	11	12	13	14	15
农历	一	二	三	四	五	六	七	八	九	十	十一	十二	十三	十四	十五	十六	十七	十八	十九	二十	廿一	廿二	廿三	廿四	廿五	廿六	廿七	廿八	廿九	三十
星期	六	日	一	二	三	四	五	六	日	一	二	三	四	五	六	日	一	二	三	四	五	六	日	一	二	三	四	五	六	日
干支	辛丑	壬寅	癸卯	甲辰	乙巳	丙午	丁未	戊申	己酉	庚戌	辛亥	壬子	癸丑	甲寅	乙卯	丙辰	丁巳	戊午	己未	庚申	辛酉	壬戌	癸亥	甲子	乙丑	丙寅	丁卯	戊辰	己巳	庚午
五行	土	金	金	火	火	水	水	土	土	金	金	木	木	水	水	土	土	火	火	木	木	水	水	金	金	火	火	木	木	土
建星	收	开	闭	建	除	满	平	定	执	破	危	成	收	开	闭	建	除	满	平	平	定	执	破	危	成	收	开	闭	建	除
廿八宿	柳	星	张	翼	轸	角	亢	氐	房	心	尾	箕	斗	牛	女	虚	危	室	壁	奎	娄	胃	昴	毕	觜	参	井	鬼	柳	星

岁次：戊辰	公元1988年（大林木）			土龙
太岁：赵达	年三碧星	天泽履卦	九金六运	奎

四月小建丁巳斗宿 （二黑）

节气：小满初六日四时五十七分
芒种廿一日十九时十五分

公历	16	17	18	19	20	21	22	23	24	25	26	27	28	29	30	31	六月	2	3	4	5	6	7	8	9	10	11	12	13
农历	一	二	三	四	五	六	七	八	九	十	十一	十二	十三	十四	十五	十六	十七	十八	十九	二十	廿一	廿二	廿三	廿四	廿五	廿六	廿七	廿八	廿九
星期	一	二	三	四	五	六	日	一	二	三	四	五	六	日	一	二	三	四	五	六	日	一	二	三	四	五	六	日	一
干支	辛未	壬申	癸酉	甲戌	乙亥	丙子	丁丑	戊寅	己卯	庚辰	辛巳	壬午	癸未	甲申	乙酉	丙戌	丁亥	戊子	己丑	庚寅	辛卯	壬辰	癸巳	甲午	乙未	丙申	丁酉	戊戌	己亥
五行	土	金	金	火	火	水	水	土	土	金	金	木	木	水	水	土	土	火	火	木	木	水	水	金	金	火	火	木	木
建星	满	平	定	执	破	危	成	收	开	闭	建	除	满	平	定	执	破	危	成	收	收	开	闭	建	除	满	平	定	执
廿八宿	张	翼	轸	角	亢	氐	房	心	尾	箕	斗	牛	女	虚	危	室	壁	奎	娄	胃	昴	毕	觜	参	井	鬼	柳	星	张

五月大建戊午牛宿 （一白）

节气：夏至初八日十一时五十七分
小暑廿四日五时卅三分

公历	14	15	16	17	18	19	20	21	22	23	24	25	26	27	28	29	30	七月	2	3	4	5	6	7	8	9	10	11	12	13
农历	一	二	三	四	五	六	七	八	九	十	十一	十二	十三	十四	十五	十六	十七	十八	十九	二十	廿一	廿二	廿三	廿四	廿五	廿六	廿七	廿八	廿九	三十
星期	二	三	四	五	六	日	一	二	三	四	五	六	日	一	二	三	四	五	六	日	一	二	三	四	五	六	日	一	二	三
干支	庚子	辛丑	壬寅	癸卯	甲辰	乙巳	丙午	丁未	戊申	己酉	庚戌	辛亥	壬子	癸丑	甲寅	乙卯	丙辰	丁巳	戊午	己未	庚申	辛酉	壬戌	癸亥	甲子	乙丑	丙寅	丁卯	戊辰	己巳
五行	土	土	金	金	火	火	水	水	土	土	金	金	木	木	水	水	土	土	火	火	木	木	水	水	金	金	火	火	木	木
建星	破	危	成	收	开	闭	建	除	满	平	定	执	破	危	成	收	开	闭	建	除	满	平	定	定	执	破	危	成	收	开
廿八宿	翼	轸	角	亢	氐	房	心	尾	箕	斗	牛	女	虚	危	室	壁	奎	娄	胃	昴	毕	觜	参	井	鬼	柳	星	张	翼	轸

六月小建己未女宿 （九紫）

节气：大暑初九日廿二时五十一分
立秋廿五日十五时二十分

公历	14	15	16	17	18	19	20	21	22	23	24	25	26	27	28	29	30	31	八月	2	3	4	5	6	7	8	9	10	11
农历	一	二	三	四	五	六	七	八	九	十	十一	十二	十三	十四	十五	十六	十七	十八	十九	二十	廿一	廿二	廿三	廿四	廿五	廿六	廿七	廿八	廿九
星期	四	五	六	日	一	二	三	四	五	六	日	一	二	三	四	五	六	日	一	二	三	四	五	六	日	一	二	三	四
干支	庚午	辛未	壬申	癸酉	甲戌	乙亥	丙子	丁丑	戊寅	己卯	庚辰	辛巳	壬午	癸未	甲申	乙酉	丙戌	丁亥	戊子	己丑	庚寅	辛卯	壬辰	癸巳	甲午	乙未	丙申	丁酉	戊戌
五行	土	土	金	金	火	火	水	水	土	土	金	金	木	木	水	水	土	土	火	火	木	木	水	水	金	金	火	火	木
建星	闭	建	除	满	平	定	执	破	危	成	收	开	闭	建	除	满	平	定	执	破	危	成	收	开	开	闭	建	除	满
廿八宿	角	亢	氐	房	心	尾	箕	斗	牛	女	虚	危	室	壁	奎	娄	胃	昴	毕	觜	参	井	鬼	柳	星	张	翼	轸	角

岁次：戊辰	公元 1988 年（大林木）			土龙
太岁：赵达	年三碧星	天泽履卦	九金六运	奎

七月大建庚申虚宿 （八白）

节气：处暑十二日五时五十四分
白露廿七日十八时十二分

公历	12	13	14	15	16	17	18	19	20	21	22	23	24	25	26	27	28	29	30	31	九月	2	3	4	5	6	7	8	9	10
农历	一	二	三	四	五	六	七	八	九	十	十一	十二	十三	十四	十五	十六	十七	十八	十九	二十	廿一	廿二	廿三	廿四	廿五	廿六	廿七	廿八	廿九	三十
星期	五	六	日	一	二	三	四	五	六	日	一	二	三	四	五	六	日	一	二	三	四	五	六	日	一	二	三	四	五	六
干支	己亥	庚子	辛丑	壬寅	癸卯	甲辰	乙巳	丙午	丁未	戊申	己酉	庚戌	辛亥	壬子	癸丑	甲寅	乙卯	丙辰	丁巳	戊午	己未	庚申	辛酉	壬戌	癸亥	甲子	乙丑	丙寅	丁卯	戊辰
五行	木	土	土	金	金	火	火	水	水	土	土	金	金	木	木	水	水	土	土	火	火	木	木	水	水	金	金	火	火	木
建星	平	定	执	破	危	成	收	开	闭	建	除	满	平	定	执	破	危	成	收	开	闭	建	除	满	平	定	定	执	破	危
廿八宿	亢	氐	房	心	尾	箕	斗	牛	女	虚	危	室	壁	奎	娄	胃	昴	毕	觜	参	井	鬼	柳	星	张	翼	轸	角	亢	氐

八月大建辛酉危宿 （七赤）

节气：秋分十三日三时廿九分
寒露廿八日九时四十五分

公历	11	12	13	14	15	16	17	18	19	20	21	22	23	24	25	26	27	28	29	30	十月	2	3	4	5	6	7	8	9	10
农历	一	二	三	四	五	六	七	八	九	十	十一	十二	十三	十四	十五	十六	十七	十八	十九	二十	廿一	廿二	廿三	廿四	廿五	廿六	廿七	廿八	廿九	三十
星期	日	一	二	三	四	五	六	日	一	二	三	四	五	六	日	一	二	三	四	五	六	日	一	二	三	四	五	六	日	一
干支	己巳	庚午	辛未	壬申	癸酉	甲戌	乙亥	丙子	丁丑	戊寅	己卯	庚辰	辛巳	壬午	癸未	甲申	乙酉	丙戌	丁亥	戊子	己丑	庚寅	辛卯	壬辰	癸巳	甲午	乙未	丙申	丁酉	戊戌
五行	木	土	土	金	金	火	火	水	水	土	土	金	金	木	木	水	水	土	土	火	火	木	木	水	水	金	金	火	火	木
建星	成	收	开	闭	建	除	满	平	定	执	破	危	成	收	开	闭	建	除	满	平	定	执	破	危	成	收	开	开	闭	建
廿八宿	房	心	尾	箕	斗	牛	女	虚	危	室	壁	奎	娄	胃	昴	毕	觜	参	井	鬼	柳	星	张	翼	轸	角	亢	氐	房	心

九月小建壬戌室宿 （六白）

节气：霜降十三日十二时四十四分
立冬廿八日十二时四十九分

公历	11	12	13	14	15	16	17	18	19	20	21	22	23	24	25	26	27	28	29	30	31	11月	2	3	4	5	6	7	8
农历	一	二	三	四	五	六	七	八	九	十	十一	十二	十三	十四	十五	十六	十七	十八	十九	二十	廿一	廿二	廿三	廿四	廿五	廿六	廿七	廿八	廿九
星期	二	三	四	五	六	日	一	二	三	四	五	六	日	一	二	三	四	五	六	日	一	二	三	四	五	六	日	一	二
干支	己亥	庚子	辛丑	壬寅	癸卯	甲辰	乙巳	丙午	丁未	戊申	己酉	庚戌	辛亥	壬子	癸丑	甲寅	乙卯	丙辰	丁巳	戊午	己未	庚申	辛酉	壬戌	癸亥	甲子	乙丑	丙寅	丁卯
五行	木	土	土	金	金	火	火	水	水	土	土	金	金	木	木	水	水	土	土	火	火	木	木	水	水	金	金	火	火
建星	除	满	平	定	执	破	危	成	收	开	闭	建	除	满	平	定	执	破	危	成	收	开	闭	建	除	满	平	平	定
廿八宿	尾	箕	斗	牛	女	虚	危	室	壁	奎	娄	胃	昴	毕	觜	参	井	鬼	柳	星	张	翼	轸	角	亢	氐	房	心	尾

岁次：戊辰	公元 1988 年（大林木）			土龙
太岁：赵达	年三碧星	天泽履卦	九金六运	奎

十月大建癸亥壁宿 （五黄）

节气：小雪十四日十时十二分
大雪廿九日五时卅五分

公历	9	10	11	12	13	14	15	16	17	18	19	20	21	22	23	24	25	26	27	28	29	30	12月	2	3	4	5	6	7	8
农历	一	二	三	四	五	六	七	八	九	十	十一	十二	十三	十四	十五	十六	十七	十八	十九	二十	廿一	廿二	廿三	廿四	廿五	廿六	廿七	廿八	廿九	三十
星期	三	四	五	六	日	一	二	三	四	五	六	日	一	二	三	四	五	六	日	一	二	三	四	五	六	日	一	二	三	四
干支	戊辰	己巳	庚午	辛未	壬申	癸酉	甲戌	乙亥	丙子	丁丑	戊寅	己卯	庚辰	辛巳	壬午	癸未	甲申	乙酉	丙戌	丁亥	戊子	己丑	庚寅	辛卯	壬辰	癸巳	甲午	乙未	丙申	丁酉
五行	木	木	土	土	金	金	火	火	水	水	土	土	金	金	木	木	水	水	土	土	火	火	木	木	水	水	金	金	火	火
建星	执	破	危	成	收	开	闭	建	除	满	平	定	执	破	危	成	收	开	闭	建	除	满	平	定	执	破	危	成	成	收
廿八宿	箕	斗	牛	女	虚	危	室	壁	奎	娄	胃	昴	毕	觜	参	井	鬼	柳	星	张	翼	轸	角	亢	氐	房	心	尾	箕	斗

十一月大建甲子奎宿 （四绿）

节气：冬至十三日廿三时廿八分
小寒廿八日十六时四十六分

公历	9	10	11	12	13	14	15	16	17	18	19	20	21	22	23	24	25	26	27	28	29	30	31	一月	2	3	4	5	6	7
农历	一	二	三	四	五	六	七	八	九	十	十一	十二	十三	十四	十五	十六	十七	十八	十九	二十	廿一	廿二	廿三	廿四	廿五	廿六	廿七	廿八	廿九	三十
星期	五	六	日	一	二	三	四	五	六	日	一	二	三	四	五	六	日	一	二	三	四	五	六	日	一	二	三	四	五	六
干支	戊戌	己亥	庚子	辛丑	壬寅	癸卯	甲辰	乙巳	丙午	丁未	戊申	己酉	庚戌	辛亥	壬子	癸丑	甲寅	乙卯	丙辰	丁巳	戊午	己未	庚申	辛酉	壬戌	癸亥	甲子	乙丑	丙寅	丁卯
五行	木	木	土	土	金	金	火	火	水	水	土	土	金	金	木	木	水	水	土	土	火	火	木	木	水	水	金	金	火	火
建星	开	闭	建	除	满	平	定	执	破	危	成	收	开	闭	建	除	满	平	定	执	破	危	成	收	开	闭	建	建	除	满
廿八宿	牛	女	虚	危	室	壁	奎	娄	胃	昴	毕	觜	参	井	鬼	柳	星	张	翼	轸	角	亢	氐	房	心	尾	箕	斗	牛	女

十二月小建乙丑娄宿 （三碧）

节气：大寒十三日十时七分
立春廿八日四时廿七分

公历	8	9	10	11	12	13	14	15	16	17	18	19	20	21	22	23	24	25	26	27	28	29	30	31	二月	2	3	4	5
农历	一	二	三	四	五	六	七	八	九	十	十一	十二	十三	十四	十五	十六	十七	十八	十九	二十	廿一	廿二	廿三	廿四	廿五	廿六	廿七	廿八	廿九
星期	日	一	二	三	四	五	六	日	一	二	三	四	五	六	日	一	二	三	四	五	六	日	一	二	三	四	五	六	日
干支	戊辰	己巳	庚午	辛未	壬申	癸酉	甲戌	乙亥	丙子	丁丑	戊寅	己卯	庚辰	辛巳	壬午	癸未	甲申	乙酉	丙戌	丁亥	戊子	己丑	庚寅	辛卯	壬辰	癸巳	甲午	乙未	丙申
五行	木	木	土	土	金	金	火	火	水	水	土	土	金	金	木	木	水	水	土	土	火	火	木	木	水	水	金	金	火
建星	平	定	执	破	危	成	收	开	闭	建	除	满	平	定	执	破	危	成	收	开	闭	建	除	满	平	定	执	执	破
廿八宿	虚	危	室	壁	奎	娄	胃	昴	毕	觜	参	井	鬼	柳	星	张	翼	轸	角	亢	氐	房	心	尾	箕	斗	牛	女	虚

岁次：己巳	公元1989年（大林木）			土蛇
太岁：郭灿	年二黑星	雷天大壮卦	八木二运	娄

正月大建丙寅胄宿　（二黑）

节气：雨水十四日零时廿一分
惊蛰廿八日廿二时卅四分

公历	6	7	8	9	10	11	12	13	14	15	16	17	18	19	20	21	22	23	24	25	26	27	28	三月	2	3	4	5	6	7
农历	一	二	三	四	五	六	七	八	九	十	十一	十二	十三	十四	十五	十六	十七	十八	十九	二十	廿一	廿二	廿三	廿四	廿五	廿六	廿七	廿八	廿九	三十
星期	一	二	三	四	五	六	日	一	二	三	四	五	六	日	一	二	三	四	五	六	日	一	二	三	四	五	六	日	一	二
干支	丁酉	戊戌	己亥	庚子	辛丑	壬寅	癸卯	甲辰	乙巳	丙午	丁未	戊申	己酉	庚戌	辛亥	壬子	癸丑	甲寅	乙卯	丙辰	丁巳	戊午	己未	庚申	辛酉	壬戌	癸亥	甲子	乙丑	丙寅
五行	火	木	木	土	土	金	金	火	火	水	水	土	土	金	金	木	木	水	水	土	土	火	火	木	木	水	水	金	金	火
建星	危	成	收	开	闭	建	除	满	平	定	执	破	危	成	收	开	闭	建	除	满	平	定	执	破	危	成	收	收	开	闭
廿八宿	危	室	壁	奎	娄	胃	昴	毕	觜	参	井	鬼	柳	星	张	翼	轸	角	亢	氐	房	心	尾	箕	斗	牛	女	虚	危	室

二月小建丁卯昴宿　（一白）

节气：春分十三日廿三时廿八分
清明廿九日三时三十分

公历	8	9	10	11	12	13	14	15	16	17	18	19	20	21	22	23	24	25	26	27	28	29	30	31	四月	2	3	4	5	
农历	一	二	三	四	五	六	七	八	九	十	十一	十二	十三	十四	十五	十六	十七	十八	十九	二十	廿一	廿二	廿三	廿四	廿五	廿六	廿七	廿八	廿九	
星期	三	四	五	六	日	一	二	三	四	五	六	日	一	二	三	四	五	六	日	一	二	三	四	五	六	日	一	二	三	
干支	丁卯	戊辰	己巳	庚午	辛未	壬申	癸酉	甲戌	乙亥	丙子	丁丑	戊寅	己卯	庚辰	辛巳	壬午	癸未	甲申	乙酉	丙戌	丁亥	戊子	己丑	庚寅	辛卯	壬辰	癸巳	甲午	乙未	
五行	火	木	木	土	土	金	金	火	火	水	水	土	土	金	金	木	木	水	水	土	土	火	火	木	木	水	水	金	金	
建星	建	除	满	平	定	执	破	危	成	收	开	闭	建	除	满	平	定	执	破	危	成	收	开	闭	建	除	满	平	平	
廿八宿	壁	奎	娄	胃	昴	毕	觜	参	井	鬼	柳	星	张	翼	轸	角	亢	氐	房	心	尾	箕	斗	牛	女	虚	危	室	壁	

三月小建戊辰毕宿　（九紫）

节气：谷雨十五日十时卅九分

公历	6	7	8	9	10	11	12	13	14	15	16	17	18	19	20	21	22	23	24	25	26	27	28	29	30	五月	2	3	4	
农历	一	二	三	四	五	六	七	八	九	十	十一	十二	十三	十四	十五	十六	十七	十八	十九	二十	廿一	廿二	廿三	廿四	廿五	廿六	廿七	廿八	廿九	
星期	四	五	六	日	一	二	三	四	五	六	日	一	二	三	四	五	六	日	一	二	三	四	五	六	日	一	二	三	四	
干支	丙申	丁酉	戊戌	己亥	庚子	辛丑	壬寅	癸卯	甲辰	乙巳	丙午	丁未	戊申	己酉	庚戌	辛亥	壬子	癸丑	甲寅	乙卯	丙辰	丁巳	戊午	己未	庚申	辛酉	壬戌	癸亥	甲子	
五行	火	火	木	木	土	土	金	金	火	火	水	水	土	土	金	金	木	木	水	水	土	土	火	火	木	木	水	水	金	
建星	定	执	破	危	成	收	开	闭	建	除	满	平	定	执	破	危	成	收	开	闭	建	除	满	平	定	执	破	危	成	
廿八宿	奎	娄	胃	昴	毕	觜	参	井	鬼	柳	星	张	翼	轸	角	亢	氐	房	心	尾	箕	斗	牛	女	虚	危	室	壁	奎	

岁次：己巳	公元 1989 年（大林木）			土蛇
太岁：郭灿	年二黑星	雷天大壮卦	八木二运	娄

四月大建己巳觜宿 （八白）

节气：立夏初一日二十时五十四分
小满十七日九时五十四分

公历	5	6	7	8	9	10	11	12	13	14	15	16	17	18	19	20	21	22	23	24	25	26	27	28	29	30	31	六月	2	3
农历	一	二	三	四	五	六	七	八	九	十	十一	十二	十三	十四	十五	十六	十七	十八	十九	二十	廿一	廿二	廿三	廿四	廿五	廿六	廿七	廿八	廿九	三十
星期	五	六	日	一	二	三	四	五	六	日	一	二	三	四	五	六	日	一	二	三	四	五	六	日	一	二	三	四	五	六
干支	乙丑	丙寅	丁卯	戊辰	己巳	庚午	辛未	壬申	癸酉	甲戌	乙亥	丙子	丁丑	戊寅	己卯	庚辰	辛巳	壬午	癸未	甲申	乙酉	丙戌	丁亥	戊子	己丑	庚寅	辛卯	壬辰	癸巳	甲午
五行	金	火	火	木	木	土	土	金	金	火	火	水	水	土	土	金	金	木	木	水	水	土	土	火	火	木	木	水	水	金
建星	成	收	开	闭	建	除	满	平	定	执	破	危	成	收	开	闭	建	除	满	平	定	执	破	危	成	收	开	闭	建	除
廿八宿	娄	胃	昴	毕	觜	参	井	鬼	柳	星	张	翼	轸	角	亢	氐	房	心	尾	箕	斗	牛	女	虚	危	室	壁	奎	娄	胃

五月小建庚午参宿 （七赤）

节气：芒种初三日一时五分
夏至十八日十七时五十三分

公历	4	5	6	7	8	9	10	11	12	13	14	15	16	17	18	19	20	21	22	23	24	25	26	27	28	29	30	七月	2	
农历	一	二	三	四	五	六	七	八	九	十	十一	十二	十三	十四	十五	十六	十七	十八	十九	二十	廿一	廿二	廿三	廿四	廿五	廿六	廿七	廿八	廿九	
星期	日	一	二	三	四	五	六	日	一	二	三	四	五	六	日	一	二	三	四	五	六	日	一	二	三	四	五	六	日	
干支	乙未	丙申	丁酉	戊戌	己亥	庚子	辛丑	壬寅	癸卯	甲辰	乙巳	丙午	丁未	戊申	己酉	庚戌	辛亥	壬子	癸丑	甲寅	乙卯	丙辰	丁巳	戊午	己未	庚申	辛酉	壬戌	癸亥	
五行	金	火	火	木	木	土	土	金	金	火	火	水	水	土	土	金	金	木	木	水	水	土	土	火	火	木	木	水	水	
建星	满	平	平	定	执	破	危	成	收	开	闭	建	除	满	平	定	执	破	危	成	收	开	闭	建	除	满	平	定	执	
廿八宿	昴	毕	觜	参	井	鬼	柳	星	张	翼	轸	角	亢	氐	房	心	尾	箕	斗	牛	女	虚	危	室	壁	奎	娄	胃	昴	

六月大建辛未井宿 （六白）

节气：小暑初五日十一时二十分
大暑廿一日四时四十六分

公历	3	4	5	6	7	8	9	10	11	12	13	14	15	16	17	18	19	20	21	22	23	24	25	26	27	28	29	30	31	八月
农历	一	二	三	四	五	六	七	八	九	十	十一	十二	十三	十四	十五	十六	十七	十八	十九	二十	廿一	廿二	廿三	廿四	廿五	廿六	廿七	廿八	廿九	三十
星期	一	二	三	四	五	六	日	一	二	三	四	五	六	日	一	二	三	四	五	六	日	一	二	三	四	五	六	日	一	二
干支	甲子	乙丑	丙寅	丁卯	戊辰	己巳	庚午	辛未	壬申	癸酉	甲戌	乙亥	丙子	丁丑	戊寅	己卯	庚辰	辛巳	壬午	癸未	甲申	乙酉	丙戌	丁亥	戊子	己丑	庚寅	辛卯	壬辰	癸巳
五行	金	金	火	火	木	木	土	土	金	金	火	火	水	水	土	土	金	金	木	木	水	水	土	土	火	火	木	木	水	水
建星	破	危	成	收	收	开	闭	建	除	满	平	定	执	破	危	成	收	开	闭	建	除	满	平	定	执	破	危	成	收	开
廿八宿	毕	觜	参	井	鬼	柳	星	张	翼	轸	角	亢	氐	房	心	尾	箕	斗	牛	女	虚	危	室	壁	奎	娄	胃	昴	毕	觜

岁次：己巳	公元1989年（大林木）			土蛇
太岁：郭灿	年二黑星	雷天大壮卦	八木二运	娄

七月小建壬申鬼宿 （五黄）

节气：立秋 初六日廿一时四分
处暑 廿二日十一时四十六分

公历	2	3	4	5	6	7	8	9	10	11	12	13	14	15	16	17	18	19	20	21	22	23	24	25	26	27	28	29	30
农历	一	二	三	四	五	六	七	八	九	十	十一	十二	十三	十四	十五	十六	十七	十八	十九	二十	廿一	廿二	廿三	廿四	廿五	廿六	廿七	廿八	廿九
星期	三	四	五	六	日	一	二	三	四	五	六	日	一	二	三	四	五	六	日	一	二	三	四	五	六	日	一	二	三
干支	甲午	乙未	丙申	丁酉	戊戌	己亥	庚子	辛丑	壬寅	癸卯	甲辰	乙巳	丙午	丁未	戊申	己酉	庚戌	辛亥	壬子	癸丑	甲寅	乙卯	丙辰	丁巳	戊午	己未	庚申	辛酉	壬戌
五行	金	金	火	火	木	木	土	土	金	金	火	火	水	水	土	土	金	金	木	木	水	水	土	土	火	火	木	木	水
建星	闭	建	除	满	平	平	定	执	破	危	成	收	开	闭	建	除	满	平	定	执	破	危	成	收	开	闭	建	除	满
廿八宿	参	井	鬼	柳	星	张	翼	轸	角	亢	氐	房	心	尾	箕	斗	牛	女	虚	危	室	壁	奎	娄	胃	昴	毕	觜	参

八月大建癸酉柳宿 （四绿）

节气：白露 初八日廿三时五十四分
秋分 廿四日九时二十分

公历	31	九月	2	3	4	5	6	7	8	9	10	11	12	13	14	15	16	17	18	19	20	21	22	23	24	25	26	27	28	29
农历	一	二	三	四	五	六	七	八	九	十	十一	十二	十三	十四	十五	十六	十七	十八	十九	二十	廿一	廿二	廿三	廿四	廿五	廿六	廿七	廿八	廿九	三十
星期	四	五	六	日	一	二	三	四	五	六	日	一	二	三	四	五	六	日	一	二	三	四	五	六	日	一	二	三	四	五
干支	癸亥	甲子	乙丑	丙寅	丁卯	戊辰	己巳	庚午	辛未	壬申	癸酉	甲戌	乙亥	丙子	丁丑	戊寅	己卯	庚辰	辛巳	壬午	癸未	甲申	乙酉	丙戌	丁亥	戊子	己丑	庚寅	辛卯	壬辰
五行	水	金	金	火	火	木	木	土	土	金	金	火	火	水	水	土	土	金	金	木	木	水	水	土	土	火	火	木	木	水
建星	平	定	执	破	危	成	收	收	开	闭	建	除	满	平	定	执	破	危	成	收	开	闭	建	除	满	平	定	执	破	危
廿八宿	井	鬼	柳	星	张	翼	轸	角	亢	氐	房	心	尾	箕	斗	牛	女	虚	危	室	壁	奎	娄	胃	昴	毕	觜	参	井	鬼

九月小建甲戌星宿 （三碧）

节气：寒露 初九日十五时廿八分
霜降 廿四日十八时卅五分

公历	30	十月	2	3	4	5	6	7	8	9	10	11	12	13	14	15	16	17	18	19	20	21	22	23	24	25	26	27	28
农历	一	二	三	四	五	六	七	八	九	十	十一	十二	十三	十四	十五	十六	十七	十八	十九	二十	廿一	廿二	廿三	廿四	廿五	廿六	廿七	廿八	廿九
星期	六	日	一	二	三	四	五	六	日	一	二	三	四	五	六	日	一	二	三	四	五	六	日	一	二	三	四	五	六
干支	癸巳	甲午	乙未	丙申	丁酉	戊戌	己亥	庚子	辛丑	壬寅	癸卯	甲辰	乙巳	丙午	丁未	戊申	己酉	庚戌	辛亥	壬子	癸丑	甲寅	乙卯	丙辰	丁巳	戊午	己未	庚申	辛酉
五行	水	金	金	火	火	木	木	土	土	金	金	火	火	水	水	土	土	金	金	木	木	水	水	土	土	火	火	木	木
建星	成	收	开	闭	建	除	满	平	平	定	执	破	危	成	收	开	闭	建	除	满	平	定	执	破	危	成	收	开	闭
廿八宿	柳	星	张	翼	轸	角	亢	氐	房	心	尾	箕	斗	牛	女	虚	危	室	壁	奎	娄	胃	昴	毕	觜	参	井	鬼	柳

岁次：己巳	公元 1989 年（大林木）			土蛇
太岁：郭灿	年二黑星	雷天大壮卦	八木二运	娄

十月大建乙亥张宿　（二黑）

节气：立冬初十日十八时卅四分
小雪廿五日十六时五分

公历	29	30	31	11月	2	3	4	5	6	7	8	9	10	11	12	13	14	15	16	17	18	19	20	21	22	23	24	25	26	27
农历	一	二	三	四	五	六	七	八	九	十	十一	十二	十三	十四	十五	十六	十七	十八	十九	二十	廿一	廿二	廿三	廿四	廿五	廿六	廿七	廿八	廿九	三十
星期	日	一	二	三	四	五	六	日	一	二	三	四	五	六	日	一	二	三	四	五	六	日	一	二	三	四	五	六	日	一
干支	壬戌	癸亥	甲子	乙丑	丙寅	丁卯	戊辰	己巳	庚午	辛未	壬申	癸酉	甲戌	乙亥	丙子	丁丑	戊寅	己卯	庚辰	辛巳	壬午	癸未	甲申	乙酉	丙戌	丁亥	戊子	己丑	庚寅	辛卯
五行	水	水	金	金	火	火	木	木	土	土	金	金	火	火	水	水	土	土	金	金	木	木	水	水	土	土	火	火	木	木
建星	建	除	满	平	定	执	破	危	成	成	收	开	闭	建	除	满	平	定	执	破	危	成	收	开	闭	建	除	满	平	定
廿八宿	星	张	翼	轸	角	亢	氐	房	心	尾	箕	斗	牛	女	虚	危	室	壁	奎	娄	胃	昴	毕	觜	参	井	鬼	柳	星	张

十一月大建丙子翼宿　（一白）

节气：大雪初十日十一时二十 分
冬至廿五日五时廿二分

公历	28	29	30	12月	2	3	4	5	6	7	8	9	10	11	12	13	14	15	16	17	18	19	20	21	22	23	24	25	26	27
农历	一	二	三	四	五	六	七	八	九	十	十一	十二	十三	十四	十五	十六	十七	十八	十九	二十	廿一	廿二	廿三	廿四	廿五	廿六	廿七	廿八	廿九	三十
星期	二	三	四	五	六	日	一	二	三	四	五	六	日	一	二	三	四	五	六	日	一	二	三	四	五	六	日	一	二	三
干支	壬辰	癸巳	甲午	乙未	丙申	丁酉	戊戌	己亥	庚子	辛丑	壬寅	癸卯	甲辰	乙巳	丙午	丁未	戊申	己酉	庚戌	辛亥	壬子	癸丑	甲寅	乙卯	丙辰	丁巳	戊午	己未	庚申	辛酉
五行	水	水	金	金	火	火	木	木	土	土	金	金	火	火	水	水	土	土	金	金	木	木	水	水	土	土	火	火	木	木
建星	执	破	危	成	收	开	闭	建	除	除	满	平	定	执	破	危	成	收	开	闭	建	除	满	平	定	执	破	危	成	收
廿八宿	翼	轸	角	亢	氐	房	心	尾	箕	斗	牛	女	虚	危	室	壁	奎	娄	胃	昴	毕	觜	参	井	鬼	柳	星	张	翼	轸

十二月大建丁丑轸宿　（九紫）

节气：小寒初九日廿二时卅四分
大寒廿四日十六时二分

公历	28	29	30	31	一月	2	3	4	5	6	7	8	9	10	11	12	13	14	15	16	17	18	19	20	21	22	23	24	25	26
农历	一	二	三	四	五	六	七	八	九	十	十一	十二	十三	十四	十五	十六	十七	十八	十九	二十	廿一	廿二	廿三	廿四	廿五	廿六	廿七	廿八	廿九	三十
星期	四	五	六	日	一	二	三	四	五	六	日	一	二	三	四	五	六	日	一	二	三	四	五	六	日	一	二	三	四	五
干支	壬戌	癸亥	甲子	乙丑	丙寅	丁卯	戊辰	己巳	庚午	辛未	壬申	癸酉	甲戌	乙亥	丙子	丁丑	戊寅	己卯	庚辰	辛巳	壬午	癸未	甲申	乙酉	丙戌	丁亥	戊子	己丑	庚寅	辛卯
五行	水	水	金	金	火	火	木	木	土	土	金	金	火	火	水	水	土	土	金	金	木	木	水	水	土	土	火	火	木	木
建星	开	闭	建	除	满	平	定	执	执	破	危	成	收	开	闭	建	除	满	平	定	执	破	危	成	收	开	闭	建	除	满
廿八宿	角	亢	氐	房	心	尾	箕	斗	牛	女	虚	危	室	壁	奎	娄	胃	昴	毕	觜	参	井	鬼	柳	星	张	翼	轸	角	亢

岁次：庚午	公元1990年（路旁土）			金马
太岁：王济	年一白星	雷风恒卦	八木九运	胃

正月小建戊寅角宿 （八白）

节气：立春初九日十时十四分
雨水廿四日六时十四分

公历	27	28	29	30	31	二月	2	3	4	5	6	7	8	9	10	11	12	13	14	15	16	17	18	19	20	21	22	23	24
农历	一	二	三	四	五	六	七	八	九	十	十一	十二	十三	十四	十五	十六	十七	十八	十九	二十	廿一	廿二	廿三	廿四	廿五	廿六	廿七	廿八	廿九
星期	六	日	一	二	三	四	五	六	日	一	二	三	四	五	六	日	一	二	三	四	五	六	日	一	二	三	四	五	六
干支	壬辰	癸巳	甲午	乙未	丙申	丁酉	戊戌	己亥	庚子	辛丑	壬寅	癸卯	甲辰	乙巳	丙午	丁未	戊申	己酉	庚戌	辛亥	壬子	癸丑	甲寅	乙卯	丙辰	丁巳	戊午	己未	庚申
五行	水	水	金	金	火	火	木	木	土	土	金	金	火	火	水	水	土	土	金	金	木	木	水	水	土	土	火	火	木
建星	平	定	执	破	危	成	收	开	开	闭	建	除	满	平	定	执	破	危	成	收	开	闭	建	除	满	平	定	执	破
廿八宿	氐	房	心	尾	箕	斗	牛	女	虚	危	室	壁	奎	娄	胃	昴	毕	觜	参	井	鬼	柳	星	张	翼	轸	角	亢	氐

二月大建己卯亢宿 （七赤）

节气：惊蛰初十日四时二十分
春分廿五日五时十四分

公历	25	26	27	28	三月	2	3	4	5	6	7	8	9	10	11	12	13	14	15	16	17	18	19	20	21	22	23	24	25	26
农历	一	二	三	四	五	六	七	八	九	十	十一	十二	十三	十四	十五	十六	十七	十八	十九	二十	廿一	廿二	廿三	廿四	廿五	廿六	廿七	廿八	廿九	三十
星期	日	一	二	三	四	五	六	日	一	二	三	四	五	六	日	一	二	三	四	五	六	日	一	二	三	四	五	六	日	一
干支	辛酉	壬戌	癸亥	甲子	乙丑	丙寅	丁卯	戊辰	己巳	庚午	辛未	壬申	癸酉	甲戌	乙亥	丙子	丁丑	戊寅	己卯	庚辰	辛巳	壬午	癸未	甲申	乙酉	丙戌	丁亥	戊子	己丑	庚寅
五行	木	水	水	金	金	火	火	木	木	土	土	金	金	火	火	水	水	土	土	金	金	木	木	水	水	土	土	火	火	木
建星	危	成	收	开	闭	建	除	满	平	平	定	执	破	危	成	收	开	闭	建	除	满	平	定	执	破	危	成	收	开	闭
廿八宿	房	心	尾	箕	斗	牛	女	虚	危	室	壁	奎	娄	胃	昴	毕	觜	参	井	鬼	柳	星	张	翼	轸	角	亢	氐	房	心

三月小建庚辰氐宿 （六白）

节气：清明初十日九时十三分
谷雨廿五日十六时廿七分

公历	27	28	29	30	31	四月	2	3	4	5	6	7	8	9	10	11	12	13	14	15	16	17	18	19	20	21	22	23	24
农历	一	二	三	四	五	六	七	八	九	十	十一	十二	十三	十四	十五	十六	十七	十八	十九	二十	廿一	廿二	廿三	廿四	廿五	廿六	廿七	廿八	廿九
星期	二	三	四	五	六	日	一	二	三	四	五	六	日	一	二	三	四	五	六	日	一	二	三	四	五	六	日	一	二
干支	辛卯	壬辰	癸巳	甲午	乙未	丙申	丁酉	戊戌	己亥	庚子	辛丑	壬寅	癸卯	甲辰	乙巳	丙午	丁未	戊申	己酉	庚戌	辛亥	壬子	癸丑	甲寅	乙卯	丙辰	丁巳	戊午	己未
五行	木	水	水	金	金	火	火	木	木	土	土	金	金	火	火	水	水	土	土	金	金	木	木	水	水	土	土	火	火
建星	建	除	满	平	定	执	破	危	成	成	收	开	闭	建	除	满	平	定	执	破	危	成	收	开	闭	建	除	满	平
廿八宿	尾	箕	斗	牛	女	虚	危	室	壁	奎	娄	胃	昴	毕	觜	参	井	鬼	柳	星	张	翼	轸	角	亢	氐	房	心	尾

岁次：庚午	公元1990年（路旁土）			金马
太岁：王济	年一白星	雷风恒卦	八木九运	胃

四月小建辛巳房宿　（五黄）

节气：立夏十二日二时卅五分
小满廿七日十五时卅七分

公历	25	26	27	28	29	30	五月	2	3	4	5	6	7	8	9	10	11	12	13	14	15	16	17	18	19	20	21	22	23	
农历	一	二	三	四	五	六	七	八	九	十	十一	十二	十三	十四	十五	十六	十七	十八	十九	二十	廿一	廿二	廿三	廿四	廿五	廿六	廿七	廿八	廿九	
星期	三	四	五	六	日	一	二	三	四	五	六	日	一	二	三	四	五	六	日	一	二	三	四	五	六	日	一	二	三	
干支	庚申	辛酉	壬戌	癸亥	甲子	乙丑	丙寅	丁卯	戊辰	己巳	庚午	辛未	壬申	癸酉	甲戌	乙亥	丙子	丁丑	戊寅	己卯	庚辰	辛巳	壬午	癸未	甲申	乙酉	丙戌	丁亥	戊子	
五行	木	木	水	水	金	金	火	火	木	木	土	土	金	金	火	火	水	水	土	土	金	金	木	木	水	水	土	土	火	
建星	定	执	破	危	成	收	开	闭	建	除	满	满	平	定	执	破	危	成	收	开	闭	建	除	满	平	定	执	破	危	
廿八宿	箕	斗	牛	女	虚	危	室	壁	奎	娄	胃	昴	毕	觜	参	井	鬼	柳	星	张	翼	轸	角	亢	氐	房	心	尾	箕	

五月大建壬午心宿　（四绿）

节气：芒种十四日六时四十六分
夏至廿九日廿三时卅三分

公历	24	25	26	27	28	29	30	31	六月	2	3	4	5	6	7	8	9	10	11	12	13	14	15	16	17	18	19	20	21	22
农历	一	二	三	四	五	六	七	八	九	十	十一	十二	十三	十四	十五	十六	十七	十八	十九	二十	廿一	廿二	廿三	廿四	廿五	廿六	廿七	廿八	廿九	三十
星期	四	五	六	日	一	二	三	四	五	六	日	一	二	三	四	五	六	日	一	二	三	四	五	六	日	一	二	三	四	五
干支	己丑	庚寅	辛卯	壬辰	癸巳	甲午	乙未	丙申	丁酉	戊戌	己亥	庚子	辛丑	壬寅	癸卯	甲辰	乙巳	丙午	丁未	戊申	己酉	庚戌	辛亥	壬子	癸丑	甲寅	乙卯	丙辰	丁巳	戊午
五行	火	木	木	水	水	金	金	火	火	木	木	土	土	金	金	火	火	水	水	土	土	金	金	木	木	水	水	土	土	火
建星	成	收	开	闭	建	除	满	平	定	执	破	危	成	成	收	开	闭	建	除	满	平	定	执	破	危	成	收	开	闭	建
廿八宿	斗	牛	女	虚	危	室	壁	奎	娄	胃	昴	毕	觜	参	井	鬼	柳	星	张	翼	轸	角	亢	氐	房	心	尾	箕	斗	牛

闰五月小

节气：小暑十五日十七时一分

公历	23	24	25	26	27	28	29	30	七月	2	3	4	5	6	7	8	9	10	11	12	13	14	15	16	17	18	19	20	21	
农历	一	二	三	四	五	六	七	八	九	十	十一	十二	十三	十四	十五	十六	十七	十八	十九	二十	廿一	廿二	廿三	廿四	廿五	廿六	廿七	廿八	廿九	
星期	六	日	一	二	三	四	五	六	日	一	二	三	四	五	六	日	一	二	三	四	五	六	日	一	二	三	四	五	六	
干支	己未	庚申	辛酉	壬戌	癸亥	甲子	乙丑	丙寅	丁卯	戊辰	己巳	庚午	辛未	壬申	癸酉	甲戌	乙亥	丙子	丁丑	戊寅	己卯	庚辰	辛巳	壬午	癸未	甲申	乙酉	丙戌	丁亥	
五行	火	木	木	水	水	金	金	火	火	木	木	土	土	金	金	火	火	水	水	土	土	金	金	木	木	水	水	土	土	
建星	除	满	平	定	执	破	危	成	收	开	闭	建	除	满	满	平	定	执	破	危	成	收	开	闭	建	除	满	平	定	
廿八宿	女	虚	危	室	壁	奎	娄	胃	昴	毕	觜	参	井	鬼	柳	星	张	翼	轸	角	亢	氐	房	心	尾	箕	斗	牛	女	

岁次:庚午	公元1990年(路旁土)			金马
太岁:王济	年一白星	雷风恒卦	八木九运	胃

六月小建癸未尾宿 (三碧)

节气: 大暑 初二日十时廿二分
立秋 十八日二时四十六分

公历	22	23	24	25	26	27	28	29	30	31	八月	2	3	4	5	6	7	8	9	10	11	12	13	14	15	16	17	18	19
农历	一	二	三	四	五	六	七	八	九	十	十一	十二	十三	十四	十五	十六	十七	十八	十九	二十	廿一	廿二	廿三	廿四	廿五	廿六	廿七	廿八	廿九
星期	日	一	二	三	四	五	六	日	一	二	三	四	五	六	日	一	二	三	四	五	六	日	一	二	三	四	五	六	日
干支	戊子	己丑	庚寅	辛卯	壬辰	癸巳	甲午	乙未	丙申	丁酉	戊戌	己亥	庚子	辛丑	壬寅	癸卯	甲辰	乙巳	丙午	丁未	戊申	己酉	庚戌	辛亥	壬子	癸丑	甲寅	乙卯	丙辰
五行	火	火	木	木	水	水	金	金	火	火	木	木	土	土	金	金	火	火	水	水	土	土	金	金	木	木	水	水	土
建星	执	破	危	成	收	开	闭	建	除	满	平	定	执	破	危	成	收	收	开	闭	建	除	满	平	定	执	破	危	成
廿八宿	虚	危	室	壁	奎	娄	胃	昴	毕	觜	参	井	鬼	柳	星	张	翼	轸	角	亢	氐	房	心	尾	箕	斗	牛	女	虚

七月大建甲申箕宿 (二黑)

节气: 处暑 初四日十七时廿一分
白露 二十日五时卅八分

公历	20	21	22	23	24	25	26	27	28	29	30	31	九月	2	3	4	5	6	7	8	9	10	11	12	13	14	15	16	17	18
农历	一	二	三	四	五	六	七	八	九	十	十一	十二	十三	十四	十五	十六	十七	十八	十九	二十	廿一	廿二	廿三	廿四	廿五	廿六	廿七	廿八	廿九	三十
星期	一	二	三	四	五	六	日	一	二	三	四	五	六	日	一	二	三	四	五	六	日	一	二	三	四	五	六	日	一	二
干支	丁巳	戊午	己未	庚申	辛酉	壬戌	癸亥	甲子	乙丑	丙寅	丁卯	戊辰	己巳	庚午	辛未	壬申	癸酉	甲戌	乙亥	丙子	丁丑	戊寅	己卯	庚辰	辛巳	壬午	癸未	甲申	乙酉	丙戌
五行	土	火	火	木	木	水	水	金	金	火	火	木	木	土	土	金	金	火	火	水	水	土	土	金	金	木	木	水	水	土
建星	收	开	闭	建	除	满	平	定	执	破	危	成	收	开	闭	建	除	满	平	平	定	执	破	危	成	收	开	闭	建	除
廿八宿	危	室	壁	奎	娄	胃	昴	毕	觜	参	井	鬼	柳	星	张	翼	轸	角	亢	氐	房	心	尾	箕	斗	牛	女	虚	危	室

八月小建乙酉斗宿 (一白)

节气: 秋分 初五日十四时五十六分
寒露 二十日廿一时十四分

公历	19	20	21	22	23	24	25	26	27	28	29	30	十月	2	3	4	5	6	7	8	9	10	11	12	13	14	15	16	17
农历	一	二	三	四	五	六	七	八	九	十	十一	十二	十三	十四	十五	十六	十七	十八	十九	二十	廿一	廿二	廿三	廿四	廿五	廿六	廿七	廿八	廿九
星期	三	四	五	六	日	一	二	三	四	五	六	日	一	二	三	四	五	六	日	一	二	三	四	五	六	日	一	二	三
干支	丁亥	戊子	己丑	庚寅	辛卯	壬辰	癸巳	甲午	乙未	丙申	丁酉	戊戌	己亥	庚子	辛丑	壬寅	癸卯	甲辰	乙巳	丙午	丁未	戊申	己酉	庚戌	辛亥	壬子	癸丑	甲寅	乙卯
五行	土	火	火	木	木	水	水	金	金	火	火	木	木	土	土	金	金	火	火	水	水	土	土	金	金	木	木	水	水
建星	满	平	定	执	破	危	成	收	开	闭	建	除	满	平	定	执	破	危	成	成	收	开	闭	建	除	满	平	定	执
廿八宿	壁	奎	娄	胃	昴	毕	觜	参	井	鬼	柳	星	张	翼	轸	角	亢	氐	房	心	尾	箕	斗	牛	女	虚	危	室	壁

岁次:庚午	公元1990年(路旁土)			金马
太岁:王济	年一白星	雷风恒卦	八木九运	胃

九月大建丙戌牛宿 (九紫) 节气:霜降初七日零时十四分 立冬廿二日零时廿四分

公历	18	19	20	21	22	23	24	25	26	27	28	29	30	31	11月	2	3	4	5	6	7	8	9	10	11	12	13	14	15	16
农历	一	二	三	四	五	六	七	八	九	十	十一	十二	十三	十四	十五	十六	十七	十八	十九	二十	廿一	廿二	廿三	廿四	廿五	廿六	廿七	廿八	廿九	三十
星期	四	五	六	日	一	二	三	四	五	六	日	一	二	三	四	五	六	日	一	二	三	四	五	六	日	一	二	三	四	五
干支	丙辰	丁巳	戊午	己未	庚申	辛酉	壬戌	癸亥	甲子	乙丑	丙寅	丁卯	戊辰	己巳	庚午	辛未	壬申	癸酉	甲戌	乙亥	丙子	丁丑	戊寅	己卯	庚辰	辛巳	壬午	癸未	甲申	乙酉
五行	土	土	火	火	木	木	水	水	金	金	火	火	木	木	土	土	金	金	火	火	水	水	土	土	金	金	木	木	水	水
建星	破	危	成	收	开	闭	建	除	满	平	定	执	破	危	成	收	开	闭	建	除	满	满	平	定	执	破	危	成	收	开
廿八宿	奎	娄	胃	昴	毕	觜	参	井	鬼	柳	星	张	翼	轸	角	亢	氐	房	心	尾	箕	斗	牛	女	虚	危	室	壁	奎	娄

十月大建丁亥女宿 (八白) 节气:小雪初六日廿一时四十七分 大雪廿一日十七时十五分

公历	17	18	19	20	21	22	23	24	25	26	27	28	29	30	12月	2	3	4	5	6	7	8	9	10	11	12	13	14	15	16
农历	一	二	三	四	五	六	七	八	九	十	十一	十二	十三	十四	十五	十六	十七	十八	十九	二十	廿一	廿二	廿三	廿四	廿五	廿六	廿七	廿八	廿九	三十
星期	六	日	一	二	三	四	五	六	日	一	二	三	四	五	六	日	一	二	三	四	五	六	日	一	二	三	四	五	六	日
干支	丙戌	丁亥	戊子	己丑	庚寅	辛卯	壬辰	癸巳	甲午	乙未	丙申	丁酉	戊戌	己亥	庚子	辛丑	壬寅	癸卯	甲辰	乙巳	丙午	丁未	戊申	己酉	庚戌	辛亥	壬子	癸丑	甲寅	乙卯
五行	土	土	火	火	木	木	水	水	金	金	火	火	木	木	土	土	金	金	火	火	水	水	土	土	金	金	木	木	水	水
建星	闭	建	除	满	平	定	执	破	危	成	收	开	闭	建	除	满	平	定	执	破	破	危	成	收	开	闭	建	除	满	平
廿八宿	胃	昴	毕	觜	参	井	鬼	柳	星	张	翼	轸	角	亢	氐	房	心	尾	箕	斗	牛	女	虚	危	室	壁	奎	娄	胃	昴

十一月大建戊子虚宿 (七赤) 节气:冬至初六日十一时七分 小寒廿一日四时廿八分

公历	17	18	19	20	21	22	23	24	25	26	27	28	29	30	31	一月	2	3	4	5	6	7	8	9	10	11	12	13	14	15
农历	一	二	三	四	五	六	七	八	九	十	十一	十二	十三	十四	十五	十六	十七	十八	十九	二十	廿一	廿二	廿三	廿四	廿五	廿六	廿七	廿八	廿九	三十
星期	一	二	三	四	五	六	日	一	二	三	四	五	六	日	一	二	三	四	五	六	日	一	二	三	四	五	六	日	一	二
干支	丙辰	丁巳	戊午	己未	庚申	辛酉	壬戌	癸亥	甲子	乙丑	丙寅	丁卯	戊辰	己巳	庚午	辛未	壬申	癸酉	甲戌	乙亥	丙子	丁丑	戊寅	己卯	庚辰	辛巳	壬午	癸未	甲申	乙酉
五行	土	土	火	火	木	木	水	水	金	金	火	火	木	木	土	土	金	金	火	火	水	水	土	土	金	金	木	木	水	水
建星	定	执	破	危	成	收	开	闭	建	除	满	平	定	执	破	危	成	收	开	闭	闭	建	除	满	平	定	执	破	危	成
廿八宿	毕	觜	参	井	鬼	柳	星	张	翼	轸	角	亢	氐	房	心	尾	箕	斗	牛	女	虚	危	室	壁	奎	娄	胃	昴	毕	觜

十二月大建己丑危宿 (六白) 节气:大寒初五日廿一时四十七分 立春二十日十六时九分

公历	16	17	18	19	20	21	22	23	24	25	26	27	28	29	30	31	二月	2	3	4	5	6	7	8	9	10	11	12	13	14
农历	一	二	三	四	五	六	七	八	九	十	十一	十二	十三	十四	十五	十六	十七	十八	十九	二十	廿一	廿二	廿三	廿四	廿五	廿六	廿七	廿八	廿九	三十
星期	三	四	五	六	日	一	二	三	四	五	六	日	一	二	三	四	五	六	日	一	二	三	四	五	六	日	一	二	三	四
干支	丙戌	丁亥	戊子	己丑	庚寅	辛卯	壬辰	癸巳	甲午	乙未	丙申	丁酉	戊戌	己亥	庚子	辛丑	壬寅	癸卯	甲辰	乙巳	丙午	丁未	戊申	己酉	庚戌	辛亥	壬子	癸丑	甲寅	乙卯
五行	土	土	火	火	木	木	水	水	金	金	火	火	木	木	土	土	金	金	火	火	水	水	土	土	金	金	木	木	水	水
建星	收	开	闭	建	除	满	平	定	执	破	危	成	收	开	闭	建	除	满	平	平	定	执	破	危	成	收	开	闭	建	除
廿八宿	参	井	鬼	柳	星	张	翼	轸	角	亢	氐	房	心	尾	箕	斗	牛	女	虚	危	室	壁	奎	娄	胃	昴	毕	觜	参	井

岁次：辛未	公元1991年（路旁土）			金羊
太岁：李素	年九紫星	天水讼卦	九金三运	昴

正月小建庚寅室宿 （五黄）

节气：雨水初五日十一时五十九分
惊蛰二十日十时十二分

公历	15	16	17	18	19	20	21	22	23	24	25	26	27	28	三月	2	3	4	5	6	7	8	9	10	11	12	13	14	15
农历	一	二	三	四	五	六	七	八	九	十	十一	十二	十三	十四	十五	十六	十七	十八	十九	二十	廿一	廿二	廿三	廿四	廿五	廿六	廿七	廿八	廿九
星期	五	六	日	一	二	三	四	五	六	日	一	二	三	四	五	六	日	一	二	三	四	五	六	日	一	二	三	四	五
干支	丙辰	丁巳	戊午	己未	庚申	辛酉	壬戌	癸亥	甲子	乙丑	丙寅	丁卯	戊辰	己巳	庚午	辛未	壬申	癸酉	甲戌	乙亥	丙子	丁丑	戊寅	己卯	庚辰	辛巳	壬午	癸未	甲申
五行	土	土	火	火	木	木	水	水	金	金	火	火	木	木	土	土	金	金	火	火	水	水	土	土	金	金	木	木	水
建星	满	平	定	执	破	危	成	收	开	闭	建	除	满	平	定	执	破	危	成	成	收	开	闭	建	除	满	平	定	执
廿八宿	鬼	柳	星	张	翼	轸	角	亢	氐	房	心	尾	箕	斗	牛	女	虚	危	室	壁	奎	娄	胃	昴	毕	觜	参	井	鬼

二月大建辛卯壁宿 （四绿）

节气：春分初六日十一时二分
清明廿一日十五时五分

公历	16	17	18	19	20	21	22	23	24	25	26	27	28	29	30	31	四月	2	3	4	5	6	7	8	9	10	11	12	13	14
农历	一	二	三	四	五	六	七	八	九	十	十一	十二	十三	十四	十五	十六	十七	十八	十九	二十	廿一	廿二	廿三	廿四	廿五	廿六	廿七	廿八	廿九	三十
星期	六	日	一	二	三	四	五	六	日	一	二	三	四	五	六	日	一	二	三	四	五	六	日	一	二	三	四	五	六	日
干支	乙酉	丙戌	丁亥	戊子	己丑	庚寅	辛卯	壬辰	癸巳	甲午	乙未	丙申	丁酉	戊戌	己亥	庚子	辛丑	壬寅	癸卯	甲辰	乙巳	丙午	丁未	戊申	己酉	庚戌	辛亥	壬子	癸丑	甲寅
五行	水	土	土	火	火	木	木	水	水	金	金	火	火	木	木	土	土	金	金	火	火	水	水	土	土	金	金	木	木	水
建星	破	危	成	收	开	闭	建	除	满	平	定	执	破	危	成	收	开	闭	建	除	除	满	平	定	执	破	危	成	收	开
廿八宿	柳	星	张	翼	轸	角	亢	氐	房	心	尾	箕	斗	牛	女	虚	危	室	壁	奎	娄	胃	昴	毕	觜	参	井	鬼	柳	星

三月小建壬辰奎宿 （三碧）

节气：谷雨初六日廿二时八分
立夏廿二日八时廿七分

公历	15	16	17	18	19	20	21	22	23	24	25	26	27	28	29	30	五月	2	3	4	5	6	7	8	9	10	11	12	13
农历	一	二	三	四	五	六	七	八	九	十	十一	十二	十三	十四	十五	十六	十七	十八	十九	二十	廿一	廿二	廿三	廿四	廿五	廿六	廿七	廿八	廿九
星期	一	二	三	四	五	六	日	一	二	三	四	五	六	日	一	二	三	四	五	六	日	一	二	三	四	五	六	日	一
干支	乙卯	丙辰	丁巳	戊午	己未	庚申	辛酉	壬戌	癸亥	甲子	乙丑	丙寅	丁卯	戊辰	己巳	庚午	辛未	壬申	癸酉	甲戌	乙亥	丙子	丁丑	戊寅	己卯	庚辰	辛巳	壬午	癸未
五行	水	土	土	火	火	木	木	水	水	金	金	火	火	木	木	土	土	金	金	火	火	水	水	土	土	金	金	木	木
建星	闭	建	除	满	平	定	执	破	危	成	收	开	闭	建	除	满	平	定	执	破	危	危	成	收	开	闭	建	除	满
廿八宿	张	翼	轸	角	亢	氐	房	心	尾	箕	斗	牛	女	虚	危	室	壁	奎	娄	胃	昴	毕	觜	参	井	鬼	柳	星	张

岁次：辛未	公元1991年（路旁土）			金羊
太岁：李素	年九紫星	天水讼卦	九金三运	昴

四月小建癸巳娄宿 （二黑）

节气：小满初八日廿一时二十分 芒种廿四日十二时卅八分

公历	14	15	16	17	18	19	20	21	22	23	24	25	26	27	28	29	30	31	六月	2	3	4	5	6	7	8	9	10	11
农历	一	二	三	四	五	六	七	八	九	十	十一	十二	十三	十四	十五	十六	十七	十八	十九	二十	廿一	廿二	廿三	廿四	廿五	廿六	廿七	廿八	廿九
星期	二	三	四	五	六	日	一	二	三	四	五	六	日	一	二	三	四	五	六	日	一	二	三	四	五	六	日	一	二
干支	甲申	乙酉	丙戌	丁亥	戊子	己丑	庚寅	辛卯	壬辰	癸巳	甲午	乙未	丙申	丁酉	戊戌	己亥	庚子	辛丑	壬寅	癸卯	甲辰	乙巳	丙午	丁未	戊申	己酉	庚戌	辛亥	壬子
五行	水	水	土	土	火	火	木	木	水	水	金	金	火	火	木	木	土	土	金	金	火	火	水	水	土	土	金	金	木
建星	平	定	执	破	危	成	收	开	闭	建	除	满	平	定	执	破	危	成	收	开	闭	建	除	除	满	平	定	执	破
廿八宿	翼	轸	角	亢	氐	房	心	尾	箕	斗	牛	女	虚	危	室	壁	奎	娄	胃	昴	毕	觜	参	井	鬼	柳	星	张	翼

五月大建甲午胃宿 （一白）

节气：夏至十一日五时十九分 小暑廿六日廿二时五十三分

公历	12	13	14	15	16	17	18	19	20	21	22	23	24	25	26	27	28	29	30	七月	2	3	4	5	6	7	8	9	10	11
农历	一	二	三	四	五	六	七	八	九	十	十一	十二	十三	十四	十五	十六	十七	十八	十九	二十	廿一	廿二	廿三	廿四	廿五	廿六	廿七	廿八	廿九	三十
星期	三	四	五	六	日	一	二	三	四	五	六	日	一	二	三	四	五	六	日	一	二	三	四	五	六	日	一	二	三	四
干支	癸丑	甲寅	乙卯	丙辰	丁巳	戊午	己未	庚申	辛酉	壬戌	癸亥	甲子	乙丑	丙寅	丁卯	戊辰	己巳	庚午	辛未	壬申	癸酉	甲戌	乙亥	丙子	丁丑	戊寅	己卯	庚辰	辛巳	壬午
五行	木	水	水	土	土	火	火	木	木	水	水	金	金	火	火	木	木	土	土	金	金	火	火	水	水	土	土	金	金	木
建星	危	成	收	开	闭	建	除	满	平	定	执	破	危	成	收	开	闭	建	除	满	平	定	执	破	危	危	成	收	开	闭
廿八宿	轸	角	亢	氐	房	心	尾	箕	斗	牛	女	虚	危	室	壁	奎	娄	胃	昴	毕	觜	参	井	鬼	柳	星	张	翼	轸	角

六月小建乙未昴宿 （九紫）

节气：大暑十二日十六时十一分 立秋廿八日八时卅七分

公历	12	13	14	15	16	17	18	19	20	21	22	23	24	25	26	27	28	29	30	31	八月	2	3	4	5	6	7	8	9
农历	一	二	三	四	五	六	七	八	九	十	十一	十二	十三	十四	十五	十六	十七	十八	十九	二十	廿一	廿二	廿三	廿四	廿五	廿六	廿七	廿八	廿九
星期	五	六	日	一	二	三	四	五	六	日	一	二	三	四	五	六	日	一	二	三	四	五	六	日	一	二	三	四	五
干支	癸未	甲申	乙酉	丙戌	丁亥	戊子	己丑	庚寅	辛卯	壬辰	癸巳	甲午	乙未	丙申	丁酉	戊戌	己亥	庚子	辛丑	壬寅	癸卯	甲辰	乙巳	丙午	丁未	戊申	己酉	庚戌	辛亥
五行	木	水	水	土	土	火	火	木	木	水	水	金	金	火	火	木	木	土	土	金	金	火	火	水	水	土	土	金	金
建星	建	除	满	平	定	执	破	危	成	收	开	闭	建	除	满	平	定	执	破	危	成	收	开	闭	建	除	满	满	平
廿八宿	亢	氐	房	心	尾	箕	斗	牛	女	虚	危	室	壁	奎	娄	胃	昴	毕	觜	参	井	鬼	柳	星	张	翼	轸	角	亢

岁次：辛未	公元1991年（路旁土）			金羊
太岁：李素	年九紫星	天水讼卦	九金三运	昴

七月小建丙申毕宿 （八白）

节气：处暑十四日廿三时十三分

公历	10	11	12	13	14	15	16	17	18	19	20	21	22	23	24	25	26	27	28	29	30	31	九月	2	3	4	5	6	7
农历	一	二	三	四	五	六	七	八	九	十	十一	十二	十三	十四	十五	十六	十七	十八	十九	二十	廿一	廿二	廿三	廿四	廿五	廿六	廿七	廿八	廿九
星期	六	日	一	二	三	四	五	六	日	一	二	三	四	五	六	日	一	二	三	四	五	六	日	一	二	三	四	五	六
干支	壬子	癸丑	甲寅	乙卯	丙辰	丁巳	戊午	己未	庚申	辛酉	壬戌	癸亥	甲子	乙丑	丙寅	丁卯	戊辰	己巳	庚午	辛未	壬申	癸酉	甲戌	乙亥	丙子	丁丑	戊寅	己卯	庚辰
五行	木	木	水	水	土	土	火	火	木	木	水	水	金	金	火	火	木	木	土	土	金	金	火	火	水	水	土	土	金
建星	定	执	破	危	成	收	开	闭	建	除	满	平	定	执	破	危	成	收	开	闭	建	除	满	平	定	执	破	危	成
廿八宿	氐	房	心	尾	箕	斗	牛	女	虚	危	室	壁	奎	娄	胃	昴	毕	觜	参	井	鬼	柳	星	张	翼	轸	角	亢	氐

八月大建丁酉觜宿 （七赤）

节气：白露初一日十一时廿八分
秋分十六日二十时四十八分

公历	8	9	10	11	12	13	14	15	16	17	18	19	20	21	22	23	24	25	26	27	28	29	30	十月	2	3	4	5	6	7
农历	一	二	三	四	五	六	七	八	九	十	十一	十二	十三	十四	十五	十六	十七	十八	十九	二十	廿一	廿二	廿三	廿四	廿五	廿六	廿七	廿八	廿九	三十
星期	日	一	二	三	四	五	六	日	一	二	三	四	五	六	日	一	二	三	四	五	六	日	一	二	三	四	五	六	日	一
干支	辛巳	壬午	癸未	甲申	乙酉	丙戌	丁亥	戊子	己丑	庚寅	辛卯	壬辰	癸巳	甲午	乙未	丙申	丁酉	戊戌	己亥	庚子	辛丑	壬寅	癸卯	甲辰	乙巳	丙午	丁未	戊申	己酉	庚戌
五行	金	木	木	水	水	土	土	火	火	木	木	水	水	金	金	火	火	木	木	土	土	金	金	火	火	水	水	土	土	金
建星	成	收	开	闭	建	除	满	平	定	执	破	危	成	收	开	闭	建	除	满	平	定	执	破	危	成	收	开	闭	建	除
廿八宿	房	心	尾	箕	斗	牛	女	虚	危	室	壁	奎	娄	胃	昴	毕	觜	参	井	鬼	柳	星	张	翼	轸	角	亢	氐	房	心

九月小建戊戌参宿 （六白）

节气：寒露初二日三时一分
霜降十七日六时五分

公历	8	9	10	11	12	13	14	15	16	17	18	19	20	21	22	23	24	25	26	27	28	29	30	31	11月	2	3	4	5
农历	一	二	三	四	五	六	七	八	九	十	十一	十二	十三	十四	十五	十六	十七	十八	十九	二十	廿一	廿二	廿三	廿四	廿五	廿六	廿七	廿八	廿九
星期	二	三	四	五	六	日	一	二	三	四	五	六	日	一	二	三	四	五	六	日	一	二	三	四	五	六	日	一	二
干支	辛亥	壬子	癸丑	甲寅	乙卯	丙辰	丁巳	戊午	己未	庚申	辛酉	壬戌	癸亥	甲子	乙丑	丙寅	丁卯	戊辰	己巳	庚午	辛未	壬申	癸酉	甲戌	乙亥	丙子	丁丑	戊寅	己卯
五行	金	木	木	水	水	土	土	火	火	木	木	水	水	金	金	火	火	木	木	土	土	金	金	火	火	水	水	土	土
建星	满	满	平	定	执	破	危	成	收	开	闭	建	除	满	平	定	执	破	危	成	收	开	闭	建	除	满	平	定	执
廿八宿	尾	箕	斗	牛	女	虚	危	室	壁	奎	娄	胃	昴	毕	觜	参	井	鬼	柳	星	张	翼	轸	角	亢	氐	房	心	尾

岁次：辛未	公元1991年（路旁土）			金羊
太岁：李素	年九紫星	天水讼卦	九金三运	昴

十月大建己亥井宿 （五黄）

节气：立冬初三日六时八分
小雪十八日三时卅六分

公历	6	7	8	9	10	11	12	13	14	15	16	17	18	19	20	21	22	23	24	25	26	27	28	29	30	12月	2	3	4	5
农历	一	二	三	四	五	六	七	八	九	十	十一	十二	十三	十四	十五	十六	十七	十八	十九	二十	廿一	廿二	廿三	廿四	廿五	廿六	廿七	廿八	廿九	三十
星期	三	四	五	六	日	一	二	三	四	五	六	日	一	二	三	四	五	六	日	一	二	三	四	五	六	日	一	二	三	四
干支	庚辰	辛巳	壬午	癸未	甲申	乙酉	丙戌	丁亥	戊子	己丑	庚寅	辛卯	壬辰	癸巳	甲午	乙未	丙申	丁酉	戊戌	己亥	庚子	辛丑	壬寅	癸卯	甲辰	乙巳	丙午	丁未	戊申	己酉
五行	金	金	木	木	水	水	土	土	火	火	木	木	水	水	金	金	火	火	木	木	土	土	金	金	火	火	水	水	土	土
建星	破	危	危	成	收	开	闭	建	除	满	平	定	执	破	危	成	收	开	闭	建	除	满	平	定	执	破	危	成	收	开
廿八宿	箕	斗	牛	女	虚	危	室	壁	奎	娄	胃	昴	毕	觜	参	井	鬼	柳	星	张	翼	轸	角	亢	氐	房	心	尾	箕	斗

十一月大建庚子鬼宿 （四绿）

节气：大雪初二日廿二时五十六分
冬至十七日十六时五十四分

公历	6	7	8	9	10	11	12	13	14	15	16	17	18	19	20	21	22	23	24	25	26	27	28	29	30	31	一月	2	3	4
农历	一	二	三	四	五	六	七	八	九	十	十一	十二	十三	十四	十五	十六	十七	十八	十九	二十	廿一	廿二	廿三	廿四	廿五	廿六	廿七	廿八	廿九	三十
星期	五	六	日	一	二	三	四	五	六	日	一	二	三	四	五	六	日	一	二	三	四	五	六	日	一	二	三	四	五	六
干支	庚戌	辛亥	壬子	癸丑	甲寅	乙卯	丙辰	丁巳	戊午	己未	庚申	辛酉	壬戌	癸亥	甲子	乙丑	丙寅	丁卯	戊辰	己巳	庚午	辛未	壬申	癸酉	甲戌	乙亥	丙子	丁丑	戊寅	己卯
五行	金	金	木	木	水	水	土	土	火	火	木	木	水	水	金	金	火	火	木	木	土	土	金	金	火	火	水	水	土	土
建星	闭	闭	建	除	满	平	定	执	破	危	成	收	开	闭	建	除	满	平	定	执	破	危	成	收	开	闭	建	除	满	平
廿八宿	牛	女	虚	危	室	壁	奎	娄	胃	昴	毕	觜	参	井	鬼	柳	星	张	翼	轸	角	亢	氐	房	心	尾	箕	斗	牛	女

十二月大建辛丑柳宿 （三碧）

节气：小寒初二日十时九分
大寒十七日三时卅三分

公历	5	6	7	8	9	10	11	12	13	14	15	16	17	18	19	20	21	22	23	24	25	26	27	28	29	30	31	二月	2	3
农历	一	二	三	四	五	六	七	八	九	十	十一	十二	十三	十四	十五	十六	十七	十八	十九	二十	廿一	廿二	廿三	廿四	廿五	廿六	廿七	廿八	廿九	三十
星期	日	一	二	三	四	五	六	日	一	二	三	四	五	六	日	一	二	三	四	五	六	日	一	二	三	四	五	六	日	一
干支	庚辰	辛巳	壬午	癸未	甲申	乙酉	丙戌	丁亥	戊子	己丑	庚寅	辛卯	壬辰	癸巳	甲午	乙未	丙申	丁酉	戊戌	己亥	庚子	辛丑	壬寅	癸卯	甲辰	乙巳	丙午	丁未	戊申	己酉
五行	金	金	木	木	水	水	土	土	火	火	木	木	水	水	金	金	火	火	木	木	土	土	金	金	火	火	水	水	土	土
建星	定	定	执	破	危	成	收	开	闭	建	除	满	平	定	执	破	危	成	收	开	闭	建	除	满	平	定	执	破	危	成
廿八宿	虚	危	室	壁	奎	娄	胃	昴	毕	觜	参	井	鬼	柳	星	张	翼	轸	角	亢	氐	房	心	尾	箕	斗	牛	女	虚	危

岁次：壬申	公元1992年（剑锋金）			水猴
太岁：刘旺	年八白星	地水师卦	一水七运	毕

正月小建壬寅星宿 （二黑）

节气：立春初一日廿一时四十九分
雨水十六日十七时四十四分

公历	4	5	6	7	8	9	10	11	12	13	14	15	16	17	18	19	20	21	22	23	24	25	26	27	28	29	三月	2	3	
农历	一	二	三	四	五	六	七	八	九	十	十一	十二	十三	十四	十五	十六	十七	十八	十九	二十	廿一	廿二	廿三	廿四	廿五	廿六	廿七	廿八	廿九	
星期	二	三	四	五	六	日	一	二	三	四	五	六	日	一	二	三	四	五	六	日	一	二	三	四	五	六	日	一	二	
干支	庚戌	辛亥	壬子	癸丑	甲寅	乙卯	丙辰	丁巳	戊午	己未	庚申	辛酉	壬戌	癸亥	甲子	乙丑	丙寅	丁卯	戊辰	己巳	庚午	辛未	壬申	癸酉	甲戌	乙亥	丙子	丁丑	戊寅	
五行	金	金	木	木	水	水	土	土	火	火	木	木	水	水	金	金	火	火	木	木	土	土	金	金	火	火	水	水	土	
建星	成	收	开	闭	建	除	满	平	定	执	破	危	成	收	开	闭	建	除	满	平	定	执	破	危	成	收	开	闭	建	
廿八宿	室	壁	奎	娄	胃	昴	毕	觜	参	井	鬼	柳	星	张	翼	轸	角	亢	氐	房	心	尾	箕	斗	牛	女	虚	危	室	

二月大建癸卯张宿 （一白）

节气：惊蛰初二日十五时五十二分
春分十七日十六时四十八分

公历	4	5	6	7	8	9	10	11	12	13	14	15	16	17	18	19	20	21	22	23	24	25	26	27	28	29	30	31	四月	2
农历	一	二	三	四	五	六	七	八	九	十	十一	十二	十三	十四	十五	十六	十七	十八	十九	二十	廿一	廿二	廿三	廿四	廿五	廿六	廿七	廿八	廿九	三十
星期	三	四	五	六	日	一	二	三	四	五	六	日	一	二	三	四	五	六	日	一	二	三	四	五	六	日	一	二	三	四
干支	己卯	庚辰	辛巳	壬午	癸未	甲申	乙酉	丙戌	丁亥	戊子	己丑	庚寅	辛卯	壬辰	癸巳	甲午	乙未	丙申	丁酉	戊戌	己亥	庚子	辛丑	壬寅	癸卯	甲辰	乙巳	丙午	丁未	戊申
五行	土	金	金	木	木	水	水	土	土	火	火	木	木	水	水	金	金	火	火	木	木	土	土	金	金	火	火	水	水	土
建星	除	除	满	平	定	执	破	危	成	收	开	闭	建	除	满	平	定	执	破	危	成	收	开	闭	建	除	满	平	定	执
廿八宿	壁	奎	娄	胃	昴	毕	觜	参	井	鬼	柳	星	张	翼	轸	角	亢	氐	房	心	尾	箕	斗	牛	女	虚	危	室	壁	奎

三月大建甲辰翼宿 （九紫）

节气：清明初二日二十时四十五分
谷雨十八日三时五十七分

公历	3	4	5	6	7	8	9	10	11	12	13	14	15	16	17	18	19	20	21	22	23	24	25	26	27	28	29	30	五月	2
农历	一	二	三	四	五	六	七	八	九	十	十一	十二	十三	十四	十五	十六	十七	十八	十九	二十	廿一	廿二	廿三	廿四	廿五	廿六	廿七	廿八	廿九	三十
星期	五	六	日	一	二	三	四	五	六	日	一	二	三	四	五	六	日	一	二	三	四	五	六	日	一	二	三	四	五	六
干支	己酉	庚戌	辛亥	壬子	癸丑	甲寅	乙卯	丙辰	丁巳	戊午	己未	庚申	辛酉	壬戌	癸亥	甲子	乙丑	丙寅	丁卯	戊辰	己巳	庚午	辛未	壬申	癸酉	甲戌	乙亥	丙子	丁丑	戊寅
五行	土	金	金	木	木	水	水	土	土	火	火	木	木	水	水	金	金	火	火	木	木	土	土	金	金	火	火	水	水	土
建星	破	破	危	成	收	开	闭	建	除	满	平	定	执	破	危	成	收	开	闭	建	除	满	平	定	执	破	危	成	收	开
廿八宿	娄	胃	昴	毕	觜	参	井	鬼	柳	星	张	翼	轸	角	亢	氐	房	心	尾	箕	斗	牛	女	虚	危	室	壁	奎	娄	胃

岁次：壬申	公元1992年（剑锋金）			水猴
太岁：刘旺	年八白星	地水师卦	一水七运	毕

四月小建乙巳轸宿 （八白）

节气：立夏初三日十四时九分
小满十九日三时十二分

公历	3	4	5	6	7	8	9	10	11	12	13	14	15	16	17	18	19	20	21	22	23	24	25	26	27	28	29	30	31
农历	一	二	三	四	五	六	七	八	九	十	十一	十二	十三	十四	十五	十六	十七	十八	十九	二十	廿一	廿二	廿三	廿四	廿五	廿六	廿七	廿八	廿九
星期	日	一	二	三	四	五	六	日	一	二	三	四	五	六	日	一	二	三	四	五	六	日	一	二	三	四	五	六	日
干支	己卯	庚辰	辛巳	壬午	癸未	甲申	乙酉	丙戌	丁亥	戊子	己丑	庚寅	辛卯	壬辰	癸巳	甲午	乙未	丙申	丁酉	戊戌	己亥	庚子	辛丑	壬寅	癸卯	甲辰	乙巳	丙午	丁未
五行	土	金	金	木	木	水	水	土	土	火	火	木	木	水	水	金	金	火	火	木	木	土	土	金	金	火	火	水	水
建星	闭	建	建	除	满	平	定	执	破	危	成	收	开	闭	建	除	满	平	定	执	破	危	成	收	开	闭	建	除	满
廿八宿	昴	毕	觜	参	井	鬼	柳	星	张	翼	轸	角	亢	氐	房	心	尾	箕	斗	牛	女	虚	危	室	壁	奎	娄	胃	昴

五月小建丙午角宿 （七赤）

节气：芒种初五日十八时廿二分
夏至廿一日十一时十四分

公历	六月	2	3	4	5	6	7	8	9	10	11	12	13	14	15	16	17	18	19	20	21	22	23	24	25	26	27	28	29
农历	一	二	三	四	五	六	七	八	九	十	十一	十二	十三	十四	十五	十六	十七	十八	十九	二十	廿一	廿二	廿三	廿四	廿五	廿六	廿七	廿八	廿九
星期	一	二	三	四	五	六	日	一	二	三	四	五	六	日	一	二	三	四	五	六	日	一	二	三	四	五	六	日	一
干支	戊申	己酉	庚戌	辛亥	壬子	癸丑	甲寅	乙卯	丙辰	丁巳	戊午	己未	庚申	辛酉	壬戌	癸亥	甲子	乙丑	丙寅	丁卯	戊辰	己巳	庚午	辛未	壬申	癸酉	甲戌	乙亥	丙子
五行	土	土	金	金	木	木	水	水	土	土	火	火	木	木	水	水	金	金	火	火	木	木	土	土	金	金	火	火	水
建星	平	定	执	破	破	危	成	收	开	闭	建	除	满	平	定	执	破	危	成	收	开	闭	建	除	满	平	定	执	破
廿八宿	毕	觜	参	井	鬼	柳	星	张	翼	轸	角	亢	氐	房	心	尾	箕	斗	牛	女	虚	危	室	壁	奎	娄	胃	昴	毕

六月大建丁未亢宿 （六白）

节气：小暑初八日四时四十分
大暑廿三日廿二时九分

公历	30	七月	2	3	4	5	6	7	8	9	10	11	12	13	14	15	16	17	18	19	20	21	22	23	24	25	26	27	28	29
农历	一	二	三	四	五	六	七	八	九	十	十一	十二	十三	十四	十五	十六	十七	十八	十九	二十	廿一	廿二	廿三	廿四	廿五	廿六	廿七	廿八	廿九	三十
星期	二	三	四	五	六	日	一	二	三	四	五	六	日	一	二	三	四	五	六	日	一	二	三	四	五	六	日	一	二	三
干支	丁丑	戊寅	己卯	庚辰	辛巳	壬午	癸未	甲申	乙酉	丙戌	丁亥	戊子	己丑	庚寅	辛卯	壬辰	癸巳	甲午	乙未	丙申	丁酉	戊戌	己亥	庚子	辛丑	壬寅	癸卯	甲辰	乙巳	丙午
五行	水	土	土	金	金	木	木	水	水	土	土	火	火	木	木	水	水	金	金	火	火	木	木	土	土	金	金	火	火	水
建星	危	成	收	开	闭	建	除	除	满	平	定	执	破	危	成	收	开	闭	建	除	满	平	定	执	破	危	成	收	开	闭
廿八宿	觜	参	井	鬼	柳	星	张	翼	轸	角	亢	氐	房	心	尾	箕	斗	牛	女	虚	危	室	壁	奎	娄	胃	昴	毕	觜	参

岁次：壬申	公元1992年（剑锋金）			水猴
太岁：刘旺	年八白星	地水师卦	一水七运	毕

七月小建戊申氐宿 （五黄）

节气：立秋初九日十四时廿八分
处暑廿五日五时十分

公历	30	31	八月	2	3	4	5	6	7	8	9	10	11	12	13	14	15	16	17	18	19	20	21	22	23	24	25	26	27
农历	一	二	三	四	五	六	七	八	九	十	十一	十二	十三	十四	十五	十六	十七	十八	十九	二十	廿一	廿二	廿三	廿四	廿五	廿六	廿七	廿八	廿九
星期	四	五	六	日	一	二	三	四	五	六	日	一	二	三	四	五	六	日	一	二	三	四	五	六	日	一	二	三	四
干支	丁未	戊申	己酉	庚戌	辛亥	壬子	癸丑	甲寅	乙卯	丙辰	丁巳	戊午	己未	庚申	辛酉	壬戌	癸亥	甲子	乙丑	丙寅	丁卯	戊辰	己巳	庚午	辛未	壬申	癸酉	甲戌	乙亥
五行	水	土	土	金	金	木	木	水	水	土	土	火	火	木	木	水	水	金	金	火	火	木	木	土	土	金	金	火	火
建星	建	除	满	平	定	执	破	危	危	成	收	开	闭	建	除	满	平	定	执	破	危	成	收	开	闭	建	除	满	平
廿八宿	井	鬼	柳	星	张	翼	轸	角	亢	氐	房	心	尾	箕	斗	牛	女	虚	危	室	壁	奎	娄	胃	昴	毕	觜	参	井

八月小建己酉房宿 （四绿）

节气：白露十一日十七时十九分
秋分廿七日二时四十三分

公历	28	29	30	31	九月	2	3	4	5	6	7	8	9	10	11	12	13	14	15	16	17	18	19	20	21	22	23	24	25
农历	一	二	三	四	五	六	七	八	九	十	十一	十二	十三	十四	十五	十六	十七	十八	十九	二十	廿一	廿二	廿三	廿四	廿五	廿六	廿七	廿八	廿九
星期	五	六	日	一	二	三	四	五	六	日	一	二	三	四	五	六	日	一	二	三	四	五	六	日	一	二	三	四	五
干支	丙子	丁丑	戊寅	己卯	庚辰	辛巳	壬午	癸未	甲申	乙酉	丙戌	丁亥	戊子	己丑	庚寅	辛卯	壬辰	癸巳	甲午	乙未	丙申	丁酉	戊戌	己亥	庚子	辛丑	壬寅	癸卯	甲辰
五行	水	水	土	土	金	金	木	木	水	水	土	土	火	火	木	木	水	水	金	金	火	火	木	木	土	土	金	金	火
建星	定	执	破	危	成	收	开	闭	建	除	除	满	平	定	执	破	危	成	收	开	闭	建	除	满	平	定	执	破	危
廿八宿	鬼	柳	星	张	翼	轸	角	亢	氐	房	心	尾	箕	斗	牛	女	虚	危	室	壁	奎	娄	胃	昴	毕	觜	参	井	鬼

九月大建庚戌心宿 （三碧）

节气：寒露十三日八时五十二分
霜降廿八日十一时五十七分

公历	26	27	28	29	30	十月	2	3	4	5	6	7	8	9	10	11	12	13	14	15	16	17	18	19	20	21	22	23	24	25
农历	一	二	三	四	五	六	七	八	九	十	十一	十二	十三	十四	十五	十六	十七	十八	十九	二十	廿一	廿二	廿三	廿四	廿五	廿六	廿七	廿八	廿九	三十
星期	六	日	一	二	三	四	五	六	日	一	二	三	四	五	六	日	一	二	三	四	五	六	日	一	二	三	四	五	六	日
干支	乙巳	丙午	丁未	戊申	己酉	庚戌	辛亥	壬子	癸丑	甲寅	乙卯	丙辰	丁巳	戊午	己未	庚申	辛酉	壬戌	癸亥	甲子	乙丑	丙寅	丁卯	戊辰	己巳	庚午	辛未	壬申	癸酉	甲戌
五行	火	水	水	土	土	金	金	木	木	水	水	土	土	火	火	木	木	水	水	金	金	火	火	木	木	土	土	金	金	火
建星	成	收	开	闭	建	除	满	平	定	执	破	危	危	成	收	开	闭	建	除	满	平	定	执	破	危	成	收	开	闭	建
廿八宿	柳	星	张	翼	轸	角	亢	氐	房	心	尾	箕	斗	牛	女	虚	危	室	壁	奎	娄	胃	昴	毕	觜	参	井	鬼	柳	星

岁次：壬申	公元 1992 年（剑锋金）			水猴
太岁：刘旺	年八白星	地水师卦	一水七运	毕

十月小建辛亥尾宿 （二黑）

节气：立冬十三日十一时五十七分
小雪廿八日九时廿六分

公历	26	27	28	29	30	31	11月	2	3	4	5	6	7	8	9	10	11	12	13	14	15	16	17	18	19	20	21	22	23	
农历	一	二	三	四	五	六	七	八	九	十	十一	十二	十三	十四	十五	十六	十七	十八	十九	二十	廿一	廿二	廿三	廿四	廿五	廿六	廿七	廿八	廿九	
星期	一	二	三	四	五	六	日	一	二	三	四	五	六	日	一	二	三	四	五	六	日	一	二	三	四	五	六	日	一	
干支	乙亥	丙子	丁丑	戊寅	己卯	庚辰	辛巳	壬午	癸未	甲申	乙酉	丙戌	丁亥	戊子	己丑	庚寅	辛卯	壬辰	癸巳	甲午	乙未	丙申	丁酉	戊戌	己亥	庚子	辛丑	壬寅	癸卯	
五行	火	水	水	土	土	金	金	木	木	水	水	土	土	火	火	木	木	水	水	金	金	火	火	木	木	土	土	金	金	
建星	除	满	平	定	执	破	危	成	收	开	闭	建	建	除	满	平	定	执	破	危	成	收	开	闭	建	除	满	平	定	
廿八宿	张	翼	轸	角	亢	氐	房	心	尾	箕	斗	牛	女	虚	危	室	壁	奎	娄	胃	昴	毕	觜	参	井	鬼	柳	星	张	

十一月大建壬子箕宿 （一白）

节气：大雪十四日四时四十五分
冬至廿八日廿二时四十四分

公历	24	25	26	27	28	29	30	12月	2	3	4	5	6	7	8	9	10	11	12	13	14	15	16	17	18	19	20	21	22	23
农历	一	二	三	四	五	六	七	八	九	十	十一	十二	十三	十四	十五	十六	十七	十八	十九	二十	廿一	廿二	廿三	廿四	廿五	廿六	廿七	廿八	廿九	三十
星期	二	三	四	五	六	日	一	二	三	四	五	六	日	一	二	三	四	五	六	日	一	二	三	四	五	六	日	一	二	三
干支	甲辰	乙巳	丙午	丁未	戊申	己酉	庚戌	辛亥	壬子	癸丑	甲寅	乙卯	丙辰	丁巳	戊午	己未	庚申	辛酉	壬戌	癸亥	甲子	乙丑	丙寅	丁卯	戊辰	己巳	庚午	辛未	壬申	癸酉
五行	火	火	水	水	土	土	金	金	木	木	水	水	土	土	火	火	木	木	水	水	金	金	火	火	木	木	土	土	金	金
建星	执	破	危	成	收	开	闭	建	除	满	平	定	执	执	破	危	成	收	开	闭	建	除	满	平	定	执	破	危	成	收
廿八宿	翼	轸	角	亢	氐	房	心	尾	箕	斗	牛	女	虚	危	室	壁	奎	娄	胃	昴	毕	觜	参	井	鬼	柳	星	张	翼	轸

十二月大建癸丑斗宿 （九紫）

节气：小寒十三日十五时十七分
大寒廿八日九时廿三分

公历	24	25	26	27	28	29	30	31	一月	2	3	4	5	6	7	8	9	10	11	12	13	14	15	16	17	18	19	20	21	22
农历	一	二	三	四	五	六	七	八	九	十	十一	十二	十三	十四	十五	十六	十七	十八	十九	二十	廿一	廿二	廿三	廿四	廿五	廿六	廿七	廿八	廿九	三十
星期	四	五	六	日	一	二	三	四	五	六	日	一	二	三	四	五	六	日	一	二	三	四	五	六	日	一	二	三	四	五
干支	甲戌	乙亥	丙子	丁丑	戊寅	己卯	庚辰	辛巳	壬午	癸未	甲申	乙酉	丙戌	丁亥	戊子	己丑	庚寅	辛卯	壬辰	癸巳	甲午	乙未	丙申	丁酉	戊戌	己亥	庚子	辛丑	壬寅	癸卯
五行	火	火	水	水	土	土	金	金	木	木	水	水	土	土	火	火	木	木	水	水	金	金	火	火	木	木	土	土	金	金
建星	开	闭	建	除	满	平	定	执	破	危	成	收	收	开	闭	建	除	满	平	定	执	破	危	成	收	开	闭	建	除	满
廿八宿	角	亢	氐	房	心	尾	箕	斗	牛	女	虚	危	室	壁	奎	娄	胃	昴	毕	觜	参	井	鬼	柳	星	张	翼	轸	角	亢

岁次：癸酉	公元1993年（剑锋金）			水鸡
太岁：康志	年七赤星	风山渐卦	二火七运	觜

正月小建甲寅牛宿 （八白）

节气：立春 十三日三时卅七分
雨水 廿七日廿三时卅五分

公历	23	24	25	26	27	28	29	30	31	二月	2	3	4	5	6	7	8	9	10	11	12	13	14	15	16	17	18	19	20
农历	一	二	三	四	五	六	七	八	九	十	十一	十二	十三	十四	十五	十六	十七	十八	十九	二十	廿一	廿二	廿三	廿四	廿五	廿六	廿七	廿八	廿九
星期	六	日	一	二	三	四	五	六	日	一	二	三	四	五	六	日	一	二	三	四	五	六	日	一	二	三	四	五	六
干支	甲辰	乙巳	丙午	丁未	戊申	己酉	庚戌	辛亥	壬子	癸丑	甲寅	乙卯	丙辰	丁巳	戊午	己未	庚申	辛酉	壬戌	癸亥	甲子	乙丑	丙寅	丁卯	戊辰	己巳	庚午	辛未	壬申
五行	火	火	水	水	土	土	金	金	木	木	水	水	土	土	火	火	木	木	水	水	金	金	火	火	木	木	土	土	金
建星	平	定	执	破	危	成	收	开	闭	建	除	满	满	平	定	执	破	危	成	收	开	闭	建	除	满	平	定	执	破
廿八宿	氐	房	心	尾	箕	斗	牛	女	虚	危	室	壁	奎	娄	胃	昴	毕	觜	参	井	鬼	柳	星	张	翼	轸	角	亢	氐

二月大建乙卯女宿 （七赤）

节气：惊蛰 十三日廿一时四十三分
春分 廿八日廿二时四十一分

公历	21	22	23	24	25	26	27	28	三月	2	3	4	5	6	7	8	9	10	11	12	13	14	15	16	17	18	19	20	21	22
农历	一	二	三	四	五	六	七	八	九	十	十一	十二	十三	十四	十五	十六	十七	十八	十九	二十	廿一	廿二	廿三	廿四	廿五	廿六	廿七	廿八	廿九	三十
星期	日	一	二	三	四	五	六	日	一	二	三	四	五	六	日	一	二	三	四	五	六	日	一	二	三	四	五	六	日	一
干支	癸酉	甲戌	乙亥	丙子	丁丑	戊寅	己卯	庚辰	辛巳	壬午	癸未	甲申	乙酉	丙戌	丁亥	戊子	己丑	庚寅	辛卯	壬辰	癸巳	甲午	乙未	丙申	丁酉	戊戌	己亥	庚子	辛丑	壬寅
五行	金	火	火	水	水	土	土	金	金	木	木	水	水	土	土	火	火	木	木	水	水	金	金	火	火	木	木	土	土	金
建星	危	成	收	开	闭	建	除	满	平	定	执	破	破	危	成	收	开	闭	建	除	满	平	定	执	破	危	成	收	开	闭
廿八宿	房	心	尾	箕	斗	牛	女	虚	危	室	壁	奎	娄	胃	昴	毕	觜	参	井	鬼	柳	星	张	翼	轸	角	亢	氐	房	心

二月大建丙辰虚宿 （六白）

节气：清明 十四日二时卅七分
谷雨 廿九日九时四十九分

公历	23	24	25	26	27	28	29	30	31	四月	2	3	4	5	6	7	8	9	10	11	12	13	14	15	16	17	18	19	20	21
农历	一	二	三	四	五	六	七	八	九	十	十一	十二	十三	十四	十五	十六	十七	十八	十九	二十	廿一	廿二	廿三	廿四	廿五	廿六	廿七	廿八	廿九	三十
星期	二	三	四	五	六	日	一	二	三	四	五	六	日	一	二	三	四	五	六	日	一	二	三	四	五	六	日	一	二	三
干支	癸卯	甲辰	乙巳	丙午	丁未	戊申	己酉	庚戌	辛亥	壬子	癸丑	甲寅	乙卯	丙辰	丁巳	戊午	己未	庚申	辛酉	壬戌	癸亥	甲子	乙丑	丙寅	丁卯	戊辰	己巳	庚午	辛未	壬申
五行	金	火	火	水	水	土	土	金	金	木	木	水	水	土	土	火	火	木	木	水	水	金	金	火	火	木	木	土	土	金
建星	建	除	满	平	定	执	破	危	成	收	开	闭	建	建	除	满	平	定	执	破	危	成	收	开	闭	建	除	满	平	定
廿八宿	尾	箕	斗	牛	女	虚	危	室	壁	奎	娄	胃	昴	毕	觜	参	井	鬼	柳	星	张	翼	轸	角	亢	氐	房	心	尾	箕

岁次:癸酉	公元1993年(剑锋金)			水鸡
太岁:康志	年七赤星	风山渐卦	二火七运	觜

闰三月小　　　　节气:立夏 十四日二十时二分

公历	22	23	24	25	26	27	28	29	30	五月	2	3	4	5	6	7	8	9	10	11	12	13	14	15	16	17	18	19	20
农历	一	二	三	四	五	六	七	八	九	十	十一	十二	十三	十四	十五	十六	十七	十八	十九	二十	廿一	廿二	廿三	廿四	廿五	廿六	廿七	廿八	廿九
星期	四	五	六	日	一	二	三	四	五	六	日	一	二	三	四	五	六	日	一	二	三	四	五	六	日	一	二	三	四
干支	癸酉	甲戌	乙亥	丙子	丁丑	戊寅	己卯	庚辰	辛巳	壬午	癸未	甲申	乙酉	丙戌	丁亥	戊子	己丑	庚寅	辛卯	壬辰	癸巳	甲午	乙未	丙申	丁酉	戊戌	己亥	庚子	辛丑
五行	金	火	火	水	水	土	土	金	金	木	木	水	水	土	土	火	火	木	木	水	水	金	金	火	火	木	木	土	土
建星	执	破	危	成	收	开	闭	建	除	满	平	定	执	执	破	危	成	收	开	闭	建	除	满	平	定	执	破	危	成
廿八宿	斗	牛	女	虚	危	室	壁	奎	娄	胃	昴	毕	觜	参	井	鬼	柳	星	张	翼	轸	角	亢	氐	房	心	尾	箕	斗

四月大建丁巳危宿　(五黄)　　　　节气:小满 初一日九时二分
芒种 十七日零时十五分

公历	21	22	23	24	25	26	27	28	29	30	31	六月	2	3	4	5	6	7	8	9	10	11	12	13	14	15	16	17	18	19
农历	一	二	三	四	五	六	七	八	九	十	十一	十二	十三	十四	十五	十六	十七	十八	十九	二十	廿一	廿二	廿三	廿四	廿五	廿六	廿七	廿八	廿九	三十
星期	五	六	日	一	二	三	四	五	六	日	一	二	三	四	五	六	日	一	二	三	四	五	六	日	一	二	三	四	五	六
干支	壬寅	癸卯	甲辰	乙巳	丙午	丁未	戊申	己酉	庚戌	辛亥	壬子	癸丑	甲寅	乙卯	丙辰	丁巳	戊午	己未	庚申	辛酉	壬戌	癸亥	甲子	乙丑	丙寅	丁卯	戊辰	己巳	庚午	辛未
五行	金	金	火	火	水	水	土	土	金	金	木	木	水	水	土	土	火	火	木	木	水	水	金	金	火	火	木	木	土	土
建星	收	开	闭	建	除	满	平	定	执	破	危	成	收	开	闭	建	建	除	满	平	定	执	破	危	成	收	开	闭	建	除
廿八宿	牛	女	虚	危	室	壁	奎	娄	胃	昴	毕	觜	参	井	鬼	柳	星	张	翼	轸	角	亢	氐	房	心	尾	箕	斗	牛	女

五月小建戊午室宿　(四绿)　　　　节气:夏至 初二日十七时
小暑 十八日十时卅二分

公历	20	21	22	23	24	25	26	27	28	29	30	七月	2	3	4	5	6	7	8	9	10	11	12	13	14	15	16	17	18
农历	一	二	三	四	五	六	七	八	九	十	十一	十二	十三	十四	十五	十六	十七	十八	十九	二十	廿一	廿二	廿三	廿四	廿五	廿六	廿七	廿八	廿九
星期	日	一	二	三	四	五	六	日	一	二	三	四	五	六	日	一	二	三	四	五	六	日	一	二	三	四	五	六	日
干支	壬申	癸酉	甲戌	乙亥	丙子	丁丑	戊寅	己卯	庚辰	辛巳	壬午	癸未	甲申	乙酉	丙戌	丁亥	戊子	己丑	庚寅	辛卯	壬辰	癸巳	甲午	乙未	丙申	丁酉	戊戌	己亥	庚子
五行	金	金	火	火	水	水	土	土	金	金	木	木	水	水	土	土	火	火	木	木	水	水	金	金	火	火	木	木	土
建星	满	平	定	执	破	危	成	收	开	闭	建	除	满	平	定	执	破	破	危	成	收	开	闭	建	除	满	平	定	执
廿八宿	虚	危	室	壁	奎	娄	胃	昴	毕	觜	参	井	鬼	柳	星	张	翼	轸	角	亢	氐	房	心	尾	箕	斗	牛	女	虚

岁次：癸酉	公元1993年（剑锋金）			水鸡
太岁：康志	年七赤星	风山渐卦	二火七运	觜

六月大建己未壁宿 （三碧）

节气：大暑初五日三时五十一分
立秋二十日二十时十八分

公历	19	20	21	22	23	24	25	26	27	28	29	30	31	八月	2	3	4	5	6	7	8	9	10	11	12	13	14	15	16	17
农历	一	二	三	四	五	六	七	八	九	十	十一	十二	十三	十四	十五	十六	十七	十八	十九	二十	廿一	廿二	廿三	廿四	廿五	廿六	廿七	廿八	廿九	三十
星期	一	二	三	四	五	六	日	一	二	三	四	五	六	日	一	二	三	四	五	六	日	一	二	三	四	五	六	日	一	二
干支	辛丑	壬寅	癸卯	甲辰	乙巳	丙午	丁未	戊申	己酉	庚戌	辛亥	壬子	癸丑	甲寅	乙卯	丙辰	丁巳	戊午	己未	庚申	辛酉	壬戌	癸亥	甲子	乙丑	丙寅	丁卯	戊辰	己巳	庚午
五行	土	金	金	火	火	水	水	土	土	金	金	木	木	水	水	土	土	火	火	木	木	水	水	金	金	火	火	木	木	土
建星	破	危	成	收	开	闭	建	除	满	平	定	执	破	危	成	收	开	闭	建	建	除	满	平	定	执	破	危	成	收	开
廿八宿	危	室	壁	奎	娄	胃	昴	毕	觜	参	井	鬼	柳	星	张	翼	轸	角	亢	氐	房	心	尾	箕	斗	牛	女	虚	危	室

七月小建庚申奎宿 （二黑）

节气：处暑初六日十时五十分
白露廿一日廿三时八分

公历	18	19	20	21	22	23	24	25	26	27	28	29	30	31	九月	2	3	4	5	6	7	8	9	10	11	12	13	14	15
农历	一	二	三	四	五	六	七	八	九	十	十一	十二	十三	十四	十五	十六	十七	十八	十九	二十	廿一	廿二	廿三	廿四	廿五	廿六	廿七	廿八	廿九
星期	三	四	五	六	日	一	二	三	四	五	六	日	一	二	三	四	五	六	日	一	二	三	四	五	六	日	一	二	三
干支	辛未	壬申	癸酉	甲戌	乙亥	丙子	丁丑	戊寅	己卯	庚辰	辛巳	壬午	癸未	甲申	乙酉	丙戌	丁亥	戊子	己丑	庚寅	辛卯	壬辰	癸巳	甲午	乙未	丙申	丁酉	戊戌	己亥
五行	土	金	金	火	火	水	水	土	土	金	金	木	木	水	水	土	土	火	火	木	木	水	水	金	金	火	火	木	木
建星	闭	建	除	满	平	定	执	破	危	成	收	开	闭	建	除	满	平	定	执	破	破	危	成	收	开	闭	建	除	满
廿八宿	壁	奎	娄	胃	昴	毕	觜	参	井	鬼	柳	星	张	翼	轸	角	亢	氐	房	心	尾	箕	斗	牛	女	虚	危	室	壁

八月小建辛酉娄宿 （一白）

节气：秋分初八日八时廿三分
寒露廿三日十四时四十分

公历	16	17	18	19	20	21	22	23	24	25	26	27	28	29	30	十月	2	3	4	5	6	7	8	9	10	11	12	13	14
农历	一	二	三	四	五	六	七	八	九	十	十一	十二	十三	十四	十五	十六	十七	十八	十九	二十	廿一	廿二	廿三	廿四	廿五	廿六	廿七	廿八	廿九
星期	四	五	六	日	一	二	三	四	五	六	日	一	二	三	四	五	六	日	一	二	三	四	五	六	日	一	二	三	四
干支	庚子	辛丑	壬寅	癸卯	甲辰	乙巳	丙午	丁未	戊申	己酉	庚戌	辛亥	壬子	癸丑	甲寅	乙卯	丙辰	丁巳	戊午	己未	庚申	辛酉	壬戌	癸亥	甲子	乙丑	丙寅	丁卯	戊辰
五行	土	土	金	金	火	火	水	水	土	土	金	金	木	木	水	水	土	土	火	火	木	木	水	水	金	金	火	火	木
建星	平	定	执	破	危	成	收	开	闭	建	除	满	平	定	执	破	危	成	收	开	闭	建	建	除	满	平	定	执	破
廿八宿	奎	娄	胃	昴	毕	觜	参	井	鬼	柳	星	张	翼	轸	角	亢	氐	房	心	尾	箕	斗	牛	女	虚	危	室	壁	奎

岁次:癸酉	公元1993年(剑锋金)			水鸡
太岁:康志	年七赤星	风山渐卦	二火七运	觜

九月大建壬戌胃宿 (九紫) 节气:霜降初九日十七时卅七分 立冬廿四日十七时四十六分

公历	15	16	17	18	19	20	21	22	23	24	25	26	27	28	29	30	31	11月	2	3	4	5	6	7	8	9	10	11	12	13
农历	一	二	三	四	五	六	七	八	九	十	十一	十二	十三	十四	十五	十六	十七	十八	十九	二十	廿一	廿二	廿三	廿四	廿五	廿六	廿七	廿八	廿九	三十
星期	五	六	日	一	二	三	四	五	六	日	一	二	三	四	五	六	日	一	二	三	四	五	六	日	一	二	三	四	五	六
干支	己巳	庚午	辛未	壬申	癸酉	甲戌	乙亥	丙子	丁丑	戊寅	己卯	庚辰	辛巳	壬午	癸未	甲申	乙酉	丙戌	丁亥	戊子	己丑	庚寅	辛卯	壬辰	癸巳	甲午	乙未	丙申	丁酉	戊戌
五行	木	土	土	金	金	火	火	水	水	土	土	金	金	木	木	水	水	土	土	火	火	木	木	水	水	金	金	火	火	木
建星	危	成	收	开	闭	建	除	满	平	定	执	破	危	成	收	开	闭	建	除	满	平	定	执	执	破	危	成	收	开	闭
廿八宿	娄	胃	昴	毕	觜	参	井	鬼	柳	星	张	翼	轸	角	亢	氐	房	心	尾	箕	斗	牛	女	虚	危	室	壁	奎	娄	胃

十月小建癸亥昴宿 (八白) 节气:小雪初九日十五时七分 大雪廿四日十时卅四分

公历	14	15	16	17	18	19	20	21	22	23	24	25	26	27	28	29	30	12月	2	3	4	5	6	7	8	9	10	11	12
农历	一	二	三	四	五	六	七	八	九	十	十一	十二	十三	十四	十五	十六	十七	十八	十九	二十	廿一	廿二	廿三	廿四	廿五	廿六	廿七	廿八	廿九
星期	日	一	二	三	四	五	六	日	一	二	三	四	五	六	日	一	二	三	四	五	六	日	一	二	三	四	五	六	日
干支	己亥	庚子	辛丑	壬寅	癸卯	甲辰	乙巳	丙午	丁未	戊申	己酉	庚戌	辛亥	壬子	癸丑	甲寅	乙卯	丙辰	丁巳	戊午	己未	庚申	辛酉	壬戌	癸亥	甲子	乙丑	丙寅	丁卯
五行	木	土	土	金	金	火	火	水	水	土	土	金	金	木	木	水	水	土	土	火	火	木	木	水	水	金	金	火	火
建星	建	除	满	平	定	执	破	危	成	收	开	闭	建	除	满	平	定	执	破	危	成	收	开	开	闭	建	除	满	平
廿八宿	昴	毕	觜	参	井	鬼	柳	星	张	翼	轸	角	亢	氐	房	心	尾	箕	斗	牛	女	虚	危	室	壁	奎	娄	胃	昴

十一月大建甲子毕宿 (七赤) 节气:冬至初十日四时廿六分 小寒廿四日廿一时四十八分

公历	13	14	15	16	17	18	19	20	21	22	23	24	25	26	27	28	29	30	31	一月	2	3	4	5	6	7	8	9	10	11
农历	一	二	三	四	五	六	七	八	九	十	十一	十二	十三	十四	十五	十六	十七	十八	十九	二十	廿一	廿二	廿三	廿四	廿五	廿六	廿七	廿八	廿九	三十
星期	一	二	三	四	五	六	日	一	二	三	四	五	六	日	一	二	三	四	五	六	日	一	二	三	四	五	六	日	一	二
干支	戊辰	己巳	庚午	辛未	壬申	癸酉	甲戌	乙亥	丙子	丁丑	戊寅	己卯	庚辰	辛巳	壬午	癸未	甲申	乙酉	丙戌	丁亥	戊子	己丑	庚寅	辛卯	壬辰	癸巳	甲午	乙未	丙申	丁酉
五行	木	木	土	土	金	金	火	火	水	水	土	土	金	金	木	木	水	水	土	土	火	火	木	木	水	水	金	金	火	火
建星	定	执	破	危	成	收	开	闭	建	除	满	平	定	执	破	危	成	收	开	闭	建	除	满	满	平	定	执	破	危	成
廿八宿	毕	觜	参	井	鬼	柳	星	张	翼	轸	角	亢	氐	房	心	尾	箕	斗	牛	女	虚	危	室	壁	奎	娄	胃	昴	毕	觜

十二月小建乙丑觜宿 (六白) 节气:大寒初九日十五时七分 立春廿四日九时卅一分

公历	12	13	14	15	16	17	18	19	20	21	22	23	24	25	26	27	28	29	30	31	二月	2	3	4	5	6	7	8	9
农历	一	二	三	四	五	六	七	八	九	十	十一	十二	十三	十四	十五	十六	十七	十八	十九	二十	廿一	廿二	廿三	廿四	廿五	廿六	廿七	廿八	廿九
星期	三	四	五	六	日	一	二	三	四	五	六	日	一	二	三	四	五	六	日	一	二	三	四	五	六	日	一	二	三
干支	戊戌	己亥	庚子	辛丑	壬寅	癸卯	甲辰	乙巳	丙午	丁未	戊申	己酉	庚戌	辛亥	壬子	癸丑	甲寅	乙卯	丙辰	丁巳	戊午	己未	庚申	辛酉	壬戌	癸亥	甲子	乙丑	丙寅
五行	木	木	土	土	金	金	火	火	水	水	土	土	金	金	木	木	水	水	土	土	火	火	木	木	水	水	金	金	火
建星	收	开	闭	建	除	满	平	定	执	破	危	成	收	开	闭	建	除	满	平	定	执	破	危	危	成	收	开	闭	建
廿八宿	参	井	鬼	柳	星	张	翼	轸	角	亢	氐	房	心	尾	箕	斗	牛	女	虚	危	室	壁	奎	娄	胃	昴	毕	觜	参

岁次：甲戌	公元1994年（山头火）			木狗
太岁：施广	年六白星	水山蹇卦	七水二运	参

正月大建丙寅参宿 （五黄）

节气：雨水初十日五时廿二分
惊蛰廿五日三时卅八分

公历	10	11	12	13	14	15	16	17	18	19	20	21	22	23	24	25	26	27	28	三月	2	3	4	5	6	7	8	9	10	11
农历	一	二	三	四	五	六	七	八	九	十	十一	十二	十三	十四	十五	十六	十七	十八	十九	二十	廿一	廿二	廿三	廿四	廿五	廿六	廿七	廿八	廿九	三十
星期	四	五	六	日	一	二	三	四	五	六	日	一	二	三	四	五	六	日	一	二	三	四	五	六	日	一	二	三	四	五
干支	丁卯	戊辰	己巳	庚午	辛未	壬申	癸酉	甲戌	乙亥	丙子	丁丑	戊寅	己卯	庚辰	辛巳	壬午	癸未	甲申	乙酉	丙戌	丁亥	戊子	己丑	庚寅	辛卯	壬辰	癸巳	甲午	乙未	丙申
五行	火	木	木	土	土	金	金	火	火	水	水	土	土	金	金	木	木	水	水	土	土	火	火	木	木	水	水	金	金	火
建星	除	满	平	定	执	破	危	成	收	开	闭	建	除	满	平	定	执	破	危	成	收	开	闭	建	建	除	满	平	定	执
廿八宿	井	鬼	柳	星	张	翼	轸	角	亢	氐	房	心	尾	箕	斗	牛	女	虚	危	室	壁	奎	娄	胃	昴	毕	觜	参	井	鬼

二月大建丁卯井宿 （四绿）

节气：春分初十日四时廿八分
清明廿五日八时卅二分

公历	12	13	14	15	16	17	18	19	20	21	22	23	24	25	26	27	28	29	30	31	四月	2	3	4	5	6	7	8	9	10
农历	一	二	三	四	五	六	七	八	九	十	十一	十二	十三	十四	十五	十六	十七	十八	十九	二十	廿一	廿二	廿三	廿四	廿五	廿六	廿七	廿八	廿九	三十
星期	六	日	一	二	三	四	五	六	日	一	二	三	四	五	六	日	一	二	三	四	五	六	日	一	二	三	四	五	六	日
干支	丁酉	戊戌	己亥	庚子	辛丑	壬寅	癸卯	甲辰	乙巳	丙午	丁未	戊申	己酉	庚戌	辛亥	壬子	癸丑	甲寅	乙卯	丙辰	丁巳	戊午	己未	庚申	辛酉	壬戌	癸亥	甲子	乙丑	丙寅
五行	火	木	木	土	土	金	金	火	火	水	水	土	土	金	金	木	木	水	水	土	土	火	火	木	木	水	水	金	金	火
建星	破	危	成	收	开	闭	建	除	满	平	定	执	破	危	成	收	开	闭	建	除	满	平	定	执	执	破	危	成	收	开
廿八宿	柳	星	张	翼	轸	角	亢	氐	房	心	尾	箕	斗	牛	女	虚	危	室	壁	奎	娄	胃	昴	毕	觜	参	井	鬼	柳	星

三月大建戊辰鬼宿 （三碧）

节气：谷雨初十日十五时卅六分
立夏廿六日一时五十四分

公历	11	12	13	14	15	16	17	18	19	20	21	22	23	24	25	26	27	28	29	30	五月	2	3	4	5	6	7	8	9	10
农历	一	二	三	四	五	六	七	八	九	十	十一	十二	十三	十四	十五	十六	十七	十八	十九	二十	廿一	廿二	廿三	廿四	廿五	廿六	廿七	廿八	廿九	三十
星期	一	二	三	四	五	六	日	一	二	三	四	五	六	日	一	二	三	四	五	六	日	一	二	三	四	五	六	日	一	二
干支	丁卯	戊辰	己巳	庚午	辛未	壬申	癸酉	甲戌	乙亥	丙子	丁丑	戊寅	己卯	庚辰	辛巳	壬午	癸未	甲申	乙酉	丙戌	丁亥	戊子	己丑	庚寅	辛卯	壬辰	癸巳	甲午	乙未	丙申
五行	火	木	木	土	土	金	金	火	火	水	水	土	土	金	金	木	木	水	水	土	土	火	火	木	木	水	水	金	金	火
建星	闭	建	除	满	平	定	执	破	危	成	收	开	闭	建	除	满	平	定	执	破	危	成	收	开	闭	闭	建	除	满	平
廿八宿	张	翼	轸	角	亢	氐	房	心	尾	箕	斗	牛	女	虚	危	室	壁	奎	娄	胃	昴	毕	觜	参	井	鬼	柳	星	张	翼

岁次：甲戌	公元 1994 年（山头火）			木狗
太岁：施广	年六白星	水山蹇卦	七水二运	参

四月小建己巳柳宿 （二黑）

节气：小满十一日十四时四十九分
芒种廿七日六时五分

公历	11	12	13	14	15	16	17	18	19	20	21	22	23	24	25	26	27	28	29	30	31	六月	2	3	4	5	6	7	8	
农历	一	二	三	四	五	六	七	八	九	十	十一	十二	十三	十四	十五	十六	十七	十八	十九	二十	廿一	廿二	廿三	廿四	廿五	廿六	廿七	廿八	廿九	
星期	三	四	五	六	日	一	二	三	四	五	六	日	一	二	三	四	五	六	日	一	二	三	四	五	六	日	一	二	三	
干支	丁酉	戊戌	己亥	庚子	辛丑	壬寅	癸卯	甲辰	乙巳	丙午	丁未	戊申	己酉	庚戌	辛亥	壬子	癸丑	甲寅	乙卯	丙辰	丁巳	戊午	己未	庚申	辛酉	壬戌	癸亥	甲子	乙丑	
五行	火	木	木	土	土	金	金	火	火	水	水	土	土	金	金	木	木	水	水	土	土	火	火	木	木	水	水	金	金	
建星	定	执	破	危	成	收	开	闭	建	除	满	平	定	执	破	危	成	收	开	闭	建	除	满	平	定	执	执	破	危	
廿八宿	轸	角	亢	氐	房	心	尾	箕	斗	牛	女	虚	危	室	壁	奎	娄	胃	昴	毕	觜	参	井	鬼	柳	星	张	翼	轸	

五月大建庚午星宿 （一白）

节气：夏至十三日廿二时四十八分
小暑廿九日十六时十九分

公历	9	10	11	12	13	14	15	16	17	18	19	20	21	22	23	24	25	26	27	28	29	30	七月	2	3	4	5	6	7	8
农历	一	二	三	四	五	六	七	八	九	十	十一	十二	十三	十四	十五	十六	十七	十八	十九	二十	廿一	廿二	廿三	廿四	廿五	廿六	廿七	廿八	廿九	三十
星期	四	五	六	日	一	二	三	四	五	六	日	一	二	三	四	五	六	日	一	二	三	四	五	六	日	一	二	三	四	五
干支	丙寅	丁卯	戊辰	己巳	庚午	辛未	壬申	癸酉	甲戌	乙亥	丙子	丁丑	戊寅	己卯	庚辰	辛巳	壬午	癸未	甲申	乙酉	丙戌	丁亥	戊子	己丑	庚寅	辛卯	壬辰	癸巳	甲午	乙未
五行	火	火	木	木	土	土	金	金	火	火	水	水	土	土	金	金	木	木	水	水	土	土	火	火	木	木	水	水	金	金
建星	成	收	开	闭	建	除	满	平	定	执	破	危	成	收	开	闭	建	除	满	平	定	执	破	危	成	收	开	闭	闭	建
廿八宿	角	亢	氐	房	心	尾	箕	斗	牛	女	虚	危	室	壁	奎	娄	胃	昴	毕	觜	参	井	鬼	柳	星	张	翼	轸	角	亢

六月小建辛未张宿 （九紫）

节气：大暑十五日九时四十一分

公历	9	10	11	12	13	14	15	16	17	18	19	20	21	22	23	24	25	26	27	28	29	30	31	八月	2	3	4	5	6	
农历	一	二	三	四	五	六	七	八	九	十	十一	十二	十三	十四	十五	十六	十七	十八	十九	二十	廿一	廿二	廿三	廿四	廿五	廿六	廿七	廿八	廿九	
星期	六	日	一	二	三	四	五	六	日	一	二	三	四	五	六	日	一	二	三	四	五	六	日	一	二	三	四	五	六	
干支	丙申	丁酉	戊戌	己亥	庚子	辛丑	壬寅	癸卯	甲辰	乙巳	丙午	丁未	戊申	己酉	庚戌	辛亥	壬子	癸丑	甲寅	乙卯	丙辰	丁巳	戊午	己未	庚申	辛酉	壬戌	癸亥	甲子	
五行	火	火	木	木	土	土	金	金	火	火	水	水	土	土	金	金	木	木	水	水	土	土	火	火	木	木	水	水	金	
建星	除	满	平	定	执	破	危	成	收	开	闭	建	除	满	平	定	执	破	危	成	收	开	闭	建	除	满	平	定	执	
廿八宿	氐	房	心	尾	箕	斗	牛	女	虚	危	室	壁	奎	娄	胃	昴	毕	觜	参	井	鬼	柳	星	张	翼	轸	角	亢	氐	

岁次：甲戌	公元1994年（山头火）		木狗
太岁：施广	年六白星	水山蹇卦	七水二运	参

七月大建壬申翼宿 （八白）

节气：立秋初二日二时四分
处暑十七日十六时四十四分

公历	7	8	9	10	11	12	13	14	15	16	17	18	19	20	21	22	23	24	25	26	27	28	29	30	31	九月	2	3	4	5
农历	一	二	三	四	五	六	七	八	九	十	十一	十二	十三	十四	十五	十六	十七	十八	十九	二十	廿一	廿二	廿三	廿四	廿五	廿六	廿七	廿八	廿九	三十
星期	日	一	二	三	四	五	六	日	一	二	三	四	五	六	日	一	二	三	四	五	六	日	一	二	三	四	五	六	日	一
干支	乙丑	丙寅	丁卯	戊辰	己巳	庚午	辛未	壬申	癸酉	甲戌	乙亥	丙子	丁丑	戊寅	己卯	庚辰	辛巳	壬午	癸未	甲申	乙酉	丙戌	丁亥	戊子	己丑	庚寅	辛卯	壬辰	癸巳	甲午
五行	金	火	火	木	木	土	土	金	金	火	火	水	水	土	土	金	金	木	木	水	水	土	土	火	火	木	木	水	水	金
建星	破	破	危	成	收	开	闭	建	除	满	平	定	执	破	危	成	收	开	闭	建	除	满	平	定	执	破	危	成	收	开
廿八宿	房	心	尾	箕	斗	牛	女	虚	危	室	壁	奎	娄	胃	昴	毕	觜	参	井	鬼	柳	星	张	翼	轸	角	亢	氐	房	心

八月小建癸酉轸宿 （七赤）

节气：白露初三日四时五十五分
秋分十八日十四时十九分

公历	6	7	8	9	10	11	12	13	14	15	16	17	18	19	20	21	22	23	24	25	26	27	28	29	30	十月	2	3	4
农历	一	二	三	四	五	六	七	八	九	十	十一	十二	十三	十四	十五	十六	十七	十八	十九	二十	廿一	廿二	廿三	廿四	廿五	廿六	廿七	廿八	廿九
星期	二	三	四	五	六	日	一	二	三	四	五	六	日	一	二	三	四	五	六	日	一	二	三	四	五	六	日	一	二
干支	乙未	丙申	丁酉	戊戌	己亥	庚子	辛丑	壬寅	癸卯	甲辰	乙巳	丙午	丁未	戊申	己酉	庚戌	辛亥	壬子	癸丑	甲寅	乙卯	丙辰	丁巳	戊午	己未	庚申	辛酉	壬戌	癸亥
五行	金	火	火	木	木	土	土	金	金	火	火	水	水	土	土	金	金	木	木	水	水	土	土	火	火	木	木	水	水
建星	闭	建	建	除	满	平	定	执	破	危	成	收	开	闭	建	除	满	平	定	执	破	危	成	收	开	闭	建	除	满
廿八宿	尾	箕	斗	牛	女	虚	危	室	壁	奎	娄	胃	昴	毕	觜	参	井	鬼	柳	星	张	翼	轸	角	亢	氐	房	心	尾

九月小建甲戌角宿 （六白）

节气：寒露初四日二十时廿九分
霜降十九日廿二时卅六分

公历	5	6	7	8	9	10	11	12	13	14	15	16	17	18	19	20	21	22	23	24	25	26	27	28	29	30	31	11月	2
农历	一	二	三	四	五	六	七	八	九	十	十一	十二	十三	十四	十五	十六	十七	十八	十九	二十	廿一	廿二	廿三	廿四	廿五	廿六	廿七	廿八	廿九
星期	三	四	五	六	日	一	二	三	四	五	六	日	一	二	三	四	五	六	日	一	二	三	四	五	六	日	一	二	三
干支	甲子	乙丑	丙寅	丁卯	戊辰	己巳	庚午	辛未	壬申	癸酉	甲戌	乙亥	丙子	丁丑	戊寅	己卯	庚辰	辛巳	壬午	癸未	甲申	乙酉	丙戌	丁亥	戊子	己丑	庚寅	辛卯	壬辰
五行	金	金	火	火	木	木	土	土	金	金	火	火	水	水	土	土	金	金	木	木	水	水	土	土	火	火	木	木	水
建星	平	定	执	执	破	危	成	收	开	闭	建	除	满	平	定	执	破	危	成	收	开	闭	建	除	满	平	定	执	破
廿八宿	箕	斗	牛	女	虚	危	室	壁	奎	娄	胃	昴	毕	觜	参	井	鬼	柳	星	张	翼	轸	角	亢	氐	房	心	尾	箕

岁次：甲戌	公元1994年（山头火）			木狗
太岁：施广	年六白星	水山蹇卦	七水二运	参

十月大建乙亥亢宿 （五黄）

节气：立冬初五日廿三时卅六分
小雪二十日廿一时六分

公历	3	4	5	6	7	8	9	10	11	12	13	14	15	16	17	18	19	20	21	22	23	24	25	26	27	28	29	30	12月	2
农历	一	二	三	四	五	六	七	八	九	十	十一	十二	十三	十四	十五	十六	十七	十八	十九	二十	廿一	廿二	廿三	廿四	廿五	廿六	廿七	廿八	廿九	三十
星期	四	五	六	日	一	二	三	四	五	六	日	一	二	三	四	五	六	日	一	二	三	四	五	六	日	一	二	三	四	五
干支	癸巳	甲午	乙未	丙申	丁酉	戊戌	己亥	庚子	辛丑	壬寅	癸卯	甲辰	乙巳	丙午	丁未	戊申	己酉	庚戌	辛亥	壬子	癸丑	甲寅	乙卯	丙辰	丁巳	戊午	己未	庚申	辛酉	壬戌
五行	水	金	金	火	火	木	木	土	土	金	金	火	火	水	水	土	土	金	金	木	木	水	水	土	土	火	火	木	木	水
建星	危	成	收	开	开	闭	建	除	满	平	定	执	破	危	成	收	开	闭	建	除	满	平	定	执	破	危	成	收	开	闭
廿八宿	斗	牛	女	虚	危	室	壁	奎	娄	胃	昴	毕	觜	参	井	鬼	柳	星	张	翼	轸	角	亢	氐	房	心	尾	箕	斗	牛

十一月小建丙子氐宿 （四绿）

节气：大雪初五日十六时廿三分
冬至二十日十时廿三分

公历	3	4	5	6	7	8	9	10	11	12	13	14	15	16	17	18	19	20	21	22	23	24	25	26	27	28	29	30	31	
农历	一	二	三	四	五	六	七	八	九	十	十一	十二	十三	十四	十五	十六	十七	十八	十九	二十	廿一	廿二	廿三	廿四	廿五	廿六	廿七	廿八	廿九	
星期	六	日	一	二	三	四	五	六	日	一	二	三	四	五	六	日	一	二	三	四	五	六	日	一	二	三	四	五	六	
干支	癸亥	甲子	乙丑	丙寅	丁卯	戊辰	己巳	庚午	辛未	壬申	癸酉	甲戌	乙亥	丙子	丁丑	戊寅	己卯	庚辰	辛巳	壬午	癸未	甲申	乙酉	丙戌	丁亥	戊子	己丑	庚寅	辛卯	
五行	水	金	金	火	火	木	木	土	土	金	金	火	火	水	水	土	土	金	金	木	木	水	水	土	土	火	火	木	木	
建星	建	除	满	平	平	定	执	破	危	成	收	开	闭	建	除	满	平	定	执	破	危	成	收	开	闭	建	除	满	平	
廿八宿	女	虚	危	室	壁	奎	娄	胃	昴	毕	觜	参	井	鬼	柳	星	张	翼	轸	角	亢	氐	房	心	尾	箕	斗	牛	女	

十二月大建丁丑房宿 （三碧）

节气：小寒初六日三时卅四分
大寒二十日廿一时一分

公历	一月	2	3	4	5	6	7	8	9	10	11	12	13	14	15	16	17	18	19	20	21	22	23	24	25	26	27	28	29	30
农历	一	二	三	四	五	六	七	八	九	十	十一	十二	十三	十四	十五	十六	十七	十八	十九	二十	廿一	廿二	廿三	廿四	廿五	廿六	廿七	廿八	廿九	三十
星期	日	一	二	三	四	五	六	日	一	二	三	四	五	六	日	一	二	三	四	五	六	日	一	二	三	四	五	六	日	一
干支	壬辰	癸巳	甲午	乙未	丙申	丁酉	戊戌	己亥	庚子	辛丑	壬寅	癸卯	甲辰	乙巳	丙午	丁未	戊申	己酉	庚戌	辛亥	壬子	癸丑	甲寅	乙卯	丙辰	丁巳	戊午	己未	庚申	辛酉
五行	水	水	金	金	火	火	木	木	土	土	金	金	火	火	水	水	土	土	金	金	木	木	水	水	土	土	火	火	木	木
建星	定	执	破	危	成	成	收	开	闭	建	除	满	平	定	执	破	危	成	收	开	闭	建	除	满	平	定	执	破	危	成
廿八宿	虚	危	室	壁	奎	娄	胃	昴	毕	觜	参	井	鬼	柳	星	张	翼	轸	角	亢	氐	房	心	尾	箕	斗	牛	女	虚	危

岁次：乙亥	公元1995年（山头火）			木猪
太岁：任保	年五黄星	火地晋卦	三木三运	井

正月小建戊寅心宿 （二黑）

节气：立春初五日十五时十三分
雨水二十日十一时十一分

公历	31	二月	2	3	4	5	6	7	8	9	10	11	12	13	14	15	16	17	18	19	20	21	22	23	24	25	26	27	28
农历	一	二	三	四	五	六	七	八	九	十	十一	十二	十三	十四	十五	十六	十七	十八	十九	二十	廿一	廿二	廿三	廿四	廿五	廿六	廿七	廿八	廿九
星期	二	三	四	五	六	日	一	二	三	四	五	六	日	一	二	三	四	五	六	日	一	二	三	四	五	六	日	一	二
干支	壬戌	癸亥	甲子	乙丑	丙寅	丁卯	戊辰	己巳	庚午	辛未	壬申	癸酉	甲戌	乙亥	丙子	丁丑	戊寅	己卯	庚辰	辛巳	壬午	癸未	甲申	乙酉	丙戌	丁亥	戊子	己丑	庚寅
五行	水	水	金	金	火	火	木	木	土	土	金	金	火	火	水	水	土	土	金	金	木	木	水	水	土	土	火	火	木
建星	收	开	闭	建	建	除	满	平	定	执	破	危	成	收	开	闭	建	除	满	平	定	执	破	危	成	收	开	闭	建
廿八宿	室	壁	奎	娄	胃	昴	毕	觜	参	井	鬼	柳	星	张	翼	轸	角	亢	氐	房	心	尾	箕	斗	牛	女	虚	危	室

二月大建己卯尾宿 （一白）

节气：惊蛰初六日九时十六分
春分廿一日十时十五分

公历	三月	2	3	4	5	6	7	8	9	10	11	12	13	14	15	16	17	18	19	20	21	22	23	24	25	26	27	28	29	30
农历	一	二	三	四	五	六	七	八	九	十	十一	十二	十三	十四	十五	十六	十七	十八	十九	二十	廿一	廿二	廿三	廿四	廿五	廿六	廿七	廿八	廿九	三十
星期	三	四	五	六	日	一	二	三	四	五	六	日	一	二	三	四	五	六	日	一	二	三	四	五	六	日	一	二	三	四
干支	辛卯	壬辰	癸巳	甲午	乙未	丙申	丁酉	戊戌	己亥	庚子	辛丑	壬寅	癸卯	甲辰	乙巳	丙午	丁未	戊申	己酉	庚戌	辛亥	壬子	癸丑	甲寅	乙卯	丙辰	丁巳	戊午	己未	庚申
五行	木	水	水	金	金	火	火	木	木	土	土	金	金	火	火	水	水	土	土	金	金	木	木	水	水	土	土	火	火	木
建星	除	满	平	定	执	执	破	危	成	收	开	闭	建	除	满	平	定	执	破	危	成	收	开	闭	建	除	满	平	定	执
廿八宿	壁	奎	娄	胃	昴	毕	觜	参	井	鬼	柳	星	张	翼	轸	角	亢	氐	房	心	尾	箕	斗	牛	女	虚	危	室	壁	奎

三月大建庚辰箕宿 （九紫）

节气：清明初六日十四时八分
谷雨廿一日廿一时廿二分

公历	31	四月	2	3	4	5	6	7	8	9	10	11	12	13	14	15	16	17	18	19	20	21	22	23	24	25	26	27	28	29
农历	一	二	三	四	五	六	七	八	九	十	十一	十二	十三	十四	十五	十六	十七	十八	十九	二十	廿一	廿二	廿三	廿四	廿五	廿六	廿七	廿八	廿九	三十
星期	五	六	日	一	二	三	四	五	六	日	一	二	三	四	五	六	日	一	二	三	四	五	六	日	一	二	三	四	五	六
干支	辛酉	壬戌	癸亥	甲子	乙丑	丙寅	丁卯	戊辰	己巳	庚午	辛未	壬申	癸酉	甲戌	乙亥	丙子	丁丑	戊寅	己卯	庚辰	辛巳	壬午	癸未	甲申	乙酉	丙戌	丁亥	戊子	己丑	庚寅
五行	木	水	水	金	金	火	火	木	木	土	土	金	金	火	火	水	水	土	土	金	金	木	木	水	水	土	土	火	火	木
建星	破	危	成	收	开	开	闭	建	除	满	平	定	执	破	危	成	收	开	闭	建	除	满	平	定	执	破	危	成	收	开
廿八宿	娄	胃	昴	毕	觜	参	井	鬼	柳	星	张	翼	轸	角	亢	氐	房	心	尾	箕	斗	牛	女	虚	危	室	壁	奎	娄	胃

岁次:乙亥	公元1995年(山头火)			木猪
太岁:任保	年五黄星	火地晋卦	三木三运	井

四月小建辛巳斗宿 (八白)

节气:立夏 初七日七时三十分
小满 廿二日二十时卅四分

公历	30	五月	2	3	4	5	6	7	8	9	10	11	12	13	14	15	16	17	18	19	20	21	22	23	24	25	26	27	28
农历	一	二	三	四	五	六	七	八	九	十	十一	十二	十三	十四	十五	十六	十七	十八	十九	二十	廿一	廿二	廿三	廿四	廿五	廿六	廿七	廿八	廿九
星期	日	一	二	三	四	五	六	日	一	二	三	四	五	六	日	一	二	三	四	五	六	日	一	二	三	四	五	六	日
干支	辛卯	壬辰	癸巳	甲午	乙未	丙申	丁酉	戊戌	己亥	庚子	辛丑	壬寅	癸卯	甲辰	乙巳	丙午	丁未	戊申	己酉	庚戌	辛亥	壬子	癸丑	甲寅	乙卯	丙辰	丁巳	戊午	己未
五行	木	水	水	金	金	火	火	木	木	土	土	金	金	火	火	水	水	土	土	金	金	木	木	水	水	土	土	火	火
建星	闭	建	除	满	平	定	定	执	破	危	成	收	开	闭	建	除	满	平	定	执	破	危	成	收	开	闭	建	除	满
廿八宿	昴	毕	觜	参	井	鬼	柳	星	张	翼	轸	角	亢	氐	房	心	尾	箕	斗	牛	女	虚	危	室	壁	奎	娄	胃	昴

五月大建壬午牛宿 (七赤)

节气:芒种 初九日十一时卅四分
夏至 廿五日四时卅四分

公历	29	30	31	六月	2	3	4	5	6	7	8	9	10	11	12	13	14	15	16	17	18	19	20	21	22	23	24	25	26	27
农历	一	二	三	四	五	六	七	八	九	十	十一	十二	十三	十四	十五	十六	十七	十八	十九	二十	廿一	廿二	廿三	廿四	廿五	廿六	廿七	廿八	廿九	三十
星期	一	二	三	四	五	六	日	一	二	三	四	五	六	日	一	二	三	四	五	六	日	一	二	三	四	五	六	日	一	二
干支	庚申	辛酉	壬戌	癸亥	甲子	乙丑	丙寅	丁卯	戊辰	己巳	庚午	辛未	壬申	癸酉	甲戌	乙亥	丙子	丁丑	戊寅	己卯	庚辰	辛巳	壬午	癸未	甲申	乙酉	丙戌	丁亥	戊子	己丑
五行	木	木	水	水	金	金	火	火	木	木	土	土	金	金	火	火	水	水	土	土	金	金	木	木	水	水	土	土	火	火
建星	平	定	执	破	危	成	收	开	开	闭	建	除	满	平	定	执	破	危	成	收	开	闭	建	除	满	平	定	执	破	危
廿八宿	毕	觜	参	井	鬼	柳	星	张	翼	轸	角	亢	氐	房	心	尾	箕	斗	牛	女	虚	危	室	壁	奎	娄	胃	昴	毕	觜

六月小建癸未女宿 (六白)

节气:小暑 初十日廿二时一分
大暑 廿六日十五时三十分

公历	28	29	30	七月	2	3	4	5	6	7	8	9	10	11	12	13	14	15	16	17	18	19	20	21	22	23	24	25	26
农历	一	二	三	四	五	六	七	八	九	十	十一	十二	十三	十四	十五	十六	十七	十八	十九	二十	廿一	廿二	廿三	廿四	廿五	廿六	廿七	廿八	廿九
星期	三	四	五	六	日	一	二	三	四	五	六	日	一	二	三	四	五	六	日	一	二	三	四	五	六	日	一	二	三
干支	庚寅	辛卯	壬辰	癸巳	甲午	乙未	丙申	丁酉	戊戌	己亥	庚子	辛丑	壬寅	癸卯	甲辰	乙巳	丙午	丁未	戊申	己酉	庚戌	辛亥	壬子	癸丑	甲寅	乙卯	丙辰	丁巳	戊午
五行	木	木	水	水	金	金	火	火	木	木	土	土	金	金	火	火	水	水	土	土	金	金	木	木	水	水	土	土	火
建星	成	收	开	闭	建	除	满	平	定	定	执	破	危	成	收	开	闭	建	除	满	平	定	执	破	危	成	收	开	闭
廿八宿	参	井	鬼	柳	星	张	翼	轸	角	亢	氐	房	心	尾	箕	斗	牛	女	虚	危	室	壁	奎	娄	胃	昴	毕	觜	参

岁次：乙亥	公元1995年（山头火）			木猪
太岁：任保	年五黄星	火地晋卦	三木三运	井

七月大建甲申虚宿 （五黄）

节气：立秋十三日七时五十二分
处暑廿八日廿二时卅五分

公历	27	28	29	30	31	八月	2	3	4	5	6	7	8	9	10	11	12	13	14	15	16	17	18	19	20	21	22	23	24	25
农历	一	二	三	四	五	六	七	八	九	十	十一	十二	十三	十四	十五	十六	十七	十八	十九	二十	廿一	廿二	廿三	廿四	廿五	廿六	廿七	廿八	廿九	三十
星期	四	五	六	日	一	二	三	四	五	六	日	一	二	三	四	五	六	日	一	二	三	四	五	六	日	一	二	三	四	五
干支	己未	庚申	辛酉	壬戌	癸亥	甲子	乙丑	丙寅	丁卯	戊辰	己巳	庚午	辛未	壬申	癸酉	甲戌	乙亥	丙子	丁丑	戊寅	己卯	庚辰	辛巳	壬午	癸未	甲申	乙酉	丙戌	丁亥	戊子
五行	火	木	木	水	水	金	金	火	火	木	木	土	土	金	金	火	火	水	水	土	土	金	金	木	木	水	水	土	土	火
建星	建	除	满	平	定	执	破	危	成	收	开	闭	闭	建	除	满	平	定	执	破	危	成	收	开	闭	建	除	满	平	定
廿八宿	井	鬼	柳	星	张	翼	轸	角	亢	氐	房	心	尾	箕	斗	牛	女	虚	危	室	壁	奎	娄	胃	昴	毕	觜	参	井	鬼

八月大建乙酉危宿 （四绿）

节气：白露十四日十时四十九分
秋分廿九日二十时十三分

公历	26	27	28	29	30	31	九月	2	3	4	5	6	7	8	9	10	11	12	13	14	15	16	17	18	19	20	21	22	23	24
农历	一	二	三	四	五	六	七	八	九	十	十一	十二	十三	十四	十五	十六	十七	十八	十九	二十	廿一	廿二	廿三	廿四	廿五	廿六	廿七	廿八	廿九	三十
星期	六	日	一	二	三	四	五	六	日	一	二	三	四	五	六	日	一	二	三	四	五	六	日	一	二	三	四	五	六	日
干支	己丑	庚寅	辛卯	壬辰	癸巳	甲午	乙未	丙申	丁酉	戊戌	己亥	庚子	辛丑	壬寅	癸卯	甲辰	乙巳	丙午	丁未	戊申	己酉	庚戌	辛亥	壬子	癸丑	甲寅	乙卯	丙辰	丁巳	戊午
五行	火	木	木	水	水	金	金	火	火	木	木	土	土	金	金	火	火	水	水	土	土	金	金	木	木	水	水	土	土	火
建星	执	破	危	成	收	开	闭	建	除	满	平	定	执	执	破	危	成	收	开	闭	建	除	满	平	定	执	破	危	成	收
廿八宿	柳	星	张	翼	轸	角	亢	氐	房	心	尾	箕	斗	牛	女	虚	危	室	壁	奎	娄	胃	昴	毕	觜	参	井	鬼	柳	星

闰八月小

节气：寒露十五日二时廿八分

公历	25	26	27	28	29	30	十月	2	3	4	5	6	7	8	9	10	11	12	13	14	15	16	17	18	19	20	21	22	23
农历	一	二	三	四	五	六	七	八	九	十	十一	十二	十三	十四	十五	十六	十七	十八	十九	二十	廿一	廿二	廿三	廿四	廿五	廿六	廿七	廿八	廿九
星期	一	二	三	四	五	六	日	一	二	三	四	五	六	日	一	二	三	四	五	六	日	一	二	三	四	五	六	日	一
干支	己未	庚申	辛酉	壬戌	癸亥	甲子	乙丑	丙寅	丁卯	戊辰	己巳	庚午	辛未	壬申	癸酉	甲戌	乙亥	丙子	丁丑	戊寅	己卯	庚辰	辛巳	壬午	癸未	甲申	乙酉	丙戌	丁亥
五行	火	木	木	水	水	金	金	火	火	木	木	土	土	金	金	火	火	水	水	土	土	金	金	木	木	水	水	土	土
建星	开	闭	建	除	满	平	定	执	破	危	成	收	开	闭	闭	建	除	满	平	定	执	破	危	成	收	开	闭	建	除
廿八宿	张	翼	轸	角	亢	氐	房	心	尾	箕	斗	牛	女	虚	危	室	壁	奎	娄	胃	昴	毕	觜	参	井	鬼	柳	星	张

岁次：乙亥	公元1995年（山头火）			木猪
太岁：任保	年五黄星	火地晋卦	三木三运	井

九月小建丙戌室宿 （三碧） 节气：霜降初一日五时卅二分 立冬十六日五时卅六分

公历	24	25	26	27	28	29	30	31	11月	2	3	4	5	6	7	8	9	10	11	12	13	14	15	16	17	18	19	20	21	
农历	一	二	三	四	五	六	七	八	九	十	十一	十二	十三	十四	十五	十六	十七	十八	十九	二十	廿一	廿二	廿三	廿四	廿五	廿六	廿七	廿八	廿九	
星期	二	三	四	五	六	日	一	二	三	四	五	六	日	一	二	三	四	五	六	日	一	二	三	四	五	六	日	一	二	
干支	戊子	己丑	庚寅	辛卯	壬辰	癸巳	甲午	乙未	丙申	丁酉	戊戌	己亥	庚子	辛丑	壬寅	癸卯	甲辰	乙巳	丙午	丁未	戊申	己酉	庚戌	辛亥	壬子	癸丑	甲寅	乙卯	丙辰	
五行	火	火	木	木	水	水	金	金	火	火	木	木	土	土	金	金	火	火	水	水	土	土	金	金	木	木	水	水	土	
建星	满	平	定	执	破	危	成	收	开	闭	建	除	满	平	定	定	执	破	危	成	收	开	闭	建	除	满	平	定	执	
廿八宿	翼	轸	角	亢	氐	房	心	尾	箕	斗	牛	女	虚	危	室	壁	奎	娄	胃	昴	毕	觜	参	井	鬼	柳	星	张	翼	

十月大建丁亥壁宿 （二黑） 节气：小雪初二日三时二分 大雪十六日廿二时廿三分

公历	22	23	24	25	26	27	28	29	30	12月	2	3	4	5	6	7	8	9	10	11	12	13	14	15	16	17	18	19	20	21
农历	一	二	三	四	五	六	七	八	九	十	十一	十二	十三	十四	十五	十六	十七	十八	十九	二十	廿一	廿二	廿三	廿四	廿五	廿六	廿七	廿八	廿九	三十
星期	三	四	五	六	日	一	二	三	四	五	六	日	一	二	三	四	五	六	日	一	二	三	四	五	六	日	一	二	三	四
干支	丁巳	戊午	己未	庚申	辛酉	壬戌	癸亥	甲子	乙丑	丙寅	丁卯	戊辰	己巳	庚午	辛未	壬申	癸酉	甲戌	乙亥	丙子	丁丑	戊寅	己卯	庚辰	辛巳	壬午	癸未	甲申	乙酉	丙戌
五行	土	火	火	木	木	水	水	金	金	火	火	木	木	土	土	金	金	火	火	水	水	土	土	金	金	木	木	水	水	土
建星	破	危	成	收	开	闭	建	除	满	平	定	执	破	危	成	成	收	开	闭	建	除	满	平	定	执	破	危	成	收	开
廿八宿	轸	角	亢	氐	房	心	尾	箕	斗	牛	女	虚	危	室	壁	奎	娄	胃	昴	毕	觜	参	井	鬼	柳	星	张	翼	轸	角

十一月小建戊子奎宿 （一白） 节气：冬至初一日十六时十七分 小寒十六日九时卅一分

公历	22	23	24	25	26	27	28	29	30	31	一月	2	3	4	5	6	7	8	9	10	11	12	13	14	15	16	17	18	19	
农历	一	二	三	四	五	六	七	八	九	十	十一	十二	十三	十四	十五	十六	十七	十八	十九	二十	廿一	廿二	廿三	廿四	廿五	廿六	廿七	廿八	廿九	
星期	五	六	日	一	二	三	四	五	六	日	一	二	三	四	五	六	日	一	二	三	四	五	六	日	一	二	三	四	五	
干支	丁亥	戊子	己丑	庚寅	辛卯	壬辰	癸巳	甲午	乙未	丙申	丁酉	戊戌	己亥	庚子	辛丑	壬寅	癸卯	甲辰	乙巳	丙午	丁未	戊申	己酉	庚戌	辛亥	壬子	癸丑	甲寅	乙卯	
五行	土	火	火	木	木	水	水	金	金	火	火	木	木	土	土	金	金	火	火	水	水	土	土	金	金	木	木	水	水	
建星	闭	建	除	满	平	定	执	破	危	成	收	开	闭	建	除	除	满	平	定	执	破	危	成	收	开	闭	建	除	满	
廿八宿	亢	氐	房	心	尾	箕	斗	牛	女	虚	危	室	壁	奎	娄	胃	昴	毕	觜	参	井	鬼	柳	星	张	翼	轸	角	亢	

十二月大建己丑娄宿 （九紫） 节气：大寒初二日二时五十三分 立春十六日廿一时八分

公历	20	21	22	23	24	25	26	27	28	29	30	31	二月	2	3	4	5	6	7	8	9	10	11	12	13	14	15	16	17	18
农历	一	二	三	四	五	六	七	八	九	十	十一	十二	十三	十四	十五	十六	十七	十八	十九	二十	廿一	廿二	廿三	廿四	廿五	廿六	廿七	廿八	廿九	三十
星期	六	日	一	二	三	四	五	六	日	一	二	三	四	五	六	日	一	二	三	四	五	六	日	一	二	三	四	五	六	日
干支	丙辰	丁巳	戊午	己未	庚申	辛酉	壬戌	癸亥	甲子	乙丑	丙寅	丁卯	戊辰	己巳	庚午	辛未	壬申	癸酉	甲戌	乙亥	丙子	丁丑	戊寅	己卯	庚辰	辛巳	壬午	癸未	甲申	乙酉
五行	土	土	火	火	木	木	水	水	金	金	火	火	木	木	土	土	金	金	火	火	水	水	土	土	金	金	木	木	水	水
建星	平	定	执	破	危	成	收	开	闭	建	除	满	平	定	执	执	破	危	成	收	开	闭	建	除	满	平	定	执	破	危
廿八宿	氐	房	心	尾	箕	斗	牛	女	虚	危	室	壁	奎	娄	胃	昴	毕	觜	参	井	鬼	柳	星	张	翼	轸	角	亢	氐	房

岁次：丙子	公元1996年（涧下水）			火鼠
太岁：郭嘉	年四绿星	火雷颐卦	六水三运	鬼

正月小建庚寅胄宿 （八白）

节气：雨水初一日十七时一分
惊蛰十六日十五时十分

公历	19	20	21	22	23	24	25	26	27	28	29	三月	2	3	4	5	6	7	8	9	10	11	12	13	14	15	16	17	18
农历	一	二	三	四	五	六	七	八	九	十	十一	十二	十三	十四	十五	十六	十七	十八	十九	二十	廿一	廿二	廿三	廿四	廿五	廿六	廿七	廿八	廿九
星期	一	二	三	四	五	六	日	一	二	三	四	五	六	日	一	二	三	四	五	六	日	一	二	三	四	五	六	日	一
干支	丙戌	丁亥	戊子	己丑	庚寅	辛卯	壬辰	癸巳	甲午	乙未	丙申	丁酉	戊戌	己亥	庚子	辛丑	壬寅	癸卯	甲辰	乙巳	丙午	丁未	戊申	己酉	庚戌	辛亥	壬子	癸丑	甲寅
五行	土	土	火	火	木	木	水	水	金	金	火	火	木	木	土	土	金	金	火	火	水	水	土	土	金	金	木	木	水
建星	成	收	开	闭	建	除	满	平	定	执	破	危	成	收	开	开	闭	建	除	满	平	定	执	破	危	成	收	开	闭
廿八宿	心	尾	箕	斗	牛	女	虚	危	室	壁	奎	娄	胃	昴	毕	觜	参	井	鬼	柳	星	张	翼	轸	角	亢	氐	房	心

二月大建辛卯昴宿 （七赤）

节气：春分初二日十六时三分
清明十七日二十时二分

公历	19	20	21	22	23	24	25	26	27	28	29	30	31	四月	2	3	4	5	6	7	8	9	10	11	12	13	14	15	16	17
农历	一	二	三	四	五	六	七	八	九	十	十一	十二	十三	十四	十五	十六	十七	十八	十九	二十	廿一	廿二	廿三	廿四	廿五	廿六	廿七	廿八	廿九	三十
星期	二	三	四	五	六	日	一	二	三	四	五	六	日	一	二	三	四	五	六	日	一	二	三	四	五	六	日	一	二	三
干支	乙卯	丙辰	丁巳	戊午	己未	庚申	辛酉	工戌	癸亥	甲子	乙丑	丙寅	丁卯	戊辰	己巳	庚午	辛未	工申	癸酉	甲戌	乙亥	丙子	丁丑	戊寅	己卯	庚辰	辛巳	壬午	癸未	甲申
五行	水	土	土	火	火	木	木	水	水	金	金	火	火	木	木	土	土	金	金	火	火	水	水	土	土	金	金	木	木	水
建星	建	除	满	平	定	执	破	危	成	收	开	闭	建	除	满	平	平	定	执	破	危	成	收	开	闭	建	除	满	平	定
廿八宿	尾	箕	斗	牛	女	虚	危	室	壁	奎	娄	胃	昴	毕	觜	参	井	鬼	柳	星	张	翼	轸	角	亢	氐	房	心	尾	箕

三月小建壬辰毕宿 （六白）

节气：谷雨初三日三时十分
立夏十八日十三时廿六分

公历	18	19	20	21	22	23	24	25	26	27	28	29	30	五月	2	3	4	5	6	7	8	9	10	11	12	13	14	15	16
农历	一	二	三	四	五	六	七	八	九	十	十一	十二	十三	十四	十五	十六	十七	十八	十九	二十	廿一	廿二	廿三	廿四	廿五	廿六	廿七	廿八	廿九
星期	四	五	六	日	一	二	三	四	五	六	日	一	二	三	四	五	六	日	一	二	三	四	五	六	日	一	二	三	四
干支	乙酉	丙戌	丁亥	戊子	己丑	庚寅	辛卯	壬辰	癸巳	甲午	乙未	丙申	丁酉	戊戌	己亥	庚子	辛丑	壬寅	癸卯	甲辰	乙巳	丙午	丁未	戊申	己酉	庚戌	辛亥	壬子	癸丑
五行	水	土	土	火	火	木	木	水	水	金	金	火	火	木	木	土	土	金	金	火	火	水	水	土	土	金	金	木	木
建星	执	破	危	成	收	开	闭	建	除	满	平	定	执	破	危	成	收	收	开	闭	建	除	满	平	定	执	破	危	成
廿八宿	斗	牛	女	虚	危	室	壁	奎	娄	胃	昴	毕	觜	参	井	鬼	柳	星	张	翼	轸	角	亢	氐	房	心	尾	箕	斗

岁次：丙子	公元1996年（涧下水）			火鼠
太岁：郭嘉	年四绿星	火雷颐卦	六水三运	鬼

四月大建癸巳觜宿 （五黄）

节气：小满 初五日二时廿三分
芒种 二十日十七时四十一分

公历	17	18	19	20	21	22	23	24	25	26	27	28	29	30	31	六月	2	3	4	5	6	7	8	9	10	11	12	13	14	15
农历	一	二	三	四	五	六	七	八	九	十	十一	十二	十三	十四	十五	十六	十七	十八	十九	二十	廿一	廿二	廿三	廿四	廿五	廿六	廿七	廿八	廿九	三十
星期	五	六	日	一	二	三	四	五	六	日	一	二	三	四	五	六	日	一	二	三	四	五	六	日	一	二	三	四	五	六
干支	甲寅	乙卯	丙辰	丁巳	戊午	己未	庚申	辛酉	壬戌	癸亥	甲子	乙丑	丙寅	丁卯	戊辰	己巳	庚午	辛未	壬申	癸酉	甲戌	乙亥	丙子	丁丑	戊寅	己卯	庚辰	辛巳	壬午	癸未
五行	水	水	土	土	火	火	木	木	水	水	金	金	火	火	木	木	土	土	金	金	火	火	水	水	土	土	金	金	木	木
建星	收	开	闭	建	除	满	平	定	执	破	危	成	收	开	闭	建	除	满	平	平	定	执	破	危	成	收	开	闭	建	除
廿八宿	牛	女	虚	危	室	壁	奎	娄	胃	昴	毕	觜	参	井	鬼	柳	星	张	翼	轸	角	亢	氐	房	心	尾	箕	斗	牛	女

五月大建甲午参宿 （四绿）

节气：夏至 初六日十时廿四分
小暑 廿二日四时

公历	16	17	18	19	20	21	22	23	24	25	26	27	28	29	30	七月	2	3	4	5	6	7	8	9	10	11	12	13	14	15
农历	一	二	三	四	五	六	七	八	九	十	十一	十二	十三	十四	十五	十六	十七	十八	十九	二十	廿一	廿二	廿三	廿四	廿五	廿六	廿七	廿八	廿九	三十
星期	日	一	二	三	四	五	六	日	一	二	三	四	五	六	日	一	二	三	四	五	六	日	一	二	三	四	五	六	日	一
干支	甲申	乙酉	丙戌	丁亥	戊子	己丑	庚寅	辛卯	壬辰	癸巳	甲午	乙未	丙申	丁酉	戊戌	己亥	庚子	辛丑	壬寅	癸卯	甲辰	乙巳	丙午	丁未	戊申	己酉	庚戌	辛亥	壬子	癸丑
五行	水	水	土	土	火	火	木	木	水	水	金	金	火	火	木	木	土	土	金	金	火	火	水	水	土	土	金	金	木	木
建星	满	平	定	执	破	危	成	收	开	闭	建	除	满	平	定	执	破	危	成	收	开	开	闭	建	除	满	平	定	执	破
廿八宿	虚	危	室	壁	奎	娄	胃	昴	毕	觜	参	井	鬼	柳	星	张	翼	轸	角	亢	氐	房	心	尾	箕	斗	牛	女	虚	危

六月小建乙未井宿 （三碧）

节气：大暑 初七日廿一时十九分
立秋 廿三日十三时四十九分

公历	16	17	18	19	20	21	22	23	24	25	26	27	28	29	30	31	八月	2	3	4	5	6	7	8	9	10	11	12	13
农历	一	二	三	四	五	六	七	八	九	十	十一	十二	十三	十四	十五	十六	十七	十八	十九	二十	廿一	廿二	廿三	廿四	廿五	廿六	廿七	廿八	廿九
星期	二	三	四	五	六	日	一	二	三	四	五	六	日	一	二	三	四	五	六	日	一	二	三	四	五	六	日	一	二
干支	甲寅	乙卯	丙辰	丁巳	戊午	己未	庚申	辛酉	壬戌	癸亥	甲子	乙丑	丙寅	丁卯	戊辰	己巳	庚午	辛未	壬申	癸酉	甲戌	乙亥	丙子	丁丑	戊寅	己卯	庚辰	辛巳	壬午
五行	水	水	土	土	火	火	木	木	水	水	金	金	火	火	木	木	土	土	金	金	火	火	水	水	土	土	金	金	木
建星	危	成	收	开	闭	建	除	满	平	定	执	破	危	成	收	开	闭	建	除	满	平	定	定	执	破	危	成	收	开
廿八宿	室	壁	奎	娄	胃	昴	毕	觜	参	井	鬼	柳	星	张	翼	轸	角	亢	氐	房	心	尾	箕	斗	牛	女	虚	危	室

岁次:丙子	公元1996年(涧下水)			火鼠
太岁:郭嘉	年四绿星	火雷颐卦	六水三运	鬼

七月大建丙申鬼宿 (二黑)

节气: 处暑 初十日四时廿三分
白露 廿五日十六时四十二分

公历	14	15	16	17	18	19	20	21	22	23	24	25	26	27	28	29	30	31	九月	2	3	4	5	6	7	8	9	10	11	12
农历	一	二	三	四	五	六	七	八	九	十	十一	十二	十三	十四	十五	十六	十七	十八	十九	二十	廿一	廿二	廿三	廿四	廿五	廿六	廿七	廿八	廿九	三十
星期	三	四	五	六	日	一	二	三	四	五	六	日	一	二	三	四	五	六	日	一	二	三	四	五	六	日	一	二	三	四
干支	癸未	甲申	乙酉	丙戌	丁亥	戊子	己丑	庚寅	辛卯	壬辰	癸巳	甲午	乙未	丙申	丁酉	戊戌	己亥	庚子	辛丑	壬寅	癸卯	甲辰	乙巳	丙午	丁未	戊申	己酉	庚戌	辛亥	壬子
五行	木	水	水	土	土	火	火	木	木	水	水	金	金	火	火	木	木	土	土	金	金	火	火	水	水	土	土	金	金	木
建星	闭	建	除	满	平	定	执	破	危	成	收	开	闭	建	除	满	平	定	执	破	危	成	收	开	开	闭	建	除	满	平
廿八宿	壁	奎	娄	胃	昴	毕	觜	参	井	鬼	柳	星	张	翼	轸	角	亢	氐	房	心	尾	箕	斗	牛	女	虚	危	室	壁	奎

八月小建丁酉柳宿 (一白)

节气: 秋分 十一日二时
寒露 廿六日八时十九分

公历	13	14	15	16	17	18	19	20	21	22	23	24	25	26	27	28	29	30	十月	2	3	4	5	6	7	8	9	10	11	
农历	一	二	三	四	五	六	七	八	九	十	十一	十二	十三	十四	十五	十六	十七	十八	十九	二十	廿一	廿二	廿三	廿四	廿五	廿六	廿七	廿八	廿九	
星期	五	六	日	一	二	三	四	五	六	日	一	二	三	四	五	六	日	一	二	三	四	五	六	日	一	二	三	四	五	
干支	癸丑	甲寅	乙卯	丙辰	丁巳	戊午	己未	庚申	辛酉	壬戌	癸亥	甲子	乙丑	丙寅	丁卯	戊辰	己巳	庚午	辛未	壬申	癸酉	甲戌	乙亥	丙子	丁丑	戊寅	己卯	庚辰	辛巳	
五行	木	水	水	土	土	火	火	木	木	水	水	金	金	火	火	木	木	土	土	金	金	火	火	水	水	土	土	金	金	
建星	定	执	破	危	成	收	开	闭	建	除	满	平	定	执	破	危	成	收	开	闭	建	除	满	平	定	定	执	破	危	
廿八宿	娄	胃	昴	毕	觜	参	井	鬼	柳	星	张	翼	轸	角	亢	氐	房	心	尾	箕	斗	牛	女	虚	危	室	壁	奎	娄	

九月大建戊戌星宿 (九紫)

节气: 霜降 十二日十一时十九分
立冬 廿七日十一时廿七分

公历	12	13	14	15	16	17	18	19	20	21	22	23	24	25	26	27	28	29	30	31	11月	2	3	4	5	6	7	8	9	10
农历	一	二	三	四	五	六	七	八	九	十	十一	十二	十三	十四	十五	十六	十七	十八	十九	二十	廿一	廿二	廿三	廿四	廿五	廿六	廿七	廿八	廿九	三十
星期	六	日	一	二	三	四	五	六	日	一	二	三	四	五	六	日	一	二	三	四	五	六	日	一	二	三	四	五	六	日
干支	壬午	癸未	甲申	乙酉	丙戌	丁亥	戊子	己丑	庚寅	辛卯	壬辰	癸巳	甲午	乙未	丙申	丁酉	戊戌	己亥	庚子	辛丑	壬寅	癸卯	甲辰	乙巳	丙午	丁未	戊申	己酉	庚戌	辛亥
五行	木	木	水	水	土	土	火	火	木	木	水	水	金	金	火	火	木	木	土	土	金	金	火	火	水	水	土	土	金	金
建星	成	收	开	闭	建	除	满	平	定	执	破	危	成	收	开	闭	建	除	满	平	定	执	破	危	成	收	收	开	闭	建
廿八宿	胃	昴	毕	觜	参	井	鬼	柳	星	张	翼	轸	角	亢	氐	房	心	尾	箕	斗	牛	女	虚	危	室	壁	奎	娄	胃	昴

岁次：丙子	公元1996年（涧下水）			火鼠
太岁：郭嘉	年四绿星	火雷颐卦	六水三运	鬼

十月大建己亥张宿 （八白）

节气：小雪十二日八时四十九分 大雪廿七日四时十四分

公历	11	12	13	14	15	16	17	18	19	20	21	22	23	24	25	26	27	28	29	30	12月	2	3	4	5	6	7	8	9	10
农历	一	二	三	四	五	六	七	八	九	十	十一	十二	十三	十四	十五	十六	十七	十八	十九	二十	廿一	廿二	廿三	廿四	廿五	廿六	廿七	廿八	廿九	三十
星期	一	二	三	四	五	六	日	一	二	三	四	五	六	日	一	二	三	四	五	六	日	一	二	三	四	五	六	日	一	二
干支	壬子	癸丑	甲寅	乙卯	丙辰	丁巳	戊午	己未	庚申	辛酉	壬戌	癸亥	甲子	乙丑	丙寅	丁卯	戊辰	己巳	庚午	辛未	壬申	癸酉	甲戌	乙亥	丙子	丁丑	戊寅	己卯	庚辰	辛巳
五行	木	木	水	水	土	土	火	火	木	木	水	水	金	金	火	火	木	木	土	土	金	金	火	火	水	水	土	土	金	金
建星	除	满	平	定	执	破	危	成	收	开	闭	建	除	满	平	定	执	破	危	成	收	开	闭	建	除	满	满	平	定	执
廿八宿	毕	觜	参	井	鬼	柳	星	张	翼	轸	角	亢	氐	房	心	尾	箕	斗	牛	女	虚	危	室	壁	奎	娄	胃	昴	毕	觜

十一月小建庚子翼宿 （七赤）

节气：冬至十一日廿二时六分 小寒廿六日十五时廿五分

公历	11	12	13	14	15	16	17	18	19	20	21	22	23	24	25	26	27	28	29	30	31	一月	2	3	4	5	6	7	8
农历	一	二	三	四	五	六	七	八	九	十	十一	十二	十三	十四	十五	十六	十七	十八	十九	二十	廿一	廿二	廿三	廿四	廿五	廿六	廿七	廿八	廿九
星期	三	四	五	六	日	一	二	三	四	五	六	日	一	二	三	四	五	六	日	一	二	三	四	五	六	日	一	二	三
干支	壬午	癸未	甲申	乙酉	丙戌	丁亥	戊子	己丑	庚寅	辛卯	壬辰	癸巳	甲午	乙未	丙申	丁酉	戊戌	己亥	庚子	辛丑	壬寅	癸卯	甲辰	乙巳	丙午	丁未	戊申	己酉	庚戌
五行	木	木	水	水	土	土	火	火	木	木	水	水	金	金	火	火	木	木	土	土	金	金	火	火	水	水	土	土	金
建星	破	危	成	收	开	闭	建	除	满	平	定	执	破	危	成	收	开	闭	建	除	满	平	定	执	破	破	危	成	收
廿八宿	参	井	鬼	柳	星	张	翼	轸	角	亢	氐	房	心	尾	箕	斗	牛	女	虚	危	室	壁	奎	娄	胃	昴	毕	觜	参

十二月小建辛丑轸宿 （六白）

节气：大寒十二日八时四十三分 立春廿七日三时二分

公历	9	10	11	12	13	14	15	16	17	18	19	20	21	22	23	24	25	26	27	28	29	30	31	二月	2	3	4	5	6
农历	一	二	三	四	五	六	七	八	九	十	十一	十二	十三	十四	十五	十六	十七	十八	十九	二十	廿一	廿二	廿三	廿四	廿五	廿六	廿七	廿八	廿九
星期	四	五	六	日	一	二	三	四	五	六	日	一	二	三	四	五	六	日	一	二	三	四	五	六	日	一	二	三	四
干支	辛亥	壬子	癸丑	甲寅	乙卯	丙辰	丁巳	戊午	己未	庚申	辛酉	壬戌	癸亥	甲子	乙丑	丙寅	丁卯	戊辰	己巳	庚午	辛未	壬申	癸酉	甲戌	乙亥	丙子	丁丑	戊寅	己卯
五行	金	木	木	水	水	土	土	火	火	木	木	水	水	金	金	火	火	木	木	土	土	金	金	火	火	水	水	土	土
建星	开	闭	建	除	满	平	定	执	破	危	成	收	开	闭	建	除	满	平	定	执	破	危	成	收	开	闭	闭	建	除
廿八宿	井	鬼	柳	星	张	翼	轸	角	亢	氐	房	心	尾	箕	斗	牛	女	虚	危	室	壁	奎	娄	胃	昴	毕	觜	参	井

岁次：丁丑	公元1997年（涧下水）			火牛
太岁：汪文	年三碧星	泽雷随卦	四金七运	柳

正月大建壬寅角宿 （五黄） 节气：雨水十二日廿二时五十二分 惊蛰廿七日廿一时四分

公历	7	8	9	10	11	12	13	14	15	16	17	18	19	20	21	22	23	24	25	26	27	28	三月	2	3	4	5	6	7	8
农历	一	二	三	四	五	六	七	八	九	十	十一	十二	十三	十四	十五	十六	十七	十八	十九	二十	廿一	廿二	廿三	廿四	廿五	廿六	廿七	廿八	廿九	三十
星期	五	六	日	一	二	三	四	五	六	日	一	二	三	四	五	六	日	一	二	三	四	五	六	日	一	二	三	四	五	六
干支	庚辰	辛巳	壬午	癸未	甲申	乙酉	丙戌	丁亥	戊子	己丑	庚寅	辛卯	壬辰	癸巳	甲午	乙未	丙申	丁酉	戊戌	己亥	庚子	辛丑	壬寅	癸卯	甲辰	乙巳	丙午	丁未	戊申	己酉
五行	金	金	木	木	水	水	土	土	火	火	木	木	水	水	金	金	火	火	木	木	土	土	金	金	火	火	水	水	土	土
建星	满	平	定	执	破	危	成	收	开	闭	建	除	满	平	定	执	破	危	成	收	开	闭	建	除	满	平	平	定	执	破
廿八宿	鬼	柳	星	张	翼	轸	角	亢	氐	房	心	尾	箕	斗	牛	女	虚	危	室	壁	奎	娄	胃	昴	毕	觜	参	井	鬼	柳

二月小建癸卯亢宿 （四绿） 节气：春分十二日廿一时五十五分 清明廿八日一时五十六分

公历	9	10	11	12	13	14	15	16	17	18	19	20	21	22	23	24	25	26	27	28	29	30	31	四月	2	3	4	5	6	
农历	一	二	三	四	五	六	七	八	九	十	十一	十二	十三	十四	十五	十六	十七	十八	十九	二十	廿一	廿二	廿三	廿四	廿五	廿六	廿七	廿八	廿九	
星期	日	一	二	三	四	五	六	日	一	二	三	四	五	六	日	一	二	三	四	五	六	日	一	二	三	四	五	六	日	
干支	庚戌	辛亥	壬子	癸丑	甲寅	乙卯	丙辰	丁巳	戊午	己未	庚申	辛酉	壬戌	癸亥	甲子	乙丑	丙寅	丁卯	戊辰	己巳	庚午	辛未	壬申	癸酉	甲戌	乙亥	丙子	丁丑	戊寅	
五行	金	金	木	木	水	水	土	土	火	火	木	木	水	水	金	金	火	火	木	木	土	土	金	金	火	火	水	水	土	
建星	危	成	收	开	闭	建	除	满	平	定	执	破	危	成	收	开	闭	建	除	满	平	定	执	破	危	成	收	收	开	
廿八宿	星	张	翼	轸	角	亢	氐	房	心	尾	箕	斗	牛	女	虚	危	室	壁	奎	娄	胃	昴	毕	觜	参	井	鬼	柳	星	

三月大建甲辰氐宿 （三碧） 节气：谷雨十四日九时三分 立夏廿九日十九时五十一分

公历	7	8	9	10	11	12	13	14	15	16	17	18	19	20	21	22	23	24	25	26	27	28	29	30	五月	2	3	4	5	6
农历	一	二	三	四	五	六	七	八	九	十	十一	十二	十三	十四	十五	十六	十七	十八	十九	二十	廿	廿二	廿三	廿四	廿五	廿六	廿七	廿八	廿九	三十
星期	一	二	三	四	五	六	日	一	二	三	四	五	六	日	一	二	三	四	五	六	日	一	二	三	四	五	六	日	一	二
干支	己卯	庚辰	辛巳	壬午	癸未	甲申	乙酉	丙戌	丁亥	戊子	己丑	庚寅	辛卯	壬辰	癸巳	甲午	乙未	丙申	丁酉	戊戌	己亥	庚子	辛丑	壬寅	癸卯	甲辰	乙巳	丙午	丁未	戊申
五行	土	金	金	木	木	水	水	土	土	火	火	木	木	水	水	金	金	火	火	木	木	土	土	金	金	火	火	水	水	土
建星	闭	建	除	满	平	定	执	破	危	成	收	开	闭	建	除	满	平	定	执	破	危	成	收	开	闭	建	除	满	满	平
廿八宿	张	翼	轸	角	亢	氐	房	心	尾	箕	斗	牛	女	虚	危	室	壁	奎	娄	胃	昴	毕	觜	参	井	鬼	柳	星	张	翼

岁次：丁丑	公元1997年（涧下水）			火牛
太岁：汪文	年三碧星	泽雷随卦	四金七运	柳

四月小建乙巳房宿 （二黑） 节气：小满十五日八时十八分

公历	7	8	9	10	11	12	13	14	15	16	17	18	19	20	21	22	23	24	25	26	27	28	29	30	31	六月	2	3	4	
农历	一	二	三	四	五	六	七	八	九	十	十一	十二	十三	十四	十五	十六	十七	十八	十九	二十	廿一	廿二	廿三	廿四	廿五	廿六	廿七	廿八	廿九	
星期	三	四	五	六	日	一	二	三	四	五	六	日	一	二	三	四	五	六	日	一	二	三	四	五	六	日	一	二	三	
干支	己酉	庚戌	辛亥	壬子	癸丑	甲寅	乙卯	丙辰	丁巳	戊午	己未	庚申	辛酉	壬戌	癸亥	甲子	乙丑	丙寅	丁卯	戊辰	己巳	庚午	辛未	壬申	癸酉	甲戌	乙亥	丙子	丁丑	
五行	土	金	金	木	木	水	水	土	土	火	火	木	木	水	水	金	金	火	火	木	木	土	土	金	金	火	火	水	水	
建星	定	执	破	危	成	收	开	闭	建	除	满	平	定	执	破	危	成	收	开	闭	建	除	满	平	定	执	破	危	成	
廿八宿	轸	角	亢	氐	房	心	尾	箕	斗	牛	女	虚	危	室	壁	奎	娄	胃	昴	毕	觜	参	井	鬼	柳	星	张	翼	轸	

五月大建丙午心宿 （一白） 节气：芒种初一日廿三时卅三分
夏至十七日十六时二十分

公历	5	6	7	8	9	10	11	12	13	14	15	16	17	18	19	20	21	22	23	24	25	26	27	28	29	30	七月	2	3	4
农历	一	二	三	四	五	六	七	八	九	十	十一	十二	十三	十四	十五	十六	十七	十八	十九	二十	廿一	廿二	廿三	廿四	廿五	廿六	廿七	廿八	廿九	三十
星期	四	五	六	日	一	二	三	四	五	六	日	一	二	三	四	五	六	日	一	二	三	四	五	六	日	一	二	三	四	五
干支	戊寅	己卯	庚辰	辛巳	壬午	癸未	甲申	乙酉	丙戌	丁亥	戊子	己丑	庚寅	辛卯	壬辰	癸巳	甲午	乙未	丙申	丁酉	戊戌	己亥	庚子	辛丑	壬寅	癸卯	甲辰	乙巳	丙午	丁未
五行	土	土	金	金	木	木	水	水	土	土	火	火	木	木	水	水	金	金	火	火	木	木	土	土	金	金	火	火	水	水
建星	成	收	开	闭	建	除	满	平	定	执	破	危	成	收	开	闭	建	除	满	平	定	执	破	危	成	收	开	闭	建	除
廿八宿	角	亢	氐	房	心	尾	箕	斗	牛	女	虚	危	室	壁	奎	娄	胃	昴	毕	觜	参	井	鬼	柳	星	张	翼	轸	角	亢

六月小建丁未尾宿 （九紫） 节气：小暑初三日九时四十九分
大暑十九日三时十五分

公历	5	6	7	8	9	10	11	12	13	14	15	16	17	18	19	20	21	22	23	24	25	26	27	28	29	30	31	八月	2	
农历	一	二	三	四	五	六	七	八	九	十	十一	十二	十三	十四	十五	十六	十七	十八	十九	二十	廿一	廿二	廿三	廿四	廿五	廿六	廿七	廿八	廿九	
星期	六	日	一	二	三	四	五	六	日	一	二	三	四	五	六	日	一	二	三	四	五	六	日	一	二	三	四	五	六	
干支	戊申	己酉	庚戌	辛亥	壬子	癸丑	甲寅	乙卯	丙辰	丁巳	戊午	己未	庚申	辛酉	壬戌	癸亥	甲子	乙丑	丙寅	丁卯	戊辰	己巳	庚午	辛未	壬申	癸酉	甲戌	乙亥	丙子	
五行	土	土	金	金	木	木	水	水	土	土	火	火	木	木	水	水	金	金	火	火	木	木	土	土	金	金	火	火	水	
建星	满	平	平	定	执	破	危	成	收	开	闭	建	除	满	平	定	执	破	危	成	收	开	闭	建	除	满	平	定	执	
廿八宿	氐	房	心	尾	箕	斗	牛	女	虚	危	室	壁	奎	娄	胃	昴	毕	觜	参	井	鬼	柳	星	张	翼	轸	角	亢	氐	

岁次:丁丑	公元1997年(涧下水)			火牛
太岁:汪文	年三碧星	泽雷随卦	四金七运	柳

七月大建戊申箕宿 (八白)

节气：立秋初五日十九时卅六分
处暑廿一日十时十九分

公历	3	4	5	6	7	8	9	10	11	12	13	14	15	16	17	18	19	20	21	22	23	24	25	26	27	28	29	30	31	九月
农历	一	二	三	四	五	六	七	八	九	十	十一	十二	十三	十四	十五	十六	十七	十八	十九	二十	廿一	廿二	廿三	廿四	廿五	廿六	廿七	廿八	廿九	三十
星期	日	一	二	三	四	五	六	日	一	二	三	四	五	六	日	一	二	三	四	五	六	日	一	二	三	四	五	六	日	一
干支	丁丑	戊寅	己卯	庚辰	辛巳	壬午	癸未	甲申	乙酉	丙戌	丁亥	戊子	己丑	庚寅	辛卯	壬辰	癸巳	甲午	乙未	丙申	丁酉	戊戌	己亥	庚子	辛丑	壬寅	癸卯	甲辰	乙巳	丙午
五行	水	土	土	金	金	木	木	水	水	土	土	火	火	木	木	水	水	金	金	火	火	木	木	土	土	金	金	火	火	水
建星	破	危	成	收	收	开	闭	建	除	满	平	定	执	破	危	成	收	开	闭	建	除	满	平	定	执	破	危	成	收	开
廿八宿	房	心	尾	箕	斗	牛	女	虚	危	室	壁	奎	娄	胃	昴	毕	觜	参	井	鬼	柳	星	张	翼	轸	角	亢	氐	房	心

八月大建己酉斗宿 (七赤)

节气：白露初六日廿二时廿九分
秋分廿二日七时五十六分

公历	2	3	4	5	6	7	8	9	10	11	12	13	14	15	16	17	18	19	20	21	22	23	24	25	26	27	28	29	30	十月
农历	一	二	三	四	五	六	七	八	九	十	十一	十二	十三	十四	十五	十六	十七	十八	十九	二十	廿一	廿二	廿三	廿四	廿五	廿六	廿七	廿八	廿九	三十
星期	二	三	四	五	六	日	一	二	三	四	五	六	日	一	二	三	四	五	六	日	一	二	三	四	五	六	日	一	二	三
干支	丁未	戊申	己酉	庚戌	辛亥	壬子	癸丑	甲寅	乙卯	丙辰	丁巳	戊午	己未	庚申	辛酉	壬戌	癸亥	甲子	乙丑	丙寅	丁卯	戊辰	己巳	庚午	辛未	壬申	癸酉	甲戌	乙亥	丙子
五行	水	土	土	金	金	木	木	水	水	土	土	火	火	木	木	水	水	金	金	火	火	木	木	土	土	金	金	火	火	水
建星	闭	建	除	满	平	平	定	执	破	危	成	收	开	闭	建	除	满	平	定	执	破	危	成	收	开	闭	建	除	满	平
廿八宿	尾	箕	斗	牛	女	虚	危	室	壁	奎	娄	胃	昴	毕	觜	参	井	鬼	柳	星	张	翼	轸	角	亢	氐	房	心	尾	箕

九月小建庚戌牛宿 (六白)

节气：寒露初七日十四时五分
霜降廿二日十七时五十一分

公历	2	3	4	5	6	7	8	9	10	11	12	13	14	15	16	17	18	19	20	21	22	23	24	25	26	27	28	29	30	
农历	一	二	三	四	五	六	七	八	九	十	十一	十二	十三	十四	十五	十六	十七	十八	十九	二十	廿一	廿二	廿三	廿四	廿五	廿六	廿七	廿八	廿九	
星期	四	五	六	日	一	二	三	四	五	六	日	一	二	三	四	五	六	日	一	二	三	四	五	六	日	一	二	三	四	
干支	丁丑	戊寅	己卯	庚辰	辛巳	壬午	癸未	甲申	乙酉	丙戌	丁亥	戊子	己丑	庚寅	辛卯	壬辰	癸巳	甲午	乙未	丙申	丁酉	戊戌	己亥	庚子	辛丑	壬寅	癸卯	甲辰	乙巳	
五行	水	土	土	金	金	木	木	水	水	土	土	火	火	木	木	水	水	金	金	火	火	木	木	土	土	金	金	火	火	
建星	定	执	破	危	成	收	收	开	闭	建	除	满	平	定	执	破	危	成	收	开	闭	建	除	满	平	定	执	破	危	
廿八宿	斗	牛	女	虚	危	室	壁	奎	娄	胃	昴	毕	觜	参	井	鬼	柳	星	张	翼	轸	角	亢	氐	房	心	尾	箕	斗	

岁次：丁丑	公元1997年（涧下水）			火牛
太岁：汪文	年三碧星	泽雷随卦	四金七运	柳

十月大建辛亥女宿 （五黄） 节气：立冬初八日十七时十五分 小雪廿三日十四时四十八分

公历	31	11月	2	3	4	5	6	7	8	9	10	11	12	13	14	15	16	17	18	19	20	21	22	23	24	25	26	27	28	29
农历	一	二	三	四	五	六	七	八	九	十	十一	十二	十三	十四	十五	十六	十七	十八	十九	二十	廿一	廿二	廿三	廿四	廿五	廿六	廿七	廿八	廿九	三十
星期	五	六	日	一	二	三	四	五	六	日	一	二	三	四	五	六	日	一	二	三	四	五	六	日	一	二	三	四	五	六
干支	丙午	丁未	戊申	己酉	庚戌	辛亥	壬子	癸丑	甲寅	乙卯	丙辰	丁巳	戊午	己未	庚申	辛酉	壬戌	癸亥	甲子	乙丑	丙寅	丁卯	戊辰	己巳	庚午	辛未	壬申	癸酉	甲戌	乙亥
五行	水	水	土	土	金	金	木	木	水	水	土	土	火	火	木	木	水	水	金	金	火	火	木	木	土	土	金	金	火	火
建星	成	收	开	闭	建	除	满	满	平	定	执	破	危	成	收	开	闭	建	除	满	平	定	执	破	危	成	收	开	闭	建
廿八宿	牛	女	虚	危	室	壁	奎	娄	胄	昴	毕	觜	参	井	鬼	柳	星	张	翼	轸	角	亢	氐	房	心	尾	箕	斗	牛	女

十一月大建壬子虚宿 （四绿） 节气：大雪初八日十时五分 冬至廿三日四时七分

公历	30	12月	2	3	4	5	6	7	8	9	10	11	12	13	14	15	16	17	18	19	20	21	22	23	24	25	26	27	28	29
农历	一	二	三	四	五	六	七	八	九	十	十一	十二	十三	十四	十五	十六	十七	十八	十九	二十	廿一	廿二	廿三	廿四	廿五	廿六	廿七	廿八	廿九	三十
星期	日	一	二	三	四	五	六	日	一	二	三	四	五	六	日	一	二	三	四	五	六	日	一	二	三	四	五	六	日	一
干支	丙子	丁丑	戊寅	己卯	庚辰	辛巳	壬午	癸未	甲申	乙酉	丙戌	丁亥	戊子	己丑	庚寅	辛卯	壬辰	癸巳	甲午	乙未	丙申	丁酉	戊戌	己亥	庚子	辛丑	壬寅	癸卯	甲辰	乙巳
五行	水	水	土	土	金	金	木	木	水	水	土	土	火	火	木	木	水	水	金	金	火	火	木	木	土	土	金	金	火	火
建星	除	满	平	定	执	破	危	危	成	收	开	闭	建	除	满	平	定	执	破	危	成	收	开	闭	建	除	满	平	定	执
廿八宿	虚	危	室	壁	奎	娄	胄	昴	毕	觜	参	井	鬼	柳	星	张	翼	轸	角	亢	氐	房	心	尾	箕	斗	牛	女	虚	危

十二月小建癸丑危宿 （三碧） 节气：小寒初七日廿一时十八分 大寒廿二日十四时四十六分

公历	30	31	一月	2	3	4	5	6	7	8	9	10	11	12	13	14	15	16	17	18	19	20	21	22	23	24	25	26	27	
农历	一	二	三	四	五	六	七	八	九	十	十一	十二	十三	十四	十五	十六	十七	十八	十九	二十	廿一	廿二	廿三	廿四	廿五	廿六	廿七	廿八	廿九	
星期	二	三	四	五	六	日	一	二	三	四	五	六	日	一	二	三	四	五	六	日	一	二	三	四	五	六	日	一	二	
干支	丙午	丁未	戊申	己酉	庚戌	辛亥	壬子	癸丑	甲寅	乙卯	丙辰	丁巳	戊午	己未	庚申	辛酉	壬戌	癸亥	甲子	乙丑	丙寅	丁卯	戊辰	己巳	庚午	辛未	壬申	癸酉	甲戌	
五行	水	水	土	土	金	金	木	木	水	水	土	土	火	火	木	木	水	水	金	金	火	火	木	木	土	土	金	金	火	
建星	破	危	成	收	开	闭	闭	建	除	满	平	定	执	破	危	成	收	开	闭	建	除	满	平	定	执	破	危	成	收	
廿八宿	室	壁	奎	娄	胄	昴	毕	觜	参	井	鬼	柳	星	张	翼	轸	角	亢	氐	房	心	尾	箕	斗	牛	女	虚	危	室	

岁次：戊寅	公元1998年（城头土）			土虎
太岁：鲁先	年二黑星	雷火丰卦	八木六运	星

正月大建甲寅室宿 （二黑）

节气：立春初八日八时五十七分
雨水廿三日四时五十五分

公历	28	29	30	31	二月	2	3	4	5	6	7	8	9	10	11	12	13	14	15	16	17	18	19	20	21	22	23	24	25	26
农历	一	二	三	四	五	六	七	八	九	十	十一	十二	十三	十四	十五	十六	十七	十八	十九	二十	廿一	廿二	廿三	廿四	廿五	廿六	廿七	廿八	廿九	三十
星期	三	四	五	六	日	一	二	三	四	五	六	日	一	二	三	四	五	六	日	一	二	三	四	五	六	日	一	二	三	四
干支	乙亥	丙子	丁丑	戊寅	己卯	庚辰	辛巳	壬午	癸未	甲申	乙酉	丙戌	丁亥	戊子	己丑	庚寅	辛卯	壬辰	癸巳	甲午	乙未	丙申	丁酉	戊戌	己亥	庚子	辛丑	壬寅	癸卯	甲辰
五行	火	水	水	土	土	金	金	木	木	水	水	土	土	火	火	木	木	水	水	金	金	火	火	木	木	土	土	金	金	火
建星	开	闭	建	除	满	平	定	定	执	破	危	成	收	开	闭	建	除	满	平	定	执	破	危	成	收	开	闭	建	除	满
廿八宿	壁	奎	娄	胃	昴	毕	觜	参	井	鬼	柳	星	张	翼	轸	角	亢	氐	房	心	尾	箕	斗	牛	女	虚	危	室	壁	奎

二月小建乙卯壁宿 （一白）

节气：惊蛰初八日二时五十七分
春分廿三日三时五十五分

公历	27	28	三月	2	3	4	5	6	7	8	9	10	11	12	13	14	15	16	17	18	19	20	21	22	23	24	25	26	27	
农历	一	二	三	四	五	六	七	八	九	十	十一	十二	十三	十四	十五	十六	十七	十八	十九	二十	廿一	廿二	廿三	廿四	廿五	廿六	廿七	廿八	廿九	
星期	五	六	日	一	二	三	四	五	六	日	一	二	三	四	五	六	日	一	二	三	四	五	六	日	一	二	三	四	五	
干支	乙巳	丙午	丁未	戊申	己酉	庚戌	辛亥	壬子	癸丑	甲寅	乙卯	丙辰	丁巳	戊午	己未	庚申	辛酉	壬戌	癸亥	甲子	乙丑	丙寅	丁卯	戊辰	己巳	庚午	辛未	壬申	癸酉	
五行	火	水	水	土	土	金	金	木	木	水	水	土	土	火	火	木	木	水	水	金	金	火	火	木	木	土	土	金	金	
建星	平	定	执	破	危	成	收	收	开	闭	建	除	满	平	定	执	破	危	成	收	开	闭	建	除	满	平	定	执	破	
廿八宿	娄	胃	昴	毕	觜	参	井	鬼	柳	星	张	翼	轸	角	亢	氐	房	心	尾	箕	斗	牛	女	虚	危	室	壁	奎	娄	

三月小建丙辰奎宿 （九紫）

节气：清明初九日七时四十五分
谷雨廿四日十四时五十七分

公历	28	29	30	31	四月	2	3	4	5	6	7	8	9	10	11	12	13	14	15	16	17	18	19	20	21	22	23	24	25	
农历	一	二	三	四	五	六	七	八	九	十	十一	十二	十三	十四	十五	十六	十七	十八	十九	二十	廿一	廿二	廿三	廿四	廿五	廿六	廿七	廿八	廿九	
星期	六	日	一	二	三	四	五	六	日	一	二	三	四	五	六	日	一	二	三	四	五	六	日	一	二	三	四	五	六	
干支	甲戌	乙亥	丙子	丁丑	戊寅	己卯	庚辰	辛巳	壬午	癸未	甲申	乙酉	丙戌	丁亥	戊子	己丑	庚寅	辛卯	壬辰	癸巳	甲午	乙未	丙申	丁酉	戊戌	己亥	庚子	辛丑	壬寅	
五行	火	火	水	水	土	土	金	金	木	木	水	水	土	土	火	火	木	木	水	水	金	金	火	火	木	木	土	土	金	
建星	危	成	收	开	闭	建	除	满	满	平	定	执	破	危	成	收	开	闭	建	除	满	平	定	执	破	危	成	收	开	
廿八宿	胃	昴	毕	觜	参	井	鬼	柳	星	张	翼	轸	角	亢	氐	房	心	尾	箕	斗	牛	女	虚	危	室	壁	奎	娄	胃	

岁次：戊寅	公元 1998 年（城头土）			土虎
太岁：鲁先	年二黑星	雷火丰卦	八木六运	星

四月大建丁巳娄宿　（八白）

节气：立夏 十一日一时三分
小满 廿六日十四时五分

公历	26	27	28	29	30	五月	2	3	4	5	6	7	8	9	10	11	12	13	14	15	16	17	18	19	20	21	22	23	24	25
农历	一	二	三	四	五	六	七	八	九	十	十一	十二	十三	十四	十五	十六	十七	十八	十九	二十	廿一	廿二	廿三	廿四	廿五	廿六	廿七	廿八	廿九	三十
星期	日	一	二	三	四	五	六	日	一	二	三	四	五	六	日	一	二	三	四	五	六	日	一	二	三	四	五	六	日	一
干支	癸卯	甲辰	乙巳	丙午	丁未	戊申	己酉	庚戌	辛亥	壬子	癸丑	甲寅	乙卯	丙辰	丁巳	戊午	己未	庚申	辛酉	壬戌	癸亥	甲子	乙丑	丙寅	丁卯	戊辰	己巳	庚午	辛未	壬申
五行	金	火	火	水	水	土	土	金	金	木	木	水	水	土	土	火	火	木	木	水	水	金	金	火	火	木	木	土	土	金
建星	闭	建	除	满	平	定	执	破	危	成	成	收	开	闭	建	除	满	平	定	执	破	危	成	收	开	闭	建	除	满	平
廿八宿	昴	毕	觜	参	井	鬼	柳	星	张	翼	轸	角	亢	氐	房	心	尾	箕	斗	牛	女	虚	危	室	壁	奎	娄	胃	昴	毕

五月小建戊午胃宿　（七赤）

节气：芒种 十二日五时十三分
夏至 廿七日廿二时三分

公历	26	27	28	29	30	31	六月	2	3	4	5	6	7	8	9	10	11	12	13	14	15	16	17	18	19	20	21	22	23	
农历	一	二	三	四	五	六	七	八	九	十	十一	十二	十三	十四	十五	十六	十七	十八	十九	二十	廿一	廿二	廿三	廿四	廿五	廿六	廿七	廿八	廿九	
星期	二	三	四	五	六	日	一	二	三	四	五	六	日	一	二	三	四	五	六	日	一	二	三	四	五	六	日	一	二	
干支	癸酉	甲戌	乙亥	丙子	丁丑	戊寅	己卯	庚辰	辛巳	壬午	癸未	甲申	乙酉	丙戌	丁亥	戊子	己丑	庚寅	辛卯	壬辰	癸巳	甲午	乙未	丙申	丁酉	戊戌	己亥	庚子	辛丑	
五行	金	火	火	水	水	土	土	金	金	木	木	水	水	土	土	火	火	木	木	水	水	金	金	火	火	木	木	土	土	
建星	定	执	破	危	成	收	开	闭	建	除	满	满	平	定	执	破	危	成	收	开	闭	建	除	满	平	定	执	破	危	
廿八宿	觜	参	井	鬼	柳	星	张	翼	轸	角	亢	氐	房	心	尾	箕	斗	牛	女	虚	危	室	壁	奎	娄	胃	昴	毕	觜	

闰五月小

节气：小暑 十四日十五时三十分

公历	24	25	26	27	28	29	30	七月	2	3	4	5	6	7	8	9	10	11	12	13	14	15	16	17	18	19	20	21	22	
农历	一	二	三	四	五	六	七	八	九	十	十一	十二	十三	十四	十五	十六	十七	十八	十九	二十	廿一	廿二	廿三	廿四	廿五	廿六	廿七	廿八	廿九	
星期	三	四	五	六	日	一	二	三	四	五	六	日	一	二	三	四	五	六	日	一	二	三	四	五	六	日	一	二	三	
干支	壬寅	癸卯	甲辰	乙巳	丙午	丁未	戊申	己酉	庚戌	辛亥	壬子	癸丑	甲寅	乙卯	丙辰	丁巳	戊午	己未	庚申	辛酉	壬戌	癸亥	甲子	乙丑	丙寅	丁卯	戊辰	己巳	庚午	
五行	金	金	火	火	水	水	土	土	金	金	木	木	水	水	土	土	火	火	木	木	水	水	金	金	火	火	木	木	土	
建星	成	收	开	闭	建	除	满	平	定	执	破	危	成	成	收	开	闭	建	除	满	平	定	执	破	危	成	收	开	闭	
廿八宿	参	井	鬼	柳	星	张	翼	轸	角	亢	氐	房	心	尾	箕	斗	牛	女	虚	危	室	壁	奎	娄	胃	昴	毕	觜	参	

岁次:戊寅	公元1998年(城头土)			土虎
太岁:鲁先	年二黑星	雷火丰卦	八木六运	星

六月大建己未昴宿 (六白)

节气:大暑初一日八时五十五分
立秋十七日一时二十分

公历	23	24	25	26	27	28	29	30	31	八月	2	3	4	5	6	7	8	9	10	11	12	13	14	15	16	17	18	19	20	21
农历	一	二	三	四	五	六	七	八	九	十	十一	十二	十三	十四	十五	十六	十七	十八	十九	二十	廿一	廿二	廿三	廿四	廿五	廿六	廿七	廿八	廿九	三十
星期	四	五	六	日	一	二	三	四	五	六	日	一	二	三	四	五	六	日	一	二	三	四	五	六	日	一	二	三	四	五
干支	辛未	壬申	癸酉	甲戌	乙亥	丙子	丁丑	戊寅	己卯	庚辰	辛巳	壬午	癸未	甲申	乙酉	丙戌	丁亥	戊子	己丑	庚寅	辛卯	壬辰	癸巳	甲午	乙未	丙申	丁酉	戊戌	己亥	庚子
五行	土	金	金	火	火	水	水	土	土	金	金	木	木	水	水	土	土	火	火	木	木	水	水	金	金	火	火	木	木	土
建星	建	除	满	平	定	执	破	危	成	收	开	闭	建	除	满	平	平	定	执	破	危	成	收	开	闭	建	除	满	平	定
廿八宿	井	鬼	柳	星	张	翼	轸	角	亢	氐	房	心	尾	箕	斗	牛	女	虚	危	室	壁	奎	娄	胃	昴	毕	觜	参	井	鬼

七月大建庚申毕宿 (五黄)

节气:处暑初二日十五时五十九分
白露十八日四时十六分

公历	22	23	24	25	26	27	28	29	30	31	九月	2	3	4	5	6	7	8	9	10	11	12	13	14	15	16	17	18	19	20
农历	一	二	三	四	五	六	七	八	九	十	十一	十二	十三	十四	十五	十六	十七	十八	十九	二十	廿一	廿二	廿三	廿四	廿五	廿六	廿七	廿八	廿九	三十
星期	六	日	一	二	三	四	五	六	日	一	二	三	四	五	六	日	一	二	三	四	五	六	日	一	二	三	四	五	六	日
干支	辛丑	壬寅	癸卯	甲辰	乙巳	丙午	丁未	戊申	己酉	庚戌	辛亥	壬子	癸丑	甲寅	乙卯	丙辰	丁巳	戊午	己未	庚申	辛酉	壬戌	癸亥	甲子	乙丑	丙寅	丁卯	戊辰	己巳	庚午
五行	土	金	金	火	火	水	水	土	土	金	金	木	木	水	水	土	土	火	火	木	木	水	水	金	金	火	火	木	木	土
建星	执	破	危	成	收	开	闭	建	除	满	平	定	执	破	危	成	收	收	开	闭	建	除	满	平	定	执	破	危	成	收
廿八宿	柳	星	张	翼	轸	角	亢	氐	房	心	尾	箕	斗	牛	女	虚	危	室	壁	奎	娄	胃	昴	毕	觜	参	井	鬼	柳	星

八月小建辛酉觜宿 (四绿)

节气:秋分初三日十三时卅七分
寒露十八日十九时五十六分

公历	21	22	23	24	25	26	27	28	29	30	十月	2	3	4	5	6	7	8	9	10	11	12	13	14	15	16	17	18	19	
农历	一	二	三	四	五	六	七	八	九	十	十一	十二	十三	十四	十五	十六	十七	十八	十九	二十	廿一	廿二	廿三	廿四	廿五	廿六	廿七	廿八	廿九	
星期	一	二	三	四	五	六	日	一	二	三	四	五	六	日	一	二	三	四	五	六	日	一	二	三	四	五	六	日	一	
干支	辛未	壬申	癸酉	甲戌	乙亥	丙子	丁丑	戊寅	己卯	庚辰	辛巳	壬午	癸未	甲申	乙酉	丙戌	丁亥	戊子	己丑	庚寅	辛卯	壬辰	癸巳	甲午	乙未	丙申	丁酉	戊戌	己亥	
五行	土	金	金	火	火	水	水	土	土	金	金	木	木	水	水	土	土	火	火	木	木	水	水	金	金	火	火	木	木	
建星	开	闭	建	除	满	平	定	执	破	危	成	收	开	闭	建	除	满	满	平	定	执	破	危	成	收	开	闭	建	除	
廿八宿	张	翼	轸	角	亢	氐	房	心	尾	箕	斗	牛	女	虚	危	室	壁	奎	娄	胃	昴	毕	觜	参	井	鬼	柳	星	张	

岁次:戊寅	公元1998年(城头土)			土虎
太岁:鲁先	年二黑星	雷火丰卦	八木六运	星

九月大建壬戌参宿 (三碧) 节气:霜降初四日廿二时五十九分 立冬十九日廿三时零八分

公历	20	21	22	23	24	25	26	27	28	29	30	31	11月	2	3	4	5	6	7	8	9	10	11	12	13	14	15	16	17	18
农历	一	二	三	四	五	六	七	八	九	十	十一	十二	十三	十四	十五	十六	十七	十八	十九	二十	廿一	廿二	廿三	廿四	廿五	廿六	廿七	廿八	廿九	三十
星期	二	三	四	五	六	日	一	二	三	四	五	六	日	一	二	三	四	五	六	日	一	二	三	四	五	六	日	一	二	三
干支	庚子	辛丑	壬寅	癸卯	甲辰	乙巳	丙午	丁未	戊申	己酉	庚戌	辛亥	壬子	癸丑	甲寅	乙卯	丙辰	丁巳	戊午	己未	庚申	辛酉	壬戌	癸亥	甲子	乙丑	丙寅	丁卯	戊辰	己巳
五行	土	土	金	金	火	火	水	水	土	土	金	金	木	木	水	水	土	土	火	火	木	木	水	水	金	金	火	火	木	木
建星	满	平	定	执	破	危	成	收	开	闭	建	除	满	平	定	执	破	危	危	成	收	开	闭	建	除	满	平	定	执	破
廿八宿	翼	轸	角	亢	氐	房	心	尾	箕	斗	牛	女	虚	危	室	壁	奎	娄	胃	昴	毕	觜	参	井	鬼	柳	星	张	翼	轸

十月大建癸亥井宿 (二黑) 节气:小雪初四日二十时廿五分 大雪十九日十六时零二分

公历	19	20	21	22	23	24	25	26	27	28	29	30	12月	2	3	4	5	6	7	8	9	10	11	12	13	14	15	16	17	18
农历	一	二	三	四	五	六	七	八	九	十	十一	十二	十三	十四	十五	十六	十七	十八	十九	二十	廿一	廿二	廿三	廿四	廿五	廿六	廿七	廿八	廿九	三十
星期	四	五	六	日	一	二	三	四	五	六	日	一	二	三	四	五	六	日	一	二	三	四	五	六	日	一	二	三	四	五
干支	庚午	辛未	壬申	癸酉	甲戌	乙亥	丙子	丁丑	戊寅	己卯	庚辰	辛巳	壬午	癸未	甲申	乙酉	丙戌	丁亥	戊子	己丑	庚寅	辛卯	壬辰	癸巳	甲午	乙未	丙申	丁酉	戊戌	己亥
五行	土	土	金	金	火	火	水	水	土	土	金	金	木	木	水	水	土	土	火	火	木	木	水	水	金	金	火	火	木	木
建星	危	成	收	开	闭	建	除	满	平	定	执	破	危	成	收	开	闭	建	建	除	满	平	定	执	破	危	成	收	开	闭
廿八宿	角	亢	氐	房	心	尾	箕	斗	牛	女	虚	危	室	壁	奎	娄	胃	昴	毕	觜	参	井	鬼	柳	星	张	翼	轸	角	亢

十一月小建甲子鬼宿 (一白) 节气:冬至初四日九时五十七分 小寒十九日三时十七分

公历	19	20	21	22	23	24	25	26	27	28	29	30	31	一月	2	3	4	5	6	7	8	9	10	11	12	13	14	15	16	
农历	一	二	三	四	五	六	七	八	九	十	十一	十二	十三	十四	十五	十六	十七	十八	十九	二十	廿一	廿二	廿三	廿四	廿五	廿六	廿七	廿八	廿九	
星期	六	日	一	二	三	四	五	六	日	一	二	三	四	五	六	日	一	二	三	四	五	六	日	一	二	三	四	五	六	
干支	庚子	辛丑	壬寅	癸卯	甲辰	乙巳	丙午	丁未	戊申	己酉	庚戌	辛亥	壬子	癸丑	甲寅	乙卯	丙辰	丁巳	戊午	己未	庚申	辛酉	壬戌	癸亥	甲子	乙丑	丙寅	丁卯	戊辰	
五行	土	土	金	金	火	火	水	水	土	土	金	金	木	木	水	水	土	土	火	火	木	木	水	水	金	金	火	火	木	
建星	建	除	满	平	定	执	破	危	成	收	开	闭	建	除	满	平	定	执	执	破	危	成	收	开	闭	建	除	满	平	
廿八宿	氐	房	心	尾	箕	斗	牛	女	虚	危	室	壁	奎	娄	胃	昴	毕	觜	参	井	鬼	柳	星	张	翼	轸	角	亢	氐	

十二月大建乙丑柳宿 (九紫) 节气:大寒初四日二十时卅七分 立春十九日十四时五十七分

公历	17	18	19	20	21	22	23	24	25	26	27	28	29	30	31	二月	2	3	4	5	6	7	8	9	10	11	12	13	14	15
农历	一	二	三	四	五	六	七	八	九	十	十一	十二	十三	十四	十五	十六	十七	十八	十九	二十	廿一	廿二	廿三	廿四	廿五	廿六	廿七	廿八	廿九	三十
星期	日	一	二	三	四	五	六	日	一	二	三	四	五	六	日	一	二	三	四	五	六	日	一	二	三	四	五	六	日	一
干支	己巳	庚午	辛未	壬申	癸酉	甲戌	乙亥	丙子	丁丑	戊寅	己卯	庚辰	辛巳	壬午	癸未	甲申	乙酉	丙戌	丁亥	戊子	己丑	庚寅	辛卯	壬辰	癸巳	甲午	乙未	丙申	丁酉	戊戌
五行	木	土	土	金	金	火	火	水	水	土	土	金	金	木	木	水	水	土	土	火	火	木	木	水	水	金	金	火	火	木
建星	定	执	破	危	成	收	开	闭	建	除	满	平	定	执	破	危	成	收	收	开	闭	建	除	满	平	定	执	破	危	成
廿八宿	房	心	尾	箕	斗	牛	女	虚	危	室	壁	奎	娄	胃	昴	毕	觜	参	井	鬼	柳	星	张	翼	轸	角	亢	氐	房	心

岁次:己卯	公元1999年(城头土)			土兔
太岁:龙仲	年一白星	水泽节卦	七火八运	张

正月大建丙寅星宿 (八白)

节气:雨水 初四日十时四十七分
惊蛰 十九日八时五十八分

公历	16	17	18	19	20	21	22	23	24	25	26	27	28	三月	2	3	4	5	6	7	8	9	10	11	12	13	14	15	16	17
农历	一	二	三	四	五	六	七	八	九	十	十一	十二	十三	十四	十五	十六	十七	十八	十九	二十	廿一	廿二	廿三	廿四	廿五	廿六	廿七	廿八	廿九	三十
星期	二	三	四	五	六	日	一	二	三	四	五	六	日	一	二	三	四	五	六	日	一	二	三	四	五	六	日	一	二	三
干支	己亥	庚子	辛丑	壬寅	癸卯	甲辰	乙巳	丙午	丁未	戊申	己酉	庚戌	辛亥	壬子	癸丑	甲寅	乙卯	丙辰	丁巳	戊午	己未	庚申	辛酉	壬戌	癸亥	甲子	乙丑	丙寅	丁卯	戊辰
五行	木	土	土	金	金	火	火	水	水	土	土	金	金	木	木	水	水	土	土	火	火	木	木	水	水	金	金	火	火	木
建星	收	开	闭	建	除	满	平	定	执	破	危	成	收	开	闭	建	除	满	满	平	定	执	破	危	成	收	开	闭	建	除
廿八宿	尾	箕	斗	牛	女	虚	危	室	壁	奎	娄	胃	昴	毕	觜	参	井	鬼	柳	星	张	翼	轸	角	亢	氐	房	心	尾	箕

二月小建丁卯张宿 (七赤)

节气:春分 初四日九时四十六分
清明 十九日十三时四十五分

公历	18	19	20	21	22	23	24	25	26	27	28	29	30	31	四月	2	3	4	5	6	7	8	9	10	11	12	13	14	15
农历	一	二	三	四	五	六	七	八	九	十	十一	十二	十三	十四	十五	十六	十七	十八	十九	二十	廿一	廿二	廿三	廿四	廿五	廿六	廿七	廿八	廿九
星期	四	五	六	日	一	二	三	四	五	六	日	一	二	三	四	五	六	日	一	二	三	四	五	六	日	一	二	三	四
干支	己巳	庚午	辛未	壬申	癸酉	甲戌	乙亥	丙子	丁丑	戊寅	己卯	庚辰	辛巳	壬午	癸未	甲申	乙酉	丙戌	丁亥	戊子	己丑	庚寅	辛卯	壬辰	癸巳	甲午	乙未	丙申	丁酉
五行	木	土	土	金	金	火	火	水	水	土	土	金	金	木	木	水	水	土	土	火	火	木	木	水	水	金	金	火	火
建星	满	平	定	执	破	危	成	收	开	闭	建	除	满	平	定	执	破	危	危	成	收	开	闭	建	除	满	平	定	执
廿八宿	斗	牛	女	虚	危	室	壁	奎	娄	胃	昴	毕	觜	参	井	鬼	柳	星	张	翼	轸	角	亢	氐	房	心	尾	箕	斗

三月小建戊辰翼宿 (六白)

节气:谷雨 初五日二十时四十六分
立夏 廿 日七时 分

公历	16	17	18	19	20	21	22	23	24	25	26	27	28	29	30	五月	2	3	4	5	6	7	8	9	10	11	12	13	14
农历	一	一	三	四	五	六	七	八	九	十	十一	十二	十三	十四	十五	十六	十七	十八	十九	二十	廿一	廿二	廿三	廿四	廿五	廿六	廿七	廿八	廿九
星期	五	六	日	一	二	三	四	五	六	日	一	二	三	四	五	六	日	一	二	三	四	五	六	日	一	二	三	四	五
干支	戊戌	己亥	庚子	辛丑	壬寅	癸卯	甲辰	乙巳	丙午	丁未	戊申	己酉	庚戌	辛亥	壬子	癸丑	甲寅	乙卯	丙辰	丁巳	戊午	己未	庚申	辛酉	壬戌	癸亥	甲子	乙丑	丙寅
五行	木	木	土	土	金	金	火	火	水	水	土	土	金	金	木	木	水	水	土	土	火	火	木	木	水	水	金	金	火
建星	破	危	成	收	开	闭	建	除	满	平	定	执	破	危	成	收	开	闭	建	除	除	满	平	定	执	破	危	成	收
廿八宿	牛	女	虚	危	室	壁	奎	娄	胃	昴	毕	觜	参	井	鬼	柳	星	张	翼	轸	角	亢	氐	房	心	尾	箕	斗	牛

岁次：己卯	公元 1999 年（城头土）			土兔
太岁：龙仲	年一白星	水泽节卦	七火八运	张

四月大建己巳轸宿 （五黄）

节气：小满初七日十九时五十二分
芒种廿三日十一时九分

公历	15	16	17	18	19	20	21	22	23	24	25	26	27	28	29	30	31	六月	2	3	4	5	6	7	8	9	10	11	12	13
农历	一	二	三	四	五	六	七	八	九	十	十一	十二	十三	十四	十五	十六	十七	十八	十九	二十	廿一	廿二	廿三	廿四	廿五	廿六	廿七	廿八	廿九	三十
星期	六	日	一	二	三	四	五	六	日	一	二	三	四	五	六	日	一	二	三	四	五	六	日	一	二	三	四	五	六	日
干支	丁卯	戊辰	己巳	庚午	辛未	壬申	癸酉	甲戌	乙亥	丙子	丁丑	戊寅	己卯	庚辰	辛巳	壬午	癸未	甲申	乙酉	丙戌	丁亥	戊子	己丑	庚寅	辛卯	壬辰	癸巳	甲午	乙未	丙申
五行	火	木	木	土	土	金	金	火	火	水	水	土	土	金	金	木	木	水	水	土	土	火	火	木	木	水	水	金	金	火
建星	开	闭	建	除	满	平	定	执	破	危	成	收	开	闭	建	除	满	平	定	执	破	危	危	成	收	开	闭	建	除	满
廿八宿	女	虚	危	室	壁	奎	娄	胃	昴	毕	觜	参	井	鬼	柳	星	张	翼	轸	角	亢	氐	房	心	尾	箕	斗	牛	女	虚

五月小建庚午角宿 （四绿）

节气：夏至初九日三时四十九分
小暑廿四日廿一时廿五分

公历	14	15	16	17	18	19	20	21	22	23	24	25	26	27	28	29	30	七月	2	3	4	5	6	7	8	9	10	11	12
农历	一	二	三	四	五	六	七	八	九	十	十一	十二	十三	十四	十五	十六	十七	十八	十九	二十	廿一	廿二	廿三	廿四	廿五	廿六	廿七	廿八	廿九
星期	一	二	三	四	五	六	日	一	二	三	四	五	六	日	一	二	三	四	五	六	日	一	二	三	四	五	六	日	一
干支	丁酉	戊戌	己亥	庚子	辛丑	壬寅	癸卯	甲辰	乙巳	丙午	丁未	戊申	己酉	庚戌	辛亥	壬子	癸丑	甲寅	乙卯	丙辰	丁巳	戊午	己未	庚申	辛酉	壬戌	癸亥	甲子	乙丑
五行	火	木	木	土	土	金	金	火	火	水	水	土	土	金	金	木	木	水	水	土	土	火	火	木	木	水	水	金	金
建星	平	定	执	破	危	成	收	开	闭	建	除	满	平	定	执	破	危	成	收	开	闭	建	除	除	满	平	定	执	破
廿八宿	危	室	壁	奎	娄	胃	昴	毕	觜	参	井	鬼	柳	星	张	翼	轸	角	亢	氐	房	心	尾	箕	斗	牛	女	虚	危

六月小建辛未亢宿 （三碧）

节气：大暑十一日十四时四十四分
立秋廿七日七时十四分

公历	13	14	15	16	17	18	19	20	21	22	23	24	25	26	27	28	29	30	31	八月	2	3	4	5	6	7	8	9	10
农历	一	二	三	四	五	六	七	八	九	十	十一	十二	十三	十四	十五	十六	十七	十八	十九	二十	廿一	廿二	廿三	廿四	廿五	廿六	廿七	廿八	廿九
星期	二	三	四	五	六	日	一	二	三	四	五	六	日	一	二	三	四	五	六	日	一	二	三	四	五	六	日	一	二
干支	丙寅	丁卯	戊辰	己巳	庚午	辛未	壬申	癸酉	甲戌	乙亥	丙子	丁丑	戊寅	己卯	庚辰	辛巳	壬午	癸未	甲申	乙酉	丙戌	丁亥	戊子	己丑	庚寅	辛卯	壬辰	癸巳	甲午
五行	火	火	木	木	土	土	金	金	火	火	水	水	土	土	金	金	木	木	水	水	土	土	火	火	木	木	水	水	金
建星	危	成	收	开	闭	建	除	满	平	定	执	破	危	成	收	开	闭	建	除	满	平	定	执	破	危	成	成	收	开
廿八宿	室	壁	奎	娄	胃	昴	毕	觜	参	井	鬼	柳	星	张	翼	轸	角	亢	氐	房	心	尾	箕	斗	牛	女	虚	危	室

岁次：己卯	公元1999年（城头土）			土兔
太岁：龙仲	年一白星	水泽节卦	七火八运	张

七月大建壬申氐宿 （二黑）

节气：处暑十三日廿一时五十一分
白露廿九日十时十分

公历	11	12	13	14	15	16	17	18	19	20	21	22	23	24	25	26	27	28	29	30	31	九月	2	3	4	5	6	7	8	9
农历	一	二	三	四	五	六	七	八	九	十	十一	十二	十三	十四	十五	十六	十七	十八	十九	二十	廿一	廿二	廿三	廿四	廿五	廿六	廿七	廿八	廿九	三十
星期	三	四	五	六	日	一	二	三	四	五	六	日	一	二	三	四	五	六	日	一	二	三	四	五	六	日	一	二	三	四
干支	乙未	丙申	丁酉	戊戌	己亥	庚子	辛丑	壬寅	癸卯	甲辰	乙巳	丙午	丁未	戊申	己酉	庚戌	辛亥	壬子	癸丑	甲寅	乙卯	丙辰	丁巳	戊午	己未	庚申	辛酉	壬戌	癸亥	甲子
五行	金	火	火	木	木	土	土	金	金	火	火	水	水	土	土	金	金	木	木	水	水	土	土	火	火	木	木	水	水	金
建星	闭	建	除	满	平	定	执	破	危	成	收	开	闭	建	除	满	平	定	执	破	危	成	收	开	闭	建	除	满	满	平
廿八宿	壁	奎	娄	胃	昴	毕	觜	参	井	鬼	柳	星	张	翼	轸	角	亢	氐	房	心	尾	箕	斗	牛	女	虚	危	室	壁	奎

八月小建癸酉房宿 （一白）

节气：秋分十四日十九时卅二分

公历	10	11	12	13	14	15	16	17	18	19	20	21	22	23	24	25	26	27	28	29	30	十月	2	3	4	5	6	7	8	
农历	一	二	三	四	五	六	七	八	九	十	十一	十二	十三	十四	十五	十六	十七	十八	十九	二十	廿一	廿二	廿三	廿四	廿五	廿六	廿七	廿八	廿九	
星期	五	六	日	一	二	三	四	五	六	日	一	二	三	四	五	六	日	一	二	三	四	五	六	日	一	二	三	四	五	
干支	乙丑	丙寅	丁卯	戊辰	己巳	庚午	辛未	壬申	癸酉	甲戌	乙亥	丙子	丁丑	戊寅	己卯	庚辰	辛巳	壬午	癸未	甲申	乙酉	丙戌	丁亥	戊子	己丑	庚寅	辛卯	壬辰	癸巳	
五行	金	火	火	木	木	土	土	金	金	火	火	水	水	土	土	金	金	木	木	水	水	土	土	火	火	木	木	水	水	
建星	定	执	破	危	成	收	开	闭	建	除	满	平	定	执	破	危	成	收	开	闭	建	除	满	平	定	执	破	危	成	
廿八宿	娄	胃	昴	毕	觜	参	井	鬼	柳	星	张	翼	轸	角	亢	氐	房	心	尾	箕	斗	牛	女	虚	危	室	壁	奎	娄	

九月大建甲戌心宿 （九紫）

节气：寒露初一日一时四十八分
霜降十六日四时五十二分

公历	9	10	11	12	13	14	15	16	17	18	19	20	21	22	23	24	25	26	27	28	29	30	31	11月	2	3	4	5	6	7
农历	一	二	三	四	五	六	七	八	九	十	十一	十二	十三	十四	十五	十六	十七	十八	十九	二十	廿一	廿二	廿三	廿四	廿五	廿六	廿七	廿八	廿九	三十
星期	六	日	一	二	三	四	五	六	日	一	二	三	四	五	六	日	一	二	三	四	五	六	日	一	二	三	四	五	六	日
干支	甲午	乙未	丙申	丁酉	戊戌	己亥	庚子	辛丑	壬寅	癸卯	甲辰	乙巳	丙午	丁未	戊申	己酉	庚戌	辛亥	壬子	癸丑	甲寅	乙卯	丙辰	丁巳	戊午	己未	庚申	辛酉	壬戌	癸亥
五行	金	金	火	火	木	木	土	土	金	金	火	火	水	水	土	土	金	金	木	木	水	水	土	土	火	火	木	木	水	水
建星	成	收	开	闭	建	除	满	平	定	执	破	危	成	收	开	闭	建	除	满	平	定	执	破	危	成	收	开	闭	建	除
廿八宿	胃	昴	毕	觜	参	井	鬼	柳	星	张	翼	轸	角	亢	氐	房	心	尾	箕	斗	牛	女	虚	危	室	壁	奎	娄	胃	昴

岁次:己卯	公元 1999 年(城头土)			土兔
太岁:龙仲	年一白星	水泽节卦	七火八运	张

十月大建乙亥尾宿 (八白)

节气:立冬 初一日四时五十八分
小雪 十六日二时廿五分
大雪 三十日廿一时四十七分

公历	8	9	10	11	12	13	14	15	16	17	18	19	20	21	22	23	24	25	26	27	28	29	30	12月	2	3	4	5	6	7
农历	一	二	三	四	五	六	七	八	九	十	十一	十二	十三	十四	十五	十六	十七	十八	十九	二十	廿一	廿二	廿三	廿四	廿五	廿六	廿七	廿八	廿九	三十
星期	一	二	三	四	五	六	日	一	二	三	四	五	六	日	一	二	三	四	五	六	日	一	二	三	四	五	六	日	一	二
干支	甲子	乙丑	丙寅	丁卯	戊辰	己巳	庚午	辛未	壬申	癸酉	甲戌	乙亥	丙子	丁丑	戊寅	己卯	庚辰	辛巳	壬午	癸未	甲申	乙酉	丙戌	丁亥	戊子	己丑	庚寅	辛卯	壬辰	癸巳
五行	金	金	火	火	木	木	土	土	金	金	火	火	水	水	土	土	金	金	木	木	水	水	土	土	火	火	木	木	水	水
建星	除	满	平	定	执	破	危	成	收	开	闭	建	除	满	平	定	执	破	危	成	收	开	闭	建	除	满	平	定	执	执
廿八宿	毕	觜	参	井	鬼	柳	星	张	翼	轸	角	亢	氐	房	心	尾	箕	斗	牛	女	虚	危	室	壁	奎	娄	胃	昴	毕	觜

十一月大建丙子箕宿 (七赤)

节气:冬至 十五日十五时四十四分
小寒 三十日九时一分

公历	8	9	10	11	12	13	14	15	16	17	18	19	20	21	22	23	24	25	26	27	28	29	30	31	一月	2	3	4	5	6
农历	一	二	三	四	五	六	七	八	九	十	十一	十二	十三	十四	十五	十六	十七	十八	十九	二十	廿一	廿二	廿三	廿四	廿五	廿六	廿七	廿八	廿九	三十
星期	三	四	五	六	日	一	二	三	四	五	六	日	一	二	三	四	五	六	日	一	二	三	四	五	六	日	一	二	三	四
干支	甲午	乙未	丙申	丁酉	戊戌	己亥	庚子	辛丑	壬寅	癸卯	甲辰	乙巳	丙午	丁未	戊申	己酉	庚戌	辛亥	壬子	癸丑	甲寅	乙卯	丙辰	丁巳	戊午	己未	庚申	辛酉	壬戌	癸亥
五行	金	金	火	火	木	木	土	土	金	金	火	火	水	水	土	土	金	金	木	木	水	水	土	土	火	火	木	木	水	水
建星	破	危	成	收	开	闭	建	除	满	平	定	执	破	危	成	收	开	闭	建	除	满	平	定	执	破	危	成	收	开	开
廿八宿	参	井	鬼	柳	星	张	翼	轸	角	亢	氐	房	心	尾	箕	斗	牛	女	虚	危	室	壁	奎	娄	胃	昴	毕	觜	参	井

十二月小建丁丑斗宿 (六白)

节气:大寒 十五日二时廿三分
立春 廿九日二十时四十分

公历	7	8	9	10	11	12	13	14	15	16	17	18	19	20	21	22	23	24	25	26	27	28	29	30	31	二月	2	3	4	
农历	一	二	三	四	五	六	七	八	九	十	十一	十二	十三	十四	十五	十六	十七	十八	十九	二十	廿一	廿二	廿三	廿四	廿五	廿六	廿七	廿八	廿九	
星期	五	六	日	一	二	三	四	五	六	日	一	二	三	四	五	六	日	一	二	三	四	五	六	日	一	二	三	四	五	
干支	甲子	乙丑	丙寅	丁卯	戊辰	己巳	庚午	辛未	壬申	癸酉	甲戌	乙亥	丙子	丁丑	戊寅	己卯	庚辰	辛巳	壬午	癸未	甲申	乙酉	丙戌	丁亥	戊子	己丑	庚寅	辛卯	壬辰	
五行	金	金	火	火	木	木	土	土	金	金	火	火	水	水	土	土	金	金	木	木	水	水	土	土	火	火	木	木	水	
建星	闭	建	除	满	平	定	执	破	危	成	收	开	闭	建	除	满	平	定	执	破	危	成	收	开	闭	建	除	满	满	
廿八宿	鬼	柳	星	张	翼	轸	角	亢	氐	房	心	尾	箕	斗	牛	女	虚	危	室	壁	奎	娄	胃	昴	毕	觜	参	井	鬼	

岁次：庚辰	公元2000年（白蜡金）			金龙
太岁：董德	年九紫星	地天泰卦	一水九运	翼

正月大建戊寅牛宿　（五黄）

节气：雨水十五日十六时卅三分
惊蛰三十日十四时四十三分

公历	5	6	7	8	9	10	11	12	13	14	15	16	17	18	19	20	21	22	23	24	25	26	27	28	29	三月	2	3	4	5
农历	一	二	三	四	五	六	七	八	九	十	十一	十二	十三	十四	十五	十六	十七	十八	十九	二十	廿一	廿二	廿三	廿四	廿五	廿六	廿七	廿八	廿九	三十
星期	六	日	一	二	三	四	五	六	日	一	二	三	四	五	六	日	一	二	三	四	五	六	日	一	二	三	四	五	六	日
干支	癸巳	甲午	乙未	丙申	丁酉	戊戌	己亥	庚子	辛丑	壬寅	癸卯	甲辰	乙巳	丙午	丁未	戊申	己酉	庚戌	辛亥	壬子	癸丑	甲寅	乙卯	丙辰	丁巳	戊午	己未	庚申	辛酉	壬戌
五行	水	金	金	火	火	木	木	土	土	金	金	火	火	水	水	土	土	金	金	木	木	水	水	土	土	火	火	木	木	水
建星	平	定	执	破	危	成	收	开	闭	建	除	满	平	定	执	破	危	成	收	开	闭	建	除	满	平	定	执	破	危	危
廿八宿	柳	星	张	翼	轸	角	亢	氐	房	心	尾	箕	斗	牛	女	虚	危	室	壁	奎	娄	胃	昴	毕	觜	参	井	鬼	柳	星

二月大建己卯女宿　（四绿）

节气：春分十五日十五时卅五分
清明三十日十九时卅二分

公历	6	7	8	9	10	11	12	13	14	15	16	17	18	19	20	21	22	23	24	25	26	27	28	29	30	31	四月	2	3	4
农历	一	二	三	四	五	六	七	八	九	十	十一	十二	十三	十四	十五	十六	十七	十八	十九	二十	廿一	廿二	廿三	廿四	廿五	廿六	廿七	廿八	廿九	三十
星期	一	二	三	四	五	六	日	一	二	三	四	五	六	日	一	二	三	四	五	六	日	一	二	三	四	五	六	日	一	二
干支	癸亥	甲子	乙丑	丙寅	丁卯	戊辰	己巳	庚午	辛未	壬申	癸酉	甲戌	乙亥	丙子	丁丑	戊寅	己卯	庚辰	辛巳	壬午	癸未	甲申	乙酉	丙戌	丁亥	戊子	己丑	庚寅	辛卯	壬辰
五行	水	金	金	火	火	木	木	土	土	金	金	火	火	水	水	土	土	金	金	木	木	水	水	土	土	火	火	木	木	水
建星	成	收	开	闭	建	除	满	平	定	执	破	危	成	收	开	闭	建	除	满	平	定	执	破	危	成	收	开	闭	建	建
廿八宿	张	翼	轸	角	亢	氐	房	心	尾	箕	斗	牛	女	虚	危	室	壁	奎	娄	胃	昴	毕	觜	参	井	鬼	柳	星	张	翼

三月小建庚辰虚宿　（三碧）

节气：谷雨十六日二时四十分

公历	5	6	7	8	9	10	11	12	13	14	15	16	17	18	19	20	21	22	23	24	25	26	27	28	29	30	五月	2	3
农历	一	二	三	四	五	六	七	八	九	十	十一	十二	十三	十四	十五	十六	十七	十八	十九	二十	廿一	廿二	廿三	廿四	廿五	廿六	廿七	廿八	廿九
星期	三	四	五	六	日	一	二	三	四	五	六	日	一	二	三	四	五	六	日	一	二	三	四	五	六	日	一	二	三
干支	癸巳	甲午	乙未	丙申	丁酉	戊戌	己亥	庚子	辛丑	壬寅	癸卯	甲辰	乙巳	丙午	丁未	戊申	己酉	庚戌	辛亥	壬子	癸丑	甲寅	乙卯	丙辰	丁巳	戊午	己未	庚申	辛酉
五行	水	金	金	火	火	木	木	土	土	金	金	火	火	水	水	土	土	金	金	木	木	水	水	土	土	火	火	木	木
建星	除	满	平	定	执	破	危	成	收	开	闭	建	除	满	平	定	执	破	危	成	收	开	闭	建	除	满	平	定	执
廿八宿	轸	角	亢	氐	房	心	尾	箕	斗	牛	女	虚	危	室	壁	奎	娄	胃	昴	毕	觜	参	井	鬼	柳	星	张	翼	轸

岁次：庚辰	公元2000年（白蜡金）		金龙
太岁：董德	年九紫星	地天泰卦	一水九运	翼

四月小建辛巳危宿 （二黑）

节气：立夏初二日十二时五十分
小满十八日二时十六分

公历	4	5	6	7	8	9	10	11	12	13	14	15	16	17	18	19	20	21	22	23	24	25	26	27	28	29	30	31	六月
农历	一	二	三	四	五	六	七	八	九	十	十一	十二	十三	十四	十五	十六	十七	十八	十九	二十	廿一	廿二	廿三	廿四	廿五	廿六	廿七	廿八	廿九
星期	四	五	六	日	一	二	三	四	五	六	日	一	二	三	四	五	六	日	一	二	三	四	五	六	日	一	二	三	四
干支	壬戌	癸亥	甲子	乙丑	丙寅	丁卯	戊辰	己巳	庚午	辛未	壬申	癸酉	甲戌	乙亥	丙子	丁丑	戊寅	己卯	庚辰	辛巳	壬午	癸未	甲申	乙酉	丙戌	丁亥	戊子	己丑	庚寅
五行	水	水	金	金	火	火	木	木	土	土	金	金	火	火	水	水	土	土	金	金	木	木	水	水	土	土	火	火	木
建星	破	破	危	成	收	开	闭	建	除	满	平	定	执	破	危	成	收	开	闭	建	除	满	平	定	执	破	危	成	收
廿八宿	角	亢	氐	房	心	尾	箕	斗	牛	女	虚	危	室	壁	奎	娄	胃	昴	毕	觜	参	井	鬼	柳	星	张	翼	轸	角

五月大建壬午室宿 （一白）

节气：芒种初四日十六时五十九分
夏至二十日九时四十八分

公历	2	3	4	5	6	7	8	9	10	11	12	13	14	15	16	17	18	19	20	21	22	23	24	25	26	27	28	29	30	七月
农历	一	二	三	四	五	六	七	八	九	十	十一	十二	十三	十四	十五	十六	十七	十八	十九	二十	廿一	廿二	廿三	廿四	廿五	廿六	廿七	廿八	廿九	三十
星期	五	六	日	一	二	三	四	五	六	日	一	二	三	四	五	六	日	一	二	三	四	五	六	日	一	二	三	四	五	六
干支	辛卯	壬辰	癸巳	甲午	乙未	丙申	丁酉	戊戌	己亥	庚子	辛丑	壬寅	癸卯	甲辰	乙巳	丙午	丁未	戊申	己酉	庚戌	辛亥	壬子	癸丑	甲寅	乙卯	丙辰	丁巳	戊午	己未	庚申
五行	木	水	水	金	金	火	火	木	木	土	土	金	金	火	火	水	水	土	土	金	金	木	木	水	水	土	土	火	火	木
建星	开	闭	建	建	除	满	平	定	执	破	危	成	收	开	闭	建	除	满	平	定	执	破	危	成	收	开	闭	建	除	满
廿八宿	亢	氐	房	心	尾	箕	斗	牛	女	虚	危	室	壁	奎	娄	胃	昴	毕	觜	参	井	鬼	柳	星	张	翼	轸	角	亢	氐

六月小建癸未壁宿 （九紫）

节气：小暑初六日三时十四分
大暑廿一日二十时四十三分

公历	2	3	4	5	6	7	8	9	10	11	12	13	14	15	16	17	18	19	20	21	22	23	24	25	26	27	28	29	30	
农历	一	二	三	四	五	六	七	八	九	十	十一	十二	十三	十四	十五	十六	十七	十八	十九	二十	廿一	廿二	廿三	廿四	廿五	廿六	廿七	廿八	廿九	
星期	日	一	二	三	四	五	六	日	一	二	三	四	五	六	日	一	二	三	四	五	六	日	一	二	三	四	五	六	日	
干支	辛酉	壬戌	癸亥	甲子	乙丑	丙寅	丁卯	戊辰	己巳	庚午	辛未	壬申	癸酉	甲戌	乙亥	丙子	丁丑	戊寅	己卯	庚辰	辛巳	壬午	癸未	甲申	乙酉	丙戌	丁亥	戊子	己丑	
五行	木	水	水	金	金	火	火	木	木	土	土	金	金	火	火	水	水	土	土	金	金	木	木	水	水	土	土	火	火	
建星	平	定	执	破	危	危	成	收	开	闭	建	除	满	平	定	执	破	危	成	收	开	闭	建	除	满	平	定	执	破	
廿八宿	房	心	尾	箕	斗	牛	女	虚	危	室	壁	奎	娄	胃	昴	毕	觜	参	井	鬼	柳	星	张	翼	轸	角	亢	氐	房	

岁次：庚辰	公元2000年（白蜡金）			金龙
太岁：董德	年九紫星	地天泰卦	一水九运	翼

七月小建甲申奎宿 （八白）

节气：立秋初八日十三时三分
处暑廿四日三时四十九分

公历	31	八月	2	3	4	5	6	7	8	9	10	11	12	13	14	15	16	17	18	19	20	21	22	23	24	25	26	27	28
农历	一	二	三	四	五	六	七	八	九	十	十一	十二	十三	十四	十五	十六	十七	十八	十九	二十	廿一	廿二	廿三	廿四	廿五	廿六	廿七	廿八	廿九
星期	一	二	三	四	五	六	日	一	二	三	四	五	六	日	一	二	三	四	五	六	日	一	二	三	四	五	六	日	一
干支	庚寅	辛卯	壬辰	癸巳	甲午	乙未	丙申	丁酉	戊戌	己亥	庚子	辛丑	壬寅	癸卯	甲辰	乙巳	丙午	丁未	戊申	己酉	庚戌	辛亥	壬子	癸丑	甲寅	乙卯	丙辰	丁巳	戊午
五行	木	木	水	水	金	金	火	火	木	木	土	土	金	金	火	火	水	水	土	土	金	金	木	木	水	水	土	土	火
建星	危	成	收	开	闭	建	除	除	满	平	定	执	破	危	成	收	开	闭	建	除	满	平	定	执	破	危	成	收	开
廿八宿	心	尾	箕	斗	牛	女	虚	危	室	壁	奎	娄	胄	昴	毕	觜	参	井	鬼	柳	星	张	翼	轸	角	亢	氐	房	心

八月大建乙酉娄宿 （七赤）

节气：白露初十日十五时五十九分
秋分廿六日一时廿八分

公历	29	30	31	九月	2	3	4	5	6	7	8	9	10	11	12	13	14	15	16	17	18	19	20	21	22	23	24	25	26	27
农历	一	二	三	四	五	六	七	八	九	十	十一	十二	十三	十四	十五	十六	十七	十八	十九	二十	廿一	廿二	廿三	廿四	廿五	廿六	廿七	廿八	廿九	三十
星期	二	三	四	五	六	日	一	二	三	四	五	六	日	一	二	三	四	五	六	日	一	二	三	四	五	六	日	一	二	三
干支	己未	庚申	辛酉	壬戌	癸亥	甲子	乙丑	丙寅	丁卯	戊辰	己巳	庚午	辛未	壬申	癸酉	甲戌	乙亥	丙子	丁丑	戊寅	己卯	庚辰	辛巳	壬午	癸未	甲申	乙酉	丙戌	丁亥	戊子
五行	火	木	木	水	水	金	金	火	火	木	木	土	土	金	金	火	火	水	水	土	土	金	金	木	木	水	水	土	土	火
建星	闭	建	除	满	平	定	执	破	危	危	成	收	开	闭	建	除	满	平	定	执	破	危	成	收	开	闭	建	除	满	平
廿八宿	尾	箕	斗	牛	女	虚	危	室	壁	奎	娄	胄	昴	毕	觜	参	井	鬼	柳	星	张	翼	轸	角	亢	氐	房	心	尾	箕

九月小建丙戌胄宿 （六白）

节气：寒露十一日七时卅八分
霜降廿六日十时四十七分

公历	28	29	30	十月	2	3	4	5	6	7	8	9	10	11	12	13	14	15	16	17	18	19	20	21	22	23	24	25	26
农历	一	二	三	四	五	六	七	八	九	十	十一	十二	十三	十四	十五	十六	十七	十八	十九	二十	廿一	廿二	廿三	廿四	廿五	廿六	廿七	廿八	廿九
星期	四	五	六	日	一	二	三	四	五	六	日	一	二	三	四	五	六	日	一	二	三	四	五	六	日	一	二	三	四
干支	己丑	庚寅	辛卯	壬辰	癸巳	甲午	乙未	丙申	丁酉	戊戌	己亥	庚子	辛丑	壬寅	癸卯	甲辰	乙巳	丙午	丁未	戊申	己酉	庚戌	辛亥	壬子	癸丑	甲寅	乙卯	丙辰	丁巳
五行	火	木	木	水	水	金	金	火	火	木	木	土	土	金	金	火	火	水	水	土	土	金	金	木	木	水	水	土	土
建星	定	执	破	危	成	收	开	闭	建	除	除	满	平	定	执	破	危	成	收	开	闭	建	除	满	平	定	执	破	危
廿八宿	斗	牛	女	虚	危	室	壁	奎	娄	胄	昴	毕	觜	参	井	鬼	柳	星	张	翼	轸	角	亢	氐	房	心	尾	箕	斗

岁次:庚辰	公元2000年(白蜡金)			金龙
太岁:董德	年九紫星	地天泰卦	一水九运	翼

十月大建丁亥昴宿 (五黄)

节气:立冬十二日十时四十八分
小雪廿七日八时十九分

公历	27	28	29	30	31	11月	2	3	4	5	6	7	8	9	10	11	12	13	14	15	16	17	18	19	20	21	22	23	24	25
农历	一	二	三	四	五	六	七	八	九	十	十一	十二	十三	十四	十五	十六	十七	十八	十九	二十	廿一	廿二	廿三	廿四	廿五	廿六	廿七	廿八	廿九	三十
星期	五	六	日	一	二	三	四	五	六	日	一	二	三	四	五	六	日	一	二	三	四	五	六	日	一	二	三	四	五	六
干支	戊午	己未	庚申	辛酉	壬戌	癸亥	甲子	乙丑	丙寅	丁卯	戊辰	己巳	庚午	辛未	壬申	癸酉	甲戌	乙亥	丙子	丁丑	戊寅	己卯	庚辰	辛巳	壬午	癸未	甲申	乙酉	丙戌	丁亥
五行	火	火	木	木	水	水	金	金	火	火	木	木	土	土	金	金	火	火	水	水	土	土	金	金	木	木	水	水	土	土
建星	成	收	开	闭	建	除	满	平	定	执	破	破	危	成	收	开	闭	建	除	满	平	定	执	破	危	成	收	开	闭	建
廿八宿	牛	女	虚	危	室	壁	奎	娄	胃	昴	毕	觜	参	井	鬼	柳	星	张	翼	轸	角	亢	氐	房	心	尾	箕	斗	牛	女

十一月大建戊子毕宿 (四绿)

节气:大雪十二日三时卅七分
冬至廿六日廿一时卅七分

公历	26	27	28	29	30	12月	2	3	4	5	6	7	8	9	10	11	12	13	14	15	16	17	18	19	20	21	22	23	24	25
农历	一	二	三	四	五	六	七	八	九	十	十一	十二	十三	十四	十五	十六	十七	十八	十九	二十	廿一	廿二	廿三	廿四	廿五	廿六	廿七	廿八	廿九	三十
星期	日	一	二	三	四	五	六	日	一	二	三	四	五	六	日	一	二	三	四	五	六	日	一	二	三	四	五	六	日	一
干支	戊子	己丑	庚寅	辛卯	壬辰	癸巳	甲午	乙未	丙申	丁酉	戊戌	己亥	庚子	辛丑	壬寅	癸卯	甲辰	乙巳	丙午	丁未	戊申	己酉	庚戌	辛亥	壬子	癸丑	甲寅	乙卯	丙辰	丁巳
五行	火	火	木	木	水	水	金	金	火	火	木	木	土	土	金	金	火	火	水	水	土	土	金	金	木	木	水	水	土	土
建星	除	满	平	定	执	破	危	成	收	开	闭	闭	建	除	满	平	定	执	破	危	成	收	开	闭	建	除	满	平	定	执
廿八宿	虚	危	室	壁	奎	娄	胃	昴	毕	觜	参	井	鬼	柳	星	张	翼	轸	角	亢	氐	房	心	尾	箕	斗	牛	女	虚	危

十二月小建己丑觜宿 (三碧)

节气:小寒十一日十四时四十九分
大寒廿六日八时十六分

公历	26	27	28	29	30	31	一月	2	3	4	5	6	7	8	9	10	11	12	13	14	15	16	17	18	19	20	21	22	23	
农历	一	二	三	四	五	六	七	八	九	十	十一	十二	十三	十四	十五	十六	十七	十八	十九	二十	廿一	廿二	廿三	廿四	廿五	廿六	廿七	廿八	廿九	
星期	二	三	四	五	六	日	一	二	三	四	五	六	日	一	二	三	四	五	六	日	一	二	三	四	五	六	日	一	二	
干支	戊午	己未	庚申	辛酉	壬戌	癸亥	甲子	乙丑	丙寅	丁卯	戊辰	己巳	庚午	辛未	壬申	癸酉	甲戌	乙亥	丙子	丁丑	戊寅	己卯	庚辰	辛巳	壬午	癸未	甲申	乙酉	丙戌	
五行	火	火	木	木	水	水	金	金	火	火	木	木	土	土	金	金	火	火	水	水	土	土	金	金	木	木	水	水	土	
建星	破	危	成	收	开	闭	建	除	满	平	平	定	执	破	危	成	收	开	闭	建	除	满	平	定	执	破	危	成	收	
廿八宿	室	壁	奎	娄	胃	昴	毕	觜	参	井	鬼	柳	星	张	翼	轸	角	亢	氐	房	心	尾	箕	斗	牛	女	虚	危	室	

岁次：辛巳	公元2001年（白蜡金）			金蛇
太岁：郑但	年八白星	火天大有卦	三木七运	轸

正月大建庚寅参宿　（二黑）

节气：立春十二日二时廿九分
雨水廿六日廿二时廿七分

公历	24	25	26	27	28	29	30	31	二月	2	3	4	5	6	7	8	9	10	11	12	13	14	15	16	17	18	19	20	21	22
农历	一	二	三	四	五	六	七	八	九	十	十一	十二	十三	十四	十五	十六	十七	十八	十九	二十	廿一	廿二	廿三	廿四	廿五	廿六	廿七	廿八	廿九	三十
星期	三	四	五	六	日	一	二	三	四	五	六	日	一	二	三	四	五	六	日	一	二	三	四	五	六	日	一	二	三	四
干支	丁亥	戊子	己丑	庚寅	辛卯	壬辰	癸巳	甲午	乙未	丙申	丁酉	戊戌	己亥	庚子	辛丑	壬寅	癸卯	甲辰	乙巳	丙午	丁未	戊申	己酉	庚戌	辛亥	壬子	癸丑	甲寅	乙卯	丙辰
五行	土	火	火	木	木	水	水	金	金	火	火	木	木	土	土	金	金	火	火	水	水	土	土	金	金	木	木	水	水	土
建星	开	闭	建	除	满	平	定	执	破	危	成	成	收	开	闭	建	除	满	平	定	执	破	危	成	收	开	闭	建	除	满
廿八宿	壁	奎	娄	胃	昴	毕	觜	参	井	鬼	柳	星	张	翼	轸	角	亢	氐	房	心	尾	箕	斗	牛	女	虚	危	室	壁	奎

二月大建辛卯井宿　（一白）

节气：惊蛰十一日二十时卅三分
春分廿六日廿一时卅一分

公历	23	24	25	26	27	28	三月	2	3	4	5	6	7	8	9	10	11	12	13	14	15	16	17	18	19	20	21	22	23	24
农历	一	二	三	四	五	六	七	八	九	十	十一	十二	十三	十四	十五	十六	十七	十八	十九	二十	廿一	廿二	廿三	廿四	廿五	廿六	廿七	廿八	廿九	三十
星期	五	六	日	一	二	三	四	五	六	日	一	二	三	四	五	六	日	一	二	三	四	五	六	日	一	二	三	四	五	六
干支	丁巳	戊午	己未	庚申	辛酉	壬戌	癸亥	甲子	乙丑	丙寅	丁卯	戊辰	己巳	庚午	辛未	壬申	癸酉	甲戌	乙亥	丙子	丁丑	戊寅	己卯	庚辰	辛巳	壬午	癸未	甲申	乙酉	丙戌
五行	土	火	火	木	木	水	水	金	金	火	火	木	木	土	土	金	金	火	火	水	水	土	土	金	金	木	木	水	水	土
建星	平	定	执	破	危	成	收	开	闭	建	建	除	满	平	定	执	破	危	成	收	开	闭	建	除	满	平	定	执	破	危
廿八宿	娄	胃	昴	毕	觜	参	井	鬼	柳	星	张	翼	轸	角	亢	氐	房	心	尾	箕	斗	牛	女	虚	危	室	壁	奎	娄	胃

三月小建壬辰鬼宿　（九紫）

节气：清明十二日一时廿四分
谷雨廿七日八时卅六分

公历	25	26	27	28	29	30	31	四月	2	3	4	5	6	7	8	9	10	11	12	13	14	15	16	17	18	19	20	21	22
农历	一	二	三	四	五	六	七	八	九	十	十一	十二	十三	十四	十五	十六	十七	十八	十九	二十	廿一	廿二	廿三	廿四	廿五	廿六	廿七	廿八	廿九
星期	日	一	二	三	四	五	六	日	一	二	三	四	五	六	日	一	二	三	四	五	六	日	一	二	三	四	五	六	日
干支	丁亥	戊子	己丑	庚寅	辛卯	壬辰	癸巳	甲午	乙未	丙申	丁酉	戊戌	己亥	庚子	辛丑	壬寅	癸卯	甲辰	乙巳	丙午	丁未	戊申	己酉	庚戌	辛亥	壬子	癸丑	甲寅	乙卯
五行	土	火	火	木	木	水	水	金	金	火	火	木	木	土	土	金	金	火	火	水	水	土	土	金	金	木	木	水	水
建星	成	收	开	闭	建	除	满	平	定	执	破	破	危	成	收	开	闭	建	除	满	平	定	执	破	危	成	收	开	闭
廿八宿	昴	毕	觜	参	井	鬼	柳	星	张	翼	轸	角	亢	氐	房	心	尾	箕	斗	牛	女	虚	危	室	壁	奎	娄	胃	昴

岁次:辛巳	公元2001年(白蜡金)			金蛇
太岁:郑但	年八白星	火天大有卦	三木七运	轸

四月大建癸巳柳宿 (八白)

节气:立夏十三日十八时四十五分
小满廿九日七时四十四分

公历	23	24	25	26	27	28	29	30	五月	2	3	4	5	6	7	8	9	10	11	12	13	14	15	16	17	18	19	20	21	22
农历	一	二	三	四	五	六	七	八	九	十	十一	十二	十三	十四	十五	十六	十七	十八	十九	二十	廿一	廿二	廿三	廿四	廿五	廿六	廿七	廿八	廿九	三十
星期	一	二	三	四	五	六	日	一	二	三	四	五	六	日	一	二	三	四	五	六	日	一	二	三	四	五	六	日	一	二
干支	丙辰	丁巳	戊午	己未	庚申	辛酉	壬戌	癸亥	甲子	乙丑	丙寅	丁卯	戊辰	己巳	庚午	辛未	壬申	癸酉	甲戌	乙亥	丙子	丁丑	戊寅	己卯	庚辰	辛巳	壬午	癸未	甲申	乙酉
五行	土	土	火	火	木	木	水	水	金	金	火	火	木	木	土	土	金	金	火	火	水	水	土	土	金	金	木	木	水	水
建星	建	除	满	平	定	执	破	危	成	收	开	闭	闭	建	除	满	平	定	执	破	危	成	收	开	闭	建	除	满	平	定
廿八宿	毕	觜	参	井	鬼	柳	星	张	翼	轸	角	亢	氐	房	心	尾	箕	斗	牛	女	虚	危	室	壁	奎	娄	胃	昴	毕	觜

闰四月小

节气:芒种十四日廿二时五十四分

公历	23	24	25	26	27	28	29	30	31	六月	2	3	4	5	6	7	8	9	10	11	12	13	14	15	16	17	18	19	20	
农历	一	二	三	四	五	六	七	八	九	十	十一	十二	十三	十四	十五	十六	十七	十八	十九	二十	廿一	廿二	廿三	廿四	廿五	廿六	廿七	廿八	廿九	
星期	三	四	五	六	日	一	二	三	四	五	六	日	一	二	三	四	五	六	日	一	二	三	四	五	六	日	一	二	三	
干支	丙戌	丁亥	戊子	己丑	庚寅	辛卯	壬辰	癸巳	甲午	乙未	丙申	丁酉	戊戌	己亥	庚子	辛丑	壬寅	癸卯	甲辰	乙巳	丙午	丁未	戊申	己酉	庚戌	辛亥	壬子	癸丑	甲寅	
五行	土	土	火	火	木	木	水	水	金	金	火	火	木	木	土	土	金	金	火	火	水	水	土	土	金	金	木	木	水	
建星	执	破	危	成	收	开	闭	建	除	满	平	定	执	执	破	危	成	收	开	闭	建	除	满	平	定	执	破	危	成	
廿八宿	参	井	鬼	柳	星	张	翼	轸	角	亢	氐	房	心	尾	箕	斗	牛	女	虚	危	室	壁	奎	娄	胃	昴	毕	觜	参	

五月大建甲午星宿 (七赤)

节气:夏至初一日十五时卅八分
小暑十七日九时九分

公历	21	22	23	24	25	26	27	28	29	30	七月	2	3	4	5	6	7	8	9	10	11	12	13	14	15	16	17	18	19	20
农历	一	二	三	四	五	六	七	八	九	十	十一	十二	十三	十四	十五	十六	十七	十八	十九	二十	廿一	廿二	廿三	廿四	廿五	廿六	廿七	廿八	廿九	三十
星期	四	五	六	日	一	二	三	四	五	六	日	一	二	三	四	五	六	日	一	二	三	四	五	六	日	一	二	三	四	五
干支	乙卯	丙辰	丁巳	戊午	己未	庚申	辛酉	壬戌	癸亥	甲子	乙丑	丙寅	丁卯	戊辰	己巳	庚午	辛未	壬申	癸酉	甲戌	乙亥	丙子	丁丑	戊寅	己卯	庚辰	辛巳	壬午	癸未	甲申
五行	水	土	土	火	火	木	木	水	水	金	金	火	火	木	木	土	土	金	金	火	火	水	水	土	土	金	金	木	木	水
建星	收	开	闭	建	除	满	平	定	执	破	危	成	收	开	闭	建	建	除	满	平	定	执	破	危	成	收	开	闭	建	除
廿八宿	井	鬼	柳	星	张	翼	轸	角	亢	氐	房	心	尾	箕	斗	牛	女	虚	危	室	壁	奎	娄	胃	昴	毕	觜	参	井	鬼

岁次：辛巳	公元2001年（白蜡金）			金蛇
太岁：郑但	年八白星	火天大有卦	三木七运	轸

六月小建乙未张宿 （六白）

节气：大暑初三日二时廿六分
立秋十八日十八时五十二分

公历	21	22	23	24	25	26	27	28	29	30	31	八月	2	3	4	5	6	7	8	9	10	11	12	13	14	15	16	17	18
农历	一	二	三	四	五	六	七	八	九	十	十一	十二	十三	十四	十五	十六	十七	十八	十九	二十	廿一	廿二	廿三	廿四	廿五	廿六	廿七	廿八	廿九
星期	六	日	一	二	三	四	五	六	日	一	二	三	四	五	六	日	一	二	三	四	五	六	日	一	二	三	四	五	六
干支	乙酉	丙戌	丁亥	戊子	己丑	庚寅	辛卯	壬辰	癸巳	甲午	乙未	丙申	丁酉	戊戌	己亥	庚子	辛丑	壬寅	癸卯	甲辰	乙巳	丙午	丁未	戊申	己酉	庚戌	辛亥	壬子	癸丑
五行	水	土	土	火	火	木	木	水	水	金	金	火	火	木	木	土	土	金	金	火	火	水	水	土	土	金	金	木	木
建星	满	平	定	执	破	危	成	收	开	闭	建	除	满	平	定	执	破	破	危	成	收	开	闭	建	除	满	平	定	执
廿八宿	柳	星	张	翼	轸	角	亢	氐	房	心	尾	箕	斗	牛	女	虚	危	室	壁	奎	娄	胃	昴	毕	觜	参	井	鬼	柳

七月小建丙申翼宿 （五黄）

节气：处暑初五日九时廿七分
白露二十日廿一时四十六分

公历	19	20	21	22	23	24	25	26	27	28	29	30	31	九月	2	3	4	5	6	7	8	9	10	11	12	13	14	15	16
农历	一	二	三	四	五	六	七	八	九	十	十一	十二	十三	十四	十五	十六	十七	十八	十九	二十	廿一	廿二	廿三	廿四	廿五	廿六	廿七	廿八	廿九
星期	日	一	二	三	四	五	六	日	一	二	三	四	五	六	日	一	二	三	四	五	六	日	一	二	三	四	五	六	日
干支	甲寅	乙卯	丙辰	丁巳	戊午	己未	庚申	辛酉	壬戌	癸亥	甲子	乙丑	丙寅	丁卯	戊辰	己巳	庚午	辛未	壬申	癸酉	甲戌	乙亥	丙子	丁丑	戊寅	己卯	庚辰	辛巳	壬午
五行	水	水	土	土	火	火	木	木	水	水	金	金	火	火	木	木	土	土	金	金	火	火	水	水	土	土	金	金	木
建星	破	危	成	收	开	闭	建	除	满	平	定	执	破	危	成	收	开	闭	建	建	除	满	平	定	执	破	危	成	收
廿八宿	星	张	翼	轸	角	亢	氐	房	心	尾	箕	斗	牛	女	虚	危	室	壁	奎	娄	胃	昴	毕	觜	参	井	鬼	柳	星

八月大建丁酉轸宿 （四绿）

节气：秋分初七日七时五分
寒露廿二日十三时廿五分

公历	17	18	19	20	21	22	23	24	25	26	27	28	29	30	十月	2	3	4	5	6	7	8	9	10	11	12	13	14	15	16
农历	一	二	三	四	五	六	七	八	九	十	十一	十二	十三	十四	十五	十六	十七	十八	十九	二十	廿一	廿二	廿三	廿四	廿五	廿六	廿七	廿八	廿九	三十
星期	一	二	三	四	五	六	日	一	二	三	四	五	六	日	一	二	三	四	五	六	日	一	二	三	四	五	六	日	一	二
干支	癸未	甲申	乙酉	丙戌	丁亥	戊子	己丑	庚寅	辛卯	壬辰	癸巳	甲午	乙未	丙申	丁酉	戊戌	己亥	庚子	辛丑	壬寅	癸卯	甲辰	乙巳	丙午	丁未	戊申	己酉	庚戌	辛亥	壬子
五行	木	水	水	土	土	火	火	木	木	水	水	金	金	火	火	木	木	土	土	金	金	火	火	水	水	土	土	金	金	木
建星	开	闭	建	除	满	平	定	执	破	危	成	收	开	闭	建	除	满	平	定	执	破	破	危	成	收	开	闭	建	除	满
廿八宿	张	翼	轸	角	亢	氐	房	心	尾	箕	斗	牛	女	虚	危	室	壁	奎	娄	胃	昴	毕	觜	参	井	鬼	柳	星	张	翼

岁次:辛巳	公元 2001 年(白蜡金)			金蛇
太岁:郑但	年八白星	火天大有卦	三木七运	轸

九月小建戊戌角宿 (三碧) 节气:霜降初七日十六时廿六分 立冬廿二日十六时卅七分

公历	17	18	19	20	21	22	23	24	25	26	27	28	29	30	31	11月	2	3	4	5	6	7	8	9	10	11	12	13	14
农历	一	二	三	四	五	六	七	八	九	十	十一	十二	十三	十四	十五	十六	十七	十八	十九	二十	廿一	廿二	廿三	廿四	廿五	廿六	廿七	廿八	廿九
星期	三	四	五	六	日	一	二	三	四	五	六	日	一	二	三	四	五	六	日	一	二	三	四	五	六	日	一	二	三
干支	癸丑	甲寅	乙卯	丙辰	丁巳	戊午	己未	庚申	辛酉	壬戌	癸亥	甲子	乙丑	丙寅	丁卯	戊辰	己巳	庚午	辛未	壬申	癸酉	甲戌	乙亥	丙子	丁丑	戊寅	己卯	庚辰	辛巳
五行	木	水	水	土	土	火	火	木	木	水	水	金	金	火	火	木	木	土	土	金	金	火	火	水	水	土	土	金	金
建星	平	定	执	破	危	成	收	开	闭	建	除	满	平	定	执	破	危	成	收	开	闭	闭	建	除	满	平	定	执	破
廿八宿	轸	角	亢	氐	房	心	尾	箕	斗	牛	女	虚	危	室	壁	奎	娄	胃	昴	毕	觜	参	井	鬼	柳	星	张	翼	轸

十月大建己亥亢宿 (二黑) 节气:小雪初八日十四时一分 大雪廿三日九时廿九分

公历	15	16	17	18	19	20	21	22	23	24	25	26	27	28	29	30	12月	2	3	4	5	6	7	8	9	10	11	12	13	14
农历	一	二	三	四	五	六	七	八	九	十	十一	十二	十三	十四	十五	十六	十七	十八	十九	二十	廿一	廿二	廿三	廿四	廿五	廿六	廿七	廿八	廿九	三十
星期	四	五	六	日	一	二	三	四	五	六	日	一	二	三	四	五	六	日	一	二	三	四	五	六	日	一	二	三	四	五
干支	壬午	癸未	甲申	乙酉	丙戌	丁亥	戊子	己丑	庚寅	辛卯	壬辰	癸巳	甲午	乙未	丙申	丁酉	戊戌	己亥	庚子	辛丑	壬寅	癸卯	甲辰	乙巳	丙午	丁未	戊申	己酉	庚戌	辛亥
五行	木	木	水	水	土	土	火	火	木	木	水	水	金	金	火	火	木	木	土	土	金	金	火	火	水	水	土	土	金	金
建星	危	成	收	开	闭	建	除	满	平	定	执	破	危	成	收	开	闭	建	除	满	平	定	定	执	破	危	成	收	开	闭
廿八宿	角	亢	氐	房	心	尾	箕	斗	牛	女	虚	危	室	壁	奎	娄	胃	昴	毕	觜	参	井	鬼	柳	星	张	翼	轸	角	亢

十一月小建庚子氐宿 (一白) 节气:冬至初八日三时廿二分 小寒廿二日二十时四十四分

公历	15	16	17	18	19	20	21	22	23	24	25	26	27	28	29	30	31	一月	2	3	4	5	6	7	8	9	10	11	12
农历	一	二	三	四	五	六	七	八	九	十	十一	十二	十三	十四	十五	十六	十七	十八	十九	二十	廿一	廿二	廿三	廿四	廿五	廿六	廿七	廿八	廿九
星期	六	日	一	二	三	四	五	六	日	一	二	三	四	五	六	日	一	二	三	四	五	六	日	一	二	三	四	五	六
干支	壬子	癸丑	甲寅	乙卯	丙辰	丁巳	戊午	己未	庚申	辛酉	壬戌	癸亥	甲子	乙丑	丙寅	丁卯	戊辰	己巳	庚午	辛未	壬申	癸酉	甲戌	乙亥	丙子	丁丑	戊寅	己卯	庚辰
五行	木	木	水	水	土	土	火	火	木	木	水	水	金	金	火	火	木	木	土	土	金	金	火	火	水	水	土	土	金
建星	建	除	满	平	定	执	破	危	成	收	开	闭	建	除	满	平	定	执	破	危	成	成	收	开	闭	建	除	满	平
廿八宿	氐	房	心	尾	箕	斗	牛	女	虚	危	室	壁	奎	娄	胃	昴	毕	觜	参	井	鬼	柳	星	张	翼	轸	角	亢	氐

十二月大建辛丑房宿 (九紫) 节气:大寒初八日十四时二分 立春廿三日八时卅四分

公历	13	14	15	16	17	18	19	20	21	22	23	24	25	26	27	28	29	30	31	二月	2	3	4	5	6	7	8	9	10	11
农历	一	二	三	四	五	六	七	八	九	十	十一	十二	十三	十四	十五	十六	十七	十八	十九	二十	廿一	廿二	廿三	廿四	廿五	廿六	廿七	廿八	廿九	三十
星期	日	一	二	三	四	五	六	日	一	二	三	四	五	六	日	一	二	三	四	五	六	日	一	二	三	四	五	六	日	一
干支	辛巳	壬午	癸未	甲申	乙酉	丙戌	丁亥	戊子	己丑	庚寅	辛卯	壬辰	癸巳	甲午	乙未	丙申	丁酉	戊戌	己亥	庚子	辛丑	壬寅	癸卯	甲辰	乙巳	丙午	丁未	戊申	己酉	庚戌
五行	金	木	木	水	水	土	土	火	火	木	木	水	水	金	金	火	火	木	木	土	土	金	金	火	火	水	水	土	土	金
建星	定	执	破	危	成	收	开	闭	建	除	满	平	定	执	破	危	成	收	开	闭	建	除	除	满	平	定	执	破	危	成
廿八宿	房	心	尾	箕	斗	牛	女	虚	危	室	壁	奎	娄	胃	昴	毕	觜	参	井	鬼	柳	星	张	翼	轸	角	亢	氐	房	心

岁次：壬午	公元 2002 年（杨柳木）			水马
太岁：陆明	年七赤星	巽为风卦	二火一运	角

正月大建壬寅心宿 （八白）

节气：雨水 初八日四时十四分
惊蛰 廿三日二时廿八分

公历	12	13	14	15	16	17	18	19	20	21	22	23	24	25	26	27	28	三月	2	3	4	5	6	7	8	9	10	11	12	13
农历	一	二	三	四	五	六	七	八	九	十	十一	十二	十三	十四	十五	十六	十七	十八	十九	二十	廿一	廿二	廿三	廿四	廿五	廿六	廿七	廿八	廿九	三十
星期	二	三	四	五	六	日	一	二	三	四	五	六	日	一	二	三	四	五	六	日	一	二	三	四	五	六	日	一	二	三
干支	辛亥	壬子	癸丑	甲寅	乙卯	丙辰	丁巳	戊午	己未	庚申	辛酉	壬戌	癸亥	甲子	乙丑	丙寅	丁卯	戊辰	己巳	庚午	辛未	壬申	癸酉	甲戌	乙亥	丙子	丁丑	戊寅	己卯	庚辰
五行	金	木	木	水	水	土	土	火	火	木	木	水	水	金	金	火	火	木	木	土	土	金	金	火	火	水	水	土	土	金
建星	收	开	闭	建	除	满	平	定	执	破	危	成	收	开	闭	建	除	满	平	定	执	破	破	危	成	收	开	闭	建	除
廿八宿	尾	箕	斗	牛	女	虚	危	室	壁	奎	娄	胃	昴	毕	觜	参	井	鬼	柳	星	张	翼	轸	角	亢	氐	房	心	尾	箕

二月大建癸卯尾宿 （七赤）

节气：春分 初八日三时十六分
清明 廿三日七时十八分

公历	14	15	16	17	18	19	20	21	22	23	24	25	26	27	28	29	30	31	四月	2	3	4	5	6	7	8	9	10	11	12
农历	一	二	三	四	五	六	七	八	九	十	十一	十二	十三	十四	十五	十六	十七	十八	十九	二十	廿一	廿二	廿三	廿四	廿五	廿六	廿七	廿八	廿九	三十
星期	四	五	六	日	一	二	三	四	五	六	日	一	二	三	四	五	六	日	一	二	三	四	五	六	日	一	二	三	四	五
干支	辛巳	壬午	癸未	甲申	乙酉	丙戌	丁亥	戊子	己丑	庚寅	辛卯	壬辰	癸巳	甲午	乙未	丙申	丁酉	戊戌	己亥	庚子	辛丑	壬寅	癸卯	甲辰	乙巳	丙午	丁未	戊申	己酉	庚戌
五行	金	木	木	水	水	土	土	火	火	木	木	水	水	金	金	火	火	木	木	土	土	金	金	火	火	水	水	土	土	金
建星	满	平	定	执	破	危	成	收	开	闭	建	除	满	平	定	执	破	危	成	收	开	闭	闭	建	除	满	平	定	执	破
廿八宿	斗	牛	女	虚	危	室	壁	奎	娄	胃	昴	毕	觜	参	井	鬼	柳	星	张	翼	轸	角	亢	氐	房	心	尾	箕	斗	牛

三月小建甲辰箕宿 （六白）

节气：谷雨 初八日十四时廿一分
立夏 廿四日零时卅七分

公历	13	14	15	16	17	18	19	20	21	22	23	24	25	26	27	28	29	30	五月	2	3	4	5	6	7	8	9	10	11	
农历	一	一	三	四	五	六	七	八	九	十	十一	十二	十三	十四	十五	十六	十七	十八	十九	二十	廿一	廿二	廿三	廿四	廿五	廿六	廿七	廿八	廿九	
星期	六	日	一	二	三	四	五	六	日	一	二	三	四	五	六	日	一	二	三	四	五	六	日	一	二	三	四	五	六	
干支	辛亥	壬子	癸丑	甲寅	乙卯	丙辰	丁巳	戊午	己未	庚申	辛酉	壬戌	癸亥	甲子	乙丑	丙寅	丁卯	戊辰	己巳	庚午	辛未	壬申	癸酉	甲戌	乙亥	丙子	丁丑	戊寅	己卯	
五行	金	木	木	水	水	土	土	火	火	木	木	水	水	金	金	火	火	木	木	土	土	金	金	火	火	水	水	土	土	
建星	危	成	收	开	闭	建	除	满	平	定	执	破	危	成	收	开	闭	建	除	满	平	定	执	执	破	危	成	收	开	
廿八宿	女	虚	危	室	壁	奎	娄	胃	昴	毕	觜	参	井	鬼	柳	星	张	翼	轸	角	亢	氐	房	心	尾	箕	斗	牛	女	

岁次：壬午	公元 2002 年（杨柳木）			水马
太岁：陆明	年七赤星	巽为风卦	二火一运	角

四月大建乙巳斗宿　（五黄）

节气：小满 初十日十三时廿九分
芒种 廿六日四时四十五分

公历	12	13	14	15	16	17	18	19	20	21	22	23	24	25	26	27	28	29	30	31	六月	2	3	4	5	6	7	8	9	10
农历	一	二	三	四	五	六	七	八	九	十	十一	十二	十三	十四	十五	十六	十七	十八	十九	二十	廿一	廿二	廿三	廿四	廿五	廿六	廿七	廿八	廿九	三十
星期	日	一	二	三	四	五	六	日	一	二	三	四	五	六	日	一	二	三	四	五	六	日	一	二	三	四	五	六	日	一
干支	庚辰	辛巳	壬午	癸未	甲申	乙酉	丙戌	丁亥	戊子	己丑	庚寅	辛卯	壬辰	癸巳	甲午	乙未	丙申	丁酉	戊戌	己亥	庚子	辛丑	壬寅	癸卯	甲辰	乙巳	丙午	丁未	戊申	己酉
五行	金	金	木	木	水	水	土	土	火	火	木	木	水	水	金	金	火	火	木	木	土	土	金	金	火	火	水	水	土	土
建星	闭	建	除	满	平	定	执	破	危	成	收	开	闭	建	除	满	平	定	执	破	危	成	收	开	闭	闭	建	除	满	平
廿八宿	虚	危	室	壁	奎	娄	胃	昴	毕	觜	参	井	鬼	柳	星	张	翼	轸	角	亢	氐	房	心	尾	箕	斗	牛	女	虚	危

五月小建丙午牛宿　（四绿）

节气：夏至 十一日廿一时廿五分
小暑 廿七日十四时五十六分

公历	11	12	13	14	15	16	17	18	19	20	21	22	23	24	25	26	27	28	29	30	七月	2	3	4	5	6	7	8	9
农历	一	二	三	四	五	六	七	八	九	十	十一	十二	十三	十四	十五	十六	十七	十八	十九	二十	廿一	廿二	廿三	廿四	廿五	廿六	廿七	廿八	廿九
星期	二	三	四	五	六	日	一	二	三	四	五	六	日	一	二	三	四	五	六	日	一	二	三	四	五	六	日	一	二
干支	庚戌	辛亥	壬子	癸丑	甲寅	乙卯	丙辰	丁巳	戊午	己未	庚申	辛酉	壬戌	癸亥	甲子	乙丑	丙寅	丁卯	戊辰	己巳	庚午	辛未	壬申	癸酉	甲戌	乙亥	丙子	丁丑	戊寅
五行	金	金	木	木	水	水	土	土	火	火	木	木	水	水	金	金	火	火	木	木	土	土	金	金	火	火	水	水	土
建星	定	执	破	危	成	收	开	闭	建	除	满	平	定	执	破	危	成	收	开	闭	建	除	满	平	定	执	执	破	危
廿八宿	室	壁	奎	娄	胃	昴	毕	觜	参	井	鬼	柳	星	张	翼	轸	角	亢	氐	房	心	尾	箕	斗	牛	女	虚	危	室

六月大建丁未女宿　（三碧）

节气：大暑 十四日八时十五分
立秋 三十日零时四十分

公历	10	11	12	13	14	15	16	17	18	19	20	21	22	23	24	25	26	27	28	29	30	31	八月	2	3	4	5	6	7	8
农历	一	二	三	四	五	六	七	八	九	十	十一	十二	十三	十四	十五	十六	十七	十八	十九	二十	廿一	廿二	廿三	廿四	廿五	廿六	廿七	廿八	廿九	三十
星期	三	四	五	六	日	一	二	三	四	五	六	日	一	二	三	四	五	六	日	一	二	三	四	五	六	日	一	二	三	四
干支	己卯	庚辰	辛巳	壬午	癸未	甲申	乙酉	丙戌	丁亥	戊子	己丑	庚寅	辛卯	壬辰	癸巳	甲午	乙未	丙申	丁酉	戊戌	己亥	庚子	辛丑	壬寅	癸卯	甲辰	乙巳	丙午	丁未	戊申
五行	土	金	金	木	木	水	水	土	土	火	火	木	木	水	水	金	金	火	火	木	木	土	土	金	金	火	火	水	水	土
建星	成	收	开	闭	建	除	满	平	定	执	破	危	成	收	开	闭	建	除	满	平	定	执	破	危	成	收	开	闭	建	建
廿八宿	壁	奎	娄	胃	昴	毕	觜	参	井	鬼	柳	星	张	翼	轸	角	亢	氐	房	心	尾	箕	斗	牛	女	虚	危	室	壁	奎

岁次：壬午	公元2002年（杨柳木）			水马
太岁：陆明	年七赤星	巽为风卦	二火一运	角

七月小建戊申虚宿 （二黑）　　节气：处暑十五日十五时十七分

公历	9	10	11	12	13	14	15	16	17	18	19	20	21	22	23	24	25	26	27	28	29	30	31	九月	2	3	4	5	6
农历	一	二	三	四	五	六	七	八	九	十	十一	十二	十三	十四	十五	十六	十七	十八	十九	二十	廿一	廿二	廿三	廿四	廿五	廿六	廿七	廿八	廿九
星期	五	六	日	一	二	三	四	五	六	日	一	二	三	四	五	六	日	一	二	三	四	五	六	日	一	二	三	四	五
干支	己酉	庚戌	辛亥	壬子	癸丑	甲寅	乙卯	丙辰	丁巳	戊午	己未	庚申	辛酉	壬戌	癸亥	甲子	乙丑	丙寅	丁卯	戊辰	己巳	庚午	辛未	壬申	癸酉	甲戌	乙亥	丙子	丁丑
五行	土	金	金	木	木	水	水	土	土	火	火	木	木	水	水	金	金	火	火	木	木	土	土	金	金	火	火	水	水
建星	除	满	平	定	执	破	危	成	收	开	闭	建	除	满	平	定	执	破	危	成	收	开	闭	建	除	满	平	定	执
廿八宿	娄	胃	昴	毕	觜	参	井	鬼	柳	星	张	翼	轸	角	亢	氐	房	心	尾	箕	斗	牛	女	虚	危	室	壁	奎	娄

八月小建己酉危宿 （一白）　　节气：白露初二日三时卅一分 秋分十七日十二时五十六分

公历	7	8	9	10	11	12	13	14	15	16	17	18	19	20	21	22	23	24	25	26	27	28	29	30	十月	2	3	4	5
农历	一	二	三	四	五	六	七	八	九	十	十一	十二	十三	十四	十五	十六	十七	十八	十九	二十	廿一	廿二	廿三	廿四	廿五	廿六	廿七	廿八	廿九
星期	六	日	一	二	三	四	五	六	日	一	二	三	四	五	六	日	一	二	三	四	五	六	日	一	二	三	四	五	六
干支	戊寅	己卯	庚辰	辛巳	壬午	癸未	甲申	乙酉	丙戌	丁亥	戊子	己丑	庚寅	辛卯	壬辰	癸巳	甲午	乙未	丙申	丁酉	戊戌	己亥	庚子	辛丑	壬寅	癸卯	甲辰	乙巳	丙午
五行	土	土	金	金	木	木	水	水	土	土	火	火	木	木	水	水	金	金	火	火	木	木	土	土	金	金	火	火	水
建星	破	破	危	成	收	开	闭	建	除	满	平	定	执	破	危	成	收	开	闭	建	除	满	平	定	执	破	危	成	收
廿八宿	胃	昴	毕	觜	参	井	鬼	柳	星	张	翼	轸	角	亢	氐	房	心	尾	箕	斗	牛	女	虚	危	室	壁	奎	娄	胃

九月大建庚戌室宿 （九紫）　　节气：寒露初三日十九时十分 霜降十八日廿二时十八分

公历	6	7	8	9	10	11	12	13	14	15	16	17	18	19	20	21	22	23	24	25	26	27	28	29	30	31	11月	2	3	4
农历	一	二	三	四	五	六	七	八	九	十	十一	十二	十三	十四	十五	十六	十七	十八	十九	二十	廿一	廿二	廿三	廿四	廿五	廿六	廿七	廿八	廿九	三十
星期	日	一	二	三	四	五	六	日	一	二	三	四	五	六	日	一	二	三	四	五	六	日	一	二	三	四	五	六	日	一
干支	丁未	戊申	己酉	庚戌	辛亥	壬子	癸丑	甲寅	乙卯	丙辰	丁巳	戊午	己未	庚申	辛酉	壬戌	癸亥	甲子	乙丑	丙寅	丁卯	戊辰	己巳	庚午	辛未	壬申	癸酉	甲戌	乙亥	丙子
五行	水	土	土	金	金	木	木	水	水	土	土	火	火	木	木	水	水	金	金	火	火	木	木	土	土	金	金	火	火	水
建星	开	闭	闭	建	除	满	平	定	执	破	危	成	收	开	闭	建	除	满	平	定	执	破	危	成	收	开	闭	建	除	满
廿八宿	昴	毕	觜	参	井	鬼	柳	星	张	翼	轸	角	亢	氐	房	心	尾	箕	斗	牛	女	虚	危	室	壁	奎	娄	胃	昴	毕

岁次：壬午	公元 2002 年（杨柳木）			水马
太岁：陆明	年七赤星	巽为风卦	二火一运	角

十月小建辛亥壁宿 （八白）

节气：立冬初三日廿二时廿二分
小雪十八日十九时五十四分

公历	5	6	7	8	9	10	11	12	13	14	15	16	17	18	19	20	21	22	23	24	25	26	27	28	29	30	12月	2	3
农历	一	二	三	四	五	六	七	八	九	十	十一	十二	十三	十四	十五	十六	十七	十八	十九	二十	廿一	廿二	廿三	廿四	廿五	廿六	廿七	廿八	廿九
星期	二	三	四	五	六	日	一	二	三	四	五	六	日	一	二	三	四	五	六	日	一	二	三	四	五	六	日	一	二
干支	丁丑	戊寅	己卯	庚辰	辛巳	壬午	癸未	甲申	乙酉	丙戌	丁亥	戊子	己丑	庚寅	辛卯	壬辰	癸巳	甲午	乙未	丙申	丁酉	戊戌	己亥	庚子	辛丑	壬寅	癸卯	甲辰	乙巳
五行	水	土	土	金	金	木	木	水	水	土	土	火	火	木	木	水	水	金	金	火	火	木	木	土	土	金	金	火	火
建星	平	定	定	执	破	危	成	收	开	闭	建	除	满	平	定	执	破	危	成	收	开	闭	建	除	满	平	定	执	破
廿八宿	觜	参	井	鬼	柳	星	张	翼	轸	角	亢	氐	房	心	尾	箕	斗	牛	女	虚	危	室	壁	奎	娄	胃	昴	毕	觜

十一月大建壬子奎宿 （七赤）

节气：大雪初四日十五时十五分
冬至十九日九时十五分

公历	4	5	6	7	8	9	10	11	12	13	14	15	16	17	18	19	20	21	22	23	24	25	26	27	28	29	30	31	一月	2
农历	一	二	三	四	五	六	七	八	九	十	十一	十二	十三	十四	十五	十六	十七	十八	十九	二十	廿一	廿二	廿三	廿四	廿五	廿六	廿七	廿八	廿九	三十
星期	三	四	五	六	日	一	二	三	四	五	六	日	一	二	三	四	五	六	日	一	二	三	四	五	六	日	一	二	三	四
干支	丙午	丁未	戊申	己酉	庚戌	辛亥	壬子	癸丑	甲寅	乙卯	丙辰	丁巳	戊午	己未	庚申	辛酉	壬戌	癸亥	甲子	乙丑	丙寅	丁卯	戊辰	己巳	庚午	辛未	壬申	癸酉	甲戌	乙亥
五行	水	水	土	土	金	金	木	木	水	水	土	土	火	火	木	木	水	水	金	金	火	火	木	木	土	土	金	金	火	火
建星	危	成	收	收	开	闭	建	除	满	平	定	执	破	危	成	收	开	闭	建	除	满	平	定	执	破	危	成	收	开	闭
廿八宿	参	井	鬼	柳	星	张	翼	轸	角	亢	氐	房	心	尾	箕	斗	牛	女	虚	危	室	壁	奎	娄	胃	昴	毕	觜	参	井

十二月小建癸丑娄宿 （六白）

节气：小寒初四日二时廿八分
大寒十八日十九时卅三分

公历	3	4	5	6	7	8	9	10	11	12	13	14	15	16	17	18	19	20	21	22	23	24	25	26	27	28	29	30	31
农历	一	二	三	四	五	六	七	八	九	十	十一	十二	十三	十四	十五	十六	十七	十八	十九	二十	廿一	廿二	廿三	廿四	廿五	廿六	廿七	廿八	廿九
星期	五	六	日	一	二	三	四	五	六	日	一	二	三	四	五	六	日	一	二	三	四	五	六	日	一	二	三	四	五
干支	丙子	丁丑	戊寅	己卯	庚辰	辛巳	壬午	癸未	甲申	乙酉	丙戌	丁亥	戊子	己丑	庚寅	辛卯	壬辰	癸巳	甲午	乙未	丙申	丁酉	戊戌	己亥	庚子	辛丑	壬寅	癸卯	甲辰
五行	水	水	土	土	金	金	木	木	水	水	土	土	火	火	木	木	水	水	金	金	火	火	木	木	土	土	金	金	火
建星	建	除	满	满	平	定	执	破	危	成	收	开	闭	建	除	满	平	定	执	破	危	成	收	开	闭	建	除	满	平
廿八宿	鬼	柳	星	张	翼	轸	角	亢	氐	房	心	尾	箕	斗	牛	女	虚	危	室	壁	奎	娄	胃	昴	毕	觜	参	井	鬼

岁次：癸未	公元2003年（杨柳木）			水羊
太岁：魏仁	年六白星	泽水困卦	四金八运	亢

正月大建甲寅胃宿 （五黄）

节气：立春初四日十四时五分
雨水十九日十时

公历	二月	2	3	4	5	6	7	8	9	10	11	12	13	14	15	16	17	18	19	20	21	22	23	24	25	26	27	28	三月	2
农历	一	二	三	四	五	六	七	八	九	十	十一	十二	十三	十四	十五	十六	十七	十八	十九	二十	廿一	廿二	廿三	廿四	廿五	廿六	廿七	廿八	廿九	三十
星期	六	日	一	二	三	四	五	六	日	一	二	三	四	五	六	日	一	二	三	四	五	六	日	一	二	三	四	五	六	日
干支	乙巳	丙午	丁未	戊申	己酉	庚戌	辛亥	壬子	癸丑	甲寅	乙卯	丙辰	丁巳	戊午	己未	庚申	辛酉	壬戌	癸亥	甲子	乙丑	丙寅	丁卯	戊辰	己巳	庚午	辛未	壬申	癸酉	甲戌
五行	火	水	水	土	土	金	金	木	木	水	水	土	土	火	火	木	木	水	水	金	金	火	火	木	木	土	土	金	金	火
建星	定	执	破	破	危	成	收	开	闭	建	除	满	平	定	执	破	危	成	收	开	闭	建	除	满	平	定	执	破	危	成
廿八宿	柳	星	张	翼	轸	角	亢	氐	房	心	尾	箕	斗	牛	女	虚	危	室	壁	奎	娄	胃	昴	毕	觜	参	井	鬼	柳	星

二月大建乙卯昴宿 （四绿）

节气：惊蛰初四日八时五分
春分十九日九时零分

公历	3	4	5	6	7	8	9	10	11	12	13	14	15	16	17	18	19	20	21	22	23	24	25	26	27	28	29	30	31	四月
农历	一	二	三	四	五	六	七	八	九	十	十一	十二	十三	十四	十五	十六	十七	十八	十九	二十	廿一	廿二	廿三	廿四	廿五	廿六	廿七	廿八	廿九	三十
星期	一	二	三	四	五	六	日	一	二	三	四	五	六	日	一	二	三	四	五	六	日	一	二	三	四	五	六	日	一	二
干支	乙亥	丙子	丁丑	戊寅	己卯	庚辰	辛巳	壬午	癸未	甲申	乙酉	丙戌	丁亥	戊子	己丑	庚寅	辛卯	壬辰	癸巳	甲午	乙未	丙申	丁酉	戊戌	己亥	庚子	辛丑	壬寅	癸卯	甲辰
五行	火	水	水	土	土	金	金	木	木	水	水	土	土	火	火	木	木	水	水	金	金	火	火	木	木	土	土	金	金	火
建星	收	开	闭	闭	建	除	满	平	定	执	破	危	成	收	开	闭	建	除	满	平	定	执	破	危	成	收	开	闭	建	除
廿八宿	张	翼	轸	角	亢	氐	房	心	尾	箕	斗	牛	女	虚	危	室	壁	奎	娄	胃	昴	毕	觜	参	井	鬼	柳	星	张	翼

三月小建丙辰毕宿 （三碧）

节气：清明初四日十二时五十三分
谷雨十九日二十时三分

公历	2	3	4	5	6	7	8	9	10	11	12	13	14	15	16	17	18	19	20	21	22	23	24	25	26	27	28	29	30	
农历	一	二	二	四	五	六	七	八	九	十	十一	十二	十三	十四	十五	十六	十七	十八	十九	二十	廿一	廿二	廿三	廿四	廿五	廿六	廿七	廿八	廿九	
星期	三	四	五	六	日	一	二	三	四	五	六	日	一	二	三	四	五	六	日	一	二	三	四	五	六	日	一	二	三	
干支	乙巳	丙午	丁未	戊申	己酉	庚戌	辛亥	壬子	癸丑	甲寅	乙卯	丙辰	丁巳	戊午	己未	庚申	辛酉	壬戌	癸亥	甲子	乙丑	丙寅	丁卯	戊辰	己巳	庚午	辛未	壬申	癸酉	
五行	火	水	水	土	土	金	金	木	木	水	水	土	土	火	火	木	木	水	水	金	金	火	火	木	木	土	土	金	金	
建星	满	平	定	定	执	破	危	成	收	开	闭	建	除	满	平	定	执	破	危	成	收	开	闭	建	除	满	平	定	执	
廿八宿	轸	角	亢	氐	房	心	尾	箕	斗	牛	女	虚	危	室	壁	奎	娄	胃	昴	毕	觜	参	井	鬼	柳	星	张	翼	轸	

岁次:癸未	公元2003年(杨柳木)			水羊
太岁:魏仁	年六白星	泽水困卦	四金八运	亢

四月大建丁巳觜宿 （二黑）

节气：立夏 初六日六时十一分
小满 廿一日十九时十二分

公历	五月	2	3	4	5	6	7	8	9	10	11	12	13	14	15	16	17	18	19	20	21	22	23	24	25	26	27	28	29	30
农历	一	二	三	四	五	六	七	八	九	十	十一	十二	十三	十四	十五	十六	十七	十八	十九	二十	廿一	廿二	廿三	廿四	廿五	廿六	廿七	廿八	廿九	三十
星期	四	五	六	日	一	二	三	四	五	六	日	一	二	三	四	五	六	日	一	二	三	四	五	六	日	一	二	三	四	五
干支	甲戌	乙亥	丙子	丁丑	戊寅	己卯	庚辰	辛巳	壬午	癸未	甲申	乙酉	丙戌	丁亥	戊子	己丑	庚寅	辛卯	壬辰	癸巳	甲午	乙未	丙申	丁酉	戊戌	己亥	庚子	辛丑	壬寅	癸卯
五行	火	火	水	水	土	土	金	金	木	木	水	水	土	土	火	火	木	木	水	水	金	金	火	火	木	木	土	土	金	金
建星	破	危	成	收	开	开	闭	建	除	满	平	定	执	破	危	成	收	开	闭	建	除	满	平	定	执	破	危	成	收	开
廿八宿	角	亢	氐	房	心	尾	箕	斗	牛	女	虚	危	室	壁	奎	娄	胃	昴	毕	觜	参	井	鬼	柳	星	张	翼	轸	角	亢

五月大建戊午参宿 （一白）

节气：芒种 初七日十时廿十分
夏至 廿三日三时十一分

公历	31	六月	2	3	4	5	6	7	8	9	10	11	12	13	14	15	16	17	18	19	20	21	22	23	24	25	26	27	28	29
农历	一	二	三	四	五	六	七	八	九	十	十一	十二	十三	十四	十五	十六	十七	十八	十九	二十	廿一	廿二	廿三	廿四	廿五	廿六	廿七	廿八	廿九	三十
星期	六	日	一	二	三	四	五	六	日	一	二	三	四	五	六	日	一	二	三	四	五	六	日	一	二	三	四	五	六	日
干支	甲辰	乙巳	丙午	丁未	戊申	己酉	庚戌	辛亥	壬子	癸丑	甲寅	乙卯	丙辰	丁巳	戊午	己未	庚申	辛酉	壬戌	癸亥	甲子	乙丑	丙寅	丁卯	戊辰	己巳	庚午	辛未	壬申	癸酉
五行	火	火	水	水	土	土	金	金	木	木	水	水	土	土	火	火	木	木	水	水	金	金	火	火	木	木	土	土	金	金
建星	闭	建	除	满	平	定	定	执	破	危	成	收	开	闭	建	除	满	平	定	执	破	危	成	收	开	闭	建	除	满	平
廿八宿	氐	房	心	尾	箕	斗	牛	女	虚	危	室	壁	奎	娄	胃	昴	毕	觜	参	井	鬼	柳	星	张	翼	轸	角	亢	氐	房

六月小建己未井宿 （九紫）

节气：小暑 初八日二十时卅六分
大暑 廿四日十四时四分

公历	30	七月	2	3	4	5	6	7	8	9	10	11	12	13	14	15	16	17	18	19	20	21	22	23	24	25	26	27	28	
农历	一	二	三	四	五	六	七	八	九	十	十一	十二	十三	十四	十五	十六	十七	十八	十九	二十	廿一	廿二	廿三	廿四	廿五	廿六	廿七	廿八	廿九	
星期	一	二	三	四	五	六	日	一	二	三	四	五	六	日	一	二	三	四	五	六	日	一	二	三	四	五	六	日	一	
干支	甲戌	乙亥	丙子	丁丑	戊寅	己卯	庚辰	辛巳	壬午	癸未	甲申	乙酉	丙戌	丁亥	戊子	己丑	庚寅	辛卯	壬辰	癸巳	甲午	乙未	丙申	丁酉	戊戌	己亥	庚子	辛丑	壬寅	
五行	火	火	水	水	土	土	金	金	木	木	水	水	土	土	火	火	木	木	水	水	金	金	火	火	木	木	土	土	金	
建星	定	执	破	危	成	收	开	开	闭	建	除	满	平	定	执	破	危	成	收	开	闭	建	除	满	平	定	执	破	危	
廿八宿	心	尾	箕	斗	牛	女	虚	危	室	壁	奎	娄	胃	昴	毕	觜	参	井	鬼	柳	星	张	翼	轸	角	亢	氐	房	心	

岁次：癸未	公元2003年（杨柳木）			水羊
太岁：魏仁	年六白星	泽水困卦	四金八运	亢

七月大建庚申鬼宿 （八白）

节气：立秋十一日六时廿四分
处暑廿六日廿一时八分

公历	29	30	31	八月	2	3	4	5	6	7	8	9	10	11	12	13	14	15	16	17	18	19	20	21	22	23	24	25	26	27
农历	一	二	三	四	五	六	七	八	九	十	十一	十二	十三	十四	十五	十六	十七	十八	十九	二十	廿一	廿二	廿三	廿四	廿五	廿六	廿七	廿八	廿九	三十
星期	二	三	四	五	六	日	一	二	三	四	五	六	日	一	二	三	四	五	六	日	一	二	三	四	五	六	日	一	二	三
干支	癸卯	甲辰	乙巳	丙午	丁未	戊申	己酉	庚戌	辛亥	壬子	癸丑	甲寅	乙卯	丙辰	丁巳	戊午	己未	庚申	辛酉	壬戌	癸亥	甲子	乙丑	丙寅	丁卯	戊辰	己巳	庚午	辛未	壬申
五行	金	火	火	水	水	土	土	金	金	木	木	水	水	土	土	火	火	木	木	水	水	金	金	火	火	木	木	土	土	金
建星	成	收	开	闭	建	除	满	平	定	执	执	破	危	成	收	开	闭	建	除	满	平	定	执	破	危	成	收	开	闭	建
廿八宿	尾	箕	斗	牛	女	虚	危	室	壁	奎	娄	胃	昴	毕	觜	参	井	鬼	柳	星	张	翼	轸	角	亢	氐	房	心	尾	箕

八月小建辛酉柳宿 （七赤）

节气：白露十二日九时廿十分
秋分廿七日十八时四十七分

公历	28	29	30	31	九月	2	3	4	5	6	7	8	9	10	11	12	13	14	15	16	17	18	19	20	21	22	23	24	25
农历	一	二	三	四	五	六	七	八	九	十	十一	十二	十三	十四	十五	十六	十七	十八	十九	二十	廿一	廿二	廿三	廿四	廿五	廿六	廿七	廿八	廿九
星期	四	五	六	日	一	二	三	四	五	六	日	一	二	三	四	五	六	日	一	二	三	四	五	六	日	一	二	三	四
干支	癸酉	甲戌	乙亥	丙子	丁丑	戊寅	己卯	庚辰	辛巳	壬午	癸未	甲申	乙酉	丙戌	丁亥	戊子	己丑	庚寅	辛卯	壬辰	癸巳	甲午	乙未	丙申	丁酉	戊戌	己亥	庚子	辛丑
五行	金	火	火	水	水	土	土	金	金	木	木	水	水	土	土	火	火	木	木	水	水	金	金	火	火	木	木	土	土
建星	除	满	平	定	执	破	危	成	收	开	闭	闭	建	除	满	平	定	执	破	危	成	收	开	闭	建	除	满	平	定
廿八宿	斗	牛	女	虚	危	室	壁	奎	娄	胃	昴	毕	觜	参	井	鬼	柳	星	张	翼	轸	角	亢	氐	房	心	尾	箕	斗

九月小建壬戌星宿 （六白）

节气：寒露十四日一时一分
霜降廿九日四时八分

公历	26	27	28	29	30	十月	2	3	4	5	6	7	8	9	10	11	12	13	14	15	16	17	18	19	20	21	22	23	24
农历	一	二	三	四	五	六	七	八	九	十	十一	十二	十三	十四	十五	十六	十七	十八	十九	二十	廿	廿二	廿二	廿四	廿五	廿六	廿七	廿八	廿九
星期	五	六	日	一	二	三	四	五	六	日	一	二	三	四	五	六	日	一	二	三	四	五	六	日	一	二	三	四	五
干支	壬寅	癸卯	甲辰	乙巳	丙午	丁未	戊申	己酉	庚戌	辛亥	壬子	癸丑	甲寅	乙卯	丙辰	丁巳	戊午	己未	庚申	辛酉	壬戌	癸亥	甲子	乙丑	丙寅	丁卯	戊辰	己巳	庚午
五行	金	金	火	火	水	水	土	土	金	金	木	木	水	水	土	土	火	火	木	木	水	水	金	金	火	火	木	木	土
建星	执	破	危	成	收	开	闭	建	除	满	平	定	执	执	破	危	成	收	开	闭	建	除	满	平	定	执	破	危	成
廿八宿	牛	女	虚	危	室	壁	奎	娄	胃	昴	毕	觜	参	井	鬼	柳	星	张	翼	轸	角	亢	氐	房	心	尾	箕	斗	牛

岁次：癸未	公元 2003 年（杨柳木）			水羊
太岁：魏仁	年六白星	泽水困卦	四金八运	亢

十月大建癸亥张宿 （五黄）

节气：立冬十五日四时十三分
小雪三十日一时四十三分

公历	25	26	27	28	29	30	31	11月	2	3	4	5	6	7	8	9	10	11	12	13	14	15	16	17	18	19	20	21	22	23
农历	一	二	三	四	五	六	七	八	九	十	十一	十二	十三	十四	十五	十六	十七	十八	十九	二十	廿一	廿二	廿三	廿四	廿五	廿六	廿七	廿八	廿九	三十
星期	六	日	一	二	三	四	五	六	日	一	二	三	四	五	六	日	一	二	三	四	五	六	日	一	二	三	四	五	六	日
干支	辛未	壬申	癸酉	甲戌	乙亥	丙子	丁丑	戊寅	己卯	庚辰	辛巳	壬午	癸未	甲申	乙酉	丙戌	丁亥	戊子	己丑	庚寅	辛卯	壬辰	癸巳	甲午	乙未	丙申	丁酉	戊戌	己亥	庚子
五行	土	金	金	火	火	水	水	土	土	金	金	木	木	水	水	土	土	火	火	木	木	水	水	金	金	火	火	木	木	土
建星	收	开	闭	建	除	满	平	定	执	破	危	成	收	开	开	闭	建	除	满	平	定	执	破	危	成	收	开	闭	建	除
廿八宿	女	虚	危	室	壁	奎	娄	胄	昴	毕	觜	参	井	鬼	柳	星	张	翼	轸	角	亢	氐	房	心	尾	箕	斗	牛	女	虚

十一月小建甲子翼宿 （四绿）

节气：大雪十四日二十一时五分
冬至廿九日十五时四分

公历	24	25	26	27	28	29	30	12月	2	3	4	5	6	7	8	9	10	11	12	13	14	15	16	17	18	19	20	21	22	
农历	一	二	三	四	五	六	七	八	九	十	十一	十二	十三	十四	十五	十六	十七	十八	十九	二十	廿一	廿二	廿三	廿四	廿五	廿六	廿七	廿八	廿九	
星期	一	二	三	四	五	六	日	一	二	三	四	五	六	日	一	二	三	四	五	六	日	一	二	三	四	五	六	日	一	
干支	辛丑	壬寅	癸卯	甲辰	乙巳	丙午	丁未	戊申	己酉	庚戌	辛亥	壬子	癸丑	甲寅	乙卯	丙辰	丁巳	戊午	己未	庚申	辛酉	壬戌	癸亥	甲子	乙丑	丙寅	丁卯	戊辰	己巳	
五行	土	金	金	火	火	水	水	土	土	金	金	木	木	水	水	土	土	火	火	木	木	水	水	金	金	火	火	木	木	
建星	满	平	定	执	破	危	成	收	开	闭	建	除	满	满	平	定	执	破	危	成	收	开	闭	建	除	满	平	定	执	
廿八宿	危	室	壁	奎	娄	胄	昴	毕	觜	参	井	鬼	柳	星	张	翼	轸	角	亢	氐	房	心	尾	箕	斗	牛	女	虚	危	

十二月大建乙丑轸宿 （三碧）

节气：小寒十五日八时十九分
大寒三十日一时四十二分

公历	23	24	25	26	27	28	29	30	31	一月	2	3	4	5	6	7	8	9	10	11	12	13	14	15	16	17	18	19	20	21
农历	一	二	三	四	五	六	七	八	九	十	十一	十二	十三	十四	十五	十六	十七	十八	十九	二十	廿一	廿二	廿三	廿四	廿五	廿六	廿七	廿八	廿九	三十
星期	二	三	四	五	六	日	一	二	三	四	五	六	日	一	二	三	四	五	六	日	一	二	三	四	五	六	日	一	二	三
干支	庚午	辛未	壬申	癸酉	甲戌	乙亥	丙子	丁丑	戊寅	己卯	庚辰	辛巳	壬午	癸未	甲申	乙酉	丙戌	丁亥	戊子	己丑	庚寅	辛卯	壬辰	癸巳	甲午	乙未	丙申	丁酉	戊戌	己亥
五行	土	土	金	金	火	火	水	水	土	土	金	金	木	木	水	水	土	土	火	火	木	木	水	水	金	金	火	火	木	木
建星	破	危	成	收	开	闭	建	除	满	平	定	执	破	危	危	成	收	开	闭	建	除	满	平	定	执	破	危	成	收	开
廿八宿	室	壁	奎	娄	胄	昴	毕	觜	参	井	鬼	柳	星	张	翼	轸	角	亢	氐	房	心	尾	箕	斗	牛	女	虚	危	室	壁

岁次：甲申	公元2004年（井泉水）			木猴
太岁：方杰	年五黄星	水火未济卦	三木九运	氏

正月小建丙寅角宿 （二黑）

节气：立春十四日十九时五十六分
雨水廿九日十五时五十分

公历	22	23	24	25	26	27	28	29	30	31	二月	2	3	4	5	6	7	8	9	10	11	12	13	14	15	16	17	18	19
农历	一	二	三	四	五	六	七	八	九	十	十一	十二	十三	十四	十五	十六	十七	十八	十九	二十	廿一	廿二	廿三	廿四	廿五	廿六	廿七	廿八	廿九
星期	四	五	六	日	一	二	三	四	五	六	日	一	二	三	四	五	六	日	一	二	三	四	五	六	日	一	二	三	四
干支	庚子	辛丑	壬寅	癸卯	甲辰	乙巳	丙午	丁未	戊申	己酉	庚戌	辛亥	壬子	癸丑	甲寅	乙卯	丙辰	丁巳	戊午	己未	庚申	辛酉	壬戌	癸亥	甲子	乙丑	丙寅	丁卯	戊辰
五行	土	土	金	金	火	火	水	水	土	土	金	金	木	木	水	水	土	土	火	火	木	木	水	水	金	金	火	火	木
建星	闭	建	除	满	平	定	执	破	危	成	收	开	闭	闭	建	除	满	平	定	执	破	危	成	收	开	闭	建	除	满
廿八宿	奎	娄	胃	昴	毕	觜	参	井	鬼	柳	星	张	翼	轸	角	亢	氐	房	心	尾	箕	斗	牛	女	虚	危	室	壁	奎

二月大建丁卯亢宿 （一白）

节气：惊蛰十五日十三时五十六分
春分三十日十四时四十九分

公历	20	21	22	23	24	25	26	27	28	29	三月	2	3	4	5	6	7	8	9	10	11	12	13	14	15	16	17	18	19	20
农历	一	二	三	四	五	六	七	八	九	十	十一	十二	十三	十四	十五	十六	十七	十八	十九	二十	廿一	廿二	廿三	廿四	廿五	廿六	廿七	廿八	廿九	三十
星期	五	六	日	一	二	三	四	五	六	日	一	二	三	四	五	六	日	一	二	三	四	五	六	日	一	二	三	四	五	六
干支	己巳	庚午	辛未	壬申	癸酉	甲戌	乙亥	丙子	丁丑	戊寅	己卯	庚辰	辛巳	壬午	癸未	甲申	乙酉	丙戌	丁亥	戊子	己丑	庚寅	辛卯	壬辰	癸巳	甲午	乙未	丙申	丁酉	戊戌
五行	木	土	土	金	金	火	火	水	水	土	土	金	金	木	木	水	水	土	土	火	火	木	木	水	水	金	金	火	火	木
建星	平	定	执	破	危	成	收	开	闭	建	除	满	平	定	定	执	破	危	成	收	开	闭	建	除	满	平	定	执	破	危
廿八宿	娄	胃	昴	毕	觜	参	井	鬼	柳	星	张	翼	轸	角	亢	氐	房	心	尾	箕	斗	牛	女	虚	危	室	壁	奎	娄	胃

闰二月小

节气：清明十五日十八时四十三分

公历	21	22	23	24	25	26	27	28	29	30	31	四月	2	3	4	5	6	7	8	9	10	11	12	13	14	15	16	17	18
农历	一	二	三	四	五	六	七	八	九	十	十一	十二	十三	十四	十五	十六	十七	十八	十九	二十	廿一	廿二	廿三	廿四	廿五	廿六	廿七	廿八	廿九
星期	日	一	二	三	四	五	六	日	一	二	三	四	五	六	日	一	二	三	四	五	六	日	一	二	三	四	五	六	日
干支	己亥	庚子	辛丑	壬寅	癸卯	甲辰	乙巳	丙午	丁未	戊申	己酉	庚戌	辛亥	壬子	癸丑	甲寅	乙卯	丙辰	丁巳	戊午	己未	庚申	辛酉	壬戌	癸亥	甲子	乙丑	丙寅	丁卯
五行	木	土	土	金	金	火	火	水	水	土	土	金	金	木	木	水	水	土	土	火	火	木	木	水	水	金	金	火	火
建星	成	收	开	闭	建	除	满	平	定	执	破	危	成	收	收	开	闭	建	除	满	平	定	执	破	危	成	收	开	闭
廿八宿	昴	毕	觜	参	井	鬼	柳	星	张	翼	轸	角	亢	氐	房	心	尾	箕	斗	牛	女	虚	危	室	壁	奎	娄	胃	昴

岁次：甲申	公元 2004 年（井泉水）			木猴
太岁：方杰	年五黄星	水火未济卦	三木九运	氐

三月大建戊辰氐宿 （九紫）

节气：谷雨 初二日一时五十分
立夏 十七日十二时三分

公历	19	20	21	22	23	24	25	26	27	28	29	30	五月	2	3	4	5	6	7	8	9	10	11	12	13	14	15	16	17	18
农历	一	二	三	四	五	六	七	八	九	十	十一	十二	十三	十四	十五	十六	十七	十八	十九	二十	廿一	廿二	廿三	廿四	廿五	廿六	廿七	廿八	廿九	三十
星期	一	二	三	四	五	六	日	一	二	三	四	五	六	日	一	二	三	四	五	六	日	一	二	三	四	五	六	日	一	二
干支	戊辰	己巳	庚午	辛未	壬申	癸酉	甲戌	乙亥	丙子	丁丑	戊寅	己卯	庚辰	辛巳	壬午	癸未	甲申	乙酉	丙戌	丁亥	戊子	己丑	庚寅	辛卯	壬辰	癸巳	甲午	乙未	丙申	丁酉
五行	木	木	土	土	金	金	火	火	水	水	土	土	金	金	木	木	水	水	土	土	火	火	木	木	水	水	金	金	火	火
建星	建	除	满	平	定	执	破	危	成	收	开	闭	建	除	满	平	平	定	执	破	危	成	收	开	闭	建	除	满	平	定
廿八宿	毕	觜	参	井	鬼	柳	星	张	翼	轸	角	亢	氐	房	心	尾	箕	斗	牛	女	虚	危	室	壁	奎	娄	胃	昴	毕	觜

四月大建己巳房宿 （八白）

节气：小满 初三日零时五十九分
芒种 十八日十六时十四分

公历	19	20	21	22	23	24	25	26	27	28	29	30	31	六月	2	3	4	5	6	7	8	9	10	11	12	13	14	15	16	17
农历	一	二	三	四	五	六	七	八	九	十	十一	十二	十三	十四	十五	十六	十七	十八	十九	二十	廿一	廿二	廿三	廿四	廿五	廿六	廿七	廿八	廿九	三十
星期	三	四	五	六	日	一	二	三	四	五	六	日	一	二	三	四	五	六	日	一	二	三	四	五	六	日	一	二	三	四
干支	戊戌	己亥	庚子	辛丑	壬寅	癸卯	甲辰	乙巳	丙午	丁未	戊申	己酉	庚戌	辛亥	壬子	癸丑	甲寅	乙卯	丙辰	丁巳	戊午	己未	庚申	辛酉	壬戌	癸亥	甲子	乙丑	丙寅	丁卯
五行	木	木	土	土	金	金	火	火	水	水	土	土	金	金	木	木	水	水	土	土	火	火	木	木	水	水	金	金	火	火
建星	执	破	危	成	收	开	闭	建	除	满	平	定	执	破	危	成	收	收	开	闭	建	除	满	平	定	执	破	危	成	收
廿八宿	参	井	鬼	柳	星	张	翼	轸	角	亢	氐	房	心	尾	箕	斗	牛	女	虚	危	室	壁	奎	娄	胃	昴	毕	觜	参	井

五月小建庚午心宿 （七赤）

节气：夏至 初四日八时五十九分
小暑 二十日二时卅一分

公历	18	19	20	21	22	23	24	25	26	27	28	29	30	七月	2	3	4	5	6	7	8	9	10	11	12	13	14	15	16	
农历	一	二	三	四	五	六	七	八	九	十	十一	十二	十三	十四	十五	十六	十七	十八	十九	二十	廿一	廿二	廿三	廿四	廿五	廿六	廿七	廿八	廿九	
星期	五	六	日	一	二	三	四	五	六	日	一	二	三	四	五	六	日	一	二	三	四	五	六	日	一	二	三	四	五	
干支	戊辰	己巳	庚午	辛未	壬申	癸酉	甲戌	乙亥	丙子	丁丑	戊寅	己卯	庚辰	辛巳	壬午	癸未	甲申	乙酉	丙戌	丁亥	戊子	己丑	庚寅	辛卯	壬辰	癸巳	甲午	乙未	丙申	
五行	木	木	土	土	金	金	火	火	水	水	土	土	金	金	木	木	水	水	土	土	火	火	木	木	水	水	金	金	火	
建星	开	闭	建	除	满	平	定	执	破	危	成	收	开	闭	建	除	满	平	定	定	执	破	危	成	收	开	闭	建	除	
廿八宿	鬼	柳	星	张	翼	轸	角	亢	氐	房	心	尾	箕	斗	牛	女	虚	危	室	壁	奎	娄	胃	昴	毕	觜	参	井	鬼	

岁次：甲申	公元2004年（井泉水）		木猴
太岁：方杰	年五黄星	水火未济卦	三木九运	氏

六月大建辛未尾宿 （六白）

节气：大暑初六日十九时五十分
立秋廿二日十二时廿十分

公历	17	18	19	20	21	22	23	24	25	26	27	28	29	30	31	八月	2	3	4	5	6	7	8	9	10	11	12	13	14	15
农历	一	二	三	四	五	六	七	八	九	十	十一	十二	十三	十四	十五	十六	十七	十八	十九	二十	廿一	廿二	廿三	廿四	廿五	廿六	廿七	廿八	廿九	三十
星期	六	日	一	二	三	四	五	六	日	一	二	三	四	五	六	日	一	二	三	四	五	六	日	一	二	三	四	五	六	日
干支	丁酉	戊戌	己亥	庚子	辛丑	壬寅	癸卯	甲辰	乙巳	丙午	丁未	戊申	己酉	庚戌	辛亥	壬子	癸丑	甲寅	乙卯	丙辰	丁巳	戊午	己未	庚申	辛酉	壬戌	癸亥	甲子	乙丑	丙寅
五行	火	木	木	土	土	金	金	火	火	水	水	土	土	金	金	木	木	水	水	土	土	火	火	木	木	水	水	金	金	火
建星	满	平	定	执	破	危	成	收	开	闭	建	除	满	平	定	执	破	危	成	收	开	开	闭	建	除	满	平	定	执	破
廿八宿	柳	星	张	翼	轸	角	亢	氐	房	心	尾	箕	斗	牛	女	虚	危	室	壁	奎	娄	胃	昴	毕	觜	参	井	鬼	柳	星

七月小建壬申箕宿 （五黄）

节气：处暑初八日二时五十三分
白露廿三日十五时十三分

公历	16	17	18	19	20	21	22	23	24	25	26	27	28	29	30	31	九月	2	3	4	5	6	7	8	9	10	11	12	13	
农历	一	二	三	四	五	六	七	八	九	十	十一	十二	十三	十四	十五	十六	十七	十八	十九	二十	廿一	廿二	廿三	廿四	廿五	廿六	廿七	廿八	廿九	
星期	一	二	三	四	五	六	日	一	二	三	四	五	六	日	一	二	三	四	五	六	日	一	二	三	四	五	六	日	一	
干支	丁卯	戊辰	己巳	庚午	辛未	壬申	癸酉	甲戌	乙亥	丙子	丁丑	戊寅	己卯	庚辰	辛巳	壬午	癸未	甲申	乙酉	丙戌	丁亥	戊子	己丑	庚寅	辛卯	壬辰	癸巳	甲午	乙未	
五行	火	木	木	土	土	金	金	火	火	水	水	土	土	金	金	木	木	水	水	土	土	火	火	木	木	水	水	金	金	
建星	危	成	收	开	闭	建	除	满	平	定	执	破	危	成	收	开	闭	建	除	满	平	定	定	执	破	危	成	收	开	
廿八宿	张	翼	轸	角	亢	氐	房	心	尾	箕	斗	牛	女	虚	危	室	壁	奎	娄	胃	昴	毕	觜	参	井	鬼	柳	星	张	

八月大建癸酉斗宿 （四绿）

节气：秋分初十日零时卅十分
寒露廿五日六时四十九分

公历	14	15	16	17	18	19	20	21	22	23	24	25	26	27	28	29	30	十月	2	3	4	5	6	7	8	9	10	11	12	13
农历	一	二	三	四	五	六	七	八	九	十	十一	十二	十三	十四	十五	十六	十七	十八	十九	二十	廿一	廿二	廿三	廿四	廿五	廿六	廿七	廿八	廿九	三十
星期	二	三	四	五	六	日	一	二	三	四	五	六	日	一	二	三	四	五	六	日	一	二	三	四	五	六	日	一	二	三
干支	丙申	丁酉	戊戌	己亥	庚子	辛丑	壬寅	癸卯	甲辰	乙巳	丙午	丁未	戊申	己酉	庚戌	辛亥	壬子	癸丑	甲寅	乙卯	丙辰	丁巳	戊午	己未	庚申	辛酉	壬戌	癸亥	甲子	乙丑
五行	火	火	木	木	土	土	金	金	火	火	水	水	土	土	金	金	木	木	水	水	土	土	火	火	木	木	水	水	金	金
建星	闭	建	除	满	平	定	执	破	危	成	收	开	闭	建	除	满	平	定	执	破	危	成	收	开	开	闭	建	除	满	平
廿八宿	翼	轸	角	亢	氐	房	心	尾	箕	斗	牛	女	虚	危	室	壁	奎	娄	胃	昴	毕	觜	参	井	鬼	柳	星	张	翼	轸

岁次：甲申	公元2004年（井泉水）			木猴
太岁：方杰	年五黄星	水火未济卦	三木九运	氏

九月小建甲戌牛宿 （三碧） 节气：霜降初十日九时四十九分 立冬廿五日九时五十九分

公历	14	15	16	17	18	19	20	21	22	23	24	25	26	27	28	29	30	31	11月	2	3	4	5	6	7	8	9	10	11
农历	一	二	三	四	五	六	七	八	九	十	十一	十二	十三	十四	十五	十六	十七	十八	十九	二十	廿一	廿二	廿三	廿四	廿五	廿六	廿七	廿八	廿九
星期	四	五	六	日	一	二	三	四	五	六	日	一	二	三	四	五	六	日	一	二	三	四	五	六	日	一	二	三	四
干支	丙寅	丁卯	戊辰	己巳	庚午	辛未	壬申	癸酉	甲戌	乙亥	丙子	丁丑	戊寅	己卯	庚辰	辛巳	壬午	癸未	甲申	乙酉	丙戌	丁亥	戊子	己丑	庚寅	辛卯	壬辰	癸巳	甲午
五行	火	火	木	木	土	土	金	金	火	火	水	水	土	土	金	金	木	木	水	水	土	土	火	火	木	木	水	水	金
建星	定	执	破	危	成	收	开	闭	建	除	满	平	定	执	破	危	成	收	开	闭	建	除	满	平	平	定	执	破	危
廿八宿	角	亢	氐	房	心	尾	箕	斗	牛	女	虚	危	室	壁	奎	娄	胃	昴	毕	觜	参	井	鬼	柳	星	张	翼	轸	角

十月大建乙亥女宿 （二黑） 节气：小雪十一日七时廿二分 大雪廿六日二时四十九分

公历	12	13	14	15	16	17	18	19	20	21	22	23	24	25	26	27	28	29	30	12月	2	3	4	5	6	7	8	9	10	11
农历	一	二	三	四	五	六	七	八	九	十	十一	十二	十三	十四	十五	十六	十七	十八	十九	二十	廿一	廿二	廿三	廿四	廿五	廿六	廿七	廿八	廿九	三十
星期	五	六	日	一	二	三	四	五	六	日	一	二	三	四	五	六	日	一	二	三	四	五	六	日	一	二	三	四	五	六
干支	乙未	丙申	丁酉	戊戌	己亥	庚子	辛丑	壬寅	癸卯	甲辰	乙巳	丙午	丁未	戊申	己酉	庚戌	辛亥	壬子	癸丑	甲寅	乙卯	丙辰	丁巳	戊午	己未	庚申	辛酉	壬戌	癸亥	甲子
五行	金	火	火	木	木	土	土	金	金	火	火	水	水	土	土	金	金	木	木	水	水	土	土	火	火	木	木	水	水	金
建星	成	收	开	闭	建	除	满	平	定	执	破	危	成	收	开	闭	建	除	满	平	定	执	破	危	成	成	收	开	闭	建
廿八宿	亢	氐	房	心	尾	箕	斗	牛	女	虚	危	室	壁	奎	娄	胃	昴	毕	觜	参	井	鬼	柳	星	张	翼	轸	角	亢	氐

十一月小建丙子虚宿 （一白） 节气：冬至初十日二十时四十二分 小寒廿五日十四时三分

公历	12	13	14	15	16	17	18	19	20	21	22	23	24	25	26	27	28	29	30	31	一月	2	3	4	5	6	7	8	9
农历	一	二	三	四	五	六	七	八	九	十	十一	十二	十三	十四	十五	十六	十七	十八	十九	二十	廿一	廿二	廿三	廿四	廿五	廿六	廿七	廿八	廿九
星期	日	一	二	三	四	五	六	日	一	二	三	四	五	六	日	一	二	三	四	五	六	日	一	二	三	四	五	六	日
干支	乙丑	丙寅	丁卯	戊辰	己巳	庚午	辛未	壬申	癸酉	甲戌	乙亥	丙子	丁丑	戊寅	己卯	庚辰	辛巳	壬午	癸未	甲申	乙酉	丙戌	丁亥	戊子	己丑	庚寅	辛卯	壬辰	癸巳
五行	金	火	火	木	木	土	土	金	金	火	火	水	水	土	土	金	金	木	木	水	水	土	土	火	火	木	木	水	水
建星	除	满	平	定	执	破	危	成	收	开	闭	建	除	满	平	定	执	破	危	成	收	开	闭	建	建	除	满	平	定
廿八宿	房	心	尾	箕	斗	牛	女	虚	危	室	壁	奎	娄	胃	昴	毕	觜	参	井	鬼	柳	星	张	翼	轸	角	亢	氐	房

十二月大建丁丑危宿 （九紫） 节气：大寒十一日七时廿二分 立春廿六日一时四十三分

公历	10	11	12	13	14	15	16	17	18	19	20	21	22	23	24	25	26	27	28	29	30	31	二月	2	3	4	5	6	7	8
农历	一	二	三	四	五	六	七	八	九	十	十一	十二	十三	十四	十五	十六	十七	十八	十九	二十	廿一	廿二	廿三	廿四	廿五	廿六	廿七	廿八	廿九	三十
星期	一	二	三	四	五	六	日	一	二	三	四	五	六	日	一	二	三	四	五	六	日	一	二	三	四	五	六	日	一	二
干支	甲午	乙未	丙申	丁酉	戊戌	己亥	庚子	辛丑	壬寅	癸卯	甲辰	乙巳	丙午	丁未	戊申	己酉	庚戌	辛亥	壬子	癸丑	甲寅	乙卯	丙辰	丁巳	戊午	己未	庚申	辛酉	壬戌	癸亥
五行	金	金	火	火	木	木	土	土	金	金	火	火	水	水	土	土	金	金	木	木	水	水	土	土	火	火	木	木	水	水
建星	执	破	危	成	收	开	闭	建	除	满	平	定	执	破	危	成	收	开	闭	建	除	满	平	定	执	执	破	危	成	收
廿八宿	心	尾	箕	斗	牛	女	虚	危	室	壁	奎	娄	胃	昴	毕	觜	参	井	鬼	柳	星	张	翼	轸	角	亢	氐	房	心	尾

岁次:乙酉	公元2005年(井泉水)			木鸡
太岁:蒋崇	年四绿星	天山遁卦	九金四运	房

正月小建戊寅室宿 (八白)

节气:雨水初十日廿一时卅二分
惊蛰廿五日十九时四十五分

公历	9	10	11	12	13	14	15	16	17	18	19	20	21	22	23	24	25	26	27	28	三月	2	3	4	5	6	7	8	9
农历	一	二	三	四	五	六	七	八	九	十	十一	十二	十三	十四	十五	十六	十七	十八	十九	二十	廿一	廿二	廿三	廿四	廿五	廿六	廿七	廿八	廿九
星期	三	四	五	六	日	一	二	三	四	五	六	日	一	二	三	四	五	六	日	一	二	三	四	五	六	日	一	二	三
干支	甲子	乙丑	丙寅	丁卯	戊辰	己巳	庚午	辛未	壬申	癸酉	甲戌	乙亥	丙子	丁丑	戊寅	己卯	庚辰	辛巳	壬午	癸未	甲申	乙酉	丙戌	丁亥	戊子	己丑	庚寅	辛卯	壬辰
五行	金	金	火	火	木	木	土	土	金	金	火	火	水	水	土	土	金	金	木	木	水	水	土	土	火	火	木	木	水
建星	开	闭	建	除	满	平	定	执	破	危	成	收	开	闭	建	除	满	平	定	执	破	危	成	收	收	开	闭	建	除
廿八宿	箕	斗	牛	女	虚	危	室	壁	奎	娄	胃	昴	毕	觜	参	井	鬼	柳	星	张	翼	轸	角	亢	氐	房	心	尾	箕

二月大建己卯壁宿 (七赤)

节气:春分十一日二十时卅三分
清明廿七日零时卅四分

公历	10	11	12	13	14	15	16	17	18	19	20	21	22	23	24	25	26	27	28	29	30	31	四月	2	3	4	5	6	7	8
农历	一	二	三	四	五	六	七	八	九	十	十一	十二	十三	十四	十五	十六	十七	十八	十九	二十	廿一	廿二	廿三	廿四	廿五	廿六	廿七	廿八	廿九	三十
星期	四	五	六	日	一	二	三	四	五	六	日	一	二	三	四	五	六	日	一	二	三	四	五	六	日	一	二	三	四	五
干支	癸巳	甲午	乙未	丙申	丁酉	戊戌	己亥	庚子	辛丑	壬寅	癸卯	甲辰	乙巳	丙午	丁未	戊申	己酉	庚戌	辛亥	壬子	癸丑	甲寅	乙卯	丙辰	丁巳	戊午	己未	庚申	辛酉	壬戌
五行	水	金	金	火	火	木	木	土	土	金	金	火	火	水	水	土	土	金	金	木	木	水	水	土	土	火	火	木	木	水
建星	满	平	定	执	破	危	成	收	开	闭	建	除	满	平	定	执	破	危	成	收	开	闭	建	除	满	平	平	定	执	破
廿八宿	斗	牛	女	虚	危	室	壁	奎	娄	胃	昴	毕	觜	参	井	鬼	柳	星	张	翼	轸	角	亢	氐	房	心	尾	箕	斗	牛

三月小建庚辰奎宿 (六白)

节气:谷雨十二日七时卅七分
立夏廿七日十七时五十二分

公历	9	10	11	12	13	14	15	16	17	18	19	20	21	22	23	24	25	26	27	28	29	30	五月	2	3	4	5	6	7
农历	一	二	三	四	五	六	七	八	九	十	十一	十二	十三	十四	十五	十六	十七	十八	十九	二十	廿一	廿二	廿三	廿四	廿五	廿六	廿七	廿八	廿九
星期	六	日	一	二	三	四	五	六	日	一	二	三	四	五	六	日	一	二	三	四	五	六	日	一	二	三	四	五	六
干支	癸亥	甲子	乙丑	丙寅	丁卯	戊辰	己巳	庚午	辛未	壬申	癸酉	甲戌	乙亥	丙子	丁丑	戊寅	己卯	庚辰	辛巳	壬午	癸未	甲申	乙酉	丙戌	丁亥	戊子	己丑	庚寅	辛卯
五行	水	金	金	火	火	木	木	土	土	金	金	火	火	水	水	土	土	金	金	木	木	水	水	土	土	火	火	木	木
建星	危	成	收	开	闭	建	除	满	平	定	执	破	危	成	收	开	闭	建	除	满	平	定	执	破	危	成	成	收	开
廿八宿	女	虚	危	室	壁	奎	娄	胃	昴	毕	觜	参	井	鬼	柳	星	张	翼	轸	角	亢	氐	房	心	尾	箕	斗	牛	女

岁次：乙酉	公元2005年（井泉水）			木鸡
太岁：蒋崇	年四绿星	天山遁卦	九金四运	房

四月大建辛巳娄宿 （五黄）

节气：小满十四日六时四十七分
芒种廿九日廿二时二分

公历	8	9	10	11	12	13	14	15	16	17	18	19	20	21	22	23	24	25	26	27	28	29	30	31	六月	2	3	4	5	6
农历	一	二	三	四	五	六	七	八	九	十	十一	十二	十三	十四	十五	十六	十七	十八	十九	二十	廿一	廿二	廿三	廿四	廿五	廿六	廿七	廿八	廿九	三十
星期	日	一	二	三	四	五	六	日	一	二	三	四	五	六	日	一	二	三	四	五	六	日	一	二	三	四	五	六	日	一
干支	壬辰	癸巳	甲午	乙未	丙申	丁酉	戊戌	己亥	庚子	辛丑	壬寅	癸卯	甲辰	乙巳	丙午	丁未	戊申	己酉	庚戌	辛亥	壬子	癸丑	甲寅	乙卯	丙辰	丁巳	戊午	己未	庚申	辛酉
五行	水	水	金	金	火	火	木	木	土	土	金	金	火	火	水	水	土	土	金	金	木	木	水	水	土	土	火	火	木	木
建星	闭	建	除	满	平	定	执	破	危	成	收	开	闭	建	除	满	平	定	执	破	危	成	收	开	闭	建	除	满	满	平
廿八宿	虚	危	室	壁	奎	娄	胃	昴	毕	觜	参	井	鬼	柳	星	张	翼	轸	角	亢	氐	房	心	尾	箕	斗	牛	女	虚	危

五月小建壬午胃宿 （四绿）

节气：夏至十五日十四时四十六分

公历	7	8	9	10	11	12	13	14	15	16	17	18	19	20	21	22	23	24	25	26	27	28	29	30	七月	2	3	4	5	
农历	一	二	三	四	五	六	七	八	九	十	十一	十二	十三	十四	十五	十六	十七	十八	十九	二十	廿一	廿二	廿三	廿四	廿五	廿六	廿七	廿八	廿九	
星期	二	三	四	五	六	日	一	二	三	四	五	六	日	一	二	三	四	五	六	日	一	二	三	四	五	六	日	一	二	
干支	壬戌	癸亥	甲子	乙丑	丙寅	丁卯	戊辰	己巳	庚午	辛未	壬申	癸酉	甲戌	乙亥	丙子	丁丑	戊寅	己卯	庚辰	辛巳	壬午	癸未	甲申	乙酉	丙戌	丁亥	戊子	己丑	庚寅	
五行	水	水	金	金	火	火	木	木	土	土	金	金	火	火	水	水	土	土	金	金	木	木	水	水	土	土	火	火	木	
建星	定	执	破	危	成	收	开	闭	建	除	满	平	定	执	破	危	成	收	开	闭	建	除	满	平	定	执	破	危	成	
廿八宿	室	壁	奎	娄	胃	昴	毕	觜	参	井	鬼	柳	星	张	翼	轸	角	亢	氐	房	心	尾	箕	斗	牛	女	虚	危	室	

六月大建癸未昴宿 （三碧）

节气：小暑初二日八时十三分
大暑十八日一时四十一分

公历	6	7	8	9	10	11	12	13	14	15	16	17	18	19	20	21	22	23	24	25	26	27	28	29	30	31	八月	2	3	4
农历	一	二	三	四	五	六	七	八	九	十	十一	十二	十三	十四	十五	十六	十七	十八	十九	二十	廿一	廿二	廿三	廿四	廿五	廿六	廿七	廿八	廿九	三十
星期	三	四	五	六	日	一	二	三	四	五	六	日	一	二	三	四	五	六	日	一	二	三	四	五	六	日	一	二	三	四
干支	辛卯	壬辰	癸巳	甲午	乙未	丙申	丁酉	戊戌	己亥	庚子	辛丑	壬寅	癸卯	甲辰	乙巳	丙午	丁未	戊申	己酉	庚戌	辛亥	壬子	癸丑	甲寅	乙卯	丙辰	丁巳	戊午	己未	庚申
五行	木	水	水	金	金	火	火	木	木	土	土	金	金	火	火	水	水	土	土	金	金	木	木	水	水	土	土	火	火	木
建星	收	收	开	闭	建	除	满	平	定	执	破	危	成	收	开	闭	建	除	满	平	定	执	破	危	成	收	开	闭	建	除
廿八宿	壁	奎	娄	胃	昴	毕	觜	参	井	鬼	柳	星	张	翼	轸	角	亢	氐	房	心	尾	箕	斗	牛	女	虚	危	室	壁	奎

岁次:乙酉	公元2005年(井泉水)			木鸡
太岁:蒋崇	年四绿星	天山遁卦	九金四运	房

七月大建甲申毕宿 (二黑)

节气:立秋初三日十八时三分
处暑十九日八时四十五分

公历	5	6	7	8	9	10	11	12	13	14	15	16	17	18	19	20	21	22	23	24	25	26	27	28	29	30	31	九月	2	3
农历	一	二	三	四	五	六	七	八	九	十	十一	十二	十三	十四	十五	十六	十七	十八	十九	二十	廿一	廿二	廿三	廿四	廿五	廿六	廿七	廿八	廿九	三十
星期	五	六	日	一	二	三	四	五	六	日	一	二	三	四	五	六	日	一	二	三	四	五	六	日	一	二	三	四	五	六
干支	辛酉	壬戌	癸亥	甲子	乙丑	丙寅	丁卯	戊辰	己巳	庚午	辛未	壬申	癸酉	甲戌	乙亥	丙子	丁丑	戊寅	己卯	庚辰	辛巳	壬午	癸未	甲申	乙酉	丙戌	丁亥	戊子	己丑	庚寅
五行	木	水	水	金	金	火	火	木	木	土	土	金	金	火	火	水	水	土	土	金	金	木	木	水	水	土	土	火	火	木
建星	满	平	平	定	执	破	危	成	收	开	闭	建	除	满	平	定	执	破	危	成	收	开	闭	建	除	满	平	定	执	破
廿八宿	娄	胃	昴	毕	觜	参	井	鬼	柳	星	张	翼	轸	角	亢	氐	房	心	尾	箕	斗	牛	女	虚	危	室	壁	奎	娄	胃

八月小建乙酉觜宿 (一白)

节气:白露初四日二十时五十七分
秋分二十日六时廿三分

公历	4	5	6	7	8	9	10	11	12	13	14	15	16	17	18	19	20	21	22	23	24	25	26	27	28	29	30	十月	2	
农历	一	二	三	四	五	六	七	八	九	十	十一	十二	十三	十四	十五	十六	十七	十八	十九	二十	廿一	廿二	廿三	廿四	廿五	廿六	廿七	廿八	廿九	
星期	日	一	二	三	四	五	六	日	一	二	三	四	五	六	日	一	二	三	四	五	六	日	一	二	三	四	五	六	日	
干支	辛卯	壬辰	癸巳	甲午	乙未	丙申	丁酉	戊戌	己亥	庚子	辛丑	壬寅	癸卯	甲辰	乙巳	丙午	丁未	戊申	己酉	庚戌	辛亥	壬子	癸丑	甲寅	乙卯	丙辰	丁巳	戊午	己未	
五行	木	水	水	金	金	火	火	木	木	土	土	金	金	火	火	水	水	土	土	金	金	木	木	水	水	土	土	火	火	
建星	危	成	收	收	开	闭	建	除	满	平	定	执	破	危	成	收	开	闭	建	除	满	平	定	执	破	危	成	收	开	
廿八宿	昴	毕	觜	参	井	鬼	柳	星	张	翼	轸	角	亢	氐	房	心	尾	箕	斗	牛	女	虚	危	室	壁	奎	娄	胃	昴	

九月大建丙戌参宿 (九紫)

节气:寒露初六日十二时卅三分
霜降廿一日十五时四十二分

公历	3	4	5	6	7	8	9	10	11	12	13	14	15	16	17	18	19	20	21	22	23	24	25	26	27	28	29	30	31	11月
农历	一	二	三	四	五	六	七	八	九	十	十一	十二	十三	十四	十五	十六	十七	十八	十九	二十	廿一	廿二	廿三	廿四	廿五	廿六	廿七	廿八	廿九	三十
星期	一	二	三	四	五	六	日	一	二	三	四	五	六	日	一	二	三	四	五	六	日	一	二	三	四	五	六	日	一	二
干支	庚申	辛酉	壬戌	癸亥	甲子	乙丑	丙寅	丁卯	戊辰	己巳	庚午	辛未	壬申	癸酉	甲戌	乙亥	丙子	丁丑	戊寅	己卯	庚辰	辛巳	壬午	癸未	甲申	乙酉	丙戌	丁亥	戊子	己丑
五行	木	木	水	水	金	金	火	火	木	木	土	土	金	金	火	火	水	水	土	土	金	金	木	木	水	水	土	土	火	火
建星	闭	建	除	满	平	平	定	执	破	危	成	收	开	闭	建	除	满	平	定	执	破	危	成	收	开	闭	建	除	满	平
廿八宿	毕	觜	参	井	鬼	柳	星	张	翼	轸	角	亢	氐	房	心	尾	箕	斗	牛	女	虚	危	室	壁	奎	娄	胃	昴	毕	觜

岁次：乙酉	公元 2005 年（井泉水）			木鸡
太岁：蒋崇	年四绿星	天山遁卦	九金四运	房

十月小建丁亥井宿 （八白）

节气：立冬初六日十五时四十二分
小雪廿一日十三时十五分

公历	2	3	4	5	6	7	8	9	10	11	12	13	14	15	16	17	18	19	20	21	22	23	24	25	26	27	28	29	30	
农历	一	二	三	四	五	六	七	八	九	十	十一	十二	十三	十四	十五	十六	十七	十八	十九	二十	廿一	廿二	廿三	廿四	廿五	廿六	廿七	廿八	廿九	
星期	三	四	五	六	日	一	二	三	四	五	六	日	一	二	三	四	五	六	日	一	二	三	四	五	六	日	一	二	三	
干支	庚寅	辛卯	壬辰	癸巳	甲午	乙未	丙申	丁酉	戊戌	己亥	庚子	辛丑	壬寅	癸卯	甲辰	乙巳	丙午	丁未	戊申	己酉	庚戌	辛亥	壬子	癸丑	甲寅	乙卯	丙辰	丁巳	戊午	
五行	木	木	水	水	金	金	火	火	木	木	土	土	金	金	火	火	水	水	土	土	金	金	木	木	水	水	土	土	火	
建星	定	执	破	危	成	成	收	开	闭	建	除	满	平	定	执	破	危	成	收	开	闭	建	除	满	平	定	执	破	危	
廿八宿	参	井	鬼	柳	星	张	翼	轸	角	亢	氐	房	心	尾	箕	斗	牛	女	虚	危	室	壁	奎	娄	胃	昴	毕	觜	参	

十一月大建戊子鬼宿 （七赤）

节气：大雪初七日八时卅三分
冬至廿二日二时五十七分

公历	12月	2	3	4	5	6	7	8	9	10	11	12	13	14	15	16	17	18	19	20	21	22	23	24	25	26	27	28	29	30
农历	一	二	三	四	五	六	七	八	九	十	十一	十二	十三	十四	十五	十六	十七	十八	十九	二十	廿一	廿二	廿三	廿四	廿五	廿六	廿七	廿八	廿九	三十
星期	四	五	六	日	一	二	三	四	五	六	日	一	二	三	四	五	六	日	一	二	三	四	五	六	日	一	二	三	四	五
干支	己未	庚申	辛酉	壬戌	癸亥	甲子	乙丑	丙寅	丁卯	戊辰	己巳	庚午	辛未	壬申	癸酉	甲戌	乙亥	丙子	丁丑	戊寅	己卯	庚辰	辛巳	壬午	癸未	甲申	乙酉	丙戌	丁亥	戊子
五行	火	木	木	水	水	金	金	火	火	木	木	土	土	金	金	火	火	水	水	土	土	金	金	木	木	水	水	土	土	火
建星	成	收	开	闭	建	除	除	满	平	定	执	破	危	成	收	开	闭	建	除	满	平	定	执	破	危	成	收	开	闭	建
廿八宿	井	鬼	柳	星	张	翼	轸	角	亢	氐	房	心	尾	箕	斗	牛	女	虚	危	室	壁	奎	娄	胃	昴	毕	觜	参	井	鬼

十二月小建己丑柳宿 （六白）

节气：小寒初六日十九时四十七分
大寒廿一日十三时十五分

公历	31	一月	2	3	4	5	6	7	8	9	10	11	12	13	14	15	16	17	18	19	20	21	22	23	24	25	26	27	28	
农历	一	二	三	四	五	六	七	八	九	十	十一	十二	十三	十四	十五	十六	十七	十八	十九	二十	廿一	廿二	廿三	廿四	廿五	廿六	廿七	廿八	廿九	
星期	六	日	一	二	三	四	五	六	日	一	二	三	四	五	六	日	一	二	三	四	五	六	日	一	二	三	四	五	六	
干支	己丑	庚寅	辛卯	壬辰	癸巳	甲午	乙未	丙申	丁酉	戊戌	己亥	庚子	辛丑	壬寅	癸卯	甲辰	乙巳	丙午	丁未	戊申	己酉	庚戌	辛亥	壬子	癸丑	甲寅	乙卯	丙辰	丁巳	
五行	火	木	木	水	水	金	金	火	火	木	木	土	土	金	金	火	火	水	水	土	土	金	金	木	木	水	水	土	土	
建星	除	满	平	定	执	执	破	危	成	收	开	闭	建	除	满	平	定	执	破	危	成	收	开	闭	建	除	满	平	定	
廿八宿	柳	星	张	翼	轸	角	亢	氐	房	心	尾	箕	斗	牛	女	虚	危	室	壁	奎	娄	胃	昴	毕	觜	参	井	鬼	柳	

岁次：丙戌	公元2006年（屋上土）			火狗
太岁：白敏	年三碧星	艮为山卦	六水一运	心

正月大建庚寅星宿 （五黄）

节气：立春初七日七时廿七分
雨水廿二日三时廿六分

公历	29	30	31	二月	2	3	4	5	6	7	8	9	10	11	12	13	14	15	16	17	18	19	20	21	22	23	24	25	26	27
农历	一	二	三	四	五	六	七	八	九	十	十一	十二	十三	十四	十五	十六	十七	十八	十九	二十	廿一	廿二	廿三	廿四	廿五	廿六	廿七	廿八	廿九	三十
星期	日	一	二	三	四	五	六	日	一	二	三	四	五	六	日	一	二	三	四	五	六	日	一	二	三	四	五	六	日	一
干支	戊午	己未	庚申	辛酉	壬戌	癸亥	甲子	乙丑	丙寅	丁卯	戊辰	己巳	庚午	辛未	壬申	癸酉	甲戌	乙亥	丙子	丁丑	戊寅	己卯	庚辰	辛巳	壬午	癸未	甲申	乙酉	丙戌	丁亥
五行	火	火	木	木	水	水	金	金	火	火	木	木	土	土	金	金	火	火	水	水	土	土	金	金	木	木	水	水	土	土
建星	执	破	危	成	收	开	开	闭	建	除	满	平	定	执	破	危	成	收	开	闭	建	除	满	平	定	执	破	危	成	收
廿八宿	星	张	翼	轸	角	亢	氐	房	心	尾	箕	斗	牛	女	虚	危	室	壁	奎	娄	胃	昴	毕	觜	参	井	鬼	柳	星	张

二月小建辛卯张宿 （四绿）

节气：惊蛰初七日一时廿九分
春分廿二日二时廿六分

公历	28	三月	2	3	4	5	6	7	8	9	10	11	12	13	14	15	16	17	18	19	20	21	22	23	24	25	26	27	28
农历	一	二	三	四	五	六	七	八	九	十	十一	十二	十三	十四	十五	十六	十七	十八	十九	二十	廿一	廿二	廿三	廿四	廿五	廿六	廿七	廿八	廿九
星期	二	三	四	五	六	日	一	二	三	四	五	六	日	一	二	三	四	五	六	日	一	二	三	四	五	六	日	一	二
干支	戊子	己丑	庚寅	辛卯	壬辰	癸巳	甲午	乙未	丙申	丁酉	戊戌	己亥	庚子	辛丑	壬寅	癸卯	甲辰	乙巳	丙午	丁未	戊申	己酉	庚戌	辛亥	壬子	癸丑	甲寅	乙卯	丙辰
五行	火	火	木	木	水	水	金	金	火	火	木	木	土	土	金	金	火	火	水	水	土	土	金	金	木	木	水	水	土
建星	开	闭	建	除	满	平	平	定	执	破	危	成	收	开	闭	建	除	满	平	定	执	破	危	成	收	开	闭	建	除
廿八宿	翼	轸	角	亢	氐	房	心	尾	箕	斗	牛	女	虚	危	室	壁	奎	娄	胃	昴	毕	觜	参	井	鬼	柳	星	张	翼

三月大建壬辰翼宿 （三碧）

节气：清明初八日六时十五分
谷雨廿三日十三时卅六分

公历	29	30	31	四月	2	3	4	5	6	7	8	9	10	11	12	13	14	15	16	17	18	19	20	21	22	23	24	25	26	27
农历	一	二	三	四	五	六	七	八	九	十	十一	十二	十三	十四	十五	十六	十七	十八	十九	二十	廿一	廿二	廿三	廿四	廿五	廿六	廿七	廿八	廿九	三十
星期	三	四	五	六	日	一	二	三	四	五	六	日	一	二	三	四	五	六	日	一	二	三	四	五	六	日	一	二	三	四
干支	丁巳	戊午	己未	庚申	辛酉	壬戌	癸亥	甲子	乙丑	丙寅	丁卯	戊辰	己巳	庚午	辛未	壬申	癸酉	甲戌	乙亥	丙子	丁丑	戊寅	己卯	庚辰	辛巳	壬午	癸未	甲申	乙酉	丙戌
五行	土	火	火	木	木	水	水	金	金	火	火	木	木	土	土	金	金	火	火	水	水	土	土	金	金	木	木	水	水	土
建星	满	平	定	执	破	危	成	成	收	开	闭	建	除	满	平	定	执	破	危	成	收	开	闭	建	除	满	平	定	执	破
廿八宿	轸	角	亢	氐	房	心	尾	箕	斗	牛	女	虚	危	室	壁	奎	娄	胃	昴	毕	觜	参	井	鬼	柳	星	张	翼	轸	角

岁次：丙戌	公元 2006 年（屋上土）			火狗
太岁：白敏	年三碧星	艮为山卦	六水一运	心

四月小建癸巳轸宿 （二黑）

节气：立夏初八日廿三时卅一分
小满廿四日十二时卅二分

公历	28	29	30	五月	2	3	4	5	6	7	8	9	10	11	12	13	14	15	16	17	18	19	20	21	22	23	24	25	26
农历	一	二	三	四	五	六	七	八	九	十	十一	十二	十三	十四	十五	十六	十七	十八	十九	二十	廿一	廿二	廿三	廿四	廿五	廿六	廿七	廿八	廿九
星期	五	六	日	一	二	三	四	五	六	日	一	二	三	四	五	六	日	一	二	三	四	五	六	日	一	二	三	四	五
干支	丁亥	戊子	己丑	庚寅	辛卯	壬辰	癸巳	甲午	乙未	丙申	丁酉	戊戌	己亥	庚子	辛丑	壬寅	癸卯	甲辰	乙巳	丙午	丁未	戊申	己酉	庚戌	辛亥	壬子	癸丑	甲寅	乙卯
五行	土	火	火	木	木	水	水	金	金	火	火	木	木	土	土	金	金	火	火	水	水	土	土	金	金	木	木	水	水
建星	危	成	收	开	闭	建	除	除	满	平	定	执	破	危	成	收	开	闭	建	除	满	平	定	执	破	危	成	收	开
廿八宿	亢	氐	房	心	尾	箕	斗	牛	女	虚	危	室	壁	奎	娄	胄	昴	毕	觜	参	井	鬼	柳	星	张	翼	轸	角	亢

五月大建甲午角宿 （一白）

节气：芒种十一日三时卅七分
夏至廿六日二十时廿六分

公历	27	28	29	30	31	六月	2	3	4	5	6	7	8	9	10	11	12	13	14	15	16	17	18	19	20	21	22	23	24	25
农历	一	二	三	四	五	六	七	八	九	十	十一	十二	十三	十四	十五	十六	十七	十八	十九	二十	廿一	廿二	廿三	廿四	廿五	廿六	廿七	廿八	廿九	三十
星期	六	日	一	二	三	四	五	六	日	一	二	三	四	五	六	日	一	二	三	四	五	六	日	一	二	三	四	五	六	日
干支	丙辰	丁巳	戊午	己未	庚申	辛酉	壬戌	癸亥	甲子	乙丑	丙寅	丁卯	戊辰	己巳	庚午	辛未	壬申	癸酉	甲戌	乙亥	丙子	丁丑	戊寅	己卯	庚辰	辛巳	壬午	癸未	甲申	乙酉
五行	土	土	火	火	木	木	水	水	金	金	火	火	木	木	土	土	金	金	火	火	水	水	土	土	金	金	木	木	水	水
建星	闭	建	除	满	平	定	执	破	危	成	成	收	开	闭	建	除	满	平	定	执	破	危	成	收	开	闭	建	除	满	平
廿八宿	氐	房	心	尾	箕	斗	牛	女	虚	危	室	壁	奎	娄	胄	昴	毕	觜	参	井	鬼	柳	星	张	翼	轸	角	亢	氐	房

六月小建乙未亢宿 （九紫）

节气：小暑十二日十三时五十七分
大暑廿八日七时十八分

公历	26	27	28	29	30	七月	2	3	4	5	6	7	8	9	10	11	12	13	14	15	16	17	18	19	20	21	22	23	24
农历	一	二	三	四	五	六	七	八	九	十	十一	十二	十三	十四	十五	十六	十七	十八	十九	二十	廿一	廿二	廿三	廿四	廿五	廿六	廿七	廿八	廿九
星期	一	二	三	四	五	六	日	一	二	三	四	五	六	日	一	二	三	四	五	六	日	一	二	三	四	五	六	日	一
干支	丙戌	丁亥	戊子	己丑	庚寅	辛卯	壬辰	癸巳	甲午	乙未	丙申	丁酉	戊戌	己亥	庚子	辛丑	壬寅	癸卯	甲辰	乙巳	丙午	丁未	戊申	己酉	庚戌	辛亥	壬子	癸丑	甲寅
五行	土	土	火	火	木	木	水	水	金	金	火	火	木	木	土	土	金	金	火	火	水	水	土	土	金	金	木	木	水
建星	定	执	破	危	成	收	开	闭	建	除	满	满	平	定	执	破	危	成	收	开	闭	建	除	满	平	定	执	破	危
廿八宿	心	尾	箕	斗	牛	女	虚	危	室	壁	奎	娄	胄	昴	毕	觜	参	井	鬼	柳	星	张	翼	轸	角	亢	氐	房	心

岁次：丙戌	公元2006年（屋上土）			火狗
太岁：白敏	年三碧星	艮为山卦	六水一运	心

七月大建丙申氐宿 （八白）

节气：立秋十四日廿三时四十一分
处暑三十日十四时廿三分

公历	25	26	27	28	29	30	31	八月	2	3	4	5	6	7	8	9	10	11	12	13	14	15	16	17	18	19	20	21	22	23
农历	一	二	三	四	五	六	七	八	九	十	十一	十二	十三	十四	十五	十六	十七	十八	十九	二十	廿一	廿二	廿三	廿四	廿五	廿六	廿七	廿八	廿九	三十
星期	二	三	四	五	六	日	一	二	三	四	五	六	日	一	二	三	四	五	六	日	一	二	三	四	五	六	日	一	二	三
干支	乙卯	丙辰	丁巳	戊午	己未	庚申	辛酉	壬戌	癸亥	甲子	乙丑	丙寅	丁卯	戊辰	己巳	庚午	辛未	壬申	癸酉	甲戌	乙亥	丙子	丁丑	戊寅	己卯	庚辰	辛巳	壬午	癸未	甲申
五行	水	土	土	火	火	木	木	水	水	金	金	火	火	木	木	土	土	金	金	火	火	水	水	土	土	金	金	木	木	水
建星	成	收	开	闭	建	除	满	平	定	执	破	危	成	成	收	开	闭	建	除	满	平	定	执	破	危	成	收	开	闭	建
廿八宿	尾	箕	斗	牛	女	虚	危	室	壁	奎	娄	胄	昴	毕	觜	参	井	鬼	柳	星	张	翼	轸	角	亢	氐	房	心	尾	箕

闰七月小

节气：白露十六日二时卅九分

公历	24	25	26	27	28	29	30	31	九月	2	3	4	5	6	7	8	9	10	11	12	13	14	15	16	17	18	19	20	21	
农历	一	二	三	四	五	六	七	八	九	十	十一	十二	十三	十四	十五	十六	十七	十八	十九	二十	廿一	廿二	廿三	廿四	廿五	廿六	廿七	廿八	廿九	
星期	四	五	六	日	一	二	三	四	五	六	日	一	二	三	四	五	六	日	一	二	三	四	五	六	日	一	二	三	四	
干支	乙酉	丙戌	丁亥	戊子	己丑	庚寅	辛卯	壬辰	癸巳	甲午	乙未	丙申	丁酉	戊戌	己亥	庚子	辛丑	壬寅	癸卯	甲辰	乙巳	丙午	丁未	戊申	己酉	庚戌	辛亥	壬子	癸丑	
五行	水	土	土	火	火	木	木	水	水	金	金	火	火	木	木	土	土	金	金	火	火	水	水	土	土	金	金	木	木	
建星	除	满	平	定	执	破	危	成	收	开	闭	建	除	满	平	平	定	执	破	危	成	收	开	闭	建	除	满	平	定	
廿八宿	斗	牛	女	虚	危	室	壁	奎	娄	胄	昴	毕	觜	参	井	鬼	柳	星	张	翼	轸	角	亢	氐	房	心	尾	箕	斗	

八月大建丁酉房宿 （七赤）

节气：秋分初二日十二时三分
寒露十七日十八时廿一分

公历	22	23	24	25	26	27	28	29	30	十月	2	3	4	5	6	7	8	9	10	11	12	13	14	15	16	17	18	19	20	21
农历	一	二	三	四	五	六	七	八	九	十	十	十二	十二	十四	十五	十六	十七	十八	十九	二十	廿一	廿二	廿三	廿四	廿五	廿六	廿七	廿八	廿九	三十
星期	五	六	日	一	二	三	四	五	六	日	一	二	三	四	五	六	日	一	二	三	四	五	六	日	一	二	三	四	五	六
干支	甲寅	乙卯	丙辰	丁巳	戊午	己未	庚申	辛酉	壬戌	癸亥	甲子	乙丑	丙寅	丁卯	戊辰	己巳	庚午	辛未	壬申	癸酉	甲戌	乙亥	丙子	丁丑	戊寅	己卯	庚辰	辛巳	壬午	癸未
五行	水	水	土	土	火	火	木	木	水	水	金	金	火	火	木	木	土	土	金	金	火	火	水	水	土	土	金	金	木	木
建星	执	破	危	成	收	开	闭	建	除	满	平	定	执	破	危	成	成	收	开	闭	建	除	满	平	定	执	破	危	成	收
廿八宿	牛	女	虚	危	室	壁	奎	娄	胄	昴	毕	觜	参	井	鬼	柳	星	张	翼	轸	角	亢	氐	房	心	尾	箕	斗	牛	女

岁次:丙戌	公元2006年(屋上土)			火狗
太岁:白敏	年三碧星	艮为山卦	六水一运	心

九月大建戊戌心宿 (六白) 节气:霜降初二日廿一时廿六分 立冬十七日廿一时卅五分

公历	22	23	24	25	26	27	28	29	30	31	11月	2	3	4	5	6	7	8	9	10	11	12	13	14	15	16	17	18	19	20
农历	一	二	三	四	五	六	七	八	九	十	十一	十二	十三	十四	十五	十六	十七	十八	十九	二十	廿一	廿二	廿三	廿四	廿五	廿六	廿七	廿八	廿九	三十
星期	日	一	二	三	四	五	六	日	一	二	三	四	五	六	日	一	二	三	四	五	六	日	一	二	三	四	五	六	日	一
干支	甲申	乙酉	丙戌	丁亥	戊子	己丑	庚寅	辛卯	壬辰	癸巳	甲午	乙未	丙申	丁酉	戊戌	己亥	庚子	辛丑	壬寅	癸卯	甲辰	乙巳	丙午	丁未	戊申	己酉	庚戌	辛亥	壬子	癸丑
五行	水	水	土	土	火	火	木	木	水	水	金	金	火	火	木	木	土	土	金	金	火	火	水	水	土	土	金	金	木	木
建星	开	闭	建	除	满	平	定	执	破	危	成	收	开	闭	建	除	除	满	平	定	执	破	危	成	收	开	闭	建	除	满
廿八宿	虚	危	室	壁	奎	娄	胃	昴	毕	觜	参	井	鬼	柳	星	张	翼	轸	角	亢	氐	房	心	尾	箕	斗	牛	女	虚	危

十月小建己亥尾宿 (五黄) 节气:小雪初二日十九时二分 大雪十七日十四时廿七分

公历	21	22	23	24	25	26	27	28	29	30	12月	2	3	4	5	6	7	8	9	10	11	12	13	14	15	16	17	18	19	
农历	一	二	三	四	五	六	七	八	九	十	十一	十二	十三	十四	十五	十六	十七	十八	十九	二十	廿一	廿二	廿三	廿四	廿五	廿六	廿七	廿八	廿九	
星期	二	三	四	五	六	日	一	二	三	四	五	六	日	一	二	三	四	五	六	日	一	二	三	四	五	六	日	一	二	
干支	甲寅	乙卯	丙辰	丁巳	戊午	己未	庚申	辛酉	壬戌	癸亥	甲子	乙丑	丙寅	丁卯	戊辰	己巳	庚午	辛未	壬申	癸酉	甲戌	乙亥	丙子	丁丑	戊寅	己卯	庚辰	辛巳	壬午	
五行	水	水	土	土	火	火	木	木	水	水	金	金	火	火	木	木	土	土	金	金	火	火	水	水	土	土	金	金	木	
建星	平	定	执	破	危	成	收	开	闭	建	除	满	平	定	执	破	破	危	成	收	开	闭	建	除	满	平	定	执	破	
廿八宿	室	壁	奎	娄	胃	昴	毕	觜	参	井	鬼	柳	星	张	翼	轸	角	亢	氐	房	心	尾	箕	斗	牛	女	虚	危	室	

十一月大建庚子箕宿 (四绿) 节气:冬至初三日八时廿二分 小寒十八日一时四十分

公历	20	21	22	23	24	25	26	27	28	29	30	31	一月	2	3	4	5	6	7	8	9	10	11	12	13	14	15	16	17	18
农历	一	二	三	四	五	六	七	八	九	十	十一	十二	十三	十四	十五	十六	十七	十八	十九	二十	廿一	廿二	廿三	廿四	廿五	廿六	廿七	廿八	廿九	三十
星期	三	四	五	六	日	一	二	三	四	五	六	日	一	二	三	四	五	六	日	一	二	三	四	五	六	日	一	二	三	四
干支	癸未	甲申	乙酉	丙戌	丁亥	戊子	己丑	庚寅	辛卯	壬辰	癸巳	甲午	乙未	丙申	丁酉	戊戌	己亥	庚子	辛丑	壬寅	癸卯	甲辰	乙巳	丙午	丁未	戊申	己酉	庚戌	辛亥	壬子
五行	木	水	水	土	土	火	火	木	木	水	水	金	金	火	火	木	木	土	土	金	金	火	火	水	水	土	土	金	金	木
建星	危	成	收	开	闭	建	除	满	平	定	执	破	危	成	收	开	闭	闭	建	除	满	平	定	执	破	危	成	收	开	闭
廿八宿	壁	奎	娄	胃	昴	毕	觜	参	井	鬼	柳	星	张	翼	轸	角	亢	氐	房	心	尾	箕	斗	牛	女	虚	危	室	壁	奎

十二月大建辛丑斗宿 (三碧) 节气:大寒初二日十九时一分 立春十七日十三时十八分

公历	19	20	21	22	23	24	25	26	27	28	29	30	31	二月	2	3	4	5	6	7	8	9	10	11	12	13	14	15	16	17
农历	一	二	三	四	五	六	七	八	九	十	十一	十二	十三	十四	十五	十六	十七	十八	十九	二十	廿一	廿二	廿三	廿四	廿五	廿六	廿七	廿八	廿九	三十
星期	五	六	日	一	二	三	四	五	六	日	一	二	三	四	五	六	日	一	二	三	四	五	六	日	一	二	三	四	五	六
干支	癸丑	甲寅	乙卯	丙辰	丁巳	戊午	己未	庚申	辛酉	壬戌	癸亥	甲子	乙丑	丙寅	丁卯	戊辰	己巳	庚午	辛未	壬申	癸酉	甲戌	乙亥	丙子	丁丑	戊寅	己卯	庚辰	辛巳	壬午
五行	木	水	水	土	土	火	火	木	木	水	水	金	金	火	火	木	木	土	土	金	金	火	火	水	水	土	土	金	金	木
建星	建	除	满	平	定	执	破	危	成	收	开	闭	建	除	满	平	平	定	执	破	危	成	收	开	闭	建	除	满	平	定
廿八宿	娄	胃	昴	毕	觜	参	井	鬼	柳	星	张	翼	轸	角	亢	氐	房	心	尾	箕	斗	牛	女	虚	危	室	壁	奎	娄	胃

第六章 1930年～2050年万年历对照详表

岁次：丁亥	公元2007年（屋上土）			火猪
太岁：封济	年二黑星	雷地豫卦	八木八运	尾

正月小建壬寅牛宿 （二黑）

节气：雨水初二日九时九分
惊蛰十七日七时十八分

公历	18	19	20	21	22	23	24	25	26	27	28	三月	2	3	4	5	6	7	8	9	10	11	12	13	14	15	16	17	18
农历	一	二	三	四	五	六	七	八	九	十	十一	十二	十三	十四	十五	十六	十七	十八	十九	二十	廿一	廿二	廿三	廿四	廿五	廿六	廿七	廿八	廿九
星期	日	一	二	三	四	五	六	日	一	二	三	四	五	六	日	一	二	三	四	五	六	日	一	二	三	四	五	六	日
干支	癸未	甲申	乙酉	丙戌	丁亥	戊子	己丑	庚寅	辛卯	壬辰	癸巳	甲午	乙未	丙申	丁酉	戊戌	己亥	庚子	辛丑	壬寅	癸卯	甲辰	乙巳	丙午	丁未	戊申	己酉	庚戌	辛亥
五行	木	水	水	土	土	火	火	木	木	水	水	金	金	火	火	木	木	土	土	金	金	火	火	水	水	土	土	金	金
建星	执	破	危	成	收	开	闭	建	除	满	平	定	执	破	危	成	成	收	开	闭	建	除	满	平	定	执	破	危	成
廿八宿	昴	毕	觜	参	井	鬼	柳	星	张	翼	轸	角	亢	氐	房	心	尾	箕	斗	牛	女	虚	危	室	壁	奎	娄	胃	昴

二月小建癸卯女宿 （一白）

节气：春分初三日八时八分
清明十八日十二时五分

公历	19	20	21	22	23	24	25	26	27	28	29	30	31	四月	2	3	4	5	6	7	8	9	10	11	12	13	14	15	16
农历	一	二	三	四	五	六	七	八	九	十	十一	十二	十三	十四	十五	十六	十七	十八	十九	二十	廿一	廿二	廿三	廿四	廿五	廿六	廿七	廿八	廿九
星期	一	二	三	四	五	六	日	一	二	三	四	五	六	日	一	二	三	四	五	六	日	一	二	三	四	五	六	日	一
干支	壬子	癸丑	甲寅	乙卯	丙辰	丁巳	戊午	己未	庚申	辛酉	壬戌	癸亥	甲子	乙丑	丙寅	丁卯	戊辰	己巳	庚午	辛未	壬申	癸酉	甲戌	乙亥	丙子	丁丑	戊寅	己卯	庚辰
五行	木	木	水	水	土	土	火	火	木	木	水	水	金	金	火	火	木	木	土	土	金	金	火	火	水	水	土	土	金
建星	收	开	闭	建	除	满	平	定	执	破	危	成	收	开	闭	建	除	除	满	平	定	执	破	危	成	收	开	闭	建
廿八宿	毕	觜	参	井	鬼	柳	星	张	翼	轸	角	亢	氐	房	心	尾	箕	斗	牛	女	虚	危	室	壁	奎	娄	胃	昴	毕

三月大建甲辰虚宿 （九紫）

节气：谷雨初四日十九时七分
立夏一十日五时廿十分

公历	17	18	19	20	21	22	23	24	25	26	27	28	29	30	五月	2	3	4	5	6	7	8	9	10	11	12	13	14	15	16
农历	一	二	三	四	五	六	七	八	九	十	十一	十二	十三	十四	十五	十六	十七	十八	十九	二十	廿一	廿二	廿三	廿四	廿五	廿六	廿七	廿八	廿九	三十
星期	二	三	四	五	六	日	一	二	三	四	五	六	日	一	二	三	四	五	六	日	一	二	三	四	五	六	日	一	二	三
干支	辛巳	壬午	癸未	甲申	乙酉	丙戌	丁亥	戊子	己丑	庚寅	辛卯	壬辰	癸巳	甲午	乙未	丙申	丁酉	戊戌	己亥	庚子	辛丑	壬寅	癸卯	甲辰	乙巳	丙午	丁未	戊申	己酉	庚戌
五行	金	木	木	水	水	土	土	火	火	木	木	水	水	金	金	火	火	木	木	土	土	金	金	火	火	水	水	土	土	金
建星	除	满	平	定	执	破	危	成	收	开	闭	建	除	满	平	定	执	破	危	危	成	收	开	闭	建	除	满	平	定	执
廿八宿	觜	参	井	鬼	柳	星	张	翼	轸	角	亢	氐	房	心	尾	箕	斗	牛	女	虚	危	室	壁	奎	娄	胃	昴	毕	觜	参

岁次：丁亥	公元2007年（屋上土）			火猪
太岁：封济	年二黑星	雷地豫卦	八木八运	尾

四月小建乙巳危宿　（八白）

节气：小满初五日十八时十二分
芒种廿一日九时廿七分

公历	17	18	19	20	21	22	23	24	25	26	27	28	29	30	31	六月	2	3	4	5	6	7	8	9	10	11	12	13	14
农历	一	二	三	四	五	六	七	八	九	十	十一	十二	十三	十四	十五	十六	十七	十八	十九	二十	廿一	廿二	廿三	廿四	廿五	廿六	廿七	廿八	廿九
星期	四	五	六	日	一	二	三	四	五	六	日	一	二	三	四	五	六	日	一	二	三	四	五	六	日	一	二	三	四
干支	辛亥	壬子	癸丑	甲寅	乙卯	丙辰	丁巳	戊午	己未	庚申	辛酉	壬戌	癸亥	甲子	乙丑	丙寅	丁卯	戊辰	己巳	庚午	辛未	壬申	癸酉	甲戌	乙亥	丙子	丁丑	戊寅	己卯
五行	金	木	木	水	水	土	土	火	火	木	木	水	水	金	金	火	火	木	木	土	土	金	金	火	火	水	水	土	土
建星	破	危	成	收	开	闭	建	除	满	平	定	执	破	危	成	收	开	闭	建	除	除	满	平	定	执	破	危	成	收
廿八宿	井	鬼	柳	星	张	翼	轸	角	亢	氐	房	心	尾	箕	斗	牛	女	虚	危	室	壁	奎	娄	胃	昴	毕	觜	参	井

五月小建丙午室宿　（七赤）

节气：夏至初八日二时六分
小暑廿三日十九时四十二分

公历	15	16	17	18	19	20	21	22	23	24	25	26	27	28	29	30	七月	2	3	4	5	6	7	8	9	10	11	12	13
农历	一	二	三	四	五	六	七	八	九	十	十一	十二	十三	十四	十五	十六	十七	十八	十九	二十	廿一	廿二	廿三	廿四	廿五	廿六	廿七	廿八	廿九
星期	五	六	日	一	二	三	四	五	六	日	一	二	三	四	五	六	日	一	二	三	四	五	六	日	一	二	三	四	五
干支	庚辰	辛巳	壬午	癸未	甲申	乙酉	丙戌	丁亥	戊子	己丑	庚寅	辛卯	壬辰	癸巳	甲午	乙未	丙申	丁酉	戊戌	己亥	庚子	辛丑	壬寅	癸卯	甲辰	乙巳	丙午	丁未	戊申
五行	金	金	木	木	水	水	土	土	火	火	木	木	水	水	金	金	火	火	木	木	土	土	金	金	火	火	水	水	土
建星	开	闭	建	除	满	平	定	执	破	危	成	收	开	闭	建	除	满	平	定	执	破	危	危	成	收	开	闭	建	除
廿八宿	鬼	柳	星	张	翼	轸	角	亢	氐	房	心	尾	箕	斗	牛	女	虚	危	室	壁	奎	娄	胃	昴	毕	觜	参	井	鬼

六月大建丁未壁宿　（六白）

节气：大暑初十日十三时零分
立秋廿六日五时卅二分

公历	14	15	16	17	18	19	20	21	22	23	24	25	26	27	28	29	30	31	八月	2	3	4	5	6	7	8	9	10	11	12
农历	一	二	三	四	五	六	七	八	九	十	十一	十二	十三	十四	十五	十六	十七	十八	十九	二十	廿一	廿二	廿三	廿四	廿五	廿六	廿七	廿八	廿九	三十
星期	六	日	一	二	三	四	五	六	日	一	二	三	四	五	六	日	一	二	三	四	五	六	日	一	二	三	四	五	六	日
干支	己酉	庚戌	辛亥	壬子	癸丑	甲寅	乙卯	丙辰	丁巳	戊午	己未	庚申	辛酉	壬戌	癸亥	甲子	乙丑	丙寅	丁卯	戊辰	己巳	庚午	辛未	壬申	癸酉	甲戌	乙亥	丙子	丁丑	戊寅
五行	土	金	金	木	木	水	水	土	土	火	火	木	木	水	水	金	金	火	火	木	木	土	土	金	金	火	火	水	水	土
建星	满	平	定	执	破	危	成	收	开	闭	建	除	满	平	定	执	破	危	成	收	开	闭	建	除	满	满	平	定	执	破
廿八宿	柳	星	张	翼	轸	角	亢	氐	房	心	尾	箕	斗	牛	女	虚	危	室	壁	奎	娄	胃	昴	毕	觜	参	井	鬼	柳	星

岁次：丁亥	公元2007年（屋上土）			火猪
太岁：封济	年二黑星	雷地豫卦	八木八运	尾

七月小建戊申奎宿 （五黄）

节气：处暑十一日二十时八分
白露廿七日八时三十分

公历	13	14	15	16	17	18	19	20	21	22	23	24	25	26	27	28	29	30	31	九月	2	3	4	5	6	7	8	9	10
农历	一	二	三	四	五	六	七	八	九	十	十一	十二	十三	十四	十五	十六	十七	十八	十九	二十	廿一	廿二	廿三	廿四	廿五	廿六	廿七	廿八	廿九
星期	一	二	三	四	五	六	日	一	二	三	四	五	六	日	一	二	三	四	五	六	日	一	二	三	四	五	六	日	一
干支	己卯	庚辰	辛巳	壬午	癸未	甲申	乙酉	丙戌	丁亥	戊子	己丑	庚寅	辛卯	壬辰	癸巳	甲午	乙未	丙申	丁酉	戊戌	己亥	庚子	辛丑	壬寅	癸卯	甲辰	乙巳	丙午	丁未
五行	土	金	金	木	木	水	水	土	土	火	火	木	木	水	水	金	金	火	火	木	木	土	土	金	金	火	火	水	水
建星	危	成	收	开	闭	建	除	满	平	定	执	破	危	成	收	开	闭	建	除	满	平	定	执	破	危	成	成	收	开
廿八宿	张	翼	轸	角	亢	氐	房	心	尾	箕	斗	牛	女	虚	危	室	壁	奎	娄	胃	昴	毕	觜	参	井	鬼	柳	星	张

八月大建己酉娄宿 （四绿）

节气：秋分十三日十七时廿五分
寒露廿九日零时十二分

公历	11	12	13	14	15	16	17	18	19	20	21	22	23	24	25	26	27	28	29	30	十月	2	3	4	5	6	7	8	9	10
农历	一	二	三	四	五	六	七	八	九	十	十一	十二	十三	十四	十五	十六	十七	十八	十九	二十	廿一	廿二	廿三	廿四	廿五	廿六	廿七	廿八	廿九	三十
星期	二	三	四	五	六	日	一	二	三	四	五	六	日	一	二	三	四	五	六	日	一	二	三	四	五	六	日	一	二	三
干支	戊申	己酉	庚戌	辛亥	壬子	癸丑	甲寅	乙卯	丙辰	丁巳	戊午	己未	庚申	辛酉	壬戌	癸亥	甲子	乙丑	丙寅	丁卯	戊辰	己巳	庚午	辛未	壬申	癸酉	甲戌	乙亥	丙子	丁丑
五行	土	土	金	金	木	木	水	水	土	土	火	火	木	木	水	水	金	金	火	火	木	木	土	土	金	金	火	火	水	水
建星	闭	建	除	满	平	定	执	破	危	成	收	开	闭	建	除	满	平	定	执	破	危	成	收	开	闭	建	除	满	满	平
廿八宿	翼	轸	角	亢	氐	房	心	尾	箕	斗	牛	女	虚	危	室	壁	奎	娄	胃	昴	毕	觜	参	井	鬼	柳	星	张	翼	轸

九月大建庚戌胄宿 （三碧）

节气：霜降十四日三时十六分
立冬廿九日三时廿六分

公历	11	12	13	14	15	16	17	18	19	20	21	22	23	24	25	26	27	28	29	30	31	11月	2	3	4	5	6	7	8	9
农历	一	二	三	四	五	六	七	八	九	十	十一	十二	十三	十四	十五	十六	十七	十八	十九	二十	廿一	廿二	廿三	廿四	廿五	廿六	廿七	廿八	廿九	三十
星期	四	五	六	日	一	二	三	四	五	六	日	一	二	三	四	五	六	日	一	二	三	四	五	六	日	一	二	三	四	五
干支	戊寅	己卯	庚辰	辛巳	壬午	癸未	甲申	乙酉	丙戌	丁亥	戊子	己丑	庚寅	辛卯	壬辰	癸巳	甲午	乙未	丙申	丁酉	戊戌	己亥	庚子	辛丑	壬寅	癸卯	甲辰	乙巳	丙午	丁未
五行	土	土	金	金	木	木	水	水	土	土	火	火	木	木	水	水	金	金	火	火	木	木	土	土	金	金	火	火	水	水
建星	定	执	破	危	成	收	开	闭	建	除	满	平	定	执	破	危	成	收	开	闭	建	除	满	平	定	执	破	危	危	成
廿八宿	角	亢	氐	房	心	尾	箕	斗	牛	女	虚	危	室	壁	奎	娄	胃	昴	毕	觜	参	井	鬼	柳	星	张	翼	轸	角	亢

岁次：丁亥	公元2007年（屋上土）			火猪
太岁：封济	年二黑星	雷地豫卦	八木八运	尾

十月大建辛亥昴宿 （二黑）

节气：小雪十四日零时五十一分
大雪廿八日二十时十五分

公历	10	11	12	13	14	15	16	17	18	19	20	21	22	23	24	25	26	27	28	29	30	12月	2	3	4	5	6	7	8	9
农历	一	二	三	四	五	六	七	八	九	十	十一	十二	十三	十四	十五	十六	十七	十八	十九	二十	廿一	廿二	廿三	廿四	廿五	廿六	廿七	廿八	廿九	三十
星期	六	日	一	二	三	四	五	六	日	一	二	三	四	五	六	日	一	二	三	四	五	六	日	一	二	三	四	五	六	日
干支	戊申	己酉	庚戌	辛亥	壬子	癸丑	甲寅	乙卯	丙辰	丁巳	戊午	己未	庚申	辛酉	壬戌	癸亥	甲子	乙丑	丙寅	丁卯	戊辰	己巳	庚午	辛未	壬申	癸酉	甲戌	乙亥	丙子	丁丑
五行	土	土	金	金	木	木	水	水	土	土	火	火	木	木	水	水	金	金	火	火	木	木	土	土	金	金	火	火	水	水
建星	收	开	闭	建	除	满	平	定	执	破	危	成	收	开	闭	建	除	满	平	定	执	破	危	成	收	开	闭	闭	建	除
廿八宿	氐	房	心	尾	箕	斗	牛	女	虚	危	室	壁	奎	娄	胃	昴	毕	觜	参	井	鬼	柳	星	张	翼	轸	角	亢	氐	房

十一月小建壬子毕宿 （一白）

节气：冬至十三日十四时八分
小寒廿八日七时廿五分

公历	10	11	12	13	14	15	16	17	18	19	20	21	22	23	24	25	26	27	28	29	30	31	一月	2	3	4	5	6	7	
农历	一	二	三	四	五	六	七	八	九	十	十一	十二	十三	十四	十五	十六	十七	十八	十九	二十	廿一	廿二	廿三	廿四	廿五	廿六	廿七	廿八	廿九	
星期	一	二	三	四	五	六	日	一	二	三	四	五	六	日	一	二	三	四	五	六	日	一	二	三	四	五	六	日	一	
干支	戊寅	己卯	庚辰	辛巳	壬午	癸未	甲申	乙酉	丙戌	丁亥	戊子	己丑	庚寅	辛卯	壬辰	癸巳	甲午	乙未	丙申	丁酉	戊戌	己亥	庚子	辛丑	壬寅	癸卯	甲辰	乙巳	丙午	
五行	土	土	金	金	木	木	水	水	土	土	火	火	木	木	水	水	金	金	火	火	木	木	土	土	金	金	火	火	水	
建星	满	平	定	执	破	危	成	收	开	闭	建	除	满	平	定	执	破	危	成	收	开	闭	建	除	满	平	定	定	执	
廿八宿	心	尾	箕	斗	牛	女	虚	危	室	壁	奎	娄	胃	昴	毕	觜	参	井	鬼	柳	星	张	翼	轸	角	亢	氐	房	心	

十二月大建癸丑觜宿 （九紫）

节气：大寒十四日零时四十四分
立春廿八日十九时一分

公历	8	9	10	11	12	13	14	15	16	17	18	19	20	21	22	23	24	25	26	27	28	29	30	31	二月	2	3	4	5	6
农历	一	二	三	四	五	六	七	八	九	十	十一	十二	十三	十四	十五	十六	十七	十八	十九	二十	廿一	廿二	廿三	廿四	廿五	廿六	廿七	廿八	廿九	三十
星期	二	三	四	五	六	日	一	二	三	四	五	六	日	一	二	三	四	五	六	日	一	二	三	四	五	六	日	一	二	三
干支	丁未	戊申	己酉	庚戌	辛亥	壬子	癸丑	甲寅	乙卯	丙辰	丁巳	戊午	己未	庚申	辛酉	壬戌	癸亥	甲子	乙丑	丙寅	丁卯	戊辰	己巳	庚午	辛未	壬申	癸酉	甲戌	乙亥	丙子
五行	水	土	土	金	金	木	木	水	水	土	土	火	火	木	木	水	水	金	金	火	火	木	木	土	土	金	金	火	火	水
建星	破	危	成	收	开	闭	建	除	满	平	定	执	破	危	成	收	开	闭	建	除	满	平	定	执	破	危	成	成	收	开
廿八宿	尾	箕	斗	牛	女	虚	危	室	壁	奎	娄	胃	昴	毕	觜	参	井	鬼	柳	星	张	翼	轸	角	亢	氐	房	心	尾	箕

岁次：戊子	公元2008年（霹雳火）			土鼠
太岁：邹铛	年一白星	水雷屯卦	七火四运	箕

正月大建甲寅参宿 （八白）　　节气：雨水十三日十四时五十分　惊蛰廿八日十二时五十九分

公历	7	8	9	10	11	12	13	14	15	16	17	18	19	20	21	22	23	24	25	26	27	28	29	二月	2	3	4	5	6	7
农历	一	二	三	四	五	六	七	八	九	十	十一	十二	十三	十四	十五	十六	十七	十八	十九	二十	廿一	廿二	廿三	廿四	廿五	廿六	廿七	廿八	廿九	三十
星期	四	五	六	日	一	二	三	四	五	六	日	一	二	三	四	五	六	日	一	二	三	四	五	六	日	一	二	三	四	五
干支	丁丑	戊寅	己卯	庚辰	辛巳	壬午	癸未	甲申	乙酉	丙戌	丁亥	戊子	己丑	庚寅	辛卯	壬辰	癸巳	甲午	乙未	丙申	丁酉	戊戌	己亥	庚子	辛丑	壬寅	癸卯	甲辰	乙巳	丙午
五行	水	土	土	金	金	木	木	水	水	土	土	火	火	木	木	水	水	金	金	火	火	木	木	土	土	金	金	火	火	水
建星	闭	建	除	满	平	定	执	破	危	成	收	开	闭	建	除	满	平	定	执	破	危	成	收	开	闭	建	除	除	满	平
廿八宿	斗	牛	女	虚	危	室	壁	奎	娄	胃	昴	毕	觜	参	井	鬼	柳	星	张	翼	轸	角	亢	氐	房	心	尾	箕	斗	牛

二月小建乙卯井宿 （七赤）　　节气：春分十三日十三时四十九分　清明廿八日十七时四十六分

公历	8	9	10	11	12	13	14	15	16	17	18	19	20	21	22	23	24	25	26	27	28	29	30	31	四月	2	3	4	5	
农历	一	二	三	四	五	六	七	八	九	十	十一	十二	十三	十四	十五	十六	十七	十八	十九	二十	廿一	廿二	廿三	廿四	廿五	廿六	廿七	廿八	廿九	
星期	六	日	一	二	三	四	五	六	日	一	二	三	四	五	六	日	一	二	三	四	五	六	日	一	二	三	四	五	六	
干支	丁未	戊申	己酉	庚戌	辛亥	壬子	癸丑	甲寅	乙卯	丙辰	丁巳	戊午	己未	庚申	辛酉	壬戌	癸亥	甲子	乙丑	丙寅	丁卯	戊辰	己巳	庚午	辛未	壬申	癸酉	甲戌	乙亥	
五行	水	土	土	金	金	木	木	水	水	土	土	火	火	木	木	水	水	金	金	火	火	木	木	土	土	金	金	火	火	
建星	定	执	破	危	成	收	开	闭	建	除	满	平	定	执	破	危	成	收	开	闭	建	除	满	平	定	执	破	破	危	
廿八宿	女	虚	危	室	壁	奎	娄	胃	昴	毕	觜	参	井	鬼	柳	星	张	翼	轸	角	亢	氐	房	心	尾	箕	斗	牛	女	

三月小建丙辰鬼宿 （六白）　　节气：谷雨十五日零时五十一分

公历	6	7	8	9	10	11	12	13	14	15	16	17	18	19	20	21	22	23	24	25	26	27	28	29	30	五月	2	3	4	
农历	一	二	三	四	五	六	七	八	九	十	十一	十二	十三	十四	十五	十六	十七	十八	十九	二十	廿一	廿二	廿三	廿四	廿五	廿六	廿七	廿八	廿九	
星期	日	一	二	三	四	五	六	日	一	二	三	四	五	六	日	一	二	三	四	五	六	日	一	二	三	四	五	六	日	
干支	丙子	丁丑	戊寅	己卯	庚辰	辛巳	壬午	癸未	甲申	乙酉	丙戌	丁亥	戊子	己丑	庚寅	辛卯	壬辰	癸巳	甲午	乙未	丙申	丁酉	戊戌	己亥	庚子	辛丑	壬寅	癸卯	甲辰	
五行	水	水	土	土	金	金	木	木	水	水	土	土	火	火	木	木	水	水	金	金	火	火	木	木	土	土	金	金	火	
建星	成	收	开	闭	建	除	满	平	定	执	破	危	成	收	开	闭	建	除	满	平	定	执	破	危	成	收	开	闭	建	
廿八宿	虚	危	室	壁	奎	娄	胃	昴	毕	觜	参	井	鬼	柳	星	张	翼	轸	角	亢	氐	房	心	尾	箕	斗	牛	女	虚	

岁次：戊子	公元2008年（霹雳火）			土鼠
太岁：邹铛	年一白星	水雷屯卦	七火四运	箕

四月大建丁巳柳宿 （五黄）

节气：立夏初一日十一时三分
小满十七日零时一分

公历	5	6	7	8	9	10	11	12	13	14	15	16	17	18	19	20	21	22	23	24	25	26	27	28	29	30	31	六月	2	3
农历	一	二	三	四	五	六	七	八	九	十	十一	十二	十三	十四	十五	十六	十七	十八	十九	二十	廿一	廿二	廿三	廿四	廿五	廿六	廿七	廿八	廿九	三十
星期	一	二	三	四	五	六	日	一	二	三	四	五	六	日	一	二	三	四	五	六	日	一	二	三	四	五	六	日	一	二
干支	乙巳	丙午	丁未	戊申	己酉	庚戌	辛亥	壬子	癸丑	甲寅	乙卯	丙辰	丁巳	戊午	己未	庚申	辛酉	壬戌	癸亥	甲子	乙丑	丙寅	丁卯	戊辰	己巳	庚午	辛未	壬申	癸酉	甲戌
五行	火	水	水	土	土	金	金	木	木	水	水	土	土	火	火	木	木	水	水	金	金	火	火	木	木	土	土	金	金	火
建星	建	除	满	平	定	执	破	危	成	收	开	闭	建	除	满	平	定	执	破	危	成	收	开	闭	建	除	满	平	定	执
廿八宿	危	室	壁	奎	娄	胃	昴	毕	觜	参	井	鬼	柳	星	张	翼	轸	角	亢	氐	房	心	尾	箕	斗	牛	女	虚	危	室

五月小建戊午星宿 （四绿）

节气：芒种初二日十五时十二分
夏至十八日七时五十九分

公历	4	5	6	7	8	9	10	11	12	13	14	15	16	17	18	19	20	21	22	23	24	25	26	27	28	29	30	七月	2	
农历	一	二	三	四	五	六	七	八	九	十	十一	十二	十三	十四	十五	十六	十七	十八	十九	二十	廿一	廿二	廿三	廿四	廿五	廿六	廿七	廿八	廿九	
星期	三	四	五	六	日	一	二	三	四	五	六	日	一	二	三	四	五	六	日	一	二	三	四	五	六	日	一	二	三	
干支	乙亥	丙子	丁丑	戊寅	己卯	庚辰	辛巳	壬午	癸未	甲申	乙酉	丙戌	丁亥	戊子	己丑	庚寅	辛卯	壬辰	癸巳	甲午	乙未	丙申	丁酉	戊戌	己亥	庚子	辛丑	壬寅	癸卯	
五行	火	水	水	土	土	金	金	木	木	水	水	土	土	火	火	木	木	水	水	金	金	火	火	木	木	土	土	金	金	
建星	破	破	危	成	收	开	闭	建	除	满	平	定	执	破	危	成	收	开	闭	建	除	满	平	定	执	破	危	成	收	
廿八宿	壁	奎	娄	胃	昴	毕	觜	参	井	鬼	柳	星	张	翼	轸	角	亢	氐	房	心	尾	箕	斗	牛	女	虚	危	室	壁	

六月小建己未张宿 （三碧）

节气：小暑初五日一时廿七分
大暑二十日十八时五十五分

公历	3	4	5	6	7	8	9	10	11	12	13	14	15	16	17	18	19	20	21	22	23	24	25	26	27	28	29	30	31	
农历	一	二	三	四	五	六	七	八	九	十	十一	十二	十三	十四	十五	十六	十七	十八	十九	二十	廿一	廿二	廿三	廿四	廿五	廿六	廿七	廿八	廿九	
星期	四	五	六	日	一	二	三	四	五	六	日	一	二	三	四	五	六	日	一	二	三	四	五	六	日	一	二	三	四	
干支	甲辰	乙巳	丙午	丁未	戊申	己酉	庚戌	辛亥	壬子	癸丑	甲寅	乙卯	丙辰	丁巳	戊午	己未	庚申	辛酉	壬戌	癸亥	甲子	乙丑	丙寅	丁卯	戊辰	己巳	庚午	辛未	壬申	
五行	火	火	水	水	土	土	金	金	木	木	水	水	土	土	火	火	木	木	水	水	金	金	火	火	木	木	土	土	金	
建星	开	闭	建	除	除	满	平	定	执	破	危	成	收	开	闭	建	除	满	平	定	执	破	危	成	收	开	闭	建	除	
廿八宿	奎	娄	胃	昴	毕	觜	参	井	鬼	柳	星	张	翼	轸	角	亢	氐	房	心	尾	箕	斗	牛	女	虚	危	室	壁	奎	

岁次：戊子	公元2008年（霹雳火）		土鼠
太岁：邹铛	年一白星	水雷屯卦	七火四运	箕

七月大建庚申翼宿 （二黑）

节气：立秋初七日十一时十七分
处暑廿三日二时三分

公历	八月	2	3	4	5	6	7	8	9	10	11	12	13	14	15	16	17	18	19	20	21	22	23	24	25	26	27	28	29	30
农历	一	二	三	四	五	六	七	八	九	十	十一	十二	十三	十四	十五	十六	十七	十八	十九	二十	廿一	廿二	廿三	廿四	廿五	廿六	廿七	廿八	廿九	三十
星期	五	六	日	一	二	三	四	五	六	日	一	二	三	四	五	六	日	一	二	三	四	五	六	日	一	二	三	四	五	六
干支	癸酉	甲戌	乙亥	丙子	丁丑	戊寅	己卯	庚辰	辛巳	壬午	癸未	甲申	乙酉	丙戌	丁亥	戊子	己丑	庚寅	辛卯	壬辰	癸巳	甲午	乙未	丙申	丁酉	戊戌	己亥	庚子	辛丑	壬寅
五行	金	火	火	水	水	土	土	金	金	木	木	水	水	土	土	火	火	木	木	水	水	金	金	火	火	木	木	土	土	金
建星	满	平	定	执	破	危	危	成	收	开	闭	建	除	满	平	定	执	破	危	成	收	开	闭	建	除	满	平	定	执	破
廿八宿	娄	胃	昴	毕	觜	参	井	鬼	柳	星	张	翼	轸	角	亢	氐	房	心	尾	箕	斗	牛	女	虚	危	室	壁	奎	娄	胃

八月小建辛酉轸宿 （一白）

节气：白露初八日十四时十五分
秋分廿三日廿三时四十五分

公历	31	九月	2	3	4	5	6	7	8	9	10	11	12	13	14	15	16	17	18	19	20	21	22	23	24	25	26	27	28	
农历	一	二	三	四	五	六	七	八	九	十	十一	十二	十三	十四	十五	十六	十七	十八	十九	二十	廿一	廿二	廿三	廿四	廿五	廿六	廿七	廿八	廿九	
星期	日	一	二	三	四	五	六	日	一	二	三	四	五	六	日	一	二	三	四	五	六	日	一	二	三	四	五	六	日	
干支	癸卯	甲辰	乙巳	丙午	丁未	戊申	己酉	庚戌	辛亥	壬子	癸丑	甲寅	乙卯	丙辰	丁巳	戊午	己未	庚申	辛酉	壬戌	癸亥	甲子	乙丑	丙寅	丁卯	戊辰	己巳	庚午	辛未	
五行	金	火	火	水	水	土	土	金	金	木	木	水	水	土	土	火	火	木	木	水	水	金	金	火	火	木	木	土	土	
建星	危	成	收	开	闭	建	除	除	满	平	定	执	破	危	成	收	开	闭	建	除	满	平	定	执	破	危	成	收	开	
廿八宿	昴	毕	觜	参	井	鬼	柳	星	张	翼	轸	角	亢	氐	房	心	尾	箕	斗	牛	女	虚	危	室	壁	奎	娄	胃	昴	

九月大建壬戌角宿 （九紫）

节气：寒露初十日五时五十七分
霜降廿五日九时九分

公历	29	30	十月	2	3	4	5	6	7	8	9	10	11	12	13	14	15	16	17	18	19	20	21	22	23	24	25	26	27	28
农历	一	二	三	四	五	六	七	八	九	十	十一	十二	十三	十四	十五	十六	十七	十八	十九	二十	廿一	廿二	廿三	廿四	廿五	廿六	廿七	廿八	廿九	三十
星期	一	二	三	四	五	六	日	一	二	三	四	五	六	日	一	二	三	四	五	六	日	一	二	三	四	五	六	日	一	二
干支	壬申	癸酉	甲戌	乙亥	丙子	丁丑	戊寅	己卯	庚辰	辛巳	壬午	癸未	甲申	乙酉	丙戌	丁亥	戊子	己丑	庚寅	辛卯	壬辰	癸巳	甲午	乙未	丙申	丁酉	戊戌	己亥	庚子	辛丑
五行	金	金	火	火	水	水	土	土	金	金	木	木	水	水	土	土	火	火	木	木	水	水	金	金	火	火	木	木	土	土
建星	闭	建	除	满	平	定	执	破	危	危	成	收	开	闭	建	除	满	平	定	执	破	危	成	收	开	闭	建	除	满	平
廿八宿	毕	觜	参	井	鬼	柳	星	张	翼	轸	角	亢	氐	房	心	尾	箕	斗	牛	女	虚	危	室	壁	奎	娄	胃	昴	毕	觜

岁次：戊子	公元2008年（霹雳火）			土鼠
太岁：邹铛	年一白星	水雷屯卦	七火四运	箕

十月大建癸亥亢宿 （八白）

节气：立冬初十日九时十一分　小雪廿五日六时四十五分

公历	29	30	31	11月	2	3	4	5	6	7	8	9	10	11	12	13	14	15	16	17	18	19	20	21	22	23	24	25	26	27
农历	一	二	三	四	五	六	七	八	九	十	十一	十二	十三	十四	十五	十六	十七	十八	十九	二十	廿一	廿二	廿三	廿四	廿五	廿六	廿七	廿八	廿九	三十
星期	三	四	五	六	日	一	二	三	四	五	六	日	一	二	三	四	五	六	日	一	二	三	四	五	六	日	一	二	三	四
干支	壬寅	癸卯	甲辰	乙巳	丙午	丁未	戊申	己酉	庚戌	辛亥	壬子	癸丑	甲寅	乙卯	丙辰	丁巳	戊午	己未	庚申	辛酉	壬戌	癸亥	甲子	乙丑	丙寅	丁卯	戊辰	己巳	庚午	辛未
五行	金	金	火	火	水	水	土	土	金	金	木	木	水	水	土	土	火	火	木	木	水	水	金	金	火	火	木	木	土	土
建星	定	执	破	危	成	收	开	闭	建	建	除	满	平	定	执	破	危	成	收	开	闭	建	除	满	平	定	执	破	危	成
廿八宿	参	井	鬼	柳	星	张	翼	轸	角	亢	氐	房	心	尾	箕	斗	牛	女	虚	危	室	壁	奎	娄	胃	昴	毕	觜	参	井

十一月小建甲子氐宿 （七赤）

节气：大雪初十日二时三分　冬至廿四日二十时四分

公历	28	29	30	12月	2	3	4	5	6	7	8	9	10	11	12	13	14	15	16	17	18	19	20	21	22	23	24	25	26
农历	一	二	三	四	五	六	七	八	九	十	十一	十二	十三	十四	十五	十六	十七	十八	十九	二十	廿一	廿二	廿三	廿四	廿五	廿六	廿七	廿八	廿九
星期	五	六	日	一	二	三	四	五	六	日	一	二	三	四	五	六	日	一	二	三	四	五	六	日	一	二	三	四	五
干支	壬申	癸酉	甲戌	乙亥	丙子	丁丑	戊寅	己卯	庚辰	辛巳	壬午	癸未	甲申	乙酉	丙戌	丁亥	戊子	己丑	庚寅	辛卯	壬辰	癸巳	甲午	乙未	丙申	丁酉	戊戌	己亥	庚子
五行	金	金	火	火	水	水	土	土	金	金	木	木	水	水	土	土	火	火	木	木	水	水	金	金	火	火	木	木	土
建星	收	开	闭	建	除	满	平	定	执	执	破	危	成	收	开	闭	建	除	满	平	定	执	破	危	成	收	开	闭	建
廿八宿	鬼	柳	星	张	翼	轸	角	亢	氐	房	心	尾	箕	斗	牛	女	虚	危	室	壁	奎	娄	胃	昴	毕	觜	参	井	鬼

十二月大建乙丑房宿 （六白）

节气：小寒初十日十三时十五分　大寒廿五日六时四十一分

公历	27	28	29	30	31	一月	2	3	4	5	6	7	8	9	10	11	12	13	14	15	16	17	18	19	20	21	22	23	24	25
农历	一	二	三	四	五	六	七	八	九	十	十一	十二	十三	十四	十五	十六	十七	十八	十九	二十	廿一	廿二	廿三	廿四	廿五	廿六	廿七	廿八	廿九	三十
星期	六	日	一	二	三	四	五	六	日	一	二	三	四	五	六	日	一	二	三	四	五	六	日	一	二	三	四	五	六	日
干支	辛丑	壬寅	癸卯	甲辰	乙巳	丙午	丁未	戊申	己酉	庚戌	辛亥	壬子	癸丑	甲寅	乙卯	丙辰	丁巳	戊午	己未	庚申	辛酉	壬戌	癸亥	甲子	乙丑	丙寅	丁卯	戊辰	己巳	庚午
五行	土	金	金	火	火	水	水	土	土	金	金	木	木	水	水	土	土	火	火	木	木	水	水	金	金	火	火	木	木	土
建星	除	满	平	定	执	破	危	成	收	收	开	闭	建	除	满	平	定	执	破	危	成	收	开	闭	建	除	满	平	定	执
廿八宿	柳	星	张	翼	轸	角	亢	氐	房	心	尾	箕	斗	牛	女	虚	危	室	壁	奎	娄	胃	昴	毕	觜	参	井	鬼	柳	星

岁次：己丑	公元2009年（霹雳火）			土牛
太岁：傅佑	年九紫星	天雷无妄卦	九金二运	斗

正月大建丙寅心宿 （五黄）

节气：立春 初十日零时五十分
雨水 廿四日二十时四十七分

公历	26	27	28	29	30	31	二月	2	3	4	5	6	7	8	9	10	11	12	13	14	15	16	17	18	19	20	21	22	23	24
农历	一	二	三	四	五	六	七	八	九	十	十一	十二	十三	十四	十五	十六	十七	十八	十九	二十	廿一	廿二	廿三	廿四	廿五	廿六	廿七	廿八	廿九	三十
星期	一	二	三	四	五	六	日	一	二	三	四	五	六	日	一	二	三	四	五	六	日	一	二	三	四	五	六	日	一	二
干支	辛未	壬申	癸酉	甲戌	乙亥	丙子	丁丑	戊寅	己卯	庚辰	辛巳	壬午	癸未	甲申	乙酉	丙戌	丁亥	戊子	己丑	庚寅	辛卯	壬辰	癸巳	甲午	乙未	丙申	丁酉	戊戌	己亥	庚子
五行	土	金	金	火	火	水	水	土	土	金	金	木	木	水	水	土	土	火	火	木	木	水	水	金	金	火	火	木	木	土
建星	破	危	成	收	开	闭	建	除	满	满	平	定	执	破	危	成	收	开	闭	建	除	满	平	定	执	破	危	成	收	开
廿八宿	张	翼	轸	角	亢	氐	房	心	尾	箕	斗	牛	女	虚	危	室	壁	奎	娄	胃	昴	毕	觜	参	井	鬼	柳	星	张	翼

二月大建丁卯尾宿 （四绿）

节气：惊蛰 初九日十八时四十八分
春分 廿四日十九时四十四分

公历	25	26	27	28	三月	2	3	4	5	6	7	8	9	10	11	12	13	14	15	16	17	18	19	20	21	22	23	24	25	26
农历	一	二	三	四	五	六	七	八	九	十	十一	十二	十三	十四	十五	十六	十七	十八	十九	二十	廿一	廿二	廿三	廿四	廿五	廿六	廿七	廿八	廿九	三十
星期	三	四	五	六	日	一	二	三	四	五	六	日	一	二	三	四	五	六	日	一	二	三	四	五	六	日	一	二	三	四
干支	辛丑	壬寅	癸卯	甲辰	乙巳	丙午	丁未	戊申	己酉	庚戌	辛亥	壬子	癸丑	甲寅	乙卯	丙辰	丁巳	戊午	己未	庚申	辛酉	壬戌	癸亥	甲子	乙丑	丙寅	丁卯	戊辰	己巳	庚午
五行	土	金	金	火	火	水	水	土	土	金	金	木	木	水	水	土	土	火	火	木	木	水	水	金	金	火	火	木	木	土
建星	闭	建	除	满	平	定	执	破	破	危	成	收	开	闭	建	除	满	平	定	执	破	危	成	收	开	闭	建	除	满	平
廿八宿	轸	角	亢	氐	房	心	尾	箕	斗	牛	女	虚	危	室	壁	奎	娄	胃	昴	毕	觜	参	井	鬼	柳	星	张	翼	轸	角

三月小建戊辰箕宿 （三碧）

节气：清明 初九日二十三时卅四分
谷雨 廿五日六时四十五分

公历	27	28	29	30	31	四月	2	3	4	5	6	7	8	9	10	11	12	13	14	15	16	17	18	19	20	21	22	23	24	
农历	一	二	三	四	五	六	七	八	九	十	十一	十二	十三	十四	十五	十六	十七	十八	十九	二十	廿一	廿二	廿三	廿四	廿五	廿六	廿七	廿八	廿九	
星期	五	六	日	一	二	三	四	五	六	日	一	二	三	四	五	六	日	一	二	三	四	五	六	日	一	二	三	四	五	
干支	辛未	壬申	癸酉	甲戌	乙亥	丙子	丁丑	戊寅	己卯	庚辰	辛巳	壬午	癸未	甲申	乙酉	丙戌	丁亥	戊子	己丑	庚寅	辛卯	壬辰	癸巳	甲午	乙未	丙申	丁酉	戊戌	己亥	
五行	土	金	金	火	火	水	水	土	土	金	金	木	木	水	水	土	土	火	火	木	木	水	水	金	金	火	火	木	木	
建星	定	执	破	危	成	收	开	闭	闭	建	除	满	平	定	执	破	危	成	收	开	闭	建	除	满	平	定	执	破	危	
廿八宿	亢	氐	房	心	尾	箕	斗	牛	女	虚	危	室	壁	奎	娄	胃	昴	毕	觜	参	井	鬼	柳	星	张	翼	轸	角	亢	

岁次：己丑	公元2009年（霹雳火）			土牛
太岁：傅佑	年九紫星	天雷无妄卦	九金二运	斗

四月小建己巳斗宿 （二黑）

节气：立夏十一日十六时五十一分
小满廿七日五时五十一分

公历	25	26	27	28	29	30	五月	2	3	4	5	6	7	8	9	10	11	12	13	14	15	16	17	18	19	20	21	22	23
农历	一	二	三	四	五	六	七	八	九	十	十一	十二	十三	十四	十五	十六	十七	十八	十九	二十	廿一	廿二	廿三	廿四	廿五	廿六	廿七	廿八	廿九
星期	六	日	一	二	三	四	五	六	日	一	二	三	四	五	六	日	一	二	三	四	五	六	日	一	二	三	四	五	六
干支	庚子	辛丑	壬寅	癸卯	甲辰	乙巳	丙午	丁未	戊申	己酉	庚戌	辛亥	壬子	癸丑	甲寅	乙卯	丙辰	丁巳	戊午	己未	庚申	辛酉	壬戌	癸亥	甲子	乙丑	丙寅	丁卯	戊辰
五行	土	土	金	金	火	火	水	水	土	土	金	金	木	木	水	水	土	土	火	火	木	木	水	水	金	金	火	火	木
建星	成	收	开	闭	建	除	满	平	定	执	执	破	危	成	收	开	闭	建	除	满	平	定	执	破	危	成	收	开	闭
廿八宿	氐	房	心	尾	箕	斗	牛	女	虚	危	室	壁	奎	娄	胃	昴	毕	觜	参	井	鬼	柳	星	张	翼	轸	角	亢	氐

五月大建庚午牛宿 （一白）

节气：芒种十三日二十时五十九分
夏至廿九日十三时四十六分

公历	24	25	26	27	28	29	30	31	六月	2	3	4	5	6	7	8	9	10	11	12	13	14	15	16	17	18	19	20	21	22
农历	一	二	三	四	五	六	七	八	九	十	十一	十二	十三	十四	十五	十六	十七	十八	十九	二十	廿一	廿二	廿三	廿四	廿五	廿六	廿七	廿八	廿九	三十
星期	日	一	二	三	四	五	六	日	一	二	三	四	五	六	日	一	二	三	四	五	六	日	一	二	三	四	五	六	日	一
干支	己巳	庚午	辛未	壬申	癸酉	甲戌	乙亥	丙子	丁丑	戊寅	己卯	庚辰	辛巳	壬午	癸未	甲申	乙酉	丙戌	丁亥	戊子	己丑	庚寅	辛卯	壬辰	癸巳	甲午	乙未	丙申	丁酉	戊戌
五行	木	土	土	金	金	火	火	水	水	土	土	金	金	木	木	水	水	土	土	火	火	木	木	水	水	金	金	火	火	木
建星	建	除	满	平	定	执	破	危	成	收	开	闭	闭	建	除	满	平	定	执	破	危	成	收	开	闭	建	除	满	平	定
廿八宿	房	心	尾	箕	斗	牛	女	虚	危	室	壁	奎	娄	胃	昴	毕	觜	参	井	鬼	柳	星	张	翼	轸	角	亢	氐	房	心

闰五月小

节气：小暑十五日七时十四分

公历	23	24	25	26	27	28	29	30	七月	2	3	4	5	6	7	8	9	10	11	12	13	14	15	16	17	18	19	20	21
农历	一	二	三	四	五	六	七	八	九	十	十一	十二	十三	十四	十五	十六	十七	十八	十九	二十	廿一	廿二	廿三	廿四	廿五	廿六	廿七	廿八	廿九
星期	二	三	四	五	六	日	一	二	三	四	五	六	日	一	二	三	四	五	六	日	一	二	三	四	五	六	日	一	二
干支	己亥	庚子	辛丑	壬寅	癸卯	甲辰	乙巳	丙午	丁未	戊申	己酉	庚戌	辛亥	壬子	癸丑	甲寅	乙卯	丙辰	丁巳	戊午	己未	庚申	辛酉	壬戌	癸亥	甲子	乙丑	丙寅	丁卯
五行	木	土	土	金	金	火	火	水	水	土	土	金	金	木	木	水	水	土	土	火	火	木	木	水	水	金	金	火	火
建星	执	破	危	成	收	开	闭	建	除	满	平	定	执	破	破	危	成	收	开	闭	建	除	满	平	定	执	破	危	成
廿八宿	尾	箕	斗	牛	女	虚	危	室	壁	奎	娄	胃	昴	毕	觜	参	井	鬼	柳	星	张	翼	轸	角	亢	氐	房	心	尾

岁次：己丑	公元2009年（霹雳火）			土牛
太岁：傅佑	年九紫星	天雷无妄卦	九金二运	斗

六月小建辛未女宿 （九紫）

节气：大暑初二日零时卅六分
立秋十七日十七时二分

公历	22	23	24	25	26	27	28	29	30	31	八月	2	3	4	5	6	7	8	9	10	11	12	13	14	15	16	17	18	19
农历	一	二	三	四	五	六	七	八	九	十	十一	十二	十三	十四	十五	十六	十七	十八	十九	二十	廿一	廿二	廿三	廿四	廿五	廿六	廿七	廿八	廿九
星期	三	四	五	六	日	一	二	三	四	五	六	日	一	二	三	四	五	六	日	一	二	三	四	五	六	日	一	二	三
干支	戊辰	己巳	庚午	辛未	壬申	癸酉	甲戌	乙亥	丙子	丁丑	戊寅	己卯	庚辰	辛巳	壬午	癸未	甲申	乙酉	丙戌	丁亥	戊子	己丑	庚寅	辛卯	壬辰	癸巳	甲午	乙未	丙申
五行	木	木	土	土	金	金	火	火	水	水	土	土	金	金	木	木	水	水	土	土	火	火	木	木	水	水	金	金	火
建星	收	开	闭	建	除	满	平	定	执	破	危	成	收	开	闭	建	建	除	满	平	定	执	破	危	成	收	开	闭	建
廿八宿	箕	斗	牛	女	虚	危	室	壁	奎	娄	胃	昴	毕	觜	参	井	鬼	柳	星	张	翼	轸	角	亢	氐	房	心	尾	箕

七月大建壬申虚宿 （八白）

节气：处暑初四日七时卅九分
白露十九日十九时五十八分

公历	20	21	22	23	24	25	26	27	28	29	30	31	九月	2	3	4	5	6	7	8	9	10	11	12	13	14	15	16	17	18
农历	一	二	三	四	五	六	七	八	九	十	十一	十二	十三	十四	十五	十六	十七	十八	十九	二十	廿一	廿二	廿三	廿四	廿五	廿六	廿七	廿八	廿九	三十
星期	四	五	六	日	一	二	三	四	五	六	日	一	二	三	四	五	六	日	一	二	三	四	五	六	日	一	二	三	四	五
干支	丁酉	戊戌	己亥	庚子	辛丑	壬寅	癸卯	甲辰	乙巳	丙午	丁未	戊申	己酉	庚戌	辛亥	壬子	癸丑	甲寅	乙卯	丙辰	丁巳	戊午	己未	庚申	辛酉	壬戌	癸亥	甲子	乙丑	丙寅
五行	火	木	木	土	土	金	金	火	火	水	水	土	土	金	金	木	木	水	水	土	土	火	火	木	木	水	水	金	金	火
建星	除	满	平	定	执	破	危	成	收	开	闭	建	除	满	平	定	执	破	破	危	成	收	开	闭	建	除	满	平	定	执
廿八宿	斗	牛	女	虚	危	室	壁	奎	娄	胃	昴	毕	觜	参	井	鬼	柳	星	张	翼	轸	角	亢	氐	房	心	尾	箕	斗	牛

八月小建癸酉危宿 （七赤）

节气：秋分初五日五时十九分
寒露二十日十一时四十一分

公历	19	20	21	22	23	24	25	26	27	28	29	30	十月	2	3	4	5	6	7	8	9	10	11	12	13	14	15	16	17
农历	一	二	三	四	五	六	七	八	九	十	十一	十二	十三	十四	十五	十六	十七	十八	十九	二十	廿一	廿二	廿三	廿四	廿五	廿六	廿七	廿八	廿九
星期	六	日	一	二	三	四	五	六	日	一	二	三	四	五	六	日	一	二	三	四	五	六	日	一	二	三	四	五	六
干支	丁卯	戊辰	己巳	庚午	辛未	壬申	癸酉	甲戌	乙亥	丙子	丁丑	戊寅	己卯	庚辰	辛巳	壬午	癸未	甲申	乙酉	丙戌	丁亥	戊子	己丑	庚寅	辛卯	壬辰	癸巳	甲午	乙未
五行	火	木	木	土	土	金	金	火	火	水	水	土	土	金	金	木	木	水	水	土	土	火	火	木	木	水	水	金	金
建星	破	危	成	收	开	闭	建	除	满	平	定	执	破	危	成	收	开	闭	建	建	除	满	平	定	执	破	危	成	收
廿八宿	女	虚	危	室	壁	奎	娄	胃	昴	毕	觜	参	井	鬼	柳	星	张	翼	轸	角	亢	氐	房	心	尾	箕	斗	牛	女

岁次：己丑	公元 2009 年（霹雳火）			土牛
太岁：傅佑	年九紫星	天雷无妄卦	九金二运	斗

九月大建甲戌室宿 （六白） 节气：霜降初六日十四时四十四分 立冬廿一日十四时五十七分

公历	18	19	20	21	22	23	24	25	26	27	28	29	30	31	11月	2	3	4	5	6	7	8	9	10	11	12	13	14	15	16
农历	一	二	三	四	五	六	七	八	九	十	十一	十二	十三	十四	十五	十六	十七	十八	十九	二十	廿一	廿二	廿三	廿四	廿五	廿六	廿七	廿八	廿九	三十
星期	日	一	二	三	四	五	六	日	一	二	三	四	五	六	日	一	二	三	四	五	六	日	一	二	三	四	五	六	日	一
干支	丙申	丁酉	戊戌	己亥	庚子	辛丑	壬寅	癸卯	甲辰	乙巳	丙午	丁未	戊申	己酉	庚戌	辛亥	壬子	癸丑	甲寅	乙卯	丙辰	丁巳	戊午	己未	庚申	辛酉	壬戌	癸亥	甲子	乙丑
五行	火	火	木	木	土	土	金	金	火	火	水	水	土	土	金	金	木	木	水	水	土	土	火	火	木	木	水	水	金	金
建星	开	闭	建	除	满	平	定	执	破	危	成	收	开	闭	建	除	满	平	定	执	执	破	危	成	收	开	闭	建	除	满
廿八宿	虚	危	室	壁	奎	娄	胃	昴	毕	觜	参	井	鬼	柳	星	张	翼	轸	角	亢	氐	房	心	尾	箕	斗	牛	女	虚	危

十月小建乙亥壁宿 （五黄） 节气：小雪初六日十二时廿九分 大雪廿一日七时五十三分

公历	17	18	19	20	21	22	23	24	25	26	27	28	29	30	12月	2	3	4	5	6	7	8	9	10	11	12	13	14	15	
农历	一	二	三	四	五	六	七	八	九	十	十一	十二	十三	十四	十五	十六	十七	十八	十九	二十	廿一	廿二	廿三	廿四	廿五	廿六	廿七	廿八	廿九	
星期	二	三	四	五	六	日	一	二	三	四	五	六	日	一	二	三	四	五	六	日	一	二	三	四	五	六	日	一	二	
干支	丙寅	丁卯	戊辰	己巳	庚午	辛未	壬申	癸酉	甲戌	乙亥	丙子	丁丑	戊寅	己卯	庚辰	辛巳	壬午	癸未	甲申	乙酉	丙戌	丁亥	戊子	己丑	庚寅	辛卯	壬辰	癸巳	甲午	
五行	火	火	木	木	土	土	金	金	火	火	水	水	土	土	金	金	木	木	水	水	土	土	火	火	木	木	水	水	金	
建星	平	定	执	破	危	成	收	开	闭	建	除	满	平	定	执	破	危	成	收	开	开	闭	建	除	满	平	定	执	破	
廿八宿	室	壁	奎	娄	胃	昴	毕	觜	参	井	鬼	柳	星	张	翼	轸	角	亢	氐	房	心	尾	箕	斗	牛	女	虚	危	室	

十一月大建丙子奎宿 （四绿） 节气：冬至初七日一时四十分 小寒廿一日十九时九分

公历	16	17	18	19	20	21	22	23	24	25	26	27	28	29	30	31	一月	2	3	4	5	6	7	8	9	10	11	12	13	14
农历	一	二	三	四	五	六	七	八	九	十	十一	十二	十三	十四	十五	十六	十七	十八	十九	二十	廿一	廿二	廿三	廿四	廿五	廿六	廿七	廿八	廿九	三十
星期	三	四	五	六	日	一	二	三	四	五	六	日	一	二	三	四	五	六	日	一	二	三	四	五	六	日	一	二	三	四
干支	乙未	丙申	丁酉	戊戌	己亥	庚子	辛丑	壬寅	癸卯	甲辰	乙巳	丙午	丁未	戊申	己酉	庚戌	辛亥	壬子	癸丑	甲寅	乙卯	丙辰	丁巳	戊午	己未	庚申	辛酉	壬戌	癸亥	甲子
五行	金	火	火	木	木	土	土	金	金	火	火	水	水	土	土	金	金	木	木	水	水	土	土	火	火	木	木	水	水	金
建星	危	成	收	开	闭	建	除	满	平	定	执	破	危	成	收	开	闭	建	除	满	满	平	定	执	破	危	成	收	开	闭
廿八宿	壁	奎	娄	胃	昴	毕	觜	参	井	鬼	柳	星	张	翼	轸	角	亢	氐	房	心	尾	箕	斗	牛	女	虚	危	室	壁	奎

十二月大建丁丑娄宿 （三碧） 节气：大寒初六日十二时廿八分 立春廿一日六时四十八分

公历	15	16	17	18	19	20	21	22	23	24	25	26	27	28	29	30	31	二月	2	3	4	5	6	7	8	9	10	11	12	13
农历	一	二	三	四	五	六	七	八	九	十	十一	十二	十三	十四	十五	十六	十七	十八	十九	二十	廿一	廿二	廿三	廿四	廿五	廿六	廿七	廿八	廿九	三十
星期	五	六	日	一	二	三	四	五	六	日	一	二	三	四	五	六	日	一	二	三	四	五	六	日	一	二	三	四	五	六
干支	乙丑	丙寅	丁卯	戊辰	己巳	庚午	辛未	壬申	癸酉	甲戌	乙亥	丙子	丁丑	戊寅	己卯	庚辰	辛巳	壬午	癸未	甲申	乙酉	丙戌	丁亥	戊子	己丑	庚寅	辛卯	壬辰	癸巳	甲午
五行	金	火	火	木	木	土	土	金	金	火	火	水	水	土	土	金	金	木	木	水	水	土	土	火	火	木	木	水	水	金
建星	建	除	满	平	定	执	破	危	成	收	开	闭	建	除	满	平	定	执	破	危	危	成	收	开	闭	建	除	满	平	定
廿八宿	娄	胃	昴	毕	觜	参	井	鬼	柳	星	张	翼	轸	角	亢	氐	房	心	尾	箕	斗	牛	女	虚	危	室	壁	奎	娄	胃

岁次：庚寅	公元2010年（松柏木）			金虎
太岁：邬桓	年八白星	泽火革卦 离为火卦	四金二运 三木一运	牛

正月大建戊寅胃宿 （二黑）

节气：雨水初六日二时卅六分
惊蛰廿一日零时四十七分

公历	14	15	16	17	18	19	20	21	22	23	24	25	26	27	28	三月	2	3	4	5	6	7	8	9	10	11	12	13	14	15
农历	一	二	三	四	五	六	七	八	九	十	十一	十二	十三	十四	十五	十六	十七	十八	十九	二十	廿一	廿二	廿三	廿四	廿五	廿六	廿七	廿八	廿九	三十
星期	日	一	二	三	四	五	六	日	一	二	三	四	五	六	日	一	二	三	四	五	六	日	一	二	三	四	五	六	日	一
干支	乙未	丙申	丁酉	戊戌	己亥	庚子	辛丑	壬寅	癸卯	甲辰	乙巳	丙午	丁未	戊申	己酉	庚戌	辛亥	壬子	癸丑	甲寅	乙卯	丙辰	丁巳	戊午	己未	庚申	辛酉	壬戌	癸亥	甲子
五行	金	火	火	木	木	土	土	金	金	火	火	水	水	土	土	金	金	木	木	水	水	土	土	火	火	木	木	水	水	金
建星	执	破	危	成	收	开	闭	建	除	满	平	定	执	破	危	成	收	开	闭	建	建	除	满	平	定	执	破	危	成	收
廿八宿	昴	毕	觜	参	井	鬼	柳	星	张	翼	轸	角	亢	氐	房	心	尾	箕	斗	牛	女	虚	危	室	壁	奎	娄	胃	昴	毕

二月小建己卯昴宿 （一白）

节气：春分初六日一时卅二分
清明廿一日五时卅一分

公历	16	17	18	19	20	21	22	23	24	25	26	27	28	29	30	31	四月	2	3	4	5	6	7	8	9	10	11	12	13	
农历	一	二	三	四	五	六	七	八	九	十	十一	十二	十三	十四	十五	十六	十七	十八	十九	二十	廿一	廿二	廿三	廿四	廿五	廿六	廿七	廿八	廿九	
星期	二	三	四	五	六	日	一	二	三	四	五	六	日	一	二	三	四	五	六	日	一	二	三	四	五	六	日	一	二	
干支	乙丑	丙寅	丁卯	戊辰	己巳	庚午	辛未	壬申	癸酉	甲戌	乙亥	丙子	丁丑	戊寅	己卯	庚辰	辛巳	壬午	癸未	甲申	乙酉	丙戌	丁亥	戊子	己丑	庚寅	辛卯	壬辰	癸巳	
五行	金	火	火	木	木	土	土	金	金	火	火	水	水	土	土	金	金	木	木	水	水	土	土	火	火	木	木	水	水	
建星	开	闭	建	除	满	平	定	执	破	危	成	收	开	闭	建	除	满	平	定	执	执	破	危	成	收	开	闭	建	除	
廿八宿	觜	参	井	鬼	柳	星	张	翼	轸	角	亢	氐	房	心	尾	箕	斗	牛	女	虚	危	室	壁	奎	娄	胃	昴	毕	觜	

三月大建庚辰毕宿 （九紫）

节气：谷雨初七日十二时卅分
立夏廿二日二十时四十四分

公历	14	15	16	17	18	19	20	21	22	23	24	25	26	27	28	29	30	五月	2	3	4	5	6	7	8	9	10	11	12	13
农历	一	二	三	四	五	六	七	八	九	十	十一	十二	十三	十四	十五	十六	十七	十八	十九	二十	廿一	廿二	廿三	廿四	廿五	廿六	廿七	廿八	廿九	三十
星期	三	四	五	六	日	一	二	三	四	五	六	日	一	二	三	四	五	六	日	一	二	三	四	五	六	日	一	二	三	四
干支	甲午	乙未	丙申	丁酉	戊戌	己亥	庚子	辛丑	壬寅	癸卯	甲辰	乙巳	丙午	丁未	戊申	己酉	庚戌	辛亥	壬子	癸丑	甲寅	乙卯	丙辰	丁巳	戊午	己未	庚申	辛酉	壬戌	癸亥
五行	金	金	火	火	木	木	土	土	金	金	火	火	水	水	土	土	金	金	木	木	水	水	土	土	火	火	木	木	水	水
建星	满	平	定	执	破	危	成	收	开	闭	建	除	满	平	定	执	破	危	成	收	开	开	闭	建	除	满	平	定	执	破
廿八宿	参	井	鬼	柳	星	张	翼	轸	角	亢	氐	房	心	尾	箕	斗	牛	女	虚	危	室	壁	奎	娄	胃	昴	毕	觜	参	井

岁次:庚寅	公元2010年(松柏木)			金虎
太岁:邬桓	年八白星	泽火革卦 离为火卦	四金二运 三木一运	牛

四月小建辛巳觜宿 (八白)

节气:小满 初八日十一时卅四分
芒种 廿四日二时五十分

公历	14	15	16	17	18	19	20	21	22	23	24	25	26	27	28	29	30	31	六月	2	3	4	5	6	7	8	9	10	11
农历	一	二	三	四	五	六	七	八	九	十	十一	十二	十三	十四	十五	十六	十七	十八	十九	二十	廿一	廿二	廿三	廿四	廿五	廿六	廿七	廿八	廿九
星期	五	六	日	一	二	三	四	五	六	日	一	二	三	四	五	六	日	一	二	三	四	五	六	日	一	二	三	四	五
干支	甲子	乙丑	丙寅	丁卯	戊辰	己巳	庚午	辛未	壬申	癸酉	甲戌	乙亥	丙子	丁丑	戊寅	己卯	庚辰	辛巳	壬午	癸未	甲申	乙酉	丙戌	丁亥	戊子	己丑	庚寅	辛卯	壬辰
五行	金	金	火	火	木	木	土	土	金	金	火	火	水	水	土	土	金	金	木	木	水	水	土	土	火	火	木	木	水
建星	危	成	收	开	闭	建	除	满	平	定	执	破	危	成	收	开	闭	建	除	满	平	定	执	执	破	危	成	收	开
廿八宿	鬼	柳	星	张	翼	轸	角	亢	氐	房	心	尾	箕	斗	牛	女	虚	危	室	壁	奎	娄	胃	昴	毕	觜	参	井	鬼

五月大建壬午参宿 (七赤)

节气:夏至 初十日十九时廿九分
小暑 廿六日十三时三分

公历	12	13	14	15	16	17	18	19	20	21	22	23	24	25	26	27	28	29	30	七月	2	3	4	5	6	7	8	9	10	11
农历	一	二	三	四	五	六	七	八	九	十	十一	十二	十三	十四	十五	十六	十七	十八	十九	二十	廿一	廿二	廿三	廿四	廿五	廿六	廿七	廿八	廿九	三十
星期	六	日	一	二	三	四	五	六	日	一	二	三	四	五	六	日	一	二	三	四	五	六	日	一	二	三	四	五	六	日
干支	癸巳	甲午	乙未	丙申	丁酉	戊戌	己亥	庚子	辛丑	壬寅	癸卯	甲辰	乙巳	丙午	丁未	戊申	己酉	庚戌	辛亥	壬子	癸丑	甲寅	乙卯	丙辰	丁巳	戊午	己未	庚申	辛酉	壬戌
五行	水	金	金	火	火	木	木	土	土	金	金	火	火	水	水	土	土	金	金	木	木	水	水	土	土	火	火	木	木	水
建星	闭	建	除	满	平	定	执	破	危	成	收	开	闭	建	除	满	平	定	执	破	危	成	收	开	闭	闭	建	除	满	平
廿八宿	柳	星	张	翼	轸	角	亢	氐	房	心	尾	箕	斗	牛	女	虚	危	室	壁	奎	娄	胃	昴	毕	觜	参	井	鬼	柳	星

六月小建癸未井宿 (六白)

节气:大暑 十二日六时廿一分
立秋 廿七日廿二时四十九分

公历	12	13	14	15	16	17	18	19	20	21	22	23	24	25	26	27	28	29	30	31	八月	2	3	4	5	6	7	8	9
农历	一	二	三	四	五	六	七	八	九	十	十一	十二	十三	十四	十五	十六	十七	十八	十九	二十	廿一	廿二	廿三	廿四	廿五	廿六	廿七	廿八	廿九
星期	一	二	三	四	五	六	日	一	二	三	四	五	六	日	一	二	三	四	五	六	日	一	二	三	四	五	六	日	一
干支	癸亥	甲子	乙丑	丙寅	丁卯	戊辰	己巳	庚午	辛未	壬申	癸酉	甲戌	乙亥	丙子	丁丑	戊寅	己卯	庚辰	辛巳	壬午	癸未	甲申	乙酉	丙戌	丁亥	戊子	己丑	庚寅	辛卯
五行	水	金	金	火	火	木	木	土	土	金	金	火	火	水	水	土	土	金	金	木	木	水	水	土	土	火	火	木	木
建星	定	执	破	危	成	收	开	闭	建	除	满	平	定	执	破	危	成	收	开	闭	建	除	满	平	定	执	执	破	危
廿八宿	张	翼	轸	角	亢	氐	房	心	尾	箕	斗	牛	女	虚	危	室	壁	奎	娄	胃	昴	毕	觜	参	井	鬼	柳	星	张

岁次：庚寅	公元2010年（松柏木）			金虎
太岁：邬桓	年八白星	泽火革卦 离为火卦	四金二运 三木一运	牛

七月小建甲申鬼宿 （五黄）

节气：处暑十四日十三时廿七分

公历	10	11	12	13	14	15	16	17	18	19	20	21	22	23	24	25	26	27	28	29	30	31	九月	2	3	4	5	6	7
农历	一	二	三	四	五	六	七	八	九	十	十一	十二	十三	十四	十五	十六	十七	十八	十九	二十	廿一	廿二	廿三	廿四	廿五	廿六	廿七	廿八	廿九
星期	二	三	四	五	六	日	一	二	三	四	五	六	日	一	二	三	四	五	六	日	一	二	三	四	五	六	日	一	二
干支	壬辰	癸巳	甲午	乙未	丙申	丁酉	戊戌	己亥	庚子	辛丑	壬寅	癸卯	甲辰	乙巳	丙午	丁未	戊申	己酉	庚戌	辛亥	壬子	癸丑	甲寅	乙卯	丙辰	丁巳	戊午	己未	庚申
五行	水	水	金	金	火	火	木	木	土	土	金	金	火	火	水	水	土	土	金	金	木	木	水	水	土	土	火	火	木
建星	成	收	开	闭	建	除	满	平	定	执	破	危	成	收	开	闭	建	除	满	平	定	执	破	危	成	收	开	闭	建
廿八宿	翼	轸	角	亢	氐	房	心	尾	箕	斗	牛	女	虚	危	室	壁	奎	娄	胃	昴	毕	觜	参	井	鬼	柳	星	张	翼

八月大建乙酉柳宿 （四绿）

节气：白露初一日一时四十五分
秋分十六日十一时十分

公历	8	9	10	11	12	13	14	15	16	17	18	19	20	21	22	23	24	25	26	27	28	29	30	十月	2	3	4	5	6	7
农历	一	二	三	四	五	六	七	八	九	十	十一	十二	十三	十四	十五	十六	十七	十八	十九	二十	廿一	廿二	廿三	廿四	廿五	廿六	廿七	廿八	廿九	三十
星期	三	四	五	六	日	一	二	三	四	五	六	日	一	二	三	四	五	六	日	一	二	三	四	五	六	日	一	二	三	四
干支	辛酉	壬戌	癸亥	甲子	乙丑	丙寅	丁卯	戊辰	己巳	庚午	辛未	壬申	癸酉	甲戌	乙亥	丙子	丁丑	戊寅	己卯	庚辰	辛巳	壬午	癸未	甲申	乙酉	丙戌	丁亥	戊子	己丑	庚寅
五行	木	水	水	金	金	火	火	木	木	土	土	金	金	火	火	水	水	土	土	金	金	木	木	水	水	土	土	火	火	木
建星	建	除	满	平	定	执	破	危	成	收	开	闭	建	除	满	平	定	执	破	危	成	收	开	闭	建	除	满	平	定	执
廿八宿	轸	角	亢	氐	房	心	尾	箕	斗	牛	女	虚	危	室	壁	奎	娄	胃	昴	毕	觜	参	井	鬼	柳	星	张	翼	轸	角

九月小建丙戌星宿 （三碧）

节气：寒露初一日十七时廿八分
霜降十六日二十时卅六分

公历	8	9	10	11	12	13	14	15	16	17	18	19	20	21	22	23	24	25	26	27	28	29	30	31	11月	2	3	4	5
农历	一	二	三	四	五	六	七	八	九	十	十一	十二	十三	十四	十五	十六	十七	十八	十九	二十	廿一	廿二	廿三	廿四	廿五	廿六	廿七	廿八	廿九
星期	五	六	日	一	二	三	四	五	六	日	一	二	三	四	五	六	日	一	二	三	四	五	六	日	一	二	三	四	五
干支	辛卯	壬辰	癸巳	甲午	乙未	丙申	丁酉	戊戌	己亥	庚子	辛丑	壬寅	癸卯	甲辰	乙巳	丙午	丁未	戊申	己酉	庚戌	辛亥	壬子	癸丑	甲寅	乙卯	丙辰	丁巳	戊午	己未
五行	木	水	水	金	金	火	火	木	木	土	土	金	金	火	火	水	水	土	土	金	金	木	木	水	水	土	土	火	火
建星	执	破	危	成	收	开	闭	建	除	满	平	定	执	破	危	成	收	开	闭	建	除	满	平	定	执	破	危	成	收
廿八宿	亢	氐	房	心	尾	箕	斗	牛	女	虚	危	室	壁	奎	娄	胃	昴	毕	觜	参	井	鬼	柳	星	张	翼	轸	角	亢

岁次：庚寅	公元2010年（松柏木）			金虎
太岁：邬桓	年八白星	泽火革卦 离为火卦	四金二运 三木一运	牛

十月大建丁亥张宿 （二黑）

节气：立冬初二日二十时四十三分
小雪十七日十八时十五分

公历	6	7	8	9	10	11	12	13	14	15	16	17	18	19	20	21	22	23	24	25	26	27	28	29	30	12月	2	3	4	5
农历	一	二	三	四	五	六	七	八	九	十	十一	十二	十三	十四	十五	十六	十七	十八	十九	二十	廿一	廿二	廿三	廿四	廿五	廿六	廿七	廿八	廿九	三十
星期	六	日	一	二	三	四	五	六	日	一	二	三	四	五	六	日	一	二	三	四	五	六	日	一	二	三	四	五	六	日
干支	庚申	辛酉	壬戌	癸亥	甲子	乙丑	丙寅	丁卯	戊辰	己巳	庚午	辛未	壬申	癸酉	甲戌	乙亥	丙子	丁丑	戊寅	己卯	庚辰	辛巳	壬午	癸未	甲申	乙酉	丙戌	丁亥	戊子	己丑
五行	木	木	水	水	金	金	火	火	木	木	土	土	金	金	火	火	水	水	土	土	金	金	木	木	水	水	土	土	火	火
建星	开	开	闭	建	除	满	平	定	执	破	危	成	收	开	闭	建	除	满	平	定	执	破	危	成	收	开	闭	建	除	满
廿八宿	氐	房	心	尾	箕	斗	牛	女	虚	危	室	壁	奎	娄	胃	昴	毕	觜	参	井	鬼	柳	星	张	翼	轸	角	亢	氐	房

十一月小建戊子翼宿 （一白）

节气：大雪初二日十三时卅九分
冬至十七日七时卅九分

公历	6	7	8	9	10	11	12	13	14	15	16	17	18	19	20	21	22	23	24	25	26	27	28	29	30	31	一月	2	3	
农历	一	二	三	四	五	六	七	八	九	十	十一	十二	十三	十四	十五	十六	十七	十八	十九	二十	廿一	廿二	廿三	廿四	廿五	廿六	廿七	廿八	廿九	
星期	一	二	三	四	五	六	日	一	二	三	四	五	六	日	一	二	三	四	五	六	日	一	二	三	四	五	六	日	一	
干支	庚寅	辛卯	壬辰	癸巳	甲午	乙未	丙申	丁酉	戊戌	己亥	庚子	辛丑	壬寅	癸卯	甲辰	乙巳	丙午	丁未	戊申	己酉	庚戌	辛亥	壬子	癸丑	甲寅	乙卯	丙辰	丁巳	戊午	
五行	木	木	水	水	金	金	火	火	木	木	土	土	金	金	火	火	水	水	土	土	金	金	木	木	水	水	土	土	火	
建星	平	平	定	执	破	危	成	收	开	闭	建	除	满	平	定	执	破	危	成	收	开	闭	建	除	满	平	定	执	破	
廿八宿	心	尾	箕	斗	牛	女	虚	危	室	壁	奎	娄	胃	昴	毕	觜	参	井	鬼	柳	星	张	翼	轸	角	亢	氐	房	心	

十二月大建己丑轸宿 （九紫）

节气：小寒初三日零时五十五分
大寒十七日十八时十九分

公历	4	5	6	7	8	9	10	11	12	13	14	15	16	17	18	19	20	21	22	23	24	25	26	27	28	29	30	31	二月	2
农历	一	二	三	四	五	六	七	八	九	十	十一	十二	十三	十四	十五	十六	十七	十八	十九	二十	廿一	廿二	廿三	廿四	廿五	廿六	廿七	廿八	廿九	三十
星期	二	三	四	五	六	日	一	二	三	四	五	六	日	一	二	三	四	五	六	日	一	二	三	四	五	六	日	一	二	三
干支	己未	庚申	辛酉	壬戌	癸亥	甲子	乙丑	丙寅	丁卯	戊辰	己巳	庚午	辛未	壬申	癸酉	甲戌	乙亥	丙子	丁丑	戊寅	己卯	庚辰	辛巳	壬午	癸未	甲申	乙酉	丙戌	丁亥	戊子
五行	火	木	木	水	水	金	金	火	火	木	木	土	土	金	金	火	火	水	水	土	土	金	金	木	木	水	水	土	土	火
建星	危	成	成	收	开	闭	建	除	满	平	定	执	破	危	成	收	开	闭	建	除	满	平	定	执	破	危	成	收	开	闭
廿八宿	尾	箕	斗	牛	女	虚	危	室	壁	奎	娄	胃	昴	毕	觜	参	井	鬼	柳	星	张	翼	轸	角	亢	氐	房	心	尾	箕

岁次：辛卯	公元2011年（松柏木）			金兔
太岁：范宁	年七赤星	风泽中孚卦	二火三运	女

正月大建庚寅角宿　（八白）　　节气：立春初二日十二时卅三分　雨水十七日八时廿六分

公历	3	4	5	6	7	8	9	10	11	12	13	14	15	16	17	18	19	20	21	22	23	24	25	26	27	28	三月	2	3	4
农历	一	二	三	四	五	六	七	八	九	十	十一	十二	十三	十四	十五	十六	十七	十八	十九	二十	廿一	廿二	廿三	廿四	廿五	廿六	廿七	廿八	廿九	三十
星期	四	五	六	日	一	二	三	四	五	六	日	一	二	三	四	五	六	日	一	二	三	四	五	六	日	一	二	三	四	五
干支	己丑	庚寅	辛卯	壬辰	癸巳	甲午	乙未	丙申	丁酉	戊戌	己亥	庚子	辛丑	壬寅	癸卯	甲辰	乙巳	丙午	丁未	戊申	己酉	庚戌	辛亥	壬子	癸丑	甲寅	乙卯	丙辰	丁巳	戊午
五行	火	木	木	水	水	金	金	火	火	木	木	土	土	金	金	火	火	水	水	土	土	金	金	木	木	水	水	土	土	火
建星	建	建	除	满	平	定	执	破	危	成	收	开	闭	建	除	满	平	定	执	破	危	成	收	开	闭	建	除	满	平	定
廿八宿	斗	牛	女	虚	危	室	壁	奎	娄	胃	昴	毕	觜	参	井	鬼	柳	星	张	翼	轸	角	亢	氐	房	心	尾	箕	斗	牛

二月小建辛卯亢宿　（七赤）　　节气：惊蛰初二日六时卅分　春分十七日七时廿一分

公历	5	6	7	8	9	10	11	12	13	14	15	16	17	18	19	20	21	22	23	24	25	26	27	28	29	30	31	四月	2	
农历	一	二	三	四	五	六	七	八	九	十	十一	十二	十三	十四	十五	十六	十七	十八	十九	二十	廿一	廿二	廿三	廿四	廿五	廿六	廿七	廿八	廿九	
星期	六	日	一	二	三	四	五	六	日	一	二	三	四	五	六	日	一	二	三	四	五	六	日	一	二	三	四	五	六	
干支	己未	庚申	辛酉	壬戌	癸亥	甲子	乙丑	丙寅	丁卯	戊辰	己巳	庚午	辛未	壬申	癸酉	甲戌	乙亥	丙子	丁丑	戊寅	己卯	庚辰	辛巳	壬午	癸未	甲申	乙酉	丙戌	丁亥	
五行	火	木	木	水	水	金	金	火	火	木	木	土	土	金	金	火	火	水	水	土	土	金	金	木	木	水	水	土	土	
建星	执	执	破	危	成	收	开	闭	建	除	满	平	定	执	破	危	成	收	开	闭	建	除	满	平	定	执	破	危	成	
廿八宿	女	虚	危	室	壁	奎	娄	胃	昴	毕	觜	参	井	鬼	柳	星	张	翼	轸	角	亢	氐	房	心	尾	箕	斗	牛	女	

三月大建壬辰氐宿　（六白）　　节气：清明初三日十一时十二分　谷雨十八日十八时十七分

公历	3	4	5	6	7	8	9	10	11	12	13	14	15	16	17	18	19	20	21	22	23	24	25	26	27	28	29	30	五月	2
农历	一	二	三	四	五	六	七	八	九	十	十一	十二	十三	十四	十五	十六	十七	十八	十九	二十	廿一	廿二	廿三	廿四	廿五	廿六	廿七	廿八	廿九	三十
星期	日	一	二	三	四	五	六	日	一	二	三	四	五	六	日	一	二	三	四	五	六	日	一	二	三	四	五	六	日	一
干支	戊子	己丑	庚寅	辛卯	壬辰	癸巳	甲午	乙未	丙申	丁酉	戊戌	己亥	庚子	辛丑	壬寅	癸卯	甲辰	乙巳	丙午	丁未	戊申	己酉	庚戌	辛亥	壬子	癸丑	甲寅	乙卯	丙辰	丁巳
五行	火	火	木	木	水	水	金	金	火	火	木	木	土	土	金	金	火	火	水	水	土	土	金	金	木	木	水	水	土	土
建星	收	开	开	闭	建	除	满	平	定	执	破	危	成	收	开	闭	建	除	满	平	定	执	破	危	成	收	开	闭	建	除
廿八宿	虚	危	室	壁	奎	娄	胃	昴	毕	觜	参	井	鬼	柳	星	张	翼	轸	角	亢	氐	房	心	尾	箕	斗	牛	女	虚	危

第六章 1930年～2050年万年历对照详表

岁次:辛卯	公元2011年(松柏木)			金兔
太岁:范宁	年七赤星	风泽中孚卦	二火三运	女

四月大建癸巳房宿 (五黄)

节气: 立夏 初四日四时廿三分
小满 十九日十七时廿一分

公历	3	4	5	6	7	8	9	10	11	12	13	14	15	16	17	18	19	20	21	22	23	24	25	26	27	28	29	30	31	六月
农历	一	二	三	四	五	六	七	八	九	十	十一	十二	十三	十四	十五	十六	十七	十八	十九	二十	廿一	廿二	廿三	廿四	廿五	廿六	廿七	廿八	廿九	三十
星期	二	三	四	五	六	日	一	二	三	四	五	六	日	一	二	三	四	五	六	日	一	二	三	四	五	六	日	一	二	三
干支	戊午	己未	庚申	辛酉	壬戌	癸亥	甲子	乙丑	丙寅	丁卯	戊辰	己巳	庚午	辛未	壬申	癸酉	甲戌	乙亥	丙子	丁丑	戊寅	己卯	庚辰	辛巳	壬午	癸未	甲申	乙酉	丙戌	丁亥
五行	火	火	木	木	水	水	金	金	火	火	木	木	土	土	金	金	火	火	水	水	土	土	金	金	木	木	水	水	土	土
建星	满	平	定	定	执	破	危	成	收	开	闭	建	除	满	平	定	执	破	危	成	收	开	闭	建	除	满	平	定	执	破
廿八宿	室	壁	奎	娄	胃	昴	毕	觜	参	井	鬼	柳	星	张	翼	轸	角	亢	氐	房	心	尾	箕	斗	牛	女	虚	危	室	壁

五月小建甲午心宿 (四绿)

节气: 芒种 初五日八时廿七分
夏至 廿一日一时十六分

公历	2	3	4	5	6	7	8	9	10	11	12	13	14	15	16	17	18	19	20	21	22	23	24	25	26	27	28	29	30	
农历	一	二	三	四	五	六	七	八	九	十	十一	十二	十三	十四	十五	十六	十七	十八	十九	二十	廿一	廿二	廿三	廿四	廿五	廿六	廿七	廿八	廿九	
星期	四	五	六	日	一	二	三	四	五	六	日	一	二	三	四	五	六	日	一	二	三	四	五	六	日	一	二	三	四	
干支	戊子	己丑	庚寅	辛卯	壬辰	癸巳	甲午	乙未	丙申	丁酉	戊戌	己亥	庚子	辛丑	壬寅	癸卯	甲辰	乙巳	丙午	丁未	戊申	己酉	庚戌	辛亥	壬子	癸丑	甲寅	乙卯	丙辰	
五行	火	火	木	木	水	水	金	金	火	火	木	木	土	土	金	金	火	火	水	水	土	土	金	金	木	木	水	水	土	
建星	危	成	收	开	开	闭	建	除	满	平	定	执	破	危	成	收	开	闭	建	除	满	平	定	执	破	危	成	收	开	
廿八宿	奎	娄	胃	昴	毕	觜	参	井	鬼	柳	星	张	翼	轸	角	亢	氐	房	心	尾	箕	斗	牛	女	虚	危	室	壁	奎	

六月大建乙未尾宿 (三碧)

节气: 小暑 初七日十八时四十二分
大暑 廿三日十二时十二分

公历	七月	2	3	4	5	6	7	8	9	10	11	12	13	14	15	16	17	18	19	20	21	22	23	24	25	26	27	28	29	30
农历	一	二	三	四	五	六	七	八	九	十	十一	十二	十三	十四	十五	十六	十七	十八	十九	二十	廿一	廿二	廿三	廿四	廿五	廿六	廿七	廿八	廿九	三十
星期	五	六	日	一	二	三	四	五	六	日	一	二	三	四	五	六	日	一	二	三	四	五	六	日	一	二	三	四	五	六
干支	丁巳	戊午	己未	庚申	辛酉	壬戌	癸亥	甲子	乙丑	丙寅	丁卯	戊辰	己巳	庚午	辛未	壬申	癸酉	甲戌	乙亥	丙子	丁丑	戊寅	己卯	庚辰	辛巳	壬午	癸未	甲申	乙酉	丙戌
五行	土	火	火	木	木	水	水	金	金	火	火	木	木	土	土	金	金	火	火	水	水	土	土	金	金	木	木	水	水	土
建星	闭	建	除	满	平	定	定	执	破	危	成	收	开	闭	建	除	满	平	定	执	破	危	成	收	开	闭	建	除	满	平
廿八宿	娄	胃	昴	毕	觜	参	井	鬼	柳	星	张	翼	轸	角	亢	氐	房	心	尾	箕	斗	牛	女	虚	危	室	壁	奎	娄	胃

岁次：辛卯	公元 2011 年（松柏木）			金兔
太岁：范宁	年七赤星	风泽中孚卦	二火三运	女

七月小建丙申箕宿　（二黑）

节气：立秋初九日四时卅四分
处暑廿四日十九时廿一分

公历	31	八月	2	3	4	5	6	7	8	9	10	11	12	13	14	15	16	17	18	19	20	21	22	23	24	25	26	27	28
农历	一	二	三	四	五	六	七	八	九	十	十一	十二	十三	十四	十五	十六	十七	十八	十九	二十	廿一	廿二	廿三	廿四	廿五	廿六	廿七	廿八	廿九
星期	日	一	二	三	四	五	六	日	一	二	三	四	五	六	日	一	二	三	四	五	六	日	一	二	三	四	五	六	日
干支	丁亥	戊子	己丑	庚寅	辛卯	壬辰	癸巳	甲午	乙未	丙申	丁酉	戊戌	己亥	庚子	辛丑	壬寅	癸卯	甲辰	乙巳	丙午	丁未	戊申	己酉	庚戌	辛亥	壬子	癸丑	甲寅	乙卯
五行	土	火	火	木	木	水	水	金	金	火	火	木	木	土	土	金	金	火	火	水	水	土	土	金	金	木	木	水	水
建星	定	执	破	危	成	收	开	闭	闭	建	除	满	平	定	执	破	危	成	收	开	闭	建	除	满	平	定	执	破	危
廿八宿	昴	毕	觜	参	井	鬼	柳	星	张	翼	轸	角	亢	氐	房	心	尾	箕	斗	牛	女	虚	危	室	壁	奎	娄	胃	昴

八月小建丁酉斗宿　（一白）

节气：白露十一日七时卅四分
秋分廿六日十七时五分

公历	29	30	31	九月	2	3	4	5	6	7	8	9	10	11	12	13	14	15	16	17	18	19	20	21	22	23	24	25	26
农历	一	二	三	四	五	六	七	八	九	十	十一	十二	十三	十四	十五	十六	十七	十八	十九	二十	廿一	廿二	廿三	廿四	廿五	廿六	廿七	廿八	廿九
星期	一	二	三	四	五	六	日	一	二	三	四	五	六	日	一	二	三	四	五	六	日	一	二	三	四	五	六	日	一
干支	丙辰	丁巳	戊午	己未	庚申	辛酉	壬戌	癸亥	甲子	乙丑	丙寅	丁卯	戊辰	己巳	庚午	辛未	壬申	癸酉	甲戌	乙亥	丙子	丁丑	戊寅	己卯	庚辰	辛巳	壬午	癸未	甲申
五行	土	土	火	火	木	木	水	水	金	金	火	火	木	木	土	土	金	金	火	火	水	水	土	土	金	金	木	木	水
建星	成	收	开	闭	建	除	满	平	定	执	执	破	危	成	收	开	闭	建	除	满	平	定	执	破	危	成	收	开	闭
廿八宿	毕	觜	参	井	鬼	柳	星	张	翼	轸	角	亢	氐	房	心	尾	箕	斗	牛	女	虚	危	室	壁	奎	娄	胃	昴	毕

九月大建戊戌牛宿　（九紫）

节气：寒露十二日廿三时十九分
霜降廿八口二时卅　分

公历	27	28	29	30	十月	2	3	4	5	6	7	8	9	10	11	12	13	14	15	16	17	18	19	20	21	22	23	24	25	26
农历	一	二	二	四	五	六	七	八	九	十	十一	十二	十三	十四	十五	十六	十七	十八	十九	二十	廿一	廿二	廿三	廿四	廿五	廿六	廿七	廿八	廿九	三十
星期	二	三	四	五	六	日	一	二	三	四	五	六	日	一	二	三	四	五	六	日	一	二	三	四	五	六	日	一	二	三
干支	乙酉	丙戌	丁亥	戊子	己丑	庚寅	辛卯	壬辰	癸巳	甲午	乙未	丙申	丁酉	戊戌	己亥	庚子	辛丑	壬寅	癸卯	甲辰	乙巳	丙午	丁未	戊申	己酉	庚戌	辛亥	壬子	癸丑	甲寅
五行	水	土	土	火	火	木	木	水	水	金	金	火	火	木	木	土	土	金	金	火	火	水	水	土	土	金	金	木	木	水
建星	建	除	满	平	定	执	破	危	成	收	开	开	闭	建	除	满	平	定	执	破	危	成	收	开	闭	建	除	满	平	定
廿八宿	觜	参	井	鬼	柳	星	张	翼	轸	角	亢	氐	房	心	尾	箕	斗	牛	女	虚	危	室	壁	奎	娄	胃	昴	毕	觜	参

岁次：辛卯	公元2011年（松柏木）			金兔
太岁：范宁	年七赤星	风泽中孚卦	二火三运	女

十月小建己亥女宿 （八白）

节气：立冬十三日二时卅五分
小雪廿八日零时八分

公历	27	28	29	30	31	11月	2	3	4	5	6	7	8	9	10	11	12	13	14	15	16	17	18	19	20	21	22	23	24	
农历	一	二	三	四	五	六	七	八	九	十	十一	十二	十三	十四	十五	十六	十七	十八	十九	二十	廿一	廿二	廿三	廿四	廿五	廿六	廿七	廿八	廿九	
星期	四	五	六	日	一	二	三	四	五	六	日	一	二	三	四	五	六	日	一	二	三	四	五	六	日	一	二	三	四	
干支	乙卯	丙辰	丁巳	戊午	己未	庚申	辛酉	壬戌	癸亥	甲子	乙丑	丙寅	丁卯	戊辰	己巳	庚午	辛未	壬申	癸酉	甲戌	乙亥	丙子	丁丑	戊寅	己卯	庚辰	辛巳	壬午	癸未	
五行	水	土	土	火	火	木	木	水	水	金	金	火	火	木	木	土	土	金	金	火	火	水	水	土	土	金	金	木	木	
建星	执	破	危	成	收	开	闭	建	除	满	平	定	定	执	破	危	成	收	开	闭	建	除	满	平	定	执	破	危	成	
廿八宿	井	鬼	柳	星	张	翼	轸	角	亢	氐	房	心	尾	箕	斗	牛	女	虚	危	室	壁	奎	娄	胃	昴	毕	觜	参	井	

十一月大建庚子虚宿 （七赤）

节气：大雪十三日十九时三十分
冬至廿八日十三时卅一分

公历	25	26	27	28	29	30	12月	2	3	4	5	6	7	8	9	10	11	12	13	14	15	16	17	18	19	20	21	22	23	24
农历	一	二	三	四	五	六	七	八	九	十	十一	十二	十三	十四	十五	十六	十七	十八	十九	二十	廿一	廿二	廿三	廿四	廿五	廿六	廿七	廿八	廿九	三十
星期	五	六	日	一	二	三	四	五	六	日	一	二	三	四	五	六	日	一	二	三	四	五	六	日	一	二	三	四	五	六
干支	甲申	乙酉	丙戌	丁亥	戊子	己丑	庚寅	辛卯	壬辰	癸巳	甲午	乙未	丙申	丁酉	戊戌	己亥	庚子	辛丑	壬寅	癸卯	甲辰	乙巳	丙午	丁未	戊申	己酉	庚戌	辛亥	壬子	癸丑
五行	水	水	土	土	火	火	木	木	水	水	金	金	火	火	木	木	土	土	金	金	火	火	水	水	土	土	金	金	木	木
建星	收	开	闭	建	除	满	平	定	执	破	危	成	成	收	开	闭	建	除	满	平	定	执	破	危	成	收	开	闭	建	除
廿八宿	鬼	柳	星	张	翼	轸	角	亢	氐	房	心	尾	箕	斗	牛	女	虚	危	室	壁	奎	娄	胃	昴	毕	觜	参	井	鬼	柳

十二月小建辛丑危宿 （六白）

节气：小寒十三日六时四十四分
大寒廿七日零时十分

公历	25	26	27	28	29	30	31	一月	2	3	4	5	6	7	8	9	10	11	12	13	14	15	16	17	18	19	20	21	22	
农历	一	二	三	四	五	六	七	八	九	十	十一	十二	十三	十四	十五	十六	十七	十八	十九	二十	廿一	廿二	廿三	廿四	廿五	廿六	廿七	廿八	廿九	
星期	日	一	二	三	四	五	六	日	一	二	三	四	五	六	日	一	二	三	四	五	六	日	一	二	三	四	五	六	日	
干支	甲寅	乙卯	丙辰	丁巳	戊午	己未	庚申	辛酉	壬戌	癸亥	甲子	乙丑	丙寅	丁卯	戊辰	己巳	庚午	辛未	壬申	癸酉	甲戌	乙亥	丙子	丁丑	戊寅	己卯	庚辰	辛巳	壬午	
五行	水	水	土	土	火	火	木	木	水	水	金	金	火	火	木	木	土	土	金	金	火	火	水	水	土	土	金	金	木	
建星	满	平	定	执	破	危	成	收	开	闭	建	除	除	满	平	定	执	破	危	成	收	开	闭	建	除	满	平	定	执	
廿八宿	星	张	翼	轸	角	亢	氐	房	心	尾	箕	斗	牛	女	虚	危	室	壁	奎	娄	胃	昴	毕	觜	参	井	鬼	柳	星	

岁次：壬辰	公元2012年（长流水）			水龙
太岁：彭泰	年六白星	山天大畜卦	六水四运	虚

正月大建壬寅室宿 （五黄）

节气：立春十二日十八时廿三分
雨水廿八日十四时十八分

公历	23	24	25	26	27	28	29	30	31	二月	2	3	4	5	6	7	8	9	10	11	12	13	14	15	16	17	18	19	20	21
农历	一	二	三	四	五	六	七	八	九	十	十一	十二	十三	十四	十五	十六	十七	十八	十九	二十	廿一	廿二	廿三	廿四	廿五	廿六	廿七	廿八	廿九	三十
星期	一	二	三	四	五	六	日	一	二	三	四	五	六	日	一	二	三	四	五	六	日	一	二	三	四	五	六	日	一	二
干支	癸未	甲申	乙酉	丙戌	丁亥	戊子	己丑	庚寅	辛卯	壬辰	癸巳	甲午	乙未	丙申	丁酉	戊戌	己亥	庚子	辛丑	壬寅	癸卯	甲辰	乙巳	丙午	丁未	戊申	己酉	庚戌	辛亥	壬子
五行	木	水	水	土	土	火	火	木	木	水	水	金	金	火	火	木	木	土	土	金	金	火	火	水	水	土	土	金	金	木
建星	破	危	成	收	开	闭	建	除	满	平	定	执	执	破	危	成	收	开	闭	建	除	满	平	定	执	破	危	成	收	开
廿八宿	张	翼	轸	角	亢	氐	房	心	尾	箕	斗	牛	女	虚	危	室	壁	奎	娄	胃	昴	毕	觜	参	井	鬼	柳	星	张	翼

二月小建癸卯壁宿 （四绿）

节气：惊蛰十三日十二时廿一分
春分廿八日十三时十五分

公历	22	23	24	25	26	27	28	29	三月	2	3	4	5	6	7	8	9	10	11	12	13	14	15	16	17	18	19	20	21	
农历	一	二	三	四	五	六	七	八	九	十	十一	十二	十三	十四	十五	十六	十七	十八	十九	二十	廿一	廿二	廿三	廿四	廿五	廿六	廿七	廿八	廿九	
星期	三	四	五	六	日	一	二	三	四	五	六	日	一	二	三	四	五	六	日	一	二	三	四	五	六	日	一	二	三	
干支	癸丑	甲寅	乙卯	丙辰	丁巳	戊午	己未	庚申	辛酉	壬戌	癸亥	甲子	乙丑	丙寅	丁卯	戊辰	己巳	庚午	辛未	壬申	癸酉	甲戌	乙亥	丙子	丁丑	戊寅	己卯	庚辰	辛巳	
五行	木	水	水	土	土	火	火	木	木	水	水	金	金	火	火	木	木	土	土	金	金	火	火	水	水	土	土	金	金	
建星	闭	建	除	满	平	定	执	破	危	成	收	开	开	闭	建	除	满	平	定	执	破	危	成	收	开	闭	建	除	满	
廿八宿	轸	角	亢	氐	房	心	尾	箕	斗	牛	女	虚	危	室	壁	奎	娄	胃	昴	毕	觜	参	井	鬼	柳	星	张	翼	轸	

三月大建甲辰奎宿 （三碧）

节气：清明十四日十七时六分
谷雨三十日零时十二分

公历	22	23	24	25	26	27	28	29	30	31	四月	2	3	4	5	6	7	8	9	10	11	12	13	14	15	16	17	18	19	20
农历	一	二	三	四	五	六	七	八	九	十	十一	十二	十三	十四	十五	十六	十七	十八	十九	二十	廿一	廿二	廿三	廿四	廿五	廿六	廿七	廿八	廿九	三十
星期	四	五	六	日	一	二	三	四	五	六	日	一	二	三	四	五	六	日	一	二	三	四	五	六	日	一	二	三	四	五
干支	壬午	癸未	甲申	乙酉	丙戌	丁亥	戊子	己丑	庚寅	辛卯	壬辰	癸巳	甲午	乙未	丙申	丁酉	戊戌	己亥	庚子	辛丑	壬寅	癸卯	甲辰	乙巳	丙午	丁未	戊申	己酉	庚戌	辛亥
五行	木	木	水	水	土	土	火	火	木	木	水	水	金	金	火	火	木	木	土	土	金	金	火	火	水	水	土	土	金	金
建星	平	定	执	破	危	成	收	开	闭	建	除	满	平	平	定	执	破	危	成	收	开	闭	建	除	满	平	定	执	破	危
廿八宿	角	亢	氐	房	心	尾	箕	斗	牛	女	虚	危	室	壁	奎	娄	胃	昴	毕	觜	参	井	鬼	柳	星	张	翼	轸	角	亢

岁次:壬辰	公元 2012 年(长流水)			水龙
太岁:彭泰	年六白星	山天大畜卦	六水四运	虚

四月大建乙巳娄宿 (二黑)

节气:立夏 十五日十时廿一分
小满 三十日廿三时十六分

公历	21	22	23	24	25	26	27	28	29	30	五月	2	3	4	5	6	7	8	9	10	11	12	13	14	15	16	17	18	19	20
农历	一	二	三	四	五	六	七	八	九	十	十一	十二	十三	十四	十五	十六	十七	十八	十九	二十	廿一	廿二	廿三	廿四	廿五	廿六	廿七	廿八	廿九	三十
星期	六	日	一	二	三	四	五	六	日	一	二	三	四	五	六	日	一	二	三	四	五	六	日	一	二	三	四	五	六	日
干支	壬子	癸丑	甲寅	乙卯	丙辰	丁巳	戊午	己未	庚申	辛酉	壬戌	癸亥	甲子	乙丑	丙寅	丁卯	戊辰	己巳	庚午	辛未	壬申	癸酉	甲戌	乙亥	丙子	丁丑	戊寅	己卯	庚辰	辛巳
五行	木	木	水	水	土	土	火	火	木	木	水	水	金	金	火	火	木	木	土	土	金	金	火	火	水	水	土	土	金	金
建星	成	收	开	闭	建	除	满	平	定	执	破	危	成	收	收	开	闭	建	除	满	平	定	执	破	危	成	收	开	闭	建
廿八宿	氐	房	心	尾	箕	斗	牛	女	虚	危	室	壁	奎	娄	胃	昴	毕	觜	参	井	鬼	柳	星	张	翼	轸	角	亢	氐	房

闰四月小

节气:芒种 十六日十四时廿六分

公历	21	22	23	24	25	26	27	28	29	30	31	六月	2	3	4	5	6	7	8	9	10	11	12	13	14	15	16	17	18	
农历	一	二	三	四	五	六	七	八	九	十	十一	十二	十三	十四	十五	十六	十七	十八	十九	二十	廿一	廿二	廿三	廿四	廿五	廿六	廿七	廿八	廿九	
星期	一	二	三	四	五	六	日	一	二	三	四	五	六	日	一	二	三	四	五	六	日	一	二	三	四	五	六	日	一	
干支	壬午	癸未	甲申	乙酉	丙戌	丁亥	戊子	己丑	庚寅	辛卯	壬辰	癸巳	甲午	乙未	丙申	丁酉	戊戌	己亥	庚子	辛丑	壬寅	癸卯	甲辰	乙巳	丙午	丁未	戊申	己酉	庚戌	
五行	木	木	水	水	土	土	火	火	木	木	水	水	金	金	火	火	木	木	土	土	金	金	火	火	水	水	土	土	金	
建星	除	满	平	定	执	破	危	成	收	开	闭	建	除	满	平	平	定	执	破	危	成	收	开	闭	建	除	满	平	定	
廿八宿	心	尾	箕	斗	牛	女	虚	危	室	壁	奎	娄	胃	昴	毕	觜	参	井	鬼	柳	星	张	翼	轸	角	亢	氐	房	心	

五月大建丙午胃宿 (一白)

节气:夏至 初三日七时八分
小暑 十九日零时四十分

公历	19	20	21	22	23	24	25	26	27	28	29	30	七月	2	3	4	5	6	7	8	9	10	11	12	13	14	15	16	17	18
农历	一	二	三	四	五	六	七	八	九	十	十一	十二	十三	十四	十五	十六	十七	十八	十九	二十	廿一	廿二	廿三	廿四	廿五	廿六	廿七	廿八	廿九	三十
星期	二	三	四	五	六	日	一	二	三	四	五	六	日	一	二	三	四	五	六	日	一	二	三	四	五	六	日	一	二	三
干支	辛亥	壬子	癸丑	甲寅	乙卯	丙辰	丁巳	戊午	己未	庚申	辛酉	壬戌	癸亥	甲子	乙丑	丙寅	丁卯	戊辰	己巳	庚午	辛未	壬申	癸酉	甲戌	乙亥	丙子	丁丑	戊寅	己卯	庚辰
五行	金	木	木	水	水	土	土	火	火	木	木	水	水	金	金	火	火	木	木	土	土	金	金	火	火	水	水	土	土	金
建星	执	破	危	成	收	开	闭	建	除	满	平	定	执	破	危	成	收	开	开	闭	建	除	满	平	定	执	破	危	成	收
廿八宿	尾	箕	斗	牛	女	虚	危	室	壁	奎	娄	胃	昴	毕	觜	参	井	鬼	柳	星	张	翼	轸	角	亢	氐	房	心	尾	箕

<table>
<tr><td>岁次:壬辰</td><td colspan="3">公元2012年(长流水)</td><td>水龙</td></tr>
<tr><td>太岁:彭泰</td><td>年六白星</td><td>山天大畜卦</td><td>六水四运</td><td>虚</td></tr>
</table>

六月小建丁未昴宿 (九紫)

节气:大暑初四日十八时一分
立秋二十日十时卅一分

公历	19	20	21	22	23	24	25	26	27	28	29	30	31	八月	2	3	4	5	6	7	8	9	10	11	12	13	14	15	16
农历	一	二	三	四	五	六	七	八	九	十	十一	十二	十三	十四	十五	十六	十七	十八	十九	二十	廿一	廿二	廿三	廿四	廿五	廿六	廿七	廿八	廿九
星期	四	五	六	日	一	二	三	四	五	六	日	一	二	三	四	五	六	日	一	二	三	四	五	六	日	一	二	三	四
干支	辛巳	壬午	癸未	甲申	乙酉	丙戌	丁亥	戊子	己丑	庚寅	辛卯	壬辰	癸巳	甲午	乙未	丙申	丁酉	戊戌	己亥	庚子	辛丑	壬寅	癸卯	甲辰	乙巳	丙午	丁未	戊申	己酉
五行	金	木	木	水	水	土	土	火	火	木	木	水	水	金	金	火	火	木	木	土	土	金	金	火	火	水	水	土	土
建星	开	闭	建	除	满	平	定	执	破	危	成	收	开	闭	建	除	满	平	定	定	执	破	危	成	收	开	闭	建	除
廿八宿	斗	牛	女	虚	危	室	壁	奎	娄	胃	昴	毕	觜	参	井	鬼	柳	星	张	翼	轸	角	亢	氐	房	心	尾	箕	斗

七月大建戊申毕宿 (八白)

节气:处暑初七日一时七分
白露廿二日十三时廿九分

公历	17	18	19	20	21	22	23	24	25	26	27	28	29	30	31	九月	2	3	4	5	6	7	8	9	10	11	12	13	14	15
农历	一	二	三	四	五	六	七	八	九	十	十一	十二	十三	十四	十五	十六	十七	十八	十九	二十	廿一	廿二	廿三	廿四	廿五	廿六	廿七	廿八	廿九	三十
星期	五	六	日	一	二	三	四	五	六	日	一	二	三	四	五	六	日	一	二	三	四	五	六	日	一	二	三	四	五	六
干支	庚戌	辛亥	壬子	癸丑	甲寅	乙卯	丙辰	丁巳	戊午	己未	庚申	辛酉	壬戌	癸亥	甲子	乙丑	丙寅	丁卯	戊辰	己巳	庚午	辛未	壬申	癸酉	甲戌	乙亥	丙子	丁丑	戊寅	己卯
五行	金	金	木	木	水	水	土	土	火	火	木	木	水	水	金	金	火	火	木	木	土	土	金	金	火	火	水	水	土	土
建星	满	平	定	执	破	危	成	收	开	闭	建	除	满	平	定	执	破	危	成	收	开	开	闭	建	除	满	平	定	执	破
廿八宿	牛	女	虚	危	室	壁	奎	娄	胃	昴	毕	觜	参	井	鬼	柳	星	张	翼	轸	角	亢	氐	房	心	尾	箕	斗	牛	女

八月小建己酉觜宿 (七赤)

节气:秋分初七日廿二时四十九分
寒露廿三日五时十二分

公历	16	17	18	19	20	21	22	23	24	25	26	27	28	29	30	十月	2	3	4	5	6	7	8	9	10	11	12	13	14
农历	一	二	三	四	五	六	七	八	九	十	十一	十二	十三	十四	十五	十六	十七	十八	十九	二十	廿一	廿二	廿三	廿四	廿五	廿六	廿七	廿八	廿九
星期	日	一	二	三	四	五	六	日	一	二	三	四	五	六	日	一	二	三	四	五	六	日	一	二	三	四	五	六	日
干支	庚辰	辛巳	壬午	癸未	甲申	乙酉	丙戌	丁亥	戊子	己丑	庚寅	辛卯	壬辰	癸巳	甲午	乙未	丙申	丁酉	戊戌	己亥	庚子	辛丑	壬寅	癸卯	甲辰	乙巳	丙午	丁未	戊申
五行	金	金	木	木	水	水	土	土	火	火	木	木	水	水	金	金	火	火	木	木	土	土	金	金	火	火	水	水	土
建星	危	成	收	开	闭	建	除	满	平	定	执	破	危	成	收	开	闭	建	除	满	平	定	定	执	破	危	成	收	开
廿八宿	虚	危	室	壁	奎	娄	胃	昴	毕	觜	参	井	鬼	柳	星	张	翼	轸	角	亢	氐	房	心	尾	箕	斗	牛	女	虚

岁次：壬辰	公元 2012 年（长流水）			水龙
太岁：彭泰	年六白星	山天大畜卦	六水四运	虚

九月大建庚戌参宿 （六白） 节气：霜降初九日八时十四分 立冬廿四日八时廿六分

公历	15	16	17	18	19	20	21	22	23	24	25	26	27	28	29	30	31	11月	2	3	4	5	6	7	8	9	10	11	12	13
农历	一	二	三	四	五	六	七	八	九	十	十一	十二	十三	十四	十五	十六	十七	十八	十九	二十	廿一	廿二	廿三	廿四	廿五	廿六	廿七	廿八	廿九	三十
星期	一	二	三	四	五	六	日	一	二	三	四	五	六	日	一	二	三	四	五	六	日	一	二	三	四	五	六	日	一	二
干支	己酉	庚戌	辛亥	壬子	癸丑	甲寅	乙卯	丙辰	丁巳	戊午	己未	庚申	辛酉	壬戌	癸亥	甲子	乙丑	丙寅	丁卯	戊辰	己巳	庚午	辛未	壬申	癸酉	甲戌	乙亥	丙子	丁丑	戊寅
五行	土	金	金	木	木	水	水	土	土	火	火	木	木	水	水	金	金	火	火	木	木	土	土	金	金	火	火	水	水	土
建星	闭	建	除	满	平	定	执	破	危	成	收	开	闭	建	除	满	平	定	执	破	危	成	收	收	开	闭	建	除	满	平
廿八宿	危	室	壁	奎	娄	胃	昴	毕	觜	参	井	鬼	柳	星	张	翼	轸	角	亢	氐	房	心	尾	箕	斗	牛	女	虚	危	室

十月小建辛亥井宿 （五黄） 节气：小雪初九日五时五十分 大雪廿四日一时十九分

公历	14	15	16	17	18	19	20	21	22	23	24	25	26	27	28	29	30	12月	2	3	4	5	6	7	8	9	10	11	12	
农历	一	二	三	四	五	六	七	八	九	十	十一	十二	十三	十四	十五	十六	十七	十八	十九	二十	廿一	廿二	廿三	廿四	廿五	廿六	廿七	廿八	廿九	
星期	三	四	五	六	日	一	二	三	四	五	六	日	一	二	三	四	五	六	日	一	二	三	四	五	六	日	一	二	三	
干支	己卯	庚辰	辛巳	壬午	癸未	甲申	乙酉	丙戌	丁亥	戊子	己丑	庚寅	辛卯	壬辰	癸巳	甲午	乙未	丙申	丁酉	戊戌	己亥	庚子	辛丑	壬寅	癸卯	甲辰	乙巳	丙午	丁未	
五行	土	金	金	木	木	水	水	土	土	火	火	木	木	水	水	金	金	火	火	木	木	土	土	金	金	火	火	水	水	
建星	定	执	破	危	成	收	开	闭	建	除	满	平	定	执	破	危	成	收	开	闭	建	除	满	满	平	定	执	破	危	
廿八宿	壁	奎	娄	胃	昴	毕	觜	参	井	鬼	柳	星	张	翼	轸	角	亢	氐	房	心	尾	箕	斗	牛	女	虚	危	室	壁	

十一月大建壬子鬼宿 （四绿） 节气：冬至初九日十九时十二分 小寒廿四日十二时卅四分

公历	13	14	15	16	17	18	19	20	21	22	23	24	25	26	27	28	29	30	31	一月	2	3	4	5	6	7	8	9	10	11
农历	一	二	三	四	五	六	七	八	九	十	十一	十二	十三	十四	十五	十六	十七	十八	十九	二十	廿一	廿二	廿三	廿四	廿五	廿六	廿七	廿八	廿九	三十
星期	四	五	六	日	一	二	三	四	五	六	日	一	二	三	四	五	六	日	一	二	三	四	五	六	日	一	二	三	四	五
干支	戊申	己酉	庚戌	辛亥	壬子	癸丑	甲寅	乙卯	丙辰	丁巳	戊午	己未	庚申	辛酉	壬戌	癸亥	甲子	乙丑	丙寅	丁卯	戊辰	己巳	庚午	辛未	壬申	癸酉	甲戌	乙亥	丙子	丁丑
五行	土	土	金	金	木	木	水	水	土	土	火	火	木	木	水	水	金	金	火	火	木	木	土	土	金	金	火	火	水	水
建星	成	收	开	闭	建	除	满	平	定	执	破	危	成	收	开	闭	建	除	满	平	定	执	破	破	危	成	收	开	闭	建
廿八宿	奎	娄	胃	昴	毕	觜	参	井	鬼	柳	星	张	翼	轸	角	亢	氐	房	心	尾	箕	斗	牛	女	虚	危	室	壁	奎	娄

十二月小建癸丑柳宿 （三碧） 节气：大寒初九日五时五十三分 立春廿四日零时十四分

公历	12	13	14	15	16	17	18	19	20	21	22	23	24	25	26	27	28	29	30	31	二月	2	3	4	5	6	7	8	9	
农历	一	二	三	四	五	六	七	八	九	十	十一	十二	十三	十四	十五	十六	十七	十八	十九	二十	廿一	廿二	廿三	廿四	廿五	廿六	廿七	廿八	廿九	
星期	六	日	一	二	三	四	五	六	日	一	二	三	四	五	六	日	一	二	三	四	五	六	日	一	二	三	四	五	六	
干支	戊寅	己卯	庚辰	辛巳	壬午	癸未	甲申	乙酉	丙戌	丁亥	戊子	己丑	庚寅	辛卯	壬辰	癸巳	甲午	乙未	丙申	丁酉	戊戌	己亥	庚子	辛丑	壬寅	癸卯	甲辰	乙巳	丙午	
五行	土	土	金	金	木	木	水	水	土	土	火	火	木	木	水	水	金	金	火	火	木	木	土	土	金	金	火	火	水	
建星	除	满	平	定	执	破	危	成	收	开	闭	建	除	满	平	定	执	破	危	成	收	开	闭	闭	建	除	满	平	定	
廿八宿	胃	昴	毕	觜	参	井	鬼	柳	星	张	翼	轸	角	亢	氐	房	心	尾	箕	斗	牛	女	虚	危	室	壁	奎	娄	胃	

岁次：癸巳	公元2013年（长流水）			水蛇
太岁：徐单	年五黄星	泽天夬卦	四金六运	危

正月大建甲寅星宿　（二黑）

节气：雨水初九日二十时二分
惊蛰廿四日十八时十五分

公历	10	11	12	13	14	15	16	17	18	19	20	21	22	23	24	25	26	27	28	三月	2	3	4	5	6	7	8	9	10	11
农历	一	二	三	四	五	六	七	八	九	十	十一	十二	十三	十四	十五	十六	十七	十八	十九	二十	廿一	廿二	廿三	廿四	廿五	廿六	廿七	廿八	廿九	三十
星期	日	一	二	三	四	五	六	日	一	二	三	四	五	六	日	一	二	三	四	五	六	日	一	二	三	四	五	六	日	一
干支	丁未	戊申	己酉	庚戌	辛亥	壬子	癸丑	甲寅	乙卯	丙辰	丁巳	戊午	己未	庚申	辛酉	壬戌	癸亥	甲子	乙丑	丙寅	丁卯	戊辰	己巳	庚午	辛未	壬申	癸酉	甲戌	乙亥	丙子
五行	水	土	土	金	金	木	木	水	水	土	土	火	火	木	木	水	水	金	金	火	火	木	木	土	土	金	金	火	火	水
建星	执	破	危	成	收	开	闭	建	除	满	平	定	执	破	危	成	收	开	闭	建	除	满	平	平	定	执	破	危	成	收
廿八宿	昴	毕	觜	参	井	鬼	柳	星	张	翼	轸	角	亢	氐	房	心	尾	箕	斗	牛	女	虚	危	室	壁	奎	娄	胃	昴	毕

二月小建乙卯张宿　（一白）

节气：春分初九日十九时二分
清明廿四日廿二时三分

公历	12	13	14	15	16	17	18	19	20	21	22	23	24	25	26	27	28	29	30	31	四月	2	3	4	5	6	7	8	9	
农历	一	二	三	四	五	六	七	八	九	十	十一	十二	十三	十四	十五	十六	十七	十八	十九	二十	廿一	廿二	廿三	廿四	廿五	廿六	廿七	廿八	廿九	
星期	二	三	四	五	六	日	一	二	三	四	五	六	日	一	二	三	四	五	六	日	一	二	三	四	五	六	日	一	二	
干支	丁丑	戊寅	己卯	庚辰	辛巳	壬午	癸未	甲申	乙酉	丙戌	丁亥	戊子	己丑	庚寅	辛卯	壬辰	癸巳	甲午	乙未	丙申	丁酉	戊戌	己亥	庚子	辛丑	壬寅	癸卯	甲辰	乙巳	
五行	水	土	土	金	金	木	木	水	水	土	土	火	火	木	木	水	水	金	金	火	火	木	木	土	土	金	金	火	火	
建星	开	闭	建	除	满	平	定	执	破	危	成	收	开	闭	建	除	满	平	定	执	破	危	成	成	收	开	闭	建	除	
廿八宿	觜	参	井	鬼	柳	星	张	翼	轸	角	亢	氐	房	心	尾	箕	斗	牛	女	虚	危	室	壁	奎	娄	胃	昴	毕	觜	

三月大建丙辰翼宿　（九紫）

节气：谷雨十一日六时四分
立夏廿六日十六时十八分

公历	10	11	12	13	14	15	16	17	18	19	20	21	22	23	24	25	26	27	28	29	30	五月	2	3	4	5	6	7	8	9
农历	一	二	三	四	五	六	七	八	九	十	十一	十二	十三	十四	十五	十六	十七	十八	十九	二十	廿一	廿二	廿三	廿四	廿五	廿六	廿七	廿八	廿九	三十
星期	三	四	五	六	日	一	二	三	四	五	六	日	一	二	三	四	五	六	日	一	二	三	四	五	六	日	一	二	三	四
干支	丙午	丁未	戊申	己酉	庚戌	辛亥	壬子	癸丑	甲寅	乙卯	丙辰	丁巳	戊午	己未	庚申	辛酉	壬戌	癸亥	甲子	乙丑	丙寅	丁卯	戊辰	己巳	庚午	辛未	壬申	癸酉	甲戌	乙亥
五行	水	水	土	土	金	金	木	木	水	水	土	土	火	火	木	木	水	水	金	金	火	火	木	木	土	土	金	金	火	火
建星	满	平	定	执	破	危	成	收	开	闭	建	除	满	平	定	执	破	危	成	收	开	闭	建	除	满	满	平	定	执	破
廿八宿	参	井	鬼	柳	星	张	翼	轸	角	亢	氐	房	心	尾	箕	斗	牛	女	虚	危	室	壁	奎	娄	胃	昴	毕	觜	参	井

岁次:癸巳	公元 2013 年(长流水)			水蛇
太岁:徐单	年五黄星	泽天夬卦	四金六运	危

四月小建丁巳轸宿 (八白)

节气:小满十二日五时十分
芒种廿七日二十时廿四分

公历	10	11	12	13	14	15	16	17	18	19	20	21	22	23	24	25	26	27	28	29	30	31	六月	2	3	4	5	6	7	
农历	一	二	三	四	五	六	七	八	九	十	十一	十二	十三	十四	十五	十六	十七	十八	十九	二十	廿一	廿二	廿三	廿四	廿五	廿六	廿七	廿八	廿九	
星期	五	六	日	一	二	三	四	五	六	日	一	二	三	四	五	六	日	一	二	三	四	五	六	日	一	二	三	四	五	
干支	丙子	丁丑	戊寅	己卯	庚辰	辛巳	壬午	癸未	甲申	乙酉	丙戌	丁亥	戊子	己丑	庚寅	辛卯	壬辰	癸巳	甲午	乙未	丙申	丁酉	戊戌	己亥	庚子	辛丑	壬寅	癸卯	甲辰	
五行	水	水	土	土	金	金	木	木	水	水	土	土	火	火	木	木	水	水	金	金	火	火	木	木	土	土	金	金	火	
建星	危	成	收	开	闭	建	除	满	平	定	执	破	危	成	收	开	闭	建	除	满	平	定	执	破	危	成	成	收	开	
廿八宿	鬼	柳	星	张	翼	轸	角	亢	氐	房	心	尾	箕	斗	牛	女	虚	危	室	壁	奎	娄	胃	昴	毕	觜	参	井	鬼	

五月大建戊午角宿 (七赤)

节气:夏至十四日十三时四分
小暑三十日六时卅五分

公历	8	9	10	11	12	13	14	15	16	17	18	19	20	21	22	23	24	25	26	27	28	29	30	七月	2	3	4	5	6	7
农历	一	二	三	四	五	六	七	八	九	十	十一	十二	十三	十四	十五	十六	十七	十八	十九	二十	廿一	廿二	廿三	廿四	廿五	廿六	廿七	廿八	廿九	三十
星期	六	日	一	二	三	四	五	六	日	一	二	三	四	五	六	日	一	二	三	四	五	六	日	一	二	三	四	五	六	日
干支	乙巳	丙午	丁未	戊申	己酉	庚戌	辛亥	壬子	癸丑	甲寅	乙卯	丙辰	丁巳	戊午	己未	庚申	辛酉	壬戌	癸亥	甲子	乙丑	丙寅	丁卯	戊辰	己巳	庚午	辛未	壬申	癸酉	甲戌
五行	火	水	水	土	土	金	金	木	木	水	水	土	土	火	火	木	木	水	水	金	金	火	火	木	木	土	土	金	金	火
建星	闭	建	除	满	平	定	执	破	危	成	收	开	闭	建	除	满	平	定	执	破	危	成	收	开	闭	建	除	满	平	平
廿八宿	柳	星	张	翼	轸	角	亢	氐	房	心	尾	箕	斗	牛	女	虚	危	室	壁	奎	娄	胃	昴	毕	觜	参	井	鬼	柳	星

六月大建己未亢宿 (六白)

节气:大暑十五日二十三时五十六分

公历	8	9	10	11	12	13	14	15	16	17	18	19	20	21	22	23	24	25	26	27	28	29	30	31	八月	2	3	4	5	6
农历	一	二	三	四	五	六	七	八	九	十	十一	十二	十三	十四	十五	十六	十七	十八	十九	二十	廿一	廿二	廿三	廿四	廿五	廿六	廿七	廿八	廿九	三十
星期	一	二	三	四	五	六	日	一	二	三	四	五	六	日	一	二	三	四	五	六	日	一	二	三	四	五	六	日	一	二
干支	乙亥	丙子	丁丑	戊寅	己卯	庚辰	辛巳	壬午	癸未	甲申	乙酉	丙戌	丁亥	戊子	己丑	庚寅	辛卯	壬辰	癸巳	甲午	乙未	丙申	丁酉	戊戌	己亥	庚子	辛丑	壬寅	癸卯	甲辰
五行	火	水	水	土	土	金	金	木	木	水	水	土	土	火	火	木	木	水	水	金	金	火	火	木	木	土	土	金	金	火
建星	定	执	破	危	成	收	开	闭	建	除	满	平	定	执	破	危	成	收	开	闭	建	除	满	平	定	执	破	危	成	收
廿八宿	张	翼	轸	角	亢	氐	房	心	尾	箕	斗	牛	女	虚	危	室	壁	奎	娄	胃	昴	毕	觜	参	井	鬼	柳	星	张	翼

岁次：癸巳	公元2013年（长流水）			水蛇
太岁：徐单	年五黄星	泽天夬卦	四金六运	危

七月小建庚申氐宿 （五黄）

节气：立秋 初一日十六时廿分
处暑 十七日七时一分

公历	7	8	9	10	11	12	13	14	15	16	17	18	19	20	21	22	23	24	25	26	27	28	29	30	31	九月	2	3	4
农历	一	二	三	四	五	六	七	八	九	十	十一	十二	十三	十四	十五	十六	十七	十八	十九	二十	廿一	廿二	廿三	廿四	廿五	廿六	廿七	廿八	廿九
星期	三	四	五	六	日	一	二	三	四	五	六	日	一	二	三	四	五	六	日	一	二	三	四	五	六	日	一	二	三
干支	乙巳	丙午	丁未	戊申	己酉	庚戌	辛亥	壬子	癸丑	甲寅	乙卯	丙辰	丁巳	戊午	己未	庚申	辛酉	壬戌	癸亥	甲子	乙丑	丙寅	丁卯	戊辰	己巳	庚午	辛未	壬申	癸酉
五行	火	水	水	土	土	金	金	木	木	水	水	土	土	火	火	木	木	水	水	金	金	火	火	木	木	土	土	金	金
建星	收	开	闭	建	除	满	平	定	执	破	危	成	收	开	闭	建	除	满	平	定	执	破	危	成	收	开	闭	建	除
廿八宿	轸	角	亢	氐	房	心	尾	箕	斗	牛	女	虚	危	室	壁	奎	娄	胄	昴	毕	觜	参	井	鬼	柳	星	张	翼	轸

八月大建辛酉房宿 （四绿）

节气：白露 初三日十九时十六分
秋分 十九日四时四十四分

公历	5	6	7	8	9	10	11	12	13	14	15	16	17	18	19	20	21	22	23	24	25	26	27	28	29	30	十月	2	3	4
农历	一	二	三	四	五	六	七	八	九	十	十一	十二	十三	十四	十五	十六	十七	十八	十九	二十	廿一	廿二	廿三	廿四	廿五	廿六	廿七	廿八	廿九	三十
星期	四	五	六	日	一	二	三	四	五	六	日	一	二	三	四	五	六	日	一	二	三	四	五	六	日	一	二	三	四	五
干支	甲戌	乙亥	丙子	丁丑	戊寅	己卯	庚辰	辛巳	壬午	癸未	甲申	乙酉	丙戌	丁亥	戊子	己丑	庚寅	辛卯	壬辰	癸巳	甲午	乙未	丙申	丁酉	戊戌	己亥	庚子	辛丑	壬寅	癸卯
五行	火	火	水	水	土	土	金	金	木	木	水	水	土	土	火	火	木	木	水	水	金	金	火	火	木	木	土	土	金	金
建星	满	平	平	定	执	破	危	成	收	开	闭	建	除	满	平	定	执	破	危	成	收	开	闭	建	除	满	平	定	执	破
廿八宿	角	亢	氐	房	心	尾	箕	斗	牛	女	虚	危	室	壁	奎	娄	胄	昴	毕	觜	参	井	鬼	柳	星	张	翼	轸	角	亢

九月小建壬戌心宿 （三碧）

节气：寒露 初四日十时五十九分
霜降 十九日十四时十分

公历	5	6	7	8	9	10	11	12	13	14	15	16	17	18	19	20	21	22	23	24	25	26	27	28	29	30	31	11月	2
农历	一	二	三	四	五	六	七	八	九	十	十一	十二	十三	十四	十五	十六	十七	十八	十九	二十	廿一	廿二	廿三	廿四	廿五	廿六	廿七	廿八	廿九
星期	六	日	一	二	三	四	五	六	日	一	二	三	四	五	六	日	一	二	三	四	五	六	日	一	二	三	四	五	六
干支	甲辰	乙巳	丙午	丁未	戊申	己酉	庚戌	辛亥	壬子	癸丑	甲寅	乙卯	丙辰	丁巳	戊午	己未	庚申	辛酉	壬戌	癸亥	甲子	乙丑	丙寅	丁卯	戊辰	己巳	庚午	辛未	壬申
五行	火	火	水	水	土	土	金	金	木	木	水	水	土	土	火	火	木	木	水	水	金	金	火	火	木	木	土	土	金
建星	危	成	收	收	开	闭	建	除	满	平	定	执	破	危	成	收	开	闭	建	除	满	平	定	执	破	危	成	收	开
廿八宿	氐	房	心	尾	箕	斗	牛	女	虚	危	室	壁	奎	娄	胄	昴	毕	觜	参	井	鬼	柳	星	张	翼	轸	角	亢	氐

岁次：癸巳	公元 2013 年（长流水）			水蛇
太岁：徐单	年五黄星	泽天夬卦	四金六运	危

十月大建癸亥尾宿 （二黑）

节气：立冬初五日十四时十四分
小雪二十日十一时四十八分

公历	3	4	5	6	7	8	9	10	11	12	13	14	15	16	17	18	19	20	21	22	23	24	25	26	27	28	29	30	12月	2
农历	一	二	三	四	五	六	七	八	九	十	十一	十二	十三	十四	十五	十六	十七	十八	十九	二十	廿一	廿二	廿三	廿四	廿五	廿六	廿七	廿八	廿九	三十
星期	日	一	二	三	四	五	六	日	一	二	三	四	五	六	日	一	二	三	四	五	六	日	一	二	三	四	五	六	日	一
干支	癸酉	甲戌	乙亥	丙子	丁丑	戊寅	己卯	庚辰	辛巳	壬午	癸未	甲申	乙酉	丙戌	丁亥	戊子	己丑	庚寅	辛卯	壬辰	癸巳	甲午	乙未	丙申	丁酉	戊戌	己亥	庚子	辛丑	壬寅
五行	金	火	火	水	水	土	土	金	金	木	木	水	水	土	土	火	火	木	木	水	水	金	金	火	火	木	木	土	土	金
建星	闭	建	除	满	满	平	定	执	破	危	成	收	开	闭	建	除	满	平	定	执	破	危	成	收	开	闭	建	除	满	平
廿八宿	房	心	尾	箕	斗	牛	女	虚	危	室	壁	奎	娄	胃	昴	毕	觜	参	井	鬼	柳	星	张	翼	轸	角	亢	氐	房	心

十一月小建甲子箕宿 （一白）

节气：大雪初五日七时九分
冬至二十日一时十一分

公历	3	4	5	6	7	8	9	10	11	12	13	14	15	16	17	18	19	20	21	22	23	24	25	26	27	28	29	30	31	
农历	一	二	三	四	五	六	七	八	九	十	十一	十二	十三	十四	十五	十六	十七	十八	十九	二十	廿一	廿二	廿三	廿四	廿五	廿六	廿七	廿八	廿九	
星期	二	三	四	五	六	日	一	二	三	四	五	六	日	一	二	三	四	五	六	日	一	二	三	四	五	六	日	一	二	
干支	癸卯	甲辰	乙巳	丙午	丁未	戊申	己酉	庚戌	辛亥	壬子	癸丑	甲寅	乙卯	丙辰	丁巳	戊午	己未	庚申	辛酉	壬戌	癸亥	甲子	乙丑	丙寅	丁卯	戊辰	己巳	庚午	辛未	
五行	金	火	火	水	水	土	土	金	金	木	木	水	水	土	土	火	火	木	木	水	水	金	金	火	火	木	木	土	土	
建星	定	执	破	危	危	成	收	开	闭	建	除	满	平	定	执	破	危	成	收	开	闭	建	除	满	平	定	执	破	危	
廿八宿	尾	箕	斗	牛	女	虚	危	室	壁	奎	娄	胃	昴	毕	觜	参	井	鬼	柳	星	张	翼	轸	角	亢	氐	房	心	尾	

十二月大建乙丑斗宿 （九紫）

节气：小寒初五日十八时廿五分
大寒二十日十一时五十一分

公历	一月	2	3	4	5	6	7	8	9	10	11	12	13	14	15	16	17	18	19	20	21	22	23	24	25	26	27	28	29	30
农历	一	二	三	四	五	六	七	八	九	十	十一	十二	十三	十四	十五	十六	十七	十八	十九	二十	廿一	廿二	廿三	廿四	廿五	廿六	廿七	廿八	廿九	三十
星期	三	四	五	六	日	一	二	三	四	五	六	日	一	二	三	四	五	六	日	一	二	三	四	五	六	日	一	二	三	四
干支	壬申	癸酉	甲戌	乙亥	丙子	丁丑	戊寅	己卯	庚辰	辛巳	壬午	癸未	甲申	乙酉	丙戌	丁亥	戊子	己丑	庚寅	辛卯	壬辰	癸巳	甲午	乙未	丙申	丁酉	戊戌	己亥	庚子	辛丑
五行	金	金	火	火	水	水	土	土	金	金	木	木	水	水	土	土	火	火	木	木	水	水	金	金	火	火	木	木	土	土
建星	成	收	开	闭	闭	建	除	满	平	定	执	破	危	成	收	开	闭	建	除	满	平	定	执	破	危	成	收	开	闭	建
廿八宿	箕	斗	牛	女	虚	危	室	壁	奎	娄	胃	昴	毕	觜	参	井	鬼	柳	星	张	翼	轸	角	亢	氐	房	心	尾	箕	斗

岁次：甲午	公元2014年（沙中金）			木马
太岁：章词	年四绿星	天风姤卦 乾为天卦	九金八运 九金一运	室

正月小建丙寅牛宿　（八白）

节气：立春初五日六时三分
雨水二十日二时零分

公历	31	二月	2	3	4	5	6	7	8	9	10	11	12	13	14	15	16	17	18	19	20	21	22	23	24	25	26	27	28
农历	一	二	三	四	五	六	七	八	九	十	十一	十二	十三	十四	十五	十六	十七	十八	十九	二十	廿一	廿二	廿三	廿四	廿五	廿六	廿七	廿八	廿九
星期	五	六	日	一	二	三	四	五	六	日	一	二	三	四	五	六	日	一	二	三	四	五	六	日	一	二	三	四	五
干支	壬寅	癸卯	甲辰	乙巳	丙午	丁未	戊申	己酉	庚戌	辛亥	壬子	癸丑	甲寅	乙卯	丙辰	丁巳	戊午	己未	庚申	辛酉	壬戌	癸亥	甲子	乙丑	丙寅	丁卯	戊辰	己巳	庚午
五行	金	金	火	火	水	水	土	土	金	金	木	木	水	水	土	土	火	火	木	木	水	水	金	金	火	火	木	木	土
建星	除	满	平	定	定	执	破	危	成	收	开	闭	建	除	满	平	定	执	破	危	成	收	开	闭	建	除	满	平	定
廿八宿	牛	女	虚	危	室	壁	奎	娄	胃	昴	毕	觜	参	井	鬼	柳	星	张	翼	轸	角	亢	氐	房	心	尾	箕	斗	牛

二月大建丁卯女宿　（七赤）

节气：惊蛰初六日零时二分
春分廿一日零时五十七分

公历	三月	2	3	4	5	6	7	8	9	10	11	12	13	14	15	16	17	18	19	20	21	22	23	24	25	26	27	28	29	30
农历	一	二	三	四	五	六	七	八	九	十	十一	十二	十三	十四	十五	十六	十七	十八	十九	二十	廿一	廿二	廿三	廿四	廿五	廿六	廿七	廿八	廿九	三十
星期	六	日	一	二	三	四	五	六	日	一	二	三	四	五	六	日	一	二	三	四	五	六	日	一	二	三	四	五	六	日
干支	辛未	壬申	癸酉	甲戌	乙亥	丙子	丁丑	戊寅	己卯	庚辰	辛巳	壬午	癸未	甲申	乙酉	丙戌	丁亥	戊子	己丑	庚寅	辛卯	壬辰	癸巳	甲午	乙未	丙申	丁酉	戊戌	己亥	庚子
五行	土	金	金	火	火	水	水	土	土	金	金	木	木	水	水	土	土	火	火	木	木	水	水	金	金	火	火	木	木	土
建星	执	破	危	成	收	收	开	闭	建	除	满	平	定	执	破	危	成	收	开	闭	建	除	满	平	定	执	破	危	成	收
廿八宿	女	虚	危	室	壁	奎	娄	胃	昴	毕	觜	参	井	鬼	柳	星	张	翼	轸	角	亢	氐	房	心	尾	箕	斗	牛	女	虚

三月小建戊辰虚宿　（六白）

节气：清明初六日四时四十七分
谷雨廿一日十一时五十六分

公历	31	四月	2	3	4	5	6	7	8	9	10	11	12	13	14	15	16	17	18	19	20	21	22	23	24	25	26	27	28
农历	一	二	三	四	五	六	七	八	九	十	十一	十二	十三	十四	十五	十六	十七	十八	十九	二十	廿一	廿二	廿三	廿四	廿五	廿六	廿七	廿八	廿九
星期	一	二	三	四	五	六	日	一	二	三	四	五	六	日	一	二	三	四	五	六	日	一	二	三	四	五	六	日	一
干支	辛丑	壬寅	癸卯	甲辰	乙巳	丙午	丁未	戊申	己酉	庚戌	辛亥	壬子	癸丑	甲寅	乙卯	丙辰	丁巳	戊午	己未	庚申	辛酉	壬戌	癸亥	甲子	乙丑	丙寅	丁卯	戊辰	己巳
五行	土	金	金	火	火	水	水	土	土	金	金	木	木	水	水	土	土	火	火	木	木	水	水	金	金	火	火	木	木
建星	开	闭	建	除	满	满	平	定	执	破	危	成	收	开	闭	建	除	满	平	定	执	破	危	成	收	开	闭	建	除
廿八宿	危	室	壁	奎	娄	胃	昴	毕	觜	参	井	鬼	柳	星	张	翼	轸	角	亢	氐	房	心	尾	箕	斗	牛	女	虚	危

岁次：甲午	公元2014年（沙中金）			木马
太岁：章词	年四绿星	天风姤卦 乾为天卦	九金八运 九金一运	室

四月大建己巳危宿　（五黄）

节气：立夏初七日廿二时零分
小满廿三日十时五十九分

公历	29	30	五月	2	3	4	5	6	7	8	9	10	11	12	13	14	15	16	17	18	19	20	21	22	23	24	25	26	27	28
农历	一	二	三	四	五	六	七	八	九	十	十一	十二	十三	十四	十五	十六	十七	十八	十九	二十	廿一	廿二	廿三	廿四	廿五	廿六	廿七	廿八	廿九	三十
星期	二	三	四	五	六	日	一	二	三	四	五	六	日	一	二	三	四	五	六	日	一	二	三	四	五	六	日	一	二	三
干支	庚午	辛未	壬申	癸酉	甲戌	乙亥	丙子	丁丑	戊寅	己卯	庚辰	辛巳	壬午	癸未	甲申	乙酉	丙戌	丁亥	戊子	己丑	庚寅	辛卯	壬辰	癸巳	甲午	乙未	丙申	丁酉	戊戌	己亥
五行	土	土	金	金	火	火	水	水	土	土	金	金	木	木	水	水	土	土	火	火	木	木	水	水	金	金	火	火	木	木
建星	满	平	定	执	破	危	危	成	收	开	闭	建	除	满	平	定	执	破	危	成	收	开	闭	建	除	满	平	定	执	破
廿八宿	室	壁	奎	娄	胃	昴	毕	觜	参	井	鬼	柳	星	张	翼	轸	角	亢	氐	房	心	尾	箕	斗	牛	女	虚	危	室	壁

五月小建庚午室宿　（四绿）

节气：芒种初九日二时三分
夏至廿四日十八时五十二分

公历	29	30	31	六月	2	3	4	5	6	7	8	9	10	11	12	13	14	15	16	17	18	19	20	21	22	23	24	25	26
农历	一	二	三	四	五	六	七	八	九	十	十一	十二	十三	十四	十五	十六	十七	十八	十九	二十	廿一	廿二	廿三	廿四	廿五	廿六	廿七	廿八	廿九
星期	四	五	六	日	一	二	三	四	五	六	日	一	二	三	四	五	六	日	一	二	三	四	五	六	日	一	二	三	四
干支	庚子	辛丑	壬寅	癸卯	甲辰	乙巳	丙午	丁未	戊申	己酉	庚戌	辛亥	壬子	癸丑	甲寅	乙卯	丙辰	丁巳	戊午	己未	庚申	辛酉	壬戌	癸亥	甲子	乙丑	丙寅	丁卯	戊辰
五行	土	土	金	金	火	火	水	水	土	土	金	金	木	木	水	水	土	土	火	火	木	木	水	水	金	金	火	火	木
建星	危	成	收	开	闭	建	除	满	满	平	定	执	破	危	成	收	开	闭	建	除	满	平	定	执	破	危	成	收	开
廿八宿	奎	娄	胃	昴	毕	觜	参	井	鬼	柳	星	张	翼	轸	角	亢	氐	房	心	尾	箕	斗	牛	女	虚	危	室	壁	奎

六月大建辛未壁宿　（三碧）

节气：小暑十一日十二时十五分
大暑廿七日五时四十二分

公历	27	28	29	30	七月	2	3	4	5	6	7	8	9	10	11	12	13	14	15	16	17	18	19	20	21	22	23	24	25	26
农历	一	二	三	四	五	六	七	八	九	十	十一	十二	十三	十四	十五	十六	十七	十八	十九	二十	廿一	廿二	廿三	廿四	廿五	廿六	廿七	廿八	廿九	三十
星期	五	六	日	一	二	三	四	五	六	日	一	二	三	四	五	六	日	一	二	三	四	五	六	日	一	二	三	四	五	六
干支	己巳	庚午	辛未	壬申	癸酉	甲戌	乙亥	丙子	丁丑	戊寅	己卯	庚辰	辛巳	壬午	癸未	甲申	乙酉	丙戌	丁亥	戊子	己丑	庚寅	辛卯	壬辰	癸巳	甲午	乙未	丙申	丁酉	戊戌
五行	木	土	土	金	金	火	火	水	水	土	土	金	金	木	木	水	水	土	土	火	火	木	木	水	水	金	金	火	火	木
建星	闭	建	除	满	平	定	执	破	危	成	成	收	开	闭	建	除	满	平	定	执	破	危	成	收	开	闭	建	除	满	平
廿八宿	娄	胃	昴	毕	觜	参	井	鬼	柳	星	张	翼	轸	角	亢	氐	房	心	尾	箕	斗	牛	女	虚	危	室	壁	奎	娄	胃

岁次：甲午	公元2014年（沙中金）			木马
太岁：章词	年四绿星	天风姤卦 乾为天卦	九金八运 九金一运	室

七月小建壬申奎宿 （二黑）

节气：立秋十二日廿二时三分
处暑廿八日十二时四十六分

公历	27	28	29	30	31	八月	2	3	4	5	6	7	8	9	10	11	12	13	14	15	16	17	18	19	20	21	22	23	24
农历	一	二	三	四	五	六	七	八	九	十	十一	十二	十三	十四	十五	十六	十七	十八	十九	二十	廿一	廿二	廿三	廿四	廿五	廿六	廿七	廿八	廿九
星期	日	一	二	三	四	五	六	日	一	二	三	四	五	六	日	一	二	三	四	五	六	日	一	二	三	四	五	六	日
干支	己亥	庚子	辛丑	壬寅	癸卯	甲辰	乙巳	丙午	丁未	戊申	己酉	庚戌	辛亥	壬子	癸丑	甲寅	乙卯	丙辰	丁巳	戊午	己未	庚申	辛酉	壬戌	癸亥	甲子	乙丑	丙寅	丁卯
五行	木	土	土	金	金	火	火	水	水	土	土	金	金	木	木	水	水	土	土	火	火	木	木	水	水	金	金	火	火
建星	定	执	破	危	成	收	开	闭	建	除	满	满	平	定	执	破	危	成	收	开	闭	建	除	满	平	定	执	破	危
廿八宿	昴	毕	觜	参	井	鬼	柳	星	张	翼	轸	角	亢	氐	房	心	尾	箕	斗	牛	女	虚	危	室	壁	奎	娄	胃	昴

八月大建癸酉娄宿 （一白）

节气：白露十五日一时二分
秋分三十日十时卅分

公历	25	26	27	28	29	30	31	九月	2	3	4	5	6	7	8	9	10	11	12	13	14	15	16	17	18	19	20	21	22	23
农历	一	二	三	四	五	六	七	八	九	十	十一	十二	十三	十四	十五	十六	十七	十八	十九	二十	廿一	廿二	廿三	廿四	廿五	廿六	廿七	廿八	廿九	三十
星期	一	二	三	四	五	六	日	一	二	三	四	五	六	日	一	二	三	四	五	六	日	一	二	三	四	五	六	日	一	二
干支	戊辰	己巳	庚午	辛未	壬申	癸酉	甲戌	乙亥	丙子	丁丑	戊寅	己卯	庚辰	辛巳	壬午	癸未	甲申	乙酉	丙戌	丁亥	戊子	己丑	庚寅	辛卯	壬辰	癸巳	甲午	乙未	丙申	丁酉
五行	木	木	土	土	金	金	火	火	水	水	土	土	金	金	木	木	水	水	土	土	火	火	木	木	水	水	金	金	火	火
建星	成	收	开	闭	建	除	满	平	定	执	破	危	成	收	收	开	闭	建	除	满	平	定	执	破	危	成	收	开	闭	建
廿八宿	毕	觜	参	井	鬼	柳	星	张	翼	轸	角	亢	氐	房	心	尾	箕	斗	牛	女	虚	危	室	壁	奎	娄	胃	昴	毕	觜

九月大建甲戌胃宿 （九紫）

节气：寒露十五日十六时四十八分
霜降三十日十九时五十八分

公历	24	25	26	27	28	29	30	十月	2	3	4	5	6	7	8	9	10	11	12	13	14	15	16	17	18	19	20	21	22	23
农历	一	二	三	四	五	六	七	八	九	十	十一	十二	十三	十四	十五	十六	十七	十八	十九	二十	廿一	廿二	廿三	廿四	廿五	廿六	廿七	廿八	廿九	三十
星期	三	四	五	六	日	一	二	三	四	五	六	日	一	二	三	四	五	六	日	一	二	三	四	五	六	日	一	二	三	四
干支	戊戌	己亥	庚子	辛丑	壬寅	癸卯	甲辰	乙巳	丙午	丁未	戊申	己酉	庚戌	辛亥	壬子	癸丑	甲寅	乙卯	丙辰	丁巳	戊午	己未	庚申	辛酉	壬戌	癸亥	甲子	乙丑	丙寅	丁卯
五行	木	木	土	土	金	金	火	火	水	水	土	土	金	金	木	木	水	水	土	土	火	火	木	木	水	水	金	金	火	火
建星	除	满	平	定	执	破	危	成	收	开	闭	建	除	满	满	平	定	执	破	危	成	收	开	闭	建	除	满	平	定	执
廿八宿	参	井	鬼	柳	星	张	翼	轸	角	亢	氐	房	心	尾	箕	斗	牛	女	虚	危	室	壁	奎	娄	胃	昴	毕	觜	参	井

岁次：甲午	公元 2014 年（沙中金）			木马
太岁：章词	年四绿星	天风姤卦 乾为天卦	九金八运 九金一运	室

闰九月小　　　　节气：立冬十五日二十时七分

公历	24	25	26	27	28	29	30	31	11月	2	3	4	5	6	7	8	9	10	11	12	13	14	15	16	17	18	19	20	21	
农历	一	二	三	四	五	六	七	八	九	十	十一	十二	十三	十四	十五	十六	十七	十八	十九	二十	廿一	廿二	廿三	廿四	廿五	廿六	廿七	廿八	廿九	
星期	五	六	日	一	二	三	四	五	六	日	一	二	三	四	五	六	日	一	二	三	四	五	六	日	一	二	三	四	五	
干支	戊辰	己巳	庚午	辛未	壬申	癸酉	甲戌	乙亥	丙子	丁丑	戊寅	己卯	庚辰	辛巳	壬午	癸未	甲申	乙酉	丙戌	丁亥	戊子	己丑	庚寅	辛卯	壬辰	癸巳	甲午	乙未	丙申	
五行	木	木	土	土	金	金	火	火	水	水	土	土	金	金	木	木	水	水	土	土	火	火	木	木	水	水	金	金	火	
建星	破	危	成	收	开	闭	建	除	满	平	定	执	破	危	危	成	收	开	闭	建	除	满	平	定	执	破	危	成	收	
廿八宿	鬼	柳	星	张	翼	轸	角	亢	氐	房	心	尾	箕	斗	牛	女	虚	危	室	壁	奎	娄	胃	昴	毕	觜	参	井	鬼	

十月大建乙亥昴宿　（八白）　　　节气：小雪初一日十七时卅九分　大雪十六日十三时五分

公历	22	23	24	25	26	27	28	29	30	12月	2	3	4	5	6	7	8	9	10	11	12	13	14	15	16	17	18	19	20	21
农历	一	二	三	四	五	六	七	八	九	十	十一	十二	十三	十四	十五	十六	十七	十八	十九	二十	廿一	廿二	廿三	廿四	廿五	廿六	廿七	廿八	廿九	三十
星期	六	日	一	二	三	四	五	六	日	一	二	三	四	五	六	日	一	二	三	四	五	六	日	一	二	三	四	五	六	日
干支	丁酉	戊戌	己亥	庚子	辛丑	壬寅	癸卯	甲辰	乙巳	丙午	丁未	戊申	己酉	庚戌	辛亥	壬子	癸丑	甲寅	乙卯	丙辰	丁巳	戊午	己未	庚申	辛酉	壬戌	癸亥	甲子	乙丑	丙寅
五行	火	木	木	土	土	金	金	火	火	水	水	土	土	金	金	木	木	水	水	土	土	火	火	木	木	水	水	金	金	火
建星	开	闭	建	除	满	平	定	执	破	危	成	收	开	闭	建	建	除	满	平	定	执	破	危	成	收	开	闭	建	除	满
廿八宿	柳	星	张	翼	轸	角	亢	氐	房	心	尾	箕	斗	牛	女	虚	危	室	壁	奎	娄	胃	昴	毕	觜	参	井	鬼	柳	星

十一月小建丙子毕宿　（七赤）　　　节气：冬至初一日七时三分　小寒十六日零时廿一分

公历	22	23	24	25	26	27	28	29	30	31	一月	2	3	4	5	6	7	8	9	10	11	12	13	14	15	16	17	18	19	
农历	一	二	三	四	五	六	七	八	九	十	十一	十二	十三	十四	十五	十六	十七	十八	十九	二十	廿一	廿二	廿三	廿四	廿五	廿六	廿七	廿八	廿九	
星期	一	二	三	四	五	六	日	一	二	三	四	五	六	日	一	二	三	四	五	六	日	一	二	三	四	五	六	日	一	
干支	丁卯	戊辰	己巳	庚午	辛未	壬申	癸酉	甲戌	乙亥	丙子	丁丑	戊寅	己卯	庚辰	辛巳	壬午	癸未	甲申	乙酉	丙戌	丁亥	戊子	己丑	庚寅	辛卯	壬辰	癸巳	甲午	乙未	
五行	火	木	木	土	土	金	金	火	火	水	水	土	土	金	金	木	木	水	水	土	土	火	火	木	木	水	水	金	金	
建星	平	定	执	破	危	成	收	开	闭	建	除	满	平	定	执	执	破	危	成	收	开	闭	建	除	满	平	定	执	破	
廿八宿	张	翼	轸	角	亢	氐	房	心	尾	箕	斗	牛	女	虚	危	室	壁	奎	娄	胃	昴	毕	觜	参	井	鬼	柳	星	张	

十二月大建丁丑觜宿　（六白）　节气：大寒初一日十七时四十四分　立春十六日十一时五十九分

公历	20	21	22	23	24	25	26	27	28	29	30	31	二月	2	3	4	5	6	7	8	9	10	11	12	13	14	15	16	17	18
农历	一	二	三	四	五	六	七	八	九	十	十一	十二	十三	十四	十五	十六	十七	十八	十九	二十	廿一	廿二	廿三	廿四	廿五	廿六	廿七	廿八	廿九	三十
星期	二	三	四	五	六	日	一	二	三	四	五	六	日	一	二	三	四	五	六	日	一	二	三	四	五	六	日	一	二	三
干支	丙申	丁酉	戊戌	己亥	庚子	辛丑	壬寅	癸卯	甲辰	乙巳	丙午	丁未	戊申	己酉	庚戌	辛亥	壬子	癸丑	甲寅	乙卯	丙辰	丁巳	戊午	己未	庚申	辛酉	壬戌	癸亥	甲子	乙丑
五行	火	火	木	木	土	土	金	金	火	火	水	水	土	土	金	金	木	木	水	水	土	土	火	火	木	木	水	水	金	金
建星	危	成	收	开	闭	建	除	满	平	定	执	破	危	成	收	收	开	闭	建	除	满	平	定	执	破	危	成	收	开	闭
廿八宿	翼	轸	角	亢	氐	房	心	尾	箕	斗	牛	女	虚	危	室	壁	奎	娄	胃	昴	毕	觜	参	井	鬼	柳	星	张	翼	轸

岁次：乙未	公元 2015 年（沙中金）			木羊
太岁：杨仙	年三碧星	水风井卦	七火六运	壁

正月小建戊寅参宿　（五黄）

节气：雨水初一日七时五十分
惊蛰十六日五时五十六分

公历	19	20	21	22	23	24	25	26	27	28	三月	2	3	4	5	6	7	8	9	10	11	12	13	14	15	16	17	18	19
农历	一	二	三	四	五	六	七	八	九	十	十一	十二	十三	十四	十五	十六	十七	十八	十九	二十	廿一	廿二	廿三	廿四	廿五	廿六	廿七	廿八	廿九
星期	四	五	六	日	一	二	三	四	五	六	日	一	二	三	四	五	六	日	一	二	三	四	五	六	日	一	二	三	四
干支	丙寅	丁卯	戊辰	己巳	庚午	辛未	壬申	癸酉	甲戌	乙亥	丙子	丁丑	戊寅	己卯	庚辰	辛巳	壬午	癸未	甲申	乙酉	丙戌	丁亥	戊子	己丑	庚寅	辛卯	壬辰	癸巳	甲午
五行	火	火	木	木	土	土	金	金	火	火	水	水	土	土	金	金	木	木	水	水	土	土	火	火	木	木	水	水	金
建星	建	除	满	平	定	执	破	危	成	收	开	闭	建	除	满	满	平	定	执	破	危	成	收	开	闭	建	除	满	平
廿八宿	角	亢	氐	房	心	尾	箕	斗	牛	女	虚	危	室	壁	奎	娄	胃	昴	毕	觜	参	井	鬼	柳	星	张	翼	轸	角

二月大建己卯井宿　（四绿）

节气：春分初二日六时四十六分
清明十七日十时四十分

公历	20	21	22	23	24	25	26	27	28	29	30	31	四月	2	3	4	5	6	7	8	9	10	11	12	13	14	15	16	17	18
农历	一	二	三	四	五	六	七	八	九	十	十一	十二	十三	十四	十五	十六	十七	十八	十九	二十	廿一	廿二	廿三	廿四	廿五	廿六	廿七	廿八	廿九	三十
星期	五	六	日	一	二	三	四	五	六	日	一	二	三	四	五	六	日	一	二	三	四	五	六	日	一	二	三	四	五	六
干支	乙未	丙申	丁酉	戊戌	己亥	庚子	辛丑	壬寅	癸卯	甲辰	乙巳	丙午	丁未	戊申	己酉	庚戌	辛亥	壬子	癸丑	甲寅	乙卯	丙辰	丁巳	戊午	己未	庚申	辛酉	壬戌	癸亥	甲子
五行	金	火	火	木	木	土	土	金	金	火	火	水	水	土	土	金	金	木	木	水	水	土	土	火	火	木	木	水	水	金
建星	定	执	破	危	成	收	开	闭	建	除	满	平	定	执	破	危	危	成	收	开	闭	建	除	满	平	定	执	破	危	成
廿八宿	亢	氐	房	心	尾	箕	斗	牛	女	虚	危	室	壁	奎	娄	胃	昴	毕	觜	参	井	鬼	柳	星	张	翼	轸	角	亢	氐

三月小建庚辰鬼宿　（三碧）

节气：谷雨初二日十七时四十二分
立夏十八日三时五十三分

公历	19	20	21	22	23	24	25	26	27	28	29	30	五月	2	3	4	5	6	7	8	9	10	11	12	13	14	15	16	17
农历	一	二	三	四	五	六	七	八	九	十	十一	十二	十三	十四	十五	十六	十七	十八	十九	二十	廿一	廿二	廿三	廿四	廿五	廿六	廿七	廿八	廿九
星期	日	一	二	三	四	五	六	日	一	二	三	四	五	六	日	一	二	三	四	五	六	日	一	二	三	四	五	六	日
干支	乙丑	丙寅	丁卯	戊辰	己巳	庚午	辛未	壬申	癸酉	甲戌	乙亥	丙子	丁丑	戊寅	己卯	庚辰	辛巳	壬午	癸未	甲申	乙酉	丙戌	丁亥	戊子	己丑	庚寅	辛卯	壬辰	癸巳
五行	金	火	火	木	木	土	土	金	金	火	火	水	水	土	土	金	金	木	木	水	水	土	土	火	火	木	木	水	水
建星	收	开	闭	建	除	满	平	定	执	破	危	成	收	开	闭	建	除	除	满	平	定	执	破	危	成	收	开	闭	建
廿八宿	房	心	尾	箕	斗	牛	女	虚	危	室	壁	奎	娄	胃	昴	毕	觜	参	井	鬼	柳	星	张	翼	轸	角	亢	氐	房

岁次：乙未	公元 2015 年（沙中金）			木羊
太岁：杨仙	年三碧星	水风井卦	七火六运	壁

四月小建辛巳柳宿 （二黑）

节气：小满初四日十六时四十五分 芒种二十日七时五十九分

公历	18	19	20	21	22	23	24	25	26	27	28	29	30	31	六月	2	3	4	5	6	7	8	9	10	11	12	13	14	15
农历	一	二	三	四	五	六	七	八	九	十	十一	十二	十三	十四	十五	十六	十七	十八	十九	二十	廿一	廿二	廿三	廿四	廿五	廿六	廿七	廿八	廿九
星期	一	二	三	四	五	六	日	一	二	三	四	五	六	日	一	二	三	四	五	六	日	一	二	三	四	五	六	日	一
干支	甲午	乙未	丙申	丁酉	戊戌	己亥	庚子	辛丑	壬寅	癸卯	甲辰	乙巳	丙午	丁未	戊申	己酉	庚戌	辛亥	壬子	癸丑	甲寅	乙卯	丙辰	丁巳	戊午	己未	庚申	辛酉	壬戌
五行	金	金	火	火	木	木	土	土	金	金	火	火	水	水	土	土	金	金	木	木	水	水	土	土	火	火	木	木	水
建星	除	满	平	定	执	破	危	成	收	开	闭	建	除	满	平	定	执	破	危	危	成	收	开	闭	建	除	满	平	定
廿八宿	心	尾	箕	斗	牛	女	虚	危	室	壁	奎	娄	胃	昴	毕	觜	参	井	鬼	柳	星	张	翼	轸	角	亢	氐	房	心

五月大建壬午星宿 （一白）

节气：夏至初七日零时卅八分 小暑廿二日十八时十三分

公历	16	17	18	19	20	21	22	23	24	25	26	27	28	29	30	七月	2	3	4	5	6	7	8	9	10	11	12	13	14	15
农历	一	二	三	四	五	六	七	八	九	十	十一	十二	十三	十四	十五	十六	十七	十八	十九	二十	廿一	廿二	廿三	廿四	廿五	廿六	廿七	廿八	廿九	三十
星期	二	三	四	五	六	日	一	二	三	四	五	六	日	一	二	三	四	五	六	日	一	二	三	四	五	六	日	一	二	三
干支	癸亥	甲子	乙丑	丙寅	丁卯	戊辰	己巳	庚午	辛未	壬申	癸酉	甲戌	乙亥	丙子	丁丑	戊寅	己卯	庚辰	辛巳	壬午	癸未	甲申	乙酉	丙戌	丁亥	戊子	己丑	庚寅	辛卯	壬辰
五行	水	金	金	火	火	木	木	土	土	金	金	火	火	水	水	土	土	金	金	木	木	水	水	土	土	火	火	木	木	水
建星	执	破	危	成	收	开	闭	建	除	满	平	定	执	破	危	成	收	开	闭	建	除	除	满	平	定	执	破	危	成	收
廿八宿	尾	箕	斗	牛	女	虚	危	室	壁	奎	娄	胃	昴	毕	觜	参	井	鬼	柳	星	张	翼	轸	角	亢	氐	房	心	尾	箕

六月小建癸未张宿 （九紫）

节气：大暑初八日十一时卅一分 立秋廿四日四时二分

公历	16	17	18	19	20	21	22	23	24	25	26	27	28	29	30	31	八月	2	3	4	5	6	7	8	9	10	11	12	13
农历	一	二	三	四	五	六	七	八	九	十	十一	十二	十三	十四	十五	十六	十七	十八	十九	二十	廿一	廿二	廿三	廿四	廿五	廿六	廿七	廿八	廿九
星期	四	五	六	日	一	二	三	四	五	六	日	一	二	三	四	五	六	日	一	二	三	四	五	六	日	一	二	三	四
干支	癸巳	甲午	乙未	丙申	丁酉	戊戌	己亥	庚子	辛丑	壬寅	癸卯	甲辰	乙巳	丙午	丁未	戊申	己酉	庚戌	辛亥	壬子	癸丑	甲寅	乙卯	丙辰	丁巳	戊午	己未	庚申	辛酉
五行	水	金	金	火	火	木	木	土	土	金	金	火	火	水	水	土	土	金	金	木	木	水	水	土	土	火	火	木	木
建星	开	闭	建	除	满	平	定	执	破	危	成	收	开	闭	建	除	满	平	定	执	破	危	成	成	收	开	闭	建	除
廿八宿	斗	牛	女	虚	危	室	壁	奎	娄	胃	昴	毕	觜	参	井	鬼	柳	星	张	翼	轸	角	亢	氐	房	心	尾	箕	斗

岁次：乙未	公元2015年（沙中金）			木羊
太岁：杨仙	年三碧星	水风井卦	七火六运	壁

七月大建甲申翼宿 （八白）

节气：处暑初十日十八时卅八分
白露廿六日七时零分

公历	14	15	16	17	18	19	20	21	22	23	24	25	26	27	28	29	30	31	九月	2	3	4	5	6	7	8	9	10	11	12
农历	一	二	三	四	五	六	七	八	九	十	十一	十二	十三	十四	十五	十六	十七	十八	十九	二十	廿一	廿二	廿三	廿四	廿五	廿六	廿七	廿八	廿九	三十
星期	五	六	日	一	二	三	四	五	六	日	一	二	三	四	五	六	日	一	二	三	四	五	六	日	一	二	三	四	五	六
干支	壬戌	癸亥	甲子	乙丑	丙寅	丁卯	戊辰	己巳	庚午	辛未	壬申	癸酉	甲戌	乙亥	丙子	丁丑	戊寅	己卯	庚辰	辛巳	壬午	癸未	甲申	乙酉	丙戌	丁亥	戊子	己丑	庚寅	辛卯
五行	水	水	金	金	火	火	木	木	土	土	金	金	火	火	水	水	土	土	金	金	木	木	水	水	土	土	火	火	木	木
建星	满	平	定	执	破	危	成	收	开	闭	建	除	满	平	定	执	破	危	成	收	开	闭	建	除	满	满	平	定	执	破
廿八宿	牛	女	虚	危	室	壁	奎	娄	胄	昴	毕	觜	参	井	鬼	柳	星	张	翼	轸	角	亢	氐	房	心	尾	箕	斗	牛	女

八月大建乙酉轸宿 （七赤）

节气：秋分十一日十六时廿一分
寒露廿六日廿二时四十三分

公历	13	14	15	16	17	18	19	20	21	22	23	24	25	26	27	28	29	30	十月	2	3	4	5	6	7	8	9	10	11	12
农历	一	二	三	四	五	六	七	八	九	十	十一	十二	十三	十四	十五	十六	十七	十八	十九	二十	廿一	廿二	廿三	廿四	廿五	廿六	廿七	廿八	廿九	三十
星期	日	一	二	三	四	五	六	日	一	二	三	四	五	六	日	一	二	三	四	五	六	日	一	二	三	四	五	六	日	一
干支	壬辰	癸巳	甲午	乙未	丙申	丁酉	戊戌	己亥	庚子	辛丑	壬寅	癸卯	甲辰	乙巳	丙午	丁未	戊申	己酉	庚戌	辛亥	壬子	癸丑	甲寅	乙卯	丙辰	丁巳	戊午	己未	庚申	辛酉
五行	水	水	金	金	火	火	木	木	土	土	金	金	火	火	水	水	土	土	金	金	木	木	水	水	土	土	火	火	木	木
建星	危	成	收	开	闭	建	除	满	平	定	执	破	危	成	收	开	闭	建	除	满	平	定	执	破	危	危	成	收	开	闭
廿八宿	虚	危	室	壁	奎	娄	胄	昴	毕	觜	参	井	鬼	柳	星	张	翼	轸	角	亢	氐	房	心	尾	箕	斗	牛	女	虚	危

九月大建丙戌角宿 （六白）

节气：霜降十二日一时四十七分
立冬廿七日二时零分

公历	13	14	15	16	17	18	19	20	21	22	23	24	25	26	27	28	29	30	31	11月	2	3	4	5	6	7	8	9	10	11
农历	一	二	三	四	五	六	七	八	九	十	十一	十二	十三	十四	十五	十六	十七	十八	十九	二十	廿一	廿二	廿三	廿四	廿五	廿六	廿七	廿八	廿九	三十
星期	二	三	四	五	六	日	一	二	三	四	五	六	日	一	二	三	四	五	六	日	一	二	三	四	五	六	日	一	二	三
干支	壬戌	癸亥	甲子	乙丑	丙寅	丁卯	戊辰	己巳	庚午	辛未	壬申	癸酉	甲戌	乙亥	丙子	丁丑	戊寅	己卯	庚辰	辛巳	壬午	癸未	甲申	乙酉	丙戌	丁亥	戊子	己丑	庚寅	辛卯
五行	水	水	金	金	火	火	木	木	土	土	金	金	火	火	水	水	土	土	金	金	木	木	水	水	土	土	火	火	木	木
建星	建	除	满	平	定	执	破	危	成	收	开	闭	建	除	满	平	定	执	破	危	成	收	开	闭	建	除	除	满	平	定
廿八宿	室	壁	奎	娄	胄	昴	毕	觜	参	井	鬼	柳	星	张	翼	轸	角	亢	氐	房	心	尾	箕	斗	牛	女	虚	危	室	壁

岁次:乙未	公元 2015 年(沙中金)			木羊
太岁:杨仙	年三碧星	水风井卦	七火六运	壁

十月小建丁亥亢宿 (五黄)

节气:小雪十一日卅三时廿六分
大雪廿六日十八时五十四分

公历	12	13	14	15	16	17	18	19	20	21	22	23	24	25	26	27	28	29	30	12月	2	3	4	5	6	7	8	9	10
农历	一	二	三	四	五	六	七	八	九	十	十一	十二	十三	十四	十五	十六	十七	十八	十九	二十	廿一	廿二	廿三	廿四	廿五	廿六	廿七	廿八	廿九
星期	四	五	六	日	一	二	三	四	五	六	日	一	二	三	四	五	六	日	一	二	三	四	五	六	日	一	二	三	四
干支	壬辰	癸巳	甲午	乙未	丙申	丁酉	戊戌	己亥	庚子	辛丑	壬寅	癸卯	甲辰	乙巳	丙午	丁未	戊申	己酉	庚戌	辛亥	壬子	癸丑	甲寅	乙卯	丙辰	丁巳	戊午	己未	庚申
五行	水	水	金	金	火	火	木	木	土	土	金	金	火	火	水	水	土	土	金	金	木	木	水	水	土	土	火	火	木
建星	执	破	危	成	收	开	闭	建	除	满	平	定	执	破	危	成	收	开	闭	建	除	满	平	定	执	执	破	危	成
廿八宿	奎	娄	胃	昴	毕	觜	参	井	鬼	柳	星	张	翼	轸	角	亢	氐	房	心	尾	箕	斗	牛	女	虚	危	室	壁	奎

十一月大建戊子氐宿 (四绿)

节气:冬至十二日十二时四十九分
小寒廿七日六时九分

公历	11	12	13	14	15	16	17	18	19	20	21	22	23	24	25	26	27	28	29	30	31	一月	2	3	4	5	6	7	8	9
农历	一	二	三	四	五	六	七	八	九	十	十一	十二	十三	十四	十五	十六	十七	十八	十九	二十	廿一	廿二	廿三	廿四	廿五	廿六	廿七	廿八	廿九	三十
星期	五	六	日	一	二	三	四	五	六	日	一	二	三	四	五	六	日	一	二	三	四	五	六	日	一	二	三	四	五	六
干支	辛酉	壬戌	癸亥	甲子	乙丑	丙寅	丁卯	戊辰	己巳	庚午	辛未	壬申	癸酉	甲戌	乙亥	丙子	丁丑	戊寅	己卯	庚辰	辛巳	壬午	癸未	甲申	乙酉	丙戌	丁亥	戊子	己丑	庚寅
五行	木	水	水	金	金	火	火	木	木	土	土	金	金	火	火	水	水	土	土	金	金	木	木	水	水	土	土	火	火	木
建星	收	开	闭	建	除	满	平	定	执	破	危	成	收	开	闭	建	除	满	平	定	执	破	危	成	收	开	开	闭	建	除
廿八宿	娄	胃	昴	毕	觜	参	井	鬼	柳	星	张	翼	轸	角	亢	氐	房	心	尾	箕	斗	牛	女	虚	危	室	壁	奎	娄	胃

十二月小建己丑房宿 (三碧)

节气:大寒十一日廿三时廿八分
立春廿六日十七时四十六分

公历	10	11	12	13	14	15	16	17	18	19	20	21	22	23	24	25	26	27	28	29	30	31	二月	2	3	4	5	6	7
农历	一	二	三	四	五	六	七	八	九	十	十一	十二	十三	十四	十五	十六	十七	十八	十九	二十	廿一	廿二	廿三	廿四	廿五	廿六	廿七	廿八	廿九
星期	日	一	二	三	四	五	六	日	一	二	三	四	五	六	日	一	二	三	四	五	六	日	一	二	三	四	五	六	日
干支	辛卯	壬辰	癸巳	甲午	乙未	丙申	丁酉	戊戌	己亥	庚子	辛丑	壬寅	癸卯	甲辰	乙巳	丙午	丁未	戊申	己酉	庚戌	辛亥	壬子	癸丑	甲寅	乙卯	丙辰	丁巳	戊午	己未
五行	木	水	水	金	金	火	火	木	木	土	土	金	金	火	火	水	水	土	土	金	金	木	木	水	水	土	土	火	火
建星	满	平	定	执	破	危	成	收	开	闭	建	除	满	平	定	执	破	危	成	收	开	闭	建	除	满	满	平	定	执
廿八宿	昴	毕	觜	参	井	鬼	柳	星	张	翼	轸	角	亢	氐	房	心	尾	箕	斗	牛	女	虚	危	室	壁	奎	娄	胃	昴

岁次：丙申	公元2016年（山下火）			火猴
太岁：管仲	年二黑星	雷水解卦	八木四运	奎

正月大建庚寅心宿 （二黑）

节气：雨水十二日十三时卅四分
惊蛰廿七日十一时四十四分

公历	8	9	10	11	12	13	14	15	16	17	18	19	20	21	22	23	24	25	26	27	28	29	三月	2	3	4	5	6	7	8
农历	一	二	三	四	五	六	七	八	九	十	十一	十二	十三	十四	十五	十六	十七	十八	十九	二十	廿一	廿二	廿三	廿四	廿五	廿六	廿七	廿八	廿九	三十
星期	一	二	三	四	五	六	日	一	二	三	四	五	六	日	一	二	三	四	五	六	日	一	二	三	四	五	六	日	一	二
干支	庚申	辛酉	壬戌	癸亥	甲子	乙丑	丙寅	丁卯	戊辰	己巳	庚午	辛未	壬申	癸酉	甲戌	乙亥	丙子	丁丑	戊寅	己卯	庚辰	辛巳	壬午	癸未	甲申	乙酉	丙戌	丁亥	戊子	己丑
五行	木	木	水	水	金	金	火	火	木	木	土	土	金	金	火	火	水	水	土	土	金	金	木	木	水	水	土	土	火	火
建星	破	危	成	收	开	闭	建	除	满	平	定	执	破	危	成	收	开	闭	建	除	满	平	定	执	破	危	危	成	收	开
廿八宿	毕	觜	参	井	鬼	柳	星	张	翼	轸	角	亢	氐	房	心	尾	箕	斗	牛	女	虚	危	室	壁	奎	娄	胃	昴	毕	觜

二月小建辛卯尾宿 （一白）

节气：春分十二日十二时卅一分
清明廿七日十六时廿八分

公历	9	10	11	12	13	14	15	16	17	18	19	20	21	22	23	24	25	26	27	28	29	30	31	四月	2	3	4	5	6	
农历	一	二	三	四	五	六	七	八	九	十	十一	十二	十三	十四	十五	十六	十七	十八	十九	二十	廿一	廿二	廿三	廿四	廿五	廿六	廿七	廿八	廿九	
星期	三	四	五	六	日	一	二	三	四	五	六	日	一	二	三	四	五	六	日	一	二	三	四	五	六	日	一	二	三	
干支	庚寅	辛卯	壬辰	癸巳	甲午	乙未	丙申	丁酉	戊戌	己亥	庚子	辛丑	壬寅	癸卯	甲辰	乙巳	丙午	丁未	戊申	己酉	庚戌	辛亥	壬子	癸丑	甲寅	乙卯	丙辰	丁巳	戊午	
五行	木	木	水	水	金	金	火	火	木	木	土	土	金	金	火	火	水	水	土	土	金	金	木	木	水	水	土	土	火	
建星	闭	建	除	满	平	定	执	破	危	成	收	开	闭	建	除	满	平	定	执	破	危	成	收	开	闭	建	建	除	满	
廿八宿	参	井	鬼	柳	星	张	翼	轸	角	亢	氐	房	心	尾	箕	斗	牛	女	虚	危	室	壁	奎	娄	胃	昴	毕	觜	参	

三月大建壬辰箕宿 （九紫）

节气：谷雨十三日廿三时三十分
立夏廿九日九时四十二分

公历	7	8	9	10	11	12	13	14	15	16	17	18	19	20	21	22	23	24	25	26	27	28	29	30	五月	2	3	4	5	6
农历	一	二	三	四	五	六	七	八	九	十	十一	十二	十三	十四	十五	十六	十七	十八	十九	二十	廿一	廿二	廿三	廿四	廿五	廿六	廿七	廿八	廿九	三十
星期	四	五	六	日	一	二	三	四	五	六	日	一	二	三	四	五	六	日	一	二	三	四	五	六	日	一	二	三	四	五
干支	己未	庚申	辛酉	壬戌	癸亥	甲子	乙丑	丙寅	丁卯	戊辰	己巳	庚午	辛未	壬申	癸酉	甲戌	乙亥	丙子	丁丑	戊寅	己卯	庚辰	辛巳	壬午	癸未	甲申	乙酉	丙戌	丁亥	戊子
五行	火	木	木	水	水	金	金	火	火	木	木	土	土	金	金	火	火	水	水	土	土	金	金	木	木	水	水	土	土	火
建星	平	定	执	破	危	成	收	开	闭	建	除	满	平	定	执	破	危	成	收	开	闭	建	除	满	平	定	执	破	破	危
廿八宿	井	鬼	柳	星	张	翼	轸	角	亢	氐	房	心	尾	箕	斗	牛	女	虚	危	室	壁	奎	娄	胃	昴	毕	觜	参	井	鬼

岁次:丙申	公元 2016 年(山下火)			火猴
太岁:管仲	年二黑星	雷水解卦	八木四运	奎

四月小建癸巳斗宿 (八白)　　节气:小满十四日廿二时卅七分

公历	7	8	9	10	11	12	13	14	15	16	17	18	19	20	21	22	23	24	25	26	27	28	29	30	31	六月	2	3	4	
农历	一	二	三	四	五	六	七	八	九	十	十一	十二	十三	十四	十五	十六	十七	十八	十九	二十	廿一	廿二	廿三	廿四	廿五	廿六	廿七	廿八	廿九	
星期	六	日	一	二	三	四	五	六	日	一	二	三	四	五	六	日	一	二	三	四	五	六	日	一	二	三	四	五	六	
干支	己丑	庚寅	辛卯	壬辰	癸巳	甲午	乙未	丙申	丁酉	戊戌	己亥	庚子	辛丑	壬寅	癸卯	甲辰	乙巳	丙午	丁未	戊申	己酉	庚戌	辛亥	壬子	癸丑	甲寅	乙卯	丙辰	丁巳	
五行	火	木	木	水	水	金	金	火	火	木	木	土	土	金	金	火	火	水	水	土	土	金	金	木	木	水	水	土	土	
建星	成	收	开	闭	建	除	满	平	定	执	破	危	成	收	开	闭	建	除	满	平	定	执	破	危	成	收	开	闭	建	
廿八宿	柳	星	张	翼	轸	角	亢	氐	房	心	尾	箕	斗	牛	女	虚	危	室	壁	奎	娄	胄	昴	毕	觜	参	井	鬼	柳	

五月小建甲午牛宿 (七赤)　　节气:芒种初一日十三时四十九分
夏至十七日六时卅四分

公历	5	6	7	8	9	10	11	12	13	14	15	16	17	18	19	20	21	22	23	24	25	26	27	28	29	30	七月	2	3	
农历	一	二	三	四	五	六	七	八	九	十	十一	十二	十三	十四	十五	十六	十七	十八	十九	二十	廿一	廿二	廿三	廿四	廿五	廿六	廿七	廿八	廿九	
星期	日	一	二	三	四	五	六	日	一	二	三	四	五	六	日	一	二	三	四	五	六	日	一	二	三	四	五	六	日	
干支	戊午	己未	庚申	辛酉	壬戌	癸亥	甲子	乙丑	丙寅	丁卯	戊辰	己巳	庚午	辛未	壬申	癸酉	甲戌	乙亥	丙子	丁丑	戊寅	己卯	庚辰	辛巳	壬午	癸未	甲申	乙酉	丙戌	
五行	火	火	木	木	水	水	金	金	火	火	木	木	土	土	金	金	火	火	水	水	土	土	金	金	木	木	水	水	土	
建星	建	除	满	平	定	执	破	危	成	收	开	闭	建	除	满	平	定	执	破	危	成	收	开	闭	建	除	满	平	定	
廿八宿	星	张	翼	轸	角	亢	氐	房	心	尾	箕	斗	牛	女	虚	危	室	壁	奎	娄	胄	昴	毕	觜	参	井	鬼	柳	星	

六月大建乙未女宿 (六白)　　节气:小暑初四日零时四分
大暑十九日十七时卅一分

公历	4	5	6	7	8	9	10	11	12	13	14	15	16	17	18	19	20	21	22	23	24	25	26	27	28	29	30	31	八月	2
农历	一	二	三	四	五	六	七	八	九	十	十一	十二	十三	十四	十五	十六	十七	十八	十九	二十	廿一	廿二	廿三	廿四	廿五	廿六	廿七	廿八	廿九	三十
星期	一	二	三	四	五	六	日	一	二	三	四	五	六	日	一	二	三	四	五	六	日	一	二	三	四	五	六	日	一	二
干支	丁亥	戊子	己丑	庚寅	辛卯	壬辰	癸巳	甲午	乙未	丙申	丁酉	戊戌	己亥	庚子	辛丑	壬寅	癸卯	甲辰	乙巳	丙午	丁未	戊申	己酉	庚戌	辛亥	壬子	癸丑	甲寅	乙卯	丙辰
五行	土	火	火	木	木	水	水	金	金	火	火	木	木	土	土	金	金	火	火	水	水	土	土	金	金	木	木	水	水	土
建星	执	破	危	危	成	收	开	闭	建	除	满	平	定	执	破	危	成	收	开	闭	建	除	满	平	定	执	破	危	成	收
廿八宿	张	翼	轸	角	亢	氐	房	心	尾	箕	斗	牛	女	虚	危	室	壁	奎	娄	胄	昴	毕	觜	参	井	鬼	柳	星	张	翼

岁次：丙申	公元2016年（山下火）			火猴
太岁：管仲	年二黑星	雷水解卦	八木四运	奎

七月小建丙申虚宿 （五黄）

节气：立秋初五日九时五十三分
处暑廿一日零时卅九分

公历	3	4	5	6	7	8	9	10	11	12	13	14	15	16	17	18	19	20	21	22	23	24	25	26	27	28	29	30	31	
农历	一	二	三	四	五	六	七	八	九	十	十一	十二	十三	十四	十五	十六	十七	十八	十九	二十	廿一	廿二	廿三	廿四	廿五	廿六	廿七	廿八	廿九	
星期	三	四	五	六	日	一	二	三	四	五	六	日	一	二	三	四	五	六	日	一	二	三	四	五	六	日	一	二	三	
干支	丁巳	戊午	己未	庚申	辛酉	壬戌	癸亥	甲子	乙丑	丙寅	丁卯	戊辰	己巳	庚午	辛未	壬申	癸酉	甲戌	乙亥	丙子	丁丑	戊寅	己卯	庚辰	辛巳	壬午	癸未	甲申	乙酉	
五行	土	火	火	木	木	水	水	金	金	火	火	木	木	土	土	金	金	火	火	水	水	土	土	金	金	木	木	水	水	
建星	开	闭	建	除	除	满	平	定	执	破	危	成	收	开	闭	建	除	满	平	定	执	破	危	成	收	开	闭	建	除	
廿八宿	轸	角	亢	氐	房	心	尾	箕	斗	牛	女	虚	危	室	壁	奎	娄	胃	昴	毕	觜	参	井	鬼	柳	星	张	翼	轸	

八月大建丁酉危宿 （四绿）

节气：白露初七日十二时五十一分
秋分廿二日廿二时廿一分

公历	九月	2	3	4	5	6	7	8	9	10	11	12	13	14	15	16	17	18	19	20	21	22	23	24	25	26	27	28	29	30
农历	一	二	三	四	五	六	七	八	九	十	十一	十二	十三	十四	十五	十六	十七	十八	十九	二十	廿一	廿二	廿三	廿四	廿五	廿六	廿七	廿八	廿九	三十
星期	四	五	六	日	一	二	三	四	五	六	日	一	二	三	四	五	六	日	一	二	三	四	五	六	日	一	二	三	四	五
干支	丙戌	丁亥	戊子	己丑	庚寅	辛卯	壬辰	癸巳	甲午	乙未	丙申	丁酉	戊戌	己亥	庚子	辛丑	壬寅	癸卯	甲辰	乙巳	丙午	丁未	戊申	己酉	庚戌	辛亥	壬子	癸丑	甲寅	乙卯
五行	土	土	火	火	木	木	水	水	金	金	火	火	木	木	土	土	金	金	火	火	水	水	土	土	金	金	木	木	水	水
建星	满	平	定	执	破	危	危	成	收	开	闭	建	除	满	平	定	执	破	危	成	收	开	闭	建	除	满	平	定	执	破
廿八宿	角	亢	氐	房	心	尾	箕	斗	牛	女	虚	危	室	壁	奎	娄	胃	昴	毕	觜	参	井	鬼	柳	星	张	翼	轸	角	亢

九月大建戊戌室宿 （三碧）

节气：寒露初八日四时卅三分
霜降廿三日七时四十六分

公历	十月	2	3	4	5	6	7	8	9	10	11	12	13	14	15	16	17	18	19	20	21	22	23	24	25	26	27	28	29	30
农历	一	二	三	四	五	六	七	八	九	十	十一	十二	十三	十四	十五	十六	十七	十八	十九	二十	廿一	廿二	廿三	廿四	廿五	廿六	廿七	廿八	廿九	三十
星期	六	日	一	二	三	四	五	六	日	一	二	三	四	五	六	日	一	二	三	四	五	六	日	一	二	三	四	五	六	日
干支	丙辰	丁巳	戊午	己未	庚申	辛酉	壬戌	癸亥	甲子	乙丑	丙寅	丁卯	戊辰	己巳	庚午	辛未	壬申	癸酉	甲戌	乙亥	丙子	丁丑	戊寅	己卯	庚辰	辛巳	壬午	癸未	甲申	乙酉
五行	土	土	火	火	木	木	水	水	金	金	火	火	木	木	土	土	金	金	火	火	水	水	土	土	金	金	木	木	水	水
建星	危	成	收	开	闭	建	除	除	满	平	定	执	破	危	成	收	开	闭	建	除	满	平	定	执	破	危	成	收	开	闭
廿八宿	氐	房	心	尾	箕	斗	牛	女	虚	危	室	壁	奎	娄	胃	昴	毕	觜	参	井	鬼	柳	星	张	翼	轸	角	亢	氐	房

岁次:丙申	公元2016年(山下火)			火猴
太岁:管仲	年二黑星	雷水解卦	八木四运	奎

十月小建己亥壁宿 （二黑）

节气：立冬初八日七时四十八分
小雪廿三日五时廿三分

公历	31	11月	2	3	4	5	6	7	8	9	10	11	12	13	14	15	16	17	18	19	20	21	22	23	24	25	26	27	28
农历	一	二	三	四	五	六	七	八	九	十	十一	十二	十三	十四	十五	十六	十七	十八	十九	二十	廿一	廿二	廿三	廿四	廿五	廿六	廿七	廿八	廿九
星期	一	二	三	四	五	六	日	一	二	三	四	五	六	日	一	二	三	四	五	六	日	一	二	三	四	五	六	日	一
干支	丙戌	丁亥	戊子	己丑	庚寅	辛卯	壬辰	癸巳	甲午	乙未	丙申	丁酉	戊戌	己亥	庚子	辛丑	壬寅	癸卯	甲辰	乙巳	丙午	丁未	戊申	己酉	庚戌	辛亥	壬子	癸丑	甲寅
五行	土	土	火	火	木	木	水	水	金	金	火	火	木	木	土	土	金	金	火	火	水	水	土	土	金	金	木	木	水
建星	建	除	满	平	定	执	破	破	危	成	收	开	闭	建	除	满	平	定	执	破	危	成	收	开	闭	建	除	满	平
廿八宿	心	尾	箕	斗	牛	女	虚	危	室	壁	奎	娄	胃	昴	毕	觜	参	井	鬼	柳	星	张	翼	轸	角	亢	氐	房	心

十一月大建庚子奎宿 （一白）

节气：大雪初九日零时四十一分
冬至廿三时十八时四十五分

公历	29	30	12月	2	3	4	5	6	7	8	9	10	11	12	13	14	15	16	17	18	19	20	21	22	23	24	25	26	27	28
农历	一	二	三	四	五	六	七	八	九	十	十一	十二	十三	十四	十五	十六	十七	十八	十九	二十	廿一	廿二	廿三	廿四	廿五	廿六	廿七	廿八	廿九	三十
星期	二	三	四	五	六	日	一	二	三	四	五	六	日	一	二	三	四	五	六	日	一	二	三	四	五	六	日	一	二	三
干支	乙卯	丙辰	丁巳	戊午	己未	庚申	辛酉	壬戌	癸亥	甲子	乙丑	丙寅	丁卯	戊辰	己巳	庚午	辛未	壬申	癸酉	甲戌	乙亥	丙子	丁丑	戊寅	己卯	庚辰	辛巳	壬午	癸未	甲申
五行	水	土	土	火	火	木	木	水	水	金	金	火	火	木	木	土	土	金	金	火	火	水	水	土	土	金	金	木	木	水
建星	定	执	破	危	成	收	开	闭	闭	建	除	满	平	定	执	破	危	成	收	开	闭	建	除	满	平	定	执	破	危	成
廿八宿	尾	箕	斗	牛	女	虚	危	室	壁	奎	娄	胃	昴	毕	觜	参	井	鬼	柳	星	张	翼	轸	角	亢	氐	房	心	尾	箕

十二月大建辛丑娄宿 （九紫）

节气：小寒初八日十一时五十六分
大寒廿三日五时廿四分

公历	29	30	31	1月	2	3	4	5	6	7	8	9	10	11	12	13	14	15	16	17	18	19	20	21	22	23	24	25	26	27
农历	一	二	三	四	五	六	七	八	九	十	十一	十二	十三	十四	十五	十六	十七	十八	十九	二十	廿一	廿二	廿三	廿四	廿五	廿六	廿七	廿八	廿九	三十
星期	四	五	六	日	一	二	三	四	五	六	日	一	二	三	四	五	六	日	一	二	三	四	五	六	日	一	二	三	四	五
干支	乙酉	丙戌	丁亥	戊子	己丑	庚寅	辛卯	壬辰	癸巳	甲午	乙未	丙申	丁酉	戊戌	己亥	庚子	辛丑	壬寅	癸卯	甲辰	乙巳	丙午	丁未	戊申	己酉	庚戌	辛亥	壬子	癸丑	甲寅
五行	水	土	土	火	火	木	木	水	水	金	金	火	火	木	木	土	土	金	金	火	火	水	水	土	土	金	金	木	木	水
建星	收	开	闭	建	除	满	平	平	定	执	破	危	成	收	开	闭	建	除	满	平	定	执	破	危	成	收	开	闭	建	除
廿八宿	斗	牛	女	虚	危	室	壁	奎	娄	胃	昴	毕	觜	参	井	鬼	柳	星	张	翼	轸	角	亢	氐	房	心	尾	箕	斗	牛

岁次：丁酉	公元2017年（山下火）			火鸡
太岁：康杰	年一白星	泽山咸卦	四金九运	娄

正月小建壬寅胃宿 （八白）

节气：立春初七日廿三时卅五分
雨水廿二日十九时卅二分

公历	28	29	30	31	二月	2	3	4	5	6	7	8	9	10	11	12	13	14	15	16	17	18	19	20	21	22	23	24	25
农历	一	二	三	四	五	六	七	八	九	十	十一	十二	十三	十四	十五	十六	十七	十八	十九	二十	廿一	廿二	廿三	廿四	廿五	廿六	廿七	廿八	廿九
星期	六	日	一	二	三	四	五	六	日	一	二	三	四	五	六	日	一	二	三	四	五	六	日	一	二	三	四	五	六
干支	乙卯	丙辰	丁巳	戊午	己未	庚申	辛酉	壬戌	癸亥	甲子	乙丑	丙寅	丁卯	戊辰	己巳	庚午	辛未	壬申	癸酉	甲戌	乙亥	丙子	丁丑	戊寅	己卯	庚辰	辛巳	壬午	癸未
五行	水	土	土	火	火	木	木	水	水	金	金	火	火	木	木	土	土	金	金	火	火	水	水	土	土	金	金	木	木
建星	满	平	定	执	破	危	危	成	收	开	闭	建	除	满	平	定	执	破	危	成	收	开	闭	建	除	满	平	定	执
廿八宿	女	虚	危	室	壁	奎	娄	胃	昴	毕	觜	参	井	鬼	柳	星	张	翼	轸	角	亢	氐	房	心	尾	箕	斗	牛	女

二月大建癸卯昴宿 （七赤）

节气：惊蛰初八日十七时卅四分
春分廿三日十八时廿九分

公历	26	27	28	三月	2	3	4	5	6	7	8	9	10	11	12	13	14	15	16	17	18	19	20	21	22	23	24	25	26	27
农历	一	二	三	四	五	六	七	八	九	十	十一	十二	十三	十四	十五	十六	十七	十八	十九	二十	廿一	廿二	廿三	廿四	廿五	廿六	廿七	廿八	廿九	三十
星期	日	一	二	三	四	五	六	日	一	二	三	四	五	六	日	一	二	三	四	五	六	日	一	二	三	四	五	六	日	一
干支	甲申	乙酉	丙戌	丁亥	戊子	己丑	庚寅	辛卯	壬辰	癸巳	甲午	乙未	丙申	丁酉	戊戌	己亥	庚子	辛丑	壬寅	癸卯	甲辰	乙巳	丙午	丁未	戊申	己酉	庚戌	辛亥	壬子	癸丑
五行	水	水	土	土	火	火	木	木	水	水	金	金	火	火	木	木	土	土	金	金	火	火	水	水	土	土	金	金	木	木
建星	破	危	成	收	开	闭	建	建	除	满	平	定	执	破	危	成	收	开	闭	建	除	满	平	定	执	破	危	成	收	开
廿八宿	虚	危	室	壁	奎	娄	胃	昴	毕	觜	参	井	鬼	柳	星	张	翼	轸	角	亢	氐	房	心	尾	箕	斗	牛	女	虚	危

三月小建甲辰毕宿 （六白）

节气：清明初八日廿二时十八分
谷雨廿四日五时廿八分

公历	28	29	30	31	四月	2	3	4	5	6	7	8	9	10	11	12	13	14	15	16	17	18	19	20	21	22	23	24	25
农历	一	二	三	四	五	六	七	八	九	十	十一	十二	十三	十四	十五	十六	十七	十八	十九	二十	廿一	廿二	廿三	廿四	廿五	廿六	廿七	廿八	廿九
星期	二	三	四	五	六	日	一	二	三	四	五	六	日	一	二	三	四	五	六	日	一	二	三	四	五	六	日	一	二
干支	甲寅	乙卯	丙辰	丁巳	戊午	己未	庚申	辛酉	壬戌	癸亥	甲子	乙丑	丙寅	丁卯	戊辰	己巳	庚午	辛未	壬申	癸酉	甲戌	乙亥	丙子	丁丑	戊寅	己卯	庚辰	辛巳	壬午
五行	水	水	土	土	火	火	木	木	水	水	金	金	火	火	木	木	土	土	金	金	火	火	水	水	土	土	金	金	木
建星	闭	建	除	满	平	定	执	执	破	危	成	收	开	闭	建	除	满	平	定	执	破	危	成	收	开	闭	建	除	满
廿八宿	室	壁	奎	娄	胃	昴	毕	觜	参	井	鬼	柳	星	张	翼	轸	角	亢	氐	房	心	尾	箕	斗	牛	女	虚	危	室

岁次:丁酉	公元 2017 年(山下火)			火鸡
太岁:康杰	年一白星	泽山咸卦	四金九运	娄

四月大建乙巳觜宿 （五黄）

节气：立夏 初十日十五时卅二分
小满 廿六日四时卅二分

公历	26	27	28	29	30	五月	2	3	4	5	6	7	8	9	10	11	12	13	14	15	16	17	18	19	20	21	22	23	24	25
农历	一	二	三	四	五	六	七	八	九	十	十一	十二	十三	十四	十五	十六	十七	十八	十九	二十	廿一	廿二	廿三	廿四	廿五	廿六	廿七	廿八	廿九	三十
星期	三	四	五	六	日	一	二	三	四	五	六	日	一	二	三	四	五	六	日	一	二	三	四	五	六	日	一	二	三	四
干支	癸未	甲申	乙酉	丙戌	丁亥	戊子	己丑	庚寅	辛卯	壬辰	癸巳	甲午	乙未	丙申	丁酉	戊戌	己亥	庚子	辛丑	壬寅	癸卯	甲辰	乙巳	丙午	丁未	戊申	己酉	庚戌	辛亥	壬子
五行	木	水	水	土	土	火	火	木	木	水	水	金	金	火	火	木	木	土	土	金	金	火	火	水	水	土	土	金	金	木
建星	平	定	执	破	危	成	收	开	闭	闭	建	除	满	平	定	执	破	危	成	收	开	闭	建	除	满	平	定	执	破	危
廿八宿	壁	奎	娄	胃	昴	毕	觜	参	井	鬼	柳	星	张	翼	轸	角	亢	氐	房	心	尾	箕	斗	牛	女	虚	危	室	壁	奎

五月小建丙午参宿 （四绿）

节气：芒种 十一日十九时卅九分
夏至 廿七日十二时廿五分

公历	26	27	28	29	30	31	六月	2	3	4	5	6	7	8	9	10	11	12	13	14	15	16	17	18	19	20	21	22	23	
农历	一	二	三	四	五	六	七	八	九	十	十一	十二	十三	十四	十五	十六	十七	十八	十九	二十	廿一	廿二	廿三	廿四	廿五	廿六	廿七	廿八	廿九	
星期	五	六	日	一	二	三	四	五	六	日	一	二	三	四	五	六	日	一	二	三	四	五	六	日	一	二	三	四	五	
干支	癸丑	甲寅	乙卯	丙辰	丁巳	戊午	己未	庚申	辛酉	壬戌	癸亥	甲子	乙丑	丙寅	丁卯	戊辰	己巳	庚午	辛未	壬申	癸酉	甲戌	乙亥	丙子	丁丑	戊寅	己卯	庚辰	辛巳	
五行	木	水	水	土	土	火	火	木	木	水	水	金	金	火	火	木	木	土	土	金	金	火	火	水	水	土	土	金	金	
建星	成	收	开	闭	建	除	满	平	定	执	执	破	危	成	收	开	闭	建	除	满	平	定	执	破	危	成	收	开	闭	
廿八宿	娄	胃	昴	毕	觜	参	井	鬼	柳	星	张	翼	轸	角	亢	氐	房	心	尾	箕	斗	牛	女	虚	危	室	壁	奎	娄	

六月小建丁未井宿 （三碧）

节气：小暑 十四日五时五十一分
大暑 廿九日廿三时十六分

公历	24	25	26	27	28	29	30	七月	2	3	4	5	6	7	8	9	10	11	12	13	14	15	16	17	18	19	20	21	22	
农历	一	二	三	四	五	六	七	八	九	十	十一	十二	十三	十四	十五	十六	十七	十八	十九	二十	廿一	廿二	廿三	廿四	廿五	廿六	廿七	廿八	廿九	
星期	六	日	一	二	三	四	五	六	日	一	二	三	四	五	六	日	一	二	三	四	五	六	日	一	二	三	四	五	六	
干支	壬午	癸未	甲申	乙酉	丙戌	丁亥	戊子	己丑	庚寅	辛卯	壬辰	癸巳	甲午	乙未	丙申	丁酉	戊戌	己亥	庚子	辛丑	壬寅	癸卯	甲辰	乙巳	丙午	丁未	戊申	己酉	庚戌	
五行	木	木	水	水	土	土	火	火	木	木	水	水	金	金	火	火	木	木	土	土	金	金	火	火	水	水	土	土	金	
建星	建	除	满	平	定	执	破	危	成	收	开	闭	建	建	除	满	平	定	执	破	危	成	收	开	闭	建	除	满	平	
廿八宿	胃	昴	毕	觜	参	井	鬼	柳	星	张	翼	轸	角	亢	氐	房	心	尾	箕	斗	牛	女	虚	危	室	壁	奎	娄	胃	

岁次：丁酉	公元2017年（山下火）			火鸡
太岁：康杰	年一白星	泽山咸卦	四金九运	娄

闰六月大　　节气：立秋十六日十五时四十分

公历	23	24	25	26	27	28	29	30	31	八月	2	3	4	5	6	7	8	9	10	11	12	13	14	15	16	17	18	19	20	21
农历	一	二	三	四	五	六	七	八	九	十	十一	十二	十三	十四	十五	十六	十七	十八	十九	二十	廿一	廿二	廿三	廿四	廿五	廿六	廿七	廿八	廿九	三十
星期	日	一	二	三	四	五	六	日	一	二	三	四	五	六	日	一	二	三	四	五	六	日	一	二	三	四	五	六	日	一
干支	辛亥	壬子	癸丑	甲寅	乙卯	丙辰	丁巳	戊午	己未	庚申	辛酉	壬戌	癸亥	甲子	乙丑	丙寅	丁卯	戊辰	己巳	庚午	辛未	壬申	癸酉	甲戌	乙亥	丙子	丁丑	戊寅	己卯	庚辰
五行	金	木	木	水	水	土	土	火	火	木	木	水	水	金	金	火	火	木	木	土	土	金	金	火	火	水	水	土	土	金
建星	定	执	破	危	成	收	开	闭	建	除	满	平	定	执	破	破	危	成	收	开	闭	建	除	满	平	定	执	破	危	成
廿八宿	昴	毕	觜	参	井	鬼	柳	星	张	翼	轸	角	亢	氐	房	心	尾	箕	斗	牛	女	虚	危	室	壁	奎	娄	胃	昴	毕

七月小建戊申鬼宿　（二黑）　　节气：处暑初二日六时廿一分　白露十七日十八时卅九分

公历	22	23	24	25	26	27	28	29	30	31	九月	2	3	4	5	6	7	8	9	10	11	12	13	14	15	16	17	18	19	
农历	一	二	三	四	五	六	七	八	九	十	十一	十二	十三	十四	十五	十六	十七	十八	十九	二十	廿一	廿二	廿三	廿四	廿五	廿六	廿七	廿八	廿九	
星期	二	三	四	五	六	日	一	二	三	四	五	六	日	一	二	三	四	五	六	日	一	二	三	四	五	六	日	一	二	
干支	辛巳	壬午	癸未	甲申	乙酉	丙戌	丁亥	戊子	己丑	庚寅	辛卯	壬辰	癸巳	甲午	乙未	丙申	丁酉	戊戌	己亥	庚子	辛丑	壬寅	癸卯	甲辰	乙巳	丙午	丁未	戊申	己酉	
五行	金	木	木	水	水	土	土	火	火	木	木	水	水	金	金	火	火	木	木	土	土	金	金	火	火	水	水	土	土	
建星	收	开	闭	建	除	满	平	定	执	破	危	成	收	开	闭	建	建	除	满	平	定	执	破	危	成	收	开	闭	建	
廿八宿	觜	参	井	鬼	柳	星	张	翼	轸	角	亢	氐	房	心	尾	箕	斗	牛	女	虚	危	室	壁	奎	娄	胃	昴	毕	觜	

八月大建己酉柳宿　（一白）　　节气：秋分初四日四时二分　寒露十九日十时廿二分

公历	20	21	22	23	24	25	26	27	28	29	30	十月	2	3	4	5	6	7	8	9	10	11	12	13	14	15	16	17	18	19
农历	一	二	三	四	五	六	七	八	九	十	十一	十二	十三	十四	十五	十六	十七	十八	十九	二十	廿一	廿二	廿三	廿四	廿五	廿六	廿七	廿八	廿九	三十
星期	三	四	五	六	日	一	二	三	四	五	六	日	一	二	三	四	五	六	日	一	二	三	四	五	六	日	一	二	三	四
干支	庚戌	辛亥	壬子	癸丑	甲寅	乙卯	丙辰	丁巳	戊午	己未	庚申	辛酉	壬戌	癸亥	甲子	乙丑	丙寅	丁卯	戊辰	己巳	庚午	辛未	壬申	癸酉	甲戌	乙亥	丙子	丁丑	戊寅	己卯
五行	金	金	木	木	水	水	土	土	火	火	木	木	水	水	金	金	火	火	木	木	土	土	金	金	火	火	水	水	土	土
建星	除	满	平	定	执	破	危	成	收	开	闭	建	除	满	平	定	执	破	破	危	成	收	开	闭	建	除	满	平	定	执
廿八宿	参	井	鬼	柳	星	张	翼	轸	角	亢	氐	房	心	尾	箕	斗	牛	女	虚	危	室	壁	奎	娄	胃	昴	毕	觜	参	井

岁次：丁酉	公元2017年（山下火）			火鸡
太岁：康杰	年一白星	泽山咸卦	四金九运	娄

九月小建庚戌星宿 （九紫） 节气：霜降初四日十三时廿七分 立冬十九日十三时卅八分

公历	20	21	22	23	24	25	26	27	28	29	30	31	11月	2	3	4	5	6	7	8	9	10	11	12	13	14	15	16	17
农历	一	二	三	四	五	六	七	八	九	十	十一	十二	十三	十四	十五	十六	十七	十八	十九	二十	廿一	廿二	廿三	廿四	廿五	廿六	廿七	廿八	廿九
星期	五	六	日	一	二	三	四	五	六	日	一	二	三	四	五	六	日	一	二	三	四	五	六	日	一	二	三	四	五
干支	庚辰	辛巳	壬午	癸未	甲申	乙酉	丙戌	丁亥	戊子	己丑	庚寅	辛卯	壬辰	癸巳	甲午	乙未	丙申	丁酉	戊戌	己亥	庚子	辛丑	壬寅	癸卯	甲辰	乙巳	丙午	丁未	戊申
五行	金	金	木	木	水	水	土	土	火	火	木	木	水	水	金	金	火	火	木	木	土	土	金	金	火	火	水	水	土
建星	破	危	成	收	开	闭	建	除	满	平	定	执	破	危	成	收	开	闭	闭	建	除	满	平	定	执	破	危	成	收
廿八宿	鬼	柳	星	张	翼	轸	角	亢	氐	房	心	尾	箕	斗	牛	女	虚	危	室	壁	奎	娄	胃	昴	毕	觜	参	井	鬼

十月大建辛亥张宿 （八白） 节气：小雪初五日十一时五分 大雪二十日六时卅三分

公历	18	19	20	21	22	23	24	25	26	27	28	29	30	12月	2	3	4	5	6	7	8	9	10	11	12	13	14	15	16	17
农历	一	二	三	四	五	六	七	八	九	十	十一	十二	十三	十四	十五	十六	十七	十八	十九	二十	廿一	廿二	廿三	廿四	廿五	廿六	廿七	廿八	廿九	三十
星期	六	日	一	二	三	四	五	六	日	一	二	三	四	五	六	日	一	二	三	四	五	六	日	一	二	三	四	五	六	日
干支	己酉	庚戌	辛亥	壬子	癸丑	甲寅	乙卯	丙辰	丁巳	戊午	己未	庚申	辛酉	壬戌	癸亥	甲子	乙丑	丙寅	丁卯	戊辰	己巳	庚午	辛未	壬申	癸酉	甲戌	乙亥	丙子	丁丑	戊寅
五行	土	金	金	木	木	水	水	土	土	火	火	木	木	水	水	金	金	火	火	木	木	土	土	金	金	火	火	水	水	土
建星	开	闭	建	除	满	平	定	执	破	危	成	收	开	闭	建	除	满	平	定	定	执	破	危	成	收	开	闭	建	除	满
廿八宿	柳	星	张	翼	轸	角	亢	氐	房	心	尾	箕	斗	牛	女	虚	危	室	壁	奎	娄	胃	昴	毕	觜	参	井	鬼	柳	星

十一月大建壬子翼宿 （七赤） 节气：冬至初五日零时廿九分 小寒十九日十七时五十分

公历	18	19	20	21	22	23	24	25	26	27	28	29	30	31	一月	2	3	4	5	6	7	8	9	10	11	12	13	14	15	16
农历	一	二	三	四	五	六	七	八	九	十	十一	十二	十三	十四	十五	十六	十七	十八	十九	二十	廿一	廿二	廿三	廿四	廿五	廿六	廿七	廿八	廿九	三十
星期	一	二	三	四	五	六	日	一	二	三	四	五	六	日	一	二	三	四	五	六	日	一	二	三	四	五	六	日	一	二
干支	己卯	庚辰	辛巳	壬午	癸未	甲申	乙酉	丙戌	丁亥	戊子	己丑	庚寅	辛卯	壬辰	癸巳	甲午	乙未	丙申	丁酉	戊戌	己亥	庚子	辛丑	壬寅	癸卯	甲辰	乙巳	丙午	丁未	戊申
五行	土	金	金	木	木	水	水	土	土	火	火	木	木	水	水	金	金	火	火	木	木	土	土	金	金	火	火	水	水	土
建星	平	定	执	破	危	成	收	开	闭	建	除	满	平	定	执	破	危	成	成	收	开	闭	建	除	满	平	定	执	破	危
廿八宿	张	翼	轸	角	亢	氐	房	心	尾	箕	斗	牛	女	虚	危	室	壁	奎	娄	胃	昴	毕	觜	参	井	鬼	柳	星	张	翼

十二月大建癸丑轸宿 （六白） 节气：大寒初四日十一时十分 立春十九日五时三十分

公历	17	18	19	20	21	22	23	24	25	26	27	28	29	30	31	二月	2	3	4	5	6	7	8	9	10	11	12	13	14	15
农历	一	二	三	四	五	六	七	八	九	十	十一	十二	十三	十四	十五	十六	十七	十八	十九	二十	廿一	廿二	廿三	廿四	廿五	廿六	廿七	廿八	廿九	三十
星期	三	四	五	六	日	一	二	三	四	五	六	日	一	二	三	四	五	六	日	一	二	三	四	五	六	日	一	二	三	四
干支	己酉	庚戌	辛亥	壬子	癸丑	甲寅	乙卯	丙辰	丁巳	戊午	己未	庚申	辛酉	壬戌	癸亥	甲子	乙丑	丙寅	丁卯	戊辰	己巳	庚午	辛未	壬申	癸酉	甲戌	乙亥	丙子	丁丑	戊寅
五行	土	金	金	木	木	水	水	土	土	火	火	木	木	水	水	金	金	火	火	木	木	土	土	金	金	火	火	水	水	土
建星	成	收	开	闭	建	除	满	平	定	执	破	危	成	收	开	闭	建	除	除	满	平	定	执	破	危	成	收	开	闭	建
廿八宿	轸	角	亢	氐	房	心	尾	箕	斗	牛	女	虚	危	室	壁	奎	娄	胃	昴	毕	觜	参	井	鬼	柳	星	张	翼	轸	角

岁次：戊戌	公元2018年（平地木）			土狗
太岁：姜武	年九紫星	地山谦卦	一水六运	胃

正月小建甲寅角宿 （五黄）

节气：雨水初四日一时十九分
惊蛰十八日廿三时廿九分

公历	16	17	18	19	20	21	22	23	24	25	26	27	28	三月	2	3	4	5	6	7	8	9	10	11	12	13	14	15	16
农历	一	二	三	四	五	六	七	八	九	十	十一	十二	十三	十四	十五	十六	十七	十八	十九	二十	廿一	廿二	廿三	廿四	廿五	廿六	廿七	廿八	廿九
星期	五	六	日	一	二	三	四	五	六	日	一	二	三	四	五	六	日	一	二	三	四	五	六	日	一	二	三	四	五
干支	己卯	庚辰	辛巳	壬午	癸未	甲申	乙酉	丙戌	丁亥	戊子	己丑	庚寅	辛卯	壬辰	癸巳	甲午	乙未	丙申	丁酉	戊戌	己亥	庚子	辛丑	壬寅	癸卯	甲辰	乙巳	丙午	丁未
五行	土	金	金	木	木	水	水	土	土	火	火	木	木	水	水	金	金	火	火	木	木	土	土	金	金	火	火	水	水
建星	除	满	平	定	执	破	危	成	收	开	闭	建	除	满	平	定	执	执	破	危	成	收	开	闭	建	除	满	平	定
廿八宿	亢	氐	房	心	尾	箕	斗	牛	女	虚	危	室	壁	奎	娄	胃	昴	毕	觜	参	井	鬼	柳	星	张	翼	轸	角	亢

二月大建乙卯亢宿 （四绿）

节气：春分初五日零时十六分
清明二十日四时十四分

公历	17	18	19	20	21	22	23	24	25	26	27	28	29	30	31	四月	2	3	4	5	6	7	8	9	10	11	12	13	14	15
农历	一	二	三	四	五	六	七	八	九	十	十一	十二	十三	十四	十五	十六	十七	十八	十九	二十	廿一	廿二	廿三	廿四	廿五	廿六	廿七	廿八	廿九	三十
星期	六	日	一	二	三	四	五	六	日	一	二	三	四	五	六	日	一	二	三	四	五	六	日	一	二	三	四	五	六	日
干支	戊申	己酉	庚戌	辛亥	壬子	癸丑	甲寅	乙卯	丙辰	丁巳	戊午	己未	庚申	辛酉	壬戌	癸亥	甲子	乙丑	丙寅	丁卯	戊辰	己巳	庚午	辛未	壬申	癸酉	甲戌	乙亥	丙子	丁丑
五行	土	土	金	金	木	木	水	水	土	土	火	火	木	木	水	水	金	金	火	火	木	木	土	土	金	金	火	火	水	水
建星	执	破	危	成	收	开	闭	建	除	满	平	定	执	破	危	成	收	开	闭	闭	建	除	满	平	定	执	破	危	成	收
廿八宿	氐	房	心	尾	箕	斗	牛	女	虚	危	室	壁	奎	娄	胃	昴	毕	觜	参	井	鬼	柳	星	张	翼	轸	角	亢	氐	房

三月小建丙辰氐宿 （三碧）

节气：谷雨初五日十一时十三分
立夏二十日廿一时廿六分

公历	16	17	18	19	20	21	22	23	24	25	26	27	28	29	30	五月	2	3	4	5	6	7	8	9	10	11	12	13	14
农历	一	二	三	四	五	六	七	八	九	十	十一	十二	十三	十四	十五	十六	十七	十八	十九	二十	廿一	廿二	廿三	廿四	廿五	廿六	廿七	廿八	廿九
星期	一	二	三	四	五	六	日	一	二	三	四	五	六	日	一	二	三	四	五	六	日	一	二	三	四	五	六	日	一
干支	戊寅	己卯	庚辰	辛巳	壬午	癸未	甲申	乙酉	丙戌	丁亥	戊子	己丑	庚寅	辛卯	壬辰	癸巳	甲午	乙未	丙申	丁酉	戊戌	己亥	庚子	辛丑	壬寅	癸卯	甲辰	乙巳	丙午
五行	土	土	金	金	木	木	水	水	土	土	火	火	木	木	水	水	金	金	火	火	木	木	土	土	金	金	火	火	水
建星	开	闭	建	除	满	平	定	执	破	危	成	收	开	闭	建	除	满	平	定	定	执	破	危	成	收	开	闭	建	除
廿八宿	心	尾	箕	斗	牛	女	虚	危	室	壁	奎	娄	胃	昴	毕	觜	参	井	鬼	柳	星	张	翼	轸	角	亢	氐	房	心

岁次:戊戌	公元2018年(平地木)			土狗
太岁:姜武	年九紫星	地山谦卦	一水六运	胃

四月大建丁巳房宿 (二黑)

节气：小满 初七日十时十五分
芒种 廿三日一时三十分

公历	15	16	17	18	19	20	21	22	23	24	25	26	27	28	29	30	31	六月	2	3	4	5	6	7	8	9	10	11	12	13
农历	一	二	三	四	五	六	七	八	九	十	十一	十二	十三	十四	十五	十六	十七	十八	十九	二十	廿一	廿二	廿三	廿四	廿五	廿六	廿七	廿八	廿九	三十
星期	二	三	四	五	六	日	一	二	三	四	五	六	日	一	二	三	四	五	六	日	一	二	三	四	五	六	日	一	二	三
干支	丁未	戊申	己酉	庚戌	辛亥	壬子	癸丑	甲寅	乙卯	丙辰	丁巳	戊午	己未	庚申	辛酉	壬戌	癸亥	甲子	乙丑	丙寅	丁卯	戊辰	己巳	庚午	辛未	壬申	癸酉	甲戌	乙亥	丙子
五行	水	土	土	金	金	木	木	水	水	土	土	火	火	木	木	水	水	金	金	火	火	木	木	土	土	金	金	火	火	水
建星	满	平	定	执	破	危	成	收	开	闭	建	除	满	平	定	执	破	危	成	收	开	闭	闭	建	除	满	平	定	执	破
廿八宿	尾	箕	斗	牛	女	虚	危	室	壁	奎	娄	胃	昴	毕	觜	参	井	鬼	柳	星	张	翼	轸	角	亢	氐	房	心	尾	箕

五月小建戊午心宿 (一白)

节气：夏至 初八日十八时八分
小暑 廿四日十一时四十二分

公历	14	15	16	17	18	19	20	21	22	23	24	25	26	27	28	29	30	七月	2	3	4	5	6	7	8	9	10	11	12	
农历	一	二	三	四	五	六	七	八	九	十	十一	十二	十三	十四	十五	十六	十七	十八	十九	二十	廿一	廿二	廿三	廿四	廿五	廿六	廿七	廿八	廿九	
星期	四	五	六	日	一	二	三	四	五	六	日	一	二	三	四	五	六	日	一	二	三	四	五	六	日	一	二	三	四	
干支	丁丑	戊寅	己卯	庚辰	辛巳	壬午	癸未	甲申	乙酉	丙戌	丁亥	戊子	己丑	庚寅	辛卯	壬辰	癸巳	甲午	乙未	丙申	丁酉	戊戌	己亥	庚子	辛丑	壬寅	癸卯	甲辰	乙巳	
五行	水	土	土	金	金	木	木	水	水	土	土	火	火	木	木	水	水	金	金	火	火	木	木	土	土	金	金	火	火	
建星	危	成	收	开	闭	建	除	满	平	定	执	破	危	成	收	开	闭	建	除	满	平	定	执	执	破	危	成	收	开	
廿八宿	斗	牛	女	虚	危	室	壁	奎	娄	胃	昴	毕	觜	参	井	鬼	柳	星	张	翼	轸	角	亢	氐	房	心	尾	箕	斗	

六月小建己未尾宿 (九紫)

节气：大暑 十一日五时一分
立秋 廿六日廿一时卅一分

公历	13	14	15	16	17	18	19	20	21	22	23	24	25	26	27	28	29	30	31	八月	2	3	4	5	6	7	8	9	10	
农历	一	二	三	四	五	六	七	八	九	十	十一	十二	十三	十四	十五	十六	十七	十八	十九	二十	廿一	廿二	廿三	廿四	廿五	廿六	廿七	廿八	廿九	
星期	五	六	日	一	二	三	四	五	六	日	一	二	三	四	五	六	日	一	二	三	四	五	六	日	一	二	三	四	五	
干支	丙午	丁未	戊申	己酉	庚戌	辛亥	壬子	癸丑	甲寅	乙卯	丙辰	丁巳	戊午	己未	庚申	辛酉	壬戌	癸亥	甲子	乙丑	丙寅	丁卯	戊辰	己巳	庚午	辛未	壬申	癸酉	甲戌	
五行	水	水	土	土	金	金	木	木	水	水	土	土	火	火	木	木	水	水	金	金	火	火	木	木	土	土	金	金	火	
建星	闭	建	除	满	平	定	执	破	危	成	收	开	闭	建	除	满	平	定	执	破	危	成	收	开	闭	闭	建	除	满	
廿八宿	牛	女	虚	危	室	壁	奎	娄	胃	昴	毕	觜	参	井	鬼	柳	星	张	翼	轸	角	亢	氐	房	心	尾	箕	斗	牛	

岁次：戊戌	公元2018年（平地木）			土狗
太岁：姜武	年九紫星	地山谦卦	一水六运	胃

七月大建庚申箕宿 （八白）

节气：处暑十三日十二时九分
白露廿九日零时三十分

公历	11	12	13	14	15	16	17	18	19	20	21	22	23	24	25	26	27	28	29	30	31	九月	2	3	4	5	6	7	8	9
农历	一	二	三	四	五	六	七	八	九	十	十一	十二	十三	十四	十五	十六	十七	十八	十九	二十	廿一	廿二	廿三	廿四	廿五	廿六	廿七	廿八	廿九	三十
星期	六	日	一	二	三	四	五	六	日	一	二	三	四	五	六	日	一	二	三	四	五	六	日	一	二	三	四	五	六	日
干支	乙亥	丙子	丁丑	戊寅	己卯	庚辰	辛巳	壬午	癸未	甲申	乙酉	丙戌	丁亥	戊子	己丑	庚寅	辛卯	壬辰	癸巳	甲午	乙未	丙申	丁酉	戊戌	己亥	庚子	辛丑	壬寅	癸卯	甲辰
五行	火	水	水	土	土	金	金	木	木	水	水	土	土	火	火	木	木	水	水	金	金	火	火	木	木	土	土	金	金	火
建星	平	定	执	破	危	成	收	开	闭	建	除	满	平	定	执	破	危	成	收	开	闭	建	除	满	平	定	执	破	破	危
廿八宿	女	虚	危	室	壁	奎	娄	胄	昴	毕	觜	参	井	鬼	柳	星	张	翼	轸	角	亢	氐	房	心	尾	箕	斗	牛	女	虚

八月小建辛酉斗宿 （七赤）

节气：秋分十四日九时五十四分
寒露廿九日十六时十五分

公历	10	11	12	13	14	15	16	17	18	19	20	21	22	23	24	25	26	27	28	29	30	十月	2	3	4	5	6	7	8	
农历	一	二	三	四	五	六	七	八	九	十	十一	十二	十三	十四	十五	十六	十七	十八	十九	二十	廿一	廿二	廿三	廿四	廿五	廿六	廿七	廿八	廿九	
星期	一	二	三	四	五	六	日	一	二	三	四	五	六	日	一	二	三	四	五	六	日	一	二	三	四	五	六	日	一	
干支	乙巳	内午	丁未	戊申	己酉	庚戌	辛亥	壬子	癸丑	甲寅	乙卯	丙辰	丁巳	戊午	己未	庚申	辛酉	壬戌	癸亥	甲子	乙丑	丙寅	丁卯	戊辰	己巳	庚午	辛未	壬申	癸酉	
五行	火	水	水	土	土	金	金	木	木	水	水	土	土	火	火	木	木	水	水	金	金	火	火	木	木	土	土	金	金	
建星	成	收	开	闭	建	除	满	平	定	执	破	危	成	收	开	闭	建	除	满	平	定	执	破	危	成	收	开	闭	闭	
廿八宿	危	室	壁	奎	娄	胄	昴	毕	觜	参	井	鬼	柳	星	张	翼	轸	角	亢	氐	房	心	尾	箕	斗	牛	女	虚	危	

九月大建壬戌牛宿 （六白）

节气：霜降十五日十九时廿二分
立冬二十日十九时卅二分

公历	9	10	11	12	13	14	15	16	17	18	19	20	21	22	23	24	25	26	27	28	29	30	31	11月	2	3	4	5	6	7
农历	一	二	三	四	五	六	七	八	九	十	十一	十二	十三	十四	十五	十六	十七	十八	十九	二十	廿一	廿二	廿三	廿四	廿五	廿六	廿七	廿八	廿九	三十
星期	二	三	四	五	六	日	一	二	三	四	五	六	日	一	二	三	四	五	六	日	一	二	三	四	五	六	日	一	二	三
干支	甲戌	乙亥	丙子	丁丑	戊寅	己卯	庚辰	辛巳	壬午	癸未	甲申	乙酉	丙戌	丁亥	戊子	己丑	庚寅	辛卯	壬辰	癸巳	甲午	乙未	丙申	丁酉	戊戌	己亥	庚子	辛丑	壬寅	癸卯
五行	火	火	水	水	土	土	金	金	木	木	水	水	土	土	火	火	木	木	水	水	金	金	火	火	木	木	土	土	金	金
建星	建	除	满	平	定	执	破	危	成	收	开	闭	建	除	满	平	定	执	破	危	成	收	开	闭	建	除	满	平	定	定
廿八宿	室	壁	奎	娄	胄	昴	毕	觜	参	井	鬼	柳	星	张	翼	轸	角	亢	氐	房	心	尾	箕	斗	牛	女	虚	危	室	壁

岁次：戊戌	公元2018年（平地木）			土狗
太岁：姜武	年九紫星	地山谦卦	一水六运	胃

十月小建癸亥女宿 （五黄） 节气：小雪十五日十七时一分

公历	8	9	10	11	12	13	14	15	16	17	18	19	20	21	22	23	24	25	26	27	28	29	30	12月	2	3	4	5	6	
农历	一	二	三	四	五	六	七	八	九	十	十一	十二	十三	十四	十五	十六	十七	十八	十九	二十	廿一	廿二	廿三	廿四	廿五	廿六	廿七	廿八	廿九	
星期	四	五	六	日	一	二	三	四	五	六	日	一	二	三	四	五	六	日	一	二	三	四	五	六	日	一	二	三	四	
干支	甲辰	乙巳	丙午	丁未	戊申	己酉	庚戌	辛亥	壬子	癸丑	甲寅	乙卯	丙辰	丁巳	戊午	己未	庚申	辛酉	壬戌	癸亥	甲子	乙丑	丙寅	丁卯	戊辰	己巳	庚午	辛未	壬申	
五行	火	火	水	水	土	土	金	金	木	木	水	水	土	土	火	火	木	木	水	水	金	金	火	火	木	木	土	土	金	
建星	执	破	危	成	收	开	闭	建	除	满	平	定	执	破	危	成	收	开	闭	建	除	满	平	定	执	破	危	成	收	
廿八宿	奎	娄	胃	昴	毕	觜	参	井	鬼	柳	星	张	翼	轸	角	亢	氐	房	心	尾	箕	斗	牛	女	虚	危	室	壁	奎	

十一月大建甲子虚宿 （四绿） 节气：大雪初一日十二时廿六分
冬至十六日六时廿三分
小寒三十日廿三时卅九分

公历	7	8	9	10	11	12	13	14	15	16	17	18	19	20	21	22	23	24	25	26	27	28	29	30	31	一月	2	3	4	5
农历	一	二	三	四	五	六	七	八	九	十	十一	十二	十三	十四	十五	十六	十七	十八	十九	二十	廿一	廿二	廿三	廿四	廿五	廿六	廿七	廿八	廿九	三十
星期	五	六	日	一	二	三	四	五	六	日	一	二	三	四	五	六	日	一	二	三	四	五	六	日	一	二	三	四	五	六
干支	癸酉	甲戌	乙亥	丙子	丁丑	戊寅	己卯	庚辰	辛巳	壬午	癸未	甲申	乙酉	丙戌	丁亥	戊子	己丑	庚寅	辛卯	壬辰	癸巳	甲午	乙未	丙申	丁酉	戊戌	己亥	庚子	辛丑	壬寅
五行	金	火	火	水	水	土	土	金	金	木	木	水	水	土	土	火	火	木	木	水	水	金	金	火	火	木	木	土	土	金
建星	收	开	闭	建	除	满	平	定	执	破	危	成	收	开	闭	建	除	满	平	定	执	破	危	成	收	开	闭	建	除	除
廿八宿	娄	胃	昴	毕	觜	参	井	鬼	柳	星	张	翼	轸	角	亢	氐	房	心	尾	箕	斗	牛	女	虚	危	室	壁	奎	娄	胃

十二月大建乙丑危宿 （三碧） 节气：大寒十五日十七时零分
立春三十日十一时十五分

公历	6	7	8	9	10	11	12	13	14	15	16	17	18	19	20	21	22	23	24	25	26	27	28	29	30	31	二月	2	3	4
农历	一	二	三	四	五	六	七	八	九	十	十一	十二	十三	十四	十五	十六	十七	十八	十九	二十	廿一	廿二	廿三	廿四	廿五	廿六	廿七	廿八	廿九	三十
星期	日	一	二	三	四	五	六	日	一	二	三	四	五	六	日	一	二	三	四	五	六	日	一	二	三	四	五	六	日	一
干支	癸卯	甲辰	乙巳	丙午	丁未	戊申	己酉	庚戌	辛亥	壬子	癸丑	甲寅	乙卯	丙辰	丁巳	戊午	己未	庚申	辛酉	壬戌	癸亥	甲子	乙丑	丙寅	丁卯	戊辰	己巳	庚午	辛未	壬申
五行	金	火	火	水	水	土	土	金	金	木	木	水	水	土	土	火	火	木	木	水	水	金	金	火	火	木	木	土	土	金
建星	满	平	定	执	破	危	成	收	开	闭	建	除	满	平	定	执	破	危	成	收	开	闭	建	除	满	平	定	执	破	破
廿八宿	昴	毕	觜	参	井	鬼	柳	星	张	翼	轸	角	亢	氐	房	心	尾	箕	斗	牛	女	虚	危	室	壁	奎	娄	胃	昴	毕

岁次：己亥	公元 2019 年（平地木）			土猪
太岁：谢太	年八白星	风地观卦	二火二运	昴

正月大建丙寅室宿 （二黑）

节气：雨水十五日七时四分
惊蛰三十日五时十分

公历	5	6	7	8	9	10	11	12	13	14	15	16	17	18	19	20	21	22	23	24	25	26	27	28	三月	2	3	4	5	6
农历	一	二	三	四	五	六	七	八	九	十	十一	十二	十三	十四	十五	十六	十七	十八	十九	二十	廿一	廿二	廿三	廿四	廿五	廿六	廿七	廿八	廿九	三十
星期	二	三	四	五	六	日	一	二	三	四	五	六	日	一	二	三	四	五	六	日	一	二	三	四	五	六	日	一	二	三
干支	癸酉	甲戌	乙亥	丙子	丁丑	戊寅	己卯	庚辰	辛巳	壬午	癸未	甲申	乙酉	丙戌	丁亥	戊子	己丑	庚寅	辛卯	壬辰	癸巳	甲午	乙未	丙申	丁酉	戊戌	己亥	庚子	辛丑	壬寅
五行	金	火	火	水	水	土	土	金	金	木	木	水	水	土	土	火	火	木	木	水	水	金	金	火	火	木	木	土	土	金
建星	危	成	收	开	闭	建	除	满	平	定	执	破	危	成	收	开	闭	建	除	满	平	定	执	破	危	成	收	开	闭	闭
廿八宿	觜	参	井	鬼	柳	星	张	翼	轸	角	亢	氐	房	心	尾	箕	斗	牛	女	虚	危	室	壁	奎	娄	胃	昴	毕	觜	参

二月小建丁卯壁宿 （一白）

节气：春分十五日五时五十九分

公历	7	8	9	10	11	12	13	14	15	16	17	18	19	20	21	22	23	24	25	26	27	28	29	30	31	四月	2	3	4	
农历	一	二	三	四	五	六	七	八	九	十	十一	十二	十三	十四	十五	十六	十七	十八	十九	二十	廿一	廿二	廿三	廿四	廿五	廿六	廿七	廿八	廿九	
星期	四	五	六	日	一	二	三	四	五	六	日	一	二	三	四	五	六	日	一	二	三	四	五	六	日	一	二	三	四	
干支	癸卯	甲辰	乙巳	丙午	丁未	戊申	己酉	庚戌	辛亥	壬子	癸丑	甲寅	乙卯	丙辰	丁巳	戊午	己未	庚申	辛酉	壬戌	癸亥	甲子	乙丑	丙寅	丁卯	戊辰	己巳	庚午	辛未	
五行	金	火	火	水	水	土	土	金	金	木	木	水	水	土	土	火	火	木	木	水	水	金	金	火	火	木	木	土	土	
建星	建	除	满	平	定	执	破	危	成	收	开	闭	建	除	满	平	定	执	破	危	成	收	开	闭	建	除	满	平	定	
廿八宿	井	鬼	柳	星	张	翼	轸	角	亢	氐	房	心	尾	箕	斗	牛	女	虚	危	室	壁	奎	娄	胃	昴	毕	觜	参	井	

三月大建戊辰奎宿 （九紫）

节气：清明初一日九时五十一分
谷雨十六日十五时五十五分

公历	5	6	7	8	9	10	11	12	13	14	15	16	17	18	19	20	21	22	23	24	25	26	27	28	29	30	五月	2	3	4
农历	一	二	三	四	五	六	七	八	九	十	十一	十二	十三	十四	十五	十六	十七	十八	十九	二十	廿一	廿二	廿三	廿四	廿五	廿六	廿七	廿八	廿九	三十
星期	五	六	日	一	二	三	四	五	六	日	一	二	三	四	五	六	日	一	二	三	四	五	六	日	一	二	三	四	五	六
干支	壬申	癸酉	甲戌	乙亥	丙子	丁丑	戊寅	己卯	庚辰	辛巳	壬午	癸未	甲申	乙酉	丙戌	丁亥	戊子	己丑	庚寅	辛卯	壬辰	癸巳	甲午	乙未	丙申	丁酉	戊戌	己亥	庚子	辛丑
五行	金	金	火	火	水	水	土	土	金	金	木	木	水	水	土	土	火	火	木	木	水	水	金	金	火	火	木	木	土	土
建星	定	执	破	危	成	收	开	闭	建	除	满	平	定	执	破	危	成	收	开	闭	建	除	满	平	定	执	破	危	成	收
廿八宿	鬼	柳	星	张	翼	轸	角	亢	氐	房	心	尾	箕	斗	牛	女	虚	危	室	壁	奎	娄	胃	昴	毕	觜	参	井	鬼	柳

岁次：己亥	公元 2019 年（平地木）			土猪
太岁：谢太	年八白星	风地观卦	二火二运	昴

四月小建己巳娄宿 （八白）

节气：立夏初二日三时三分
小满十七日十五时五十九分

公历	5	6	7	8	9	10	11	12	13	14	15	16	17	18	19	20	21	22	23	24	25	26	27	28	29	30	31	六月	2
农历	一	二	三	四	五	六	七	八	九	十	十一	十二	十三	十四	十五	十六	十七	十八	十九	二十	廿一	廿二	廿三	廿四	廿五	廿六	廿七	廿八	廿九
星期	日	一	二	三	四	五	六	日	一	二	三	四	五	六	日	一	二	三	四	五	六	日	一	二	三	四	五	六	日
干支	壬寅	癸卯	甲辰	乙巳	丙午	丁未	戊申	己酉	庚戌	辛亥	壬子	癸丑	甲寅	乙卯	丙辰	丁巳	戊午	己未	庚申	辛酉	壬戌	癸亥	甲子	乙丑	丙寅	丁卯	戊辰	己巳	庚午
五行	金	金	火	火	水	水	土	土	金	金	木	木	水	水	土	土	火	火	木	木	水	水	金	金	火	火	木	木	土
建星	开	开	闭	建	除	满	平	定	执	破	危	成	收	开	闭	建	除	满	平	定	执	破	危	成	收	开	闭	建	除
廿八宿	星	张	翼	轸	角	亢	氐	房	心	尾	箕	斗	牛	女	虚	危	室	壁	奎	娄	胃	昴	毕	觜	参	井	鬼	柳	星

五月大建庚午胃宿 （七赤）

节气：芒种初四日七时六分
夏至十九日廿三时五十五分

公历	3	4	5	6	7	8	9	10	11	12	13	14	15	16	17	18	19	20	21	22	23	24	25	26	27	28	29	30	七月	2
农历	一	二	三	四	五	六	七	八	九	十	十一	十二	十三	十四	十五	十六	十七	十八	十九	二十	廿一	廿二	廿三	廿四	廿五	廿六	廿七	廿八	廿九	三十
星期	一	二	三	四	五	六	日	一	二	三	四	五	六	日	一	二	三	四	五	六	日	一	二	三	四	五	六	日	一	二
干支	辛未	壬申	癸酉	甲戌	乙亥	丙子	丁丑	戊寅	己卯	庚辰	辛巳	壬午	癸未	甲申	乙酉	丙戌	丁亥	戊子	己丑	庚寅	辛卯	壬辰	癸巳	甲午	乙未	丙申	丁酉	戊戌	己亥	庚子
五行	土	金	金	火	火	水	水	土	土	金	金	木	木	水	水	土	土	火	火	木	木	水	水	金	金	火	火	木	木	土
建星	满	平	定	定	执	破	危	成	收	开	闭	建	除	满	平	定	执	破	危	成	收	开	闭	建	除	满	平	定	执	破
廿八宿	张	翼	轸	角	亢	氐	房	心	尾	箕	斗	牛	女	虚	危	室	壁	奎	娄	胃	昴	毕	觜	参	井	鬼	柳	星	张	翼

六月小建辛未昴宿 （六白）

节气：小暑初五日十七时廿一分
大暑廿一日十时五十一分

公历	3	4	5	6	7	8	9	10	11	12	13	14	15	16	17	18	19	20	21	22	23	24	25	26	27	28	29	30	31
农历	一	二	三	四	五	六	七	八	九	十	十一	十二	十三	十四	十五	十六	十七	十八	十九	二十	廿一	廿二	廿三	廿四	廿五	廿六	廿七	廿八	廿九
星期	三	四	五	六	日	一	二	三	四	五	六	日	一	二	三	四	五	六	日	一	二	三	四	五	六	日	一	二	三
干支	辛丑	壬寅	癸卯	甲辰	乙巳	丙午	丁未	戊申	己酉	庚戌	辛亥	壬子	癸丑	甲寅	乙卯	丙辰	丁巳	戊午	己未	庚申	辛酉	壬戌	癸亥	甲子	乙丑	丙寅	丁卯	戊辰	己巳
五行	土	金	金	火	火	水	水	土	土	金	金	木	木	水	水	土	土	火	火	木	木	水	水	金	金	火	火	木	木
建星	危	成	收	开	开	闭	建	除	满	平	定	执	破	危	成	收	开	闭	建	除	满	平	定	执	破	危	成	收	开
廿八宿	轸	角	亢	氐	房	心	尾	箕	斗	牛	女	虚	危	室	壁	奎	娄	胃	昴	毕	觜	参	井	鬼	柳	星	张	翼	轸

岁次：己亥	公元2019年（平地木）			土猪
太岁：谢太	年八白星	风地观卦	二火二运	昴

七月小建壬申毕宿　（五黄）

节气：立秋初八日三时十三分
处暑廿三日十八时二分

公历	八月	2	3	4	5	6	7	8	9	10	11	12	13	14	15	16	17	18	19	20	21	22	23	24	25	26	27	28	29	
农历	一	二	三	四	五	六	七	八	九	十	十一	十二	十三	十四	十五	十六	十七	十八	十九	二十	廿一	廿二	廿三	廿四	廿五	廿六	廿七	廿八	廿九	
星期	四	五	六	日	一	二	三	四	五	六	日	一	二	三	四	五	六	日	一	二	三	四	五	六	日	一	二	三	四	
干支	庚午	辛未	壬申	癸酉	甲戌	乙亥	丙子	丁丑	戊寅	己卯	庚辰	辛巳	壬午	癸未	甲申	乙酉	丙戌	丁亥	戊子	己丑	庚寅	辛卯	壬辰	癸巳	甲午	乙未	丙申	丁酉	戊戌	
五行	土	土	金	金	火	火	水	水	土	土	金	金	木	木	水	水	土	土	火	火	木	木	水	水	金	金	火	火	木	
建星	闭	建	除	满	平	定	执	执	破	危	成	收	开	闭	建	除	满	平	定	执	破	危	成	收	开	闭	建	除	满	
廿八宿	角	亢	氐	房	心	尾	箕	斗	牛	女	虚	危	室	壁	奎	娄	胃	昴	毕	觜	参	井	鬼	柳	星	张	翼	轸	角	

八月大建癸酉觜宿　（四绿）

节气：白露初十日六时十七分
秋分廿五日十五时五十分

公历	30	31	九月	2	3	4	5	6	7	8	9	10	11	12	13	14	15	16	17	18	19	20	21	22	23	24	25	26	27	28
农历	一	二	三	四	五	六	七	八	九	十	十一	十二	十三	十四	十五	十六	十七	十八	十九	二十	廿一	廿二	廿三	廿四	廿五	廿六	廿七	廿八	廿九	三十
星期	五	六	日	一	二	三	四	五	六	日	一	二	三	四	五	六	日	一	二	三	四	五	六	日	一	二	三	四	五	六
干支	己亥	庚子	辛丑	壬寅	癸卯	甲辰	乙巳	丙午	丁未	戊申	己酉	庚戌	辛亥	壬子	癸丑	甲寅	乙卯	丙辰	丁巳	戊午	己未	庚申	辛酉	壬戌	癸亥	甲子	乙丑	丙寅	丁卯	戊辰
五行	木	土	土	金	金	火	火	水	水	土	土	金	金	木	木	水	水	土	土	火	火	木	木	水	水	金	金	火	火	木
建星	平	定	执	破	危	成	收	开	闭	闭	建	除	满	平	定	执	破	危	成	收	开	闭	建	除	满	平	定	执	破	危
廿八宿	亢	氐	房	心	尾	箕	斗	牛	女	虚	危	室	壁	奎	娄	胃	昴	毕	觜	参	井	鬼	柳	星	张	翼	轸	角	亢	氐

九月小建甲戌参宿　（三碧）

节气：寒露初十日廿二时六分
霜降廿六日一时二十分

公历	29	30	十月	2	3	4	5	6	7	8	9	10	11	12	13	14	15	16	17	18	19	20	21	22	23	24	25	26	27	
农历	一	二	三	四	五	六	七	八	九	十	十一	十二	十三	十四	十五	十六	十七	十八	十九	二十	廿一	廿二	廿三	廿四	廿五	廿六	廿七	廿八	廿九	
星期	日	一	二	三	四	五	六	日	一	二	三	四	五	六	日	一	二	三	四	五	六	日	一	二	三	四	五	六	日	
干支	己巳	庚午	辛未	壬申	癸酉	甲戌	乙亥	丙子	丁丑	戊寅	己卯	庚辰	辛巳	壬午	癸未	甲申	乙酉	丙戌	丁亥	戊子	己丑	庚寅	辛卯	壬辰	癸巳	甲午	乙未	丙申	丁酉	
五行	木	土	土	金	金	火	火	水	水	土	土	金	金	木	木	水	水	土	土	火	火	木	木	水	水	金	金	火	火	
建星	成	收	开	闭	建	除	满	平	定	定	执	破	危	成	收	开	闭	建	除	满	平	定	执	破	危	成	收	开	闭	
廿八宿	房	心	尾	箕	斗	牛	女	虚	危	室	壁	奎	娄	胃	昴	毕	觜	参	井	鬼	柳	星	张	翼	轸	角	亢	氐	房	

岁次：己亥	公元 2019 年（平地木）			土猪
太岁：谢太	年八白星	风地观卦	二火二运	昴

十月小建乙亥井宿 （二黑）

节气：立冬 十二日一时廿五分
小雪 廿六日廿二时五十九分

公历	28	29	30	31	11月	2	3	4	5	6	7	8	9	10	11	12	13	14	15	16	17	18	19	20	21	22	23	24	25
农历	一	二	三	四	五	六	七	八	九	十	十一	十二	十三	十四	十五	十六	十七	十八	十九	二十	廿一	廿二	廿三	廿四	廿五	廿六	廿七	廿八	廿九
星期	一	二	三	四	五	六	日	一	二	三	四	五	六	日	一	二	三	四	五	六	日	一	二	三	四	五	六	日	一
干支	戊戌	己亥	庚子	辛丑	壬寅	癸卯	甲辰	乙巳	丙午	丁未	戊申	己酉	庚戌	辛亥	壬子	癸丑	甲寅	乙卯	丙辰	丁巳	戊午	己未	庚申	辛酉	壬戌	癸亥	甲子	乙丑	丙寅
五行	木	木	土	土	金	金	火	火	水	水	土	土	金	金	木	木	水	水	土	土	火	火	木	木	水	水	金	金	火
建星	建	除	满	平	定	执	破	危	成	收	开	开	闭	建	除	满	平	定	执	破	危	成	收	开	闭	建	除	满	平
廿八宿	心	尾	箕	斗	牛	女	虚	危	室	壁	奎	娄	胃	昴	毕	觜	参	井	鬼	柳	星	张	翼	轸	角	亢	氐	房	心

十一月大建丙子鬼宿 （一白）

节气：大雪 十二日十八时十九分
冬至 廿七日十二时二十分

公历	26	27	28	29	30	12月	2	3	4	5	6	7	8	9	10	11	12	13	14	15	16	17	18	19	20	21	22	23	24	25
农历	一	二	三	四	五	六	七	八	九	十	十一	十二	十三	十四	十五	十六	十七	十八	十九	二十	廿一	廿二	廿三	廿四	廿五	廿六	廿七	廿八	廿九	三十
星期	二	三	四	五	六	日	一	二	三	四	五	六	日	一	二	三	四	五	六	日	一	二	三	四	五	六	日	一	二	三
干支	丁卯	戊辰	己巳	庚午	辛未	壬申	癸酉	甲戌	乙亥	丙子	丁丑	戊寅	己卯	庚辰	辛巳	壬午	癸未	甲申	乙酉	丙戌	丁亥	戊子	己丑	庚寅	辛卯	壬辰	癸巳	甲午	乙未	丙申
五行	火	木	木	土	土	金	金	火	火	水	水	土	土	金	金	木	木	水	水	土	土	火	火	木	木	水	水	金	金	火
建星	定	执	破	危	成	收	开	闭	建	除	满	满	平	定	执	破	危	成	收	开	闭	建	除	满	平	定	执	破	危	成
廿八宿	尾	箕	斗	牛	女	虚	危	室	壁	奎	娄	胃	昴	毕	觜	参	井	鬼	柳	星	张	翼	轸	角	亢	氐	房	心	尾	箕

十二月大建丁丑柳宿 （九紫）

节气：小寒 十二日五时卅一分
大寒 廿六日廿二时五十六分

公历	26	27	28	29	30	31	1月	2	3	4	5	6	7	8	9	10	11	12	13	14	15	16	17	18	19	20	21	22	23	24
农历	一	二	三	四	五	六	七	八	九	十	十一	十二	十三	十四	十五	十六	十七	十八	十九	二十	廿一	廿二	廿三	廿四	廿五	廿六	廿七	廿八	廿九	三十
星期	四	五	六	日	一	二	三	四	五	六	日	一	二	三	四	五	六	日	一	二	三	四	五	六	日	一	二	三	四	五
干支	丁酉	戊戌	己亥	庚子	辛丑	壬寅	癸卯	甲辰	乙巳	丙午	丁未	戊申	己酉	庚戌	辛亥	壬子	癸丑	甲寅	乙卯	丙辰	丁巳	戊午	己未	庚申	辛酉	壬戌	癸亥	甲子	乙丑	丙寅
五行	火	木	木	土	土	金	金	火	火	水	水	土	土	金	金	木	木	水	水	土	土	火	火	木	木	水	水	金	金	火
建星	收	开	闭	建	除	满	平	定	执	破	危	危	成	收	开	闭	建	除	满	平	定	执	破	危	成	收	开	闭	建	除
廿八宿	斗	牛	女	虚	危	室	壁	奎	娄	胃	昴	毕	觜	参	井	鬼	柳	星	张	翼	轸	角	亢	氐	房	心	尾	箕	斗	牛

岁次：庚子	公元2020年（壁上土）			金鼠
太岁：卢秘	年七赤星	风雷益卦	二火九运	毕

正月小建戊寅星宿 （八白）

节气：立春十一日十七时四分
雨水廿六日十二时五十八分

公历	25	26	27	28	29	30	31	二月	2	3	4	5	6	7	8	9	10	11	12	13	14	15	16	17	18	19	20	21	22	
农历	一	二	三	四	五	六	七	八	九	十	十一	十二	十三	十四	十五	十六	十七	十八	十九	二十	廿一	廿二	廿三	廿四	廿五	廿六	廿七	廿八	廿九	
星期	六	日	一	二	三	四	五	六	日	一	二	三	四	五	六	日	一	二	三	四	五	六	日	一	二	三	四	五	六	
干支	丁卯	戊辰	己巳	庚午	辛未	壬申	癸酉	甲戌	乙亥	丙子	丁丑	戊寅	己卯	庚辰	辛巳	壬午	癸未	甲申	乙酉	丙戌	丁亥	戊子	己丑	庚寅	辛卯	壬辰	癸巳	甲午	乙未	
五行	火	木	木	土	土	金	金	火	火	水	水	土	土	金	金	木	木	水	水	土	土	火	火	木	木	水	水	金	金	
建星	满	平	定	执	破	危	成	收	开	闭	闭	建	除	满	平	定	执	破	危	成	收	开	闭	建	除	满	平	定	执	
廿八宿	女	虚	危	室	壁	奎	娄	胄	昴	毕	觜	参	井	鬼	柳	星	张	翼	轸	角	亢	氐	房	心	尾	箕	斗	牛	女	

二月大建己卯张宿 （七赤）

节气：惊蛰十二日十时五十八分
春分廿七日十一时五十一分

公历	23	24	25	26	27	28	29	三月	2	3	4	5	6	7	8	9	10	11	12	13	14	15	16	17	18	19	20	21	22	23
农历	一	二	三	四	五	六	七	八	九	十	十一	十二	十三	十四	十五	十六	十七	十八	十九	二十	廿一	廿二	廿三	廿四	廿五	廿六	廿七	廿八	廿九	三十
星期	日	一	二	三	四	五	六	日	一	二	三	四	五	六	日	一	二	三	四	五	六	日	一	二	三	四	五	六	日	一
干支	丙申	丁酉	戊戌	己亥	庚子	辛丑	壬寅	癸卯	甲辰	乙巳	丙午	丁未	戊申	己酉	庚戌	辛亥	壬子	癸丑	甲寅	乙卯	丙辰	丁巳	戊午	己未	庚申	辛酉	壬戌	癸亥	甲子	乙丑
五行	火	火	木	木	土	土	金	金	火	火	水	水	土	土	金	金	木	木	水	水	土	土	火	火	木	木	水	水	金	金
建星	破	危	成	收	开	闭	建	除	满	平	定	定	执	破	危	成	收	开	闭	建	除	满	平	定	执	破	危	成	收	开
廿八宿	虚	危	室	壁	奎	娄	胄	昴	毕	觜	参	井	鬼	柳	星	张	翼	轸	角	亢	氐	房	心	尾	箕	斗	牛	女	虚	危

三月大建庚辰翼宿 （六白）

节气：清明十二日十五时四十分
谷雨廿七日廿二时四十七分

公历	24	25	26	27	28	29	30	31	四月	2	3	4	5	6	7	8	9	10	11	12	13	14	15	16	17	18	19	20	21	22
农历	一	二	三	四	五	六	七	八	九	十	十一	十二	十三	十四	十五	十六	十七	十八	十九	二十	廿一	廿二	廿三	廿四	廿五	廿六	廿七	廿八	廿九	三十
星期	二	三	四	五	六	日	一	二	三	四	五	六	日	一	二	三	四	五	六	日	一	二	三	四	五	六	日	一	二	三
干支	丙寅	丁卯	戊辰	己巳	庚午	辛未	壬申	癸酉	甲戌	乙亥	丙子	丁丑	戊寅	己卯	庚辰	辛巳	壬午	癸未	甲申	乙酉	丙戌	丁亥	戊子	己丑	庚寅	辛卯	壬辰	癸巳	甲午	乙未
五行	火	火	木	木	土	土	金	金	火	火	水	水	土	土	金	金	木	木	水	水	土	土	火	火	木	木	水	水	金	金
建星	闭	建	除	满	平	定	执	破	危	成	收	收	开	闭	建	除	满	平	定	执	破	危	成	收	开	闭	建	除	满	平
廿八宿	室	壁	奎	娄	胄	昴	毕	觜	参	井	鬼	柳	星	张	翼	轸	角	亢	氐	房	心	尾	箕	斗	牛	女	虚	危	室	壁

岁次:庚子	公元 2020 年(壁上土)			金鼠
太岁:卢秘	年七赤星	风雷益卦	二火九运	毕

四月大建辛巳轸宿 (五黄)

节气:立夏十三日八时五十三分
小满廿八日廿一时五十分

公历	23	24	25	26	27	28	29	30	五月	2	3	4	5	6	7	8	9	10	11	12	13	14	15	16	17	18	19	20	21	22
农历	一	二	三	四	五	六	七	八	九	十	十一	十二	十三	十四	十五	十六	十七	十八	十九	二十	廿一	廿二	廿三	廿四	廿五	廿六	廿七	廿八	廿九	三十
星期	四	五	六	日	一	二	三	四	五	六	日	一	二	三	四	五	六	日	一	二	三	四	五	六	日	一	二	三	四	五
干支	丙申	丁酉	戊戌	己亥	庚子	辛丑	壬寅	癸卯	甲辰	乙巳	丙午	丁未	戊申	己酉	庚戌	辛亥	壬子	癸丑	甲寅	乙卯	丙辰	丁巳	戊午	己未	庚申	辛酉	壬戌	癸亥	甲子	乙丑
五行	火	火	木	木	土	土	金	金	火	火	水	水	土	土	金	金	木	木	水	水	土	土	火	火	木	木	水	水	金	金
建星	定	执	破	危	成	收	开	闭	建	除	满	平	平	定	执	破	危	成	收	开	闭	建	除	满	平	定	执	破	危	成
廿八宿	奎	娄	胃	昴	毕	觜	参	井	鬼	柳	星	张	翼	轸	角	亢	氐	房	心	尾	箕	斗	牛	女	虚	危	室	壁	奎	娄

闰四月小

节气:芒种十四日十二时五十九分

公历	23	24	25	26	27	28	29	30	31	六月	2	3	4	5	6	7	8	9	10	11	12	13	14	15	16	17	18	19	20	
农历	一	二	三	四	五	六	七	八	九	十	十一	十二	十三	十四	十五	十六	十七	十八	十九	二十	廿一	廿二	廿三	廿四	廿五	廿六	廿七	廿八	廿九	
星期	六	日	一	二	三	四	五	六	日	一	二	三	四	五	六	日	一	二	三	四	五	六	日	一	二	三	四	五	六	
干支	丙寅	丁卯	戊辰	己巳	庚午	辛未	壬申	癸酉	甲戌	乙亥	丙子	丁丑	戊寅	己卯	庚辰	辛巳	壬午	癸未	甲申	乙酉	丙戌	丁亥	戊子	己丑	庚寅	辛卯	壬辰	癸巳	甲午	
五行	火	火	木	木	土	土	金	金	火	火	水	水	土	土	金	金	木	木	水	水	土	土	火	火	木	木	水	水	金	
建星	收	开	闭	建	除	满	平	定	执	破	危	成	收	收	开	闭	建	除	满	平	定	执	破	危	成	收	开	闭	建	
廿八宿	胃	昴	毕	觜	参	井	鬼	柳	星	张	翼	轸	角	亢	氐	房	心	尾	箕	斗	牛	女	虚	危	室	壁	奎	娄	胃	

五月大建壬午角宿 (四绿)

节气:夏至初一日五时四十四分
小暑十六日廿三时十五分

公历	21	22	23	24	25	26	27	28	29	30	七月	2	3	4	5	6	7	8	9	10	11	12	13	14	15	16	17	18	19	20
农历	一	二	三	四	五	六	七	八	九	十	十一	十二	十三	十四	十五	十六	十七	十八	十九	二十	廿一	廿二	廿三	廿四	廿五	廿六	廿七	廿八	廿九	三十
星期	日	一	二	三	四	五	六	日	一	二	三	四	五	六	日	一	二	三	四	五	六	日	一	二	三	四	五	六	日	一
干支	乙未	丙申	丁酉	戊戌	己亥	庚子	辛丑	壬寅	癸卯	甲辰	乙巳	丙午	丁未	戊申	己酉	庚戌	辛亥	壬子	癸丑	甲寅	乙卯	丙辰	丁巳	戊午	己未	庚申	辛酉	壬戌	癸亥	甲子
五行	金	火	火	木	木	土	土	金	金	火	火	水	水	土	土	金	金	木	木	水	水	土	土	火	火	木	木	水	水	金
建星	除	满	平	定	执	破	危	成	收	开	闭	建	除	满	平	平	定	执	破	危	成	收	开	闭	建	除	满	平	定	执
廿八宿	昴	毕	觜	参	井	鬼	柳	星	张	翼	轸	角	亢	氐	房	心	尾	箕	斗	牛	女	虚	危	室	壁	奎	娄	胃	昴	毕

岁次:庚子	公元2020年(壁上土)			金鼠
太岁:卢秘	年七赤星	风雷益卦	二火九运	毕

六月小建癸未亢宿 (三碧)

节气:大暑初二日十六时卅八分
立秋十八日九时七分

公历	21	22	23	24	25	26	27	28	29	30	31	八月	2	3	4	5	6	7	8	9	10	11	12	13	14	15	16	17	18	
农历	一	二	三	四	五	六	七	八	九	十	十一	十二	十三	十四	十五	十六	十七	十八	十九	二十	廿一	廿二	廿三	廿四	廿五	廿六	廿七	廿八	廿九	
星期	二	三	四	五	六	日	一	二	三	四	五	六	日	一	二	三	四	五	六	日	一	二	三	四	五	六	日	一	二	
干支	乙丑	丙寅	丁卯	戊辰	己巳	庚午	辛未	壬申	癸酉	甲戌	乙亥	丙子	丁丑	戊寅	己卯	庚辰	辛巳	壬午	癸未	甲申	乙酉	丙戌	丁亥	戊子	己丑	庚寅	辛卯	壬辰	癸巳	
五行	金	火	火	木	木	土	土	金	金	火	火	水	水	土	土	金	金	木	木	水	水	土	土	火	火	木	木	水	水	
建星	破	危	成	收	开	闭	建	除	满	平	定	执	破	危	成	收	开	开	闭	建	除	满	平	定	执	破	危	成	收	
廿八宿	觜	参	井	鬼	柳	星	张	翼	轸	角	亢	氐	房	心	尾	箕	斗	牛	女	虚	危	室	壁	奎	娄	胃	昴	毕	觜	

七月小建甲申氐宿 (二黑)

节气:处暑初四日廿三时四十六分
白露二十日十二时九分

公历	19	20	21	22	23	24	25	26	27	28	29	30	31	九月	2	3	4	5	6	7	8	9	10	11	12	13	14	15	16	
农历	一	二	三	四	五	六	七	八	九	十	十一	十二	十三	十四	十五	十六	十七	十八	十九	二十	廿一	廿二	廿三	廿四	廿五	廿六	廿七	廿八	廿九	
星期	三	四	五	六	日	一	二	三	四	五	六	日	一	二	三	四	五	六	日	一	二	三	四	五	六	日	一	二	三	
干支	甲午	乙未	丙申	丁酉	戊戌	己亥	庚子	辛丑	壬寅	癸卯	甲辰	乙巳	丙午	丁未	戊申	己酉	庚戌	辛亥	壬子	癸丑	甲寅	乙卯	丙辰	丁巳	戊午	己未	庚申	辛酉	壬戌	
五行	金	金	火	火	木	木	土	土	金	金	火	火	水	水	土	土	金	金	木	木	水	水	土	土	火	火	木	木	水	
建星	开	闭	建	除	满	平	定	执	破	危	成	收	开	闭	建	除	满	平	定	定	执	破	危	成	收	开	闭	建	除	
廿八宿	参	井	鬼	柳	星	张	翼	轸	角	亢	氐	房	心	尾	箕	斗	牛	女	虚	危	室	壁	奎	娄	胃	昴	毕	觜	参	

八月大建乙酉房宿 (一白)

节气:秋分初六日廿一时卅一分
寒露廿二日三时五十六分

公历	17	18	19	20	21	22	23	24	25	26	27	28	29	30	十月	2	3	4	5	6	7	8	9	10	11	12	13	14	15	16
农历	一	二	三	四	五	六	七	八	九	十	十一	十二	十三	十四	十五	十六	十七	十八	十九	二十	廿一	廿二	廿三	廿四	廿五	廿六	廿七	廿八	廿九	三十
星期	四	五	六	日	一	二	三	四	五	六	日	一	二	三	四	五	六	日	一	二	三	四	五	六	日	一	二	三	四	五
干支	癸亥	甲子	乙丑	丙寅	丁卯	戊辰	己巳	庚午	辛未	壬申	癸酉	甲戌	乙亥	丙子	丁丑	戊寅	己卯	庚辰	辛巳	壬午	癸未	甲申	乙酉	丙戌	丁亥	戊子	己丑	庚寅	辛卯	壬辰
五行	水	金	金	火	火	木	木	土	土	金	金	火	火	水	水	土	土	金	金	木	木	水	水	土	土	火	火	木	木	水
建星	满	平	定	执	破	危	成	收	开	闭	建	除	满	平	定	执	破	危	成	收	开	开	闭	建	除	满	平	定	执	破
廿八宿	井	鬼	柳	星	张	翼	轸	角	亢	氐	房	心	尾	箕	斗	牛	女	虚	危	室	壁	奎	娄	胃	昴	毕	觜	参	井	鬼

岁次：庚子	公元 2020 年（壁上土）			金鼠
太岁：卢秘	年七赤星	风雷益卦	二火九运	毕

九月小建丙戌心宿 （九紫） 节气：霜降初七日七时 立冬廿二日七时十四分

公历	17	18	19	20	21	22	23	24	25	26	27	28	29	30	31	11月	2	3	4	5	6	7	8	9	10	11	12	13	14
农历	一	二	三	四	五	六	七	八	九	十	十一	十二	十三	十四	十五	十六	十七	十八	十九	二十	廿一	廿二	廿三	廿四	廿五	廿六	廿七	廿八	廿九
星期	六	日	一	二	三	四	五	六	日	一	二	三	四	五	六	日	一	二	三	四	五	六	日	一	二	三	四	五	六
干支	癸巳	甲午	乙未	丙申	丁酉	戊戌	己亥	庚子	辛丑	壬寅	癸卯	甲辰	乙巳	丙午	丁未	戊申	己酉	庚戌	辛亥	壬子	癸丑	甲寅	乙卯	丙辰	丁巳	戊午	己未	庚申	辛酉
五行	水	金	金	火	火	木	木	土	土	金	金	火	火	水	水	土	土	金	金	木	木	水	水	土	土	火	火	木	木
建星	危	成	收	开	闭	建	除	满	平	定	执	破	危	成	收	开	闭	建	除	满	平	平	定	执	破	危	成	收	开
廿八宿	柳	星	张	翼	轸	角	亢	氐	房	心	尾	箕	斗	牛	女	虚	危	室	壁	奎	娄	胃	昴	毕	觜	参	井	鬼	柳

十月大建丁亥尾宿 （八白） 节气：小雪初八日四时四十分 大雪廿三日零时十分

公历	15	16	17	18	19	20	21	22	23	24	25	26	27	28	29	30	12月	2	3	4	5	6	7	8	9	10	11	12	13	14
农历	一	二	三	四	五	六	七	八	九	十	十一	十二	十三	十四	十五	十六	十七	十八	十九	二十	廿一	廿二	廿三	廿四	廿五	廿六	廿七	廿八	廿九	三十
星期	日	一	二	三	四	五	六	日	一	二	三	四	五	六	日	一	二	三	四	五	六	日	一	二	三	四	五	六	日	一
干支	壬戌	癸亥	甲子	乙丑	丙寅	丁卯	戊辰	己巳	庚午	辛未	壬申	癸酉	甲戌	乙亥	丙子	丁丑	戊寅	己卯	庚辰	辛巳	壬午	癸未	甲申	乙酉	丙戌	丁亥	戊子	己丑	庚寅	辛卯
五行	水	水	金	金	火	火	木	木	土	土	金	金	火	火	水	水	土	土	金	金	木	木	水	水	土	土	火	火	木	木
建星	闭	建	除	满	平	定	执	破	危	成	收	开	闭	建	除	满	平	定	执	破	危	成	成	收	开	闭	建	除	满	平
廿八宿	星	张	翼	轸	角	亢	氐	房	心	尾	箕	斗	牛	女	虚	危	室	壁	奎	娄	胃	昴	毕	觜	参	井	鬼	柳	星	张

十一月小建戊子箕宿 （七赤） 节气：冬至初七日十八时三分 小寒廿二日十一时廿四分

公历	15	16	17	18	19	20	21	22	23	24	25	26	27	28	29	30	31	一月	2	3	4	5	6	7	8	9	10	11	12
农历	一	二	三	四	五	六	七	八	九	十	十一	十二	十三	十四	十五	十六	十七	十八	十九	二十	廿一	廿二	廿三	廿四	廿五	廿六	廿七	廿八	廿九
星期	二	三	四	五	六	日	一	二	三	四	五	六	日	一	二	三	四	五	六	日	一	二	三	四	五	六	日	一	二
干支	壬辰	癸巳	甲午	乙未	丙申	丁酉	戊戌	己亥	庚子	辛丑	壬寅	癸卯	甲辰	乙巳	丙午	丁未	戊申	己酉	庚戌	辛亥	壬子	癸丑	甲寅	乙卯	丙辰	丁巳	戊午	己未	庚申
五行	水	水	金	金	火	火	木	木	土	土	金	金	火	火	水	水	土	土	金	金	木	木	水	水	土	土	火	火	木
建星	定	执	破	危	成	收	开	闭	建	除	满	平	定	执	破	危	成	收	开	闭	建	建	除	满	平	定	执	破	危
廿八宿	翼	轸	角	亢	氐	房	心	尾	箕	斗	牛	女	虚	危	室	壁	奎	娄	胃	昴	毕	觜	参	井	鬼	柳	星	张	翼

十二月大建己丑斗宿 （六白） 节气：大寒初八日四时四十一分 立春廿二日廿三时零分

公历	13	14	15	16	17	18	19	20	21	22	23	24	25	26	27	28	29	30	31	二月	2	3	4	5	6	7	8	9	10	11
农历	一	二	三	四	五	六	七	八	九	十	十一	十二	十三	十四	十五	十六	十七	十八	十九	二十	廿一	廿二	廿三	廿四	廿五	廿六	廿七	廿八	廿九	三十
星期	三	四	五	六	日	一	二	三	四	五	六	日	一	二	三	四	五	六	日	一	二	三	四	五	六	日	一	二	三	四
干支	辛酉	壬戌	癸亥	甲子	乙丑	丙寅	丁卯	戊辰	己巳	庚午	辛未	壬申	癸酉	甲戌	乙亥	丙子	丁丑	戊寅	己卯	庚辰	辛巳	壬午	癸未	甲申	乙酉	丙戌	丁亥	戊子	己丑	庚寅
五行	木	水	水	金	金	火	火	木	木	土	土	金	金	火	火	水	水	土	土	金	金	木	木	水	水	土	土	火	火	木
建星	成	收	开	闭	建	除	满	平	定	执	破	危	成	收	开	闭	建	除	满	平	定	定	执	破	危	成	收	开	闭	建
廿八宿	轸	角	亢	氐	房	心	尾	箕	斗	牛	女	虚	危	室	壁	奎	娄	胃	昴	毕	觜	参	井	鬼	柳	星	张	翼	轸	角

岁次：辛丑	公元2021年（壁上土）			金牛
太岁：杨信	年六白星	地火明夷卦	一水三运	觜

正月小建庚寅牛宿　（五黄）

节气：雨水初七日十八时四十六分
惊蛰廿二日十六时五十四分

公历	12	13	14	15	16	17	18	19	20	21	22	23	24	25	26	27	28	三月	2	3	4	5	6	7	8	9	10	11	12	
农历	一	二	三	四	五	六	七	八	九	十	十一	十二	十三	十四	十五	十六	十七	十八	十九	二十	廿一	廿二	廿三	廿四	廿五	廿六	廿七	廿八	廿九	
星期	五	六	日	一	二	三	四	五	六	日	一	二	三	四	五	六	日	一	二	三	四	五	六	日	一	二	三	四	五	
干支	辛卯	壬辰	癸巳	甲午	乙未	丙申	丁酉	戊戌	己亥	庚子	辛丑	壬寅	癸卯	甲辰	乙巳	丙午	丁未	戊申	己酉	庚戌	辛亥	壬子	癸丑	甲寅	乙卯	丙辰	丁巳	戊午	己未	
五行	木	水	水	金	金	火	火	木	木	土	土	金	金	火	火	水	水	土	土	金	金	木	木	水	水	土	土	火	火	
建星	除	满	平	定	执	破	危	成	收	开	闭	建	除	满	平	定	执	破	危	成	收	收	开	闭	建	除	满	平	定	
廿八宿	亢	氐	房	心	尾	箕	斗	牛	女	虚	危	室	壁	奎	娄	胃	昴	毕	觜	参	井	鬼	柳	星	张	翼	轸	角	亢	

二月大建辛卯女宿　（四绿）

节气：春分初八日十七时卅八分
清明廿三日廿一时卅六分

公历	13	14	15	16	17	18	19	20	21	22	23	24	25	26	27	28	29	30	31	四月	2	3	4	5	6	7	8	9	10	11
农历	一	二	三	四	五	六	七	八	九	十	十一	十二	十三	十四	十五	十六	十七	十八	十九	二十	廿一	廿二	廿三	廿四	廿五	廿六	廿七	廿八	廿九	三十
星期	六	日	一	二	三	四	五	六	日	一	二	三	四	五	六	日	一	二	三	四	五	六	日	一	二	三	四	五	六	日
干支	庚申	辛酉	壬戌	癸亥	甲子	乙丑	丙寅	丁卯	戊辰	己巳	庚午	辛未	壬申	癸酉	甲戌	乙亥	丙子	丁丑	戊寅	己卯	庚辰	辛巳	壬午	癸未	甲申	乙酉	丙戌	丁亥	戊子	己丑
五行	木	木	水	水	金	金	火	火	木	木	土	土	金	金	火	火	水	水	土	土	金	金	木	木	水	水	土	土	火	火
建星	执	破	危	成	收	开	闭	建	除	满	平	定	执	破	危	成	收	开	闭	建	除	满	满	平	定	执	破	危	成	收
廿八宿	氐	房	心	尾	箕	斗	牛	女	虚	危	室	壁	奎	娄	胃	昴	毕	觜	参	井	鬼	柳	星	张	翼	轸	角	亢	氐	房

三月大建壬辰虚宿　（三碧）

节气：谷雨初九日四时卅四分
立夏廿四日十四时四十八分

公历	12	13	14	15	16	17	18	19	20	21	22	23	24	25	26	27	28	29	30	五月	2	3	4	5	6	7	8	9	10	11
农历	一	二	三	四	五	六	七	八	九	十	十一	十二	十三	十四	十五	十六	十七	十八	十九	二十	廿一	廿二	廿三	廿四	廿五	廿六	廿七	廿八	廿九	三十
星期	一	二	三	四	五	六	日	一	二	三	四	五	六	日	一	二	三	四	五	六	日	一	二	三	四	五	六	日	一	二
干支	庚寅	辛卯	壬辰	癸巳	甲午	乙未	丙申	丁酉	戊戌	己亥	庚子	辛丑	壬寅	癸卯	甲辰	乙巳	丙午	丁未	戊申	己酉	庚戌	辛亥	壬子	癸丑	甲寅	乙卯	丙辰	丁巳	戊午	己未
五行	木	木	水	水	金	金	火	火	木	木	土	土	金	金	火	火	水	水	土	土	金	金	木	木	水	水	土	土	火	火
建星	开	闭	建	除	满	平	定	执	破	危	成	收	开	闭	建	除	满	平	定	执	破	危	成	成	收	开	闭	建	除	满
廿八宿	心	尾	箕	斗	牛	女	虚	危	室	壁	奎	娄	胃	昴	毕	觜	参	井	鬼	柳	星	张	翼	轸	角	亢	氐	房	心	尾

岁次：辛丑	公元 2021 年（壁上土）			金牛
太岁：杨信	年六白星	地火明夷卦	一水三运	觜

四月小建癸巳危宿　（二黑）

节气：小满初十日三时卅七分
芒种廿五日十八时五十二分

公历	12	13	14	15	16	17	18	19	20	21	22	23	24	25	26	27	28	29	30	31	六月	2	3	4	5	6	7	8	9	
农历	一	二	三	四	五	六	七	八	九	十	十一	十二	十三	十四	十五	十六	十七	十八	十九	二十	廿一	廿二	廿三	廿四	廿五	廿六	廿七	廿八	廿九	
星期	三	四	五	六	日	一	二	三	四	五	六	日	一	二	三	四	五	六	日	一	二	三	四	五	六	日	一	二	三	
干支	庚申	辛酉	壬戌	癸亥	甲子	乙丑	丙寅	丁卯	戊辰	己巳	庚午	辛未	壬申	癸酉	甲戌	乙亥	丙子	丁丑	戊寅	己卯	庚辰	辛巳	壬午	癸未	甲申	乙酉	丙戌	丁亥	戊子	
五行	木	木	水	水	金	金	火	火	木	木	土	土	金	金	火	火	水	水	土	土	金	金	木	木	水	水	土	土	火	
建星	平	定	执	破	危	成	收	开	闭	建	除	满	平	定	执	破	危	成	收	开	闭	建	除	满	满	平	定	执	破	
廿八宿	箕	斗	牛	女	虚	危	室	壁	奎	娄	胃	昴	毕	觜	参	井	鬼	柳	星	张	翼	轸	角	亢	氐	房	心	尾	箕	

五月大建甲午室宿　（一白）

节气：夏至十二日十一时卅二分
小暑廿八日五时六分

公历	10	11	12	13	14	15	16	17	18	19	20	21	22	23	24	25	26	27	28	29	30	七月	2	3	4	5	6	7	8	9
农历	一	二	三	四	五	六	七	八	九	十	十一	十二	十三	十四	十五	十六	十七	十八	十九	二十	廿一	廿二	廿三	廿四	廿五	廿六	廿七	廿八	廿九	三十
星期	四	五	六	日	一	二	三	四	五	六	日	一	二	三	四	五	六	日	一	二	三	四	五	六	日	一	二	三	四	五
干支	己丑	庚寅	辛卯	壬辰	癸巳	甲午	乙未	丙申	丁酉	戊戌	己亥	庚子	辛丑	壬寅	癸卯	甲辰	乙巳	丙午	丁未	戊申	己酉	庚戌	辛亥	壬子	癸丑	甲寅	乙卯	丙辰	丁巳	戊午
五行	火	木	木	水	水	金	金	火	火	木	木	土	土	金	金	火	火	水	水	土	土	金	金	木	木	水	水	土	土	火
建星	危	成	收	开	闭	建	除	满	平	定	执	破	危	成	收	开	闭	建	除	满	平	定	执	破	危	成	收	收	开	闭
廿八宿	斗	牛	女	虚	危	室	壁	奎	娄	胃	昴	毕	觜	参	井	鬼	柳	星	张	翼	轸	角	亢	氐	房	心	尾	箕	斗	牛

六月小建乙未壁宿　（九紫）

节气：大暑十三日廿二时廿七分
立秋廿九日十四时五十四分

公历	10	11	12	13	14	15	16	17	18	19	20	21	22	23	24	25	26	27	28	29	30	31	八月	2	3	4	5	6	7	
农历	一	二	三	四	五	六	七	八	九	十	十一	十二	十三	十四	十五	十六	十七	十八	十九	二十	廿一	廿二	廿三	廿四	廿五	廿六	廿七	廿八	廿九	
星期	六	日	一	二	三	四	五	六	日	一	二	三	四	五	六	日	一	二	三	四	五	六	日	一	二	三	四	五	六	
干支	己未	庚申	辛酉	壬戌	癸亥	甲子	乙丑	丙寅	丁卯	戊辰	己巳	庚午	辛未	壬申	癸酉	甲戌	乙亥	丙子	丁丑	戊寅	己卯	庚辰	辛巳	壬午	癸未	甲申	乙酉	丙戌	丁亥	
五行	火	木	木	水	水	金	金	火	火	木	木	土	土	金	金	火	火	水	水	土	土	金	金	木	木	水	水	土	土	
建星	建	除	满	平	定	执	破	危	成	收	开	闭	建	除	满	平	定	执	破	危	成	收	开	闭	建	除	满	平	平	
廿八宿	女	虚	危	室	壁	奎	娄	胃	昴	毕	觜	参	井	鬼	柳	星	张	翼	轸	角	亢	氐	房	心	尾	箕	斗	牛	女	

岁次:辛丑	公元 2021 年(壁上土)			金牛
太岁:杨信	年六白星	地火明夷卦	一水三运	觜

七月大建丙申奎宿　(八白)　　节气:处暑十六日五时卅五分

公历	8	9	10	11	12	13	14	15	16	17	18	19	20	21	22	23	24	25	26	27	28	29	30	31	九月	2	3	4	5	6
农历	一	二	三	四	五	六	七	八	九	十	十一	十二	十三	十四	十五	十六	十七	十八	十九	二十	廿一	廿二	廿三	廿四	廿五	廿六	廿七	廿八	廿九	三十
星期	日	一	二	三	四	五	六	日	一	二	三	四	五	六	日	一	二	三	四	五	六	日	一	二	三	四	五	六	日	一
干支	戊子	己丑	庚寅	辛卯	壬辰	癸巳	甲午	乙未	丙申	丁酉	戊戌	己亥	庚子	辛丑	壬寅	癸卯	甲辰	乙巳	丙午	丁未	戊申	己酉	庚戌	辛亥	壬子	癸丑	甲寅	乙卯	丙辰	丁巳
五行	火	火	木	木	水	水	金	金	火	火	木	木	土	土	金	金	火	火	水	水	土	土	金	金	木	木	水	水	土	土
建星	定	执	破	危	成	收	开	闭	建	除	满	平	定	执	破	危	成	收	开	闭	建	除	满	平	定	执	破	危	成	收
廿八宿	虚	危	室	壁	奎	娄	胃	昴	毕	觜	参	井	鬼	柳	星	张	翼	轸	角	亢	氐	房	心	尾	箕	斗	牛	女	虚	危

八月小建丁酉娄宿　(七赤)　　节气:白露初一日十七时五十三分
秋分十七日三时廿一分

公历	7	8	9	10	11	12	13	14	15	16	17	18	19	20	21	22	23	24	25	26	27	28	29	30	十月	2	3	4	5	
农历	一	二	三	四	五	六	七	八	九	十	十一	十二	十三	十四	十五	十六	十七	十八	十九	二十	廿一	廿二	廿三	廿四	廿五	廿六	廿七	廿八	廿九	
星期	二	三	四	五	六	日	一	二	三	四	五	六	日	一	二	三	四	五	六	日	一	二	三	四	五	六	日	一	二	
干支	戊午	己未	庚申	辛酉	壬戌	癸亥	甲子	乙丑	丙寅	丁卯	戊辰	己巳	庚午	辛未	壬申	癸酉	甲戌	乙亥	丙子	丁丑	戊寅	己卯	庚辰	辛巳	壬午	癸未	甲申	乙酉	丙戌	
五行	火	火	木	木	水	水	金	金	火	火	木	木	土	土	金	金	火	火	水	水	土	土	金	金	木	木	水	水	土	
建星	收	开	闭	建	除	满	平	定	执	破	危	成	收	开	闭	建	除	满	平	定	执	破	危	成	收	开	闭	建	除	
廿八宿	室	壁	奎	娄	胃	昴	毕	觜	参	井	鬼	柳	星	张	翼	轸	角	亢	氐	房	心	尾	箕	斗	牛	女	虚	危	室	

九月大建戊戌胃宿　(六白)　　节气:寒露初三日九时卅九分
霜降十八日二时五十一分

公历	6	7	8	9	10	11	12	13	14	15	16	17	18	19	20	21	22	23	24	25	26	27	28	29	30	31	11月	2	3	4
农历	一	二	三	四	五	六	七	八	九	十	十一	十二	十三	十四	十五	十六	十七	十八	十九	二十	廿一	廿二	廿三	廿四	廿五	廿六	廿七	廿八	廿九	三十
星期	三	四	五	六	日	一	二	三	四	五	六	日	一	二	三	四	五	六	日	一	二	三	四	五	六	日	一	二	三	四
干支	丁亥	戊子	己丑	庚寅	辛卯	壬辰	癸巳	甲午	乙未	丙申	丁酉	戊戌	己亥	庚子	辛丑	壬寅	癸卯	甲辰	乙巳	丙午	丁未	戊申	己酉	庚戌	辛亥	壬子	癸丑	甲寅	乙卯	丙辰
五行	土	火	火	木	木	水	水	金	金	火	火	木	木	土	土	金	金	火	火	水	水	土	土	金	金	木	木	水	水	土
建星	满	平	平	定	执	破	危	成	收	开	闭	建	除	满	平	定	执	破	危	成	收	开	闭	建	除	满	平	定	执	破
廿八宿	壁	奎	娄	胃	昴	毕	觜	参	井	鬼	柳	星	张	翼	轸	角	亢	氐	房	心	尾	箕	斗	牛	女	虚	危	室	壁	奎

岁次：辛丑	公元2021年（壁上土）			金牛
太岁：杨信	年六白星	地火明夷卦	一水三运	觜

十月小建己亥昴宿 （五黄）

节气：立冬初三日十二时五十九分
小雪十八日十时卅四分

公历	5	6	7	8	9	10	11	12	13	14	15	16	17	18	19	20	21	22	23	24	25	26	27	28	29	30	12月	2	3
农历	一	二	三	四	五	六	七	八	九	十	十一	十二	十三	十四	十五	十六	十七	十八	十九	二十	廿一	廿二	廿三	廿四	廿五	廿六	廿七	廿八	廿九
星期	五	六	日	一	二	三	四	五	六	日	一	二	三	四	五	六	日	一	二	三	四	五	六	日	一	二	三	四	五
干支	丁巳	戊午	己未	庚申	辛酉	壬戌	癸亥	甲子	乙丑	丙寅	丁卯	戊辰	己巳	庚午	辛未	壬申	癸酉	甲戌	乙亥	丙子	丁丑	戊寅	己卯	庚辰	辛巳	壬午	癸未	甲申	乙酉
五行	土	火	火	木	木	水	水	金	金	火	火	木	木	土	土	金	金	火	火	水	水	土	土	金	金	木	木	水	水
建星	危	成	成	收	开	闭	建	除	满	平	定	执	破	危	成	收	开	闭	建	除	满	平	定	执	破	危	成	收	开
廿八宿	娄	胃	昴	毕	觜	参	井	鬼	柳	星	张	翼	轸	角	亢	氐	房	心	尾	箕	斗	牛	女	虚	危	室	壁	奎	娄

十一月大建庚子毕宿 （四绿）

节气：大雪初四日五时五十七分
冬至十八日廿三时五十九分

公历	4	5	6	7	8	9	10	11	12	13	14	15	16	17	18	19	20	21	22	23	24	25	26	27	28	29	30	31	一月	2
农历	一	二	三	四	五	六	七	八	九	十	十一	十二	十三	十四	十五	十六	十七	十八	十九	二十	廿一	廿二	廿三	廿四	廿五	廿六	廿七	廿八	廿九	三十
星期	六	日	一	二	三	四	五	六	日	一	二	三	四	五	六	日	一	二	三	四	五	六	日	一	二	三	四	五	六	日
干支	丙戌	丁亥	戊子	己丑	庚寅	辛卯	壬辰	癸巳	甲午	乙未	丙申	丁酉	戊戌	己亥	庚子	辛丑	壬寅	癸卯	甲辰	乙巳	丙午	丁未	戊申	己酉	庚戌	辛亥	壬子	癸丑	甲寅	乙卯
五行	土	土	火	火	木	木	水	水	金	金	火	火	木	木	土	土	金	金	火	火	水	水	土	土	金	金	木	木	水	水
建星	闭	建	除	除	满	平	定	执	破	危	成	收	开	闭	建	除	满	平	定	执	破	危	成	收	开	闭	建	除	满	平
廿八宿	胃	昴	毕	觜	参	井	鬼	柳	星	张	翼	轸	角	亢	氐	房	心	尾	箕	斗	牛	女	虚	危	室	壁	奎	娄	胃	昴

十二月小建辛丑觜宿 （三碧）

节气：小寒初三日十七时十四分
大寒十八日十时卅九分

公历	3	4	5	6	7	8	9	10	11	12	13	14	15	16	17	18	19	20	21	22	23	24	25	26	27	28	29	30	31
农历	一	二	三	四	五	六	七	八	九	十	十一	十二	十三	十四	十五	十六	十七	十八	十九	二十	廿一	廿二	廿三	廿四	廿五	廿六	廿七	廿八	廿九
星期	一	二	三	四	五	六	日	一	二	三	四	五	六	日	一	二	三	四	五	六	日	一	二	三	四	五	六	日	一
干支	丙辰	丁巳	戊午	己未	庚申	辛酉	壬戌	癸亥	甲子	乙丑	丙寅	丁卯	戊辰	己巳	庚午	辛未	壬申	癸酉	甲戌	乙亥	丙子	丁丑	戊寅	己卯	庚辰	辛巳	壬午	癸未	甲申
五行	土	土	火	火	木	木	水	水	金	金	火	火	木	木	土	土	金	金	火	火	水	水	土	土	金	金	木	木	水
建星	定	执	执	破	危	成	收	开	闭	建	除	满	平	定	执	破	危	成	收	开	闭	建	除	满	平	定	执	破	危
廿八宿	毕	觜	参	井	鬼	柳	星	张	翼	轸	角	亢	氐	房	心	尾	箕	斗	牛	女	虚	危	室	壁	奎	娄	胃	昴	毕

岁次：壬寅	公元2022年（金箔金）			水虎
太岁：贺谔	年五黄星	天火同人卦	九金七运	参

正月大建壬寅参宿　（二黑）

节气：立春 初四日四时五十一分
雨水 十九日零时四十三分

公历	二月	2	3	4	5	6	7	8	9	10	11	12	13	14	15	16	17	18	19	20	21	22	23	24	25	26	27	28	三月	2
农历	一	二	三	四	五	六	七	八	九	十	十一	十二	十三	十四	十五	十六	十七	十八	十九	二十	廿一	廿二	廿三	廿四	廿五	廿六	廿七	廿八	廿九	三十
星期	二	三	四	五	六	日	一	二	三	四	五	六	日	一	二	三	四	五	六	日	一	二	三	四	五	六	日	一	二	三
干支	乙酉	丙戌	丁亥	戊子	己丑	庚寅	辛卯	壬辰	癸巳	甲午	乙未	丙申	丁酉	戊戌	己亥	庚子	辛丑	壬寅	癸卯	甲辰	乙巳	丙午	丁未	戊申	己酉	庚戌	辛亥	壬子	癸丑	甲寅
五行	水	土	土	火	火	木	木	水	水	金	金	火	火	木	木	土	土	金	金	火	火	水	水	土	土	金	金	木	木	水
建星	成	收	开	开	闭	建	除	满	平	定	执	破	危	成	收	开	闭	建	除	满	平	定	执	破	危	成	收	开	闭	建
廿八宿	觜	参	井	鬼	柳	星	张	翼	轸	角	亢	氐	房	心	尾	箕	斗	牛	女	虚	危	室	壁	奎	娄	胃	昴	毕	觜	参

二月小建癸卯井宿　（一白）

节气：惊蛰 初三日廿二时四十四分
春分 十八日廿三时卅四分

公历	3	4	5	6	7	8	9	10	11	12	13	14	15	16	17	18	19	20	21	22	23	24	25	26	27	28	29	30	31	
农历	一	二	三	四	五	六	七	八	九	十	十一	十二	十三	十四	十五	十六	十七	十八	十九	二十	廿一	廿二	廿三	廿四	廿五	廿六	廿七	廿八	廿九	
星期	四	五	六	日	一	二	三	四	五	六	日	一	二	三	四	五	六	日	一	二	三	四	五	六	日	一	二	三	四	
干支	乙卯	丙辰	丁巳	戊午	己未	庚申	辛酉	壬戌	癸亥	甲子	乙丑	丙寅	丁卯	戊辰	己巳	庚午	辛未	壬申	癸酉	甲戌	乙亥	丙子	丁丑	戊寅	己卯	庚辰	辛巳	壬午	癸未	
五行	水	土	土	火	火	木	木	水	水	金	金	火	火	木	木	土	土	金	金	火	火	水	水	土	土	金	金	木	木	
建星	除	满	满	平	定	执	破	危	成	收	开	闭	建	除	满	平	定	执	破	危	成	收	开	闭	建	除	满	平	定	
廿八宿	井	鬼	柳	星	张	翼	轸	角	亢	氐	房	心	尾	箕	斗	牛	女	虚	危	室	壁	奎	娄	胃	昴	毕	觜	参	井	

三月大建甲辰鬼宿　（九紫）

节气：清明 初五日三时廿一分
谷雨 二十日十时廿五分

公历	四月	2	3	4	5	6	7	8	9	10	11	12	13	14	15	16	17	18	19	20	21	22	23	24	25	26	27	28	29	30
农历	一	二	三	四	五	六	七	八	九	十	十一	十二	十三	十四	十五	十六	十七	十八	十九	二十	廿一	廿二	廿三	廿四	廿五	廿六	廿七	廿八	廿九	三十
星期	五	六	日	一	二	三	四	五	六	日	一	二	三	四	五	六	日	一	二	三	四	五	六	日	一	二	三	四	五	六
干支	甲申	乙酉	丙戌	丁亥	戊子	己丑	庚寅	辛卯	壬辰	癸巳	甲午	乙未	丙申	丁酉	戊戌	己亥	庚子	辛丑	壬寅	癸卯	甲辰	乙巳	丙午	丁未	戊申	己酉	庚戌	辛亥	壬子	癸丑
五行	水	水	土	土	火	火	木	木	水	水	金	金	火	火	木	木	土	土	金	金	火	火	水	水	土	土	金	金	木	木
建星	执	破	危	成	成	收	开	闭	建	除	满	平	定	执	破	危	成	收	开	闭	建	除	满	平	定	执	破	危	成	收
廿八宿	鬼	柳	星	张	翼	轸	角	亢	氐	房	心	尾	箕	斗	牛	女	虚	危	室	壁	奎	娄	胃	昴	毕	觜	参	井	鬼	柳

岁次：壬寅	公元2022年（金箔金）			水虎
太岁：贺谔	年五黄星	天火同人卦	九金七运	参

四月小建乙巳柳宿 （八白）

节气：立夏初五日二十时廿七分
小满廿一日九时廿三分

公历	五月	2	3	4	5	6	7	8	9	10	11	12	13	14	15	16	17	18	19	20	21	22	23	24	25	26	27	28	29	
农历	一	二	三	四	五	六	七	八	九	十	十一	十二	十三	十四	十五	十六	十七	十八	十九	二十	廿一	廿二	廿三	廿四	廿五	廿六	廿七	廿八	廿九	
星期	日	一	二	三	四	五	六	日	一	二	三	四	五	六	日	一	二	三	四	五	六	日	一	二	三	四	五	六	日	
干支	甲寅	乙卯	丙辰	丁巳	戊午	己未	庚申	辛酉	壬戌	癸亥	甲子	乙丑	丙寅	丁卯	戊辰	己巳	庚午	辛未	壬申	癸酉	甲戌	乙亥	丙子	丁丑	戊寅	己卯	庚辰	辛巳	壬午	
五行	水	水	土	土	火	火	木	木	水	水	金	金	火	火	木	木	土	土	金	金	火	火	水	水	土	土	金	金	木	
建星	开	闭	建	除	除	满	平	定	执	破	危	成	收	开	闭	建	除	满	平	定	执	破	危	成	收	开	闭	建	除	
廿八宿	星	张	翼	轸	角	亢	氐	房	心	尾	箕	斗	牛	女	虚	危	室	壁	奎	娄	胃	昴	毕	觜	参	井	鬼	柳	星	

五月大建丙午星宿 （七赤）

节气：芒种初八日零时廿六分
夏至廿三日十七时十五分

公历	30	31	六月	2	3	4	5	6	7	8	9	10	11	12	13	14	15	16	17	18	19	20	21	22	23	24	25	26	27	28
农历	一	二	三	四	五	六	七	八	九	十	十一	十二	十三	十四	十五	十六	十七	十八	十九	二十	廿一	廿二	廿三	廿四	廿五	廿六	廿七	廿八	廿九	三十
星期	一	二	三	四	五	六	日	一	二	三	四	五	六	日	一	二	三	四	五	六	日	一	二	三	四	五	六	日	一	二
干支	癸未	甲申	乙酉	丙戌	丁亥	戊子	己丑	庚寅	辛卯	壬辰	癸巳	甲午	乙未	丙申	丁酉	戊戌	己亥	庚子	辛丑	壬寅	癸卯	甲辰	乙巳	丙午	丁未	戊申	己酉	庚戌	辛亥	壬子
五行	木	水	水	土	土	火	火	木	木	水	水	金	金	火	火	木	木	土	土	金	金	火	火	水	水	土	土	金	金	木
建星	满	平	定	执	破	危	成	成	收	开	闭	建	除	满	平	定	执	破	危	成	收	开	闭	建	除	满	平	定	执	破
廿八宿	张	翼	轸	角	亢	氐	房	心	尾	箕	斗	牛	女	虚	危	室	壁	奎	娄	胃	昴	毕	觜	参	井	鬼	柳	星	张	翼

六月大建丁未张宿 （六白）

节气：小暑初九日十时卅七分
大暑廿五日四时八分

公历	29	30	七月	2	3	4	5	6	7	8	9	10	11	12	13	14	15	16	17	18	19	20	21	22	23	24	25	26	27	28
农历	一	二	三	四	五	六	七	八	九	十	十一	十二	十三	十四	十五	十六	十七	十八	十九	二十	廿一	廿二	廿三	廿四	廿五	廿六	廿七	廿八	廿九	三十
星期	三	四	五	六	日	一	二	三	四	五	六	日	一	二	三	四	五	六	日	一	二	三	四	五	六	日	一	二	三	四
干支	癸丑	甲寅	乙卯	丙辰	丁巳	戊午	己未	庚申	辛酉	壬戌	癸亥	甲子	乙丑	丙寅	丁卯	戊辰	己巳	庚午	辛未	壬申	癸酉	甲戌	乙亥	丙子	丁丑	戊寅	己卯	庚辰	辛巳	壬午
五行	木	水	水	土	土	火	火	木	木	水	水	金	金	火	火	木	木	土	土	金	金	火	火	水	水	土	土	金	金	木
建星	危	成	收	开	闭	建	除	满	满	平	定	执	破	危	成	收	开	闭	建	除	满	平	定	执	破	危	成	收	开	闭
廿八宿	轸	角	亢	氐	房	心	尾	箕	斗	牛	女	虚	危	室	壁	奎	娄	胃	昴	毕	觜	参	井	鬼	柳	星	张	翼	轸	角

岁次：壬寅	公元 2022 年（金箔金）			水虎
太岁：贺谔	年五黄星	天火同人卦	九金七运	参

七月小建戊申翼宿 （五黄）

节气：立秋 初十日二十时三十分
处暑 廿六日十一时十七分

公历	29	30	31	八月	2	3	4	5	6	7	8	9	10	11	12	13	14	15	16	17	18	19	20	21	22	23	24	25	26
农历	一	二	三	四	五	六	七	八	九	十	十一	十二	十三	十四	十五	十六	十七	十八	十九	二十	廿一	廿二	廿三	廿四	廿五	廿六	廿七	廿八	廿九
星期	五	六	日	一	二	三	四	五	六	日	一	二	三	四	五	六	日	一	二	三	四	五	六	日	一	二	三	四	五
干支	癸未	甲申	乙酉	丙戌	丁亥	戊子	己丑	庚寅	辛卯	壬辰	癸巳	甲午	乙未	丙申	丁酉	戊戌	己亥	庚子	辛丑	壬寅	癸卯	甲辰	乙巳	丙午	丁未	戊申	己酉	庚戌	辛亥
五行	木	水	水	土	土	火	火	木	木	水	水	金	金	火	火	木	木	土	土	金	金	火	火	水	水	土	土	金	金
建星	建	除	满	平	定	执	破	危	成	成	收	开	闭	建	除	满	平	定	执	破	危	成	收	开	闭	建	除	满	平
廿八宿	亢	氐	房	心	尾	箕	斗	牛	女	虚	危	室	壁	奎	娄	胃	昴	毕	觜	参	井	鬼	柳	星	张	翼	轸	角	亢

八月大建己酉轸宿 （四绿）

节气：白露 十二日二十三时三十分
秋分 廿八日九时五分

公历	27	28	29	30	31	九月	2	3	4	5	6	7	8	9	10	11	12	13	14	15	16	17	18	19	20	21	22	23	24	25
农历	一	二	三	四	五	六	七	八	九	十	十一	十二	十三	十四	十五	十六	十七	十八	十九	二十	廿一	廿二	廿三	廿四	廿五	廿六	廿七	廿八	廿九	三十
星期	六	日	一	二	三	四	五	六	日	一	二	三	四	五	六	日	一	二	三	四	五	六	日	一	二	三	四	五	六	日
干支	壬子	癸丑	甲寅	乙卯	丙辰	丁巳	戊午	己未	庚申	辛酉	壬戌	癸亥	甲子	乙丑	丙寅	丁卯	戊辰	己巳	庚午	辛未	壬申	癸酉	甲戌	乙亥	丙子	丁丑	戊寅	己卯	庚辰	辛巳
五行	木	木	水	水	土	土	火	火	木	木	水	水	金	金	火	火	木	木	土	土	金	金	火	火	水	水	土	土	金	金
建星	定	执	破	危	成	收	开	闭	建	除	满	满	平	定	执	破	危	成	收	开	闭	建	除	满	平	定	执	破	危	成
廿八宿	氐	房	心	尾	箕	斗	牛	女	虚	危	室	壁	奎	娄	胃	昴	毕	觜	参	井	鬼	柳	星	张	翼	轸	角	亢	氐	房

九月小建庚戌角宿 （三碧）

节气：寒露 十三日十五时廿七分
霜降 廿八日十八时卅七分

公历	26	27	28	29	30	十月	2	3	4	5	6	7	8	9	10	11	12	13	14	15	16	17	18	19	20	21	22	23	24
农历	一	二	三	四	五	六	七	八	九	十	十一	十二	十三	十四	十五	十六	十七	十八	十九	二十	廿一	廿二	廿三	廿四	廿五	廿六	廿七	廿八	廿九
星期	一	二	三	四	五	六	日	一	二	三	四	五	六	日	一	二	三	四	五	六	日	一	二	三	四	五	六	日	一
干支	壬午	癸未	甲申	乙酉	丙戌	丁亥	戊子	己丑	庚寅	辛卯	壬辰	癸巳	甲午	乙未	丙申	丁酉	戊戌	己亥	庚子	辛丑	壬寅	癸卯	甲辰	乙巳	丙午	丁未	戊申	己酉	庚戌
五行	木	木	水	水	土	土	火	火	木	木	水	水	金	金	火	火	木	木	土	土	金	金	火	火	水	水	土	土	金
建星	收	开	闭	建	除	满	平	定	执	破	危	成	成	收	开	闭	建	除	满	平	定	执	破	危	成	收	开	闭	建
廿八宿	心	尾	箕	斗	牛	女	虚	危	室	壁	奎	娄	胃	昴	毕	觜	参	井	鬼	柳	星	张	翼	轸	角	亢	氐	房	心

第六章 1930年～2050年万年历对照详表

岁次：壬寅	公元2022年（金箔金）		水虎
太岁：贺谔	年五黄星	天火同人卦	九金七运	参

十月大建辛亥亢宿 （二黑）

节气：立冬十四日十八时四十六分
小雪廿九日十六时廿一分

公历	25	26	27	28	29	30	31	11月	2	3	4	5	6	7	8	9	10	11	12	13	14	15	16	17	18	19	20	21	22	23
农历	一	二	三	四	五	六	七	八	九	十	十一	十二	十三	十四	十五	十六	十七	十八	十九	二十	廿一	廿二	廿三	廿四	廿五	廿六	廿七	廿八	廿九	三十
星期	二	三	四	五	六	日	一	二	三	四	五	六	日	一	二	三	四	五	六	日	一	二	三	四	五	六	日	一	二	三
干支	辛亥	壬子	癸丑	甲寅	乙卯	丙辰	丁巳	戊午	己未	庚申	辛酉	壬戌	癸亥	甲子	乙丑	丙寅	丁卯	戊辰	己巳	庚午	辛未	壬申	癸酉	甲戌	乙亥	丙子	丁丑	戊寅	己卯	庚辰
五行	金	木	木	水	水	土	土	火	火	木	木	水	水	金	金	火	火	木	木	土	土	金	金	火	火	水	水	土	土	金
建星	除	满	平	定	执	破	危	成	收	开	闭	建	除	除	满	平	定	执	破	危	成	收	开	闭	建	除	满	平	定	执
廿八宿	尾	箕	斗	牛	女	虚	危	室	壁	奎	娄	胃	昴	毕	觜	参	井	鬼	柳	星	张	翼	轸	角	亢	氐	房	心	尾	箕

十一月小建壬子氐宿 （一白）

节气：大雪十四日十一时四十七分
冬至廿九日五时四十八分

公历	24	25	26	27	28	29	30	12月	2	3	4	5	6	7	8	9	10	11	12	13	14	15	16	17	18	19	20	21	22	
农历	一	二	三	四	五	六	七	八	九	十	十一	十二	十三	十四	十五	十六	十七	十八	十九	二十	廿一	廿二	廿三	廿四	廿五	廿六	廿七	廿八	廿九	
星期	四	五	六	日	一	二	三	四	五	六	日	一	二	三	四	五	六	日	一	二	三	四	五	六	日	一	二	三	四	
干支	辛巳	壬午	癸未	甲申	乙酉	丙戌	丁亥	戊子	己丑	庚寅	辛卯	壬辰	癸巳	甲午	乙未	丙申	丁酉	戊戌	己亥	庚子	辛丑	壬寅	癸卯	甲辰	乙巳	丙午	丁未	戊申	己酉	
五行	金	木	木	水	水	土	土	火	火	木	木	水	水	金	金	火	火	木	木	土	土	金	金	火	火	水	水	土	土	
建星	破	危	成	收	开	闭	建	除	满	平	定	执	破	破	危	成	收	开	闭	建	除	满	平	定	执	破	危	成	收	
廿八宿	斗	牛	女	虚	危	室	壁	奎	娄	胃	昴	毕	觜	参	井	鬼	柳	星	张	翼	轸	角	亢	氐	房	心	尾	箕	斗	

十二月大建癸丑房宿 （九紫）

节气：小寒十四日廿三时五分
大寒廿九日十六时三十分

公历	23	24	25	26	27	28	29	30	31	一月	2	3	4	5	6	7	8	9	10	11	12	13	14	15	16	17	18	19	20	21
农历	一	二	三	四	五	六	七	八	九	十	十一	十二	十三	十四	十五	十六	十七	十八	十九	二十	廿一	廿二	廿三	廿四	廿五	廿六	廿七	廿八	廿九	三十
星期	五	六	日	一	二	三	四	五	六	日	一	二	三	四	五	六	日	一	二	三	四	五	六	日	一	二	三	四	五	六
干支	庚戌	辛亥	壬子	癸丑	甲寅	乙卯	丙辰	丁巳	戊午	己未	庚申	辛酉	壬戌	癸亥	甲子	乙丑	丙寅	丁卯	戊辰	己巳	庚午	辛未	壬申	癸酉	甲戌	乙亥	丙子	丁丑	戊寅	己卯
五行	金	金	木	木	水	水	土	土	火	火	木	木	水	水	金	金	火	火	木	木	土	土	金	金	火	火	水	水	土	土
建星	开	闭	建	除	满	平	定	执	破	危	成	收	开	开	闭	建	除	满	平	定	执	破	危	成	收	开	闭	建	除	满
廿八宿	牛	女	虚	危	室	壁	奎	娄	胃	昴	毕	觜	参	井	鬼	柳	星	张	翼	轸	角	亢	氐	房	心	尾	箕	斗	牛	女

岁次:癸卯	公元 2023 年(金箔金)			水兔
太岁:皮时	年四绿星	雷泽归妹卦	八木七运	井

正月小建甲寅心宿 (八白)

节气:立春十四日十时四十三分
雨水廿九日六时卅五分

公历	22	23	24	25	26	27	28	29	30	31	二月	2	3	4	5	6	7	8	9	10	11	12	13	14	15	16	17	18	19
农历	一	二	三	四	五	六	七	八	九	十	十一	十二	十三	十四	十五	十六	十七	十八	十九	二十	廿一	廿二	廿三	廿四	廿五	廿六	廿七	廿八	廿九
星期	日	一	二	三	四	五	六	日	一	二	三	四	五	六	日	一	二	三	四	五	六	日	一	二	三	四	五	六	日
干支	庚辰	辛巳	壬午	癸未	甲申	乙酉	丙戌	丁亥	戊子	己丑	庚寅	辛卯	壬辰	癸巳	甲午	乙未	丙申	丁酉	戊戌	己亥	庚子	辛丑	壬寅	癸卯	甲辰	乙巳	丙午	丁未	戊申
五行	金	金	木	木	水	水	土	土	火	火	木	木	水	水	金	金	火	火	木	木	土	土	金	金	火	火	水	水	土
建星	平	定	执	破	危	成	收	开	闭	建	除	满	平	平	定	执	破	危	成	收	开	闭	建	除	满	平	定	执	破
廿八宿	虚	危	室	壁	奎	娄	胃	昴	毕	觜	参	井	鬼	柳	星	张	翼	轸	角	亢	氐	房	心	尾	箕	斗	牛	女	虚

二月大建乙卯尾宿 (七赤)

节气:惊蛰十五日四时卅七分
春分三十日五时廿五分

公历	20	21	22	23	24	25	26	27	28	三月	2	3	4	5	6	7	8	9	10	11	12	13	14	15	16	17	18	19	20	21
农历	一	二	三	四	五	六	七	八	九	十	十一	十二	十三	十四	十五	十六	十七	十八	十九	二十	廿一	廿二	廿三	廿四	廿五	廿六	廿七	廿八	廿九	三十
星期	一	二	三	四	五	六	日	一	二	三	四	五	六	日	一	二	三	四	五	六	日	一	二	三	四	五	六	日	一	二
干支	己酉	庚戌	辛亥	壬子	癸丑	甲寅	乙卯	丙辰	丁巳	戊午	己未	庚申	辛酉	壬戌	癸亥	甲子	乙丑	丙寅	丁卯	戊辰	己巳	庚午	辛未	壬申	癸酉	甲戌	乙亥	丙子	丁丑	戊寅
五行	土	金	金	木	木	水	水	土	土	火	火	木	木	水	水	金	金	火	火	木	木	土	土	金	金	火	火	水	水	土
建星	危	成	收	开	闭	建	除	满	平	定	执	破	危	成	成	收	开	闭	建	除	满	平	定	执	破	危	成	收	开	闭
廿八宿	危	室	壁	奎	娄	胃	昴	毕	觜	参	井	鬼	柳	星	张	翼	轸	角	亢	氐	房	心	尾	箕	斗	牛	女	虚	危	室

闰二月小

节气:清明十五日九时十四分

公历	22	23	24	25	26	27	28	29	30	31	四月	2	3	4	5	6	7	8	9	10	11	12	13	14	15	16	17	18	19
农历	一	二	三	四	五	六	七	八	九	十	十一	十二	十三	十四	十五	十六	十七	十八	十九	二十	廿一	廿二	廿三	廿四	廿五	廿六	廿七	廿八	廿九
星期	三	四	五	六	日	一	二	三	四	五	六	日	一	二	三	四	五	六	日	一	二	三	四	五	六	日	一	二	三
干支	己卯	庚辰	辛巳	壬午	癸未	甲申	乙酉	丙戌	丁亥	戊子	己丑	庚寅	辛卯	壬辰	癸巳	甲午	乙未	丙申	丁酉	戊戌	己亥	庚子	辛丑	壬寅	癸卯	甲辰	乙巳	丙午	丁未
五行	土	金	金	木	木	水	水	土	土	火	火	木	木	水	水	金	金	火	火	木	木	土	土	金	金	火	火	水	水
建星	建	除	满	平	定	执	破	危	成	收	开	闭	建	除	除	满	平	定	执	破	危	成	收	开	闭	建	除	满	平
廿八宿	壁	奎	娄	胃	昴	毕	觜	参	井	鬼	柳	星	张	翼	轸	角	亢	氐	房	心	尾	箕	斗	牛	女	虚	危	室	壁

岁次：癸卯	公元2023年（金箔金）			水兔
太岁：皮时	年四绿星	雷泽归妹卦	八木七运	井

三月小建丙辰箕宿 （六白）

节气：谷雨初一日十六时十四分
立夏十七日二时十九分

公历	20	21	22	23	24	25	26	27	28	29	30	五月	2	3	4	5	6	7	8	9	10	11	12	13	14	15	16	17	18	
农历	一	二	三	四	五	六	七	八	九	十	十一	十二	十三	十四	十五	十六	十七	十八	十九	二十	廿一	廿二	廿三	廿四	廿五	廿六	廿七	廿八	廿九	
星期	四	五	六	日	一	二	三	四	五	六	日	一	二	三	四	五	六	日	一	二	三	四	五	六	日	一	二	三	四	
干支	戊申	己酉	庚戌	辛亥	壬子	癸丑	甲寅	乙卯	丙辰	丁巳	戊午	己未	庚申	辛酉	壬戌	癸亥	甲子	乙丑	丙寅	丁卯	戊辰	己巳	庚午	辛未	壬申	癸酉	甲戌	乙亥	丙子	
五行	土	土	金	金	木	木	水	水	土	土	火	火	木	木	水	水	金	金	火	火	木	木	土	土	金	金	火	火	水	
建星	定	执	破	危	成	收	开	闭	建	除	满	平	定	执	破	危	危	成	收	开	闭	建	除	满	平	定	执	破	危	
廿八宿	奎	娄	胃	昴	毕	觜	参	井	鬼	柳	星	张	翼	轸	角	亢	氐	房	心	尾	箕	斗	牛	女	虚	危	室	壁	奎	

四月大建丁巳斗宿 （五黄）

节气：小满初三日十五时十分
芒种十九日六时十九分

公历	19	20	21	22	23	24	25	26	27	28	29	30	31	六月	2	3	4	5	6	7	8	9	10	11	12	13	14	15	16	17
农历	一	二	三	四	五	六	七	八	九	十	十一	十二	十三	十四	十五	十六	十七	十八	十九	二十	廿一	廿二	廿三	廿四	廿五	廿六	廿七	廿八	廿九	三十
星期	五	六	日	一	二	三	四	五	六	日	一	二	三	四	五	六	日	一	二	三	四	五	六	日	一	二	三	四	五	六
干支	丁丑	戊寅	己卯	庚辰	辛巳	壬午	癸未	甲申	乙酉	丙戌	丁亥	戊子	己丑	庚寅	辛卯	壬辰	癸巳	甲午	乙未	丙申	丁酉	戊戌	己亥	庚子	辛丑	壬寅	癸卯	甲辰	乙巳	丙午
五行	水	土	土	金	金	木	木	水	水	土	土	火	火	木	木	水	水	金	金	火	火	木	木	土	土	金	金	火	火	水
建星	成	收	开	闭	建	除	满	平	定	执	破	危	成	收	开	闭	建	除	除	满	平	定	执	破	危	成	收	开	闭	建
廿八宿	娄	胃	昴	毕	觜	参	井	鬼	柳	星	张	翼	轸	角	亢	氐	房	心	尾	箕	斗	牛	女	虚	危	室	壁	奎	娄	胃

五月大建戊午牛宿 （四绿）

节气：夏至初四日廿二时五十八分
小暑二十日十六时卅一分

公历	18	19	20	21	22	23	24	25	26	27	28	29	30	七月	2	3	4	5	6	7	8	9	10	11	12	13	14	15	16	17
农历	一	二	三	四	五	六	七	八	九	十	十一	十二	十三	十四	十五	十六	十七	十八	十九	二十	廿一	廿二	廿三	廿四	廿五	廿六	廿七	廿八	廿九	三十
星期	日	一	二	三	四	五	六	日	一	二	三	四	五	六	日	一	二	三	四	五	六	日	一	二	三	四	五	六	日	一
干支	丁未	戊申	己酉	庚戌	辛亥	壬子	癸丑	甲寅	乙卯	丙辰	丁巳	戊午	己未	庚申	辛酉	壬戌	癸亥	甲子	乙丑	丙寅	丁卯	戊辰	己巳	庚午	辛未	壬申	癸酉	甲戌	乙亥	丙子
五行	水	土	土	金	金	木	木	水	水	土	土	火	火	木	木	水	水	金	金	火	火	木	木	土	土	金	金	火	火	水
建星	除	满	平	定	执	破	危	成	收	开	闭	建	除	满	平	定	执	破	危	危	成	收	开	闭	建	除	满	平	定	执
廿八宿	昴	毕	觜	参	井	鬼	柳	星	张	翼	轸	角	亢	氐	房	心	尾	箕	斗	牛	女	虚	危	室	壁	奎	娄	胃	昴	毕

岁次：癸卯	公元2023年（金箔金）			水兔
太岁：皮时	年四绿星	雷泽归妹卦	八木七运	井

六月小建己未女宿 （三碧）

节气：大暑初六日九时五十一分
立秋廿二日二时廿三分

公历	18	19	20	21	22	23	24	25	26	27	28	29	30	31	八月	2	3	4	5	6	7	8	9	10	11	12	13	14	15
农历	一	二	三	四	五	六	七	八	九	十	十一	十二	十三	十四	十五	十六	十七	十八	十九	二十	廿一	廿二	廿三	廿四	廿五	廿六	廿七	廿八	廿九
星期	二	三	四	五	六	日	一	二	三	四	五	六	日	一	二	三	四	五	六	日	一	二	三	四	五	六	日	一	二
干支	丁丑	戊寅	己卯	庚辰	辛巳	壬午	癸未	甲申	乙酉	丙戌	丁亥	戊子	己丑	庚寅	辛卯	壬辰	癸巳	甲午	乙未	丙申	丁酉	戊戌	己亥	庚子	辛丑	壬寅	癸卯	甲辰	乙巳
五行	水	土	土	金	金	木	木	水	水	土	土	火	火	木	木	水	水	金	金	火	火	木	木	土	土	金	金	火	火
建星	破	危	成	收	开	闭	建	除	满	平	定	执	破	危	成	收	开	闭	建	除	满	满	平	定	执	破	危	成	收
廿八宿	觜	参	井	鬼	柳	星	张	翼	轸	角	亢	氐	房	心	尾	箕	斗	牛	女	虚	危	室	壁	奎	娄	胃	昴	毕	觜

七月大建庚申虚宿 （二黑）

节气：处暑初八日十七时二分
白露廿四日五时廿七分

公历	16	17	18	19	20	21	22	23	24	25	26	27	28	29	30	31	九月	2	3	4	5	6	7	8	9	10	11	12	13	14
农历	一	二	三	四	五	六	七	八	九	十	十一	十二	十三	十四	十五	十六	十七	十八	十九	二十	廿一	廿二	廿三	廿四	廿五	廿六	廿七	廿八	廿九	三十
星期	三	四	五	六	日	一	二	三	四	五	六	日	一	二	三	四	五	六	日	一	二	三	四	五	六	日	一	二	三	四
干支	丙午	丁未	戊申	己酉	庚戌	辛亥	壬子	癸丑	甲寅	乙卯	丙辰	丁巳	戊午	己未	庚申	辛酉	壬戌	癸亥	甲子	乙丑	丙寅	丁卯	戊辰	己巳	庚午	辛未	壬申	癸酉	甲戌	乙亥
五行	水	水	土	土	金	金	木	木	水	水	土	土	火	火	木	木	水	水	金	金	火	火	木	木	土	土	金	金	火	火
建星	开	闭	建	除	满	平	定	执	破	危	成	收	开	闭	建	除	满	平	定	执	破	危	成	成	收	开	闭	建	除	满
廿八宿	参	井	鬼	柳	星	张	翼	轸	角	亢	氐	房	心	尾	箕	斗	牛	女	虚	危	室	壁	奎	娄	胃	昴	毕	觜	参	井

八月大建辛酉危宿 （一白）

节气：秋分初九日十四时五十分
寒露廿四日廿一时十六分

公历	15	16	17	18	19	20	21	22	23	24	25	26	27	28	29	30	十月	2	3	4	5	6	7	8	9	10	11	12	13	14
农历	一	二	三	四	五	六	七	八	九	十	十一	十二	十三	十四	十五	十六	十七	十八	十九	二十	廿一	廿二	廿三	廿四	廿五	廿六	廿七	廿八	廿九	三十
星期	五	六	日	一	二	三	四	五	六	日	一	二	三	四	五	六	日	一	二	三	四	五	六	日	一	二	三	四	五	六
干支	丙子	丁丑	戊寅	己卯	庚辰	辛巳	壬午	癸未	甲申	乙酉	丙戌	丁亥	戊子	己丑	庚寅	辛卯	壬辰	癸巳	甲午	乙未	丙申	丁酉	戊戌	己亥	庚子	辛丑	壬寅	癸卯	甲辰	乙巳
五行	水	水	土	土	金	金	木	木	水	水	土	土	火	火	木	木	水	水	金	金	火	火	木	木	土	土	金	金	火	火
建星	平	定	执	破	危	成	收	开	闭	建	除	满	平	定	执	破	危	成	收	开	闭	建	除	除	满	平	定	执	破	危
廿八宿	鬼	柳	星	张	翼	轸	角	亢	氐	房	心	尾	箕	斗	牛	女	虚	危	室	壁	奎	娄	胃	昴	毕	觜	参	井	鬼	柳

岁次：癸卯	公元2023年（金箔金）			水兔
太岁：皮时	年四绿星	雷泽归妹卦	八木七运	井

九月小建壬戌室宿 （九紫） 节气：霜降初十日零时廿一分 立冬廿五日零时卅六分

公历	15	16	17	18	19	20	21	22	23	24	25	26	27	28	29	30	31	11月	2	3	4	5	6	7	8	9	10	11	12	
农历	一	二	三	四	五	六	七	八	九	十	十一	十二	十三	十四	十五	十六	十七	十八	十九	二十	廿一	廿二	廿三	廿四	廿五	廿六	廿七	廿八	廿九	
星期	日	一	二	三	四	五	六	日	一	二	三	四	五	六	日	一	二	三	四	五	六	日	一	二	三	四	五	六	日	
干支	丙午	丁未	戊申	己酉	庚戌	辛亥	壬子	癸丑	甲寅	乙卯	丙辰	丁巳	戊午	己未	庚申	辛酉	壬戌	癸亥	甲子	乙丑	丙寅	丁卯	戊辰	己巳	庚午	辛未	壬申	癸酉	甲戌	
五行	水	水	土	土	金	金	木	木	水	水	土	土	火	火	木	木	水	水	金	金	火	火	木	木	土	土	金	金	火	
建星	成	收	开	闭	建	除	满	平	定	执	破	危	成	收	开	闭	建	除	满	平	定	执	破	危	危	成	收	开	闭	
廿八宿	星	张	翼	轸	角	亢	氐	房	心	尾	箕	斗	牛	女	虚	危	室	壁	奎	娄	胃	昴	毕	觜	参	井	鬼	柳	星	

十月大建癸亥壁宿 （八白） 节气：小雪初十日廿二时三分 大雪廿五日十七时卅三分

公历	13	14	15	16	17	18	19	20	21	22	23	24	25	26	27	28	29	30	12月	2	3	4	5	6	7	8	9	10	11	12
农历	一	二	三	四	五	六	七	八	九	十	十一	十二	十三	十四	十五	十六	十七	十八	十九	二十	廿一	廿二	廿三	廿四	廿五	廿六	廿七	廿八	廿九	三十
星期	一	二	三	四	五	六	日	一	二	三	四	五	六	日	一	二	三	四	五	六	日	一	二	三	四	五	六	日	一	二
干支	乙亥	丙子	丁丑	戊寅	己卯	庚辰	辛巳	壬午	癸未	甲申	乙酉	丙戌	丁亥	戊子	己丑	庚寅	辛卯	壬辰	癸巳	甲午	乙未	丙申	丁酉	戊戌	己亥	庚子	辛丑	壬寅	癸卯	甲辰
五行	火	水	水	土	土	金	金	木	木	水	水	土	土	火	火	木	木	水	水	金	金	火	火	木	木	土	土	金	金	火
建星	建	除	满	平	定	执	破	危	成	收	开	闭	建	除	满	平	定	执	破	危	成	收	开	闭	闭	建	除	满	平	定
廿八宿	张	翼	轸	角	亢	氐	房	心	尾	箕	斗	牛	女	虚	危	室	壁	奎	娄	胃	昴	毕	觜	参	井	鬼	柳	星	张	翼

十一月小建甲子奎宿 （七赤） 节气：冬至初十日十一时廿八分 小寒廿五日四时五十分

公历	13	14	15	16	17	18	19	20	21	22	23	24	25	26	27	28	29	30	31	一月	2	3	4	5	6	7	8	9	10	
农历	一	二	三	四	五	六	七	八	九	十	十一	十二	十三	十四	十五	十六	十七	十八	十九	二十	廿一	廿二	廿三	廿四	廿五	廿六	廿七	廿八	廿九	
星期	三	四	五	六	日	一	二	三	四	五	六	日	一	二	三	四	五	六	日	一	二	三	四	五	六	日	一	二	三	
干支	乙巳	丙午	丁未	戊申	己酉	庚戌	辛亥	壬子	癸丑	甲寅	乙卯	丙辰	丁巳	戊午	己未	庚申	辛酉	壬戌	癸亥	甲子	乙丑	丙寅	丁卯	戊辰	己巳	庚午	辛未	壬申	癸酉	
五行	火	水	水	土	土	金	金	木	木	水	水	土	土	火	火	木	木	水	水	金	金	火	火	木	木	土	土	金	金	
建星	执	破	危	成	收	开	闭	建	除	满	平	定	执	破	危	成	收	开	闭	建	除	满	平	定	定	执	破	危	成	
廿八宿	轸	角	亢	氐	房	心	尾	箕	斗	牛	女	虚	危	室	壁	奎	娄	胃	昴	毕	觜	参	井	鬼	柳	星	张	翼	轸	

十二月大建乙丑娄宿 （六白） 节气：大寒初十日廿二时八分 立春廿五日十六时廿七分

公历	11	12	13	14	15	16	17	18	19	20	21	22	23	24	25	26	27	28	29	30	31	二月	2	3	4	5	6	7	8	9
农历	一	二	三	四	五	六	七	八	九	十	十一	十二	十三	十四	十五	十六	十七	十八	十九	二十	廿一	廿二	廿三	廿四	廿五	廿六	廿七	廿八	廿九	三十
星期	四	五	六	日	一	二	三	四	五	六	日	一	二	三	四	五	六	日	一	二	三	四	五	六	日	一	二	三	四	五
干支	甲戌	乙亥	丙子	丁丑	戊寅	己卯	庚辰	辛巳	壬午	癸未	甲申	乙酉	丙戌	丁亥	戊子	己丑	庚寅	辛卯	壬辰	癸巳	甲午	乙未	丙申	丁酉	戊戌	己亥	庚子	辛丑	壬寅	癸卯
五行	火	火	水	水	土	土	金	金	木	木	水	水	土	土	火	火	木	木	水	水	金	金	火	火	木	木	土	土	金	金
建星	收	开	闭	建	除	满	平	定	执	破	危	成	收	开	闭	建	除	满	平	定	执	破	危	成	成	收	开	闭	建	除
廿八宿	角	亢	氐	房	心	尾	箕	斗	牛	女	虚	危	室	壁	奎	娄	胃	昴	毕	觜	参	井	鬼	柳	星	张	翼	轸	角	亢

岁次：甲辰	公元2024年（覆灯火）			木龙
太岁：李诚	年三碧星	火泽睽卦	三木一运	鬼

正月小建丙寅胄宿 （五黄）

节气：雨水初十日十二时十三分
惊蛰廿五日十时廿三分

公历	10	11	12	13	14	15	16	17	18	19	20	21	22	23	24	25	26	27	28	29	三月	2	3	4	5	6	7	8	9
农历	一	二	三	四	五	六	七	八	九	十	十一	十二	十三	十四	十五	十六	十七	十八	十九	二十	廿一	廿二	廿三	廿四	廿五	廿六	廿七	廿八	廿九
星期	六	日	一	二	三	四	五	六	日	一	二	三	四	五	六	日	一	二	三	四	五	六	日	一	二	三	四	五	六
干支	甲辰	乙巳	丙午	丁未	戊申	己酉	庚戌	辛亥	壬子	癸丑	甲寅	乙卯	丙辰	丁巳	戊午	己未	庚申	辛酉	壬戌	癸亥	甲子	乙丑	丙寅	丁卯	戊辰	己巳	庚午	辛未	壬申
五行	火	火	水	水	土	土	金	金	木	木	水	水	土	土	火	火	木	木	水	水	金	金	火	火	木	木	土	土	金
建星	满	平	定	执	破	危	成	收	开	闭	建	除	满	平	定	执	破	危	成	收	开	闭	建	除	除	满	平	定	执
廿八宿	氐	房	心	尾	箕	斗	牛	女	虚	危	室	壁	奎	娄	胃	昴	毕	觜	参	井	鬼	柳	星	张	翼	轸	角	亢	氐

二月大建丁卯昴宿 （四绿）

节气：春分十一日十一时七分
清明廿六日十五时三分

公历	10	11	12	13	14	15	16	17	18	19	20	21	22	23	24	25	26	27	28	29	30	31	四月	2	3	4	5	6	7	8
农历	一	二	三	四	五	六	七	八	九	十	十一	十二	十三	十四	十五	十六	十七	十八	十九	二十	廿一	廿二	廿三	廿四	廿五	廿六	廿七	廿八	廿九	三十
星期	日	一	二	三	四	五	六	日	一	二	三	四	五	六	日	一	二	三	四	五	六	日	一	二	三	四	五	六	日	一
干支	癸酉	甲戌	乙亥	丙子	丁丑	戊寅	己卯	庚辰	辛巳	壬午	癸未	甲申	乙酉	丙戌	丁亥	戊子	己丑	庚寅	辛卯	壬辰	癸巳	甲午	乙未	丙申	丁酉	戊戌	己亥	庚子	辛丑	壬寅
五行	金	火	火	水	水	土	土	金	金	木	木	水	水	土	土	火	火	木	木	水	水	金	金	火	火	木	木	土	土	金
建星	破	危	成	收	开	闭	建	除	满	平	定	执	破	危	成	收	开	闭	建	除	满	平	定	执	破	破	危	成	收	开
廿八宿	房	心	尾	箕	斗	牛	女	虚	危	室	壁	奎	娄	胃	昴	毕	觜	参	井	鬼	柳	星	张	翼	轸	角	亢	氐	房	心

三月小建戊辰毕宿 （三碧）

节气：谷雨十一日廿二时一分
立夏廿七日八时十一分

公历	9	10	11	12	13	14	15	16	17	18	19	20	21	22	23	24	25	26	27	28	29	30	五月	2	3	4	5	6	7
农历	一	二	三	四	五	六	七	八	九	十	十一	十二	十三	十四	十五	十六	十七	十八	十九	二十	廿一	廿二	廿三	廿四	廿五	廿六	廿七	廿八	廿九
星期	二	三	四	五	六	日	一	二	三	四	五	六	日	一	二	三	四	五	六	日	一	二	三	四	五	六	日	一	二
干支	癸卯	甲辰	乙巳	丙午	丁未	戊申	己酉	庚戌	辛亥	壬子	癸丑	甲寅	乙卯	丙辰	丁巳	戊午	己未	庚申	辛酉	壬戌	癸亥	甲子	乙丑	丙寅	丁卯	戊辰	己巳	庚午	辛未
五行	金	火	火	水	水	土	土	金	金	木	木	水	水	土	土	火	火	木	木	水	水	金	金	火	火	木	木	土	土
建星	闭	建	除	满	平	定	执	破	危	成	收	开	闭	建	除	满	平	定	执	破	危	成	收	开	闭	建	建	除	满
廿八宿	尾	箕	斗	牛	女	虚	危	室	壁	奎	娄	胃	昴	毕	觜	参	井	鬼	柳	星	张	翼	轸	角	亢	氐	房	心	尾

第六章 1930年～2050年万年历对照详表

岁次：甲辰	公元2024年（覆灯火）			木龙
太岁：李诚	年三碧星	火泽睽卦	三木一运	鬼

四月小建己巳觜宿 （二黑）

节气：小满十三日廿一时零分
芒种廿九日十二时十一分

公历	8	9	10	11	12	13	14	15	16	17	18	19	20	21	22	23	24	25	26	27	28	29	30	31	六月	2	3	4	5
农历	一	二	三	四	五	六	七	八	九	十	十一	十二	十三	十四	十五	十六	十七	十八	十九	二十	廿一	廿二	廿三	廿四	廿五	廿六	廿七	廿八	廿九
星期	三	四	五	六	日	一	二	三	四	五	六	日	一	二	三	四	五	六	日	一	二	三	四	五	六	日	一	二	三
干支	壬申	癸酉	甲戌	乙亥	丙子	丁丑	戊寅	己卯	庚辰	辛巳	壬午	癸未	甲申	乙酉	丙戌	丁亥	戊子	己丑	庚寅	辛卯	壬辰	癸巳	甲午	乙未	丙申	丁酉	戊戌	己亥	庚子
五行	金	金	火	火	水	水	土	土	金	金	木	木	水	水	土	土	火	火	木	木	水	水	金	金	火	火	木	木	土
建星	平	定	执	破	危	成	收	开	闭	建	除	满	平	定	执	破	危	成	收	开	闭	建	除	满	平	定	执	破	破
廿八宿	箕	斗	牛	女	虚	危	室	壁	奎	娄	胃	昴	毕	觜	参	井	鬼	柳	星	张	翼	轸	角	亢	氐	房	心	尾	箕

五月大建庚午参宿 （一白）

节气：夏至十六日四时五十二分

公历	6	7	8	9	10	11	12	13	14	15	16	17	18	19	20	21	22	23	24	25	26	27	28	29	30	七月	2	3	4	5
农历	一	二	三	四	五	六	七	八	九	十	十一	十二	十三	十四	十五	十六	十七	十八	十九	二十	廿一	廿二	廿三	廿四	廿五	廿六	廿七	廿八	廿九	三十
星期	四	五	六	日	一	二	三	四	五	六	日	一	二	三	四	五	六	日	一	二	三	四	五	六	日	一	二	三	四	五
干支	辛丑	壬寅	癸卯	甲辰	乙巳	丙午	丁未	戊申	己酉	庚戌	辛亥	壬子	癸丑	甲寅	乙卯	丙辰	丁巳	戊午	己未	庚申	辛酉	壬戌	癸亥	甲子	乙丑	丙寅	丁卯	戊辰	己巳	庚午
五行	土	金	金	火	火	水	水	土	土	金	金	木	木	水	水	土	土	火	火	木	木	水	水	金	金	火	火	木	木	土
建星	危	成	收	开	闭	建	除	满	平	定	执	破	危	成	收	开	闭	建	除	满	平	定	执	破	危	成	收	开	闭	建
廿八宿	斗	牛	女	虚	危	室	壁	奎	娄	胃	昴	毕	觜	参	井	鬼	柳	星	张	翼	轸	角	亢	氐	房	心	尾	箕	斗	牛

六月小建辛未井宿 （九紫）

节气：小暑初一日廿二时廿一分
大暑十七日十五时四十五分

公历	6	7	8	9	10	11	12	13	14	15	16	17	18	19	20	21	22	23	24	25	26	27	28	29	30	31	八月	2	3
农历	一	二	三	四	五	六	七	八	九	十	十一	十二	十三	十四	十五	十六	十七	十八	十九	二十	廿一	廿二	廿三	廿四	廿五	廿六	廿七	廿八	廿九
星期	六	日	一	二	三	四	五	六	日	一	二	三	四	五	六	日	一	二	三	四	五	六	日	一	二	三	四	五	六
干支	辛未	壬申	癸酉	甲戌	乙亥	丙子	丁丑	戊寅	己卯	庚辰	辛巳	壬午	癸未	甲申	乙酉	丙戌	丁亥	戊子	己丑	庚寅	辛卯	壬辰	癸巳	甲午	乙未	丙申	丁酉	戊戌	己亥
五行	土	金	金	火	火	水	水	土	土	金	金	木	木	水	水	土	土	火	火	木	木	水	水	金	金	火	火	木	木
建星	建	除	满	平	定	执	破	危	成	收	开	闭	建	除	满	平	定	执	破	危	成	收	开	闭	建	除	满	平	定
廿八宿	女	虚	危	室	壁	奎	娄	胃	昴	毕	觜	参	井	鬼	柳	星	张	翼	轸	角	亢	氐	房	心	尾	箕	斗	牛	女

岁次：甲辰	公元 2024 年（覆灯火）			木龙
太岁：李诚	年三碧星	火泽睽卦	三木一运	鬼

七月大建壬申鬼宿　（八白）

节气：立秋初四日八时十分
处暑十九日廿二时五十六分

公历	4	5	6	7	8	9	10	11	12	13	14	15	16	17	18	19	20	21	22	23	24	25	26	27	28	29	30	31	九月	2
农历	一	二	三	四	五	六	七	八	九	十	十一	十二	十三	十四	十五	十六	十七	十八	十九	二十	廿一	廿二	廿三	廿四	廿五	廿六	廿七	廿八	廿九	三十
星期	日	一	二	三	四	五	六	日	一	二	三	四	五	六	日	一	二	三	四	五	六	日	一	二	三	四	五	六	日	一
干支	庚子	辛丑	壬寅	癸卯	甲辰	乙巳	丙午	丁未	戊申	己酉	庚戌	辛亥	壬子	癸丑	甲寅	乙卯	丙辰	丁巳	戊午	己未	庚申	辛酉	壬戌	癸亥	甲子	乙丑	丙寅	丁卯	戊辰	己巳
五行	土	土	金	金	火	火	水	水	土	土	金	金	木	木	水	水	土	土	火	火	木	木	水	水	金	金	火	火	木	木
建星	执	破	危	危	成	收	开	闭	建	除	满	平	定	执	破	危	成	收	开	闭	建	除	满	平	定	执	破	危	成	收
廿八宿	虚	危	室	壁	奎	娄	胃	昴	毕	觜	参	井	鬼	柳	星	张	翼	轸	角	亢	氐	房	心	尾	箕	斗	牛	女	虚	危

八月大建癸酉柳宿　（七赤）

节气：白露初五日十一时十二分
秋分二十日二十时四十五分

公历	3	4	5	6	7	8	9	10	11	12	13	14	15	16	17	18	19	20	21	22	23	24	25	26	27	28	29	30	十月	2
农历	一	二	三	四	五	六	七	八	九	十	十一	十二	十三	十四	十五	十六	十七	十八	十九	二十	廿一	廿二	廿三	廿四	廿五	廿六	廿七	廿八	廿九	三十
星期	二	三	四	五	六	日	一	二	三	四	五	六	日	一	二	三	四	五	六	日	一	二	三	四	五	六	日	一	二	三
干支	庚午	辛未	壬申	癸酉	甲戌	乙亥	丙子	丁丑	戊寅	己卯	庚辰	辛巳	壬午	癸未	甲申	乙酉	丙戌	丁亥	戊子	己丑	庚寅	辛卯	壬辰	癸巳	甲午	乙未	丙申	丁酉	戊戌	己亥
五行	土	土	金	金	火	火	水	水	土	土	金	金	木	木	水	水	土	土	火	火	木	木	水	水	金	金	火	火	木	木
建星	开	闭	建	除	除	满	平	定	执	破	危	成	收	开	闭	建	除	满	平	定	执	破	危	成	收	开	闭	建	除	满
廿八宿	室	壁	奎	娄	胃	昴	毕	觜	参	井	鬼	柳	星	张	翼	轸	角	亢	氐	房	心	尾	箕	斗	牛	女	虚	危	室	壁

九月小建甲戌星宿　（六白）

节气：寒露初六日三时一分
霜降廿 日六时十五分

公历	3	4	5	6	7	8	9	10	11	12	13	14	15	16	17	18	19	20	21	22	23	24	25	26	27	28	29	30	31	
农历	一	二	三	四	五	六	七	八	九	十	十一	十二	十三	十四	十五	十六	十七	十八	十九	二十	廿一	廿二	廿三	廿四	廿五	廿六	廿七	廿八	廿九	
星期	四	五	六	日	一	二	三	四	五	六	日	一	二	三	四	五	六	日	一	二	三	四	五	六	日	一	二	三	四	
干支	庚子	辛丑	壬寅	癸卯	甲辰	乙巳	丙午	丁未	戊申	己酉	庚戌	辛亥	壬子	癸丑	甲寅	乙卯	丙辰	丁巳	戊午	己未	庚申	辛酉	壬戌	癸亥	甲子	乙丑	丙寅	丁卯	戊辰	
五行	土	土	金	金	火	火	水	水	土	土	金	金	木	木	水	水	土	土	火	火	木	木	水	水	金	金	火	火	木	
建星	平	定	执	破	危	危	成	收	开	闭	建	除	满	平	定	执	破	危	成	收	开	闭	建	除	满	平	定	执	破	
廿八宿	奎	娄	胃	昴	毕	觜	参	井	鬼	柳	星	张	翼	轸	角	亢	氐	房	心	尾	箕	斗	牛	女	虚	危	室	壁	奎	

第六章 1930 年～2050 年万年历对照详表

岁次：甲辰	公元 2024 年（覆灯火）			木龙
太岁：李诚	年三碧星	火泽睽卦	三木一运	鬼

十月大建乙亥张宿 （五黄）

节气：立冬初七日六时二十分
小雪廿二日三时五十七分

公历	11月	2	3	4	5	6	7	8	9	10	11	12	13	14	15	16	17	18	19	20	21	22	23	24	25	26	27	28	29	30
农历	一	二	三	四	五	六	七	八	九	十	十一	十二	十三	十四	十五	十六	十七	十八	十九	二十	廿一	廿二	廿三	廿四	廿五	廿六	廿七	廿八	廿九	三十
星期	五	六	日	一	二	三	四	五	六	日	一	二	三	四	五	六	日	一	二	三	四	五	六	日	一	二	三	四	五	六
干支	己巳	庚午	辛未	壬申	癸酉	甲戌	乙亥	丙子	丁丑	戊寅	己卯	庚辰	辛巳	壬午	癸未	甲申	乙酉	丙戌	丁亥	戊子	己丑	庚寅	辛卯	壬辰	癸巳	甲午	乙未	丙申	丁酉	戊戌
五行	木	土	土	金	金	火	火	水	水	土	土	金	金	木	木	水	水	土	土	火	火	木	木	水	水	金	金	火	火	木
建星	危	成	收	开	闭	建	建	除	满	平	定	执	破	危	成	收	开	闭	建	除	满	平	定	执	破	危	成	收	开	闭
廿八宿	娄	胄	昴	毕	觜	参	井	鬼	柳	星	张	翼	轸	角	亢	氐	房	心	尾	箕	斗	牛	女	虚	危	室	壁	奎	娄	胄

十一月大建丙子翼宿 （四绿）

节气：大雪初六日二十三时卅七分
冬至廿一日十七时廿一分

公历	12月	2	3	4	5	6	7	8	9	10	11	12	13	14	15	16	17	18	19	20	21	22	23	24	25	26	27	28	29	30
农历	一	二	三	四	五	六	七	八	九	十	十一	十二	十三	十四	十五	十六	十七	十八	十九	二十	廿一	廿二	廿三	廿四	廿五	廿六	廿七	廿八	廿九	三十
星期	日	一	二	三	四	五	六	日	一	二	三	四	五	六	日	一	二	三	四	五	六	日	一	二	三	四	五	六	日	一
干支	己亥	庚子	辛丑	壬寅	癸卯	甲辰	乙巳	丙午	丁未	戊申	己酉	庚戌	辛亥	壬子	癸丑	甲寅	乙卯	丙辰	丁巳	戊午	己未	庚申	辛酉	壬戌	癸亥	甲子	乙丑	丙寅	丁卯	戊辰
五行	木	土	土	金	金	火	火	水	水	土	土	金	金	木	木	水	水	土	土	火	火	木	木	水	水	金	金	火	火	木
建星	建	除	满	平	定	定	执	破	危	成	收	开	闭	建	除	满	平	定	执	破	危	成	收	开	闭	建	除	满	平	定
廿八宿	昴	毕	觜	参	井	鬼	柳	星	张	翼	轸	角	亢	氐	房	心	尾	箕	斗	牛	女	虚	危	室	壁	奎	娄	胄	昴	毕

十二月小建丁丑轸宿 （三碧）

节气：小寒初六日十时卅三分
大寒廿一日四时一分

公历	31	一月	2	3	4	5	6	7	8	9	10	11	12	13	14	15	16	17	18	19	20	21	22	23	24	25	26	27	28
农历	一	二	三	四	五	六	七	八	九	十	十一	十二	十三	十四	十五	十六	十七	十八	十九	二十	廿一	廿二	廿三	廿四	廿五	廿六	廿七	廿八	廿九
星期	二	三	四	五	六	日	一	二	三	四	五	六	日	一	二	三	四	五	六	日	一	二	三	四	五	六	日	一	二
干支	己巳	庚午	辛未	壬申	癸酉	甲戌	乙亥	丙子	丁丑	戊寅	己卯	庚辰	辛巳	壬午	癸未	甲申	乙酉	丙戌	丁亥	戊子	己丑	庚寅	辛卯	壬辰	癸巳	甲午	乙未	丙申	丁酉
五行	木	土	土	金	金	火	火	水	水	土	土	金	金	木	木	水	水	土	土	火	火	木	木	水	水	金	金	火	火
建星	执	破	危	成	收	收	开	闭	建	除	满	平	定	执	破	危	成	收	开	闭	建	除	满	平	定	执	破	危	成
廿八宿	觜	参	井	鬼	柳	星	张	翼	轸	角	亢	氐	房	心	尾	箕	斗	牛	女	虚	危	室	壁	奎	娄	胄	昴	毕	觜

岁次：乙巳	公元2025年（覆灯火）			木蛇
太岁：吴遂	年二黑星	水天需卦	七火三运	柳

正月大建戊寅角宿 （二黑）

节气：立春初六日廿二时十一分
雨水廿一日十八时七分

公历	29	30	31	二月	2	3	4	5	6	7	8	9	10	11	12	13	14	15	16	17	18	19	20	21	22	23	24	25	26	27
农历	一	二	三	四	五	六	七	八	九	十	十一	十二	十三	十四	十五	十六	十七	十八	十九	二十	廿一	廿二	廿三	廿四	廿五	廿六	廿七	廿八	廿九	三十
星期	三	四	五	六	日	一	二	三	四	五	六	日	一	二	三	四	五	六	日	一	二	三	四	五	六	日	一	二	三	四
干支	戊戌	己亥	庚子	辛丑	壬寅	癸卯	甲辰	乙巳	丙午	丁未	戊申	己酉	庚戌	辛亥	壬子	癸丑	甲寅	乙卯	丙辰	丁巳	戊午	己未	庚申	辛酉	壬戌	癸亥	甲子	乙丑	丙寅	丁卯
五行	木	木	土	土	金	金	火	火	水	水	土	土	金	金	木	木	水	水	土	土	火	火	木	木	水	水	金	金	火	火
建星	收	开	闭	建	除	除	满	平	定	执	破	危	成	收	开	闭	建	除	满	平	定	执	破	危	成	收	开	闭	建	除
廿八宿	参	井	鬼	柳	星	张	翼	轸	角	亢	氐	房	心	尾	箕	斗	牛	女	虚	危	室	壁	奎	娄	胃	昴	毕	觜	参	井

二月小建己卯亢宿 （一白）

节气：惊蛰初六日十六时八分
春分廿一日十七时二分

公历	28	三月	2	3	4	5	6	7	8	9	10	11	12	13	14	15	16	17	18	19	20	21	22	23	24	25	26	27	28
农历	一	二	三	四	五	六	七	八	九	十	十一	十二	十三	十四	十五	十六	十七	十八	十九	二十	廿一	廿二	廿三	廿四	廿五	廿六	廿七	廿八	廿九
星期	五	六	日	一	二	三	四	五	六	日	一	二	三	四	五	六	日	一	二	三	四	五	六	日	一	二	三	四	五
干支	戊辰	己巳	庚午	辛未	壬申	癸酉	甲戌	乙亥	丙子	丁丑	戊寅	己卯	庚辰	辛巳	壬午	癸未	甲申	乙酉	丙戌	丁亥	戊子	己丑	庚寅	辛卯	壬辰	癸巳	甲午	乙未	丙申
五行	木	木	土	土	金	金	火	火	水	水	土	土	金	金	木	木	水	水	土	土	火	火	木	木	水	水	金	金	火
建星	满	平	定	执	破	破	危	成	收	开	闭	建	除	满	平	定	执	破	危	成	收	开	闭	建	除	满	平	定	执
廿八宿	鬼	柳	星	张	翼	轸	角	亢	氐	房	心	尾	箕	斗	牛	女	虚	危	室	壁	奎	娄	胃	昴	毕	觜	参	井	鬼

三月大建庚辰氐宿 （九紫）

节气：清明初七日二十时四十九分
谷雨廿三日三时五十七分

公历	29	30	31	四月	2	3	4	5	6	7	8	9	10	11	12	13	14	15	16	17	18	19	20	21	22	23	24	25	26	27
农历	一	二	三	四	五	六	七	八	九	十	十一	十二	十三	十四	十五	十六	十七	十八	十九	二十	廿一	廿二	廿三	廿四	廿五	廿六	廿七	廿八	廿九	三十
星期	六	日	一	二	三	四	五	六	日	一	二	三	四	五	六	日	一	二	三	四	五	六	日	一	二	三	四	五	六	日
干支	丁酉	戊戌	己亥	庚子	辛丑	壬寅	癸卯	甲辰	乙巳	丙午	丁未	戊申	己酉	庚戌	辛亥	壬子	癸丑	甲寅	乙卯	丙辰	丁巳	戊午	己未	庚申	辛酉	壬戌	癸亥	甲子	乙丑	丙寅
五行	火	木	木	土	土	金	金	火	火	水	水	土	土	金	金	木	木	水	水	土	土	火	火	木	木	水	水	金	金	火
建星	破	危	成	收	开	闭	闭	建	除	满	平	定	执	破	危	成	收	开	闭	建	除	满	平	定	执	破	危	成	收	开
廿八宿	柳	星	张	翼	轸	角	亢	氐	房	心	尾	箕	斗	牛	女	虚	危	室	壁	奎	娄	胃	昴	毕	觜	参	井	鬼	柳	星

岁次：乙巳	公元 2025 年（覆灯火）			木蛇
太岁：吴遂	年二黑星	水天需卦	七火三运	柳

四月小建辛巳房宿 （八白）

节气：立夏 初八日十三时五十八分
小满 廿四日二时五十六分

公历	28	29	30	五月	2	3	4	5	6	7	8	9	10	11	12	13	14	15	16	17	18	19	20	21	22	23	24	25	26
农历	一	二	三	四	五	六	七	八	九	十	十一	十二	十三	十四	十五	十六	十七	十八	十九	二十	廿一	廿二	廿三	廿四	廿五	廿六	廿七	廿八	廿九
星期	一	二	三	四	五	六	日	一	二	三	四	五	六	日	一	二	三	四	五	六	日	一	二	三	四	五	六	日	一
干支	丁卯	戊辰	己巳	庚午	辛未	壬申	癸酉	甲戌	乙亥	丙子	丁丑	戊寅	己卯	庚辰	辛巳	壬午	癸未	甲申	乙酉	丙戌	丁亥	戊子	己丑	庚寅	辛卯	壬辰	癸巳	甲午	乙未
五行	火	木	木	土	土	金	金	火	火	水	水	土	土	金	金	木	木	水	水	土	土	火	火	木	木	水	水	金	金
建星	闭	建	除	满	平	定	执	执	破	危	成	收	开	闭	建	除	满	平	定	执	破	危	成	收	开	闭	建	除	满
廿八宿	张	翼	轸	角	亢	氐	房	心	尾	箕	斗	牛	女	虚	危	室	壁	奎	娄	胃	昴	毕	觜	参	井	鬼	柳	星	张

五月小建壬午心宿 （七赤）

节气：芒种 初十日十七时五十八分
夏至 廿六日十时四十三分

公历	27	28	29	30	31	六月	2	3	4	5	6	7	8	9	10	11	12	13	14	15	16	17	18	19	20	21	22	23	24
农历	一	二	三	四	五	六	七	八	九	十	十一	十二	十三	十四	十五	十六	十七	十八	十九	二十	廿一	廿二	廿三	廿四	廿五	廿六	廿七	廿八	廿九
星期	二	三	四	五	六	日	一	二	三	四	五	六	日	一	二	三	四	五	六	日	一	二	三	四	五	六	日	一	二
干支	丙申	丁酉	戊戌	己亥	庚子	辛丑	壬寅	癸卯	甲辰	乙巳	丙午	丁未	戊申	己酉	庚戌	辛亥	壬子	癸丑	甲寅	乙卯	丙辰	丁巳	戊午	己未	庚申	辛酉	壬戌	癸亥	甲子
五行	火	火	木	木	土	土	金	金	火	火	水	水	土	土	金	金	木	木	水	水	土	土	火	火	木	木	水	水	金
建星	平	定	执	破	危	成	收	开	闭	闭	建	除	满	平	定	执	破	危	成	收	开	闭	建	除	满	平	定	执	破
廿八宿	翼	轸	角	亢	氐	房	心	尾	箕	斗	牛	女	虚	危	室	壁	奎	娄	胃	昴	毕	觜	参	井	鬼	柳	星	张	翼

六月大建癸未尾宿 （六白）

节气：小暑 十三日四时六分
大暑 廿八日廿一时三十分

公历	25	26	27	28	29	30	七月	2	3	4	5	6	7	8	9	10	11	12	13	14	15	16	17	18	19	20	21	22	23	24
农历	一	二	三	四	五	六	七	八	九	十	十一	十二	十三	十四	十五	十六	十七	十八	十九	二十	廿一	廿二	廿三	廿四	廿五	廿六	廿七	廿八	廿九	三十
星期	三	四	五	六	日	一	二	三	四	五	六	日	一	二	三	四	五	六	日	一	二	三	四	五	六	日	一	二	三	四
干支	乙丑	丙寅	丁卯	戊辰	己巳	庚午	辛未	壬申	癸酉	甲戌	乙亥	丙子	丁丑	戊寅	己卯	庚辰	辛巳	壬午	癸未	甲申	乙酉	丙戌	丁亥	戊子	己丑	庚寅	辛卯	壬辰	癸巳	甲午
五行	金	火	火	木	木	土	土	金	金	火	火	水	水	土	土	金	金	木	木	水	水	土	土	火	火	木	木	水	水	金
建星	危	成	收	开	闭	建	除	满	平	定	执	破	破	危	成	收	开	闭	建	除	满	平	定	执	破	危	成	收	开	闭
廿八宿	轸	角	亢	氐	房	心	尾	箕	斗	牛	女	虚	危	室	壁	奎	娄	胃	昴	毕	觜	参	井	鬼	柳	星	张	翼	轸	角

岁次：乙巳	公元2025年（覆灯火）			木蛇
太岁：吴遂	年二黑星	水天需卦	七火三运	柳

闰六月小　　节气：立秋十四日十三时五十二分

公历	25	26	27	28	29	30	31	八月	2	3	4	5	6	7	8	9	10	11	12	13	14	15	16	17	18	19	20	21	22
农历	一	二	三	四	五	六	七	八	九	十	十一	十二	十三	十四	十五	十六	十七	十八	十九	二十	廿一	廿二	廿三	廿四	廿五	廿六	廿七	廿八	廿九
星期	五	六	日	一	二	三	四	五	六	日	一	二	三	四	五	六	日	一	二	三	四	五	六	日	一	二	三	四	五
干支	乙未	丙申	丁酉	戊戌	己亥	庚子	辛丑	壬寅	癸卯	甲辰	乙巳	丙午	丁未	戊申	己酉	庚戌	辛亥	壬子	癸丑	甲寅	乙卯	丙辰	丁巳	戊午	己未	庚申	辛酉	壬戌	癸亥
五行	金	火	火	木	木	土	土	金	金	火	火	水	水	土	土	金	金	木	木	水	水	土	土	火	火	木	木	水	水
建星	建	除	满	平	定	执	破	危	成	收	开	闭	建	建	除	满	平	定	执	破	危	成	收	开	闭	建	除	满	平
廿八宿	亢	氐	房	心	尾	箕	斗	牛	女	虚	危	室	壁	奎	娄	胃	昴	毕	觜	参	井	鬼	柳	星	张	翼	轸	角	亢

七月大建甲申箕宿　（五黄）　　节气：处暑初一日四时卅五分　白露十六日十六时五十三分

公历	23	24	25	26	27	28	29	30	31	九月	2	3	4	5	6	7	8	9	10	11	12	13	14	15	16	17	18	19	20	21
农历	一	二	三	四	五	六	七	八	九	十	十一	十二	十三	十四	十五	十六	十七	十八	十九	二十	廿一	廿二	廿三	廿四	廿五	廿六	廿七	廿八	廿九	三十
星期	六	日	一	二	三	四	五	六	日	一	二	三	四	五	六	日	一	二	三	四	五	六	日	一	二	三	四	五	六	日
干支	甲子	乙丑	丙寅	丁卯	戊辰	己巳	庚午	辛未	壬申	癸酉	甲戌	乙亥	丙子	丁丑	戊寅	己卯	庚辰	辛巳	壬午	癸未	甲申	乙酉	丙戌	丁亥	戊子	己丑	庚寅	辛卯	壬辰	癸巳
五行	金	金	火	火	木	木	土	土	金	金	火	火	水	水	土	土	金	金	木	木	水	水	土	土	火	火	木	木	水	水
建星	定	执	破	危	成	收	开	闭	建	除	满	平	定	执	破	破	危	成	收	开	闭	建	除	满	平	定	执	破	危	成
廿八宿	氐	房	心	尾	箕	斗	牛	女	虚	危	室	壁	奎	娄	胃	昴	毕	觜	参	井	鬼	柳	星	张	翼	轸	角	亢	氐	房

八月小建乙酉斗宿　（四绿）　　节气：秋分初二日二时二十分　寒露十七日八时四十二分

公历	22	23	24	25	26	27	28	29	30	十月	2	3	4	5	6	7	8	9	10	11	12	13	14	15	16	17	18	19	20
农历	一	二	三	四	五	六	七	八	九	十	十一	十二	十三	十四	十五	十六	十七	十八	十九	二十	廿一	廿二	廿三	廿四	廿五	廿六	廿七	廿八	廿九
星期	一	二	三	四	五	六	日	一	二	三	四	五	六	日	一	二	三	四	五	六	日	一	二	三	四	五	六	日	一
干支	甲午	乙未	丙申	丁酉	戊戌	己亥	庚子	辛丑	壬寅	癸卯	甲辰	乙巳	丙午	丁未	戊申	己酉	庚戌	辛亥	壬子	癸丑	甲寅	乙卯	丙辰	丁巳	戊午	己未	庚申	辛酉	壬戌
五行	金	金	火	火	木	木	土	土	金	金	火	火	水	水	土	土	金	金	木	木	水	水	土	土	火	火	木	木	水
建星	收	开	闭	建	除	满	平	定	执	破	危	成	收	开	闭	建	建	除	满	平	定	执	破	危	成	收	开	闭	建
廿八宿	心	尾	箕	斗	牛	女	虚	危	室	壁	奎	娄	胃	昴	毕	觜	参	井	鬼	柳	星	张	翼	轸	角	亢	氐	房	心

岁次:乙巳	公元2025年(覆灯火)			木蛇
太岁:吴遂	年二黑星	水天需卦	七火三运	柳

九月大建丙戌牛宿 (三碧) 节气:霜降初三日十一时五十二分 立冬十八日十二时五分

公历	21	22	23	24	25	26	27	28	29	30	31	11月	2	3	4	5	6	7	8	9	10	11	12	13	14	15	16	17	18	19
农历	一	二	三	四	五	六	七	八	九	十	十一	十二	十三	十四	十五	十六	十七	十八	十九	二十	廿一	廿二	廿三	廿四	廿五	廿六	廿七	廿八	廿九	三十
星期	二	三	四	五	六	日	一	二	三	四	五	六	日	一	二	三	四	五	六	日	一	二	三	四	五	六	日	一	二	三
干支	癸亥	甲子	乙丑	丙寅	丁卯	戊辰	己巳	庚午	辛未	壬申	癸酉	甲戌	乙亥	丙子	丁丑	戊寅	己卯	庚辰	辛巳	壬午	癸未	甲申	乙酉	丙戌	丁亥	戊子	己丑	庚寅	辛卯	壬辰
五行	水	金	金	火	火	木	木	土	土	金	金	火	火	水	水	土	土	金	金	木	木	水	水	土	土	火	火	木	木	水
建星	除	满	平	定	执	破	危	成	收	开	闭	建	除	满	平	定	执	执	破	危	成	收	开	闭	建	除	满	平	定	执
廿八宿	尾	箕	斗	牛	女	虚	危	室	壁	奎	娄	胄	昴	毕	觜	参	井	鬼	柳	星	张	翼	轸	角	亢	氐	房	心	尾	箕

十月大建丁亥女宿 (二黑) 节气:小雪初三日九时卅六分 大雪十八日五时五分

公历	20	21	22	23	24	25	26	27	28	29	30	12月	2	3	4	5	6	7	8	9	10	11	12	13	14	15	16	17	18	19
农历	一	二	三	四	五	六	七	八	九	十	十一	十二	十三	十四	十五	十六	十七	十八	十九	二十	廿一	廿二	廿三	廿四	廿五	廿六	廿七	廿八	廿九	三十
星期	四	五	六	日	一	二	三	四	五	六	日	一	二	三	四	五	六	日	一	二	三	四	五	六	日	一	二	三	四	五
干支	癸巳	甲午	乙未	丙申	丁酉	戊戌	己亥	庚子	辛丑	壬寅	癸卯	甲辰	乙巳	丙午	丁未	戊申	己酉	庚戌	辛亥	壬子	癸丑	甲寅	乙卯	丙辰	丁巳	戊午	己未	庚申	辛酉	壬戌
五行	水	金	金	火	火	木	木	土	土	金	金	火	火	水	水	土	土	金	金	木	木	水	水	土	土	火	火	木	木	水
建星	破	危	成	收	开	闭	建	除	满	平	定	执	破	危	成	收	开	开	闭	建	除	满	平	定	执	破	危	成	收	开
廿八宿	斗	牛	女	虚	危	室	壁	奎	娄	胄	昴	毕	觜	参	井	鬼	柳	星	张	翼	轸	角	亢	氐	房	心	尾	箕	斗	牛

十一月大建戊子虚宿 (一白) 节气:冬至初二日廿三时三分 小寒十七日十六时廿三分

公历	20	21	22	23	24	25	26	27	28	29	30	31	一月	2	3	4	5	6	7	8	9	10	11	12	13	14	15	16	17	18
农历	一	二	三	四	五	六	七	八	九	十	十一	十二	十三	十四	十五	十六	十七	十八	十九	二十	廿一	廿二	廿三	廿四	廿五	廿六	廿七	廿八	廿九	三十
星期	六	日	一	二	三	四	五	六	日	一	二	三	四	五	六	日	一	二	三	四	五	六	日	一	二	三	四	五	六	日
干支	癸亥	甲子	乙丑	丙寅	丁卯	戊辰	己巳	庚午	辛未	壬申	癸酉	甲戌	乙亥	丙子	丁丑	戊寅	己卯	庚辰	辛巳	壬午	癸未	甲申	乙酉	丙戌	丁亥	戊子	己丑	庚寅	辛卯	壬辰
五行	水	金	金	火	火	木	木	土	土	金	金	火	火	水	水	土	土	金	金	木	木	水	水	土	土	火	火	木	木	水
建星	闭	建	除	满	平	定	执	破	危	成	收	开	闭	建	除	满	满	平	定	执	破	危	成	收	开	闭	建	除	满	平
廿八宿	女	虚	危	室	壁	奎	娄	胄	昴	毕	觜	参	井	鬼	柳	星	张	翼	轸	角	亢	氐	房	心	尾	箕	斗	牛	女	虚

十二月小建己丑危宿 (九紫) 节气:大寒初二日九时四十五分 立春十七日四时二分

公历	19	20	21	22	23	24	25	26	27	28	29	30	31	二月	2	3	4	5	6	7	8	9	10	11	12	13	14	15	16
农历	一	二	三	四	五	六	七	八	九	十	十一	十二	十三	十四	十五	十六	十七	十八	十九	二十	廿一	廿二	廿三	廿四	廿五	廿六	廿七	廿八	廿九
星期	一	二	三	四	五	六	日	一	二	三	四	五	六	日	一	二	三	四	五	六	日	一	二	三	四	五	六	日	一
干支	癸巳	甲午	乙未	丙申	丁酉	戊戌	己亥	庚子	辛丑	壬寅	癸卯	甲辰	乙巳	丙午	丁未	戊申	己酉	庚戌	辛亥	壬子	癸丑	甲寅	乙卯	丙辰	丁巳	戊午	己未	庚申	辛酉
五行	水	金	金	火	火	木	木	土	土	金	金	火	火	水	水	土	土	金	金	木	木	水	水	土	土	火	火	木	木
建星	定	执	破	危	成	收	开	闭	建	除	满	平	定	执	破	危	危	成	收	开	闭	建	除	满	平	定	执	破	危
廿八宿	危	室	壁	奎	娄	胄	昴	毕	觜	参	井	鬼	柳	星	张	翼	轸	角	亢	氐	房	心	尾	箕	斗	牛	女	虚	危

岁次：丙午	公元2026年（天河水）			火马
太岁：文哲	年一白星	泽风大过卦	四金三运	星

正月大建庚寅室宿 （八白）

节气：雨水初二日廿三时五十二分
惊蛰十七日廿一时五十九分

公历	17	18	19	20	21	22	23	24	25	26	27	28	三月	2	3	4	5	6	7	8	9	10	11	12	13	14	15	16	17	18
农历	一	二	三	四	五	六	七	八	九	十	十一	十二	十三	十四	十五	十六	十七	十八	十九	二十	廿一	廿二	廿三	廿四	廿五	廿六	廿七	廿八	廿九	三十
星期	二	三	四	五	六	日	一	二	三	四	五	六	日	一	二	三	四	五	六	日	一	二	三	四	五	六	日	一	二	三
干支	壬戌	癸亥	甲子	乙丑	丙寅	丁卯	戊辰	己巳	庚午	辛未	壬申	癸酉	甲戌	乙亥	丙子	丁丑	戊寅	己卯	庚辰	辛巳	壬午	癸未	甲申	乙酉	丙戌	丁亥	戊子	己丑	庚寅	辛卯
五行	水	水	金	金	火	火	木	木	土	土	金	金	火	火	水	水	土	土	金	金	木	木	水	水	土	土	火	火	木	木
建星	成	收	开	闭	建	除	满	平	定	执	破	危	成	收	开	闭	闭	建	除	满	平	定	执	破	危	成	收	开	闭	建
廿八宿	室	壁	奎	娄	胃	昴	毕	觜	参	井	鬼	柳	星	张	翼	轸	角	亢	氐	房	心	尾	箕	斗	牛	女	虚	危	室	壁

二月小建辛卯壁宿 （七赤）

节气：春分初二日廿二时四十六分
清明十八日二时四十分

公历	19	20	21	22	23	24	25	26	27	28	29	30	31	四月	2	3	4	5	6	7	8	9	10	11	12	13	14	15	16
农历	一	二	三	四	五	六	七	八	九	十	十一	十二	十三	十四	十五	十六	十七	十八	十九	二十	廿一	廿二	廿三	廿四	廿五	廿六	廿七	廿八	廿九
星期	四	五	六	日	一	二	三	四	五	六	日	一	二	三	四	五	六	日	一	二	三	四	五	六	日	一	二	三	四
干支	壬辰	癸巳	甲午	乙未	丙申	丁酉	戊戌	己亥	庚子	辛丑	壬寅	癸卯	甲辰	乙巳	丙午	丁未	戊申	己酉	庚戌	辛亥	壬子	癸丑	甲寅	乙卯	丙辰	丁巳	戊午	己未	庚申
五行	水	水	金	金	火	火	木	木	土	土	金	金	火	火	水	水	土	土	金	金	木	木	水	水	土	土	火	火	木
建星	除	满	平	定	执	破	危	成	收	开	闭	建	除	满	平	定	执	执	破	危	成	收	开	闭	建	除	满	平	定
廿八宿	奎	娄	胃	昴	毕	觜	参	井	鬼	柳	星	张	翼	轸	角	亢	氐	房	心	尾	箕	斗	牛	女	虚	危	室	壁	奎

三月大建壬辰奎宿 （六白）

节气：谷雨初四日九时四十分
立夏十九日十九时五十分

公历	17	18	19	20	21	22	23	24	25	26	27	28	29	30	五月	2	3	4	5	6	7	8	9	10	11	12	13	14	15	16
农历	一	二	三	四	五	六	七	八	九	十	十一	十二	十三	十四	十五	十六	十七	十八	十九	二十	廿一	廿二	廿三	廿四	廿五	廿六	廿七	廿八	廿九	三十
星期	五	六	日	一	二	三	四	五	六	日	一	二	三	四	五	六	日	一	二	三	四	五	六	日	一	二	三	四	五	六
干支	辛酉	壬戌	癸亥	甲子	乙丑	丙寅	丁卯	戊辰	己巳	庚午	辛未	壬申	癸酉	甲戌	乙亥	丙子	丁丑	戊寅	己卯	庚辰	辛巳	壬午	癸未	甲申	乙酉	丙戌	丁亥	戊子	己丑	庚寅
五行	木	水	水	金	金	火	火	木	木	土	土	金	金	火	火	水	水	土	土	金	金	木	木	水	水	土	土	火	火	木
建星	执	破	危	成	收	开	闭	建	除	满	平	定	执	破	危	成	收	开	开	闭	建	除	满	平	定	执	破	危	成	收
廿八宿	娄	胃	昴	毕	觜	参	井	鬼	柳	星	张	翼	轸	角	亢	氐	房	心	尾	箕	斗	牛	女	虚	危	室	壁	奎	娄	胃

岁次:丙午	公元2026年(天河水)			火马
太岁:文哲	年一白星	泽风大过卦	四金三运	星

四月小建癸巳娄宿 (五黄)

节气:小满 初五日八时卅八分
芒种 二十日廿三时五十分

公历	17	18	19	20	21	22	23	24	25	26	27	28	29	30	31	六月	2	3	4	5	6	7	8	9	10	11	12	13	14
农历	一	二	三	四	五	六	七	八	九	十	十一	十二	十三	十四	十五	十六	十七	十八	十九	二十	廿一	廿二	廿三	廿四	廿五	廿六	廿七	廿八	廿九
星期	日	一	二	三	四	五	六	日	一	二	三	四	五	六	日	一	二	三	四	五	六	日	一	二	三	四	五	六	日
干支	辛卯	壬辰	癸巳	甲午	乙未	丙申	丁酉	戊戌	己亥	庚子	辛丑	壬寅	癸卯	甲辰	乙巳	丙午	丁未	戊申	己酉	庚戌	辛亥	壬子	癸丑	甲寅	乙卯	丙辰	丁巳	戊午	己未
五行	木	水	水	金	金	火	火	木	木	土	土	金	金	火	火	水	水	土	土	金	金	木	木	水	水	土	土	火	火
建星	开	闭	建	除	满	平	定	执	破	危	成	收	开	闭	建	除	满	平	定	定	执	破	危	成	收	开	闭	建	除
廿八宿	昴	毕	觜	参	井	鬼	柳	星	张	翼	轸	角	亢	氐	房	心	尾	箕	斗	牛	女	虚	危	室	壁	奎	娄	胃	昴

五月小建甲午胃宿 (四绿)

节气:夏至 初七日十六时廿六分
小暑 廿三日九时五十八分

公历	15	16	17	18	19	20	21	22	23	24	25	26	27	28	29	30	七月	2	3	4	5	6	7	8	9	10	11	12	13
农历	一	二	三	四	五	六	七	八	九	十	十一	十二	十三	十四	十五	十六	十七	十八	十九	二十	廿一	廿二	廿三	廿四	廿五	廿六	廿七	廿八	廿九
星期	一	二	三	四	五	六	日	一	二	三	四	五	六	日	一	二	三	四	五	六	日	一	二	三	四	五	六	日	一
干支	庚申	辛酉	壬戌	癸亥	甲子	乙丑	丙寅	丁卯	戊辰	己巳	庚午	辛未	壬申	癸酉	甲戌	乙亥	丙子	丁丑	戊寅	己卯	庚辰	辛巳	壬午	癸未	甲申	乙酉	丙戌	丁亥	戊子
五行	木	木	水	水	金	金	火	火	木	木	土	土	金	金	火	火	水	水	土	土	金	金	木	木	水	水	土	土	火
建星	满	平	定	执	破	危	成	收	开	闭	建	除	满	平	定	执	破	危	成	收	开	闭	闭	建	除	满	平	定	执
廿八宿	毕	觜	参	井	鬼	柳	星	张	翼	轸	角	亢	氐	房	心	尾	箕	斗	牛	女	虚	危	室	壁	奎	娄	胃	昴	毕

六月大建乙未昴宿 (三碧)

节气:大暑 初十日三时十四分
立秋 廿五日十九时四十四分

公历	14	15	16	17	18	19	20	21	22	23	24	25	26	27	28	29	30	31	八月	2	3	4	5	6	7	8	9	10	11	12
农历	一	二	三	四	五	六	七	八	九	十	十一	十二	十三	十四	十五	十六	十七	十八	十九	二十	廿一	廿二	廿三	廿四	廿五	廿六	廿七	廿八	廿九	三十
星期	二	三	四	五	六	日	一	二	三	四	五	六	日	一	二	三	四	五	六	日	一	二	三	四	五	六	日	一	二	三
干支	己丑	庚寅	辛卯	壬辰	癸巳	甲午	乙未	丙申	丁酉	戊戌	己亥	庚子	辛丑	壬寅	癸卯	甲辰	乙巳	丙午	丁未	戊申	己酉	庚戌	辛亥	壬子	癸丑	甲寅	乙卯	丙辰	丁巳	戊午
五行	火	木	木	水	水	金	金	火	火	木	木	土	土	金	金	火	火	水	水	土	土	金	金	木	木	水	水	土	土	火
建星	破	危	成	收	开	闭	建	除	满	平	定	执	破	危	成	收	开	闭	建	除	满	平	定	执	执	破	危	成	收	开
廿八宿	觜	参	井	鬼	柳	星	张	翼	轸	角	亢	氐	房	心	尾	箕	斗	牛	女	虚	危	室	壁	奎	娄	胃	昴	毕	觜	参

岁次：丙午	公元 2026 年（天河水）			火马
太岁：文哲	年一白星	泽风大过卦	四金三运	星

七月小建丙申毕宿 （二黑）

节气：处暑十一日十时二十分
白露廿六日廿二时四十二分

公历	13	14	15	16	17	18	19	20	21	22	23	24	25	26	27	28	29	30	31	九月	2	3	4	5	6	7	8	9	10
农历	一	二	三	四	五	六	七	八	九	十	十一	十二	十三	十四	十五	十六	十七	十八	十九	二十	廿一	廿二	廿三	廿四	廿五	廿六	廿七	廿八	廿九
星期	四	五	六	日	一	二	三	四	五	六	日	一	二	三	四	五	六	日	一	二	三	四	五	六	日	一	二	三	四
干支	己未	庚申	辛酉	壬戌	癸亥	甲子	乙丑	丙寅	丁卯	戊辰	己巳	庚午	辛未	壬申	癸酉	甲戌	乙亥	丙子	丁丑	戊寅	己卯	庚辰	辛巳	壬午	癸未	甲申	乙酉	丙戌	丁亥
五行	火	木	木	水	水	金	金	火	火	木	木	土	土	金	金	火	火	水	水	土	土	金	金	木	木	水	水	土	土
建星	闭	建	除	满	平	定	执	破	危	成	收	开	闭	建	除	满	平	定	执	破	危	成	收	开	闭	闭	建	除	满
廿八宿	井	鬼	柳	星	张	翼	轸	角	亢	氐	房	心	尾	箕	斗	牛	女	虚	危	室	壁	奎	娄	胃	昴	毕	觜	参	井

八月小建丁酉觜宿 （一白）

节气：秋分十三日八时六分
寒露廿八日十四时三十分

公历	11	12	13	14	15	16	17	18	19	20	21	22	23	24	25	26	27	28	29	30	十月	2	3	4	5	6	7	8	9
农历	一	二	三	四	五	六	七	八	九	十	十一	十二	十三	十四	十五	十六	十七	十八	十九	二十	廿一	廿二	廿三	廿四	廿五	廿六	廿七	廿八	廿九
星期	五	六	日	一	二	三	四	五	六	日	一	二	三	四	五	六	日	一	二	三	四	五	六	日	一	二	三	四	五
干支	戊子	己丑	庚寅	辛卯	壬辰	癸巳	甲午	乙未	丙申	丁酉	戊戌	己亥	庚子	辛丑	壬寅	癸卯	甲辰	乙巳	丙午	丁未	戊申	己酉	庚戌	辛亥	壬子	癸丑	甲寅	乙卯	丙辰
五行	火	火	木	木	水	水	金	金	火	火	木	木	土	土	金	金	火	火	水	水	土	土	金	金	木	木	水	水	土
建星	平	定	执	破	危	成	收	开	闭	建	除	满	平	定	执	破	危	成	收	开	闭	建	除	满	平	定	执	执	破
廿八宿	鬼	柳	星	张	翼	轸	角	亢	氐	房	心	尾	箕	斗	牛	女	虚	危	室	壁	奎	娄	胃	昴	毕	觜	参	井	鬼

九月大建戊戌参宿 （九紫）

节气：霜降十四日十七时卅九分
立冬廿九日十七时五十三分

公历	10	11	12	13	14	15	16	17	18	19	20	21	22	23	24	25	26	27	28	29	30	31	11月	2	3	4	5	6	7	8
农历	一	二	三	四	五	六	七	八	九	十	十一	十二	十三	十四	十五	十六	十七	十八	十九	二十	廿一	廿二	廿三	廿四	廿五	廿六	廿七	廿八	廿九	三十
星期	六	日	一	二	三	四	五	六	日	一	二	三	四	五	六	日	一	二	三	四	五	六	日	一	二	三	四	五	六	日
干支	丁巳	戊午	己未	庚申	辛酉	壬戌	癸亥	甲子	乙丑	丙寅	丁卯	戊辰	己巳	庚午	辛未	壬申	癸酉	甲戌	乙亥	丙子	丁丑	戊寅	己卯	庚辰	辛巳	壬午	癸未	甲申	乙酉	丙戌
五行	土	火	火	木	木	水	水	金	金	火	火	木	木	土	土	金	金	火	火	水	水	土	土	金	金	木	木	水	水	土
建星	危	成	收	开	闭	建	除	满	平	定	执	破	危	成	收	开	闭	建	除	满	平	定	执	破	危	成	收	开	开	闭
廿八宿	柳	星	张	翼	轸	角	亢	氐	房	心	尾	箕	斗	牛	女	虚	危	室	壁	奎	娄	胃	昴	毕	觜	参	井	鬼	柳	星

岁次:丙午	公元 2026 年(天河水)			火马
太岁:文哲	年一白星	泽风大过卦	四金三运	星

十月大建己亥井宿 (八白)

节气:小雪十四日十五时廿四分
大雪廿九日十时五十三分

公历	9	10	11	12	13	14	15	16	17	18	19	20	21	22	23	24	25	26	27	28	29	30	12月	2	3	4	5	6	7	8
农历	一	二	三	四	五	六	七	八	九	十	十一	十二	十三	十四	十五	十六	十七	十八	十九	二十	廿一	廿二	廿三	廿四	廿五	廿六	廿七	廿八	廿九	三十
星期	一	二	三	四	五	六	日	一	二	三	四	五	六	日	一	二	三	四	五	六	日	一	二	三	四	五	六	日	一	二
干支	丁亥	戊子	己丑	庚寅	辛卯	壬辰	癸巳	甲午	乙未	丙申	丁酉	戊戌	己亥	庚子	辛丑	壬寅	癸卯	甲辰	乙巳	丙午	丁未	戊申	己酉	庚戌	辛亥	壬子	癸丑	甲寅	乙卯	丙辰
五行	土	火	火	木	木	水	水	金	金	火	火	木	木	土	土	金	金	火	火	水	水	土	土	金	金	木	木	水	水	土
建星	建	除	满	平	定	执	破	危	成	收	开	闭	建	除	满	平	定	执	破	危	成	收	开	闭	建	除	满	平	平	定
廿八宿	张	翼	轸	角	亢	氐	房	心	尾	箕	斗	牛	女	虚	危	室	壁	奎	娄	胃	昴	毕	觜	参	井	鬼	柳	星	张	翼

十一月大建庚子鬼宿 (七赤)

节气:冬至十四日四时五十一分
小寒廿八日廿二时十分

公历	9	10	11	12	13	14	15	16	17	18	19	20	21	22	23	24	25	26	27	28	29	30	31	一月	2	3	4	5	6	7
农历	一	二	三	四	五	六	七	八	九	十	十一	十二	十三	十四	十五	十六	十七	十八	十九	二十	廿一	廿二	廿三	廿四	廿五	廿六	廿七	廿八	廿九	三十
星期	三	四	五	六	日	一	二	三	四	五	六	日	一	二	三	四	五	六	日	一	二	三	四	五	六	日	一	二	三	四
干支	丁巳	戊午	己未	庚申	辛酉	壬戌	癸亥	甲子	乙丑	丙寅	丁卯	戊辰	己巳	庚午	辛未	壬申	癸酉	甲戌	乙亥	丙子	丁丑	戊寅	己卯	庚辰	辛巳	壬午	癸未	甲申	乙酉	丙戌
五行	土	火	火	木	木	水	水	金	金	火	火	木	木	土	土	金	金	火	火	水	水	土	土	金	金	木	木	水	水	土
建星	执	破	危	成	收	开	闭	建	除	满	平	定	执	破	危	成	收	开	闭	建	除	满	平	定	执	破	危	危	成	收
廿八宿	轸	角	亢	氐	房	心	尾	箕	斗	牛	女	虚	危	室	壁	奎	娄	胃	昴	毕	觜	参	井	鬼	柳	星	张	翼	轸	角

十二月小建辛丑柳宿 (六白)

节气:大寒十三日十五时三十分
立春廿八日九时四十七分

公历	8	9	10	11	12	13	14	15	16	17	18	19	20	21	22	23	24	25	26	27	28	29	30	31	二月	2	3	4	5	
农历	一	二	三	四	五	六	七	八	九	十	十一	十二	十三	十四	十五	十六	十七	十八	十九	二十	廿一	廿二	廿三	廿四	廿五	廿六	廿七	廿八	廿九	
星期	五	六	日	一	二	三	四	五	六	日	一	二	三	四	五	六	日	一	二	三	四	五	六	日	一	二	三	四	五	
干支	丁亥	戊子	己丑	庚寅	辛卯	壬辰	癸巳	甲午	乙未	丙申	丁酉	戊戌	己亥	庚子	辛丑	壬寅	癸卯	甲辰	乙巳	丙午	丁未	戊申	己酉	庚戌	辛亥	壬子	癸丑	甲寅	乙卯	
五行	土	火	火	木	木	水	水	金	金	火	火	木	木	土	土	金	金	火	火	水	水	土	土	金	金	木	木	水	水	
建星	开	闭	建	除	满	平	定	执	破	危	成	收	开	闭	建	除	满	平	定	执	破	危	成	收	开	闭	建	建	除	
廿八宿	亢	氐	房	心	尾	箕	斗	牛	女	虚	危	室	壁	奎	娄	胃	昴	毕	觜	参	井	鬼	柳	星	张	翼	轸	角	亢	

岁次：丁未	公元2027年（天河水）			火羊
太岁：缪丙	年九紫星	山风蛊卦	六水七运	张

正月大建壬寅星宿 （五黄）

节气：雨水十四日五时卅四分
惊蛰廿九日三时四十分

公历	6	7	8	9	10	11	12	13	14	15	16	17	18	19	20	21	22	23	24	25	26	27	28	三月	2	3	4	5	6	7
农历	一	二	三	四	五	六	七	八	九	十	十一	十二	十三	十四	十五	十六	十七	十八	十九	二十	廿一	廿二	廿三	廿四	廿五	廿六	廿七	廿八	廿九	三十
星期	六	日	一	二	三	四	五	六	日	一	二	三	四	五	六	日	一	二	三	四	五	六	日	一	二	三	四	五	六	日
干支	丙辰	丁巳	戊午	己未	庚申	辛酉	壬戌	癸亥	甲子	乙丑	丙寅	丁卯	戊辰	己巳	庚午	辛未	壬申	癸酉	甲戌	乙亥	丙子	丁丑	戊寅	己卯	庚辰	辛巳	壬午	癸未	甲申	乙酉
五行	土	土	火	火	木	木	水	水	金	金	火	火	木	木	土	土	金	金	火	火	水	水	土	土	金	金	木	木	水	水
建星	满	平	定	执	破	危	成	收	开	闭	建	除	满	平	定	执	破	危	成	收	开	闭	建	除	满	平	定	执	执	破
廿八宿	氐	房	心	尾	箕	斗	牛	女	虚	危	室	壁	奎	娄	胃	昴	毕	觜	参	井	鬼	柳	星	张	翼	轸	角	亢	氐	房

二月大建癸卯张宿 （四绿）

节气：春分十四日四时廿五分
清明廿九日八时十八分

公历	8	9	10	11	12	13	14	15	16	17	18	19	20	21	22	23	24	25	26	27	28	29	30	31	四月	2	3	4	5	6
农历	一	二	三	四	五	六	七	八	九	十	十一	十二	十三	十四	十五	十六	十七	十八	十九	二十	廿一	廿二	廿三	廿四	廿五	廿六	廿七	廿八	廿九	三十
星期	一	二	三	四	五	六	日	一	二	三	四	五	六	日	一	二	三	四	五	六	日	一	二	三	四	五	六	日	一	二
干支	丙戌	丁亥	戊子	己丑	庚寅	辛卯	壬辰	癸巳	甲午	乙未	丙申	丁酉	戊戌	己亥	庚子	辛丑	壬寅	癸卯	甲辰	乙巳	丙午	丁未	戊申	己酉	庚戌	辛亥	壬子	癸丑	甲寅	乙卯
五行	土	土	火	火	木	木	水	水	金	金	火	火	木	木	土	土	金	金	火	火	水	水	土	土	金	金	木	木	水	水
建星	危	成	收	开	闭	建	除	满	平	定	执	破	危	成	收	开	闭	建	除	满	平	定	执	破	危	成	收	开	开	闭
廿八宿	心	尾	箕	斗	牛	女	虚	危	室	壁	奎	娄	胃	昴	毕	觜	参	井	鬼	柳	星	张	翼	轸	角	亢	氐	房	心	尾

三月小建甲辰翼宿 （三碧）

节气：谷雨十四日十五时十八分

公历	7	8	9	10	11	12	13	14	15	16	17	18	19	20	21	22	23	24	25	26	27	28	29	30	五月	2	3	4	5	
农历	一	二	三	四	五	六	七	八	九	十	十一	十二	十三	十四	十五	十六	十七	十八	十九	二十	廿一	廿二	廿三	廿四	廿五	廿六	廿七	廿八	廿九	
星期	三	四	五	六	日	一	二	三	四	五	六	日	一	二	三	四	五	六	日	一	二	三	四	五	六	日	一	二	三	
干支	丙辰	丁巳	戊午	己未	庚申	辛酉	壬戌	癸亥	甲子	乙丑	丙寅	丁卯	戊辰	己巳	庚午	辛未	壬申	癸酉	甲戌	乙亥	丙子	丁丑	戊寅	己卯	庚辰	辛巳	壬午	癸未	甲申	
五行	土	土	火	火	木	木	水	水	金	金	火	火	木	木	土	土	金	金	火	火	水	水	土	土	金	金	木	木	水	
建星	建	除	满	平	定	执	破	危	成	收	开	闭	建	除	满	平	定	执	破	危	成	收	开	闭	建	除	满	平	定	
廿八宿	箕	斗	牛	女	虚	危	室	壁	奎	娄	胃	昴	毕	觜	参	井	鬼	柳	星	张	翼	轸	角	亢	氐	房	心	尾	箕	

岁次:丁未	公元2027年(天河水)			火羊
太岁:缪丙	年九紫星	山风蛊卦	六水七运	张

四月大建乙巳轸宿 （二黑）

节气：立夏 初一日一时廿五分
小满 十六日十四时十九分

公历	6	7	8	9	10	11	12	13	14	15	16	17	18	19	20	21	22	23	24	25	26	27	28	29	30	31	六月	2	3	4
农历	一	二	三	四	五	六	七	八	九	十	十一	十二	十三	十四	十五	十六	十七	十八	十九	二十	廿一	廿二	廿三	廿四	廿五	廿六	廿七	廿八	廿九	三十
星期	四	五	六	日	一	二	三	四	五	六	日	一	二	三	四	五	六	日	一	二	三	四	五	六	日	一	二	三	四	五
干支	乙酉	丙戌	丁亥	戊子	己丑	庚寅	辛卯	壬辰	癸巳	甲午	乙未	丙申	丁酉	戊戌	己亥	庚子	辛丑	壬寅	癸卯	甲辰	乙巳	丙午	丁未	戊申	己酉	庚戌	辛亥	壬子	癸丑	甲寅
五行	水	土	土	火	火	木	木	水	水	金	金	火	火	木	木	土	土	金	金	火	火	水	水	土	土	金	金	木	木	水
建星	定	执	破	危	成	收	开	闭	建	除	满	平	定	执	破	危	成	收	开	闭	建	除	满	平	定	执	破	危	成	收
廿八宿	斗	牛	女	虚	危	室	壁	奎	娄	胃	昴	毕	觜	参	井	鬼	柳	星	张	翼	轸	角	亢	氐	房	心	尾	箕	斗	牛

五月小建丙午角宿 （一白）

节气：芒种 初二日五时廿六分
夏至 十七日廿二时十一分

公历	5	6	7	8	9	10	11	12	13	14	15	16	17	18	19	20	21	22	23	24	25	26	27	28	29	30	七月	2	3	
农历	一	二	三	四	五	六	七	八	九	十	十一	十二	十三	十四	十五	十六	十七	十八	十九	二十	廿一	廿二	廿三	廿四	廿五	廿六	廿七	廿八	廿九	
星期	六	日	一	二	三	四	五	六	日	一	二	三	四	五	六	日	一	二	三	四	五	六	日	一	二	三	四	五	六	
干支	乙卯	丙辰	丁巳	戊午	己未	庚申	辛酉	壬戌	癸亥	甲子	乙丑	丙寅	丁卯	戊辰	己巳	庚午	辛未	壬申	癸酉	甲戌	乙亥	丙子	丁丑	戊寅	己卯	庚辰	辛巳	壬午	癸未	
五行	水	土	土	火	火	木	木	水	水	金	金	火	火	木	木	土	土	金	金	火	火	水	水	土	土	金	金	木	木	
建星	开	开	闭	建	除	满	平	定	执	破	危	成	收	开	闭	建	除	满	平	定	执	破	危	成	收	开	闭	建	除	
廿八宿	女	虚	危	室	壁	奎	娄	胃	昴	毕	觜	参	井	鬼	柳	星	张	翼	轸	角	亢	氐	房	心	尾	箕	斗	牛	女	

六月小建丁未亢宿 （九紫）

节气：小暑 初四日十五时卅八分
大暑 二十日九时五分

公历	4	5	6	7	8	9	10	11	12	13	14	15	16	17	18	19	20	21	22	23	24	25	26	27	28	29	30	31	八月
农历	一	二	三	四	五	六	七	八	九	十	十一	十二	十三	十四	十五	十六	十七	十八	十九	二十	廿一	廿二	廿三	廿四	廿五	廿六	廿七	廿八	廿九
星期	日	一	二	三	四	五	六	日	一	二	三	四	五	六	日	一	二	三	四	五	六	日	一	二	三	四	五	六	日
干支	甲申	乙酉	丙戌	丁亥	戊子	己丑	庚寅	辛卯	壬辰	癸巳	甲午	乙未	丙申	丁酉	戊戌	己亥	庚子	辛丑	壬寅	癸卯	甲辰	乙巳	丙午	丁未	戊申	己酉	庚戌	辛亥	壬子
五行	水	水	土	土	火	火	木	木	水	水	金	金	火	火	木	木	土	土	金	金	火	火	水	水	土	土	金	金	木
建星	满	平	定	定	执	破	危	成	收	开	闭	建	除	满	平	定	执	破	危	成	收	开	闭	建	除	满	平	定	执
廿八宿	虚	危	室	壁	奎	娄	胃	昴	毕	觜	参	井	鬼	柳	星	张	翼	轸	角	亢	氐	房	心	尾	箕	斗	牛	女	虚

岁次:丁未	公元2027年(天河水)			火羊
太岁:缪丙	年九紫星	山风蛊卦	六水七运	张

七月大建戊申氐宿 (八白)

节气:立秋初七日一时廿七分
处暑廿二日十六时十五分

公历	2	3	4	5	6	7	8	9	10	11	12	13	14	15	16	17	18	19	20	21	22	23	24	25	26	27	28	29	30	31
农历	一	二	三	四	五	六	七	八	九	十	十一	十二	十三	十四	十五	十六	十七	十八	十九	二十	廿一	廿二	廿三	廿四	廿五	廿六	廿七	廿八	廿九	三十
星期	一	二	三	四	五	六	日	一	二	三	四	五	六	日	一	二	三	四	五	六	日	一	二	三	四	五	六	日	一	二
干支	癸丑	甲寅	乙卯	丙辰	丁巳	戊午	己未	庚申	辛酉	壬戌	癸亥	甲子	乙丑	丙寅	丁卯	戊辰	己巳	庚午	辛未	壬申	癸酉	甲戌	乙亥	丙子	丁丑	戊寅	己卯	庚辰	辛巳	壬午
五行	木	水	水	土	土	火	火	木	木	水	水	金	金	火	火	木	木	土	土	金	金	火	火	水	水	土	土	金	金	木
建星	破	危	成	收	开	闭	闭	建	除	满	平	定	执	破	危	成	收	开	闭	建	除	满	平	定	执	破	危	成	收	开
廿八宿	危	室	壁	奎	娄	胃	昴	毕	觜	参	井	鬼	柳	星	张	翼	轸	角	亢	氐	房	心	尾	箕	斗	牛	女	虚	危	室

八月小建己酉房宿 (七赤)

节气:白露初八日四时廿九分
秋分廿三日十四时二分

公历	九月	2	3	4	5	6	7	8	9	10	11	12	13	14	15	16	17	18	19	20	21	22	23	24	25	26	27	28	29	
农历	一	二	三	四	五	六	七	八	九	十	十一	十二	十三	十四	十五	十六	十七	十八	十九	二十	廿一	廿二	廿三	廿四	廿五	廿六	廿七	廿八	廿九	
星期	三	四	五	六	日	一	二	三	四	五	六	日	一	二	三	四	五	六	日	一	二	三	四	五	六	日	一	二	三	
干支	癸未	甲申	乙酉	丙戌	丁亥	戊子	己丑	庚寅	辛卯	壬辰	癸巳	甲午	乙未	丙申	丁酉	戊戌	己亥	庚子	辛丑	壬寅	癸卯	甲辰	乙巳	丙午	丁未	戊申	己酉	庚戌	辛亥	
五行	木	水	水	土	土	火	火	木	木	水	水	金	金	火	火	木	木	土	土	金	金	火	火	水	水	土	土	金	金	
建星	闭	建	除	满	平	定	执	执	破	危	成	收	开	闭	建	除	满	平	定	执	破	危	成	收	开	闭	建	除	满	
廿八宿	壁	奎	娄	胃	昴	毕	觜	参	井	鬼	柳	星	张	翼	轸	角	亢	氐	房	心	尾	箕	斗	牛	女	虚	危	室	壁	

九月小建庚戌心宿 (六白)

节气:寒露初九日二十时十八分
霜降廿四日廿二时卅三分

公历	30	十月	2	3	4	5	6	7	8	9	10	11	12	13	14	15	16	17	18	19	20	21	22	23	24	25	26	27	28	
农历	一	二	三	四	五	六	七	八	九	十	十一	十二	十三	十四	十五	十六	十七	十八	十九	二十	廿一	廿二	廿三	廿四	廿五	廿六	廿七	廿八	廿九	
星期	四	五	六	日	一	二	三	四	五	六	日	一	二	三	四	五	六	日	一	二	三	四	五	六	日	一	二	三	四	
干支	壬子	癸丑	甲寅	乙卯	丙辰	丁巳	戊午	己未	庚申	辛酉	壬戌	癸亥	甲子	乙丑	丙寅	丁卯	戊辰	己巳	庚午	辛未	壬申	癸酉	甲戌	乙亥	丙子	丁丑	戊寅	己卯	庚辰	
五行	木	木	水	水	土	土	火	火	木	木	水	水	金	金	火	火	木	木	土	土	金	金	火	火	水	水	土	土	金	
建星	平	定	执	破	危	成	收	开	开	闭	建	除	满	平	定	执	破	危	成	收	开	闭	建	除	满	平	定	执	破	
廿八宿	奎	娄	胃	昴	毕	觜	参	井	鬼	柳	星	张	翼	轸	角	亢	氐	房	心	尾	箕	斗	牛	女	虚	危	室	壁	奎	

岁次：丁未	公元 2027 年（天河水）			火羊
太岁：缪丙	年九紫星	山风蛊卦	六水七运	张

十月大建辛亥尾宿 （五黄）

节气：立冬 初十日廿三时卅九分
小雪 廿五日廿一时十七分

公历	29	30	31	11月	2	3	4	5	6	7	8	9	10	11	12	13	14	15	16	17	18	19	20	21	22	23	24	25	26	27
农历	一	二	三	四	五	六	七	八	九	十	十一	十二	十三	十四	十五	十六	十七	十八	十九	二十	廿一	廿二	廿三	廿四	廿五	廿六	廿七	廿八	廿九	三十
星期	五	六	日	一	二	三	四	五	六	日	一	二	三	四	五	六	日	一	二	三	四	五	六	日	一	二	三	四	五	六
干支	辛巳	壬午	癸未	甲申	乙酉	丙戌	丁亥	戊子	己丑	庚寅	辛卯	壬辰	癸巳	甲午	乙未	丙申	丁酉	戊戌	己亥	庚子	辛丑	壬寅	癸卯	甲辰	乙巳	丙午	丁未	戊申	己酉	庚戌
五行	金	木	木	水	水	土	土	火	火	木	木	水	水	金	金	火	火	木	木	土	土	金	金	火	火	水	水	土	土	金
建星	危	成	收	开	闭	建	除	满	平	平	定	执	破	危	成	收	开	闭	建	除	满	平	定	执	破	危	成	收	开	闭
廿八宿	娄	胃	昴	毕	觜	参	井	鬼	柳	星	张	翼	轸	角	亢	氐	房	心	尾	箕	斗	牛	女	虚	危	室	壁	奎	娄	胃

十一月大建壬子箕宿 （四绿）

节气：大雪 初十日十六时卅八分
冬至 廿五日十时四十三分

公历	28	29	30	12月	2	3	4	5	6	7	8	9	10	11	12	13	14	15	16	17	18	19	20	21	22	23	24	25	26	27
农历	一	二	三	四	五	六	七	八	九	十	十一	十二	十三	十四	十五	十六	十七	十八	十九	二十	廿一	廿二	廿三	廿四	廿五	廿六	廿七	廿八	廿九	三十
星期	日	一	二	三	四	五	六	日	一	二	三	四	五	六	日	一	二	三	四	五	六	日	一	二	三	四	五	六	日	一
干支	辛亥	壬子	癸丑	甲寅	乙卯	丙辰	丁巳	戊午	己未	庚申	辛酉	壬戌	癸亥	甲子	乙丑	丙寅	丁卯	戊辰	己巳	庚午	辛未	壬申	癸酉	甲戌	乙亥	丙子	丁丑	戊寅	己卯	庚辰
五行	金	木	木	水	水	土	土	火	火	木	木	水	水	金	金	火	火	木	木	土	土	金	金	火	火	水	水	土	土	金
建星	建	除	满	平	定	执	破	危	成	成	收	开	闭	建	除	满	平	定	执	破	危	成	收	开	闭	建	除	满	平	定
廿八宿	昴	毕	觜	参	井	鬼	柳	星	张	翼	轸	角	亢	氐	房	心	尾	箕	斗	牛	女	虚	危	室	壁	奎	娄	胃	昴	毕

十二月小建癸丑斗宿 （三碧）

节气：小寒 初十日三时五十五分
大寒 廿四日廿一时廿二分

公历	28	29	30	31	一月	2	3	4	5	6	7	8	9	10	11	12	13	14	15	16	17	18	19	20	21	22	23	24	25
农历	一	二	三	四	五	六	七	八	九	十	十一	十二	十三	十四	十五	十六	十七	十八	十九	二十	廿一	廿二	廿三	廿四	廿五	廿六	廿七	廿八	廿九
星期	二	三	四	五	六	日	一	二	三	四	五	六	日	一	二	三	四	五	六	日	一	二	三	四	五	六	日	一	二
干支	辛巳	壬午	癸未	甲申	乙酉	丙戌	丁亥	戊子	己丑	庚寅	辛卯	壬辰	癸巳	甲午	乙未	丙申	丁酉	戊戌	己亥	庚子	辛丑	壬寅	癸卯	甲辰	乙巳	丙午	丁未	戊申	己酉
五行	金	木	木	水	水	土	土	火	火	木	木	水	水	金	金	火	火	木	木	土	土	金	金	火	火	水	水	土	土
建星	执	破	危	成	收	开	闭	建	除	除	满	平	定	执	破	危	成	收	开	闭	建	除	满	平	定	执	破	危	成
廿八宿	觜	参	井	鬼	柳	星	张	翼	轸	角	亢	氐	房	心	尾	箕	斗	牛	女	虚	危	室	壁	奎	娄	胃	昴	毕	觜

岁次：戊申	公元2028年（大驿土）			土猴
太岁：徐浩	年八白星	风水涣卦	二火六运	翼

正月大建甲寅牛宿　（二黑）

节气：立春初十日十五时卅二分
雨水廿五日十一时廿六分

公历	26	27	28	29	30	31	二月	2	3	4	5	6	7	8	9	10	11	12	13	14	15	16	17	18	19	20	21	22	23	24
农历	一	二	三	四	五	六	七	八	九	十	十一	十二	十三	十四	十五	十六	十七	十八	十九	二十	廿一	廿二	廿三	廿四	廿五	廿六	廿七	廿八	廿九	三十
星期	三	四	五	六	日	一	二	三	四	五	六	日	一	二	三	四	五	六	日	一	二	三	四	五	六	日	一	二	三	四
干支	庚戌	辛亥	壬子	癸丑	甲寅	乙卯	丙辰	丁巳	戊午	己未	庚申	辛酉	壬戌	癸亥	甲子	乙丑	丙寅	丁卯	戊辰	己巳	庚午	辛未	壬申	癸酉	甲戌	乙亥	丙子	丁丑	戊寅	己卯
五行	金	金	木	木	水	水	土	土	火	火	木	木	水	水	金	金	火	火	木	木	土	土	金	金	火	火	水	水	土	土
建星	收	开	闭	建	除	满	平	定	执	执	破	危	成	收	开	闭	建	除	满	平	定	执	破	危	成	收	开	闭	建	除
廿八宿	参	井	鬼	柳	星	张	翼	轸	角	亢	氐	房	心	尾	箕	斗	牛	女	虚	危	室	壁	奎	娄	胃	昴	毕	觜	参	井

二月大建乙卯女宿　（一白）

节气：惊蛰初十日九时廿五分
春分廿五日十时十八分

公历	25	26	27	28	29	三月	2	3	4	5	6	7	8	9	10	11	12	13	14	15	16	17	18	19	20	21	22	23	24	25
农历	一	二	三	四	五	六	七	八	九	十	十一	十二	十三	十四	十五	十六	十七	十八	十九	二十	廿一	廿二	廿三	廿四	廿五	廿六	廿七	廿八	廿九	三十
星期	五	六	日	一	二	三	四	五	六	日	一	二	三	四	五	六	日	一	二	三	四	五	六	日	一	二	三	四	五	六
干支	庚辰	辛巳	壬午	癸未	甲申	乙酉	丙戌	丁亥	戊子	己丑	庚寅	辛卯	壬辰	癸巳	甲午	乙未	丙申	丁酉	戊戌	己亥	庚子	辛丑	壬寅	癸卯	甲辰	乙巳	丙午	丁未	戊申	己酉
五行	金	金	木	木	水	水	土	土	火	火	木	木	水	水	金	金	火	火	木	木	土	土	金	金	火	火	水	水	土	土
建星	满	平	定	执	破	危	成	收	开	开	闭	建	除	满	平	定	执	破	危	成	收	开	闭	建	除	满	平	定	执	破
廿八宿	鬼	柳	星	张	翼	轸	角	亢	氐	房	心	尾	箕	斗	牛	女	虚	危	室	壁	奎	娄	胃	昴	毕	觜	参	井	鬼	柳

三月大建丙辰虚宿　（九紫）

节气：清明初十日十四时四分
谷雨廿五日廿一时十分

公历	26	27	28	29	30	31	四月	2	3	4	5	6	7	8	9	10	11	12	13	14	15	16	17	18	19	20	21	22	23	24
农历	一	二	三	四	五	六	七	八	九	十	十一	十二	十三	十四	十五	十六	十七	十八	十九	二十	廿一	廿二	廿三	廿四	廿五	廿六	廿七	廿八	廿九	三十
星期	日	一	二	三	四	五	六	日	一	二	三	四	五	六	日	一	二	三	四	五	六	日	一	二	三	四	五	六	日	一
干支	庚戌	辛亥	壬子	癸丑	甲寅	乙卯	丙辰	丁巳	戊午	己未	庚申	辛酉	壬戌	癸亥	甲子	乙丑	丙寅	丁卯	戊辰	己巳	庚午	辛未	壬申	癸酉	甲戌	乙亥	丙子	丁丑	戊寅	己卯
五行	金	金	木	木	水	水	土	土	火	火	木	木	水	水	金	金	火	火	木	木	土	土	金	金	火	火	水	水	土	土
建星	危	成	收	开	闭	建	除	满	平	平	定	执	破	危	成	收	开	闭	建	除	满	平	定	执	破	危	成	收	开	闭
廿八宿	星	张	翼	轸	角	亢	氐	房	心	尾	箕	斗	牛	女	虚	危	室	壁	奎	娄	胃	昴	毕	觜	参	井	鬼	柳	星	张

岁次：戊申	公元2028年（大驿土）			土猴
太岁：徐浩	年八白星	风水涣卦	二火六运	翼

四月小建丁巳危宿 （八白）

节气：立夏 十一日七时十三分
小满 廿六日二十时十分

公历	25	26	27	28	29	30	五月	2	3	4	5	6	7	8	9	10	11	12	13	14	15	16	17	18	19	20	21	22	23	
农历	一	二	三	四	五	六	七	八	九	十	十一	十二	十三	十四	十五	十六	十七	十八	十九	二十	廿一	廿二	廿三	廿四	廿五	廿六	廿七	廿八	廿九	
星期	二	三	四	五	六	日	一	二	三	四	五	六	日	一	二	三	四	五	六	日	一	二	三	四	五	六	日	一	二	
干支	庚辰	辛巳	壬午	癸未	甲申	乙酉	丙戌	丁亥	戊子	己丑	庚寅	辛卯	壬辰	癸巳	甲午	乙未	丙申	丁酉	戊戌	己亥	庚子	辛丑	壬寅	癸卯	甲辰	乙巳	丙午	丁未	戊申	
五行	金	金	木	木	水	水	土	土	火	火	木	木	水	水	金	金	火	火	木	木	土	土	金	金	火	火	水	水	土	
建星	建	除	满	平	定	执	破	危	成	收	收	开	闭	建	除	满	平	定	执	破	危	成	收	开	闭	建	除	满	平	
廿八宿	翼	轸	角	亢	氐	房	心	尾	箕	斗	牛	女	虚	危	室	壁	奎	娄	胃	昴	毕	觜	参	井	鬼	柳	星	张	翼	

五月大建戊午室宿 （七赤）

节气：芒种 十三日十一时四十七分
夏至 廿九日四时二分

公历	24	25	26	27	28	29	30	31	六月	2	3	4	5	6	7	8	9	10	11	12	13	14	15	16	17	18	19	20	21	22
农历	一	二	三	四	五	六	七	八	九	十	十一	十二	十三	十四	十五	十六	十七	十八	十九	二十	廿一	廿二	廿三	廿四	廿五	廿六	廿七	廿八	廿九	三十
星期	三	四	五	六	日	一	二	三	四	五	六	日	一	二	三	四	五	六	日	一	二	三	四	五	六	日	一	二	三	四
干支	己酉	庚戌	辛亥	壬子	癸丑	甲寅	乙卯	丙辰	丁巳	戊午	己未	庚申	辛酉	壬戌	癸亥	甲子	乙丑	丙寅	丁卯	戊辰	己巳	庚午	辛未	壬申	癸酉	甲戌	乙亥	丙子	丁丑	戊寅
五行	土	金	金	木	木	水	水	土	土	火	火	木	木	水	水	金	金	火	火	木	木	土	土	金	金	火	火	水	水	土
建星	定	执	破	危	成	收	开	闭	建	除	满	平	平	定	执	破	危	成	收	开	闭	建	除	满	平	定	执	破	危	成
廿八宿	轸	角	亢	氐	房	心	尾	箕	斗	牛	女	虚	危	室	壁	奎	娄	胃	昴	毕	觜	参	井	鬼	柳	星	张	翼	轸	角

闰五月小

节气：小暑 十四日廿一时卅一分

公历	23	24	25	26	27	28	29	30	七月	2	3	4	5	6	7	8	9	10	11	12	13	14	15	16	17	18	19	20	21	
农历	一	二	三	四	五	六	七	八	九	十	十一	十二	十三	十四	十五	十六	十七	十八	十九	二十	廿一	廿二	廿三	廿四	廿五	廿六	廿七	廿八	廿九	
星期	五	六	日	一	二	三	四	五	六	日	一	二	三	四	五	六	日	一	二	三	四	五	六	日	一	二	三	四	五	
干支	己卯	庚辰	辛巳	壬午	癸未	甲申	乙酉	丙戌	丁亥	戊子	己丑	庚寅	辛卯	壬辰	癸巳	甲午	乙未	丙申	丁酉	戊戌	己亥	庚子	辛丑	壬寅	癸卯	甲辰	乙巳	丙午	丁未	
五行	土	金	金	木	木	水	水	土	土	火	火	木	木	水	水	金	金	火	火	木	木	土	土	金	金	火	火	水	水	
建星	收	开	闭	建	除	满	平	定	执	破	危	成	收	收	开	闭	建	除	满	平	定	执	破	危	成	收	开	闭	建	
廿八宿	亢	氐	房	心	尾	箕	斗	牛	女	虚	危	室	壁	奎	娄	胃	昴	毕	觜	参	井	鬼	柳	星	张	翼	轸	角	亢	

岁次：戊申	公元 2028 年（大驿土）			土猴
太岁：徐浩	年八白星	风水涣卦	二火六运	翼

六月小建己未壁宿 （六白）

节气：大暑初一日十四时五十五分
立秋十七日七时廿二分

公历	22	23	24	25	26	27	28	29	30	31	八月	2	3	4	5	6	7	8	9	10	11	12	13	14	15	16	17	18	19
农历	一	二	三	四	五	六	七	八	九	十	十一	十二	十三	十四	十五	十六	十七	十八	十九	二十	廿一	廿二	廿三	廿四	廿五	廿六	廿七	廿八	廿九
星期	六	日	一	二	三	四	五	六	日	一	二	三	四	五	六	日	一	二	三	四	五	六	日	一	二	三	四	五	六
干支	戊申	己酉	庚戌	辛亥	壬子	癸丑	甲寅	乙卯	丙辰	丁巳	戊午	己未	庚申	辛酉	壬戌	癸亥	甲子	乙丑	丙寅	丁卯	戊辰	己巳	庚午	辛未	壬申	癸酉	甲戌	乙亥	丙子
五行	土	土	金	金	木	木	水	水	土	土	火	火	木	木	水	水	金	金	火	火	木	木	土	土	金	金	火	火	水
建星	除	满	平	定	执	破	危	成	收	开	闭	建	除	满	平	定	定	执	破	危	成	收	开	闭	建	除	满	平	定
廿八宿	氐	房	心	尾	箕	斗	牛	女	虚	危	室	壁	奎	娄	胃	昴	毕	觜	参	井	鬼	柳	星	张	翼	轸	角	亢	氐

七月大建庚申奎宿 （五黄）

节气：处暑初三日廿二时二分
白露十九日十时廿三分

公历	20	21	22	23	24	25	26	27	28	29	30	31	九月	2	3	4	5	6	7	8	9	10	11	12	13	14	15	16	17	18
农历	一	二	三	四	五	六	七	八	九	十	十一	十二	十三	十四	十五	十六	十七	十八	十九	二十	廿一	廿二	廿三	廿四	廿五	廿六	廿七	廿八	廿九	三十
星期	日	一	二	三	四	五	六	日	一	二	三	四	五	六	日	一	二	三	四	五	六	日	一	二	三	四	五	六	日	一
干支	丁丑	戊寅	己卯	庚辰	辛巳	壬午	癸未	甲申	乙酉	丙戌	丁亥	戊子	己丑	庚寅	辛卯	壬辰	癸巳	甲午	乙未	丙申	丁酉	戊戌	己亥	庚子	辛丑	壬寅	癸卯	甲辰	乙巳	丙午
五行	水	土	土	金	金	木	木	水	水	土	土	火	火	木	木	水	水	金	金	火	火	木	木	土	土	金	金	火	火	水
建星	执	破	危	成	收	开	闭	建	除	满	平	定	执	破	危	成	收	开	开	闭	建	除	满	平	定	执	破	危	成	收
廿八宿	房	心	尾	箕	斗	牛	女	虚	危	室	壁	奎	娄	胃	昴	毕	觜	参	井	鬼	柳	星	张	翼	轸	角	亢	氐	房	心

八月小建辛酉娄宿 （四绿）

节气：秋分初四日十九时四十六分
寒露二十日二时九分

公历	19	20	21	22	23	24	25	26	27	28	29	30	十月	2	3	4	5	6	7	8	9	10	11	12	13	14	15	16	17
农历	一	二	三	四	五	六	七	八	九	十	十一	十二	十三	十四	十五	十六	十七	十八	十九	二十	廿一	廿二	廿三	廿四	廿五	廿六	廿七	廿八	廿九
星期	二	三	四	五	六	日	一	二	三	四	五	六	日	一	二	三	四	五	六	日	一	二	三	四	五	六	日	一	二
干支	丁未	戊申	己酉	庚戌	辛亥	壬子	癸丑	甲寅	乙卯	丙辰	丁巳	戊午	己未	庚申	辛酉	壬戌	癸亥	甲子	乙丑	丙寅	丁卯	戊辰	己巳	庚午	辛未	壬申	癸酉	甲戌	乙亥
五行	水	土	土	金	金	木	木	水	水	土	土	火	火	木	木	水	水	金	金	火	火	木	木	土	土	金	金	火	火
建星	开	闭	建	除	满	平	定	执	破	危	成	收	开	闭	建	除	满	平	定	定	执	破	危	成	收	开	闭	建	除
廿八宿	尾	箕	斗	牛	女	虚	危	室	壁	奎	娄	胃	昴	毕	觜	参	井	鬼	柳	星	张	翼	轸	角	亢	氐	房	心	尾

岁次：戊申	公元2028年（大驿土）			土猴
太岁：徐浩	年八白星	风水涣卦	二火六运	翼

九月小建壬戌胃宿 （三碧） 节气：霜降初六日五时十四分 立冬廿一日五时廿八分

公历	18	19	20	21	22	23	24	25	26	27	28	29	30	31	11月	2	3	4	5	6	7	8	9	10	11	12	13	14	15
农历	一	二	三	四	五	六	七	八	九	十	十一	十二	十三	十四	十五	十六	十七	十八	十九	二十	廿一	廿二	廿三	廿四	廿五	廿六	廿七	廿八	廿九
星期	三	四	五	六	日	一	二	三	四	五	六	日	一	二	三	四	五	六	日	一	二	三	四	五	六	日	一	二	三
干支	丙子	丁丑	戊寅	己卯	庚辰	辛巳	壬午	癸未	甲申	乙酉	丙戌	丁亥	戊子	己丑	庚寅	辛卯	壬辰	癸巳	甲午	乙未	丙申	丁酉	戊戌	己亥	庚子	辛丑	壬寅	癸卯	甲辰
五行	水	水	土	土	金	金	木	木	水	水	土	土	火	火	木	木	水	水	金	金	火	火	木	木	土	土	金	金	火
建星	满	平	定	执	破	危	成	收	开	闭	建	除	满	平	定	执	破	危	成	收	收	开	闭	建	除	满	平	定	执
廿八宿	箕	斗	牛	女	虚	危	室	壁	奎	娄	胃	昴	毕	觜	参	井	鬼	柳	星	张	翼	轸	角	亢	氐	房	心	尾	箕

十月大建癸亥昴宿 （二黑） 节气：小雪初七日二时五十五分 大雪廿一日廿二时廿五分

公历	16	17	18	19	20	21	22	23	24	25	26	27	28	29	30	12月	2	3	4	5	6	7	8	9	10	11	12	13	14	15
农历	一	二	三	四	五	六	七	八	九	十	十一	十二	十三	十四	十五	十六	十七	十八	十九	二十	廿一	廿二	廿三	廿四	廿五	廿六	廿七	廿八	廿九	三十
星期	四	五	六	日	一	二	三	四	五	六	日	一	二	三	四	五	六	日	一	二	三	四	五	六	日	一	二	三	四	五
干支	乙巳	丙午	丁未	戊申	己酉	庚戌	辛亥	壬子	癸丑	甲寅	乙卯	丙辰	丁巳	戊午	己未	庚申	辛酉	壬戌	癸亥	甲子	乙丑	丙寅	丁卯	戊辰	己巳	庚午	辛未	壬申	癸酉	甲戌
五行	火	水	水	土	土	金	金	木	木	水	水	土	土	火	火	木	木	水	水	金	金	火	火	木	木	土	土	金	金	火
建星	破	危	成	收	开	闭	建	除	满	平	定	执	破	危	成	收	开	闭	建	除	除	满	平	定	执	破	危	成	收	开
廿八宿	斗	牛	女	虚	危	室	壁	奎	娄	胃	昴	毕	觜	参	井	鬼	柳	星	张	翼	轸	角	亢	氐	房	心	尾	箕	斗	牛

十一月大建甲子毕宿 （一白） 节气：冬至初六日十六时二十分 小寒廿一日九时四十三分

公历	16	17	18	19	20	21	22	23	24	25	26	27	28	29	30	31	一月	2	3	4	5	6	7	8	9	10	11	12	13	14
农历	一	二	三	四	五	六	七	八	九	十	十一	十二	十三	十四	十五	十六	十七	十八	十九	二十	廿一	廿二	廿三	廿四	廿五	廿六	廿七	廿八	廿九	三十
星期	六	日	一	二	三	四	五	六	日	一	二	三	四	五	六	日	一	二	三	四	五	六	日	一	二	三	四	五	六	日
干支	乙亥	丙子	丁丑	戊寅	己卯	庚辰	辛巳	壬午	癸未	甲申	乙酉	丙戌	丁亥	戊子	己丑	庚寅	辛卯	壬辰	癸巳	甲午	乙未	丙申	丁酉	戊戌	己亥	庚子	辛丑	壬寅	癸卯	甲辰
五行	火	水	水	土	土	金	金	木	木	水	水	土	土	火	火	木	木	水	水	金	金	火	火	木	木	土	土	金	金	火
建星	闭	建	除	满	平	定	执	破	危	成	收	开	闭	建	除	满	平	定	执	破	破	危	成	收	开	闭	建	除	满	平
廿八宿	女	虚	危	室	壁	奎	娄	胃	昴	毕	觜	参	井	鬼	柳	星	张	翼	轸	角	亢	氐	房	心	尾	箕	斗	牛	女	虚

十二月小建乙丑觜宿 （九紫） 节气：大寒初六日三时二分 立春二十日廿一时廿一分

公历	15	16	17	18	19	20	21	22	23	24	25	26	27	28	29	30	31	二月	2	3	4	5	6	7	8	9	10	11	12
农历	一	二	三	四	五	六	七	八	九	十	十一	十二	十三	十四	十五	十六	十七	十八	十九	二十	廿一	廿二	廿三	廿四	廿五	廿六	廿七	廿八	廿九
星期	一	二	三	四	五	六	日	一	二	三	四	五	六	日	一	二	三	四	五	六	日	一	二	三	四	五	六	日	一
干支	乙巳	丙午	丁未	戊申	己酉	庚戌	辛亥	壬子	癸丑	甲寅	乙卯	丙辰	丁巳	戊午	己未	庚申	辛酉	壬戌	癸亥	甲子	乙丑	丙寅	丁卯	戊辰	己巳	庚午	辛未	壬申	癸酉
五行	火	水	水	土	土	金	金	木	木	水	水	土	土	火	火	木	木	水	水	金	金	火	火	木	木	土	土	金	金
建星	定	执	破	危	成	收	开	闭	建	除	满	平	定	执	破	危	成	收	开	开	闭	建	除	满	平	定	执	破	危
廿八宿	危	室	壁	奎	娄	胃	昴	毕	觜	参	井	鬼	柳	星	张	翼	轸	角	亢	氐	房	心	尾	箕	斗	牛	女	虚	危

岁次：己酉	公元2029年（大驿土）			土鸡
太岁：程宝	年七赤星	火山旅卦	三木八运	轸

正月大建丙寅参宿 （八白）

节气：雨水 初六日十七时八分
惊蛰 廿一日十五时十八分

公历	13	14	15	16	17	18	19	20	21	22	23	24	25	26	27		28	三月	2	3	4	5	6	7	8	9	10	11	12	13	14
农历	一	二	三	四	五	六	七	八	九	十	十一	十二	十三	十四	十五	十六	十七	十八	十九	二十	廿一	廿二	廿三	廿四	廿五	廿六	廿七	廿八	廿九	三十	
星期	二	三	四	五	六	日	一	二	三	四	五	六	日	一	二	三	四	五	六	日	一	二	三	四	五	六	日	一	二	三	
干支	甲戌	乙亥	丙子	丁丑	戊寅	己卯	庚辰	辛巳	壬午	癸未	甲申	乙酉	丙戌	丁亥	戊子	己丑	庚寅	辛卯	壬辰	癸巳	甲午	乙未	丙申	丁酉	戊戌	己亥	庚子	辛丑	壬寅	癸卯	
五行	火	火	水	水	土	土	金	金	木	木	水	水	土	土	火	火	木	木	水	水	金	金	火	火	木	木	土	土	金	金	
建星	成	收	开	闭	建	除	满	平	定	执	破	危	成	收	开	闭	建	除	满	平	平	定	执	破	危	成	收	开	闭	建	
廿八宿	室	壁	奎	娄	胃	昴	毕	觜	参	井	鬼	柳	星	张	翼	轸	角	亢	氐	房	心	尾	箕	斗	牛	女	虚	危	室	壁	

二月大建丁卯井宿 （七赤）

节气：春分 初六日十六时二分
清明 廿一日十九时五十九分

公历	15	16	17	18	19	20	21	22	23	24	25	26	27	28	29	30	31	四月	2	3	4	5	6	7	8	9	10	11	12	13
农历	一	二	三	四	五	六	七	八	九	十	十一	十二	十三	十四	十五	十六	十七	十八	十九	二十	廿一	廿二	廿三	廿四	廿五	廿六	廿七	廿八	廿九	三十
星期	四	五	六	日	一	二	三	四	五	六	日	一	二	三	四	五	六	日	一	二	三	四	五	六	日	一	二	三	四	五
干支	甲辰	乙巳	丙午	丁未	戊申	己酉	庚戌	辛亥	壬子	癸丑	甲寅	乙卯	丙辰	丁巳	戊午	己未	庚申	辛酉	壬戌	癸亥	甲子	乙丑	丙寅	丁卯	戊辰	己巳	庚午	辛未	壬申	癸酉
五行	火	火	水	水	土	土	金	金	木	木	水	水	土	土	火	火	木	木	水	水	金	金	火	火	木	木	土	土	金	金
建星	除	满	平	定	执	破	危	成	收	开	闭	建	除	满	平	定	执	破	危	成	成	收	开	闭	建	除	满	平	定	执
廿八宿	奎	娄	胃	昴	毕	觜	参	井	鬼	柳	星	张	翼	轸	角	亢	氐	房	心	尾	箕	斗	牛	女	虚	危	室	壁	奎	娄

三月小建戊辰鬼宿 （六白）

节气：谷雨 初七日二时五十六分
立夏 廿二日十三时八分

公历	14	15	16	17	18	19	20	21	22	23	24	25	26	27	28	29	30	五月	2	3	4	5	6	7	8	9	10	11	12	
农历	一	二	三	四	五	六	七	八	九	十	十一	十二	十三	十四	十五	十六	十七	十八	十九	二十	廿一	廿二	廿三	廿四	廿五	廿六	廿七	廿八	廿九	
星期	六	日	一	二	三	四	五	六	日	一	二	三	四	五	六	日	一	二	三	四	五	六	日	一	二	三	四	五	六	
干支	甲戌	乙亥	丙子	丁丑	戊寅	己卯	庚辰	辛巳	壬午	癸未	甲申	乙酉	丙戌	丁亥	戊子	己丑	庚寅	辛卯	壬辰	癸巳	甲午	乙未	丙申	丁酉	戊戌	己亥	庚子	辛丑	壬寅	
五行	火	火	水	水	土	土	金	金	木	木	水	水	土	土	火	火	木	木	水	水	金	金	火	火	木	木	土	土	金	
建星	破	危	成	收	开	闭	建	除	满	平	定	执	破	危	成	收	开	闭	建	除	满	满	平	定	执	破	危	成	收	
廿八宿	胃	昴	毕	觜	参	井	鬼	柳	星	张	翼	轸	角	亢	氐	房	心	尾	箕	斗	牛	女	虚	危	室	壁	奎	娄	胃	

岁次：己酉	公元2029年（大驿土）			土鸡
太岁：程宝	年七赤星	火山旅卦	三木八运	轸

四月大建己巳柳宿 （五黄）

节气：小满初九日一时五十六分
芒种廿四日十七时十一分

公历	13	14	15	16	17	18	19	20	21	22	23	24	25	26	27	28	29	30	31	六月	2	3	4	5	6	7	8	9	10	11
农历	一	二	三	四	五	六	七	八	九	十	十一	十二	十三	十四	十五	十六	十七	十八	十九	二十	廿一	廿二	廿三	廿四	廿五	廿六	廿七	廿八	廿九	三十
星期	日	一	二	三	四	五	六	日	一	二	三	四	五	六	日	一	二	三	四	五	六	日	一	二	三	四	五	六	日	一
干支	癸卯	甲辰	乙巳	丙午	丁未	戊申	己酉	庚戌	辛亥	壬子	癸丑	甲寅	乙卯	丙辰	丁巳	戊午	己未	庚申	辛酉	壬戌	癸亥	甲子	乙丑	丙寅	丁卯	戊辰	己巳	庚午	辛未	壬申
五行	金	火	火	水	水	土	土	金	金	木	木	水	水	土	土	火	火	木	木	水	水	金	金	火	火	木	木	土	土	金
建星	开	闭	建	除	满	平	定	执	破	危	成	收	开	闭	建	除	满	平	定	执	破	危	成	成	收	开	闭	建	除	满
廿八宿	昴	毕	觜	参	井	鬼	柳	星	张	翼	轸	角	亢	氐	房	心	尾	箕	斗	牛	女	虚	危	室	壁	奎	娄	胃	昴	毕

五月小建庚午星宿 （四绿）

节气：夏至初十日九时四十九分
小暑廿六日三时廿三分

公历	12	13	14	15	16	17	18	19	20	21	22	23	24	25	26	27	28	29	30	七月	2	3	4	5	6	7	8	9	10	
农历	一	二	三	四	五	六	七	八	九	十	十一	十二	十三	十四	十五	十六	十七	十八	十九	二十	廿一	廿二	廿三	廿四	廿五	廿六	廿七	廿八	廿九	
星期	二	三	四	五	六	日	一	二	三	四	五	六	日	一	二	三	四	五	六	日	一	二	三	四	五	六	日	一	二	
干支	癸酉	甲戌	乙亥	丙子	丁丑	戊寅	己卯	庚辰	辛巳	壬午	癸未	甲申	乙酉	丙戌	丁亥	戊子	己丑	庚寅	辛卯	壬辰	癸巳	甲午	乙未	丙申	丁酉	戊戌	己亥	庚子	辛丑	
五行	金	火	火	水	水	土	土	金	金	木	木	水	水	土	土	火	火	木	木	水	水	金	金	火	火	木	木	土	土	
建星	平	定	执	破	危	成	收	开	闭	建	除	满	平	定	执	破	危	成	收	开	闭	建	除	满	平	平	定	执	破	
廿八宿	觜	参	井	鬼	柳	星	张	翼	轸	角	亢	氐	房	心	尾	箕	斗	牛	女	虚	危	室	壁	奎	娄	胃	昴	毕	觜	

六月大建辛未张宿 （三碧）

节气：大暑十二日二十时四十三分
立秋廿八日十三时十二分

公历	11	12	13	14	15	16	17	18	19	20	21	22	23	24	25	26	27	28	29	30	31	八月	2	3	4	5	6	7	8	9
农历	一	二	三	四	五	六	七	八	九	十	十一	十二	十三	十四	十五	十六	十七	十八	十九	二十	廿一	廿二	廿三	廿四	廿五	廿六	廿七	廿八	廿九	三十
星期	三	四	五	六	日	一	二	三	四	五	六	日	一	二	三	四	五	六	日	一	二	三	四	五	六	日	一	二	三	四
干支	壬寅	癸卯	甲辰	乙巳	丙午	丁未	戊申	己酉	庚戌	辛亥	壬子	癸丑	甲寅	乙卯	丙辰	丁巳	戊午	己未	庚申	辛酉	壬戌	癸亥	甲子	乙丑	丙寅	丁卯	戊辰	己巳	庚午	辛未
五行	金	金	火	火	水	水	土	土	金	金	木	木	水	水	土	土	火	火	木	木	水	水	金	金	火	火	木	木	土	土
建星	危	成	收	开	闭	建	除	满	平	定	执	破	危	成	收	开	闭	建	除	满	平	定	执	破	危	成	收	收	开	闭
廿八宿	参	井	鬼	柳	星	张	翼	轸	角	亢	氐	房	心	尾	箕	斗	牛	女	虚	危	室	壁	奎	娄	胃	昴	毕	觜	参	井

岁次:己酉	公元2029年(大驿土)			土鸡
太岁:程宝	年七赤星	火山旅卦	三木八运	轸

七月小建壬申翼宿 (二黑)

节气:处暑十四日三时五十二分
白露廿九日十六时十二分

公历	10	11	12	13	14	15	16	17	18	19	20	21	22	23	24	25	26	27	28	29	30	31	九月	2	3	4	5	6	7
农历	一	二	三	四	五	六	七	八	九	十	十一	十二	十三	十四	十五	十六	十七	十八	十九	二十	廿一	廿二	廿三	廿四	廿五	廿六	廿七	廿八	廿九
星期	五	六	日	一	二	三	四	五	六	日	一	二	三	四	五	六	日	一	二	三	四	五	六	日	一	二	三	四	五
干支	壬申	癸酉	甲戌	乙亥	丙子	丁丑	戊寅	己卯	庚辰	辛巳	壬午	癸未	甲申	乙酉	丙戌	丁亥	戊子	己丑	庚寅	辛卯	壬辰	癸巳	甲午	乙未	丙申	丁酉	戊戌	己亥	庚子
五行	金	金	火	火	水	水	土	土	金	金	木	木	水	水	土	土	火	火	木	木	水	水	金	金	火	火	木	木	土
建星	建	除	满	平	定	执	破	危	成	收	开	闭	建	除	满	平	定	执	破	危	成	收	开	闭	建	除	满	平	平
廿八宿	鬼	柳	星	张	翼	轸	角	亢	氐	房	心	尾	箕	斗	牛	女	虚	危	室	壁	奎	娄	胄	昴	毕	觜	参	井	鬼

八月大建癸酉轸宿 (一白)

节气:秋分十六日一时卅九分

公历	8	9	10	11	12	13	14	15	16	17	18	19	20	21	22	23	24	25	26	27	28	29	30	十月	2	3	4	5	6	7
农历	一	二	三	四	五	六	七	八	九	十	十一	十二	十三	十四	十五	十六	十七	十八	十九	二十	廿一	廿二	廿三	廿四	廿五	廿六	廿七	廿八	廿九	三十
星期	六	日	一	二	三	四	五	六	日	一	二	三	四	五	六	日	一	二	三	四	五	六	日	一	二	三	四	五	六	日
干支	辛丑	壬寅	癸卯	甲辰	乙巳	丙午	丁未	戊申	己酉	庚戌	辛亥	壬子	癸丑	甲寅	乙卯	丙辰	丁巳	戊午	己未	庚申	辛酉	壬戌	癸亥	甲子	乙丑	丙寅	丁卯	戊辰	己巳	庚午
五行	土	金	金	火	火	水	水	土	土	金	金	木	木	水	水	土	土	火	火	木	木	水	水	金	金	火	火	木	木	土
建星	定	执	破	危	成	收	开	闭	建	除	满	平	定	执	破	危	成	收	开	闭	建	除	满	平	定	执	破	危	成	收
廿八宿	柳	星	张	翼	轸	角	亢	氐	房	心	尾	箕	斗	牛	女	虚	危	室	壁	奎	娄	胄	昴	毕	觜	参	井	鬼	柳	星

九月小建甲戌角宿 (九紫)

节气:寒露初一日七时五十八分
霜降十六日十一时八分

公历	8	9	10	11	12	13	14	15	16	17	18	19	20	21	22	23	24	25	26	27	28	29	30	31	11月	2	3	4	5
农历	一	二	三	四	五	六	七	八	九	十	十一	十二	十三	十四	十五	十六	十七	十八	十九	二十	廿一	廿二	廿三	廿四	廿五	廿六	廿七	廿八	廿九
星期	一	二	三	四	五	六	日	一	二	三	四	五	六	日	一	二	三	四	五	六	日	一	二	三	四	五	六	日	一
干支	辛未	壬申	癸酉	甲戌	乙亥	丙子	丁丑	戊寅	己卯	庚辰	辛巳	壬午	癸未	甲申	乙酉	丙戌	丁亥	戊子	己丑	庚寅	辛卯	壬辰	癸巳	甲午	乙未	丙申	丁酉	戊戌	己亥
五行	土	金	金	火	火	水	水	土	土	金	金	木	木	水	水	土	土	火	火	木	木	水	水	金	金	火	火	木	木
建星	收	开	闭	建	除	满	平	定	执	破	危	成	收	开	闭	建	除	满	平	定	执	破	危	成	收	开	闭	建	除
廿八宿	张	翼	轸	角	亢	氐	房	心	尾	箕	斗	牛	女	虚	危	室	壁	奎	娄	胄	昴	毕	觜	参	井	鬼	柳	星	张

岁次：己酉	公元 2029 年（大驿土）			土鸡
太岁：程宝	年七赤星	火山旅卦	三木八运	轸

十月小建乙亥亢宿　（八白）

节气：立冬初二日十一时七分
小雪十七日八时五十分

公历	6	7	8	9	10	11	12	13	14	15	16	17	18	19	20	21	22	23	24	25	26	27	28	29	30	12月	2	3	4
农历	一	二	三	四	五	六	七	八	九	十	十一	十二	十三	十四	十五	十六	十七	十八	十九	二十	廿一	廿二	廿三	廿四	廿五	廿六	廿七	廿八	廿九
星期	二	三	四	五	六	日	一	二	三	四	五	六	日	一	二	三	四	五	六	日	一	二	三	四	五	六	日	一	二
干支	庚子	辛丑	壬寅	癸卯	甲辰	乙巳	丙午	丁未	戊申	己酉	庚戌	辛亥	壬子	癸丑	甲寅	乙卯	丙辰	丁巳	戊午	己未	庚申	辛酉	壬戌	癸亥	甲子	乙丑	丙寅	丁卯	戊辰
五行	土	土	金	金	火	火	水	水	土	土	金	金	木	木	水	水	土	土	火	火	木	木	水	水	金	金	火	火	木
建星	满	满	平	定	执	破	危	成	收	开	闭	建	除	满	平	定	执	破	危	成	收	开	闭	建	除	满	平	定	执
廿八宿	翼	轸	角	亢	氐	房	心	尾	箕	斗	牛	女	虚	危	室	壁	奎	娄	胃	昴	毕	觜	参	井	鬼	柳	星	张	翼

十一月大建丙子氐宿　（七赤）

节气：大雪初三日四时十五分
冬至十七日廿二时十五分

公历	5	6	7	8	9	10	11	12	13	14	15	16	17	18	19	20	21	22	23	24	25	26	27	28	29	30	31	一月	2	3
农历	一	二	三	四	五	六	七	八	九	十	十一	十二	十三	十四	十五	十六	十七	十八	十九	二十	廿一	廿二	廿三	廿四	廿五	廿六	廿七	廿八	廿九	三十
星期	三	四	五	六	日	一	二	三	四	五	六	日	一	二	三	四	五	六	日	一	二	三	四	五	六	日	一	二	三	四
干支	己巳	庚午	辛未	壬申	癸酉	甲戌	乙亥	丙子	丁丑	戊寅	己卯	庚辰	辛巳	壬午	癸未	甲申	乙酉	丙戌	丁亥	戊子	己丑	庚寅	辛卯	壬辰	癸巳	甲午	乙未	丙申	丁酉	戊戌
五行	木	土	土	金	金	火	火	水	水	土	土	金	金	木	木	水	水	土	土	火	火	木	木	水	水	金	金	火	火	木
建星	破	危	危	成	收	开	闭	建	除	满	平	定	执	破	危	成	收	开	闭	建	除	满	平	定	执	破	危	成	收	开
廿八宿	轸	角	亢	氐	房	心	尾	箕	斗	牛	女	虚	危	室	壁	奎	娄	胃	昴	毕	觜	参	井	鬼	柳	星	张	翼	轸	角

十二月大建丁丑房宿　（六白）

节气：小寒初二日十五时卅一分
大寒十七日八时五十五分

公历	4	5	6	7	8	9	10	11	12	13	14	15	16	17	18	19	20	21	22	23	24	25	26	27	28	29	30	31	二月	2
农历	一	二	三	四	五	六	七	八	九	十	十一	十二	十三	十四	十五	十六	十七	十八	十九	二十	廿一	廿二	廿三	廿四	廿五	廿六	廿七	廿八	廿九	三十
星期	五	六	日	一	二	三	四	五	六	日	一	二	三	四	五	六	日	一	二	三	四	五	六	日	一	二	三	四	五	六
干支	己亥	庚子	辛丑	壬寅	癸卯	甲辰	乙巳	丙午	丁未	戊申	己酉	庚戌	辛亥	壬子	癸丑	甲寅	乙卯	丙辰	丁巳	戊午	己未	庚申	辛酉	壬戌	癸亥	甲子	乙丑	丙寅	丁卯	戊辰
五行	木	土	土	金	金	火	火	水	水	土	土	金	金	木	木	水	水	土	土	火	火	木	木	水	水	金	金	火	火	木
建星	闭	闭	建	除	满	平	定	执	破	危	成	收	开	闭	建	除	满	平	定	执	破	危	成	收	开	闭	建	除	满	平
廿八宿	亢	氐	房	心	尾	箕	斗	牛	女	虚	危	室	壁	奎	娄	胃	昴	毕	觜	参	井	鬼	柳	星	张	翼	轸	角	亢	氐

岁次：庚戌	公元2030年（钗钏金）			金狗
太岁：倪秘	年六白星	天地否卦	九金九运	角

正月小建戊寅心宿 （五黄）

节气：立春初二日三时九分 雨水十六日廿三时零分

公历	3	4	5	6	7	8	9	10	11	12	13	14	15	16	17	18	19	20	21	22	23	24	25	26	27	28	三月	2	3
农历	一	二	三	四	五	六	七	八	九	十	十一	十二	十三	十四	十五	十六	十七	十八	十九	二十	廿一	廿二	廿三	廿四	廿五	廿六	廿七	廿八	廿九
星期	日	一	二	三	四	五	六	日	一	二	三	四	五	六	日	一	二	三	四	五	六	日	一	二	三	四	五	六	日
干支	己巳	庚午	辛未	壬申	癸酉	甲戌	乙亥	丙子	丁丑	戊寅	己卯	庚辰	辛巳	壬午	癸未	甲申	乙酉	丙戌	丁亥	戊子	己丑	庚寅	辛卯	壬辰	癸巳	甲午	乙未	丙申	丁酉
五行	木	土	土	金	金	火	火	水	水	土	土	金	金	木	木	水	水	土	土	火	火	木	木	水	水	金	金	火	火
建星	定	定	执	破	危	成	收	开	闭	建	除	满	平	定	执	破	危	成	收	开	闭	建	除	满	平	定	执	破	危
廿八宿	房	心	尾	箕	斗	牛	女	虚	危	室	壁	奎	娄	胃	昴	毕	觜	参	井	鬼	柳	星	张	翼	轸	角	亢	氐	房

二月大建己卯尾宿 （四绿）

节气：惊蛰初二日廿一时三分 春分十七日廿一时五十二分

公历	4	5	6	7	8	9	10	11	12	13	14	15	16	17	18	19	20	21	22	23	24	25	26	27	28	29	30	31	四月	2
农历	一	二	三	四	五	六	七	八	九	十	十一	十二	十三	十四	十五	十六	十七	十八	十九	二十	廿一	廿二	廿三	廿四	廿五	廿六	廿七	廿八	廿九	三十
星期	一	二	三	四	五	六	日	一	二	三	四	五	六	日	一	二	三	四	五	六	日	一	二	三	四	五	六	日	一	二
干支	戊戌	己亥	庚子	辛丑	壬寅	癸卯	甲辰	乙巳	丙午	丁未	戊申	己酉	庚戌	辛亥	壬子	癸丑	甲寅	乙卯	丙辰	丁巳	戊午	己未	庚申	辛酉	壬戌	癸亥	甲子	乙丑	丙寅	丁卯
五行	木	木	土	土	金	金	火	火	水	水	土	土	金	金	木	木	水	水	土	土	火	火	木	木	水	水	金	金	火	火
建星	成	成	收	开	闭	建	除	满	平	定	执	破	危	成	收	开	闭	建	除	满	平	定	执	破	危	成	收	开	闭	建
廿八宿	心	尾	箕	斗	牛	女	虚	危	室	壁	奎	娄	胃	昴	毕	觜	参	井	鬼	柳	星	张	翼	轸	角	亢	氐	房	心	尾

三月小建庚辰箕宿 （三碧）

节气：清明初三日一时四十一分 谷雨十八日八时四十四分

公历	3	4	5	6	7	8	9	10	11	12	13	14	15	16	17	18	19	20	21	22	23	24	25	26	27	28	29	30	五月
农历	一	二	三	四	五	六	七	八	九	十	十一	十二	十三	十四	十五	十六	十七	十八	十九	二十	廿	廿二	廿二	廿四	廿五	廿六	廿七	廿八	廿九
星期	三	四	五	六	日	一	二	三	四	五	六	日	一	二	三	四	五	六	日	一	二	三	四	五	六	日	一	二	三
干支	戊辰	己巳	庚午	辛未	壬申	癸酉	甲戌	乙亥	丙子	丁丑	戊寅	己卯	庚辰	辛巳	壬午	癸未	甲申	乙酉	丙戌	丁亥	戊子	己丑	庚寅	辛卯	壬辰	癸巳	甲午	乙未	丙申
五行	木	木	土	土	金	金	火	火	水	水	土	土	金	金	木	木	水	水	土	土	火	火	木	木	水	水	金	金	火
建星	除	满	满	平	定	执	破	危	成	收	开	闭	建	除	满	平	定	执	破	危	成	收	开	闭	建	除	满	平	定
廿八宿	箕	斗	牛	女	虚	危	室	壁	奎	娄	胃	昴	毕	觜	参	井	鬼	柳	星	张	翼	轸	角	亢	氐	房	心	尾	箕

岁次:庚戌	公元2030年(钗钏金)			金狗
太岁:倪秘	年六白星	天地否卦	九金九运	角

四月大建辛巳斗宿 (二黑)

节气:立夏初四日十八时四十六分
小满二十日七时四十二分

公历	2	3	4	5	6	7	8	9	10	11	12	13	14	15	16	17	18	19	20	21	22	23	24	25	26	27	28	29	30	31
农历	一	二	三	四	五	六	七	八	九	十	十一	十二	十三	十四	十五	十六	十七	十八	十九	二十	廿一	廿二	廿三	廿四	廿五	廿六	廿七	廿八	廿九	三十
星期	四	五	六	日	一	二	三	四	五	六	日	一	二	三	四	五	六	日	一	二	三	四	五	六	日	一	二	三	四	五
干支	丁酉	戊戌	己亥	庚子	辛丑	壬寅	癸卯	甲辰	乙巳	丙午	丁未	戊申	己酉	庚戌	辛亥	壬子	癸丑	甲寅	乙卯	丙辰	丁巳	戊午	己未	庚申	辛酉	壬戌	癸亥	甲子	乙丑	丙寅
五行	火	木	木	土	土	金	金	火	火	水	水	土	土	金	金	木	木	水	水	土	土	火	火	木	木	水	水	金	金	火
建星	执	破	危	危	成	收	开	闭	建	除	满	平	定	执	破	危	成	收	开	闭	建	除	满	平	定	执	破	危	成	收
廿八宿	斗	牛	女	虚	危	室	壁	奎	娄	胃	昴	毕	觜	参	井	鬼	柳	星	张	翼	轸	角	亢	氐	房	心	尾	箕	斗	牛

五月大建壬午牛宿 (一白)

节气:芒种初五日廿二时四十五分
夏至廿一日十五时卅二分

公历	六月	2	3	4	5	6	7	8	9	10	11	12	13	14	15	16	17	18	19	20	21	22	23	24	25	26	27	28	29	30
农历	一	二	三	四	五	六	七	八	九	十	十一	十二	十三	十四	十五	十六	十七	十八	十九	二十	廿一	廿二	廿三	廿四	廿五	廿六	廿七	廿八	廿九	三十
星期	六	日	一	二	三	四	五	六	日	一	二	三	四	五	六	日	一	二	三	四	五	六	日	一	二	三	四	五	六	日
干支	丁卯	戊辰	己巳	庚午	辛未	壬申	癸酉	甲戌	乙亥	丙子	丁丑	戊寅	己卯	庚辰	辛巳	壬午	癸未	甲申	乙酉	丙戌	丁亥	戊子	己丑	庚寅	辛卯	壬辰	癸巳	甲午	乙未	丙申
五行	火	木	木	土	土	金	金	火	火	水	水	土	土	金	金	木	木	水	水	土	土	火	火	木	木	水	水	金	金	火
建星	开	闭	建	除	除	满	平	定	执	破	危	成	收	开	闭	建	除	满	平	定	执	破	危	成	收	开	闭	建	除	满
廿八宿	女	虚	危	室	壁	奎	娄	胃	昴	毕	觜	参	井	鬼	柳	星	张	翼	轸	角	亢	氐	房	心	尾	箕	斗	牛	女	虚

六月小建癸未女宿 (九紫)

节气:小暑初七日八时五十六分
大暑廿三日二时廿六分

公历	七月	2	3	4	5	6	7	8	9	10	11	12	13	14	15	16	17	18	19	20	21	22	23	24	25	26	27	28	29	
农历	一	二	三	四	五	六	七	八	九	十	十一	十二	十三	十四	十五	十六	十七	十八	十九	二十	廿一	廿二	廿三	廿四	廿五	廿六	廿七	廿八	廿九	
星期	一	二	三	四	五	六	日	一	二	三	四	五	六	日	一	二	三	四	五	六	日	一	二	三	四	五	六	日	一	
干支	丁酉	戊戌	己亥	庚子	辛丑	壬寅	癸卯	甲辰	乙巳	丙午	丁未	戊申	己酉	庚戌	辛亥	壬子	癸丑	甲寅	乙卯	丙辰	丁巳	戊午	己未	庚申	辛酉	壬戌	癸亥	甲子	乙丑	
五行	火	木	木	土	土	金	金	火	火	水	水	土	土	金	金	木	木	水	水	土	土	火	火	木	木	水	水	金	金	
建星	平	定	执	破	危	成	成	收	开	闭	建	除	满	平	定	执	破	危	成	收	开	闭	建	除	满	平	定	执	破	
廿八宿	危	室	壁	奎	娄	胃	昴	毕	觜	参	井	鬼	柳	星	张	翼	轸	角	亢	氐	房	心	尾	箕	斗	牛	女	虚	危	

岁次:庚戌	公元2030年(钗钏金)			金狗
太岁:倪秘	年六白星	天地否卦	九金九运	角

七月大建甲申虚宿 (八白)

节气:立秋初九日十八时四十八分
处暑廿五日九时卅七分

公历	30	31	八月	2	3	4	5	6	7	8	9	10	11	12	13	14	15	16	17	18	19	20	21	22	23	24	25	26	27	28
农历	一	二	三	四	五	六	七	八	九	十	十一	十二	十三	十四	十五	十六	十七	十八	十九	二十	廿一	廿二	廿三	廿四	廿五	廿六	廿七	廿八	廿九	三十
星期	二	三	四	五	六	日	一	二	三	四	五	六	日	一	二	三	四	五	六	日	一	二	三	四	五	六	日	一	二	三
干支	丙寅	丁卯	戊辰	己巳	庚午	辛未	壬申	癸酉	甲戌	乙亥	丙子	丁丑	戊寅	己卯	庚辰	辛巳	壬午	癸未	甲申	乙酉	丙戌	丁亥	戊子	己丑	庚寅	辛卯	壬辰	癸巳	甲午	乙未
五行	火	火	木	木	土	土	金	金	火	火	水	水	土	土	金	金	木	木	水	水	土	土	火	火	木	木	水	水	金	金
建星	危	成	收	开	闭	建	除	满	满	平	定	执	破	危	成	收	开	闭	建	除	满	平	定	执	破	危	成	收	开	闭
廿八宿	室	壁	奎	娄	胃	昴	毕	觜	参	井	鬼	柳	星	张	翼	轸	角	亢	氐	房	心	尾	箕	斗	牛	女	虚	危	室	壁

八月小建乙酉危宿 (七赤)

节气:白露初十日廿一时五十四分
秋分廿六日七时廿八分

公历	29	30	31	九月	2	3	4	5	6	7	8	9	10	11	12	13	14	15	16	17	18	19	20	21	22	23	24	25	26
农历	一	二	三	四	五	六	七	八	九	十	十一	十二	十三	十四	十五	十六	十七	十八	十九	二十	廿一	廿二	廿三	廿四	廿五	廿六	廿七	廿八	廿九
星期	四	五	六	日	一	二	三	四	五	六	日	一	二	三	四	五	六	日	一	二	三	四	五	六	日	一	二	三	四
干支	丙申	丁酉	戊戌	己亥	庚子	辛丑	壬寅	癸卯	甲辰	乙巳	丙午	丁未	戊申	己酉	庚戌	辛亥	壬子	癸丑	甲寅	乙卯	丙辰	丁巳	戊午	己未	庚申	辛酉	壬戌	癸亥	甲子
五行	火	火	木	木	土	土	金	金	火	火	水	水	土	土	金	金	木	木	水	水	土	土	火	火	木	木	水	水	金
建星	建	除	满	平	定	执	破	危	成	成	收	开	闭	建	除	满	平	定	执	破	危	成	收	开	闭	建	除	满	平
廿八宿	奎	娄	胃	昴	毕	觜	参	井	鬼	柳	星	张	翼	轸	角	亢	氐	房	心	尾	箕	斗	牛	女	虚	危	室	壁	奎

九月大建丙戌室宿 (六白)

节气:寒露十二日十三时四十六分
霜降廿七日十七时一分

公历	27	28	29	30	十月	2	3	4	5	6	7	8	9	10	11	12	13	14	15	16	17	18	19	20	21	22	23	24	25	26
农历	一	二	三	四	五	六	七	八	九	十	十一	十二	十三	十四	十五	十六	十七	十八	十九	二十	廿一	廿二	廿三	廿四	廿五	廿六	廿七	廿八	廿九	三十
星期	五	六	日	一	二	三	四	五	六	日	一	二	三	四	五	六	日	一	二	三	四	五	六	日	一	二	三	四	五	六
干支	乙丑	丙寅	丁卯	戊辰	己巳	庚午	辛未	壬申	癸酉	甲戌	乙亥	丙子	丁丑	戊寅	己卯	庚辰	辛巳	壬午	癸未	甲申	乙酉	丙戌	丁亥	戊子	己丑	庚寅	辛卯	壬辰	癸巳	甲午
五行	金	火	火	木	木	土	土	金	金	火	火	水	水	土	土	金	金	木	木	水	水	土	土	火	火	木	木	水	水	金
建星	定	执	破	危	成	收	开	闭	建	除	满	满	平	定	执	破	危	成	收	开	闭	建	除	满	平	定	执	破	危	成
廿八宿	娄	胃	昴	毕	觜	参	井	鬼	柳	星	张	翼	轸	角	亢	氐	房	心	尾	箕	斗	牛	女	虚	危	室	壁	奎	娄	胃

岁次：庚戌	公元 2030 年（钗钏金）			金狗
太岁：倪秘	年六白星	天地否卦	九金九运	角

十月小建丁亥壁宿 （五黄）

节气：立冬十二日十七时九分
小雪廿七日十四时四十五分

公历	27	28	29	30	31	11月	2	3	4	5	6	7	8	9	10	11	12	13	14	15	16	17	18	19	20	21	22	23	24
农历	一	二	三	四	五	六	七	八	九	十	十一	十二	十三	十四	十五	十六	十七	十八	十九	二十	廿一	廿二	廿三	廿四	廿五	廿六	廿七	廿八	廿九
星期	日	一	二	三	四	五	六	日	一	二	三	四	五	六	日	一	二	三	四	五	六	日	一	二	三	四	五	六	日
干支	乙未	丙申	丁酉	戊戌	己亥	庚子	辛丑	壬寅	癸卯	甲辰	乙巳	丙午	丁未	戊申	己酉	庚戌	辛亥	壬子	癸丑	甲寅	乙卯	丙辰	丁巳	戊午	己未	庚申	辛酉	壬戌	癸亥
五行	金	火	火	木	木	土	土	金	金	火	火	水	水	土	土	金	金	木	木	水	水	土	土	火	火	木	木	水	水
建星	收	开	闭	建	除	满	平	定	执	破	危	危	成	收	开	闭	建	除	满	平	定	执	破	危	成	收	开	闭	建
廿八宿	昴	毕	觜	参	井	鬼	柳	星	张	翼	轸	角	亢	氐	房	心	尾	箕	斗	牛	女	虚	危	室	壁	奎	娄	胃	昴

十一月大建戊子奎宿 （四绿）

节气：大雪十三日十时八分
冬至廿八日四时十分

公历	25	26	27	28	29	30	12月	2	3	4	5	6	7	8	9	10	11	12	13	14	15	16	17	18	19	20	21	22	23	24
农历	一	二	三	四	五	六	七	八	九	十	十一	十二	十三	十四	十五	十六	十七	十八	十九	二十	廿一	廿二	廿三	廿四	廿五	廿六	廿七	廿八	廿九	三十
星期	一	二	三	四	五	六	日	一	二	三	四	五	六	日	一	二	三	四	五	六	日	一	二	三	四	五	六	日	一	二
干支	甲子	乙丑	丙寅	丁卯	戊辰	己巳	庚午	辛未	壬申	癸酉	甲戌	乙亥	丙子	丁丑	戊寅	己卯	庚辰	辛巳	壬午	癸未	甲申	乙酉	丙戌	丁亥	戊子	己丑	庚寅	辛卯	壬辰	癸巳
五行	金	金	火	火	木	木	土	土	金	金	火	火	水	水	土	土	金	金	木	木	水	水	土	土	火	火	木	木	水	水
建星	除	满	平	定	执	破	危	成	收	开	闭	建	建	除	满	平	定	执	破	危	成	收	开	闭	建	除	满	平	定	执
廿八宿	毕	觜	参	井	鬼	柳	星	张	翼	轸	角	亢	氐	房	心	尾	箕	斗	牛	女	虚	危	室	壁	奎	娄	胃	昴	毕	觜

十二月小建己丑娄宿 （三碧）

节气：小寒十二日廿一时廿四分
大寒廿七日十四时四十八分

公历	25	26	27	28	29	30	31	一月	2	3	4	5	6	7	8	9	10	11	12	13	14	15	16	17	18	19	20	21	22
农历	一	二	三	四	五	六	七	八	九	十	十一	十二	十三	十四	十五	十六	十七	十八	十九	二十	廿一	廿二	廿三	廿四	廿五	廿六	廿七	廿八	廿九
星期	三	四	五	六	日	一	二	三	四	五	六	日	一	二	三	四	五	六	日	一	二	三	四	五	六	日	一	二	三
干支	甲午	乙未	丙申	丁酉	戊戌	己亥	庚子	辛丑	壬寅	癸卯	甲辰	乙巳	丙午	丁未	戊申	己酉	庚戌	辛亥	壬子	癸丑	甲寅	乙卯	丙辰	丁巳	戊午	己未	庚申	辛酉	壬戌
五行	金	金	火	火	木	木	土	土	金	金	火	火	水	水	土	土	金	金	木	木	水	水	土	土	火	火	木	木	水
建星	破	危	成	收	开	闭	建	除	满	平	定	定	执	破	危	成	收	开	闭	建	除	满	平	定	执	破	危	成	收
廿八宿	参	井	鬼	柳	星	张	翼	轸	角	亢	氐	房	心	尾	箕	斗	牛	女	虚	危	室	壁	奎	娄	胃	昴	毕	觜	参

岁次：辛亥	公元2031年（钗钏金）			金猪
太岁：叶坚	年五黄星	水地比卦	七火七运	亢

正月小建庚寅胃宿 （二黑）

节气：立春 十三日八时四十九分
雨水 廿八日四时五十一分

公历	23	24	25	26	27	28	29	30	31	二月	2	3	4	5	6	7	8	9	10	11	12	13	14	15	16	17	18	19	20	
农历	一	二	三	四	五	六	七	八	九	十	十一	十二	十三	十四	十五	十六	十七	十八	十九	二十	廿一	廿二	廿三	廿四	廿五	廿六	廿七	廿八	廿九	三十
星期	四	五	六	日	一	二	三	四	五	六	日	一	二	三	四	五	六	日	一	二	三	四	五	六	日	一	二	三	四	
干支	癸亥	甲子	乙丑	丙寅	丁卯	戊辰	己巳	庚午	辛未	壬申	癸酉	甲戌	乙亥	丙子	丁丑	戊寅	己卯	庚辰	辛巳	壬午	癸未	甲申	乙酉	丙戌	丁亥	戊子	己丑	庚寅	辛卯	
五行	水	金	金	火	火	木	木	土	土	金	金	火	火	水	水	土	土	金	金	木	木	水	水	土	土	火	火	木	木	
建星	开	闭	建	除	满	平	定	执	破	危	成	收	收	开	闭	建	除	满	平	定	执	破	危	成	收	开	闭	建	除	
廿八宿	井	鬼	柳	星	张	翼	轸	角	亢	氐	房	心	尾	箕	斗	牛	女	虚	危	室	壁	奎	娄	胃	昴	毕	觜	参	井	

二月大建辛卯昴宿 （一白）

节气：惊蛰 十四日二时五十一分
春分 廿九日三时四十一分

公历	21	22	23	24	25	26	27	28	三月	2	3	4	5	6	7	8	9	10	11	12	13	14	15	16	17	18	19	20	21	22
农历	一	二	三	四	五	六	七	八	九	十	十一	十二	十三	十四	十五	十六	十七	十八	十九	二十	廿一	廿二	廿三	廿四	廿五	廿六	廿七	廿八	廿九	三十
星期	五	六	日	一	二	三	四	五	六	日	一	二	三	四	五	六	日	一	二	三	四	五	六	日	一	二	三	四	五	六
干支	壬辰	癸巳	甲午	乙未	丙申	丁酉	戊戌	己亥	庚子	辛丑	壬寅	癸卯	甲辰	乙巳	丙午	丁未	戊申	己酉	庚戌	辛亥	壬子	癸丑	甲寅	乙卯	丙辰	丁巳	戊午	己未	庚申	辛酉
五行	水	水	金	金	火	火	木	木	土	土	金	金	火	火	水	水	土	土	金	金	木	木	水	水	土	土	火	火	木	木
建星	满	平	定	执	破	危	成	收	开	闭	建	除	满	满	平	定	执	破	危	成	收	开	闭	建	除	满	平	定	执	破
廿八宿	鬼	柳	星	张	翼	轸	角	亢	氐	房	心	尾	箕	斗	牛	女	虚	危	室	壁	奎	娄	胃	昴	毕	觜	参	井	鬼	柳

三月大建壬辰毕宿 （九紫）

节气：清明 十四日七时廿九分
谷雨 廿九日十四时卅一分

公历	23	24	25	26	27	28	29	30	31	四月	2	3	4	5	6	7	8	9	10	11	12	13	14	15	16	17	18	19	20	21
农历	一	二	三	四	五	六	七	八	九	十	十一	十二	十三	十四	十五	十六	十七	十八	十九	二十	廿一	廿二	廿三	廿四	廿五	廿六	廿七	廿八	廿九	三十
星期	日	一	二	三	四	五	六	日	一	二	三	四	五	六	日	一	二	三	四	五	六	日	一	二	三	四	五	六	日	一
干支	壬戌	癸亥	甲子	乙丑	丙寅	丁卯	戊辰	己巳	庚午	辛未	壬申	癸酉	甲戌	乙亥	丙子	丁丑	戊寅	己卯	庚辰	辛巳	壬午	癸未	甲申	乙酉	丙戌	丁亥	戊子	己丑	庚寅	辛卯
五行	水	水	金	金	火	火	木	木	土	土	金	金	火	火	水	水	土	土	金	金	木	木	水	水	土	土	火	火	木	木
建星	危	成	收	开	闭	建	除	满	平	定	执	破	危	危	成	收	开	闭	建	除	满	平	定	执	破	危	成	收	开	闭
廿八宿	星	张	翼	轸	角	亢	氐	房	心	尾	箕	斗	牛	女	虚	危	室	壁	奎	娄	胃	昴	毕	觜	参	井	鬼	柳	星	张

岁次：辛亥	公元2031年（钗钏金）			金猪
太岁：叶坚	年五黄星	水地比卦	七火七运	亢

闰三月小 （九紫） 节气：立夏 十五日零时卅五分

公历	22	23	24	25	26	27	28	29	30	五月	2	3	4	5	6	7	8	9	10	11	12	13	14	15	16	17	18	19	20	
农历	一	二	三	四	五	六	七	八	九	十	十一	十二	十三	十四	十五	十六	十七	十八	十九	二十	廿一	廿二	廿三	廿四	廿五	廿六	廿七	廿八	廿九	三十
星期	二	三	四	五	六	日	一	二	三	四	五	六	日	一	二	三	四	五	六	日	一	二	三	四	五	六	日	一	二	
干支	壬辰	癸巳	甲午	乙未	丙申	丁酉	戊戌	己亥	庚子	辛丑	壬寅	癸卯	甲辰	乙巳	丙午	丁未	戊申	己酉	庚戌	辛亥	壬子	癸丑	甲寅	乙卯	丙辰	丁巳	戊午	己未	庚申	
五行	水	水	金	金	火	火	木	木	土	土	金	金	火	火	水	水	土	土	金	金	木	木	水	水	土	土	火	火	木	
建星	建	除	满	平	定	执	破	危	成	收	开	闭	建	除	除	满	平	定	执	破	危	成	收	开	闭	建	除	满	平	
廿八宿	翼	轸	角	亢	氐	房	心	尾	箕	斗	牛	女	虚	危	室	壁	奎	娄	胃	昴	毕	觜	参	井	鬼	柳	星	张	翼	

四月大建癸巳觜宿 （八白） 节气：小满 初一日十三时廿八分；芒种 十七日四时卅六分

公历	21	22	23	24	25	26	27	28	29	30	31	六月	2	3	4	5	6	7	8	9	10	11	12	13	14	15	16	17	18	19
农历	一	二	三	四	五	六	七	八	九	十	十一	十二	十三	十四	十五	十六	十七	十八	十九	二十	廿一	廿二	廿三	廿四	廿五	廿六	廿七	廿八	廿九	三十
星期	三	四	五	六	日	一	二	三	四	五	六	日	一	二	三	四	五	六	日	一	二	三	四	五	六	日	一	二	三	四
干支	辛酉	壬戌	癸亥	甲子	乙丑	丙寅	丁卯	戊辰	己巳	庚午	辛未	壬申	癸酉	甲戌	乙亥	丙子	丁丑	戊寅	己卯	庚辰	辛巳	壬午	癸未	甲申	乙酉	丙戌	丁亥	戊子	己丑	庚寅
五行	木	水	水	金	金	火	火	木	木	土	土	金	金	火	火	水	水	土	土	金	金	木	木	水	水	土	土	火	火	木
建星	定	执	破	危	成	收	开	闭	建	除	满	平	定	执	破	危	危	成	收	开	闭	建	除	满	平	定	执	破	危	成
廿八宿	轸	角	亢	氐	房	心	尾	箕	斗	牛	女	虚	危	室	壁	奎	娄	胃	昴	毕	觜	参	井	鬼	柳	星	张	翼	轸	角

五月小建甲午参宿 （七赤） 节气：夏至 初二日廿一时十七分；小暑 十八日十四时四十九分

公历	20	21	22	23	24	25	26	27	28	29	30	七月	2	3	4	5	6	7	8	9	10	11	12	13	14	15	16	17	18	
农历	一	二	三	四	五	六	七	八	九	十	十一	十二	十三	十四	十五	十六	十七	十八	十九	二十	廿一	廿二	廿三	廿四	廿五	廿六	廿七	廿八	廿九	三十
星期	五	六	日	一	二	三	四	五	六	日	一	二	三	四	五	六	日	一	二	三	四	五	六	日	一	二	三	四	五	
干支	辛卯	壬辰	癸巳	甲午	乙未	丙申	丁酉	戊戌	己亥	庚子	辛丑	壬寅	癸卯	甲辰	乙巳	丙午	丁未	戊申	己酉	庚戌	辛亥	壬子	癸丑	甲寅	乙卯	丙辰	丁巳	戊午	己未	
五行	木	水	水	金	金	火	火	木	木	土	土	金	金	火	火	水	水	土	土	金	金	木	木	水	水	土	土	火	火	
建星	收	开	闭	建	除	满	平	定	执	破	危	成	收	开	闭	建	除	除	满	平	定	执	破	危	成	收	开	闭	建	
廿八宿	亢	氐	房	心	尾	箕	斗	牛	女	虚	危	室	壁	奎	娄	胃	昴	毕	觜	参	井	鬼	柳	星	张	翼	轸	角	亢	

岁次：辛亥	公元2031年（钗钏金）			金猪
太岁：叶坚	年五黄星	水地比卦	七火七运	亢

六月大建乙未井宿　（六白）

节气：大暑　初五日八时十一分
立秋　廿一日零时四十四分

公历	19	20	21	22	23	24	25	26	27	28	29	30	31	八月	2	3	4	5	6	7	8	9	10	11	12	13	14	15	16	17
农历	一	二	三	四	五	六	七	八	九	十	十一	十二	十三	十四	十五	十六	十七	十八	十九	二十	廿一	廿二	廿三	廿四	廿五	廿六	廿七	廿八	廿九	三十
星期	六	日	一	二	三	四	五	六	日	一	二	三	四	五	六	日	一	二	三	四	五	六	日	一	二	三	四	五	六	日
干支	庚申	辛酉	壬戌	癸亥	甲子	乙丑	丙寅	丁卯	戊辰	己巳	庚午	辛未	壬申	癸酉	甲戌	乙亥	丙子	丁丑	戊寅	己卯	庚辰	辛巳	壬午	癸未	甲申	乙酉	丙戌	丁亥	戊子	己丑
五行	木	木	水	水	金	金	火	火	木	木	土	土	金	金	火	火	水	水	土	土	金	金	木	木	水	水	土	土	火	火
建星	除	满	平	定	执	破	危	成	收	开	闭	建	除	满	平	定	执	破	危	成	成	收	开	闭	建	除	满	平	定	执
廿八宿	氐	房	心	尾	箕	斗	牛	女	虚	危	室	壁	奎	娄	胃	昴	毕	觜	参	井	鬼	柳	星	张	翼	轸	角	亢	氐	房

七月大建丙申鬼宿　（五黄）

节气：处暑　初六日十五时二十四分
白露　廿二日三时五十一分

公历	18	19	20	21	22	23	24	25	26	27	28	29	30	31	九月	2	3	4	5	6	7	8	9	10	11	12	13	14	15	16
农历	一	二	三	四	五	六	七	八	九	十	十一	十二	十三	十四	十五	十六	十七	十八	十九	二十	廿一	廿二	廿三	廿四	廿五	廿六	廿七	廿八	廿九	三十
星期	一	二	三	四	五	六	日	一	二	三	四	五	六	日	一	二	三	四	五	六	日	一	二	三	四	五	六	日	一	二
干支	庚寅	辛卯	壬辰	癸巳	甲午	乙未	丙申	丁酉	戊戌	己亥	庚子	辛丑	壬寅	癸卯	甲辰	乙巳	丙午	丁未	戊申	己酉	庚戌	辛亥	壬子	癸丑	甲寅	乙卯	丙辰	丁巳	戊午	己未
五行	木	木	水	水	金	金	火	火	木	木	土	土	金	金	火	火	水	水	土	土	金	金	木	木	水	水	土	土	火	火
建星	破	危	成	收	开	闭	建	除	满	平	定	执	破	危	成	收	开	闭	建	除	满	满	平	定	执	破	危	成	收	开
廿八宿	心	尾	箕	斗	牛	女	虚	危	室	壁	奎	娄	胃	昴	毕	觜	参	井	鬼	柳	星	张	翼	轸	角	亢	氐	房	心	尾

八月小建丁酉柳宿　（四绿）

节气：秋分　初七日十三时十六分
寒露　廿二日十九时四十四分

公历	17	18	19	20	21	22	23	24	25	26	27	28	29	30	十月	2	3	4	5	6	7	8	9	10	11	12	13	14	15	
农历	一	二	三	四	五	六	七	八	九	十	十一	十二	十三	十四	十五	十六	十七	十八	十九	二十	廿	廿二	廿三	廿四	廿五	廿六	廿七	廿八	廿九	三十
星期	三	四	五	六	日	一	二	三	四	五	六	日	一	二	三	四	五	六	日	一	二	三	四	五	六	日	一	二	三	
干支	庚申	辛酉	壬戌	癸亥	甲子	乙丑	丙寅	丁卯	戊辰	己巳	庚午	辛未	壬申	癸酉	甲戌	乙亥	丙子	丁丑	戊寅	己卯	庚辰	辛巳	壬午	癸未	甲申	乙酉	丙戌	丁亥	戊子	
五行	木	木	水	水	金	金	火	火	木	木	土	土	金	金	火	火	水	水	土	土	金	金	木	木	水	水	土	土	火	
建星	闭	建	除	满	平	定	执	破	危	成	收	开	闭	建	除	满	平	定	执	破	危	危	成	收	开	闭	建	除	满	
廿八宿	箕	斗	牛	女	虚	危	室	壁	奎	娄	胃	昴	毕	觜	参	井	鬼	柳	星	张	翼	轸	角	亢	氐	房	心	尾	箕	

岁次:辛亥	公元2031年(钗钏金)			金猪
太岁:叶坚	年五黄星	水地比卦	七火七运	亢

九月大建戊戌星宿 (三碧) 节气:霜降 初八日廿二时五十分 立冬 廿三日二十三时六分

公历	16	17	18	19	20	21	22	23	24	25	26	27	28	29	30	31	一月	2	3	4	5	6	7	8	9	10	11	12	13	14
农历	一	二	三	四	五	六	七	八	九	十	十一	十二	十三	十四	十五	十六	十七	十八	十九	二十	廿一	廿二	廿三	廿四	廿五	廿六	廿七	廿八	廿九	三十
星期	四	五	六	日	一	二	三	四	五	六	日	一	二	三	四	五	六	日	一	二	三	四	五	六	日	一	二	三	四	五
干支	己丑	庚寅	辛卯	壬辰	癸巳	甲午	乙未	丙申	丁酉	戊戌	己亥	庚子	辛丑	壬寅	癸卯	甲辰	乙巳	丙午	丁未	戊申	己酉	庚戌	辛亥	壬子	癸丑	甲寅	乙卯	丙辰	丁巳	戊午
五行	火	木	木	水	水	金	金	火	火	木	木	土	土	金	金	火	火	水	水	土	土	金	金	木	木	水	水	土	土	火
建星	平	定	执	破	危	成	收	开	闭	建	除	满	平	定	执	破	危	成	收	开	闭	建	除	除	满	平	定	执	破	危
廿八宿	斗	牛	女	虚	危	室	壁	奎	娄	胃	昴	毕	觜	参	井	鬼	柳	星	张	翼	轸	角	亢	氐	房	心	尾	箕	斗	牛

十月小建己亥张宿 (二黑) 节气:小雪 初八日二十时三十三分 大雪 廿三日十六时四分

公历	15	16	17	18	19	20	21	22	23	24	25	26	27	28	29	30	2月	2	3	4	5	6	7	8	9	10	11	12	13	
农历	一	二	三	四	五	六	七	八	九	十	十一	十二	十三	十四	十五	十六	十七	十八	十九	二十	廿一	廿二	廿三	廿四	廿五	廿六	廿七	廿八	廿九	三十
星期	六	日	一	二	三	四	五	六	日	一	二	三	四	五	六	日	一	二	三	四	五	六	日	一	二	三	四	五	六	
干支	己未	庚申	辛酉	壬戌	癸亥	甲子	乙丑	丙寅	丁卯	戊辰	己巳	庚午	辛未	壬申	癸酉	甲戌	乙亥	丙子	丁丑	戊寅	己卯	庚辰	辛巳	壬午	癸未	甲申	乙酉	丙戌	丁亥	
五行	火	木	木	水	水	金	金	火	火	木	木	土	土	金	金	火	火	水	水	土	土	金	金	木	木	水	水	土	土	
建星	成	收	开	闭	建	除	满	平	定	执	破	危	成	收	开	闭	建	除	满	平	定	执	执	破	危	成	收	开	闭	
廿八宿	女	虚	危	室	壁	奎	娄	胃	昴	毕	觜	参	井	鬼	柳	星	张	翼	轸	角	亢	氐	房	心	尾	箕	斗	牛	女	

十一月大建庚子翼宿 (一白) 节气:冬至 初九日九时五十六分 小寒 廿四日三时十七分

公历	14	15	16	17	18	19	20	21	22	23	24	25	26	27	28	29	30	31	一月	2	3	4	5	6	7	8	9	10	11	12
农历	一	二	三	四	五	六	七	八	九	十	十一	十二	十三	十四	十五	十六	十七	十八	十九	二十	廿一	廿二	廿三	廿四	廿五	廿六	廿七	廿八	廿九	三十
星期	日	一	二	三	四	五	六	日	一	二	三	四	五	六	日	一	二	三	四	五	六	日	一	二	三	四	五	六	日	一
干支	戊子	己丑	庚寅	辛卯	壬辰	癸巳	甲午	乙未	丙申	丁酉	戊戌	己亥	庚子	辛丑	壬寅	癸卯	甲辰	乙巳	丙午	丁未	戊申	己酉	庚戌	辛亥	壬子	癸丑	甲寅	乙卯	丙辰	丁巳
五行	火	火	木	木	水	水	金	金	火	火	木	木	土	土	金	金	火	火	水	水	土	土	金	金	木	木	水	水	土	土
建星	建	除	满	平	定	执	破	危	成	收	开	闭	建	除	满	平	定	执	破	危	成	收	开	开	闭	建	除	满	平	定
廿八宿	虚	危	室	壁	奎	娄	胃	昴	毕	觜	参	井	鬼	柳	星	张	翼	轸	角	亢	氐	房	心	尾	箕	斗	牛	女	虚	危

十二月小建辛丑轸宿 (九紫) 节气:大寒 初八日二十时卅二分 立春 廿三日十四时四十九分

公历	13	14	15	16	17	18	19	20	21	22	23	24	25	26	27	28	29	30	31	二月	2	3	4	5	6	7	8	9	10	
农历	一	二	三	四	五	六	七	八	九	十	十一	十二	十三	十四	十五	十六	十七	十八	十九	二十	廿一	廿二	廿三	廿四	廿五	廿六	廿七	廿八	廿九	三十
星期	二	三	四	五	六	日	一	二	三	四	五	六	日.	一	二	三	四	五	六	日	一	二	三	四	五	六	日	一	二	
干支	戊午	己未	庚申	辛酉	壬戌	癸亥	甲子	乙丑	丙寅	丁卯	戊辰	己巳	庚午	辛未	壬申	癸酉	甲戌	乙亥	丙子	丁丑	戊寅	己卯	庚辰	辛巳	壬子	癸丑	甲申	乙酉	丙戌	
五行	火	火	木	木	水	水	金	金	火	火	木	木	土	土	金	金	火	火	水	水	木	木	金	金	木	木	水	水	土	
建星	执	破	危	成	收	开	闭	建	除	满	平	定	执	破	危	成	收	开	闭	建	除	满	满	平	定	女	虚	危	成	
廿八宿	室	壁	奎	娄	胃	昴	毕	觜	参	井	鬼	柳	星	张	翼	轸	角	亢	氐	房	心	尾	箕	斗	牛	女	虚	危	室	

岁次：壬子	公元2032年（桑松木）			水鼠
太岁：丘德	年四绿星	震为雷卦	八木一运	氐

正月大建壬寅角宿 （八白）

节气：雨水 初九日十时卅三分
惊蛰 廿四日八时四十一分

公历	11	12	13	14	15	16	17	18	19	20	21	22	23	24	25	26	27	28	29	三月	2	3	4	5	6	7	8	9	10	11
农历	一	二	三	四	五	六	七	八	九	十	十一	十二	十三	十四	十五	十六	十七	十八	十九	二十	廿一	廿二	廿三	廿四	廿五	廿六	廿七	廿八	廿九	三十
星期	三	四	五	六	日	一	二	三	四	五	六	日	一	二	三	四	五	六	日	一	二	三	四	五	六	日	一	二	三	四
干支	丁亥	戊子	己丑	庚寅	辛卯	壬辰	癸巳	甲午	乙未	丙申	丁酉	戊戌	己亥	庚子	辛丑	壬寅	癸卯	甲辰	乙巳	丙午	丁未	戊申	己酉	庚戌	辛亥	壬子	癸丑	甲寅	乙卯	丙辰
五行	土	火	火	木	木	水	水	金	金	火	火	木	木	土	土	金	金	火	火	水	水	土	土	金	金	木	木	水	水	土
建星	收	开	闭	建	除	满	平	定	执	破	危	成	收	开	闭	建	除	满	平	定	执	破	危	危	成	收	开	闭	建	除
廿八宿	壁	奎	娄	胃	昴	毕	觜	参	井	鬼	柳	星	张	翼	轸	角	亢	氐	房	心	尾	箕	斗	牛	女	虚	危	室	壁	奎

二月小建癸卯亢宿 （七赤）

节气：春分 初九日九时廿二分
清明 廿四日十三时十八分

公历	12	13	14	15	16	17	18	19	20	21	22	23	24	25	26	27	28	29	30	31	四月	2	3	4	5	6	7	8	9	
农历	一	二	三	四	五	六	七	八	九	十	十一	十二	十三	十四	十五	十六	十七	十八	十九	二十	廿一	廿二	廿三	廿四	廿五	廿六	廿七	廿八	廿九	三十
星期	五	六	日	一	二	三	四	五	六	日	一	二	三	四	五	六	日	一	二	三	四	五	六	日	一	二	三	四	五	
干支	丁巳	戊午	己未	庚申	辛酉	壬戌	癸亥	甲子	乙丑	丙寅	丁卯	戊辰	己巳	庚午	辛未	壬申	癸酉	甲戌	乙亥	丙子	丁丑	戊寅	己卯	庚辰	辛巳	壬午	癸未	甲申	乙酉	
五行	土	火	火	木	木	水	水	金	金	火	火	木	木	土	土	金	金	火	火	水	水	土	土	金	金	木	木	水	水	
建星	满	平	定	执	破	危	成	收	开	闭	建	除	满	平	定	执	破	危	成	收	开	闭	建	建	除	满	平	定	执	
廿八宿	娄	胃	昴	毕	觜	参	井	鬼	柳	星	张	翼	轸	角	亢	氐	房	心	尾	箕	斗	牛	女	虚	危	室	壁	奎	娄	

三月小建甲辰氐宿 （六白）

节气：谷雨 初十日二十时十四分
立夏 廿六日六时廿六分

公历	10	11	12	13	14	15	16	17	18	19	20	21	22	23	24	25	26	27	28	29	30	五月	2	3	4	5	6	7	8	
农历	一	二	三	四	五	六	七	八	九	十	十一	十二	十三	十四	十五	十六	十七	十八	十九	二十	廿一	廿二	廿三	廿四	廿五	廿六	廿七	廿八	廿九	三十
星期	六	日	一	二	三	四	五	六	日	一	二	三	四	五	六	日	一	二	三	四	五	六	日	一	二	三	四	五	六	
干支	丙戌	戊午	戊子	己丑	庚寅	辛卯	壬辰	癸巳	甲午	乙未	丙申	丁酉	戊戌	己亥	庚子	辛丑	壬寅	癸卯	甲辰	乙巳	丙午	丁未	戊申	己酉	庚戌	辛亥	壬子	癸丑	甲寅	
五行	土	土	火	火	木	木	水	水	金	金	火	火	木	木	土	土	金	金	火	火	水	水	土	土	金	金	木	木	水	
建星	破	危	成	收	开	闭	建	除	满	平	定	执	破	危	成	收	开	闭	建	除	满	平	定	执	破	破	危	成	收	
廿八宿	胃	昴	毕	觜	参	井	鬼	柳	星	张	翼	轸	角	亢	氐	房	心	尾	箕	斗	牛	女	虚	危	室	壁	奎	娄	胃	

岁次：壬子	公元2032年（桑松木）			水鼠
太岁：丘德	年四绿星	震为雷卦	八木一运	氏

四月大建乙巳房宿　（五黄）

节气：小满　十二日十九时十五分
芒种　廿八日十时廿八分

公历	9	10	11	12	13	14	15	16	17	18	19	20	21	22	23	24	25	26	27	28	29	29	30	31	六月	2	3	4	5	6
农历	一	二	三	四	五	六	七	八	九	十	十一	十二	十三	十四	十五	十六	十七	十八	十九	二十	廿一	廿二	廿三	廿四	廿五	廿六	廿七	廿八	廿九	三十
星期	日	一	二	三	四	五	六	日	一	二	三	四	五	六	日	一	二	三	四	五	六	日	一	二	三	四	五	六	日	一
干支	乙卯	丙辰	丁巳	戊午	己未	庚申	辛酉	壬戌	癸亥	甲子	乙丑	丙寅	丁卯	戊辰	己巳	庚午	辛未	壬申	癸酉	甲戌	乙亥	丙子	丁丑	戊寅	己卯	庚辰	辛巳	壬午	癸未	甲申
五行	水	土	土	火	火	木	木	水	水	金	金	火	火	木	木	土	土	金	金	火	火	水	水	土	土	金	金	木	木	水
建星	开	闭	建	除	满	平	定	执	破	危	成	收	开	闭	建	除	满	平	定	执	破	危	成	收	开	闭	建	建	除	满
廿八宿	昴	毕	觜	参	井	鬼	柳	星	张	翼	轸	角	亢	氐	房	心	尾	箕	斗	牛	女	虚	危	室	壁	奎	娄	胃	昴	毕

五月小建丙午心宿　（四绿）

节气：夏至　十四日三时九分
小暑　廿九日二十时四十二分

公历	8	9	10	11	12	13	14	15	16	17	18	19	20	21	22	23	24	25	26	27	28	29	30	七月	2	3	4	5	6	
农历	一	二	三	四	五	六	七	八	九	十	十一	十二	十三	十四	十五	十六	十七	十八	十九	二十	廿一	廿二	廿三	廿四	廿五	廿六	廿七	廿八	廿九	三十
星期	二	三	四	五	六	日	一	二	三	四	五	六	日	一	二	三	四	五	六	日	一	二	三	四	五	六	日	一	二	
干支	乙酉	丙戌	丁亥	戊子	己丑	庚寅	辛卯	壬辰	癸巳	甲午	乙未	丙申	丁酉	戊戌	己亥	庚子	辛丑	壬寅	癸卯	甲辰	乙巳	丙午	丁未	戊申	己酉	庚戌	辛亥	壬子	癸丑	
五行	水	土	土	火	火	木	木	水	水	金	金	火	火	木	木	土	土	金	金	火	火	水	水	土	土	金	金	木	木	
建星	平	定	执	破	危	成	收	开	闭	建	除	满	平	定	执	破	危	成	收	开	闭	建	除	满	平	定	执	破	破	
廿八宿	觜	参	井	鬼	柳	星	张	翼	轸	角	亢	氐	房	心	尾	箕	斗	牛	女	虚	危	室	壁	奎	娄	胃	昴	毕	觜	

六月大建丁未尾宿　（三碧）

节气：大暑　十六日十四时六分

公历	7	8	9	10	11	12	13	14	15	16	17	18	19	20	21	22	23	24	25	26	27	28	29	30	31	八月	2	3	4	5
农历	一	二	三	四	五	六	七	八	九	十	十一	十二	十三	十四	十五	十六	十七	十八	十九	二十	廿一	廿二	廿三	廿四	廿五	廿六	廿七	廿八	廿九	三十
星期	三	四	五	六	日	一	二	三	四	五	六	日	一	二	三	四	五	六	日	一	二	三	四	五	六	日	一	二	三	四
干支	甲寅	乙卯	丙辰	丁巳	戊午	己未	庚申	辛酉	壬戌	癸亥	甲子	乙丑	丙寅	丁卯	戊辰	己巳	庚午	辛未	壬申	癸酉	甲戌	乙亥	丙子	丁丑	戊寅	己卯	庚辰	辛巳	壬午	癸未
五行	水	水	土	土	火	火	木	木	水	水	金	金	火	火	木	木	土	土	金	金	火	火	水	水	土	土	金	金	木	木
建星	危	成	收	开	闭	建	除	满	平	定	执	破	危	成	收	开	闭	建	除	满	平	定	执	破	危	成	收	开	闭	建
廿八宿	参	井	鬼	柳	星	张	翼	轸	角	亢	氐	房	心	尾	箕	斗	牛	女	虚	危	室	壁	奎	娄	胃	昴	毕	觜	参	井

岁次:壬子	公元2032年(桑松木)			水鼠
太岁:丘德	年四绿星	震为雷卦	八木一运	氐

七月大建戊申箕宿　(二黑)

节气:立秋　初二日六时卅四分
处暑　十七日廿一时十九分

公历	6	7	8	9	10	11	12	13	14	15	16	17	18	19	20	21	22	23	24	25	26	27	28	29	30	31	九月	2	3	4
农历	一	二	三	四	五	六	七	八	九	十	十一	十二	十三	十四	十五	十六	十七	十八	十九	二十	廿一	廿二	廿三	廿四	廿五	廿六	廿七	廿八	廿九	三十
星期	五	六	日	一	二	三	四	五	六	日	一	二	三	四	五	六	日	一	二	三	四	五	六	日	一	二	三	四	五	六
干支	甲申	乙酉	丙戌	丁亥	戊子	己丑	庚寅	辛卯	壬辰	癸巳	甲午	乙未	丙申	丁酉	戊戌	己亥	庚子	辛丑	壬寅	癸卯	甲辰	乙巳	丙午	丁未	戊申	己酉	庚戌	辛亥	壬子	癸丑
五行	水	水	土	土	火	火	木	木	水	水	金	金	火	火	木	木	土	土	金	金	火	火	水	水	土	土	金	金	木	木
建星	除	除	满	平	定	执	破	危	成	收	开	闭	建	除	满	平	定	执	破	危	成	收	开	闭	建	除	满	平	定	执
廿八宿	鬼	柳	星	张	翼	轸	角	亢	氐	房	心	尾	箕	斗	牛	女	虚	危	室	壁	奎	娄	胃	昴	毕	觜	参	井	鬼	柳

八月小建己酉斗宿　(一白)

节气:白露　初三日九时卅九分
秋分　十八日十九时十二分

公历	5	6	7	8	9	10	11	12	13	14	15	16	17	18	19	20	21	22	23	24	25	26	27	28	29	30	十月	2	3	
农历	一	二	三	四	五	六	七	八	九	十	十一	十二	十三	十四	十五	十六	十七	十八	十九	二十	廿一	廿二	廿三	廿四	廿五	廿六	廿七	廿八	廿九	三十
星期	日	一	二	三	四	五	六	日	一	二	三	四	五	六	日	一	二	三	四	五	六	日	一	二	三	四	五	六	日	
干支	甲寅	乙卯	丙辰	丁巳	戊午	己未	庚申	辛酉	壬戌	癸亥	甲子	乙丑	丙寅	丁卯	戊辰	己巳	庚午	辛未	壬申	癸酉	甲戌	乙亥	丙子	丁丑	戊寅	己卯	庚辰	辛巳	壬午	
五行	水	水	土	土	火	火	木	木	水	水	金	金	火	火	木	木	土	土	金	金	火	火	水	水	土	土	金	金	木	
建星	破	危	危	成	收	开	闭	建	除	满	平	定	执	破	危	成	收	开	闭	建	除	满	平	定	执	破	危	成	收	
廿八宿	星	张	翼	轸	角	亢	氐	房	心	尾	箕	斗	牛	女	虚	危	室	壁	奎	娄	胃	昴	毕	觜	参	井	鬼	柳	星	

九月大建庚戌牛宿　(九紫)

节气:寒露　初五日一时卅一分
霜降　二十日四时四十七分

公历	4	5	6	7	8	9	10	11	12	13	14	15	16	17	18	19	20	21	22	23	24	25	26	27	28	29	30	31	十一月	2
农历	一	二	三	四	五	六	七	八	九	十	十一	十二	十三	十四	十五	十六	十七	十八	十九	二十	廿一	廿二	廿三	廿四	廿五	廿六	廿七	廿八	廿九	三十
星期	一	二	三	四	五	六	日	一	二	三	四	五	六	日	一	二	三	四	五	六	日	一	二	三	四	五	六	日	一	二
干支	癸未	甲申	乙酉	丙戌	丁亥	戊子	己丑	庚寅	辛卯	壬辰	癸巳	甲午	乙未	丙申	丁酉	戊戌	己亥	庚子	辛丑	壬寅	癸卯	甲辰	乙巳	丙午	丁未	戊申	己酉	庚戌	辛亥	壬子
五行	木	水	水	土	土	火	火	木	木	水	水	金	金	火	火	木	木	土	土	金	金	火	火	水	水	土	土	金	金	木
建星	开	闭	建	除	除	满	平	定	执	破	危	成	收	开	闭	建	除	满	平	定	执	破	危	成	收	开	闭	建	除	满
廿八宿	张	翼	轸	角	亢	氐	房	心	尾	箕	斗	牛	女	虚	危	室	壁	奎	娄	胃	昴	毕	觜	参	井	鬼	柳	星	除	满

岁次:壬子	公元2032年(桑松木)			水鼠
太岁:丘德	年四绿星	震为雷卦	八木一运	氐

十月大建辛亥女宿 (八白)

节气:立冬 初五日四时五十五分
小雪 二十日二时卅二分

公历	3	4	5	6	7	8	9	10	11	12	13	14	15	16	17	18	19	20	21	22	23	24	25	26	27	28	29	30	2月	2
农历	一	二	三	四	五	六	七	八	九	十	十一	十二	十三	十四	十五	十六	十七	十八	十九	二十	廿一	廿二	廿三	廿四	廿五	廿六	廿七	廿八	廿九	三十
星期	三	四	五	六	日	一	二	三	四	五	六	日	一	二	三	四	五	六	日	一	二	三	四	五	六	日	一	二	三	四
干支	癸丑	甲寅	乙卯	丙辰	丁巳	戊午	己未	庚申	辛酉	壬戌	癸亥	甲子	乙丑	丙寅	丁卯	戊辰	己巳	庚午	辛未	壬申	癸酉	甲戌	乙亥	丙子	丁丑	戊寅	己卯	庚辰	辛巳	壬午
五行	木	水	水	土	土	火	火	木	木	水	水	金	金	火	火	木	木	土	土	金	金	火	火	水	水	土	土	金	金	木
建星	平	定	执	破	破	危	成	收	开	闭	建	除	满	平	定	执	破	危	成	收	开	闭	建	除	满	平	定	执	破	危
廿八宿	轸	角	亢	氐	房	心	尾	箕	斗	牛	女	虚	危	室	壁	奎	娄	胃	昴	毕	觜	参	井	鬼	柳	星	张	翼	轸	角

十一月小建壬子虚宿 (七赤)

节气:大雪 初四日廿一时五十四分
冬至 十九日十五时五十七分

公历	3	4	5	6	7	8	9	10	11	12	13	14	15	16	17	18	19	20	21	22	23	24	25	26	27	28	29	30	31	
农历	一	二	三	四	五	六	七	八	九	十	十一	十二	十三	十四	十五	十六	十七	十八	十九	二十	廿一	廿二	廿三	廿四	廿五	廿六	廿七	廿八	廿九	三十
星期	五	六	日	一	二	三	四	五	六	日	一	二	三	四	五	六	日	一	二	三	四	五	六	日	一	二	三	四	五	
干支	癸未	甲申	乙酉	丙戌	丁亥	戊子	己丑	庚寅	辛卯	壬辰	癸巳	甲午	乙未	丙申	丁酉	戊戌	己亥	庚子	辛丑	壬寅	癸卯	甲辰	乙巳	丙午	丁未	戊申	己酉	庚戌	辛亥	
五行	木	水	水	土	土	火	火	木	木	水	水	金	金	火	火	木	木	土	土	金	金	火	火	水	水	土	土	金	金	
建星	成	收	开	开	闭	建	除	满	平	定	执	破	危	成	收	开	闭	建	除	满	平	定	执	破	危	成	收	开	闭	
廿八宿	亢	氐	房	心	尾	箕	斗	牛	女	虚	危	室	壁	奎	娄	胃	昴	毕	觜	参	井	鬼	柳	星	张	翼	轸	角	亢	

十二月大建癸丑危宿 (六白)

节气:小寒 初五日九时九分
大寒 二十日二时卅四分

公历	一月	2	3	4	5	6	7	8	9	10	11	12	13	14	15	16	17	18	19	20	21	22	23	24	25	26	27	28	29	30
农历	一	二	三	四	五	六	七	八	九	十	十一	十二	十三	十四	十五	十六	十七	十八	十九	二十	廿一	廿二	廿三	廿四	廿五	廿六	廿七	廿八	廿九	三十
星期	六	日	一	二	三	四	五	六	日	一	二	三	四	五	六	日	一	二	三	四	五	六	日	一	二	三	四	五	六	日
干支	壬子	癸丑	甲寅	乙卯	丙辰	丁巳	戊午	己未	庚申	辛酉	壬戌	癸亥	甲子	乙丑	丙寅	丁卯	戊辰	己巳	庚午	辛未	壬申	癸酉	甲戌	乙亥	丙子	丁丑	戊寅	己卯	庚辰	辛巳
五行	木	木	水	水	土	土	火	火	木	木	水	水	金	金	火	火	木	木	土	土	金	金	火	火	水	水	土	土	金	金
建星	建	除	满	平	平	定	执	破	危	成	收	开	闭	建	除	满	平	定	执	破	危	成	收	开	闭	建	除	满	平	定
廿八宿	氐	房	心	尾	箕	斗	牛	女	虚	危	室	壁	奎	娄	胃	昴	毕	觜	参	井	鬼	柳	星	张	翼	轸	角	亢	氐	房

岁次：癸丑	公元2033年（桑松木）			水牛
太岁：朱得	年三碧星	山火贲卦	六水八运	房

正月小建甲寅室宿 （五黄）

节气：立春 初四日二十时四十三分
雨水 十九日十六时卅五分

公历	31	二月	2	3	4	5	6	7	8	9	10	11	12	13	14	15	16	17	18	19	20	21	22	23	24	25	26	27	28	
农历	一	二	三	四	五	六	七	八	九	十	十一	十二	十三	十四	十五	十六	十七	十八	十九	二十	廿一	廿二	廿三	廿四	廿五	廿六	廿七	廿八	廿九	三十
星期	一	二	三	四	五	六	日	一	二	三	四	五	六	日	一	二	三	四	五	六	日	一	二	三	四	五	六	日	一	
干支	壬午	癸未	甲申	乙酉	丙戌	丁亥	戊子	己丑	庚寅	辛卯	壬辰	癸巳	甲午	乙未	丙申	丁酉	戊戌	己亥	庚子	辛丑	壬寅	癸卯	甲辰	乙巳	丙午	丁未	戊申	己酉	庚戌	
五行	木	木	水	水	土	土	火	火	木	木	水	水	金	金	火	火	木	木	土	土	金	金	火	火	水	水	土	土	金	
建星	执	破	危	危	成	收	开	闭	建	除	满	平	定	执	破	危	成	收	开	闭	建	除	满	平	定	执	破	危	成	
廿八宿	心	尾	箕	斗	牛	女	虚	危	室	壁	奎	娄	胃	昴	毕	觜	参	井	鬼	柳	星	张	翼	轸	角	亢	氐	房	心	

二月大建乙卯壁宿 （四绿）

节气：惊蛰 初五日十四时卅四分
春分 二十日十五时廿三分

公历	三月	2	3	4	5	6	7	8	9	10	11	12	13	14	15	16	17	18	19	20	21	22	23	24	25	26	27	28	29	30
农历	一	二	三	四	五	六	七	八	九	十	十一	十二	十三	十四	十五	十六	十七	十八	十九	二十	廿一	廿二	廿三	廿四	廿五	廿六	廿七	廿八	廿九	三十
星期	二	三	四	五	六	日	一	二	三	四	五	六	日	一	二	三	四	五	六	日	一	二	三	四	五	六	日	一	二	三
干支	辛亥	壬子	癸丑	甲寅	乙卯	丙辰	丁巳	戊午	己未	庚申	辛酉	壬戌	癸亥	甲子	乙丑	丙寅	丁卯	戊辰	己巳	庚午	辛未	壬申	癸酉	甲戌	乙亥	丙子	丁丑	戊寅	己卯	庚辰
五行	金	木	木	水	水	土	土	火	火	木	木	水	水	金	金	火	火	木	木	土	土	金	金	火	火	水	水	土	土	金
建星	收	开	闭	建	建	除	满	平	定	执	破	危	成	收	开	闭	建	除	满	平	定	执	破	危	成	收	开	闭	建	除
廿八宿	尾	箕	斗	牛	女	虚	危	室	壁	奎	娄	胃	昴	毕	觜	参	井	鬼	柳	星	张	翼	轸	角	亢	氐	房	心	尾	箕

三月小建丙辰奎宿 （三碧）

节气：清明 初五日十九时八分
谷雨 廿一日二时十三分

公历	31	四月	2	3	4	5	6	7	8	9	10	11	12	13	14	15	16	17	18	19	20	21	22	23	24	25	26	27	28	
农历	一	二	三	四	五	六	七	八	九	十	十一	十二	十三	十四	十五	十六	十七	十八	十九	二十	廿一	廿二	廿三	廿四	廿五	廿六	廿七	廿八	廿九	三十
星期	四	五	六	日	一	二	三	四	五	六	日	一	二	三	四	五	六	日	一	二	三	四	五	六	日	一	二	三	四	
干支	辛巳	壬午	癸未	甲申	乙酉	丙戌	丁亥	戊子	己丑	庚寅	辛卯	壬辰	癸巳	甲午	乙未	丙申	丁酉	戊戌	己亥	庚子	辛丑	壬寅	癸卯	甲辰	乙巳	丙午	丁未	戊申	己酉	
五行	金	木	木	水	水	土	土	火	火	木	木	水	水	金	金	火	火	木	木	土	土	金	金	火	火	水	水	土	土	
建星	满	平	定	执	执	破	危	成	收	开	闭	建	除	满	平	定	执	破	危	成	收	开	闭	建	除	满	平	定	执	
廿八宿	斗	牛	女	虚	危	室	壁	奎	娄	胃	昴	毕	觜	参	井	鬼	柳	星	张	翼	轸	角	亢	氐	房	心	尾	箕	斗	

岁次:癸丑	公元2033年(桑松木)			水牛
太岁:朱得	年三碧星	山火贲卦	六水八运	房

四月小建丁巳娄宿 (二黑)

节气:立夏 初七日十二时十四分
小满 廿三日一时十五分

公历	29	30	五月	2	3	4	5	6	7	8	9	10	11	12	13	14	15	16	17	18	19	20	21	22	23	24	25	26	27	
农历	一	二	三	四	五	六	七	八	九	十	十一	十二	十三	十四	十五	十六	十七	十八	十九	二十	廿一	廿二	廿三	廿四	廿五	廿六	廿七	廿八	廿九	三十
星期	五	六	日	一	二	三	四	五	六	日	一	二	三	四	五	六	日	一	二	三	四	五	六	日	一	二	三	四	五	
干支	庚戌	辛亥	壬子	癸丑	甲寅	乙卯	丙辰	丁巳	戊午	己未	庚申	辛酉	壬戌	癸亥	甲子	乙丑	丙寅	丁卯	戊辰	己巳	庚午	辛未	壬申	癸酉	甲戌	乙亥	丙子	丁丑	戊寅	
五行	金	金	木	木	水	水	土	土	火	火	木	木	水	水	金	金	火	火	木	木	土	土	金	金	火	火	水	水	土	
建星	破	危	成	收	开	闭	闭	建	除	满	平	定	执	破	危	成	收	开	闭	建	除	满	平	定	执	破	危	成	收	
廿八宿	牛	女	虚	危	室	壁	奎	娄	胃	昴	毕	觜	参	井	鬼	柳	星	张	翼	轸	角	亢	氐	房	心	尾	箕	斗	牛	

五月大建戊午胃宿 (一白)

节气:芒种 初九日十六时十四分
夏至 廿五日九时一分

公历	28	29	30	31	六月	2	3	4	5	6	7	8	9	10	11	12	13	14	15	16	17	18	19	20	21	22	23	24	25	26
农历	一	二	三	四	五	六	七	八	九	十	十一	十二	十三	十四	十五	十六	十七	十八	十九	二十	廿一	廿二	廿三	廿四	廿五	廿六	廿七	廿八	廿九	三十
星期	六	日	一	二	三	四	五	六	日	一	二	三	四	五	六	日	一	二	三	四	五	六	日	一	二	三	四	五	六	日
干支	己卯	庚辰	辛巳	壬午	癸未	甲申	乙酉	丙戌	丁亥	戊子	己丑	庚寅	辛卯	壬辰	癸巳	甲午	乙未	丙申	丁酉	戊戌	己亥	庚子	辛丑	壬寅	癸卯	甲辰	乙巳	丙午	丁未	戊申
五行	土	金	金	木	木	水	水	土	土	火	火	木	木	水	水	金	金	火	火	木	木	土	土	金	金	火	火	水	水	土
建星	开	闭	建	除	满	平	定	执	执	破	危	成	收	开	闭	建	除	满	平	定	执	破	危	成	收	开	闭	建	除	满
廿八宿	女	虚	危	室	壁	奎	娄	胃	昴	毕	觜	参	井	鬼	柳	星	张	翼	轸	角	亢	氐	房	心	尾	箕	斗	牛	女	虚

六月小建己未昴宿 (九紫)

节气:小暑 十一日二时廿五分
大暑 廿六日十九时五十三分

公历	27	28	29	30	七月	2	3	4	5	6	7	8	9	10	11	12	13	14	15	16	17	18	19	20	21	22	23	24	25	
农历	一	二	三	四	五	六	七	八	九	十	十一	十二	十三	十四	十五	十六	十七	十八	十九	二十	廿一	廿二	廿三	廿四	廿五	廿六	廿七	廿八	廿九	三十
星期	一	二	三	四	五	六	日	一	二	三	四	五	六	日	一	二	三	四	五	六	日	一	二	三	四	五	六	日	一	
干支	己酉	庚戌	辛亥	壬子	癸丑	甲寅	乙卯	丙辰	丁巳	戊午	己未	庚申	辛酉	壬戌	癸亥	甲子	乙丑	丙寅	丁卯	戊辰	己巳	庚午	辛未	壬申	癸酉	甲戌	乙亥	丙子	丁丑	
五行	土	金	金	木	木	水	水	土	土	火	火	木	木	水	水	金	金	火	火	木	木	土	土	金	金	火	火	水	水	
建星	平	定	执	破	危	成	收	开	闭	建	建	除	满	平	定	执	破	危	成	收	开	闭	建	除	满	平	定	执	破	
廿八宿	危	室	壁	奎	娄	胃	昴	毕	觜	参	井	鬼	柳	星	张	翼	轸	角	亢	氐	房	心	尾	箕	斗	牛	女	虚	危	

岁次：癸丑	公元 2033 年（桑松木）			水牛
太岁：朱得	年三碧星	山火贲卦	六水八运	房

七月大建庚申毕宿　（八白）

节气：立秋　十三日十二时十六分
处暑　廿九日三时二分

公历	26	27	28	29	30	31	八月	2	3	4	5	6	7	8	9	10	11	12	13	14	15	16	17	18	19	20	21	22	23	24
农历	一	二	三	四	五	六	七	八	九	十	十一	十二	十三	十四	十五	十六	十七	十八	十九	二十	廿一	廿二	廿三	廿四	廿五	廿六	廿七	廿八	廿九	三十
星期	二	三	四	五	六	日	一	二	三	四	五	六	日	一	二	三	四	五	六	日	一	二	三	四	五	六	日	一	二	三
干支	戊寅	己卯	庚辰	辛巳	壬午	癸未	甲申	乙酉	丙戌	丁亥	戊子	己丑	庚寅	辛卯	壬辰	癸巳	甲午	乙未	丙申	丁酉	戊戌	己亥	庚子	辛丑	壬寅	癸卯	甲辰	乙巳	丙午	丁未
五行	土	土	金	金	木	木	水	水	土	土	火	火	木	木	水	水	金	金	火	火	木	木	土	土	金	金	火	火	水	水
建星	危	成	收	开	闭	建	除	满	平	定	执	破	破	危	成	收	开	闭	建	除	满	平	定	执	破	危	成	收	开	闭
廿八宿	室	壁	奎	娄	胃	昴	毕	觜	参	井	鬼	柳	星	张	翼	轸	角	亢	氐	房	心	尾	箕	斗	牛	女	虚	危	室	壁

八月小建辛酉觜宿　（七赤）

节气：白露　十四时十五时廿一分

公历	25	26	27	28	29	30	31	九月	2	3	4	5	6	7	8	9	10	11	12	13	14	15	16	17	18	19	20	21	22	
农历	一	二	三	四	五	六	七	八	九	十	十一	十二	十三	十四	十五	十六	十七	十八	十九	二十	廿一	廿二	廿三	廿四	廿五	廿六	廿七	廿八	廿九	三十
星期	四	五	六	日	一	二	三	四	五	六	日	一	二	三	四	五	六	日	一	二	三	四	五	六	日	一	二	三	四	
干支	戊申	己酉	庚戌	辛亥	壬子	癸丑	甲寅	乙卯	丙辰	丁巳	戊午	己未	庚申	辛酉	壬戌	癸亥	甲子	乙丑	丙寅	丁卯	戊辰	己巳	庚午	辛未	壬申	癸酉	甲戌	乙亥	丙子	
五行	土	土	金	金	木	木	水	水	土	土	火	火	木	木	水	水	金	金	火	火	木	木	土	土	金	金	火	火	水	
建星	建	除	满	平	定	执	破	危	成	收	开	闭	建	建	除	满	平	定	执	破	危	成	收	开	闭	建	除	满	平	
廿八宿	奎	娄	胃	昴	毕	觜	参	井	鬼	柳	星	张	翼	轸	角	亢	氐	房	心	尾	箕	斗	牛	女	虚	危	室	壁	奎	

九月大建壬戌参宿　（六白）

节气：秋分　初一日零时五十二分
寒露　十六日七时十四分

公历	23	24	25	26	27	28	29	30	十月	2	3	4	5	6	7	8	9	10	11	12	13	14	15	16	17	18	19	20	21	22
农历	一	二	三	四	五	六	七	八	九	十	十一	十二	十三	十四	十五	十六	十七	十八	十九	二十	廿一	廿二	廿三	廿四	廿五	廿六	廿七	廿八	廿九	三十
星期	五	六	日	一	二	三	四	五	六	日	一	二	三	四	五	六	日	一	二	三	四	五	六	日	一	二	三	四	五	六
干支	丁丑	戊寅	己卯	庚辰	辛巳	壬午	癸未	甲申	乙酉	丙戌	丁亥	戊子	己丑	庚寅	辛卯	壬辰	癸巳	甲午	乙未	丙申	丁酉	戊戌	己亥	庚子	辛丑	壬寅	癸卯	甲辰	乙巳	丙午
五行	水	土	土	金	金	木	木	水	水	土	土	火	火	木	木	水	水	金	金	火	火	木	木	土	土	金	金	火	火	水
建星	定	执	破	危	成	收	开	闭	建	除	满	平	定	执	破	破	危	成	收	开	闭	建	除	满	平	定	执	破	危	成
廿八宿	娄	胃	昴	毕	觜	参	井	鬼	柳	星	张	翼	轸	角	亢	氐	房	心	尾	箕	斗	牛	女	虚	危	室	壁	奎	娄	胃

周易推算 万年历

2031年 2040年

岁次:癸丑	公元2033年(桑松木)			水牛
太岁:朱得	年三碧星	山火贲卦	六水八运	房

十月大建癸亥井宿 (五黄)　节气:霜降 初一日十时廿八分 立冬 十六日十时四十一分

公历	23	24	25	26	27	28	29	30	31	1月	2	3	4	5	6	7	8	9	10	11	12	13	14	15	16	17	18	19	20	21
农历	一	二	三	四	五	六	七	八	九	十	十一	十二	十三	十四	十五	十六	十七	十八	十九	二十	廿一	廿二	廿三	廿四	廿五	廿六	廿七	廿八	廿九	三十
星期	日	一	二	三	四	五	六	日	一	二	三	四	五	六	日	一	二	三	四	五	六	日	一	二	三	四	五	六	日	一
干支	丁未	戊申	己酉	庚戌	辛亥	壬子	癸丑	甲寅	乙卯	丙辰	丁巳	戊午	己未	庚申	辛酉	壬戌	癸亥	甲子	乙丑	丙寅	丁卯	戊辰	己巳	庚午	辛未	壬申	癸酉	甲戌	乙亥	丙子
五行	水	土	土	金	金	木	木	水	水	土	土	火	火	木	木	水	水	金	金	火	火	木	木	土	土	金	金	火	火	水
建星	收	开	闭	建	除	满	平	定	执	破	危	成	收	开	闭	闭	建	除	满	平	定	执	破	危	成	收	开	闭	建	除
廿八宿	昴	毕	觜	参	井	鬼	柳	星	张	翼	轸	角	亢	氐	房	心	尾	箕	斗	牛	女	虚	危	室	壁	奎	娄	胃	昴	毕

十一月大建甲子鬼宿 (四绿)　节气:小雪 初一日八时十六分 大雪 十六日三时四十五分

公历	22	23	24	25	26	27	28	29	30	2月	2	3	4	5	6	7	8	9	10	11	12	13	14	15	16	17	18	19	20	21
农历	一	二	三	四	五	六	七	八	九	十	十一	十二	十三	十四	十五	十六	十七	十八	十九	二十	廿一	廿二	廿三	廿四	廿五	廿六	廿七	廿八	廿九	三十
星期	二	三	四	五	六	日	一	二	三	四	五	六	日	一	二	三	四	五	六	日	一	二	三	四	五	六	日	一	二	三
干支	丁丑	戊寅	己卯	庚辰	辛巳	壬午	癸未	甲申	乙酉	丙戌	丁亥	戊子	己丑	庚寅	辛卯	壬辰	癸巳	甲午	乙未	丙申	丁酉	戊戌	己亥	庚子	辛丑	壬寅	癸卯	甲辰	乙巳	丙午
五行	水	土	土	金	金	木	木	水	水	土	土	火	火	木	木	水	水	金	金	火	火	木	木	土	土	金	金	火	火	水
建星	满	平	定	执	破	危	成	收	开	闭	建	除	满	平	定	定	执	破	危	成	收	开	闭	建	除	满	平	定	执	破
廿八宿	觜	参	井	鬼	柳	星	张	翼	轸	角	亢	氐	房	心	尾	箕	斗	牛	女	虚	危	室	壁	奎	娄	胃	昴	毕	觜	参

闰十一月小　节气:冬至 三十日廿一时四十六分 小寒 十五日十五时四分

公历	22	23	24	25	26	27	28	29	30	31	一月	2	3	4	5	6	7	8	9	10	11	12	13	14	15	16	17	18	19	
农历	一	二	三	四	五	六	七	八	九	十	十一	十二	十三	十四	十五	十六	十七	十八	十九	二十	廿一	廿二	廿三	廿四	廿五	廿六	廿七	廿八	廿九	三十
星期	四	五	六	日	一	二	三	四	五	六	日	一	二	三	四	五	六	日	一	二	三	四	五	六	日	一	二	三	四	
干支	丁未	戊申	己酉	庚戌	辛亥	壬子	癸丑	甲寅	乙卯	丙辰	丁巳	戊午	己未	庚申	辛酉	壬戌	癸亥	甲子	乙丑	丙寅	丁卯	戊辰	己巳	庚午	辛未	壬申	癸酉	甲戌	乙亥	
五行	水	土	土	金	金	木	木	水	水	土	土	火	火	木	木	水	水	金	金	火	火	木	木	土	土	金	金	火	火	
建星	危	成	收	开	闭	建	除	满	平	定	执	破	危	成	成	收	开	闭	建	除	满	平	定	执	破	危	成	收	开	
廿八宿	井	鬼	柳	星	张	翼	轸	角	亢	氐	房	心	尾	箕	斗	牛	女	虚	危	室	壁	奎	娄	胃	昴	毕	觜	参	井	

十二月大建乙丑柳宿 (三碧)　节气:大寒 初一日八时廿七分 立春 十六日二时四十一分

公历	20	21	22	23	24	25	26	27	28	29	30	31	二月	2	3	4	5	6	7	8	9	10	11	12	13	14	15	16	17	18
农历	一	二	三	四	五	六	七	八	九	十	十一	十二	十三	十四	十五	十六	十七	十八	十九	二十	廿一	廿二	廿三	廿四	廿五	廿六	廿七	廿八	廿九	三十
星期	五	六	日	一	二	三	四	五	六	日	一	二	三	四	五	六	日	一	二	三	四	五	六	日	一	二	三	四	五	六
干支	丙子	丁丑	戊寅	己卯	庚辰	辛巳	壬午	癸未	甲申	乙酉	丙戌	丁亥	戊子	己丑	庚寅	辛卯	壬辰	癸巳	甲午	乙未	丙申	丁酉	戊戌	己亥	庚子	辛丑	壬寅	癸卯	甲辰	乙巳
五行	水	水	土	土	金	金	木	木	水	水	土	土	火	火	木	木	水	水	金	金	火	火	木	木	土	土	金	金	火	火
建星	闭	建	除	满	平	定	执	破	危	成	收	开	闭	建	除	除	满	平	定	执	破	危	成	收	开	闭	建	除	满	平
廿八宿	鬼	柳	星	张	翼	轸	角	亢	氐	房	心	尾	箕	斗	牛	女	虚	危	室	壁	奎	娄	胃	昴	毕	觜	参	井	鬼	柳

岁次：甲寅	公元2034年（大溪水）			木虎
太岁：张朝	年二黑星	水火既济卦	七火九运	心

正月小建丙寅星宿　（二黑）

节气：雨水　三十日廿二时三十分
惊蛰　十五日二十时卅三分

公历	19	20	21	22	23	24	25	26	27	28	三月	2	3	4	5	6	7	8	9	10	11	12	13	14	15	16	17	18	19	
农历	一	二	三	四	五	六	七	八	九	十	十一	十二	十三	十四	十五	十六	十七	十八	十九	二十	廿一	廿二	廿三	廿四	廿五	廿六	廿七	廿八	廿九	三十
星期	日	一	二	三	四	五	六	日	一	二	三	四	五	六	日	一	二	三	四	五	六	日	一	二	三	四	五	六	日	
干支	丙午	丁未	戊申	己酉	庚戌	辛亥	壬子	癸丑	甲寅	乙卯	丙辰	丁巳	戊午	己未	庚申	辛酉	壬戌	癸亥	甲子	乙丑	丙寅	丁卯	戊辰	己巳	庚午	辛未	壬申	癸酉	甲戌	
五行	水	水	土	土	金	金	木	木	水	水	土	土	火	火	木	木	水	水	金	金	火	火	木	木	土	土	金	金	火	
建星	定	执	破	危	成	收	开	闭	建	除	满	平	定	执	执	破	危	成	收	开	闭	建	除	满	平	定	执	破	危	
廿八宿	星	张	翼	轸	角	亢	氐	房	心	尾	箕	斗	牛	女	虚	危	室	壁	奎	娄	胃	昴	毕	觜	参	井	鬼	柳	星	

二月大建丁卯张宿　（一白）

节气：春分　初一日廿一时十八分
清明　十七日一时七分

公历	20	21	22	23	24	25	26	27	28	29	30	31	四月	2	3	4	5	6	7	8	9	10	11	12	13	14	15	16	17	18
农历	一	二	三	四	五	六	七	八	九	十	十一	十二	十三	十四	十五	十六	十七	十八	十九	二十	廿一	廿二	廿三	廿四	廿五	廿六	廿七	廿八	廿九	三十
星期	一	二	三	四	五	六	日	一	二	三	四	五	六	日	一	二	三	四	五	六	日	一	二	三	四	五	六	日	一	一
干支	乙亥	丙子	丁丑	戊寅	己卯	庚辰	辛巳	壬午	癸未	甲申	乙酉	丙戌	丁亥	戊子	己丑	庚寅	辛卯	壬辰	癸巳	甲午	乙未	丙申	丁酉	戊戌	己亥	庚子	辛丑	壬寅	癸卯	甲辰
五行	火	水	水	土	土	金	金	木	木	水	水	土	土	火	火	木	木	水	水	金	金	火	火	木	木	土	土	金	金	火
建星	成	收	开	闭	建	除	满	平	定	执	破	危	成	收	开	闭	闭	建	除	满	平	定	执	破	危	成	收	开	闭	建
廿八宿	张	翼	轸	角	亢	氐	房	心	尾	箕	斗	牛	女	虚	危	室	壁	奎	娄	胃	昴	毕	觜	参	井	鬼	柳	星	张	翼

三月小建戊辰翼宿　（九紫）

节气：谷雨　初二日八时四分
立夏　十七日十八时十分

公历	19	20	21	22	23	24	25	26	27	28	29	30	五月	2	3	4	5	6	7	8	9	10	11	12	13	14	15	16	17	
农历	一	二	三	四	五	六	七	八	九	十	十一	十二	十三	十四	十五	十六	十七	十八	十九	二十	廿一	廿二	廿三	廿四	廿五	廿六	廿七	廿八	廿九	三十
星期	三	四	五	六	日	一	二	三	四	五	六	日	一	二	三	四	五	六	日	一	二	三	四	五	六	日	一	二	三	
干支	乙巳	丙午	丁未	戊申	己酉	庚戌	辛亥	壬子	癸丑	甲寅	乙卯	丙辰	丁巳	戊午	己未	庚申	辛酉	壬戌	癸亥	甲子	乙丑	丙寅	丁卯	戊辰	己巳	庚午	辛未	壬申	癸酉	
五行	火	水	水	土	土	金	金	木	木	水	水	土	土	火	火	木	木	水	水	金	金	火	火	木	木	土	土	金	金	
建星	除	满	平	定	执	破	危	成	收	开	闭	建	除	满	平	定	定	执	破	危	成	收	开	闭	建	除	满	平	定	
廿八宿	轸	角	亢	氐	房	心	尾	箕	斗	牛	女	虚	危	室	壁	奎	娄	胃	昴	毕	觜	参	井	鬼	柳	星	张	翼	轸	

岁次:甲寅	公元 2034 年(大溪水)			木虎
太岁:张朝	年二黑星	水火既济卦	七火九运	心

四月小建己巳轸宿 (八白)

节气: 小满 初四日六时五十七分
芒种 十九日廿三时七分

公历	18	19	20	21	22	23	24	25	26	27	28	29	30	31	六月	2	3	4	5	6	7	8	9	10	11	12	13	14	15	
农历	一	二	三	四	五	六	七	八	九	十	十一	十二	十三	十四	十五	十六	十七	十八	十九	二十	廿一	廿二	廿三	廿四	廿五	廿六	廿七	廿八	廿九	三十
星期	四	五	六	日	一	二	三	四	五	六	日	一	二	三	四	五	六	日	一	二	三	四	五	六	日	一	二	三	四	
干支	甲戌	乙亥	丙子	丁丑	戊寅	己卯	庚辰	辛巳	壬午	癸未	甲申	乙酉	丙戌	丁亥	戊子	己丑	庚寅	辛卯	壬辰	癸巳	甲午	乙未	丙申	丁酉	戊戌	己亥	庚子	辛丑	壬寅	
五行	火	火	水	水	土	土	金	金	木	木	水	水	土	土	火	火	木	木	水	水	金	金	火	火	木	木	土	土	金	
建星	执	破	危	成	收	开	闭	建	除	满	平	定	执	破	危	成	收	开	开	闭	建	除	满	平	定	执	破	危	成	
廿八宿	角	亢	氐	房	心	尾	箕	斗	牛	女	虚	危	室	壁	奎	娄	胃	昴	毕	觜	参	井	鬼	柳	星	张	翼	轸	角	

五月大建庚午角宿 (七赤)

节气: 夏至 初六日十四时四十五分
小暑 廿二日八时十八分

公历	16	17	18	19	20	21	22	23	24	25	26	27	28	29	30	七月	2	3	4	5	6	7	8	9	10	11	12	13	14	15
农历	一	二	三	四	五	六	七	八	九	十	十一	十二	十三	十四	十五	十六	十七	十八	十九	二十	廿一	廿二	廿三	廿四	廿五	廿六	廿七	廿八	廿九	三十
星期	五	六	日	一	二	三	四	五	六	日	一	二	三	四	五	六	日	一	二	三	四	五	六	日	一	二	三	四	五	六
干支	癸卯	甲辰	乙巳	丙午	丁未	戊申	己酉	庚戌	辛亥	壬子	癸丑	甲寅	乙卯	丙辰	丁巳	戊午	己未	庚申	辛酉	壬戌	癸亥	甲子	乙丑	丙寅	丁卯	戊辰	己巳	庚午	辛未	壬申
五行	金	火	火	水	水	土	土	金	金	木	木	水	水	土	土	火	火	木	木	水	水	金	金	火	火	木	木	土	土	金
建星	收	开	闭	建	除	满	平	定	执	破	危	成	收	开	闭	建	除	满	平	定	执	执	破	危	成	收	开	闭	建	除
廿八宿	亢	氐	房	心	尾	箕	斗	牛	女	虚	危	室	壁	奎	娄	胃	昴	毕	觜	参	井	鬼	柳	星	张	翼	轸	角	亢	氐

六月小建辛未亢宿 (六白)

节气: 大暑 初八日一时卅七分
立秋 廿三日十八时十分

公历	16	17	18	19	20	21	22	23	24	25	26	27	28	29	30	31	八月	2	3	4	5	6	7	8	9	10	11	12	13	
农历	一	二	三	四	五	六	七	八	九	十	十一	十二	十三	十四	十五	十六	十七	十八	十九	二十	廿一	廿二	廿三	廿四	廿五	廿六	廿七	廿八	廿九	三十
星期	日	一	二	三	四	五	六	日	一	二	三	四	五	六	日	一	二	三	四	五	六	日	一	二	三	四	五	六	日	
干支	癸酉	甲戌	乙亥	丙子	丁丑	戊寅	己卯	庚辰	辛巳	壬午	癸未	甲申	乙酉	丙戌	丁亥	戊子	己丑	庚寅	辛卯	壬辰	癸巳	甲午	乙未	丙申	丁酉	戊戌	己亥	庚子	辛丑	
五行	金	火	火	水	水	土	土	金	金	木	木	水	水	土	土	火	火	木	木	水	水	金	金	火	火	木	木	土	土	
建星	满	平	定	执	破	危	成	收	开	闭	建	除	满	平	定	执	破	危	成	收	开	闭	闭	建	除	满	平	定	执	
廿八宿	房	心	尾	箕	斗	牛	女	虚	危	室	壁	奎	娄	胃	昴	毕	觜	参	井	鬼	柳	星	张	翼	轸	角	亢	氐	房	

岁次：甲寅	公元2034年（大溪水）			木虎
太岁：张朝	年二黑星	水火既济卦	七火九运	心

七月大建壬申氐宿 （五黄）

节气：处暑 初十日八时四十八分
白露 廿五日廿一时十五分

公历	14	15	16	17	18	19	20	21	22	23	24	25	26	27	28	29	30	31	九月	2	3	4	5	6	7	8	9	10	11	12
农历	一	二	三	四	五	六	七	八	九	十	十一	十二	十三	十四	十五	十六	十七	十八	十九	二十	廿一	廿二	廿三	廿四	廿五	廿六	廿七	廿八	廿九	三十
星期	一	二	三	四	五	六	日	一	二	三	四	五	六	日	一	二	三	四	五	六	日	一	二	三	四	五	六	日	一	二
干支	壬寅	癸卯	甲辰	乙巳	丁丑	丁未	戊申	己酉	庚戌	辛亥	壬子	癸丑	甲寅	乙卯	丙辰	丁巳	戊午	己未	庚申	辛酉	壬戌	癸亥	甲子	乙丑	丙寅	丁卯	戊辰	己巳	庚午	辛未
五行	金	金	火	火	水	水	土	土	金	金	木	木	水	水	土	土	火	火	木	木	水	水	金	金	火	火	木	木	土	土
建星	破	危	成	收	开	闭	建	除	满	平	定	执	破	危	成	收	开	闭	建	除	满	平	定	执	执	破	危	成	收	开
廿八宿	心	尾	箕	斗	牛	女	虚	危	室	壁	奎	娄	胃	昴	毕	觜	参	井	鬼	柳	星	张	翼	轸	角	亢	氐	房	心	尾

八月小建癸酉房宿 （四绿）

节气：秋分 十一日六时四十分
寒露 廿六日十三时八分

公历	13	14	15	16	17	18	19	20	21	22	23	24	25	26	27	28	29	30	十月	2	3	4	5	6	7	8	9	10	11	
农历	一	二	三	四	五	六	七	八	九	十	十一	十二	十三	十四	十五	十六	十七	十八	十九	二十	廿一	廿二	廿三	廿四	廿五	廿六	廿七	廿八	廿九	三十
星期	三	四	五	六	日	一	二	三	四	五	六	日	一	二	三	四	五	六	日	一	二	三	四	五	六	日	一	二	三	
干支	壬申	癸酉	甲戌	乙亥	丙子	丁丑	戊寅	己卯	庚辰	辛巳	壬午	癸未	甲申	乙酉	丙戌	丁亥	戊子	己丑	庚寅	辛卯	壬辰	癸巳	甲午	乙未	丙申	丁酉	戊戌	己亥	庚子	
五行	金	金	火	火	水	水	土	土	金	金	木	木	水	水	土	土	火	火	木	木	水	水	金	金	火	火	木	木	土	
建星	闭	建	除	满	平	定	执	破	危	成	收	开	闭	建	除	满	平	定	执	破	危	成	收	开	闭	闭	建	除	满	
廿八宿	箕	斗	牛	女	虚	危	室	壁	奎	娄	胃	昴	毕	觜	参	井	鬼	柳	星	张	翼	轸	角	亢	氐	房	心	尾	箕	

九月大建甲戌心宿 （三碧）

节气：霜降 十二日十六时十七分
立冬 廿七日十六时卅五分

公历	12	13	14	15	16	17	18	19	20	21	22	23	24	25	26	27	28	29	30	31	十一月	2	3	4	5	6	7	8	9	10
农历	一	二	三	四	五	六	七	八	九	十	十一	十二	十三	十四	十五	十六	十七	十八	十九	二十	廿一	廿二	廿三	廿四	廿五	廿六	廿七	廿八	廿九	三十
星期	四	五	六	日	一	二	三	四	五	六	日	一	二	三	四	五	六	日	一	二	三	四	五	六	日	一	二	三	四	五
干支	辛丑	壬寅	癸卯	甲辰	乙巳	丙午	丁未	戊申	己酉	庚戌	辛亥	壬子	癸丑	甲寅	乙卯	丙辰	丁巳	戊午	己未	庚申	辛酉	壬戌	癸亥	甲子	乙丑	丙寅	丁卯	戊辰	己巳	庚午
五行	土	金	金	火	火	水	水	土	土	金	金	木	木	水	水	土	土	火	火	木	木	水	水	金	金	火	火	木	木	土
建星	平	定	执	破	危	成	收	开	闭	建	除	满	平	定	执	破	危	成	收	开	闭	建	除	满	平	定	定	执	破	危
廿八宿	斗	牛	女	虚	危	室	壁	奎	娄	胃	昴	毕	觜	参	井	鬼	柳	星	张	翼	轸	角	亢	氐	房	心	尾	箕	斗	牛

岁次：甲寅	公元2034年（大溪水）			木虎
太岁：张朝	年二黑星	水火既济卦	七火九运	心

十月大建乙亥尾宿　（二黑）

节气：小雪　十二日十四时六分
大雪　廿七日九时卅八分

公历	11	12	13	14	15	16	17	18	19	20	21	22	23	24	25	26	27	28	29	30	2月	2	3	4	5	6	7	8	9	10
农历	一	二	三	四	五	六	七	八	九	十	十一	十二	十三	十四	十五	十六	十七	十八	十九	二十	廿一	廿二	廿三	廿四	廿五	廿六	廿七	廿八	廿九	三十
星期	六	日	一	二	三	四	五	六	日	一	二	三	四	五	六	日	一	二	三	四	五	六	日	一	二	三	四	五	六	日
干支	辛未	壬申	癸酉	甲戌	乙亥	丙子	丁丑	戊寅	己卯	庚辰	辛巳	壬午	癸未	甲申	乙酉	丙戌	丁亥	戊子	己丑	庚寅	辛卯	壬辰	癸巳	甲午	乙未	丙申	丁酉	戊戌	己亥	庚子
五行	土	金	金	火	火	水	水	土	土	金	金	木	木	水	水	土	土	火	火	木	木	水	水	金	金	火	火	木	木	土
建星	成	收	开	闭	建	除	满	平	定	执	破	危	成	收	开	闭	建	除	满	平	定	执	破	危	成	收	收	开	闭	建
廿八宿	女	虚	危	室	壁	奎	娄	胃	昴	毕	觜	参	井	鬼	柳	星	张	翼	轸	角	亢	氐	房	心	尾	箕	斗	牛	女	虚

十一月小建丙子箕宿　（一白）

节气：冬至　十二日三时卅五分
小寒　廿六日二十时五十一分

公历	11	12	13	14	15	16	17	18	19	20	21	22	23	24	25	26	27	28	29	30	31	一月	2	3	4	5	6	7	8	
农历	一	二	三	四	五	六	七	八	九	十	十一	十二	十三	十四	十五	十六	十七	十八	十九	二十	廿一	廿二	廿三	廿四	廿五	廿六	廿七	廿八	廿九	三十
星期	一	二	三	四	五	六	日	一	二	三	四	五	六	日	一	二	三	四	五	六	日	一	二	三	四	五	六	日	一	
干支	辛丑	壬寅	癸卯	甲辰	乙巳	丙午	丁未	戊申	己酉	庚戌	辛亥	壬子	癸丑	甲寅	乙卯	丙辰	丁巳	戊午	己未	庚申	辛酉	壬戌	癸亥	甲子	乙丑	丙寅	丁卯	戊辰	己巳	
五行	土	金	金	火	火	水	水	土	土	金	金	木	木	水	水	土	土	火	火	木	木	水	水	金	金	火	火	木	木	
建星	除	满	平	定	执	破	危	成	收	开	闭	建	除	满	平	定	执	破	危	成	收	开	闭	建	除	除	满	平	定	
廿八宿	危	室	壁	奎	娄	胃	昴	毕	觜	参	井	鬼	柳	星	张	翼	轸	角	亢	氐	房	心	尾	箕	斗	牛	女	虚	危	

十二月大建丁丑斗宿　（九紫）

节气：大寒　十二日十四时十五分
立春　廿七日八时卅三分

公历	9	10	11	12	13	14	15	16	17	18	19	20	21	22	23	24	25	26	27	28	29	30	31	二月	2	3	4	5	6	7
农历	一	二	三	四	五	六	七	八	九	十	十一	十二	十三	十四	十五	十六	十七	十八	十九	二十	廿一	廿二	廿三	廿四	廿五	廿六	廿七	廿八	廿九	三十
星期	二	三	四	五	六	日	一	二	三	四	五	六	日	一	二	三	四	五	六	日	一	二	三	四	五	六	日	一	二	三
干支	庚午	辛未	壬申	癸酉	甲戌	乙亥	丙子	丁丑	戊寅	己卯	庚辰	辛巳	壬午	癸未	甲申	乙酉	丙戌	丁亥	戊子	己丑	庚寅	辛卯	壬辰	癸巳	甲午	乙未	丙申	丁酉	戊戌	己亥
五行	土	土	金	金	火	火	水	水	土	土	金	金	木	木	水	水	土	土	火	火	木	木	水	水	金	金	火	火	木	木
建星	执	破	危	成	收	开	闭	建	除	满	平	定	执	破	危	成	收	开	闭	建	除	满	平	定	执	破	破	危	成	收
廿八宿	室	壁	奎	娄	胃	昴	毕	觜	参	井	鬼	柳	星	张	翼	轸	角	亢	氐	房	心	尾	箕	斗	牛	女	虚	危	室	壁

岁次：乙卯	公元2035年（大溪水）			木兔
太岁：万清	年一白星	地泽临卦	一水四运	尾

正月大建戊寅牛宿 （八白）

节气：雨水 十二日四时十七分
惊蛰 七日二时廿三分

公历	8	9	10	11	12	13	14	15	16	17	18	19	20	21	22	23	24	25	26	27	28	三月	2	3	4	5	6	7	8	9
农历	一	二	三	四	五	六	七	八	九	十	十一	十二	十三	十四	十五	十六	十七	十八	十九	二十	廿一	廿二	廿三	廿四	廿五	廿六	廿七	廿八	廿九	三十
星期	四	五	六	日	一	二	三	四	五	六	日	一	二	三	四	五	六	日	一	二	三	四	五	六	日	一	二	三	四	五
干支	庚子	辛丑	壬寅	癸卯	甲辰	乙巳	丙午	丁未	戊申	己酉	庚戌	辛亥	壬子	癸丑	甲寅	乙卯	丙辰	丁巳	戊午	己未	庚申	辛酉	壬戌	癸亥	甲子	乙丑	丙寅	丁卯	戊辰	己巳
五行	土	土	金	金	火	火	水	水	土	土	金	金	木	木	水	水	土	土	火	火	木	木	水	水	金	金	火	火	木	木
建星	开	闭	建	除	满	平	定	执	破	危	成	收	开	闭	建	除	满	平	定	执	破	危	成	收	开	闭	闭	建	除	满
廿八宿	奎	娄	胃	昴	毕	觜	参	井	鬼	柳	星	张	翼	轸	角	亢	氐	房	心	尾	箕	斗	牛	女	虚	危	室	壁	奎	娄

二月小建己卯女宿 （七赤）

节气：春分 十二日三时四分
清明 廿七日六日五十五分

公历	10	11	12	13	14	15	16	17	18	19	20	21	22	23	24	25	26	27	28	29	30	31	四月	2	3	4	5	6	7	
农历	一	二	三	四	五	六	七	八	九	十	十一	十二	十三	十四	十五	十六	十七	十八	十九	二十	廿一	廿二	廿三	廿四	廿五	廿六	廿七	廿八	廿九	三十
星期	六	日	一	二	三	四	五	六	日	一	二	三	四	五	六	日	一	二	三	四	五	六	日	一	二	三	四	五	六	
干支	庚午	辛未	壬申	癸酉	甲戌	乙亥	丙子	丁丑	戊寅	己卯	庚辰	辛巳	壬午	癸未	甲申	乙酉	丙戌	丁亥	戊子	己丑	庚寅	辛卯	壬辰	癸巳	甲午	乙未	丙申	丁酉	戊戌	
五行	土	土	金	金	火	火	水	水	土	土	金	金	木	木	水	水	土	土	火	火	木	木	水	水	金	金	火	火	木	
建星	平	定	执	破	危	成	收	开	闭	建	除	满	平	定	执	破	危	成	收	开	闭	建	除	满	平	定	定	执	破	
廿八宿	胃	昴	毕	觜	参	井	鬼	柳	星	张	翼	轸	角	亢	氐	房	心	尾	箕	斗	牛	女	虚	危	室	壁	奎	娄	胃	

三月大建庚辰虚宿 （六白）

节气：谷雨 十三日十三时五十分
立夏 廿八日廿三时五十五分

公历	8	9	10	11	12	13	14	15	16	17	18	19	20	21	22	23	24	25	26	27	28	29	30	五月	2	3	4	5	6	7
农历	一	二	三	四	五	六	七	八	九	十	十一	十二	十三	十四	十五	十六	十七	十八	十九	二十	廿一	廿二	廿三	廿四	廿五	廿六	廿七	廿八	廿九	三十
星期	日	一	二	三	四	五	六	日	一	二	三	四	五	六	日	一	二	三	四	五	六	日	一	二	三	四	五	六	日	一
干支	己亥	庚子	辛丑	壬寅	癸卯	甲辰	乙巳	丙午	丁未	戊申	己酉	庚戌	辛亥	壬子	癸丑	甲寅	乙卯	丙辰	丁巳	戊午	己未	庚申	辛酉	壬戌	癸亥	甲子	乙丑	丙寅	丁卯	戊辰
五行	木	土	土	金	金	火	火	水	水	土	土	金	金	木	木	水	水	土	土	火	火	木	木	水	水	金	金	火	火	木
建星	危	成	收	开	闭	建	除	满	平	定	执	破	危	成	收	开	闭	建	除	满	平	定	执	破	危	成	收	收	开	闭
廿八宿	昴	毕	觜	参	井	鬼	柳	星	张	翼	轸	角	亢	氐	房	心	尾	箕	斗	牛	女	虚	危	室	壁	奎	娄	胃	昴	毕

岁次:乙卯	公元2035年(大溪水)			木兔
太岁:万清	年一白星	地泽临卦	一水四运	尾

四月小建辛巳危宿 (五黄)　　节气:小满 十四日十二时四十四分

公历	8	9	10	11	12	13	14	15	16	17	18	19	20	21	22	23	24	25	26	27	28	29	30	31	六月	2	3	4	5	
农历	一	二	三	四	五	六	七	八	九	十	十一	十二	十三	十四	十五	十六	十七	十八	十九	二十	廿一	廿二	廿三	廿四	廿五	廿六	廿七	廿八	廿九	三十
星期	二	三	四	五	六	日	一	二	三	四	五	六	日	一	二	三	四	五	六	日	一	二	三	四	五	六	日	一	二	
干支	己巳	庚午	辛未	壬申	癸酉	甲戌	乙亥	丙子	丁丑	戊寅	己卯	庚辰	辛巳	壬午	癸未	甲申	乙酉	丙戌	丁亥	戊子	己丑	庚寅	辛卯	壬辰	癸巳	甲午	乙未	丙申	丁酉	
五行	木	土	土	金	金	火	火	水	水	土	土	金	金	木	木	水	水	土	土	火	火	木	木	水	水	金	金	火	火	
建星	建	除	满	平	定	执	破	危	成	收	开	闭	建	除	满	平	定	执	破	危	成	收	开	闭	建	除	满	平	定	
廿八宿	觜	参	井	鬼	柳	星	张	翼	轸	角	亢	氐	房	心	尾	箕	斗	牛	女	虚	危	室	壁	奎	娄	胃	昴	毕	觜	

五月小建壬午室宿 (四绿)　　节气:芒种 初一日三时五十一分
夏至 十六日二十时卅三分

公历	6	7	8	9	10	11	12	13	14	15	16	17	18	19	20	21	22	23	24	25	26	27	28	29	30	七月	2	3	4	
农历	一	二	三	四	五	六	七	八	九	十	十一	十二	十三	十四	十五	十六	十七	十八	十九	二十	廿一	廿二	廿三	廿四	廿五	廿六	廿七	廿八	廿九	三十
星期	三	四	五	六	日	一	二	三	四	五	六	日	一	二	三	四	五	六	日	一	二	三	四	五	六	日	一	二	三	
干支	戊戌	己亥	庚子	辛丑	壬寅	癸卯	甲辰	乙巳	丙午	丁未	戊申	己酉	庚戌	辛亥	壬子	癸丑	甲寅	乙卯	丙辰	丁巳	戊午	己未	庚申	辛酉	壬戌	癸亥	甲子	乙丑	丙寅	
五行	木	木	土	土	金	金	火	火	水	水	土	土	金	金	木	木	水	水	土	土	火	火	木	木	水	水	金	金	火	
建星	定	执	破	危	成	收	开	闭	建	除	满	平	定	执	破	危	成	收	开	闭	建	除	满	平	定	执	破	危	成	
廿八宿	参	井	鬼	柳	星	张	翼	轸	角	亢	氐	房	心	尾	箕	斗	牛	女	虚	危	室	壁	奎	娄	胃	昴	毕	觜	参	

六月大建癸未壁宿 (三碧)　　节气:小暑 初三日十四时二分
大暑 十九日七时廿九分

公历	5	6	7	8	9	10	11	12	13	14	15	16	17	18	19	20	21	22	23	24	25	26	27	28	29	30	31	八月	2	3
农历	一	二	三	四	五	六	七	八	九	十	十一	十二	十三	十四	十五	十六	十七	十八	十九	二十	廿一	廿二	廿三	廿四	廿五	廿六	廿七	廿八	廿九	三十
星期	四	五	六	日	一	二	三	四	五	六	日	一	二	三	四	五	六	日	一	二	三	四	五	六	日	一	二	三	四	五
干支	丁卯	戊辰	己巳	庚午	辛未	壬申	癸酉	甲戌	乙亥	丙子	丁丑	戊寅	己卯	庚辰	辛巳	壬午	癸未	甲申	乙酉	丙戌	丁亥	戊子	己丑	庚寅	辛卯	壬辰	癸巳	甲午	乙未	丙申
五行	火	木	木	土	土	金	金	火	水	水	火	土	土	金	金	木	木	水	水	土	土	火	火	木	木	水	水	金	金	火
建星	收	开	开	闭	建	除	满	平	定	执	破	危	成	收	开	闭	建	除	满	平	定	执	破	危	成	收	开	闭	建	除
廿八宿	井	鬼	柳	星	张	翼	轸	角	亢	氐	房	心	尾	箕	斗	牛	女	虚	危	室	壁	奎	娄	胃	昴	毕	觜	参	井	鬼

岁次：乙卯	公元2035年（大溪水）			木兔
太岁：万清	年一白星	地泽临卦	一水四运	尾

七月小建甲申奎宿 （二黑）

节气：立秋 初四日廿三时五十五分
处暑 二十日十四时四十五分

公历	4	5	6	7	8	9	10	11	12	13	14	15	16	17	18	19	20	21	22	23	24	25	26	27	28	29	30	31	九月	
农历	一	二	三	四	五	六	七	八	九	十	十一	十二	十三	十四	十五	十六	十七	十八	十九	二十	廿一	廿二	廿三	廿四	廿五	廿六	廿七	廿八	廿九	三十
星期	六	日	一	二	三	四	五	六	日	一	二	三	四	五	六	日	一	二	三	四	五	六	日	一	二	三	四	五	六	
干支	丁酉	戊戌	己亥	庚子	辛丑	壬寅	癸卯	甲辰	乙巳	丙午	丁未	戊申	己酉	庚戌	辛亥	壬子	癸丑	甲寅	乙卯	丙辰	丁巳	戊午	己未	庚申	辛酉	壬戌	癸亥	甲子	乙丑	
五行	火	木	木	土	土	金	金	火	火	水	水	土	土	金	金	木	木	水	水	土	土	火	火	木	木	水	水	金	金	
建星	满	平	定	定	执	破	危	成	收	开	闭	建	除	满	平	定	执	破	危	成	收	开	闭	建	除	满	平	定	执	
廿八宿	柳	星	张	翼	轸	角	亢	氐	房	心	尾	箕	斗	牛	女	虚	危	室	壁	奎	娄	胃	昴	毕	觜	参	井	鬼	柳	

八月小建乙酉娄宿 （一白）

节气：白露 初七日三时三分
秋分 廿二日十二时四十分

公历	2	3	4	5	6	7	8	9	10	11	12	13	14	15	16	17	18	19	20	21	22	23	24	25	26	27	28	29	30	
农历	一	二	三	四	五	六	七	八	九	十	十一	十二	十三	十四	十五	十六	十七	十八	十九	二十	廿一	廿二	廿三	廿四	廿五	廿六	廿七	廿八	廿九	三十
星期	日	一	二	三	四	五	六	日	一	二	三	四	五	六	日	一	二	三	四	五	六	日	一	二	三	四	五	六	日	
干支	丙寅	丁卯	戊辰	己巳	庚午	辛未	壬申	癸酉	甲戌	乙亥	丙子	丁丑	戊寅	己卯	庚辰	辛巳	壬午	癸未	甲申	丙辰	丙戌	丁亥	戊子	己丑	庚寅	辛卯	壬辰	癸巳	甲午	
五行	火	火	木	木	土	土	金	金	火	火	水	水	土	土	金	金	木	木	水	水	土	土	火	火	木	木	水	水	金	
建星	破	危	成	收	开	闭	闭	建	除	满	平	定	执	破	危	成	收	开	闭	建	除	满	平	定	执	破	危	成	收	
廿八宿	星	张	翼	轸	角	亢	氐	房	心	尾	箕	斗	牛	女	虚	危	室	壁	奎	娄	胃	昴	毕	觜	参	井	鬼	柳	星	

九月大建丙戌胃宿 （九紫）

节气：寒露 初八日十八时五十八分
霜降 廿三日廿二时十七分

公历	十月	2	3	4	5	6	7	8	9	10	11	12	13	14	15	16	17	18	19	20	21	22	23	24	25	26	27	28	29	30
农历	一	二	三	四	五	六	七	八	九	十	十一	十二	十三	十四	十五	十六	十七	十八	十九	二十	廿一	廿二	廿三	廿四	廿五	廿六	廿七	廿八	廿九	三十
星期	一	二	三	四	五	六	日	一	二	三	四	五	六	日	一	二	三	四	五	六	日	一	二	三	四	五	六	日	一	二
干支	乙未	丙申	丁酉	戊戌	己亥	庚子	辛丑	壬寅	癸卯	甲辰	乙巳	丙午	丁未	戊申	己酉	庚戌	辛亥	壬子	癸丑	甲寅	乙卯	丙辰	丁巳	戊午	己未	庚申	辛酉	壬戌	癸亥	甲子
五行	金	火	火	木	木	土	土	金	金	火	火	水	水	土	土	金	金	木	木	水	水	土	土	火	火	木	木	水	水	金
建星	开	闭	闭	建	除	满	平	定	执	破	危	成	收	开	闭	建	除	满	平	定	执	破	危	成	收	开	闭	建	除	满
廿八宿	张	翼	轸	角	亢	氐	房	心	尾	箕	斗	牛	女	虚	危	室	壁	奎	娄	胃	昴	毕	觜	参	井	鬼	柳	星	张	翼

岁次：乙卯	公元 2035 年（大溪水）			木兔
太岁：万清	年一白星	地泽临卦	一水四运	尾

十月大建丁亥昴宿 （八白）

节气：立冬 初八日廿二时廿五分；小雪 廿三日二十时四分

公历	31	1月	2	3	4	5	6	7	8	9	10	11	12	13	14	15	16	17	18	19	20	21	22	23	24	25	26	27	28	29
农历	一	二	三	四	五	六	七	八	九	十	十一	十二	十三	十四	十五	十六	十七	十八	十九	二十	廿一	廿二	廿三	廿四	廿五	廿六	廿七	廿八	廿九	三十
星期	三	四	五	六	日	一	二	三	四	五	六	日	一	二	三	四	五	六	日	一	二	三	四	五	六	日	一	二	三	四
干支	乙丑	丙寅	丁卯	戊辰	己巳	庚午	辛未	壬申	癸酉	甲戌	乙亥	丙子	丁丑	戊寅	己卯	庚辰	辛巳	壬午	癸未	甲申	乙酉	丙戌	丁亥	戊子	己丑	庚寅	辛卯	壬辰	癸巳	甲午
五行	金	火	火	木	木	土	土	金	金	火	火	水	水	土	土	金	金	木	木	水	水	土	土	火	火	木	木	水	水	金
建星	平	定	执	破	危	成	收	收	开	闭	建	除	满	平	定	执	破	危	成	收	开	闭	建	除	满	平	定	执	破	危
廿八宿	轸	角	亢	氐	房	心	尾	箕	斗	牛	女	虚	危	室	壁	奎	娄	胃	昴	毕	觜	参	井	鬼	柳	星	张	翼	轸	角

十一月小建戊子毕宿 （七赤）

节气：大雪 初八日十五时廿六分；冬至 廿三日九时卅一分

公历	30	2月	2	3	4	5	6	7	8	9	10	11	12	13	14	15	16	17	18	19	20	21	22	23	24	25	26	27	28	
农历	一	二	三	四	五	六	七	八	九	十	十一	十二	十三	十四	十五	十六	十七	十八	十九	二十	廿一	廿二	廿三	廿四	廿五	廿六	廿七	廿八	廿九	三十
星期	五	六	日	一	二	三	四	五	六	日	一	二	三	四	五	六	日	一	二	三	四	五	六	日	一	二	三	四	五	
干支	乙未	丙申	丁酉	戊戌	己亥	庚子	辛丑	壬寅	癸卯	甲辰	乙巳	丙午	丁未	戊申	己酉	庚戌	辛亥	壬子	癸丑	甲寅	乙卯	丙辰	丁巳	戊午	己未	庚申	辛酉	壬戌	癸亥	
五行	金	火	火	木	木	土	土	金	金	火	火	水	水	土	土	金	金	木	木	水	水	土	土	火	火	木	木	水	水	
建星	成	收	开	闭	建	除	满	满	平	定	执	破	危	成	收	开	闭	建	除	满	平	定	执	破	危	成	收	开	闭	
廿八宿	亢	氐	房	心	尾	箕	斗	牛	女	虚	危	室	壁	奎	娄	胃	昴	毕	觜	参	井	鬼	柳	星	张	翼	轸	角	亢	

十二月大建己丑觜宿 （六白）

节气：小寒 初九日二时四十四分；大寒 廿三日二十时十一分

公历	29	30	31	1月	2	3	4	5	6	7	8	9	10	11	12	13	14	15	16	17	18	19	20	21	22	23	24	25	26	27
农历	一	二	三	四	五	六	七	八	九	十	十一	十二	十三	十四	十五	十六	十七	十八	十九	二十	廿一	廿二	廿三	廿四	廿五	廿六	廿七	廿八	廿九	三十
星期	六	日	一	二	三	四	五	六	日	一	二	三	四	五	六	日	一	二	三	四	五	六	日	一	二	三	四	五	六	日
干支	甲子	乙丑	丙寅	丁卯	戊辰	己巳	庚午	辛未	壬申	癸酉	甲戌	乙亥	丙子	丁丑	戊寅	己卯	庚辰	辛巳	壬午	癸未	甲申	乙酉	丙戌	丁亥	戊子	己丑	庚寅	辛卯	壬辰	癸巳
五行	金	金	火	火	木	木	土	土	金	金	火	火	水	水	土	土	金	金	木	木	水	水	土	土	火	火	木	木	水	水
建星	建	除	满	平	定	执	破	危	危	成	收	开	闭	建	除	满	平	定	执	破	危	成	收	开	闭	建	除	满	平	定
廿八宿	氐	房	心	尾	箕	斗	牛	女	虚	危	室	壁	奎	娄	胃	昴	毕	觜	参	井	鬼	柳	星	张	翼	轸	角	亢	氐	房

岁次：丙辰	公元2036年（沙中土）			火龙
太岁：辛亚	年九紫星	兑为泽卦	四金一运	箕

正月大建庚寅参宿 （五黄）

节气：立春 初八日十四时二十分
雨水 廿三日十时廿四分

公历	28	29	30	31	二月	2	3	4	5	6	7	8	9	10	11	12	13	14	15	16	17	18	19	20	21	22	23	24	25	26
农历	一	二	三	四	五	六	七	八	九	十	十一	十二	十三	十四	十五	十六	十七	十八	十九	二十	廿一	廿二	廿三	廿四	廿五	廿六	廿七	廿八	廿九	三十
星期	一	二	三	四	五	六	日	一	二	三	四	五	六	日	一	二	三	四	五	六	日	一	二	三	四	五	六	日	一	二
干支	甲午	乙未	丙申	丁酉	戊戌	己亥	庚子	辛丑	壬寅	癸卯	甲辰	乙巳	丙午	丁未	戊申	己酉	庚戌	辛亥	壬子	癸丑	甲寅	乙卯	丙辰	丁巳	戊午	己未	庚申	辛酉	壬戌	癸亥
五行	金	金	火	火	木	木	土	土	金	金	火	火	水	水	土	土	金	金	木	木	水	水	土	土	火	火	木	木	水	水
建星	执	破	危	成	收	开	闭	闭	建	除	满	平	定	执	破	危	成	收	开	闭	建	除	满	平	定	执	破	危	成	收
廿八宿	心	尾	箕	斗	牛	女	虚	危	室	壁	奎	娄	胃	昴	毕	觜	参	井	鬼	柳	星	张	翼	轸	角	亢	氐	房	心	尾

二月大建辛卯井宿 （四绿）

节气：惊蛰 初八日八时十二分
春分 廿三日九时三分

公历	27	28	29	三月	2	3	4	5	6	7	8	9	10	11	12	13	14	15	16	17	18	19	20	21	22	23	24	25	26	27
农历	一	二	三	四	五	六	七	八	九	十	十一	十二	十三	十四	十五	十六	十七	十八	十九	二十	廿一	廿二	廿三	廿四	廿五	廿六	廿七	廿八	廿九	三十
星期	三	四	五	六	日	一	二	三	四	五	六	日	一	二	三	四	五	六	日	一	二	三	四	五	六	日	一	二	三	四
干支	甲子	乙丑	丙寅	丁卯	戊辰	己巳	庚午	辛未	壬申	癸酉	甲戌	乙亥	丙子	丁丑	戊寅	己卯	庚辰	辛巳	壬午	癸未	甲申	乙酉	丙戌	丁亥	戊子	己丑	庚寅	辛卯	壬辰	癸巳
五行	金	金	火	火	木	木	土	土	金	金	火	火	水	水	土	土	金	金	木	木	水	水	土	土	火	火	木	木	水	水
建星	开	闭	建	除	满	平	定	定	执	破	危	成	收	开	闭	建	除	满	平	定	执	破	危	成	收	开	闭	建	除	满
廿八宿	箕	斗	牛	女	虚	危	室	壁	奎	娄	胃	昴	毕	觜	参	井	鬼	柳	星	张	翼	轸	角	亢	氐	房	心	尾	箕	斗

三月小建壬辰鬼宿 （三碧）

节气：清明 初八日十二时四十六分
谷雨 廿三日十九时五十分

公历	28	29	30	31	四月	2	3	4	5	6	7	8	9	10	11	12	13	14	15	16	17	18	19	20	21	22	23	24	25	
农历	一	二	三	四	五	六	七	八	九	十	十一	十二	十三	十四	十五	十六	十七	十八	十九	二十	廿一	廿二	廿三	廿四	廿五	廿六	廿七	廿八	廿九	三十
星期	五	六	日	一	二	三	四	五	六	日	一	二	三	四	五	六	日	一	二	三	四	五	六	日	一	二	三	四	五	
干支	甲午	乙未	丙申	丁酉	戊戌	己亥	庚子	辛丑	壬寅	癸卯	甲辰	乙巳	丙午	丁未	戊申	己酉	庚戌	辛亥	壬子	癸丑	甲寅	乙卯	丙辰	丁巳	戊午	己未	庚申	辛酉	壬戌	
五行	金	金	火	火	木	木	土	土	金	金	火	火	水	水	土	土	金	金	木	木	水	水	土	土	火	火	木	木	水	
建星	平	定	执	破	危	成	收	收	开	闭	建	除	满	平	定	执	破	危	成	收	开	闭	建	除	满	平	定	执	破	
廿八宿	牛	女	虚	危	室	壁	奎	娄	胃	昴	毕	觜	参	井	鬼	柳	星	张	翼	轸	角	亢	氐	房	心	尾	箕	斗	牛	

岁次：丙辰	公元 2036 年（沙中土）			火龙
太岁：辛亚	年九紫星	兑为泽卦	四金一运	箕

四月大建癸巳柳宿 （二黑）

节气：立夏 初十日五时四十九分
小满 廿五日十八时四十六分

公历	26	27	28	29	30	五月	2	3	4	5	6	7	8	9	10	11	12	13	14	15	16	17	18	19	20	21	22	23	24	25
农历	一	二	三	四	五	六	七	八	九	十	十一	十二	十三	十四	十五	十六	十七	十八	十九	二十	廿一	廿二	廿三	廿四	廿五	廿六	廿七	廿八	廿九	三十
星期	六	日	一	二	三	四	五	六	日	一	二	三	四	五	六	日	一	二	三	四	五	六	日	一	二	三	四	五	六	日
干支	癸亥	甲子	乙丑	丙寅	丁卯	戊辰	己巳	庚午	辛未	壬申	癸酉	甲戌	乙亥	丙子	丁丑	戊寅	己卯	庚辰	辛巳	壬午	癸未	甲申	乙酉	丙戌	丁亥	戊子	己丑	庚寅	辛卯	壬辰
五行	水	金	金	火	火	木	木	土	土	金	金	火	火	水	水	土	土	金	金	木	木	水	水	土	土	火	火	木	木	水
建星	危	成	收	开	闭	建	除	满	平	平	定	执	破	危	成	收	开	闭	建	除	满	平	定	执	破	危	成	收	开	闭
廿八宿	女	虚	危	室	壁	奎	娄	胃	昴	毕	觜	参	井	鬼	柳	星	张	翼	轸	角	亢	氐	房	心	尾	箕	斗	牛	女	虚

五月小建甲午星宿 （一白）

节气：芒种 十一日九时四十七分
夏至 廿七日二时卅二分

公历	26	27	28	29	30	31	六月	2	3	4	5	6	7	8	9	10	11	12	13	14	15	16	17	18	19	20	21	22	23	
农历	一	二	三	四	五	六	七	八	九	十	十一	十二	十三	十四	十五	十六	十七	十八	十九	二十	廿一	廿二	廿三	廿四	廿五	廿六	廿七	廿八	廿九	三十
星期	一	二	三	四	五	六	日	一	二	三	四	五	六	日	一	二	三	四	五	六	日	一	二	三	四	五	六	日	一	
干支	癸巳	甲午	乙未	丙申	丁酉	戊戌	己亥	庚子	辛丑	壬寅	癸卯	甲辰	乙巳	丙午	丁未	戊申	己酉	庚戌	辛亥	壬子	癸丑	甲寅	乙卯	丙辰	丁巳	戊午	己未	庚申	辛酉	
五行	水	金	金	火	火	木	木	土	土	金	金	火	火	水	水	土	土	金	金	木	木	水	水	土	土	火	火	木	木	
建星	建	除	满	平	平	定	执	破	危	成	收	开	闭	建	除	满	平	定	执	破	危	成	收	开	闭	建	除	满	平	
廿八宿	危	室	壁	奎	娄	胃	昴	毕	觜	参	井	鬼	柳	星	张	翼	轸	角	亢	氐	房	心	尾	箕	斗	牛	女	虚	危	

六月小建乙未张宿 （九紫）

节气：小暑 十三日十九时五十七分
大暑 廿九日十三时廿三分

公历	24252627			28	29	30	31	七月	2	3	4	5	6	7	8	9	10	11	12	13	14	15	16	17	18	19	20	21	22	
农历	一	二	三	四	五	六	七	八	九	十	十一	十二	十三	十四	十五	十六	十七	十八	十九	二十	廿一	廿二	廿三	廿四	廿五	廿六	廿七	廿八	廿九	三十
星期	二	三	四	五	六	日	一	二	三	四	五	六	日	一	二	三	四	五	六	日	一	二	三	四	五	六	日	一	二	
干支	壬戌	癸亥	甲子	乙丑	丙寅	丁卯	戊辰	己巳	庚午	辛未	壬申	癸酉	甲戌	乙亥	丙子	丁丑	戊寅	己卯	庚辰	辛巳	壬午	癸未	甲申	乙酉	丙戌	丁亥	戊子	己丑	庚寅	
五行	水	水	金	金	火	火	木	木	土	土	金	金	火	火	水	水	土	土	金	金	木	木	水	水	土	土	火	火	木	
建星	定	执	破	危	成	收	开	闭	建	除	满	平	平	定	执	破	危	成	收	开	闭	建	除	满	平	定	执	破	危	
廿八宿	危	室	壁	奎	娄	胃	昴	毕	觜	参	井	鬼	柳	星	张	翼	轸	角	亢	氐	房	心	尾	箕	斗	牛	女	虚	危	

岁次：丙辰	公元2036年（沙中土）			火龙
太岁：辛亚	年九紫星	兑为泽卦	四金一运	箕

闰六月大　　　　节气：立秋　十六日五时四十九分

公历	23	24	25	26	27	28	29	30	31	八月	2	3	4	5	6	7	8	9	10	11	12	13	14	15	16	17	18	19	20	21
农历	一	二	三	四	五	六	七	八	九	十	十一	十二	十三	十四	十五	十六	十七	十八	十九	二十	廿一	廿二	廿三	廿四	廿五	廿六	廿七	廿八	廿九	三十
星期	三	四	五	六	日	一	二	三	四	五	六	日	一	二	三	四	五	六	日	一	二	三	四	五	六	日	一	二	三	四
干支	辛卯	壬辰	癸巳	甲午	乙未	丙申	丁酉	戊戌	己亥	庚子	辛丑	壬寅	癸卯	甲辰	乙巳	丙午	丁未	戊申	己酉	庚戌	辛亥	壬子	癸丑	甲寅	乙卯	丙辰	丁巳	戊午	己未	庚申
五行	木	水	水	金	金	火	火	木	木	土	土	金	金	火	火	水	水	土	土	金	金	木	木	水	水	土	土	火	火	木
建星	成	收	开	闭	建	除	满	平	定	执	破	危	成	收	开	开	闭	建	除	满	平	定	执	破	危	成	收	开	闭	建
廿八宿	壁	奎	娄	胃	昴	毕	觜	参	井	鬼	柳	星	张	翼	轸	角	亢	氐	房	心	尾	箕	斗	牛	女	虚	危	室	壁	奎

七月小建丙申翼宿　（八白）　　　　节气：处暑　初一日二十时卅三分
白露　十七日八时五十六分

公历	22	23	24	25	26	27	28	29	30	31	九月	2	3	4	5	6	7	8	9	10	11	12	13	14	15	16	17	18	19	
农历	一	二	三	四	五	六	七	八	九	十	十一	十二	十三	十四	十五	十六	十七	十八	十九	二十	廿一	廿二	廿三	廿四	廿五	廿六	廿七	廿八	廿九	三十
星期	五	六	日	一	二	三	四	五	六	日	一	二	三	四	五	六	日	一	二	三	四	五	六	日	一	二	三	四	五	
干支	辛酉	壬戌	癸亥	甲子	乙丑	丙寅	丁卯	戊辰	己巳	庚午	辛未	壬申	癸酉	甲戌	乙亥	丙子	丁丑	戊寅	己卯	庚辰	辛巳	壬午	癸未	甲申	乙酉	丙戌	丁亥	戊子	己丑	
五行	木	水	水	金	金	火	火	木	木	土	土	金	金	火	火	水	水	土	土	金	金	木	木	水	水	土	土	火	火	
建星	除	满	平	定	执	破	危	成	收	开	闭	建	除	满	平	定	定	执	破	危	成	收	开	闭	建	除	满	平	定	
廿八宿	娄	胃	昴	毕	觜	参	井	鬼	柳	星	张	翼	轸	角	亢	氐	房	心	尾	箕	斗	牛	女	虚	危	室	壁	奎	娄	

八月小建丁酉轸宿　（七赤）　　　　节气：秋分　初三日十八时廿四分
寒露　十九日零时五十分

公历	20	21	22	23	24	25	26	27	28	29	30	十月	2	3	4	5	6	7	8	9	10	11	12	13	14	15	16	17	18	
农历	一	二	三	四	五	六	七	八	九	十	十一	十二	十三	十四	十五	十六	十七	十八	十九	二十	廿一	廿二	廿三	廿四	廿五	廿六	廿七	廿八	廿九	三十
星期	六	日	一	二	三	四	五	六	日	一	二	三	四	五	六	日	一	二	三	四	五	六	日	一	二	三	四	五	六	
干支	庚寅	辛卯	壬辰	癸巳	甲午	乙未	丙申	丁酉	戊戌	己亥	庚子	辛丑	壬寅	癸卯	甲辰	乙巳	丙午	丁未	戊申	己酉	庚戌	辛亥	壬子	癸丑	甲寅	乙卯	丙辰	丁巳	戊午	
五行	木	木	水	水	金	金	火	火	木	木	土	土	金	金	火	火	水	水	土	土	金	金	木	木	水	水	土	土	火	
建星	执	破	危	成	收	开	闭	建	除	满	平	定	执	破	危	成	收	开	开	闭	建	除	满	平	定	执	破	危	成	
廿八宿	胃	昴	毕	觜	参	井	鬼	柳	星	张	翼	轸	角	亢	氐	房	心	尾	箕	斗	牛	女	虚	危	室	壁	奎	娄	胃	

岁次:丙辰	公元2036年(沙中土)			火龙
太岁:辛亚	年九紫星	兑为泽卦	四金一运	箕

九月大建戊戌角宿 (六 白)　节气:霜降 初五日三时五十九分 立冬 二十日四时十五分

公历	19	20	21	22	23	24	25	26	27	28	29	30	31	11月	2	3	4	5	6	7	8	9	10	11	12	13	14	15	16	17
农历	一	二	三	四	五	六	七	八	九	十	十一	十二	十三	十四	十五	十六	十七	十八	十九	二十	廿一	廿二	廿三	廿四	廿五	廿六	廿七	廿八	廿九	三十
星期	日	一	二	三	四	五	六	日	一	二	三	四	五	六	日	一	二	三	四	五	六	日	一	二	三	四	五	六	日	一
干支	己未	庚申	辛酉	壬戌	癸亥	甲子	乙丑	丙寅	丁卯	戊辰	己巳	庚午	辛未	壬申	癸酉	甲戌	乙亥	丙子	丁丑	戊寅	己卯	庚辰	辛巳	壬午	癸未	甲申	乙酉	丙戌	丁亥	戊子
五行	火	木	木	水	水	金	金	火	火	木	木	土	土	金	金	火	火	水	水	土	土	金	金	木	木	水	水	土	土	火
建星	收	开	闭	建	除	满	平	定	执	破	危	成	收	开	闭	建	除	满	平	平	定	执	破	危	成	收	开	闭	建	除
廿八宿	昴	毕	觜	参	井	鬼	柳	星	张	翼	轸	角	亢	氐	房	心	尾	箕	斗	牛	女	虚	危	室	壁	奎	娄	胃	昴	毕

十月小建己亥亢宿 (五 黄)　节气:小雪 初五日一时四十六分 大雪 十九日廿一时十六分

公历	18	19	20	21	22	23	24	25	26	27	28	29	30	12月	2	3	4	5	6	7	8	9	10	11	12	13	14	15	16	
农历	一	二	三	四	五	六	七	八	九	十	十一	十二	十三	十四	十五	十六	十七	十八	十九	二十	廿一	廿二	廿三	廿四	廿五	廿六	廿七	廿八	廿九	三十
星期	二	三	四	五	六	日	一	二	三	四	五	六	日	一	二	三	四	五	六	日	一	二	三	四	五	六	日	一	二	
干支	己丑	庚寅	辛卯	壬辰	癸巳	甲午	乙未	丙申	丁酉	戊戌	己亥	庚子	辛丑	壬寅	癸卯	甲辰	乙巳	丙午	丁未	戊申	己酉	庚戌	辛亥	壬子	癸丑	甲寅	乙卯	丙辰	丁巳	
五行	火	木	木	水	水	金	金	火	火	木	木	土	土	金	金	火	火	水	水	土	土	金	金	木	木	水	水	土	土	
建星	满	平	定	执	破	危	成	收	开	闭	建	除	满	平	定	执	破	危	危	成	收	开	闭	建	除	满	平	定	执	
廿八宿	觜	参	井	鬼	柳	星	张	翼	轸	角	亢	氐	房	心	尾	箕	斗	牛	女	虚	危	室	壁	奎	娄	胃	昴	毕	觜	

十一月大建庚子氐宿 (四 绿)　节气:冬至 初五日十五时十三分 小寒 二十日八时卅五分

公历	17	18	19	20	21	22	23	24	25	26	27	28	29	30	31	1月	2	3	4	5	6	7	8	9	10	11	12	13	14	15
农历	一	二	三	四	五	六	七	八	九	十	十一	十二	十三	十四	十五	十六	十七	十八	十九	二十	廿一	廿二	廿三	廿四	廿五	廿六	廿七	廿八	廿九	三十
星期	三	四	五	六	日	一	二	三	四	五	六	日	一	二	三	四	五	六	日	一	二	三	四	五	六	日	一	二	三	四
干支	戊午	己未	庚申	辛酉	壬戌	癸亥	甲子	乙丑	丙寅	丁卯	戊辰	己巳	庚午	辛未	壬申	癸酉	甲戌	乙亥	丙子	丁丑	戊寅	己卯	庚辰	辛巳	壬午	癸未	甲申	乙酉	丙戌	丁亥
五行	火	火	木	木	水	水	金	金	火	火	木	木	土	土	金	金	火	火	水	水	土	土	金	金	木	木	水	水	土	土
建星	破	危	成	收	开	闭	建	除	满	平	定	执	破	危	成	收	开	闭	建	建	除	满	平	定	执	破	危	成	收	开
廿八宿	参	井	鬼	柳	星	张	翼	轸	角	亢	氐	房	心	尾	箕	斗	牛	女	虚	危	室	壁	奎	娄	胃	昴	毕	觜	参	井

十二月大建辛丑房宿 (三 碧)　节气:大寒 初五日一时五十四分 立春 十九日二十时十二分

公历	16	17	18	19	20	21	22	23	24	25	26	27	28	29	30	31	2月	2	3	4	5	6	7	8	9	10	11	12	13	14
农历	一	二	三	四	五	六	七	八	九	十	十一	十二	十三	十四	十五	十六	十七	十八	十九	二十	廿一	廿二	廿三	廿四	廿五	廿六	廿七	廿八	廿九	三十
星期	五	六	日	一	二	三	四	五	六	日	一	二	三	四	五	六	日	一	二	三	四	五	六	日	一	二	三	四	五	六
干支	戊子	己丑	庚寅	辛卯	壬辰	癸巳	甲午	乙未	丙申	丁酉	戊戌	己亥	庚子	辛丑	壬寅	癸卯	甲辰	乙巳	丙午	丁未	戊申	己酉	庚戌	辛亥	壬子	癸丑	甲寅	乙卯	丙辰	丁巳
五行	火	火	木	木	水	水	金	金	火	火	木	木	土	土	金	金	火	火	水	水	土	土	金	金	木	木	水	水	土	土
建星	破	危	成	收	开	闭	建	除	满	平	定	执	破	危	成	收	开	闭	建	建	除	满	平	定	执	破	危	成	收	开
廿八宿	参	井	鬼	柳	星	张	翼	轸	角	亢	氐	房	心	尾	箕	斗	牛	女	虚	危	室	壁	奎	娄	胃	昴	毕	觜	参	井

岁次：丁巳	公元2037年（沙中土）			火蛇
太岁：杨彦	年八白星	风天小畜卦	二火八运	斗

正月大建壬寅心宿　（二黑）

节气：雨水　初四日十五时五十九分
惊蛰　十九日十四时六分

公历	15	16	17	18	19	20	21	22	23	24	25	26	27	28	三月	2	3	4	5	6	7	8	9	10	11	12	13	14	15	16
农历	一	二	三	四	五	六	七	八	九	十	十一	十二	十三	十四	十五	十六	十七	十八	十九	二十	廿一	廿二	廿三	廿四	廿五	廿六	廿七	廿八	廿九	三十
星期	日	一	二	三	四	五	六	日	一	二	三	四	五	六	日	一	二	三	四	五	六	日	一	二	三	四	五	六	日	一
干支	戊午	己未	庚申	辛酉	壬戌	癸亥	甲子	乙丑	丙寅	丁卯	戊辰	己巳	庚午	辛未	壬申	癸酉	甲戌	乙亥	丙子	丁丑	戊寅	己卯	庚辰	辛巳	壬午	癸未	甲申	乙酉	丙戌	丁亥
五行	火	火	木	木	水	水	金	金	火	火	木	木	土	土	金	金	火	火	水	水	土	土	金	金	木	木	水	水	土	土
建星	定	执	破	危	成	收	开	闭	建	除	满	平	定	执	破	危	成	收	收	开	闭	建	除	满	平	定	执	破	危	成
廿八宿	星	张	翼	轸	角	亢	氐	房	心	尾	箕	斗	牛	女	虚	危	室	壁	奎	娄	胃	昴	毕	觜	参	井	鬼	柳	星	张

二月大建癸卯尾宿　（一白）

节气：春分　初四日十四时五十分
清明　十九日十八时四十四分

公历	17	18	19	20	21	22	23	24	25	26	27	28	29	30	31	四月	2	3	4	5	6	7	8	9	10	11	12	13	14	15
农历	一	二	三	四	五	六	七	八	九	十	十一	十二	十三	十四	十五	十六	十七	十八	十九	二十	廿一	廿二	廿三	廿四	廿五	廿六	廿七	廿八	廿九	三十
星期	二	三	四	五	六	日	一	二	三	四	五	六	日	一	二	三	四	五	六	日	一	二	三	四	五	六	日	一	二	三
干支	戊子	己丑	庚寅	辛卯	壬辰	癸巳	甲午	乙未	丙申	丁酉	戊戌	己亥	庚子	辛丑	壬寅	癸卯	甲辰	乙巳	丙午	丁未	戊申	己酉	庚戌	辛亥	壬子	癸丑	甲寅	乙卯	丙辰	丁巳
五行	火	火	木	木	水	水	金	金	火	火	木	木	土	土	金	金	火	火	水	水	土	土	金	金	木	木	水	水	土	土
建星	收	开	闭	建	除	满	平	定	执	破	危	成	收	开	闭	建	除	满	满	平	定	执	破	危	成	收	开	闭	建	除
廿八宿	翼	轸	角	亢	氐	房	心	尾	箕	斗	牛	女	虚	危	室	壁	奎	娄	胃	昴	毕	觜	参	井	鬼	柳	星	张	翼	轸

三月小建甲辰箕宿　（九紫）

节气：谷雨　初五日一时四十一分
立夏　二十日十一时五十分

公历	16	17	18	19	20	21	22	23	24	25	26	27	28	29	30	五月	2	3	4	5	6	7	8	9	10	11	12	13	14	
农历	一	二	三	四	五	六	七	八	九	十	十一	十二	十三	十四	十五	十六	十七	十八	十九	二十	廿一	廿二	廿三	廿四	廿五	廿六	廿七	廿八	廿九	三十
星期	四	五	六	日	一	二	三	四	五	六	日	一	二	三	四	五	六	日	一	二	三	四	五	六	日	一	二	三	四	
干支	戊午	己未	庚申	辛酉	壬戌	癸亥	甲子	乙丑	丙寅	丁卯	戊辰	己巳	庚午	辛未	壬申	癸酉	甲戌	乙亥	丙子	丁丑	戊寅	己卯	庚辰	辛巳	壬午	癸未	甲申	乙酉	丙戌	
五行	火	火	木	木	水	水	金	金	火	火	木	木	土	土	金	金	火	火	水	水	土	土	金	金	木	木	水	水	土	
建星	满	平	定	执	破	危	成	收	开	闭	建	除	满	平	定	执	破	危	成	成	收	开	闭	建	除	满	平	定	执	
廿八宿	角	亢	氐	房	心	尾	箕	斗	牛	女	虚	危	室	壁	奎	娄	胃	昴	毕	觜	参	井	鬼	柳	星	张	翼	轸	角	

岁次：丁巳	公元2037年（沙中土）			火蛇
太岁：杨彦	年八白星	风天小畜卦	二火八运	斗

四月大建乙巳斗宿 （八白）

节气：小满 初七日零时卅六分
芒种 廿二日十五时四十七分

公历	15	16	17	18	19	20	21	22	23	24	25	26	27	28	29	30	31	六月	2	3	4	5	6	7	8	9	10	11	12	13
农历	一	二	三	四	五	六	七	八	九	十	十一	十二	十三	十四	十五	十六	十七	十八	十九	二十	廿一	廿二	廿三	廿四	廿五	廿六	廿七	廿八	廿九	三十
星期	五	六	日	一	二	三	四	五	六	日	一	二	三	四	五	六	日	一	二	三	四	五	六	日	一	二	三	四	五	六
干支	丁亥	戊子	己丑	庚寅	辛卯	壬辰	癸巳	甲午	乙未	丙申	丁酉	戊戌	己亥	庚子	辛丑	壬寅	癸卯	甲辰	乙巳	丙午	丁未	戊申	己酉	庚戌	辛亥	壬子	癸丑	甲寅	乙卯	丙辰
五行	土	火	火	木	木	水	水	金	金	火	火	木	木	土	土	金	金	火	火	水	水	土	土	金	金	木	木	水	水	土
建星	破	危	成	收	开	闭	建	除	满	平	定	执	破	危	成	收	开	闭	建	除	满	满	平	定	执	破	危	成	收	开
廿八宿	亢	氐	房	心	尾	箕	斗	牛	女	虚	危	室	壁	奎	娄	胃	昴	毕	觜	参	井	鬼	柳	星	张	翼	轸	角	亢	氐

五月小建丙午牛宿 （七赤）

节气：夏至 初八日八时廿三分
小暑 廿四日一时五十六分

公历	14	15	16	17	18	19	20	21	22	23	24	25	26	27	28	29	30	七月	2	3	4	5	6	7	8	9	10	11	12	
农历	一	二	三	四	五	六	七	八	九	十	十一	十二	十三	十四	十五	十六	十七	十八	十九	二十	廿一	廿二	廿三	廿四	廿五	廿六	廿七	廿八	廿九	三十
星期	日	一	二	三	四	五	六	日	一	二	三	四	五	六	日	一	二	三	四	五	六	日	一	二	三	四	五	六	日	
干支	丁巳	戊午	己未	庚申	辛酉	壬戌	癸亥	甲子	乙丑	丙寅	丁卯	戊辰	己巳	庚午	辛未	壬申	癸酉	甲戌	乙亥	丙子	丁丑	戊寅	己卯	庚辰	辛巳	壬午	癸未	甲申	乙酉	
五行	土	火	火	木	木	水	水	金	金	火	火	木	木	土	土	金	金	火	火	水	水	土	土	金	金	木	木	水	水	
建星	闭	建	除	满	平	定	执	破	危	成	收	开	闭	建	除	满	平	定	执	破	危	成	收	收	开	闭	建	除	满	
廿八宿	房	心	尾	箕	斗	牛	女	虚	危	室	壁	奎	娄	胃	昴	毕	觜	参	井	鬼	柳	星	张	翼	轸	角	亢	氐	房	

六月小建丁未女宿 （六白）

节气：大暑 初十日十九时十三分
立秋 廿六日十一时四十三分

公历	13	14	15	16	17	18	19	20	21	22	23	24	25	26	27	28	29	30	31	八月	2	3	4	5	6	7	8	9	10	
农历	一	二	三	四	五	六	七	八	九	十	十一	十二	十三	十四	十五	十六	十七	十八	十九	二十	廿一	廿二	廿三	廿四	廿五	廿六	廿七	廿八	廿九	三十
星期	一	二	三	四	五	六	日	一	二	三	四	五	六	日	一	二	三	四	五	六	日	一	二	三	四	五	六	日	一	
干支	丙戌	丁亥	戊子	己丑	庚寅	辛卯	壬辰	癸巳	甲午	乙未	丙申	丁酉	戊戌	己亥	庚子	辛丑	壬寅	癸卯	甲辰	乙巳	丙午	丁未	戊申	己酉	庚戌	辛亥	壬子	癸丑	甲寅	
五行	土	土	火	火	木	木	水	水	金	金	火	火	木	木	土	土	金	金	火	火	水	水	土	土	金	金	木	木	水	
建星	平	定	执	破	危	成	收	开	闭	建	除	满	平	定	执	破	危	成	收	开	闭	建	除	满	平	平	定	执	破	
廿八宿	房	心	尾	箕	斗	牛	女	虚	危	室	壁	奎	娄	胃	昴	毕	觜	参	井	鬼	柳	星	张	翼	轸	角	亢	氐	房	

岁次：丁巳	公元2037年（沙中土）			火蛇
太岁：杨彦	年八白星	风天小畜卦	二火八运	斗

七月大建戊申虚宿 （五 黄）

节气：处暑 十三日二时廿二分
白露 廿八日十四时四十六分

公历	11	12	13	14	15	16	17	18	19	20	21	22	23	24	25	26	27	28	29	30	31	九月	2	3	4	5	6	7	8	9
农历	一	二	三	四	五	六	七	八	九	十	十一	十二	十三	十四	十五	十六	十七	十八	十九	二十	廿一	廿二	廿三	廿四	廿五	廿六	廿七	廿八	廿九	三十
星期	二	三	四	五	六	日	一	二	三	四	五	六	日	一	二	三	四	五	六	日	一	二	三	四	五	六	日	一	二	三
干支	乙卯	丙辰	丁巳	戊午	己未	庚申	辛酉	壬戌	癸亥	甲子	乙丑	丙寅	丁卯	戊辰	己巳	庚午	辛未	壬申	癸酉	甲戌	乙亥	丙子	丁丑	戊寅	己卯	庚辰	辛巳	壬午	癸未	甲申
五行	水	土	土	火	火	木	木	水	水	金	金	火	火	木	木	土	土	金	金	火	火	水	水	土	土	金	金	木	木	水
建星	危	成	收	开	闭	建	除	满	平	定	执	破	危	成	收	开	闭	建	除	满	平	定	执	破	危	成	收	收	开	闭
廿八宿	尾	箕	斗	牛	女	虚	危	室	壁	奎	娄	胃	昴	毕	觜	参	井	鬼	柳	星	张	翼	轸	角	亢	氐	房	心	尾	箕

八月小建己酉危宿 （四 绿）

节气：秋分 十四日零时十四分
寒露 廿九日六时卅九分

公历	10	11	12	13	14	15	16	17	18	19	20	21	22	23	24	25	26	27	28	29	30	十月	2	3	4	5	6	7	8	
农历	一	二	三	四	五	六	七	八	九	十	十一	十二	十三	十四	十五	十六	十七	十八	十九	二十	廿一	廿二	廿三	廿四	廿五	廿六	廿七	廿八	廿九	三十
星期	四	五	六	日	一	二	三	四	五	六	日	一	二	三	四	五	六	日	一	二	三	四	五	六	日	一	二	三	四	
干支	乙酉	丙戌	丁亥	戊子	己丑	庚寅	辛卯	壬辰	癸巳	甲午	乙未	丙申	丁酉	戊戌	己亥	庚子	辛丑	壬寅	癸卯	甲辰	乙巳	丙午	丁未	戊申	己酉	庚戌	辛亥	壬子	癸丑	
五行	水	土	土	火	火	木	木	水	水	金	金	火	火	木	木	土	土	金	金	火	火	水	水	土	土	金	金	木	木	
建星	建	除	满	平	定	执	破	危	成	收	开	闭	建	除	满	平	定	执	破	危	成	收	开	闭	建	除	满	平	平	
廿八宿	斗	牛	女	虚	危	室	壁	奎	娄	胃	昴	毕	觜	参	井	鬼	柳	星	张	翼	轸	角	亢	氐	房	心	尾	箕	斗	

九月小建庚戌室宿 （三 碧）

节气：霜降 十五日九时五十 分

公历	9	10	11	12	13	14	15	16	17	18	19	20	21	22	23	24	25	26	27	28	29	30	31	十一月	2	3	4	5	6	
农历	一	二	三	四	五	六	七	八	九	十	十一	十二	十三	十四	十五	十六	十七	十八	十九	二十	廿一	廿二	廿三	廿四	廿五	廿六	廿七	廿八	廿九	三十
星期	五	六	日	一	二	三	四	五	六	日	一	二	三	四	五	六	日	一	二	三	四	五	六	日	一	二	三	四	五	
干支	甲寅	乙卯	丙辰	丁巳	戊午	己未	庚申	辛酉	壬戌	癸亥	甲子	乙丑	丙寅	丁卯	戊辰	己巳	庚午	辛未	壬申	癸酉	甲戌	乙亥	丙子	丁丑	戊寅	己卯	庚辰	辛巳	壬午	
五行	水	水	土	土	火	火	木	木	水	水	金	金	火	火	木	木	土	土	金	金	火	火	水	水	土	土	金	金	木	
建星	定	执	破	危	成	收	开	闭	建	除	满	平	定	执	破	危	成	收	开	闭	建	除	满	平	定	执	破	危	成	
廿八宿	牛	女	虚	危	室	壁	奎	娄	胃	昴	毕	觜	参	井	鬼	柳	星	张	翼	轸	角	亢	氐	房	心	尾	箕	斗	牛	

岁次：丁巳	公元2037年（沙中土）			火蛇
太岁：杨彦	年八白星	风天小畜卦	二火八运	斗

十月大建辛亥壁宿 （二黑）

节气：立冬 初一日十时五分
小雪 十六日七时卅九分

公历	7	8	9	10	11	12	13	14	15	16	17	18	19	20	21	22	23	24	25	26	27	28	29	30	2月	2	3	4	5	6
农历	一	二	三	四	五	六	七	八	九	十	十一	十二	十三	十四	十五	十六	十七	十八	十九	二十	廿一	廿二	廿三	廿四	廿五	廿六	廿七	廿八	廿九	三十
星期	六	日	一	二	三	四	五	六	日	一	二	三	四	五	六	日	一	二	三	四	五	六	日	一	二	三	四	五	六	日
干支	癸未	甲申	乙酉	丙戌	丁亥	戊子	己丑	庚寅	辛卯	壬辰	癸巳	甲午	乙未	丙申	丁酉	戊戌	己亥	庚子	辛丑	壬寅	癸卯	甲辰	乙巳	丙午	丁未	戊申	己酉	庚戌	辛亥	壬子
五行	木	水	水	土	土	火	火	木	木	水	水	金	金	火	火	木	木	土	土	金	金	火	火	水	水	土	土	金	金	木
建星	成	收	开	闭	建	除	满	平	定	执	破	危	成	收	开	闭	建	除	满	平	定	执	破	危	成	收	开	闭	建	除
廿八宿	女	虚	危	室	壁	奎	娄	胃	昴	毕	觜	参	井	鬼	柳	星	张	翼	轸	角	亢	氐	房	心	尾	箕	斗	牛	女	虚

十一月小建壬子奎宿 （一白）

节气：大雪 初一日三时八分
冬至 十五日二时八分

公历	7	8	9	10	11	12	13	14	15	16	17	18	19	20	21	22	23	24	25	26	27	28	29	30	31	一月	2	3	4	
农历	一	二	三	四	五	六	七	八	九	十	十一	十二	十三	十四	十五	十六	十七	十八	十九	二十	廿一	廿二	廿三	廿四	廿五	廿六	廿七	廿八	廿九	三十
星期	一	二	三	四	五	六	日	一	二	三	四	五	六	日	一	二	三	四	五	六	日	一	二	三	四	五	六	日	一	
干支	癸丑	甲寅	乙卯	丙辰	丁巳	戊午	己未	庚申	辛酉	壬戌	癸亥	甲子	乙丑	丙寅	丁卯	戊辰	己巳	庚午	辛未	壬申	癸酉	甲戌	乙亥	丙子	丁丑	戊寅	己卯	庚辰	辛巳	
五行	木	水	水	土	土	火	火	木	木	水	水	金	金	慧	慧	木	木	土	土	金	金	火	火	水	水	土	土	金	金	
建星	除	满	平	定	执	破	危	成	收	开	闭	建	除	满	平	定	执	破	危	成	收	开	闭	建	除	满	平	定	执	
廿八宿	危	室	壁	奎	娄	胃	昴	毕	觜	参	井	鬼	柳	星	张	翼	轸	角	亢	氐	房	心	尾	箕	斗	牛	女	虚	危	

十二月大建癸丑娄宿 （九紫）

节气：小寒 初一日十四时廿七分
大寒 十六日七时四十九分

公历	5	6	7	8	9	10	11	12	13	14	15	16	17	18	19	20	21	22	23	24	25	26	27	28	29	30	31	二月	2	3
农历	一	二	三	四	五	六	七	八	九	十	十一	十二	十三	十四	十五	十六	十七	十八	十九	二十	廿一	廿二	廿三	廿四	廿五	廿六	廿七	廿八	廿九	三十
星期	二	三	四	五	六	日	一	二	三	四	五	六	日	一	二	三	四	五	六	日	一	二	三	四	五	六	日	一	二	三
干支	壬午	癸未	甲申	乙酉	丙戌	丁亥	戊子	己丑	庚寅	辛卯	壬辰	癸巳	甲午	乙未	丙申	丁酉	戊戌	己亥	庚子	辛丑	壬寅	癸卯	甲辰	乙巳	丙午	丁未	戊申	己酉	庚戌	辛亥
五行	木	木	水	水	土	土	火	火	木	木	水	水	金	金	火	火	木	木	土	土	金	金	火	火	水	水	土	土	金	金
建星	执	破	危	成	收	开	闭	建	除	满	平	定	执	破	危	成	收	开	闭	建	除	满	平	定	执	破	危	成	收	开
廿八宿	室	壁	奎	娄	胃	昴	毕	觜	参	井	鬼	柳	星	张	翼	轸	角	亢	氐	房	心	尾	箕	斗	牛	女	虚	危	室	壁

岁次：戊午	公元2038年（天上火）			土马
太岁：黎卿	年七赤星	火风鼎卦	三木四运	牛

正月大建甲寅胃宿 （八白）

节气：立春 初一日二时四分
雨水 十五日廿一时五十二分

公历	4	5	6	7	8	9	10	11	12	13	14	15	16	17	18	19	20	21	22	23	24	25	26	27	28	三月	2	3	4	5
农历	一	二	三	四	五	六	七	八	九	十	十一	十二	十三	十四	十五	十六	十七	十八	十九	二十	廿一	廿二	廿三	廿四	廿五	廿六	廿七	廿八	廿九	三十
星期	四	五	六	日	一	二	三	四	五	六	日	一	二	三	四	五	六	日	一	二	三	四	五	六	日	一	二	三	四	五
干支	壬子	癸丑	甲寅	乙卯	丙辰	丁巳	戊午	己未	庚申	辛酉	壬戌	癸亥	甲子	乙丑	丙寅	丁卯	戊辰	己巳	庚午	辛未	壬申	癸酉	甲戌	乙亥	丙子	丁丑	戊寅	己卯	庚辰	辛巳
五行	木	木	水	水	土	土	火	火	木	木	水	水	金	金	火	火	木	木	土	土	金	金	火	火	水	水	土	土	金	金
建星	开	闭	建	除	满	平	定	执	破	危	成	收	开	闭	建	除	满	平	定	执	破	危	成	收	开	闭	建	除	满	满
廿八宿	奎	娄	胃	昴	毕	觜	参	井	鬼	柳	星	张	翼	轸	角	亢	氐	房	心	尾	箕	斗	牛	女	虚	危	室	壁	奎	娄

二月大建乙卯昴宿 （七赤）

节气：惊蛰 正月三十日十九时五十五分
春分 十五日二十时四十一分

公历	6	7	8	9	10	11	12	13	14	15	16	17	18	19	20	21	22	23	24	25	26	27	28	29	30	31	四月	2	3	4
农历	一	二	三	四	五	六	七	八	九	十	十一	十二	十三	十四	十五	十六	十七	十八	十九	二十	廿一	廿二	廿三	廿四	廿五	廿六	廿七	廿八	廿九	三十
星期	六	日	一	二	三	四	五	六	日	一	二	三	四	五	六	日	一	二	三	四	五	六	日	一	二	三	四	五	六	日
干支	壬午	癸未	甲申	乙酉	丙戌	丁亥	戊子	己丑	庚寅	辛卯	壬辰	癸巳	甲午	乙未	丙申	丁酉	戊戌	己亥	庚子	辛丑	壬寅	癸卯	甲辰	乙巳	丙午	丁未	戊申	己酉	庚戌	辛亥
五行	木	木	水	水	土	土	火	火	木	木	水	水	金	金	火	火	木	木	土	土	金	金	火	火	水	水	土	土	金	金
建星	平	定	执	破	危	成	收	开	闭	建	除	满	平	定	执	破	危	成	收	开	闭	建	除	满	平	定	执	破	危	成
廿八宿	奎	娄	胃	昴	毕	觜	参	井	鬼	柳	星	张	翼	轸	角	亢	氐	房	心	尾	箕	斗	牛	女	虚	危	室	壁	奎	娄

三月小建丙辰毕宿 （六白）

节气：清明 初一日零时廿九分
谷雨 十六日七时廿九分

公历	5	6	7	8	9	10	11	12	13	14	15	16	17	18	19	20	21	22	23	24	25	26	27	28	29	30	五月	2	3	
农历	一	二	三	四	五	六	七	八	九	十	十一	十二	十三	十四	十五	十六	十七	十八	十九	二十	廿一	廿二	廿三	廿四	廿五	廿六	廿七	廿八	廿九	三十
星期	一	二	三	四	五	六	日	一	二	三	四	五	六	日	一	二	三	四	五	六	日	一	二	三	四	五	六	日	一	
干支	壬子	癸丑	甲寅	乙卯	丙辰	丁巳	戊午	己未	庚申	辛酉	壬戌	癸亥	甲子	乙丑	丙寅	丁卯	戊辰	己巳	庚午	辛未	壬申	癸酉	甲戌	乙亥	丙子	丁丑	戊寅	己卯	庚辰	
五行	木	木	水	水	土	土	火	火	木	木	水	水	金	金	火	火	木	木	土	土	金	金	火	火	水	水	土	土	金	
建星	成	收	开	闭	建	除	满	平	定	执	破	危	成	收	开	闭	建	除	满	平	定	执	破	危	成	收	开	闭	建	
廿八宿	毕	觜	参	井	鬼	柳	星	张	翼	轸	角	亢	氐	房	心	尾	箕	斗	牛	女	虚	危	室	壁	奎	娄	胃	昴	毕	

岁次：戊午	公元2038年（天上火）			土马
太岁：黎卿	年七赤星	火风鼎卦	三木四运	牛

四月大建丁巳觜宿　（五 黄）

节气：立夏　初二日十七时卅一分
小满　十八日六时廿三分

公历	4	5	6	7	8	9	10	11	12	13	14	15	16	17	18	19	20	21	22	23	24	25	26	27	28	29	30	31	六月	2
农历	一	二	三	四	五	六	七	八	九	十	十一	十二	十三	十四	十五	十六	十七	十八	十九	二十	廿一	廿二	廿三	廿四	廿五	廿六	廿七	廿八	廿九	三十
星期	二	三	四	五	六	日	一	二	三	四	五	六	日	一	二	三	四	五	六	日	一	二	三	四	五	六	日	一	二	三
干支	辛巳	壬午	癸未	甲申	乙酉	丙戌	丁亥	戊子	己丑	庚寅	辛卯	壬辰	癸巳	甲午	乙未	丙申	丁酉	戊戌	己亥	庚子	辛丑	壬寅	癸卯	甲辰	乙巳	丙午	丁未	戊申	己酉	庚戌
五行	金	木	木	水	水	土	土	火	火	木	木	水	水	金	金	火	火	木	木	土	土	金	金	火	火	水	水	土	土	金
建星	除	除	满	平	定	执	破	危	成	收	开	闭	建	除	满	平	定	执	破	危	成	收	开	闭	建	除	满	平	定	执
廿八宿	觜	参	井	鬼	柳	星	张	翼	轸	角	亢	氐	房	心	尾	箕	斗	牛	女	虚	危	室	壁	奎	娄	胃	昴	毕	觜	参

五月小建戊午参宿　（四 绿）

节气：芒种　初三日廿一时廿五分
夏至　十九日十四时

公历	3	4	5	6	7	8	9	10	11	12	13	14	15	16	17	18	19	20	21	22	23	24	25	26	27	28	29	30	七月	
农历	一	二	三	四	五	六	七	八	九	十	十一	十二	十三	十四	十五	十六	十七	十八	十九	二十	廿一	廿二	廿三	廿四	廿五	廿六	廿七	廿八	廿九	三十
星期	四	五	六	日	一	二	三	四	五	六	日	一	二	三	四	五	六	日	一	二	三	四	五	六	日	一	二	三	四	
干支	辛亥	壬子	癸丑	甲寅	乙卯	丙辰	丁巳	戊午	己未	庚申	辛酉	壬戌	癸亥	甲子	乙丑	丙寅	丁卯	戊辰	己巳	庚午	辛未	壬申	癸酉	甲戌	乙亥	丙子	丁丑	戊寅	己卯	
五行	金	木	木	水	水	土	土	火	火	木	木	水	水	金	金	火	火	木	木	土	土	金	金	火	火	水	水	土	土	
建星	破	危	危	成	收	开	闭	建	除	满	平	定	执	破	危	成	收	开	闭	建	除	满	平	定	执	破	危	成	收	
廿八宿	井	鬼	柳	星	张	翼	轸	角	亢	氐	房	心	尾	箕	斗	牛	女	虚	危	室	壁	奎	娄	胃	昴	毕	觜	参	井	

六月大建己未井宿　（三 碧）

节气：小暑　初六日七时卅三分
大暑　廿二日一时

公历	2	3	4	5	6	7	8	9	10	11	12	13	14	15	16	17	18	19	20	21	22	23	24	25	26	27	28	29	30	31
农历	一	二	三	四	五	六	七	八	九	十	十一	十二	十三	十四	十五	十六	十七	十八	十九	二十	廿一	廿二	廿三	廿四	廿五	廿六	廿七	廿八	廿九	三十
星期	五	六	日	一	二	三	四	五	六	日	一	二	三	四	五	六	日	一	二	三	四	五	六	日	一	二	三	四	五	六
干支	庚辰	辛巳	壬午	癸未	甲申	乙酉	丙戌	丁亥	戊子	己丑	庚寅	辛卯	壬辰	癸巳	甲午	乙未	丙申	丁酉	戊戌	己亥	庚子	辛丑	壬寅	癸卯	甲辰	乙巳	丙午	丁未	戊申	己酉
五行	金	金	木	木	水	水	土	土	火	火	木	木	水	水	金	金	火	火	木	木	土	土	金	金	火	火	水	水	土	土
建星	开	闭	建	除	满	满	平	定	执	破	危	成	收	开	闭	建	除	满	平	定	执	破	危	成	收	开	闭	建	除	满
廿八宿	鬼	柳	星	张	翼	轸	角	亢	氐	房	心	尾	箕	斗	牛	女	虚	危	室	壁	奎	娄	胃	昴	毕	觜	参	井	鬼	柳

岁次：戊午	公元2038年（天上火）			土马
太岁：黎卿	年七赤星	火风鼎卦	三木四运	牛

七月小建庚申鬼宿 （二黑）

节气：立秋 初七日十七时廿一分
处暑 廿三日八时十分

公历	八月	2	3	4	5	6	7	8	9	10	11	12	13	14	15	16	17	18	19	20	21	22	23	24	25	26	27	28	29	
农历	一	二	三	四	五	六	七	八	九	十	十一	十二	十三	十四	十五	十六	十七	十八	十九	二十	廿一	廿二	廿三	廿四	廿五	廿六	廿七	廿八	廿九	三十
星期	日	一	二	三	四	五	六	日	一	二	三	四	五	六	日	一	二	三	四	五	六	日	一	二	三	四	五	六	日	
干支	庚戌	辛亥	壬子	癸丑	甲寅	乙卯	丙辰	丁巳	戊午	己未	庚申	辛酉	壬戌	癸亥	甲子	乙丑	丙寅	丁卯	戊辰	己巳	庚午	辛未	壬申	癸酉	甲戌	乙亥	丙子	丁丑	戊寅	
五行	金	金	木	木	水	水	土	土	火	火	木	木	水	水	金	金	火	火	木	木	土	土	金	金	火	火	水	水	土	
建星	平	定	执	破	危	成	成	收	开	闭	建	除	满	平	定	执	破	危	成	收	开	闭	建	除	满	平	定	执	破	
廿八宿	星	张	翼	轸	角	亢	氐	房	心	尾	箕	斗	牛	女	虚	危	室	壁	奎	娄	胃	昴	毕	觜	参	井	鬼	柳	星	

八月大建辛酉柳宿 （一白）

节气：白露 初九日二十时廿七分
秋分 廿五日六时三分

公历	30	31	九月	2	3	4	5	6	7	8	9	10	11	12	13	14	15	16	17	18	19	20	21	22	23	24	25	26	27	28
农历	一	二	三	四	五	六	七	八	九	十	十一	十二	十三	十四	十五	十六	十七	十八	十九	二十	廿一	廿二	廿三	廿四	廿五	廿六	廿七	廿八	廿九	三十
星期	一	二	三	四	五	六	日	一	二	三	四	五	六	日	一	二	三	四	五	六	日	一	二	三	四	五	六	日	一	二
干支	己卯	庚辰	辛巳	壬午	癸未	甲申	乙酉	丙戌	丁亥	戊子	己丑	庚寅	辛卯	壬辰	癸巳	甲午	乙未	丙申	丁酉	戊戌	己亥	庚子	辛丑	壬寅	癸卯	甲辰	乙巳	丙午	丁未	戊申
五行	土	金	金	木	木	水	水	土	土	火	火	木	木	水	水	金	金	火	火	木	木	土	土	金	金	火	火	水	水	土
建星	危	成	收	开	闭	建	除	满	满	平	定	执	破	危	成	收	开	闭	建	除	满	平	定	执	破	危	成	收	开	闭
廿八宿	张	翼	轸	角	亢	氐	房	心	尾	箕	斗	牛	女	虚	危	室	壁	奎	娄	胃	昴	毕	觜	参	井	鬼	柳	星	张	翼

九月小建壬戌星宿 （九紫）

节气：寒露 初十日十二时廿二分
霜降 廿五日十五时四十一分

公历	29	30	十月	2	3	4	5	6	7	8	9	10	11	12	13	14	15	16	17	18	19	20	21	22	23	24	25	26	27	
农历	一	二	三	四	五	六	七	八	九	十	十一	十二	十三	十四	十五	十六	十七	十八	十九	二十	廿一	廿二	廿三	廿四	廿五	廿六	廿七	廿八	廿九	三十
星期	三	四	五	六	日	一	二	三	四	五	六	日	一	二	三	四	五	六	日	一	二	三	四	五	六	日	一	二	三	
干支	己酉	庚戌	辛亥	壬子	癸丑	甲寅	乙卯	丙辰	丁巳	戊午	己未	庚申	辛酉	壬戌	癸亥	甲子	乙丑	丙寅	丁卯	戊辰	己巳	庚午	辛未	壬申	癸酉	甲戌	乙亥	丙子	丁丑	
五行	土	金	金	木	木	水	水	土	土	火	火	木	木	水	水	金	金	火	火	木	木	土	土	金	金	火	火	水	水	
建星	建	除	满	平	定	执	破	危	成	成	收	开	闭	建	除	满	平	定	执	破	危	成	收	开	闭	建	除	满	平	
廿八宿	轸	角	亢	氐	房	心	尾	箕	斗	牛	女	虚	危	室	壁	奎	娄	胃	昴	毕	觜	参	井	鬼	柳	星	张	翼	轸	

岁次：戊午	公元 2038 年（天上火）			土马
太岁：黎卿	年七赤星	火风鼎卦	三木四运	牛

十月小建癸亥张宿 （八白）

节气：立冬 十一日十五时五十二分
小雪 廿六日十三时卅二分

公历	28	29	30	31	1月	2	3	4	5	6	7	8	9	10	11	12	13	14	15	16	17	18	19	20	21	22	23	24	25	
农历	一	二	三	四	五	六	七	八	九	十	十一	十二	十三	十四	十五	十六	十七	十八	十九	二十	廿一	廿二	廿三	廿四	廿五	廿六	廿七	廿八	廿九	三十
星期	四	五	六	日	一	二	三	四	五	六	日	一	二	三	四	五	六	日	一	二	三	四	五	六	日	一	二	三	四	
干支	戊寅	己卯	庚辰	辛巳	壬午	癸未	甲申	乙酉	丙戌	丁亥	戊子	己丑	庚寅	辛卯	壬辰	癸巳	甲午	乙未	丙申	丁酉	戊戌	己亥	庚子	辛丑	壬寅	癸卯	甲辰	乙巳	丙午	
五行	土	土	金	金	木	木	水	水	土	土	火	火	木	木	水	水	金	金	火	火	木	木	土	土	金	金	火	火	水	
建星	定	执	破	危	成	收	开	闭	建	除	除	满	平	定	执	破	危	成	收	开	闭	建	除	满	平	定	执	破	危	
廿八宿	角	亢	氐	房	心	尾	箕	斗	牛	女	虚	危	室	壁	奎	娄	胃	昴	毕	觜	参	井	鬼	柳	星	张	翼	轸	角	

十一月大建甲子翼宿 （七赤）

节气：大雪 十二日八时五十七分
冬至 廿七日三时三分

公历	26	27	28	29	30	2月	2	3	4	5	6	7	8	9	10	11	12	13	14	15	16	17	18	19	20	21	22	23	24	25
农历	一	二	三	四	五	六	七	八	九	十	十一	十二	十三	十四	十五	十六	十七	十八	十九	二十	廿一	廿二	廿三	廿四	廿五	廿六	廿七	廿八	廿九	三十
星期	五	六	日	一	二	三	四	五	六	日	一	二	三	四	五	六	日	一	二	三	四	五	六	日	一	二	三	四	五	六
干支	丁未	戊申	己酉	庚戌	辛亥	壬子	癸丑	甲寅	乙卯	丙辰	丁巳	戊午	己未	庚申	辛酉	壬戌	癸亥	甲子	乙丑	丙寅	丁卯	戊辰	己巳	庚午	辛未	壬申	癸酉	甲戌	乙亥	丙子
五行	水	土	土	金	金	木	木	水	水	土	土	火	火	木	木	水	水	金	金	火	火	木	木	土	土	金	金	火	火	水
建星	成	收	开	闭	建	除	满	平	定	执	破	破	危	成	收	开	闭	建	除	满	平	定	执	破	危	成	收	开	闭	建
廿八宿	亢	氐	房	心	尾	箕	斗	牛	女	虚	危	室	壁	奎	娄	胃	昴	毕	觜	参	井	鬼	柳	星	张	翼	轸	角	亢	氐

十二月小建乙丑轸宿 （六白）

节气：小寒 十一日二十时十七分
大寒 廿六日十三时四十四分

公历	26	27	28	29	30	31	1月	2	3	4	5	6	7	8	9	10	11	12	13	14	15	16	17	18	19	20	21	22	23	
农历	一	二	三	四	五	六	七	八	九	十	十一	十二	十三	十四	十五	十六	十七	十八	十九	二十	廿一	廿二	廿三	廿四	廿五	廿六	廿七	廿八	廿九	三十
星期	日	一	二	三	四	五	六	日	一	二	三	四	五	六	日	一	二	三	四	五	六	日	一	二	三	四	五	六	日	
干支	丁丑	戊寅	己卯	庚辰	辛巳	壬午	癸未	甲申	乙酉	丙戌	丁亥	戊子	己丑	庚寅	辛卯	壬辰	癸巳	甲午	乙未	丙申	丁酉	戊戌	己亥	庚子	辛丑	壬寅	癸卯	甲辰	乙巳	
五行	水	土	土	金	金	木	木	水	水	土	土	火	火	木	木	水	水	金	金	火	火	木	木	土	土	金	金	火	火	
建星	除	满	平	定	执	破	危	成	收	开	开	闭	建	除	满	平	定	执	破	危	成	收	开	闭	建	除	满	平	定	
廿八宿	房	心	尾	箕	斗	牛	女	虚	危	室	壁	奎	娄	胃	昴	毕	觜	参	井	鬼	柳	星	张	翼	轸	角	亢	氐	房	

岁次：己未	公元2039年（天上火）			土羊
太岁：傅党	年六白星	地风升卦	一水二运	女

正月大建丙寅角宿 （五 黄）

节气：立春 十二日七时五十三分
雨水 廿七日三时四十七分

公历	24	25	26	27	28	29	30	31	二月	2	3	4	5	6	7	8	9	10	11	12	13	14	15	16	17	18	19	20	21	22
农历	一	二	三	四	五	六	七	八	九	十	十一	十二	十三	十四	十五	十六	十七	十八	十九	二十	廿一	廿二	廿三	廿四	廿五	廿六	廿七	廿八	廿九	三十
星期	一	二	三	四	五	六	日	一	二	三	四	五	六	日	一	二	三	四	五	六	日	一	二	三	四	五	六	日	一	二
干支	丙午	丁未	戊申	己酉	庚戌	辛亥	壬子	癸丑	甲寅	乙卯	丙辰	丁巳	戊午	己未	庚申	辛酉	壬戌	癸亥	甲子	乙丑	丙寅	丁卯	戊辰	己巳	庚午	辛未	壬申	癸酉	甲戌	乙亥
五行	水	水	土	土	金	金	木	木	水	水	土	土	火	火	木	木	水	水	金	金	火	火	木	木	土	土	金	金	火	火
建星	执	破	危	成	收	开	闭	建	除	满	平	平	定	执	破	危	成	收	开	闭	建	除	满	平	定	执	破	危	成	收
廿八宿	心	尾	箕	斗	牛	女	虚	危	室	壁	奎	娄	胃	昴	毕	觜	参	井	鬼	柳	星	张	翼	轸	角	亢	氐	房	心	尾

二月大建丁卯亢宿 （四 绿）

节气：惊蛰 十二日一时四十三分
春分 廿七日二时卅二分

公历	23	24	25	26	27	28	三月	2	3	4	5	6	7	8	9	10	11	12	13	14	15	16	17	18	19	20	21	22	23	24
农历	一	二	三	四	五	六	七	八	九	十	十一	十二	十三	十四	十五	十六	十七	十八	十九	二十	廿一	廿二	廿三	廿四	廿五	廿六	廿七	廿八	廿九	三十
星期	三	四	五	六	日	一	二	三	四	五	六	日	一	二	三	四	五	六	日	一	二	三	四	五	六	日	一	二	三	四
干支	丙子	丁丑	戊寅	己卯	庚辰	辛巳	壬午	癸未	甲申	乙酉	丙戌	丁亥	戊子	己丑	庚寅	辛卯	壬辰	癸巳	甲午	乙未	丙申	丁酉	戊戌	己亥	庚子	辛丑	壬寅	癸卯	甲辰	乙巳
五行	水	水	土	土	金	金	木	木	水	水	土	土	火	火	木	木	水	水	金	金	火	火	木	木	土	土	金	金	火	火
建星	开	闭	建	除	满	平	定	执	破	危	成	成	收	开	闭	建	除	满	平	定	执	破	危	成	收	开	闭	建	除	满
廿八宿	箕	斗	牛	女	虚	危	室	壁	奎	娄	胃	昴	毕	觜	参	井	鬼	柳	星	张	翼	轸	角	亢	氐	房	心	尾	箕	斗

三月小建戊辰氐宿 （三碧）

节气：清明 十二日六时十六分
谷雨 廿七日十三时十八分

公历	25	26	27	28	29	30	31	四月	2	3	4	5	6	7	8	9	10	11	12	13	14	15	16	17	18	19	20	21	22	
农历	一	二	三	四	五	六	七	八	九	十	十一	十二	十三	十四	十五	十六	十七	十八	十九	二十	廿一	廿二	廿三	廿四	廿五	廿六	廿七	廿八	廿九	三十
星期	五	六	日	一	二	三	四	五	六	日	一	二	三	四	五	六	日	一	二	三	四	五	六	日	一	二	三	四	五	
干支	丙午	丁未	戊申	己酉	庚戌	辛亥	壬子	癸丑	甲寅	乙卯	丙辰	丁巳	戊午	己未	庚申	辛酉	壬戌	癸亥	甲子	乙丑	丙寅	丁卯	戊辰	己巳	庚午	辛未	壬申	癸酉	甲戌	
五行	水	水	土	土	金	金	木	木	水	水	土	土	火	火	木	木	水	水	金	金	火	火	木	木	土	土	金	金	火	
建星	平	定	执	破	危	成	收	开	闭	建	除	除	满	平	定	执	破	危	成	收	开	闭	建	除	满	平	定	执	破	
廿八宿	牛	女	虚	危	室	壁	奎	娄	胃	昴	毕	觜	参	井	鬼	柳	星	张	翼	轸	角	亢	氐	房	心	尾	箕	斗	牛	

岁次：己未	公元 2039 年（天上火）			土羊
太岁：傅党	年六白星	地风升卦	一水二运	女

四月大建己巳房宿 （二黑）

节气：立夏 十三日廿三时十八分
小满 廿九日十二时十一分

公历	23	24	25	26	27	28	29	30	五月	2	3	4	5	6	7	8	9	10	11	12	13	14	15	16	17	18	19	20	21	22
农历	一	二	三	四	五	六	七	八	九	十	十一	十二	十三	十四	十五	十六	十七	十八	十九	二十	廿一	廿二	廿三	廿四	廿五	廿六	廿七	廿八	廿九	三十
星期	六	日	一	二	三	四	五	六	日	一	二	三	四	五	六	日	一	二	三	四	五	六	日	一	二	三	四	五	六	日
干支	乙亥	丙子	丁丑	戊寅	己卯	庚辰	辛巳	壬午	癸未	甲申	乙酉	丙戌	丁亥	戊子	己丑	庚寅	辛卯	壬辰	癸巳	甲午	乙未	丙申	丁酉	戊戌	己亥	庚子	辛丑	壬寅	癸卯	甲辰
五行	火	水	水	土	土	金	金	木	木	水	水	土	土	火	火	木	木	水	水	金	金	火	火	木	木	土	土	金	金	火
建星	危	成	收	开	闭	建	除	满	平	定	执	破	破	危	成	收	开	闭	建	除	满	平	定	执	破	危	成	收	开	闭
廿八宿	女	虚	危	室	壁	奎	娄	胃	昴	毕	觜	参	井	鬼	柳	星	张	翼	轸	角	亢	氐	房	心	尾	箕	斗	牛	女	虚

五月大建庚午心宿 （一白）

节气：芒种 十五日三时十六分
夏至 三十日十九时五十八分

公历	23	24	25	26	27	28	29	30	31	六月	2	3	4	5	6	7	8	9	10	11	12	13	14	15	16	17	18	19	20	21
农历	一	二	三	四	五	六	七	八	九	十	十一	十二	十三	十四	十五	十六	十七	十八	十九	二十	廿一	廿二	廿三	廿四	廿五	廿六	廿七	廿八	廿九	三十
星期	一	二	三	四	五	六	日	一	二	三	四	五	六	日	一	二	三	四	五	六	日	一	二	三	四	五	六	日	一	二
干支	乙巳	丙午	丁未	戊申	己酉	庚戌	辛亥	壬子	癸丑	甲寅	乙卯	丙辰	丁巳	戊午	己未	庚申	辛酉	壬戌	癸亥	甲子	乙丑	丙寅	丁卯	戊辰	己巳	庚午	辛未	壬申	癸酉	甲戌
五行	火	水	水	土	土	金	金	木	木	水	水	土	土	火	火	木	木	水	水	金	金	火	火	木	木	土	土	金	金	火
建星	建	除	满	平	定	执	破	危	成	收	开	闭	建	除	除	满	平	定	执	破	危	成	收	开	闭	建	除	满	平	定
廿八宿	危	室	壁	奎	娄	胃	昴	毕	觜	参	井	鬼	柳	星	张	翼	轸	角	亢	氐	房	心	尾	箕	斗	牛	女	虚	危	室

闰五月小

节气：小暑 十六日十三时廿六分

公历	22	23	24	25	26	27	28	29	30	七月	2	3	4	5	6	7	8	9	10	11	12	13	14	15	16	17	18	19	20	
农历	一	二	三	四	五	六	七	八	九	十	十一	十二	十三	十四	十五	十六	十七	十八	十九	二十	廿一	廿二	廿三	廿四	廿五	廿六	廿七	廿八	廿九	三十
星期	三	四	五	六	日	一	二	三	四	五	六	日	一	二	三	四	五	六	日	一	二	三	四	五	六	日	一	二	三	
干支	乙亥	丙子	丁丑	戊寅	己卯	庚辰	辛巳	壬午	癸未	甲申	乙酉	丙戌	丁亥	戊子	己丑	庚寅	辛卯	壬辰	癸巳	甲午	乙未	丙申	丁酉	戊戌	己亥	庚子	辛丑	壬寅	癸卯	
五行	火	水	水	土	土	金	金	木	木	水	水	土	土	火	火	木	木	水	水	金	金	火	火	木	木	土	土	金	金	
建星	执	破	危	成	收	开	闭	建	除	满	平	定	执	破	危	危	成	收	开	闭	建	除	满	平	定	执	破	危	成	
廿八宿	壁	奎	娄	胃	昴	毕	觜	参	井	鬼	柳	星	张	翼	轸	角	亢	氐	房	心	尾	箕	斗	牛	女	虚	危	室	壁	

岁次：己未	公元2039年（天上火）			土羊
太岁：傅党	年六白星	地风升卦	一水二运	女

六月大建辛未尾宿　（九紫）

节气：大暑　初三日六时四十八分
立秋　十八日廿三时十八分

公历	21	22	23	24	25	26	27	28	29	30	31	八月	2	3	4	5	6	7	8	9	10	11	12	13	14	15	16	17	18	19
农历	一	二	三	四	五	六	七	八	九	十	十一	十二	十三	十四	十五	十六	十七	十八	十九	二十	廿一	廿二	廿三	廿四	廿五	廿六	廿七	廿八	廿九	三十
星期	四	五	六	日	一	二	三	四	五	六	日	一	二	三	四	五	六	日	一	二	三	四	五	六	日	一	二	三	四	五
干支	甲辰	乙巳	丙午	丁未	戊申	己酉	庚戌	辛亥	壬子	癸丑	甲寅	乙卯	丙辰	丁巳	戊午	己未	庚申	辛酉	壬戌	癸亥	甲子	乙丑	丙寅	丁卯	戊辰	己巳	庚午	辛未	壬申	癸酉
五行	火	火	水	水	土	土	金	金	木	木	水	水	土	土	火	火	木	木	水	水	金	金	火	火	木	木	土	土	金	金
建星	收	开	闭	建	除	满	平	定	执	破	危	成	收	开	闭	建	除	除	满	平	定	执	破	危	成	收	开	闭	建	除
廿八宿	奎	娄	胃	昴	毕	觜	参	井	鬼	柳	星	张	翼	轸	角	亢	氐	房	心	尾	箕	斗	牛	女	虚	危	室	壁	奎	娄

七月小建壬申箕宿　（八白）

节气：处暑　初四日十三时五十九分
白露　二十日三时廿四分

公历	20	21	22	23	24	25	26	27	28	29	30	31	九月	2	3	4	5	6	7	8	9	10	11	12	13	14	15	16	17	
农历	一	二	三	四	五	六	七	八	九	十	十一	十二	十三	十四	十五	十六	十七	十八	十九	二十	廿一	廿二	廿三	廿四	廿五	廿六	廿七	廿八	廿九	三十
星期	六	日	一	二	三	四	五	六	日	一	二	三	四	五	六	日	一	二	三	四	五	六	日	一	二	三	四	五	六	
干支	甲戌	乙亥	丙子	丁丑	戊寅	己卯	庚辰	辛巳	壬午	癸未	甲申	乙酉	丙戌	丁亥	戊子	己丑	庚寅	辛卯	壬辰	癸巳	甲午	乙未	丙申	丁酉	戊戌	己亥	庚子	辛丑	壬寅	
五行	火	火	水	水	土	土	金	金	木	木	水	水	土	土	火	火	木	木	水	水	金	金	火	火	木	木	土	土	金	
建星	满	平	定	执	破	危	成	收	开	闭	建	除	满	平	定	执	破	危	成	成	收	开	闭	建	除	满	平	定	执	
廿八宿	胃	昴	毕	觜	参	井	鬼	柳	星	张	翼	轸	角	亢	氐	房	心	尾	箕	斗	牛	女	虚	危	室	壁	奎	娄	胃	

八月大建癸酉斗宿　（七赤）

节气：秋分　初六日十一时五十分
寒露　廿一日十八时十八分

公历	18	19	20	21	22	23	24	25	26	27	28	29	30	十月	2	3	4	5	6	7	8	9	10	11	12	13	14	15	16	17
农历	一	二	三	四	五	六	七	八	九	十	十一	十二	十三	十四	十五	十六	十七	十八	十九	二十	廿一	廿二	廿三	廿四	廿五	廿六	廿七	廿八	廿九	三十
星期	日	一	二	三	四	五	六	日	一	二	三	四	五	六	日	一	二	三	四	五	六	日	一	二	三	四	五	六	日	一
干支	癸卯	甲辰	乙巳	丙午	丁未	戊申	己酉	庚戌	辛亥	壬子	癸丑	甲寅	乙卯	丙辰	丁巳	戊午	己未	庚申	辛酉	壬戌	癸亥	甲子	乙丑	丙寅	丁卯	戊辰	己巳	庚午	辛未	壬申
五行	金	火	火	水	水	土	土	金	金	木	木	水	水	土	土	火	火	木	木	水	水	金	金	火	火	木	木	土	土	金
建星	破	危	成	收	开	闭	建	除	满	平	定	执	破	危	成	收	开	闭	建	除	除	满	平	定	执	破	危	成	收	开
廿八宿	昴	毕	觜	参	井	鬼	柳	星	张	翼	轸	角	亢	氐	房	心	尾	箕	斗	牛	女	虚	危	室	壁	奎	娄	胃	昴	毕

岁次：己未	公元2039年（天上火）			土羊
太岁：傅党	年六白星	地风升卦	一水二运	女

九月小建甲戌牛宿　（六 白）　　节气：霜降 初六日廿一时廿六分　立冬 廿一日廿一时四十四分

公历	18	19	20	21	22	23	24	25	26	27	28	29	30	31	1月	2	3	4	5	6	7	8	9	10	11	12	13	14	15	
农历	一	二	三	四	五	六	七	八	九	十	十一	十二	十三	十四	十五	十六	十七	十八	十九	二十	廿一	廿二	廿三	廿四	廿五	廿六	廿七	廿八	廿九	三十
星期	二	三	四	五	六	日	一	二	三	四	五	六	日	一	二	三	四	五	六	日	一	二	三	四	五	六	日	一	二	
干支	癸酉	甲戌	乙亥	丙子	丁丑	戊寅	己卯	庚辰	辛巳	壬午	癸未	甲申	乙酉	丙戌	丁亥	戊子	己丑	庚寅	辛卯	壬辰	癸巳	甲午	乙未	丙申	丁酉	戊戌	己亥	庚子	辛丑	
五行	金	火	火	水	水	土	土	金	金	木	木	水	水	土	土	火	火	木	木	水	水	金	金	火	火	木	木	土	土	
建星	闭	建	除	满	平	定	执	破	危	成	收	开	闭	建	除	满	平	定	执	破	破	危	成	收	开	闭	建	除	满	
廿八宿	觜	参	井	鬼	柳	星	张	翼	轸	角	亢	氐	房	心	尾	箕	斗	牛	女	虚	危	室	壁	奎	娄	胃	昴	毕	觜	

十月大建乙亥女宿　（五 黄）　节气：小雪　初七日十九时十三分　大雪　廿二日十四时四十六分

公历	16	17	18	19	20	21	22	23	24	25	26	27	28	29	30	2月	2	3	4	5	6	7	8	9	10	11	12	13	14	15
农历	一	二	三	四	五	六	七	八	九	十	十一	十二	十三	十四	十五	十六	十七	十八	十九	二十	廿一	廿二	廿三	廿四	廿五	廿六	廿七	廿八	廿九	三十
星期	三	四	五	六	日	一	二	三	四	五	六	日	一	二	三	四	五	六	日	一	二	三	四	五	六	日	一	二	三	四
干支	壬寅	癸卯	甲辰	乙巳	丙午	丁未	戊申	己酉	庚戌	辛亥	壬子	癸丑	甲寅	乙卯	丙辰	丁巳	戊午	己未	庚申	辛酉	壬戌	癸亥	甲子	乙丑	丙寅	丁卯	戊辰	己巳	庚午	辛未
五行	金	金	火	火	水	水	土	土	金	金	木	木	水	水	土	土	火	火	木	木	水	水	金	金	火	火	木	木	土	土
建星	平	定	执	破	危	成	收	开	闭	建	除	满	平	定	执	破	危	成	收	开	闭	闭	建	除	满	平	定	执	破	危
廿八宿	参	井	鬼	柳	星	张	翼	轸	角	亢	氐	房	心	尾	箕	斗	牛	女	虚	危	室	壁	奎	娄	胃	昴	毕	觜	参	井

十一月小建丙子虚宿　（四 绿）　节气：冬至　初七日八时四十二分　小寒　廿二日二时四分

公历	16	17	18	19	20	21	22	23	24	25	26	27	28	29	30	31	一月	2	3	4	5	6	7	8	9	10	11	12	13	
农历	一	二	三	四	五	六	七	八	九	十	十一	十二	十三	十四	十五	十六	十七	十八	十九	二十	廿一	廿二	廿三	廿四	廿五	廿六	廿七	廿八	廿九	三十
星期	五	六	日	一	二	三	四	五	六	日	一	二	三	四	五	六	日	一	二	三	四	五	六	日	一	二	三	四	五	
干支	壬申	癸酉	甲戌	乙亥	丙子	丁丑	戊寅	己卯	庚辰	辛巳	壬午	癸未	甲申	乙酉	丙戌	丁亥	戊子	己丑	庚寅	辛卯	壬辰	癸巳	甲午	乙未	丙申	丁酉	戊戌	己亥	庚子	
五行	金	金	火	火	水	水	土	土	金	金	木	木	水	水	土	土	火	火	木	木	水	水	金	金	火	火	木	木	土	
建星	成	收	开	闭	建	除	满	平	定	执	破	危	成	收	开	闭	建	除	满	平	定	定	执	破	危	成	收	开	闭	
廿八宿	鬼	柳	星	张	翼	轸	角	亢	氐	房	心	尾	箕	斗	牛	女	虚	危	室	壁	奎	娄	胃	昴	毕	觜	参	井	鬼	

十二月小建丁丑危宿　（三 碧）　　节气：大寒 初七日十九时廿二分　立春 廿二日十三时四十分

公历	14	15	16	17	18	19	20	21	22	23	24	25	26	27	28	29	30	31	二月	2	3	4	5	6	7	8	9	10	11	
农历	一	二	三	四	五	六	七	八	九	十	十一	十二	十三	十四	十五	十六	十七	十八	十九	二十	廿一	廿二	廿三	廿四	廿五	廿六	廿七	廿八	廿九	三十
星期	六	日	一	二	三	四	五	六	日	一	二	三	四	五	六	日	一	二	三	四	五	六	日	一	二	三	四	五	六	
干支	辛丑	壬寅	癸卯	甲辰	乙巳	丙午	丁未	戊申	己酉	庚戌	辛亥	壬子	癸丑	甲寅	乙卯	丙辰	丁巳	戊午	己未	庚申	辛酉	壬戌	癸亥	甲子	乙丑	丙寅	丁卯	戊辰	己巳	
五行	土	金	金	火	火	水	水	土	土	金	金	木	木	水	水	土	土	火	火	木	木	水	水	金	金	火	火	木	木	
建星	建	除	满	平	定	执	破	危	成	收	开	闭	建	除	满	平	定	执	破	危	成	成	收	开	闭	建	除	满	平	
廿八宿	柳	星	张	翼	轸	角	亢	氐	房	心	尾	箕	斗	牛	女	虚	危	室	壁	奎	娄	胃	昴	毕	觜	参	井	鬼	柳	

岁次：庚申	公元2040年（石榴木）			金猴
太岁：毛梓	年五黄星	山水蒙卦 坎为水卦	六水二运 七火一运	虚

正月大建戊寅室宿 （二黑）

节气：雨水 初八日九时廿四分
惊蛰 廿三日七时卅二分

公历	12	13	14	15	16	17	18	19	20	21	22	23	24	25	26	27	28	29	三月	2	3	4	5	6	7	8	9	10	11	12
农历	一	二	三	四	五	六	七	八	九	十	十一	十二	十三	十四	十五	十六	十七	十八	十九	二十	廿一	廿二	廿三	廿四	廿五	廿六	廿七	廿八	廿九	三十
星期	日	一	二	三	四	五	六	日	一	二	三	四	五	六	日	一	二	三	四	五	六	日	一	二	三	四	五	六	日	一
干支	庚午	辛未	壬申	癸酉	甲戌	乙亥	丙子	丁丑	戊寅	己卯	庚辰	辛巳	壬午	癸未	甲申	乙酉	丙戌	丁亥	戊子	己丑	庚寅	辛卯	壬辰	癸巳	甲午	乙未	丙申	丁酉	戊戌	己亥
五行	土	土	金	金	火	火	水	水	土	土	金	金	木	木	水	水	土	土	火	火	木	木	水	水	金	金	火	火	木	木
建星	定	执	破	危	成	收	开	闭	建	除	除	满	平	定	执	破	危	成	收	开	闭	建	除	满	平	定	执	破	危	成
廿八宿	星	张	翼	轸	角	亢	氐	房	心	尾	箕	斗	牛	女	虚	危	室	壁	奎	娄	胃	昴	毕	觜	参	井	鬼	柳	星	张

二月小建己卯壁宿 （一白）

节气：春分 初八日八时十二分
清明 廿三日十二时六分

公历	13	14	15	16	17	18	19	20	21	22	23	24	25	26	27	28	29	30	31	四月	2	3	4	5	6	7	8	9	10	
农历	一	二	三	四	五	六	七	八	九	十	十一	十二	十三	十四	十五	十六	十七	十八	十九	二十	廿一	廿二	廿三	廿四	廿五	廿六	廿七	廿八	廿九	三十
星期	二	三	四	五	六	日	一	二	三	四	五	六	日	一	二	三	四	五	六	日	一	二	三	四	五	六	日	一	二	
干支	庚子	辛丑	壬寅	癸卯	甲辰	乙巳	丙午	丁未	戊申	己酉	庚戌	辛亥	壬子	癸丑	甲寅	乙卯	丙辰	丁巳	戊午	己未	庚申	辛酉	壬戌	癸亥	甲子	乙丑	丙寅	丁卯	戊辰	
五行	土	土	金	金	火	火	水	水	土	土	金	金	木	木	水	水	土	土	火	火	木	木	水	水	金	金	火	火	木	
建星	收	开	闭	建	除	满	平	定	执	破	危	成	收	开	闭	建	除	满	平	定	执	破	破	危	成	收	开	闭	建	
廿八宿	翼	轸	角	亢	氐	房	心	尾	箕	斗	牛	女	虚	危	室	壁	奎	娄	胃	昴	毕	觜	参	井	鬼	柳	星	张	翼	

三月大建庚辰奎宿 （九紫）

节气：谷雨 初九日十九时
立夏 廿五日五时十分

公历	11	12	13	14	15	16	17	18	19	20	21	22	23	24	25	26	27	28	29	30	五月	2	3	4	5	6	7	8	9	10
农历	一	二	三	四	五	六	七	八	九	十	十一	十二	十三	十四	十五	十六	十七	十八	十九	二十	廿一	廿二	廿三	廿四	廿五	廿六	廿七	廿八	廿九	三十
星期	三	四	五	六	日	一	二	三	四	五	六	日	一	二	三	四	五	六	日	一	二	三	四	五	六	日	一	二	三	四
干支	己巳	庚午	辛未	壬申	癸酉	甲戌	乙亥	丙子	丁丑	戊寅	己卯	庚辰	辛巳	壬午	癸未	甲申	乙酉	丙戌	丁亥	戊子	己丑	庚寅	辛卯	壬辰	癸巳	甲午	乙未	丙申	丁酉	戊戌
五行	木	土	土	金	金	火	火	水	水	土	土	金	金	木	木	水	水	土	土	火	火	木	木	水	水	金	金	火	火	木
建星	除	满	平	定	执	破	危	成	收	开	闭	建	除	满	平	定	执	破	危	成	收	开	闭	建	建	除	满	平	定	执
廿八宿	轸	角	亢	氐	房	心	尾	箕	斗	牛	女	虚	危	室	壁	奎	娄	胃	昴	毕	觜	参	井	鬼	柳	星	张	翼	轸	角

岁次:庚申	公元 2040 年(石榴木)			金猴
太岁:毛梓	年五黄星	山水蒙卦 坎为水卦	六水二运 七火一运	虚

四月大建辛巳娄宿　(八白)

节气:小满　初十日十七时五十六分
芒种　廿六日九时八分

公历	11	12	13	14	15	16	17	18	19	20	21	22	23	24	25	26	27	28	29	30	31	六月	2	3	4	5	6	7	8	9
农历	一	二	三	四	五	六	七	八	九	十	十一	十二	十三	十四	十五	十六	十七	十八	十九	二十	廿一	廿二	廿三	廿四	廿五	廿六	廿七	廿八	廿九	三十
星期	五	六	日	一	二	三	四	五	六	日	一	二	三	四	五	六	日	一	二	三	四	五	六	日	一	二	三	四	五	六
干支	己亥	庚子	辛丑	壬寅	癸卯	甲辰	乙巳	丙午	丁未	戊申	己酉	庚戌	辛亥	壬子	癸丑	甲寅	乙卯	丙辰	丁巳	戊午	己未	庚申	辛酉	辛酉	癸亥	甲子	乙丑	丙寅	丁卯	戊辰
五行	木	土	土	金	金	火	火	水	水	土	土	金	金	木	木	水	水	土	土	火	火	木	木	水	水	金	金	火	火	木
建星	破	危	成	收	开	闭	建	除	满	平	定	执	破	危	成	收	开	闭	建	除	满	平	定	执	破	破	危	成	收	开
廿八宿	亢	氐	房	心	尾	箕	斗	牛	女	虚	危	室	壁	奎	娄	胃	昴	毕	觜	参	井	鬼	柳	星	张	翼	轸	角	亢	氐

五月小建壬午胃宿　(七赤)

节气:夏至　十二日一时四十七分
小暑　廿七日十九时二十分

公历	10	11	12	13	14	15	16	17	18	19	20	21	22	23	24	25	26	27	28	29	30	七月	2	3	4	5	6	7	8	
农历	一	二	三	四	五	六	七	八	九	十	十一	十二	十三	十四	十五	十六	十七	十八	十九	二十	廿一	廿二	廿三	廿四	廿五	廿六	廿七	廿八	廿九	三十
星期	日	一	二	三	四	五	六	日	一	二	三	四	五	六	日	一	二	三	四	五	六	日	一	二	三	四	五	六	日	
干支	己巳	庚午	辛未	壬申	癸酉	甲戌	乙亥	丙子	丁丑	戊寅	己卯	庚辰	辛巳	壬午	癸未	甲申	乙酉	丙戌	丁亥	戊子	己丑	庚寅	辛卯	壬辰	癸巳	甲午	乙未	丙申	丁酉	
五行	木	土	土	金	金	火	火	水	水	土	土	金	金	木	木	水	水	土	土	火	火	木	木	水	水	金	金	火	火	
建星	闭	建	除	满	平	定	执	破	危	成	收	开	闭	建	除	满	平	定	执	破	危	成	收	开	闭	建	建	除	满	
廿八宿	房	心	尾	箕	斗	牛	女	虚	危	室	壁	奎	娄	胃	昴	毕	觜	参	井	鬼	柳	星	张	翼	轸	角	亢	氐	房	

六月大建癸未昴宿　(六白)

节气:大暑　十四日十二时四十一分
立秋　三十日五时十一分

公历	9	10	11	12	13	14	15	16	17	18	19	20	21	22	23	24	25	26	27	28	29	30	31	八月	2	3	4	5	6	7
农历	一	二	三	四	五	六	七	八	九	十	十一	十二	十三	十四	十五	十六	十七	十八	十九	二十	廿一	廿二	廿三	廿四	廿五	廿六	廿七	廿八	廿九	三十
星期	一	二	三	四	五	六	日	一	二	三	四	五	六	日	一	二	三	四	五	六	日	一	二	三	四	五	六	日	一	二
干支	戊戌	己亥	庚子	辛丑	壬寅	癸卯	甲辰	乙巳	丙午	丁未	戊申	己酉	庚戌	辛亥	壬子	癸丑	甲寅	乙卯	丙辰	丁巳	戊午	己未	庚申	辛酉	壬戌	癸亥	甲子	乙丑	丙寅	丁卯
五行	木	木	土	土	金	金	火	火	水	水	土	土	金	金	木	木	水	水	土	土	火	火	木	木	水	水	金	金	火	火
建星	平	定	执	破	危	成	收	开	闭	建	除	满	平	定	执	破	危	成	收	开	闭	建	除	满	平	定	执	破	危	危
廿八宿	心	尾	箕	斗	牛	女	虚	危	室	壁	奎	娄	胃	昴	毕	觜	参	井	鬼	柳	星	张	翼	轸	角	亢	氐	房	心	尾

岁次：庚申	公元2040年（石榴木）			金猴
太岁：毛梓	年五黄星	山水蒙卦 坎为水卦	六水二运 七火一运	虚

七月小建甲申毕宿 （五黄） 节气：处暑 十五日十九时五十四分

公历	8	9	10	11	12	13	14	15	16	17	18	19	20	21	22	23	24	25	26	27	28	29	30	31	九月	2	3	4	5	
农历	一	二	三	四	五	六	七	八	九	十	十一	十二	十三	十四	十五	十六	十七	十八	十九	二十	廿一	廿二	廿三	廿四	廿五	廿六	廿七	廿八	廿九	三十
星期	三	四	五	六	日	一	二	三	四	五	六	日	一	二	三	四	五	六	日	一	二	三	四	五	六	日	一	二	三	
干支	戊辰	己巳	庚午	辛未	壬申	癸酉	甲戌	乙亥	丙子	丁丑	己酉	己卯	庚辰	辛巳	壬午	癸未	甲申	乙酉	丙戌	丁亥	戊子	己丑	庚寅	辛卯	壬辰	癸巳	甲午	乙未	丙申	
五行	木	木	土	土	金	金	火	火	水	水	土	土	金	金	木	木	水	水	土	土	火	火	木	木	水	水	金	金	火	
建星	成	收	开	闭	建	除	满	平	定	执	破	危	成	收	开	闭	建	除	满	平	定	执	破	危	成	收	开	闭	建	
廿八宿	箕	斗	牛	女	虚	危	室	壁	奎	娄	胃	昴	毕	觜	参	井	鬼	柳	星	张	翼	轸	角	亢	氐	房	心	尾	箕	

八月大建乙酉觜宿 （四绿） 节气：白露 初二日八时十五分；秋分 十七日十七时四十五分

公历	6	7	8	9	10	11	12	13	14	15	16	17	18	19	20	21	22	23	24	25	26	27	28	29	30	十月	2	3	4	5
农历	一	二	三	四	五	六	七	八	九	十	十一	十二	十三	十四	十五	十六	十七	十八	十九	二十	廿一	廿二	廿三	廿四	廿五	廿六	廿七	廿八	廿九	三十
星期	四	五	六	日	一	二	三	四	五	六	日	一	二	三	四	五	六	日	一	二	三	四	五	六	日	一	二	三	四	五
干支	丁酉	戊戌	己亥	庚子	辛丑	壬寅	癸卯	甲辰	乙巳	丙午	丁未	戊申	己酉	庚戌	辛亥	壬子	癸丑	甲寅	乙卯	丙辰	丁巳	戊午	己未	庚申	辛酉	壬戌	癸亥	甲子	乙丑	丙寅
五行	火	木	木	土	土	金	金	火	火	水	水	土	土	金	金	木	木	水	水	土	土	火	火	木	木	水	水	金	金	火
建星	除	除	满	平	定	执	破	危	成	收	开	闭	建	除	满	平	定	执	破	危	成	收	开	闭	建	除	满	平	定	执
廿八宿	斗	牛	女	虚	危	室	壁	奎	娄	胃	昴	毕	觜	参	井	鬼	柳	星	张	翼	轸	角	亢	氐	房	心	尾	箕	斗	牛

九月大建丙戌参宿 （三碧） 节气：寒露 初三日零时六分；霜降 十八日三时三十分

公历	6	7	8	9	10	11	12	13	14	15	16	17	18	19	20	21	22	23	24	25	26	27	28	29	30	31	一月	2	3	4
农历	一	二	三	四	五	六	七	八	九	十	十一	十二	十三	十四	十五	十六	十七	十八	十九	二十	廿一	廿二	廿三	廿四	廿五	廿六	廿七	廿八	廿九	三十
星期	六	日	一	二	三	四	五	六	日	一	二	三	四	五	六	日	一	二	三	四	五	六	日	一	二	三	四	五	六	日
干支	丁卯	戊辰	己巳	庚午	辛未	壬申	癸酉	甲戌	乙亥	丙子	丁丑	戊寅	己卯	庚辰	辛巳	壬午	癸未	甲申	乙酉	丙戌	丁亥	戊子	己丑	庚寅	辛卯	壬辰	癸巳	甲午	乙未	丙申
五行	火	木	木	土	土	金	金	火	火	水	水	土	土	金	金	木	木	水	水	土	土	火	火	木	木	水	水	金	金	火
建星	破	危	危	成	收	开	闭	建	除	满	平	定	执	破	危	成	收	开	闭	建	除	满	平	定	执	破	危	成	收	开
廿八宿	女	虚	危	室	壁	奎	娄	胃	昴	毕	觜	参	井	鬼	柳	星	张	翼	轸	角	亢	氐	房	心	尾	箕	斗	牛	女	虚

岁次:庚申	公元2040年(石榴木)			金猴
太岁:毛梓	年五黄星	山水蒙卦 坎为水卦	六水二运 七火一运	虚

十月小建丁亥井宿 (二黑)

节气：立冬 初三日三时三十分
小雪 十八日一时六分

公历	5	6	7	8	9	10	11	12	13	14	15	16	17	18	19	20	21	22	23	24	25	26	27	28	29	30	2月	2	3	
农历	一	二	三	四	五	六	七	八	九	十	十一	十二	十三	十四	十五	十六	十七	十八	十九	二十	廿一	廿二	廿三	廿四	廿五	廿六	廿七	廿八	廿九	三十
星期	一	二	三	四	五	六	日	一	二	三	四	五	六	日	一	二	三	四	五	六	日	一	二	三	四	五	六	日	一	
干支	丁酉	戊戌	己亥	庚子	辛丑	壬寅	癸卯	甲辰	乙巳	丙午	丁未	戊申	己酉	庚戌	辛亥	壬子	癸丑	甲寅	乙卯	丙辰	丁巳	戊午	己未	庚申	辛酉	壬戌	癸亥	甲子	乙丑	
五行	火	木	木	土	土	金	金	火	火	水	水	土	土	金	金	木	木	水	水	土	土	火	火	木	木	水	水	金	金	
建星	闭	建	建	除	满	平	定	执	破	危	成	收	开	闭	建	除	满	平	定	执	破	危	成	收	开	闭	建	除	满	
廿八宿	危	室	壁	奎	娄	胃	昴	毕	觜	参	井	鬼	柳	星	张	翼	轸	角	亢	氐	房	心	尾	箕	斗	牛	女	虚	危	

十一月大建戊子鬼宿 (一白)

节气：大雪 初三日二十时卅一分
冬至 十八日十四时卅四分

公历	4	5	6	7	8	9	10	11	12	13	14	15	16	17	18	19	20	21	22	23	24	25	26	27	28	29	30	31	一月	2
农历	一	二	三	四	五	六	七	八	九	十	十一	十二	十三	十四	十五	十六	十七	十八	十九	二十	廿一	廿二	廿三	廿四	廿五	廿六	廿七	廿八	廿九	三十
星期	二	三	四	五	六	日	一	二	三	四	五	六	日	一	二	三	四	五	六	日	一	二	三	四	五	六	日	一	二	三
干支	丙寅	丁卯	戊辰	己巳	庚午	辛未	壬申	癸酉	甲戌	乙亥	丙子	丁丑	戊寅	己卯	庚辰	辛巳	壬午	癸未	甲申	乙酉	丙戌	丁亥	戊子	己丑	庚寅	辛卯	壬辰	癸巳	甲午	乙未
五行	火	火	木	木	土	土	金	金	火	火	水	水	土	土	金	金	木	木	水	水	土	土	火	火	木	木	水	水	金	金
建星	平	定	定	执	破	危	成	收	开	闭	建	除	满	平	定	执	破	危	成	收	开	闭	建	除	满	平	定	执	破	危
廿八宿	室	壁	奎	娄	胃	昴	毕	觜	参	井	鬼	柳	星	张	翼	轸	角	亢	氐	房	心	尾	箕	斗	牛	女	虚	危	室	壁

十二月小建己丑柳宿 (九紫)

节气：小寒 初三日七时四十九分
大寒 十八时一时十四分

公历	3	4	5	6	7	8	9	10	11	12	13	14	15	16	17	18	19	20	21	22	23	24	25	26	27	28	29	30	31	
农历	一	二	三	四	五	六	七	八	九	十	十一	十二	十三	十四	十五	十六	十七	十八	十九	二十	廿一	廿二	廿三	廿四	廿五	廿六	廿七	廿八	廿九	三十
星期	四	五	六	日	一	二	三	四	五	六	日	一	二	三	四	五	六	日	一	二	三	四	五	六	日	一	二	三	四	
干支	丙申	丁酉	戊戌	己亥	庚子	辛丑	壬寅	癸卯	甲辰	乙巳	丙午	丁未	戊申	己酉	庚戌	辛亥	壬子	癸丑	甲寅	乙卯	丙辰	丁巳	戊午	己未	庚申	辛酉	壬戌	癸亥	甲子	
五行	火	火	木	木	土	土	金	金	火	火	水	水	土	土	金	金	木	木	水	水	土	土	火	火	木	木	水	水	金	
建星	成	收	收	开	闭	建	除	满	平	定	执	破	危	成	收	开	闭	建	除	满	平	定	执	破	危	成	收	开	闭	
廿八宿	奎	娄	胃	昴	毕	觜	参	井	鬼	柳	星	张	翼	轸	角	亢	氐	房	心	尾	箕	斗	牛	女	虚	危	室	壁	奎	

岁次：辛酉	公元2041年（石榴木）			金鸡
太岁：石政	年四绿星	雷山小过卦	八木三运	危

正月小建庚寅星宿 （八白）　　节气：立春 初二日十九时廿六分；雨水 十八日十五时十八分

公历	二月	2	3	4	5	6	7	8	9	10	11	12	13	14	15	16	17	18	19	20	21	22	23	24	25	26	27	28	三月	
农历	一	二	三	四	五	六	七	八	九	十	十一	十二	十三	十四	十五	十六	十七	十八	十九	二十	廿一	廿二	廿三	廿四	廿五	廿六	廿七	廿八	廿九	三十
星期	五	六	日	一	二	三	四	五	六	日	一	二	三	四	五	六	日	一	二	三	四	五	六	日	一	二	三	四	五	
干支	乙丑	丙寅	丁卯	戊辰	己巳	庚午	辛未	壬申	癸酉	甲戌	乙亥	丙子	丁丑	戊寅	己卯	庚辰	辛巳	辛巳	癸未	甲申	乙酉	丙戌	丁亥	戊子	己丑	庚寅	辛卯	壬辰	癸巳	
五行	金	火	火	木	木	土	土	金	金	火	火	水	水	土	土	金	金	木	木	水	水	土	土	火	火	木	木	水	水	
建星	建	除	除	满	平	定	执	破	危	成	收	开	闭	建	除	满	平	定	执	破	危	成	收	开	闭	建	除	满	平	
廿八宿	娄	胃	昴	毕	觜	参	井	鬼	柳	星	张	翼	轸	角	亢	氐	房	心	尾	箕	斗	牛	女	虚	危	室	壁	奎	娄	

二月大建辛卯张宿 （七赤）　　节气：惊蛰 初四日十三时十八分；春分 十九日十四时七分

公历	2	3	4	5	6	7	8	9	10	11	12	13	14	15	16	17	18	19	20	21	22	23	24	25	26	27	28	29	30	31
农历	一	二	三	四	五	六	七	八	九	十	十一	十二	十三	十四	十五	十六	十七	十八	十九	二十	廿一	廿二	廿三	廿四	廿五	廿六	廿七	廿八	廿九	三十
星期	六	日	一	二	三	四	五	六	日	一	二	三	四	五	六	日	一	二	三	四	五	六	日	一	二	三	四	五	六	日
干支	甲午	乙未	丙申	丁酉	戊戌	己亥	庚子	辛丑	壬寅	癸卯	甲辰	乙巳	丙午	丁未	戊申	己酉	庚戌	辛亥	壬子	癸丑	甲寅	乙卯	丙辰	丁巳	戊午	己未	庚申	辛酉	壬戌	癸亥
五行	金	金	火	火	木	木	土	土	金	金	火	火	水	水	土	土	金	金	木	木	水	水	土	土	火	火	木	木	水	水
建星	定	执	破	破	危	成	收	开	闭	建	除	满	平	定	执	破	危	成	收	开	闭	建	除	满	平	定	执	破	危	成
廿八宿	胃	昴	毕	觜	参	井	鬼	柳	星	张	翼	轸	角	亢	氐	房	心	尾	箕	斗	牛	女	虚	危	室	壁	奎	娄	胃	昴

三月小建壬辰翼宿 （六白）　　节气：清明 初四日十七时五十五分；谷雨 二十日零时五十五分

公历	四月	2	3	4	5	6	7	8	9	10	11	12	13	14	15	16	17	18	19	20	21	22	23	24	25	26	27	28	29	
农历	一	二	三	四	五	六	七	八	九	十	十一	十二	十三	十四	十五	十六	十七	十八	十九	二十	廿一	廿二	廿三	廿四	廿五	廿六	廿七	廿八	廿九	三十
星期	一	二	三	四	五	六	日	一	二	三	四	五	六	日	一	二	三	四	五	六	日	一	二	三	四	五	六	日	一	
干支	甲子	乙丑	丙寅	丁卯	戊辰	己巳	庚午	辛未	壬申	癸酉	甲戌	乙亥	丙子	丁丑	戊寅	己卯	庚辰	辛巳	壬午	癸未	甲申	乙酉	丙戌	丁亥	戊子	己丑	庚寅	辛卯	壬辰	
五行	金	金	火	火	木	木	土	土	金	金	火	火	水	水	土	土	金	金	木	木	水	水	土	土	火	火	木	木	水	
建星	收	开	闭	闭	建	除	满	平	定	执	破	危	成	收	开	闭	建	除	满	平	定	执	破	危	成	收	开	闭	建	
廿八宿	毕	觜	参	井	鬼	柳	星	张	翼	轸	角	亢	氐	房	心	尾	箕	斗	牛	女	虚	危	室	壁	奎	娄	胃	昴	毕	

岁次：辛酉	公元2041年（石榴木）			金鸡
太岁：石政	年四绿星	雷山小过卦	八木三运	危

四月大建癸巳轸宿　（五黄）

节气：立夏　初六日十时五十五分
小满　廿一日廿三时四十九分

公历	30	五月	2	3	4	5	6	7	8	9	10	11	12	13	14	15	16	17	18	19	20	21	22	23	24	25	26	27	28	29
农历	一	二	三	四	五	六	七	八	九	十	十一	十二	十三	十四	十五	十六	十七	十八	十九	二十	廿一	廿二	廿三	廿四	廿五	廿六	廿七	廿八	廿九	三十
星期	二	三	四	五	六	日	一	二	三	四	五	六	日	一	二	三	四	五	六	日	一	二	三	四	五	六	日	一	二	三
干支	癸巳	甲午	乙未	丙申	丁酉	戊戌	己亥	庚子	辛丑	壬寅	癸卯	甲辰	乙巳	丙午	丁未	戊申	己酉	庚戌	辛亥	壬子	癸丑	甲寅	乙卯	丙辰	丁巳	戊午	己未	庚申	辛酉	壬戌
五行	水	金	金	火	火	木	木	土	土	金	金	火	火	水	水	土	土	金	金	木	木	水	水	土	土	火	火	木	木	水
建星	除	满	平	定	执	执	破	危	成	收	开	闭	建	除	满	平	定	执	破	危	成	收	开	闭	建	除	满	平	定	执
廿八宿	觜	参	井	鬼	柳	星	张	翼	轸	角	亢	氐	房	心	尾	箕	斗	牛	女	虚	危	室	壁	奎	娄	胃	昴	毕	觜	参

五月小建甲午角宿　（四绿）

节气：芒种　初七日十四时五十分
夏至　廿三日七时卅六分

公历	30	31	六月	2	3	4	5	6	7	8	9	10	11	12	13	14	15	16	17	18	19	20	21	22	23	24	25	26	27	
农历	一	二	三	四	五	六	七	八	九	十	十一	十二	十三	十四	十五	十六	十七	十八	十九	二十	廿一	廿二	廿三	廿四	廿五	廿六	廿七	廿八	廿九	三十
星期	四	五	六	日	一	二	三	四	五	六	日	一	二	三	四	五	六	日	一	二	三	四	五	六	日	一	二	三	四	
干支	癸亥	甲子	乙丑	丙寅	丁卯	戊辰	己巳	庚午	辛未	壬申	癸酉	甲戌	乙亥	丙子	丁丑	戊寅	己卯	庚辰	辛巳	壬午	癸未	甲申	乙酉	丙戌	丁亥	戊子	己丑	庚寅	辛卯	
五行	水	金	金	火	火	木	木	土	土	金	金	火	火	水	水	土	土	金	金	木	木	水	水	土	土	火	火	木	木	
建星	破	危	成	收	开	闭	闭	建	除	满	平	定	执	破	危	成	收	开	闭	建	除	满	平	定	执	破	危	成	收	
廿八宿	井	鬼	柳	星	张	翼	轸	角	亢	氐	房	心	尾	箕	斗	牛	女	虚	危	室	壁	奎	娄	胃	昴	毕	觜	参	井	

六月大建乙未亢宿　（三碧）

节气：小暑　初十日零时五十九分
大暑　廿五日十八时廿七分

公历	28	29	30	七月	2	3	4	5	6	7	8	9	10	11	12	13	14	15	16	17	18	19	20	21	22	23	24	25	26	27
农历	一	二	三	四	五	六	七	八	九	十	十一	十二	十三	十四	十五	十六	十七	十八	十九	二十	廿一	廿二	廿三	廿四	廿五	廿六	廿七	廿八	廿九	三十
星期	五	六	日	一	二	三	四	五	六	日	一	二	三	四	五	六	日	一	二	三	四	五	六	日	一	二	三	四	五	六
干支	壬辰	癸巳	甲午	乙未	丙申	丁酉	戊戌	己亥	庚子	辛丑	壬寅	癸卯	甲辰	乙巳	丙午	丁未	戊申	己酉	庚戌	辛亥	壬子	癸丑	甲寅	乙卯	丙辰	丁巳	戊午	己未	庚申	辛酉
五行	水	水	金	金	火	火	木	木	土	土	金	金	火	火	水	水	土	土	金	金	木	木	水	水	土	土	火	火	木	木
建星	开	闭	建	除	满	平	定	执	破	破	危	成	收	开	闭	建	除	满	平	定	执	破	危	成	收	开	闭	建	除	满
廿八宿	鬼	柳	星	张	翼	轸	角	亢	氐	房	心	尾	箕	斗	牛	女	虚	危	室	壁	奎	娄	胃	昴	毕	觜	参	井	鬼	柳

岁次：辛酉	公元2041年（石榴木）			金鸡
太岁：石政	年四绿星	雷山小过卦	八木三运	危

七月大建丙申氐宿　（二黑）

节气：立秋　十一日十时四十九分
处暑　廿七日一时卅七分

公历	28	29	30	31	八月	2	3	4	5	6	7	8	9	10	11	12	13	14	15	16	17	18	19	20	21	22	23	24	25	26
农历	一	二	三	四	五	六	七	八	九	十	十一	十二	十三	十四	十五	十六	十七	十八	十九	二十	廿一	廿二	廿三	廿四	廿五	廿六	廿七	廿八	廿九	三十
星期	日	一	二	三	四	五	六	日	一	二	三	四	五	六	日	一	二	三	四	五	六	日	一	二	三	四	五	六	日	一
干支	壬戌	癸亥	甲子	乙丑	丙寅	丁卯	戊辰	己巳	庚午	辛未	壬申	癸酉	甲戌	乙亥	丙子	丁丑	戊寅	己卯	庚辰	辛巳	壬午	癸未	甲申	乙酉	丙戌	丁亥	戊子	己丑	庚寅	辛卯
五行	水	水	金	金	火	火	木	木	土	土	金	金	火	火	水	水	土	土	金	金	木	木	水	水	土	土	火	火	木	木
建星	平	定	执	破	危	成	收	开	闭	建	建	除	满	平	定	执	破	危	成	收	开	闭	建	除	满	平	定	执	破	危
廿八宿	星	张	翼	轸	角	亢	氐	房	心	尾	箕	斗	牛	女	虚	危	室	壁	奎	娄	胃	昴	毕	觜	参	井	鬼	柳	星	张

八月小建丁酉房宿　（一白）

节气：白露　十二日十三时五十四分
秋分　廿七日廿三日廿七分

公历	27	28	29	30	31	九月	2	3	4	5	6	7	8	9	10	11	12	13	14	15	16	17	18	19	20	21	22	23	24	
农历	一	二	三	四	五	六	七	八	九	十	十一	十二	十三	十四	十五	十六	十七	十八	十九	二十	廿一	廿二	廿三	廿四	廿五	廿六	廿七	廿八	廿九	三十
星期	二	三	四	五	六	日	一	二	三	四	五	六	日	一	二	三	四	五	六	日	一	二	三	四	五	六	日	一	二	
干支	壬辰	癸巳	甲午	乙未	丙申	丁酉	戊戌	己亥	庚子	辛丑	壬寅	癸卯	甲辰	乙巳	丙午	丁未	戊申	己酉	庚戌	辛亥	壬子	癸丑	甲寅	乙卯	丙辰	丁巳	戊午	己未	庚申	
五行	水	水	金	金	火	火	木	木	土	土	金	金	火	火	水	水	土	土	金	金	木	木	水	水	土	土	火	火	木	
建星	成	收	开	闭	建	除	满	平	定	执	破	破	危	成	收	开	闭	建	除	满	平	定	执	破	危	成	收	开	闭	
廿八宿	翼	轸	角	亢	氐	房	心	尾	箕	斗	牛	女	虚	危	室	壁	奎	娄	胃	昴	毕	觜	参	井	鬼	柳	星	张	翼	

九月大建戊戌心宿　（九紫）

节气：寒露　十四日五时四十七分
霜降　廿九日九时三分

公历	25	26	27	28	29	30	十月	2	3	4	5	6	7	8	9	10	11	12	13	14	15	16	17	18	19	20	21	22	23	24
农历	一	二	三	四	五	六	七	八	九	十	十一	十二	十三	十四	十五	十六	十七	十八	十九	二十	廿一	廿二	廿三	廿四	廿五	廿六	廿七	廿八	廿九	三十
星期	三	四	五	六	日	一	二	三	四	五	六	日	一	二	三	四	五	六	日	一	二	三	四	五	六	日	一	二	三	四
干支	辛酉	壬戌	癸亥	甲子	乙丑	丙寅	丁卯	戊辰	己巳	庚午	辛未	壬申	癸酉	甲戌	乙亥	丙子	丁丑	戊寅	己卯	庚辰	辛巳	壬午	癸未	甲申	乙酉	丙戌	丁亥	戊子	己丑	庚寅
五行	木	水	水	金	金	火	火	木	木	土	土	金	金	火	火	水	水	土	土	金	金	木	木	水	水	土	土	火	火	木
建星	建	除	满	平	定	执	破	危	成	收	开	闭	闭	建	除	满	平	定	执	破	危	成	收	开	闭	建	除	满	平	定
廿八宿	轸	角	亢	氐	房	心	尾	箕	斗	牛	女	虚	危	室	壁	奎	娄	胃	昴	毕	觜	参	井	鬼	柳	星	张	翼	轸	角

岁次：辛酉	公元2041年（石榴木）			金鸡
太岁：石政	年四绿星	雷山小过卦	八木三运	危

十月大建己亥尾宿 （八白）

节气：立冬 十四日九时十四分
小雪 廿九日六时五十分

公历	25	26	27	28	29	30	31	1月	2	3	4	5	6	7	8	9	10	11	12	13	14	15	16	17	18	19	20	21	22	23
农历	一	二	三	四	五	六	七	八	九	十	十一	十二	十三	十四	十五	十六	十七	十八	十九	二十	廿一	廿二	廿三	廿四	廿五	廿六	廿七	廿八	廿九	三十
星期	五	六	日	一	二	三	四	五	六	日	一	二	三	四	五	六	日	一	二	三	四	五	六	日	一	二	三	四	五	六
干支	辛卯	壬辰	癸巳	甲午	乙未	丙申	丁酉	戊戌	己亥	庚子	辛丑	壬寅	癸卯	甲辰	乙巳	丙午	丁未	戊申	己酉	庚戌	辛亥	壬子	癸丑	甲寅	乙卯	丙辰	丁巳	戊午	己未	庚申
五行	木	水	水	金	金	火	火	木	木	土	土	金	金	火	火	水	水	土	土	金	金	木	木	水	水	土	土	火	火	土
建星	执	破	危	成	收	开	闭	建	除	满	平	定	执	执	破	危	成	收	开	闭	建	除	满	平	定	执	破	危	成	收
廿八宿	亢	氐	房	心	尾	箕	斗	牛	女	虚	危	室	壁	奎	娄	胃	昴	毕	觜	参	井	鬼	柳	星	张	翼	轸	角	亢	氐

十一月小建庚子箕宿 （七赤）

节气：大雪 十四日二时十七分
冬至 廿八日二十时十九分

公历	24	25	26	27	28	29	30	2月	2	3	4	5	6	7	8	9	10	11	12	13	14	15	16	17	18	19	20	21	22	
农历	一	二	三	四	五	六	七	八	九	十	十一	十二	十三	十四	十五	十六	十七	十八	十九	二十	廿一	廿二	廿三	廿四	廿五	廿六	廿七	廿八	廿九	三十
星期	日	一	二	三	四	五	六	日	一	二	三	四	五	六	日	一	二	三	四	五	六	日	一	二	三	四	五	六	日	
干支	辛酉	壬戌	癸亥	甲子	乙丑	丙寅	丁卯	戊辰	己巳	庚午	辛未	壬申	癸酉	甲戌	乙亥	丙子	丁丑	戊寅	己卯	庚辰	辛巳	壬午	癸未	甲申	乙酉	丙戌	丁亥	戊子	己丑	
五行	木	水	水	金	金	火	火	木	木	土	土	金	金	火	火	水	水	土	土	金	金	木	木	水	水	土	土	火	火	
建星	开	闭	建	除	满	平	定	执	破	危	成	收	开	开	闭	建	除	满	平	定	执	破	危	成	收	开	闭	建	除	
廿八宿	房	心	尾	箕	斗	牛	女	虚	危	室	壁	奎	娄	胃	昴	毕	觜	参	井	鬼	柳	星	张	翼	轸	角	亢	氐	房	

十二月大建辛丑斗宿 （六白）

节气：小寒 十四日十三时卅六分
大寒 廿九日七时一分

公历	23	24	25	26	27	28	29	30	31	1月	2	3	4	5	6	7	8	9	10	11	12	13	14	15	16	17	18	19	20	21
农历	一	二	三	四	五	六	七	八	九	十	十一	十二	十三	十四	十五	十六	十七	十八	十九	二十	廿一	廿二	廿三	廿四	廿五	廿六	廿七	廿八	廿九	三十
星期	一	二	三	四	五	六	日	一	二	三	四	五	六	日	一	二	三	四	五	六	日	一	二	三	四	五	六	日	一	二
干支	庚寅	辛卯	壬辰	癸巳	甲午	乙未	丙申	丁酉	戊戌	己亥	庚子	辛丑	壬寅	癸卯	甲辰	乙巳	丙午	丁未	戊申	己酉	庚戌	辛亥	壬子	癸丑	甲寅	乙卯	丙辰	丁巳	戊午	己未
五行	木	木	水	水	金	金	火	火	木	木	土	土	金	金	火	火	水	水	土	土	金	金	木	木	水	水	土	土	火	火
建星	满	平	定	执	破	危	成	收	开	闭	建	除	满	满	平	定	执	破	危	成	收	开	闭	建	除	满	平	定	执	破
廿八宿	心	尾	箕	斗	牛	女	虚	危	室	壁	奎	娄	胃	昴	毕	觜	参	井	鬼	柳	星	张	翼	轸	角	亢	氐	房	心	尾

岁次：壬戌	公元 2042 年（大海水）			水狗
太岁：洪充	年三碧星	泽地萃卦	四金四运	室

正月小建壬寅牛宿 （五黄）

节气：立春 十四月一时十四分
雨水 廿八日廿一时五分

公历	22	23	24	25	26	27	28	29	30	31	二月	2	3	4	5	6	7	8	9	10	11	12	13	14	15	16	17	18	19	
农历	一	二	三	四	五	六	七	八	九	十	十一	十二	十三	十四	十五	十六	十七	十八	十九	二十	廿一	廿二	廿三	廿四	廿五	廿六	廿七	廿八	廿九	三十
星期	三	四	五	六	日	一	二	三	四	五	六	日	一	二	三	四	五	六	日	一	二	三	四	五	六	日	一	二	三	
干支	庚申	辛酉	壬戌	癸亥	甲子	乙丑	丙寅	丁卯	戊辰	己巳	庚午	辛未	壬申	癸酉	甲戌	乙亥	丙子	丁丑	戊寅	己卯	庚辰	辛巳	壬午	癸未	甲申	乙酉	丙戌	丁亥	戊子	
五行	木	木	水	水	金	金	火	火	木	木	土	土	金	金	火	火	水	水	土	土	金	金	木	木	水	水	土	土	火	
建星	危	成	收	开	闭	建	除	满	平	定	执	破	危	危	成	收	开	闭	建	除	满	平	定	执	破	危	成	收	开	
廿八宿	箕	斗	牛	女	虚	危	室	壁	奎	娄	胃	昴	毕	觜	参	井	鬼	柳	星	张	翼	轸	角	亢	氐	房	心	尾	箕	

二月大建癸卯女宿 （四绿）

节气：惊蛰 十四日十九时六分
春分 廿九日十九时五十四分

公历	20	21	22	23	24	25	26	27	28	三月	2	3	4	5	6	7	8	9	10	11	12	13	14	15	16	17	18	19	20	21
农历	一	二	三	四	五	六	七	八	九	十	十一	十二	十三	十四	十五	十六	十七	十八	十九	二十	廿一	廿二	廿三	廿四	廿五	廿六	廿七	廿八	廿九	三十
星期	四	五	六	日	一	二	三	四	五	六	日	一	二	三	四	五	六	日	一	二	三	四	五	六	日	一	二	三	四	五
干支	己丑	庚寅	辛卯	壬辰	癸巳	甲午	乙未	丙申	丁酉	戊戌	己亥	庚子	辛丑	壬寅	癸卯	甲辰	乙巳	丙午	丁未	戊申	己酉	庚戌	辛亥	壬子	癸丑	甲寅	乙卯	丙辰	丁巳	戊午
五行	火	木	木	水	水	金	金	火	火	木	木	土	土	金	金	火	火	水	水	土	土	金	金	木	木	水	水	土	土	火
建星	闭	建	除	满	平	定	执	破	危	成	收	开	闭	闭	建	除	满	平	定	执	破	危	成	收	开	闭	建	除	满	平
廿八宿	斗	牛	女	虚	危	室	壁	奎	娄	胃	昴	毕	觜	参	井	鬼	柳	星	张	翼	轸	角	亢	氐	房	心	尾	箕	斗	牛

闰二月小

节气：清明 十四月廿三时五分

公历	22	23	24	25	26	27	28	29	30	31	四月	2	3	4	5	6	7	8	9	10	11	12	13	14	15	16	17	18	19	
农历	一	二	三	四	五	六	七	八	九	十	十一	十二	十三	十四	十五	十六	十七	十八	十九	二十	廿一	廿二	廿三	廿四	廿五	廿六	廿七	廿八	廿九	三十
星期	六	日	一	二	三	四	五	六	日	一	二	三	四	五	六	日	一	二	三	四	五	六	日	一	二	三	四	五	六	
干支	己未	庚申	辛酉	壬戌	癸亥	甲子	乙丑	丙寅	丁卯	戊辰	己巳	庚午	辛未	壬申	癸酉	甲戌	乙亥	丙子	丁丑	戊寅	己卯	庚辰	辛巳	壬午	癸未	甲申	乙酉	丙戌	丁亥	
五行	火	木	木	水	水	金	金	火	火	木	木	土	土	金	金	火	火	水	水	土	土	金	金	木	木	水	水	土	土	
建星	定	执	破	危	成	收	开	闭	建	除	满	平	定	定	执	破	危	成	收	开	闭	建	除	满	平	定	执	破	危	
廿八宿	女	虚	危	室	壁	奎	娄	胃	昴	毕	觜	参	井	鬼	柳	星	张	翼	轸	角	亢	氐	房	心	尾	箕	斗	牛	女	

岁次:壬戌	公元2042年(大海水)			水狗
太岁:洪充	年三碧星	泽地萃卦	四金四运	室

三月小建甲辰虚宿 (三碧)

节气:谷雨 初一日六时四十分
立夏 十六日十六时四十三分

公历	20	21	22	23	24	25	26	27	28	29	30	五月	2	3	4	5	6	7	8	9	10	11	12	13	14	15	16	17	18	
农历	一	二	三	四	五	六	七	八	九	十	十一	十二	十三	十四	十五	十六	十七	十八	十九	二十	廿一	廿二	廿三	廿四	廿五	廿六	廿七	廿八	廿九	三十
星期	日	一	二	三	四	五	六	日	一	二	三	四	五	六	日	一	二	三	四	五	六	日	一	二	三	四	五	六	日	
干支	戊子	己丑	庚寅	辛卯	壬辰	癸巳	甲午	乙未	丙申	丁酉	戊戌	己亥	庚子	辛丑	壬寅	癸卯	甲辰	乙巳	丙午	丁未	戊申	己酉	庚戌	辛亥	壬子	癸丑	甲寅	乙卯	丙辰	
五行	火	火	木	木	水	水	金	金	火	火	木	木	土	土	金	金	火	火	水	水	土	土	金	金	木	木	水	水	土	
建星	成	收	开	闭	建	除	满	平	定	执	破	危	成	收	开	开	闭	建	除	满	平	定	执	破	危	成	收	开	闭	
廿八宿	虚	危	室	壁	奎	娄	胃	昴	毕	觜	参	井	鬼	柳	星	张	翼	轸	角	亢	氐	房	心	尾	箕	斗	牛	女	虚	

四月大建乙巳危宿 (二黑)

节气:小满 初三日五时卅二分
芒种 十八日二十时卅九分

公历	19	20	21	22	23	24	25	26	27	28	29	30	31	六月	2	3	4	5	6	7	8	9	10	11	12	13	14	15	16	17
农历	一	二	三	四	五	六	七	八	九	十	十一	十二	十三	十四	十五	十六	十七	十八	十九	二十	廿一	廿二	廿三	廿四	廿五	廿六	廿七	廿八	廿九	三十
星期	一	二	三	四	五	六	日	一	二	三	四	五	六	日	一	二	三	四	五	六	日	一	二	三	四	五	六	日	一	二
干支	丁巳	戊午	己未	庚申	辛酉	壬戌	癸亥	甲子	乙丑	丙寅	丁卯	戊辰	己巳	庚午	辛未	壬申	癸酉	甲戌	乙亥	丙子	丁丑	戊寅	己卯	庚辰	辛巳	壬午	癸未	甲申	乙酉	丙戌
五行	土	火	火	木	木	水	水	金	金	火	火	木	木	土	土	金	金	火	火	水	水	土	土	金	金	木	木	水	水	土
建星	建	除	满	平	定	执	破	危	成	收	开	闭	建	除	满	平	定	定	执	破	危	成	收	开	闭	建	除	满	平	定
廿八宿	危	室	壁	奎	娄	胃	昴	毕	觜	参	井	鬼	柳	星	张	翼	轸	角	亢	氐	房	心	尾	箕	斗	牛	女	虚	危	室

五月小建丙午室宿 (一白)

节气:夏至 初四日十三时十六分
小暑 二十日六时四十八分

公历	18	19	20	21	22	23	24	25	26	27	28	29	30	七月	2	3	4	5	6	7	8	9	10	11	12	13	14	15	16	
农历	一	二	三	四	五	六	七	八	九	十	十一	十二	十三	十四	十五	十六	十七	十八	十九	二十	廿一	廿二	廿三	廿四	廿五	廿六	廿七	廿八	廿九	三十
星期	三	四	五	六	日	一	二	三	四	五	六	日	一	二	三	四	五	六	日	一	二	三	四	五	六	日	一	二	三	
干支	丁亥	戊子	己丑	庚寅	辛卯	壬辰	癸巳	甲午	乙未	丙申	丁酉	戊戌	己亥	庚子	辛丑	壬寅	癸卯	甲辰	乙巳	丙午	丁未	戊申	己酉	庚戌	辛亥	壬子	癸丑	甲寅	乙卯	
五行	土	火	火	木	木	水	水	金	金	火	火	木	木	土	土	金	金	火	火	水	水	土	土	金	金	木	木	水	水	
建星	执	破	危	成	收	开	闭	建	除	满	平	定	执	破	危	成	收	开	闭	闭	建	除	满	平	定	执	破	危	成	
廿八宿	壁	奎	娄	胃	昴	毕	觜	参	井	鬼	柳	星	张	翼	轸	角	亢	氐	房	心	尾	箕	斗	牛	女	虚	危	室	壁	

岁次：壬戌	公元2042年（大海水）			水狗
太岁：洪充	年三碧星	泽地萃卦	四金四运	室

六月大建丁未壁宿　（九紫）

节气：大暑　初七日零时七分
　　　立秋　廿二日十六时卅九分

公历	17	18	19	20	21	22	23	24	25	26	27	28	29	30	31	八月	2	3	4	5	6	7	8	9	10	11	12	13	14	15
农历	一	二	三	四	五	六	七	八	九	十	十一	十二	十三	十四	十五	十六	十七	十八	十九	二十	廿一	廿二	廿三	廿四	廿五	廿六	廿七	廿八	廿九	三十
星期	四	五	六	日	一	二	三	四	五	六	日	一	二	三	四	五	六	日	一	二	三	四	五	六	日	一	二	三	四	五
干支	丙辰	丁巳	戊午	己未	庚申	辛酉	壬戌	癸亥	甲子	乙丑	丙寅	丁卯	戊辰	己巳	庚午	辛未	壬申	癸酉	甲戌	乙亥	丙子	丁丑	戊寅	己卯	庚辰	辛巳	壬午	癸未	甲申	乙酉
五行	土	土	火	火	木	木	水	水	金	金	火	火	木	木	土	土	金	金	火	火	水	水	土	土	金	金	木	木	水	水
建星	收	开	闭	建	除	满	平	定	执	破	危	成	收	开	闭	建	除	满	平	定	执	执	破	危	成	收	开	闭	建	除
廿八宿	奎	娄	胃	昴	毕	觜	参	井	鬼	柳	星	张	翼	轸	角	亢	氐	房	心	尾	箕	斗	牛	女	虚	危	室	壁	奎	娄

七月小建戊申奎宿　（八白）

节气：处暑　初八日七时十八分
　　　白露　廿三日十九时四十六分

公历	16	17	18	19	20	21	22	23	24	25	26	27	28	29	30	31	九月	2	3	4	5	6	7	8	9	10	11	12	13	
农历	一	二	三	四	五	六	七	八	九	十	十一	十二	十三	十四	十五	十六	十七	十八	十九	二十	廿一	廿二	廿三	廿四	廿五	廿六	廿七	廿八	廿九	三十
星期	六	日	一	二	三	四	五	六	日	一	二	三	四	五	六	日	一	二	三	四	五	六	日	一	二	三	四	五	六	
干支	丙戌	丁亥	戊子	己丑	庚寅	辛卯	壬辰	癸巳	甲午	乙未	丙申	丁酉	戊戌	己亥	庚子	辛丑	壬寅	癸卯	甲辰	乙巳	丙午	丁未	戊申	己酉	庚戌	辛亥	壬子	癸丑	甲寅	
五行	土	土	火	火	木	木	水	水	金	金	火	火	木	木	土	土	金	金	火	火	水	水	土	土	金	金	木	木	水	
建星	满	平	定	执	破	危	成	收	开	闭	建	除	满	平	定	执	破	危	成	收	开	闭	闭	建	除	满	平	定	执	
廿八宿	胃	昴	毕	觜	参	井	鬼	柳	星	张	翼	轸	角	亢	氐	房	心	尾	箕	斗	牛	女	虚	危	室	壁	奎	娄	胃	

八月大建己酉娄宿　（七赤）

节气：秋分　初十日五时十二分
　　　寒露　廿五日十一时四十一分

公历	14	15	16	17	18	19	20	21	22	23	24	25	26	27	28	29	30	十月	2	3	4	5	6	7	8	9	10	11	12	13
农历	一	二	三	四	五	六	七	八	九	十	十一	十二	十三	十四	十五	十六	十七	十八	十九	二十	廿一	廿二	廿三	廿四	廿五	廿六	廿七	廿八	廿九	三十
星期	日	一	二	三	四	五	六	日	一	二	三	四	五	六	日	一	二	三	四	五	六	日	一	二	三	四	五	六	日	一
干支	乙卯	丙辰	丁巳	戊午	己未	庚申	辛酉	壬戌	癸亥	甲子	乙丑	丙寅	丁卯	戊辰	己巳	庚午	辛未	壬申	癸酉	甲戌	乙亥	丙子	丁丑	戊寅	己卯	庚辰	辛巳	壬午	癸未	甲申
五行	水	土	土	火	火	木	木	水	水	金	金	火	火	木	木	土	土	金	金	火	火	水	水	土	土	金	金	木	木	水
建星	破	危	成	收	开	闭	建	除	满	平	定	执	破	危	成	收	开	闭	建	除	满	平	定	执	执	破	危	成	收	开
廿八宿	昴	毕	觜	参	井	鬼	柳	星	张	翼	轸	角	亢	氐	房	心	尾	箕	斗	牛	女	虚	危	室	壁	奎	娄	胃	昴	毕

岁次：壬戌	公元2042年（大海水）			水狗
太岁：洪充	年三碧星	泽地萃卦	四金四运	室

九月大建庚戌胃宿 （六白） 节气：霜降 初十日十四时五十分 立冬 廿五日十五时八分

公历	14	15	16	17	18	19	20	21	22	23	24	25	26	27	28	29	30	31	1月	2	3	4	5	6	7	8	9	10	11	12
农历	一	二	三	四	五	六	七	八	九	十	十一	十二	十三	十四	十五	十六	十七	十八	十九	二十	廿一	廿二	廿三	廿四	廿五	廿六	廿七	廿八	廿九	三十
星期	二	三	四	五	六	日	一	二	三	四	五	六	日	一	二	三	四	五	六	日	一	二	三	四	五	六	日	一	二	三
干支	乙酉	丙戌	丁亥	戊子	己丑	庚寅	辛卯	壬辰	癸巳	甲午	乙未	丙申	丁酉	戊戌	己亥	庚子	辛丑	壬寅	癸卯	甲辰	乙巳	丙午	丁未	戊申	己酉	庚戌	辛亥	壬子	癸丑	甲寅
五行	水	土	土	火	火	木	木	水	水	金	金	火	火	木	木	土	土	金	金	火	火	水	水	土	土	金	金	木	木	水
建星	闭	建	除	满	平	定	执	破	危	成	收	开	闭	建	除	满	平	定	执	破	危	成	收	开	开	闭	建	除	满	平
廿八宿	觜	参	井	鬼	柳	星	张	翼	轸	角	亢	氐	房	心	尾	箕	斗	牛	女	虚	危	室	壁	奎	娄	胃	昴	毕	觜	参

十月小建辛亥昴宿 （五黄） 节气：小雪 初十日十二时卅八分 大雪 廿五日八时十分

公历	13	14	15	16	17	18	19	20	21	22	23	24	25	26	27	28	29	30	12月	2	3	4	5	6	7	8	9	10	11	
农历	一	二	三	四	五	六	七	八	九	十	十一	十二	十三	十四	十五	十六	十七	十八	十九	二十	廿一	廿二	廿三	廿四	廿五	廿六	廿七	廿八	廿九	三十
星期	四	五	六	日	一	二	三	四	五	六	日	一	二	三	四	五	六	日	一	二	三	四	五	六	日	一	二	三	四	
干支	乙卯	丙辰	丁巳	戊午	己未	庚申	辛酉	壬戌	癸亥	甲子	乙丑	丙寅	丁卯	戊辰	己巳	庚午	辛未	壬申	癸酉	甲戌	乙亥	丙子	丁丑	戊寅	己卯	庚辰	辛巳	壬午	癸未	
五行	水	土	土	火	火	木	木	水	水	金	金	火	火	木	木	土	土	金	金	火	火	水	水	土	土	金	金	木	木	
建星	定	执	破	危	成	收	开	闭	建	除	满	平	定	执	破	危	成	收	开	闭	建	除	满	平	平	定	执	破	危	
廿八宿	井	鬼	柳	星	张	翼	轸	角	亢	氐	房	心	尾	箕	斗	牛	女	虚	危	室	壁	奎	娄	胃	昴	毕	觜	参	井	

十一月大建壬子毕宿 （四绿） 节气：冬至 十一日二时五分 小寒 廿五日十九时廿六分

公历	12	13	14	15	16	17	18	19	20	21	22	23	24	25	26	27	28	29	30	31	一月	2	3	4	5	6	7	8	9	10
农历	一	二	三	四	五	六	七	八	九	十	十一	十二	十三	十四	十五	十六	十七	十八	十九	二十	廿一	廿二	廿三	廿四	廿五	廿六	廿七	廿八	廿九	三十
星期	五	六	日	一	二	三	四	五	六	日	一	二	三	四	五	六	日	一	二	三	四	五	六	日	一	二	三	四	五	六
干支	甲申	乙酉	丙戌	丁亥	戊子	己丑	庚寅	辛卯	壬辰	癸巳	甲午	乙未	丙申	丁酉	戊戌	己亥	庚子	辛丑	壬寅	癸卯	甲辰	乙巳	丙午	丁未	戊申	己酉	庚戌	辛亥	壬子	癸丑
五行	水	水	土	土	火	火	木	木	水	水	金	金	火	火	木	木	土	土	金	金	火	火	水	水	土	土	金	金	木	木
建星	成	收	开	闭	建	除	满	平	定	执	破	危	成	收	开	闭	建	除	满	平	定	执	破	危	危	成	收	开	闭	建
廿八宿	鬼	柳	星	张	翼	轸	角	亢	氐	房	心	尾	箕	斗	牛	女	虚	危	室	壁	奎	娄	胃	昴	毕	觜	参	井	鬼	柳

十二月大建癸丑觜宿 （三碧） 节气：大寒 初十日十二时四十三分 立春 廿五日七时零分

公历	11	12	13	14	15	16	17	18	19	20	21	22	23	24	25	26	27	28	29	30	31	二月	2	3	4	5	6	7	8	9
农历	一	二	三	四	五	六	七	八	九	十	十一	十二	十三	十四	十五	十六	十七	十八	十九	二十	廿一	廿二	廿三	廿四	廿五	廿六	廿七	廿八	廿九	三十
星期	日	一	二	三	四	五	六	日	一	二	三	四	五	六	日	一	二	三	四	五	六	日	一	二	三	四	五	六	日	一
干支	甲寅	乙卯	丙辰	丁巳	戊午	己未	庚申	辛酉	壬戌	癸亥	甲子	乙丑	丙寅	丁卯	戊辰	己巳	庚午	辛未	壬申	癸酉	甲戌	乙亥	丙子	丁丑	戊寅	己卯	庚辰	辛巳	壬午	癸未
五行	水	水	土	土	火	火	木	木	水	水	金	金	火	火	木	木	土	土	金	金	火	火	水	水	土	土	金	金	木	木
建星	除	满	平	定	执	破	危	成	收	开	闭	建	除	满	平	定	执	破	危	成	收	开	闭	建	建	除	满	平	定	执
廿八宿	星	张	翼	轸	角	亢	氐	房	心	尾	箕	斗	牛	女	虚	危	室	壁	奎	娄	胃	昴	毕	觜	参	井	鬼	柳	星	张

岁次:癸亥	公元2043年(大海水)			水猪
太岁:虞程	年二黑星	山地剥卦	六水六运	壁

正月小建甲寅参宿 (二黑)

节气:雨水 初十日二时四十三分
惊蛰 廿五日零时四十八分

公历	10	11	12	13	14	15	16	17	18	19	20	21	22	23	24	25	26	27	28	三月	2	3	4	5	6	7	8	9	10	
农历	一	二	三	四	五	六	七	八	九	十	十一	十二	十三	十四	十五	十六	十七	十八	十九	二十	廿一	廿二	廿三	廿四	廿五	廿六	廿七	廿八	廿九	三十
星期	二	三	四	五	六	日	一	二	三	四	五	六	日	一	二	三	四	五	六	日	一	二	三	四	五	六	日	一	二	
干支	甲申	乙酉	丙戌	丁亥	戊子	己丑	庚寅	辛卯	壬辰	癸巳	甲午	乙未	丙申	丁酉	戊戌	己亥	庚子	辛丑	壬寅	癸卯	甲辰	乙巳	丙午	丁未	戊申	己酉	庚戌	辛亥	壬子	
五行	水	水	土	土	火	火	木	木	水	水	金	金	火	火	木	木	土	土	金	金	火	火	水	水	土	土	金	金	木	
建星	破	危	成	收	开	闭	建	除	满	平	定	执	破	危	成	收	开	闭	建	除	满	平	定	执	执	破	危	成	收	
廿八宿	翼	轸	角	亢	氐	房	心	尾	箕	斗	牛	女	虚	危	室	壁	奎	娄	胃	昴	毕	觜	参	井	鬼	柳	星	张	翼	

二月大建乙卯井宿 (一白)

节气:春分 十一日一时廿八分
清明 廿六日五时二十分

公历	11	12	13	14	15	16	17	18	19	20	21	22	23	24	25	26	27	28	29	30	31	四月	2	3	4	5	6	7	8	9
农历	一	二	三	四	五	六	七	八	九	十	十一	十二	十三	十四	十五	十六	十七	十八	十九	二十	廿一	廿二	廿三	廿四	廿五	廿六	廿七	廿八	廿九	三十
星期	三	四	五	六	日	一	二	三	四	五	六	日	一	二	三	四	五	六	日	一	二	三	四	五	六	日	一	二	三	四
干支	癸丑	甲寅	乙卯	丙辰	丁巳	戊午	己未	庚申	辛酉	壬戌	癸亥	甲子	乙丑	丙寅	丁卯	戊辰	己巳	庚午	辛未	壬申	癸酉	甲戌	乙亥	丙子	丁丑	戊寅	己卯	庚辰	辛巳	壬午
五行	木	水	水	土	土	火	火	木	木	水	水	金	金	火	火	木	木	土	土	金	金	火	火	水	水	土	土	金	金	木
建星	开	闭	建	除	满	平	定	执	破	危	成	收	开	闭	建	除	满	平	定	执	破	危	成	收	开	开	闭	建	除	满
廿八宿	轸	角	亢	氐	房	心	尾	箕	斗	牛	女	虚	危	室	壁	奎	娄	胃	昴	毕	觜	参	井	鬼	柳	星	张	翼	轸	角

三月小建丙辰鬼宿 (九紫)

节气:谷雨 十一日十二时十五分
立夏 廿六日廿二时廿二分

公历	10	11	12	13	14	15	16	17	18	19	20	21	22	23	24	25	26	27	28	29	30	五月	2	3	4	5	6	7	8	
农历	一	二	三	四	五	六	七	八	九	十	十一	十二	十三	十四	十五	十六	十七	十八	十九	二十	廿一	廿二	廿三	廿四	廿五	廿六	廿七	廿八	廿九	三十
星期	五	六	日	一	二	三	四	五	六	日	一	二	三	四	五	六	日	一	二	三	四	五	六	日	一	二	三	四	五	
干支	癸未	甲申	乙酉	丙戌	丁亥	戊子	己丑	庚寅	辛卯	壬辰	癸巳	甲午	乙未	丙申	丁酉	戊戌	己亥	庚子	辛丑	壬寅	癸卯	甲辰	乙巳	丙午	丁未	戊申	己酉	庚戌	辛亥	
五行	木	水	水	土	土	火	火	木	木	水	水	金	金	火	火	木	木	土	土	金	金	火	火	水	水	土	土	金	金	
建星	平	定	执	破	危	成	收	开	闭	建	除	满	平	定	执	破	危	成	收	开	闭	建	除	满	平	平	定	执	破	
廿八宿	亢	氐	房	心	尾	箕	斗	牛	女	虚	危	室	壁	奎	娄	胃	昴	毕	觜	参	井	鬼	柳	星	张	翼	轸	角	亢	

岁次:癸亥	公元2043年(大海水)			水猪
太岁:虞程	年二黑星	山地剥卦	六水六运	壁

四月小建丁巳柳宿 (八白)

节气:小满 十三日十一时九分
芒种 廿九日二时十八分

公历	9	10	11	12	13	14	15	16	17	18	19	20	21	22	23	24	25	26	27	28	29	30	31	六月	2	3	4	5	6	
农历	一	二	三	四	五	六	七	八	九	十	十一	十二	十三	十四	十五	十六	十七	十八	十九	二十	廿一	廿二	廿三	廿四	廿五	廿六	廿七	廿八	廿九	三十
星期	六	日	一	二	三	四	五	六	日	一	二	三	四	五	六	日	一	二	三	四	五	六	日	一	二	三	四	五	六	
干支	壬子	癸丑	甲寅	乙卯	丙辰	丁巳	戊午	己未	庚申	辛酉	壬戌	癸亥	甲子	乙丑	丙寅	丁卯	戊辰	己巳	庚午	辛未	壬申	癸酉	甲戌	乙亥	丙子	丁丑	戊寅	己卯	庚辰	
五行	木	木	水	水	土	土	火	火	木	木	水	水	金	金	火	火	木	木	土	土	金	金	火	火	水	水	土	土	金	
建星	危	成	收	开	闭	建	除	满	平	定	执	破	危	成	收	开	闭	建	除	满	平	定	执	破	危	成	收	开	开	
廿八宿	氐	房	心	尾	箕	斗	牛	女	虚	危	室	壁	奎	娄	胃	昴	毕	觜	参	井	鬼	柳	星	张	翼	轸	角	亢	氐	

五月大建戊午星宿 (七赤)

节气:夏至 十五日十八时五十八分

公历	7	8	9	10	11	12	13	14	15	16	17	18	19	20	21	22	23	24	25	26	27	28	29	30	七月	2	3	4	5	6
农历	一	二	三	四	五	六	七	八	九	十	十一	十二	十三	十四	十五	十六	十七	十八	十九	二十	廿一	廿二	廿三	廿四	廿五	廿六	廿七	廿八	廿九	三十
星期	日	一	二	三	四	五	六	日	一	二	三	四	五	六	日	一	二	三	四	五	六	日	一	二	三	四	五	六	日	一
干支	辛巳	壬午	癸未	甲申	乙酉	丙戌	丁亥	戊子	己丑	庚寅	辛卯	壬辰	癸巳	甲午	乙未	丙申	丁酉	戊戌	己亥	庚子	辛丑	壬寅	癸卯	甲辰	乙巳	丙午	丁未	戊申	己酉	庚戌
五行	金	木	木	水	水	土	土	火	火	木	木	水	水	金	金	火	火	木	木	土	土	金	金	火	火	水	水	土	土	金
建星	闭	建	除	满	平	定	执	破	危	成	收	开	闭	建	除	满	平	定	执	破	危	成	收	开	闭	建	除	满	平	定
廿八宿	房	心	尾	箕	斗	牛	女	虚	危	室	壁	奎	娄	胃	昴	毕	觜	参	井	鬼	柳	星	张	翼	轸	角	亢	氐	房	心

六月小建己未张宿 (六白)

节气:小暑 初一日十二时十八分
大暑 十七日五时五十四分

公历	7	8	9	10	11	12	13	14	15	16	17	18	19	20	21	22	23	24	25	26	27	28	29	30	31	八月	2	3	4	
农历	一	二	三	四	五	六	七	八	九	十	十一	十二	十三	十四	十五	十六	十七	十八	十九	二十	廿一	廿二	廿三	廿四	廿五	廿六	廿七	廿八	廿九	三十
星期	二	三	四	五	六	日	一	二	三	四	五	六	日	一	二	三	四	五	六	日	一	二	三	四	五	六	日	一	二	
干支	辛亥	壬子	癸丑	甲寅	乙卯	丙辰	丁巳	戊午	己未	庚申	辛酉	壬戌	癸亥	甲子	乙丑	丙寅	丁卯	戊辰	己巳	庚午	辛未	壬申	癸酉	甲戌	乙亥	丙子	丁丑	戊寅	己卯	
五行	金	木	木	水	水	土	土	火	火	木	木	水	水	金	金	火	火	木	木	土	土	金	金	火	火	水	水	土	土	
建星	定	执	破	危	成	收	开	闭	建	除	满	平	定	执	破	危	成	收	开	闭	建	除	满	平	定	执	破	危	成	
廿八宿	尾	箕	斗	牛	女	虚	危	室	壁	奎	娄	胃	昴	毕	觜	参	井	鬼	柳	星	张	翼	轸	角	亢	氐	房	心	尾	

岁次:癸亥	公元2043年(大海水)			水猪
太岁:虞程	年二黑星	山地剥卦	六水六运	壁

七月小建庚申翼宿 (五黄)

节气:立秋 初三日廿二时廿一分
处暑 十九日十三时十分

公历	5	6	7	8	9	10	11	12	13	14	15	16	17	18	19	20	21	22	23	24	25	26	27	28	29	30	31	九月	2	
农历	一	二	三	四	五	六	七	八	九	十	十一	十二	十三	十四	十五	十六	十七	十八	十九	二十	廿一	廿二	廿三	廿四	廿五	廿六	廿七	廿八	廿九	三十
星期	三	四	五	六	日	一	二	三	四	五	六	日	一	二	三	四	五	六	日	一	二	三	四	五	六	日	一	二	三	
干支	庚辰	辛巳	壬午	癸未	甲申	乙酉	丙戌	丁亥	戊子	己丑	庚寅	辛卯	壬辰	癸巳	甲午	乙未	丙申	丁酉	戊戌	己亥	己亥	辛丑	壬寅	癸卯	甲辰	乙巳	丙午	丁未	戊申	
五行	金	金	木	木	水	水	土	土	火	火	木	木	水	水	金	金	火	火	木	木	土	土	金	金	火	火	水	水	土	
建星	收	开	开	闭	建	除	满	平	定	执	破	危	成	收	开	闭	建	除	满	平	定	执	破	危	成	收	开	闭	建	
廿八宿	箕	斗	牛	女	虚	危	室	壁	奎	娄	胃	昴	毕	觜	参	井	鬼	柳	星	张	翼	轸	角	亢	氐	房	心	尾	箕	

八月大建辛酉轸宿 (四绿)

节气:白露 初六日一时三十分
秋分 廿一日十一时七分

公历	3	4	5	6	7	8	9	10	11	12	13	14	15	16	17	18	19	20	21	22	23	24	25	26	27	28	29	30	十月	2
农历	一	二	三	四	五	六	七	八	九	十	十一	十二	十三	十四	十五	十六	十七	十八	十九	二十	廿一	廿二	廿三	廿四	廿五	廿六	廿七	廿八	廿九	三十
星期	四	五	六	日	一	二	三	四	五	六	日	一	二	三	四	五	六	日	一	二	三	四	五	六	日	一	二	三	四	五
干支	己酉	庚戌	辛亥	壬子	癸丑	甲寅	乙卯	丙辰	丁巳	戊午	己未	庚申	辛酉	壬戌	癸亥	甲子	乙丑	丙寅	丁卯	戊辰	己巳	庚午	辛未	壬申	癸酉	甲戌	乙亥	丙子	丁丑	戊寅
五行	土	金	金	木	木	水	水	土	土	火	火	木	木	水	水	金	金	火	火	木	木	土	土	金	金	火	火	水	水	土
建星	除	满	平	定	执	执	破	危	成	收	开	闭	建	除	满	平	定	执	破	危	成	收	开	闭	建	除	满	平	定	执
廿八宿	斗	牛	女	虚	危	室	壁	奎	娄	胃	昴	毕	觜	参	井	鬼	柳	星	张	翼	轸	角	亢	氐	房	心	尾	箕	斗	牛

九月大建壬戌角宿 (三碧)

节气:寒露 初六日十七时廿八分
霜降 廿一日二十时四十七分

公历	3	4	5	6	7	8	9	10	11	12	13	14	15	16	17	18	19	20	21	22	23	24	25	26	27	28	29	30	31	十一月
农历	一	二	三	四	五	六	七	八	九	十	十一	十二	十三	十四	十五	十六	十七	十八	十九	二十	廿一	廿二	廿三	廿四	廿五	廿六	廿七	廿八	廿九	三十
星期	六	日	一	二	三	四	五	六	日	一	二	三	四	五	六	日	一	二	三	四	五	六	日	一	二	三	四	五	六	日
干支	己卯	庚辰	辛巳	壬午	癸未	甲申	乙酉	丙戌	丁亥	戊子	己丑	庚寅	辛卯	壬辰	癸巳	甲午	乙未	丙申	丁酉	戊戌	己亥	庚子	辛丑	壬寅	癸卯	甲辰	乙巳	丙午	丁未	戊申
五行	土	金	金	木	木	水	水	土	土	火	火	木	木	水	水	金	金	火	火	木	木	土	土	金	金	火	火	水	水	土
建星	破	危	成	收	开	开	闭	建	除	满	平	定	执	破	危	成	收	开	闭	建	除	满	平	定	执	破	危	成	收	开
廿八宿	女	虚	危	室	壁	奎	娄	胃	昴	毕	觜	参	井	鬼	柳	星	张	翼	轸	角	亢	氐	房	心	尾	箕	斗	牛	女	虚

岁次：癸亥	公元2043年（大海水）			水猪
太岁：虞程	年二黑星	山地剥卦	六水六运	壁

十月小建癸亥亢宿 （二黑）

节气：立冬 初六日二十时五十六分
小雪 廿一日十八时卅六分

公历	2	3	4	5	6	7	8	9	10	11	12	13	14	15	16	17	18	19	20	21	22	23	24	25	26	27	28	29	30	
农历	一	二	三	四	五	六	七	八	九	十	十一	十二	十三	十四	十五	十六	十七	十八	十九	二十	廿一	廿二	廿三	廿四	廿五	廿六	廿七	廿八	廿九	三十
星期	一	二	三	四	五	六	日	一	二	三	四	五	六	日	一	二	三	四	五	六	日	一	二	三	四	五	六	日	一	
干支	己酉	庚戌	辛亥	壬子	癸丑	甲寅	乙卯	丙辰	丁巳	戊午	己未	庚申	辛酉	壬戌	癸亥	甲子	乙丑	丙寅	丁卯	戊辰	己巳	庚午	辛未	壬申	癸酉	甲戌	乙亥	丙子	丁丑	
五行	土	金	金	木	木	水	水	土	土	火	火	木	木	水	水	金	金	火	火	木	木	土	土	金	金	火	火	水	水	
建星	闭	建	除	满	平	平	定	执	破	危	成	收	开	闭	建	除	满	平	定	执	破	危	成	收	开	闭	建	除	满	
廿八宿	危	室	壁	奎	娄	胃	昴	毕	觜	参	井	鬼	柳	星	张	翼	轸	角	亢	氐	房	心	尾	箕	斗	牛	女	虚	危	

十一月大建甲子氐宿 （一白）

节气：大雪 初七日十三时五十八分
冬至 廿二日八时二分

公历	2月	2	3	4	5	6	7	8	9	10	11	12	13	14	15	16	17	18	19	20	21	22	23	24	25	26	27	28	29	30
农历	一	二	三	四	五	六	七	八	九	十	十一	十二	十三	十四	十五	十六	十七	十八	十九	二十	廿一	廿二	廿三	廿四	廿五	廿六	廿七	廿八	廿九	三十
星期	二	三	四	五	六	日	一	二	三	四	五	六	日	一	二	三	四	五	六	日	一	二	三	四	五	六	日	一	二	三
干支	戊寅	己卯	庚辰	辛巳	壬午	癸未	甲申	乙酉	丙戌	丁亥	戊子	己丑	庚寅	辛卯	壬辰	癸巳	甲午	乙未	丙申	丁酉	戊戌	己亥	庚子	辛丑	壬寅	癸卯	甲辰	乙巳	丙午	丁未
五行	土	土	金	金	木	木	水	水	土	土	火	火	木	木	水	水	金	金	火	火	木	木	土	土	金	金	火	火	水	水
建星	平	定	执	破	危	成	成	收	开	闭	建	除	满	平	定	执	破	危	成	收	开	闭	建	除	满	平	定	执	破	危
廿八宿	室	壁	奎	娄	胃	昴	毕	觜	参	井	鬼	柳	星	张	翼	轸	角	亢	氐	房	心	尾	箕	斗	牛	女	虚	危	室	壁

十二月大建乙丑房宿 （九紫）

节气：小寒 初七日一时十三分
大寒 廿一日十八时卅八分

公历	31	一月	2	3	4	5	6	7	8	9	10	11	12	13	14	15	16	17	18	19	20	21	22	23	24	25	26	27	28	29
农历	一	二	三	四	五	六	七	八	九	十	十一	十二	十三	十四	十五	十六	十七	十八	十九	二十	廿一	廿二	廿三	廿四	廿五	廿六	廿七	廿八	廿九	三十
星期	四	五	六	日	一	二	三	四	五	六	日	一	二	三	四	五	六	日	一	二	三	四	五	六	日	一	二	三	四	五
干支	戊申	己酉	庚戌	辛亥	壬子	癸丑	甲寅	乙卯	丙辰	丙辰	戊午	己未	庚申	辛酉	壬戌	癸亥	甲子	乙丑	丙寅	丁卯	戊辰	己巳	庚午	辛未	壬申	癸酉	甲戌	乙亥	丙子	丁丑
五行	土	土	金	金	木	木	水	水	土	土	火	火	木	木	水	水	金	金	火	火	木	木	土	土	金	金	火	火	水	水
建星	成	收	开	闭	建	除	除	满	平	定	执	破	危	成	收	开	闭	建	除	满	平	定	执	破	危	成	收	开	闭	建
廿八宿	奎	娄	胃	昴	毕	觜	参	井	鬼	柳	星	张	翼	轸	角	亢	氐	房	心	尾	箕	斗	牛	女	虚	危	室	壁	奎	娄

岁次：甲子	公元2044年（海中金）			木鼠
太岁：金辨	年一白星	地雷复卦 坤为地卦	一水八运 一水一运	奎

正月大建丙寅心宿 （八白）

节气：立春 初六日十二时四十五分
雨水 廿一日八时卅七分

公历	30	31	二月	2	3	4	5	6	7	8	9	10	11	12	13	14	15	16	17	18	19	20	21	22	23	24	25	26	27	28
农历	一	二	三	四	五	六	七	八	九	十	十一	十二	十三	十四	十五	十六	十七	十八	十九	二十	廿一	廿二	廿三	廿四	廿五	廿六	廿七	廿八	廿九	三十
星期	六	日	一	二	三	四	五	六	日	一	二	三	四	五	六	日	一	二	三	四	五	六	日	一	二	三	四	五	六	日
干支	戊寅	己卯	庚辰	辛巳	壬午	癸未	甲申	乙酉	丙戌	丁亥	戊子	己丑	庚寅	辛卯	壬辰	癸巳	甲午	乙未	丙申	丁酉	戊戌	己亥	庚子	辛丑	壬寅	癸卯	甲辰	乙巳	丙午	丁未
五行	土	土	金	金	木	木	水	水	土	土	火	火	木	木	水	水	金	金	火	火	木	木	土	土	金	金	火	火	水	水
建星	除	满	平	定	执	执	破	危	成	收	开	闭	建	除	满	平	定	执	破	危	成	收	开	闭	建	除	满	平	定	执
廿八宿	胃	昴	毕	觜	参	井	鬼	柳	星	张	翼	轸	角	亢	氐	房	心	尾	箕	斗	牛	女	虚	危	室	壁	奎	娄	胃	昴

二月小建丁卯尾宿 （七赤）

节气：惊蛰 初六日六时卅二分
春分 廿一日七时廿一分

公历	29	三月	2	3	4	5	6	7	8	9	10	11	12	13	14	15	16	17	18	19	20	21	22	23	24	25	26	27	28	
农历	一	二	三	四	五	六	七	八	九	十	十一	十二	十三	十四	十五	十六	十七	十八	十九	二十	廿一	廿二	廿三	廿四	廿五	廿六	廿七	廿八	廿九	三十
星期	一	二	三	四	五	六	日	一	二	三	四	五	六	日	一	二	三	四	五	六	日	一	二	三	四	五	六	日	一	
干支	戊申	己酉	庚戌	辛亥	壬子	癸丑	甲寅	乙卯	丙辰	丁巳	戊午	己未	庚申	辛酉	壬戌	癸亥	甲子	乙丑	丙寅	丁卯	戊辰	己巳	庚午	辛未	壬申	癸酉	甲戌	乙亥	丙子	
五行	土	土	金	金	木	木	水	水	土	土	火	火	木	木	水	水	金	金	火	火	木	木	土	土	金	金	火	火	水	
建星	破	危	成	收	开	开	闭	建	除	满	平	定	执	破	危	成	收	开	闭	建	除	满	平	定	执	破	危	成	收	
廿八宿	毕	觜	参	井	鬼	柳	星	张	翼	轸	角	亢	氐	房	心	尾	箕	斗	牛	女	虚	危	室	壁	奎	娄	胃	昴	毕	

三月大建戊辰箕宿 （六白）

节气：清明 初七日十一时四分
谷雨 廿二日十八时七分

公历	29	30	31	四月	2	3	4	5	6	7	8	9	10	11	12	13	14	15	16	17	18	19	20	21	22	23	24	25	26	27
农历	一	二	三	四	五	六	七	八	九	十	十一	十二	十三	十四	十五	十六	十七	十八	十九	二十	廿一	廿二	廿三	廿四	廿五	廿六	廿七	廿八	廿九	三十
星期	二	三	四	五	六	日	一	二	三	四	五	六	日	一	二	三	四	五	六	日	一	二	三	四	五	六	日	一	二	三
干支	丁丑	戊寅	己卯	庚辰	辛巳	壬午	癸未	甲申	乙酉	丙戌	丁亥	戊子	己丑	庚寅	辛卯	壬辰	癸巳	甲午	乙未	丙申	丁酉	戊戌	己亥	庚子	辛丑	壬寅	癸卯	甲辰	乙巳	丙午
五行	水	土	土	金	金	木	木	水	水	土	土	火	火	木	木	水	水	金	金	火	火	木	木	土	土	金	金	火	火	水
建星	开	闭	建	除	满	平	平	定	执	破	危	成	收	开	闭	建	除	满	平	定	执	破	危	成	收	开	闭	建	除	满
廿八宿	觜	参	井	鬼	柳	星	张	翼	轸	角	亢	氐	房	心	尾	箕	斗	牛	女	虚	危	室	壁	奎	娄	胃	昴	毕	觜	参

岁次：甲子	公元2044年（海中金）			木鼠
太岁：金辨	年一白星	地雷复卦 坤为地卦	一水八运 一水一运	奎

四月小建己巳斗宿 （五黄）

节气：立夏 初八日四时六分
小满 廿三日十七时二分

公历	28	29	30	五月	2	3	4	5	6	7	8	9	10	11	12	13	14	15	16	17	18	19	20	21	22	23	24	25	26	
农历	一	二	三	四	五	六	七	八	九	十	十一	十二	十三	十四	十五	十六	十七	十八	十九	二十	廿一	廿二	廿三	廿四	廿五	廿六	廿七	廿八	廿九	三十
星期	四	五	六	日	一	二	三	四	五	六	日	一	二	三	四	五	六	日	一	二	三	四	五	六	日	一	二	三	四	
干支	丁未	戊申	己酉	庚戌	辛亥	壬子	癸丑	甲寅	乙卯	丙辰	丁巳	戊午	己未	庚申	辛酉	壬戌	癸亥	甲子	乙丑	丙寅	丁卯	戊辰	己巳	庚午	辛未	壬申	癸酉	甲戌	乙亥	
五行	水	土	土	金	金	木	木	水	水	土	土	火	火	木	木	水	水	金	金	火	火	木	木	土	土	金	金	火	火	
建星	平	定	执	破	危	成	收	收	开	闭	建	除	满	平	定	执	破	危	成	收	开	闭	建	除	满	平	定	执	破	
廿八宿	井	鬼	柳	星	张	翼	轸	角	亢	氐	房	心	尾	箕	斗	牛	女	虚	危	室	壁	奎	娄	胃	昴	毕	觜	参	井	

五月小建庚午牛宿 （四绿）

节气：芒种 初十日八时四分
夏至 廿六日零时五十一分

公历	27	28	29	30	31	六月	2	3	4	5	6	7	8	9	10	11	12	13	14	15	16	17	18	19	20	21	22	23	24	
农历	一	二	三	四	五	六	七	八	九	十	十一	十二	十三	十四	十五	十六	十七	十八	十九	二十	廿一	廿二	廿三	廿四	廿五	廿六	廿七	廿八	廿九	三十
星期	五	六	七	一	二	三	四	五	六	日	一	二	三	四	五	六	日	一	二	三	四	五	六	日	一	二	三	四	五	
干支	丙子	丁丑	戊寅	己卯	庚辰	辛巳	壬午	癸未	甲申	乙酉	丙戌	丁亥	戊子	己丑	庚寅	辛卯	壬辰	癸巳	甲午	乙未	丙申	丁酉	戊戌	己亥	庚子	辛丑	壬寅	癸卯	甲辰	
五行	水	水	土	土	金	金	木	木	水	水	土	土	火	火	木	木	水	水	金	金	火	火	木	木	土	土	金	金	火	
建星	危	成	收	开	闭	建	除	满	平	平	定	执	破	危	成	收	开	闭	建	除	满	平	定	执	破	危	成	收	开	
廿八宿	鬼	柳	星	张	翼	轸	角	亢	氐	房	心	尾	箕	斗	牛	女	虚	危	室	壁	奎	娄	胃	昴	毕	觜	参	井	鬼	

六月大建辛未女宿 （三碧）

节气：小暑 十二日十八时十六分
大暑 廿八日十一时四十四分

公历	25	26	27	28	29	30	七月	2	3	4	5	6	7	8	9	10	11	12	13	14	15	16	17	18	19	20	21	22	23	24
农历	一	二	三	四	五	六	七	八	九	十	十一	十二	十三	十四	十五	十六	十七	十八	十九	二十	廿一	廿二	廿三	廿四	廿五	廿六	廿七	廿八	廿九	三十
星期	六	日	一	二	三	四	五	六	日	一	二	三	四	五	六	日	一	二	三	四	五	六	日	一	二	三	四	五	六	日
干支	乙巳	丙午	丁未	戊申	己酉	庚戌	辛亥	壬子	癸丑	甲寅	乙卯	丙辰	丁巳	戊午	己未	庚申	辛酉	壬戌	癸亥	甲子	乙丑	丙寅	丁卯	戊辰	己巳	庚午	辛未	壬申	癸酉	甲戌
五行	火	水	水	土	土	金	金	木	木	水	水	土	土	火	火	木	木	水	水	金	金	火	火	木	木	土	土	金	金	火
建星	闭	建	除	满	平	定	执	破	危	成	收	收	开	闭	建	除	满	平	定	执	破	危	成	收	开	闭	建	除	满	平
廿八宿	柳	星	张	翼	轸	角	亢	氐	房	心	尾	箕	斗	牛	女	虚	危	室	壁	奎	娄	胃	昴	毕	觜	参	井	鬼	柳	星

岁次：甲子	公元2044年（海中金）			木鼠
太岁：金辨	年一白星	地雷复卦 坤为地卦	一水八运 一水一运	奎

七月小建壬申虚宿　（二黑）

节气：立秋　十四日四时九分
处暑　廿九日十八时五十五分

公历	25	26	27	28	29	30	31	八月	2	3	4	5	6	7	8	9	10	11	12	13	14	15	16	17	18	19	20	21	22	
农历	一	二	三	四	五	六	七	八	九	十	十一	十二	十三	十四	十五	十六	十七	十八	十九	二十	廿一	廿二	廿三	廿四	廿五	廿六	廿七	廿八	廿九	三十
星期	一	二	三	四	五	六	日	一	二	三	四	五	六	日	一	二	三	四	五	六	日	一	二	三	四	五	六	日	一	
干支	乙亥	丙子	丁丑	戊寅	己卯	庚辰	辛巳	壬午	癸未	甲申	乙酉	丙戌	丁亥	戊子	己丑	庚寅	辛卯	壬辰	癸巳	甲午	乙未	丙申	丁酉	戊戌	己亥	庚子	辛丑	壬寅	癸卯	
五行	火	水	水	土	土	金	金	木	木	水	水	土	土	火	火	木	木	水	水	金	金	火	火	木	木	土	土	金	金	
建星定	执	破	危	成	收	开	闭	建	除	满	平	定	定	执	破	危	成	收	开	闭	建	除	满	平	定	执	破	危		
廿八宿	张	翼	轸	角	亢	氐	房	心	尾	箕	斗	牛	女	虚	危	室	壁	奎	娄	胃	昴	毕	觜	参	井	鬼	柳	星	张	

闰七月小　（二黑）

节气：白露　十六日七时十七分

公历	23	24	25	26	27	28	29	30	31	九月	2	3	4	5	6	7	8	9	10	11	12	13	14	15	16	17	18	19	20	
农历	一	二	三	四	五	六	七	八	九	十	十一	十二	十三	十四	十五	十六	十七	十八	十九	二十	廿一	廿二	廿三	廿四	廿五	廿六	廿七	廿八	廿九	三十
星期	二	三	四	五	六	七	一	二	三	四	五	六	日	一	二	三	四	五	六	日	一	二	三	四	五	六	日	一	二	
干支	甲辰	乙巳	丙午	丙午	戊申	己酉	庚戌	辛亥	壬子	癸丑	甲寅	乙卯	丙辰	丁巳	戊午	己未	庚申	辛酉	壬戌	癸亥	甲子	乙丑	丙寅	丁卯	戊辰	己巳	庚午	辛未	壬申	
五行	火	火	水	水	土	土	金	金	木	木	水	水	土	土	火	火	木	木	水	水	金	金	火	火	木	木	土	土	金	
建星	成	收	开	闭	建	除	满	平	定	执	破	危	成	收	开	开	闭	建	除	满	平	定	执	破	危	成	收	开	闭	
廿八宿	翼	轸	角	亢	氐	房	心	尾	箕	斗	牛	女	虚	危	室	壁	奎	娄	胃	昴	毕	觜	参	井	鬼	柳	星	张	翼	

八月大建癸酉危宿　（一白）

节气：秋分　初二日十六时四十八分
寒露　十七日二十二时十二分

公历	21	22	23	24	25	26	27	28	29	30	十月	2	3	4	5	6	7	8	9	10	11	12	13	14	15	16	17	18	19	20
农历	一	二	三	四	五	六	七	八	九	十	十一	十二	十三	十四	十五	十六	十七	十八	十九	二十	廿一	廿二	廿三	廿四	廿五	廿六	廿七	廿八	廿九	三十
星期	三	四	五	六	日	一	二	三	四	五	六	日	一	二	三	四	五	六	日	一	二	三	四	五	六	日	一	二	三	四
干支	癸酉	甲戌	乙亥	丙子	丁丑	戊寅	己卯	庚辰	辛巳	壬午	癸未	甲申	乙酉	丙戌	丁亥	戊子	己丑	庚寅	辛卯	壬辰	癸巳	甲午	乙未	丙申	丁酉	戊戌	己亥	庚子	辛丑	壬寅
五行	金	火	火	水	水	土	土	金	金	木	木	水	水	土	土	火	火	木	木	水	水	金	金	火	火	木	木	土	土	金
建星	建	除	满	平	定	执	破	危	成	收	开	闭	建	除	满	平	定	执	破	危	成	收	收	开	闭	建	除	满	平	定
廿八宿	轸	角	亢	氐	房	心	尾	箕	斗	牛	女	虚	危	室	壁	奎	娄	胃	昴	毕	觜	参	井	鬼	柳	星	张	翼	轸	角

岁次:甲子	公元 2044 年(海中金)			木鼠
太岁:金辨	年一白星	地雷复卦 坤为地卦	一水八运 一水一运	奎

九月小建甲戌室宿　(九紫)　　节气:霜降　初三日二时廿七分　立冬　十八日二时四十二分

公历	21	22	23	24	25	26	27	28	29	30	31	一月	2	3	4	5	6	7	8	9	10	11	12	13	14	15	16	17	18	
农历	一	二	三	四	五	六	七	八	九	十	十一	十二	十三	十四	十五	十六	十七	十八	十九	二十	廿一	廿二	廿三	廿四	廿五	廿六	廿七	廿八	廿九	三十
星期	五	六	日	一	二	三	四	五	六	日	一	二	三	四	五	六	日	一	二	三	四	五	六	日	一	二	三	四	五	
干支	癸卯	甲辰	乙巳	丙午	丁未	戊申	己酉	庚戌	辛亥	壬子	癸丑	甲寅	乙卯	丙辰	丁巳	戊午	己未	庚申	辛酉	壬戌	癸亥	甲子	乙丑	丙寅	丁卯	戊辰	己巳	庚午	辛未	
五行	金	火	火	水	水	土	土	金	金	木	木	水	水	土	土	火	火	木	木	水	水	金	金	火	火	木	木	土	土	
建星	执	破	危	成	收	开	闭	建	除	满	平	定	执	破	危	成	收	收	开	闭	建	除	满	平	定	执	破	危	成	
廿八宿	亢	氐	房	心	尾	箕	斗	牛	女	虚	危	室	壁	奎	娄	胃	昴	毕	觜	参	井	鬼	柳	星	张	翼	轸	角	亢	

十月大建乙亥壁宿　(八白)　　节气:小雪　初四日零时十六分　大雪　十八日十九时四十六分

公历	19	20	21	22	23	24	25	26	27	28	29	30	2月	2	3	4	5	6	7	8	9	10	11	12	13	14	15	16	17	18
农历	一	二	三	四	五	六	七	八	九	十	十一	十二	十三	十四	十五	十六	十七	十八	十九	二十	廿一	廿二	廿三	廿四	廿五	廿六	廿七	廿八	廿九	三十
星期	六	日	一	二	三	四	五	六	七	一	二	三	四	五	六	日	一	二	三	四	五	六	日	一	二	三	四	五	六	日
干支	壬申	癸酉	甲戌	乙亥	丙子	丁丑	戊寅	己卯	庚辰	辛巳	壬午	癸未	甲申	乙酉	丙戌	丁亥	戊子	己丑	庚寅	辛卯	壬辰	癸巳	甲午	乙未	丙申	丁酉	丁酉	己亥	庚子	辛丑
五行	金	金	火	火	水	水	土	土	金	金	木	木	水	水	土	土	火	火	木	木	水	水	金	金	火	火	木	木	土	土
建星	收	开	闭	建	除	满	平	定	执	破	危	成	收	开	闭	建	除	除	满	平	定	执	破	危	成	收	开	闭	建	除
廿八宿	氐	房	心	尾	箕	斗	牛	女	虚	危	室	壁	奎	娄	胃	昴	毕	觜	参	井	鬼	柳	星	张	翼	轸	角	亢	氐	房

十一月大建丙子奎宿　(七赤)　　节气:冬至　初三日十三时四十五分　小寒　十八日七时四分

公历	19	20	21	22	23	24	25	26	27	28	29	30	31	一月	2	3	4	5	6	7	8	9	10	11	12	13	14	15	16	17
农历	一	二	三	四	五	六	七	八	九	十	十一	十二	十三	十四	十五	十六	十七	十八	十九	二十	廿一	廿二	廿三	廿四	廿五	廿六	廿七	廿八	廿九	三十
星期	一	二	三	四	五	六	日	一	二	三	四	五	六	日	一	二	三	四	五	六	日	一	二	三	四	五	六	日	一	二
干支	壬寅	癸卯	甲辰	乙巳	丙午	丁未	戊申	己酉	庚戌	辛亥	壬子	癸丑	甲寅	乙卯	丙辰	丁巳	戊午	己未	庚申	辛酉	壬戌	癸亥	甲子	乙丑	丙寅	丁卯	丁卯	己巳	庚午	辛未
五行	金	金	火	火	水	水	土	土	金	金	木	木	水	水	土	土	火	火	木	木	水	水	金	金	火	火	木	木	土	土
建星	满	平	定	执	破	危	成	收	开	闭	建	除	满	平	定	执	破	破	危	成	收	开	闭	建	除	满	平	定	执	破
廿八宿	心	尾	箕	斗	牛	女	虚	危	室	壁	奎	娄	胃	昴	毕	觜	参	井	鬼	柳	星	张	翼	轸	角	亢	氐	房	心	尾

十二月大建丁丑娄宿　(六白)　　节气:大寒　初三日零时廿三分　立春　十七日十八时卅八分

公历	18	19	20	21	22	23	24	25	26	27	28	29	30	31	二月	2	3	4	5	6	7	8	9	10	11	12	13	14	15	16
农历	一	二	三	四	五	六	七	八	九	十	十一	十二	十三	十四	十五	十六	十七	十八	十九	二十	廿一	廿二	廿三	廿四	廿五	廿六	廿七	廿八	廿九	三十
星期	三	四	五	六	日	一	二	三	四	五	六	日	一	二	三	四	五	六	日	一	二	三	四	五	六	日	一	二	三	四
干支	壬申	癸酉	甲戌	乙亥	丙子	丁丑	戊寅	己卯	庚辰	辛巳	壬午	癸未	甲申	乙酉	丙戌	丁亥	戊子	己丑	庚寅	辛卯	壬辰	癸巳	甲午	乙未	丙申	丁酉	戊戌	己亥	庚子	辛丑
五行	金	金	火	火	水	水	土	土	金	金	木	木	水	水	土	土	火	火	木	木	水	水	金	金	火	火	木	木	土	土
建星	危	成	收	开	闭	建	除	满	平	定	执	破	危	成	收	开	开	闭	建	除	满	平	定	执	破	危	成	收	开	闭
廿八宿	箕	斗	牛	女	虚	危	室	壁	奎	娄	胃	昴	毕	觜	参	井	鬼	柳	星	张	翼	轸	角	亢	氐	房	心	尾	箕	斗

岁次：乙丑	公元2045年（海中金）			木牛
太岁：陈材	年九紫星	火雷噬嗑卦	三木六运	娄

正月大建戊寅胃宿 （五黄）

节气：雨水 初二日十四时廿三分
惊蛰 十七日十二时廿六分

公历	17	18	19	20	21	22	23	24	25	26	27	28	三月	2	3	4	5	6	7	8	9	10	11	12	13	14	15	16	17	18
农历	一	二	三	四	五	六	七	八	九	十	十一	十二	十三	十四	十五	十六	十七	十八	十九	二十	廿一	廿二	廿三	廿四	廿五	廿六	廿七	廿八	廿九	三十
星期	五	六	日	一	二	三	四	五	六	日	一	二	三	四	五	六	日	一	二	三	四	五	六	日	一	二	三	四	五	六
干支	壬寅	癸卯	甲辰	乙巳	丙午	丁未	戊申	己酉	庚戌	辛亥	壬子	癸丑	甲寅	乙卯	丙辰	丁巳	戊午	己未	庚申	辛酉	壬戌	癸亥	甲子	乙丑	丙寅	丙寅	戊辰	戊辰	庚午	辛未
五行	金	金	火	火	水	水	土	土	金	金	木	木	水	水	土	土	火	火	木	木	水	水	金	金	火	火	木	木	土	土
建星	建	除	满	平	定	执	破	危	成	收	开	闭	建	除	满	平	平	定	执	破	危	成	收	开	闭	建	除	满	平	定
廿八宿	牛	女	虚	危	室	壁	奎	娄	胃	昴	毕	觜	参	井	鬼	柳	星	张	翼	轸	角	亢	氐	房	心	尾	箕	斗	牛	女

二月小建己卯昴宿 （四绿）

节气：春分 初二日十三时八分
清明 十七日十六时五十八分

公历	19	20	21	22	23	24	25	26	27	28	29	30	31	四月	2	3	4	5	6	7	8	9	10	11	12	13	14	15	16	
农历	一	二	三	四	五	六	七	八	九	十	十一	十二	十三	十四	十五	十六	十七	十八	十九	二十	廿一	廿二	廿三	廿四	廿五	廿六	廿七	廿八	廿九	三十
星期	日	一	二	三	四	五	六	七	一	二	三	四	五	六	日	一	二	三	四	五	六	日	一	二	三	四	五	六	日	
干支	壬申	癸酉	甲戌	乙亥	丙子	丁丑	戊寅	己卯	庚辰	辛巳	壬午	癸未	甲申	乙酉	丙戌	丁亥	戊子	己丑	庚寅	辛卯	壬辰	癸巳	甲午	乙未	丙申	丁酉	戊戌	己亥	庚子	
五行	金	金	火	火	水	水	土	土	金	金	木	木	水	水	土	土	火	火	木	木	水	水	金	金	火	火	木	木	土	
建星	执	破	危	成	收	开	闭	建	除	满	平	定	执	破	危	成	成	收	开	闭	建	除	满	平	定	执	破	危	成	
廿八宿	虚	危	室	壁	奎	娄	胃	昴	毕	觜	参	井	鬼	柳	星	张	翼	轸	角	亢	氐	房	心	尾	箕	斗	牛	女	虚	

三月大建庚辰毕宿 （三碧）

节气：谷雨 初三日廿三时五十三分
立夏 十九日十时

公历	17	18	19	20	21	22	23	24	25	26	27	28	29	30	五月	2	3	4	5	6	7	8	9	10	11	12	13	14	15	16
农历	一	二	三	四	五	六	七	八	九	十	十一	十二	十三	十四	十五	十六	十七	十八	十九	二十	廿一	廿二	廿三	廿四	廿五	廿六	廿七	廿八	廿九	三十
星期	一	二	三	四	五	六	日	一	二	三	四	五	六	日	一	二	三	四	五	六	日	一	二	三	四	五	六	日	一	二
干支	辛丑	壬寅	癸卯	甲辰	乙巳	丙午	丁未	戊申	己酉	庚戌	辛亥	壬子	癸丑	甲寅	乙卯	乙卯	丁巳	戊午	己未	庚申	辛酉	壬戌	癸亥	甲子	乙丑	丙寅	丁卯	戊辰	己巳	庚午
五行	土	金	金	火	火	水	水	木	木	金	金	木	木	水	水	土	土	火	火	木	木	水	水	金	金	火	火	木	木	土
建星	收	开	闭	建	除	满	平	定	执	破	危	成	收	开	闭	建	除	满	满	平	定	执	破	危	成	收	开	闭	建	除
廿八宿	危	室	壁	奎	娄	胃	昴	毕	觜	参	井	鬼	柳	星	张	翼	轸	角	亢	氐	房	心	尾	箕	斗	牛	女	虚	危	室

岁次:乙丑	公元 2045 年(海中金)			木牛
太岁:陈材	年九紫星	火雷噬嗑卦	三木六运	娄

四月小建辛巳觜宿 （二黑）

节气：小满 初四日廿二时四十六分
芒种 二十日十三时五十八分

公历	17	18	19	20	21	22	23	24	25	26	27	28	29	30	31	六月	2	3	4	5	6	7	8	9	10	11	12	13	14	
农历	一	二	三	四	五	六	七	八	九	十	十一	十二	十三	十四	十五	十六	十七	十八	十九	二十	廿一	廿二	廿三	廿四	廿五	廿六	廿七	廿八	廿九	三十
星期	三	四	五	六	日	一	二	三	四	五	六	日	一	二	三	四	五	六	日	一	二	三	四	五	六	日	一	二	三	
干支	辛未	壬申	癸酉	甲戌	乙亥	丙子	丁丑	戊寅	己卯	庚辰	辛巳	壬午	癸未	甲申	乙酉	丙戌	丁亥	戊子	己丑	庚寅	辛卯	壬辰	癸巳	甲午	乙未	丙申	丁酉	戊戌	己亥	
五行	土	金	金	火	火	水	水	土	土	金	金	木	木	水	水	土	土	火	火	木	木	水	水	金	金	火	火	木	木	
建星	满	平	定	执	破	危	成	收	开	闭	建	除	满	平	定	执	破	危	成	成	收	开	闭	建	除	满	平	定	执	
廿八宿	壁	奎	娄	胃	昴	毕	觜	参	井	鬼	柳	星	张	翼	轸	角	亢	氐	房	心	尾	箕	斗	牛	女	虚	危	室	壁	

五月小建壬午参宿 （一白）

节气：夏至 初七日六时卅四分
小暑 廿三日零时九分

公历	15	16	17	18	19	20	21	22	23	24	25	26	27	28	29	30	七月	2	3	4	5	6	7	8	9	10	11	12	13	
农历	一	二	三	四	五	六	七	八	九	十	十一	十二	十三	十四	十五	十六	十七	十八	十九	二十	廿一	廿二	廿三	廿四	廿五	廿六	廿七	廿八	廿九	三十
星期	四	五	六	日	一	二	三	四	五	六	七	一	二	三	四	五	六	日	一	二	三	四	五	六	日	一	二	三	四	
干支	庚子	辛丑	壬寅	癸卯	甲辰	乙巳	丙午	丁未	戊申	己酉	庚戌	辛亥	壬子	癸丑	甲寅	乙卯	丙辰	丁巳	戊午	己未	庚申	癸巳	壬戌	癸亥	甲子	乙丑	丙寅	丁卯	戊辰	
五行	土	土	金	金	火	火	水	水	土	土	金	金	木	木	水	水	土	土	火	火	木	木	水	水	金	金	火	火	木	
建星	破	危	成	收	开	闭	建	除	满	平	定	执	破	危	成	收	开	闭	建	除	满	平	平	定	执	破	危	成	收	
廿八宿	奎	娄	胃	昴	毕	觜	参	井	鬼	柳	星	张	翼	轸	角	亢	氐	房	心	尾	箕	斗	牛	女	虚	危	室	壁	奎	

六月大建癸未井宿 （九紫）

节气：大暑 初九日十七时廿七分
立秋 廿五日十时

公历	14	15	16	17	18	19	20	21	22	23	24	25	26	27	28	29	30	31	八月	2	3	4	5	6	7	8	9	10	11	12
农历	一	二	三	四	五	六	七	八	九	十	十一	十二	十三	十四	十五	十六	十七	十八	十九	二十	廿一	廿二	廿三	廿四	廿五	廿六	廿七	廿八	廿九	三十
星期	五	六	日	一	二	三	四	五	六	日	一	二	三	四	五	六	日	一	二	三	四	五	六	日	一	二	三	四	五	六
干支	己巳	庚午	辛未	壬申	癸酉	甲戌	乙亥	丙子	丁丑	戊寅	己卯	庚辰	辛巳	壬午	癸未	甲申	乙酉	丙戌	丁亥	戊子	己丑	庚寅	辛卯	壬辰	癸巳	甲午	乙未	丙申	丁酉	戊戌
五行	木	土	土	金	金	火	火	水	水	土	土	金	金	木	木	水	水	土	土	火	火	木	木	水	水	金	金	火	火	木
建星	开	闭	建	除	满	平	定	执	破	危	成	收	开	闭	建	除	满	平	定	执	破	危	成	收	收	开	闭	建	除	满
廿八宿	娄	胃	昴	毕	觜	参	井	鬼	柳	星	张	翼	轸	角	亢	氐	房	心	尾	箕	斗	牛	女	虚	危	室	壁	奎	娄	胃

岁次:乙丑	公元2045年(海中金)			木牛
太岁:陈材	年九紫星	火雷噬嗑卦	三木六运	娄

七月小建甲申鬼宿 (八白)

节气:处暑 十一日零时卅九分
白露 廿六日十三时六分

公历	13	14	15	16	17	18	19	20	21	22	23	24	25	26	27	28	29	30	31	九月	2	3	4	5	6	7	8	9	10	
农历	一	二	三	四	五	六	七	八	九	十	十一	十二	十三	十四	十五	十六	十七	十八	十九	二十	廿一	廿二	廿三	廿四	廿五	廿六	廿七	廿八	廿九	三十
星期	日	一	二	三	四	五	六	日	一	二	三	四	五	六	日	一	二	三	四	五	六	日	一	二	三	四	五	六	日	
干支	己亥	庚子	辛丑	壬寅	癸卯	甲辰	乙巳	丙午	丁未	戊申	己酉	庚戌	辛亥	壬子	癸丑	甲寅	乙卯	丙辰	丁巳	戊午	己未	庚申	辛酉	壬戌	癸亥	甲子	乙丑	丙寅	丁卯	
五行	木	土	土	金	金	火	火	水	水	土	土	金	金	木	木	水	水	土	土	火	火	木	木	水	水	金	金	火	火	
建星	平	定	执	破	危	成	收	开	闭	建	除	满	平	定	执	破	危	成	收	开	闭	建	除	满	平	平	定	执	破	
廿八宿	昴	毕	觜	参	井	鬼	柳	星	张	翼	轸	角	亢	氐	房	心	尾	箕	斗	牛	女	虚	危	室	壁	奎	娄	胃	昴	

八月小建乙酉柳宿 (七赤)

节气:秋分 十二日廿三时五十三分
寒露 廿八日五时一分

公历	11	12	13	14	15	16	17	18	19	20	21	22	23	24	25	26	27	28	29	30	十月	2	3	4	5	6	7	8	9	
农历	一	二	三	四	五	六	七	八	九	十	十一	十二	十三	十四	十五	十六	十七	十八	十九	二十	廿一	廿二	廿三	廿四	廿五	廿六	廿七	廿八	廿九	三十
星期	一	二	三	四	五	六	日	一	二	三	四	五	六	七	一	二	三	四	五	六	日	一	二	三	四	五	六	日	一	
干支	戊辰	己巳	庚午	辛未	壬申	癸酉	甲戌	乙亥	丙子	丁丑	戊寅	己卯	庚辰	辛巳	壬午	癸未	甲申	乙酉	丙戌	丁亥	戊子	己丑	庚寅	辛卯	壬辰	癸巳	甲午	乙未	丙申	
五行	木	木	土	土	金	金	火	火	水	水	土	土	金	金	木	木	水	水	土	土	火	火	木	木	水	水	金	金	火	
建星	危	成	收	开	闭	建	除	满	平	定	执	破	危	成	收	开	闭	建	除	满	平	定	执	破	危	成	收	收	开	
廿八宿	毕	觜	参	井	鬼	柳	星	张	翼	轸	角	亢	氐	房	心	尾	箕	斗	牛	女	虚	危	室	壁	奎	娄	胃	昴	毕	

九月大建丙戌星宿 (六白)

节气:霜降 十四日八时十三分
立冬 廿九日八时三十分

公历	10	11	12	13	14	15	16	17	18	19	20	21	22	23	24	25	26	27	28	29	30	31	十一月	2	3	4	5	6	7	8
农历	一	二	三	四	五	六	七	八	九	十	十一	十二	十三	十四	十五	十六	十七	十八	十九	二十	廿一	廿二	廿三	廿四	廿五	廿六	廿七	廿八	廿九	三十
星期	二	三	四	五	六	日	一	二	三	四	五	六	日	一	二	三	四	五	六	日	一	二	三	四	五	六	日	一	二	三
干支	丁酉	戊戌	己亥	庚子	辛丑	壬寅	癸卯	甲辰	乙巳	丙午	丁未	戊申	己酉	庚戌	辛亥	壬子	癸丑	甲寅	乙卯	丙辰	丁巳	戊午	己未	庚申	辛酉	壬戌	癸亥	甲子	乙丑	丙寅
五行	火	木	木	土	土	金	金	火	火	水	水	土	土	金	金	木	木	水	水	土	土	火	火	木	木	水	水	金	金	火
建星	闭	建	除	满	平	定	执	破	危	成	收	开	闭	建	除	满	平	定	执	破	危	成	收	开	闭	建	除	满	满	平
廿八宿	觜	参	井	鬼	柳	星	张	翼	轸	角	亢	氐	房	心	尾	箕	斗	牛	女	虚	危	室	壁	奎	娄	胃	昴	毕	觜	参

岁次:乙丑	公元2045年(海中金)			木牛
太岁:陈材	年九紫星	火雷噬嗑卦	三木六运	娄

十月小建丁亥张宿 (五黄)

节气:小雪 十四日六时四分
大雪 廿九日一时卅六分

公历	9	10	11	12	13	14	15	16	17	18	19	20	21	22	23	24	25	26	27	28	29	30	2月	2	3	4	5	6	7	
农历	一	二	三	四	五	六	七	八	九	十	十一	十二	十三	十四	十五	十六	十七	十八	十九	二十	廿一	廿二	廿三	廿四	廿五	廿六	廿七	廿八	廿九	三十
星期	四	五	六	日	一	二	三	四	五	六	日	一	二	三	四	五	六	日	一	二	三	四	五	六	日	一	二	三	四	
干支	丁卯	戊辰	己巳	庚午	辛未	壬申	癸酉	甲戌	乙亥	丙子	丁丑	戊寅	己卯	庚辰	辛巳	壬午	癸未	甲申	乙酉	丙戌	丁亥	戊子	己丑	庚寅	辛卯	壬辰	癸巳	甲午	乙未	
五行	火	木	木	土	土	金	金	火	火	水	水	土	土	金	金	木	木	水	水	土	土	火	火	木	木	水	水	金	金	
建星	定	执	破	危	成	收	开	闭	建	除	满	平	定	执	破	危	成	收	开	闭	建	除	满	平	定	执	破	危	危	
廿八宿	井	鬼	柳	星	张	翼	轸	角	亢	氐	房	心	尾	箕	斗	牛	女	虚	危	室	壁	奎	娄	胃	昴	毕	觜	参	井	

十一月大建戊子翼宿 (四绿)

节气:冬至 十四日十九时卅六分
小寒 廿九日十二时五十七分

公历	8	9	10	11	12	13	14	15	16	17	18	19	20	21	22	23	24	25	26	27	28	29	30	31	一月	2	3	4	5	6
农历	一	二	三	四	五	六	七	八	九	十	十一	十二	十三	十四	十五	十六	十七	十八	十九	二十	廿一	廿二	廿三	廿四	廿五	廿六	廿七	廿八	廿九	三十
星期	五	六	日	一	二	三	四	五	六	日	一	二	三	四	五	六	七	一	二	三	四	五	六	日	一	二	三	四	五	六
干支	丙申	丁酉	戊戌	己亥	庚子	辛丑	壬寅	癸卯	甲辰	乙巳	丙午	丁未	戊申	己酉	庚戌	辛亥	壬子	癸丑	甲寅	乙卯	丙辰	丁巳	戊午	己未	庚申	辛酉	壬戌	癸亥	甲子	乙丑
五行	火	火	木	木	土	土	金	金	火	火	水	水	土	土	金	金	木	木	水	水	土	土	火	火	木	木	水	水	金	金
建星	成	收	开	闭	建	除	满	平	定	执	破	危	成	收	开	闭	建	除	满	平	定	执	破	危	成	收	开	闭	闭	建
廿八宿	鬼	柳	星	张	翼	轸	角	亢	氐	房	心	尾	箕	斗	牛	女	虚	危	室	壁	奎	娄	胃	昴	毕	觜	参	井	鬼	柳

十二月大建己丑轸宿 (三碧)

节气:大寒 十四日六时十六分
立春 廿九日零时卅二分

公历	7	8	9	10	11	12	13	14	15	16	17	18	19	20	21	22	23	24	25	26	27	28	29	30	31	二月	2	3	4	5
农历	一	二	三	四	五	六	七	八	九	十	十一	十二	十三	十四	十五	十六	十七	十八	十九	二十	廿一	廿二	廿三	廿四	廿五	廿六	廿七	廿八	廿九	三十
星期	日	一	二	三	四	五	六	日	一	二	三	四	五	六	日	一	二	三	四	五	六	日	一	二	三	四	五	六	日	一
干支	丙寅	丁卯	戊辰	己巳	庚午	辛未	壬申	癸酉	甲戌	乙亥	丙子	丁丑	戊寅	己卯	庚辰	辛巳	壬午	癸未	甲申	乙酉	丙戌	丁亥	戊子	己丑	庚寅	辛卯	壬辰	癸巳	甲午	乙未
五行	火	火	木	木	土	土	金	金	火	火	水	水	土	土	金	金	木	木	水	水	土	土	火	火	木	木	水	水	金	金
建星	除	满	平	定	执	破	危	成	收	开	闭	建	除	满	平	定	执	破	危	成	收	开	闭	建	除	满	平	定	定	执
廿八宿	星	张	翼	轸	角	亢	氐	房	心	尾	箕	斗	牛	女	虚	危	室	壁	奎	娄	胃	昴	毕	觜	参	井	鬼	柳	星	张

岁次：丙寅	公元2046年（炉中火）			火虎
太岁：耿章	年八白星	风火家人卦	二火四运	胃

正月大建庚寅角宿 （二黑）

节气：雨水 十三日二十时十六分
惊蛰 廿八日十八时十八分

公历	6	7	8	9	10	11	12	13	14	15	16	17	18	19	20	21	22	23	24	25	26	27	28	三月	2	3	4	5	6	7
农历	一	二	三	四	五	六	七	八	九	十	十一	十二	十三	十四	十五	十六	十七	十八	十九	二十	廿一	廿二	廿三	廿四	廿五	廿六	廿七	廿八	廿九	三十
星期	二	三	四	五	六	日	一	二	三	四	五	六	日	一	二	三	四	五	六	日	一	二	三	四	五	六	日	一	二	三
干支	丙申	丁酉	戊戌	己亥	庚子	辛丑	壬寅	癸卯	甲辰	乙巳	丙午	丁未	戊申	己酉	庚戌	辛亥	壬子	癸丑	甲寅	乙卯	丙辰	丁巳	戊午	己未	庚申	辛酉	壬戌	癸亥	甲子	乙丑
五行	火	火	木	木	土	土	金	金	火	火	水	水	土	土	金	金	木	木	水	水	土	土	火	火	木	木	水	水	金	金
建星	破	危	成	收	开	闭	建	除	满	平	定	执	破	危	成	收	开	闭	建	除	满	平	定	执	破	危	成	成	收	开
廿八宿	翼	轸	角	亢	氐	房	心	尾	箕	斗	牛	女	虚	危	室	壁	奎	娄	胃	昴	毕	觜	参	井	鬼	柳	星	张	翼	轸

二月小建辛卯亢宿 （一白）

节气：春分 十三日十八时五十九分
清明 廿八日廿二时四十五分

公历	8	9	10	11	12	13	14	15	16	17	18	19	20	21	22	23	24	25	26	27	28	29	30	31	四月	2	3	4	5	
农历	一	二	三	四	五	六	七	八	九	十	十一	十二	十三	十四	十五	十六	十七	十八	十九	二十	廿一	廿二	廿三	廿四	廿五	廿六	廿七	廿八	廿九	三十
星期	四	五	六	日	一	二	三	四	五	六	日	一	二	三	四	五	六	七	一	二	三	四	五	六	日	一	二	三	四	
干支	丙寅	丁卯	戊辰	己巳	庚午	辛未	壬申	癸酉	甲戌	乙亥	丙子	丁丑	戊寅	己卯	庚辰	辛巳	壬午	癸未	甲申	乙酉	丙戌	丁亥	戊子	己丑	庚寅	辛卯	壬辰	癸巳	甲午	
五行	火	火	木	木	土	土	金	金	火	火	水	水	土	土	金	金	木	木	水	水	土	土	火	火	木	木	水	水	金	
建星	闭	建	除	满	平	定	执	破	危	成	收	开	闭	建	除	满	平	定	执	破	危	成	收	开	闭	建	除	除	满	
廿八宿	角	亢	氐	房	心	尾	箕	斗	牛	女	虚	危	室	壁	奎	娄	胃	昴	毕	觜	参	井	鬼	柳	星	张	翼	轸	角	

三月大建壬辰氐宿 （九紫）

节气：谷雨 十五日五时四十分
立夏 三十日十五时四十一分

公历	6	7	8	9	10	11	12	13	14	15	16	17	18	19	20	21	22	23	24	25	26	27	28	29	30	五月	2	3	4	5
农历	一	二	三	四	五	六	七	八	九	十	十一	十二	十三	十四	十五	十六	十七	十八	十九	二十	廿一	廿二	廿三	廿四	廿五	廿六	廿七	廿八	廿九	三十
星期	五	六	日	一	二	三	四	五	六	日	一	二	三	四	五	六	日	一	二	三	四	五	六	日	一	二	三	四	五	六
干支	乙未	丙申	丁酉	戊戌	己亥	庚子	辛丑	壬寅	癸卯	甲辰	乙巳	丙午	丁未	戊申	己酉	庚戌	辛亥	壬子	癸丑	甲寅	乙卯	丙辰	丁巳	戊午	己未	庚申	辛酉	壬戌	癸亥	甲子
五行	金	火	火	木	木	土	土	金	金	火	火	水	水	土	土	金	金	火	火	水	水	土	土	火	火	木	木	水	水	金
建星	平	定	执	破	危	成	收	开	闭	建	除	满	平	定	执	破	危	成	收	开	闭	建	除	满	平	定	执	破	危	危
廿八宿	亢	氐	房	心	尾	箕	斗	牛	女	虚	危	室	壁	奎	娄	胃	昴	毕	觜	参	井	鬼	柳	星	张	翼	轸	角	亢	氐

岁次:丙寅	公元2046年(炉中火)			火虎
太岁:耿章	年八白星	风火家人卦	二火四运	胃

四月小建癸巳房宿 (八白)　　节气:小满　十六日四时廿九分

公历	6	7	8	9	10	11	12	13	14	15	16	17	18	19	20	21	22	23	24	25	26	27	28	29	30	31	六月	2	3	
农历	一	二	三	四	五	六	七	八	九	十	十一	十二	十三	十四	十五	十六	十七	十八	十九	二十	廿一	廿二	廿三	廿四	廿五	廿六	廿七	廿八	廿九	三十
星期	日	一	二	三	四	五	六	日	一	二	三	四	五	六	日	一	二	三	四	五	六	日	一	二	三	四	五	六	日	
干支	乙丑	丙寅	丁卯	戊辰	己巳	庚午	辛未	壬申	癸酉	癸酉	乙亥	丙子	丁丑	戊寅	己卯	庚辰	辛巳	壬午	癸未	甲申	乙酉	丙戌	丁亥	戊子	己丑	庚寅	辛卯	壬辰	癸巳	
五行	金	火	火	木	木	土	土	金	金	火	火	水	水	土	土	金	金	木	木	水	水	土	土	火	火	木	木	水	水	
建星	成	收	开	闭	建	除	满	平	定	执	破	危	成	收	开	闭	建	除	满	平	定	执	破	危	成	收	开	闭	建	
廿八宿	房	心	尾	箕	斗	牛	女	虚	危	室	壁	奎	娄	胃	昴	毕	觜	参	井	鬼	柳	星	张	翼	轸	角	亢	氐	房	

五月大建甲午心宿 (七赤)　　节气:芒种　初二日十九时卅三分
　　　　　　　　　　　　　　　　夏至　十八日十二时十五分

公历	4	5	6	7	8	9	10	11	12	13	14	15	16	17	18	19	20	21	22	23	24	25	26	27	28	29	30	七月	2	3
农历	一	二	三	四	五	六	七	八	九	十	十一	十二	十三	十四	十五	十六	十七	十八	十九	二十	廿一	廿二	廿三	廿四	廿五	廿六	廿七	廿八	廿九	三十
星期	一	二	三	四	五	六	日	一	二	三	四	五	六	日	一	二	三	四	五	六	七	一	二	三	四	五	六	日	一	二
干支	甲午	乙未	丙申	丁酉	戊戌	己亥	庚子	辛丑	壬寅	癸卯	甲辰	乙巳	丙午	丁未	戊申	己酉	庚戌	辛亥	壬子	癸丑	甲寅	乙卯	丙辰	丁巳	戊午	己未	庚申	辛酉	壬戌	癸亥
五行	金	金	火	火	木	木	水	水	金	金	火	火	水	水	土	土	金	金	木	木	水	水	土	土	火	火	木	木	水	水
建星	除	除	满	平	定	执	破	危	成	收	开	闭	建	除	满	平	定	执	破	危	成	收	开	闭	建	除	满	平	定	执
廿八宿	心	尾	箕	斗	牛	女	虚	危	室	壁	奎	娄	胃	昴	毕	觜	参	井	鬼	柳	星	张	翼	轸	角	亢	氐	房	心	尾

六月小建乙未尾宿 (六白)　　节气:小暑　初四日五时四十一分
　　　　　　　　　　　　　　　　大暑　十九日廿三时九分

公历	4	5	6	7	8	9	10	11	12	13	14	15	16	17	18	19	20	21	22	23	24	25	26	27	28	29	30	31	八月	
农历	一	二	三	四	五	六	七	八	九	十	十一	十二	十三	十四	十五	十六	十七	十八	十九	二十	廿一	廿二	廿三	廿四	廿五	廿六	廿七	廿八	廿九	三十
星期	三	四	五	六	日	一	二	三	四	五	六	日	一	二	三	四	五	六	日	一	二	三	四	五	六	日	一	二	三	
干支	甲子	乙丑	丙寅	丁卯	戊辰	己巳	庚午	辛未	壬申	癸酉	甲戌	乙亥	丙子	丁丑	戊寅	己卯	庚辰	辛巳	壬午	癸未	甲申	乙酉	丙戌	丁亥	戊子	己丑	庚寅	辛卯	壬辰	
五行	金	金	火	火	木	木	土	土	金	金	火	火	水	水	土	土	金	金	木	木	水	水	土	土	火	火	木	木	水	
建星	破	危	成	成	收	开	闭	建	除	满	平	定	执	破	危	成	收	开	闭	建	除	满	平	定	执	破	危	成	收	
廿八宿	箕	斗	牛	女	虚	危	室	壁	奎	娄	胃	昴	毕	觜	参	井	鬼	柳	星	张	翼	轸	角	亢	氐	房	心	尾	箕	

岁次：丙寅	公元2046年（炉中火）			火虎
太岁：耿章	年八白星	风火家人卦	二火四运	胃

七月大建丙申箕宿 （五黄）

节气：立秋 初六日十五时卅四分
处暑 廿二日六时廿五分

公历	2	3	4	5	6	7	8	9	10	11	12	13	14	15	16	17	18	19	20	21	22	23	24	25	26	27	28	29	30	31
农历	一	二	三	四	五	六	七	八	九	十	十一	十二	十三	十四	十五	十六	十七	十八	十九	二十	廿一	廿二	廿三	廿四	廿五	廿六	廿七	廿八	廿九	三十
星期	四	五	六	日	一	二	三	四	五	六	日	一	二	三	四	五	六	日	一	二	三	四	五	六	日	一	二	三	四	五
干支	癸巳	甲午	乙未	丙申	丁酉	戊戌	己亥	庚子	辛丑	壬寅	癸卯	甲辰	乙巳	丙午	丁未	戊申	己酉	庚戌	辛亥	壬子	癸丑	甲寅	乙卯	丙辰	丁巳	戊午	己未	庚申	辛酉	壬戌
五行	水	金	金	火	火	木	木	土	土	金	金	火	火	水	水	土	土	金	金	木	木	水	水	土	土	火	火	木	木	水
建星	开	闭	建	除	满	满	平	定	执	破	危	成	收	开	闭	建	除	满	平	定	执	破	危	成	收	开	闭	建	除	满
廿八宿	斗	牛	女	虚	危	室	壁	奎	娄	胃	昴	毕	觜	参	井	鬼	柳	星	张	翼	轸	角	亢	氐	房	心	尾	箕	斗	牛

八月小建丁酉斗宿 （四绿）

节气：白露 初七日十八时四十四分
秋分 廿三日四时廿三分

公历	九月	2	3	4	5	6	7	8	9	10	11	12	13	14	15	16	17	18	19	20	21	22	23	24	25	26	27	28	29	
农历	一	二	三	四	五	六	七	八	九	十	十一	十二	十三	十四	十五	十六	十七	十八	十九	二十	廿一	廿二	廿三	廿四	廿五	廿六	廿七	廿八	廿九	三十
星期	六	日	一	二	三	四	五	六	日	一	二	三	四	五	六	日	一	二	三	四	五	六	七	一	二	三	四	五	六	
干支	癸亥	甲子	乙丑	丙寅	丁卯	戊辰	己巳	庚午	辛未	壬申	癸酉	甲戌	乙亥	丙子	丁丑	戊寅	己卯	庚辰	辛巳	壬午	癸未	甲申	乙酉	丙戌	丁亥	戊子	己丑	庚寅	辛卯	
五行	水	金	金	火	火	木	木	土	土	金	金	火	火	水	水	土	土	金	金	木	木	水	水	土	土	火	火	木	木	
建星	平	定	执	破	危	成	成	收	开	闭	建	除	满	平	定	执	破	危	成	收	开	闭	建	除	满	平	定	执	破	
廿八宿	女	虚	危	室	壁	奎	娄	胃	昴	毕	觜	参	井	鬼	柳	星	张	翼	轸	角	亢	氐	房	心	尾	箕	斗	牛	女	

九月小建戊戌牛宿 （三碧）

节气：寒露 初九日十时四十三分
霜降 廿四日十四时四分

公历	30	十月	2	3	4	5	6	7	8	9	10	11	12	13	14	15	16	17	18	19	20	21	22	23	24	25	26	27	28	
农历	一	二	三	四	五	六	七	八	九	十	十一	十二	十三	十四	十五	十六	十七	十八	十九	二十	廿一	廿二	廿三	廿四	廿五	廿六	廿七	廿八	廿九	三十
星期	日	一	二	三	四	五	六	日	一	二	三	四	五	六	日	一	二	三	四	五	六	日	一	二	三	四	五	六	日	
干支	壬辰	癸巳	甲午	乙未	丙申	丁酉	戊戌	己亥	庚子	辛丑	壬寅	癸卯	甲辰	乙巳	丙午	丁未	戊申	己酉	庚戌	辛亥	壬子	癸丑	甲寅	乙卯	丙辰	丁巳	戊午	己未	庚申	
五行	水	水	金	金	火	火	木	木	土	土	金	金	火	火	水	水	土	土	金	金	木	木	水	水	土	土	火	火	木	
建星	危	成	收	开	闭	建	除	满	满	平	定	执	破	危	成	收	开	闭	建	除	满	平	定	执	破	危	成	收	开	
廿八宿	虚	危	室	壁	奎	娄	胃	昴	毕	觜	参	井	鬼	柳	星	张	翼	轸	角	亢	氐	房	心	尾	箕	斗	牛	女	虚	

岁次:丙寅	公元2046年(炉中火)			火虎
太岁:耿章	年八白星	风火家人卦	二火四运	胃

十月大建己亥女宿 (二黑)

节气：立冬 初十日十四时十五分
小雪 廿五日十一时五十七分

公历	29	30	31	1月	2	3	4	5	6	7	8	9	10	11	12	13	14	15	16	17	18	19	20	21	22	23	24	25	26	27
农历	一	二	三	四	五	六	七	八	九	十	十一	十二	十三	十四	十五	十六	十七	十八	十九	二十	廿一	廿二	廿三	廿四	廿五	廿六	廿七	廿八	廿九	三十
星期	一	二	三	四	五	六	日	一	二	三	四	五	六	日	一	二	三	四	五	六	日	一	二	三	四	五	六	日	一	二
干支	辛酉	壬戌	癸亥	甲子	乙丑	丙寅	丁卯	戊辰	己巳	庚午	辛未	壬申	癸酉	甲戌	乙亥	丙子	丁丑	戊寅	己卯	庚辰	辛巳	壬午	癸未	甲申	丁巳	丙戌	丁亥	戊子	己丑	庚寅
五行	木	水	水	金	金	火	火	木	木	土	土	金	金	火	火	水	水	土	土	金	金	木	木	水	水	土	土	火	火	木
建星	闭	建	除	满	平	定	执	破	危	危	成	收	开	闭	建	除	满	平	定	执	破	危	成	收	开	闭	建	除	满	平
廿八宿	危	室	壁	奎	娄	胃	昴	毕	觜	参	井	鬼	柳	星	张	翼	轸	角	亢	氐	房	心	尾	箕	斗	牛	女	虚	危	室

十一月小建庚子虚宿 (一白)

节气：大雪 初十日七时廿二分
冬至 廿五日一时廿九分

公历	28	29	30	2月	2	3	4	5	6	7	8	9	10	11	12	13	14	15	16	17	18	19	20	21	22	23	24	25	26	
农历	一	二	三	四	五	六	七	八	九	十	十一	十二	十三	十四	十五	十六	十七	十八	十九	二十	廿一	廿二	廿三	廿四	廿五	廿六	廿七	廿八	廿九	三十
星期	三	四	五	六	日	一	二	三	四	五	六	日	一	二	三	四	五	六	日	一	二	三	四	五	六	七	一	二	三	
干支	辛卯	壬辰	癸巳	甲午	乙未	丙申	丁酉	戊戌	己亥	庚子	辛丑	壬寅	癸卯	甲辰	乙巳	丙午	丁未	戊申	己酉	庚戌	辛亥	壬子	癸丑	甲寅	乙卯	丙辰	丁巳	戊午	戊午	
五行	木	水	水	金	金	火	火	木	木	土	土	金	金	火	火	水	水	土	土	金	金	木	木	水	水	土	土	火	火	
建星	定	执	破	危	成	收	开	闭	建	建	除	满	平	定	执	破	危	成	收	开	闭	建	除	满	平	定	执	破	危	
廿八宿	壁	奎	娄	胃	昴	毕	觜	参	井	鬼	柳	星	张	翼	轸	角	亢	氐	房	心	尾	箕	斗	牛	女	虚	危	室	壁	

十二月大建辛丑危宿 (九紫)

节气：小寒 初十日十八时四十三分
大寒 廿五日十二时十一分

公历	27	28	29	30	31	1月	2	3	4	5	6	7	8	9	10	11	12	13	14	15	16	17	18	19	20	21	22	23	24	25
农历	一	二	三	四	五	六	七	八	九	十	十一	十二	十三	十四	十五	十六	十七	十八	十九	二十	廿一	廿二	廿三	廿四	廿五	廿六	廿七	廿八	廿九	三十
星期	四	五	六	日	一	二	三	四	五	六	日	一	二	三	四	五	六	日	一	二	三	四	五	六	日	一	二	三	四	五
干支	庚申	辛酉	壬戌	癸亥	甲子	乙丑	丙寅	丁卯	戊辰	己巳	庚午	辛未	壬申	癸酉	甲戌	乙亥	丙子	丁丑	戊寅	己卯	庚辰	辛巳	壬午	癸未	甲申	乙酉	丙戌	丁亥	戊子	己丑
五行	木	木	水	水	金	金	火	火	木	木	土	土	金	金	火	火	水	水	土	土	金	金	木	木	水	水	土	土	火	火
建星	成	收	开	闭	建	除	满	平	定	定	执	破	危	成	收	开	闭	建	除	满	平	定	执	破	危	成	收	开	闭	建
廿八宿	奎	娄	胃	昴	毕	觜	参	井	鬼	柳	星	张	翼	轸	角	亢	氐	房	心	尾	箕	斗	牛	女	虚	危	室	壁	奎	娄

岁次：丁卯	公元2047年（炉中火）			火兔
太岁：沈兴	年七赤星	山泽损卦	六水九运	昴

正月大建壬寅室宿 （八白）

节气：立春 初十日六时十九分
雨水 廿五日二时十一分

公历	26	27	28	29	30	31	二月	2	3	4	5	6	7	8	9	10	11	12	13	14	15	16	17	18	19	20	21	22	23	24
农历	一	二	三	四	五	六	七	八	九	十	十一	十二	十三	十四	十五	十六	十七	十八	十九	二十	廿一	廿二	廿三	廿四	廿五	廿六	廿七	廿八	廿九	三十
星期	六	日	一	二	三	四	五	六	日	一	二	三	四	五	六	日	一	二	三	四	五	六	日	一	二	三	四	五	六	日
干支	庚寅	辛卯	壬辰	癸巳	甲午	乙未	丙申	丁酉	丁酉	己亥	庚子	辛丑	壬寅	癸卯	甲辰	乙巳	丙午	丁未	戊申	己酉	庚戌	辛亥	壬子	癸丑	甲寅	乙卯	丙辰	丁巳	戊午	己未
五行	木	木	水	水	金	金	火	火	木	木	土	土	金	金	火	火	水	水	土	土	金	金	木	木	水	水	土	土	火	火
建星	除	满	平	定	执	破	危	成	收	收	开	闭	建	除	满	平	定	执	破	危	成	收	开	闭	建	除	满	平	定	执
廿八宿	胃	昴	毕	觜	参	井	鬼	柳	星	张	翼	轸	角	亢	氐	房	心	尾	箕	斗	牛	女	虚	危	室	壁	奎	娄	胃	昴

二月小建癸卯壁宿 （七赤）

节气：惊蛰 初十日零时六分
春分 廿五日零时五十四分

公历	25	26	27	28	三月	2	3	4	5	6	7	8	9	10	11	12	13	14	15	16	17	18	19	20	21	22	23	24	25	
农历	一	二	三	四	五	六	七	八	九	十	十一	十二	十三	十四	十五	十六	十七	十八	十九	二十	廿一	廿二	廿三	廿四	廿五	廿六	廿七	廿八	廿九	三十
星期	一	二	三	四	五	六	日	一	二	三	四	五	六	日	一	二	三	四	五	六	日	一	二	三	四	五	六	七	一	
干支	庚申	辛酉	壬戌	癸亥	甲子	乙丑	丙寅	丁卯	戊辰	己巳	庚午	辛未	壬申	癸酉	甲戌	乙亥	丙子	丁丑	戊寅	己卯	庚辰	辛巳	壬午	癸未	甲申	乙酉	丙戌	丁亥	戊子	
五行	木	木	水	水	金	金	火	火	木	木	土	土	金	金	火	火	水	水	土	土	金	金	木	木	水	水	土	土	火	
建星	破	危	成	收	开	闭	建	除	满	满	平	定	执	破	危	成	收	开	闭	建	除	满	平	定	执	破	危	成	收	
廿八宿	毕	觜	参	井	鬼	柳	星	张	翼	轸	角	亢	氐	房	心	尾	箕	斗	牛	女	虚	危	室	壁	奎	娄	胃	昴	毕	

三月大建甲辰奎宿 （六白）

节气：清明 十一日四时卅四分
谷雨 廿六日十一时卅三分

公历	26	27	28	29	30	31	四月	2	3	4	5	6	7	8	9	10	11	12	13	14	15	16	17	18	19	20	21	22	23	24
农历	一	二	三	四	五	六	七	八	九	十	十一	十二	十三	十四	十五	十六	十七	十八	十九	二十	廿一	廿二	廿三	廿四	廿五	廿六	廿七	廿八	廿九	三十
星期	二	三	四	五	六	日	一	二	三	四	五	六	日	一	二	三	四	五	六	日	一	二	三	四	五	六	日	一	二	三
干支	己丑	庚寅	辛卯	壬辰	癸巳	甲午	乙未	丙申	丁酉	戊戌	己亥	庚子	辛丑	壬寅	癸卯	甲辰	乙巳	丙午	丁未	戊申	己酉	庚戌	辛亥	壬子	癸丑	甲寅	乙卯	丙辰	丁巳	戊午
五行	火	木	木	水	水	金	金	火	火	木	木	土	土	金	金	火	火	水	水	土	土	金	金	木	木	水	水	土	土	火
建星	开	闭	建	除	满	平	定	执	破	危	危	成	收	开	闭	建	除	满	平	定	执	破	危	成	收	开	闭	建	除	满
廿八宿	觜	参	井	鬼	柳	星	张	翼	轸	角	亢	氐	房	心	尾	箕	斗	牛	女	虚	危	室	壁	奎	娄	胃	昴	毕	觜	参

岁次:丁卯	公元 2047 年(炉中火)			火兔
太岁:沈兴	年七赤星	山泽损卦	六水九运	昴

四月大建乙巳娄宿 (五黄)

节气:立夏 十一日二十一时廿九分
小满 廿七日十时二十分

公历	25	26	27	28	29	30	五月	2	3	4	5	6	7	8	9	10	11	12	13	14	15	16	17	18	19	20	21	22	23	24
农历	一	二	三	四	五	六	七	八	九	十	十一	十二	十三	十四	十五	十六	十七	十八	十九	二十	廿一	廿二	廿三	廿四	廿五	廿六	廿七	廿八	廿九	三十
星期	四	五	六	日	一	二	三	四	五	六	日	一	二	三	四	五	六	日	一	二	三	四	五	六	日	一	二	三	四	五
干支	己未	庚申	辛酉	壬戌	癸亥	甲子	乙丑	丙寅	丁卯	戊辰	己巳	庚午	辛未	壬申	壬申	甲戌	乙亥	丙子	丁丑	戊寅	己卯	庚辰	辛巳	壬午	癸未	甲申	乙酉	丙戌	丁亥	戊子
五行	火	木	木	水	水	金	金	火	火	木	木	土	土	金	金	火	火	水	水	土	土	金	金	木	木	水	水	土	土	火
建星	平	定	执	破	危	成	收	开	闭	建	建	除	满	平	定	执	破	危	成	收	开	闭	建	除	满	平	定	执	破	危
廿八宿	井	鬼	柳	星	张	翼	轸	角	亢	氐	房	心	尾	箕	斗	牛	女	虚	危	室	壁	奎	娄	胃	昴	毕	觜	参	井	鬼

五月小建丙午胃宿 (四绿)

节气:芒种 十三日一时廿一分
夏至 廿八日十八时四分

公历	25	26	27	28	29	30	31	六月	2	3	4	5	6	7	8	9	10	11	12	13	14	15	16	17	18	19	20	21	22	
农历	一	二	三	四	五	六	七	八	九	十	十一	十二	十三	十四	十五	十六	十七	十八	十九	二十	廿一	廿二	廿三	廿四	廿五	廿六	廿七	廿八	廿九	三十
星期	六	日	一	二	三	四	五	六	日	一	二	三	四	五	六	日	一	二	三	四	五	六	日	一	二	三	四	五	六	
干支	己丑	庚寅	辛卯	壬辰	癸巳	甲午	乙未	丙申	丁酉	戊戌	己亥	庚子	辛丑	壬寅	癸卯	甲辰	乙巳	丙午	丁未	戊申	己酉	庚戌	辛亥	壬子	癸丑	甲寅	乙卯	丙辰	丁巳	
五行	火	木	木	水	水	金	金	火	火	木	木	土	土	金	金	火	火	水	水	土	土	金	金	木	木	水	水	土	土	
建星	成	收	开	闭	建	除	满	平	定	执	破	危	危	成	收	开	闭	建	除	满	平	定	执	破	危	成	收	开	闭	
廿八宿	柳	星	张	翼	轸	角	亢	氐	房	心	尾	箕	斗	牛	女	虚	危	室	壁	奎	娄	胃	昴	毕	觜	参	井	鬼	柳	

闰五月大

节气:小暑 十五日十一时卅一分

公历	23	24	25	26	27	28	29	30	七月	2	3	4	5	6	7	8	9	10	11	12	13	14	15	16	17	18	19	20	21	22
农历	一	二	三	四	五	六	七	八	九	十	十一	十二	十三	十四	十五	十六	十七	十八	十九	二十	廿一	廿二	廿三	廿四	廿五	廿六	廿七	廿八	廿九	三十
星期	日	一	二	三	四	五	六	日	一	二	三	四	五	六	日	一	二	三	四	五	六	日	一	二	三	四	五	六	日	一
干支	戊午	己未	庚申	辛酉	壬戌	癸亥	甲子	乙丑	丙寅	丁卯	戊辰	己巳	庚午	辛未	壬申	癸酉	甲戌	乙亥	丙子	丁丑	戊寅	己卯	庚辰	辛巳	壬午	癸未	甲申	乙酉	丙戌	丁亥
五行	火	火	木	木	水	水	金	金	火	火	木	木	土	土	金	金	火	火	水	水	土	土	金	金	木	木	水	水	土	土
建星	建	除	满	平	定	执	破	危	成	收	开	闭	建	除	除	满	平	定	执	破	危	成	收	开	闭	建	除	满	平	定
廿八宿	星	张	翼	轸	角	亢	氐	房	心	尾	箕	斗	牛	女	虚	危	室	壁	奎	娄	胃	昴	毕	觜	参	井	鬼	柳	星	张

岁次：丁卯	公元2047年（炉中火）			火兔
太岁：沈兴	年七赤星	山泽损卦	六水九运	昴

六月小建丁未昴宿 （三碧）

节气：大暑 初一日四时五十六分
立秋 十六日廿一时廿七分

公历	23	24	25	26	27	28	29	30	31	八月	2	3	4	5	6	7	8	9	10	11	12	13	14	15	16	17	18	19	20	
农历	一	二	三	四	五	六	七	八	九	十	十一	十二	十三	十四	十五	十六	十七	十八	十九	二十	廿一	廿二	廿三	廿四	廿五	廿六	廿七	廿八	廿九	三十
星期	二	三	四	五	六	日	一	二	三	四	五	六	日	一	二	三	四	五	六	日	一	二	三	四	五	六	日	一	二	
干支	戊子	己丑	庚寅	辛卯	壬辰	癸巳	甲午	乙未	丙申	丁酉	戊戌	己亥	庚子	辛丑	壬寅	癸卯	甲辰	乙巳	丙午	丁未	戊申	己酉	庚戌	辛亥	壬子	癸丑	甲寅	乙卯	丙辰	
五行	火	火	木	木	水	水	金	金	火	火	木	木	土	土	金	金	火	火	水	水	土	土	金	金	木	木	水	水	土	
建星	执	破	危	成	收	开	闭	建	除	满	平	定	执	破	危	危	成	收	开	闭	建	除	满	平	定	执	破	危	成	
廿八宿	翼	轸	角	亢	氐	房	心	尾	箕	斗	牛	女	虚	危	室	壁	奎	娄	胃	昴	毕	觜	参	井	鬼	柳	星	张	翼	

七月大建戊申毕宿 （二黑）

节气：处暑 初三日十二时十二分
白露 十九日零时卅九分

公历	21	22	23	24	25	26	27	28	29	30	31	九月	2	3	4	5	6	7	8	9	10	11	12	13	14	15	16	17	18	19
农历	一	二	三	四	五	六	七	八	九	十	十一	十二	十三	十四	十五	十六	十七	十八	十九	二十	廿一	廿二	廿三	廿四	廿五	廿六	廿七	廿八	廿九	三十
星期	三	四	五	六	日	一	二	三	四	五	六	日	一	二	三	四	五	六	日	一	二	三	四	五	六	日	一	二	三	四
干支	丁巳	戊午	己未	庚申	辛酉	壬戌	癸亥	甲子	乙丑	丙寅	丁卯	戊辰	己巳	庚午	辛未	壬申	癸酉	甲戌	乙亥	丙子	丁丑	戊寅	己卯	庚辰	辛巳	壬午	癸未	甲申	乙酉	丙戌
五行	土	火	火	木	木	水	水	金	金	火	火	木	木	土	土	金	金	火	火	水	水	土	土	金	金	木	木	水	水	土
建星	收	开	闭	建	除	满	平	定	执	破	危	成	收	开	闭	建	除	满	满	平	定	执	破	危	成	收	开	闭	建	除
廿八宿	轸	角	亢	氐	房	心	尾	箕	斗	牛	女	虚	危	室	壁	奎	娄	胃	昴	毕	觜	参	井	鬼	柳	星	张	翼	轸	角

八月小建己酉觜宿 （一白）

节气：秋分 初四日十时九分
寒露 十九日十六时卅八分

公历	20	21	22	23	24	25	26	27	28	29	30	十月	2	3	4	5	6	7	8	9	10	11	12	13	14	15	16	17	18	
农历	一	二	三	四	五	六	七	八	九	十	十一	十二	十三	十四	十五	十六	十七	十八	十九	二十	廿一	廿二	廿三	廿四	廿五	廿六	廿七	廿八	廿九	三十
星期	五	六	日	一	二	三	四	五	六	日	一	二	三	四	五	六	日	一	二	三	四	五	六	日	一	二	三	四	五	
干支	丁亥	戊子	己丑	庚寅	辛卯	壬辰	癸巳	甲午	乙未	丙申	丁酉	戊戌	己亥	庚子	辛丑	壬寅	壬寅	甲辰	乙巳	丙午	丁未	戊申	己酉	庚戌	辛亥	壬子	癸丑	甲寅	甲寅	
五行	土	火	火	木	木	水	水	金	金	火	火	木	木	土	土	金	金	火	火	水	水	土	土	金	金	木	木	水	水	
建星	满	平	定	执	破	危	成	收	开	闭	建	除	满	平	定	执	破	危	危	成	收	开	闭	建	除	满	平	定	执	
廿八宿	亢	氐	房	心	尾	箕	斗	牛	女	虚	危	室	壁	奎	娄	胃	昴	毕	觜	参	井	鬼	柳	星	张	翼	轸	角	亢	

岁次:丁卯	公元2047年(炉中火)			火兔
太岁:沈兴	年七赤星	山泽损卦	六水九运	昴

九月小建庚戌参宿　(九紫)　　节气:霜降　初五日十九时五十分　立冬　二十日二十时八分

公历	19	20	21	22	23	24	25	26	27	28	29	30	31	1月	2	3	4	5	6	7	8	9	10	11	12	13	14	15	16	
农历	一	二	三	四	五	六	七	八	九	十	十一	十二	十三	十四	十五	十六	十七	十八	十九	二十	廿一	廿二	廿三	廿四	廿五	廿六	廿七	廿八	廿九	三十
星期	六	日	一	二	三	四	五	六	日	一	二	三	四	五	六	日	一	二	三	四	五	六	日	一	二	三	四	五	六	
干支	丙辰	丁巳	戊午	己未	庚申	辛酉	壬戌	癸亥	甲子	乙丑	丙寅	丁卯	戊辰	己巳	庚午	辛未	壬申	癸酉	甲戌	乙亥	丙子	丁丑	戊寅	己卯	庚辰	辛巳	壬午	癸未	甲申	
五行	土	土	火	火	木	木	水	水	金	金	火	火	木	木	土	土	金	金	火	火	水	水	土	土	金	金	木	木	水	
建星	破	危	成	收	开	闭	建	除	满	平	定	执	破	危	成	收	开	闭	建	建	除	满	平	定	执	破	危	成	收	
廿八宿	氐	房	心	尾	箕	斗	牛	女	虚	危	室	壁	奎	娄	胃	昴	毕	觜	参	井	鬼	柳	星	张	翼	轸	角	亢	氐	

十月大建辛亥井宿　(八白)　　节气:小雪　初六日十七时卅九分　大雪　廿一日十三时十二分

公历	17	18	19	20	21	22	23	24	25	26	27	28	29	30	2月	2	3	4	5	6	7	8	9	10	11	12	13	14	15	16
农历	一	二	三	四	五	六	七	八	九	十	十一	十二	十三	十四	十五	十六	十七	十八	十九	二十	廿一	廿二	廿三	廿四	廿五	廿六	廿七	廿八	廿九	三十
星期	日	一	二	三	四	五	六	日	一	二	三	四	五	六	日	一	二	三	四	五	六	日	一	二	三	四	五	六	日	一
干支	乙酉	丙戌	丁亥	戊子	己丑	庚寅	辛卯	壬辰	癸巳	甲午	乙未	丙申	丁酉	戊戌	己亥	庚子	辛丑	壬寅	癸卯	甲辰	乙巳	丙午	丁未	戊申	己酉	庚戌	辛亥	壬子	癸丑	甲寅
五行	水	土	土	火	火	木	木	水	水	金	金	火	火	木	木	土	土	金	金	火	火	水	水	土	土	金	金	木	木	水
建星	开	闭	建	除	满	平	定	执	破	危	成	收	开	闭	建	除	满	平	定	执	执	破	危	成	收	开	闭	建	除	满
廿八宿	房	心	尾	箕	斗	牛	女	虚	危	室	壁	奎	娄	胃	昴	毕	觜	参	井	鬼	柳	星	张	翼	轸	角	亢	氐	房	心

十一月小建壬子鬼宿　(七赤)　　节气:冬至　初六日七时八分　小寒　廿一日零时三十分

公历	17	18	19	20	21	22	23	24	25	26	27	28	29	30	31	1月	2	3	4	5	6	7	8	9	10	11	12	13	14	
农历	一	二	三	四	五	六	七	八	九	十	十一	十二	十三	十四	十五	十六	十七	十八	十九	二十	廿一	廿二	廿三	廿四	廿五	廿六	廿七	廿八	廿九	三十
星期	二	三	四	五	六	日	一	二	三	四	五	六	日	一	二	三	四	五	六	日	一	二	三	四	五	六	日	一	二	
干支	乙卯	丙辰	丁巳	戊午	己未	庚申	辛酉	壬戌	癸亥	甲子	乙丑	丙寅	丁卯	庚子	己巳	庚午	辛未	壬申	癸酉	甲戌	乙亥	丙子	丁丑	戊寅	己卯	庚辰	辛巳	壬午	癸未	
五行	水	土	土	火	火	木	木	水	水	金	金	火	火	木	木	土	土	金	金	火	火	水	水	土	土	金	金	木	木	
建星	平	定	执	破	危	成	收	开	闭	建	除	满	平	定	执	破	危	成	收	开	开	闭	建	除	满	平	定	执	破	
廿八宿	尾	箕	斗	牛	女	虚	危	室	壁	奎	娄	胃	昴	毕	觜	参	井	鬼	柳	星	张	翼	轸	角	亢	氐	房	心	尾	

十二月大建癸丑柳宿　(六白)　　节气:大寒　初六日十七时四十八分　立春　廿一日十二时五分

公历	15	16	17	18	19	20	21	22	23	24	25	26	27	28	29	30	31	2月	2	3	4	5	6	7	8	9	10	11	12	13
农历	一	二	三	四	五	六	七	八	九	十	十一	十二	十三	十四	十五	十六	十七	十八	十九	二十	廿一	廿二	廿三	廿四	廿五	廿六	廿七	廿八	廿九	三十
星期	三	四	五	六	日	一	二	三	四	五	六	日	一	二	三	四	五	六	日	一	二	三	四	五	六	日	一	二	三	四
干支	甲申	乙酉	丙戌	丁亥	戊子	己丑	庚寅	辛卯	壬辰	癸巳	甲午	乙未	丙申	丁酉	戊戌	己亥	庚子	辛丑	壬寅	癸卯	甲辰	乙巳	丙午	丁未	戊申	己酉	庚戌	辛亥	壬子	癸丑
五行	水	水	土	土	金	金	火	火	木	木	土	土	金	金	火	火	水	水	土	土	金	金	木	木	水	水	土	土	火	火
建星	危	成	收	开	闭	建	除	满	平	定	执	破	危	成	收	开	闭	建	除	满	满	平	定	执	破	危	成	收	开	闭
廿八宿	箕	斗	牛	女	虚	危	室	壁	奎	娄	胃	昴	毕	觜	参	井	鬼	柳	星	张	翼	轸	角	亢	氐	房	心	尾	箕	斗

岁次：戊辰	公元2048年（大林木）			土龙
太岁：赵达	年星	天泽履卦	九金六运	毕

正月小建甲寅星宿 （五黄）

节气：雨水 初六日七时四十九分
惊蛰 廿一日五时五十五分

公历	14	15	16	17	18	19	20	21	22	23	24	25	26	27	28	29	三月	2	3	4	5	6	7	8	9	10	11	12	13	
农历	一	二	三	四	五	六	七	八	九	十	十一	十二	十三	十四	十五	十六	十七	十八	十九	二十	廿一	廿二	廿三	廿四	廿五	廿六	廿七	廿八	廿九	三十
星期	五	六	日	一	二	三	四	五	六	日	一	二	三	四	五	六	日	一	二	三	四	五	六	日	一	二	三	四	五	
干支	甲寅	乙卯	丙辰	丁巳	戊午	己未	庚申	辛酉	壬戌	癸亥	甲子	乙丑	丙寅	丁卯	戊辰	己巳	庚午	辛未	壬申	癸酉	甲戌	乙亥	丙子	丁丑	戊寅	己卯	庚辰	辛巳	壬午	
五行	水	水	土	土	火	火	木	木	水	水	金	金	火	火	木	木	土	土	金	金	火	火	水	水	土	土	金	金	木	
建星	建	除	满	平	定	执	破	危	成	收	开	闭	建	除	满	平	定	执	破	危	危	成	收	开	闭	建	除	满	平	
廿八宿	牛	女	虚	危	室	壁	奎	娄	胃	昴	毕	觜	参	井	鬼	柳	星	张	翼	轸	角	亢	氐	房	心	尾	箕	斗	牛	

二月大建乙卯张宿 （四绿）

节气：春分 初七日六时卅五分
清明 廿二日十时廿六分

公历	14	15	16	17	18	19	20	21	22	23	24	25	26	27	28	29	30	31	四月	2	3	4	5	6	7	8	9	10	11	12
农历	一	二	三	四	五	六	七	八	九	十	十一	十二	十三	十四	十五	十六	十七	十八	十九	二十	廿一	廿二	廿三	廿四	廿五	廿六	廿七	廿八	廿九	三十
星期	六	日	一	二	三	四	五	六	日	一	二	三	四	五	六	日	一	二	三	四	五	六	日	一	二	三	四	五	六	日
干支	癸未	甲申	乙酉	丙戌	丁亥	戊子	己丑	庚寅	辛卯	壬辰	癸巳	甲午	乙未	丙申	丁酉	戊戌	己亥	庚子	辛丑	壬寅	癸卯	甲辰	乙巳	丙午	丁未	戊申	己酉	庚戌	辛亥	壬子
五行	木	水	水	土	土	火	火	木	木	水	水	金	金	火	火	木	木	土	土	金	金	火	火	水	水	土	土	金	金	木
建星	定	执	破	危	成	收	开	闭	建	除	满	平	定	执	破	危	成	收	开	闭	建	建	除	满	平	定	执	破	危	成
廿八宿	女	虚	危	室	壁	奎	娄	胃	昴	毕	觜	参	井	鬼	柳	星	张	翼	轸	角	亢	氐	房	心	尾	箕	斗	牛	女	虚

三月大建丙辰翼宿 （三碧）

节气：谷雨 初七日十七时十八分
立夏 廿三日三时廿五分

公历	13	14	15	16	17	18	19	20	21	22	23	24	25	26	27	28	29	30	五月	2	3	4	5	6	7	8	9	10	11	12
农历	一	二	三	四	五	六	七	八	九	十	十一	十二	十三	十四	十五	十六	十七	十八	十九	二十	廿一	廿二	廿三	廿四	廿五	廿六	廿七	廿八	廿九	三十
星期	一	二	三	四	五	六	日	一	二	三	四	五	六	日	一	二	三	四	五	六	日	一	二	三	四	五	六	日	一	二
干支	癸丑	甲寅	乙卯	丙辰	丁巳	戊午	己未	庚申	辛酉	壬戌	癸亥	甲子	乙丑	丙寅	丁卯	戊辰	己巳	庚午	辛未	壬申	癸酉	甲戌	乙亥	丙子	己卯	戊寅	己卯	庚辰	辛巳	壬午
五行	木	水	水	土	土	火	火	木	木	水	水	金	金	火	火	木	木	土	土	金	金	火	火	水	水	土	土	金	金	木
建星	收	开	闭	建	除	满	平	定	执	破	危	成	收	开	闭	建	除	满	平	定	执	破	破	危	成	收	开	闭	建	除
廿八宿	危	室	壁	奎	娄	胃	昴	毕	觜	参	井	鬼	柳	星	张	翼	轸	角	亢	氐	房	心	尾	箕	斗	牛	女	虚	危	室

岁次:戊辰	公元2048年(大林木)			土龙
太岁:赵达	年星	天泽履卦	九金六运	毕

四月小建丁巳轸宿 (二黑)

节气: 小满 初八日十六时九分
芒种 廿四日七时十九分

公历	13	14	15	16	17	18	19	20	21	22	23	24	25	26	27	28	29	30	31	六月	2	3	4	5	6	7	8	9	10	
农历	一	二	三	四	五	六	七	八	九	十	十一	十二	十三	十四	十五	十六	十七	十八	十九	二十	廿一	廿二	廿三	廿四	廿五	廿六	廿七	廿八	廿九	三十
星期	三	四	五	六	日	一	二	三	四	五	六	日	一	二	三	四	五	六	日	一	二	三	四	五	六	日	一	二	三	
干支	癸未	甲申	乙酉	丙戌	丁亥	戊子	己丑	庚寅	庚寅	壬辰	癸巳	甲午	乙未	丙申	丁酉	戊戌	己亥	庚子	辛丑	壬寅	癸卯	甲辰	乙巳	丙午	丁未	戊申	己酉	己酉	辛亥	
五行	木	水	水	土	土	火	火	木	木	水	水	金	金	火	火	木	木	土	土	金	金	火	火	水	水	土	土	金	金	
建星	满	平	定	执	破	危	成	收	开	闭	建	除	满	平	定	执	破	危	成	收	开	闭	建	建	除	满	平	定	执	
廿八宿	壁	奎	娄	胃	昴	毕	觜	参	井	鬼	柳	星	张	翼	轸	角	亢	氐	房	心	尾	箕	斗	牛	女	虚	危	室	壁	

五月大建戊午角宿 (一白)

节气: 夏至 初十日廿三时五十四分
小暑 廿六日十七时廿七分

公历	11	12	13	14	15	16	17	18	19	20	21	22	23	24	25	26	27	28	29	30	七月	2	3	4	5	6	7	8	9	10
农历	一	二	三	四	五	六	七	八	九	十	十一	十二	十三	十四	十五	十六	十七	十八	十九	二十	廿一	廿二	廿三	廿四	廿五	廿六	廿七	廿八	廿九	三十
星期	四	五	六	日	一	二	三	四	五	六	日	一	二	三	四	五	六	日	一	二	三	四	五	六	日	一	二	三	四	五
干支	壬子	癸丑	甲寅	乙卯	丙辰	丁巳	戊午	己未	庚申	辛酉	壬戌	癸亥	甲子	乙丑	丙寅	丁卯	丁卯	己巳	庚午	辛未	壬申	癸酉	甲戌	乙亥	丙子	丁丑	戊寅	己卯	庚辰	辛巳
五行	木	木	水	水	土	土	火	火	木	木	水	水	金	金	火	火	木	木	土	土	金	金	火	火	水	水	土	土	金	金
建星	破	危	成	收	开	闭	建	除	满	平	定	执	破	危	成	收	开	闭	建	除	满	平	定	执	破	破	危	成	收	开
廿八宿	奎	娄	胃	昴	毕	觜	参	井	鬼	柳	星	张	翼	轸	角	亢	氐	房	心	尾	箕	斗	牛	女	虚	危	室	壁	奎	娄

六月大建己未亢宿 (九紫)

节气: 大暑 十二日十时四十七分
立秋 廿八日三时十九分

公历	11	12	13	14	15	16	17	18	19	20	21	22	23	24	25	26	27	28	29	30	31	八月	2	3	4	5	6	7	8	9
农历	一	二	三	四	五	六	七	八	九	十	十一	十二	十三	十四	十五	十六	十七	十八	十九	二十	廿一	廿二	廿三	廿四	廿五	廿六	廿七	廿八	廿九	三十
星期	六	日	一	二	三	四	五	六	日	一	二	三	四	五	六	日	一	二	三	四	五	六	日	一	二	三	四	五	六	日
干支	壬午	癸未	甲申	乙酉	丙戌	丁亥	己未	己丑	庚寅	辛卯	壬辰	癸巳	甲午	乙未	丙申	丁酉	戊戌	己亥	庚子	辛丑	壬寅	癸卯	甲辰	乙巳	丙午	丁未	戊申	己酉	庚戌	辛亥
五行	木	木	水	水	土	土	火	火	木	木	水	水	金	金	火	火	木	木	土	土	金	金	火	火	水	水	土	土	金	金
建星	闭	建	除	满	平	定	执	破	危	成	收	开	闭	建	除	满	平	定	执	破	危	成	收	开	闭	建	除	除	满	平
廿八宿	胃	昴	毕	觜	参	井	鬼	柳	星	张	翼	轸	角	亢	氐	房	心	尾	箕	斗	牛	女	虚	危	室	壁	奎	娄	胃	昴

岁次：戊辰	公元2048年（大林木）			土龙
太岁：赵达	年星	天泽履卦	九金六运	毕

七月小建庚申氐宿 （八白）

节气：处暑 十二日十八时三分
白露 廿九日六时廿九分

公历	10	11	12	13	14	15	16	17	18	19	20	21	22	23	24	25	26	27	28	29	30	31	九月	2	3	4	5	6	7	
农历	一	二	三	四	五	六	七	八	九	十	十一	十二	十三	十四	十五	十六	十七	十八	十九	二十	廿一	廿二	廿三	廿四	廿五	廿六	廿七	廿八	廿九	三十
星期	一	二	三	四	五	六	日	一	二	三	四	五	六	日	一	二	三	四	五	六	日	一	二	三	四	五	六	日	一	
干支	壬子	癸丑	甲寅	乙卯	丙辰	丁巳	戊午	己未	庚申	辛酉	壬戌	壬戌	甲子	乙丑	丙寅	丁卯	戊辰	己巳	庚午	辛未	壬申	癸酉	甲戌	乙亥	丙子	丁丑	戊寅	己卯	庚辰	
五行	木	木	水	水	土	土	火	火	木	木	水	水	金	金	火	火	木	木	土	土	金	金	火	火	水	水	土	土	金	
建星	定	执	破	危	成	收	开	闭	建	除	满	平	定	执	破	危	成	收	开	闭	建	除	满	平	定	执	破	危	危	
廿八宿	毕	觜	参	井	鬼	柳	星	张	翼	轸	角	亢	氐	房	心	尾	箕	斗	牛	女	虚	危	室	壁	奎	娄	胃	昴	毕	

八月大建辛酉房宿 （七赤）

节气：秋分 十五日十六时一分
寒露 三十日廿二时廿七分

公历	8	9	10	11	12	13	14	15	16	17	18	19	20	21	22	23	24	25	26	27	28	29	30	十月	2	3	4	5	6	7
农历	一	二	三	四	五	六	七	八	九	十	十一	十二	十三	十四	十五	十六	十七	十八	十九	二十	廿一	廿二	廿三	廿四	廿五	廿六	廿七	廿八	廿九	三十
星期	二	三	四	五	六	日	一	二	三	四	五	六	日	一	二	三	四	五	六	日	一	二	三	四	五	六	日	一	二	三
干支	辛巳	壬午	癸未	甲申	乙酉	丙戌	丁亥	戊子	己丑	庚寅	辛卯	壬辰	癸巳	甲午	乙未	丙申	丁酉	戊戌	己亥	庚子	辛丑	壬寅	癸卯	甲辰	乙巳	丙午	丁未	戊申	己酉	庚戌
五行	金	木	木	水	水	土	土	火	火	木	木	水	水	金	金	火	火	木	木	土	土	金	金	火	火	水	水	土	土	金
建星	成	收	开	闭	建	除	满	平	定	执	破	危	成	收	开	闭	建	除	满	平	定	执	破	危	成	收	开	闭	建	建
廿八宿	觜	参	井	鬼	柳	星	张	翼	轸	角	亢	氐	房	心	尾	箕	斗	牛	女	虚	危	室	壁	奎	娄	胃	昴	毕	觜	参

九月小建壬戌心宿 （六白）

节气：霜降 十六日一时四十三分

公历	8	9	10	11	12	13	14	15	16	17	18	19	20	21	22	23	24	25	26	27	28	29	30	31	十一月	2	3	4	5	
农历	一	二	三	四	五	六	七	八	九	十	十一	十二	十三	十四	十五	十六	十七	十八	十九	二十	廿一	廿二	廿三	廿四	廿五	廿六	廿七	廿八	廿九	三十
星期	四	五	六	日	一	二	三	四	五	六	日	一	二	三	四	五	六	日	一	二	三	四	五	六	日	一	二	三	四	
干支	辛亥	壬子	癸丑	甲寅	乙卯	丙辰	丁巳	戊午	己未	庚申	辛酉	壬戌	癸亥	甲子	乙丑	丙寅	丁卯	戊辰	己巳	庚午	辛未	壬申	癸酉	甲戌	乙亥	丙子	丁丑	戊寅	己卯	
五行	金	木	木	水	水	土	土	火	火	木	木	水	水	金	金	火	火	木	木	土	土	金	金	火	火	水	水	土	土	
建星	除	满	平	定	执	破	危	成	收	开	闭	建	除	满	平	定	执	破	危	成	收	开	闭	建	除	满	平	定	执	
廿八宿	井	鬼	柳	星	张	翼	轸	角	亢	氐	房	心	尾	箕	斗	牛	女	虚	危	室	壁	奎	娄	胃	昴	毕	觜	参	井	

岁次：戊辰	公元2048年（大林木）			土龙
太岁：赵达	年	星 天泽履卦	九金六运	毕

十月小建癸亥尾宿 （五黄）

节气：立冬 初二日一时五十七分
小雪 十六日廿三时卅三分

公历	6	7	8	9	10	11	12	13	14	15	16	17	18	19	20	21	22	23	24	25	26	27	28	29	30	12月	2	3	4	
农历	一	二	三	四	五	六	七	八	九	十	十一	十二	十三	十四	十五	十六	十七	十八	十九	二十	廿一	廿二	廿三	廿四	廿五	廿六	廿七	廿八	廿九	三十
星期	五	六	日	一	二	三	四	五	六	日	一	二	三	四	五	六	日	一	二	三	四	五	六	日	一	二	三	四	五	
干支	庚辰	辛巳	壬午	癸未	甲申	乙酉	丙戌	丁亥	戊子	己丑	庚寅	辛卯	壬辰	癸巳	甲午	乙未	丙申	丁酉	戊戌	己亥	庚子	辛丑	壬寅	癸卯	甲辰	乙巳	丙午	丁未	戊申	
五行	金	金	木	木	水	水	土	土	火	火	木	木	水	水	金	金	火	火	木	木	土	土	金	金	火	火	水	水	土	
建星	破	破	危	成	收	开	闭	建	除	满	平	定	执	破	危	成	收	开	闭	建	除	满	平	定	执	破	危	成	收	
廿八宿	鬼	柳	星	张	翼	轸	角	亢	氐	房	心	尾	箕	斗	牛	女	虚	危	室	壁	奎	娄	胃	昴	毕	觜	参	井	鬼	

十一月大建甲子箕宿 （四绿）

节气：大雪 初二日十九时一分
冬至 十七日十三时三分

公历	5	6	7	8	9	10	11	12	13	14	15	16	17	18	19	20	21	22	23	24	25	26	27	28	29	30	31	一月	2	3
农历	一	二	三	四	五	六	七	八	九	十	十一	十二	十三	十四	十五	十六	十七	十八	十九	二十	廿一	廿二	廿三	廿四	廿五	廿六	廿七	廿八	廿九	三十
星期	六	日	一	二	三	四	五	六	日	一	二	三	四	五	六	日	一	二	三	四	五	六	日	一	二	三	四	五	六	日
干支	己酉	庚戌	辛亥	壬子	癸丑	甲寅	乙卯	丙辰	丁巳	戊午	己未	庚申	辛酉	壬戌	癸亥	甲子	乙丑	丙寅	丁卯	戊辰	己巳	庚午	辛未	壬申	癸酉	甲戌	乙亥	丙子	丁丑	丁丑
五行	土	金	金	木	木	水	水	土	土	火	火	木	木	水	水	金	金	火	火	木	木	土	土	金	金	火	火	水	水	土
建星	开	开	闭	建	除	满	平	定	执	破	危	成	收	开	闭	建	除	满	平	定	执	破	危	成	收	开	闭	建	除	满
廿八宿	柳	星	张	翼	轸	角	亢	氐	房	心	尾	箕	斗	牛	女	虚	危	室	壁	奎	娄	胃	昴	毕	觜	参	井	鬼	柳	星

十二月小建乙丑斗宿 （三碧）

节气：小寒 初二日六时十九分
大寒 十六日廿三时四十二分

公历	4	5	6	7	8	9	10	11	12	13	14	15	16	17	18	19	20	21	22	23	24	25	26	27	28	29	30	31	二月	
农历	一	二	三	四	五	六	七	八	九	十	十一	十二	十三	十四	十五	十六	十七	十八	十九	二十	廿一	廿二	廿三	廿四	廿五	廿六	廿七	廿八	廿九	三十
星期	一	二	三	四	五	六	日	一	二	三	四	五	六	日	一	二	三	四	五	六	日	一	二	三	四	五	六	日	一	
干支	己卯	庚辰	辛巳	壬午	癸未	甲申	乙酉	丙戌	丁亥	戊子	己丑	庚寅	辛卯	壬辰	癸巳	甲午	乙未	丙申	丁酉	戊戌	己亥	庚子	辛丑	壬寅	癸卯	甲辰	乙巳	丙午	丁未	
五行	土	金	金	木	木	水	水	土	土	火	火	木	木	水	水	金	金	火	火	木	木	土	土	金	金	火	火	水	水	
建星	平	平	定	执	破	危	成	收	开	闭	建	除	满	平	定	执	破	危	成	收	开	闭	建	除	满	平	定	执	破	
廿八宿	张	翼	轸	角	亢	氐	房	心	尾	箕	斗	牛	女	虚	危	室	壁	奎	娄	胃	昴	毕	觜	参	井	鬼	柳	星	张	

岁次:己巳	公元2049年(大林木)			土蛇
太岁:郭灿	年五黄星	雷天大壮卦	八木二运	觜

正月大建丙寅牛宿 (二黑)

节气:立春 初二日十七时五十四分
雨水 十七日十三时四十三分

公历	2	3	4	5	6	7	8	9	10	11	12	13	14	15	16	17	18	19	20	21	22	23	24	25	26	27	28	三月	2	3
农历	一	二	三	四	五	六	七	八	九	十	十一	十二	十三	十四	十五	十六	十七	十八	十九	二十	廿一	廿二	廿三	廿四	廿五	廿六	廿七	廿八	廿九	三十
星期	二	三	四	五	六	日	一	二	三	四	五	六	日	一	二	三	四	五	六	日	一	二	三	四	五	六	日	一	二	三
干支	戊申	己酉	庚戌	辛亥	壬子	癸丑	甲寅	乙卯	丙辰	丁巳	戊午	己未	庚申	辛酉	壬戌	癸亥	甲子	乙丑	丙寅	丁卯	戊辰	己巳	庚午	辛未	壬申	癸酉	甲戌	乙亥	丙子	丁丑
五行	土	土	金	金	木	木	水	水	土	土	火	火	木	木	水	水	金	金	火	火	木	木	土	土	金	金	火	火	水	水
建星	危	危	成	收	开	闭	建	除	满	平	定	执	破	危	成	收	开	闭	建	除	满	平	定	执	破	危	成	收	开	闭
廿八宿	翼	轸	角	亢	氐	房	心	尾	箕	斗	牛	女	虚	危	室	壁	奎	娄	胃	昴	毕	觜	参	井	鬼	柳	星	张	翼	轸

二月小建丁卯女宿 (一白)

节气:惊蛰 初二日十一时四十四分
春分 十七日十二时三十分

公历	4	5	6	7	8	9	10	11	12	13	14	15	16	17	18	19	20	21	22	23	24	25	26	27	28	29	30	31	四月	
农历	一	二	三	四	五	六	七	八	九	十	十一	十二	十三	十四	十五	十六	十七	十八	十九	二十	廿一	廿二	廿三	廿四	廿五	廿六	廿七	廿八	廿九	三十
星期	四	五	六	日	一	二	三	四	五	六	日	一	二	三	四	五	六	日	一	二	三	四	五	六	日	一	二	三	四	
干支	戊寅	己卯	庚辰	辛巳	壬午	癸未	甲申	乙酉	丙戌	丁亥	戊子	己丑	庚寅	辛卯	壬辰	癸巳	甲午	乙未	丙申	丁酉	戊戌	己亥	庚子	辛丑	壬寅	癸卯	甲辰	乙巳	丙午	
五行	土	土	金	金	木	木	水	水	土	土	火	火	木	木	水	水	金	金	火	火	木	木	土	土	金	金	火	火	水	
建星	建	建	除	满	平	定	执	破	危	成	收	开	闭	建	除	满	平	定	执	破	危	成	收	开	闭	建	除	满	平	
廿八宿	角	亢	氐	房	心	尾	箕	斗	牛	女	虚	危	室	壁	奎	娄	胃	昴	毕	觜	参	井	鬼	柳	星	张	翼	轸	角	

三月大建戊辰虚宿 (九紫)

节气:清明 初三日十六时十五分
谷雨 十八日廿三时十五分

公历	2	3	4	5	6	7	8	9	10	11	12	13	14	15	16	17	18	19	20	21	22	23	24	25	26	27	28	29	30	五月
农历	一	二	三	四	五	六	七	八	九	十	十一	十二	十三	十四	十五	十六	十七	十八	十九	二十	廿一	廿二	廿三	廿四	廿五	廿六	廿七	廿八	廿九	三十
星期	五	六	日	一	二	三	四	五	六	日	一	二	三	四	五	六	日	一	二	三	四	五	六	日	一	二	三	四	五	六
干支	丁未	戊申	己酉	庚戌	辛亥	壬子	癸丑	甲寅	乙卯	丙辰	丁巳	戊午	己未	庚申	辛酉	壬戌	癸亥	甲子	乙丑	丙寅	丁卯	戊辰	己巳	庚午	辛未	壬申	癸酉	甲戌	乙亥	丙子
五行	水	土	土	金	金	木	木	水	水	土	土	火	火	木	木	水	水	金	金	火	火	木	木	土	土	金	金	火	火	水
建星	定	执	执	破	危	成	收	开	闭	建	除	满	平	定	执	破	危	成	收	开	闭	建	除	满	平	定	执	破	危	成
廿八宿	亢	氐	房	心	尾	箕	斗	牛	女	虚	危	室	壁	奎	娄	胃	昴	毕	觜	参	井	鬼	柳	星	张	翼	轸	角	亢	氐

岁次：己巳	公元2049年（大林木）			土蛇
太岁：郭灿	年五黄星	雷天大壮卦	八木二运	觜

四月小建己巳危宿 （八白）

节气：立夏 初四日九时十四分
小满 十九日廿二时五分

公历	2	3	4	5	6	7	8	9	10	11	12	13	14	15	16	17	18	19	20	21	22	23	24	25	26	27	28	29	30	
农历	一	二	三	四	五	六	七	八	九	十	十一	十二	十三	十四	十五	十六	十七	十八	十九	二十	廿一	廿二	廿三	廿四	廿五	廿六	廿七	廿八	廿九	三十
星期	日	一	二	三	四	五	六	日	一	二	三	四	五	六	日	一	二	三	四	五	六	日	一	二	三	四	五	六	日	
干支	丁丑	戊寅	己卯	庚辰	辛巳	壬午	癸未	甲申	乙酉	丙戌	丁亥	戊子	己丑	庚寅	辛卯	壬辰	癸巳	甲午	乙未	丙申	丁酉	戊戌	己亥	庚子	辛丑	壬寅	癸卯	甲辰	乙巳	
五行	水	土	土	金	金	木	木	水	水	土	土	火	火	木	木	水	水	金	金	火	火	木	木	土	土	金	金	火	火	
建星	收	开	闭	闭	建	除	满	平	定	执	破	危	成	收	开	闭	建	除	满	平	定	执	破	危	成	收	开	闭	建	
廿八宿	房	心	尾	箕	斗	牛	女	虚	危	室	壁	奎	娄	胃	昴	毕	觜	参	井	鬼	柳	星	张	翼	轸	角	亢	氐	房	

五月大建庚午室宿 （七赤）

节气：芒种 初六日十三时五分
夏至 廿三日五时四十八分

公历	31	六月	2	3	4	5	6	7	8	9	10	11	12	13	14	15	16	17	18	19	20	21	22	23	24	25	26	27	28	29
农历	一	二	三	四	五	六	七	八	九	十	十一	十二	十三	十四	十五	十六	十七	十八	十九	二十	廿一	廿二	廿三	廿四	廿五	廿六	廿七	廿八	廿九	三十
星期	一	二	三	四	五	六	日	一	二	三	四	五	六	日	一	二	三	四	五	六	日	一	二	三	四	五	六	日	一	二
干支	丙午	丁未	戊申	己酉	庚戌	辛亥	壬子	癸丑	甲寅	乙卯	丙辰	丁巳	戊午	己未	庚申	辛酉	壬戌	癸亥	甲子	乙丑	丙寅	丁卯	戊辰	己巳	庚午	辛未	壬申	癸酉	甲戌	乙亥
五行	水	水	土	土	金	金	木	木	水	水	土	土	火	火	木	木	水	水	金	金	火	火	木	木	土	土	金	金	火	火
建星	除	满	平	定	执	执	破	危	成	收	开	闭	建	除	满	平	定	执	破	危	成	收	开	闭	建	除	满	平	定	执
廿八宿	心	尾	箕	斗	牛	女	虚	危	室	壁	奎	娄	胃	昴	毕	觜	参	井	鬼	柳	星	张	翼	轸	角	亢	氐	房	心	尾

六月大建辛未壁宿 （六白）

节气：小暑 初七日廿三时十分
大暑 廿三日十六时卅七分

公历	30	七月	2	3	4	5	6	7	8	9	10	11	12	13	14	15	16	17	18	19	20	21	22	23	24	25	26	27	28	29
农历	一	二	三	四	五	六	七	八	九	十	十一	十二	十三	十四	十五	十六	十七	十八	十九	二十	廿一	廿二	廿三	廿四	廿五	廿六	廿七	廿八	廿九	三十
星期	三	四	五	六	日	一	二	三	四	五	六	日	一	二	三	四	五	六	日	一	二	三	四	五	六	日	一	二	三	四
干支	丙子	丁丑	戊寅	己卯	庚辰	辛巳	壬午	癸未	甲申	乙酉	丙戌	丁亥	戊子	己丑	庚寅	辛卯	壬辰	癸巳	甲午	乙未	丙申	丁酉	戊戌	己亥	庚子	辛丑	壬寅	癸卯	甲辰	乙巳
五行	水	水	土	土	金	金	木	木	水	水	土	土	火	火	木	木	水	水	金	金	火	火	木	木	土	土	金	金	火	火
建星	破	危	成	收	开	闭	闭	建	除	满	平	定	执	破	危	成	收	开	闭	建	除	满	平	定	执	破	危	成	收	开
廿八宿	箕	斗	牛	女	虚	危	室	壁	奎	娄	胃	昴	毕	觜	参	井	鬼	柳	星	张	翼	轸	角	亢	氐	房	心	尾	箕	斗

岁次：己巳	公元2049年（大林木）			土蛇
太岁：郭灿	年五黄星	雷天大壮卦	八木二运	觜

七月小建壬申奎宿　（五黄）

节气：立秋　初九日八时五十八分
处暑　廿四日廿三时四十八分

公历	30	31	八月	2	3	4	5	6	7	8	9	10	11	12	13	14	15	16	17	18	19	20	21	22	23	24	25	26	27	
农历	一	二	三	四	五	六	七	八	九	十	十一	十二	十三	十四	十五	十六	十七	十八	十九	二十	廿一	廿二	廿三	廿四	廿五	廿六	廿七	廿八	廿九	三十
星期	五	六	日	一	二	三	四	五	六	日	一	二	三	四	五	六	日	一	二	三	四	五	六	日	一	二	三	四	五	
干支	丙午	丁未	戊申	己酉	庚戌	辛亥	壬子	癸丑	甲寅	乙卯	丙辰	丁巳	戊午	己未	庚申	辛酉	壬戌	癸亥	甲子	乙丑	丙寅	丁卯	戊辰	己巳	庚午	辛未	壬申	癸酉	甲戌	
五行	水	水	土	土	金	金	木	木	水	水	土	土	火	火	木	木	水	水	金	金	火	火	木	木	土	土	金	金	火	
建星	闭	建	除	满	平	定	执	破	破	危	成	收	开	闭	建	除	满	平	定	执	破	危	成	收	开	闭	建	除	满	
廿八宿	牛	女	虚	危	室	壁	奎	娄	胃	昴	毕	觜	参	井	鬼	柳	星	张	翼	轸	角	亢	氐	房	心	尾	箕	斗	牛	

八月大建癸酉娄宿　（四绿）

节气：白露　十一日十二时六分
秋分　廿六日廿一时四十四分

公历	28	29	30	31	九月	2	3	4	5	6	7	8	9	10	11	12	13	14	15	16	17	18	19	20	21	22	23	24	25	26
农历	一	二	三	四	五	六	七	八	九	十	十一	十二	十三	十四	十五	十六	十七	十八	十九	二十	廿一	廿二	廿三	廿四	廿五	廿六	廿七	廿八	廿九	三十
星期	六	日	一	二	三	四	五	六	日	一	二	三	四	五	六	日	一	二	三	四	五	六	日	一	二	三	四	五	六	日
干支	乙亥	丙子	丁丑	戊寅	己卯	庚辰	辛巳	壬午	癸未	甲申	乙酉	丙戌	丁亥	戊子	己丑	庚寅	辛卯	壬辰	癸巳	甲午	乙未	丙申	丁酉	戊戌	己亥	庚子	辛丑	壬寅	癸卯	甲辰
五行	火	水	水	土	土	金	金	木	木	水	水	土	土	火	火	木	木	水	水	金	金	火	火	木	木	土	土	金	金	火
建星	平	定	执	破	危	成	收	开	闭	建	建	除	满	平	定	执	破	危	成	收	开	闭	建	除	满	平	定	执	破	危
廿八宿	女	虚	危	室	壁	奎	娄	胃	昴	毕	觜	参	井	鬼	柳	星	张	翼	轸	角	亢	氐	房	心	尾	箕	斗	牛	女	虚

九月大建甲戌胃宿　（三碧）

节气：寒露　十二日四时六分
霜降　廿七日七时廿六分

公历	27	28	29	30	十月	2	3	4	5	6	7	8	9	10	11	12	13	14	15	16	17	18	19	20	21	22	23	24	25	26
农历	一	二	三	四	五	六	七	八	九	十	十一	十二	十三	十四	十五	十六	十七	十八	十九	二十	廿	廿二	廿三	廿四	廿五	廿六	廿七	廿八	廿九	三十
星期	一	二	三	四	五	六	日	一	二	三	四	五	六	日	一	二	三	四	五	六	日	一	二	三	四	五	六	日	一	二
干支	乙巳	丙午	丁未	戊申	己酉	庚戌	辛亥	壬子	癸丑	甲寅	乙卯	丙辰	丁巳	戊午	己未	庚申	辛酉	壬戌	癸亥	甲子	乙丑	丙寅	丁卯	戊辰	己巳	庚午	辛未	壬申	癸酉	甲戌
五行	火	水	水	土	土	金	金	木	木	水	水	土	土	火	火	木	木	水	水	金	金	火	火	木	木	土	土	金	金	火
建星	成	收	开	闭	建	除	满	平	定	执	破	破	危	成	收	开	闭	建	除	满	平	定	执	破	危	成	收	开	闭	建
廿八宿	危	室	壁	奎	娄	胃	昴	毕	觜	参	井	鬼	柳	星	张	翼	轸	角	亢	氐	房	心	尾	箕	斗	牛	女	虚	危	室

岁次：己巳	公元2049年（大林木）			土蛇
太岁：郭灿	年五黄星	雷天大壮卦	八木二运	觜

十月小建乙亥昴宿 （二黑）

节气：立冬 十二日七时卅九分
小雪 廿七日五时二十分

公历	27	28	29	30	31	1月	2	3	4	5	6	7	8	9	10	11	12	13	14	15	16	17	18	19	20	21	22	23	24	
农历	一	二	三	四	五	六	七	八	九	十	十一	十二	十三	十四	十五	十六	十七	十八	十九	二十	廿一	廿二	廿三	廿四	廿五	廿六	廿七	廿八	廿九	三十
星期	三	四	五	六	日	一	二	三	四	五	六	日	一	二	三	四	五	六	日	一	二	三	四	五	六	日	一	二	三	
干支	乙亥	丙子	丁丑	戊寅	己卯	庚辰	辛巳	壬午	癸未	甲申	乙酉	丙戌	丁亥	戊子	己丑	庚寅	辛卯	壬辰	癸巳	甲午	乙未	丙申	丁酉	戊戌	己亥	庚子	辛丑	壬寅	癸卯	
五行	火	水	水	土	土	金	金	木	木	水	水	土	土	火	火	木	木	水	水	金	金	火	火	木	木	土	土	金	金	
建星	除	满	平	定	执	破	危	成	收	开	闭	闭	建	除	满	平	定	执	破	危	成	收	开	闭	建	除	满	平	定	
廿八宿	壁	奎	娄	胃	昴	毕	觜	参	井	鬼	柳	星	张	翼	轸	角	亢	氐	房	心	尾	箕	斗	牛	女	虚	危	室	壁	

十一月大建丙子毕宿 （一白）

节气：大雪 十三日零时四十八分
冬至 廿七日十八时五十三分

公历	25	26	27	28	29	30	2月	2	3	4	5	6	7	8	9	10	11	12	13	14	15	16	17	18	19	20	21	22	23	24
农历	一	二	三	四	五	六	七	八	九	十	十一	十二	十三	十四	十五	十六	十七	十八	十九	二十	廿一	廿二	廿三	廿四	廿五	廿六	廿七	廿八	廿九	三十
星期	四	五	六	日	一	二	三	四	五	六	日	一	二	三	四	五	六	日	一	二	三	四	五	六	日	一	二	三	四	五
干支	甲辰	乙巳	丙午	丁未	戊申	己酉	庚戌	辛亥	壬子	癸丑	甲寅	乙卯	丙辰	丁巳	戊午	己未	庚申	辛酉	壬戌	癸亥	甲子	乙丑	丙寅	丁卯	戊辰	己巳	庚午	辛未	壬申	癸酉
五行	火	火	水	水	土	土	金	金	木	木	水	水	土	土	火	火	木	木	水	水	金	金	火	火	木	木	土	土	金	金
建星	执	破	危	成	收	开	闭	建	除	满	平	定	定	执	破	危	成	收	开	闭	建	除	满	平	定	执	破	危	成	收
廿八宿	奎	娄	胃	昴	毕	觜	参	井	鬼	柳	星	张	翼	轸	角	亢	氐	房	心	尾	箕	斗	牛	女	虚	危	室	壁	奎	娄

十二月小建丁丑觜宿 （九紫）

节气：小寒 十二日十二时九分
大寒 廿七日五时卅五分

公历	25	26	27	28	29	30	31	1月	2	3	4	5	6	7	8	9	10	11	12	13	14	15	16	17	18	19	20	21	22	
农历	一	二	三	四	五	六	七	八	九	十	十一	十二	十三	十四	十五	十六	十七	十八	十九	二十	廿一	廿二	廿三	廿四	廿五	廿六	廿七	廿八	廿九	三十
星期	六	日	一	二	三	四	五	六	日	一	二	三	四	五	六	日	一	二	三	四	五	六	日	一	二	三	四	五	六	
干支	甲戌	乙亥	丙子	丁丑	戊寅	己卯	庚辰	辛巳	壬午	癸未	甲申	乙酉	丙戌	丁亥	戊子	己丑	庚寅	辛卯	壬辰	癸巳	甲午	乙未	丙申	丁酉	戊戌	己亥	庚子	辛丑	壬寅	
五行	火	火	水	水	土	土	金	金	木	木	水	水	土	土	火	火	木	木	水	水	金	金	火	火	木	木	土	土	金	
建星	开	闭	建	除	满	平	定	执	破	危	成	成	收	开	闭	建	除	满	平	定	执	破	危	成	收	开	闭	建	除	
廿八宿	胃	昴	毕	觜	参	井	鬼	柳	星	张	翼	轸	角	亢	氐	房	心	尾	箕	斗	牛	女	虚	危	室	壁	奎	娄	胃	

岁次:庚午	公元2050年(路旁土)			金马
太岁:王济	年四绿星	雷风恒卦	八木九运	参

正月小建戊寅参宿 (八白)

节气:立春 十二日廿三时四十五分
雨水 廿七日十九时卅六分

公历	23	24	25	26	27	28	29	30	31	二月	2	3	4	5	6	7	8	9	10	11	12	13	14	15	16	17	18	19	20	
农历	一	二	三	四	五	六	七	八	九	十	十一	十二	十三	十四	十五	十六	十七	十八	十九	二十	廿一	廿二	廿三	廿四	廿五	廿六	廿七	廿八	廿九	三十
星期	日	一	二	三	四	五	六	日	一	二	三	四	五	六	日	一	二	三	四	五	六	日	一	二	三	四	五	六	日	
干支	癸卯	甲辰	乙巳	丙午	丁未	戊申	己酉	庚戌	辛亥	壬子	癸丑	甲寅	乙卯	丙辰	丁巳	戊午	己未	庚申	辛酉	壬戌	癸亥	甲子	乙丑	丙寅	丁卯	戊辰	己巳	庚午	辛未	
五行	金	火	火	水	水	土	土	金	金	木	木	水	水	土	土	火	火	木	木	水	水	金	金	火	火	木	木	土	土	
建星	满	平	定	执	破	危	成	收	开	闭	建	建	除	满	平	定	执	破	危	成	收	开	闭	建	除	满	平	定	执	
廿八宿	昴	毕	觜	参	井	鬼	柳	星	张	翼	轸	角	亢	氐	房	心	尾	箕	斗	牛	女	虚	危	室	壁	奎	娄	胃	昴	

二月大建己卯井宿 (七赤)

节气:惊蛰 十三日十七时卅四分
春分 廿八日十八时廿一分

公历	21	22	23	24	25	26	27	28	三月	2	3	4	5	6	7	8	9	10	11	12	13	14	15	16	17	18	19	20	21	22
农历	一	二	三	四	五	六	七	八	九	十	十一	十二	十三	十四	十五	十六	十七	十八	十九	二十	廿一	廿二	廿三	廿四	廿五	廿六	廿七	廿八	廿九	三十
星期	一	二	三	四	五	六	日	一	二	三	四	五	六	日	一	二	三	四	五	六	日	一	二	三	四	五	六	日	一	二
干支	壬申	癸酉	甲戌	乙亥	丙子	丁丑	戊寅	己卯	庚辰	辛巳	壬午	癸未	甲申	乙酉	丙戌	丁亥	戊子	己丑	庚寅	辛卯	壬辰	癸巳	甲午	乙未	丙申	丁酉	戊戌	己亥	庚子	辛丑
五行	金	金	火	火	水	水	土	土	金	金	木	木	水	水	土	土	火	火	木	木	水	水	金	金	火	火	木	木	土	土
建星	破	危	成	收	开	闭	建	除	满	平	定	执	执	破	危	成	收	开	闭	建	除	满	平	定	执	破	危	成	收	开
廿八宿	毕	觜	参	井	鬼	柳	星	张	翼	轸	角	亢	氐	房	心	尾	箕	斗	牛	女	虚	危	室	壁	奎	娄	胃	昴	毕	觜

三月小建庚辰鬼宿 (六白)

节气:清明 十三日廿三时五分
谷雨 廿九日五时三分

公历	23	24	25	26	27	28	29	30	31	四月	2	3	4	5	6	7	8	9	10	11	12	13	14	15	16	17	18	19	20	
农历	一	二	三	四	五	六	七	八	九	十	十一	十二	十三	十四	十五	十六	十七	十八	十九	二十	廿一	廿二	廿三	廿四	廿五	廿六	廿七	廿八	廿九	三十
星期	三	四	五	六	日	一	二	三	四	五	六	日	一	二	三	四	五	六	日	一	二	三	四	五	六	日	一	二	三	
干支	壬寅	癸卯	甲辰	乙巳	丙午	丁未	戊申	己酉	庚戌	辛亥	壬子	癸丑	甲寅	乙卯	丙辰	丁巳	戊午	己未	庚申	辛酉	壬戌	癸亥	甲子	乙丑	丙寅	丁卯	戊辰	己巳	庚午	
五行	金	金	火	火	水	水	土	土	金	金	木	木	水	水	土	土	火	火	木	木	水	水	金	金	火	火	木	木	土	
建星	闭	建	除	满	平	定	执	破	危	成	收	开	开	闭	建	除	满	平	定	执	破	危	成	收	开	闭	建	除	满	
廿八宿	参	井	鬼	柳	星	张	翼	轸	角	亢	氐	房	心	尾	箕	斗	牛	女	虚	危	室	壁	奎	娄	胃	昴	毕	觜	参	

岁次：庚午	公元2050年（路旁土）			金马
太岁：王济	年四绿星	雷风恒卦	八木九运	参

闰三月大

节气：立夏 十五日十五时三分

公历	21	22	23	24	25	26	27	28	29	30	五月	2	3	4	5	6	7	8	9	10	11	12	13	14	15	16	17	18	19	20
农历	一	二	三	四	五	六	七	八	九	十	十一	十二	十三	十四	十五	十六	十七	十八	十九	二十	廿一	廿二	廿三	廿四	廿五	廿六	廿七	廿八	廿九	三十
星期	四	五	六	日	一	二	三	四	五	六	日	一	二	三	四	五	六	日	一	二	三	四	五	六	日	一	二	三	四	五
干支	辛未	壬申	癸酉	甲戌	乙亥	丙子	丁丑	戊寅	己卯	庚辰	辛巳	壬午	癸未	甲申	乙酉	丙戌	丁亥	戊子	己丑	庚寅	辛卯	壬辰	癸巳	甲午	乙未	丙申	丁酉	戊戌	己亥	庚子
五行	土	金	金	火	火	水	水	土	土	金	金	木	木	水	水	土	土	火	火	木	木	水	水	金	金	火	火	木	木	土
建星	平	定	执	破	危	成	收	开	闭	建	除	满	平	定	定	执	破	危	成	收	开	闭	建	除	满	平	定	执	破	危
廿八宿	井	鬼	柳	星	张	翼	轸	角	亢	氐	房	心	尾	箕	斗	牛	女	虚	危	室	壁	奎	娄	胃	昴	毕	觜	参	井	鬼

四月小建辛巳柳宿 （五黄）

节气：小满 初一日三时五十三分
芒种 十六日十八时五十六分

公历	21	22	23	24	25	26	27	28	29	30	31	六月	2	3	4	5	6	7	8	9	10	11	12	13	14	15	16	17	18	
农历	一	二	三	四	五	六	七	八	九	十	十一	十二	十三	十四	十五	十六	十七	十八	十九	二十	廿一	廿二	廿三	廿四	廿五	廿六	廿七	廿八	廿九	三十
星期	六	日	一	二	三	四	五	六	日	一	二	三	四	五	六	日	一	二	三	四	五	六	日	一	二	三	四	五	六	
干支	辛丑	壬寅	癸卯	甲辰	乙巳	丙午	丁未	戊申	己酉	庚戌	辛亥	壬子	癸丑	甲寅	乙卯	丙辰	丁巳	戊午	己未	庚申	辛酉	壬戌	癸亥	甲子	乙丑	丙寅	丁卯	戊辰	己巳	
五行	土	金	金	火	火	水	水	土	土	金	金	木	木	水	水	土	土	火	火	木	木	水	水	金	金	火	火	木	木	
建星	成	收	开	闭	建	除	满	平	定	执	破	危	成	收	开	开	闭	建	除	满	平	定	执	破	危	成	收	开	闭	
廿八宿	柳	星	张	翼	轸	角	亢	氐	房	心	尾	箕	斗	牛	女	虚	危	室	壁	奎	娄	胃	昴	毕	觜	参	井	鬼	柳	

五月大建壬午星宿 （四绿）

节气：夏至 初三日十一时卅四分
小暑 十九日五时三分

公历	19	20	21	22	23	24	25	26	27	28	29	30	七月	2	3	4	5	6	7	8	9	10	11	12	13	14	15	16	17	18
农历	一	二	三	四	五	六	七	八	九	十	十一	十二	十三	十四	十五	十六	十七	十八	十九	二十	廿一	廿二	廿三	廿四	廿五	廿六	廿七	廿八	廿九	三十
星期	日	一	二	三	四	五	六	日	一	二	三	四	五	六	日	一	二	三	四	五	六	日	一	二	三	四	五	六	日	一
干支	庚午	辛未	壬申	癸酉	甲戌	乙亥	丙子	丁丑	戊寅	己卯	庚辰	辛巳	壬午	癸未	甲申	乙酉	丙戌	丁亥	戊子	己丑	庚寅	辛卯	壬辰	癸巳	甲午	乙未	丙申	丁酉	戊戌	己亥
五行	土	土	金	金	火	火	水	水	土	土	金	金	木	木	水	水	土	土	火	火	木	木	水	水	金	金	火	火	木	木
建星	建	除	满	平	定	执	破	危	成	收	开	闭	建	除	满	平	定	执	执	破	危	成	收	开	闭	建	除	满	平	定
廿八宿	星	张	翼	轸	角	亢	氐	房	心	尾	箕	斗	牛	女	虚	危	室	壁	奎	娄	胃	昴	毕	觜	参	井	鬼	柳	星	张

岁次:庚午	公元 2050 年(路旁土)			金马
太岁:王济	年四绿星	雷风恒卦	八木九运	参

六月小建癸未张宿　(三碧)

节气: 大暑　初四日廿二时廿二分
立秋　二十日十四时五十三分

公历	19	20	21	22	23	24	25	26	27	28	29	30	31	八月	2	3	4	5	6	7	8	9	10	11	12	13	14	15	16	
农历	一	二	三	四	五	六	七	八	九	十	十一	十二	十三	十四	十五	十六	十七	十八	十九	二十	廿一	廿二	廿三	廿四	廿五	廿六	廿七	廿八	廿九	三十
星期	二	三	四	五	六	日	一	二	三	四	五	六	日	一	二	三	四	五	六	日	一	二	三	四	五	六	日	一	二	
干支	庚子	辛丑	壬寅	癸卯	甲辰	乙巳	丙午	丁未	戊申	己酉	庚戌	辛亥	壬子	癸丑	甲寅	乙卯	丙辰	丁巳	戊午	己未	庚申	辛酉	壬戌	癸亥	甲子	乙丑	丙寅	丁卯	戊辰	
五行	土	土	金	金	火	火	水	水	土	土	金	金	木	木	水	水	土	土	火	火	木	木	水	水	金	金	火	火	木	
建星	执	破	危	成	收	开	闭	建	除	满	平	定	执	破	危	成	收	开	闭	闭	建	除	满	平	定	执	破	危	成	
廿八宿	翼	轸	角	亢	氐	房	心	尾	箕	斗	牛	女	虚	危	室	壁	奎	娄	胃	昴	毕	觜	参	井	鬼	柳	星	张	翼	

七月大建甲申翼宿　(二黑)

节气: 处暑　初七日五时卅三分
白露　廿二日十八时一分

公历	17	18	19	20	21	22	23	24	25	26	27	28	29	30	31	九月	2	3	4	5	6	7	8	9	10	11	12	13	14	15
农历	一	二	三	四	五	六	七	八	九	十	十一	十二	十三	十四	十五	十六	十七	十八	十九	二十	廿一	廿二	廿三	廿四	廿五	廿六	廿七	廿八	廿九	三十
星期	三	四	五	六	日	一	二	三	四	五	六	日	一	二	三	四	五	六	日	一	二	三	四	五	六	日	一	二	三	四
干支	己巳	庚午	辛未	壬申	癸酉	甲戌	乙亥	丙子	丁丑	戊寅	己卯	庚辰	辛巳	壬午	癸未	甲申	乙酉	丙戌	丁亥	戊子	己丑	庚寅	辛卯	壬辰	癸巳	甲午	乙未	丙申	丁酉	戊戌
五行	木	土	土	金	金	火	火	水	水	土	土	金	金	木	木	水	水	土	土	火	火	木	木	水	水	金	金	火	火	木
建星	收	开	闭	建	除	满	平	定	执	破	危	成	收	开	闭	建	除	满	平	定	执	执	破	危	成	收	开	闭	建	除
廿八宿	轸	角	亢	氐	房	心	尾	箕	斗	牛	女	虚	危	室	壁	奎	娄	胃	昴	毕	觜	参	井	鬼	柳	星	张	翼	轸	角

八月大建乙酉轸宿　(一白)

节气: 秋分　初八日三时廿九分
寒露　廿三日十时一分

公历	16	17	18	19	20	21	22	23	24	25	26	27	28	29	30	十月	2	3	4	5	6	7	8	9	10	11	12	13	14	15
农历	一	二	三	四	五	六	七	八	九	十	十一	十二	十三	十四	十五	十六	十七	十八	十九	二十	廿一	廿二	廿三	廿四	廿五	廿六	廿七	廿八	廿九	三十
星期	五	六	日	一	二	三	四	五	六	日	一	二	三	四	五	六	日	一	二	三	四	五	六	日	一	二	三	四	五	六
干支	己亥	庚子	辛丑	壬寅	癸卯	甲辰	乙巳	丙午	丁未	戊申	己酉	庚戌	辛亥	壬子	癸丑	甲寅	乙卯	丙辰	丁巳	戊午	己未	庚申	辛酉	壬戌	癸亥	甲子	乙丑	丙寅	丁卯	戊辰
五行	木	土	土	金	金	火	火	水	水	土	土	金	金	木	木	水	水	土	土	火	火	木	木	水	水	金	金	火	火	木
建星	满	平	定	执	破	危	成	收	开	闭	建	除	满	平	定	执	破	危	成	收	开	闭	闭	建	除	满	平	定	执	破
廿八宿	亢	氐	房	心	尾	箕	斗	牛	女	虚	危	室	壁	奎	娄	胃	昴	毕	觜	参	井	鬼	柳	星	张	翼	轸	角	亢	氐

岁次：庚午	公元2050年（路旁土）			金马
太岁：王济	年四绿星	雷风恒卦	八木九运	参

九月小建丙戌角宿 （九紫） 节气：霜降 初八日十三时十二分 立冬 廿三日十三时卅四分

公历	16	17	18	19	20	21	22	23	24	25	26	27	28	29	30	31	11月	2	3	4	5	6	7	8	9	10	11	12	13	
农历	一	二	三	四	五	六	七	八	九	十	十一	十二	十三	十四	十五	十六	十七	十八	十九	二十	廿一	廿二	廿三	廿四	廿五	廿六	廿七	廿八	廿九	三十
星期	日	一	二	三	四	五	六	日	一	二	三	四	五	六	日	一	二	三	四	五	六	日	一	二	三	四	五	六	日	
干支	己巳	庚午	辛未	壬申	癸酉	甲戌	乙亥	丙子	丁丑	戊寅	己卯	庚辰	辛巳	壬午	癸未	甲申	乙酉	丙戌	丁亥	戊子	己丑	庚寅	辛卯	壬辰	癸巳	甲午	乙未	丙申	丁酉	
五行	木	土	土	金	金	火	火	水	水	土	土	金	金	木	木	水	水	土	土	火	火	木	木	水	水	金	金	火	火	
建星	危	成	收	开	闭	建	除	满	平	定	执	破	危	成	收	开	闭	建	除	满	平	定	定	执	破	危	成	收	开	
廿八宿	房	心	尾	箕	斗	牛	女	虚	危	室	壁	奎	娄	胃	昴	毕	觜	参	井	鬼	柳	星	张	翼	轸	角	亢	氐	房	

十月大建丁亥亢宿 （八白） 节气：小雪 初九日十一时七分 大雪 廿四日六时四十二分

公历	14	15	16	17	18	19	20	21	22	23	24	25	26	27	28	29	30	12月	2	3	4	5	6	7	8	9	10	11	12	13
农历	一	二	三	四	五	六	七	八	九	十	十一	十二	十三	十四	十五	十六	十七	十八	十九	二十	廿一	廿二	廿三	廿四	廿五	廿六	廿七	廿八	廿九	三十
星期	一	二	三	四	五	六	日	一	二	三	四	五	六	日	一	二	三	四	五	六	日	一	二	三	四	五	六	日	一	二
干支	戊戌	己亥	庚子	辛丑	壬寅	癸卯	甲辰	乙巳	丙午	丁未	戊申	己酉	庚戌	辛亥	壬子	癸丑	甲寅	乙卯	丙辰	丁巳	戊午	己未	庚申	辛酉	壬戌	癸亥	甲子	乙丑	丙寅	丁卯
五行	木	木	土	土	金	金	火	火	水	水	土	土	金	金	木	木	水	水	土	土	火	火	木	木	水	水	金	金	火	火
建星	闭	建	除	满	平	定	执	破	危	成	收	开	闭	建	除	满	平	定	执	破	危	成	收	收	开	闭	建	除	满	平
廿八宿	心	尾	箕	斗	牛	女	虚	危	室	壁	奎	娄	胃	昴	毕	觜	参	井	鬼	柳	星	张	翼	轸	角	亢	氐	房	心	尾

十一月大建戊子氐宿 （七赤） 节气：冬至 初九日零时卅九分 小寒 廿三日十八时二分

公历	14	15	16	17	18	19	20	21	22	23	24	25	26	27	28	29	30	31	1月	2	3	4	5	6	7	8	9	10	11	12
农历	一	二	三	四	五	六	七	八	九	十	十一	十二	十三	十四	十五	十六	十七	十八	十九	二十	廿一	廿二	廿三	廿四	廿五	廿六	廿七	廿八	廿九	三十
星期	三	四	五	六	日	一	二	三	四	五	六	日	一	二	三	四	五	六	日	一	二	三	四	五	六	日	一	二	三	四
干支	戊辰	己巳	庚午	辛未	壬申	癸酉	甲戌	乙亥	丙子	丁丑	戊寅	己卯	庚辰	辛巳	壬午	癸未	甲申	乙酉	丙戌	丁亥	戊子	己丑	庚寅	辛卯	壬辰	癸巳	甲午	乙未	丙申	丁酉
五行	木	木	土	土	金	金	火	火	水	水	土	土	金	金	木	木	水	水	土	土	火	火	木	木	水	水	金	金	火	火
建星	定	执	破	危	成	收	开	闭	建	除	满	平	定	执	破	危	成	收	开	闭	建	除	除	满	平	定	执	破	危	成
廿八宿	箕	斗	牛	女	虚	危	室	壁	奎	娄	胃	昴	毕	觜	参	井	鬼	柳	星	张	翼	轸	角	亢	氐	房	心	尾	箕	斗

十二月小建己丑房宿 （六白） 节气：大寒 初八日十一时十九分 立春 廿三日五时卅六分

公历	13	14	15	16	17	18	19	20	21	22	23	24	25	26	27	28	29	30	31	2月	2	3	4	5	6	7	8	9	10	
农历	一	二	三	四	五	六	七	八	九	十	十一	十二	十三	十四	十五	十六	十七	十八	十九	二十	廿一	廿二	廿三	廿四	廿五	廿六	廿七	廿八	廿九	三十
星期	五	六	日	一	二	三	四	五	六	日	一	二	三	四	五	六	日	一	二	三	四	五	六	日	一	二	三	四	五	
干支	戊戌	己亥	庚子	辛丑	壬寅	癸卯	甲辰	乙巳	丙午	丁未	戊申	己酉	庚戌	辛亥	壬子	癸丑	甲寅	乙卯	丙辰	丁巳	戊午	己未	庚申	辛酉	壬戌	癸亥	甲子	乙丑	丙寅	
五行	木	木	土	土	金	金	火	火	水	水	土	土	金	金	木	木	水	水	土	土	火	火	木	木	水	水	金	金	火	
建星	收	开	闭	建	除	满	平	定	执	破	危	成	收	开	闭	建	除	满	平	定	执	破	破	危	成	收	开	闭	建	
廿八宿	牛	女	虚	危	室	壁	奎	娄	胃	昴	毕	觜	参	井	鬼	柳	星	张	翼	轸	角	亢	氐	房	心	尾	箕	斗	牛	

2051—2100 年历法速推简表

说明 对于此时段的农历闰月，其中 2055 年闰六月为大月，2058 年闰四月为大月，2085 年闰五月为大月，2093 年闰六月为大月，其余年份的闰月均为小月。

纪年 \ 月别 纪日	正月	二月	三月	四月	五月	六月	七月	八月	九月	十月	十一月	十二月	闰月	农历小月
辛未 2051	丁卯 2.11	丁酉 3.13	丙寅 4.11	乙未 5.10	乙丑 6.9	甲午 7.8	癸亥 8.6	癸巳 9.5	癸亥 10.5	壬辰 11.3	壬戌 12.3	壬辰 1.2		2 3 5 6 9
壬申 2052	壬戌 2.1	辛卯 3.1	辛酉 3.31	庚寅 4.29	己未 5.28	己丑 6.27	戊午 7.26	丁亥 8.24	丙戌 10.22	丙辰 11.21	丙戌 12.21	丙辰 1.20	丁巳八 9.23	1 3 4 6 7
癸酉 2053	丙戌 2.19	乙卯 3.20	乙酉 4.19	甲寅 5.18	癸未 6.16	癸丑 7.16	壬午 8.14	辛亥 9.12	辛巳 10.12	庚戌 11.10	庚辰 12.10	庚戌 1.9		1 3 4 6 7 9
甲戌 2054	庚辰 2.8	己酉 3.9	庚亥 4.8	己酉 5.8	戊寅 6.6	丁未 7.5	丁丑 8.4	丙午 9.2	乙亥 10.1	乙巳 10.31	甲戌 11.26	甲辰 12.29		1 4 5 7 10
乙亥 2055	甲戌 1.28	癸卯 2.26	癸酉 3.28	癸卯 4.27	壬申 5.26	壬寅 6.25	辛丑 8.23	庚午 9.21	己亥 10.20	己巳 11.19	丙戌 12.18	戊辰 1.17	辛未六 7.24	1 4 6 7 8 10
丙子 2056	丁酉 2.15	丁卯 3.16	丁酉 4.15	丁卯 5.15	丙申 5.13	丙寅 7.13	乙未 8.11	乙丑 9.10	甲午 10.9	癸亥 11.7	癸巳 12.7	壬戌 1.5		4 6 8 9 11
丁丑 2057	壬辰 2.4	辛酉 3.5	辛卯 4.4	辛酉 5.4	庚寅 6.2	庚申 7.2	己丑 7.31	己未 8.30	己丑 9.29	戊午 10.28	丁亥 11.26	丁巳 12.26		1 4 6 9 10 12
戊寅 2058	丙戌 1.24	丙辰 3.23	乙酉 3.24	乙卯 4.23	甲寅 6.21	癸未 7.20	癸丑 8.19	癸未 9.18	壬子 10.17	壬午 11.16	壬子 12.16	辛巳 1.14	甲申四 5.22	2 4 5 8 11 12
己卯 2059	庚戌 2.12	庚辰 3.14	己酉 4.12	己卯 5.12	戊申 6.10	戊寅 7.10	丁午 8.8	丁丑 9.7	丙午 10.6	丙子 11.5	丙午 12.5	丙子 1.4		2 4 6 8 12
庚辰 2060	乙巳 2.2	乙亥 3.3	甲辰 4.1	癸酉 4.30	庚卯 5.30	壬申 6.28	辛丑 7.27	辛未 8.26	庚子 9.24	庚午 10.24	庚子 11.23	庚午 12.23		2 5 6 8 12
辛巳 2061	己亥 1.21	己巳 2.20	己亥 3.22	丁酉 5.19	丁卯 6.18	丙申 7.17	乙丑 8.15	乙未 9.14	甲子 10.13	甲午 11.12	甲子 12.12	甲午 1.11	戊辰三 4.20	3 5 6 8 12
壬午 2062	癸亥 2.9	癸巳 3.11	癸亥 4.10	壬辰 5.9	辛酉 6.7	辛卯 7.7	庚申 8.5	己丑 9.3	己未 10.3	戊子 11.1	戊午 12.1	戊子 12.31		3 4 6 7 9 12
癸未 2063	丁巳 1.29	丁亥 2.28	丁巳 3.30	丙戌 4.28	丙辰 5.28	乙酉 6.26	乙卯 7.26	癸丑 9.22	癸未 10.22	壬子 11.20	壬午 12.20	辛亥 1.18	甲申七 8.24	3 5 7 9 11
甲申 2064	辛巳 2.17	辛亥 3.18	辛巳 4.17	庚戌 5.16	庚辰 6.15	己酉 7.14	己卯 8.13	戊申 9.11	丁丑 10.10	丁未 11.9	丙子 12.8	丙午 1.7		3 5 7 8 10 12
乙酉 2065	乙亥 2.5	乙巳 3.7	乙亥 4.6	甲辰 5.5	甲戌 6.4	甲辰 7.4	癸酉 8.2	癸卯 9.1	壬申 9.30	辛丑 10.29	辛未 11.28	庚子 12.27		3 6 8 9 11
丙戌 2066	庚午 1.26	己亥 2.24	己巳 3.26	戊戌 4.24	戊辰 5.24	丁卯 7.22	丁酉 8.21	丙寅 9.19	丙申 10.19	乙丑 11.17	乙未 12.17	甲子 1.15	戊戌五 6.23	1 3 7 9 11
丁亥 2067	甲午 2.14	癸亥 3.15	癸巳 4.14	壬戌 5.13	壬辰 6.12	辛酉 7.11	辛卯 8.10	辛酉 9.9	辛卯 10.9	庚申 11.7	己丑 12.6	己未 1.5		1 3 5 8 10 12
戊子 2068	戊子 2.3	戊午 3.4	丁亥 4.2	丁巳 5.2	丙戌 5.31	乙卯 6.29	乙酉 7.29	乙卯 8.28	甲申 9.26	甲寅 10.26	甲申 11.25	癸丑 12.24		2 4 5 8 11
己丑 2069	癸未 1.23	壬子 2.21	壬午 3.23	辛亥 4.21	庚戌 6.19	庚亥 7.18	己酉 8.17	戊寅 9.15	戊申 10.15	戊寅 11.14	戊申 12.14	丁丑 1.12	辛巳四 5.21	1 3 5 7 11
庚寅 2070	丁未 2.11	丙子 3.12	丙午 4.11	乙亥 5.10	乙巳 6.9	甲戌 7.8	癸卯 8.6	癸酉 9.5	壬寅 10.4	壬申 11.3	壬寅 12.3	辛未 1.1		1 3 5 6 8 11
辛卯 2071	辛丑 1.31	辛未 3.2	庚子 3.31	庚午 4.30	己亥 5.29	己巳 6.28	戊戌 7.27	丁卯 8.25	丙寅 10.22	丙申 11.22	乙丑 12.21	乙未 1.20	丁酉八 9.24	2 4 6 7 10
壬辰 2072	乙丑 2.19	乙未 3.20	甲子 4.18	甲午 5.18	癸亥 6.16	癸巳 7.16	壬戌 8.14	辛卯 9.12	辛酉 10.12	庚寅 11.10	庚申 12.10	己丑 1.8		2 4 6 7 9 11
癸巳 2073	己未 2.7	己丑 3.9	戊午 4.7	戊子 5.7	戊午 6.6	丁亥 7.5	丁巳 8.4	丙戌 9.2	乙卯 10.1	乙酉 10.31	甲寅 11.29	甲申 12.29		2 5 7 8 10 12

纪日 月别 纪年	正月	二月	三月	四月	五月	六月	七月	八月	九月	十月	十一月	十二月	闰月	农历小月
甲午 2074	癸丑 1.27	癸未 2.26	壬子 3.27	壬午 4.26	壬子 5.26	辛巳 6.24	庚辰 8.22	庚戌 9.21	己卯 10.20	己酉 11.19	戊寅 12.18	戊申 1.17	辛亥六 7.24	2 5 8 10 12
乙未 2075	丁丑 2.15	丁未 3.17	丙子 4.15	丙午 5.15	乙亥 6.13	乙巳 7.13	乙亥 8.12	甲辰 9.10	甲戌 10.10	癸卯 11.8	癸酉 12.8	壬寅 1.6		2 4 7 9 11
丙申 2076	壬申 2.5	辛丑 3.5	辛未 4.5	庚子 5.3	庚午 6.2	己亥 6.1	己巳 7.31	戊戌 8.29	戊辰 9.28	戊戌 10.28	丁卯 11.26	丁酉 12.26		1 3 5 7 10 12
丁酉 2077	丙寅 1.24	丙申 2.23	乙丑 3.24	乙未 4.23	癸巳 6.20	癸亥 7.20	壬辰 8.18	壬戌 9.17	壬辰 10.17	壬戌 11.16	辛卯 12.15	辛酉 1.14	甲子四 5.22	2 4 6 10 12
戊戌 2078	庚寅 2.12	庚申 3.14	己丑 4.12	己未 5.12	戊子 6.10	丁巳 7.9	丁亥 8.8	丙辰 9.6	丙戌 10.6	丙辰 11.5	乙酉 12.4	乙卯 1.3		2 4 5 7 10
己亥 2079	乙酉 2.2	甲寅 3.3	甲申 4.2	癸丑 5.1	癸未 5.31	壬子 6.29	辛巳 7.28	辛亥 8.27	庚辰 9.25	庚戌 10.25	己卯 11.23	己酉 12.23		1 3 5 6 8 10
庚子 2080	己卯 1.22	己酉 2.21	戊寅 3.21	丁丑 5.19	丁未 6.18	丙子 7.17	乙巳 8.15	乙亥 9.14	甲辰 10.13	癸酉 11.11	癸卯 12.11	癸酉 1.10	戊申三 4.20	2 5 6 8 9
辛丑 2081	癸卯 2.9	壬申 3.10	壬寅 4.9	壬申 5.9	辛丑 6.7	辛未 7.5	庚子 8.5	己巳 9.3	己亥 10.3	戊辰 11.1	丁酉 11.30	丁卯 12.30		1 4 6 7 9 10
壬寅 2082	丁酉 1.29	丙寅 2.27	丙申 3.29	丙申 4.28	丙申 5.28	乙丑 6.26	甲午 7.25	癸巳 9.22	癸亥 10.22	壬辰 11.20	辛酉 12.19	辛卯 1.18	甲子七 8.24	1 5 6 9 10
癸卯 2083	辛酉 2.17	庚寅 3.18	庚申 4.17	庚寅 5.17	己未 6.15	己丑 7.15	戊午 8.13	戊子 9.17	丁巳 10.11	丁亥 11.10	丙辰 12.9	丙戌 1.8		1 4 6 8 10 12
甲辰 2084	乙卯 2.6	乙酉 3.7	甲寅 4.5	甲申 5.5	癸丑 6.3	癸未 7.3	癸丑 8.2	壬午 8.31	壬子 9.30	辛巳 10.29	辛亥 11.28	庚辰 12.27		2 4 7 9 11
乙巳 2085	庚戌 1.6	己卯 2.24	己酉 3.26	戊寅 4.24	丁未 5.23	丁未 7.22	丙子 8.20	丙午 9.19	丙子 10.19	乙巳 11.17	乙亥 12.17	甲辰 1.15	丁丑五 6.22	1 3 4 6 9 11
丙午 2086	甲戌 2.14	癸卯 3.15	癸酉 4.14	壬寅 5.13	辛未 6.11	辛丑 7.11	庚午 8.9	庚子 9.8	庚午 10.8	己亥 11.6	己巳 12.6	己亥 1.5		1 3 4 6 9 11
丁未 2087	戊辰 2.3	戊戌 3.5	丁卯 4.3	丁酉 5.3	丙寅 6.1	乙未 6.30	乙丑 7.30	甲午 8.28	甲子 8.27	癸巳 10.26	癸亥 11.25	癸巳 12.25		2 4 5 7 9
戊申 2088	癸亥 1.24	壬辰 2.22	壬戌 3.23	辛卯 4.21	庚寅 6.19	己未 7.18	己亥 8.17	戊午 9.15	丁亥 10.14	丁巳 11.13	丁亥 12.13	丁巳 1.12	辛酉四 5.21	1 3 5 7 8 12
己酉 2089	丙戌 2.10	丙辰 3.12	丙戌 4.11	乙卯 5.10	乙酉 6.9	甲寅 7.8	癸未 8.6	壬子 9.4	壬午 10.4	辛亥 11.2	辛巳 12.2	辛亥 1.1		3 5 6 7 9 12
庚戌 2090	庚辰 1.30	庚戌 3.1	庚辰 3.31	庚戌 4.30	己卯 6.29	己酉 6.28	戊寅 7.27	丁未 8.25	丙辰 10.23	乙亥 11.21	乙巳 12.21	乙亥 1.20	丁丑八 9.24	4 6 7 9 12
辛亥 2091	甲辰 2.18	甲戌 3.20	甲辰 4.19	癸酉 5.18	癸卯 6.17	壬申 7.16	壬寅 8.15	辛未 9.13	辛丑 10.13	庚午 11.11	己亥 12.10	己巳 1.9		3 5 7 9 10 11
壬子 2092	戊戌 2.7	戊辰 3.8	戊戌 4.7	丁卯 5.6	丁酉 6.5	丁卯 7.5	丙申 8.3	丙寅 9.2	乙未 10.1	乙丑 10.31	甲午 11.29	甲子 11.29		3 6 8 10 12
癸丑 2093	癸巳 1.27	壬戌 2.25	壬辰 3.27	壬戌 4.26	辛卯 5.25	辛酉 6.24	庚申 8.22	庚寅 9.21	己未 10.20	己丑 11.19	戊午 12.18	戊子 1.17	庚寅六 7.23	1 4 6 8 10 12
甲寅 2094	丁巳 2.15	丙戌 5.16	丙辰 4.15	乙酉 5.14	乙卯 6.13	甲申 7.12	甲寅 8.11	甲申 9.10	癸丑 10.9	癸未 11.8	癸丑 12.8	壬午 1.6		1 3 5 8 11
乙卯 2095	壬子 2.5	辛巳 3.6	辛亥 4.5	庚辰 5.4	己酉 6.2	庚亥 7.2	戊申 7.31	丁亥 8.30	丁未 9.28	丁丑 10.28	丁未 11.27	丁丑 12.27		1 3 4 6 8 12
丙辰 2096	丙午 1.25	丙子 2.24	乙巳 3.24	乙亥 4.23	癸酉 6.20	癸卯 7.20	壬申 8.18	辛丑 9.16	辛未 10.16	辛丑 11.15	辛未 12.15	庚子 1.13	甲辰四 5.22	2 4 6 7 11
丁巳 2097	庚午 2.12	庚申 3.14	己巳 4.12	己亥 5.12	戊辰 6.10	丁酉 7.9	丙寅 8.7	丙申 9.6	乙丑 10.5	乙未 11.4	乙丑 12.4	甲午 1.2		2 4 5 6 8 11
戊午 2098	甲子 2.1	甲午 3.3	甲子 4.2	癸巳 5.1	癸亥 5.13	壬辰 6.29	辛酉 7.28	庚寅 8.26	庚申 9.25	己丑 10.24	己未 11.23	戊子 12.22		3 5 6 7 9 11
己未 2099	戊午 1.21	戊子 2.20	丁亥 4.20	丁巳 5.20	丁亥 6.19	丙辰 7.18	乙酉 8.16	乙丑 9.15	甲申 10.14	癸丑 11.12	癸未 12.12	壬子 1.10	戊午二 3.22	5 6 8 9 11
庚申 2100	壬午 2.9	壬子 3.11	壬午 4.10	辛亥 5.9	辛巳 6.8	庚戌 7.7	庚辰 8.6	己酉 9.4	己卯 10.4	戊申 11.2	丁丑 12.1	丁未 12.31		3 5 7 9 10

附：日干查時表

时间		日干	甲己日	乙庚日	丙辛日	丁壬日	戊癸日
0：00-1：00	自零時零一秒 至凌晨一時	子	甲子	丙子	戊子	庚子	壬子
1：00-3：00	自凌晨一時 至凌晨三時	丑	乙丑	丁丑	乙丑	辛丑	癸丑
3：00-5：00	自凌晨三時 至清晨五時	寅	丙寅	戊寅	庚寅	壬寅	甲寅
5：00-7：00	自清晨五時 至上午七時	卯	丁卯	己卯	辛卯	癸卯	乙卯
7：00-9：00	自上午七時 至上午九時	辰	戊辰	庚辰	壬辰	甲辰	丙辰
9：00-11：00	自上午九時 至上午十一時	巳	己巳	辛巳	癸巳	乙巳	丁巳
11：00-13：00	自上午十一時 至下午一時	午	庚午	壬午	甲午	丙午	戊午
13：00-15：00	自下午 時 至下午三時	未	辛未	癸未	乙未	丁未	己未
15：00-17：00	自下午三時 至下午五時	申	壬申	甲申	丙申	戊申	庚申
17：00-19：00	自下午五時 至晚上七時	酉	癸酉	乙酉	丁酉	己酉	辛酉
19：00-21：00	自晚上七時 至晚上九時	戌	甲戌	丙戌	戊戌	庚戌	壬戌
21：00-23：00	自晚上九時 至深夜十一時	亥	乙亥	丁亥	己亥	辛亥	癸亥
23：00-24：00	自深夜十一時 至零時	子	丙子	戊子	庚子	壬子	甲子

注：“五鼠遁日”:起时歌

甲己还生甲，乙庚丙作初.丙辛从戊起，丁壬庚子居.戊癸何方发,？壬子是真途.

易学时间轴精算方法

解建昕

常用《万年历》对时间的计算主要在年、月、日、时和二十四节气上，但易学研究是放在宇宙这个大的范畴之内进行推算，其研究必将离不开空间和时间两大轴，现将元运概算和精算方法探讨如下：

一、概算法只是为了推广普及易学知识，不能在实际应用中准确推算应期。平常我们在应用时要到年、月、日、时。其次还要结合"三元九运"才能准确无误。我们从各类易学书籍上看到的三元九运非常简单，概括的说就是：

●. 八卦分九宫，九宫分三元，一元主六十年，三元即一百八十年。

●. 一元分三运，每运二十年，九运即一百八十年。

●. 九宫中五无正运，甲申十年寄巽，甲午十年寄乾。

●. 分大三元法：每卦六十年并九宫，即伍佰肆拾年。

●. 每年二十四节气，由八卦二十四爻而出。

●. 每一节气十五日，即纵横十五数。

●. 每日十二时辰，五日为一侯，计六十时，即一元。

●. 三候为一节，共一百八十时，及三元也。

做为真正的行家却不可以以此作为推算的依据。

二、精算法才是推断的根据

想学懂精算法，必须搞清楚三元九运的来历和变化，而这一内容过去一直视为绝密，概不外传；必得师徒或父子关系方才传授，这也就无怪乎很多人不得要领，推算不准。

其实九星类似于九宫，五在中宫，除五以外八宫可和八卦对应；或者为计算方便，九星中的五星一分为二，归入四星和六星中，便成为一、二、三、四、六、七、八、九。这样九星变为八星，八星和八卦对应起来，特别是与洛书也对应起来。

洛书中戴九履一，左三右七，二四为肩，六八为足。这样，一为坎卦，二为坤卦，三为震卦，四为巽卦，六为乾卦，七为兑卦，八为艮卦，九为离卦。

知道以上内容方开悟了一半，但还是无法推算准确，因为应期是要计算年限的。为此还必须明白九运中的计算是根据卦中的爻位来计算的。阴爻“⚋”最大的特点是柔顺，所以用顺数 6 来表示；阳爻“⚊”在单数中 9 为最大数，也为变数，故阳爻用 9 来表示。例如乾卦“☰”为 9×3=27 年，也为最长久的卦运。坤卦“☷”为 6×3=18 年，为最短的卦运。再就是两阴一阳为 6+6+9=21 年，两阳一阴为 9+9+6=24 年，根本没有正好等于 20 年的。明白至此算已基本入门，要想彻底明白还需要搞清楚下面俩个问题。

1. 八个单卦共 24 爻，其中阳爻 12 爻，阴爻 12 爻；阳爻 12×9=108 年；阴爻 12×6=72 年；108 年 +72 年 =180 年。这和概算是相通的。

2. 真正计算运卦时，用当运卦的后天卦来计算。如现在是八运，当运卦是艮卦，即“☶”艮卦的先天卦为震卦，即“☳”。这两卦的计算结果碰巧相同，都为 6+6+9=21 年，但也有很多卦是不相同的。如九运当运卦为离卦，即“☲”。离的先天卦为乾卦，即“☰”。如按离卦算为 9+6+9=24 年，如按乾卦计算为 9+9+9=27 年，差别就明显了。

至此，时间轴精算方法全部奉献出来。现将近代元运概算表和精算表分别列出，以免混淆。

概算表

三元	星座	合计年数	起讫年限
上元	一白水星	20	1864—1883年
	二黑土星	20	1884—1903年
	三碧木星	20	1904—1923年
中元	四绿木星	20	1924—1943年
	五黄土星	20	1944—1963年
	六白金星	20	1964—1983年
下元	七赤金星	20	1984—2003年
	八白土星	20	2004—2023年
	九紫火星	20	2024—2043年

精算表

三元	九运	先天卦位	卦象	计算	合计年数	起讫年份
上元	一运	坤	☷	6+6+6	18年	1864—1881
	二运	巽	☴	9+9+6	24年	1882—1905
	三运	离	☲	9+6+9	24年	1906—1929
中元	四运	兑	☱	6+9+9	24年	1930—1953
	六运	艮	☶	9+6+6	21年	1954—1974
下元	七运	坎	☵	6+9+6	21年	1975—1995
	八运	震	☳	6+6+9	21年	1996—2016
	九运	乾	☰	9+9+9	27年	2017—2043